教育部人文社会科学重点研究基地重大项目

全国高校古籍整理工作委员会直接资助项目

宁夏大学『二一一』工程重点学科建设项目

甘肃省古籍文献整理编译中心重大整理项目

资助出版

党项西夏文献研究

——词目索引、注释与异名对照

（二）

杜建录　主编

中　华　书　局

本册目录

人物卷

职官卷　上

人物卷

一、西夏人物（含夏州拓跋政权的人物）

（一）唐五代夏州拓跋政权人物

二画

二十一娘 安塞军防御使白敬立女
【中国藏西夏文献】18/唐延州安塞军防御使白敬立墓志铭/28

十七娘 安塞军防御使白敬立女
【中国藏西夏文献】18/唐延州安塞军防御使白敬立墓志铭/28

十八娘 安塞军防御使白敬立女
【中国藏西夏文献】18/唐延州安塞军防御使白敬立墓志铭/28

十五娘 安塞军防御使白敬立女
【中国藏西夏文献】18/唐延州安塞军防御使白敬立墓志铭/28

三画

三铁 安塞军防御使白敬立子
【中国藏西夏文献】18/唐延州安塞军防御使白敬立墓志铭/28

四画

王氏 夏州何德璘母
【中国藏西夏文献】18/后晋夏银绥宥等州观察支使何德璘墓志铭/39、宋摄夏州观察使何公墓志铭并盖/67

王卿 撰夏州何德璘墓志铭
【中国藏西夏文献】18/后晋夏银绥宥等州观察支使何德璘墓志铭/39

牛渥 撰定难节度副使刘敬瑭墓志
【中国藏西夏文献】18/后晋定难节度副使刘敬瑭墓志铭并盖/42

毛文璨 定难军毛汶次子
【中国藏西夏文献】18/后晋定难军摄节度判官毛汶墓志铭并盖/36

毛文赡 定难军毛汶长子
【中国藏西夏文献】18/后晋定难军摄节度判官毛汶墓志铭并盖/36

毛贞远 定难军毛汶祖
【中国藏西夏文献】18/后晋定难军摄节度判官毛汶墓志铭并盖/36

毛延泳 定难军毛汶字
【中国藏西夏文献】18/后晋定难军摄节度判官毛汶墓志铭并盖/36

毛汶 撰李仁福妻渎氏墓志
【中国藏西夏文献】18/后晋虢王李仁福妻渎氏墓志铭/33、后晋定难军摄节度判官毛汶墓志铭并盖/36

毛莹 定难军毛汶曾祖
【中国藏西夏文献】18/后晋定难军摄节度判官毛汶墓志铭并盖/36

毛崇厚 定难军毛汶父
【中国藏西夏文献】18/后晋定难军摄节度判官毛汶墓志铭并盖/36

五画

白文亮 安塞军防御使白敬立父
【中国藏西夏文献】18/唐延州安塞军防御使白敬立墓志铭/27

白令光 安塞军防御使白敬立曾祖父
【中国藏西夏文献】18/唐延州安塞军防御使白敬立墓志铭/27

白奉林 安塞军防御使白敬立祖父

【中国藏西夏文献】18/唐延州安塞军防御使白敬立墓志铭/27
白保全 安塞军防御使白敬立长子
【中国藏西夏文献】18/唐延州安塞军防御使白敬立墓志铭/28
白保勋 安塞军防御使白敬立子
【中国藏西夏文献】18/唐延州安塞军防御使白敬立墓志铭/28
白保恩 安塞军防御使白敬立子
【中国藏西夏文献】18/唐延州安塞军防御使白敬立墓志铭/28
白铁胡 安塞军防御使白敬立子
【中国藏西夏文献】18/唐延州安塞军防御使白敬立墓志铭/28
白敬立 随拓跋思恭靖难
【中国藏西夏文献】18/唐延州安塞军防御使白敬立墓志铭/27

六画

臣氏 定难军毛汶母
【中国藏西夏文献】18/后晋定难军摄节度判官毛汶墓志铭并盖/36
托跋思恭 又作拓拔思恭，唐赐姓李，助唐攻黄巢
【金史】134/西夏传/2865
【汇编】上125、136
刘士清 定难军刘敬瑭祖父
【中国藏西夏文献】18/后晋定难节度副使刘敬瑭墓志铭并盖/42
刘宗周 定难军刘敬瑭父
【中国藏西夏文献】18/后晋定难节度副使刘敬瑭墓志铭并盖/42
刘彦柔 定难军刘敬瑭子
【中国藏西夏文献】18/后晋定难节度副使刘敬瑭墓志铭并盖/42
刘彦能 定难军刘敬瑭子
【中国藏西夏文献】18/后晋定难节度副使刘敬瑭墓志铭并盖/42
刘彦温 定难军刘敬瑭子
【中国藏西夏文献】18/后晋定难节度副使刘敬瑭墓志铭并盖/42
刘彦翻 定难军刘敬瑭子
【中国藏西夏文献】18/后晋定难节度副使刘敬瑭墓志铭并盖/42
刘莹夫 定难军刘敬瑭字
【中国藏西夏文献】18/后晋定难节度副使刘敬瑭墓志铭并盖/42
刘祯 定难军刘敬瑭曾祖
【中国藏西夏文献】18/后晋定难节度副使刘敬瑭墓志铭并盖/42
刘梦符 撰李彝谨妻里氏墓志铭
【中国藏西夏文献】18/后汉沛国郡夫人里氏墓志铭/50
刘敬万 镌李彝谨妻里氏墓志铭
【中国藏西夏文献】18/后汉沛国郡夫人里氏墓志铭/51、后周绥州刺史李彝谨墓志铭/56
刘敬瑭 定难节度副使
【中国藏西夏文献】18/后晋定难节度副使刘敬瑭墓志铭并盖/42
齐峤 撰李仁宝墓志铭
【中国藏西夏文献】18/后晋绥州刺史李仁宝墓志铭并盖/46
祁氏 李彝谨妻
【中国藏西夏文献】18/后周绥州刺史李彝谨墓志铭/55、后周绥州太夫人祁氏神道志铭/58

七画

苏氏 李彝谨次女婿姓
【中国藏西夏文献】18/后汉沛国郡夫人里氏墓志铭/50、后周绥州刺史李彝谨墓志铭/56
苏氏 李彝谨次子妻
【中国藏西夏文献】18/后汉沛国郡夫人里氏墓志铭/50
杨从溥 书定难军刘敬瑭墓志，书李彝谨妻里氏墓志
【中国藏西夏文献】18/后晋定难节度副使刘敬瑭墓志铭并盖/43、后汉沛国郡夫人里氏墓志铭/51、后周绥州刺史李彝谨墓志铭/56
杨氏 李彝谨次子妻
【中国藏西夏文献】18/后汉沛国郡夫人里氏墓志铭/50
杨氏 定难军刘敬瑭曾祖母

【中国藏西夏文献】18/后晋定难节度副使刘敬瑭墓志铭并盖/42
杨氏 夏州何德璘祖母
【中国藏西夏文献】18/后晋夏银绥宥等州观察支使何德璘墓志铭/39
李仁立 宥州刺史
【旧五代史】82/晋书·少帝纪/1082
【汇编】上897
李仁宝 绥州刺史
【中国藏西夏文献】18/后晋绥州刺史李仁宝墓志铭并盖/46
李仁裕 绥州刺史
【资治通鉴】288/9391
【汇编】上904
李仁福 夏州节度使
【旧五代史】5/梁书·太祖纪/84、86；8/梁书·末帝纪/116；31/唐书·庄宗纪/433；36/唐书·明宗纪/500；38/唐书·明宗纪/527；44/唐书·明宗纪/603、605；132/李仁福传/1745、1746
【新五代史】24/唐书·安重诲传/252；40/李仁福传/436；51/范延光传/577
【宋史】254/侯益传/8880；264/宋琪传/9130；485/夏国传上/13982
【长编标】35/769
【长编影】35/4上
【东都事略】127、128/附录5、6
【隆平集】20/夷狄传/3下
【册府元龟】8/84下；178/2148下；436/5181下；439/5209上；994/11676下
【武经总要】前集18下/西蕃地界/1上
【奏议标】44/陈并·上哲宗答诏论彗星陈四说/461
【奏议影】44/陈并·上哲宗答诏论彗星陈四说/1643
【资治通鉴】267/8721、8725；278/9082
【朝野杂记】乙集19/边防/1180
【嘉靖宁夏新志】2/古迹/56上
【中国藏西夏文献】18/后周绥州刺史李彝谨墓志铭/55、后晋虢王李仁福妻渎氏墓志铭/33、宋定难军节度使李光睿墓志铭/73、宋定难军节度观察留事李继筠墓志铭并盖/80
【汇编】上49、100、112、115、160、161、165、166、852、853、854、856、859、862、864、871、880、881、882、883、884、885、886；中一1069、1726；中六5336；下6936、6941
李仁颜 李继迁曾祖，银州防御使
【宋史】485/夏国传上/13985
【汇编】上52
李氏 定难军刘敬瑭妻
【中国藏西夏文献】18/后晋定难节度副使刘敬瑭墓志铭并盖/42
李令谦 李彝谨字
【中国藏西夏文献】18/后周绥州刺史李彝谨墓志铭/55
李光义 李彝谨子
【中国藏西夏文献】18/后汉沛国郡夫人里氏墓志铭/50、后周绥州刺史李彝谨墓志铭/55
李光俨 夏州李继迁父
【宋史】485/夏国传上/13985
【汇编】上52
李光琏 李彝谨子
【中国藏西夏文献】18/后汉沛国郡夫人里氏墓志铭/50、后周绥州刺史李彝谨墓志铭/55
李光琇 李彝谨子
【中国藏西夏文献】18/后汉沛国郡夫人里氏墓志铭/50、后周绥州刺史李彝谨墓志铭/55
李光琮 李彝谨子
【中国藏西夏文献】18/后汉沛国郡夫人里氏墓志铭/50、后周绥州刺史李彝谨墓志铭/55
李光璘 李彝谨子
【中国藏西夏文献】18/后汉沛国郡夫人里氏墓志铭/50、后周绥州刺史李彝谨墓志铭/55、后周绥州太夫人祁氏神道志铭/58
李国珍 李仁宝字
【中国藏西夏文献】18/后晋绥州刺史李仁宝墓志铭并盖/46
李思□ 李彝谨祖
【中国藏西夏文献】18/后周绥州刺史李彝谨墓志铭/55
李思孝 又作拓跋思孝，鄜州节度使
【旧唐书】20上/昭宗纪/755
【新唐书】10/昭宗纪/292；221上/党项传/6218

【旧五代史】26/唐书·武皇帝纪/351
【新五代史】40/李仁福传/436
【五代史纂误补】3/李仁福/12 上
【资治通鉴】260/8474、8477、8484
【汇编】上 13、165、841、842；补遗 7233

李思恭 又作拓拔思恭，鄜夏节度使
【旧唐书】19/僖宗纪/709
【新唐书】185/郑畋传/5402
【长编标】123/2894
【长编影】123/2 上
【五代史纂误补】3/李仁福/12 上
【唐大诏令集】5/改元天复赦/32
【汇编】上 843、844；中二 1775；补遗 7234

李思谏 又作拓跋思谏，夏州节度使
【旧唐书】20 上/昭宗纪/755
【新唐书】10/昭宗纪/292、294；221/党项传/6218
【旧五代史】132/李仁福传/1746
【新五代史】40/韩逊传/438、李仁福传/436
【宋史】485/夏国传上/13982
【东都事略】127、128/附录 5、6
【朝野杂记】乙集 19/边防/1180
【册府元龟】436/5181 下
【五代史纂误补】3/李仁福/12 上
【资治通鉴】260/8474、8494；261/8500；267/8706
【汇编】上 13、49、100、160、165、166、842、843、851、852；下 6936；补遗 7233

李思敬 又作拓跋思敬，保大军兵马留后
【新唐书】221 上/党项传/6218
【旧五代史】132/李仁福传/1746
【新五代史】40/李仁福传/436
【资治通鉴】260/8484、8494
【文苑英华】457/张玄晏·授李思敬武定军李继颜保大军节度使制/2328；458/卢说·授李思敬马殷湖南节度使/2332
【汇编】上 13、842、843；补遗 7231、7232

李思瑶 李彝超叔，夏州行军司马
【册府元龟】439/5209 上
【汇编】上 883

李思澄 李仁宝父
【中国藏西夏文献】18/后晋绥州刺史李仁宝墓志铭并盖/46

李重遂 李仁宝祖
【中国藏西夏文献】18/后晋绥州刺史李仁宝墓志铭并盖/46

李潜 撰安塞军防御使白敬立墓志铭
【中国藏西夏文献】18/唐延州安塞军防御使白敬立墓志铭/27

李彝玉 夏州破丑夫人子
【中国藏西夏文献】18/后唐永定破丑夫人墓志铭/31

李彝兴 又作李彝殷，夏州定难军节度使
【旧五代史】110/后周·太祖纪/1462；113/周书·太祖纪/1500；114/周书·世宗纪/1517；120/周书·恭帝纪/1592；125/周书·高允权传/1645
【新五代史】40/李仁福传/437
【宋史】1/太祖纪 1/14；253/孙全照传/8875；318/张方平传/10357；325/刘平传/10501；485/夏国传上/13982、13983；486/夏国传下/14030
【长编标】1/11；3/67；8/196；25/586；125/2956；204/4935；259/6320、6321；374/9064
【长编影】1/9 下；3/6 下；8/9 上；25/14 上；125/17 上；204/2 上；259/11 上；374/11 上
【隆平集】20/夷狄传/3 下
【宋会要】礼 41 之 49/1402；仪制 13 之 7/2052
【奏议标】44/陈并·上哲宗答诏论彗星陈四说/461；132/刘平·上仁宗乞选用酋豪各守边郡/1455
【奏议影】44/陈并·上哲宗答诏论彗星陈四说/1643；132/刘平·上仁宗乞选用酋豪各守边郡/4477
【资治通鉴】279/9127；292/9522
【朝野杂记】乙集 19/边防/1180
【名臣碑传琬琰集】中集 22/张文定公方平墓志铭/724
【太平寰宇记】38/16 上
【汇编】上 49、50、96、99、100、112、162、163、166、219、887、905、908、918、919、920、922；中一 932、934、939、945、995、1014；中四 3979；中五 4715；中六 5336；下 6936、7018

李彝昌 夏州拓拔思恭孙，夏州节度使
【旧五代史】132/李仁福传/1745
【新五代史】40/李仁福传 437
【宋史】485/夏国传上/13982
【东都事略】127、128/附录 5、6
【册府元龟】436/5181 下
【资治通鉴】267/8706、8721
【陕西通志】71/陵墓 2·榆林府·榆林县/15 下
【汇编】上 49、100、160、165、166、851、852；下 6951

李彝俊 绥州刺史李彝敏弟
【旧五代史】82/晋书·少帝纪/1082
【资治通鉴】283/9253
【汇编】上 897

李彝殷 又作李彝兴，夏州定难军节度使
【旧五代史】47/唐书·末帝纪/644；76/晋书·高祖纪/996；82/晋书·少帝纪/1082、1087；101/汉书·隐帝纪/1345、1350；102/汉书·隐帝纪/1360；132/李彝兴传/1748
【宋史】1/太祖纪 1/5；485/夏国传上/13982
【长编标】1/11
【长编影】1/9 上
【奏议标】136/欧阳修·上英宗论西边可攻四事/1524
【奏议影】136/欧阳修·上英宗论西边可攻四事/4688
【册府元龟】166/2010 下；167/2014 下；178/2148 下；439/5209 上；994/11676 下
【资治通鉴】279/9127；283/9253；284/9266；288/9391、9401、9407；290/9461；291/9485；292/9522
【中国藏西夏文献】18/后晋虢王李仁福妻渎氏墓志铭/33、宋定难军节度使李光睿墓志铭/73、宋定难军节度使李光睿墓志铭/80
【汇编】上 49、162、882、883、886、887、889、897、898、904、905、906、907、909、910、914、919；中一 923

李彝敏 绥州刺史
【旧五代史】82/晋书·少帝纪/1082；132/李彝兴传/1748
【资治通鉴】283/9253
【汇编】上 162、896、897

李彝超 李仁福子，夏州节度留后
【旧五代史】44/唐书·明宗纪/603、604、608；47/唐书·末帝纪/644；132/李仁福传/1746、1747、1748
【新五代史】40/李仁福传/437；51/范延光传/577
【宋史】254/侯益传/8880；264/宋琪传/9130；485/夏国传上/13982
【长编标】35/769
【长编影】35/4 上
【东都事略】127、128/附录 5、6
【隆平集】20/夷狄传/3 下
【册府元龟】169/2037 上；178/2148 下；436/5181 下；439/5209 上；994/11676 下
【武经总要】前集 18 下/西蕃地界/1 上
【河南先生文集】26/五代春秋/5 上
【资治通鉴】278/9082；279/9127
【朝野杂记】乙集 19/边防/1180
【陕西通志】16/关梁 1·延安府·安塞县/25 下
【嘉靖宁夏新志】2/古迹/56 上
【中国藏西夏文献】18/后晋虢王李仁福妻渎氏墓志铭/33
【汇编】上 49、100、112、160、161、162、165、166、880、881、882、883、884、886、887；中一 1069、1726；下 6936、6941；补遗 7234、7235

李彝景 夏州李继迁祖
【宋史】485/夏国传上/13985
【汇编】上 52

李彝温 李仁福子
【中国藏西夏文献】18/后晋虢王李仁福妻渎氏墓志铭/33

李彝嗣 夏州破丑夫人子
【中国藏西夏文献】18/后唐永定破丑夫人墓志铭/31

李彝氲 李仁福子
【中国藏西夏文献】18/后晋虢王李仁福妻渎氏墓志铭/33

李彝雍 夏州破丑夫人子
【中国藏西夏文献】18/后唐永定破丑夫人墓志铭/31

李彝谨 李仁福子，绥州刺史

八画

【隆平集】20/夷狄传/3 下
【宋太宗实录】30/24 上
【五代史纂误补】3/李仁福/12 上
【蒙兀儿史记】37/漠北三大汗诸子·合失传/1 上；154/色目氏族上/34 下
【册府元龟】166/2010 下；423/5038 下；436/5181 下
【武经总要】前集 18 下/西蕃地界/1 上
【资治通鉴】254/8249；258/8407；260/8474；278/9082
【朝野杂记】乙集 19/边防/1180
【宁夏府志】2/沿革/18 上
【榆林府志】5/建置志·沿革/1 下
【嘉靖宁夏新志】2/古迹/56 上
【汇编】上 13、99、100、112、160、166、577、834、835、836、837、838、839、840、841、842、844、885、907；中 一 1014、1559、1726；下 6928、6936、6938、6941、7086；补遗 7228、7233、7234

拓拔思敬 拓拔思恭弟，夏州节度使
【新五代史】40/李仁福传/436；63/王建世家/786
【五代史纂误补】3/李仁福/12 上
【汇编】上 165；补遗 7233、7234

拓拔副叶 李仁宝曾祖
【中国藏西夏文献】18/后晋绥州刺史李仁宝墓志铭并盖/46

拓拔崇斌 衙内都指挥使
【旧五代史】82/晋书·少帝纪/1082
【资治通鉴】283/9253
【汇编】上 896、897

拓拔朝光 静边州大首领
【新唐书】221 上/党项传/6217
【汇编】上 12

拓跋守礼 拓跋守寂弟
【中国藏西夏文献】18/唐静边州都督拓跋守寂墓志铭并盖/24

拓跋守寂 银夏党项大首领
【唐会要】80/谥法下/1470
【册府元龟】974/11447 上
【元和姓纂】10/34 上
【中国藏西夏文献】18/唐静边州都督拓跋守寂墓志铭并盖/20、24
【汇编】上 654、655、749

拓跋赤辞 又作拓拔赤辞，党项首领，赐姓李
【宋史】485/夏国传上/13982、14030
【鸡肋集】46/7 下
【汇编】上 49；补遗 7223、7224

拓跋忠敬 党项首领
【白氏长庆集】57/与希朝诏/67 下
【汇编】上 723

拓跋相公 定难军节度使拓拔思恭
【桂苑笔耕集】6/贺杀黄巢贼徒状/1 下
【汇编】补遗 7229、7230

拓跋思忠 夏州李继迁高祖
【宋史】485/夏国传上/13985
【汇编】上 52

拓跋思泰 党项大首长
【册府元龟】974/11447 上
【汇编】上 654

拓跋思恭 又作拓拔思恭，镇夏州，赐姓李
【旧五代史】58/唐书·李琪传/782
【宋史】485/夏国传上/13982、13984、13985；486/夏国传下/14030
【辽史】115/西夏记/1523
【长编标】123/2894
【长编影】123/2 上
【桂苑笔耕集】1/贺杀黄巢徒伴表/4 下
【汇编】上 49、51、52、62、95、117；补遗 7228、7229

拓跋乾晖 银夏拓跋守寂孙
【旧唐书】196 下/吐蕃传下/5250
【新唐书】216 下/吐蕃传下/6095
【唐会要】97/吐蕃传/1735
【资治通鉴】232/7475
【元和姓纂】10/34 上
【汇编】上 716、717、749

拓跋澄岘 银夏拓跋守寂侄
【元和姓纂】10/34 上
【汇编】上 749

拓跋澄泌 疑为银夏党项
【唐大诏令集】9/广德元年册尊号赦/58
【汇编】上 681

拓跋澄澜 拓跋守寂子

九画

十画

十一画

十二画

【中国藏西夏文献】18/后汉沛国郡夫人里氏墓志铭/50

（二）西夏人物（含宋代夏州拓跋政权人物）

一画

乙吉唛丹 又作叶结凌丹，梁乙逋亲信
【长编标】456/10923
乙讹 于和市纵火
【宋会要】兵28之19/7279
乙吴麻 又作叶乌玛，出入汉边生虏
【长编标】456/10922、10923
乙灵纪 攻辽金肃城夏将
【辽史】20/兴宗纪3/241；115/西夏记/1527
【汇编】上121；中三3156
乙都 又作㖷都、伊都，报西夏点集入寇
【宋会要】蕃夷6之15/7826

二画

丁师周 宣德郎，入金贺正旦
【金史】62/交聘表下/1468
【汇编】下6802
丁守素 夏景宗李元昊使人
【长编标】152/3703
【长编影】152/7上
【汇编】中三2989
卜祥 西夏厢官
【金史】134/西夏传/2871
【汇编】上130
人多保忠 人多唛丁子，又作仁多保忠、星多贝中、星多保忠，西夏右厢监军
【长编标】404/9853、9856；447/10759；467/11153、11165
【长编影】467/8上、18下
【宋会要】兵9之2/6906、9之3/6907
【奏议标】141/任伯雨·上徽宗论湟鄯/1595
【奏议影】141/任伯雨·上徽宗论湟鄯/4906
【东坡全集】25/奏议2上
【龙川略志】西夏请和议定地界/635
【栾城集】39/论西事状/15上
【汇编】中五4863、4864、4865、4867、4877、5113、5115、5201；中六5617、5694
人多唛丁 又作仁多唛丁、星多哩鼎，西夏首领人多族首领
【长编标】341/8207；342/8225、8226；349/8376、8377、8378；350/8381、8382；467/11153；503/11977
【长编影】467/8上
【宋会要】兵14之19/7002
【汇编】中五5113
人多零丁 青唐地区大族
【铁围山丛谈】2/12上
【汇编】中五4860
人野利罗 又作伊克什罗罗，李元昊从父山遇妻
【长编标】122/2880、2881
乜崖 夏州咩嵬族魔病人
【宋史】491/党项传/14140
【汇编】上22

三画

三香 夏景宗李元昊妃没藏氏曾寄居三香家
【长编标】162/3901
【长编影】162/1下
【汇编】中三3105
三畔 夏州赵保吉部下
【太平治迹统类】2/太祖太宗经制西夏
【汇编】中一1068
万庆义勇 西夏左枢密使、吐蕃路都招讨使，遣使宋朝欲共图金人
【宋史】486/夏国传下/14028
【朝野杂记】乙集19/边防/1180
【汇编】上93；下6938
万私保移埋 又作万保移埋没，赵保吉之党
【宋史】253/折御卿传/8863
【汇编】上172
万宝移 又作万保移埋没，夏太祖李继迁部将
【长编标】47/1016
【长编影】47/6下

万保移 又作万保移埋没，夏太祖李继迁部将
【宋史】324/刘文质传/10492
【汇编】中一 1213
万保移埋没 又作万宝移、万保移，夏太祖李继迁部将
【长编标】45/965
【长编影】45/9 上
【宋会要】方域 21 之 4/7663
【汇编】上 36；中一 1211
万藏结逋药 又作禹藏结逋药，与熙河相对西界首领
【宋会要】兵 28 之 22/7280
兀名 攻巩州大将
【金史】113/赤盏合喜传/2493
【汇编】下 6866
兀勒香□ 西夏副钤辖
【金石萃编】147/折克行神道碑/1 上
【汇编】上 197
兀臧讹庞 又作没藏讹庞，专权外戚
【宋史】186/食货志下 8/4563
【汇编】中三 3244
兀啰 西夏监军，驸马郎君
【宋史】364/韩世忠传/11355
【名臣碑传琬琰集】上集 13/韩忠武王世忠中兴佐命定国元勋之碑/193
【汇编】中六 5794、5795
山禺 又作山遇、善约特，夏景宗李元昊都枢密
【涑水记闻】12/1 下
【汇编】中一 1745、1746、1747
山唛 西界人
【长编标】316/7645
【长编影】316/7 下
【汇编】中四 4182
山喜 又作尚实，米母族人
【长编标】115/2704
【东都事略】127、128/附录 5、6
【隆平集】20/夷狄传/3 下
【汇编】上 102、114
山遇 又名惟亮，又作山禺、善约特，夏景宗李元昊叔父，掌兵首领
【宋史】297/郭劝传/9893；326/李渭传/10529
【长编标】122/2880、2881；126/2982；130/3079
【宋会要】职官 64 之 39/3840
【皇宋十朝纲要】5/9 下
【奏议标】132/范仲淹·上仁宗论夏贼未宜进讨/1462；136/司马光·上神宗纳横山非便/1528
【奏议影】132/范仲淹·上仁宗论夏贼未宜进讨/4500；136/司马光·上神宗纳横山非便/4701
【欧阳文忠公全集】107/论刘三嘏事状/6 下
【河南先生文集】15/故金紫光禄大夫检校右散骑常侍李公墓志铭/13 上、13 下
【儒林公议】下/4 上
【汇编】中一 1744、1745；中二 1947、1948；中三 3024
乞砂 即吹同乞砂，又作策卜腾沁沙克，西夏首领
【挥麈后录】1/宰相枢密分合因革/27 上
【汇编】中二 2523
卫慕氏 夏太宗李德明妻
【宋史】485/夏国传上/13992、13994
【汇编】上 59、60、61
卫慕氏 夏太祖李继迁母
【宋史】485/夏国传上/13988
【汇编】上 55
女崖 夏酋
【北京大学学报哲学社会科学版】1978 年 8 月份第 2 期/宋故武功大夫河东第二将折公（可存）墓志铭/68
【汇编】上 202、203
小卢浪 西夏蕃部
【长编标】316/7645
【长编影】316/7 下
【汇编】中四 4182
习勒遵义 西夏殿前太尉
【金史】62/交聘表下/1480
【汇编】下 6821
马子才 使金贺正旦
【金史】61/交聘表中/1428
马尾 又作马斡，万子都军主
【宋史】485/夏国传上/13989
【长编标】56/1229

【汇编】上 56

马都 附宋西界团练使

【长编标】136/3270；137/3290

马都克 附宋西夏团练使

【长编影】136/21 下；137/12 下、13 上

【汇编】中二 2512、2536

马幹 又作马尾，万子都军主。“斡”，当为“幹”误

【长编影】56/5 上

【汇编】中一 1379

四画

扎实 西界首领

【长编标】513/12202

【长编影】513/8 下

【汇编】中六/5567

王公佐 使金贺迁都

【金史】60/交聘表上/1408

【汇编】下 6596

王文谅 西夏权臣讹庞家奴

【东都事略】58/韩绛传/3 下

【长编标】220/5361；221/5390；222/5402；226/5510

【长编影】220/24 上、下；221/22 上；222/4 下；226/9 上、下

【汇编】中三 3670、3688、3692、3695、3721

王师信 翰林学士，使金谢横赐

【金史】61/交聘表中/1434

【汇编】下 6758

王延庆 西夏黑河建桥敕碑小监

【陇右金石录】4/黑河建桥敕碑/62 上

【汇编】上 147

王全忠 西夏武节大夫，贺金正旦

【金史】62/交聘表下/1458

【汇编】下 6788

王庆崇 西夏宣德郎，使金贺万春节

【金史】61/交聘表中/1445

王安道 西夏宣德郎，贺金天寿节

【金史】62/交聘表下/1471

【汇编】下 6805

王那徵迂 护国寺感通塔番汉四种提举、赐绯僧正

【北京图书馆善本室藏拓片】重修护国寺感通塔碑

【汇编】上 142

王佥 西夏学士

【宋史】486/夏国传下/14025

【汇编】上 91

王枢 西夏宰相、招抚使

【宋史】29/高宗纪 6/540、542；367/李显忠传/11428、11429；486/夏国传下/14023、14024

【宋会要】兵 17 之 27/7051

【系年要录】129/2090；132/2126；134/2159

【中兴小纪】26/301；27/305

【三朝北盟会编】197/12 下

【名臣碑传琬琰集】下集 24/故太尉威武军节度使李公行状/1617

【朝野杂记】乙集 19/边防/1180

【汇编】上 89、90、224；下 6505、6506、6507、6508、6509、6514、6518、6519、6523、6524、6585、6937；补遗 7133

王旻 夏太宗李德明牙将

【宋史】485/夏国传上/13989

【长编标】60/1345

【长编影】60/11 下

【汇编】上 56；中一 1424

王罗 西界首领

【潞公文集】17/奏议/2 下

【汇编】补遗 7309

王固策 在西界衔头服事小大王

【长编标】507/12077

【长编影】507/4 下

【汇编】中六 5495

王禹玉 西夏宣德郎，使金贺万春节

【金史】61/交聘表中/1440

王禹珪 西夏宣德郎，使金贺万春节

【金史】61/交聘表中/1436

王彦才 西夏武节大夫，使金贺正旦

【金史】62/交聘表下/1463

王彦国 西夏宣德郎，使金贺天寿节

【金史】62/交聘表下/1465

【汇编】下 6799

王庭彦 西夏宣德郎，使金贺万春节

【金史】61/交聘表中/1444

王举 西夏秘书监

【金史】60/交聘表上/1405

【汇编】下 6585

王真 西夏工匠

【北京图书馆善本室藏拓片】重修护国寺感通塔碑

【汇编】上 143

王琪 西夏匦匣使，使金贺尊号

【金史】61/交聘表中/1418

王德昌 西夏使金贺万春节

【金史】61/交聘表中/1425

王德昌 西夏都大勾当镇夷郡正兼郡学教授

【陇右金石录】4/黑河建桥敕碑/62 上

【汇编】上 147

王盥 西夏迎接宋朝告哀使臣

【宋史】464/高遵裕传/13575

【汇编】中三 3420

开沁尚 又作克成赏，夏景宗李元昊部下，主兵马

【长编影】120/23 上

【汇编】中一 1737

天籍辣忠毅 西夏武节大夫，贺金天寿节

【金史】62/交聘表下/1471

【汇编】下 6805

元叔 西夏宣德郎，使金贺正旦节

【金史】62/交聘表下/1464

元昊 夏景宗

【宋史】10/仁宗纪 2/194、204、206、208、209；11/仁宗纪 3/211、212、214、215；86/地理志 2/2136；179/食货志下 1/4352；181/食货志下 3/4416、4419；186/食货志下 8/4563；190/兵志 4・弓箭手社/4726；191/兵志 5/4751；196/兵志 10/4895；245/王元俨传/8706；250/石元孙传/8814；253/折御卿传/8864、8865、李继周传/8871；255/王凯传/8925；258/曹琮传/8989；265/张宗晦传/9159；283/夏竦传/9573、9575、夏安期传/9577、9578；285/陈执中传/9602、9612、9614、9616、9618；286/王益柔传/9634；288/程琳传/9675、9676、范雍传/9679、孙沔传/9688；289/高继宣传/9697、葛怀敏传/9701；290/夏随传/9717、狄青传/9719、吴育传/9728、9726、宋绶传/9735、王罴传/9750；292/郑戬传/9768、明镐传/9769、王尧臣传/9772、9773、9774、田况传/9780、9783；294/赵师民传/9823；295/尹洙传/9838、孙甫传/9840、叶清臣传/9850、9853；297/郭劝传/9893、段少连传/9897；298/陈希亮传/9919；300/杨偕传/9954、9955、9956、王沿传/9959；301/杨日严传/9991、张旨传/10004；302/鱼周询传/10011、10013、李绚传/10028；303/滕宗谅传/10037、范祥传/10049、田京传/10052；304/范讽传/10063、方偕传/10070、曹颖叔传/10070；305/晁宗悫传/10087；310/李迪传/10175、王子融传/10186、杜衍传/10190、10191；311/庞籍传/10199、10200、吕夷简传/10210；312/韩琦传/10222、10223、10226；313/富弼传/10250、10251、10253、文彦博传/10259；314/范仲淹传/10270、10271、10272；315/韩亿传/10299；317 邵亢传/10345；318/张方平传/10354、10357；320/蔡襄传/10399、余靖传/10409、张存传/10414；322/刘庠传/10451；323/周美传/10457、刘谦传/10461、范恪传/10465、赵振传/10462、赵珣传/10463、马怀德传/10467；324/许怀德传/10477、张亢传/10482、10483、10488；325/刘平传/10500、10502、刘济传/10504、郭遵传/10505、任福传/10506、王珪传/10508、武英传/10509、桑怿传/10512、耿傅传/10512、王仲宝传/10514；326/景泰传/10517、张岊传/10523、李渭传/10529、康德舆传/10536；330/任颛传/10617；331/楚建中传/10667；335/种世衡传/10743、10744；338/苏轼传/10802；349/贾逵传/11052、刘舜卿传/11062；350/苗授传/11067、刘绍能传/11076；426/吴遵路传/12701；432/何涉传/12842；434/吕谦传/12873；442/石延年传/13071；466/石全彬传/13626；467/张惟吉传/13635、卢守懃传/13637；485/夏国传上/13989、13992、13993、13994、13995、13996、13997、13998、13999、14000；486/夏国传下/14009、14030；492/唃厮啰传/14161、

14162；495/抚水州传/14214
【辽史】18/兴宗纪 1/213、214；19/兴宗纪 2/228、230、231；20/兴宗纪 3/238、243；36/兵卫志下·属国军/433；69/部族表/1104；70/属国表/1161、1195；85/萧塔烈葛传/1318；93/萧惠传/1374；95/萧滴冽传/1390；109/罗衣轻传/1479；115/西夏记/1526、1527
【金史】94/夹谷清臣传/2084；134/西夏传/2865、2876
【长编标】111/2590、2593、2594；115/2691、2692、2704、2707、2708；117/2765；119/2812、2813、2814；120/2845；121/2849；122/2877、2880、2881、2882、2887、2888；123/2893、2894、2898、2901、2902、2908、2909、2911、2912、2913、2914；124/2924、2925、2926、2927、2928、2930、2931、2932、2934；125/2941、2949、2955、2956、2957、2958、2959；126/2965、2967、2968、2969、2970、2971、2973、2975、2976、2977、2981、2982、2984、2985、2987、2989；127/3004、3011、3013、3014、3020、3021；128/3029、3036、3039；129/3054、3063、3064；130/3080、3081、3083、3085、3089；131/3095、3097、3100、3102、3104、3112、3114、3115、3117；132/3127、3129、3133、3139、3144、3146、3154；133/3160、3163、3165、3164、3168、3169、3172、3175、3180、3182；134/3188、3192、3193、3197、3198、3208；135/3215、3220、3230、3235、3237、3238；136/3257、3267、3270；137/3284、3285、3300；138/3309、3311、3318、3320、3323、3330、3331、3332；139/3343、3348、3349、3350、3351、3352、3354、3355；140/3358、3360、3361、3362；142/3403、3404、3405、3406、3408、3409、3410、3412、3413、3417、3422、3424；144/3479、3487；145/3500、3507、3508、3509、3512、3514、3515；146/3531、3544；147/3568、3569；148/3574、3576、3582；149/3597、3598、3600、3601、3604、3605、3607、3613、3614、3616；150/3622、3625、3626、3636、3638、3640、3650、3652；151/3668、3669、3675、3677、3678、3679、3680、3681、3682、3683、3691、3692；152/3703、3705、3706、3709、3711；153/3723、3724；154/3736、3737、3742、3747；155/3758、3765、3773；156/3781、3782；157/3813；159/3844；160/3870、3875；161/3888；162/3912；163/3930、3933；164/3956；166/3989；167/4021；168/4039；171/4116；177/4282；185/4469、4470；194/4697；195/4732；198/4790；203/4916、4919；204/4936、4937、4938、4940、4942；205/4964、4969；208/5067；212/5150；213/5188；218/5315；228/5541；233/5663；234/5673；236/5751；241/5878、5883；248/6047；259/6321；262/6396；283/6933；284/6961；286/7006；312/7568；316/7637；317/7656；327/7868；328/7901；342/8222；352/8449；365/8751、8752、8753；366/8787、8793、8794、8795；368/8886；381/9280；394/9591；404/9853、9854；405/9864；407/9916；465/11116；466/11136；469/11212；471/11238；480/11427；503/11974；506/12057；509/12115；510/12151
【长编影】111/17 上；115/4 上、14 下；117/17 下；119/16 下；120/23 上；121/1 上；122/15 上；123/2 上、2 下、5 下、6 上、10 上、19 上；124/6 下、7 上、15 下；125/3 下、11 上、14 下；126/1 上、1 下、4 上、5 上、7 下、10 上、10 下、12 下、14 上、15 上、17 上、23 下；127/1 下、5 上、12 上、16 上；128/4 上、10 下、11 上；129/4 下、18 下；130/1 上；131/2 上、3 上、10 上、19 下、21 下；132/6 上、7 下、15 下、16 下；133/1 上、3 下、8 上、13 上；134/5 上、10 上、10 下、16 下、19 上；135/15 上、19 下；136/18 下；137/21 下；138/1 上、2 下、13 上、20 上；139/6 下、10 下、16 上；140/1 上、3 下、4 下；142/8 上、9 上、11 下、14 上、21 上；144/3 下；145/16 下、18 下；147/14 上；148/1 上、2 下、8 上；149/15 上；150/3 下、4 上、15 上、16 上；151/3 下、11 下、13 上、14 下、24 下；152/2 下、7 上、8 上、8 下、12 上、13 下；153/9 上；154/2 上、6

下、11 上；155/1 下、14 下；156/4 下；157/16 上；159/5 下；160/6 上、15 下；161/6 下；162/11 上；163/13 下、15 下；164/13 下；166/8 下；167/14 上；168/8 上；171/13 上；177/5 下；185/2 下；194/9 上；195/14 上；198/1 下；203/5 下；204/7 上；205/3 下；208/7 下；212/7 上；213/20 下；218/21 下；228/2 下；233/16 下；234/2 下；236/25 上；241/4 上、9 下；248/9 上；259/11 上；262/20 下；283/11 上；284/14 下；286/11 上；312/9 下；316/1 上；317/1 上；327/4 上；328/9 上；342/3 上；352/22 下；365/8 上、8 下；366/15 下、17 上；368/33 上；381/27 下；394/5 下；404/21 下、22 下；405/3 下；407/19 下；465/17 下；466/9 下；469/8 上；471/2 上；480/11 下；503/5 上；506/5 上；509/2 下；510/17 下

【东都事略】52/张士逊传/2 上；118/张愈传/5 上；127、128/附录 5、6

【隆平集】5/贾昌朝传/22 上；7/韩亿传/7 上；19/石元孙传/6 上、李纬传 14 下；20/夷狄传/3 下、契丹耶律隆绪传/2 下

【宋会要】礼 25 之 84/996、41 之 12/1384、41 之 54/1404；职官 32 之 2/3006、64 之 41/3841；兵 8 之 20/6897、8 之 21/6897、18 之 2/7058、27 之 27/7260、27 之 28/7260、27 之 29/7261、27 之 41/7267；方域 21 之 1/7661

【奏议标】41/吕大防·上英宗应诏论水灾/430；44/陈并·上哲宗答诏论彗星陈四说/461；45/任伯雨·上徽宗论月晕围昴毕/470；49/余靖·上仁宗乞侍从与闻边事/527；64/欧阳修·上仁宗乞别议求将之法/713；65/余靖·上仁宗乞韩琦兼领大帅镇秦州/718；82/富弼·上仁宗乞诏陕西等路奏举才武/893；121/张方平·上神宗谏用兵/1332；125/王尧臣·上仁宗乞用泾原路熟户/1378、吕诲·上英宗请重造蕃部兵帐/1379；131/庞籍·上仁宗论先正内而后制外/1445、韩琦·上仁宗论外忧始于内患/1446、1447/吴育·上仁宗论元昊不足以臣礼责/1446、富弼·上仁宗论西夏八事/1447、1448、1449、1450、1451、1452；132/刘平·上神宗乞选用酋豪各守边郡/1455、1456、陈执中·上仁宗论西边事宜/1456、欧阳修·上仁宗论庙算三事/1458、1459、范仲淹·上仁宗论夏贼未宜进讨/1463、庞籍·上仁宗论出界攻讨未便/1465、田况·上仁宗兵策十四事/1468；133/孙沔·上仁宗论范仲淹答元昊书/1472、1473、张亢·上仁宗论边机军政所疑十事/1473、张方平·上仁宗因郊禋肆赦招怀西贼/1475、贾昌朝·上仁宗备边六事/1483、范仲淹等·上仁宗论元昊请和不可许者三大可防者三/1484、1485、1486、1487；134/余靖·上仁宗论元昊请和当令权在我/1488、富弼·上仁宗不可待西使太过/1489、欧阳修·上仁宗论西鄙议和先防北虏/1490、欧阳修·上仁宗论议元昊通和事/1491、欧阳修·上仁宗论元昊来人不可令朝臣管伴/1492、韩琦·上仁宗论备御七事/1493、范仲淹等·上仁宗论和守攻备四策/1496、1497、1498；135/富弼·上仁宗河北守御十三策/1501、1506、1507、富弼·上仁宗论契丹不寇河东/1510、丁度等·上仁宗论契丹请绝元昊进贡事/1511、余靖·上仁宗论契丹请绝元昊进贡事/1512、富弼·上仁宗论元昊所上誓书/1513、余靖·上仁宗论元昊所上誓书/1514；136/司马光·上英宗乞戒边臣阔略细故/1522、欧阳修·上英宗论西边可攻四事/1524、1525、司马光·上神宗纳横山非便/1527；137/富弼·上神宗谏西师/1539；138/滕甫·上神宗谏伐西夏/1550、司马光·上哲宗乞还西夏六寨/1554、吕大防·上哲宗答诏论西事/1557；139/苏辙·上哲宗乞因夏人纳款给还其地/1565、1566/、苏轼·上哲宗论前后致寇之由及当今待敌之要/1572；140/张舜民·上徽宗论进筑非便/1585

【奏议影】41/吕大防·上英宗应诏论水灾/1505；44/陈并·上哲宗答诏论彗星陈四说/1644；45/任伯雨·上徽宗论月晕围昴毕/1669；49/余靖·上仁宗乞侍从与闻边事/1839；64/欧阳修·上仁宗乞别议求将之法/2349；65/余靖·上仁宗乞韩琦兼领大帅镇秦州/2361；82 富弼·上仁宗乞诏陕西等路奏举才武/2858；121/张方平·上神宗谏用兵/4130；125/王尧臣·上仁宗乞用泾原路熟户/4253、吕诲·上英宗请重造蕃部兵帐/4255、

4256；131/庞籍·上仁宗论先正内而后制外/4437、韩琦·上仁宗论外忧始于内患/4441、4442、吴育·上仁宗论元昊不足以臣礼/4444、富弼·上仁宗论西夏八事/4445、4446、4447、4449、4450、4451、4452、4457、4464、4467、4468；132/刘平·上神宗乞选用酋豪各守边郡/4478、4479、陈执中·上仁宗论西边事宜/4480、欧阳修·上仁宗论庙算三事/4485、4487、范仲淹·上仁宗论夏贼未宜进讨/4502、庞籍·上仁宗论出界攻讨未便/4507、田况·上仁宗兵策十四事/4520；133/孙沔·上仁宗论范仲淹答元昊书/4529；134/余靖·上仁宗论元昊请和当令权在我/4575、富弼·上仁宗不可待西使太过/4578、4579、4580、欧阳修·上仁宗论议元昊通和事/4584、欧阳修·上仁宗论元昊来人不可令朝臣管伴/4856、韩琦·上仁宗论备御七事/4592、4593；135/富弼·上仁宗论契丹不寇河东/4646、4647、丁度等·上仁宗论契丹请绝元昊进贡事/4648、4649、余靖·上仁宗论契丹请绝元昊进贡事/4650、4651、4652、4653、富弼·上仁宗论元昊所上誓书/4654、4655、余靖·上仁宗论元昊所上誓书/4655、4656、4657；136/欧阳修·上英宗论西边可攻四事/4688、4689、4690、4692；137/富弼·上神宗谏西师/4731；138/滕甫·上神宗谏伐西夏/4763、司马光·上哲宗乞还西夏六寨/4777、4778；139/苏辙·上哲宗乞因夏人纳款给还其地/4812、苏轼·上哲宗论前后致寇之由及当今待敌之要/4832；140/张舜民·上徽宗论进筑非便/4875

【宋文鉴】53/2 下；119/8 下

【宋大诏令集】228/回契丹书/884；232/又回札子/901

【宋朝事实类苑】35/443；55/715；75/994、995

【长编纪事本末】83/8 下

【大藏经】佛祖历代通载 32/41 下

【元丰类稿】47/故朝散大夫尚书刑部郎中充天章阁待制兼侍读上轻车都尉赐紫金鱼袋孙公行状/9 上；48/徐复传/1 上

【元刊梦溪笔谈】9/31；13/21；25/3、4、5、7

【元宪集】27/赐罝勒斯赉诏/290；28/赐嘉勒斯赉男辖戬敕/297；31/乞毁弃元昊僭伪文移札子/331；32/答内降手诏/垂询西陲方略/335、341

【元朝秘史】14/1 上

【公是集】43/拟朝廷报契丹书/505；51/王公行状/610；53/太中大夫行刑部侍郎致仕上柱国赐紫金鱼袋俞公（献卿）墓志铭/638、故朝散大夫尚书刑部郎中致仕上柱国赐紫金鱼袋张公墓志铭/643

【文庄集】14/陈边事十策/1 上

【文恭集】36/宋故宣徽北院使赠太尉文肃郑公（戬）墓志铭/436；37/宋故奉直郎守侍御使王公（平）墓志铭/444、445；38/宋翰林侍读学士……赐紫金鱼袋礼部尚书谥恪李公（昭述）墓志铭/455

【方舟集】16/赵郡王墓志铭/26 上

【东轩笔录】3/4 上；4/2 下；8/4 上、4 下

【东坡全集】14/陈希亮传/1 下；15/张文定公墓志铭/13 上、14 上、14 下、15 上；18/富郑公神道碑/29 上、31 下；25/奏议 2 上；28/奏议·乞擢用刘季孙状/37 上；33/奏议·乞增修弓箭社条约状/24 上；45/书/20 上

【东坡志林】3/70

【东原录】33 上；34 下

【乐全集】19 平戎十策及表/13 下、议西北边事/24 下、再上议事/26 上；20/请因郊禋肆赦招怀西贼札子/24 上、陈政事三/2 上；22/奏第二状/22 下

【包拯集】7/请出内库钱帛往逐路籴粮草/97；9/议边/121

【司马文正公集】4/章奏 2/9 上；8/章奏 6/12 上；19/章奏 17/1 上；20/言招军札子/1 下、章奏 18/12 上；25/章奏 23/3 上；30/章奏 28/2 下；35/章奏 33/1 上、8 下；78/太子太保庞公墓志铭/3 上、4 上、礼部尚书张公墓志铭 13 上、庞公墓志铭/4 下；79/殿中丞薛府君墓志铭/7 下

【中吴纪闻】2/2 上、7 下

【公是集】51/宋故推忠佐理忠臣赠尚书左仆射王公（尧臣）行状/610；53/尚书屯田郎中提举兖州仙源县景灵宫王公墓志铭/640

【中国考古学会第一次年会论文集】折继闵神道碑/455

【玉海】139/庆历万胜军/16 下；143/康定便殿

【耆旧续闻】4/6 上、6/7 上
【谈苑】1/2 上
【铁围山丛谈】1/4 下
【梅尧臣集】编年校注 10/159
【清波杂志】2/6 下
【渑水燕谈录】2/4 上、2/6 上
【景文集】29/议西人札子/370
【朝野杂记】乙集 19/边防/1180
【名臣碑传琬琰集】上集 3/丁文简公度崇儒之碑/51、6/贾文元公昌期神道碑/101、19/王武恭公德用神道碑/314、22/夏文庄公竦神道碑/342、庞庄敏公籍神道碑/347、348、23/孙威敏公沔神道碑/362、26/范忠献公雍神道碑/411；中集 8/王文安公尧臣墓志铭/546、15/许待制元墓志铭/629、吕谏议公绰墓志铭/633、17/贾文元公昌朝墓志铭/655、22/张文定公方平墓志铭/724、26/苏文忠公轼墓志铭/778、43/曹武穆公玮行状/1034、1035；47/孙待制甫行状/1088；48/韩忠献公琦行状 1094、1096、1097、1105；下集 13/文忠烈公彦博传/1451
【陇右金石录】4/［附录］承天寺碑考释/53 下、重修护国寺感通塔碑考释/56 上
【稽古录】19/89 上；20/90 上、91 上
【豫章文集】5/遵尧录 4/1；7/遵尧录 6/14 上、6/15 上
【儒林公议】上/2 上、3 上、4 上、9 上、73 下；下/2 上、3 上、3 下、4 上、9 上
【潞公文集】18/奏议/9 下
【默记】47 上
【金石萃编】147/折克行神道碑/1 上
【万历固原州志】上/城堡/140
【中卫县志】10/铭诗/23 上
【宁夏府志】上/古迹/12 上；2/沿革/18 上；3/山川・宁夏・宁朔县/1 上；4/古迹・宁夏・宁朔县/12 上、下、古迹・平罗县/15 下、古迹・宁夏・宁朔县/10 上；6/坛庙・府城/34 上
【平远县志】4/山川/16 上
【延安府志】1/诗文/49 上
【甘肃新通志】9/舆地志・关梁・固原直隶州/25 下、舆地志・关梁・固原直隶州・平远县/27 上；13/舆地志・古迹・宁夏府・宁夏县・宁朔县/33 上；29/祠祀志・祠宇下・庆州府・安化县/8 下；30/祠祀志・寺观・宁夏府・宁夏县・宁朔县/42 上；97/轶事/16 上
【陕西通志】11/山川 4・榆林府・榆林县/49 上；16/关梁 1・延安府・安塞县/27 上；17/关梁 2・绥德州・清涧县/48 上、关梁 2・鄜州・宜君县/44 下；71/陵 2・榆林府・榆林县/16 上
【朔方广武志】上/茔墓/28 下
【朔方新志】1/山川・中卫/21 下、水利・宁夏/39 下
【海城厅志】城图/6 上
【海城县志】6/古迹志/1 下、3 上
【银川小志】山川/2 下
【康熙隆德县志】3/表传/2 下；4/考证/64 上
【嘉靖宁夏新志】3/中卫・古迹/40 上
【畿辅通志】109/司马光撰礼部尚书张公墓志/14 上、14 下
【汇编】上 37、38、56、59、60、61、62、63、65、66、67、75、96、102、103、104、105、111、112、113、120、121、125、136、145、150、173、188、189、190、192、195、205、222、230、231、232、234；中一 1388、1660、1661、1681、1687、1688、1691、1692、1702、1703、1704、1706、1707、1710、1711、1712、1713、1714、1726、1735、1738、1739、1741、1744、1745、1746、1751、1752、1753、1754、1755、1756、1759、1761、1762、1766、1767、1769、1771、1773、1774、1775、1776、1778、1781、1782、1783、1784、1785、1786、1787、1789、1790、1792、1793、1794、1795、1797、1799、1800、1801、1803、1807、1808、1810、1812、1815、1821、1822、1823、1824、1825、1826、1827、1828、1829、1842、1845、1853、1854、1857、1858、1860、1862、1864、1866、1867、1876、1877、1880、1881、1883、1885、1888、1891、1892、1899、1903、1904、1905、1906、1907、1911、1912、1913、1914、1916、1922、1923、1926、1929、1933、1936、1940、1941、1942、1944、1947、1948、1949、1953、

1957、1958、1959、1962、1963、1964、1965、1966、1968、1973、1975、1976、1987、1988、1990、1999、2002、2003、2015、2022、2029、2033、2043、2045、2050、2054、2055、2057、2058、2059、2066、2068、2070、2071、2072、2074、2076；中二 2079、2081、2082、2090、2093、2095、2098、2099、2106、2111、2115、2117、2118、2121、2122、2123、2139、2143、2144、2147、2152、2153、2158、2159、2160、2164、2165、2166、2167、2168、2169、2179、2181、2184、2188、2189、2190、2191、2192、2195、2199、2201、2202、2203、2208、2212、2213、2216、2217、2218、2221、2224、2230、2232、2233、2234、2235、2239、2244、2245、2246、2247、2248、2249、2250、2258、2267、2268、2269、2270、2271、2273、2274、2276、2278、2280、2281、2291、2292、2297、2298、2300、2302、2311、2315、2318、2319、2320、2321、2322、2329、2330、2331、2339、2345、2346、2349、2352、2353、2355、2357、2358、2364、2367、2368、2370、2372、2374、2375、2376、2377、2381、2382、2387、2394、2395、2407、2412、2414、2420、2431、2432、2433、2435、2443、2451、2452、2455、2457、2458、2459、2461、2463、2466、2470、2482、2489、2494、2495、2510、2525、2530、2531、2533、2535、2538、2542、2544、2545、2546、2549、2551、2552、2554、2556、2558、2561、2562、2563、2566、2571、2575、2587、2589、2590、2592、2604、2607、2609、2611、2613、2616、2624、2626、2627、2628、2629、2630、2631、2632、2633、2634、2636、2646、2647、2649、2650、2658、2659、2660、2661、2662、2664、2665、2666、2667、2671、2673、2674、2675、2676、2677、2678、2679、2680、2681、2682、2686、2687、2690、2694、2699、2700、2701、2702、2703、2704、2709、2710、2713、2715、2719、2727、2738、2739、2740、2743、2744、2745、2746、2748、2750、2751、2752、2753、2756、2757、2758、2759、2760、2765、2771、2772、2773、2783、2787、2788、2791、2795、2799、2805、2807、2809、2810、2811、2812、2813、2816、2818、2819、2820、2821、2827、2830；中三 2844、2852、2853、2864、2867、2874、2882、2896、2903、2904、2915、2916、2919、2921、2922、2924、2925、2926、2935、2937、2940、2941、2942、2945、2949、2950、2952、2954、2956、2957、2958、2959、2960、2961、2962、2967、2974、2975、2976、2977、2983、2984、2985、2986、2988、2989、2990、2994、2995、2996、3001、3004、3005、3006、3007、3008、3009、3011、3013、3016、3022、3024、3027、3032、3040、3041、3042、3043、3044、3049、3051、3052、3054、3060、3072、3088、3089、3092、3096、3098、3106、3107、3109、3110、3113、3117、3118、3121、3136、3138、3146、3148、3150、3152、3168、3173、3214、3224、3234、3254、3266、3274、3275、3280、3292、3301、3307、3315、3316、3326、3330、3343、3349、3350、3360、3366、3369、3384、3386、3413、3414、3430、3433、3466、3471、3473、3475、3485、3491、3492、3527、3563、3575、3595、3628、3640、3725；中四 3771、3775、3787、3825、3829、3833、3907、3979、3980、3986、4043、4044、4048、4055、4123、4139、4172、4191、4344、4369、4390；中五 4548、4664、4665、4666、4674、4677、4679、4691、4746、4808、4864、4865、4877、4910、4943、5092、5104、5127、5143、5144、5187、5212、5222、5223；中六 5336、5483、5523、5524、5549、5665、5699、5713、5997、6001、6058；下 6109、6268、6358、6695、6793、6831、6914、6934、6937、6938、6940、6941、6945、6950、6951、6952、7018、7025、7026、7027、7028；补遗 7124、

7210、7253、7256、7262、7265、7266、7269、7270、7271、7276、7285、7288、7290、7295、7298、7299、7300、7301、7302、7303、7304、7308、7313、7315、7324、7382、7389、7390、7393、7397、7435、7467

韦移移崖 西夏石匠
【北京图书馆善本室藏拓片】重修护国寺感通塔碑
【汇编】上 142

五里奴 夏景宗李元昊侍卫队长
【儒林公议】上/4 上
【汇编】中二 2627

不儿罕 西夏对其主的称呼
【元朝秘史】13/1 上、26 上；14/1 上
【蒙兀儿史记】3/成吉思可汗本纪下/8 下
【蒙古源流笺证】3/18 下；4/1 上
【汇编】下 6826、6829、6852、6853、6913、6915、6917、6818

日威 附宋西夏防御使啰埋子
【长编标】124/2934
【长编影】124/15 下
【汇编】中二 1842

仁多保忠 又作人多保忠、星多贝中，西夏监军
【宋史】486/夏国传下/14019
【长编标】514/12223；516/12287
【长编影】503/8 上；504/18 下；
【汇编】上 85；中六 5458

仁多保宗 疑为仁多保忠之误，西夏御史中丞仁多楚清侄
【长编标】503/11977、11982；504/12018

仁多洗忠 仁多保安弟
【长编标】514/12223
【长编影】514/13 上
【汇编】中六 5583

仁多唛丁 又作星多凌鼎，仁多保忠父
【宋史】486/夏国传下/14011、14014
【长编标】350/8381；503/11977
【汇编】上 77、80

仁多唯丁 西夏首领，与刘昌祚战于灵州城下
【长编标】319/7704
【长编影】319/5 下、6 上
【汇编】中四 4232

仁多嵬丁 又作星多哩鼎、仁多唛丁、人多唛丁，犯熙河定西城夏酋
【宋史】331/卢秉传/10671
【汇编】中五 4608

仁多楚清 西夏御史中丞，宋赐名良嗣
【长编标】503/11977、11978

仁保忠 仁多保忠之误，泾原上言
【长编影】503/11 上
【汇编】中六 5440

从吉 夏州李继捧孙
【宋史】485/夏国传上/13985
【汇编】上 52

乌啰革啰 西夏首领
【宋会要】兵 8 之 33/6903
【汇编】中六 5273

毛示聿 又作色勒裕勒，夏崇宗李乾顺使臣
【宋史】486/夏国传下/14015
【汇编】上 81

毛迎啜己 又作美英多吉，西夏供备库使
【长编标】126/2965

毛惟昌 妻为夏毅宗李谅祚乳母
【长编标】162/3902
【长编影】162/2 上
【汇编】中三 3105

邓昌祖 西夏宣德郎
【金史】61/交聘表中/1448；62/交聘表下/1467

允稜举特且 西人首领
【长编标】452/10844
【长编影】452/3 下
【汇编】中五 5047

尹与则 夏景宗李元昊使人
【长编标】149/3616；150/3626
【长编影】150/4 下

尹悦则 夏景宗李元昊使臣
【长编标】152/3703
【长编影】152/7 上
【汇编】中三 2989

巴延萨尔塔固尔 夏襄宗李安全父
【蒙古源流笺证】3/18 下
【汇编】下 6852、6853

巴讪支 降宋西蕃首领
【宋史】486/夏国传下/14019
【汇编】中六 5461
巴鞫 西夏禹臧结逋药使者
【长编标】306/7449
【长编影】306/12 上
【宋会要】兵 28 之 22/7280
【汇编】中四 4112

五画

石方 西夏使宋宣徽南院使
【长编标】198/4789
【长编影】198/1 上
【汇编】中三 3304
左支信 西夏石匠
【北京图书馆善本室藏拓片】重修护国寺感通塔碑
【汇编】上 143
左伴兄 疑为西夏石匠
【北京图书馆善本室藏拓片】重修护国寺感通塔碑
【汇编】上 143
布达约噶 又作保德遇瓌，西夏首领
【长编影】136/18 下、19 上
【汇编】中二 2510
布沁 西界首领
【长编标】503/11973
【长编影】503/4 下
【汇编】中六 5435
玉里止吉住 唐兀昔李钤部叔父，夏国经略使
【正德大名府志】10/元礼仪院判昔李公墓志铭/40 下
【汇编】补遗 7174、7175
正名哆 宥州界蕃部
【宋会要】礼 62 之 49/1719；兵 8 之 33/6903
【汇编】中五 5262
可丑 降辽党项，辽封司徒
【辽史】9/景宗纪下/100；70/属国表/1137
【汇编】中一 970
叶木朗罗 又作野也浪啰，议立嗣酋首
【长编影】162/1 下
【汇编】中三 3105
叶乌玛 又作乙吴麻，出入汉边生虏
【长编标】368/8879
【长编影】368/27 下；456/5 下、6 上
【汇编】中五/4690、5059、5060
叶示归埋 石堡城生口大首领
【长编标】319/7714
【长编影】319/14 上
【宋会要】兵 8 之 26/6900、14 之 19/7002
【汇编】中四 4248
叶示归理 石堡城生口大首领
【宋会要】兵 8 之 26/6900
叶石悖也 “叶石悖乜”之误，又作伊实巴特玛，西夏首领叶令吴箇
【长编标】511/12154、12155
【宋会要】兵 17 之 6/7040
叶迈 又作嵬理、崖块，夏景宗李元昊小名
【长编影】111/16 下
【汇编】中一 1688
叶结凌丹 又作乙吉喽丹，梁叶普亲信
【长编影】456/6 上
【汇编】中五 5060
叶结威明嘉勒 又作拽厥嵬名，驸马，宥州正监军
【长编影】354/10 上；356/11 上
【汇编】中五 4627、4631
叶悖麻 又作伊实巴特玛，始谋攻永乐之统领
【宋史】349/刘昌祚传/11054
【长编标】345/8282
【汇编】中五 4573
叶朗僚礼 又作拽浪潦黎、拽浪撩黎、拽浪獠黎，西夏划界使臣
【长编影】193/17 上、18 上
【汇编】中三 3272
叶勒 又作野利，西夏沿边统帅
【长编影】155/14 下
叶勒氏 又作野利氏、野力氏，夏景宗李元昊妻
【长编影】162/1 上、1 下
【汇编】中三 3104
叶勒仁荣 又作野利仁荣，夏景宗李元昊大臣，主蕃学

【长编影】120/23 上
【汇编】中一 1737
叶勒约噶 又作野利遇乞、约腊，夏景宗李元昊妻叶勒氏从父
【长编影】119/17 下；155/14 下；162/1 上、1 下；168/8 上；184/15 下
【汇编】中三 3104、3159、3220
叶勒纲朗凌 又作野利刚浪唛，夏景宗李元昊亲信，与叶勒约腊分厢主兵
【长编影】132/11 上、138/19 下、20 上；155/14 下；162/1 下
【汇编】中二 2276、2631；中三 3104
叶勒旺荣 又作野利旺荣，西夏首领
【长编影】131/19 下、20 上；135/19 下、21 上；138/19 下、21 下；139/6 下；167/14 上
【汇编】中二 2246、2461
叶锦 又作拽白，西夏绥州东山蕃部军使
【长编影】54/8 下
【汇编】中一 1351
叱吕氏 夏州观察使何公母
【中国藏西夏文献】18/宋摄夏州观察使何公墓志铭并盖/67
叱吕氏 夏州观察使何公妻
【中国藏西夏文献】18/宋摄夏州观察使何公墓志铭并盖/67
卢氏 定难军康成祖母
【中国藏西夏文献】18/宋定难军官内都指挥使康成墓志铭/61
卢萬 环庆捕获夏州间谍
【长编标】71/1611
【长编影】71/20 下
【汇编】中一 1484
甲玉 攻巩州夏将
【金史】113/赤盏合喜传/2493
【汇编】下 6866
田公懿 西夏宣德郎，使金贺万春节
【金史】61/交聘表中/1430
田文徽 西夏光禄大夫，使金谢恩
【金史】62/交聘表下/1470、1480
【汇编】下 6822
田怀荣 西夏泛使
【长编标】382/9310
【长编影】382/11 下
【汇编】中五 4765
田快庸 西夏差宋副使
【长编标】506/12054
【长编影】506/5 上
【汇编】中六 5480
田若水 使辽求援
【辽史】27/天祚帝纪 1/319、321、322；115/西夏记/1528
【汇编】上 122；中六 5717、5776、5806
田周臣 西夏押进使
【金史】61/交聘表中/1450
史不乩 又作史乩遇，夏太祖李继迁蕃部军主
【宋史】485/夏国传上/13988
【汇编】上/55
史从礼 西夏宣德郎，使金贺正旦
【金史】62/交聘表下/1459、1490
【汇编】下 6790
史乩遇 又作史不乩，夏太祖李继迁蕃部军主
【宋史】257 李继隆传/8968
【宋会要】兵 14 之 15/7000
【汇编】中一 1172、1218
史屈子 银夏监军司牙吏
【东都事略】61/种谔传/4 下
【汇编】中三 3446
仪增 使金贺正旦
【金史】62/交聘表下/1488
令王皆保 又作哩旺扎布，西夏钤辖
【宋史】18/哲宗纪 2/352
【长编标】507/12080
【宋会要】方域 21 之 8/7665
【汇编】上 40；中六 5495
令王儿没崖 西夏左厢钤辖
【金石萃编】147/折克行神道碑/1 上
【汇编】上 197
令介成庞 西夏修塔寺小监、崇圣寺僧□□□绯僧
【北京图书馆善本室藏拓片】重修护国寺感通塔碑
【汇编】上 142
令介讹遇 又作凌吉讹遇、凌吉讹裕、凌结罗遇、凌结罗裕，米脂守将

【宋史】334/高永能传/10726；335/种谔传/10746
【长编标】317/7657、7658
【长编影】317/2 上、2 下
【汇编】中四 4188、4193
令分讹遇 又作令介讹遇，米脂守将
【宋史】486/夏国传下/14010
【汇编】上 76
冬至 西夏把口小首领
【长编标】339/8171
【长编影】339/11 上
【汇编】中四 4526
失迭儿古 又作失都儿忽、失的儿威、失都儿威，成吉思汗赐夏主名号
【蒙兀儿史记】3/成吉思可汗本纪下/31 下
【汇编】下 6925
失的儿威 又作失都儿忽、失都儿威、失迭儿古，成吉思汗赐夏主名号
【元史】120/曷思麦里传/2970
【蒙兀儿史记】29/曷思麦里传/8 下
【汇编】下 6928、6929
失相儿忽 成吉思汗赐夏主名号
【元圣武亲征录】72
【蒙古源流笺证】4/1 上
【汇编】下 6827、6917
失都儿忽 又作失都儿威、失的儿威、失迭儿古，成吉思汗赐夏主名号
【元史译文证补】1 下/21 下、22 下
【元朝秘史】14/1 上
【蒙古源流笺证】4/1 上
【蒙兀儿史记】3/成吉思可汗本纪下/31 下
【汇编】下 6911、6915、6917、6918、6925
失都儿威 又作失的儿威、失都儿忽、失迭儿古，成吉思汗赐夏主名号
【蒙兀儿史记】29/曷思麦里传/8 下
【汇编】下 6929
白文寿 夏太宗李德明都知兵马使
【长编标】61/1364
【长编影】61/8 下
【宋会要】蕃夷 7 之 16/7847
【汇编】中一 1427
白文美 夏太宗李德明都知兵马使
【长编标】105/2436
【长编影】105/3 上
【汇编】中一 1652
白庆嗣 西夏宣德郎、使金贺正旦
【金史】61/交聘表中/1434
【汇编】下 6758
白守忠 埋移香赐名，降宋西夏侍中
【长编标】136/3266、3267
【长编影】136/18 下、19 上
【汇编】中二 2510
白守贵 夏州进奉使
【长编标】72/1643
【长编影】72/19 上
【汇编】中一 1488
白克忠 西夏武节大夫使金贺正旦
【金史】62/交聘表下/1471
白供奉 诱杀宋朝边官杨定
【安阳集】家传 7/4 下
【汇编】中三 3490
白咎牟 又作白容牟、达克摩，西夏监军
【长编标】516/12287
【宋会要】兵 9 之 2/6906
【汇编】中六 5617
白姥 夏景宗李元昊乳母
【元刊梦溪笔谈】13/21
【汇编】中二 2626
白容牟 又作白咎牟，西夏监军
【奏议标】141/任伯雨・上徽宗论湟鄯/1595
【奏议影】141/任伯雨・上徽宗论湟鄯/4906
【汇编】中六 5694
白智宣 修塔寺监石碑感通塔汉众僧副赐绯僧
【北京图书馆善本室藏拓片】重修护国寺感通塔碑
【汇编】上 143
讫多埋 又作纥多埋、吃多理，西夏统军侄
【宋史】16/神宗纪/305
【汇编】中四 4210
宁令 又作宁令哥、佞令受，夏景宗李元昊子
【宋朝事实类苑】75/988、990
【元刊梦溪笔谈】25/5
【涑水记闻】10/14 上
【儒林公议】上/73 下

【汇编】中二 1789；中三 3106、3218

宁令受 又作佞令受，夏景宗李元昊子

【元刊梦溪笔谈】25/5

【汇编】中三 3106

宁令哥 又作宁令、佞令受、宁凌噶，夏毅宗李谅祚小字

【宋史】485/夏国传上/14000

【长编标】162/3902

【汇编】上 67

宁令哥 又作宁凌噶，夏景宗李元昊子

【长编标】162/3901

【东都事略】127、128/附录 5、6

【隆平集】20/夷狄传/3 下

【汇编】上 106、115

宁明 夏景宗李元昊子

【长编标】162/3901

【长编影】162/1 上

【汇编】中三 3104

宁浪□□□ 折克行击败之

【金石萃编】147/折克行神道碑/1 上

【汇编】上 197

宁凌噶 又作宁令哥，夏景宗李元昊子

【长编影】162/1 上、1 下

【汇编】中三 3104

宁凌噶 又作宁令哥，夏毅宗李谅祚小字

【长编影】162/2 上

【汇编】中三 3105

永昌 西夏枢密直学士，使金奉奠皇太后

【金史】62/交聘表下/1458

永哥 夏州李继捧子

【宋史】485/夏国传上/13985

【汇编】上 52

对乌 又作都卧，夏景宗李元昊部下，主兵马

【长编影】120/23 上

【汇编】中一 1737

尼斯们 又作你斯闷，夏景宗李元昊使臣

【长编影】123/2 下

【汇编】中二 1776

母米氏 又作卫慕氏，李曩霄妻米母之误

【东都事略】127、128/附录 5、6

【汇编】上 106

母米氏 又作卫慕氏，夏景宗李元昊母，米母氏之误

【长编标】115/2704

【长编影】115/15 上

【东都事略】127、128/附录 5、6

【汇编】上 102；中一 1706

六画

权鼎雄 西夏御史大夫，使金谢横赐

【金史】62/交聘表下/1480

【汇编】下 6822

吉外吉法正 西夏使宋僧人

【长编标】156/3779

【长编影】156/2 上

【汇编】中三 3053

西壁氏 西壁讹答，又作鲜卑讹答，西夏太傅

【元史】1/太祖纪/14

【蒙兀儿史记】3/成吉思可汗本纪下/8 下

【汇编】下 6823、6826

达尔沙 又作答加沙、荅加沙、达加沙，唐兀昔李钤部父，夏国宰相

【牧庵集】19/资德大夫云南行中书省右丞李公神道碑/8 下

【汇编】上 287

达加沙 又作答加沙、荅加沙、达尔沙，唐兀昔李钤部父，夏国宰相

【正德大名府志】10/元礼仪院判昔李氏墓志铭/40 下

【汇编】补遗 7174

达克摩 又作白咎牟、白容牟，西夏监军

【长编影】516/21 下

【汇编】中六 5621

成安公主 辽国公主，夏崇宗李乾顺妻

【宋史】486/夏国传下/14019

【辽史】27/天祚帝纪/321、324、326；115/西夏记/1528

【汇编】上 85、122

成屈 西蕃归附大首领吕永信男，赐名良嗣

【宋会要】蕃夷 6 之 32/7834

成皆勃 夏国蕃民

【宋会要】兵 27 之 45/7269

【汇编】中三 3284

成逋克成 又作沁布开沁、夏景宗李元昊部下，主兵马
【宋史】485/夏国传上/13994
【长编标】120/2845
【汇编】上62

成嵬 又作沁威，夏太宗李德明子，讹藏屈怀氏生
【宋史】485/夏国传上/13992
【长编标】111/2593
【汇编】上59

成遇 又作沁裕，夏太宗李德明子妻咩迷氏子
【宋史】485/夏国传上/13992
【长编标】111/2593
【汇编】上59

扬彦直 西夏宣德郎，使金贺正旦
【金史】62/交聘表下/1457
【汇编】下6786

扬彦敬 西夏宣德郎，使金贺正旦
【金史】61/交聘表中/1419
【汇编】下6693

夷山 夏将嵬名山弟
【宋史】335/种谔传/10745
【涑水记闻】11/20上
【汇编】中三3445、3448

吃多理 又作讫多埋、纥多埋，西夏统军梁大王侄
【长编标】317/7678
【长编影】317/20下
【汇编】中四4212

刚明鄂特 又作罔萌讹，夏惠宗李秉常使臣
【续资治通鉴】67/1658
【汇编】中三3540

刚浪陵 夏国大首领，又作刚浪凌
【东轩笔录】8/4下
【汇编】中二2627

刚浪崖 疑为刚浪凌，夏景宗李元昊部下
【儒林公议】上/4上
【汇编】中二2628

刚浪唛 宁令欲纳其女为妇
【宋朝事实类苑】75/988
【汇编】中三3106

刚浪唛遇 夏景宗李元昊部下
【元刊梦溪笔谈】25/4
【汇编】中二2664

刚浪嵬 又作纲朗威，夏景宗李元昊谋叛心腹
【长编标】145/3502

刚朗凌 宁令欲纳其女为妇
【涑水记闻】10/14上
【汇编】中三3106

刚朗凌 野利刚朗凌、野利刚浪唛，又作刚浪陵，西夏大首领
【范文正公集】年谱补遗/5下
【涑水记闻】9/13上；10/7上；11/17上、19上
【汇编】中二2103、2624、2631、2661；中三2983、3152

吕子温 入金贺加尊号
【金史】61/交聘表史/1430

吕文贵 夏太宗李德明使
【辽史】15/圣宗纪6/171
【汇编】中一1510

吕永信 又作吕承信，附宋西夏首领
【长编标】503/11978；505/12033
【长编影】503/8下；505/7上
【宋会要】蕃夷6之32/7834
【汇编】中六5438、5470

吕昌邦 西夏宣德郎，使金贺天寿节
【金史】62/交聘表下/1464
【汇编】下6798

吕昌龄 西夏宣德郎，使金贺万春节
【金史】61/交聘表中/1446

吕承信 又作吕永信，附宋西夏首领
【宋史】18/哲宗纪2/351
【汇编】中六5461

吕效忠 寇德顺军西夏首领
【宋史】350/周永清传/11076
【汇编】上/238

岁奴 白豹城首领李家妹亲叔
【范文正公集】言行拾遗事录/3/5下
【汇编】中二2097

岁移 又作绥移，附宋西界正钤辖伊朗僧鄂随从
【宋会要】兵17之5/7040
【汇编】中五5191

同崇义 武节大夫，入金贺天寿节
【金史】62/交聘表下/1464
【汇编】下 6798
曲也怯律 夏臣，党项遗民嵬名察罕父
【元史】120/察罕传/2955、2956
【蒙兀儿史记】154/色目氏族上/34 下
【雍虞先生道园类稿】42/立智理威忠惠公神道碑 25 下
【汇编】上 242、243、260、261、581
曲也怯祖 党项遗民亦力撒合祖
【元史】120/亦力撒合传/2957
【汇编】上 244
迁贼 即李继迁，追封夏太祖
【宋会要】兵 27 之 6/7249；方域 21 之 4/7663
朱智用 归宋夏人
【长编标】487/11570；499/11873
【长编影】487/8 上；499/3 上
【宋会要】蕃夷 6 之 31/7834
【汇编】中六 5302、5402
任氏 定难军康成母
【中国藏西夏文献】18/宋定难军官内都指挥使康成墓志铭/61
任氏 定难军康成曾祖母
【中国藏西夏文献】18/宋定难军官内都指挥使康成墓志铭/61
任令公 专权外戚任得敬
【文忠集】61/资政殿大学士赠银青光禄大夫范公成大神道碑/17 下；149/奉诏录 4/16 上
【桯史】4/乾道受书礼/48
【汇编】下 6741、6780
任纯忠 使金贺登位
【金史】61/交聘表/1418
任得仁 使金贺万春节
【金史】61/交聘表中/1424
任得敬 西夏专权外戚
【宋史】34/孝宗纪 2/643；486/夏国传下/14025、14026
【金史】6/世宗纪上/147；8/世宗纪下/203；61/交聘表中/1424、1427、1428；88/纥石烈良弼传/1952；91/结什角传/2017；134/西夏传/2869、2870
【甘肃新通志】7/舆地志·山川下·宁夏府·灵州/21 下
【汇编】上 91、92、128、129；下 6732、6733、6740、6741、6742、6743、6744、6746、6783
任得聪 任得敬谢恩使
【金史】134/西夏传/2869
【汇编】上 129
任遇子 石匠
【北京图书馆善本室藏拓片】重修护国寺感通塔碑
【汇编】上 142
任德敬 当为专权外戚任得敬
【朝野杂记】乙集 19/边防/1180
【文忠集】61/资政殿大学士赠银青光禄大夫范公成大神道碑/17 下
【桯史】4/乾道受书礼/48
【汇编】下 6938
任德聪 入金谢恩
【金史】61/交聘表中/1425
伊克什罗罗 又作入野利罗、夏景宗李元昊从父善约特妻
【长编影】122/8 下
【汇编】中一 1750、1751
伊里马奇 又作易里马乞，夏景宗李元昊臣
【长编影】122/11 下
【汇编】中一 1751
伊拉齐氏 河西史氏乞台普济曾祖母
【牧庵集】26/开府仪同三司中书右丞相史公艺德碑/1 上
【汇编】上 545
伊实诺尔 又作移卜淖，宥州蕃部首领
【长编影】490/7 上
【汇编】中六 5319、5320
伊实巴特玛 又作叶石悖乜，附宋西夏叶令吴箇
【长编影】511/1 下
【汇编】中六 5551
伊实巴特玛 又作叶悖麻，西夏统领，谋攻永乐城统领
【长编影】345/10 下
【汇编】中五 4574
伊都 又作哆都、乙都，报西夏点集入寇
【长编影】299/12 上

【汇编】中四 4101、4102
伊特香 西界投来蕃部首领
【长编标】471/11238
【长编影】471/2 上
【汇编】中五 5144
伊朗僧鄂 又作异浪升崖，附宋西界正钤辖
【长编标】479/11401
【长编影】479/1 下
【汇编】中五 5189
伊锡 又作移舁，靖化堡麻也族首领，西夏钤辖哩旺扎布弟
【长编影】507/7 下、8 上；510/8 上
【汇编】中六 5540、5495
创格裕 西界使人
【长编标】508/12102
【长编影】508/7/下
【汇编】中六 5514
杂辣公济 御史中丞，使金贺登宝位
【金史】60/交聘表上/1405；134/西夏传/2868
【汇编】上 128；下 6585
杂熟屈则鸠 夏景宗李元昊侍卫队长
【儒林公议】上/4 上
【汇编】中二 2627
色木结皆以 附府州西夏蕃部指挥使
【长编标】64/1425
【长编影】64/2 上
【汇编】中一 1446
色辰岱楚 西夏首领
【长编标】351/8408
【长编影】351/5 下
【汇编】中五/4620
色勒裕勒 又作毛示聿，夏崇宗李乾顺使臣
【长编标】396/9653
【长编影】396/7 下
【汇编】中五 4811
多卜 穆赍多卜，又作昧勒都逋、妹勒都逋、默拉都克布，西夏监军
【长编影】512/12 上
【汇编】中六 5563
多拉 又作都啰，疑为都勒玛斡，都枢密
【长编影】219/1 下
【汇编】中三 3645
多尔通 夏襄宗李安全
【蒙古源流笺证】3/18 下
【汇编】下 6852
多拉氏 又作都罗氏，夏景宗李元昊妻
【长编影】162/1 上
【汇编】中三 3104
多哆 韦州监军
【长编标】312/7569
【长编影】312/10 上
【汇编】中四 4125
刘乞斡 又作刘奇彻，西夏环州刺史
【宋会要】兵 8 之 20/6897
【涑水记闻】12/4 下
【汇编】中二 1822
刘元秀 西夏西路经略司刘仲达子
【中国藏西夏文献】18/西夏六面木缘塔题记/266
刘仁勖 牙将
【宋史】485/夏国传上/13989
【辽史】14/圣宗纪 5/157；115/西夏记/1525
【长编标】64/1427；88/2023
【长编影】64/4 上；88/11 上
【汇编】上 56、119；中一 1320、1448、1569
刘仁谦 押衙
【宋史】485/夏国传上/13988
【汇编】上 55
刘文庆 使金贺天寿节
【金史】61/交聘表中/1450
刘文珪 夏国汉人
【三朝北盟会编】163/10 上
【汇编】下 6365
刘打 夏将
【金史】113/赤盏合喜传/2493
【汇编】下 6866
刘执中 西夏武功大夫，使金贺正旦
【金史】61/交聘表中/1443
刘光国 西夏宣德郎，使金贺正旦
【金史】61/交聘表中/1445
刘仲达 西夏西路经略司都案
【中国藏西夏文献】18/西夏六面木缘塔题记/266
刘进忠 西夏使金贺正旦

【金史】61/交聘表中/1422

刘志直 西夏使金贺正旦

【金史】61/交聘表中/1425

刘志真 西夏使金贺正旦

【金史】61/交聘表中/1423

刘严 夏州民

【长编标】65/1465

【长编影】65/20 下

【汇编】中一 1464、1465

刘奇彻 又作刘乞移，夏环州刺史，又名重信

【长编标】124/2924

【长编影】124/6 下

【汇编】中二 1821

刘忠亮 西夏南院宣徽使，使金谢恩

【金史】62/交聘表下/1468

【汇编】下 6802

刘狗儿 西夏修塔寺结瓦□土

【北京图书馆善本室藏拓片】重修护国寺感通塔碑

【汇编】上 143

刘屈栗崖 西夏修塔寺小监、行宫三司正

【北京图书馆善本室藏拓片】重修护国寺感通塔碑

【汇编】上 142

刘荣 夏太祖李继迁子阿伊克元从

【长编标】54/1181

【长编影】54/6 上

【汇编】中一 1350

刘昭 西夏翰林学士，使金谢横赐

【金史】61/交聘表中/1430、1438、1440

【汇编】下 6767、6772

刘思问 西夏枢密直学士，使金告榷场

【金史】62/交聘表下/1461、1465

【汇编】下 6799

刘思忠 西夏宣德郎，使金贺天寿节

【金史】61/交聘表中/1442

刘俊才 西夏枢密直学士，使金报谢

【金史】62/交聘表下/1462

【汇编】下 6794

刘俊德 西夏知中兴府通判，使金横赐

【金史】62/交聘表下/1474

【汇编】下 6810

刘彦辅 西夏宣德郎，使金贺正旦

【金史】62/交聘表下/1472

刘裕 西夏使金贺正旦

【金史】61/交聘表中/1425

刘筠国 西夏宣德郎，使金贺正旦

【金史】62/交聘表下/1469

刘德仁 西经略司都案

【中国藏西夏文献】18/西夏八面木缘塔题记/263

刘赟 夏太祖李继迁部下突阵指挥使

【长编标】55/1216

【长编影】55/14 下

【汇编】中一 1367

齐特济勒 疑为补细吃多已、保细吃多已、部细皆移，与夏国母密藏氏私通

【长编影】184/15 下

【汇编】中三 3220

亦鲁忽不儿合 又作失都儿忽，西夏末主李晛之蒙古语名

【蒙兀儿史记】3/成吉思可汗本纪下/31 下

【汇编】下 6925

庄浪义显 使金贺正旦

【金史】61/交聘表/1425

庆鼎察香 西界首领

【长编标】471/11238

【长编影】471/1 下

【汇编】中五 5144

忙迷 出使唃厮啰西界首领

【乐全集】22/奏第二状/22 下

【汇编】中三 3292

江落驸马 又作旺罗，斩于罗沙会

【宋会要】兵 8 之 34/6904

关聿则 疑为罔聿则之误，夏景宗李元昊使臣

【长编标】154/3746

【长编影】154/10 上

【汇编】中三 3042

关萌讹 当为罔萌讹之误，私侍惠宗李秉常母梁氏

【元刊梦溪笔谈】25/7

【汇编】中四 4139、4360

守荣 夏太宗李德明使

【辽史】15/圣宗纪 6/171

【汇编】中一 1510
安世 使金贺正旦
【金史】61/交聘表中/1422
安礼 使金贺天寿节
【金史】62/交聘表下/1479
【汇编】下 6818
安全 夏襄宗李安全
【宋史】486/夏国传下/14026
【金史】12/章宗纪 4/277；62/交聘表下/1477、1494；134/西夏传/2871
【汇编】上 92、131
安守正 夏州教练使安晏子
【长编标】55/1212
【长编影】55/10 下
【汇编】中一 1365
安晏 夏州教练使
【长编标】55/1212
【长编影】55/10 下
【汇编】中一 1365
安惟敬 西夏宣德郎，使金贺正旦
【金史】61/交聘表中/1447
安善惠 西夏写作使，刊《黑河建桥敕碑》
【陇右金石录】4/黑河建桥敕碑/62 上、黑河建桥敕碑考释/62 下
【汇编】上 147、148
安德信 西夏武功大夫，使金贺正旦
【金史】61/交聘表中/1440
宇得贤 西夏宣德郎，使金贺正旦
【金史】61/交聘表中/1449
兴博 附宋西界太尉
【长编标】155/3769
【长编影】155/11 上
【汇编】中三 3048
兴嫩 袭绥德羌首凌结阿勒约弟
【长编标】329/7932
【长编影】329/17 上
【汇编】中四/4415
米元杰 西夏宣德郎，使金贺天寿节
【金史】62/交聘表下/1480
【汇编】下 6822
米元懿 西夏宣德郎，使金贺天寿节
【金史】62/交聘表下/1474
【汇编】下 6810
米母氏 夏景宗李元昊妻
【长编标】162/3901
米母氏 又作卫慕氏，夏景宗李元昊生母
【长编标】111/2593
【隆平集】20/夏国赵保吉传/3 下
【汇编】上 113，114
米屈啾 又作密吹，西界归顺人
【长编标】497/11833
【宗会要】兵 17 之 5/7040
米崇吉 西夏中兴尹，使金贺尊安
【金史】61/交聘表中/1445
讹山 又作额森、讹化唱山，投宋部落子
【长编标】500/11900
【宋会要】蕃夷 6 之 32/7834
讹乞 又作鄂齐尔，团练使
【范文正公集】年谱补遗/10 下
【汇编】中二 2419
讹化唱山 又作额化强山，妹勒都逋亲随得力背嵬
【长编标】500/11900
【宋会要】蕃夷 6 之 32/7834
讹罗世 使金贺正旦
【金史】61/交聘表中/1421
讹罗聿 又作讹啰聿、勒阿拉雅赛，西夏贡使
【长编标】380/9221
讹罗绍先 西夏殿前太尉，使金谢横赐
【金史】61/交聘表中/1447
【汇编】下 6782
讹罗绍甫 西夏中兴尹，使金谢横赐
【金史】61/交聘表中/1430、1434、1437
【汇编】下 6758
讹庞 夏景宗李元昊妻没藏氏之兄
【宋史】186/食货志 8/4563；485/夏国传上/14001
【长编标】162/3902；220/5361
【东都事略】127、128/附录 5、6
【隆平集】20/夷狄传/3 下
【宋会要】食货 38 之 31/5482；兵 27 之 43/7268
【陕西通志】13/山川 6・葭州・神木县/63 上
【汇编】上 68、69、106、107、115；补遗 7312
讹勃啰 又作额伯尔，西夏监军

【宋史】18/哲宗纪 2/352；486/夏国传下/14018
【长编标】513/12202
【汇编】上 84、中六 5567

讹勃遇 又作阿布雅，西夏副统军
【宋史】16/神宗纪 3/307
【长编标】327/7865
【宋会要】兵 8 之 28/6901、14 之 20/7002
【汇编】中四 4365

讹留元智 西夏武功大夫，使金贺万春节
【金史】61/交聘表中/1419
【汇编】下 6700

讹啰聿 又作讹罗聿、勒阿拉雅赛，夏惠宗李秉常贡使
【宋史】486/夏国传下/14015
【长编标】382/9310
【汇编】上 80

讹啰聿寨 疑为勒阿拉雅赛，西夏贡使
【宋会要】蕃夷 7 之 38/7858
【汇编】中五 4735

讹遇 夏太祖李继迁蕃部
【宋史】6/真宗纪 1/116
【汇编】中一 1285

讹答 西壁讹答，西夏太傅
【元史】1/太祖纪/14
【汇编】下 6823

讹哆德昌 西夏武功大夫，使金贺正旦
【金史】61/交聘表中/1436

讹藏屈怀氏 又作勒额藏渠怀氏，夏太宗李德明妻
【宋史】485/夏国传上/13992
【长编标】111/2593
【汇编】上 59

讹藏屈嚷氏 又作讹藏屈怀氏，夏太宗李德明妻
【长编标】115/2704

异浪升崖 又作伊朗僧鄂，西界投河东正钤辖
【宋会要】兵 17 之 5/7040
【汇编】中五 5191

如定 即如定聿舍、如定幸舍，夏景宗李元昊使人
【长编标】142/3406、3408、3409、3421、3423；145/3508
【长编影】142/11 下、14 上；145/13 下
【奏议标】134/欧阳修·上仁宗论西贼议和利害/1492
【奏议影】134/欧阳修·上仁宗论西贼议和利害/4588
【石林燕语】9/1 上
【欧阳文忠公全集】99/奏议/4 上、6 下、9 上、12 上；102/奏议/1 下
【汇编】中二 2748、2752、2753、2754、2770、2771、2772、2804、2807

如定兴舍 夏景宗李曩霄使臣
【长编影】142/8 上
【汇编】中二 2738

如定聿舍 夏景宗李元昊使臣
【宋史】485/夏国传上/13998
【汇编】上 66

如定幸舍 夏景宗李元昊使臣
【奏议标】134/欧阳修·上仁宗论西鄙议和先防北虏/1490
【奏议影】134/欧阳修·上仁宗论西鄙议和先防北虏/4584

如定幸猞 夏景宗李元昊使人
【长编标】142/3403

如定多多马 又作如定多特玛，夏景宗李元昊部下，主兵马
【宋史】485/夏国传上/13994
【长编标】120/2845
【汇编】上 62

如定多特玛 又作如定多多马，夏景宗李元昊部下，主兵马
【长编影】120/23 上
【汇编】中一 1737

买友 降辽党项，辽封太保
【辽史】9/景宗纪下/100；70/属国表/1137
【汇编】中一 970

孙延寿 疑为张延寿之误，夏景宗李元昊使臣
【长编标】163/3921
【长编影】163/5 下、6 上
【汇编】中三 3110

孙惹子 西夏石匠
【北京图书馆善本室藏拓片】重修护国寺感通塔碑

【汇编】上 143

纥多埋 又作吃多理、讫多埋，西夏统军梁大王侄，拒战磨哆隘

【宋会要】兵 8 之 25/6899、14 之 19/7002

【汇编】中四 4220

约宁 又作嘚咛，西夏监军穆赍多卜部曲

【长编影】504/18 下

【汇编】中六 5458

约苏 附宋西夏钤辖

【长编标】320/7720

【长编影】320/1 上

【汇编】中四 4253

约遇 西界首领

【范文正公集】年谱补遗/2 上

【汇编】中二 1882

约腊 夏景宗李元昊亲信，与叶勒刚朗凌分主厢兵

【长编影】132/11 上；138/19 下

【汇编】中二 2276

七画

玛尔布 努玛族太尉香布子

【长编标】152/3708

【长编影】152/11 上

【汇编】中三 3001

玛克密巴勒 又作磨美勃儿，附宋西夏首领

【长编影】335/20 上

【汇编】中四 4492

玛魁孟双 又作麻孟桑，西界蕃部指挥使

【长编影】84/10 下

【汇编】中一 1535

玛新云且宁 又作没细游成宁，附宋西界部落子

【长编影】494/24 上

【汇编】中六 5363

玛囊 又作媚娘，诣种世衡处诈降夏人

【长编影】138/20 上

杜文广 西界投来人，引路破西夏白豹及指画造攻城云梯

【长编标】131/3097

【长编影】131/5 上

【宋会要】方域 18 之 19/7619

【汇编】中二 2150、2178

杜白 夏太祖李继迁谢封册使

【辽史】13/圣宗纪 4/141

【汇编】中一 1049

杨巳良 夏人亲信

【姑溪居士后集】20/折渭州墓志铭/1 上

【汇编】上 206

杨巴凌 与折氏议绥州地界首领

【长编标】230/5591

【长编影】230/6 上

【汇编】中四 3743

杨守素 夏景宗李元昊使臣

【宋史】330/任颛传/10617；485/夏国传上/13988

【长编标】149/3608、3616；150/3626；151/3669、3683、3691；152/3703、3706；157/3812；158/3818；159/3850；163/3918、3921

【长编影】149/10 下；150/4 上、4 下、9 上；151/4 下、17 上、24 下；152/7 上、9 下；157/15 上；158/1 下；159/11 上；163/3 上、5 下、6 上

【宋会要】兵 27 之 39/7266

【奏议标】44/陈并·上哲宗答诏论彗星陈四说/461；135/余靖·上仁宗论契丹请绝元昊进贡事/1513、富弼·上仁宗论元昊所上誓书/1513

【奏议影】44/陈并·上哲宗答诏论彗星陈四说/1644；135/余靖·上仁宗论契丹请绝元昊进贡事/4654、富弼·上仁宗论元昊所上誓书/4654、4655

【包拯集】9/议边/121

【欧阳文忠公全集】105/奏议 16 上

【范文正公集】年谱补遗/18 上、20 上、23 上；政府奏议下/边事/14 下

【涑水记闻】11/8 上

【儒林公议】下/3 上、3 下

【汇编】上 66；中一 1756；中三 2899、2919、2925、2931、2952、2974、2979、2985、2989、2991、2993、2994、3016、3032、3060、3070、3079、3095、3108、3109、3110；中六 5336

杨绍直 知中兴府事，使金谢横赐

【金史】62/交聘表下/1471
【汇编】下 6805
杨彦和 翰林学士，使金贺正旦
【金史】61/交聘表中/1436
杨彦敬 参知政事，使金上表为任得敬求封
【金史】61/交聘表中/1423、1427
【汇编】下 6730
杨诰 西界首领
【潞公文集】17/奏议 2 下
【汇编】补遗 7309
杨道喜 同李崇贵一起诱杀宋朝边官杨定
【安阳集】家传 7/5 上
【汇编】中三 3487
杨廓 夏景宗李元昊部下，主谋议
【宋史】485/夏国传上/13994
【长编标】120/2845
【长编影】120/23 上
【汇编】上 61；中一 1737
杨德先 枢密直学士，使金谢横赐
【金史】62/交聘表下/1467
【汇编】下 6801
花结香 又作喀结桑，西夏副使
【长编标】508/12102
花麻 即禹藏花麻，夏国女婿，吐蕃首领
【长编标】291/7122；342/8222；365/8751
【长编影】291/11 上；342/3 下；365/7 下
【奏议标】138/司马光·上哲宗乞还西夏六寨/1554；139/范育·上哲宗论御戎之要/1573
【奏议影】138/司马光·上哲宗乞还西夏六寨/4776；139/范育·上哲宗论御戎之要/4837
【司马文正公集】35/章奏 33/1 上
【安阳集】家传 7/5 上
【汇编】中三 3486；中四 4080；中五 4664
芭里庆祖 武功大夫，使金贺万春节
【金史】61/交聘表中/1437
芭里安仁 使金贺万春节
【金史】61/交聘表中/1431、1432
芭里直信 使金贺加尊号
【金史】61/交聘表中/1430
芭里昌祖 武功大夫
【金史】61/交聘表中/1419、1424、1428；134/西夏传/2869
【汇编】上 128；下 6693、6732
苏木诺尔 又作苏奴儿、索诺尔，夏景宗李元昊部下
【甘肃新通志】29/祠祀志·祠宇下·西宁府·西宁县/31 下
【汇编】补遗 7121
苏尔格威 又作苏渴嵬，附宋万资族首领，赐名李文顺
【长编影】100/7 上
【汇编】中一 1622
苏尼 西界投宋蕃部
【长编标】471/11238
【长编影】471/2 上
【汇编】中五 5144
苏奴儿 又作苏木诺尔、索诺尔，夏景宗李元昊部下
【宋史】485/夏国传上/13994
【长编标】117/2765
【汇编】上 61
苏执义 西夏开封府尹，即中兴府尹，使金贺受尊号
【金史】60/交聘表上/1405
【汇编】下 6585
苏执礼 西夏金吾卫上将军，使金贺尊号
【金史】61/交聘表中/1418、1420、1437
【汇编】下 6722、下 6763
苏吃曩 窃夏景宗李元昊赐野利氏宝刀
【元刊梦溪笔谈】13/21
【汇编】中二 2626
苏守信 西夏军校
【长编标】76/1735；85/1951、1952；88/2031
【长编影】76/8 下；85/15 下；88/18 下
【宋会要】蕃夷 4 之 6/7716、4 之 8/7717；方域 21 之 23/7672
【汇编】中一 1503、1539、1540
苏志纯 西夏武功大夫，使金贺万春节
【金史】60/交聘表中/1441
苏沁定马 又作苏沁定玛，附宋西蕃首领吕永信子
【长编标】505/12033
苏沁定玛 又作苏沁定马，附宋西蕃首领吕永信子

【长编标】503/11978
【长编影】503/8 下、505/7 上
【汇编】中六 5438、5470
苏寅孙 西夏枢密都承旨，使金谢赐生日
【金史】62/交聘表下/1480
【汇编】下 6821
苏越罗 定难节度使李光睿女婿
【中国藏西夏文献】18/宋定难军节度使李光睿墓志铭/74
苏御带 西夏边官将
【长编标】295/7181
【长编影】295/5 上
【汇编】中四 4084
苏渴嵬 又作苏尔格威，附宋万子族首领，赐名李文顺
【长编标】100/2316
苏夤孙 西夏宣德郎，使金贺正旦
【金史】62/交聘表下/1471
李七罗 又作李丕禄，绥州刺史李光琇子
【长编标】12/266
李大信 与夏太祖李继迁起夏州
【宋史】485/夏国传上/13986
【汇编】上 53
李子美 西夏匦匣使，使金谢横赐
【金史】61/交聘表中/1420
【汇编】下 6722
李王 即夏国王
【元史】119/木华黎传/2934、孛鲁传/2936
【元史译文证补】1 下/21 下
【元朝名臣事略】1 之 1/太师鲁国忠武王（木华黎）传/5 下
【朔方广武志】上/茔墓/28 下
【汇编】下 6872、6883、6911、6951
李元吉 枢密使，使金奏告
【金史】62/交聘表下/1461、1480
【汇编】下 6820
李元贞 西夏殿前太尉，陈慰使
【金史】61/交聘表中/1449
李元昊 夏景宗，又名赵元昊
【辽史】18/兴宗纪 1/220；19/兴宗纪 2/230、231；20/兴宗纪 3/238、240、243；74/韩绍芳传/1233；91/萧术哲传/1363；93/萧惠传/1374；109/罗衣轻传/1479；114/古迭传/1515；115 西夏记/1526
【蒙兀儿史记】154/色目氏族上/34 下
【闻过斋集】1/22 上；5/15 下
【名臣碑传琬琰集】中集 43/曹武穆公玮行状/1034
【甘肃新通志】13/舆地志·古迹·兰州府·皋兰县/2 下
【陕西通志】13/山川 6 葭州·神木县/63 下
【汇编】上 119、577；中一 1673、1740；中三 2895、3008、3009、3109、3168；补遗 7204、7210、7255、7279
李元膺 西夏左金吾卫正将军
【金史】62/交聘表下/1458
李太尉 西夏驻白豹城太尉
【长编标】128/3044
【长编影】128/18 上
【宋会要】兵 14 之 17/7001
【涑水记闻】12/6 上
【汇编】中二 2092、2095
李仁友 夏崇宗李乾顺子
【宋史】486/夏国传下/14026
【金史】62/交聘表下/1494；134/西夏传/2871
【大藏经】佛祖历代通载 32/40 下
【汇编】上 92、131；下 6813
李仁孝 夏仁宗
【金史】4/熙宗亶纪/75；6/世宗雍纪上/121、147；10/章宗纪 2/230；50/食货志 5/1114；60/交聘表上/1400；61/交聘表中/1426、1436；62/交聘表下/1460、1494；66/（完颜）衷传/1563；88/纥石烈良弼传/1952；91/结什角传/2017；134/西夏传/2868、2869、2870、2871
【朝野杂记】乙集 19/边防/1180
【甘肃新通志】7/舆地志·山川下·宁夏府·灵州/21 下；9/舆地志·关梁·甘州府·张掖县/92 下；29/祠祀志·祠宇下·甘州府·张掖县/53 下
【陇右金石录】4/黑河建桥敕碑考释/62 下
【汇编】上 127、128、129、130、131、148；下 6524、6740、6743、6744、6746、6760、6761、6763、6772、6786、6792、6937
李公达 西夏宣德郎，使金贺天寿节

【金史】62/交聘表下/1467
【汇编】下 6801
李氏 定难军康成曾祖母
【中国藏西夏文献】18/宋定难军官内都指挥使康成墓志铭/61
李氏 夏景宗李元昊从父山遇妻
【长编标】122/2881
李氏 夏景宗李元昊从父善约特妻
【长编影】122/9 下
【汇编】中一 1750
李氏 倡姥，得梁氏阴事以骂
【元刊梦溪笔谈】25/35
【汇编】中五 4654
李文政 西夏枢密直学士，使金谢横赐
【金史】62/交聘表下/1480
【汇编】下 6822
李文贵 夏景宗李元昊使人
【宋史】311/庞籍传/10200；335/种世衡传/10743；485/夏国传上/13998
【辽史】14/圣宗纪 5/156
【长编标】138/3330、3331、3332；139/3343
【长编影】138/20 上；139/6 下
【东都事略】127、128/附录 5、6
【隆平集】20/赵保吉传/3 下
【司马文正公集】78/太子太保庞公墓志铭/4 上
【石林燕语】8/4 下、78 下
【涑水记闻】9/13 上；10/7 上；11/17 上
【名臣碑传琬琰集】上集 22/庞庄敏公籍神道碑/348
【汇编】上 65、105、114；中一 1229；中二 2624、2630、2631、2632、2633、2634、2660、2661、2662、2667；中三 2983
李文信 西夏盐州首领
【长编标】56/1229
【长编影】56/5 上
【汇编】中一 1379
李文顺 西界内附万子族苏渴嵬赐名
【长编标】100/2316
【长编影】100/7 上
【汇编】中一 1622
李文喜 嵬名山小吏
【宋史】335/种谔传/10745
【涑水记闻】11/20 上
【汇编】中三 3445、3448
李文冀 使臣
【辽史】115/西夏记/1525
【汇编】上 119
李世昌 西夏武节大夫
【金史】62/交聘表下/1480
【汇编】下 6822
李叶 降宋西界钤辖吴名革部下
【长编标】507/12076
【长编影】507/4 下
【汇编】中六 5495
李弁 西夏徽猷阁学士
【金史】110/杨云翼传/2424
【汇编】下 6902
李师白 使金贺正旦
【金史】61/交聘表中/1420、1423、1427
李光文 定难军节度使李光睿弟
【中国藏西夏文献】18/宋定难军节度使李光睿墓志铭/74
李光远 银州刺史
【宋史】485/夏国传上/13983
【长编标】20/447
【长编影】20/5 下
【汇编】上 50、中一 980
李光信 定难军节度使李光睿弟
【中国藏西夏文献】18/宋定难军节度使李光睿墓志铭/74
李光宪 绥州刺史
【宋史】485/夏国传上/13983
【长编标】20/447
【长编影】20/5 下
【中国藏西夏文献】18/宋定难军节度使李光睿墓志铭/74
【汇编】上 50、中一 980
李光美 定难军节度使李光睿弟
【中国藏西夏文献】18/宋定难军节度使李光睿墓志铭/74
李光琇 绥州刺史
【长编标】12/266
【长编影】12/7 下
李光普 定难军节度使李光睿兄

【中国藏西夏文献】18/宋定难军节度使李光睿墓志铭/74

李光遂 定难军节度使李光睿弟

【中国藏西夏文献】18/宋定难军节度使李光睿墓志铭/74、宋管内蕃部都指挥使李光遂墓志铭并盖/84

李光新 定难军节度使李光睿兄

【中国藏西夏文献】18/宋定难军节度使李光睿墓志铭/74

李光睿 又作李光叡，定难军节度使

【中国藏西夏文献】18/宋定难军节度使李光睿墓志铭/73

李光叡 改名李克睿，定难军节度使

【旧五代史】132/李仁福传/1749

【宋史】485/夏国传上/13983

【长编标】8/197；17/376、383；19/429

【长编影】8/9 上；17/13 下、18 下；19/8 下

【隆平集】20/夷狄传/3 下

【册府元龟】436/5181 下

【朝野杂记】乙集 19/边防/1180

【汇编】上 50、112、163、166；中一 945、946、959、960；下 6936

李廷信 又作李延信，夏州李继迁弟

【宋史】485/夏国传上/13987

【长编标】36/793

【长编影】36/9 上

【汇编】上 54；中一 1084

李仲谔 西夏光禄大夫吏部尚书

【金史】62/交聘表下/1487

李延信 又作李廷信，夏州李继迁弟

【长编标】37/810

【长编影】37/4 下

【汇编】中一 1103

李庆源 西夏武节大夫，使金贺正旦

【金史】62/交聘表下/1467

李守元 夏太祖李继迁五从兄弟李继元改名

【长编标】88/2011

【长编影】88/1 下

【汇编】中一 1559

李守贵 疑为威密烈主，与西夏国母没藏氏私通

【长编标】184/4462

【长编影】184/15 下

【东都事略】127、128/附录 5、6

【汇编】上 107；中三 3220

李安全 夏襄宗

【宋史】486/夏国传下/14026

【金史】12/章宗纪 4/277；62/交聘表下/1477

【元史】1/太祖纪/14

【元朝秘史】13/1 上

【蒙兀儿史记】3/成吉思可汗本纪下/6 下、8 下、31 下

【蒙古源流笺证】3/18 下；4/1 上

【汇编】下 6812、6814、6816、6819、6823、6826、6827、6829、6853、6917、6918、6925

李兴 西界团练使

【长编标】132/3139；134/3197

【长编影】132/16 下；134/9 上

【汇编】中二 2291、2292、2393

李讹哆 又作李讹⿰口移、李吪⿰口移，降夏环庆定远大首领

【宋史】356/任谅传/11221

【皇宋十朝纲要】14/4 上

【汇编】中六 5370、5885

李讹移岩名 夏景宗李元昊侍卫队长

【儒林公议】上/4 上

【汇编】中二 2628

李讹⿰口移 又作李讹哆、李吪⿰口移、阿雅卜，降夏环庆定远大首领

【宋史】18/哲宗纪 2/351；486/夏国传下/14019

【长编标】495/11784、11785；496/11807、11811

【宋会要】兵 24 之 30/7193；方域 18 之 21/7620

【东都事略】127、128/附录 5、6

【皇宋十朝纲要】17/15 上、16 上、18 下

【汇编】上 85、86、110；中六 5461、5894、5896、5907、5912

李克文 夏州李继捧昆弟

【宋史】485/夏国传上/13984、13985

【长编标】23/519、530；88/2011

【长编影】23/7 上、16 上；88/1 上

【隆平集】20/夷狄传/3 下

【宋太宗实录】30/23 下、24 上

【太平治迹统类】2/太祖太宗经制西夏

【汇编】上 51、52、112；中一 993、996、1013、1024、1559

李克信 夏州李继捧昆弟，夏州蕃落指挥使
【宋史】485/夏国传上/13984
【汇编】上 51

李克宪 夏州李继捧昆弟
【宋史】259/袁继忠传/9005；485/夏国传上/13984
【长编标】23/519
【长编影】23/16 上
【太平治迹统类】2/太祖太宗经制西夏
【汇编】上 51；中一 996、1023

李克勤 西夏御史中丞，使金乞免索正隆末年所掳人口
【金史】61/交聘表中/1423
【汇编】下 6729

李克睿 又名李光叡，夏州节度使李彝兴子
【宋史】4/太宗纪 1/59；485/夏国传上/13983
【长编标】17/383；19/429；204/4935
【长编影】17/18 下；19/8 下；204/2 上
【东都事略】127、128/附录 5、6
【宋会要】礼 41 之 51/1043；仪制 11 之 19/2034
【奏议标】136/欧阳修·上英宗论西边可攻四事/1524
【奏议影】136/欧阳修·上英宗论西边可攻四事/4688
【欧阳文忠公全集】114/奏议政府/1 上
【汇编】上 50、100；中一 960、977、978；中三 3359；下 7018

李吪哆 又作李讹哆、李讹哆，降夏环庆定远大首领
【宋史】21/徽宗纪 3/396
【汇编】中六 5899

李良辅 夏将，金天辅六年率兵三万救辽
【金史】60/交聘表上/1388；70/习室传/1623；71/斡鲁传/1634；72/娄室传/1650；76/杲（斜也）盏传/1738；134/西夏传/2865
【汇编】上 125；中六 5947、5948

李阿雅卜 又作阿雅卜、李讹哆，降夏环庆定远大首领
【长编影】196/14 下

李纯佑 又名赵纯佑，夏桓宗
【宋史】486/夏国传下/14026
【金史】10/章宗纪 2/230、231；12/章宗纪 4/277；62/交聘表下/1461、1477、1491、1494；134/西夏传/2871
【陇右金石录】4/（附录）大夏国葬舍利碣铭考释/64 下
【嘉靖宁夏新志】2 寺观·大夏国葬舍利碣铭/44 下
【汇编】上 92、130、151、152；下 6792、6794、6812、6814

李青 又作李清，劝夏惠宗李秉常以河南地归宋秦人
【元刊梦溪笔谈】25/7
【汇编】中四 4139

李昌辅 西夏宣德郎，使金贺正旦
【金史】61/交聘表中/1442、1461

李国安 西夏翰林学士，使金贺正旦
【金史】61/交聘表中/1442；62/交聘表下/1460

李知白 使辽谢封册
【辽史】115/西夏记/1525
【汇编】上 119

李秉常 又名赵秉常，夏惠宗
【辽史】22/道宗纪 2/267、268、269；24/道宗纪 4/290、292；115/西夏记/1528
【范太史集】40/检校司空左武卫上将军郭公墓志铭/9 上、12 上
【续资治通鉴】65/1613
【名臣碑传琬琰集】中集 30/王学士存墓志铭/848、48/韩忠献公琦行状/1106、50/韩仪公丞相忠彦行状/1137；下集 16/冯文简公京传/1501
【初寮集】6/定功继伐碑/1 上
【临川集】73/与王子醇书/6 下
【栾城集】39/论西事状/15 上
【潞公文集】26/奏议 1 上；29/奏议 8 上
【金石萃编】147/折克行神道碑/1 上
【汇编】上 121、122、196；中三 3465、3468、3484、3507、3537、3544、3546、3595；中四 3792、4401；中五 4638、4785、4863、5231；补遗 7357、7366、7435、7440

李金明 夏景宗李元昊信使
【长编标】126/2989
【长编影】126/21 下

李郎君 即李将军、李清、李青，夏惠宗李秉

常近臣
【长编标】312/7571
【长编影】312/11 下
【汇编】中四 4126
李建德 西夏殿前太尉，使金谢横赐
【金史】62/交聘表下/1471
【汇编】下 6805
李屈移 使金副使
【系年要录】181/3015
【汇编】下 6606
李绍膺 中书省左司郎
【金史】62/交聘表下/1487
李荣 河西蕃部教练使
【宋史】491/党项传/14144
【长编标】52/1145
【长编影】52/4 上
【汇编】上 26
李睍 西夏末主
【宋史】486/夏国传下/14028
【元史】1/太祖纪/24
【元史译文证补】1 下/21 下
【元史类编】1/10 上
【元朝秘史】14/1 上
【蒙古源流笺证】4/1 上
【蒙兀儿史记】3/成吉思可汗本纪下/30 下、31 下；29/曷思麦里传/8 下；44/脱栾传/2 下
【汇编】上 94；下 6906、6911、6913、6917、6921、6922、6925、6926、6929
李贵 夏州赵保吉将佐
【太平治迹统类】2/太祖太宗经制西夏
【汇编】中一 1068
李彦宗 西夏齐国忠武王，遵顼父
【宋史】486/夏国传下/14027
【甘肃新通志】97/轶事/16 上
【汇编】上 92；下 6831
李彦崇 西夏御史大夫，使金谢赐生日
【金史】62/交聘表下/1463
【汇编】下 6795
李将军 即李青、李清，劝夏惠宗李秉常诱汉倡妇乐人
【宋史】486/夏国传下/14010
【长编标】312/7566
【长编影】312/7 上
【东都事略】127、128/附录 5、6
【汇编】上 76、108；中四 4120
李造福 夏崇宗李乾顺使人
【辽史】27/天祚帝纪 1/319、321、322、325；115/西夏记/1528
【汇编】上 122；中六 5717、5776、5786、5806、5816、5861
李家妹 西夏白豹寨首领，被俘后在庆州官员外充奴婢
【范文正集】言行拾遗事录/3/5 下
【汇编】中二 2096
李谅祚 又名拓跋谅祚、赵谅祚，夏毅宗
【辽史】20/兴宗纪 3/238、242、243、245、246、247；22/道宗纪 2/267；93/萧惠传/1375、萧慈氏奴传/1376；115/西夏记/1527、1528
【宋大诏令集】234/册夏国主谅祚文/911
【宋文鉴】53/2 下
【续资治通鉴】65/1613；66/1618
【文恭集】8/论西夏事宜/95
【乐全集】/附录 · 张方平行状/23 下；23/奏夏州事宜/1 上
【名臣碑传琬琰集】中集 19/邵安简公亢墓志铭/688；48/韩忠献公琦行状/1105、1106
【安阳集】家传 6/7 下、17 上、7/1 上、4 上、4 下；35/奏议/永兴军乞移乡郡/5 下
【初寮集】6/定功继代碑/1 上
【忠肃集】/拾遗/王开府（拱辰）行状/307
【范太史集】40/检校司空左武卫上将军郭公墓志铭/8 下
【潞公文集】18/奏议 1 下、4 下、9 上
【万历朔方新志】3/寺观/78 下
【宁夏府志】6/坛庙/府城/32 下
【嘉靖宁夏新志】2/寺观 · 大夏国葬舍利碣铭/44 下
【陇右金石录】4 /附录 · 承天寺碑考释/53 下
【汇编】上 120、121、150、151；中三 3109、3110、3116、3148、3149、3164、3165、3168、3181、3189、3199、3203、3204、3207、3289、3343、3349、3368、3378、3414、3430、3447、3454、3460、3465、3466、3468、3473、3482、3483、3484、

3489、3490、3501；中六 5997；补遗 7306、7313、7318、7319、7321、7323、7435

李继元 夏州李克文子，夏太祖李继迁五从兄弟，改名守元

【长编标】88/2011

【长编影】88/1 上

【汇编】中一 1559

李继迁 追封夏太祖，赐名赵保吉

【宋史】4/太宗纪 1/68、72；5/太宗纪 2/83、88、93、95、97、98、99、100；6/真宗纪 1/115、116、117；7/真宗纪 2/121、123、124；181/食货志下 3/4419；190/兵志 4/4720；250/石保兴传/8811、韩崇训传/8824、8825；253/折御卿传/8863、李继周传/8870；254/侯延广传/8884、8885；256/赵普传/8938；257/李继隆传/8965、8967、8968、李继和传/8969；258/曹璨传/8983、曹玮传/8984、8985；264/宋琪传/9129；265/张齐贤传/9155、9157；266/钱若水传/9166、李至传/9177、张洎传/9214；268/王显传/9230、9232；272/荆嗣传/9312、曹光实传/9315；274/翟守素传/9363、王侁传/9364；275/孔守正传/9371、尹继伦传/9376、薛丁罕传/9377、田仁朗传/9380；276/王昭远传/9408、尹宪传/9409；277/张鉴传/9416、卢之翰传/9424、索湘传/9420、郑文宝传/9425、9427、9428、裴庄传/9438；278/王超传/9465、王德用传/9466、雷孝先传/9463；279/陈兴传/9483、张进传/9486、李重贵传/9487、耿全斌传/9491、周仁美传/9492、张昭允传/9475、戴兴传/9476；280/田绍斌传/9497；281/吕端传/9515；282/李沆传/9539、向敏中传/9555；283/王林特传/9564、夏竦传/9572、9574；289/范廷召传/9698；290/夏守赟传/9715；291/吴育传/9728；292/田况传/9778；293/王禹偁传/9794、9795；301/梅询传/9984、马元方传/9986；304/梁鼎传/10058、王济传/10067；306/谢泌传/10095、朱台符传/10102；307/杨覃传/10130、10131；308/卢斌传/10141、裴济传/10144；324/刘文质传/10492；326/卢鉴传/10527、10528、康德舆传/10536；341/孙奭传/12804；441/曾致尧传/13051；463/刘文裕传/13547；466/窦神宝传/13600、秦翰传/13614、张崇贵传/13617、13618、张继能传/13620；485/夏国传上/13984、13985、13986、13987、13988、13989、13991、13995；490/回鹘传/14115；491/党项传/14139、14140、14141、14142、14143、14144、14145；492/吐蕃传/14154、14155、14156

【辽史】11/圣宗纪 2/119、127；12/圣宗纪 3/130、133、134；13/圣宗纪 4/139、140、141、142、149；14/圣宗纪 5/155、158、159；46/百官志 2・北面边防官/752；82/耶律德威传/1291；115/西夏记/1523、1524、1525

【金史】134/西夏传/2876

【长编标】25/586；29/653；32/718；35/770；36/785、790、793、800；37/810；38/825；39/833、835、837；40/850；41/873；42/894、896、897；43/910；44/932、942、945；45/965；46/997；47/1015、1036；48/1057；49/1068、1071、1072、1077、1078；50/1087、1089、1092、1093、1095、1101；51/1111、1118；52/1136、1137、1138；53/1155；54/1180、1181、1186、1188、1193、1194；55/1202、1203、1216、1219；56/1228、1233、1236、1239、1240；57/1253；58/1300；60/1346；63/1401；65/1448；68/1528、1537、1538；72/1623；74/1684；85/1939；88/2011；123/2894、2910、2911、2912；125/2958；126/2980、2984、2994；131/3095；132/3134；134/3193、3194；139/3348；142/3412；185/4469；204/4935、4936；216/5267；259/6321；341/8206；365/8751、8752；366/8787、8795；442/10631；450/10814；509/12114

【长编影】25/13 下；29/7 上；32/8 上；35/5 上、11 下；36/1 下、6 下、9 上、15 上；37/4 下；38/7 下；39/5 下、7 上、36 下；40/8 下；41/6 上、9 上；42/12 下、15 上；43/3 下；44/3 下、12 下、15 上；45/10 上；46/17 上；47/6 下、12 下、24 上；48/13 上；49/5 上、7 下、8 上、8 下、10 上、11 下、13 下、14 下；50/5 下、7 下、11 上、12 上、16 上、17 下、18 上；51/4 下、10 下、13

下、14 下；52/6 上、7 下、8 上；53/14 上；54/3 上、3 下、5 下、6 上、6 下、9 上、11 上、12 上、13 下、17 上、17 下；55/2 下、14 上、14 下、17 上；56/4 上、8 下；57/2 下；58/5 上、23 下；60/13 上；63/4 上；65/6 上；68/4 下、17 下、18 上、18 下；72/2 上；74/4 上；85/4 下；88/1 下；123/2 上；125/18 下；126/13 上；131/3 上；132/7 下；134/5 下；139/10 下；142/17 上；185/2 下；204/2 上、2 下；216/15 上；259/10 下；341/11 上；365/7 上、7 下、8 上；366/15 上、17 上；442/1 上；450/7 下；509/4 上

【隆平集】4/张齐贤传/12 上；9/枢密李继隆传/3 下；17/折御卿传/11 下；18/田绍斌传/11 上、李重贵传/12 上；19/卢鉴传/2 上；20/夷狄传/3 下

【东都事略】127、128/附录 5、6；129/附录 7/1 下

【宋会要】职官 47 之 59/3447、64 之 12/3826；食货 23 之 22/5185、23 之 23/5186；兵 8 之 11/6892、8 之 19/6896、14 之 14/6999、14 之 15/7000、27 之 4/7248、27 之 41/7267；方域 21 之 1/7661、21 之 3/7662、21 之 15/7668、21 之 17/7669、21 之 19/7670、21 之 20/7671；蕃夷 4 之 2/7714、4 之 3/7715、4 之 13/7720、6 之 18/7827

【奏议标】44/陈并・上哲宗答诏论彗星陈四说/461；45/任伯雨・上徽宗论月晕围昴毕/470；130/张齐贤・上真宗论陕西事宜/1438、1439、张齐贤・上真宗乞进兵解灵州之危/1439、杨亿・上真宗论弃灵州为便/1440、1442；132/田况・上仁宗论攻策七不可/1465、田况・上仁宗兵策十四事/1469；133/张方平・上仁宗因郊禋肆赦招怀西贼/1476、范仲淹等・上仁宗论元昊请和不可许者三大可防者三/1484；134/韩琦・上仁宗论备御七事/1494；136/欧阳修・上英宗论西边可攻四事/1524、司马光・上神宗纳横山非便/1527；137/刘述・上神宗论不可伐丧/1535；138/司马光・上哲宗乞还西夏六寨/1553、1554、吕大防・上哲宗答诏论西事/1557

【奏议影】44/陈并・上哲宗答诏论彗星陈四说/1643；45/任伯雨・上徽宗论月晕围昴毕/1670；130/张齐贤・上真宗论陕西事宜/4421、4423、张齐贤・上真宗乞进兵解灵州之危/4423、杨亿・上真宗论弃灵州为便/4427、4433；132/田况・上仁宗论攻策七不可/4509、田况・上仁宗兵策十四事/4521；133/张方平・上仁宗因郊禋肆赦招怀西贼/4541、范仲淹等・上仁宗论元昊请和不可许者三大可防者三/4564；134/韩琦・上仁宗论备御七事/4756；136/欧阳修・上英宗论西边可攻四事/4688、司马光・上神宗纳横山非便/4696；137/刘述・上神宗论不可伐丧/4719；138/司马光・上哲宗乞还西夏六寨/4775、4777、吕大防・上哲宗答诏论西事/4785

【宋大诏令集】159/废夏州旧城诏/599；213/咨访宰相枢密援灵州诏/808；232/又回札子/901、905；233/赵保吉赐姓名除银州观察使诏/905；240/赐潘罗支诏/943

【资治通鉴】249/8045；279/9127；288/9407

【宋太宗实录】76/35 上；79/38 上；80/43 上

【宋朝事实类苑】40/525；78/1022 引东轩笔录

【朝野杂记】乙集 19/边防/1180

【元刊梦溪笔谈】13/15

【元宪集】33/宋故推诚翊戴功臣彰武军节度延州管内观察处置使等使曹公行状/344；34/宋故推诚翊戴功臣彰武军节度延州管内观察处置等使曹公墓志铭/352

【文庄集】14/陈边事十策/1 上

【文忠集】63/资政殿大学士毗陵侯赠太保周简惠公（葵）神道碑/13 下

【东坡全集】16/故龙图阁学士滕公墓志铭/6 下；20/李继和传/3 下；28/冯继业传/1 上；47/杨亿传/1 上；48/曾致尧传/1 上；115/文艺郑文宝传/2 上

【乐全集】19/平戎十策及表/13 下；20/请因郊禋肆赦招怀西贼札子/24 上；22/秦州奏唃厮啰事/20 上

【司马文正公集】25/章奏 23/3 上；35/章奏 33/1 上、8 下

【玉壶清话】4/3 上；6/2 下

【初寮集】6/定功继伐碑/1 上

【净德集】19/虑边论二/205

【忠肃集】拾遗/王开府（拱辰）行状/307

【欧阳文忠公全集】21/碑铭尚书户部郎中赠右

谏议大夫曾公神道碑铭/2 上、2 下；23/碑铭忠武军节度使同中书门下平章事武恭王公神道碑铭 1/上；27/墓志翰林侍读学士给事中梅公墓志铭/2 上；29/墓志少府监分司西京裴公（济）墓志铭/14 上；114/奏议 1 上；126/归田录/13 上

【武经总要】前集 18 下/西蕃地界/1 上；后集 3/9 下、13/5 下

【河南先生文集】23/议攻守/1 上、按地图/3 下

【临川集】88/翰林侍读学士知许州军州事梅公神道碑/4 下；90/鲁国公赠太尉中书令王公行状/6 上；92/户部郎中赠谏议大夫曾公墓志铭/2 下

【宋朝事实类苑】56/引湘山野录/742

【太平治迹统类】2/太祖太宗经制西夏；5/真宗经制西夏

【栾城集】20 上/神宗皇帝书/18 下

【涑水记闻】2/10 下；3/3 上、4 上；7/11 下；9/3 下

【梁溪集】144/御戎论/1 上

【名臣碑传琬琰集】上集 22/夏文庄公竦神道碑/342；中集 43/曹武穆公玮行状/1031；下集 2/张文定公齐贤传/1301、1304

【稽古录】7/81 上；17/78 下、80 上、81 上

【儒林公议】上/3 下

【潞公文集】29/奏议 8 上

【大藏经】佛祖历代通载 32/41 下

【陕西通志】13/山川 6 · 葭州边外/73 下；71/陵墓 2 · 榆林府 · 榆林县/15 下

【宁夏府志】2/沿革/18 上；4/古迹 · 宁夏 · 宁朔县/12 上、陵墓/19 下

【甘肃新通志】7/舆地志 · 山川下 · 庆阳府 · 环县/16 上；13/舆地志 · 古迹 · 兰州府 · 靖远县/6 下、舆地志 · 古迹 · 宁夏府 · 宁夏县 · 宁朔县/33 下、舆地志 · 古迹 · 宁夏府 · 灵州/36 下

【榆林府志】4/葭州水/16 上；8/建置志 · 坟墓/17 上

【嘉靖宁夏新志】2/古迹/56 上

【横山县志】1/地理志 · 古迹/13 上；2（東顺斋石印本）/26 上

【汇编】上 21、22、23、24、25、26、27、28、34、36、51、52、53、54、55、56、58、62、100、111、112、117、118、119、136、171、178、180、221、236、825、887、907；中一 994、995、998、1004、1006、1014、1015、1016、1017、1018、1019、1020、1021、1023、1024、1025、1026、1027、1028、1029、1030、1031、1034、1035、1037、1041、1044、1046、1047、1049、1050、1051、1053、1054、1055、1056、1059、1060、1061、1062、1063、1064、1068、1071、1072、1073、1077、1079、1080、1082、1083、1084、1085、1086、1088、1089、1092、1102、1103、1106、1107、1108、1109、1110、1111、1112、1113、1114、1116、1119、1120、1121、1123、1124、1126、1127、1128、1129、1131、1132、1136、1137、1138、1139、1140、1141、1143、1144、1145、1146、1147、1148、1149、1150、1152、1153、1154、1155、1158、1161、1162、1163、1165、1166、1169、1170、1171、1172、1177、1179、1180、1182、1183、1184、1185、1186、1187、1190、1191、1192、1193、1197、1203、1204、1206、1212、1215、1218、1219、1220、1221、1224、1225、1229、1230、1232、1233、1234、1235、1236、1238、1239、1240、1242、1244、1245、1246、1247、1250、1251、1252、1254、1256、1257、1258、1259、1263、1264、1267、1268、1269、1270、1271、1278、1279、1282、1283、1285、1286、1287、1291、1292、1293、1294、1295、1297、1299、1302、1303、1304、1305、1307、1308、1309、1316、1317、1318、1319、1320、1329、1333、1334、1337、1344、1345、1346、1347、1348、1349、1350、1354、1355、1356、1357、1358、1359、1360、1361、1362、1363、1366、1367、1368、1369、1376、1377、1378、1379、1382、1383、1384、1385、1386、1389、1390、1391、1392、1394、1395、1396、1401、1406、1407、1410、1425、1432、1433、1434、1459、1473、1475、1478、1485、1495、1505、1559、1563、

1617、1689、1718、1726、1727、1757；中二 1775、1794、1795、1796、1797、1799、1803、1871、1939、1953、2163、2165、2182、2235、2277、2366、2367、2379、2382、2677；中三 3224、3266、3359、3433、3480、3489、3527、3617；中四 3833、3835、4135、4537；中五 4664、4665、4674、4676、4679、4990；中六 5336、5523、5529、5698、5881；下 6726、6861、6934、6937、6938、6941、6942、6948、6950、6951、7240、7241、7243、7366、7408、7435、7447

李继冲 夏太祖李继迁弟，赐名赵保宁

【宋史】485/夏国传上/13986

【辽史】46/百官志 2・北面边防官/751

【长编标】32/718

【长编影】32/8 上

【汇编】上 53；中一 1030、1050

李继忠 夏太祖李继迁弟，四番都统军

【辽史】11/圣宗纪 2/119

【东都事略】127、128/附录 5、6

【汇编】上 101、中一 1029

李继捧 定难节度使，赐名赵保忠

【宋史】4/太宗纪 1/68、69；5/太宗纪 2/82；82/地理志/2094；272/曹光实传/9315；283/夏竦传/9573；485/夏国传上/13983、13984、13985

【辽史】12/圣宗纪 3/133；13/圣宗纪 4/142；115/西夏记/1525

【长编标】20/457；21/480；23/520；25/575、576、585；29/653；123/2911；204/4935

【长编影】20/14 上；21/9 下；23/7 上、7 下、16 上；25/4 下、5 上、13 下；29/7 上；123/17 下；204/2 上

【东都事略】28/冯继业传/1 上；48/曾致尧传/1 上；127、128/附录 5、6

【隆平集】20/夷狄传/3 下

【宋会要】礼 59 之 2/1670；职官 47 之 59/3447；方域 4 之 22/7381

【奏议标】136/欧阳修・上英宗论西边可攻四事/1524

【奏议影】136/欧阳修・上英宗论西边可攻四事/4688

【宋大诏令集】103/李继捧移镇制/382、李继捧加恩制/382；159/废夏州旧城诏/599

【宋太宗实录】29/17 上

【元刊梦溪笔谈】13/15

【文庄集】14/陈边事十策/1 上

【方舟集】16/赵郡王墓志铭/26 上

【欧阳文忠公全集】21/碑铭/尚书户部郎中赠右谏议大夫曾公神道碑铭/2 上；114/奏议/1 上

【净德集】19/虑边论二/205

【武经总要】前集 18 下/西蕃地界/1 上

【咸平集】29/制诰/6 下

【太平治迹统类】2/太祖太宗经制西夏

【资治通鉴】279/9127

【朝野杂记】乙集 19/边防/1180

【潞公文集】29/奏议/8 上

【陕西通志】13/山川 6・葭州边外/73 下

【嘉靖宁夏新志】2/古迹/56 上

【中国藏西夏文献】18/宋定难军节度使李光睿墓志铭/74、西夏六面木缘塔题记/266

【汇编】上 50、51、53、55、100、112、119、887；中一 983、987、993、994、995、996、1009、1010、1014、1015、1023、1029、1032、1034、1035、1041、1045、1051、1077、1079、1082、1279、1294、1726、1728；中二 1794、1797；中三 3359；中四 3833；下 6695、6737、6936、6941；补遗 7099、7240、7366、7367

李继瑗 夏太祖李继迁弟

【宋史】6/真宗纪 1/107；485/夏国传上/13988

【宋会要】蕃夷 7 之 13/7846

【宋太宗实录】26/3 下

【汇编】上 55；中一 1002、1198

李继筠 定难军节度观察留后

【宋史】4/太宗纪 1/59、61；485/夏国传上/13983

【长编标】19/429；20/447、454

【长编影】19/8 下；20/5 下、14 上

【东都事略】127、128/附录 5、6

【隆平集】20/夷狄传/3 下

【朝野杂记】乙集 19/边防/1180

【中国藏西夏文献】18/宋定难军节度使李光睿墓志铭/74、宋定难军节度使李光睿墓志铭/80

【汇编】上 50、100、112、115；中一 977、

980、983；下 6936

李继颜 保大军节度使

【文苑英华】457/授李思敬武定军李继颜保大军节度使制/2328

【汇编】补遗 7231、7232

李乾顺 又名赵乾顺，夏崇宗

【辽史】24/道宗纪 4/292；25/道宗纪 5/297；26/道宗纪 4/311；27/天祚帝纪 1/319、320、321、324；29/天祚帝纪 3/347；70/属国表/1177、1191；91/药师奴传/1364；98/耶律俨传/1415；100/萧得里底传/1428；115/西夏记/1528、1529

【金史】3/太宗纪/50；60/交聘表上/1400；134/西夏传/2865

【系年要录】9/211；12/271；16/332；96/1595；107/1750；118/1902；125/1046；129/2090

【大金吊伐录】1/回札子/27

【长编拾补】26 /17 上

【汉滨集】15/故客省使雄州防御使泾原路兵马钤辖兼第十一将郭公（成）行状/17 下

【初寮集】6/定功继代碑/1 上

【栾城集】39/论西事状/15 上

【浮溪文粹】14/朝散大夫直龙图阁张公（根）行状/12

【浮溪集】24/朝散大夫直龙图阁张公（根）行状/16

【平远县志】4/山川/18 上

【甘肃新通志】30/祠祀志·寺观·甘州府/张掖县/56 下

【陇右金石录】4 /附录·重修护国寺感通塔碑考释/56 上、大夏国葬舍利碣铭考释/64 下

【汇编】上 122、125、126、127、144、152；中五 4785、4801、4868、4869；中六 5446、5493、5691、5717、5728、5788、5811、5816、5850、5973、5974、5978、6006；下 6125、6128、6408、6455、6484、6498、6520；补遗 7377、7383、7392、7436、7439、7440

李崇贵 西夏边官，诱杀宋朝边将杨定

【宋史】290/郭逵传/9724；332/赵卨传/10684；485/夏国传上/14002；486/夏国传下/14007

【长编标】220/5347；234/5673；238/5800；243/5925

【长编影】220/12 下；234/3 上；238/13 下；243/13 下

【东都事略】127、128/附录 5、6

【长编纪事本末】83/8 上、8 下、9 下

【续资治通鉴】66/1618

【安阳集】家传 7/4 上、4 下、5 上

【范太史集】40/检校司空左武卫上将军郭公墓志铭/9 上

【济南集】7/郭宣徽（逵）祠堂记/15 上

【名臣碑传琬琰集】中集 19/邵安简公亢墓志铭/688、48/韩忠献公琦行状/1106

【潞公文集】29/奏议 8 上

【汇编】上 70、73、107；中三 3465、3466、3483、3484、3487、3488、3490、3492、3509、3512、3537、3538、3660、3676；中四 3776、3807、3856；补遗 7366

李崇德 西夏中书舍人，使金贺登宝位

【金史】60/交聘表上/1405

【汇编】下 6585

李崇懿 西夏御史大夫，使金贺尊安

【金史】61/交聘表中/1445

李清 又作李青，劝夏惠宗李秉常以河南地归宋

【宋史】486/夏国传下/14010

【汇编】上 76

李遇 取威戎城夏将

【宋史】486/夏国传下/14022

【金史】134/西夏传/2867、2868

【汇编】上 127

李遇昌 降夏环庆蕃将，夏国相

【东都事略】127、128/附录 5、6

【三朝北盟会编】61/1 上

【苕溪集】48/宋故武功大夫魏国公杨公（宗闵）墓碑/2 下、3 上、4 上

【汇编】上 110；中六 6052、6053；补遗 7423、7424、7427、7433

李敦复 娶帝姬的夏人

【靖康稗史】呻吟语/111

【汇编】下 6551

李嗣卿 西夏殿前太尉，多次使金

【金史】61/交聘表中/1434、1445；62/交聘表下/1458、1465

【汇编】下 6758、6799
李德广 西夏武节大夫，使金贺天寿节
【金史】62/交聘表下/1473
【汇编】下 6809
李德冲 西夏知中兴府事，使金奏告榷场
【金史】62/交聘表下/1465
【汇编】下 6799
李德旺 夏献宗，宋赐赵姓
【宋史】486/夏国传下/14027
【金史】134/西夏传/2876
【蒙古源流笺证】4/1 上
【蒙兀儿史记】3/成吉思可汗本纪下/19 上、28 下、30 下；44/脱栾传/1 下、2 下
【汇编】上 92、136；下 6854、6881、6901、6902、6906、6917、6922
李德明 又名赵德明，追封夏太宗
【元史】60/地理志 3/1450
【宋朝事实类苑】75/引东轩笔录（一）/994
【文庄集】14/陈边事十策/1 上
【乐全集】19/平戎十策/13 下；20/请因郊禋肆赦招怀西贼札子/24 上
【净德集】19/虑边论二/205
【甘肃新通志】13/舆地志·古迹·宁夏府·宁夏县·宁朔县/33 上
【乾隆宁夏府志】2/沿革/18 上；4/古迹·宁夏宁朔县/10 上
【嘉靖宁夏新志】2/古迹/56 上
【横山县志】（柬顺斋石印本）2/26 上
【汇编】中一 1660；中二 1797、1799、1803、2234、2382；中四 3833；下 6938、6941、6950、7086；补遗 7253
李德昭 夏太宗李德明
【辽史】14/圣宗纪 5/155、158、159、160、163；15/圣宗纪 6/168、173、174；16/圣宗纪 7/190；17/圣宗纪 8/202；18/兴宗纪 1/213、214；115/西夏记/1525、1526
【安阳集】家传 3/14 下
【汇编】上 119、120；中一 1224、1360、1366、1382、1397、1408、1465、1497、1515、1616、1659、1681、1687；中二 2750
李澄 使金贺万春节
【金史】61/交聘表中/1424
李遵顼 夏神宗
【宋史】486/夏国传下/14027
【金史】13/卫绍王永济纪/295；15/宣宗纪/334；62/交聘表下/1481；134/西夏传/2871、2873、2874、2875、2876
【元史】1/太祖纪/20
【蒙兀儿史记】2/木合黎传/5 上；3/成吉思可汗本纪下/8 下、19 上、28 下；44/脱栾传/1 下
【蒙古源流笺证】4/1 上
【甘肃新通志】97/轶事/16 上
【汇编】上 92、93、131、133、135、136；下 6826、6831、6832、6854、6857、6873、6881、6901、6902、6917、6918
李穆 使金贺正旦
【金史】61/交聘表中/1424
李彝玉 夏州李彝兴部将
【宋史】485/夏国传上/13982
【长编标】1/11
【长编影】1/9 下
【汇编】上 49；中一 923
严立本 西夏枢密直学士，使金谢横赐
【金史】61/交聘表中/1425、1431、1447
【汇编】下 6754、6782
来子敬 武功大夫，贺万春节
【金史】61/交聘表中/1439
折啰偻乂 西夏武节大夫，使金贺天寿节
【金史】62/交聘表下/1466
【汇编】下 6800
把里公亮 使金上誓表
【金史】60/交聘表上/1391；134/西夏传/2866
【汇编】上 125
连都敦信 西夏武节大夫，使金贺正旦
【金史】62/交聘表下/1468
【汇编】下 6802
吹同山乞 又作策卜腾善沁，西蕃首领
【长编标】126/2975、2976
【名臣碑传琬琰集】上集 5/富郑公弼显忠尚德之碑/80
【汇编】中二 1924
吹同乞砂 又作为策卜腾沁沙克，西夏首领
【长编标】126/2975、2976
【名臣碑传琬琰集】上集 5/富郑公弼显忠尚德

之碑/80
【汇编】中二 1924
时乂 银州牙校
【长编标】55/1216
【长编影】55/14 上
【汇编】中一 1367
吴子正 西夏宣德郎，使金贺天寿节
【金史】62/交聘表下/1464
【汇编】下 6795
吴日休 西夏宣德郎，使金贺正旦
【金史】61/交聘表中/1440
吴氏 定难度使李光睿妻
【中国藏西夏文献】18/宋定难军节度使李光睿墓志铭/74
吴氏 夏州李继捧母
【咸平集】29/制诰/6 下
【汇编】补遗 7099
吴名山 西夏钤辖吴名革弟
【长编标】505/12041
【长编影】505/14 下
【汇编】中六 5475
吴名革 西夏钤辖
【宋史】18/哲宗纪 2/352
【长编标】505/12041、12042；507/12076
【长编影】505/14 下；507/4 下
【汇编】中六 5475、5494
吴守正 万子都虞侯
【宋史】485/夏国传上/13989
【长编标】56/1229
【长编影】56/5 上
【汇编】上 56；中一 1379
吴没兜 行宫三司正、凑铭
【北京图书馆善本室藏拓片】重修护国寺感通塔碑
【汇编】上 142
吴明契 西夏厢官
【金史】134/西夏传/2871
【汇编】上 130
吴昊 夏景宗李元昊谋士
【长编标】126/2979
【长编影】126/12 下
【容斋三笔】11/5 上
【桯史】1/张元吴昊/6
【汇编】中二 1933、1934、1935、1937
吴宗 使宋贺英宗即位
【宋史】485/夏国传上/14002
【长编标】202/4905
【长编影】202/15 下
【汇编】上 69；中三 3322
吴埋保 西夏钤辖
【金石萃编】147/折克行神道碑/1 上
【汇编】上 197
吴哆遂良 西夏武节大夫，使金贺正旦
【金史】62/交聘表下/1460
【汇编】下 6791
吴箇 西夏修寺准备
【北京图书馆善本室藏拓片】重修护国寺感通塔碑
【汇编】上 142
吴德昌 西夏武功大夫，使金贺万春节
【金史】61/交聘表中/1442
员元亨 西夏武节大夫，使金贺正旦
【金史】62/交聘表下/1464
利守信 使金贺正旦
【金史】61/交聘表中/1424
佞令受 夏景宗李元昊长子
【欧阳文忠公全集】127/归田录/1 上
【汇编】中三 3107
何公 夏州观察使
【中国藏西夏文献】18/宋摄夏州观察使何公墓志铭并盖/67
何令图 夏州观察使何公子
【中国藏西夏文献】18/宋摄夏州观察使何公墓志铭并盖/67
何令柱 夏州观察使何公子
【中国藏西夏文献】18/宋摄夏州观察使何公墓志铭并盖/67
何令珣 夏州观察使何公子
【中国藏西夏文献】18/宋摄夏州观察使何公墓志铭并盖/67
何令谨 夏州观察使何公子
【中国藏西夏文献】18/宋摄夏州观察使何公墓志铭并盖/67
何令蕚 夏州观察使何公子

【中国藏西夏文献】18/宋摄夏州观察使何公墓志铭并盖/67
何宪 夏太宗李德明属下孔目官
【长编标】58/1300
【长编影】58/23 下
【汇编】中一 1410
何继昭 何维文字
【中国藏西夏文献】18/宋摄夏州观察使何公墓志铭并盖/67
何维文 夏州观察使何公父
【中国藏西夏文献】18/宋摄夏州观察使何公墓志铭并盖/67
何嗣宗 何德遇字
【中国藏西夏文献】18/宋摄夏州观察使何公墓志铭并盖/67
何德遇 夏州观察使何公祖
【中国藏西夏文献】18/宋摄夏州观察使何公墓志铭并盖/67
伯德 西夏韦州蕃官
【长编标】351/8405
【长编影】351/3 上
【汇编】中五 4618
你思丁 夏将
【金史】113/赤盏合喜传/2493
【汇编】下 6866
你斯闷 又作尼斯们，夏景宗李元昊使臣
【宋史】485/夏国传上/13996
【长编标】123/2894
【汇编】上 63
彻辰 西夏军事首领
【长编标】407/9916
【长编影】407/20 下
【汇编】中五 4910
彻彻理威 又作持持理威，夏臣乞台普济曾祖
【蒙兀儿史记】154/色目氏族上/34 下
【汇编】上 587
余良 陈慰使
【金史】61/交聘表中/1449
邹显忠 西夏御史中丞进奉使
【金史】61/交聘表中/1449
辛荣 夏州子弟，投充礼宾院通事
【长编标】93/2139
【长编影】93/4 下
【汇编】中一 1594
怀克 西夏观察使
【长编标】133/3175
【长编影】133/13 下
汪三郎 夏葩俄族总管，附金，赐姓完颜
【金史】14/宣宗纪上/318；101/仆散端传/2232；134/西夏传/2872
【汇编】上 132；下 6842
汪奴哥 夏监府，受命遣蒙古方物
【元朝名臣事略】1 之 1/太师鲁国忠武王（木华黎）传/5 下
【汇编】下 6872
沃裕正 又作卧誉诤，夏景宗李元昊使臣
【长编影】138/20 上
【汇编】中二 2631
没兀 西界首领
【范文正公集】年谱补遗/2 上
【汇编】中二 1882
没罗埋布 夏景宗李元昊侍卫队长
【儒林公议】上/4 上
【汇编】中二 2628
没细好德 又作穆齐好德，西夏武功郎，奉表金朝贺正旦
【松漠纪闻】下/21
【汇编】下 6484
没细游成宁 又作玛新云且宁，西界投来部落子
【长编标】494/11754
【宋会要】蕃夷 6 之 31/7834
没啰卧沙 拒战磨哆隘大首领
【宋史】16/神宗纪/305
【长编标】317/7678
【长编影】317/20 上
【宋会要】兵 8 之 25/6899、14 之 19/7002
【汇编】中四 4210、4212、4220
没移氏 又作没𡃤氏，夏景宗李元昊妃
【长编标】162/3901
没移皆山 夏景宗李元昊妃没移氏父
【长编标】162/3901
没臧 夏毅宗李谅祚舅
【东原录】34 下

【汇编】补遗 7313

没啰氏 夏景宗李元昊妃

【宋史】485/夏国传上/14000

【东都事略】127、128/附录 5、6

【隆平集】20/夷狄传/3

【汇编】上 67、106、115

没藏氏 又作密藏氏，夏毅宗李谅祚母宣穆惠文皇后

【宋史】485/夏国传上/14000

【长编标】162/3902；184/4456、4462

【东都事略】127、128/附录 5、6

【元刊梦溪笔谈】25/5

【欧阳文忠公全集】127/归田录/1 上

【陇右金石录】4/附录·承天寺碑考释/53 下

【汇编】上 67、68、106、107、150；中三 3106、3107

没藏尼 又作密藏尼，夏毅宗李谅祚母没藏太后

【长编标】162/3902

【东都事略】127、128/附录 5、6

【汇编】上 106、107

没藏讹庞 专权外戚

【长编标】162/3902；184/4462；185/4471、4477；220/5361

【宋会要】兵 27 之 43/7268；食货 38 之 30/5481

【元刊梦溪笔谈】25/5、6

【欧阳文忠公全集】127/归田录/1 上

【汇编】中三 3106、3107、3267、3273

没藏猧龙 又作没藏讹庞，专权外戚

【宋朝事实类苑】75/990

【汇编】中三 3218

沁布 又作城逋，主兵马，被夏景宗李元昊诛族

【长编影】120/23 上；155/14 下；162/1 下

【汇编】中一 1737、中三 3104

沁威 又作成嵬，夏太宗李德明子，勒额藏渠怀氏生

【长编影】111/16 下

【汇编】中一 1688

沁裕 又作成遇，夏太宗李德明妻密克默特氏生

【长编影】111/16 下

【汇编】中一 1688

宋克忠 西夏武节大夫，使金贺天寿节

【金史】62/交聘表下/1464

【汇编】下 6795

宋宏 西夏宣德郎，使金贺正旦

【金史】61/交聘表中/1435

补细吃多巳 又作齐特济勒、保细吃多已、部细皆移，夏景宗李元昊后没藏氏亲信

【长编标】184/4462

补细相公 即补细吃多巳，又作拜锡相公，夏景宗李元昊后没藏氏亲信

【长编标】184/4462

张□□ 书李光遂墓志

【中国藏西夏文献】18/宋管内蕃部都指挥使李光遂墓志铭并盖/84

张元 又作张源，夏景宗李元昊谋臣

【宋史】298/陈希亮传/9919

【宋朝事实类苑】74/978

【闻见近录】13 上

【容斋三笔】11/5 上

【耆旧续闻】6/7 上

【桯史】1/张元吴昊/6

【清波杂志】2/6 下

【豫章文集】7/遵尧录 6/15 上

【麈史】中/5 上

【汇编】中二 1933、1934、1935、1936、1937、1938、2029、2371、2372；补遗 7295

张氏 夏州观察使何公祖母

【中国藏西夏文献】18/宋摄夏州观察使何公墓志铭并盖/67

张公甫 西夏翰林学士，使金谢册封

【金史】62/交聘表下/1478

【汇编】下 6817

张公辅 西夏宣德郎，使金贺天寿节

【金史】62/交聘表下/1462

【汇编】下 6794

张文显 夏景宗李元昊部下，主谋议

【宋史】485/夏国传上/13994

【长编标】120/2845；155/3768

【长编影】120/23 上；155/10 下

【汇编】上 61；中一 1737；中三 3048

张世恭 笔手，书《黑河建桥敕碑》

【陇右金石录】4/黑河建桥敕碑/62 上、黑河建桥敕碑考释/62 下
【汇编】上 147、148

张圭正 夏国贡使
【宋会要】礼 29 之 64/1095、37 之 14/1326

张团练 驻白豹城团练
【长编标】128/3044
【长编影】128/17 下
【宋会要】兵 14 之 17/7001
【涑水记闻】12/6 上
【汇编】中二 2092、2095、2096

张仲文 西夏宣德郎，使金贺天寿节
【金史】62/交聘表下/1457

张延寿 夏景宗李元昊使臣
【宋史】485/夏国传上/13998
【长编标】145/3512；150/3631；156/3779
【长编影】145/16 下；150/9 上；156/2 上
【安阳集】家传 4/17
【欧阳文忠公全集】98/奏议/4 下
【汇编】上 66；中二 2812、2830；中三 2931、3013、3053

张聿正 夏国使臣
【宋史】486/夏国传下/14014
【长编标】360/8605
【长编影】360/1 上
【汇编】上 80；中五 4638

张希道 使金贺正旦
【金史】61/交聘表中/1431、1439

张灵州 侦边事西人
【长编标】301/7326
【长编影】301/6 下
【汇编】中四/4106

张政思 供写南北章表
【北京图书馆善本室藏拓片】重修护国寺感通塔碑
【汇编】上 142

张思义 西夏宣德郎，使金贺正旦
【金史】62/交聘表下/1458
【汇编】下 6788

张祐 岚州仓使，自夏国归金
【金史】15/宣宗纪中/348
【汇编】下 6860

张陟 右仆射兼中书侍郎平章事，主谋议
【宋史】485/夏国传上/13994
【长编标】120/2845
【长编影】120/23 上
【嘉靖宁夏新志】2/寺观・大夏国葬舍利碣铭/44 下
【陇右金石录】4/附录・大夏国葬舍利碣铭考释/64 下
【汇编】上 61、150、152；中一 1737

张绛 夏景宗李元昊臣僚，主谋议
【宋史】485/夏国传上/13994
【汇编】上 61

张浦 夏州孔目官，夏太祖李继迁谋士
【宋史】5/太宗纪 2/97；466/张崇贵传/13617；485/夏国传上/13986
【长编标】29/653；36/793；37/810；42/896；56/1228；60/1347；68/1520
【长编影】29/7 上；36/9 上；37/4 下；42/12 下、15 上；56/4 下；60/13 上；68/3 上
【东都事略】127、128/附录 5、6
【宋会要】职官 41 之 82/3207；兵 4 之 12/6998、14 之 13/6999；蕃夷 7 之 13/7846
【宋大诏令集】213/再答向敏中诏/809
【太平治迹统类】2/太祖太宗经制西夏
【汇编】上 53、54、55、101；中一 1027、1035、1084、1085、1101、1102、1103、1107、1186、1189、1377、1425、1435、1471

张兼善 使金贺万春节
【金史】61/交聘表中/1427、1439

张崇师 西夏宣德郎，使金贺天寿节
【金史】62/交聘表下/1460
【汇编】下 6791

张源 又作张元，夏景宗李元昊谋臣
【长编标】126/2979；127/3010
【长编影】126/11 下；127/7 上
【汇编】中二 1933、2002、2028

阿山比精 夏将
【三朝北盟会编】60/4 下
【汇编】中六 6044

阿布雅 又作讹勃遇，西夏副统军
【长编影】327/1 下
【汇编】中四 4366

阿迈 即统军威明阿迈，又作嵬名阿埋
【长编标】512/12188
【长编影】512/12 上
【汇编】中六 5563
阿伊克 夏太祖李继迁子李德明
【长编标】54/1181
【长编影】49/8 下；54/6 上；56/4 上
【汇编】中一 1350、1376、1377
阿约勒 夏太祖李继迁蕃部
【长编标】50/1101
【长编影】50/17 下
【汇编】中一 1285
阿克伊 夏太祖李继迁子阿伊克之误
【长编标】54/1193
【长编影】54/17 上
【汇编】中一 1359
阿克阿 西界首领
【长编标】179/4323
【长编影】179/1 下
阿沙敢不 夏神宗李遵顼臣僚
【元朝秘史】13/26 上、14/1 上
【蒙兀儿史记】28/孛斡儿出传/4 上；44/脱栾传/1 下、2 下
【蒙古源流笺证】3/18 下
【汇编】下 6852、6853、6901、6902、6903、6905、6914、6915
阿剌恍 党项太保，入辽朝贡
【辽史】12/圣宗纪 3/131；70/属国表/1140
【汇编】中一 1036
阿埋 即嵬名阿埋，又作阿迈，西夏统军
【宋史】350/郭成传/11085
【汇编】上 239；中六 5456
阿哩 又作阿理，夏景宗李元昊子，密克默特氏生
【长编影】162/1 上
【汇编】中三 3104
阿理 夏景宗李元昊子
【长编标】162/3901
阿移 夏太宗李德明小字
【宋史】280/杨琼传/9502；485/夏国传上/13989
【长编标】49/1072；56/1228；58/1300
【长编影】56/4 下；58/23 下
【隆平集】20/夷狄传/3 下
【汇编】上 56、113；中一 1240、1241
阿敏 鄂特丹卓麻原名
【长编标】506/12058
【长编影】506/8 下
阿雅卜 又作李讹哆、李吪哆，降夏环庆定远大首领
【长编影】495/18 下、19 上
阿遇 又作阿裕，西夏观察使
【宋史】326/张岊传/10523
【长编标】133/3180
【汇编】上 234
阿裕 又作阿遇，西夏观察使
【长编影】133/17 上
阿裕尔 又作呵遇，夏景宗李元昊从父善约特子
【长编影】122/8 下
【汇编】中一 1750
陈师古 使金贺万春节
【金史】61/交聘表中/1420
陈聿精 使宋陈慰副使
【宋史】124/礼志 27/2900；486/夏国传下/14014
【长编标】358/8566
【长编影】358/7 上
【宋会要】礼 29 之 61/1094、礼 43 之 17/1424
【汇编】上 80；中五 4635
陈岊 西夏间谍
【金史】14/宣宗纪上/318
【汇编】下 6843
纲浪凌 又名刚浪凌，西夏大首领
【长编标】155/3773
纲朗威 又作刚浪嵬，疑为刚浪崚，夏景宗李元昊部下
【长编影】145/8 下
【汇编】中二 2796
纲裕玛 又作周聿谟，西夏告哀使臣
【长编影】389/13 下
纳斡 又作闹罗，附宋西夏团练使
【长编影】136/21 下、137/13 上
【汇编】中二/2512、2536

纽卧文忠 西夏武功大夫
【金史】61/交聘表中/1420；134/西夏传/2868
【汇编】上 128
纽尚德 西夏武节大夫，使金贺正旦
【金史】62/交聘表下/1476
纽尚德昌 西夏武节大夫
【金史】61/交聘表中/1449；62/交聘表下/1467
【汇编】下 6801

八画

武元正 出使辽国
【辽史】15/圣宗纪 6/171
【汇编】中一 1510
武用和 西夏宣德郎，使金贺正旦
【金史】61/交聘表中/1438
武绍德 西夏精鼎匭匣使，使金贺正旦
【金史】62/交聘表下/1488
耶布移守贵 又作雅布移守贵，夏容州刺史
【长编标】133/3181
【中国考古学会第一次年会论文集】折继闵神道碑/455
【汇编】上 190
耶律氏 夏景宗李元昊妃
【长编标】162/3901
【长编影】162/1 下
【汇编】中三 3105
述仆 使臣
【蒙兀儿史记】27/木合黎传/5 下
【汇编】下 6875
拓跋元昊 夏景宗李元昊
【儒林公议】上/4 上、73 下
【司马文正公集】8/奏章 6/12 上
【汇编】中一 1604；中二 1789；中三 3280
拓跋仁友 又作李仁友，夏崇宗李乾顺子
【大藏经】佛祖历代通载 32/40 下
【汇编】下 6813
拓跋失都儿忽 夏襄宗李安全
【大藏经】佛祖历代通载 32/40 下
【汇编】下 6813
拓跋改德仁 夏献宗李德旺
【大藏经】佛祖历代通载 32/40 下
【汇编】下 6881
拓跋须蕃邸 夏神宗李遵顼
【大藏经】佛祖历代通载 32/40 下
【汇编】下 6829
拓跋亮 夏毅宗李谅祚
【宋朝事实类苑】75/990
【汇编】中三 3218
拓跋谅祚 夏毅宗李谅祚
【涑水记闻】9/14 下；10/14 上
【司马文正公集】7/奏章 5/12 上
【汇编】中三 3106、3286、3297
拓跋乾顺 又作李乾顺，夏崇宗
【大藏经】佛祖历代通载 32/40 下
【汇编】下 6813
拓跋德仁 夏献宗
【大藏经】佛祖历代通载 32/41 下
【汇编】下 6912
拓跋德明 夏太宗李德明
【儒林公议】上/3 下
【汇编】中一 1689
拉尔 又作腊儿，宥州蕃族
【长编影】95/1 下；96/26 下
【汇编】中一 1599
拉旺 西界首领
【长编标】134/3197
【长编影】134/10 上
【汇编】中二 2394
卧瓦哆 西夏钤辖
【长编标】356/8517
【长编影】356/9 上
【汇编】中五 4631
卧屈皆 庆寺都大勾当
【北京图书馆善本室藏拓片】重修护国寺感通塔碑
【汇编】上 142
卧勃哆 西夏首领
【长编标】316/7651
【长编影】316/13 上
【汇编】中四 4187
卧香乞 又作鄂桑格，告密夏景宗李元昊子阿理谋反
【长编标】162/3901

卧浪己 又作鄂朗吉，夏太祖李继迁部下指挥使
【宋史】6/真宗纪/116
【长编标】51/1111
【汇编】中一 1291
卧落绍昌 使金贺正旦
【金史】61/交聘表中/1431
卧普令济 又作鄂普凌济，夏景宗李元昊使臣
【宋史】485/夏国传上/13996
【长编标】123/2894
【汇编】上 63
卧誉诤 又作沃裕正，夏景宗李元昊使臣
【宋史】485/夏国传上/13998
【长编标】138/3332
【东都事略】127、128/附录 5、6
【汇编】上 65、105
卧德忠 武节大夫，贺正旦使
【金史】62/交聘表中/1469
迺令思敬 西夏中兴府事，使金贺登位
【金史】61/交聘表中/1450
迺令思聪 西夏御史中丞，殿前太尉，使金谢横赐
【金史】62/交聘表下/1460、1467
【汇编】下 6791、6801
迺来思聪 西夏殿前太尉，使金谢横赐
【金史】62/交聘表下/1474
【汇编】下 6810
卓贺 夏崇宗李乾顺大臣
【长编标】486/11547
【长编影】486/7 下
【汇编】中六 5294
尚对乌扎 又作赏都卧䛷，夏景宗李元昊部下，主兵马
【长编影】120/23 上
【汇编】中一 1737
尚奇 又作赏乞，诣种世衡处诈降夏人
【长编影】138/20 上
尚实 又作山喜，谋杀夏景宗李元昊之人
【长编影】115/15 上
【汇编】中一 1706
尚锦 夏国衙头首领差使
【长编标】506/12058
【长编影】506/8 下
【汇编】中六/5485
呵遇 又作阿裕尔，夏景宗李元昊从父山遇子
【长编标】122/2880
旺氏 即旺莽额，洪宥州酋长
【长编标】216/5252
【长编影】216/1 下
【汇编】中六 3609
旺布伊特满 又作万保移埋没
【长编影】45/9 下
旺令 又作旺凌，野利旺荣弟，一说为蕃官名号
【宋史】485/夏国传上/13998
【长编标】138/3332
【东都事略】127、128/附录 5、6
【汇编】上 65、105
旺约特和尔 又作周聿嚷，夏景宗李元昊使
【长编影】142/8 上
【汇编】中二 2738
旺罗附马 又作江罗附马，斩于罗萨尔
【长编标】503/11987
【长编影】503/15 下
【汇编】中六 5445
旺凌 又作旺令，叶勒旺荣弟，一说为西夏官名蕃号
【长编影】138/21 下
【汇编】中二 2631
旺莽额 洪宥州酋，监军额伯尔侄
【长编标】216/5251、5252；515/12260
【长编影】216/1 下；515/22 下
【汇编】中六 3609、5605
旺裕勒宁 又作罔豫章，夏惠宗李秉常使臣
【长编标】377/9151
【长编影】374/10 下；377/4 上
【汇编】中五 4714、4725
明叶示 延州蕃部首领
【长编标】50/1101
昊贼 即李元昊，夏景宗
【长编标】124/2920；125/2953；126/2984、2991、2994；127/3012；130/3081；131/3097、3098、3099；132/3129、3130、3131、3133、3134、3135、3137；134/3197、3205；135/

3220；136/3257；138/3319、3320；139/3349、3354；140/3358；142/3405、3408、3409、3414、3422；145/3508；149/3617；172/4137
【宋会要】兵 8 之 20/6897、8 之 21/6897、27 之 27/7260；蕃夷 6 之 3/7820
【奏议标】132/范仲淹·上仁宗乞严边城实关内奏议/1457、范仲淹·上仁宗论夏贼未宜进讨/1463、田况·上仁宗兵策十四事/1467、1468、1469、1470；134/富弼·上仁宗不可待西使太过/1489
【奏议影】132/范仲淹·上仁宗论夏贼未宜进讨/4502、田况·上仁宗兵策十四事/4515、4516、4522、4523、4527；133/范仲淹等·上仁宗论元昊请和不可许者三大可防者三/4565；134/富弼·上仁宗不可待西使太过/4577
【欧阳文忠公全集】102/奏议 1 下
【汇编】中二 2804
昌宁 西界首领
【长编标】297/7218
【长编影】297/2 下
昌里马乞 又作易里马乞、伊里马奇，夏景宗李元昊建国时点兵蓬子山
【宋史】485/夏国传上/13995
【汇编】上 62
易里马乞 又作伊里马奇、昌里马乞，夏景宗李元昊建国时点兵蓬子山
【长编标】122/2883
易浪升结 愿归西夏蕃部
【潞公文集】20/奏议 6 上
【汇编】补遗 7331
忠翼 使宋议夹攻金人
【宋史】486/夏国传下/14027
【汇编】上 93
罗氏 夏桓宗李纯佑母章献钦慈皇后
【宋史】486/夏国传下/14026
【金史】62/交聘表下/1477；134/西夏传/2871
【汇编】上 92；下 6812、6814
罗世昌 西夏观文殿大学士，宣德郎
【金史】62/交聘表下/1466、1480、1487；134/西夏传/2870
【汇编】上 136；下 6800、6820
罗莽 又作罗理，领西凉府事苏守信子
【长编标】88/2031
【长编影】88/18 下
罗逋 夏景宗李元昊将领
【宋史】325/王仲宝传/10514
【汇编】中二 2082
罗理 又作罗莽，苏守信男
【宋会要】蕃夷 4 之 8/7717
罗舒克 又作啰述，附宋西蕃大首领
【长编影】320/1 下
【汇编】中四 4253
罔氏 李继捧祖母
【咸平集】29/制诰/6 下
【汇编】补遗 7099
罔氏 夏仁宗李仁孝妻
【宋史】486/夏国传下/14024
【汇编】上 90
罔氏 夏太祖李继迁母，宋封西河郡太夫人
【长编标】32/718
【长编影】32/8 上
【汇编】中一 1051
罔氏 夏太宗李德明母，宋封西河郡太夫人
【宋史】485/夏国传上/13990
【长编标】65/1455
【长编影】65/11 下
【汇编】上 57；中一 1462
罔永德 西夏奏告使、御史中丞
【金史】61/交聘表中/1440
【汇编】下 6772
罔聿则 夏景宗李元昊贡使
【宋会要】蕃夷 7 之 26/7852
【汇编】中三 3042
罔聿谟 又作纲裕玛，西夏告哀使臣
【宋史】486/夏国传下/14015
【长编标】389/9463
【汇编】上 81
罔聿嚷 又作旺约特和尔，西夏使臣
【长编标】142/3403
【奏议标】134/欧阳修·上仁宗论西鄙议和先防北虏/1490
【奏议影】134/欧阳修·上仁宗论西鄙议和先防

北虏/4584
罔进忠 西夏武功大夫，使金贺万春节
【金史】61/交聘表中/1440；62/交聘表下/1458
罔佐执中 御史大夫，使金求册封李安全
【金史】62/交聘表下/1477
【汇编】下 6812
罔育讹 使宋谢册封李秉常
【长编纪事本末】83/11 上
【汇编】中三 3544
罔荣忠 西夏殿前太尉，使金谢横赐
【金史】61/交聘表中/1431
【汇编】下 6754
罔萌讹 又作刚明鄂特，西夏使臣
【宋史】486/夏国传下/14008
【汇编】上 74
罔敦信 西夏武节大夫，使金贺天寿节
【金史】62/交聘表下/1460
罔豫章 又作旺裕勒宁，西夏使臣
【宋史】486/夏国传下/14015
【长编标】374/9063
【汇编】上 80
委哥宁令 又作威噶尔宁，夏景宗李元昊从弟
【长编标】162/3902
【东都事略】127、128/附录 5、6
【汇编】上 106
季膺 宣德郎
【松漠纪闻】下/21
【汇编】下 6484
迤逦约腊 疑为叶勒约腊，又作野利遇乞，西夏大首领
【长编标】145/3502、3514
【长编影】145/8 下
【汇编】中二 2796
金紫公 曲也怯律
【雍虞先生道园类稿】42/立智理威忠惠公神道碑/25 下
【汇编】上 260、261
狗儿厢主 西界遮鹿、要册二砦蕃酋
【宋史】323/马怀德传/10466
【汇编】中二 2086
周宗义 西夏使臣
【范太史集】40/检校司空左武卫上将军郭公墓志铭/8 下
【汇编】中三 3454
庞罗逝安 又作庞咩偷布安，夏太祖李继迁部下
【宋史】485/夏国传上/13989
【长编标】56/1229
【汇编】上 56
庞咩偷布安 又作庞罗逝安，夏太祖李继迁部下
【长编影】56/5 上
【汇编】中一 1379
庞静师德 西夏武节大夫，使金贺天寿节
【金史】62/交聘表下/1460
【汇编】下 6791
闹罗 又作纳斡，西界团练使
【长编标】136/3270；137/3290
泪丁讹遇 又作泪丁讹裕、埒丹鄂特裕勒，被生擒于赤羊川
【宋史】486/夏国传下/14018
【宋会要】兵 8 之 35/6904
【汇编】上 84
泪丁讹裕 又作泪丁讹遇、埒丹鄂特裕勒，被宋生擒于赤羊川
【长编标】513/12202
郑美 附夏宋灵州屯戍军校
【长编标】124/2926
【长编影】124/8 下
【奏议标】131/富弼·上仁宗论西夏八事/1448
【奏议影】131/富弼·上仁宗论西夏八事/4447
【汇编】中二 1824
郑继隆 书李光睿墓志
【中国藏西夏文献】18/宋定难军节度使李光睿墓志铭/74、宋定难军节度使李光睿墓志铭/81
郑勗 西夏宣德郎，使金贺正旦
【金史】62/交聘表下/1476
诘丹格 西界部落子
【长编标】330/7956、7957
【长编影】330/10 下
【汇编】中四 4438
屈名 西夏礓诈寨守将香都妻
【长编标】319/7706

【长编影】319/7 上

屈移 西夏副使，两使南朝

【宋史】486/夏国传下/14025

【汇编】上 91

妹勒 夏景宗李元昊侍卫队长

【儒林公议】上/4 上

【汇编】中二 2627

妹勒都逋 又作昧勒都逋、穆賚多卜，西寿监军

【宋史】328/章楶传/10590；486/夏国传下/14018

【长编标】500/11900；504/12017、12018、12019；505/12026、12027、12029、12035、12038；506/12061；507/12080

【东都事略】127、128/附录 5、6

【宋会要】兵 8 之 33/6903、17 之 6/7040

【三朝北盟会编】60/4 下

【汇编】上 110、83；中六 5273、5455、6043

弩舍额济 又作弩涉俄疾，夏景宗李元昊使臣

【长编影】123/2 下

【汇编】中二 1776

弩涉俄疾 又作弩舍额济，夏景宗李元昊使臣

【宋史】485/夏国传上/13996

【长编标】123/2894

【汇编】上 63

细毋屈勿 夏景宗李元昊侍卫队长

【儒林公议】上/4 上

【汇编】中二 2628

细毋嵬名 夏景宗李元昊侍卫队长

【儒林公议】上/4 上

【汇编】中二 2628

细禹轻丁理 又作苏沁定玛，疑为细禹轻丁埋之误，西蕃归附大首领吕永信男

【宋会要】蕃夷 6 之 32/7834

细赏者埋 夏景宗李元昊侍卫队长

【儒林公议】上/4 上

【汇编】中二 2627

孟伯达 宣德郎，使金贺万春节

【金史】61/交聘表中/1422

【汇编】下 6729

九画

城逋 又作沁布，西夏大首领

【长编标】155/3773；162/3901

郝氏 定难军康成妻

【中国藏西夏文献】18/宋定难军官内都指挥使康成墓志铭/61

郝贵 夏太宗赵德明教练使

【长编标】61/1380

【长编影】61/22 上

【汇编】中一 1429

郝庭俊 西夏知中兴府事，使金谢赐生日

【金史】62/交聘表下/1463

【汇编】下 6795

南氏 定难军康成母

【中国藏西夏文献】18/宋定难军官内都指挥使康成墓志铭/61

南仙 辽国成安公主，夏崇宗李乾顺妻

【辽史】27/天祚皇帝纪/321；115/西夏记/1528

【汇编】上 122

荅加沙 又作答加沙、达尔沙、达加沙，昔李钤部父，夏国宰相

【蒙兀儿史记】154/色目氏族上/34 下

【汇编】上 582

荔茂先 又作哩穆先，夏国贺正使

【宋史】485/夏国传上/14002

【长编标】204/4934

【汇编】上 69

药乜永诠 庆寺监修都大勾当行宫三司正、兼圣容寺感通塔两众提举、律晶、赐绯僧

【北京图书馆善本室藏拓片】重修护国寺感通塔碑

【汇编】上 142

药熟 西使监军司蕃钤辖

【宋会要】蕃夷 6 之 16/7826

革瓦孃 附宋正钤辖

【宋史】486/夏国传下/14018

【汇编】上 84

赵山遇 又作赵善约特，夏景宗李元昊从父

【长编标】122/2800

赵元昊 夏景宗李元昊，宋赐赵姓

【宋史】10/仁宗纪 2/199、204、205；187/兵志

1/4574；190/兵志 4/4708、兵志 4·弓箭手社/4726；191/兵志 5/4751；196/兵志 10/4896；278/王德用传/9467；283/夏竦传/9572；286/薛奎传/9630；290/狄青传/9718；292/田况传/9778；294/苏绅传/9813、胥偃传/9818、赵师民传/9823；295/尹洙传/9834；297/郭劝传/9893；298/陈希亮传/9918；299/张洞传/9932；303/田京传/10051；304/杨告传/10073；312/韩琦传/10222；313/富弼传/10249；315/韩亿传/10299；317/邵亢传/10335；318/张方平传/10353；323/安俊传/10467；442/尹源传/13085；463/刘从广传/13550；467/张惟吉传/13635

【长编标】97/2250；112/2610；113/2654；114/2662、2682；115/2691、2692、2704；117/2765；119/2812、2813；120/2845；122/2880、2882、2887、2888；123/2901、2913；124/2925；125/2953；144/3479；203/4916、4919；204/4942；205/4949；365/8751；366/8787；470/11235

【长编影】97/9 下；112/7 上；113/21 上；114/3 下、20 上；115/4 上、14 下、18 上；117/17 下；119/15 下、16 下；120/23 上；122/8 下、10 下、14 下、16 上；123/8 下、19 上；124/7 上；203/5 下、8 下；204/7 下；205/7 下；365/7 下；470/16 下

【宋会要】礼 20 之 88/808、41 之 13/1384、41 之 54/1404；职官 32 之 3/3007；兵 8 之 20/6897、18 之 3/7059、27 之 25/7259、27 之 33/7263、27 之 41/7267；方域 6 之 5/7408、21 之 6/7664

【奏议标】131/富弼·上仁宗论西夏八事/1447；138/司马光·上哲宗乞还西夏六寨/1554

【奏议影】131/富弼·上仁宗论西夏八事/4445；138/司马光·上哲宗乞还西夏六寨/4776

【蒙兀儿史记】154/色目氏族上/34 下

【元宪集】23/授赵元昊开府仪同三司依前检校太师兼中书令定难军节度使西平王加食邑实封制/240；27/赐西平王赵元昊为赐差来人见辞例物诏/289、赐西平王赵元昊诏/289、赐中书门下诏/290

【元刊梦溪笔谈】9/31；25/31

【东坡全集】15/张公墓志铭/13 上；24/张方平札子/73 上

【司马文正公集】首卷/司马温公行状/28 上；19/章奏 17/1 上；20/言招军札子/1 下；81/周公神道碑/6 上

【玉海】141/康定论兵/15 上

【三朝北盟会编】62/5 下

【华阳集】36/宋元宪公庠神道碑/465

【安阳集】47/故崇信军节度副使检校尚书工部员外郎尹公墓表/2 上、故卫尉卿致仕高公（志宁）墓志铭/7 下

【宋大诏令集】233/赵元昊静难军节度西平王制/907、削赵元昊官爵除去属籍诏/908、赵元昊静难军节度西平王制/908

【宋朝事实类苑】75/988

【皇宋十朝纲要】5/9 下

【欧阳文忠公全集】1/古诗/7 下；20/范公神道碑/12 上；22/晏公神道碑/11 下；23/余襄公神道碑 8 上；28/尹师鲁墓志铭/11 下；31/尹君墓志铭/7 上；37/博平侯墓志铭/3 下；108/论史馆日历状/3 下；126/归田录/7 下；127/归田录/1 上、11 上

【范文正公集】9/答赵元昊书/6 下

【临川集】89/尚书工部侍郎枢密直学士狄公神道碑/7 上；91/田公墓志铭/1 下

【柳待制文集】2/题苏长公书曹侍中与王省副论赵元昊书/22 上

【涑水记闻】8/14 下；9/3 下、4 下、9 下、12 下、13 上；10/12 下；11/17 上；12/1 下、9 下、11 下、14 上

【谈苑】1/5 上

【梅溪集】奏议 3/乞审核李显忠等功罪札子/6 下

【渑水燕谈录】2/6 上

【名臣碑传琬琰集】上集 22/庞庄敏公籍神道碑/247、27/周侍郎沆神道碑/415

【稽古录】19/88 上

【豫章文集】7/遵尧录 6/13 上

【甘肃新通志】9/舆地志·关梁·平凉府·静宁州/22 下、舆地志·关梁·固原直隶州/25 下；13/舆地志·古迹·凉州府·平番县/47 上；29/祠祀志·祠宇下·庆州府·安化县/8 下、祠祀志·祠宇下·西宁府·西宁县/31

下
【陕西通志】59/人物 5/7 上
【延安府志】1/诗文/47 上
【嘉靖宁夏新志】3/中卫·古迹/40 上
【汇编】上 577；中一 1609、1662、1687、1691、1692、1694、1698、1701、1702、1703、1705、1707、1708、1711、1713、1733、1737、1745、1750、1751、1752、1757、1758、1759、1764、1765、1766；中二 1776、1778、1806、1807、1808、1810、1822、1823、1857、1860、1861、1879、1927、1931、1956、1962、1966、1967、2013、2051、2055、2056、2083、2147、2148、2169、2182、2197、2229、2230、2267、2268、2300、2344、2345、2355、2380、2416、2429、2462、2477、2525、2551、2582、2624、2638、2661、2690、2692、2714；中三 2850、2904、2906、3106、3107、3233、3254、3330、3369、3473；中六 5921、6057；下 6718；补遗 7121、7122、7255、7258、7263、7266、7270、7285、7390、7466

赵公良 西夏武节大夫，使金贺天寿节
【金史】62/交聘表下/1474
【汇编】下 6810

赵公直 夏军帅
【金史】3/太宗纪/48；72/娄室传/1651
【汇编】中六 5976

赵光祚 夏州节度使赵保忠牙校
【宋史】466/张崇贵传/13617；485/夏国传上/13985
【长编标】36/793
【长编影】36/9 上
【东都事略】127、128/附录 5、6
【汇编】上 52、101；中一 1084、1085

赵光祥 牙校
【长编标】35/775
【长编影】35/9 下
【汇编】中一 1074

赵光嗣 夏州李继捧指挥使
【宋史】5/太宗纪 2/93；64/五行志 2 下/1400；266/钱若水传/9166；485/夏国传上/13985
【长编标】35/776；36/800；301/7326
【长编影】35/10 上、11 下；36/15 上；301/7 上
【东都事略】127、128/附录 5、6
【宋会要】兵 14 之 10/6997
【宋朝事实类苑】40/525
【汇编】上 52、101；中一 1074、1076、1077、1079、1088、1089、1108；中四 4106

赵好 西夏武节大夫，使金贺正旦
【金史】62/交聘表下/1459
【汇编】下 6790

赵怀顺 西夏绥州将嵬名山，附宋后赐名赵怀顺
【宋史】14/神宗纪 1/272
【长编标】221/5387；476/11343
【长编影】221/18 上、18 下；476/7 上
【奏议标】125/范纯粹·上哲宗乞不许蕃官自改汉姓/1381
【奏议影】125/范纯粹·上哲宗乞不许蕃官自改汉姓/4260
【汇编】中三 3543、3686；中五 5171

赵良嗣 蕃官吕永信子楚清赐名
【长编标】503/11978
【长编影】503/8 下
【汇编】中六 5438

赵良 夏国御史中丞
【金史】61/交聘表中/1418

赵秉常 又名李秉常，夏惠宗
【宋史】14/神宗纪 1/269、270；16/神宗纪 3/304、310、311、313；17/哲宗纪 1/322、323；191/兵志 5/4736；291/李復圭传/9743；312/韩忠彦传/10230；314/范纯粹传/10280；315/韩维传/10308、韩缜传/10310；332/滕元发传/10674；333/俞充传/10702；334/林广传/10739；335/种谔传/10746；345/刘安世传/10951；349/姚麟传/11058；485/夏国传上/14003；486/夏国传下/14007、14008、14010、14011、10015
【长编标】213/5188；214/5204、5220；216/5251；218/5313、5314；226/5514、5515；229/5566、5574；230/5591；233/5651；234/5673；236/5734；237/5769；238/5800；241/5878、5883；248/6038、6063；251/6111；290/7099；312/7566、7568、7571；313/

7584、7585、7594；314/7601、7611；316/7641；319/7712；322/7764；328/7908；332/7998；336/8091；340/8177；341/8197；350/8384；360/8623、8624、8627；362/8657；363/8690；365/8749、8750、8751；366/8793、8794、8798；372/9008；374/9064；381/9283、9284；382/9313、9316；387/9419；388/9440；389/9463、9468、9470、9471、9472；390/9477、9493；391/9513；394/9591；395/9626；399/9722；400/9755；402/9780；404/9837、9852；405/9870；445/10724

【长编影】213/21 下；214/24 下；216/1 上；218/19 下；226/12 下、13 上；229/2 上、9 上；230/6 上；233/6 下；234/2 下、3 上；236/9 下；237/12 上；238/13 下；241/4 上、9 下；248/2 上、23 下；251/3 上；290/12 下；312/7 下、9 上、11 下；313/3 上、11 上；314/11 上；316/4 上；319/12 下；322/6 下；328/16 上；332/3 下；336/1 上、1 下；340/1 上；341/3 上；350/3 下；360/16 上、16 下；362/1 上；363/15 下；365/5 下；366/15 上、16 下、20 下；372/7 上；374/11 上、11 下；381/30 上；382/13 下；387/5 上；388/9 上；389/13 上、18 上、19 下、20 上、20 下；390/1 下、15 上；391/8 下；394/5 下；395/9 下；399/1 下；400/16 下；402/4 下；404/8 上、21 上；405/9 上；445/13 上

【东都事略】8/神宗纪/7 上；127、128/附录 5、6

【宋会要】礼 41 之 13/1384、41 之 54/1404；兵 8 之 22/6898、8 之 29/6901、8 之 30/6902、14 之 18/7001、28 之 19/7279、28 之 31/7285；蕃夷 7 之 37/7858、7 之 38/7858

【长编纪事本末】83/8 上、8 下、10 上、11 上

【宋大诏令集】235/赐夏国秉常诏/915、夏国秉常乞进誓文永遵臣礼赐诏/915、赐夏国主为行册礼诏/916、立夏国主册/916、许夏国主嗣子秉常从旧蕃仪诏/917、答夏国主秉常诏/917；236/赐夏国主秉常诏/919

【奏议标】137/司马光·上神宗谏西师/1540；138/文彦博·上神宗论关中事宜/1549、滕甫·上神宗谏伐西夏/1550、司马光·上哲宗乞还西夏六寨/1552、1553、吕大防·上哲宗答诏论西事/1557；139/范纯粹·上哲宗乞以弃地易被虏之人/1562、韩维·上哲宗论息兵弃地/1563、1564、范纯粹·上哲宗乞不妄动以观成败之变/1569、1570；140/范纯粹·上哲宗论息兵失于欲速/1578

【奏议影】137/司马光·上神宗谏西师/4735、4737；138/文彦博·上神宗论关中事宜/4760、滕甫·上神宗谏伐西夏/4763、司马光·上哲宗乞还西夏六寨/4771、4773、4775、吕大防·上哲宗答诏论西事/4785；139/范纯粹·上哲宗乞以弃地易被虏之人/4801、韩维·上哲宗论息兵弃地/4806、4807、范纯粹·上哲宗乞不妄动以观成败之变/4823、4824、4827；140/范纯粹·上哲宗论息兵失于欲速/4850

【皇宋十朝纲要】9/1 上、2 上

【元刊梦溪笔谈】25/7

【东坡全集】16/故龙图阁学士滕公墓志铭/6 下

【司马文正公集】30/章奏 28/3 上；34/请革弊札子/6 下；35/章奏 33/1 上；37/章奏 35/4 下

【华阳集】320/立夏国主册文/407

【朝野杂记乙集】19/边防/1180

【汇编】上 70、73、76、77、81、107、108；中三 3482、3484、3489、3492、3508、3512、3523、3524、3534、3539、3544、3576、3588、3592、3609、3637、3722、3723；中四 3738、3740、3741、3743、3766、3775、3776、3786、3798、3806、3825、3829、3904、3911、3932、4076、4120、4122、4124、4126、4128、4129、4130、4132、4135、4139、4142、4151、4158、4177、4247、4303、4344、4395、4462、4492、4494、4497、4527、4528、4534；中五 4610、4642、4643、4646、4650、4653、4662、4663、4664、4677、4678、4686、4693、4702、4715、4743、4751、4771、4772、4780、4783、4784、4785、4786、4787、4788、4797、4808、4810、4821、4844、4885、5029；下 6937、7018

赵保宁 李继迁弟李继冲赐名

【长编标】32/718

【长编影】32/8 上
【东都事略】127、128/附录 5、6
【汇编】上 101；中一 1051

赵保吉 李继迁赐名
【宋史】5/太宗纪 2/88、93；6/真宗纪 1/104、106、107；253/折御卿传/8863；268/王显传/9231；280/王杲传/9505；307/王陟传/10119；323/周美传/10457；466/张崇贵传/13618；485/夏国传上/13986
【长编标】32/718；35/767、775；42/896、901；43/910；44/950；45/964；64/1427
【长编影】32/8 上；35/2 下、3 上、9 下、11 下；42/15 上；43/3 下、9 下；44/19 上；45/9 上；64/4 上
【东都事略】28/1 上；127、128/附录 5、6
【方舟集】16/赵郡王墓志铭/26 上
【隆平集】20/夷狄传/3 下
【宋大诏令集】186/令赵保吉授夏台节制谕陕西诏/677；214/答赵保吉诏/814；233/赵保吉赐姓名除银州观察使诏/905、答银州观察使赵保吉诏/905、银州观察使赵保吉除定难军节度使制/905、赵德明拜官封西平王制/906
【宋会要】兵 4 之 12/6998；蕃夷 7 之 13/7846
【皇宋十朝纲要】2/18 下
【陕西通志】13/山川 6・葭州/56 下
【太平治迹统类】2/太祖太宗经制西夏
【朝野杂记】乙集 19/边防/1180
【稽古录】7/81 上；17/80 下、81 上；18/82 下、83 上
【汇编】上 53、54、101、112、113、115、172、178、231；中一 1050、1063、1067、1068、1074、1075、1076、1077、1086、1089、1101、1102、1103、1104、1109、1184、1187、1188、1189、1190、1196、1197、1198、1209、1211、1232、1251、1304、1328、1368、1387、1448、1449；下 6695、6937；补遗 7242

赵保忠 夏州李继捧赐名
【宋史】5/太宗纪 2/82、84、86、90、93、94；7/真宗纪 2/124；121 礼志 24/2840；254/侯延广传/8884；256/赵普传/8938；257/李继隆传/8967；259/袁继忠传/9005；266/钱若水传/9166、9170；274/翟守素传/9363；279/许均传/9485；280/王杲传/9504；293/王禹偁传/9793；466/秦翰传/13612、张崇贵传/13617、张继能传/13620；485/夏国传上/13984、13985、13987；491/党项传/14140、14141
【长编标】29/653；30/672；32/718；35/775、777；36/785、800；51/1123；56/1240；123/2913；301/7326
【长编影】29/7 上；30/6 下；32/8 上；35/9 下、11 下；36/1 下、15 上；51/16 上；56/14 下；123/19 上；301/7 上
【东都事略】127、128/附录 5、6
【隆平集】20/夷狄传/3 下
【宋会要】帝系 1 之 22/25；仪制 11 之 15/2032；兵 8 之 18/6896、14 之 10/6997；方域 8 之 30/7455、8 之 31/7456
【宋大诏令集】104/赵保忠加恩制/384；145/还赵保忠献海东青诏/532；233/答银州观察使赵保吉诏/905
【宋太宗实录】76/35 上
【宋朝事实类苑】40/525
【皇宋十朝纲要】2/18 下
【小畜集】29/故商州团练使翟公（守素）墓志铭并序/3 上
【方舟集】16/赵郡王墓志铭/26 上
【玉壶新话】6/2 下
【武经总要】前集 18 下/西蕃地界/1 上；后集 1/3 上
【太平治迹统类】2/太祖太宗经制西夏
【涑水记闻】3/2 下
【朝野杂记乙集】19/边防/1180
【稽古录】17/80 上、80 下
【汇编】上 23、51、52、54、100、112、113；中一 996、1034、1035、1037、1041、1042、1044、1045、1046、1047、1048、1049、1050、1052、1054、1068、1074、1075、1076、1077、1079、1080、1081、1082、1084、1088、1089、1113、1153、1309、1311、1390、1701、1727；中二 1807；中四 4106；中六 5583；下 6695、6937、7011、7017

赵衎 知中兴府、枢密都承旨，使金贺万春节
【金史】61/交聘表中/1422、1423

【汇编】下 6729、6732

赵亮祚 即李谅祚，夏毅宗

【东坡全集】25/奏议 2 上

【栾城集】39/论西事状/15 上

【汇编】中五 4865、4866、4877

赵谅祚 又名拓跋谅祚、李谅祚，夏毅宗

【宋史】11/仁宗纪 3/225；12/仁宗纪 4/241、仁宗纪 4/249；13/英宗纪/260；14/神宗纪 1/265、268；288/程琳传/9676；290/张玉传/9722；292/程戡传/9756；310/李肃之传/10177；312/韩琦传/10226；315/韩缜传/10310；317/邵亢传/10337；321/郑獬传/10419；328/蔡挺传/10575、10576；330/任颛传/10618、郭申锡传/10621；332/陆诜传/10681、滕元发传/10674；334/林广传/10736；336/司马光传/10761、10763；464/高遵裕传/13575；485/夏国传上/14000、14001、14002；486/夏国传下/14007；492/唃厮啰传/14162

【长编标】162/3902；195/4730；196/4745、4762；197/4774；198/4789；199/4832；202/4905、4906；204/4934、4935、4936、4937、4939、4940、4946；205/4964；206/5008、5009；207/5021；208/5062、5063、5067、5068；209/5084；228/5558；234/5673；235/5699；236/5751；241/5883；262/6396；395/9626；404/9854、9855；405/9864

【长编影】162/2 下；195/12 下；196/16 下、23 下；197/6 下；198/1 上；199/2 上；202/15 下、16 上；204/2 上；205/3 下；206/22 下、23 上；207/2 上；208/14 上、14 下、15 上；209/11 上；228/16 下；234/2 下；235/4 上；236/25 上；241/4 上、9 下；262/21 上；395/9 下；404/22 下、23 下；405/3 下

【东都事略】127、128/附录 5、6

【隆平集】20 夷狄传/3 下

【长编纪事本末】58/9 上

【宋会要】礼 41 之 13/1384、41 之 54/1404；兵 8 之 22/6898

【奏议标】41/吕大防·上英宗应诏论水灾/419；136/司马光·上英宗乞留意边事/4684、4685、欧阳修·上英宗论西边可攻四事/4687、4688、4690、4691、4694、司马光·上神宗纳横山非便/4696、4697、4698、4699、4701、4704、郑獬·上神宗论种谔擅入西界/4705；137/刘述·上神宗论种谔薛向/4716、刘述·上神宗论不可伐丧/4718、4749、4720；139/苏轼·上哲宗论前后致寇之由及当今待敌之要/4832

【奏议影】41/吕大防·上英宗应诏论水灾/1505；136/司马光·上英宗乞留意边事/1523、欧阳修·上英宗论西边可攻四事/1524、1525、1526、司马光·上神宗纳横山非便/1527、1528、1529、郑獬·上神宗论种谔擅入西界/1530；137/刘述·上神宗论种谔薛向/1534、刘述·上神宗论不可伐丧/1535；139/苏轼·上哲宗论前后致寇之由及当今待敌之要/1572

【皇宋十朝纲要】9/1 上

【宋朝事实类苑】75/988、990

【元刊梦溪笔谈】25/5、6

【东原录】34 下

【司马文正公集】7/章奏 5/12 上；14/言程戡第二札子/7 上；18/章奏 16/3 上；20/章奏 18/11 上、18/5 上；25/章奏 23/3 上、9 上

【欧阳文忠公全集】30/镇安军节度使同中书门下平章事赠中书令谥文简程公墓志铭/14 上；113/请奖用孙沔札子/13 上；114/奏议政府/言西边事宜第一状/1 上、言西边事宜第二札子；119/奏事录/7 下

【涑水记闻】11/20 下；12/16 下

【朝野杂记乙集】19/边防/1180

【龙川别志】下/92

【汇编】上 67、68、69、70、73、106、107、115；中三 3105、3106、3107、3116、3117、3280、3284、3285、3290、3304、3308、3311、3315、3322、3323、3340、3341、3343、3353、3357、3359、3360、3361、3366、3370、3373、3381、3385、3386、3390、3391、3406、3407、3408、3410、3413、3418、3421、3422、3425、3432、3438、3439、3440、3441、3449、3451、3461、3462、3468、3473、3479、3480、3481、3482、3483、3484、3512、3733；中四 3775、3781、3787、3829、3830、3986、4130；中五 4810；下 6937、7018

赵崇道 使金贺万春节

【宋史】61/交聘表中/1438

赵善约特 又作赵山遇，夏景宗李元昊从父

【长编影】122/8 下

赵德明 夏太宗，又名李德明

【宋史】7/真宗纪 2/128、131、133；8/真宗纪 3/155、162；9/仁宗纪 1/189；10/仁宗纪 2/194、195；124/礼志 27/2899；198/兵志 12 之马政/4932；253/孙全照传/8875；258/曹玮传/8985、8987；265/张齐贤传/9157；268/王显传/9233；273/李允正传/9340；280/李重诲传/9506；281/毕士安传/9521；282/王旦传/9547、向敏中传/9555；286/薛奎传/9630；291/吴育传/9728、王罷传/9750；295/孙甫传/9840；297/郭劝传/9893；303/赵湘传/10040；308/张佶传/10151；323/周美传/10457；324/石普传/10474、张亢传/10482；325/刘平传/10501；326/康德舆传/10536；466/阎承翰传/13611、张崇贵传/13618、13619、张继能传/13623；467/韩守英传/13632、蓝继宗传/13634；485/夏国传上/13986、13988、13989、13990、13991、13992、13993；486/夏国传下/14030；490/回鹘传/14115、14116、大食传/14121；491/党项传/14146；492/吐蕃传/14157、14158、唃厮啰传/14160

【长编标】56/1236；59/1317；60/1345、1346；61/1360、1364、1380；63/1398、1405、1409、1410、1413、1419；64/1424、1425、1427、1428、1429、1430、1434；65/1448、1449、1455、1460、1462、1465；66/1471、1490；67/1495、1502；68/1520、1521、1528、1535、1537、1538；69/1554；70/1580；71/1599、1610、1611；72/1646；73/1651、1672、1674；74/1680、1681、1684；75/1707、1708、1711、1719、1720；76/1733、1735、1740；77/1763；79/1804；81/1842、1846；82/1864；83/1890、1902、1907；85/1950；86/1967；88/2023；93/2139；95/2179、2199；96/2234；97/2247、2250；99/2296；101/2342；103/2385；104/2421；105/2436、2440；109/2549；111/2592、2593、2594；112/2606；115/2707；125/2956；126/2987；259/6321；328/7901；365/8751；442/10630

【长编影】56/11 上、11 下；59/9 下；60/12 下、13 上；61/5 上、8 下、15 上、22 上；63/1 下、7 下、10 下、11 上、12 上、14 上、19 下；64/1 下、2 上、4 上、4 下、5 上、5 下、10 上；65/6 上、7 上、11 下、17 上、18 下、20 下；66/2 下、19 上；67/1 上、6 下、16 上；68/3 上、17 下；69/11 上；70/18 上；71/10 下、19 下、20 下；72/22 上；73/2 上、10 下、20 上、22 上；74/1 上、1 下、4 上、4 下；75/1 下、4 下、11 上、12 下；76/8 下；77/12 下；79/11 下；81/5 下、9 下；82/3 下；83/14 下、18 下；85/13 上；86/2 下；88/10 上；93/4 下；95/1 下、19 下；96/26 下；97/7 下；99/6 上；103/10 下、11 上；104/20 上；105/3 上；109/15 上；111/15 上、16 下；112/3 下；115/4 上；125/17 上；126/19 下；328/9 上；365/7 下；442/1 上

【东都事略】127、128/附录 5、6

【隆平集】20/夷狄传/3 下

【宋会要】礼 41 之 12/1383、41 之 54/1404、59 之 24/1681；仪制 13 之 7/2052；食货 23 之 29/5189、38 之 28/5480、38 之 29/5481；兵 24 之 12/7184、27 之 16/7254、27 之 17/7255；方域 10 之 14/7480、18 之 1/7610、21 之 1 /7661 下、21 之 5/7663、21 之 21/7671、21 之 22/7672；蕃夷 4 之 4/7715、4 之 6/7716、4 之 92/7759、7 之 16/7847

【宋大诏令集】213/答知延州向敏中等言赵德明要约事诏/809、再答向敏中诏/809；233/赵德明誓表诏/906、答赵德明誓表诏/906、赐赵德明诏/906、赵德明拜官封西平王制/906、答西平王赵德明诏、赵德明进尚书令加恩制/907、益屯备内属诸部谕赵德明诏/907、西平王赵德明加恩制/907、赵元昊静难军节度西平王制/908、削赵元昊官爵除去属籍诏/908

【奏议标】44/陈并・上哲宗答诏论彗星陈四说/461；132/刘平・上仁宗乞选用酋豪各守边郡/1455；137/刘述・上神宗论不可伐丧/1535；138/司马光・上哲宗乞还西夏六寨/1553

【奏议影】44/陈并・上哲宗答诏论彗星陈四说/

1644；132/刘平·上仁宗乞选用酋豪各守边郡/4478；137/刘述·上神宗论不可伐丧/4720；138/司马光·上哲宗乞还西夏六寨/4775
【元刊梦溪笔谈】9/31；25/3
【元宪集】23/授赵元昊开府仪同三司依前检校太师兼中书令定难军节度使西平王加食邑实封制/240；27/赐中书门下诏/290；33/宋故推诚翊戴功臣彰武军节度延州管内观察处置等使曹公行状/344；34/宋故推诚翊戴功臣彰武军节度延州管内观察处置等使曹公墓志铭/352
【太平治迹统类】5/真宗经制西夏
【东坡志林】3/70
【乐全集】22 /秦州奏唃厮啰事/20 上
【司马文正公集】35/章奏 33/1 上
【玉海】153/40 上
【石林燕语】10/6 下
【名臣碑传琬琰集】中集 22/张文定公方平墓志铭/724、43/曹武穆公玮行状/1031
【安阳集】家传 7/5 上
【宋朝事实类苑】75/994
【欧阳文忠公全集】22/碑铭/太尉文正王公神道碑铭/3 上、4 下；24/墓表/石曼卿墓表/2 上；27/墓志/翰林侍读学士给事中梅公墓志铭/2 上；114/奏议政府/1 上
【河南先生文集】15/故金紫光禄大夫检校右散骑常侍李公（渭）墓志铭/12 下、13 上
【范文正公集】年谱 20 上；请贤赞颂论疏/12 下、24 下
【春明退朝录】上/3
【涑水记闻】2/10 下；7/11 下
【预章文集】6/遵尧录 5/10 下
【朝野杂记乙集】19/边防/1180
【稽古录】18/83 上、86 上、86 下；19/88 上
【乾隆宁夏府志】5/建置·城池/1 下
【甘肃新通志】14/建置志/城池/32 下
【延绥镇志】1/地理志/1 上
【敕修陕西通志】13/山川 6/绥德州/51 下
【汇编】上 29、37、102、111、112、113、114、115；中一 1061、1304、1376、1377、1379、1381、1386、1387、1388、1394、1411、1416、1417、1424、1425、1426、1427、1428、1429、1431、1432、1433、1434、1435、1436、1437、1440、1441、1442、1443、1444、1445、1446、1447、1448、1449、1450、1451、1452、1453、1458、1459、1460、1462、1463、1464、1465、1466、1467、1471、1472、1473、1474、1475、1476、1479、1480、1481、1482、1483、1484、1487、1489、1490、1491、1494、1495、1496、1499、1500、1501、1503、1504、1507、1508、1510、1515、1516、1519、1524、1528、1530、1538、1540、1543、1545、1569、1570、1578、1594、1595、1599、1601、1605、1608、1614、1615、1616、1617、1618、1637、1649、1652、1660、1661、1664、1674、1677、1678、1686、1687、1688、1689、1690、1691、1692、1694、1702、1703、1707、1726、1730、1744、1750、1755、1775；中二 1808、1866、1823、1824、1871、1953、1962、1988、2378、2379、2677、2798、2799；中三 3359、3480、3485；中四 3979、4390；中五 4664、4990、5092；中六 5336；下 6937、6939、7018、7025、7026；补遗 7246、7248、7254

威名沙克 降宋西界蕃族
【长编标】235/5709
【长编影】235/13 上、13 下
【汇编】中四 3782、3783

威玛 附宋西夏观察使楚鼐裕勒囊子
【长编标】139/3355
【长编影】139/17 下
【汇编】中二 2689

威沁 又作嵬心，入宋境刺事
【长编影】288/9 上
【汇编】中四 4069

威伽崖密 又作嵬崖妳，西夏使臣
【长编影】123/2 下
【汇编】中二 1776

威明 即威明阿埋，统军
【长编标】319/7709
【长编影】319/9 下
【汇编】中四 4241

威明正赛 辅佐大臣

【长编标】518/12336
【长编影】518/17 下
【汇编】中六 5651
威明叶云 夏景宗李曩霄使臣
【长编影】156/2 上
【汇编】中三 3053
威明布哆聿玠 又作嵬名布哆聿介，西夏使臣
【长编影】508/7 下
【汇编】中六 5513
威明吉鼐 又作嵬名济迺，夏惠宗李秉常兄
【长编影】331/11 下；341/3 上
【汇编】中四 4534
威明伊特允凌 又作嵬名乞遇、嵬名乙遇唛，钤辖
【长编标】517/12299
【长编影】516/22 下；517/4 上
【汇编】中六 5621、5632
威明约默 又作嵬名姚麦，归顺部落子
【长编标】498/11856
【长编影】489/14 上
威明玛乌 又作嵬名麻胡，疑为威明阿乌，使宋议和
【长编影】456/6 上
【汇编】中五 5060
威明吾祖 又作嵬名吾祖，夏景宗李元昊
【长编影】115/14 下
【汇编】中一 1705
威明怀 又作嵬名瓌，夏景宗李元昊使臣
【长编影】138/21 下
【汇编】中二 2631
威明阿乌 又作嵬名麻胡，疑为威明玛乌，夏惠宗李秉常族党
【长编标】402/9779；404/9840、9842；405/9870
【长编影】402/3 下；404/11 上、12 下；405/9 上
【汇编】中五 4832、4846、4848、4885
威明阿迈 又作嵬名阿埋、威明阿密，西夏六路统军
【长编影】504/17 下、18 上、18 下；505/1 上、1 下、3 下、6 上、9 下、11 上；506/11 下；507/7 下
【汇编】中六 5457、5458、5460、5464、5466、5468、5472、5474、5489、5495
威明阿密 又作威明阿迈、嵬名阿埋，西夏六路统军
【汉滨集】15/故客省使雄州防御使郭公（成）行状/19 上
【汇编】补遗 7383、7385
威明科荣 又作嵬名喂荣，夏国乞绥州使臣
【长编影】226/12 下、13 上
【汇编】中三 3722
威明律凌 又作嵬名律令，西夏南路都统
【长编影】506/9 上
【汇编】中六 5486
威明济寨 使宋讣告
【长编影】506/5 上；519/1 下
【汇编】中六 5480、5654
威明特克济山 又作威明特克济沙、嵬名特克济沙，西界首领
【长编影】505/3 下
【汇编】中六 5466
威明特克济沙 又作威明特克济山、嵬名特克济沙，西界首领
【长编标】501/11934
【长编影】501/5 下；503/4 下；511/14 下
【汇编】中六 5426、5435、5558
威明特克济沙克 梁氏所畏之臣
【长编标】407/9916
【长编影】407/20 下
【汇编】中五 4910
威明硕统 又作嵬名守全，夏景宗李元昊部下，主谋议
【长编影】120/23 上
【汇编】中一 1737
威明密 又作嵬名密，贵南路都统书信至熙河路乞修贡
【长编影】506/9 上
【汇编】中六 5486
威明善 又作嵬名山，附宋夏绥州将，赐名赵怀顺
【长编标】476/11343
【长编影】476/7 上
威明裕默 又作嵬名谕密，西夏使臣
【长编标】396/9653

【长编影】396/7 下
【汇编】中五 4811
威明寨 又作嵬名寨，西夏告哀使
【长编影】510/3 上
威明噶勒藏 又作嵬名革常，管勾西夏国事
【长编影】417/5 下
【汇编】中五 4945
威明噶勒丹嘉纳克多凌星 夏帅，句读待考
【长编标】498/11849
【长编影】498/8 上
【汇编】中六 5393
威明墨沁威 又作嵬名妹精嵬，西夏统军
【长编影】327/1 下
【汇编】中四 4366
威明鼐济特沙克 又作威明济鼐特沙克，洪州将
【长编标】485/11535
【长编影】485/16 上
【汇编】中六 5290
威明舆则 威明与则之误，又作嵬多聿则、嵬名聿则，夏毅宗李谅祚使
【长编影】184/15 下
【汇编】中三 3219
威尚对 又作悟移赏都，议立嗣蕃酋
【长编影】162/1 下
【汇编】中三 3105
威科卜 又作嵬名科逋，西夏大使
【长编影】508/7 下；510/3 上
【汇编】中六 5513、5539
威密烈圭 又作嵬迷裂皈，疑为李守贵，小大王叔
【长编影】184/15 下
【汇编】中三 3220
威噶尔宁 又作委哥宁令，夏景宗李元昊从弟
【长编影】162/1 下、2 上
【汇编】中三 3105
持持理威 又作彻彻理威，西夏遗民乞台普济曾祖
【牧庵集】26/开府仪同三司太尉太保太子太师中书右丞相史公先德碑/1 上
【汇编】上 544
拽臼 又作叶锦，西夏绥州东山蕃部军使
【宋史】7/真宗纪 2/121；491/党项传/14144
【长编标】54/1184
【汇编】上 27；中一 1351
拽利 又作野利、叶勒，即野利旺荣
【宋朝事实类苑】75/990
【汇编】中三 3218
拽利氏 又作野利氏、野力氏、叶勒氏，夏景宗李元昊妻
【宋朝事实类苑】75/988
【汇编】中三 3106
拽浪撩黎 又作拽浪潦黎、叶朗僚礼、拽浪獠黎，西夏划界使臣
【宋史】485/夏国传上/14001
【汇编】上 68
拽浪獠黎 又作拽浪撩黎、叶朗僚礼、拽浪潦黎，西夏划界使臣
【长编标】193/4679、4680
拽浪潦黎 又作拽浪撩黎、叶朗僚礼、拽浪獠黎，西夏划界使臣
【宋会要】兵 27 之 44/7268
【汇编】中三 3268
拽厥嵬名 又作叶结威明嘉勒、栧厥嵬名，西夏驸马，宥州正监军
【长编标】354/8480
拽厥嵬名乜皆 又作叶结威明嘉勒、栧厥嵬名，西夏驸马，宥州正监军
【长编影】382/6 上
拽税守节 西夏武功大夫，贺天寿节
【金史】62/交聘表下/1457
轻泥嚷侧 夏毅宗李谅祚部将
【奏议标】136/司马光·上神宗纳横山非便/1527、1528
【奏议影】136/司马光·上神宗论纳横山非便/4695、4699、4701
【司马文正公集】25/章奏 23/3 上
【汇编】中三 3432
哈喇刚噶 图尔默格，依城作法术抵御蒙古军队的老妪
【蒙古源流笺证】4/3 下
【汇编】下 6922
咩元礼 西夏御史中丞，使金贺正旦
【金史】62/交聘表下/1488

咩布师道 使金贺万春节
【金史】61/交聘表中/1425
咩布移则 夏景宗李元昊贺乾元节使人
【长编影】155/10 下
【汇编】中三 3048
咩朱氏 夏景宗李元昊妻咩迷氏之误
【隆平集】20/夷狄传/3 下
【汇编】上 113
咩吪埋 又作咩讹埋、密乌玛，始谋攻永乐之统军
【宋史】349/刘昌祚传/11054
【汇编】中五 4573
咩保吴良 府州俄枝盘堆界蕃部首领
【宋史】253/折克行传/8865
【金石萃编】147/折克行神道碑/1 上
【汇编】上 174、196
咩迷乞遇 又作蔑密裕，西夏使臣
【宋史】486/夏国传下/14013
【长编标】350/8384
【汇编】上 79
咩迷氏 又作密克默特氏，夏太宗李德明妻
【宋史】485/夏国传上/13992
【长编标】111/2593
【汇编】上 59
咩迷氏 又作密克默特氏，夏景宗李元昊妃
【长编标】162/3901
【东都事略】127、128/附录 5、6
【汇编】上 106
咩铭友直 西夏殿前太尉，奉遗进礼物
【金史】62/交聘表下/1461
咊勒都逋 又作妹勒都逋、穆赍多卜，西夏监军
【宋史】253/折可适传/8867
【东都事略】104/折可适传/3 上
【宋会要】蕃夷 6 之 37/7837
【姑溪居士后集】20/折渭州墓志铭/1 上
【汇编】上 176、180、208；中六 5675
星多贝中 又作星多保忠、仁多保忠、人多保忠，西夏监军
【长编标】407/9916
【长编影】404/21 下、24 下；407/20 下；447/14 上；516/21 下
【汇编】中五 5040；中六 5621
星多保忠 又作仁多保忠、人多保忠、星多贝中，西夏统军
【长编影】503/8 上
【汇编】中六 5438
星多哩鼎 又作仁多嵬丁、人多零丁、星多凌鼎，西夏统军
【长编标】319/7709；331/7978
【长编影】319/9 下；331/11 上；341/11 上；342/6 下、7 上；349/10 上、10 下、11 上；350/1 上
【汇编】中四 4241、4453、4537；中五 4550、4551、4606、4607、4609
星多凌鼎 又作星多哩鼎、仁多嵬丁、人多零丁，西夏统军
【长编影】503/8 上
【汇编】中六 5438
星多楚清 又作仁多楚清，宋赐名良嗣，西夏御史中丞
【长编影】503/8 上、8 下
【汇编】中六 5438
星结 又作盛信，威尼族大首领明叶从父
【长编影】63/4 上
【汇编】中一 1432
曷鲁 党项首长
【辽史】16/圣宗纪 7/189
【汇编】中一 1611
骨勒文昌 西夏武功大夫，使金贺万春节
【金史】61/交聘表中/1435
骨勒茂才 《番汉合时掌中珠》的作者
【番汉合时掌中珠】序/2 上
【汇编】下 6788
拜锡相公 疑为齐特济勒、部细皆移、保细吃多已，与国母没藏氏一起被杀
【长编影】184/15 下
【汇编】中三 3220
钟伯达 西夏宣德郎，使金贺正旦
【金史】62/交聘表下/1466
【汇编】下 6800
钟鼎臣 夏景宗李元昊部下，典文书
【宋史】485/夏国传上/13994
【长编标】120/2845

【长编影】120/23 上
【汇编】上 62；中一 1737

香布 又作香逋，西界努玛族太尉、钤辖
【宋史】3/仁宗纪 3/219
【长编标】152/3708、3709；192/4647
【长编影】152/11 上；192/12 上；335/5 上、5 下
【汇编】中三 3001、3010、3260；中四 4485

香都 西夏礓诈寨守将
【长编标】319/7706
【长编影】319/7 上

香逋 又作香布，西界钤辖
【长编标】335/8066

香崖 夏将
【宋史】350/王文郁传/11074
【汇编】上 237

保细吃多已 又作齐特济勒，疑为部细皆移、齐特济勒，与没藏氏通
【东都事略】127、128/附录 5、6
【汇编】上 107

保德遇瓌 西夏首领
【长编标】136/3267

俄易儿 西夏首领
【长编标】133/3180
【长编影】133/17 下

信陵都 西夏厢官
【金史】134/西夏传/2871
【汇编】上 130

禹臧花麻 又作禹臧苑麻、禹藏花麻、裕勒藏喀木，定西一带西界大首领
【长编标】312/7578
【长编影】312/2 上、17
【汇编】中四 4128

禹臧苑麻 又作禹臧花麻、禹藏花麻、裕勒藏喀木，定西一带西界大首领
【宋史】286/蔡延庆传/9639
【长编标】284/6964
【汇编】中四 4048

禹臧结逋药 西界首领，以译书告夏国集兵
【长编标】306/7449
【长编影】306/12 上
【汇编】中四 4112

禹藏花麻 又作禹臧花麻、禹臧苑麻、裕勒藏喀木，定西一带西界大首领
【宋史】350/苗授传/11068
【汇编】中四 4173

禹藏郢成四 西界首领
【长编标】319/7707
【长编影】319/7 下、8 上

独孤氏 李继捧祖母
【宋史】485/夏国传上/13984
【长编标】23/520
【长编影】23/7 下
【汇编】上 51；中一 993

洼普 攻金肃城夏将
【辽史】20/兴宗纪 3/241；115/西夏记/1527
【汇编】上 121；中三 3156

浑光中 西夏武节大夫，使金贺正旦
【金史】62/交聘表下/1479

浑进忠 使金贺万春节
【金史】61/交聘表中/1425、1448

浑嵬名遇 旌讹典集冷批
【北京图书馆善本室藏拓片】重修护国寺感通塔碑
【汇编】上 142

客厮铎 又作开斯多卜，附宋樊家族九门都首领
【宋史】491/党项传/14148
【长编标】91/2102
【汇编】上 31

美英多吉 又作毛迎啜己，西夏供备库使
【长编影】126/1 上
【汇编】中二 1881

养迷般嘱 自夏太祖李继迁处归者龙族
【宋会要】方域 21 之 20/7671
【汇编】中一 101406

贺九言 西夏使人
【宋史】11/仁宗纪 3/211
【长编标】125/2949；139/3350
【长编影】125/11 上；139/12 下
【奏议标】133/范仲淹等·上仁宗论元昊请和不可许者三大可防者三/1485
【奏议影】133/范仲淹等·上仁宗论元昊请和不可许者三大可防者三/4567

【汇编】中二 1857、2252、2678

贺义忠 西夏御史中丞，使金贺万春节

【金史】61/交聘表中/1418、1423

【汇编】下 6730

贺从勉 又作贺从朂、贺从勖，西夏六宅使

【奏议影】133/范仲淹等·上仁宗论元昊请和不可许者三大可防者三/4574；134/富弼·上仁宗论不可待西使太过/4577、欧阳修·上仁宗论西鄙议和先防北虏/4584

【安阳集】家传 3/14 下

【汇编】中二 2699、2750、2751

贺从勖 又作贺从勉、贺从朂，西夏六宅使、伊州刺史

【宋史】311/庞籍传/10200；485/夏国传上/13998

【长编标】138/3331；140/3358、3362、3363；142/3406

【长编影】138/20 下；140/1 上、4 下、5 上；142/1 下

【汇编】上 65

贺从朂 又作贺从勉，西夏六宅使、伊州刺史

【长编标】139/3343、3344、3348

【长编影】139/6 下、7 上、7 下、10 下

【东都事略】127、128/附录 5、6

【奏议标】133/范仲淹等·上仁宗论元昊请和不可许者三大可防者三/1487；134/富弼·上仁宗不可待西使太过/1489、欧阳修·上仁宗论西鄙议和先防北虏/1490

【司马文正公集】78/太子太保庞公墓志铭/4 下

【石林燕语】8/4 下、78 下

【安阳集】家传 3/4 下

【涑水记闻】10/7 上；11/17 上

【名臣碑传琬琰集】上 22/庞庄敏公籍神道碑/348

【汇编】上 105；中二 2630、2631、2658、2659、2660、2662、2667、2668、2673、2674、2690、2702、2748；中三 2984

贺永正 夏太宗李德明左都押衙

【长编标】63/1405

【长编影】63/7 下

【汇编】中一 1441

贺永年 夏景宗李元昊令赍嫚书与纳旌节官告至宋

【宋史】485/夏国传上/13996

【汇编】上 63

贺永珍 西夏兵马使

【长编标】63/1398

【长编影】63/1 下

【宋会要】蕃夷 7 之 16/7847

【汇编】中一 1431

贺守文 西夏兵马使

【长编标】63/1398、1403

【长编影】63/1 下、63/5 上

【宋大诏令集】213/再答向敏中诏/809

【宋会要】蕃夷 7 之 16/7847

【汇编】中一 1431、1436、1437

贺英 西界探事人

【长编标】251/6120

【长编影】251/11 上

【汇编】中四 3935

贺真 西夏衙校，诈降李士彬

【长编标】126/2969

【长编影】126/4 下

【涑水记闻】12/10 下

【汇编】中二 1881、1905

贺浪啰 又作贺朗赉，洪、宥、韦三军总都统军

【长编标】490/11624

贺朗赉 又作贺浪啰，洪、宥、韦三州总都统军

【长编影】490/7 上

【汇编】中六 5319、5320

柔思义 西夏武节大夫，入金贺天寿节

【金史】62/交聘表下/1470

【汇编】下 6804

骆永安 司吏

【陇右金石录】4/黑河建桥敕碑/62 上

【汇编】上 147

结明爱 洪宥州酋长

【长编标】216/5251、5252

【长编影】216/1 上

【汇编】中三 3609

结星 又作结胜，附宋西夏钤辖

【长编影】228/11 下、12 上；229/1 上、3 上

【汇编】中三 3731

结胜 又作结星，附宋夏国钤辖
【宋史】486/夏国传下/14009
【长编标】228/5552；229/5565、5567
【潞公文集】18/奏议/5 上；20/奏议/6 上
【汇编】上 75；补遗 7321、7331

十画

珪布默玛 绥宥蕃酋
【长编标】506/12055；508/12102、12103
【长编影】506/6 上、6 下；508/7 下、8 上
【汇编】中六 5481、5513

敖保 又作鄂博，西夏军主
【宋史】326/张岊传/10523
【汇编】上 234

埋马皆 庆寺监修都大勾当
【北京图书馆善本室藏拓片】重修护国寺感通塔碑
【汇编】上 142

埋移香 又作密香，夏景宗李元昊身亡后议立国主
【长编标】162/3902

埋移香 又作密香，宋招而未附的西夏侍中，赐名白守忠
【长编标】136/3266、3267
【儒林公议】下/4 上
【汇编】中一 1745

埒丹鄂特裕勒 又作泪丁讹遇、泪丁讹裕，西界党项首领
【长编影】513/8 下
【汇编】中六 5567

槐厥嵬名 又作叶结咸明嘉勒、拽厥嵬名，宥州正监军、驸马
【宋史】332/赵卨传/10686
【长编标】356/8519；382/9303
【汇编】中五 4626

格众 西夏宥州观察使
【长编标】325/7820
【长编影】325/6 下

格埒克 西界归汉首领
【长编标】516/12275
【长编影】516/10 下

格斡宁 附宋西夏正钤辖
【长编标】511/12164
【长编影】511/10 上
【汇编】中六 5556

都尾 又作都威，夏州李继迁部将
【宋史】7/真宗纪 2/124
【汇编】中一 1389

都罗氏 又作多拉氏，夏景宗李曩霄妻
【长编标】162/3901
【东都事略】127、128/附录 5、6
【汇编】上 106

都罗马尾 又作都啰马尾、都勒玛斡，夏惠宗李秉常时权臣
【元刊梦溪笔谈】25/7
【汇编】中四 4139

都罗重进 又作都啰重进，议绥州易寨
【宋史】486/夏国传下/14008
【宋大诏令集】214/赐鄜延等路经略使不得生事诏/815
【范太史集】40/检校司空左武卫上将军郭公墓志铭/9 上
【皇宋十朝纲要】9/2 上
【汇编】上 74；中三 3508、3536、3541、3542

都威 又作都尾，夏太祖李继迁属下都指挥使
【长编标】56/1239
【长编影】56/14 上

都逋 即妹勒都逋，又作昧勒都逋、穆赍多卜
【宋史】350/郭成传/11085
【长编标】512/12188
【汇编】上 239；中六 5456

都勒玛斡 又作都罗马尾、都啰马尾，与种世衡战于娄城
【长编影】219/1 上
【汇编】中三 3645

都啰 又作多拉，疑为都啰马尾，枢密院都枢密
【长编标】219/5320

都啰马尾 又作都罗马尾，与种世衡战于娄城
【长编标】219/5320

都啰重进 又作都罗重进，议绥州易寨
【宋大诏令集】235/赐夏国主不还绥州诏/914

莽布赛 西界内附首领

【长编标】152/3698；154/3740；192/4647
【长编影】152/2 上；154/5 上；192/12 上
【汇编】中三 2988、3039、3260
索九思 知夏州
【长编标】318/7682
【长编影】318/3 上
【宋会要】兵 8 之 25/6899
【汇编】中四 4214
索氏 夏景宗李元昊妃
【宋史】485/夏国传上/14000
【长编标】162/3901
【长编影】162/1 上
【东都事略】127、128/附录 5、6
【汇编】上 67、106；中三 3104
索诺尔 又作苏木诺尔、苏奴儿，西夏首领
【长编影】117/17 下
【汇编】中一 1713
索遵德 西夏宣德郎，使金贺正旦
【金史】61/交聘表中/1446
速哥 助蒙古征伐的夏人
【元圣武亲征录】113
【汇编】下 6958
破丑氏 定难节度使李光睿妻
【中国藏西夏文献】18/宋定难军节度使李光睿墓志铭/74
破丑重遇贵 与李继迁起兵夏州
【宋史】485/夏国传上/13986
【汇编】上 53
恧恧世忠 西夏武节大夫，使金贺正旦
【金史】62/交聘表下/1461
恧恧存忠 西夏武功大夫，使金贺正旦
【金史】61/交聘表中/1438
夏国小大王 夏毅宗李谅祚
【长编标】184/4462
热嵬浪布 又译硕克威浪布，夏景宗李元昊身亡后议立国主
【长编标】162/3902
哲伊 又作辄移，夏国划界使
【长编影】193/17 上
【汇编】中三 3272
党儿 西夏蕃酋
【中国考古学会第一次年会论文集】折继闵神道碑/455
【汇编】上 188
党移赏浪 夏国使人议二寨易绥州
【范太史集】40/检校司空左武卫上将军郭公墓志铭/9 上
【汇编】中三 3536
党移赏粮 夏国右枢密院首领
【宋史】350/刘绍能传/11076
【汇编】上 230
党德敬 西夏武功大夫，使金贺万春节
【金史】61/交聘表中/1429
唛移 西界探事人，副兵马使
【长编标】335/8071
【长编影】335/9 下
【汇编】中四 4487
咩布移则 又作咩布移则，夏景宗李元昊贺乾元节使人
【长编标】155/3768
哔讹埋 又作咩吪埋、密乌玛，始谋攻永乐之统军
【长编标】345/8282
哩那没桑 新归顺部落与嘛唛亲家翁，居黄河北
【长编标】324/7795
哩努卜密桑 又作哩那没桑，新归顺部落子马凌亲家翁，居黄河北
【长编影】324/1 上
【汇编】中四/4322
哩旺扎布 又作令王皆保，西夏钤辖
【长编影】507/7 下、8 上
【汇编】中六 5495
哩博晋巴 附宋西界蕃部
【长编标】368/8862
【长编影】368/12 上
【汇编】中五 4689
哩穆先 又作荔茂先，夏国使人
【长编影】204/1 上
【汇编】中三 3353
贼迁 即李继迁，追封夏太祖
【奏议标】130/张齐贤·上真宗论陕西事宜/1438、张齐贤·上真宗乞进兵解灵州之危/1439

【奏议影】130/张齐贤・上真宗论陕西事宜/4420、4421、4422、4423

贼昊 李元昊，夏景宗

【奏议标】65/余靖・上仁宗乞韩琦兼领大帅镇秦州/718

【奏议影】65/余靖・上仁宗乞韩琦兼领大帅镇秦州/2361、2362

晁直信 西夏武功大夫，使金贺万春节

【金史】61/交聘表中/1443

徐余立 西夏厢官

【金史】134/西夏传/2871

【汇编】上130

徐敏宗 夏景宗李元昊臣僚，主谋议

【宋史】485/夏国传上/13994

【长编标】120/2845

【长编影】120/23上

【汇编】上61；中一1737

徐舜卿 夏景宗李元昊使人

【宋史】485/夏国传上/1400

【长编标】184/4462

【长编影】184/15下

【汇编】上68；中三3219

郭正 撰李继筠墓志铭

【中国藏西夏文献】18/宋定难军节度使李光睿墓志铭/80、宋管内蕃部都指挥使李光遂墓铭并盖/84

郭那正威 黑河建桥敕碑主案

【陇右金石录】4/黑河建桥敕碑/62上

【汇编】上147

部曲嘉伊克 疑为部细皆移，国母没藏后亲信

【长编标】185/4471

【长编影】185/5上

【汇编】中三3226

部细皆移 疑为保细吃多已，国母没藏氏亲信

【宋会要】兵27之43/7268

【宋朝事实类苑】75/990

【汇编】中三3218、3268

高大节 西夏宣德郎，使金贺正旦

【金史】62/交聘表下/1463

高大伦 西夏宣德郎，使金贺正旦

【金史】62/交聘表下/1474

高大亨 西夏宣德郎，贺金天寿节

【金史】62/交聘表下/1472

【汇编】下6806

高世昌 西夏陵石雕人像碑座刻砌垒匠姓名

【中国藏西夏文献】18/西夏6号陵东碑亭出土石雕人像碑座题刻/169

高令公 西夏右丞相高良惠

【元史】1/太祖纪/14；60/地理志3/1452

【蒙兀儿史记】3/成吉思可汗本纪下/8下

【汇编】下6823、6826

高永昌 西夏知中兴府，使金谢恩

【金史】62/交聘表下/1468

【汇编】下6802

高延德 出使宋朝

【奏议标】133/孙沔・上仁宗论范仲淹答元昊书/1472

【奏议影】133/孙沔・上仁宗论范仲淹答元昊书/4529

高守忠 高守忠家生灵芝，夏崇宗李乾顺作《灵芝歌》

【宋史】486/夏国传下/14023

【汇编】上89

高怀正 妻为夏毅宗李谅祚乳母，汉人

【长编标】162/3902

【长编影】162/2上

【汇编】中三3105

高良惠 高智耀祖，夏右丞相

【元史】125/高智耀传/3072

【蒙兀儿史记】3/成吉思可汗本纪/8下

【汇编】上311；下6826

高岳 西夏枢密直学士，使金上表谢支持诛任得敬

【金史】61/交聘表中/1428

高俊英 西夏御史中丞

【金史】62/交聘表下/1458

高崇德 西夏宣德郎，使金贺正旦

【金史】62/交聘表下/1460

【汇编】下6791

高逸 高智耀曾祖，西夏大都督府尹

【元史】125/高智耀传/3072

【蒙兀儿史记】3/成吉思可汗本纪下/8下

【汇编】上311；下6826

高獄 西夏宣德郎，使金贺正旦

【金史】61/交聘表中/1421
高慎言 使金贺万春节
【金史】61/交聘表中/1418
高德崇 知中兴府事，使金谢复榷场
【金史】62/交聘表下/1466
【汇编】下6799
高遵义 使金贺正旦
【金史】61/交聘表中/1422
衮都宗托卜德 西界降羌
【长编标】500/11899
【长编影】500/1上
唐彦超 西夏武节大夫，使金贺正旦
【金史】62/交聘表下/1457
【汇编】下6786
悟儿思齐 西夏蕃部首领
【宋史】446/朱昭传/13170
【汇编】中六6012
悮移赏都 又作威尚对，西夏大酋
【长编标】162/3902
凌吉讹遇 又作凌结鄂裕、凌吉讹裕、凌结鄂遇、令介讹遇，宥绥蕃族首领
【长编标】490/11624；506/12052、12055、12058
凌吉讹裕 又作凌吉讹遇、凌结鄂裕、凌结鄂遇、令介讹遇，宥绥蕃族首领
【长编标】508/12102、12103
凌结鄂遇 又作凌吉讹遇、凌吉讹裕、凌结鄂裕、令介讹遇，宥绥蕃族首领
【长编影】490/7上
【汇编】中六5320
凌结鄂裕 又作凌吉讹遇、凌吉讹裕、凌结鄂遇、令介讹遇，宥绥蕃族首领
【长编影】506/3下、6上、6下、9上；508/7下、8上
【汇编】中六5478、5481、5486、5513
凌结阿约勒 袭绥德羌首
【长编标】329/7932
【长编影】329/17上
【汇编】中四4414、4415
酒智清 修寺诸匠人监
【北京图书馆善本室藏拓片】重修护国寺感通塔碑
【汇编】上143
浪讹元智 西夏殿前太尉，使金谢横赐
【金史】61/交聘表中/1438
【汇编】下6767
浪讹文广 西夏御史中丞，使金报谢
【金史】62/交聘表下/1462
【汇编】下6794
浪讹进忠 西夏左枢密使，使金为任得敬求封
【金史】61/交聘表中/1427
浪讹遇移 夏景宗李元昊侍卫队长
【儒林公议】上/4上
【汇编】中二2627
浪讹德光 西夏参知政事，使金奏告
【金史】62/交聘表下/1480
【汇编】下6822
浪埋 又作浪密，诣种世衡处诈降夏人
【宋史】335/种世衡传/10743
【长编标】138/3330
【汇编】中二2628
浪梅娘 又作朗密囊，西界蕃部指挥使
【宋史】491/党项传/14148
【长编标】84/1922
【汇编】上30
浪密 又作浪埋，诣种世衡处诈降夏人
【长编影】138/20上
浪斡 又作朗斡，夏国入汉买地者
【长编标】232/5635、5636
宬邑改 夏景宗李元昊使人
【辽史】19/兴宗纪2/230；70/属国表/1161；115/西夏记/1526
【汇编】上120；中三2924
诺尔 定西城蕃部首领裕勒藏喀木弟
【长编标】269/6603
【长编影】269/18下
【汇编】中四3999
诺尔 宥州蕃户
【长编标】295/7182
【长编影】295/5上
【汇编】中四4084
诺尔鼎佐 西夏钤辖
【长编标】320/7731
【长编影】320/11下
【汇编】中四4263

朗密囊 又作浪梅娘，西界蕃部指挥使
【长编影】84/10 下
【汇编】中一 1535
朗幹 又作浪斡，夏国入汉地买地者
【长编影】232/8 下、9 上
【汇编】中四 3762、3763
朗幹 西夏蕃官
【长编标】156/3787
【长编影】156/10 上
【汇编】中三 3059
朗霄 又作曩霄，夏景宗李元昊
【长编影】139/6 下
【司马文正公集】78/太子太保庞公墓志铭/4 下
【石林燕语】8/4 下
【汇编】中二 2658、2660、2667
陵结鄂裕 又作凌吉讹遇、凌吉讹裕，西界首领
【长编标】494/11730
【长编影】494/4 下
娥知进 镌李光遂墓志铭
【中国藏西夏文献】18/宋管内蕃部都指挥使李光遂墓铭并盖/84
娥敬万 镌李光睿墓志铭
【中国藏西夏文献】18/宋定难军节度使李光睿墓志铭/74、宋定难军节度使李光睿墓志铭/81
绥移 又作岁移，附宋西界正钤辖伊朗僧鄂随从
【长编标】479/11401
【长编影】479/1 下
【汇编】中五 5189

十一画

梅讹宇文 西夏武节大夫，使金贺正旦
【金史】62/交聘表下/1472
勒阿拉雅赛 疑为讹啰聿寨、讹啰聿、讹罗聿，西夏泛使
【长编标】382/9316
【长编影】380/1 下；382/11 下、17 上
【汇编】中五 4765
勒厥 西界部落子
【长编标】330/7956、7957
【长编影】330/10 下
【汇编】中四 4438
勒喀玛 西夏副使，诣宋进马驼称谢
【长编标】396/9653
【长编影】396/7 下
【汇编】中五 4811
勒额藏渠怀氏 又作讹藏屈怀氏，夏太宗李德明妻
【长编影】111/16 下；115/15 上
【汇编】中一 1706、1688
萌山 西界归顺部落子
【长编标】498/11849
【长编影】498/8 上
【汇编】中六 5393
萌讹 与梁氏首为悖乱
【长编标】326/7857
【长编影】326/17 下
【宋会要】方域 19 之 48/7649
【汇编】4360
萨沁 西夏卖马蕃部
【长编标】284/6964
【长编影】284/16 下
【汇编】中四 4048
营吕则 当为尹与则，西夏使臣
【长编标】156/3779
【长编影】156/2 上
黄伊特 又作黄移都，黄族军主
【长编影】157/15 下
【汇编】中三 3071
黄芦讹庞 疑为没藏讹庞
【长编标】162/3902
黄罗滂 藏匿宁凌噶之人
【长编影】162/1 下
【汇编】中三 3105
黄移都 又作黄伊特，黄族军主
【长编标】157/3813
曹介 又作曹价，使辽问起居
【辽史】70/属国表/1190
曹氏 夏仁宗李仁孝母
【宋史】486/夏国传下/14024
【汇编】上 90、156

曹公达　西夏武功大夫，使金贺万春节
【金史】61/交聘表中/1422
【汇编】下 6729
曹文斌　出使辽国
【辽史】15/圣宗纪 6/171
【汇编】中一 1510
曹价　又作曹介，使辽问起居
【辽史】29/天祚帝纪/345
【汇编】中六 5949
曹勉　夏仁宗李仁孝母曹氏祖父，夏景宗李元昊把关太尉
【长编标】185/4470
【长编影】185/4 上
【宋会要】兵 27 之 41/7267
【汇编】中三 3267
曹勍　西夏管勾和市
【长编标】185/4470
【长编影】185/4 上
【宋会要】兵 27 之 41/7267
【汇编】中三 3267
曹偶　夏景宗李元昊大臣
【司马文正公集】78/太子太保庞公墓志铭/4 上
【石林燕语】8/4 下、78 下
【涑水记闻】11/17 上
【汇编】中二 2632、2660、2662
硕克威浪布　又作热嵬浪布，夏景宗李元昊身亡后议立国主
【长编影】162/1 下
【汇编】中三 3105
盛佶　又作星结，兀泥族大首领名崖从父，夏白池军主
【宋史】491/党项传/14146
【长编标】63/1401
【宋会要】方域 21 之 5/7663
【汇编】上 29、37
辄移　又作哲伊，夏毅宗李谅祚划界使臣
【长编标】193/4679
【宋会要】兵 27 之 44/7268
【汇编】中三 3268
嵬德元　西夏武节大夫，使金贺天寿节
【金史】62/交聘表下/1472
【汇编】下 6806
嵬德昭　西夏武功大夫，使金贺正旦
【金史】61/交聘表中/1446
唱喠　又作唱嚾，西夏首领
【长编标】319/7704
【长编影】319/6 上
【汇编】中四 4234
唱嚾　又作唱喠，拒战磨哆隘口
【宋会要】兵 8 之 26/6900
啰哆守忠　西夏武节大夫，使金贺天寿节
【金史】62/交聘表下/1465
【汇编】下 6799
啰哆思忠　西夏武节大夫，使金贺天寿节
【金史】62/交聘表下/1478
【汇编】下 6818
野力氏　又作野利氏、叶勒氏，夏景宗李元昊妻宪成皇后
【宋史】485/夏国传上/14000
【汇编】上 67
野也浪啰　又作叶木朗罗，夏景宗李元昊身亡后议立国主
【长编标】162/3902
野乌裕实克　夏国进奉使
【长编标】396/9653
【长编影】396/7 下
【汇编】中五 4811
野利　天都野利氏
【延安府志】1/诗文/49 上
【汇编】补遗 7124
野利　夏景宗李元昊大将
【元刊梦溪笔谈】13/21
【儒林公议】上/4 上
【汇编】中二 2626、2628
野利　野利遇乞兄弟
【宋史】335/种世衡传/10743、10744
【长编标】155/3773；407/9916
【长编影】407/20 下
【汇编】中三 3051
野利仁荣　夏景宗李元昊臣僚，主蕃学
【宋史】485/夏国传上/13994、13995；486/夏国传下/14025
【长编标】120/2845
【汇编】上 62、91

野利氏 夏太宗李德明母顺成懿孝皇后
【宋史】485/夏国传上/13989
【汇编】上56

野利氏 又作叶勒氏、野力氏、拽利氏，夏景宗李曩霄妻
【长编标】162/3901
【东都事略】127、128/附录5、6
【隆平集】20/夷狄传/3
【涑水记闻】10/814上；11/17上
【汇编】上106、115；中二2661；中三3106

野利当 天都大王
【甘肃新通志】6/舆地志·山川上·固原直隶州·海城县/26上
【汇编】补遗7388

野利刚浪凌 西夏将领
【长编标】132/3133；138/3330、3332；162/3901

野利刚浪崚 又作叶勒刚朗凌，夏景宗李元昊亲信大王
【宋史】335/种世衡传/10743
【汇编】中二2628、2629

野利旺荣 又作叶勒旺荣，西夏首领
【宋史】311/庞籍传/10200；485/夏国传上/13998
【长编标】131/3114、3115；135/3236；138/3330、3332；139/3343；167/4021；327/7868
【长编影】131/19下；138/20上；139/6下
【东都事略】127、128/附录5、6
【司马文正公集】78/太子太保庞公墓志铭/4上
【石林燕语】8/4下、78下
【涑水记闻】9/13上、14上；10/7上、14上；11/17上
【名臣碑传琬琰集】上集22/庞庄敏公籍神道碑/348
【汇编】上65、104、105；中二2246、2624、2632、2633、2634、2660、2661、2662、2667；中三2983、3106、3150

野利遇乞 又作叶勒约噶，夏景宗李元昊后野利氏兄
【宋史】335/种世衡传/10743
【长编标】168/4039
【东都事略】127、128/附录5、6
【东轩笔谈】8/4下
【儒林公议】上/4上
【汇编】上106；中二2627、2628

野戾刚浪崚 又作野利刚浪凌
【奏议标】132/田况·上仁宗兵策十四事/1468
【奏议影】132/田况·上仁宗兵策十四事/4520

野遇克忠 西夏知中兴府，使金报谢
【金史】62/交聘表下/1462
【汇编】下6794

野遇思文 西夏武节大夫，使金贺天寿节
【金史】62/交聘表下/1462、1470
【汇编】下6794

鄂齐儿 又作讹乞，西夏团练使
【长编标】135/3219
【长编影】135/6上
【汇编】中二2427

鄂迪 西夏附马
【长编标】266/6536
【长编影】265/13下
【汇编】中四3995

鄂特丹卓麻 又作鄂特丹卓勒玛，西夏衙头首领
【长编标】506/12058

鄂特丹卓勒玛 又作鄂特丹卓麻，西夏衙头首领
【长编影】506/8下
【甘肃新通志】13/舆地志·古迹·兰州府·皋兰县/2上
【汇编】中六5485；补遗7395

鄂特伽 又作嵬迦，夏景宗李元昊使人
【长编影】125/11下
【汇编】中二1858

鄂特结 西界团练使
【长编标】155/3768
【长编影】155/11下
【汇编】中三3048

鄂朗吉 又作卧浪己，夏太祖李继迁部下指挥使
【长编影】54/4下

鄂桑格 又作卧香乞，告阿哩谋杀夏景宗李元昊
【长编影】162/1上
【汇编】中三3104

鄂博 又作敖保，西夏军主
【长编标】133/3180
【长编影】133/17下
鄂普凌济 又作卧普令济，夏国使臣
【长编影】123/2下
【汇编】中二1776
崖块 又作崖埋、叶迈，夏景宗李元昊小名
【隆平集】20/夷狄传/3下
【汇编】上113
崖埋 夏景宗李元昊小名
【长编标】111/2593
崔元佐 西夏武节大夫，使金贺正旦
【金史】62/交聘表下/1472
移卜淖 又作伊实诺尔，宥州蕃部首领
【长编标】490/11624
移勿乜 又作哆勿乜，西界首领
【长编影】506/5上、5下、6上
【汇编】中六5480
移逋 又作乙逋、叶普，梁乞埋子
【元刊梦溪笔谈】25/7
【汇编】中四4139
移舁 又作伊锡，西夏首领令王皆保弟
【长编标】507/12080；510/12139
【宋会要】方域21之8/7665
【汇编】上40
孰嵬英 西夏武节大夫，使金贺天寿节
【金史】62/交聘表下/1459
章威 又作臧嵬，夏国入汉地买地者
【长编标】231/5610
【长编影】231/2上；232/8上、9上、9下、10下；234/4上、9下
【汇编】中四3755、3762、3763、3776、3779
麻女阤多革 又作麻女喫多革，西夏枢密院都案官
【长编标】316/7653
【长编影】316/15上
【汇编】中四4212
麻女喫多革 又作麻女阤多革，西夏枢密院都案官
【长编标】318/7680
【长编影】318/1上
【汇编】中四4189
麻奴绍文 西夏武功大夫，使金贺正旦
【金史】61/交聘表中/1447
麻孟桑 又作玛魁孟双，西界蕃部指挥使
【长编标】84/1922
麻骨进德 西夏武功大夫，使金贺正旦
【金史】61/交聘表中/1445
麻骨德懋 西夏武功大夫，使金贺万春节
【金史】61/交聘表中/1445
康山人 定难军康成曾祖
【中国藏西夏文献】18/宋定难军官内都指挥使康成墓志铭/61
康元爽 定难军康成父
【中国藏西夏文献】18/宋定难军官内都指挥使康成墓志铭/61
康文义 定难军康成祖
【中国藏西夏文献】18/宋定难军官内都指挥使康成墓志铭/61
康团圆 定难军康成子
【中国藏西夏文献】18/宋定难军官内都指挥使康成墓志铭/61
康延义 定难军康成子
【中国藏西夏文献】18/宋定难军官内都指挥使康成墓志铭/61
康延祚 定难军康成子
【中国藏西夏文献】18/宋定难军官内都指挥使康成墓志铭/61
康忠义 宣德郎，使金贺万春节
【金史】61/交聘表中/1441
康香成 定难军康成子
【中国藏西夏文献】18/宋定难军官内都指挥使康成墓志铭/61
康香重 定难军康成子
【中国藏西夏文献】18/宋定难军官内都指挥使康成墓志铭/61
康香香儿 定难军康成子
【中国藏西夏文献】18/宋定难军官内都指挥使康成墓志铭/61
康福香 定难军康成子
【中国藏西夏文献】18/宋定难军官内都指挥使康成墓志铭/61
康穆 西夏遗民乞台普济曾祖彻彻理威谥号
【蒙兀儿史记】154/色目氏族上/34下

【牧庵集】26/开府仪同三司中书右丞相史公先德碑/1上
【汇编】上544、587
惟永 夏景宗李元昊从父惟亮弟
【长编标】122/2880
【长编影】122/9上
【汇编】中一1750
惟序 夏景宗李元昊从父惟亮之从弟
【长编标】122/2880
【长编影】122/9上
【汇编】中一1750
惟亮 又名善约特、山遇，夏景宗李元昊从父
【长编标】122/2880
【长编影】122/9上
【汇编】中一1750
阎 野利遇乞妻，遇乞族灭后，夏景宗李元昊纳为后
【长编标】162/3901
【长编影】162/1下
【汇编】中三3105
减波把波 蕃僧，使宋欲共图金人
【朝野杂记】乙集19/边防/1180
【汇编】下6938
密乌成尾 西界归顺首领
【长编标】504/12004
【长编影】504/7上
【汇编】中六5447
密乌玛 又作咩吪埋，西夏副统军
【长编影】345/10上
【汇编】中五4574
密克默特氏 又作咩迷氏，夏太宗李德明妻
【长编影】111/16下
【汇编】中一1688
密克默特氏 又作咩迷氏，夏景宗李元昊妻
【长编影】162/1上
【汇编】中三3104
密吹 又作米屈啾，附宋西界蕃酋
【长编影】497/15下
【汇编】中六5388
密香 又作埋移香，西夏侍中，降宋封顺德郡王，赐名白守忠
【长编影】136/18下、19上
【汇编】中二2510
密香 又作埋移香，夏景宗李元昊身亡后议立国主
【长编影】162/1下
【汇编】中三3105
密臧福罗 夏宥州团练侍者
【涑水记闻】12/1下
【汇编】中一1745、1746
密藏氏 又作没藏氏，夏毅宗李谅祚母
【长编影】162/1下；184/10下、15下
【涑水记闻】10/14上
【汇编】中三3105、3106、3219、3220
密藏尼 又作没藏尼，夏毅宗李谅祚母
【长编影】162/2上
【汇编】中三3105
密藏罗滂 又作没藏讹庞，夏景宗李元昊后没藏氏之兄
【长编影】162/1下、2上
【汇编】中三3105
密藏鄂特彭 又作没藏讹庞，夏景宗李元昊后之兄
【长编标】235/5699
【长编影】184/15下；185/4下、5上；220/24上；235/4上
【汇编】中三3220、3226、3670；中四3780、3781
梁乙埋 又作梁乞埋、梁伊特迈，夏惠宗李秉常母梁氏之弟
【宋史】332/赵卨传/10687
【长编标】409/9976、9977；410/9992
【汇编】中五4921
梁乙逋 又作梁移逋、梁叶普，专权外戚
【宋史】17/哲宗1/325
【长编标】400/9743、9744；404/9837、9841；405/9870；406/9881、9891；409/9977；444/10685、10686；452/10850；456/10922、10923；458/10972；465/11101；466/11136、11137；467/11146、11147、11153、11165；469/11211；471/11238；474/11308；486/11547；506/12055
【宋会要】兵8之30/6902、8之31/6902、8之32/6903

【长编影】316/9 下
【汇编】中四 4184
梁行者乜 庆寺都大勾当
【北京图书馆善本室藏拓片】重修护国寺感通塔碑
【汇编】上 142
梁伊特迈 又作梁乙埋、梁乞埋，西夏权臣
【长编标】216/5252
【长编影】216/1 下；409/23 上；410/11 上
【汇编】中三 3609；中五 4923、4925
梁宇 西夏宣德郎，使金贺万春节
【金史】61/交聘表中/1437
梁讹哆 又作梁额叶，西夏侦事
【长编标】298/7240
【宋会要】职官 66 之 6/3871
梁阿革 疑为梁叶普任
【长编标】467/11146、11147
【长编影】467/2 上、2 下
【宋会要】兵 8 之 32/6903
【汇编】中五 5111
梁相公 即梁乙埋，专权外戚
【长编标】312/7566、7568
【长编影】312/7 下、9 上
【宋会要】兵 8 之 22/6898
【汇编】中四 4120、4122
梁哆唛 西夏统军
【宋史】486/夏国传下/14019
【皇宋十朝纲要】17/16 上
【汇编】上 85、86；中六 5896
梁格嵬 西夏监军使
【宋史】16/神宗纪/305
【长编标】317/7678
【长编影】317/20 上
【宋会要】兵 8 之 25/6899、14 之 19/7002
【汇编】中四 4210、4212、4220
梁惟忠 西夏殿前太尉，使金上章奏告
【金史】61/交聘表中/1420
【汇编】下 6724
梁德枢 西夏知中兴府
【金史】62/交聘表下/1477
【汇编】下 6817
梁德懿 西夏宣德郎，使金贺正旦
【金史】62/交聘表下/1479
梁额叶 又作梁讹哆，西界蕃族
【长编影】298/2 上
【汇编】中四/4095
谋宁光祖 西夏御史大夫，使金谢册封
【金史】62/交聘表下/1477
【汇编】下 6817
谋宁好德 西夏武功大夫，使金贺正旦
【金史】61/交聘表中/1441
隈才浪罗 夏景宗李元昊侍卫队长
【儒林公议】上/4 上
【汇编】中二 2627
隈敏修 西夏武功大夫，入金贺正旦
【金史】62/交聘表下/1478
隗敏修 西夏武功大夫，入金贺正旦
【金史】62/交聘表下/1466
【汇编】下 6800
隆登 夏钤辖格斡宁蕃部落子
【长编标】511/12164
【长编影】511/10 上
【汇编】中六 5556

十二画

琳沁格 又作蔺征隔，附宋西蕃首领吕永信妻
【长编标】503/11978
【长编影】503/8 下
【汇编】中六 5438
堪威 又作嗷嵬，西夏首领
【长编影】136/18 下、19 上
【汇编】中二 2510
塔海 西夏监府
【元史】119/孛鲁传/2936
【元朝名臣事略】1 之 1/太师鲁国忠武王（木华黎）传/5 下
【汇编】下 6872、6883
塔海绀孛 西夏监府
【蒙兀儿史记】2/木合黎传/5 上
【汇编】下 6873
韩老峰 夏惠宗李秉常使臣
【涑水记闻】11/21 上
【汇编】中三 3535

韩师正 西夏宣德郎，使金贺正旦
【金史】62/交聘表下/1473
韩伯容 西夏宣德郎，使金贺天寿节
【金史】62/交聘表下/1460
韩怀亮 附宋夏州人，更名福
【长编标】134/3192
【长编影】134/5 上
【宋会要】职官 32 之 2/3006、32 之 3/3007
【汇编】中二 2375、2387
韩承庆 西夏宣德郎，使金贺天寿节
【金史】62/交聘表下/1473
【汇编】下 6809
韩道喜 诱杀宋朝边官杨定
【宋史】290/郭逵传/9724；332/赵卨传/10684
【长编标】216/5252；234/5673；238/5800
【长编影】216/1 下；234/3 上；238/13 下
【东都事略】127、128/附录 5、6
【长编纪事本末】83/8 下、9 下
【范太史集】40/检校司空左武卫上将军郭逵公墓志铭/9 上
【名臣碑传琬琰集】中集 48/韩忠献公琦行状/1106
【汇编】上 107；中三 3465、3488、3509、3512、3537、3538；中四 3776、3807
韩道善 当为韩道喜之误，诱杀宋朝边官杨定
【宋史】485/夏国传上/14002
【汇编】上 70
韩德容 西夏宣德郎，使金贺正旦
【金史】61/交聘表中/1426
超诸 夏王遣去成吉思汗处哨探者
【蒙古源流笺证】4/1 下
【汇编】下 6919
雅尔旺营 当为野利旺荣，被种世衡施离间计
【长编影】327/4 上
【汇编】中四 4369
雅布移守贵 又作耶布移守贵，西夏容州刺史
【长编影】133/18 上
赏乞 又作尚奇，诣种世衡处诈降夏人
【宋史】335/种世衡传/10743
【长编标】138/3330
【汇编】中二 2628
赏屈 西夏成德军首领
【宋史】357/刘延庆传/11237
【皇宋十朝纲要】17/19 下
【汇编】中六 5909、5910；补遗 7100
赏都卧嵤 又作尚对乌扎，夏景宗李元昊部下，主兵马
【宋史】485/夏国传上/13994
【长编标】120/2845
【汇编】上 62
嗨咛 又作约宁，西夏监军妹勒都逋的部曲
【长编标】504/12018
喀结桑 又作花结香，西夏副使
【长编影】508/7 下
【汇编】中六 5513
嵬心 又作威沁，入宋刺事人
【长编标】288/7050
嵬名 西夏统军
【宋会要】兵 8 之 26/6900
【汇编】中四 4243
嵬名乙遇唛 又作威明伊特允凌，西夏钤辖
【皇宋十朝纲要】14/6 下
【汇编】中六 5623
嵬名山 夏绥州将，赐名赵怀顺
【宋史】14/神宗纪 1/272；253/折御卿传/886；290/郭逵传/9724；328/薛向传/10586；332/陆诜传/10681；335/种谔传/10745；336/司马光传/10763；485/夏国传上/14002
【东都事略】61/种谔传/4 下
【长编纪事本末】83/7 下
【奏议标】125/范纯粹・上哲宗乞不许蕃官自改汉姓/1381；136/司马光・上神宗纳横山非便/1529
【奏议影】125/范纯粹・上哲宗乞不许蕃官自改汉姓/4260；136/司马光・上神宗纳横山非便/4704
【安阳集】家传 6/17 上、7/1 上
【范太史集】40/检校司空左武卫上将军郭公墓志铭/8 下、9 上
【济南集】7/郭宣徽（逵）祠堂记/15 上
【涑水记闻】10/7 上；11/20 上、20 下
【续资治通鉴】65/1606
【名臣碑传琬琰集】中集 48/韩忠献公琦行状/1106；52/曾太师公亮行状/1183

【汇编】上 70、174；中三 2983、3440、3444、3445、3446、3448、3450、3454、3459、3461、3465、3476、3537、3538、3543、3676；中五 5171

鬼名乞遇唛 又作威明伊特允凌，西夏钤辖

【宋史】486/夏国传下/14018

【长编标】516/12288、12289

【汇编】上 84

鬼名元昊 夏景宗李元昊

【蒙兀儿史记】154/色目氏族上/34 下

【汇编】上 577

鬼名公辅 夏帅

【宋史】486/夏国传下/14027

【汇编】上 93

鬼名布哆聿介 又作威明布哆聿玠，西夏差使

【长编标】508/12102

鬼名令公 西夏宗室

【元史】1/太祖纪/14、24

【蒙兀儿史记】3/成吉思可汗本纪下/8 下、30 下

【汇编】下 6823、6826、6909、6910、6911

鬼名守全 又作威明硕统，疑“全”为“仝”之误，夏景宗李元昊部下，主谋议

【宋史】485/夏国传上/13994

【长编标】120/2845

【汇编】上 61

鬼名聿 西夏使臣

【长编标】156/3779

鬼名聿正 西人大首领

【东原录】34 下

【汇编】补遗 7314

鬼名聿则 又作威明舆则，西夏使臣

【长编标】184/4462

鬼名吾祖 又作威明吾祖，夏景宗李元昊

【宋史】485/夏国传上/13993

【汇编】上 60

鬼名怀普 夏国使臣

【长编标】360/8617、8621

【长编影】360/11 下、14 下

【汇编】中五 4640、4641

鬼名阿埋 又作威明阿迈，西夏统军

【宋史】18/哲宗纪 2/351；253/折可适传/8867；328/章楶传/10590；486/夏国传下/14018

【长编标】504/12017、12018、12019；505/12026、12027、12029、12031、12035、12038；506/12061；507/12080

【东都事略】104/折可适传/3 上；127、128/附录 5、6

【宋会要】兵 17 之 6/7040；蕃夷 6 之 37/7837

【石林燕语】10/1 下

【三朝北盟会编】60/4 下

【姑溪居士后集】20/折渭州墓志铭/1 上

【汇编】上 83、110、176、180、208；中六 5350、5455、5461、5675、6043

鬼名妹精鬼 又作威明默沁威，统军

【宋史】16/神宗纪 3/307

【长编标】327/7865

【宋会要】兵 8 之 28/6901、14 之 19/7002

【汇编】中四 4365

鬼名革常 又作威明噶勒藏，管勾国事

【长编标】417/10127

鬼名科逋 又作威科卜，西夏大使

【长编标】508/12102；510/12134

鬼名律令 夏国南路都统

【长编标】506/12059

鬼名济 当为鬼名济乃，西夏西南都统，夏惠宗李秉常兄

【宋史】486/夏国传下/14014、14018

【长编标】331/7980；341/8197；360/8605；506/12054；519/12343

【长编影】360/1 上

【涑水记闻】14/12 上

【汇编】上 78、80、84；中四 4446；中五 4638

鬼名济迺 又作威明吉鼐，西南都统

【宋史】486/夏国传下/14012

【汇编】上 78

鬼名济寨 上誓表谢恩

【宋会要】兵 8 之 36/6905

鬼名姚麦 又作威明约默，归顺部落大首领

【宋会要】蕃夷 6 之 32/7834

【汇编】中六 5396

鬼名挨移 西夏使人，议绥州易寨

【宋大诏令集】235/赐夏国主不还绥州诏/914

【汇编】中三 3541

嵬名浪遇 夏景宗李元昊弟
【元刊梦溪笔谈】25/7
【汇编】中四 4139
嵬名特克济沙 又作威明特克济沙，西界首领
【长编标】503/11973；505/12029；511/12169
嵬名麻胡 又作威明玛乌，西夏大使
【长编标】456/10923
嵬名密 又作威明密，西夏部落
【长编标】506/12059
嵬名谕密 又作威明裕默，夏崇宗李乾顺使臣
【宋史】486/夏国传下/14015
【汇编】上 81
嵬名谟铎 夏国陈慰使
【宋史】124/礼志 27/2900；486/夏国传下/14014
【长编标】358/8566
【长编影】358/7 上
【宋会要】礼 29 之 61/1094、43 之 17/1424
【汇编】上 80；中五 4635
嵬名寨 又作威明寨，夏国告哀使
【长编标】510/12134
嵬名㦝寨 疑为嵬名㦝荣，夏国议易绥州使
【宋大诏令集】214/赐陕西河东经略使司诏/815
【汇编】中三 3542
嵬名㦝 又作威明怀，夏国使臣
【长编标】138/3332
嵬名瓌 又作威明怀，夏国使臣
【宋史】485/夏国传上/13998
【东都事略】127、128/附录 5、6
【汇编】上 65、105
嵬名瓌荣 又作威明科荣，夏国议易绥州使
【长编标】226/5514、5515
嵬多聿则 当为嵬名聿则，又作威明舆则，夏国使人
【宋史】485/夏国传上/14000
【汇编】上 68
嵬伽崖妳 又作威伽崖密，西夏使臣
【长编标】123/2894
嵬迦 又作鄂特伽，夏景宗李元昊使人
【长编标】125/2950
嵬咩 始创甘州卧佛圣像国师
【地震战线】1978 年第 3 期/40
【汇编】下 6954
嵬咩思能 西夏国师
【甘肃新通志】30/祠祀志 · 寺观 · 甘州府张掖县/56 下
【汇编】下 6520
嵬砻仁显 西夏武功大夫，使金贺万春节
【金史】61/交聘表中/1438
嵬砻世安 西夏武节大夫，使金贺正旦
【金史】62/交聘表下/1465
嵬砻彦 贺天寿节
【金史】61/交聘表中/1450
嵬迷裂皈 又作威密烈圭，夏国小大王叔
【长编标】184/4462
嵬恧执忠 使金贺正旦
【金史】61/交聘表中/1429
嵬宰师宪 西夏武功大夫，使金贺正旦
【金史】61/交聘表中/1435
嵬理 又作崖埋、叶迈、崖块，夏景宗李元昊小名
【宋史】485/夏国传上/13992
【汇编】上 60
嵬啰嵬悉 又作嵬啰嵬悉俄，夏太祖李继迁酋长
【宋史】485/夏国传上/13987
【东都事略】115/郑文宝传/2 上
【汇编】上 54；中一 1110
嵬啰嵬悉俄 又作嵬啰嵬悉，夏太祖李继迁酋长
【宋史】277/郑文宝传/9427
【汇编】中一 1109
嵬崖妳 又作威伽崖密、嵬伽崖妳，夏景宗李元昊使臣
【宋史】485/夏国传上/13996
【汇编】上 63
嵬㖿执信 西夏武功大夫，使金贺正旦
【金史】61/交聘表中/1420
景询 又作景珣，投夏宋人
【宋史】290/郭逵传/9724；335/种谔传/10745
【长编标】235/5699
【长编影】235/4 上
【汇编】中三 3418、3538；中四 3780

景珣 又作景询，投夏宋人
【长编标】226/5515
【长编影】226/13 上
【宋会要】职官 65 之 27/3860；兵 28 之 2/7270
【范太史集】40/检校司空左武卫上将军郭公墓志铭/9 上
【汇编】中三 3406、3412、3537、3722

遇乜布 宥州咩兀十族首领
【宋史】491/党项传/14140
【汇编】上 22

遇乞 又作约噶、约腊，夏国首领
【长编标】119/2814；132/3133；138/3330；155/3773；162/3901、3902；184/4462
【东都事略】127、128/附录 5、6
【隆平集】20/夷狄传/3 下
【奏议标】132/田况·上仁宗兵策十四事/1468
【奏议影】132/田况·上仁宗兵策十四事/4520
【元刊梦溪笔谈】25/3
【补梦溪笔谈】下 2/权智/950
【汇编】上 107、115；中一 1752；补遗 7282

遇讹 西界首领
【长编标】117/2745
【长编影】117/1 上
【汇编】中一 1709

遇忠辅 西夏武功大夫，使金贺万春节
【金史】61/交聘表中/1446

遇惟德 西夏武功大夫，使金贺正旦
【金史】62/交聘表下/1474

程公济 宣德郎，使金贺万春节
【金史】61/交聘表中/1419
【汇编】下 6700

策卜腾善沁 又作吹同山乞，嘉勒斯赉界西蕃首领
【长编影】126/9 下、10 上
【汇编】中二 1924、1926

策卜腾沁沙克 又作吹同乞砂，嘉勒斯赉界西蕃首领
【长编影】126/9 下、10 上
【汇编】中二 1924、1926

策木多莽 西界探事部落子
【长编标】336/8094
【长编影】336/3 下
【汇编】中四 4496

策木多伊克 西界蕃人
【长编标】328/7897
【长编影】328/6 下

策多克新 又作乞哆香，附宋西夏首领
【长编影】335/20 上
【汇编】中四 4492

答加沙 又作荅加沙、达尔沙、达加沙、昔李钤部父，夏国宰相
【雪楼程先生文集】2/5 上；25/16 下
【汇编】上 291、294

焦元昌 宣德郎，使金贺天寿节
【金史】62/交聘表下/1459

焦文贵 夏国议绥州使臣
【长编标】226/5515
【长编影】226/13 上
【汇编】中三 3722

焦思元 宣德郎，使金贺天寿节
【金史】62/交聘表下/1470
【汇编】下 6804

焦景颜 翰林学士，枢密都承旨
【宋史】486/夏国传下/14025
【金史】61/交聘表中/1418、1420、1423、1427
【汇编】上 91；下 6724、6729

焦蹈 使金贺万春节
【金史】61/交聘表中/1431、1432

猥货 攻金肃城将
【辽史】20/兴宗纪 3/241；115/西夏记/1527
【汇编】上 121；中三 3156

腊儿 又作拉尔，宥州羌
【宋史】491/党项传/14148
【长编标】95/2178；96/2234
【汇编】上 31

善约 又作善约特，夏景宗李元昊从父
【长编影】126/15 下
【汇编】中二 1948

善约特 又作山遇、山禺，夏景宗李元昊从父
【长编影】122/8 下、9 上、9 下；130/1 上、
【汇编】中一 1749、1750；中二 2151

甯子宁 夏国枢密使都招讨
【宋史】402/安丙传/12194；486/夏国传下/14027

【汇编】上 93；下 6868
裕木攀 夏崇宗李乾顺使臣
【长编标】511/12160
【长编影】511/6 下
【汇编】中六 5554
裕勒藏哈木 又作裕勒藏喀木、禹藏花麻，定西一带大首领
【长编标】226/5502
【长编影】226/3 上
【汇编】中三 3716
裕勒藏喀木 又作禹臧苑麻、禹藏花麻，定西一带大首领
【长编标】228/5557；237/5775；269/6603；324/7803；444/10684
【长编影】237/17 上；269/18 下；284/17 上；324/7 下；444/5 下
【汇编】中三 3733；中四 3801、3999、4048、4323、4324
媚娘 又作玛囊，诣种世衡处诈降夏人
【宋史】335/种世衡传/10743
【长编标】138/3330
【汇编】中二 2628

十三画

瑚叶实 又作明叶示，夏太祖李继迁蕃部首领
【长编影】50/18 上
【汇编】中一 1286
魂成 又作成遇、沁裕，夏太宗李德明子
【隆平集】20/夷狄传/3 下
【汇编】上 113
靳允中 西人副首领、枢铭
【东原录】34 下
【汇编】补遗 7314
蒲鲁合野 夏将，攻金麟州
【大金国志】17/世宗纪/4 下
【汇编】下 6767
楚鼐裕勒囊 附宋西夏观察使
【长编标】139/3355
【长编影】139/17 下
【汇编】中二 2689
路修篁 教夏景宗李元昊子宁明道术
【长编标】162/3901
【长编影】162/1 上
【汇编】中三 3104
锡都儿郭 失都儿忽，成吉思汗赐夏国主名号
【蒙兀儿史记】3/成吉思可汗本纪下/31 下
【汇编】下 6925
锡都尔固汗 失都儿忽，夏国主名号
【蒙古源流笺证】3/18 下；4/1 上、1 下、3 下
【汇编】下 6818、6852、6853、6917、6919、6922、6923
锡哩 又作薛埋，夏景宗李元昊子
【长编影】162/1 上
【汇编】中三 3104
锡硕克鄂则尔 议蕃部投南界事宜，疑为职官，待考
【长编标】266/6536
【长编影】266/13 下
【汇编】中四 3995
锦星 又作金星，附宋西蕃大首领
【长编影】320/1 下
【汇编】中四 4253
魁可 降辽党项酋首
【辽史】15/圣宗纪 6/178；70/属国表/1154
【汇编】中一 1551
煞执直 使金贺正旦
【金史】61/交聘表中/1428
煞进德 西夏武功大夫，使金贺正旦
【金史】61/交聘表中/1432
新都喇不丹 西夏统军
【海城县志】6/古迹志/1 下
【汇编】补遗 7394
窦珪祐 出使辽国
【辽史】15/圣宗纪 6/171
【汇编】中一 1510
窦惟吉 夏景宗李元昊部下，主兵马
【宋史】485/夏国传上/13994
【长编标】120/2845
【长编影】120/23 上
【汇编】上 62；中一 1737
福山 夏人
【金史】134/西夏传/2873
【汇编】上 133

十四画

斡宗圣 党项贵族斡道冲字
【虞文靖公道园全集】17/西夏相斡公画像赞/8下
【汇编】上 393
斡道冲 唐兀贵族，西夏宰相
【蒙兀儿史记】154/色目氏族上/34 下
【虞文靖公道园全集】17/西夏相斡公画像赞/8下
【汇编】上 393、590
慕洧 又作慕容洧，叛投西夏的环州属户
【宋史】26/高宗纪 3/483；29/高宗纪 6/539；366/刘琦传/11399；452/牛皓传/299；486/夏国传下/14023、14024
【金史】3/太宗纪/63；19/睿宗纪/409；79/张中彦传/1789；84/杲传/1878；134/西夏传/2868；跋/2991
【三朝北盟会编】143/2 上
【中兴小纪】26/297
【名臣碑传琬琰集】上集 12/吴武安公功绩记/186
【汇编】上 89、90、128；下 6243、6247、6251、6285、6353、6497、6498、6501
慕容洧 又作慕洧，叛投西夏的环州属户
【宋史】29/高宗纪 6/549
【中兴小纪】26/296
【三朝北盟会编】192/5 下
【系年要录】38/726、52/919、72/1208、86/1421、94/1552、117/1885、125/2046、126/2049、127/2068、130/2099、133/2142、140/2249、2258
【汇编】下 6245、6246、6295、6353、6395、6400、6482、6496、6497、6499、6501、6512、6520、6545、6547
慕濬 慕洧弟
【宋史】486/夏国传下/14024
【汇编】上 90
蔑密裕 又作咩迷乞遇，夏惠宗李秉常使人
【长编影】350/3 下
【汇编】中五 4610
蔺征隔 又作琳沁格，西蕃归附大首领吕永信妻
【宋会要】蕃夷 6 之 32/7834
厮多罗潘 西夏西使城大首领
【长编标】319/7716
【长编影】319/16 上
臧嵬 又作章威，夏国入汉地买地者
【长编标】232/5635、5636、5637；234/5674、5680、5681
裴永昌 西夏白豹寨都指挥使
【长编标】123/2896
【长编影】123/4 下
【汇编】中二 1780
嘚勿乜 又作移勿乜，西界首领
【长编标】506/12054、12055
嘚讹 武臣
【宋史】367/李显忠传/11428、11429；486/夏国传下/14023、14024
【汇编】上 89、224
嘚都 又作伊都、乙都，西人，报西界点集入寇
【长编标】299/7277
鲜卑讹答 又作西壁讹答，西夏太傅
【蒙兀儿史记】3/成吉思可汗本纪下/8 下
【汇编】下 6826、6827
漫咩 杀李元昊舅没藏
【东原录】34 下
【汇编】补遗 7313
察儿皇后 夏国女察合
【蒙兀儿史记】3/成吉思可汗本纪下/8 下
【元朝秘史】13/1 上
【汇编】下 6827、6829
察合 蒙古察儿皇后，夏国女
【元史译文证补】1 下/后妃公主表补辑/35 上
【元朝秘史】13/1 上
【蒙兀儿史记】3/成吉思可汗本纪下/8 下
【蒙古源流笺证】3/18 下
【汇编】下 6827、6829、6853
察哥郎君 夏崇宗李乾顺弟
【宋史】486/夏国传下/14020
【汇编】上 86、87

十五画

髯要 毁坼安定堡地分内新修增子、土门两堡

【长编标】464/11085
【长编影】464/12 下
【汇编】中五 5086
嘬移 西界蕃部
【范文正公集】言行拾遗事录 3/9 上
【汇编】中二 2144
嘬嵬 又作堪威，西界首领
【长编标】136/3266、3267
德明雅卜 夏崇宗李乾顺使臣
【长编标】511/12160
【长编影】511/6 下
【汇编】中六 5554
摩移克氏 又作没啰氏，夏景宗李元昊新纳皇后
【长编影】162/1 下
【汇编】中三 3105
摩移克结星 又作没啰皆山，夏景宗李元昊新皇后摩移克氏父
【长编影】162/1 下
【汇编】中三 3104
潘七布 又作攀密布，当为“潘乜布”之误，夏景宗李元昊称帝时受命点兵蓬子山
【宋史】485/夏国传上/13995
【汇编】上 62
潘乜布 又作攀密布，当为“潘乜布”之误，夏景宗李元昊称帝时受命点兵蓬子山
【长编标】122/2883
额化强山 又作讹化唱山，附宋西寿监军穆赉多卜亲随贝威
【长编影】500/1 下
【汇编】中六 5412
额伯尔 又作讹勃啰，监军
【长编标】515/12260；516/12272
【长编影】513/8 下；515/22 下；516/8 上
【汇编】中六 5567、5605、5612
额勒齐乌楚肯傒㑩 西界首领
【长编标】510/12140
【长编影】510/9 上
【汇编】中六 5542
额森 又作讹山、讹化唱山，西夏部落子
【长编影】500/1 下
【汇编】中六 5412

十六画

薛老峰 伶人，夏毅宗李谅祚使人
【涑水记闻】9/14 下
【汇编】中三 3286
薛宗道 夏惠宗李秉常使人
【宋史】486/夏国传下/14007
【长编纪事本末】83/8 上、8 下
【安阳集】35/奏状/5 下、10 上；家传 7/5 上
【宋大诏令集】235/赐夏国主诏/915
【皇宋十朝纲要】9/1 上
【范太史集】40/检校司空左武卫上将军郭公墓志铭/8 下
【济南集】7/郭宣徽（逵）祠堂记/15 上
【续资治通鉴】66/1618
【潞公文集】18/奏议/5 下
【汇编】上 73；中三 3454、3482、3483、3484、3487、3489、3501、3502、3676；补遗 7322、7323
薛埋 又作锡哩，夏景宗李元昊子
【长编标】162/3901
默拉都克布 又作妹勒都逋、昧勒都逋、穆赉多卜，西寿监军
【汉滨集】15/故客省使雄州防御使泾原路兵马钤辖兼第十一将郭公（成）行状/17 下、19 上
【汇编】补遗 7383、7385
默穆氏 又作米母氏、卫慕氏，夏太宗李德明妻
【长编影】111/16 下
【汇编】中一 1688
默穆氏 又作米母氏、卫慕氏，夏景宗李曩霄妻
【长编影】162/1 上
【汇编】中三 3104
穆齐好德 又作没细好德，西夏武功郎，奉表入金贺正旦
【系年要录】118/1902
【汇编】下 6484
穆纳僧格 西界带牌天使
【长编标】491/11650
【长编影】491/4 下

【汇编】中六 5324

穆赍多卜 又作妹勒都逋、昧勒都逋，西夏天都监军

【长编影】500/1 下；504/17 下、18 上、18 下；505/1 上、1 下、3 下、7 下、9 下、11 上；506/11 下；507/11 下

【汇编】中六 5412、5457、5458、5460、5464、5466、5472、5474、5475、5489

磨美勃儿 又作玛克密巴勒，降宋西夏首领

【长编标】335/8083

十九画

攀密布 又作潘也布，夏景宗李元昊部将

【长编影】122/10 下

【汇编】中一 1751

二十画

耀密楚美 西界右厢把边头首

【长编标】273/6688

【长编影】273/12 下

【汇编】中四 4016

耀密滂 附宋西夏钤辖

【长编标】506/12061

【长编影】506/11 下

【汇编】中六 5489

巍名济赖 即嵬名济迺，夏国贡使

【宋会要】礼 29 之 64/1095；礼 37 之 14/1326

二十一画

曩霄 又作朗霄，夏景宗李元昊新改名

【宋史】11/仁宗纪 3/215、218、219、220、225；311/庞籍传 10200；485/夏国传上/13992、13998

【长编标】139/3343；153/3723；154/3737、3746；155/3762、3763、3768；156/3779；162/3901、3902；163/3918、3921；164/3942；184/4462

【长编影】139/7 上；153/9 上；154/3 上、10 上；155/5 下、6 上、10 下；156/2 上；162/1 上、1 下、2 上；163/3 上、5 下、6 上；164/1 上；184/15 下

【东都事略】127、128/附录 5、6

【隆平集】20/夷狄传/3 下

【宋会要】礼 41 之 12/1383；职官 35 之 2/3061

【宋大诏令集】233/册夏国主文/909

【奏议标】133/范仲淹等·上仁宗论元昊请和不可许者三大可防者三/1487；136/韩琦·上仁宗论西北议和有大忧者三大利者一/1516

【奏议影】133/范仲淹等·上仁宗论元昊请和不可许者三大可防者三/4574；136/韩琦·上仁宗论西北议和有大忧者三大利者一/4664

【元刊梦溪笔谈】25/4

【元宪集】32/答内降手诏垂询西陲方略/336

【公是集】12/送秦州通判陆学/132

【文恭集】22/除韩琦依前工部尚书同中书门下平章事集贤殿大学士加食邑实封仍赐功臣制/283

【安阳集】家传 3/14 下、4/17 下

【宋朝事实类苑】75/990

【范文正公集】年谱补遗/23 上

【容斋三笔】11/5 上

【涑水记闻】10/7 上、14 上；11/17 上

【桯史】1/6

【续宋通鉴】13/169

【名臣碑传琬琰集】上集 22/庞庄敏公籍神道碑/348

【儒林公议】下/3 上

【汇编】上 59、60、66、105、106、107、114、115；中二 1934、1937、2658、2659、2662、2664、2667、2750；中三 2918、2984、3000、3013、3016、3034、3041、3042、3045、3046、3048、3053、3060、3090、3104、3106、3107、3108、3110、3116、3120、3188、3218、3220、3248；下 6813

二、沿边蕃部人物

（一）散居沿边的党项、吐蕃及其他蕃部人物

1. 隋唐五代沿边党项、吐蕃、回纥人物

二画

乜厮褒 灵州羌胡，与拓跋彦超共攻州城
【宋史】254/药元福传/8895
【资治通鉴】285/9303
【汇编】上901、902

三画

乞埋 党项部侍御，被后唐药彦稠俘获
【旧五代史】138/党项传/1845
【新五代史】74/党项传/912
【五代会要】29/353
【册府元龟】398/4739上
【汇编】上15、18、875

马重英 吐蕃大将，寇唐
【旧唐书】86/王守礼传/2834；195/回纥传/5205；196上/吐蕃传上/5237、5240
【新唐书】81/王承宏/3589；216下/吐蕃传下/6088；224/李怀光/6374
【资治通鉴】223/7146
【汇编】上688、702、711

马悦 潜走党项部落
【旧唐书】200/朱泚传/5390
【新唐书】225中/朱泚传/6499
【汇编】上715

四画

仆固名臣 回纥首领
【新唐书】217/回鹘传上/6120
【汇编】上701

仆固怀恩 引吐蕃、党项兵南下
【旧唐书】11/代宗纪/276、279、280；120/郭子仪传/3455、3459、3461、3464、郭晞传/3468；121/仆固怀恩传/3488；152/马璘传/4066、郝廷玉传/4068；195/回纥传/5205；196上/吐蕃传上/5239
【新唐书】217/回鹘传上/6120；221上/党项传/6214
【文苑英华】567/阙名·为百僚贺仆固怀恩死并诸道破贼表/2908；637/于邵·贺破渭北党项状/3282
【汇编】上11、682、684、691、692、693、694、696、697、698、700、701、702、703、704、705、708

仆固瑒下 回纥首领
【文苑英华】567/为百寮贺仆固怀恩死并诸道破贼表/2908
【汇编】上705

五画

石存 灵州羌胡，与拓跋彦超共攻州城
【宋史】254/药元福传/8895
【资治通鉴】285/9303
【汇编】上901、902

石神奴 兰池州叛胡首领
【旧唐书】8/玄宗纪上/182
【册府元龟】986/11584上
【汇编】上647、651

六画

伏允 吐谷浑主
【隋书】83/吐谷浑传/1845
【旧唐书】69/侯君集传/2509；198/党项传/5291、5292
【新唐书】221/吐谷浑/6224
【汇编】上4、5、612、627
安慕容 吐蕃叶护
【旧唐书】8/玄宗纪上/182
【册府元龟】986/11584上
【汇编】上647、651、652
论孔热 吐蕃首领
【甘肃新通志】6/舆地志·山川上·兰州府·渭源县/10上
【汇编】补遗7226
论莽罗 吐蕃将，寇宁州
【旧唐书】122/张献甫传/3499
【汇编】上720
如连山 河西党项
【新五代史】6/唐明宗纪/59
【五代会要】29/353
【汇编】上17、865
孙超 西凉留后，遣大将拓跋承谦上表后唐明宗
【旧五代史】138/吐蕃传/1840
【新五代史】74/四夷附录/914
【宋史】492/吐蕃传/14152
【宋会要】方域21之14/7668
【资治通鉴】278/9082
【汇编】上878、879；下7014

七画

李八萨王 灵庆州党项大首领
【新五代史】74/四夷附录3/912
【五代会要】29/353
【册府元龟】398/4739上
【汇编】上15、18、875
李万全 野鸡族第七门族首领
【资治通鉴】291/9488
【册府元龟】167/2014下
【汇编】上911、914
来万德 河西党项蕃官
【册府元龟】976/11469上
【汇编】上871
来有行 党项首领
【五代会要】29/353
【册府元龟】972/11422上
【汇编】上18、867
折七移 河西党项折家族首领
【新五代史】6/明宗纪/63
【五代会要】29/353
【册府元龟】972/11422下
【汇编】上18、872
折乜罗 北汉麟州刺史
【皇宋十朝纲要】1/12下
【汇编】中一949
折文正 又作折文政，党项折家族五镇都知兵马使
【五代会要】29/353
【汇编】上18
折文政 又作折文证，党项折家族五镇都知兵马使
【册府元龟】976/11469上
【汇编】上871
折文通 河西党项
【册府元龟】972/11421上、11422上
【汇编】上861、867
折令图 北汉军使
【宋史】4/太祖纪1/61；253/折御卿传/8862
【东都事略】28/折德扆传/1上
【宋会要】兵7之34/6886；方域21之1/7661
【汇编】上33、178；中一980、981
折骄儿 河西郡落
【册府元龟】976/11421上
【汇编】上861
折遇明 党项首领
【五代会要】29/353
【册府元龟】972/11422上
【汇编】上18、867
折满嘉施 凉州土人，代孙超为西凉留后
【宋会要】方域21之14/7668
【汇编】下7014

折愿庆 河西党项
【册府元龟】972/11421 上
【汇编】上 861
折磨布落 徙绥、延州蕃部
【新唐书】221 上/党项传/6217
【汇编】上 12
把利步利 羌酋，诺州刺史，以州叛归吐蕃
【资治通鉴】195/6139
【汇编】上 635
连香 灵庆州党项大首领
【新五代史】74/四夷附录 3/912
【五代会要】29/353
【汇编】上 15、18
吴怙磨五 又作吴怡磨五，延州党项首领
【新五代史】11/周书·太祖纪/115
【汇编】上 917
吴怡磨五 又作吴怙磨五，延州党项首领
【册府元龟】170/2059 下
【汇编】上 918
何黑奴 兰池州叛胡
【旧唐书】8/玄宗纪上/182
【册府元龟】986/11584 上
【汇编】上 647、651
阿磨 党项杀牛族首领
【册府元龟】987/11595 上
【汇编】上 888

八画

拓拔山 府州党项泥也族大首领
【新五代史】74/四夷附录 3/912
【五代会要】29/353
【汇编】上 16、19
拓拔乞梅 思乐州刺史
【新唐书】221 上/党项传/6217
【汇编】上 12
拓拔宁从 附隋党项大首领
【隋书】83/党项传/1846
【北史】96/党项传/3192
【汇编】上 2
拓拔戎德 党项首长
【新唐书】6/肃宗纪/161
【资治通鉴】220/7060
【汇编】上 673
拓拔承诲 西凉大将
【宋史】492/吐蕃传/14152
【宋会要】方域 21 之 14/7668
【汇编】上 879；下 7014
拓拔承谦 凉州大将
【旧五代史】138/吐蕃传/1840
【新五代史】74/四夷附录/914
【资治通鉴】278/9082
【汇编】上 878；下 879
拓拔细豆 拓拔赤辞部下
【旧唐书】198/党项羌传/5292
【新唐书】221 上/党项传/6215
【汇编】上 5、10
拓拔彦超 灵州党项酋长
【旧五代史】125/冯晖传/1645
【新五代史】49/冯晖传/554
【宋史】254/药元福传/8895
【资治通鉴】285/9303
【汇编】上 890、892、901、902、903
拓跋三娘 劫乌、白池盐党项女子
【册府元龟】41/468 下
【汇编】上 759
拓跋万诚 党项都督
【资治通鉴】242/7818
【册府元龟】977/11483 上
【汇编】上 765
拓跋公政 渭北党项首领，连状上书唐朝，不愿由盐州割属夏州
【册府元龟】977/11483 上
【汇编】上 747
拓跋怀光 又作拓拔怀光，吐蕃大将
【资治通鉴】248/8037；249/8045；250/8113
【甘肃新通志】6/舆地志·山川上·兰州府·渭源县/10 上
【汇编】上 804、806、825、832；补遗 7226
拓跋忠义 部落游弈使
【册府元龟】977/11483 下
【汇编】上 770
拓跋建宗 党项首长
【元氏长庆集】56/唐故使持节万州诸军事万州

刺史赐绯鱼袋刘君墓志铭/2 上
【汇编】上 763
拓跋黑连 党项首领
【册府元龟】972/11423 下
【汇编】上 887
尚志董星 吐蕃将，寇宁州
【旧唐书】122/张献甫传/3499
【汇编】上 720
尚品息赞磨 吐蕃将，与党项一同寇奉天
【旧唐书】11/代宗纪/279
【汇编】上 694
尚结息赞磨 吐蕃将，寇奉天
【旧唐书】196 上/吐蕃传上/5240
【汇编】上 702
尚野息 吐蕃将，寇奉天
【旧唐书】196 上/吐蕃传上/5240
【汇编】上 702
尚悉东赞 吐蕃将，寇奉天
【旧唐书】11/代宗纪/279；196 上/吐蕃传上/6085
【汇编】上 694、702
尚绮心儿 吐蕃将，以兵击回鹘、党项
【旧唐书】196 下/吐蕃传上/2565
【新唐书】216 下/吐蕃传下/6098、6101
【汇编】上 766
罗蝦独 西蕃野离王子
【册府元龟】987/11595 下
【汇编】上 894
泥香王子 府州党项泥也六族防御使
【新五代史】74/党项传/912
【五代会要】29/353
【汇编】上 16、19
细封步赖 党项首领，举部附唐
【旧唐书】198/党项羌传/5291
【新唐书】43 下/地理志 7 下/1122、1133；221 上/党项传/6215
【资治通鉴】193/6068
【汇编】上 4、10、619、849

九画

曷苏 吐蕃大首领，率贵川部与党项种三十万降
【新唐书】216 上/吐蕃传上/6078
【汇编】上 641
钟利房 吐谷浑定城王
【隋书】40/元谐传/1171
【汇编】上 608
昝插 吐蕃酋长，率羌蛮八千来附
【新唐书】216 上/吐蕃传上/6078
【汇编】上 641
结齐罗 北汉麟州刺史
【长编标】10/221
【长编影】10/16 上
【汇编】中一 949

十画

埋摩 灵庆州党项都统
【新五代史】74/四夷附录 3/912
【五代会要】29/353
【册府元龟】398/4739 上
【汇编】上 15、18、875
高玉 党项羌
【旧唐书】133/李晟传/3661
【汇编】上 684

十一画

捻崖天子 沙岭党项首领
【新五代史】74/四夷附录/917
【汇编】上 896
野利刚 入附鸡子川党项首领
【新唐书】221 上/党项传/6217
【汇编】上 12
野利景庭 入附鸡子川党项首领
【新唐书】221 上/党项传/6217
【汇编】上 12
野利秃罗都 沿边党项首领，与吐蕃叛
【新唐书】221 上/党项传/6217
【汇编】上 12
野离王子 西蕃首领罗蝦独
【册府元龟】987/11595 下
【汇编】上 894

啜訇倏友　奴剌部落首领，居吐谷浑、党项之间
【资治通鉴】198/6249
【汇编】上637
悉那　又作悉郍，灵庆州党项都统
【新五代史】74/四夷附录3/912
【汇编】上15
悉郍　又作悉那，灵庆州党项都统
【五代会要】29/353
【汇编】上18
悉郍　党项白马、卢家等六族、客户三族都统
【册府元龟】398/4739上
【汇编】上875
康待宾　兰池州叛胡首领
【旧唐书】8/玄宗纪上/182；97/张说传/3052、3053；103/郭知运传/3190
【册府元龟】986/11584上；992/11653上
【唐大诏令集】128/遣牛仙客往关内诸州安辑六州敕/690
【资治通鉴】212/6745
【汇编】上647、648、649、650、651、652、653、655、662
康铁头　兰池州叛胡
【旧唐书】8/玄宗纪上/182
【册府元龟】986/11584上
【汇编】上647、651
康愿子　庆州方渠叛胡，康待宾余党
【旧唐书】8/玄宗纪上/184；97/张说传/3053
【稽古录】15/39下
【汇编】上655、657

十二画

韩氏　党项首领薄备香之妻
【册府元龟】972/11421上
【汇编】上860
董和那蓬　羌首领，守松州有功
【新唐书】42/地理志6/1086
【汇编】上636
鬼悉逋　党项都统
【新五代史】74/四夷附录3/912
【五代会要】29/353
【册府元龟】398/4739上
【汇编】上15、18、875
敦善王　黑党项酋长自号
【旧唐书】198/党项羌传/5290
【新唐书】221上/党项传/6215
【汇编】上5、10

十四画

嘉且舍鄂　石州刺史
【长编标】10/221
【长编影】10/16上
【汇编】中一949
慕容伏允　吐谷浑首领，与拓跋部通婚
【新唐书】221上/党项传/6215
【汇编】上10
鹘揽支　党项首领
【册府元龟】975/11456上
【汇编】上662

十六画

薄备香　党项首领
【五代会要】29/353
【册府元龟】972/11421上
【汇编】上17、860
薄备撒罗　党项薄备家族都督
【册府元龟】976/11469上
【汇编】上871
薄备撒罗　党项薄备家族都督
【五代会要】29/353
【汇编】上18
磨梅部落　党项
【白氏长庆集】57/与希朝诏/67下
【汇编】上723

2. 宋代鄜延环庆泾原秦凤等路党项与吐蕃人物

□娘　府州狐咩族巡检
【榆林府志】47/折武恭公克行神道碑阴/7上

【汇编】补遗 7094

一画

乙讹 又作伊克、且乌，入西界探事蕃部
【长编标】287/7033；298/7240
【宋会要】职官 66 之 6/3871

乙麦乙唛 又作齐点特伊朗，鄜延蕃官
【长编标】341/8207
【宋会要】兵 18 之 12/7063

乙屈 夏人，降宋后引路出界败敌
【宋会要】兵 18 之 11/7063

乙轻 鄜延路蕃弓箭手副指挥使
【长编标】335/8071
【长编影】335/9 下
【汇编】中四 4487

乙格 又作伊格，鄜延蕃官，自陈改汉名白守忠
【奏议标】125/范纯粹·上哲宗乞不许蕃官自改汉姓/1381
【奏议影】125/范纯粹·上哲宗乞不许蕃官自改汉姓/4260
【汇编】中五 5171

乙蚌 又作乞蚌，丰州兀泥族大首领黄罗弟
【长编标】23/512
【长编影】23/1 上
【宋会要】方域 21 之 9/7665
【汇编】中一 992

乙啜 又作策木多，麟府蕃官
【宋会要】方域 21 之 10/7666
【汇编】上 42

二画

七香 又作且星，沿边蕃官
【长编标】417/10127

七移 环州党项皋家族首领
【册府元龟】170/2059 上
【汇编】上 910

卜聚玛伊克 秦州甘谷城归顺蕃部
【长编标】329/7915
【长编影】329/2 下
【汇编】中四 4397

乜羽 鄜延羌酋
【宋史】324/石普传/10472
【汇编】中一 1081

乜罗 又作乜啰、密拉，麟府属户
【宋史】326/康德舆传/10537
【长编标】133/3182；134/3197
【汇编】中二 2358

乜保 府州上府悉利族
【榆林府志】47/折武恭公克行神道碑阴/7 上
【汇编】补遗 7094

乜啰 又作乜罗、密拉，麟府属户
【宋史】324/张亢传/10488
【汇编】中二 2339

乜遇 疑为乢遇，橐驼路熟藏族首领
【宋史】491/党项传/14141、14142
【汇编】上 24

三画

万讹 环州石昌镇熟户牛家族巡检奴讹子
【欧阳文忠公全集】79/制敕 7 下
【汇编】中二 2830

兀乞 又作鄂钦，鄜延蕃官，自陈改汉名罗信
【奏议标】125/范纯粹·上哲宗乞不许蕃官自改汉姓/1381
【奏议影】125/范纯粹·上哲宗乞不许蕃官自改汉姓/4260
【汇编】中五 5171

兀泥常 蕃官
【东坡全集】35/制敕/8 下
【汇编】补遗 7157

兀赃 熟魏族酋长
【宋史】491/党项传/14146；492/吐蕃传/14157
【汇编】上 29；中一 1402

兀瑶 丰州兀瑶族首领
【宋会要】方域 21 之 9/7665
【汇编】上 41

山子 鄜延蕃官马乞子
【长编标】348/8342
【长编影】348/2 上
【汇编】中五 4593

山陕 又作山唛，蕃官
【三朝北盟会编】95/1上
【汇编】下6100
山唛 又作山陕，蕃官
【系年要录】2/37
【汇编】下6090
山海喨 绥州羌酋
【宋史】491/党项传/14141
【汇编】上24
乞埋 庆州淮安镇六族都军主
【宋史】491/党项传/14148
【长编标】96/2220
【长编影】96/15上
【汇编】上31
乞蚌 又作乙蚌，丰州兀泥族大首领黄罗弟
【宋史】491/党项传/14138
【汇编】上21
乞嚾 熙河降羌
【宋史】350/李浩传/11079
【汇编】中四4040
么啰王子 贺兰山下蕃部
【宋会要】蕃夷4之2/7714
【汇编】中一1036
小丑 鄜延蕃官刘光世庶女
【系年要录】149/2399
【汇编】下6570
马一 子河汊大首领
【宋史】491/党项传/14141
【汇编】上23
马乞 鄜延蕃捉生
【长编标】330/7946；348/8342
【长编影】330/1下；348/2上
【汇编】中四4432；中五4593
马巴咱尔 又作马波叱腊、马布札尔，秦州蕃部
【长编影】88/2上、2下、5上
【汇编】中一1561、1568
马布札尔 又作马波叱腊、马巴咱尔，秦州蕃部
【宋史】8/真宗纪3/162
【元宪集】34/宋故推诚翊戴功臣彰武军节度延州管内观察处置等使曹公墓志铭/353
【汇编】中一1547、1578
马池特 归顺部族
【长编标】328/7905
【长编影】328/13下
【汇编】中四4393
马讹 又作马鄂克，鄜延扑咩族首领
【宋史】491/党项传/14148
【长编标】96/2207
【汇编】上31
马尾 又作马泥、马斡、玛斡，党项勒浪嵬女儿门十六府大首领
【宋史】491/党项传/14141
【长编标】37/807
【东都事略】123/附录1·辽国/3下
【汇编】上24；中一1098、1099
马泥 又作马尾、马斡、玛斡，勒浪族十六府大首领
【宋史】491/党项传/14143
【长编标】45/966
【汇编】上26；中一1212
马波叱腊 又作马巴咱尔、马布札尔，秦州羌族
【宋史】8/真宗纪3/161、162；492/吐蕃传/14159
【长编标】88/2012、2015、2016
【宋会要】兵14之17/7001
【名臣碑传琬琰集】中集43/曹武穆公玮行状/1032
【汇编】中一1555、1556、1560、1561、1578
马凌 过河讨西贼蕃官
【长编标】336/8102
【长编影】336/10上
马鄂克 又作马讹，鄜延普密族首领
【长编影】96/4上
【汇编】中一1601
马崖 麟府属户蕃官州
【长编标】134/3197
【长编影】134/10上
【汇编】中二2394
马斡 又作马尾，麟府州啰朗威族首领
【长编影】37/2上

四画

王氏 蕃官李显忠妻
【名臣碑传琬琰集】下集24/故太尉威武军节度使李公行状/1617
【汇编】补遗7142
王宁珠 又作王泥猪，秦州戎酋
【长编标】19/424
【长编影】19/5上
【汇编】中一976
王延顺 环州马步军都指挥使
【长编标】51/1121；56/1229
【长编影】51/13上；56/5上
【汇编】中一1306、1379
王泥猪 又作王宁珠，秦州戎酋
【宋史】4/太宗纪1/58；492/吐蕃传/14153
【汇编】中一976、979
王屈轻 降宋蕃官
【宋会要】兵17之5/7040
【汇编】中六5267
王隐 环州蕃官
【宋会要】兵18之10/7062
王超 蕃弓箭手屈力讹汉名
【宋会要】兵17之24/7049
【汇编】下6485
王遵 丰州蕃官
【宋会要】方域21之11/7666、21之12/7667
【汇编】上43
开斯多卜 又作客斯铎，泾原路樊家族九门都首领
【长编影】91/5下
【汇编】中一1589
元宁 德顺军生户大壬家族
【长编标】144/3486
【长编影】144/9下
【汇编】中二2785
木令遵 与李士彬家联姻蕃官
【长编标】120/2832
【长编影】120/12上
【汇编】中一1735
瓦泥乞移 附辽西蕃酋帅
【辽史】11/圣宗纪2/119
【汇编】中一1029
瓦捞 循化城蕃部首领
【长编纪事本末】139/20上
【汇编】中六5754
瓦瑶 丰州没细族首领
【长编标】24/543
【长编影】24/6上
【宋会要】方域21之9/7665
【汇编】中一1002
日木多 又作惹都，环州界熟户密觉族首领
【长编影】95/14下
【汇编】中一1600
日荣 拓拔部首领
【长编标】20/465
【长编影】20/20上
【汇编】中一984
日威 又作啱嵬，保安军小蕃族都虞侯
【长编影】95/15上
【汇编】中一1600
贝威 又作布威，环庆蕃官
【长编标】354/8480；356/8519
【长编影】354/10上
【汇编】中五4627
仆里鳖米 辽境党项羌
【辽史】82/耶律勃古哲传/1293
【汇编】中一956
乌丹 蕃官供备库副使
【长编标】408/9942
【长编影】408/20下
【汇编】中五4916
乌宁 水逻生氐帅
【文恭集】36/宋故宣徽北院使赠太尉文肃郑公（戬）墓志铭/436
【汇编】中三2856
乌当 蕃官西京左藏库副使
【长编标】520/12354
【长编影】520/1上
【汇编】中六5668
牛儿 指引桃堆平粟窖蕃部
【长编标】319/7714
【长编影】319/14上
【汇编】中四4248

牛努额 又作牛奴讹，环州蕃部首领
【涑水记闻】9/11 下
【汇编】中二 2451
牛奖逋 又作努卜坚布，水洛城熟户蕃官
【长编标】160/3875
牛装 又作牛奖逋、努卜坚布，水洛城熟户蕃官
【宋史】334/刘沪传/10495
【汇编】中三 3096
长嗟 府州佗党族首领
【宋会要】蕃夷 1 之 23/7684
【汇编】中一 1130
计都 延州金明李士彬曾祖
【宋史】253/李继周传/8870
【汇编】上 221
六彪 蕃僧
【宋史】383/虞允文传/11797
【汇编】下 6734
文禹 秦州伏羌城寨户
【长编标】85/1941
【长编影】85/6 上
尹遇 泥巾族首领
【宋史】491/党项传/14142
【汇编】上 25
巴令谒 又作巴令渴，兰州新归顺首领
【宋史】16/神宗纪 3/305
【汇编】中四 4176
巴令渴 又作巴令谒，兰州新归顺首领
【长编标】316/7646
【长编影】316/8 下
【汇编】中四 4183
巴玛旦幹 又作悖乜훈尾，鄜延蕃官
【长编影】341/11 上
【汇编】中四 4537
巴罕 又作拔黄，古丰州雅尔鼐族首领
【长编影】56/1 上、1 下
【汇编】中一 1374
巴宜 根括安西、金城地土招置弓箭手
【宋会要】兵 4 之 16/6828
巴勒臧 平凉蕃部
【元宪集】34/宋故推诚翊戴功臣彰武军节度延州管内观察处置等使曹公墓志铭/353
【汇编】中一 1400
巴雅尔 秦州甘谷城卜聚玛伊克手下部落军使
【长编标】329/7915
【长编影】329/2 下
【汇编】中四 4397
巴新永策多 环庆路蕃官
【长编标】372/9020
【长编影】372/17 上
【汇编】中五 4710
水令逋 原州截原砦羌酋
【宋史】350/张守约传/11072
【汇编】中三 3182

五画

节桑罗 又作皆赏罗，藏擦八族首领
【长编影】45/13 上
布贝 环庆蕃官
【长编标】479/11406
【长编影】479/6 上
【汇编】中五 5193
布阿 又作逋讹，原州巴沟首领
【长编标】104/2400
【长编影】104/1 下
【汇编】中一 1643
布威 又作贝威，环庆路蕃部巡检
【长编影】356/11 上
【汇编】中五 4631
布雅 环庆逃叛蕃部
【长编标】514/12210
【长编影】514/2 上
【汇编】中六 5575
世顺 横山蕃官赵怀明侄李罗垒赐名
【长编标】505/12037
【长编影】505/10 下
【汇编】中六 5474
龙移 又作隆伊克，丰州黑山北庄浪族首领
【宋史】491/党项传/14143、14144
【长编标】52/1136
【宋会要】方域 21 之 10/7666
【汇编】上 26、27、42
归仁 鄜延蕃官
【宋史】332/赵卨传/10686

【长编标】345/8284；354/8480；409/9977
【长编影】345/11 下；354/10 上；409/23 下
【汇编】中五 4575、4626、4627、4924

叶罗 又作伊朗，党宗族首领
【长编标】63/1385
【宋史】492/吐蕃传/14158
【宋会要】方域 21 之 21/7671
【汇编】中一 1430

叶勒文义 鄜延熟户首领
【长编标】51/1127
【长编影】51/19 上
【汇编】中一 1313

叶额 环庆蕃部军主
【长编标】479/11408
【长编影】479/8 上
【汇编】中五 5195

叶额实客通 泾原当宗族蕃部
【长编标】64/1437
【长编影】64/12 下
【汇编】中一 1454

叶錢 渭州吹麻城张族大首领
【长编标】88/2013

卢凌 又作卢稜，蕃官
【长编标】345/8271
【长编影】345/1 上
【汇编】中五 4569

卢唛 又作罗凌，沿边蕃官
【奏议标】125/范纯粹·上哲宗乞不许蕃官自改汉姓/1381
【奏议影】125/范纯粹·上哲宗乞不许蕃官自改汉姓/4260
【汇编】中五 5172

卢稜 又作卢凌，蕃官
【长编标】353/8461
【长编影】353/5 下
【汇编】中五 4623

且乌 又作乙讹、伊克，入西界探事蕃部
【长编影】298/2 上
【汇编】中四 4095

且星 又作七星，鄜延蕃官
【长编影】417/6 上
【汇编】中五 4946

史乩遇 又作乩遇，熟仓族蕃官
【宋史】491/党项传/14143
【宋会要】兵 14 之 15/7000
【汇编】中一 1218

令征 又作党令征，秦州党羌
【宋史】14/神宗纪 1/265
【济南集】7/郭宣徽（逵）祠堂记/15 上
【汇编】中三 3422、3675

令狐谦 灵州蕃部指挥使
【长编标】77/1754
【长编影】77/5 下
【汇编】中一 1506

令修己 又作迈凌错吉，秦州蕃官
【长编标】228/5557；233/5653
【长编影】284/4 上

令唛 当为朱令唛，附宋夏酋
【宋史】335/种谔传/10745
【汇编】中三 3418

白氏 鄜延蕃官刘光世曾祖母
【紫微集】14/故曾祖母白氏可特赠吴国夫人制/6 上
【汇编】补遗 7114

白守忠 蕃名伊格、乙格，鄜延蕃官，自陈改汉名白守忠
【长编标】476/11343
【长编影】476/7 上
【奏议标】125/范纯粹·上哲宗乞不许蕃官自改汉姓/1381
【奏议影】125/范纯粹·上哲宗乞不许蕃官自改汉姓/4260
【汇编】中五 5171

白忠 环庆蕃官
【长编标】479/11408
【长编影】479/8 上
【汇编】中五 5195

白相公 河西蕃弓箭手郭纶
【栾城集】1/诗/1 上
【汇编】中五 4980

白信 庆州蕃主
【宋史】332/赵卨传/10686
【汇编】中四 4432

冯伊特满 又作冯移埋，楚密克族首领

【长编影】87/2 下
【汇编】中一 1553
冯移埋 又作冯伊特满，巢迷族首长
【宋史】8/真宗纪 3/160；491/党项传/14148
【长编标】87/1990
【汇编】上 30；中一 1553
兰毡 又作张纳芝临占，世居古渭蕃官
【宋史】318/张昪传/10362；330/傅求传/10621
【汇编】中三 3196
宁氏 鄜延蕃官刘光世妾
【系年要录】85/1410
【汇编】下 6394
奴讹 又作努额，环州牛家族
【宋史】335/种世衡传/10742
【长编标】135/3232
【长编影】135/17 上
【范文正公集】13/东染院使种君墓志铭/15 上
【欧阳文忠公全集】79/制敕/7 下
【汇编】中二 2446、2450、2830
奴移 又作弩伊，藏才西族、中族首领
【宋史】491/党项传/14147
【长编标】75/1707
【宋会要】方域 21 之 11/7666
【汇编】上 30、42
尼玛 又作泥埋，密本族首领
【长编影】51/14 下；54/4 上、8 下
【汇编】中一 1309、1345、1351
尼庞古 葩俄族都管
【金史】15/宣宗纪中/332
【汇编】下 6850
弗香 耶保族首领
【长编标】24/543
【长编影】24/6 上
【宋会要】方域 21 之 9/7665
【汇编】上 41
母驮香 绥州羌酋
【宋史】491/党项传/14141
【汇编】上 24

六画

达克博 马衔山后锡丹族首领
【长编标】262/6408
【长编影】262/30 下
【汇编】中四 3987
迈布 配流编管人
【长编标】284/6946
【长编影】284/2 上
【汇编】中四 4044、4045
迈凌错吉 又作令修己，秦州蕃官
【长编影】228/16 下；233/7 下
【汇编】中三 3733；中四 3768
成王 熟魏族首长
【宋史】491/党项传/14146；492/吐蕃传/14157
【汇编】上 29；中一 1402
成逋 又作城逋、沁布，咩逋族蕃官泥埋子
【宋史】492/吐蕃传/14156
【宋会要】方域 21 之 17/7669
【汇编】中一 1345、1346、1347
当尊 凉州贡马吐蕃
【宋会要】方域 21 之 15/7668
吃多理 鄜延路蕃官郝守素使入西界
【长编标】316/7645
【长编影】316/7 下
【汇编】中四 4182
吃埋 又作齐默特，延州厥屯族军主
【长编标】137/3278
吕密 鄜延蕃落将
【长编标】126/2989
【长编影】126/21 上
岁丁 又作索鼎，泾原路归明部落子
【长编标】501/11932
【宋会要】蕃夷 6 之 32/7834
岁尾 环庆蕃弓箭手
【长编标】356/8519
【长编影】356/11 上
【汇编】中五 4631
岁罗啜先 又作岁啰啜克，藏才东族首领
【宋会要】方域 21 之 10/7666
【汇编】上 41
岁美泥 黑山岭蕃部首领
【宋会要】食货 38 之 31/5482
【汇编】中三 3725
岁啰啜克 又作岁罗啜先，藏才东族首领

【宋史】491/党项传/14141
【汇编】上 24
岁移 丰州乞党族大首领
【长编标】24/543
【长编影】24/6 上
【宋会要】方域 21 之 9/7665
【汇编】上 41；中一 1002
朱令陵 又作朱令唛、均凌凌，附宋横山酋长，赐名朱保忠
【续资治通鉴】65/1601
【汇编】中三 3429
朱令唛 又作均凌凌，鄜延蕃官，赐名朱保忠
【奏议标】125/范纯粹·上哲宗乞不许蕃官自改汉姓/1381
【奏议影】125/范纯粹·上哲宗乞不许蕃官自改汉姓/4260
【汇编】中五 5171
朱再荣 故蕃官朱守贵男
【宋会要】蕃夷 6 之 34/7835
朱泥唛 又作卓鼐凌，鄜延蕃官
【长编标】341/8206
【宋会要】兵 18 之 12/7063
朱保忠 鄜延蕃官，均凌凌赐名
【长编标】476/11343
【长编影】476/7 上
【奏议标】125/范纯粹·上哲宗乞不许蕃官自改汉姓/1381
【奏议影】125/范纯粹·上哲宗乞不许蕃官自改汉姓/4260
朱顺明 故蕃官朱守贵孙
【宋会要】蕃夷 6 之 34/7835
伦约克 兰州蕃部
【长编标】345/8286
【长编影】345/13 下
【汇编】中五 4575
伊氏 夏州蕃部赵说母，附宋
【长编标】301/7326
【长编影】301/7 上
【汇编】中四 4106
伊克 又作且乌、乙讹，入西界探事蕃部
【长编影】287/19 上
【汇编】中四 4067
伊克沁威 鄜延出走蕃部
【长编标】260/6349
【长编影】260/17 上
伊实 鄜延蕃官
【长编标】354/8475
【长编影】354/6 上
伊格 又作乙格，鄜延蕃官，赐名白守忠
【长编标】476/11343
【长编影】476/7 上
伊特古 镇戎军蕃部
【长编标】67/1501
【长编影】67/14 上
【汇编】中一 1469
伊特凯 河东入西界刺事蕃部
【长编标】334/8406
【长编影】334/14 上
【汇编】中四 4475
伊朗 又作叶罗，党宗族首领
【长编影】63/3 上
伊朗颇斡 秦州永宁寨蕃僧
【长编标】93/2135
【长编影】93/1 上
【汇编】中一 1593
乩唱 又作伽强楚，骨咩族酋长
【宋史】491/党项传/14148
【长编标】87/1990
【汇编】上 30
乩遇 又作伽裕勒，疑为乜遇，环州熟仓族首领
【宋史】466/张崇贵传/13617；491/党项传/14142、14143
【长编标】49/1067
【宋会要】兵 14 之 15/7000
【汇编】上 24、25、26；中一 1084
乩都庆 又作伽哲庆，环庆蕃官
【宋史】7/真宗纪 2/121；491/党项传/14145
【长编标】54/1188
【汇编】上 27、28；中一 1356
延正 渭州属户格隆族都虞侯
【长编标】139/3355
【长编影】139/17 下
【汇编】中二 2689

延本 又作艳奴，伊实族首领
【长编影】82/15 上
延斯铎 秦凤生户
【宋会要】蕃夷 6 之 7/7822
【汇编】中三 3504
向子諲 鄜延蕃官刘光世岳父
【宋史】377/向子諲传/11639
【三朝北盟会编】170/4 下；212/4 下
【系年要录】105/1710；106/1717
【建炎笔录】中/19
【汇编】下 6427、6428、6436、6437、6438、6443、6561
向夫人 鄜延蕃官刘光世妻
【系年要录】20/402
【汇编】下 6159
向氏 鄜延蕃官刘光世妻
【紫微集】14/妻向氏可特封秦国夫人制/9 上
【苕溪集】50/宋故魏国太夫人向氏墓志铭/5 下
【汇编】补遗 7117、7118
合苏 又作和苏，秦凤药令族
【宋史】492/吐蕃传/14157
【长编标】57/1253
【汇编】中一 1392
合穷波 又作和尔沁博，者龙族首领
【宋史】492/吐蕃传/14158
【长编标】62/1385
【宋会要】方域 21 之 21/7671
【汇编】中一 1430
合罗角 秦州蕃部角厮波子
【欧阳文忠公全集】81/制敕/3 上
【汇编】中二 2831
杀越都 女女四族首领
【宋史】491/党项传/14140
【汇编】上 23
杂母买 府州毛羽族巡检
【榆林府志】47/折武恭公克神行道碑阴/7 上
【汇编】补遗 7095
杂保乜 又作罗保保乜，细母族大首领
【宋会要】方域 21 之 1/7661、21 之 3/7662
【汇编】上 35
色伊喇勒 延州蕃卒
【长编标】95/2179
【长编影】95/1 下
【汇编】中一 1599
名崖 又作明崖、明叶，兀泥族大首领
【宋史】491/党项传/14146、14147
【长编标】63/1401
【宋会要】方域 21 之 1/7661
【汇编】上 29、30、37
名悉俄 泥巾族大首领
【宋史】491/党项传/14142
【汇编】上 25
多拉 又作都啰，罗垒族首领
【长编影】81/3 下
【汇编】中一 1514
多拉 清远军裕勒榜族首领
【长编标】45/957
【长编影】45/2 下
【汇编】中一 1211
多香 又作都香，沿边威伊特族首领
【长编影】49/5 上
【汇编】中一 1231
多鄂 又作啜讹，府州熟户
【长编影】45/9 上
多禄东贺 邛都部首领
【大金国志】17/世宗纪/4 下
【汇编】下 6767
刘太尉 鄜延蕃官刘光世
【华阳集】29/贺都统刘太尉到任启/9 下、贺都统刘太尉年启/10 下
【云庄集】3/贺刘太尉启/7 上
【槲溪居士集】9/贺刘太尉启/24 下
【汇编】下 6165、6166、6194、6211
刘化基 鄜延蕃官
【长编标】128/3045；159/3850
【长编影】128/18 上；159/11 上
【范文正公集】言行拾遗事录 3/6 上
【汇编】中二 2097、2106、3092
刘公 蕃官刘延庆
【三朝北盟会编】75/10 上
【汇编】下 6086
刘公 鄜延蕃官刘光世
【系年要录】38/729
【文忠集】29/兴国太守赠太保王公绚神道碑/22

下
【至顺镇江志】8/庙丹徒县/14 下
【汇编】下 6126、6224、6250

刘节度 鄜延蕃官刘延庆
【陕西通志】71/墓陵 2/3 下
【汇编】补遗 7102

刘正平 鄜延蕃官刘光世曾孙
【系年要录】147/2360
【东窗集】8/刘光世除太傅守和众辅国功臣护国镇安保静军节度使杨国公致仕制/27 下
【汇编】下 6555

刘平叔 鄜延蕃官刘光世
【宋史】369/刘光世传/11478
【三朝北盟会编】212/4 下
【汇编】下 6559；补遗 7103

刘汉忠 保安军蕃族军主旺律赐名
【长编标】102/2355
【长编影】102/7 上
【汇编】中一 1629

刘永年 鄜延保安军蕃官刘绍能子
【长编标】219/5331；236/5735；244/5942；265/6517；280/6865
【长编影】219/10 下；236/10 下；244/10 下；265/26 上；280/14 上
【紫微集】14/故祖永年可特追封越国公制/6 下
【汇编】中三 3652；中四 3865、4035；补遗 7114

刘永隆 鄜延蕃官
【长编标】325/7816；332/7998
【长编影】325/3 上；332/3 下
【宋会要】职官 66 之 21/3878
【汇编】中四 4329、4461、4462

刘永德 保安军蕃官刘绍能任
【长编标】325/7816；332/7998
【长编影】325/3 上；332/3 下
【汇编】中四 4329、4462

刘尧仁 鄜延蕃官刘光世子
【宋史】386/黄祖舜传/11855
【东窗集】8/刘尧佐尧仁孙正平并除直祕阁制/27 下
【系年要录】147/2360；153/2467；180/2981、2995；184/3082；192/3210
【苕溪集】50/宋故魏国太夫人向氏墓志铭/5 下
【汇编】下 6555、6574、6604、6609、6620；补遗 7120

刘尧佐 鄜延蕃官刘光世子
【东牟集】7/刘尧佐加官制/25 上
【东窗集】8/刘尧佐尧仁孙正平并除直祕阁制/27 下
【苕溪集】50/宋故魏国太夫人向氏墓志铭/5 下
【系年要录】147/2360；153/2467
【汇编】下 6555、6574；补遗 7118、7120

刘尧勋 鄜延蕃官刘光世少子
【苕溪集】50/宋故魏国太夫人向氏墓志铭/5 下
【系年要录】161/2609；167/2725；192/3212
【汇编】下 6584、6596、6620；补遗 7120

刘光世 鄜延蕃官，赐名忠辅
【宋会要】兵 17 之 25/7050
【庄简集】9/论刘延庆等札子/4
【汇编】下 6517；补遗 7102

刘光世 鄜延蕃官刘延庆次子
【宋史】24/高宗纪 1/442、444、446、447、448、450；25/高宗纪 2/457、458、460、462、463、464、465、466、468、469、471；26/高宗纪 3/476、477、478、479、480、481、482、483、485、486、487、488、489、492；27/高宗纪 4/495、496、498、499、504、507、510、511、512、513、514；28/高宗纪 5/517、518、519、525、526、527、528、530、532；29/高宗纪 6/538、544、549；30/高宗纪 7/557；34/孝宗纪 2/654；38/宁宗纪 2/738；134/礼志 27/2906；167/职官志 7/3957；196/兵志 10/4904；243/哲宗昭慈圣献孟皇后传/8636；247/叔向传/8765；357/刘延庆传/11237、11238；358/李纲传 上/11245；359/李纲传 下/11262、11270；360/赵鼎传/11286、11288、11290、11291；361/张浚传/11298、11299、11300、11302、11303、11304、11305；362/吕颐浩传/11321、11323；363/李光传/11338、11341；364/韩世忠传/11358、11360、11365；365/岳飞传/11379、11385、11395；367/杨存中传/11435；368/王德传/11447、11448、11449；369/张俊传/11471、11472、张子盖传/11476、刘光世传/11478、11479、王渊传/

11486；370/刘子羽传/11505、11508、吕祉传/11509、11510；371/王伦传/11523；372/徐俯传/11540、沈与求传/11542；373/洪皓传/11562；375/李邴传/11607、滕康传/11610、11611、张守传/11614、11615；376/常同传/11624、魏矼传/11632；377/向子諲传/11641、季陵传/11647、11649；378/刘宁止传/11675；379/胡松年传/11698；380/王次翁传/11710；381/晏敦复传/11737；382/勾涛传/11772；447/徐徽言传/13193、杨邦乂传/13195；448/赵立传/13215；473/秦桧传/13757；475/刘豫传/13795、13797、13799、13800、苗傅传/13805、13806、13807、13808、杜充传/13810

【金史】68/冶诃传/1597；77/刘豫传/1760；81/耶律怀义传/1827

【宋会要】礼12之13/572；兵14之34/7009、17之17/7046、17之25/7050

【系年要录】2/37、61；3/64；4/89、91、110；5/119、123、127；6/160；7/173；8/197；10/235、236、246；11/252、253；12/271；13/291、292；14/298；17/349；18/358、362、371、375；20/393、399、402、403；21/416、424、426、430、431、435、438、440、441、451、454、464；22/466、468、469、470、472；24/496；25/507；27/532、533、550、551；28/554、565；29/572、577；30/584；31/605、607、611；32/636；33/645、650；34/667、670；35/673、674、675、676、678；36/685、695；37/701、702、703、713；38/720、724、728、729；39/734、738；40/745、748、749；41/753、758、761；42/763、771、778；43/781、782、787、789、791；44/795、796、798、800、802、805；45/809、811、814、816、819；46/821、823、825、827、829、834、836；47/841、842、844、845；48/858、859、863、864；49/869、871、873；50/888、889；51/893、902、903、905、909；53/930、936、943、947；54/956、958；55/967、972、973；56/983、986；57/991、993、995、999；58/1010、1011；59/1023、1043；61/1055；62/1057、1060、1061、1063；63/1074、1077、1083；64/1088、1096、1097；66/1116、1121、1122、1123；67/1141、1144；68/1152、1153、1156、1159、1160；69/1172、1176；73/1217、1223；75/1241；76/1247、1250、1254、1256；77/1263；78/1276、1281、1284、1286；79/1292、1298、1300；80/1309、1313；81/1321、1334、1335、1336、1338、1340、1343、1344、1353、1354、1356；83/1361、1369；84/1375、1376、1377、1380、1381、1383、1384、1385；85/1394、1400、1410；86/1425；87/1442、1450；88/1466；89/1492；93/1543；94/1560；95/1570；96/1582；97/1603；98/1609；99/1615；100/1645、1648；101/1660；102/1668、1673；103/1681；105/1710、1712；106/1715、1717、1720、1721、1726、1727、1731；107/1738、1739、1742、1746；108/1759；109/1763、1764、1771、1774、1775、1778；110/1781、1786；111/1791、1800、1805；113/1826、1829、1835；114/1838、1842、1847、1851；117/1878；118/1902；119/1924；123/1983；125/2037；126/2047、2055；130/2096；132/2115；135/2173；136/2184、2190、2195；137/2211；139/2236；147/2360、2362、2367；148/2383、2385；149/2399；161/2609；165/2691；167/2725、2734；169/2772；194/3280

【皇宋十朝纲要】18/10上、10下、11上；18/9下；21/11上、12上、13上；22/10上、10下、11下；23/1上、2上、2下、9上

【中兴小纪】1/5；2/17、22、23；3/30、33；4/47、52；5/54、55、61；6/67；7/78、81；8/91、98；9/103、104、107、110、111；10/125、126；11/138；12/143、148、151；13/154；13/164；14/171；15/186；16/195、196、203；17/206、210；18/213；20/238、240；21/246、249；22/259；25/289；26/294；28/320；29/335

【长编纪事本末】141/15下、16上、17上；150/5上

【五峰集】3/向侍郎（子諲）行状/35上

【文定集】21/徽猷阁直学士右太中大夫向公（子諲）墓志铭/8下

【文忠集】29/兴国太守赠太保王公绹神道碑/22下
【东窗集】6/刘光世除太傅守致仕制/1下；14/刘光世赠太师制/3下
【北山集】40/乞贴改黄札子/5上
【北海集】6/除刘光世特授开府仪同三司集庆军节度使食实封制/1上、除刘光世特起复宁武军节度使食实封如故制/3上、除刘光世特授宁武宁国军节度使食实封制/4下、除刘光世特授检校太傅食实封如故制/6上、除刘光世特起复检校太傅依旧建康州置司制/7下；8/赐新除江东淮西路宣抚使刘光世诏/9下；11/刘光世辞免恩命不允断来章诏/10下、赐起复检校太傅刘光世辞免特赐银一千两恩命不允诏/11下、赐新除起复检校太傅刘光世辞免恩命不允诏/12上、赐新除检校太傅刘光世辞免恩命不允诏/12下、赐太尉奉国军节度使御营副使刘光世乞一便郡差遣或守本官致仕不允诏/13上、赐刘光世再辞免起复恩命并乞回纳赙赠及特赠银绢并不允诏/14上；12/赐刘光世再辞免恩命不允诏/1上、赐刘光世再辞免恩命不允诏/1下、赐刘光世三上札子辞免恩命不允诏/2上
【玉海】132/景德安抚使/18上
【三朝北盟会编】9/4下、11下；10/2上、11下、12上；11/4下；25/5上；37/10下；52/2上；70/2下、8上；89/11上；90/8下；95/1上；102/6上；113/12上；118/10上；121/1下；129/13上；130/13下；132/8下；133/8上；134/6下；137/1上；139/3下；140/7上；142/7下、11上；143/1上、2上、9上；144/6下；145/13下、14下、19下；146/8下；147/11下；149/6上；151/3上、3下、8下；155/7下、11上、12上、14下、17下；165/9上；166/11下、14上；168/17下；169/7下；170/4上、4下、6下、8上；177/7上；180/8上；183/3下；200/13上；202/6上；204/1下、8上、9下；206/4上；212/4下、9上；218/8上；220/7上
【名臣碑传琬琰集】中集55/张忠献公浚行状/1229；下集24/故太尉威武军节度使李公行状/1617
【庄简集】9/论刘延庆等札子/4上
【朱文公集】88/少傅刘公（子羽）神道碑/3下；95上/少师保信军节度使魏国公致仕赠太保张公（浚）行状上/3上、9上、11下、12上、13上、14上、15上、19上、26下、29上、34下、36上、36下；97/皇考左承议郎守尚书吏部员外郎兼史馆校勘累赠通议大夫朱公（松）行状/24上、敷文阁直学士陈公（良翰）行状/43；98/朝奉大夫直秘阁主管建宁府武夷山冲佑观传公（自得）行状/10下
【龟山集】1上/钦宗皇帝［书］其3/18下
【龟溪集】4/赐刘光世韩世忠张浚诏/15下；5/赐刘光世张浚诏/2上；5/赐刘光世诏/3上
【岳武穆遗文】申刘光世乞进兵状/15上、申刘光世乞兵马粮食状/15下
【忠正德文集】3/乞亲笔付诸将防托/3上、3/措置防托画一事宜状/4下；9/辩诬笔录/10下
【至顺镇江志】8/庙丹徒县/14下
【咸淳临安志】50/两浙转运/1下
【复辟记】17
【毗陵集】1/赐浙西安抚大使刘光世诏/14下；2/刘光世除太尉淮南制置使制/1下；8/乞措置捕戮李成札子/30上
【相山集】30/附录·赠故太师王公（之道）神道碑/2上
【香溪集】21/徐忠壮（徽言）传/3下
【浮溪文粹】10/龙图阁学士左朝请大夫滕公（康）神道碑/10上
【浮溪集】11/宁武军节度使开府仪同三司充两浙西路安抚大使刘光世加恩制/9下；14/宁武军节度使开府仪同三司新除淮南路宣抚使刘光世辞免恩命不允诏/2下；15/抚问刘光世等口宣/16上
【建炎笔录】上/2；下/26；中/16、18、19
【梁溪集】（李纲）行状下/8上、19上；87/乞兵于舒蕲黄州驻札奏状/11上；88/乞差马军札子/7上；89/应诏条陈八事奏状/5上；91/奏陈防秋利害札子/5上；92/乞遣兵策应岳飞奏状/10下；93/乞沿淮汉修筑城垒札子/9上；99/论淮西军变札子/1上；103/与宰相论捍贼札子/1上；118/与秦相公第十二书别幅/22上；124/与张相公第五书/9下；172/

靖康传信录中/7 上；176/建炎进退志总叙 3/15 下
【续宋通鉴】3/38、42；8/96
【维扬遗录】5
【鸿庆居士集】36/宋故特进观文殿大学士河南郡开国公致仕赠少师万俟公墓志铭/4 下
【斐然集】14/刘光世赠三代/19 下
【朝野杂记】甲集 18/兵马·绍兴内外大军数/563、甲集 18/兵马·御前诸军/561；乙集 12/杂事·渡江后名将皆西北人/963、13/官制 10·都统制/1031
【紫微集】14/和众辅功臣太保护国镇安保静军节度使刘光世故曾祖绍能可特追封鲁国公制/5 上
【筠溪集】3/奏议/3 下
【潜山集】2/三月五日游刘光世园/34 上
【靖康传信录】2/14
【靖康要录】9/532
【景定建康志】14/9 上
【嘉定镇江志】附录/18 下
【汇编】中六 5939、5940、5941、5942、5943、5944、5949、5950、5957、5958、5959、5960、5965、5992、5993、6008、6009、6024、6025、6026、6062、6067、6068、6071；下 6090、6092、6095、6096、6097、6098、6099、6100、6104、6105、6106、6107、6108、6110、6116、6117、6119、6120、6121、6122、6123、6124、6125、6126、6129、6130、6131、6132、6136、6137、6138、6139、6140、6141、6145、6148、6149、6151、6152、6153、6154、6155、6157、6158、6159、6161、6162、6163、6164、6165、6167、6169、6170、6171、6172、6173、6174、6175、6176、6177、6178、6179、6180、6181、6182、6183、6184、6185、6186、6187、6188、6189、6190、6191、6193、6194、6195、6196、6197、6198、6199、6200、6201、6202、6203、6204、6212、6216、6217、6218、6219、6220、6221、6222、6223、6224、6225、6226、6227、6228、6229、6230、6231、6232、6233、6234、6235、6236、6237、6238、6239、6240、6241、6242、6243、6244、6245、6248、6249、6250、6251、6252、6253、6254、6257、6259、6260、6261、6263、6264、6265、6266、6267、6268、6269、6270、6271、6272、6273、6274、6275、6276、6277、6278、6279、6280、6281、6282、6283、6284、6285、6286、6287、6288、6289、6291、6292、6293、6294、6295、6296、6297、6298、6299、6300、6301、6302、6303、6304、6305、6306、6307、6309、6310、6311、6313、6316、6317、6318、6319、6322、6323、6324、6327、6328、6329、6330、6332、6334、6335、6336、6337、6340、6341、6342、6345、6346、6347、6348、6349、6350、6351、6354、6355、6356、6357、6358、6359、6360、6362、6363、6364、6365、6366、6367、6368、6369、6370、6371、6372、6374、6375、6376、6377、6378、6379、6380、6382、6383、6384、6385、6386、6387、6388、6389、6390、6391、6392、6393、6394、6396、6397、6398、6399、6400、6401、6403、6404、6409、6410、6416、6419、6421、6422、6423、6424、6425、6427、6428、6429、6430、6431、6433、6434、6435、6436、6437、6439、6440、6441、6442、6443、6444、6445、6446、6447、6448、6451、6452、6455、6456、6457、6458、6459、6460、6461、6462、6463、6464、6465、6466、6467、6469、6470、6471、6472、6473、6474、6475、6476、6477、6478、6479、6480、6481、6484、6486、6487、6488、6490、6491、6494、6495、6496、6497、6500、6511、6516、6517、6526、6527、6528、6530、6531、6533、6534、6535、6541、6542、6545、6546、6547、6555、6556、6557、6558、6559、6560、6561、6562、6563、6564、6565、6567、6569、6570、6584、6587、6594、6596、6597、6598、6659、6721、6739、6753、6764、6810、6818；补遗 7100、7101、7102、7103、7104、7105、7106、7107、7108、7109、7110、7111、

7113、7117、7133、7453、7456

刘光远 鄜延蕃官刘光世弟

【宋史】29/高宗纪 6/550；369/刘光世传 11484；379/曹勋传/11700；469/蓝珪、康履传/13669；473/秦桧传/13758

【系年要录】92/1530；94/1558、1560；119/1929；126/2047；135/2169、2175；136/2191；137/2211；141/2267、2274、2276；142/2279、2280、2281；145/2329；181/3003、3013；188/3143

【中兴小纪】29/338

【北山集】16/3 上

【三朝北盟会编】212/4 下

【紫微集】12/刘光远为金人逼近顺昌府奋不辞难协赞军务提举四壁别无疏虞横行上转一官制/8 上、刘光远为擒获契丹千户耶律温等转一官合武略大夫兼阁门宣赞舍人制/18 下

【汇编】下 6400、6401、6488、6497、6525、6527、6531、6534、6548、6549、6550、6551、6552、6562、6604、6605、6615；补遗 7110

刘光时 疑与鄜延蕃官刘光世有关

【系年要录】114/1844；117/1885；173/2848；188/3145、3153；190/3179；191/3199；193/3247；197/3328

【三朝北盟会编】229/8 下

【汇编】下 6477、6482、6600、6615、6616、6617、6618、6636、6680

刘光国 鄜延蕃官刘延庆子

【三朝北盟会编】11/4 下；30/17 下；70/2 下、8 上

【皇宋十朝纲要】19/11 下

【靖康纪闻拾遗】/52

【靖康要录】13/787、811、814、819

【庄简集】9/论刘延庆等札子/4

【汇编】中六 5965、6007、6063、6066、6068、6069、6070、6071；补遗 7102

刘光烈 鄜延蕃官刘光世弟

【金史】72/娄室传/1652

【系年要录】53/947；55/973；71/1196；76/1254；92/1530；94/1558；148/2385；167/2727

【汇编】下 6131、6298、6309、6352、6359、6400、6401、6570、6596

刘光辅 鄜延蕃官刘光世弟

【文定集】1/论军中功赏不实/15 上

【东牟集】7/刘光辅叙官制/19 上

【三朝北盟会编】232/7 下

【系年要录】48/867；85/1409；152/2460；184/3087；185/3096；193/3232；197/3327

【汇编】下 6286、6394、6574、6609、6610、6624、6625、6626、6680、6682

刘光弼 鄜延蕃官刘光世弟

【中兴小纪】16/196

【系年要录】11/253；76/1254；148/2384

【汇编】下 6124、6358、6359、6569

刘延庆 鄜延蕃官刘光世父

【宋史】20/徽宗纪 2/374；22/徽宗纪 4/410、徽宗纪 4/411；335/种师道/10751；357/刘延庆传/11236；364/韩世忠传/11355、11356；369/刘光世传/11485；468/方腊传/13660

【长编标】352/8449；487/11570

【长编影】352/22 下；487/8 下

【东都事略】107/种师道传/2 上；127、128/附录 5、6

【宋会要】兵 10 之 16/6927

【长编纪事本末】141/14 下、15 下；143/4 上、17 上

【宋大诏令集】102/刘延庆保信军节度使充殿前副都指挥使制/378、刘延庆检校太保制/378

【系年要录】1/8；2/37、61；53/947

【皇宋十朝纲要】18/12 下、14 上；19/11 下

【中兴小纪】1/5、12/148

【三朝北盟会编】9/4 上、4 下、8 下；10/2 上、4 下、11 下；11/1 上、1 下、4 上、4 下；12/4 上、7 上；16/10 下；17/6 下；52/2 上；60/1 下、4 下；62/5 下；66/3 上、14 下；70/2 下、8 上；75/10 上；96/5 上；151/3 下；194/2 上；212/4 下；217/1 下

【庄简集】9/论刘延庆等札子/4 上

【泊宅编】5/29

【苕溪集】48/宋故武功大夫杨公（宗闵）墓碑/2 上

【紫微集】14/故祖母李氏可特赠唐国夫人制/7 下

【靖康纪闻拾遗】/52

【靖康要录】5/321；13/791、796、811、819；14/842；15/895
【靖康稗史】甕中人语/22
【横塘集】9/论罢童贯宣抚河东札子/4 上
【陕西通志】71/陵墓 2/3 下
【汇编】上 111；中四 4424；中六 5302、5796、5914、5915、5931、5939、5940、5941、5943、5946、5949、5950、5953、5956、5958、5959、5960、5961、5962、5963、5964、5965、5966、5967、5968、5970、5971、5972、5974、6015、6041、6044、6045、6059、6063、6064、6065、6066、6068、6070、6071；下 6084、6086、6090、6092、6097、6101、6297、6298、6306、6502、6559、6586；补遗 7100、7101、7102、7103、7104、7115、7423、7447

刘伯震 先祖鄜延蕃官刘光世
【宋会要】礼 12 之 13/572
【汇编】下 6818

刘怀忠 鄜延路蕃官刘绍能父
【宋史】350/刘绍能传/11076
【汇编】上 230

刘怀忠 鄜延蕃官
【长编标】125/2954；128/3045
【长编影】125/7 下、14 下；128/18 下
【河南先生文集】24/与延师论事状三首/5 上
【涑水记闻】12/1 下
【汇编】中一 1746；中二 1856、1863、2097、2467、2468

刘良保 鄜延蕃官，为种谔大军向导
【长编标】319/7700
【长编影】319/2 上
【汇编】中四 4227

刘忠显 议不可与金图辽
【三朝北盟会编】75/10 上
【汇编】下 6086

刘绍能 鄜延蕃官刘光世曾祖
【宋史】350/刘绍能传/11076；353/宇文昌龄传/11147
【长编标】238/5803；242/5906；244/5942；311/7547；312/7571；316/7644、7645；325/7816；327/7864；328/7892；332/7998
【长编影】238/16 下；242/15 上；244/10 下；311/15 上；312/11 下；316/7 下；325/3 上、3 下；327/1 上；328/3 上；332/3 下
【宋会要】兵 28 之 12/7275
【紫微集】14/和众辅国功臣太保护国镇安保静军节度使刘光世故曾祖绍能可特追封鲁国公制/5 上
【汇编】上 230；中四 3809、3849、3865、4118、4119、4126、4182、4327、4329、4366、4382、4462；补遗 7113

刘相公 鄜延蕃官刘光世
【三朝北盟会编】143/2 上
【系年要录】136/2195
【汇编】下 6243、6533

刘侯 鄜延蕃官刘光远
【北山集】16/跋刘光远百将诗/3 上
【汇编】下 6605

刘宣抚 鄜延蕃官刘光世
【龟溪集】10/谢刘宣抚启/13 上、韩宣抚刘宣抚状/21 上
【汇编】下 6314、6386

刘都统 鄜延蕃官刘光世
【鸿庆居士集】15/回镇江刘都统启/8 上、与镇江刘都统贺冬启/13 上；16/回镇江刘都统贺正启/7 下、与镇江刘都统贺正启/13 上
【汇编】下 6204、6205、6208、6211

刘御史 鄜延蕃官刘光世
【文定集】12/题张魏公折枢密与刘御史帖/4 上
【汇编】下 6454

刘舜谟 鄜延蕃官刘光远子
【系年要录】188/3143、3150
【汇编】下 6615

齐点特伊朗 又作乙麦乙唛，鄜延蕃官
【长编影】341/11 上
【汇编】中四 4537

齐都尔齐 又作屈尾，苏家族首领
【长编影】49/5 上
【汇编】中一 1231

齐默特 又作吃埋，延州格登副军主
【长编影】137/12 上
【汇编】中二 2515

庆元 细乜族大首领
【宋史】491/党项传/14142

【宋会要】方域21之8/7665
【汇编】上25、35
庆香 又作庆桑、庆桑泊，环州洪德寨蕃官
【宋史】7/真宗纪2/121；491/党项传/14145
【长编标】54/1188；99/2296
【汇编】上27、28；中一1356
庆香 环州野狸族
【长编标】54/1180
【稽古录】18/86下
【汇编】中一1347、1615
庆结 又作庆𦐹，环州戎人首领
【长编影】59/21上
【汇编】中一1420
庆桑 又作庆香、庆桑泊，环州洪德寨巴特玛族巡检
【长编影】54/5下；99/6上
【汇编】中一1615
庆桑泊 又作庆香、庆桑，环州洪德寨蕃官
【长编影】54/12上
【汇编】中一1356
庆𦐹 又作庆结，环州戎人首领
【宋史】7/真宗纪2/128；491/党项传/14146
【长编标】59/1330
【汇编】上29；中一1419
安儿 环庆蕃官李宗亮子，赐名李惟忠
【长编标】212/5158
【长编影】212/14下
【奏议标】141/任伯雨·上徽宗论湟鄯/1595
【奏议影】141/任伯雨·上徽宗论湟鄯/4960
【汇编】中三3563
安吉 泾原就粮蕃落兵士
【长编标】222/5412
【长编影】222/12下
【汇编】中三3696
安顺 庆州星叶族蕃官
【长编标】154/3748
【长编影】154/12上
【汇编】中三3043
兴迈 河东蕃官
【长编标】350/8389
【长编影】350/8上
米吃多 诈投汉界蕃部
【宋会要】兵28之37/7288；蕃夷6之29/7833
【汇编】中五5245
米知顺 保安军熟户
【长编标】125/2941、2944、2945；126/2994
【长编影】125/3下、6下、7下；126/25下
【安阳集】家传1/15下
【汇编】中二1981
米斯哥 附宋泾原蕃部
【名臣碑传琬琰集】中集15/吕谏议公绰墓志铭/636
【汇编】中三3171
讷支蔺毡 又作讷芝临占，秦凤古渭州蕃官
【长编标】175/4225
讷芝临占 又作讷支蔺毡，秦凤古渭州蕃官
【长编影】175/6上、6下
【汇编】中三3192
讷呼约苏 沿边熟户
【元宪集】25/熟户讷呼约苏可本族军主制/262
【汇编】补遗7160
许氏 鄜延蕃官刘光世妾
【系年要录】85/1410
【汇编】下6394
许利见 河东蕃官
【长编标】346/8314
【长编影】346/12上
【汇编】中五4585
讹麦 鄜延归顺部落长
【长编标】315/7624；328/7905；329/7916
【长编影】315/9上；328/13下；329/3下
【汇编】中四4161、4392、4393、4398
讹革多移 啰兀城蕃部大首领
【宋史】350/李浩传/11078
【汇编】中三3647
军暮尾埋 延州诸族
【宋会要】蕃夷7之18/7848
那龙 又作纳隆，泾原生户都首领
【宋史】12/仁宗纪4/230
【汇编】中三3164
牟尼札布 环州慕家族首领
【长编标】277/6781
【长编影】277/12下、13上
【汇编】中四4022、4023

约尚 陕西蕃官赵怀明子，赐名世良
【长编标】505/12037
【长编影】505/10 下
【汇编】中六 5473、5474

七画

玛克密 又作莽乜，麟州银城寨熟户命赀允子
【长编标】331/7991
【长编影】290/1 下；331/21 下
【汇编】中四 4074、4457
玛斡 又作马尾、马泥，勒浪族十六府大首领
【长编影】45/11 上
均凌凌 又作朱令陵、朱令陵，鄜延蕃官，赐名朱保忠
【长编标】476/11343；487/11570
【长编影】476/7 上；487/8 下
【汇编】中六 5302
杜大忠 蕃官
【长编标】348/8360
【长编影】348/16 下
【皇宋十朝纲要】16/11 下
【长编纪事本末】140/11 上
【汇编】中六 5782、5793
杜庆光 唐龙镇外浪族
【长编标】82/1880
【长编影】82/17 上
【汇编】中一 1523
杨氏 鄜延蕃官刘光世生母
【紫微集】14/故所生母杨氏可特赠邓国夫人制/8 下
【汇编】补遗 7116
杨恭勇 环州西戎杨惟忠谥号
【系年要录】54/950
【汇编】下 6301
杨惟中 又作杨惟忠，环州西戎部族
【宋会要】兵 10 之 16/6927
【三朝北盟会编】9/11 下；10/11 下
【汇编】中六 5939、5957、5959
杨惟忠 又作杨惟中，环州西戎部族
【宋史】24/高宗纪 1/441；25/高宗纪 2/460、462、467；26/高宗纪 3/483、485、490；27/高宗纪 4/495、497；243/哲宗昭慈圣献孟皇后传/8636；362/吕颐浩传/11320、11322；368/王德传/11448；369/王渊传/11486；378/綦崇礼传/11681；486/夏国传下/14020
【三朝北盟会编】76/11 下；103/3 下；141/9 上；142/1 上
【系年要录】1/31；2/58；3/70；5/120；13/291；20/393；21/430、431、438；23/483；27/551；30/595；31/600、609；38/723；39/732、738；41/755；46/827；48/859；51/901；53/931；54/950；59/1023；62/1065；69/1172
【建炎笔录】上/8
【中兴小纪】1/4；4/39；6/73；7/81；9/112
【北海集】9/赐杨惟忠奖谕诏/6 上；28/乞讨论纳节换官/7 上
【梁溪集】69/乞差杨惟忠下胡友毛佐军马奏状/2 上；117/与秦相公第五书别幅/20 上；118/与秦相公第七书别幅/3 上；119/与权枢密第二书/4 下；120/与吕提刑第五书/15 上
【朝野杂记】甲集 18/兵马 · 御前诸军/561；乙集 12/杂事 · 渡江后名将皆西北人/963
【汇编】下 6084、6085、6087、6091、6093、6105、6106、6131、6135、6153、6154、6161、6164、6167、6169、6187、6192、6193、6194、6198、6202、6203、6204、6212、6215、6218、6233、6235、6236、6242、6247、6250、6251、6252、6257、6259、6278、6280、6285、6291、6295、6296、6301、6302、6308、6318、6324、6325、6326、6327、6349、6764；补遗 7445
杨维中 又名杨惟忠、杨维忠，环州西戎部族
【系年要录】3/82；5/123；20/399；29/577
【汇编】下 6095、6105、6106、6155、6203
克浪买 移邈族首领
【长编标】24/543
【长编影】24/6 上
【宋会要】方域 21 之 9/7665
【汇编】上 41；中一 1002
芭撒鸠令光 静边寨蕃部
【宋会要】蕃夷 6 之 6/7821
【汇编】中三 3422
苏尔萨南 又作苏尚娘，环州苏家族首领

【长编影】54/8 下；55/9 下；64/8 上
【汇编】中一 1365

苏尼 环庆熟户
【长编标】297/7218
【长编影】297/2 下
【汇编】中四 4090

苏尚娘 又作苏尔萨南，环州苏家族首领
【宋史】491/党项传/14144、14145、14146
【长编标】54/1184；55/1211；64/1432
【汇编】上 27、28、29；中一 1451

苏信 府州杂母族首领
【榆林府志】47/折武恭公克行神道碑阴/7 上
【汇编】补遗 7095

苏都 环州熟户旺扎勒族罗阿子
【长编标】105/2443
【长编影】105/8 下
【汇编】中一 1654

苏恩 环州五门蕃部巡检
【宋史】323/马怀德传/10467；330/傅求传/10622
【长编标】195/4729、4732
【长编影】195/11 下、12 上
【汇编】中三 3277、3279

苏移 绥州羌
【宋史】491/党项传/14141
【汇编】上 24

赤豆 延州金明党项李士彬心腹
【长编标】126/2969
【长编影】126/4 下
【涑水记闻】12/10 下
【汇编】中二 1881、1905

孝顺 延州金明李士彬祖
【宋史】253/李继周传/8870
【汇编】上 221

杏友信 泾原咩迷卡杏家族都指挥使，汇编误作杏仁信
【长编标】101/2344
【长编影】101/12 下
【汇编】中一 1628

李士用 延州金明属户李士彬兄
【宋史】253/李继周传/8871
【长编标】72/1635
【长编影】72/12 上
【汇编】上 221、222；中一 1486

李士均 又作李士筠，金明属户李士彬弟
【长编标】105/2440
【长编影】105/6 上
【汇编】中一 1653

李士诏 又作李士绍，延州金明党项李士彬兄
【长编影】127/6 上
【汇编】中二 2002

李士绍 又作李士诏，延州金明党项李士彬兄
【宋史】253/李继周传/8871
【长编标】127/3009
【汇编】上 222

李士彬 延州金明属户大首领
【宋史】191/兵志 5/4751；253/李继周传/8871；285/陈执中传/9602；290/夏随传/9717；328/王韶传/10579；485/夏国传上/13996；491/党项传/14148
【长编标】72/1635；95/2178；96/2234；105/2440；120/2832；122/2880；123/2901；124/2924；126/2967、2969、2970、2980、2982、2994；127/3009；132/3131、3140、3144；341/8213
【长编影】72/12 上；95/1 下；96/26 下；105/6 上；120/12 上；122/8 下；123/8 下；124/6 下；126/2 下、4 上、4 下、13 上、15 下、25 下；127/6 上；132/9 下、17 上；341/17 上
【东都事略】127、128/附录 5、6
【隆平集】20/夷狄传/3 下
【奏议标】132/陈执中·上仁宗论西边事宜/1456、田况·上仁宗兵策十四事/1468
【奏议影】132/陈执中·上仁宗论西边事宜/4481、田况·上仁宗兵策十四事/4517
【元宪集】28/赐新授崇仪使李士彬进谢恩并乾元节马敕书/302
【东轩笔录】9/4 上
【东坡全集】18/富郑公神道碑/29 上
【安阳集】家传 1/15 下
【范文正公集】9/上枢密尚书书/16 上
【契丹国志】18/刘六符传/5 上
【涑水记闻】11/12 上；12/1 上、1 下、4 下、9 下、10 下
【稽古录】19/89 上

【汇编】上 31、63、103、114、221、222；中一 1486、1599、1653、1735、1745、1746、1747、1749、1750；中二 1774、1787、1821、1822、1880、1881、1883、1890、1900、1904、1905、1911、1927、1938、1949、1981、2002、2063、2275、2293、2300、2535；中三 3513；中四 4541

李士筠 又作李士均，金明属户李士彬弟
【长编标】95/2179
【长编影】95/1 下
【汇编】中一 1599

李元成 蕃官三班奉职
【长编标】157/3796
【长编影】157/1 下
【汇编】中三 3060

李太尉 蕃官李显忠
【于湖集】24/与李太尉/6 上
【定庵类稿】3/贺李太尉启/48 上
【嘉泰会稽志】6/冢墓·山阴县/35 下
【汇编】下 6621、6732；补遗 7155

李中言 蕃官李显忠祖
【文忠集】98/故祖任供备库使赠太师中言特追封和国公/3 上
【名臣碑传琬琰集】下集 24/故太尉威武军节度使李公行状/1617
【汇编】补遗 7128、7151

李中和 蕃官西头供奉官
【长编标】331/7980
【长编影】331/12 下
【汇编】中四 4453

李公 蕃官李显忠
【系年要录】194/3262
【名臣碑传琬琰集】下集 24/故太尉威武军节度使李公行状/1617
【延安府志】7/诗文/22 下
【汇编】下 6655；补遗 7134、7137、7154

李公弼 蕃官李显忠
【延安府志】7/诗文/22 下
【汇编】补遗 7154

李氏 刘光世祖母
【紫微集】14/故祖母李氏可特赠唐国夫人制/7 下
【汇编】补遗 7115

李氏 折保忠母福昌县太君
【长编标】147/3565
【长编影】147/11 上
【汇编】中三 2863

李氏 蕃官李显忠族妹
【陕西通志】66/人物 12/12 下
【汇编】补遗 7155

李文 知石州高继升奴
【长编标】104/2409
【长编影】104/10 上
【汇编】中一 1647

李文贞 小力族巡检
【宋史】491/党项传/14148
【汇编】上 30

李文直 永平寨小力镇史
【长编标】51/1127
【长编影】51/19 上
【汇编】中一 1313

李文信 延州索斡族首领
【长编标】137/3278
【长编影】137/12 上
【汇编】中二 2515

李文真 延州硕尔族巡检
【长编标】86/1965
【长编影】86/1 上
【汇编】中一 1545

李巴占 又作李巴毡，黄河北蕃僧
【长编影】264/8 下
【汇编】中四 3991

李巴毡 又作李巴占，黄河北蕃僧
【长编标】264/6466

李世延 蕃官李显忠弟
【系年要录】132/2118
【汇编】下 6518

李世寿 蕃官李显忠弟
【系年要录】132/2118
【汇编】下 6518

李世武 蕃官李显忠弟
【系年要录】132/2118
【汇编】下 6518

李世辅 赐名李显忠，苏尾九族巡检

【宋史】29/高宗纪 6/540；367/李显忠传/11427、11429；380/楼炤传/11717；383/虞允文传/11793；486/夏国传下/14023、14024
【金史】6/世宗纪上/136；72/彀英传/1661；82/颜盏门都传/1844；86/李术鲁定方传/1924；87/纥石烈志宁传/1931、1932；94/夹谷清臣传/2083；107/高汝砺传/2357；133/移剌窝斡传/2860
【系年要录】124/2030；125/2041、2046；127/2062；129/2090；132/2115；194/3262
【大金国志】10/熙宗纪/1 下
【中兴小纪】26/301；27/305
【朝野杂记】乙集 19/边防/1180
【三朝北盟会编】183/5 下；197/12；238/8 上
【名臣碑传琬琰集】下集 24/故太尉威武军节度使李公行状/1617
【延安府志】7/诗文/22 下
【汇编】上 89、90、222、225；下 6486、6487、6491、6492、6493、6494、6495、6498、6500、6502、6505、6506、6507、6508、6509、6514、6516、6518、6641、6648、6653、6655、6706、6710、6711、6713、6727、6850、6937；补遗 7128、7135、7136、7154

李议 蕃官李显忠孙
【名臣碑传琬琰集】下集 24/故太尉威武军节度使李公行状/1617
【汇编】补遗 7142

李永奇 蕃官李显忠父，世袭苏尾九族巡检
【宋史】367/李显忠传/11427
【文忠集】98/故父任同州观察使赠太师追封卫国公永奇追封楚国公/3 上
【名臣碑传琬琰集】下集 24/故太尉威武军节度使李公行状/1617
【系年要录】124/2030；132/2118
【陕西通志】13/山川 6 鄜州·洛川县/42 上
【延安府志】7/诗文/22 下
【汇编】上 222、223；下 6480、6492、6517、6518；补遗 7128、7152、7154

李师文 蕃官李显忠子
【名臣碑传琬琰集】下集 24/故太尉威武军节度使李公行状/1617
【系年要录】197/3323
【汇编】下 6680；补遗 7142

李师尹 蕃官李显忠子
【名臣碑传琬琰集】下集 24/故太尉威武军节度使李公行状/1617
【愧郯录】13/冷端甲/16 上
【汇编】下 6820；补遗 7142

李师古 蕃官李显忠子
【名臣碑传琬琰集】下集 24/故太尉威武军节度使李公行状/1617
【汇编】补遗 7142

李师正 蕃官李显忠子
【名臣碑传琬琰集】下集 24/故太尉威武军节度使李公行状/1617
【汇编】补遗 7142

李师旦 蕃官李显忠子
【名臣碑传琬琰集】下集 24/故太尉威武军节度使李公行状/1617
【汇编】补遗 7142

李师民 蕃官李显忠子
【系年要录】188/3143；196/330
【朝野杂记】甲集 18/神劲神武忠勇忠锐忠武军/593
【汇编】下 6615、6676、6705

李师闵 蕃官李显忠子
【系年要录】197/3323
【名臣碑传琬琰集】下集 24/故太尉威武军节度使李公行状/1617
【汇编】下 6680；补遗 7142

李师武 蕃官李显忠子
【名臣碑传琬琰集】下集 24/故太尉威武军节度使李公行状/1617
【汇编】补遗 7142

李师直 蕃官李显忠子
【名臣碑传琬琰集】下集 24/故太尉威武军节度使李公行状/1617
【汇编】补遗 7142

李师英 蕃官李显忠子
【名臣碑传琬琰集】下集 24/故太尉威武军节度使李公行状/1617
【汇编】补遗 7142

李师孟 蕃官李显忠子
【名臣碑传琬琰集】下集 24/故太尉威武军节度使

使李公行状/1617
【汇编】补遗 7142
李师政 蕃官李显忠子
【系年要录】132/2118
【名臣碑传琬琰集】下集 24/故太尉威武军节度使李公行状/1617
【汇编】下 6518；补遗 7142
李师禹 蕃官李显忠子
【名臣碑传琬琰集】下集 24/故太尉威武军节度使李公行状/1617
【汇编】补遗 7142
李师说 蕃官李显忠子
【名臣碑传琬琰集】下集 24/故太尉威武军节度使李公行状/1617
【汇编】补遗 7142
李师雄 蕃官李显忠子
【系年要录】185/3093；197/3323
【名臣碑传琬琰集】下集 24/故太尉威武军节度使李公行状/1617
【汇编】下 6610、6680；补遗 7142
李师道 蕃官李显忠侄
【系年要录】132/2118
【名臣碑传琬琰集】下集 24/故太尉威武军节度使李公行状/1617
【汇编】下 6518；补遗 7142
李师廉 蕃官李显忠子
【系年要录】197/3323
【名臣碑传琬琰集】下集 24/故太尉威武军节度使李公行状/1617
【汇编】下 6680；补遗 7142
李师颜 蕃官李显忠子
【系年要录】185/3093
【名臣碑传琬琰集】下集 24/故太尉威武军节度使李公行状/1617
【汇编】下 6610；补遗 7142
李延遇 索干九族巡检
【长编标】156/3778
【长编影】156/2 上
【汇编】中三 3053
李守信 沿边蕃官
【欧阳文忠公全集】79/制敕/15 下
【汇编】中二 2831
李怀义 延州金明属户李士彬子
【长编标】127/3009
【长编影】127/6 上
【汇编】中二 2002
李怀宝 延州金明属户李士彬子
【长编标】125/2969、2970；127/3009
【长编影】126/4 上、4 下；127/6 上
【涑水记闻】12/1 下
【汇编】中一 1745；中二 1904、1905、2002
李怀矩 延州金明属户李士彬子
【长编标】127/3009
【长编影】127/6 上
【汇编】中二 2002
李宏 又作李定，献神臂弓党项羌酋
【宋史】197/兵 11/4913
【汇编】中三 3517
李君锡 蕃官李显忠
【名臣碑传琬琰集】下集 24/故太尉威武军节度使李公行状/1617
【汇编】补遗 7128
李阿理 蕃官内藏库使
【彭城集】22/蕃官内藏库使骑都尉李阿理可特授皇城使封清河县开国男食邑三百户制/315
【汇编】补遗 7159
李阿雅卜 环庆路归明蕃官，赐名赵怀明
【长编标】504/12019
【长编影】504/18 下、20 上
【汇编】中六 5458、5460
李奉明 庆州界首领
【宋史】491/党项传/14142
【汇编】上 24
李奇济 德顺军降羌
【长编标】245/5968
【长编影】245/17 下
【汇编】中四 3874
李尚默 河西蕃部四十五族首领
【长编标】56/1227
【长编影】56/3 下
李明 环庆蕃官
【长编标】126/2966
【长编影】126/1 下
【涑水记闻】12/3 上

【汇编】中二 2004

李忠辅 蕃官李世辅赐名

【系年要录】132/2115

【汇编】下 6516

李忠襄 蕃官李显忠谥号

【续宋通鉴】14/179

【汇编】下 6824

李罗垒 蕃官赵怀明侄，赐名世顺

【长编标】505/12037

【长编影】505/10 下

【汇编】中六 5474

李欣 蕃官李显忠孙

【名臣碑传琬琰集】下集 24/故太尉威武军节度使李公行状/1617

【汇编】补遗 7142

李金明 鄜延蕃官

【长编标】225/5459

【长编影】225/4 下

【奏议标】125/吕诲·上英宗请重造蕃部兵帐/1379

【奏议影】125/吕诲·上英宗请重造蕃部兵帐/4256

【汇编】中三 3713

李定 又作李宏，献神臂弓党项羌酋

【元刊梦溪笔谈】19/5

【汇编】中三 3517

李宗闰 归宋官，上言结夏图金

【宋史】486/夏国传下/14025

【汇编】上 91

李宗诚 蕃官

【净德集】8/得功人蕃官六宅使李宗诚制/89

【汇编】中六 5661

李宗亮 又作李宗谅，环庆路蕃官

【长编标】212/5158；214/5204

【长编影】212/14 下；214/11 上

【汇编】中三 3563

李宗谅 又作李宗亮，庆州蕃部巡检

【长编标】214/5203

【长编影】214/10 上

李诜 蕃官李显忠孙

【名臣碑传琬琰集】下集 24/故太尉威武军节度使李公行状/1617

【汇编】补遗 7142

李询 蕃官李显忠孙

【名臣碑传琬琰集】下集 24/故太尉威武军节度使李公行状/1617

【汇编】补遗 7142

李威明叶 延州芟村族巡检

【长编标】103/2389

【长编影】103/14 上

【汇编】中一 1641

李贵 泾原蕃部落军使

【长编标】350/8381

【长编影】350/1 上

李显忠 蕃官李世辅赐名

【宋史】29/高宗纪 6/540、542、548；30/高宗纪 7/557、568；31/高宗纪 8/577；32/高宗纪 9/602、603、605、606、607、608、609、611；33/孝宗纪 1/619、622、623、624、626；34/孝宗纪 2/647、652；35/孝宗纪 3/668；167/职官志 7/3966；196/兵志 10/4891；361/张浚传/11307、11308；367/李显忠传/11427、杨存中传/11439、杨政传/11445；369/刘光世传/11478；370/王友直传/11498；374/胡铨传/11584；381/张阐传/11747；383/虞允文传/11792、11793；385/周葵传/11835；387/汪应辰传/11878、王十朋传/11886；396/史浩传/12066；402/陈敏传/12182；422/应孟明传/12611；449/曹友闻传/13235；454/丁黼传/13345；473/秦桧传/13761

【宋会要】仪制 3 之 53/1898、4 之 20/1908、9 之 23/1999；职官 52 之 15/3568、57 之 86/3694、57 之 90/3696、76 之 55/4123；选举 32 之 26/4755；食货 10 之 29/4991、61 之 49/5898、61 之 53/5900；兵 5 之 26/6852、6 之 18/6863、6 之 22/6865、14 之 34/7009、14 之 38/7011、14 之 40/7012、14 之 42/7013、14 之 44/7014、14 之 45/7015、17 之 27/7051、18 之 43/7079、18 之 45/7080、19 之 5/7083；方域 4 之 20/7380、4 之 25/7383

【系年要录】 96/1595； 129/2090； 132/2115、2118； 134/2149； 135/2170、 2173； 136/2181、 2184； 139/2242； 147/2371； 148/2376；157/2557；164/2677；172/2824；177/

2917；182/3025；184/3086；185/3093；187/3123；188/3143；189/3161；190/3180；191/3201；192/3207、3220；193/3232、3245；194/3257、3259、3260、3262、3271、3276、3279；195/3290、3294、3299、3302；196/3307、3308；197/3319、3323；200/3381、3401

【皇宋十朝纲要】25/7 下、8 上、8 下

【于湖集】24/与李太尉/6 上

【中兴小纪】27/305；36/417；39/452；40/468

【中兴御侮录】1/21；上/3、7、10、12；下/15、17、18、19、22

【文定集】1/论军中功赏不实/15 上；8/除李显忠特授威武军节度使充左金吾卫上将军食实封如故制/2 上

【文忠集】30/资政殿学士赠通奉大夫胡忠简公（铨）神道碑/14 上；61/龙图阁学士左通奉大夫致仕赠少师谥忠简张公阐神道碑/6 上；63/资政殿大学士毗陵侯赠太保周简惠公（葵）神道碑/9 下；96/李显忠保明采石功人各得转四官依指挥将一官与遥郡上转行人常润……并转遥郡都防御使朱真……并转遥郡团练使曹高夌郑宾等二十三人并转遥郡刺史/5 上；97/李显忠保明淮西杨林渡阵亡王匀等一千三百七十五人内武显大夫董宝武翼大夫王匀各赠官于横行遥郡上分赠与六资恩泽/13 上；98/太尉宁国军节度使主管侍卫马军司公事李显忠封赠三代/3 上；102/玉堂类稿 2/11 上；103/玉堂类稿 3/4 上；105/玉堂类稿 5/7 下、28 上；110/玉堂类稿 10/4 下、32 下；112/玉堂类稿 12/6 下、12 下；163/亲征录/1 上、2 下、3 上、6 下；167/泛舟游山录/17 上

【方舟集】15/19 上

【櫆溪居士集】7/赐李显忠告口宣/12 上

【东南纪闻】1/7 上

【北行日录】上/12 下

【玉海】139/隆兴复环卫/45 上；147/绍兴戈船/22 上

【三朝北盟会编】197/12 下；200/13 上；212/4 下、12 上；213/1 上；232/7 下、9 上；234/3 上；238/7 下、8 上、10 上；239/6 上；240/8 上；241/5 下、12 下；242/1 上；247/2 上、7 上；248/3 上；249/2 下；335/1 上

【名臣碑传琬琰集】下集 24/故太尉威武军节度使李公行状/1617

【朱文公别集】1/书魏元履/5 下

【朱文公集】95 下/少师保信军节度使魏国公致仕赠太保张公（浚）行状下/18 下、27 上、28 上；96/少师观文殿大学士致仕魏国公赠太师谥正献陈公（俊卿）行状/9 下

【攻媿集】90/国子司业王公（速）行状/1230；93/纯诚厚德元老（史浩）之碑/1280

【鄮峰真隐漫录】6/16 下、17 上

【海陵集】11/除李显忠加食邑制/14 下

【梅溪集】奏议 3/6 下、奏议 3/论用兵事宜札子/1 下

【续宋通鉴】5/64；8/96；14/179

【愧郯录】13/冷端甲/16 上

【朝野杂记】甲集 5/隆兴和战/7 下、11/官制 2 招讨使/318、18/神劲神武忠勇忠锐忠武军/593、20/边防 2 虞丞相采石之胜/631、633、癸未甲申和战本末/642；乙集 3/上德・孝宗善驭将/766、12/杂事・渡江后名将皆西北人/963、19/边防/1180

【紫微集】11/李显忠辞免恩命不允诏/3 下

【延安府志】2/安定县・关梁/15 下；7/绥德州・清涧县・关梁/18 下、诗文/22 下

【陕西通志】13/山川 6 鄜州・洛川县/42 上；28/祠祀 1 延安府・安塞县/63 上、祠祀 1 延安府志・保安县/66 上；66/人物 12/12 下

【汇编】上 222、223、224、225、226、227；下 6480、6502、6505、6508、6510、6514、6516、6517、6518、6520、6523、6525、6526、6527、6528、6540、6541、6543、6544、6562、6567、6568、6572、6573、6575、6580、6581、6585、6592、6593、6594、6597、6599、6601、6607、6608、6609、6610、6612、6615、6616、6617、6618、6619、6621、6623、6624、6625、6626、6634、6635、6636、6637、6638、6639、6640、6641、6642、6643、6644、6645、6646、6648、6649、6650、6651、6652、6653、6654、6655、6656、6657、6658、6659、6660、6661、6662、6664、6665、6666、6667、6668、6669、6670、

6671、6672、6673、6674、6676、6677、6678、6680、6681、6683、6684、6686、6687、6688、6689、6690、6691、6692、6693、6700、6701、6702、6703、6704、6705、6706、6707、6708、6709、6711、6712、6713、6714、6715、6716、6717、6718、6719、6720、6721、6722、6724、6725、6728、6731、6734、6736、6737、6739、6742、6743、6744、6747、6748、6749、6750、6751、6752、6754、6755、6760、6762、6764、6766、6769、6785、6820、6824、6937、6977、6980、6988；补遗 7110、7128、7133、7150、7152、7154、7155、7156、7303、7304

李思 疑为李思忠之误，沿边熟户
【长编标】126/2994
【长编影】126/25 下

李思忠 沿边熟户
【安阳集】家传 1/15 下
【汇编】中二 1981

李钦 金汤蕃族
【宋史】323/赵振传/10461
【汇编】中一 1629

李保忠 麟州蕃官
【长编标】285/6982
【长编影】285/11 上
【汇编】中四 4049

李顺忠 庆州界首领
【宋史】491/党项传/14142
【汇编】上 24

李彦咩 庆州部落首领
【宋史】491/党项传/14142
【汇编】上 24

李觉萨 秦凤蕃官
【长编标】176/9 下
【长编影】176/9 下
【汇编】中三 3203

李都统 蕃官李显忠
【系年要录】194/3262
【名臣碑传琬琰集】下集 24/故太尉威武军节度使李公行状/1617
【汇编】下 6655；补遗 7142

李都呣 延州芟村族军主
【长编标】103/2389
【长编影】103/14 上
【汇编】中一 1641

李凌 熙河蕃官
【长编标】516/12287
【长编影】516/20 下
【汇编】中六 5620

李谊 蕃官李显忠孙
【名臣碑传琬琰集】下集 24/故太尉威武军节度使李公行状/1617
【汇编】补遗 7142

李继义 庆州蕃部巡检
【长编标】97/2245
【长编影】97/5 下
【汇编】中一 1607

李继周 延州金明属户李士彬父
【宋史】253/8870；485/夏国传上/13988；491/党项传/14144
【长编标】51/1127；52/1136、1153；68/1522；72/1635
【长编影】51/19 上；52/6 上、20 上；68/4 下；72/12 上
【稽古录】18/82 下
【汇编】上 26、55、221；中一 1313、1317、1328、1329、1473、1486

李继福 绥州裕勒沁族首领
【长编标】45/966
【长编影】45/11 上
【汇编】中一 1212

李继福 永平砦芟村军主
【宋史】253/李继周传/8871；466/张崇贵传/13618
【长编标】47/1030；51/1127；52/1138；68/1522
【长编影】47/19 上；51/19 上；52/8 上；68/4 下
【汇编】上 221、222；中一 1203、1313、1317、1473

李唆巳 河东蕃官
【长编标】331/7970
【长编影】331/4 下
【汇编】中四 4449

李惟立 环庆蕃官李宗亮子，环庆路巡检
【长编标】212/5158
【长编影】212/14 下
【汇编】中三 3563
李惟忠 环庆蕃官李宗亮子安儿赐名
【长编标】212/5158
【长编影】212/14 下
【汇编】中三 3563
李清 李用子，通远军弓箭手指挥使
【长编标】341/8201
【长编影】341/6 上
【汇编】中四 4534
李密撒 熙河合龙岭羌首
【宋史】350/李浩传/11079
【汇编】中四 4040
李谭 蕃官李显忠孙
【名臣碑传琬琰集】下集 24/故太尉威武军节度使李公行状/1617
【汇编】补遗 7142
李谏 蕃官李显忠孙
【名臣碑传琬琰集】下集 24/故太尉威武军节度使李公行状/1617
【汇编】补遗 7142
李谔 蕃官李显忠孙
【名臣碑传琬琰集】下集 24/故太尉威武军节度使李公行状/1617
【汇编】补遗 7142
李朝政 延州揭家族副军主
【长编标】137/3278
【长编影】137/12 上
【汇编】中二 2515
李赏樵卜 环庆佛口附近蕃部首领
【初寮集】6/定功继伐碑/1 上
【汇编】补遗 7438
李说 蕃官李显忠孙
【名臣碑传琬琰集】下集 24/故太尉威武军节度使李公行状/1617
【汇编】补遗 7142
李谦 蕃官李显忠孙
【名臣碑传琬琰集】下集 24/故太尉威武军节度使李公行状/1617
【汇编】补遗 7142
李厮郝金 战三都谷口蕃官
【乐全集】22/20 下
【汇编】中一 1563
李哆 附宋蕃部首领
【宋史】18/哲宗纪 2/352
【汇编】中六 5494
李德平 鄜延德靖寨蕃官
【长编标】244/5942；267/6548；311/7547
【长编影】244/10 下；267/8 上；311/15 上
【宋会要】兵 28 之 2/7270
【汇编】中三 3423；中四 3865、3998、4118
李德明 蕃官李显忠曾祖
【文忠集】98/曾祖任皇城使赠太傅德明特赠太师/3 上
【名臣碑传琬琰集】下集 24/故太尉威武军节度使李公行状/1617
【汇编】补遗 7128、7150
李德明 索斡九族李延遇子
【长编标】156/3778；327/7864；329/7917
【长编影】156/2 上；327/1 上；329/4 上
【元丰类稿】21/8 上
【汇编】中三 3053；补遗 7220
李磨论 秦州伏羌首领
【宋史】258/曹玮传/8986；491/吐蕃传/14159
【汇编】中一 1555
李默戬觉 蕃官副军主
【长编标】262/6403
【长编影】262/26 上
【汇编】中四 3987
李襄渠卜 环庆路归明蕃官怀明子，赐名世忠
【长编标】504/12019
【长编影】504/20 上
【汇编】中六 5460
来母崖 府州女乜族首领
【宋史】491/党项传/14140
【宋会要】方域 21 之 2/7662
【汇编】上 22、33
来守信 唐龙镇将来遵子
【长编标】61/1372
【长编影】61/14 下
【汇编】中一 1427
来守顺 唐龙镇首领

【长编标】134/3197
【长编影】134/10 上
【汇编】中二 2394

来怀三 唐龙镇来璘族人
【长编标】67/1513
【长编影】67/17 上

来怀正 唐龙镇将来怀顺弟
【宋史】491/党项传/14147
【长编标】61/1372；67/1505；68/1535
【长编影】61/14 下；67/9 上；68/16 上
【宋会要】蕃夷 1 之 39/7692
【汇编】上 29；中一 1427、1468、1469、1475

来怀顺 唐龙镇将
【长编标】61/1372
【长编影】61/14 下
【汇编】中一 1427

来闰喜 唐龙镇来怀顺子
【长编标】61/1372
【长编影】61/14 下
【汇编】中一 1427

来美 唐龙镇羌族来璘季叔
【宋史】491/党项传/14146
【长编标】67/1505
【长编影】67/9 上
【宋会要】蕃夷 1 之 39/7692
【汇编】上 29；中一 1468

来都 府州外浪族首领
【宋史】491/党项传/14138
【宋会要】方域 21 之 2/7662
【汇编】上 21、33

来遵 唐龙镇将
【长编标】61/1372
【长编影】61/14 下
【汇编】中一 1427

来璘 唐龙镇羌
【宋史】491/党项传/14146
【长编标】67/1505、1513
【长编影】67/9 上、17 上
【宋会要】蕃夷 1 之 39/7692
【武经总要】前集 18 下/9 下
【汇编】上 29；中一 1468、1469

折八军 银州三族首领
【宋史】257/李继隆传/8965
【汇编】中一 1024

折乜埋 附宋党项
【宋史】491/党项传/14138
【汇编】上 20

折马山 延州芟村族首领，赐名折保忠
【长编标】135/3228；147/3565
【长编影】135/14 上；147/11 上
【汇编】中二 2441；中三 2863

折仁理 河西党项
【长编标】2/56
【长编影】2/16 下
【汇编】中一 928

折氏 蕃官李显忠祖母
【文忠集】98/故祖母鲁国夫人折氏特赠魏国夫人/3 上
【名臣碑传琬琰集】下集 24/故太尉威武军节度使李公行状/1617
【汇编】补遗 7128、7151

折罗遇 西蕃息利族
【宋史】5/太宗纪 2/76；257/李继隆传/8965；491/党项传/14139
【汇编】上 21；中一 1024

折保忠 延州蕃官折马山赐名
【长编标】147/3565；156/3780
【长编影】147/11 上；156/3 上
【汇编】中三 2863、3054

折埋乞 西蕃息利族首领折罗遇弟
【宋史】5/太宗纪 2/76；257/李继隆传/8965；491/党项传/14139
【汇编】上 21；中一 1024

折惟宁 定州龙泉镇监酒
【长编标】116/2728
【长编影】116/10 下
【汇编】中一 1709

折董会 环州蕃部
【宋史】335/种古传/10744
【汇编】中四 4008

连埋伊也 丰州河北藏才东族都判
【宋会要】方域 21 之 10/7666
【汇编】上 42

坚多克 通远军密栋族巡检

【长编标】341/8215；349/8377；350/8389
【长编影】341/18 下；349/9 下；350/8 上
【汇编】中四 4542；中五 4606、4613

吹宁 沿边熟户
【长编标】288/7050
【长编影】288/9 上
【汇编】中四 4069

吹迈 又作屈埋，鄜延蕃官且星子
【长编影】332/3 下；417/6 上
【汇编】中四 4462；中五 4946

吹达尔济 又作屈丁鸡，鄜延蕃官且星子
【长编影】417/6 上
【汇编】中五 4946

吹罗 环庆蕃官
【长编标】343/8250
【长编影】343/14 上
【汇编】中五 4563

吹济鄂罗克 泾原咩迷卡杏家族都监
【长编标】101/2344
【长编影】101/12 下
【汇编】中一 1628

吹恭 河东蕃官
【长编标】346/8314
【长编影】346/12 下
【汇编】中五 4585

吹凌结 又作屈里乜，鄜延蕃部
【长编标】299/7277
【长编影】299/12 上
【汇编】中四 4101、4102

吹凌密 三班差使
【长编标】336/8102
【长编影】336/10 上
【汇编】中四 4499

吹资克 又作屈子，泾原密本族首领尼玛子
【长编影】51/15 上；54/4 上
【汇编】中一 1345

吹博迪 庆州星叶族蕃官安顺子
【长编标】154/3748
【长编影】154/12
【汇编】中三 3043

吴氏 鄜延蕃官刘光世妾
【系年要录】85/1410
【汇编】下 6394

吴恩 来远寨蕃官
【长编标】298/7257
【长编影】298/15 下
【汇编】中四 4099

秃逋 又作图卜，陇山西延家族首领
【宋史】7/真宗纪 2/122；492/吐蕃传/14156
【长编标】55/1203
【汇编】中一 1361

伯雅克 河东蕃部
【长编标】348/8361
【长编影】348/17 下
【汇编】中五 4601

你乜逋 睡泥族首领
【宋史】491/党项传/14142
【汇编】上 24

伽哲庆 又作乩𢒟庆，环州蕃官
【长编影】54/12 上、12 下
【汇编】中一 1356

伽凌 延州野家族蕃部指挥使
【长编标】82/1870
【长编影】82/8 上
【汇编】中一 1519

伽裕勒 又作乩遇，会州刺史
【长编影】49/5 上
【汇编】中一 1231

伽裕额伊 陕西蕃官
【长编标】510/12150
【长编影】510/17 下
【汇编】中六 5548

伽强楚 又作乩唱，郭咩族蕃官
【长编影】87/2 下
【汇编】中一 1553

近腻 又作锦尼，环州七白族军主
【宋史】491/党项传/14148
【长编标】95/2193
【汇编】上 31

鸠令结 西蕃首领，诱蕃部投夏
【宋史】14/神宗纪 1/265
【汇编】中三 3421

角厮波 秦州蕃部
【欧阳文忠公全集】81/制敕/3 上

【汇编】中二 2831

角撒 德顺军静边寨熟户

【宋会要】蕃夷 6 之 6/7821

【汇编】中三 3428

迎罗佶 附宋府州仡党族首领

【宋会要】蕃夷 1 之 23/7684

【汇编】中一 1130

迎逋 环州属羌慕家族首领

【长编标】312/7569

【长编影】312/10 上

【汇编】中四 4125

亨全 又作横全，丰州北藏擦西族、中族首领

【长编影】75/1 下

【汇编】中一 1499

怀忠 蕃部都罗摩尼扬昌赐名

【长编标】498/11863

【长编影】498/20 上

【汇编】中六 5400

怀顺 蕃官都勒满登赐名

【长编标】498/11863

【长编影】498/20 上

【汇编】中六 5400

沃协 环州蕃官

【元宪集】25/环州蕃部沃协等可本族副军主制/262

【汇编】补遗 7158

没佶 泥巾族首领

【宋史】491/党项传/14142

【汇编】上 25

没崖 勒浪树李儿门首领

【宋史】491/党项传/14142

【汇编】上 24

沁布 又作城逋，密本族首领尼玛子

【长编影】51/14 下、15 下；54/3 下、4 上、8 下

【汇编】中一 1309、1345、1346、1351

社正 府州女乜族首领来母崖子，迁居茗乜族

【宋史】491/党项传/14140

【宋会要】方域 21 之 2/7662

【汇编】上 22、33

张小哥 又作张硕噶，渭州吹麻城张族都首领

【宋史】492/吐蕃传/14159

【长编标】88/2013、2014

【乐全集】22/秦州奏唃厮啰事/21 上

【汇编】中一 1560、1587

张文义 渭州蕃落指挥使

【宋会要】兵 4 之 1/6820

张吉 庆州蕃落卒

【宋史】452/高敏附传/13286

【长编标】226/5504

【长编影】226/4 下

【汇编】中三 3719

张纳芝临占 世居古渭州蕃官

【长编标】183/4431

【长编影】183/8 上

【汇编】中三 3217

张岊 府州府谷人

【宋史】255/王凯传/8925；324/张亢传 10489；326/张岊传 10523、康德舆传/10527

【长编标】133/2197；136/3247；152/3709

【长编影】133/18 下；136/2 上；152/12 上

【文恭集】17/张岊可东染院使张岊可礼宾使制/210

【欧阳文忠公全集】116/河东奉使奏草下/5 下

【汇编】上 234；中二 2353、2357、2358、2360、2484；中三 2972、3001

张绍志 泾原蕃官

【长编标】492/11678

【长编影】492/2 上

【汇编】中六 5337

张香儿 渭州威戎军熟户

【武经总要】前集 18 下/9 下

【汇编】中一 1722

张硕噶 又作张小哥，渭州吹莽城大首领

【长编影】88/3 下

【汇编】中一 1567

张偻俈 西凉州蕃部

【长编标】52/1150

【长编影】52/17 下

【汇编】中一 1327

张续 泾原蕃官张绍志子赐名

【长编标】492/11678

【长编影】492/2 下

【汇编】中六 5337

张超尔 庆州蕃官张吉子，赐名张忠
【长编标】226/5504
【长编影】226/4下
【汇编】中三3719
阿日丁 又作阿斯鼎，泾原生户都首领
【宋史】12/仁宗纪4/230
【汇编】中三3164
阿伊克 又作阿宜，原州野狸族首领
【长编影】55/5上
【汇编】中一1363
阿齐 环庆路蕃官
【长编标】326/7848
【长编影】326/10下
【汇编】中四4351
阿讹 又作阿克阿，延州归娘族军主
【长编标】136/3267；137/3278
阿声 河东陷蕃妇人
【长编标】471/11238
【长编影】471/1下
【汇编】中五5144
阿克节 治平寨蕃部
【长编标】271/6636
【长编影】271/4下
【汇编】中四4002
阿克阿 又作阿讹，延州珪年族军主
【长编影】136/19上；137/12上
【汇编】中二2510、2515
阿克密 蕃官皇城使
【长编标】353/8461
【长编影】353/5下
阿宜 又作阿伊克，原州野狸族首领
【宋史】491/党项传/14145
【长编标】55/1206
【汇编】上28
阿香 泾原归顺部长
【长编标】328/7905
【长编影】328/13下
【汇编】中四4393
阿珠 秦州伏羌寨蕃官都军主
【长编标】90/2085
【长编影】90/16下
【汇编】中一1585
阿酌 原州野狸族首领厮多逋丹子
【宋史】491/党项传/14146
【汇编】上29
阿理撒米 辽境党项羌
【辽史】82/耶律博古哲传/1293
【汇编】中一956
阿斯鼎 又作阿日丁，泾原生户都首领纳隆子
【长编标】168/4039
【长编影】168/8上
【汇编】中三3159
阿裕尔 附宋樊诸族首领
【长编标】171/4118
【长编影】171/14上
【汇编】中三3173
阿锡达 又作阿厮铎，秦州永兴寨大马家族首领
【长编影】89/9上；95/7上
【汇编】中一1579、1600
阿锡达 过河讨西贼
【长编标】336/8102
【长编影】336/10上
【汇编】中四4499
阿厮铎 又作阿锡达，秦州永兴寨大马家族首领
【宋史】492/吐蕃传/14160
【长编标】89/2045；95/2185
【宋会要】方域21之23/7672
【汇编】中一1582
阿鄰 蕃官
【元丰类稿】22/阿鄰官捉厮鸡并本族副军主制/6上
【汇编】补遗7158
阿黎 蕃部
【宋史】7/真宗纪2/142
【汇编】中一1488
努卜坚布 又作牛奘逋、牛装，水洛城蕃官
【长编影】160/15上
努卜诺尔 秦州蕃僧
【长编标】96/2229
【长编影】96/22下
【汇编】中一1603
纳木乞僧 又作纳木依申，赤羊川赏啰讹乞使

人
【长编标】513/12202
纳木依申 又作纳木乞僧，赤羊川尚罗格依使人
【长编影】513/8 下
纳药 德顺军延家族蕃部
【宋会要】兵 22 之 6/7146
【汇编】中三 3507
纳隆 又作那龙，泾原生户都首领
【长编标】168/4039
【长编影】168/8 上
【汇编】中三 3159

八画

青罗 渭州蕃部
【宋会要】兵 22 之 6/7146
【汇编】中三 3507
英博 环庆作过蕃官
【长编标】280/6866
【长编影】280/15 上
【汇编】中四 4035
茄罗 党项熟魏族酋长
【宋史】491/党项传/14146；492/吐蕃传/14157
【汇编】上 29；中一 1402
奇乌 鄜延韦家族弓箭手
【长编标】333/8017
【长编影】333/5 上
【汇编】中四 4466
抹啰 宋遣宗哥城间谍
【长编标】99/2302
拓拔忠 宋朝沿边指挥使
【长编标】235/5709、5717
【长编影】235/13 下、20 下
【汇编】中四 3783
拓拔琳沁 又作良七，拓拔部首领
【长编标】20/465
【长编影】20/20 上
【汇编】中一 984
拓跋氏 蕃官李显忠母
【文忠集】98/故母越国夫人拓跋氏继母周国夫人蒙氏并特赠楚国夫人/3 上
【汇编】补遗 7152
拓跋忠 蕃官李显忠部将
【宋会要】兵 17 之 25/7050
【系年要录】124/2030；136/2184
【名臣碑传琬琰集】下集 24/故太尉威武军节度使李公行状/1617
【汇编】下 6492、6528；补遗 7130
拓跋遇 银州羌部
【宋史】491/党项传/14138
【长编标】23/533
【长编影】23/18 下
【汇编】上 21；中一 998
拓德迈 又作拓德遇，延州索斡族副军主
【长编影】137/12 上
【汇编】中二 2515
拓德遇 又作拓德迈，延州苏尾族副军主
【长编标】137/3278
拔黄 又作巴罕，言泥族首领
【宋史】491/党项传/14146
【长编标】56/1224
【宋会要】方域 21 之 4/7663；蕃夷 7 之 15/7847
【汇编】上 28；中一 1374、1380
卓萨沁格 秦州总噶尔蕃部
【长编标】89/2045
【长编影】89/9 上
【汇编】中一 1579
卓鼐凌 又作朱泥唛，鄜延蕃官
【长编影】341/11 上
【汇编】中四 4537
尚巴约 又作尚波于，秦州伏羌砦吐蕃酋长
【长编影】3/7 下、8 上
尚扬丹 又作赏样丹、尚杨丹，唃厮啰舅，秦州蕃部
【长编影】86/8 下、9 上；88/3 下
【汇编】中一 1548、1549、1591
尚杨丹 又作赏样丹、尚扬丹，唃厮啰舅，秦州蕃部
【长编影】91/12 下
尚罗格依 又作赏啰讹乞，环州党项蕃部
【长编影】513/8 下、9 上
【汇编】中六 5567、5474
尚波于 又作尚巴约，秦州伏羌砦吐蕃酋长

【宋史】1/太祖纪 1/11、12；257/吴廷祚传/8948；270/高防传/9261；492/吐蕃传/14152、14153
【长编标】3/68；3/71
【宋大诏令集】240/安抚秦州蕃部尚波于诏/942
【武经总要】前集 18 上/27 下
【汇编】中一 932、934、935、936、937

尚格 环庆蕃官赵怀明子，赐名世勤
【长编标】505/12037
【长编影】505/10 下
【汇编】中六 5473、5474

尚裕 环庆蕃官赵怀明侄，赐名世恭
【长编标】505/12037
【长编影】505/10 下
【汇编】中六 5474

帕克巴 西蕃首领
【文庄集】2/西蕃首领帕克巴可银青光禄大夫检校国子祭酒兼监察御史武骑尉充本族军主制/22 下
【汇编】中一 1596

旺布伊特满 又作万保移埋没
【长编影】45/9 下

旺奇卜 又作旺奇巴，秦州蕃部
【长编影】228/15 下
【汇编】中三 3732

旺奇巴 又作旺奇卜，秦州蕃部
【长编标】228/5556

旺律 保安军蕃族军主，赐名刘汉忠
【长编标】102/2355
【长编影】102/7 上
【汇编】中一 1629

明义 府州八族都校
【宋史】491/党项传/14145
【宋会要】方域 21 之 1/7661、21 之 8/7665
【汇编】上 28、36

明叶 又作名崖、明崖，府州威尼族大首领
【长编影】63/4 上；71/24 上
【汇编】中一 1432、1485

明爱 延州熟户
【长编标】74/1684；75/1707
【长编影】74/4 下；75/1 下
【汇编】中一 1496、1499

明崖 又作名崖、明叶，兀泥族大首领
【长编标】71/1615

昌宁 入宋刺事
【长编标】297/7181
【长编影】297/2 下
【汇编】中四 4090

昌移 环庆蕃弓箭手
【长编标】356/8519
【长编影】356/11 上
【汇编】中五 4631

忠壮 蕃官李永奇谥号
【系年要录】132/2118
【名臣碑传琬琰集】下集 24/故太尉威武军节度使李公行状/1617
【汇编】下 6518；补遗 7128、7129

忠顺 延州部道族朗阿赐名
【长编标】70/1580
【长编影】70/18 上
【汇编】中一 1480

罗儿 丰州北藏才中族首领奴移子
【宋会要】方域 21 之 10/7666
【汇编】上 42

罗买 直荡族大首领啜尾叔
【宋史】491/党项传/14141
【汇编】上 23

罗佑 麟州兀罗族
【文恭集】19/故麟州兀罗族下班殿侍三班差使罗佑亲男崖可本族副都军主制/241
【汇编】中三 3179

罗阿 曲定府都虞侯
【长编标】97/2245
【长编影】97/6 上
【汇编】中一 1608

罗阿 环州熟户旺扎勒族
【长编标】105/2443
【长编影】105/8 下
【汇编】中一 1654

罗侈 日利、月利等族大酋
【太平治迹统类】2/太祖太宗经略幽燕/2 上
【汇编】中一 951

罗泥天王 洪德砦上言沿边蕃部
【宋史】491/党项传/14146

【汇编】上 28
罗妹 藏才西族大首领
【宋史】5/太宗纪 2/91；491/党项传/14141
【宋会要】方域 21 之 10/7666
【汇编】上 24、41；中一 1059
罗骨 北界蕃族
【宋史】491/党项传/14148
【汇编】上 31
罗保 洛才族大首领
【宋会要】方域 21 之 3/7662
【汇编】上 35
罗保 路才族大首领
【宋史】491/党项传/14142
【汇编】上 25
罗保保乜 又作杂保也，细母族大首领
【宋史】491/党项传/14142
【汇编】上 25
罗信 鄜延蕃官鄂钦，陈乞赐名
【长编标】476/11343
【长编影】476/7 上
罗信 鄜延蕃官兀乞，陈乞赐名
【奏议标】125/范纯粹·上哲宗乞不许蕃官自改汉姓/1381
【奏议影】125/范纯粹·上哲宗乞不许蕃官自改汉姓/4260
【汇编】中五 5171
罗美 日利、月利等族大首领
【太平治迹统类】2/太祖太宗经略幽燕/2 上
【汇编】中一 951
罗美 舍利、于鲁等族大酋
【长编标】10/234
【长编影】10/17 下
【汇编】中一 952
罗结 龙川首领
【奏议标】141/文彦博·上神宗论进筑河州/1590
【奏议影】141/文彦博·上神宗论进筑河州/4891
【汇编】中四 3821
罗埋 又作罗莽，鄜延蕃部叶市族指挥使
【长编标】54/1181
罗莽 又作罗埋，伊实族指挥使
【长编影】54/6 下
【汇编】中一 1350
罗崖 麟州兀罗族罗佑子
【文恭集】19/故麟州兀罗族下班殿侍三班差使罗佑亲男崖可本族副都军主制/241
【汇编】中三 3179
罗崖 府州内属蕃部十二府大首领
【宋史】491/党项传/14138
【长编标】9/213
【长编影】9/13 下
【汇编】上 21；中一 948
罗遇 环庆作过蕃官军使
【长编标】298/7240
【长编影】298/2 上
【宋会要】职官 66 之 6/3871
【汇编】中四 4095
图卜 又作秃逋，陇山西延家首领
【长编影】55/2 下
【汇编】中一 1362
和尔沁博 又作合穷波，咱隆族首领
【长编影】62/3 上
和苏 又作合苏，永宁寨裕勒凌族
【长编影】57/2 下
【汇编】中一 1401
信移 兀泥三族首领
【宋史】491/党项传/14140
【汇编】上 22
舍钦波 者龙族首领
【宋史】492/吐蕃传/14159
【宋会要】方域 21 之 23/7672
命子元 又作命资允，麟州银城寨熟户蕃部首领
【长编标】290/7086
【宋会要】方域 21 之 8/7665
【汇编】上 40
命奴 秦州蕃官令修己子
【长编标】228/5557
【长编影】284/4 上
命资允 又作命子元，麟州银城寨熟户十将
【长编影】290/1 下
【汇编】中四 4074
鱼彦璘 附宋绥州人

【长编标】47/1023
【长编影】47/13 上
周氏 蕃官李显忠妻
【文忠集】98/妻平阳郡夫人周氏可特封安康郡夫人/3 上
【三朝北盟会编】213/1 上
【名臣碑传琬琰集】下集 24/故太尉威武军节度使李公行状/1617
【延安府志】7/诗文/22 下
【汇编】下 6572；补遗 7142、7153、7154
周明 又作周俊明，鄜延蕃官卢崚子，擅改汉姓
【奏议标】125/范纯粹・上哲宗乞不许蕃官自改汉姓/1381
【奏议影】125/范纯粹・上哲宗乞不许蕃官自改汉姓/4260
【汇编】中五 5172
周国夫人 蕃官李显忠继母蒙氏
【文忠集】98/故母越国夫人拓跋氏继母周国夫人蒙氏并特赠楚国夫人/3 上
【汇编】补遗 7152
周俊明 鄜延蕃部罗凌之子
【长编标】476/11343
【长编影】476/7 上
京臧 鬼芦族族长
【金史】91/结什角传/2016
【汇编】下 6745
庞青 麟府蕃部首领
【长编标】133/3179
泥中佶移 兀泥族大首领
【宋史】491/党项传/14140
【汇编】上 23
泥埋 又作尼玛，咩逋族开道使
【宋史】491/党项传/14143；492/吐蕃传/14156
【长编标】51/1122；54/1178、1183
【宋会要】方域 21 之 17/7669、21 之 18/7670
【汇编】上 26、27；中一 1345、1346
宗回 鄜延蕃官刘光世岳父
【系年要录】20/402
【汇编】下 6159
实布格 又作撒逋渴、撒逋格、萨逋歌，结彭族首领
【长编影】63/6 上；103/9 上
【汇编】中一 1635
实宁巴李锡新 永宁寨蕃僧
【长编影】298/15 下
【汇编】中四 4099
实吉 环州苏家族巡检
【长编标】155/3768
【长编影】155/10 下
【汇编】中三 3048
屈丁鸡 又作吹达尔济，沿边蕃官
【长编标】417/10127
屈力讹 乞改汉名王超
【宋会要】兵 17 之 24/7049
【汇编】下 6485
屈子 又作吹资克，咩逋族指挥使
【宋史】491/党项传/14143
【长编标】51/1122；54/1178
【宋会要】方域 21 之 17/7669
【汇编】上 26；中一 1309、1346
屈元 环庆路都监
【系年要录】140/2258
【汇编】下 6547
屈全乜 陕西蕃部
【宋史】471/吕惠卿传/13707
【汇编】中四 4037
屈名 西蕃香都妻
【长编标】319/7706
【长编影】319/6 下
【汇编】中四 4238
屈里乜 又作吹凌结，鄜延蕃部
【宋会要】蕃夷 6 之 15/7826
屈尾 又作齐都尔齐，苏家族首领
【宋史】491/党项传/14143
【长编标】49/1067
【汇编】上 26
屈闹 丰州倾吴堆盘酋长
【苕溪集】48/宋故敦武郎知麟州建宁寨累赠太师秦国公杨公（震）墓碑/11 上
【汇编】补遗 7415
屈埋 又作吹迈，鄜延蕃官
【长编标】325/7816；328/7897；332/7998；417/10127

【长编影】325/3 上、3 下；328/6 下
【宋会要】职官 66 之 21/3878
【汇编】中四 4329、4388

屈都 梁家族蕃官
【范文正公集】年谱补遗/12 下
【汇编】中二 2514

屈烈 辽境党项，山西部族节度使
【辽史】115/西夏记/1526
【汇编】上 120

屈逋浪嵬 环庆附西夏蕃官
【宋会要】蕃夷 6 之 28/7832
【汇编】中五 5245

屈理 环庆蕃官
【长编标】318/7696
【长编影】318/15 上
【汇编】中四 4198

屈麻娘 叛逃西夏蕃部
【长编标】514/12210
【长编影】514/2 上
【汇编】中六 5575

屈遇 府州勒浪族十六府大首领
【宋史】491/党项传/14138、14140
【长编标】9/213
【长编影】9/13 下
【汇编】上 21、22；中一 948

屈德宜 河东蕃官
【长编影】345/1 上
【汇编】中五 4569

驽伊 又作奴伊，丰州北藏才西族、中族首领
【长编标】75/1 下
【汇编】中一 1499

迦凌 环庆路熟户
【长编标】512/12187
【长编影】512/11 上
【汇编】中六 5562

孟香 庆州蕃部酋首
【长编标】164/3945
【长编影】164/3 下
【欧阳文忠公全集】30/墓志/兵部员外郎天章阁待制杜公墓志铭/5 下
【玉海】188/天章阁待别环庆路经略安抚使知庆州移夏人檄/35 下
【汇编】中三 3121；补遗 7300

孟真 环庆蕃官
【长编标】348/8360；479/11408
【长编影】348/16 下；479/8 上
【汇编】中五 4599、5195

九画

城逋 又作成逋、沁布，咩逋族都巡检使
【宋史】491/党项传/14137
【长编标】51/1122；54/1178、1183
【汇编】上 26

栋怀义 泾原蕃官
【长编标】489/11600
【长编影】489/3 下
【汇编】中六 5308

胡宁 环州蕃官
【长编标】99/2297
【长编影】99/6 上
【汇编】中一 1615

胡永锡 庆州寨主，破白豹城
【宋会要】兵 14 之 18/7001

胡永德 柔远寨巡检
【长编影】298/1 下
【汇编】中四 4095

胡守中 又作胡守忠，保安军蕃官胡守清弟
【长编标】192/4636
【长编影】192/3 上
【奏议标】125/吕诲·上英宗请重造蕃部兵帐/1379
【奏议影】125/吕诲·上英宗请重造蕃部兵帐/4255、4256、4257
【汇编】中三 3255、3315

胡守忠 又作胡守中，保安军蕃官胡守清弟
【名臣碑传琬琰集】上集 26/吕惠穆公公弼神道碑/402
【汇编】中三 3256

胡守清 保安军蕃官
【奏标议】125/吕诲·上英宗请重造蕃部兵帐/1379
【奏议影】125/吕诲·上英宗请重造蕃部兵帐/4255、4256

【欧阳文忠公全集】160/奏议/3 下
【汇编】中三 3023、3315
胡怀节 保安军小湖族巡检
【宋史】491/党项传/14148
【汇编】上 31
胡怀节 保安军小蕃族巡检
【长编标】95/2194
【长编影】95/15 上
【汇编】中一 1600
胡经臣 鄜延蕃官
【宋会要】兵 28 之 2/7270
【汇编】中三 3423
胡继谔 延州蕃族
【长编标】132/3142、3152
【长编影】132/19 下、27 上
【文庄集】14/陈边事十策/1 上
【宋会要】职官 64 之 4/3840
【欧阳文忠公全集】106/奏议/3 下
【河南先生文集】6/上吕相公书/7 下；20/奏为金汤一带族帐可取状/9 上
【范文正公集】西夏堡寨/6
【汇编】中二 1799、2000、2220、2259、2260、2314、2644；中三 3023
郝守素 鄜延蕃官
【长编标】316/7645；325/7816
【长编影】316/7 下；325/3 上、3 下
【汇编】中四 4182、4329
勃哆 又作博伊克，熙河兰岷路归顺人
【长编标】498/11854
【宋会要】兵 17 之 6/7040
药厮哥 秦州青鸡川蕃官首领，献青唐鸡川土地
【宋会要】兵 28 之 2/7270；方域 19 之 3/7627、20 之 17/7659；蕃夷 6 之 6/7821
【汇编】中三 3424
赵氏 蕃官李显忠妻
【名臣碑传琬琰集】下集 24/故太尉威武军节度使李公行状/1617
【汇编】补遗 7142
赵世良 定边城蕃部巡检
【长编标】353/8460；514/12210
【长编影】353/5 上；514/2 上
【汇编】中五 4622；中六 5575
赵世良 蕃官赵怀明子约尚赐名
【长编标】505/12037
【长编影】505/10 下
【汇编】中六 5474
赵世忠 蕃官赵怀明子赐名
【长编标】504/12019；505/12037
【长编影】504/20 上；505/10 下
【汇编】中六 5473
赵世宗 蕃官赵怀明宗族
【长编标】505/12037
【长编影】505/10 下
【汇编】中六 5474
赵世恭 蕃官赵怀明侄尚裕赐名
【长编标】489/11608；493/11723；499/11880；505/12037；518/12318；520/12354
【长编影】489/10 下；493/26 下；499/9 上；505/10 下；518/1 下；520/1 上
【汇编】中六 5474
赵世勤 蕃官赵怀明子尚格赐名
【长编标】505/12037
【长编影】505/10 下
【汇编】中六 5474
赵令京 蕃官党令征揽哥
【栾城集】29/西掖告词番官党令征揽哥赵令京覃恩改官/16 上
【汇编】补遗 7157
赵怀明 李阿雅卜赐名，环庆蕃官
【长编标】504/12019；505/12037
【长编影】504/20 上；505/10 下
【初寮集】6/定功继伐碑/1 上
【汇编】中六 5473、5473；补遗 7438
赵怀顺 鄜延蕃官
【长编标】221/5387
【长编影】221/18 上、18 下
赵宗杰 庆州大顺城蕃部巡检赵余德子
【长编标】281/6894
【长编影】281/12 上
【汇编】中四 4038
赵宗彦 庆州大顺城蕃部巡检赵余德子
【长编标】281/6894
【长编影】281/12 上

【汇编】中四 4038

赵宗祐 庆州大顺城蕃部巡检赵余德子

【长编标】281/6894

【长编影】281/12 上

【汇编】中四 4038

赵宗锐 环庆蕃官

【长编标】486/11544

【长编影】486/5 下

【汇编】中六 5292

赵明 庆州蕃官

【宋史】162/职官志 2/3799；262/刘几传/9076；314/范仲淹传/10271；485/夏国传上/14002

【长编标】136/3266；157/3796；160/3873；208/5062、5066；247/6012

【长编影】136/18 上；157/1 下；160/13 上；208/14 下、17 下；247/6 上

【东都事略】127、128/附录 5、6

【宋会要】仪制 10 之 26/2017；兵 4 之 1/6820、10 之 16/6927

【奏议标】133/范仲淹·上仁宗攻守二策/1477

【奏议影】133/范仲淹·上仁宗攻守二策/4545

【长编纪事本末】32/9 下

【三朝北盟会编】9/4 下、11 下

【东坡全集】16/龙图阁学士滕公墓志铭/5 下

【范文正公集】年谱补遗/10 下；西夏堡寨/6；5/13 下

【挥麈后录】1/宰相枢密分合因革/28 上

【涑水记闻】12/6 上

【甘肃新通志】13/舆地志·古迹·庆阳府·安化县/29 下

【汇编】上 69、107；中一 1631；中二 2092、2398、2419、2505、2640；中三 3060、3095、3408、3409、3412、3449、3450、3532、3533；中四 3888、3889；中六 5939、5950、5957；补遗 7283

赵说 附宋夏州指挥使赵光嗣孙

【长编标】301/7326；404/9844

【长编影】301/7 上；404/14 上

【汇编】中四 4106

赵恩忠 秦州蕃官

【长编影】263/8 下

【汇编】中四 3988、3989

赵馀庆 庆州柔远寨蕃部巡检

【长编标】214/5195；216/5258；220/5361、5362；221/5382；241/5880；247/6012

【长编影】214/2 下；216/3 下；220/24 上、25 上；221/13 下、14 上；241/6 下；247/6 上

【汇编】中三 3579、3610、3670

赵馀德 庆州大顺城蕃部巡检

【长编标】213/5171；214/5195；216/5258；221/5382；247/6012；281/6894

【长编影】213/5 下；214/2 下；216/3 下；247/6 上；281/12 上

【宋会要】仪制 10 之 26/2017

【汇编】中三 3566、3580；中四 3888、3889、4038

赵继志 秦州蕃官

【系年要录】66/1125

【汇编】下 6344

赵景浮 环庆蕃官使臣

【长编标】486/11544

威布 又作嵬逋，庆州柔远蕃部巡检

【长编影】115/4 上

【汇编】中一 1702

威布 又作嵬逋，环庆荔原堡熟户

【长编影】234/4 上、8 上

【汇编】中四 3777、3778

威布 又作嵬逋，环庆蕃部

【长编影】49/8 上；103/10 上

【汇编】中一 1239、1636

威凌幹 环庆蕃官

【长编标】479/11408

【长编影】479/8 上

【汇编】中五 5195

威密特 河东蕃部

【长编标】348/8361

【长编影】348/17 下

【汇编】中五 4601

拽罗钵 西蕃首领，诱蕃部投夏

【宋史】14/神宗纪 1/265

【汇编】中三 3421

拽浪南山 附宋河西蕃族指挥使

【宋史】6/真宗纪 1/118

【长编标】52/1148

【长编影】52/16 下、17 上

【汇编】中一 1325、1326
皆买 府州蕃官
【长编标】511/12167
【长编影】511/13 上
【汇编】中六 5556
皆移 泥巾族首领
【宋史】491/党项传/14142
【汇编】上 25
皆赏罗 又作节桑罗，藏才族大首领
【宋史】491/党项传/14137
【长编标】45/969
【宋会要】方域 21 之 10/7666；蕃夷 7 之 14/7846
【汇编】上 26、42；中一 1212
咱伊 又作移，泾原康奴卜族首领
【长编影】56/8 下；57/4 下
【汇编】中一 1382
哈喇额森 河州羌
【长编影】82/14 下
【汇编】中一 1521
咩迷埋 乜旧族蕃官
【宋会要】职官 65 之 22/3857
【汇编】中三 3283
咩嗯 会州熟仓族首领
【宋史】491/党项传/14140
【汇编】上 23
昧克 又作美克，丰州黑山北庄郎族首领
【宋史】491/党项传/14143
【长编标】52/1136
【宋会要】方域 21 之 10/7666
【汇编】上 26、42
郢成斯纳 秦州般擦默星族首领
【长编标】85/1945；90/2084
【长编】85/9 下；90/15 下
【汇编】中一 1536、1584
星鄂克 蕃部
【长编标】325/7998
【长编影】325/3 上
【汇编】中四 4329
星斯珪 距通远军二百余里蕃部
【长编影】270/2 下
【汇编】中四 4000
思顺 环州蕃官，投入西界
【长编标】160/3873
【长编影】160/13 上
【宋会要】兵 28 之 1/7270
【汇编】中三 3344
骨被 又作郭拜，泾原蕃官
【长编标】131/3093
骨鞠门 阴坡族首领，叛金投夏
【金史】16/宣宗纪下/367
【汇编】下 6880
香布 府州麻乜族巡检首领
【榆林府志】47/折武恭公克行神道碑阴/7 上
【汇编】补遗 7095
香玛 又作香埋，延州格登族军主
【长编影】137/12 上
【汇编】中二 2515
香埋 又作香玛，延州厥屯族军主
【长编标】137/3278
香埋也 丰州河北藏才东族都判
【宋会要】方域 21 之 10/7666
【汇编】上 42
香都 西蕃部落
【长编标】319/7706
【长编影】319/6 下
【汇编】中四 4238
便粗克 又作便嗎，康古懒家族首领
【长编影】56/3 下；64/12 下
【汇编】中一 1375、1454
便嗎 又作便粗克，龛谷懒家族首领
【宋史】492/吐蕃传/14156
【长编标】56/1226；64/1437
【宋会要】方域 21 之 20/7671
【汇编】中一 1392、1406
保细唛 河东蕃官殿直
【长编标】331/7970
【长编影】331/4 下
【汇编】中四 4449
迥讹 又作崆爱，延州悖家族副军主
【长编标】137/3278
鬼留 秦州羌
【名臣碑传琬琰集】中集 43/曹武穆公玮行状/1032

【陇右金石录】3/48 上
【汇编】中一 1556；补遗 7374
鬼啜尾 直荡族大首领
【宋史】491/党项传/14143
【宋会要】食货 37 之 2/5449
【汇编】上 25；中一 1202
俞龙潘 秦州永宁寨熟户
【元宪集】24/熟户俞龙潘可银青光禄大夫检校国子监祭酒兼监察御史武骑尉制/251
【汇编】补遗 7159
独崖 言泥族拔黄子
【宋会要】蕃夷 7 之 15/7847
【汇编】中一 1380
济裕 又作籍遇，鄜延羌族太保
【长编影】86/1 上
【汇编】中一 1545
突厥罗 麟府州兀泥族大首领
【宋史】491/党项传/14140、14142
【宋会要】方域 21 之 3/7662
【汇编】上 23、25、35
美克 又作昧克，黑山北庄郎族
【长编影】52/6 上；54/3 上
【汇编】中一 1316、1344
结舒 十六府大首领啰朗吹裕勒所部蕃官
【长编标】20/465
【长编影】20/20 上
【汇编】中一 984
结博约特 定西城蕃官
【长编标】350/8389
【长编影】350/8 上
【汇编】中五 4613

十画

艳奴 又作艳般，叶市族大首领
【宋史】491/党项传/14147
【长编标】82/1877
【汇编】上 30
艳般 又作艳奴，叶施族大首领
【宋史】8/真宗纪 3/156
【汇编】中一 1520
珪威 柔远寨蕃部巡检
【长编标】123/2896
【长编影】123/4 下
【汇编】中二 1780
埋乜巳 银州开光谷西杏子平保寺、保香族副首领
【宋史】257/李继隆传/8965；491/党项传/14139
【汇编】上 21；中一 1024
埋香 又作密香，白马族首领
【宋史】491/党项传/14143
【长编标】49/1067
【汇编】上 26
埋保 丰州北藏才西族首领子
【宋会要】方域 21 之 11/7666
【汇编】上 42
埋都统 米脂间谍
【长编标】317/7658
【长编影】317/2 下
【汇编】中四 4193
都子 又作都资，旺家族首领
【宋史】491/党项传/14147
【长编标】81/1847
【汇编】上 30
都庆 鼻家族首领
【宋史】491/党项传/14143
【汇编】上 26
都罗摩尼扬昌 又作都罗漫娘昌，赐名怀忠，泾原归顺部落子
【长编影】496/16 上；498/20 上
【汇编】中六 5382、5400
都香 又作多香，韦移族首领
【宋史】491/党项传/14143
【长编标】49/1067
【汇编】上 26
都资 又作都子，旺家族首领
【长编影】81/9 下
【汇编】中一 1418、1516
都勒满登 又作都啰漫丁，赐名怀顺，泾原归顺部落子
【长编影】495/17 上；496/16 上；498/20 上
【汇编】中六 5370、5382、5400
都啰 又作多拉，罗勒族首领

【宋史】491/党项传/14147
【长编标】81/1840
【汇编】上30
都啰漫丁 又作都勒满登，赐名怀顺，泾原归顺部落子
【长编标】495/11782；496/11809；498/11863
【宋会要】蕃夷6之32/7834
都啰漫娘昌 又作都罗摩尼扬昌，赐名怀忠，泾原归顺部落子
【长编标】496/11809；498/11863
【宋会要】蕃夷6之32/7834
格埒克 泾原路蕃族大首领
【长编标】516/12275
【长编影】516/10下
【汇编】中六5614
格埒班珠尔 又作喝邻半祀，凉州卑宁族首领
【长编影】50/18下
【汇编】中一1287
莽乜 又作玛克密，麟州银城寨熟户
【长编标】290/7086
【宋会要】方域21之8/7665
【汇编】上40
莽布玛喇斡 秦州蕃僧
【长编标】96/2229
【长编影】96/23上
【汇编】中一1603
莽约克 秦凤路蕃部
【长编标】284/6964
【长编影】284/16下
【汇编】中四4048
莫末移 府州没儿族大首领
【宋史】491/党项传/14142
【宋会要】方域21之3/7662
【汇编】上25、35
索诺木卜凌斡 泾原蕃官张绍志子，赐名张续
【长编标】492/11678
【长编影】492/2上
【汇编】中六5337
索鼎 又作岁丁，泾原路归明部落子
【长编影】501/3上
【汇编】中六5426
索斡 北界蕃部
【长编标】97/2245
【长编影】97/6上
【汇编】中一1607
聂宁 又作孽娘，环州苏家族蕃官苏尔萨南子
【长编影】55/9下
【汇编】中一1365
逋讹 又作布阿，原州巴沟首领
【宋会要】兵14之17/7001
破丑 又作颇酬，鄜延蕃部
【宋史】335/种世衡传/10743
【长编标】138/3330
【汇编】中二2628
柴植 蕃官
【长编标】348/8360
【长编影】348/16下
【宋会要】兵18之14/7064
党令征 又作党羌令征，秦州蕃部
【宋史】14/神宗纪/1之265
【范太史集】40/检校司空左武卫上将军郭公墓志铭/7上
【汇编】中三3422、3427
党移 府州女女籰儿族大首领
【宋史】491/党项传/14142
【宋会要】方域21之3/7662
【汇编】上25、35
唛移 鄜延蕃官
【长编标】335/8071
哩硕琳布齐 泾原界掌事蕃僧
【长编标】84/1917
【长编影】84/6下
【汇编】中一1534
唃厮波 又作嘉勒斯博，筚篥城蕃部首领
【长编标】124/2920
恩顺 环庆路蕃官
【长编标】160/3873
【长编影】160/13上
【汇编】中三3095
铎厮那 秦凤章川城主
【宋史】324/刘沪传/10494
【汇编】中二2786
郭苏达勒 又作郭厮、郭厮敦、郭斡苏都、苏都，秦州南市城羌

【元宪集】33/宋故推诚翊戴功臣彰武军节度延州管内观察处置等使曹公行状/345
【汇编】中一1557

郭纶 河西蕃弓箭手，自称白相公
【栾城集】1/诗/1上
【汇编】中五4980

郭拜 又作骨被，泾原蕃官
【长编影】131/1下
【汇编】中二2178

郭斡苏都 又作郭厮敦、厮敦、苏都，秦州熟户
【长编影】86/9上、9下；90/1下
【汇编】中一1548、1549、1581

郭厮敦 又作厮敦、郭斡苏都、苏都，秦州南市蕃部
【宋史】492/吐蕃传/14159、141610
【长编标】90/2068
【乐全集】22/20下
【汇编】中一1559、1560、1563、1582

高文玉 鄜延蕃官高永能祖
【长编标】326/7856
【长编影】326/16下
【汇编】中四4358

高文岯 附宋西夏左都押衙
【宋史】257/李继隆传/8967；485/夏国传上/13987
【长编标】35/777；47/1023；54/1184；83/1895；103/2389；104/2409；221/5369；326/7856
【长编影】35/11下；47/13上；54/8下；83/8上；103/14上；104/10上；221/2下；326/16下
【宋会要】兵14之10/6997
【武经总要】前集18下/西蕃地界/1上
【太平治迹统类】2/太祖太宗经制西夏
【稽古录】17/80下
【汇编】上54；中一1068、1074、1077、1079、1351、1525、1526、1641、1647、1727

高文俊 蕃官高福进子
【长编标】354/8485
【长编影】354/14上
【汇编】中五4628

高世才 鄜延蕃官高永能子
【长编标】335/8072；339/8164
【长编影】335/10上；339/5下
【汇编】中四4488、4523

高世忠 麟州蕃官
【长编标】285/6982
【长编影】285/11上
【汇编】中四4049

高世亮 蕃官高永能子
【宋史】334/高永能传/10726
【长编标】330/7957；335/8072；339/8164；457/10944
【长编影】330/10上、10下；335/10上；339/5下
【汇编】中四4439、4440、4488、4523

高永年 麟州阿尔族都巡检
【宋史】328/王厚传/10583、10584；348/钟传传/11038；349/姚雄传/11060；350/苗履传/11069、11071、王赡传/11070、刘仲武传/11082、11083；351/侯蒙传/11113；353/郑仅传/11147；452/黄友传/13296；453/高永年传/13315；472/蔡卞传/13730；486/夏国传下/14019
【长编标】188/4529；244/5942；457/10944；507/12092；511/12137；514/12226、12227；515/12234；517/12299；518/12333；519/12352
【长编影】188/5上；244/10下；457/7下；507/12上、18下；511/17下；514/8下、16上；515/1下；517/4下；518/15上；519/9上
【东都事略】82/王厚传/6上
【宋会要】兵9之4/6907、9之5/6908
【奏议标】141/上徽宗论湟廓西宁三州/1597
【奏议影】141/上徽宗论湟廓西宁三州/4911
【长编纪事本末】139/1上、4上、4下、5下、8下、9上、9下、17上、19上；140/1下、2下、3上、4下、12下
【初寮集】6/定功继伐碑/1上
【皇宋十朝纲要】14/6下；16/10上、12上、12下、13下
【汇编】上85、228、229；中四3867、4532；中五5061；中六5502、5506、5561、5569、5580、5588、5594、5624、5629、5632、5649、5660、5719、5724、5728、5729、

5730、5732、5733、5734、5736、5737、5748、5752、5760、5761、5762、5764、5765、5766、5768、5769、5777、5790、5791、5801、5802、5819、5846、5847；补遗 7437

高永坚 蕃官如京副使
【长编标】343/8250；346/8314
【长编影】343/14 上；346/12 上
【汇编】中五 4562、4563、4585

高永亨 鄜延蕃官高永能弟
【宋史】334/徐禧传/10723、高永能传/10726；471/吕惠卿传/13707
【长编标】235/5717；244/5935；298/7241；317/7658
【长编影】235/20 下；244/5 上；298/1 下；317/2 下
【宋会要】职官 67 之 13/3894；兵 28 之 36/7287
【汇编】中四 3783、3863、4037、4096、4188、4193、4417；中五 5235、5237

高永贵 鄜延蕃官高福进孙
【长编标】354/8485
【长编影】354/14 上
【汇编】中五 4628

高永能 鄜延蕃官
【宋史】334/徐禧传/10723、10724、高永能传/10725、10726；486/夏国传下/14009、14012
【长编标】221/5369；244/5935；299/7273；300/7298；301/7331；316/7647；317/7657、7658；326/7856；327/7886；329/7921、7935、7936、7937；330/7957；339/8164；510/12145；520/12386
【长编影】221/2 下；244/5 上；299/8 下；300/1 下；301/11 下；316/9 下；317/2 上、2 下；326/16 下；327/20 下；329/7 下、19 上、19 下、20 上、21 上；330/10 上、10 下；339/5 下；510/13 上；520/27 上
【东都事略】86/徐禧传/5 下
【宋会要】兵 8 之 28/6901
【涑水记闻】14/9 上、10 下
【梁溪漫志】10/临安旌忠庙/5 下
【陕西通志】17/关梁 2 葭州/51 上
【汇编】上 74、78；中三 3448、3674、3675；中四 3863、4100、4104、4107、4184、4188、4193、4358、4381、4400、4408、4409、4417、4418、4422、4423、4424、4425、4426、4439、4523；中六 5546、5672；下 6290；补遗 7341

高永德 鄜延蕃官高福进孙
【长编标】354/8485
【长编影】354/14 上
【汇编】中五 4628

高君举 鄜延蕃官高永能
【宋史】334/高永能传/10725
【汇编】中三 3448

高昌祚 鄜延蕃官高永能孙
【长编标】339/8164
【长编影】339/5 下
【汇编】中四 4523

高昌朝 鄜延蕃官高永能孙
【长编标】339/8164
【长编影】339/5 下
【汇编】中四 4523

高昌裔 蕃官高永能孙
【长编标】330/7957
【长编影】330/10 上、10 下

高继升 蕃官高文岯子，知石州
【宋史】310/杜衍传/10189
【长编标】83/1895；103/2389；104/2409；125/2855
【长编影】83/8 上；103/14 上；104/10 上；125/15 上
【宋会要】兵 27 之 21/7257
【汇编】中一 1526、1599、1641、1647；中二 1863

高遇 知石州高继升奴
【长编标】104/2409
【长编影】104/10 上
【汇编】中一 1647

高福 又作高福进，蕃官
【宋史】17/哲宗纪 1/319
【汇编】中五 4628

高福进 又作高福，蕃官
【长编标】319/7700；354/8485
【长编影】319/2 上；354/14 上
【汇编】中四 4227；中五 4628

高璘 克胡寨捉生指挥使，入西界诱蕃户附宋
【长编标】154/3740
【长编影】154/5 上
【汇编】中三 3039
旁泥埋 又作泥埋，咩逋族首领
【宋朝事实类苑】78/引东轩笔录/1022
【汇编】中一 1563
悖乜乩尾 又作巴玛且斡，鄜延蕃官
【长编标】341/8206
【宋会要】兵 18 之 12/7063
凌啰策木多 鄜延路蕃部
【长编标】260/6349
【长编影】260/17 上
【汇编】中四 3982
准党斯 兰州蕃官
【长编标】474/11308
【长编影】474/8 上
【汇编】中五 5159
浪买 名波族十二府大首领
【宋史】491/党项传/14140
【汇编】上 22
浪尾 被西夏掳过蕃官
【宋会要】兵 27 之 34/7263
【汇编】中三 2954
浪埋 又作朗密，毛尸族军主
【宋史】491/党项传/14148
【长编标】87/1990
【汇编】上 30；中一 1553
浪啰 沿边蕃官
【彭城集】20/蕃官内殿崇班浪啰转两资制/277
【汇编】补遗 7159
朗布 环庆路上言蕃官
【长编标】350/8390
【长编影】350/8 上
【汇编】中五 4613
朗伊 环庆探事蕃官
【长编标】378/9174
【长编影】378/2 上
【汇编】中五 4725
朗阿 延州部道族，赐名忠顺
【长编标】70/1580
【长编影】70/18 上
【汇编】中一 1480
朗密 又作浪埋，穆什族军主
【长编影】87/2 下
【汇编】中一 1553
朗额依 河东蕃官
【长编标】350/8389
【长编影】350/8 上
诺尔沁旺布 锡里等族次首领
【长编标】10/234
【长编影】10/17 下
【汇编】中一 952

十一画

梅怀德 环庆蕃官
【长编标】281/6893；479/11408
【长编影】281/10 下；479/8 上
【汇编】中四 4038；中五 5195
梅重信 蕃官供备库副使
【长编标】267/6547
【长编影】267/7 上
【宋会要】仪制 10 之 16/2012
【汇编】中三 3313；中四 3997
萌山 泾原路归顺人
【长编标】498/11849
【长编影】489/8 上
【宋会要】兵 17 之 5/7040
萌逋 蕃官，内殿承制
【宋会要】仪制 10 之 16/2012
【汇编】中三 3313
萨逋歌 又作撒逋渴、实布格，泾原属羌
【宋史】323/赵振传/10461
【汇编】中一 1636
黄屯 府州佗党族
【宋会要】蕃夷 1 之 23/7684
【汇编】中一 1130
黄仕成 随李显忠归朝
【宋会要】兵 17 之 27/7051
黄罗 丰州兀泥族大首领
【宋史】491/党项传/14138、14140、14141、14143
【长编标】23/512

【长编影】23/1 上
【宋会要】方域方域 21 之 9/7665；蕃夷 7 之 11/7845
【汇编】上 21、23、24、25、41；中一 992

曹守贵 附宋鄜延蕃部首领
【宋史】9/仁宗纪 1/181
【长编标】104/2403
【长编影】104/5 上
【汇编】中一 1647

掘娘 怀安镇巡检
【长编标】514/12210
【长编影】514/2 上
【汇编】中六 5575

啫嵬 又作日威，保安军小湖族都虞侯
【宋史】491/党项传/14148
【长编标】95/2194
【汇编】上 31

啰胡 又作喇呼，叶市族首领
【宋史】491/党项传/14144
【长编标】54/1181
【汇编】上 27

啰埋 蕃部叶市族指挥使
【宋史】7/真宗纪 2/121；491/党项传/14144
【长编标】124/2934
【长编影】124/15 下
【汇编】上 27；中一 1350；中二 1842

啰朗吹裕勒 又作勒浪屈遇，十六府大首领
【长编标】20/465
【长编影】20/20 上
【汇编】中一 984

啰遵 秦州蕃部
【名臣碑传琬琰集】中集 43/曹武穆公玮行状/1032
【汇编】中一 1556

喘逋 睡泥族首领
【宋史】491/党项传/14142
【汇编】上 24

啜□ 府州狐咩族首领
【榆林府志】47/折武恭公克行神道碑阴/7 上
【汇编】补遗 7094

啜讹 又作多鄂，府州熟户
【宋史】253/折御卿传/8863
【长编标】45/964
【宋会要】方域 21 之 4/7663
【陕西通志】13/山川 6・葭州/56 下
【汇编】上 35、172；中一 1211；补遗 7242

啜克泥 丰州河北藏才东族蕃部都判
【宋会要】方域 21 之 10/7666
【汇编】上 42

啜尾 直荡族大首领
【宋史】491/党项传/14141、14143
【汇编】上 23

啜尾 藏才三族都判
【宋史】491/党项传/14140
【宋会要】方域 21 之 10/7666
【汇编】上 23、41

啜佶 党项直荡族首领
【宋史】491/党项传/14138
【长编标】9/213
【长编影】9/13 下
【汇编】上 21；中一 948

啜泥 降宋党项
【宋史】491/党项传/14141
【汇编】上 24

啜香 藏才三族都判啜尾子
【宋史】491/党项传/14140
【宋会要】方域 21 之 10/7666
【汇编】上 23、41

啜啫 丰州藏才东族蕃部首领
【宋会要】方域 21 之 10/7666
【汇编】上 42

崆爱 又作迥讹，延州贝家族都虞侯
【长编影】137/12 上
【汇编】中二 2515

野氏 蕃官李显忠曾祖母
【文忠集】98/故曾祖母楚国夫人野氏特赠秦国夫人/3 上
【名臣碑传琬琰集】下集 24/故太尉威武军节度使李公行状/1617
【汇编】补遗 7128、7151

野利 降宋党项
【宋史】491/党项传/14141
【汇编】上 24

鄂云 古丰州雅尔鼐族巴罕子

【长编标】56/1224
【长编影】56/1 上
【汇编】中一 1374
鄂钦 又作兀乞，鄜延蕃官，赐名罗信
【长编标】476/11343
【长编影】476/7 上
鄂济尔 环州党项蕃部
【长编标】513/12202
【长编影】513/8 下
【汇编】中六 5567
鄂特桑 战没永乐城
【长编标】331/7991
【长编影】331/21 下
【汇编】中四 4457
鄂特凌叶 讨西夏有功蕃官
【长编标】347/8337
【长编影】347/15 下
【汇编】中五 4592
崖罗 邈二族大首领
【宋史】491/党项传/14141
【汇编】上 24
崔仁遇 灵州
【宋会要】方域 21 之 15/7668
崔保罗 泥巾族首领
【宋史】491/党项传/14142
【汇编】上 25
移香 河东蕃官
【长编标】331/7970
【长编影】331/4 下
【汇编】中四 4449
敏珠尔 环州肃远寨威尼族巡检
【长编标】99/2297
【长编影】99/6 上
【文庄集】14/陈边事十策/1 上
【汇编】中一 1615；中二 1799
猧娘 府州毛羽族巡检
【榆林府志】47/折武恭公克行神道碑阴/7 上
【汇编】补遗 7095
章鄂特 兰州蕃官
【长编标】348/8344
【长编影】348/4 上
【汇编】中五 4593、4594
麻七讹赏 又作麻也讹赏，鄜延蕃官
【长编标】319/7700
【长编影】319/2 上
【汇编】中四 4227
麻也讹赏 又作麻七讹赏，鄜延蕃官
【长编标】318/7691
【长编影】318/11 上
【汇编】中四 4218
麻英 泾原巡检弓箭手指挥使
【宋会要】蕃夷 6 之 6/7821
阎藏 西凉府蕃族首领
【长编标】56/1231
【长编影】56/7 上
【宋会要】方域 21 之 19/7670
【汇编】中一 1381
密拉 又作乜罗，府州界巡检
【长编影】133/19 上；134/10 上
【汇编】中二 2394
密香 又作埋香，白马族首领
【长编影】49/5 上
【汇编】中一 1231
密纳克裕勒威 蕃官，内殿崇班
【长编标】371/8985
【长编影】371/15 上
【汇编】中五 4698
密斯噶 又作密厮歌，泾原樊家族
【长编标】171/4111
【长编影】171/8 上
密厮哥 天水羌
【名臣碑传琬琰集】中集 27/王懿敏公素墓志铭/804
【汇编】中三 3021
密厮歌 又作密斯噶，樊家族
【宋史】12/仁宗纪 4/232
【汇编】中三 3174
谛剌 番僧，与禄东贺相约攻金
【大金国志】17/世宗纪/4 下
【汇编】下 6767
隆伊克 又作龙移，黑山北庄郎族首领
【长编影】52/6 上
【汇编】中一 1316、1344
颇酬 又作破丑，鄜延蕃部

【长编影】138/19 下
绰克宗 渭州吐蕃部署
【长编标】74/1684
【长编影】74/4 上
【汇编】中一 1495
维移 府州麻乜族巡检
【榆林府志】47/折武恭公克行神道碑阴/7 上
【汇编】补遗 7095
巢氏 庆州大顺城蕃部巡检赵余德母
【长编标】247/6012
【长编影】247/6 上
【宋会要】仪制 10 之 26/2017
【汇编】中四 3888、3889
巢延渭 盐州羌人首长
【宋史】491/党项传/14141、14142
【汇编】上 24

十二画

博伊克 又作勃哆，熙河归顺部落子
【长编影】498/12 下
斯吉特布 又作斯节博、厮鸡波，秦州伏羌首领
【长编影】87/13 上
斯多 麟府蕃部
【长编标】473/11287；516/12287
【长编影】473/8 上；516/21 上
斯多伦 又作厮铎论，泾州蕃部首领
【长编影】103/8 下
【汇编】中一 1635
斯敦巴 又作厮敦琶，泾原吉布琳山首领
【长编影】54/5 下
【汇编】中一 1347
惹都 又作日木多，环州七白族首领
【宋史】491/党项传/14148
【长编标】95/2193
【汇编】上 31
葛氏 鄜延蕃官刘光世嫡母
【紫微集】14/故嫡母葛氏可特赠镇国夫人制/8 下
【汇编】补遗 7116
越买 府州宁边寨咩保族
【榆林府志】47/折武恭公克行神道碑阴/7 上
【汇编】补遗 7095
越买 府州杂母族巡检
【榆林府志】47/折武恭公克行神道碑阴/7 上
【汇编】补遗 7095
越都 府州女女杀族大首领
【宋史】491/党项传/14142
【宋会要】方域 21 之 3/7662
【汇编】上 25、35
越移 府州女女梦勒族大首领
【宋史】491/党项传/14142
【宋会要】方域 21 之 3/7662
【汇编】上 25、35
越移 府州路乜族大首领
【宋史】491/党项传/14142
【宋会要】方域 21 之 3/7662
【汇编】上 25、35
越移 没细都大首领，附丰州
【长编标】24/543
【长编影】24/6 上
【宋会要】方域 21 之 9/7665
【汇编】上 41；中一 1002
越嵬 来离等八族酋长
【宋史】492/吐蕃传 14152
【汇编】中一 928
越置 府州女女忙族大首领
【宋史】491/党项传/14142
【宋会要】方域 21 之 3/7662
【汇编】上 25、35
越厮 环州党项皋家族首领
【册府元龟】170/2059 上
【汇编】上 910
越黜 贺兰山下蕃部
【宋会要】蕃夷 4 之 2/7714
【汇编】中一 1036
握散 折平族首领
【宋史】492/吐蕃传/14154
【汇编】中一 1119
雅尔 河东蕃官
【长编标】346/8315
【长编影】346/12 下
【汇编】中五 4585

雅克沁 又作叶錢，渭州吹莽城大首领
【长编影】88/3 上
【汇编】中一 1567
赏云丹 又作赏样丹，秦州蕃部
【元宪集】33/宋故推诚翊戴功臣彰武军节度延州管内观察处置等使曹公行状/345
【汇编】中一 1557
赏罗讹乞 又作赏啰讹乞、尚罗格依，赤羊川蕃部
【宋会要】兵 8 之 35/6904
赏样丹 又作尚扬丹、尚杨丹，唃厮啰舅，秦州蕃部
【宋史】258/曹玮传/8986；492/吐蕃传/14159
【长编标】86/1974；88/2014；91/2110
【宋朝事实类苑】78/1022 引东轩笔录
【名臣碑传琬琰集】中集 43/曹武穆公玮行状/1032
【汇编】中一 1548、1556、1559、1560、1563
赏啰讹乞 又作赏啰讹乞、尚罗格依，环州赤羊川蕃部
【宋史】486/夏国传下/14018
【长编标】513/12202
【汇编】上 84
赏移 蕃官，河东上言
【长编标】359/8586
【长编影】359/6 下
【汇编】中五 4637
喇呼 又作啰胡，伊实族军使
【长编影】54/6 下
【汇编】中一 1350
喝邻半祝 又作格埒班珠尔，西凉府卑宁族
【宋史】491/党项传/14143
【长编标】50/1102
【宋会要】蕃夷 7 之 14/7846
【汇编】上 26
喝装 泾原路静边寨蕃部都虞侯
【宋会要】蕃夷 6 之 6/7821
【汇编】中三 3422
喝强山 泾原奏降羌
【长编标】500/11899
【长编影】500/1 上
【汇编】中六 5412

嗟移 悉利族都军主
【欧阳文忠公全集】79/制敕/17 上
【汇编】中二 2831
嗟斯波 西凉府赵家族首领
【宋会要】方域 21 之 18/7670
【汇编】中一 1358
喀木 秦凤路蕃部
【长编标】284/6964
【长编影】284/16 下
【汇编】中四 4048
嵬名乜屈 降宋党项
【宋史】491/党项传/14141
【汇编】上 24
嵬逋 环庆路荔原堡熟户
【长编标】234/5675、5679
嵬逋 又作威布，环庆蕃部
【宋史】9/仁宗纪 1/181；491/党项传/14143
【长编标】49/1072；103/2384
【汇编】上 26；中一 1642
嵬通 又作威布，疑为嵬逋之误，环庆荔原堡熟户
【宋史】486/夏国传下/14009
【汇编】上 75
嵬通 又作威布，嵬逋之误，庆州柔远砦蕃部巡检
【宋史】485/夏国传上/13994
【长编标】115/2691
【汇编】上 61
遇兀 勒浪族副首领
【宋史】491/党项传/14141、14142
【宋会要】方域 21 之 3/7662
【汇编】上 24、25、35
遇埋 环庆蕃官
【长编标】103/2390
【长编影】103/15 上
【汇编】中一 1642
遇崖 府州女乜族巡检
【榆林府志】47/折武恭公克行神道碑阴/7 上
【汇编】补遗 7094
策木多 又作乙啜，藏才族蕃官
【长编标】54/1178
【长编影】54/3 下

【汇编】中一 1344、1345
策木多格 过河讨西贼蕃官
【长编标】336/8102
【长编影】336/10 上
【汇编】中四 4499
策拉 秦州蕃官军主
【长编标】103/2390
【长编影】103/15 上
【汇编】中一 1642
策凌班珠尔 秦州永宁寨蕃僧
【长编标】93/2135
【长编影】93/1 上
【汇编】中一 1593
焦显祖 蕃官李显忠长女夫婿
【名臣碑传琬琰集】下集 24/故太尉威武军节度使李公行状/1617
【汇编】补遗 7142
舒苏玛勒 北界蕃人
【长编标】97/2245
【长编影】97/6 上
【汇编】中一 1607
温布 又作温逋，觅诺族首领
【长编影】73/18 上
温逋 又作温布，觅诺族首领
【长编标】73/1670
【宋会要】方域 21 之 23/7672
渴东 西凉府马家族首领
【宋会要】方域 21 之 18/7670
【汇编】中一 1358
普结勒斡 薛向招到西界蕃部
【长编标】224/5457
【长编影】224/17 上
【汇编】中三 3705
普萨 安远寨蕃族
【华阳集】30/安远寨普萨可充本族正军主制/387
【汇编】补遗 7158
尊毡磨壁余龙 又作遵锥满丕伊胡，西凉懒家族首领
【宋史】492/吐蕃传/14157
【长编标】56/1226
【汇编】中一 1392
裕勒星 河东蕃部
【长编标】348/8361
【长编影】348/17 下
【汇编】中五 4601

十三画

蒙氏 蕃官李永奇妻
【系年要录】132/2118
【文忠集】98/故母越国夫人拓跋氏继母周国夫人蒙氏并特赠楚国夫人/3 上
【名臣碑传琬琰集】下集 24/故太尉威武军节度使李公行状/1617
【汇编】下 6517；补遗 7128、7152
蒙布 环庆荔原堡蕃官
【长编标】213/5171；247/6014；267/6547
【长编影】213/5 下；247/8 上；267/7 上
【汇编】中三 3566；中四 3890、3997
蒙吉布 又作蒙异保，河西羌和诺克族长
【长编影】45/9 上
蒙异保 又作蒙吉布，河西羌黄女族长
【宋史】253/折御卿传/8863
【长编标】45/964
【宋会要】方域 21 之 4/7663
【汇编】上 35、172；中一 1211
蒙罗角 又作蒙罗觉，渭源堡蕃部
【长编标】237/5764
蒙罗觉 又作蒙罗角，渭源堡蕃部
【长编影】237/7 上
【汇编】中四 3790
楚默 神木寨结当族巡检
【长编标】329/7930
【长编影】329/15 上
【汇编】中四 4412
锦尼 又作近腻，环州界熟户密觉族军主
【长编影】95/14 下
【汇编】中一 1600
魁皆 府州毛羽族巡检
【榆林府志】47/7 上
【汇编】补遗 7095
魁保 府州宁武寨兀泥族巡检
【榆林府志】47/折武恭公克行神道碑阴/7 上

【汇编】补遗 7094

颖沁萨勒 定西城蕃官

【长编标】350/8389；351/8408

【长编影】350/8 上；351/5 下

【汇编】中五 4613、4620

廓厮敦 又作苏都、郭厮敦、厮敦、郭斡苏都，秦州熟户

【宋史】491/党项传/14144

【长编标】86/1974

【汇编】上 27

溪罗 沿边蕃官

【长编标】371/8985

【长编影】371/15 下

【汇编】中五 4698

溪毡 本族副都军主

【元丰类稿】22/5 下

【汇编】补遗 7157

溪栋巴 蕃官，战没泾原

【长编标】489/11600

【长编影】489/3 下

【汇编】中六 5308

褚下箕 又作褚实奇，凉州督六族首领

【宋史】492/吐蕃传/14155

【长编标】49/1079

【汇编】中一 1252

褚实奇 又作褚下箕，凉州多啰族首领

【长编影】49/15 上

【汇编】中一 1252

十四画

嘉勒斯博 又作唃厮波，笔篥城蕃部首领

【长编影】124/2 下

慕化 环庆肃远寨蕃官

【长编标】357/ 8531；407/9897；479/11407、11408；485/11528；491/11665；499/11893、11894；505/12038；510/12133；517/12296

【长编影】357/2 下；407/3 下；479/7 下、8 上；485/9 下；491/6 上；499/20 下、21 上、21 下；505/11 上；510/2 下；517/1 下

【宋会要】职官 66 之 37/3886

【汇编】中五 4632、4633、4648、4900、5195；中六 5287、5410、5411、5474、5538、5629

慕恩 环州乌贵族蕃官

【宋史】328/王韶传/10579；335/种世衡传/10742

【长编标】133/3171；135/3232；157/3796；160/3873；183/4429；277/6781

【长编影】133/10 上；135/17 上；157/1 下；160/13 上；183/6 上；277/13 上

【范文正公集】13/东染院使种君墓志铭/15 上

【临川集】53/庆州隶远寨蕃官都巡检崇仪使慕恩北作坊使制/6 下

【涑水记闻】9/12 上

【汇编】中二 2338、2446、2449、2450、2452；中三 3060、3095、3215、3271、3513；中四 4023

慕家白子 环州属羌

【长编标】312/7569

【长编影】312/10 上

【汇编】中四 4125

辔移 又作咱伊，泾原康奴族

【宋史】485/夏国传上/13989

【长编标】56/1233；57/1255

【汇编】上 56

厮多逋丹 野狸族首领

【宋史】491/党项传/14146

【汇编】上 29

厮那叱 西凉府周家族首领

【宋会要】方域 21 之 18/7670

【汇编】中一 1358

厮鸡波 又作斯节博、斯吉特布，秦州伏羌首领

【宋史】258/曹玮传/8986

【长编标】87/2002

【汇编】中一 1555

厮铎心 又作瞎厮铎心，秦州上丁族首领瞎药父

【安阳集】家传 7/5 上

【汇编】中三 3486

厮铎论 又作斯多伦，泾原路蕃部首领

【长编标】103/2383

【宋会要】职官 46 之 27/3834；兵 27 之 21/7257、27 之 22/7257

【汇编】中一 1638、1639

斯铎那 水洛城主

【甘肃新通志】13/舆地志·古迹·平凉府·静宁州/10 下

【汇编】补遗 7290

斯铎督 西凉乞当族首领

【长编标】76/1735

斯敦 又作郭厮敦、郭斡苏都、苏都，秦州熟户

【宋史】258/曹玮传/8986

【隆平集】9/枢密曹玮传/11 下

【汇编】中一 1548、1554

斯敦琶 又作斯敦巴，移卑陵山首领

【长编标】54/1180

辖约格罗 又作瞎药鸡罗，古渭州蕃部大酋

【长编影】176/21 下；188/5 上

裴天下 原州熟户

【宋史】491/党项传/14144

【长编标】54/1186

【长编影】54/11 上

【汇编】上 27；中一 1355

啰名昌 入寇庆州羌

【宋史】332/赵卨传/10686

【汇编】中四 4432

箇罗 西凉府的流族首领

【宋会要】方域 21 之 18/7670

【汇编】中一 1358

寨乜 府州上府王乜族首领

【榆林府志】47/折武恭公克行神道碑阴/7 上

【汇编】补遗 7094

十五画

横全 又作亨全，丰州藏才西族、中族首领

【宋史】491/党项传/14148

【长编标】75/1707

【宋会要】方域 21 之 10/7666

【汇编】上 30、42

撒逋格 又作实布格、萨逋歌、撒逋渴，泾原折平族首领、都军主

【长编标】63/1404

撒逋渴 又作实布格、萨逋歌，撒逋格，泾原折平族首领，都军主

【宋史】291/王博文传/9744；492/吐蕃传/14158

【长编标】103/2383、2385

【汇编】中一 1439、1644

播逋 乔家族首领

【金史】91/结什角传/2016

【汇编】下 6745

瞎药 秦州上丁族首领

【安阳集】家传 7/5 上

【忠肃集】拾遗/王开府（拱辰）行状/307

【汇编】中三 3246、3486

瞎药鸡罗 又作辖约格罗，古渭州蕃部大酋

【长编标】176/4272；188/4529

瞎颠 蕃客，贩马到秦州

【宋会要】兵 22 之 6/7146

【汇编】中三 3507

摩勒博 环庆蕃官

【长编标】479/11408

【长编影】479/8 上

【汇编】中五 5195、5196

潘征 泾原生户六族首领

【宋史】9/仁宗纪 1/181

【长编标】103/2390

【长编影】103/15 上

【汇编】中一 1642

额芬 蕃官

【汉滨集】15/故客省使雄州防御使泾原路兵马钤辖兼第十一将郭公（成）行状/19 上

【汇编】补遗 7385

额啰爱克 河西蕃部

【长编标】56/1240

【长编影】56/14 下

【汇编】中一 1391

遵锥满丕伊胡 又作遵毡磨壁余龙，康古懒家族首领

【长编影】56/3 下

【汇编】中一 1375

十六画

薛娘 小遇族蕃官

【范文正公集】年谱补遗/12 下
【汇编】中二 2514

十七画

擦也香 保安军蕃官胡守清弟
【奏议标】125/吕诲·上英宗请重造蕃部兵帐/1379
【奏议影】125/吕诲·上英宗请重造蕃部兵帐/4255、4256
【汇编】中三 3315

魏埋 泾原蕃官
【长编标】83/1887

邈拿王子 贺兰山下蕃部
【宋会要】蕃夷 4 之 2/7714
【汇编】中一 1036

十九画

孽娘 又作聂宁，环州苏家族首领苏尚娘子
【宋史】491/党项传/14145
【长编标】55/1211
【汇编】上 28

二十画

籍遇 又作济裕，鄜延羌族太保
【宋史】491/党项传/14148
【长编标】86/1965
【汇编】上 30

（二）潘罗支、唃厮啰政权与熙河、青唐吐蕃人物

一画

一声余龙 又作伊实济噜，河湟吐蕃温逋其子
【长编标】132/3134
【奏议标】132/田况·上仁宗兵策十四事/1469
【奏议影】132/田况·上仁宗兵策十四事/4522

一声金龙 又作一声余龙、伊实济噜，河湟吐蕃温逋奇子
【长编标】119/2814

三画

于龙呵 又作俞龙珂、裕陵、裕啰格勒，青唐蕃部大首领，乞赐姓包名顺
【甲申杂记】5 下
【汇编】中四 3769

大陇拶 河湟蕃部首领
【长编纪事本末】139/4 上
【奏议标】45/任伯雨·上徽宗论月晕围昴毕/470
【奏议影】45/任伯雨·上徽宗论月晕围昴毕/1669
【汇编】中六 5699、5727、5728

大掌牟 河湟吐蕃溪巴温妻
【东都事略】82/王厚传/6 上、6 下
【汇编】中六 5737、5792

兀丁兀乞 又作兀丁吼乞、乌丹乌沁，青唐首领木征子，赐姓錢，名怀义
【宋会要】蕃夷 6 之 9/7823

兀丁吼乞 又作兀丁兀乞、乌丹乌沁，青唐首领木征子，赐姓錢，名怀义
【长编标】247/6029

兀佐 西凉府厮邦族首领
【宋会要】方域 21 之 18/7670
【汇编】中一 1358

兀佐 又作乌磋，潘罗支政权次首领
【宋史】492/吐蕃传/14156
【长编标】54/1189
【汇编】中一 1348

兀胜 又作纳木沁，熙河珠旺蕃部
【长编标】288/7052

兀征声延 又作乌戬新雅克，邈川西蕃南錢族首领
【宋史】17/哲宗纪 1/326
【长编标】407/9905、9907；426/10300；476/11350
【宋会要】蕃夷 6 之 22/7829、6 之 25/7831
【东坡全集】18/司马温公神道碑/46 上
【汇编】中五 4904

已彪 河湟吐蕃
【金史】98/完颜纲传/2175
【汇编】下 6815
小陇揆 又作硕隆赞、小隆赞，又名锡罗萨勒，青唐主
【长编标】519/12348、12352
【宋会要】蕃夷 6 之 37/7837
【长编纪事本末】139/4、16 下
【奏议标】45/任伯雨・上徽宗论月晕围昴毕/470
【奏议影】45/任伯雨・上徽宗论月晕围昴毕/1669
【皇宋十朝纲要】14/6 下、7 上
【汇编】中六 5637、5674、5699、5727、5748
小隆赞 又作小陇揆，又名锡罗萨勒，青唐主
【长编标】517/12304
【长编影】517/9 上、9 下；519/9 下
【汇编】中六 5637、5661
马氏 河湟吐蕃怀恩妻
【方舟集】16/赵郡王墓志铭/26 上
【汇编】下 6698
马忠 熙河兰会蕃官
【长编标】280/6861
【长编影】280/11 上
马凌 又作嘛唛，熙河兰会蕃官
【长编标】327/7877；336/8102
【长编影】324/1 上；327/12 上；336/10 上
【汇编】中四 4322、4379、4499
马遵 洮岷蕃僧
【长编标】249/6069
【长编影】249/3 下
【汇编】中四 3917

四画

扎实庸咙 河湟吐蕃唃厮啰兄
【长编标】455/10912；507/12091
【长编影】455/11 上；507/17 下
【汇编】中五 5059；中六 5504
王氏 河湟吐蕃赵怀恩妻
【方舟集】16/赵郡王墓志铭/26 上
【汇编】下 6698
王延章 河湟吐蕃赵怀恩长孙女婿
【方舟集】16/赵郡王墓志铭/26 上
【汇编】下 6698
王君万 熙河蕃官
【宋史】175/食货志上 3・和籴/4244；350/王君万传/11069、11070
【长编标】243/5912、5919；247/6018；248/6038；252/6179；254/6208、6220；255/6243；261/6355；274/6702；279/6821；280/6862；282/6904；285/6991；286/7000；298/7252；305/7426；306/7443
【长编影】243/1 下、8 上；247/11 上；248/1 下；252/27 下；254/3 下、13 下；255/12 上；261/1 上；274/2 下；279/3 上；280/11 下；282/3 下；285/18 上；286/6 上；298/11 下；305/10 下；306/6 下
【宋会要】职官 23 之 16/2890、66 之 7/3871；兵 9 之 6/6908
【汇编】中三 3718；中四 3794、3849、3854、3857、3891、3904、3939、3948、3949、3955、3960、3964、3982、4006、4025、4026、4041、4050、4053、4098、4112、4394、4489
王珏 河湟吐蕃赵怀恩次孙女婿
【方舟集】16/赵郡王墓志铭/26 上
【汇编】下 6698
王遂 河湟吐蕃大首领木征遣刺事人
【长编标】251/6120
【长编影】251/11 上
【汇编】中四 3935
王褒 河湟吐蕃赵怀恩次女婿
【方舟集】16/赵郡王墓志铭/26 上
【汇编】下 6698
王赡 熙河蕃官王君万子
【宋史】18/哲宗纪 2/352；318/胡宗回传/10371；328/王厚传/10582；332/孙路传/10688；345/任伯雨传/10965；349/姚雄传/11060、11059；350/苗履传/11069、王赡传/11070、11071、11072；453/高永年传/13315；492/瞎征传/14166、14167
【长编标】334/8054；335/8077；351/8408；401/9771；485/11527；494/11736；501/11938、11943；503/11974、11982；506/12053；507/

12092；511/12172、12173；513/12193、12203、12206；514/12212、12215、12217、12219、12220、12223、12227、12232；515/12241、12242、12245、12247、12248、12261；516/12264、12265、12267、12268、12271、12282、12284、12289；517/12296、12297、12299、12305；518/12317、12324、12325、12333、12336、12338；519/12347、12348、12349、12351、12352；520/12384

【长编影】334/21 上；335/14 上；351/5 上；401/10 上；485/9 上；494/10 上；501/8 下、11 上；503/5 上、11 上；506/3 下；507/17 下；511/11 下、16 下；513/1 上、9 上、11 上；514/8 下、11 上、13 上、16 上、16 下、19 下；515/6 上、8 下、9 上、10 上、12 上、12 下、13 下、22 下；516/1 上、2 上、3 下、7 上、19 上、20 下；517/1 下、2 上、2 下、4 上、9 下；518/1 上、7 上、15 上、17 下、19 下；519/5 上、5 下、6 上、7 上、9 上、9 下；520/24 上

【东都事略】129/附录 7 西蕃/4 上

【宋会要】职官 48 之 112/3511、67 之 27/3902、67 之 30/3902、67 之 33/3904、67 之 34/3904、67 之 36/3905；兵 9 之 1/6906、9 之 2/6906、9 之 3/6907、28 之 45/7292；方域 6 之 1/7406、12 之 5/7522；蕃夷 6 之 33/7835、6 之 34/7835、6 之 36/7836、6 之 37/7837、6 之 39/7838

【长编纪事本末】139/2 上、5 下

【奏议标】45/任伯雨·上徽宗论月晕围昴毕/470

【奏议影】45/任伯雨·上徽宗论月晕围昴毕/1671

【皇宋十朝纲要】14/6 下、7 下、8 上

【宋大诏令集】209/孙路落职知兴国军制/789

【浮溪文粹】14/朝散大夫直龙图阁张公（根）行状/12 上、16 上

【初寮集】6/定功继伐碑/1 上

【汇编】上 228；中四 4479、4488、4489；中五 4619、4829、4843、4896、4919；中六 5287、5358、5374、5427、5429、5430、5436、5440、5479、5505、5506、5507、5560、5561、5563、5564、5568、5569、5570、5571、5574、5579、5582、5584、5588、5589、5591、5596、5597、5598、5599、5600、5601、5602、5603、5604、5605、5606、5607、5608、5610、5611、5617、5618、5620、5623、5624、5625、5629、5630、5631、5632、5633、5638、5640、5646、5649、5651、5652、5656、5657、5658、5659、5660、5661、5671、5673、5674、5675、5678、5681、5682、5694、5699、5705、5706、5707、5716、5725、5730、5819；补遗 7386、7436

开佐 熙河吐蕃包诚子，汉名包毅

【长编标】489/11606

【长编影】489/9 上

【汇编】中六 5314

木丹 又作摩丹当博，熙州蕃官

【宋史】350/王君万传/11070

【长编标】298/7252

【汇编】中四 4026、4098

木丹讼迥 熙州蕃官

【宋会要】职官 66 之 7/3871

木令征 岷州首领

【宋史】15/神宗纪 2/284

【东都事略】82/王韶传/4 下

【奏议标】141/文彦博·上神宗论进筑河州/1591

【奏议影】141/文彦博·上神宗论进筑河州/4894

【皇宋十朝纲要】9 下/7 上

【汇编】中四 3823、3858、3890

木罗丹 又作摩罗木丹，西蕃首领，遣牙吏贡名马

【长编标】84/1917

【宋会要】蕃夷 6 之 1/7819、7 之 19/7849

木征 又作摩正，河湟吐蕃唃厮啰孙，赐名赵思忠

【宋史】15/神宗纪 2/282、283、285、286；191/兵志 5·蕃兵/4757；255/王凯传/8926；286/蔡延庆传/9638；312/吴充传/10239；317/冯京传/10339、钱明逸传/10347；328/王韶传/10579、10580；349/燕达传/11056；350/苗履传/11068、苗绶传/11068；467/李宪传/13638、13639；486/夏国传下/14007；

492/瞎征传/14167
【长编标】187/4502；188/4529、4530；226/5501；228/5557；230/5595、5596、5597、5598、5600；231/5612；233/5648、5651、5652、5655、5659；235/5699；236/5751；237/5764、5769、5771、5783；238/5786、5792、5793、5797、5798、5800、5801；239/5810、5818、5819；240/5825；241/5883、5886；243/5912、5913；246/5997、5998；247/6013、6029；248/6042；250/6087、6088；251/6110、6112；252/6160、6178、6179、6180；253/6189；254/6222；282/6904；350/8384；418/10137；465/11124；474/11314；510/12142
【长编影】474/12 下
【东都事略】82/王韶传/4 下、5 上；104/姚麟传/2 上；120/李宪传/5 上
【宋会要】兵 9 之 6/6908、14 之 18/7001；蕃夷 6 之 7/7822、6 之 8/7822、6 之 9/7823、6 之 10/7823
【乐全集】22/奏第二状/22 下
【奏议标】138/吕陶·上哲宗请以兰州二寨封其酋长/1560；141/文彦博·上神宗论进筑河州/1590、1591
【奏议影】138/吕陶·上哲宗请以兰州二寨封其酋长/4794；141/文彦博·上神宗论进筑河州/4890
【安阳集】家传 7/5 上
【皇宋十朝纲要】9/6 下
【忠肃集】拾遗/王开府（拱辰）行状/307
【临川集】73/与王子醇书/7 下
【甘肃新通志】6/舆地志·山川上·兰州府·河州/14 上；13/舆地志·古迹·兰州府·河州/8 下
【汇编】上 79；中三 3223、3246、3247、3291、3379、3486、3513；中四 3794、3797、3802、3813、3821、3822、3823、3846、3853、3856、3857、3858、3913、3924、3931、3935、3936、3943、3946、3947、3950、3957、4039；中五 5164、5165；中六 5678；补遗 7337、7340

瓦征声延 熙河吐蕃首领
【宋会要】兵 28 之 32/7285

日逋吉罗丹 诈投西凉府者龙族，应合李继迁戕潘罗支于帐
【宋史】492/吐蕃传/14156
【宋会要】方域 21 之 20/7671
【汇编】中一 1391、1406

仁温布 邈川首领
【长编标】455/10912
【长编影】455/11 上
【汇编】中五 5059

今支结 又作今结，鄂特凌古进奉人
【长编影】466/9 上
【汇编】中五 5103

今结 又作今支结，阿里骨进奉人
【长编标】466/11135
【宋会要】蕃夷 6 之 24/7830

乌丹 熙河蕃官
【长编标】408/9943
【长编影】408/21 下

乌丹乌沁 又作兀丁兀乞、兀丁吼乞，河湟吐蕃摩正子，赐名钱怀义
【长编影】247/20 上
【汇编】中四 3902

乌戬新雅克 又作兀征声延，邈川西蕃齐暖族首领
【长编影】407/10 上、11 下、12 上；426/6 上；476/13 上
【汇编】中五 4901、4904、4958、5175

乌磋 又作兀佐，西凉六谷吐蕃次首领
【长编影】54/13 下
【汇编】中一 1357

牛讷之 蕃官，以执河湟吐蕃大首领果庄升皇城使
【长编标】408/9942
【长编影】408/20 下
【汇编】中五 4916

长牟瞎逋 又作章穆辖卜，阿里骨母
【宋会要】蕃夷 6 之 29/7833、6 之 30/7833
【汇编】中五 5252

长结玛 又作青宜结毛，河湟吐蕃报说沁布结等投汉
【长编影】511/14 下、17 上
【汇编】中六 5558、5560

长摩萨格 邀击河湟吐蕃果庄有功蕃官
【长编标】260/6345
【长编影】260/14 下
【汇编】中四 3982
丹波秃令结 湟州大首领
【长编纪事本末】139/9 上、11 下
【汇编】中六 5733、5734、5739
丹星 又作丹新，吐蕃遣夏使人
【宋史】486/夏国传下/14007
【长编标】350/8384
【汇编】上 79
丹淋沁 又作党支，鄂特凌古进奉人
【长编影】466/9 上
【汇编】中五 5103
丹新 又作丹星，吐蕃遣夏使人
【长编影】350/3 下
心氏 西蕃邈川首领董毡母
【宋会要】蕃夷 6 之 7/7822
心牟氏 又作森摩氏，董毡妻
【长编标】404/9840、9842、9853
【栾城集】39/论西事状/15 上
【画墁集】补遗游公（师雄）墓志铭/4 上
【汇编】中五 4854、4864
心牟冷麻钦 谋复夺青唐城
【宋会要】蕃夷 6 之 34/7835
心牟钦 青唐首领，乞师夏国
【宋会要】兵 9 之 2/6926
【奏议标】141/任伯雨·上徽宗论湟鄯/1595
【奏议影】141/任伯雨·上徽宗论湟鄯/4906
【汇编】中六 5617
心牟钦毡 又作森摩乾展，河湟吐蕃大首领瞎征部下
【宋史】17/哲宗纪 1/325；318/胡宗回传/10371；350/王赡传/11071、11072；492/阿里骨传/14164、董毡传/14164、瞎征传/14167
【长编标】323/7789；404/9843；406/9881、9882；444/10681；507/12091、12092；511/12172；514/12219、12222、12223、12231、12232；515/12241、12242、12243、12244、12247；516/12265、12266、12267、12286、12287、12289；519/12347
【宋会要】兵 9 之 2/6906；兵 14 之 20/7002；蕃夷 6 之 21/7829、6 之 29/7833、6 之 33/7835、6 之 34/7835、6 之 37/7837、6 之 39/7838
【奏议标】141/任伯雨·上徽宗论湟鄯/1595
【奏议影】141/任伯雨·上徽宗论湟鄯/4906
【皇宋十朝纲要】14/5 下、6 上、6 下
【东坡全集】25/奏议/9 上
【栾城集】29/西掖告词/6 下
【汇编】中四 4150；中五 4817、4818、4849、4893；中六 5572、5582、5602、5603、5623、5624、5694
心牟掩提 河湟蕃部首领
【长编纪事本末】139/18 上
【汇编】中六 5750
心牟温鸡 又作森摩温吉、摩温济特，河湟吐蕃首领，鬼章部下
【长编标】461/11019；472/11269
【宋会要】蕃夷 6 之 25/7831
巴乌凌斡 河湟蕃部首领
【长编标】444/10680
【长编影】444/1 下
【汇编】中五 5002
巴尔瓜 又作巴把氘、巴把兀，邈川布证族首领
【长编影】518/18 下
巴尔斯博恰 河湟吐蕃大首领果庄子
【初寮集】6/定功继伐碑/1 上
【汇编】补遗 7436
巴尔丕勒鄂丹干（斡） 又作邦辟勿丁氘、邦辟勿丁兀，河湟吐蕃赵思忠子，赐名赵怀义
【长编影】254/7 上
【汇编】中四 3958
巴讷支 又作巴鼐吉，邈川大首领温溪心男巴温子
【长编标】501/11931
【宋会要】蕃夷 6 之 32/7834
巴把兀 又作巴把氘、巴尔瓜，邈川朴心族首领
【宋会要】蕃夷 6 之 35/7836
巴把氘 又作巴把兀、巴尔瓜，邈川朴心族首

领
【长编标】518/12336、12337
巴库斯 熙河蕃官
【长编标】408/9943
【长编影】408/20 下
巴讲支 附宋西蕃首领
【宋史】18/哲宗纪 2/351
【汇编】中六 5461
巴罗罗遵 河湟蕃部首领
【长编标】444/10681、10682
【长编影】444/3 上、3 下
【汇编】中五 5003、5004
巴金符 谋复夺青唐城
【宋会要】蕃夷 6 之 34/7835
巴珍觉 又作巴毡角，河湟吐蕃木征弟，赐名赵醇忠
【长编影】245/13 下；246/20 上；247/14 上；248/23 下；254/7 上
【汇编】中四 3872、3884、3894、3895、3911、3958
巴珍穆 又作巴毡抹，河湟吐蕃赵思忠弟，赐名赵存忠
【长编影】254/7 上
【汇编】中四 3958；中五 4882、4883
巴毡 阿里骨进奉人
【宋会要】蕃夷 6 之 27/7832
巴毡角 又作巴珍觉，河湟吐蕃木征弟，赐名赵醇忠
【宋史】191/兵志 5・蕃兵/4757；492/赵思忠传/14168
【金史】91/结什角传/2016
【长编标】245/5964；246/5998；247/6022；248/6063；254/6213；405/9868
【东都事略】82/王韶传/4 下
【宋会要】蕃夷 6 之 9/7823、11/7824
【汇编】中四 3858、3912、3957；下 6745
巴毡抹 又作巴珍穆，河湟吐蕃木征弟，赐名赵存忠
【宋史】492/赵思忠传/14168
【长编标】254/6213
【宋会要】蕃夷 6 之 11/7824
【汇编】中四 3957
巴觉珍 当为巴珍觉之误，遥领青唐
【长编影】405/7 上
巴特玛 熙河蕃官奇默特之妻
【长编标】264/6477
【长编影】264/18 下
【汇编】中四 3992
巴凌 洮州酋首
【长编标】262/6408
【长编影】262/30 下
【汇编】中四 3987
巴朗古卓斡 河湟蕃部
【长编标】461/11019
【长编影】461/4 下
【汇编】中五 5079、5080
巴桑济 锡勒噶尔城蕃部大酋
【长编标】507/12092；517/12304
【长编影】507/18 上；517/8 上
【汇编】中六 5505、5637
巴桑多尔济结 河湟吐蕃首领
【长编标】444/10680
【长编影】444/1 下
巴勒凌结 青唐蕃部
【长编标】226/5504
【长编影】226/4 下
【汇编】中三 3718
巴勒斯丹 熙河郭莽寺蕃僧
【长编标】275/6726
【长编影】275/6 上
【汇编】中四 4020
巴勒济郢城 熙河蕃官
【长编标】275/6726
【长编影】275/6 上
【汇编】中四 4020
巴勒索诺木 河湟吐蕃，赐名毅
【长编标】258/6295
【长编影】258/8 上
【汇编】中四 3971
巴勒藏达尔结 又作拔藏党令结，西蕃邈川大首领
【长编影】285/18 下
【汇编】中四 4050
巴鄂多尔济 河湟吐蕃，赐名忠

【长编标】258/6295
【长编影】258/8 上
【汇编】中四 3971
巴鄂卓克辰 河湟蕃官
【长编标】408/9942
【长编影】408/20 下
【汇编】中五 4916
巴斯吉 又作巴厮鸡，青唐蕃官
【长编影】518/9 上
【汇编】中六 5648
巴斯多卜 又作巴厮铎，青唐蕃官
【长编影】518/9 上
【汇编】中六 5648
巴温 邈川大首领温溪心男
【长编标】454/10886；455/10912；458/10959；501/11931
【长编影】454/8 上；455/10 下、11 上；458/7 上；501/3 上
【宋会要】蕃夷 6 之 24/7830、6 之 32/7834
【汇编】中五 5057、5058、5059、5064；中六 5425
巴厮鸡 又作巴斯吉，青唐蕃部首领
【长编标】518/12326
【宋会要】蕃夷 6 之 35/7836
巴厮铎 又作巴斯多卜，青唐蕃部首领
【长编标】518/12326
【宋会要】蕃夷 6 之 35/7836
巴鼐吉 又作巴讷支，邈川蕃部巴温子
【长编影】501/3 上
【汇编】中六 5425

五画

古勒 又作鬼驴，河州山后首领
【长编影】272/3 上
布玛 又作扶麻，河湟吐蕃大首领鄂特凌古弟
【长编影】474/11 下
【汇编】中五 5163
布济克 又作失吉，西凉府六谷首领博啰齐子
【长编影】59/9 下
【汇编】中一 1416
布哩克 廓州蕃部首领
【长编标】519/12352
【长编影】519/9 下
【汇编】中六 5660
甘遵 宗哥大首领
【宋史】258/曹玮传/8986
【汇编】中一 1555
本令征 又作本琳沁，岷州归顺首领
【长编标】247/6015、6022；248/6047
本琳沁 又作本令征，岷州归顺首领
【长编影】247/8 下、14 上；248/10 上
【汇编】中四 3890、3894、3907
龙氏 洮岷蕃部
【长编标】252/6156
【长编影】252/8 下
龙拶 青唐新伪主
【宋会要】蕃夷 6 之 33/7835、6 之 35/7836
东厮鸡 又作栋锡，河湟吐蕃鬼章部下
【长编标】472/11269
【宋会要】蕃夷 6 之 25/7831
叶占 又作野毡，青唐吐蕃
【长编影】518/9 上
【汇编】中六 5648
叱纳 又作且鼐，河湟蕃官
【长编标】466/11135
【宋会要】蕃夷 6 之 24/7830
叱逋巴角 又作察卜巴觉，河州山后首领
【长编标】272/6658
【宋会要】蕃夷 6 之 11/7824
叱腊龊 董毡所属蕃官
【宋会要】蕃夷 6 之 5/7821
且鼐 又作叱纳，河湟蕃官
【长编影】466/9 上
包才 河湟蕃官包诚子结默
【长编标】489/11606
【长编影】489/9 上
【汇编】中六 5314
包氏 西戎蕃部阿令结妻
【宋会要】仪制 10 之 37/2022；兵 17 之 30/7052
【汇编】下 6727
包氏 西蕃阿尔嘉妻
【系年要录】192/3225
【汇编】下 6624

包氏 河湟吐蕃赵怀恩妻
【方舟集】16/赵郡王墓志铭/26 上
【汇编】下 6698

包氏 河湟吐蕃赵思忠妻
【宋史】492/赵思忠（木征）传/14168
【长编标】254/6212；258/6295；265/6488
【长编影】254/7 上、7 下；258/8 下；265/4 上
【宋会要】蕃夷 6 之 12/7824
【汇编】中四 3957、3993

包文 河湟蕃官包诚子
【长编标】489/11606
【长编影】489/9 上
【汇编】中六 5314

包正 熙河蕃官
【长编标】334/8054；408/9942
【长编影】334/21 上；408/20 下
【汇编】中四 4479；中五 4916

包用 熙河路蕃官
【宋会要】蕃夷 6 之 28/7832

包约 河州首领瞎药赐名
【宋史】15/神宗纪 2/282
【长编标】240/5825；253/6194
【长编影】240/1 下；253/7 下
【汇编】中四 3817、3818、3954

包良 河湟蕃官包诚子嘉木错赐名
【长编标】489/11606
【长编影】489/9 上
【汇编】中六 5314

包武 河湟蕃官包诚子莽布赐名
【长编标】489/11606
【长编影】489/9 上
【汇编】中六 5314

包明 河湟蕃官包诚子
【长编标】489/11606
【长编影】489/9 上
【汇编】中六 5314

包忠 河湟蕃官包诚子斯结木磋赐名
【长编标】489/11606；492/11678
【长编影】489/8 下；492/2 上
【汇编】中六 5314、5337

包诚 河湟蕃官包顺子
【宋史】18/哲宗纪 2/344；335/种谊传/10748
【长编标】244/5937；245/5971；280/6861；283/6924；291/7111；351/8408；398/9699、9700；406/9886；485/11528；489/11606；491/11662
【长编影】244/7 上；245/19 下；280/10 下；283/3 上；291/2 上；351/5 上；398/2 下；406/10 上；485/9 上；489/8 下；491/15 上
【宋会要】职官 43 之 59/3303；兵 28 之 37/7288；蕃夷 6 之 14/7825、6 之 21/7829、6 之 28/7832
【奏议标】97/常安民·上哲宗奏为种谊生擒鬼章赏未称功/1049
【奏议影】97/常安民·上哲宗奏为种谊生擒鬼章赏未称功/3278
【汇编】中四 3863、3874、4034、4043、4077、4316；中五 4620、4818、4819、4855、4896、5237、5238、5242、5265；中六 5287、5288、5314、5329、5330

包厚 青唐蕃将
【长编纪事本末】139/9 上
【汇编】中六 5734

包哈 河湟蕃官包诚长子
【长编标】489/11606
【长编影】489/8 下
【汇编】中六 5314

包顺 青唐首领俞龙珂乞赐姓名
【宋史】15/神宗纪 2/281、285、292；18/哲宗纪 2/344；183/食货志下·盐下/4471；328/王韶传/10579；335/种谊传/10748
【长编标】188/4530；233/5653；240/5825；244/5937；245/5971；246/5984、5990；248/6045、6059；251/6110；252/6156；260/6332；265/6484；279/6827；280/6861；282/6904；283/6924；284/6960；300/7303；351/8408；398/9699、9700；402/9778、9782；404/9841、9842；406/9886；472/11269；476/11340；493/11706；500/11908；501/11931；516/12271
【长编影】188/4 下；233/7 下；240/1 下；244/7 上；245/19 下；246/8 上、12 上；248/8 上、20 上；251/2 上；252/8 下；260/3 上；265/1 上；279/8 上；280/10 下；282/4 上；283/3 上；284/13 下；300/6 上；351/5 上；

398/2 下；402/1 下、5 上；404/10 下；406/10 上；472/9 下；476/4 下；493/11 下；500/8 下；501/3 上；516/7 上
【宋会要】职官 43 之 59/3303；兵 28 之 37/7288；蕃夷 6 之 21/7829、6 之 25/7831、6 之 28/7832、6 之 31/7834、6 之 32/7834
【奏议标】97/常安民·上哲宗奏为种谊生擒鬼章赏未称功/1049
【奏议影】97/常安民·上哲宗奏为种谊生擒鬼章赏未称功/3278
【东坡全集】21/三马图赞并引页/10 上
【甲申杂记】5 下
【汇编】中三 3250、3567；中四 3767、3769、3818、3863、3874、3878、3881、3907、3910、3931、3942、3981、3993、4025、4034、4042、4043、4047、4061、4105、4316；中五 4620、4818、4819、4831、4833、4847、4848、4855、4896、5151、5170、5237、5238、5242、5265；中六 5273、5344、5420、5425、5610

包信 河湟蕃官包诚子结星赐名
【长编标】489/11606
【长编影】489/9 下
【汇编】中六 5314

包勇 河湟蕃官包诚子济实木赐名
【长编标】489/11606
【长编影】489/9 上
【汇编】中六 5314

包海 河湟蕃官包诚子
【长编标】489/11606
【长编影】489/9 上
【宋会要】蕃夷 6 之 28/7832
【汇编】中六 5314

包猛 河湟蕃官包诚子
【长编标】489/11606
【长编影】489/9 上
【汇编】中六 5314

包喜 河湟蕃官包诚子
【长编标】489/11606
【长编影】489/9 上
【汇编】中六 5314

包强 河湟蕃官包诚子索诺木赐名
【长编标】489/11606
【长编影】489/9 上
【汇编】中六 5314

包震 岷州蕃部首领
【皇宋十朝纲要】16/7 下
【汇编】中六 5751

包毅 河湟蕃官包诚子开佐赐名
【长编标】489/11606
【长编影】489/9 上
【汇编】中六 5314

包遵 河湟蕃官包忠子萨纳坦赐名
【长编标】492/11678
【长编影】492/2 上
【汇编】中六 5337

失吉 又作布济克，西凉府六谷首领潘罗支子
【宋史】492/吐蕃传/14157
【长编标】59/1317
【汇编】中一 1417

乐厮波温 熙河蕃部溪心子
【长编标】305/7417
【长编影】305/2 下
【宋会要】蕃夷 6 之 15/7826
【汇编】中四 4110

立章 又作埒克章，廓州主鲁尊属下
【长编标】426/10299
【东都事略】129/附录 7 西蕃/1 下、2 上
【宋会要】蕃夷 6 之 23/7830

立遵 又名李立遵、李尊、李遵、李埒克遵、埒克遵、郢城琳布且、郢城林布且，宗哥族蕃僧
【宋史】8/真宗纪 3/158；9/仁宗纪 1/177；258/曹玮传/8985；308/张佶传/10151；492/唃厮啰传/14160、14161
【长编标】82/1877；83/1902、1907；84/1917；85/1949、1950、1958；86/1967、1979；87/1992；88/2011、2014；99/2302；100/2316；102/2370；103/2375；111/2587；119/2814
【东都事略】129/附录 7 西蕃/1 下、2 上
【宋会要】蕃夷 4 之 6/7716、6 之 2/7819、7 之 19/7849、7 之 20/7849、7 之 22/7850
【元刊梦溪笔谈】25/31
【东轩笔录】2/1 上
【宋朝事实类苑】78/引东轩笔录/1022

【名臣碑传琬琰集】中集 43/曹武穆公玮行状/1032
【汇编】中一 1394、1518、1530、1533、1545、1548、1555、1556、1562、1563、1564、1616、1684

兰毡只鸡 河湟吐蕃瞎征进贡首领
【宋会要】蕃夷 6 之 32/7834

兰毡单 厮铎督进奉僧
【宋会要】方域 21 之 23/7672

兰逋叱 河湟吐蕃首领
【宋会要】蕃夷 4 之 6/7716

兰逋赤 厮铎督贡使
【宋会要】方域 21 之 22/7672

必鲁匝纳 又作必噜匝纳，嘉勒厮赉兄扎实庸咙之子
【长编标】507/12091
【长编影】507/17 下
【汇编】中六 5505

必噜匝纳 又作必鲁匝纳，嘉勒厮赉兄扎实庸咙之子
【长编标】455/10912
【长编影】455/11 上
【汇编】中五 5059

边斯博格 又作边厮波结、毕斯布结，河湟蕃族首领
【长编标】444/10685
【长编影】444/4 上
【汇编】中五 5008

边厮波结 又作边斯博格、毕斯布结，河湟蕃部首领
【宋史】87/地理志 3/2163；121/礼志 24·受降献俘/2838
【长编标】507/12092；511/12171、12172；512/12188；513/12202、12203；516/12267；517/12297、12303、12305；518/12323
【宋会要】兵 9 之 1/6906；蕃夷 6 之 34/7835、6 之 35/7836、6 之 37/7837
【汇编】中六 5677、5808

尼玛丹怎 又作尼玛丹津、益麻党征，河湟吐蕃溪巴温子
【方舟集】16/赵郡王墓志铭/26 上
【初寮集】6/定功继伐碑/1 上
【汇编】下 6696；补遗 7438

尼玛丹津 又作尼玛丹怎、益麻党征，河湟吐蕃溪巴温子，赐名赵怀恩
【长编标】507/12091
【长编影】507/17 下
【汇编】中六 5505

六画

邦战 又作邦毡，邈川蕃部首领
【长编影】518/18 下
【宋会要】蕃夷 6 之 35/7836
【汇编】中六 5652

邦毡 又作邦战，邈川蕃部首领
【长编影】518/12337

邦逋支 又作帕勒布齐，西凉六谷潘罗支兄
【宋史】492/吐蕃传/14156
【长编标】56/1240
【宋会要】方域 21 之 19/7670
【宋大诏令集】240/赐潘罗支诏/943
【汇编】中一 1391、1395

邦彪篯 又作溪邦彪篯，河湟吐蕃阿里骨子，唃厮啰部王子
【宋史】492/阿里骨传/14165
【长编标】363/8676；430/10396
【长编影】363/2 下
【汇编】中五 4651、4967

邦辟勿丁兀 又作邦辟勿丁咓、巴尔丕勒鄂丹干，熙河吐蕃，木征长子，赐名赵怀义
【长编标】254/6213

邦辟勿丁咓 又作巴尔丕勒鄂丹干，河湟吐蕃木征子赵怀义
【宋史】492/瞎征传/14167、赵思忠传/14168
【汇编】中四 3957；中六 5678

邦辟勿兀兀 又作邦辟勿丁咓、巴尔丕勒鄂丹干；河湟木征长子，赐名赵怀义
【宋会要】蕃夷 6 之 11/7824

杌哥比叱 河湟杓吹逋族首领
【宋会要】蕃夷 6 之 11/7824

耳骨延 河湟吐蕃鲁黎族帅冷京子
【金史】98/完颜纲传/2175
【汇编】下 6815

达克博 熙河洮岷锡丹族蕃部首领
【长编标】262/6408
【长编影】262/30 下

成逋 青唐若沮没移男，赐名嗣勤
【宋会要】蕃夷 6 之 28/7832

毕斯布结 又作边厮波结、边斯博格，吐蕃首领果庄孙
【长编标】514/12219；515/12242
【长编影】507/18 下；511/11 下、16 下；512/11 下；513/9 上；514/8 下；515/6 上；516/3 下；517/2 下、7 下、9 下；518/6 上
【汇编】中六 5506、5559、5560、5563、5570、5581、5596、5597、5609、5630、5634、5638、5645

当支抹 熙河蕃部，虚称夏国与董毡欲同入寇
【长编标】337/8119
【长编影】337/4 下
【宋会要】蕃夷 6 之 18/7827
【汇编】中四 4506

当贝实 又作党失卑、党失卑陵，总噶尔埒克遵族人
【长编影】87/4 下
【汇编】中一 1553

当征结 岷州衣彪族首领，投西蕃结兀捉
【宋会要】蕃夷 5 之 30/7833、6 之 30/7833
【汇编】中五 5264

吕昱 熙州弓箭手都虞侯
【宋会要】兵 4 之 9/6824

回鹘公主 青唐吐蕃首领妻青迎结牟
【宋史】121/礼志 24・受降献俘/2838；492/瞎征传/14167
【长编标】515/12248；516/12265；518/12333
【长编影】515/12 下；516/2 上；518/15 上
【宋会要】兵 14 之 20/7002；蕃夷 6 之 34/7835、6 之 37/7837
【汇编】中六 5583、5602、5607、5649、5677、5678

曲萨瑚 河湟豪酋
【长编标】213/5189
【长编影】213/20 下
【汇编】中三 3576

曲撒四王阿珂 又作曲撒四王阿南珂、吹斯缴王阿噶，河湟吐蕃瞎药部下大首领
【长编标】237/5764

曲撒四王阿南珂 又作曲撒四王阿珂、吹斯缴王阿噶，河湟吐蕃瞎药部下大首领
【宋史】486/夏国传下/14009
【汇编】上 75

乔氏 河湟吐蕃董毡母
【长编标】119/2814；123/2901；127/3008；188/4527；191/4616
【长编影】119/16 下；123/9 上；127/5 上；188/2 下；191/5 下

乔氏 董毡妻
【长编标】340/8192
【长编影】340/13 下、14 上
【元刊梦溪笔谈】25/31
【汇编】中一 1564、1733；中二 1788；中三 3250

乔阿公 河湟吐蕃首领
【长编标】316/7637
【长编影】316/1 下

伦布宗 熙河嘉木卓城蕃部
【长编标】404/6841
【长编影】404/10 下
【汇编】中五 4847、4848

伦约克 熙河兰会蕃部
【长编标】345/8286
【长编影】345/13 下

伊实济噜 又作一声余龙、一声金龙，嘉勒斯赉部族温布且子
【长编影】119/17 上；132/12 上
【汇编】中一 1733；中二 2278

伊罗勒 熙河蕃官奇默特母
【长编标】264/6477
【长编影】264/18 下
【汇编】中四 3992

伊默噜 西蕃允鄂克族首领
【长编标】47/1034
【长编影】47/22 下

华儿河马 又作华儿河笃，河州次首领
【宋会要】蕃夷 6 之 9/7823
【汇编】中四 3881

华儿河笃 又作华儿河马、和尔阿木都，邈川

蕃部次首领
【长编标】247/6026
后临拽于 西凉吐蕃都总管
【宋会要】方域21之15/7668
色明 熙河蕃官
【长编标】520/12354
【长编影】520/1上
【汇编】中六5668
色辰岱楚 河湟蕃部首领
【长编标】351/8408
【长编影】351/5上
【汇编】中五4620
多不垒 又作铎论，西凉六谷吐蕃使臣
【长编影】54/13下
【汇编】中一1357
多罗 鄯湟吐蕃首领
【宋会要】兵9之4/6907
【汇编】中六5719
多罗巴 又作多勒瓦，河湟蕃部首领，迎赵怀德弟溪赊罗撒复国
【宋史】328/王厚传/10583
【长编标】518/12333；520/12356
【东都事略】82/王厚传/6上
【宋会要】职官67之36/3905；兵9之5/6908
【长编纪事本末】139/1上、3上、5下、8下、13下、14下；140/3上、4下、6上
【汇编】中六5668、5716、5724、5729、5730、5733、5736、5741、5743、5765、5767、5770
多垒凌结 又作胪令结，河湟蕃部首领
【长编影】520/2下
【汇编】中六5668
多勒瓦 又作多罗巴，河湟羌首
【长编影】518/15上；520/2下
【汇编】中六5649、5668
多斯结 西凉府吐蕃
【长编影】75/9下
【汇编】中一1500
刘王奴 又作刘旺诺尔，河湟吐蕃唃厮啰部下
【长编标】85/1947
【宋会要】蕃夷6之1/7819
刘旺诺尔 又作刘王奴，河湟嘉勒斯赉遣使
【长编影】85/11下
【汇编】中一1537
刘勇丹济古 又作刘勇丹结古，河湟吐蕃董戬进奉人
【长编影】297/4下
【汇编】中四4091
刘勇丹结古 又作刘勇丹济古，河湟吐蕃首领
【长编标】297/7221
齐囊凌衮沁布 又作欺南陵温钱逋，嘉勒斯赉本名
【长编影】82/14下
【汇编】中一1521
忙毡角 河湟吐蕃首领唃厮啰子
【奏议标】132/田况·上仁宗兵策十四事/1469
【奏议影】132/田况·上仁宗兵策十四事/4522
并里尊 吐蕃王
【辽史】16/圣宗纪7/183
【汇编】中一1591
安子罗 又作阿萨尔，熙河吐蕃唃厮啰部将
【宋史】485/夏国传上/13994
【长编标】117/2765
【汇编】上61
讷儿温 又作鼐尔温，岷州蕃官
【长编标】291/7111
【宋会要】蕃夷6之14/7825
讷下亦麻 河湟吐蕃磨毡角进奉人
【宋会要】蕃夷6之4/7820
讷令支 又作纳克凌结，青唐蕃部
【宋史】462/僧智缘传/13524
【汇编】中三3714
讷斯结 河湟吐蕃李遵任
【乐全集】22/秦州奏唃厮啰事/21上
【汇编】中一1587
军角四 湟州生羌首领
【长编纪事本末】139/17上
【汇编】中六5749
那逋 青唐神波族首领
【宋会要】蕃夷6之35/7836

七画

玛尔戬 又作木征、摩正，赐名赵思忠，河湟吐蕃首领

【资治通鉴】66/1632
【汇编】中三 3515
玛克占觉 置勒斯赍子
【文庄集】14/陈边事十策/1 上
【元宪集】27/赐置勒斯赍诏/290
【汇编】中二 1800、1916
玛哩伊磋 又作麻令一缩，鄂特凌古进奉人
【长编影】466/9 上
【汇编】中五 5103
寿宜结牟 青唐公主，降宋
【宋会要】兵 9 之 5/6908
【汇编】中六 5760
杜作 唃厮啰蕃部，煽动蕃部别立文法
【乐全集】22/秦州奏唃厮啰事/20 下
【汇编】中一 1540
杜彦德 熙河洮岷弓箭手
【长编标】273/6687
【长编影】273/12 下
杓拶 又作杓赞，河湟吐蕃溪巴温子
【长编标】507/12091、12092；511/12171、12172；514/12231
杓赞 又作杓拶，河湟吐蕃溪巴温子
【长编影】507/17 下、18 上、18 下；511/16 下、17 上；514/20 下
【汇编】中六 5505、5560、5592
杨氏 河湟吐蕃怀恩妻
【方舟集】16/赵郡王墓志铭/26 上
【汇编】下 6698
杨征溪心 河州蕃官
【宋会要】蕃夷 6 之 8/7823、蕃夷 6 之 9/7823
杨超 潘罗支教练使
【宋大诏令集】240/赐潘罗支诏（景德元年六月己卯）/943
【汇编】中一 1395
孛诺木巴勒 又作苏南巴，河湟吐蕃
【长编影】511/14 下、17 上
【汇编】中六 5560
芭温度 磨毡角进奉人
【宋会要】蕃夷 6 之 4/7820
芭撒鸠令光 报告拽罗钵、鸠令佶招呼蕃部归投西界
【宋会要】蕃夷 6 之 6/7821
苏南巴 又作孛诺木巴勒，熙河蕃部首领
【长编标】511/12169、12172
【宋会要】蕃夷 6 之 33/7835
苏南讷支 又作南纳支，阿里骨弟
【宋会要】蕃夷 6 之 23/7830、6 之 29/7833
苏南抹令呃 湟州吐蕃大首领
【长编纪事本末】139/9 上
【汇编】中六 5734
苏南结 又作索诺木节，河湟吐蕃鬼章子
【长编标】441/10619
【宋会要】蕃夷 6 之 23/7830
苏南党征 瞎征季父
【长编标】507/12091
李万山 西凉吐蕃潘罗支部下
【宋史】492/吐蕃传/14155
【宋会要】方域 21 之 16/7669
【汇编】中一 1255
李凡毡罗遵 西蕃磨毡角进奉人
【宋会要】蕃夷 6 之 4/7820
李贝通 又作李波逋，西凉六谷斯多特族帐
【长编影】63/5 下
李氏 河湟吐蕃磨毡角之妻
【长编标】187/4510
【长编影】187/9 上
李氏 河湟吐蕃唃厮啰妻
【长编标】119/2814；123/2901
【长编影】119/17 上；123/9 上
【元刊梦溪笔谈】25/318
【汇编】中一 1564、1733；中二 1788
李巴全 又作李巴沁，唃厮啰妻李氏党
【长编标】119/2814
【文庄集】14/陈边事十策/1 上
【汇编】中二 1800
李巴沁 又作李巴全，嘉勒斯赉妻李氏党
【长编影】119/16 下
【汇编】中一 1733
李巴毡 熙河蕃僧
【长编标】264/6466
【长编影】264/8 下
【宋会要】蕃夷 6 之 11/7824
李世恭 熙河蕃官李忠杰子
【长编标】499/9 上；518/1 上；520/1 上

【长编影】499/9 上；518/1 上；520/1 上
【宋会要】兵 17 之 5/7040
【汇编】中六 5270、5316、5349、5406、5641、5668

李龙罗 洮州蕃官
【长编标】268/6559
【长编影】268/1 上
【汇编】中四 3999

李叱纳钦 又作李叱腊钦、李察勒沁，河湟吐蕃首领
【长编标】316/7637；344/8253
【宋会要】蕃夷 6 之 16/7826

李叱腊钦 又作李叱纳钦、李察勒沁，河湟吐蕃首领
【宋史】492/董毡传/14164
【长编标】323/7789
【汇编】中四 4150

李田 河湟蕃官
【宋会要】蕃夷 6 之 4/7820

李立遵 又名立遵、李尊、李遵、李埒克遵、郢城琳布且、郢城林布且、埒克遵，宗哥族蕃僧
【宋史】8/真宗纪 3/159
【长编标】82/1877；119/2814
【文庄集】14/陈边事十策/1 上
【汇编】中一 1550；中二 1800

李沙勒玛 又作李赊罗抹、李赊啰抹，果庄进奉大首领
【长编标】408/9923
【长编影】374/22 下；380/14 下；408/4 下
【汇编】中五 4717、4739、4913

李良嗣 熙河蕃官李世恭子
【长编标】520/12354
【长编影】520/1 上
【汇编】中六 5668

李阿迈 又作李阿埋，熙河蕃官李忠杰子，赐名李世恭
【长编标】335/8069；339/8167
【长编影】335/8 上；339/8 上
【汇编】中四 4486、4495、4524

李阿旺 又作李阿温，阿里骨进奉人
【长编影】466/9 上；515/8 上
【汇编】中五 5103

李阿埋 又作李阿迈，熙河蕃官李忠杰子，赐名李世恭
【宋会要】礼 9 之 10/533；蕃夷 6 之 29/7833
【汇编】中五 5248

李阿温 又作李河温，阿里骨进奉人
【长编标】466/11135；515/12243
【宋会要】蕃夷 6 之 24/7830
【东都事略】82/王厚传/6 上
【汇编】中六 5598、5769

李阿温旺 河湟蕃部酋长
【长编标】514/12222
【长编影】514/12 上
【汇编】中六 5583

李奇尔华 熙河蕃官
【长编标】402/9782
【长编影】402/5 上
【汇编】中五 4833

李奇崖 洮州蕃官
【长编标】268/6559；275/6723
【长编影】268/1 上；275/3 下
【汇编】中四 3998、4019

李忠 疑为熙河蕃官
【宋史】167/职官志 7/3961；350/苗履传/11069
【长编标】341/6 上；349/8377；514/12218；515/12241；516/12286；517/12299；519/12347
【长编影】341/6 上；349/9 下；514/8 下；515/6 上；516/20 下；517/4 上；519/5 上
【宋会要】兵 9 之 5/6908
【长编纪事本末】139/3、5 下、8 下、16 下、20 上
【皇宋十朝纲要】14/6 下
【汇编】中四 4534；中五 4606；中六 5580、5596、5620、5623、5624、5632、5657、5727、5728、5729、5730、5733、5748、5753、5754

李忠杰 河州蕃兵将，李阿迈之父
【宋史】328/章楶传/10590
【长编标】334/8054；336/8091；351/8408；406/9886；489/11607；493/11723；499/11873、11880、11885、11893；502/11964；504/12008、12018；506/12051；507/12091；516/

12288、12289；517/12296
【长编影】334/21 上；336/1 下；351/5 上；406/10 上；489/10 上；493/26 下；499/2 下、9 上、13 下、19 下；502/13 下；504/2 下、7 下、8 上、11 上、17 下；506/3 上；507/17 上；516/20 下；517/1 下
【宋会要】礼 9 之 10/533；兵 17 之 5/7040、28 之 37/7288；蕃夷 6 之 28/7832
【汇编】中四 4479、4486、4495；中五 4620、4896、5237、5238、5248；中六 5270、5315、5316、5349、5401、5402、5406、5408、5410、5433、5449、5458、5469、5472、5474、5478、5504、5621、5622、5629、5661

李河温 又作李阿温，河湟吐蕃大首领阿里骨进奉人
【长编纪事本末】140/4 下
【汇编】中六 5766

李波末裹瓦 又作李博木喇干，唃厮啰使人
【长编标】120/2840；123/2900
【宋会要】蕃夷 7 之 25/7852
【宋朝事实类苑】56/引杨文公谈苑/743
【汇编】中二 1780

李波机瞎 唃厮啰部下
【宋会要】蕃夷 6 之 5/7821

李波逋 又作李贝逋，西凉六谷厮铎督族帐
【宋史】492/吐蕃传/14158
【长编标】63/1403
【宋会要】方域 21 之 22/7672
【汇编】中一 1438

李临占讷芝 又作李临占汭芝、李蔺毡讷支、李椤占讷芝、李椤毡纳支，总噶尔部李尊孙
【长编影】514/9 上、13 上
【汇编】中六 5580、5584

李临占汭芝 又作李临占讷芝、李蔺毡讷支、李椤占讷芝、李椤毡纳支，总噶尔部李尊孙
【长编影】520/1 上
【汇编】中六 5668

李郢成 唃厮啰人物
【宋会要】蕃夷 6 之 4/7820

李笃毡 河湟吐蕃首领，瞎征舅
【奏议标】141/文彦博・上神宗论进筑河州/1590
【奏议影】141/文彦博・上神宗论进筑河州/4889
【汇编】中四 3821

李觉萨 河湟吐蕃军主
【长编标】176/4258
【长编影】176/9 下

李都克占 又作李提克星，河湟吐蕃首领，瞎毡舅
【长编标】188/4530；235/5699；239/5810
【长编影】235/4 上；239/4 上
【汇编】中三 3250、3251；中四 3811

李埒克遵 又名李立遵、李尊、李遵、立遵、埒克遵、郢城琳布且、郢城林布且，总噶尔僧
【长编影】82/14 下、15 上；119/16 下
【汇编】中一 1521、1733

李凌 熙河蕃官
【长编标】516/12287
【长编影】516/21 上

李萨尔均 河湟蕃官赵醇忠母
【长编影】489/8 上
【汇编】中六 5312、5313

李萨勒 河湟吐蕃瞎毡之妻
【长编标】176/4258
【长编影】176/9 下
【汇编】中三 3203

李赊罗抹 又作李赊啰抹、李沙勒玛，河湟吐蕃大首领
【长编标】380/9235
【宋会要】蕃夷 6 之 20/7828
【潞公文集】29/奏议/8 上
【汇编】补遗 7366、7367

李赊啰抹 又作李沙勒玛、李赊罗抹，河湟吐蕃大首领
【长编标】374/9077

李博木喇干（斡） 又作李波末裹瓦，嘉勒斯赉使人
【长编影】120/18 下；123/7 下
【汇编】中一 1736；中二 1786

李提克星 又作李都克占，秦州伏羌蕃部辖戬岳父
【长编标】188/4529、4530

【长编影】188/4 下、5 上
【汇编】中三 3250、3251
李尊 又名李立遵、李遵、立遵、李埒克遵、埒克遵、郢城琳布且、郢城林布且，秦州总噶尔族蕃僧
【长编标】514/12218
【长编影】514/9 上
【汇编】中六 5580
李楞占讷芝 又作李楞毡纳支、李临占讷芝、李临占汭芝，熙河蕃官
【长编标】238/5786
【长编影】188/4 下；238/1 上；241/2 下；249/3 下；273/2 下
【汇编】中三 3251；中四 3803、3825、3917、4014
李楞毡纳支 又作李临占汭芝、李蔺毡讷支、李楞占讷芝、李临占讷芝，总噶尔部李尊孙
【长编影】296/9 上
【汇编】中四 4087
李蔺毡讷支 又作李临占讷芝、李临占汭芝，熙河蕃官
【长编影】351/5 下
【汇编】中五 4620
李蔺毡纳支 又作李临占讷芝、李临占汭芝，熙河蕃官
【长编标】188/4530；241/5876；249/6069；296/7204；351/8408；514/12218、12223；520/12354
【宋会要】蕃夷 6 之 33/7835
李锡新 熙河永宁寨赐紫蕃僧
【长编标】298/7257
【长编影】298/15 下
李察尔节 董戬遣李察尔节引伴回鹘鞑靼首领
【长编标】341/8208
【长编影】341/12 上
【汇编】中四 4539
李察勒沁 又作李叱纳钦，董戬部下首领
【长编影】316/1 上；323/12 下；344/1 上
【汇编】中四 4174、4318；中五 4563
李撒耳君 熙河蕃官，赵醇忠母
【长编标】489/11605
【宋会要】蕃夷 6 之 31/7834
李摩拉木 又作李磨论，私立文法的总噶尔族首领
【长编影】87/13 上
李遵 又名李立遵、李尊、立遵、李埒克遵、埒克遵、郢城琳布且、郢城林布且，秦州宗哥族蕃僧
【长编标】82/1877；86/1979；93/2137；188/4530
【长编影】82/15 上；86/13 下；188/5 上
【宋会要】蕃夷 4 之 8/7717
【元宪集】33/宋故推诚翊戴功臣彰武军节度延州管内观察处置等使曹公行状/345；34/宋故推诚翊戴功臣彰武军节度延州管内观察处置等使曹公墓志铭/353
【文庄集】2/李遵可洮州刺史充保顺军节度使制/15 上
【乐全集】22/秦州奏唃厮啰事/20 上、20 下、21 上
【儒林公议】上/4 上
【汇编】中一 1394、1521、1547、1550、1557、1563、1604、1587
李默戬觉 蕃官副军主
【长编标】262/6403
【长编影】262/26 上
李磨论 又作李摩拉木，私立文法的宗哥族首领
【长编标】87/2002
两丙离吡腊丹 河湟吐蕃磨毡角进奉人
【宋会要】蕃夷 6 之 4/7820
扶麻 又作布玛，河湟吐蕃阿里骨弟
【长编标】474/11312
【宋会要】蕃夷 6 之 25/7831
折逋支 西凉吐蕃首领
【宋会要】方域 21 之 14/7668
折逋阿喻丹 西凉州左厢押落副使
【宋史】492/吐蕃传/14154
【宋会要】方域 21 之 15/7668
【汇编】中一 1053、1067
折逋俞龙波 又作折逋喻龙波、折逋游龙钵、结布伊朗布，西凉六谷吐蕃左厢副使
【宋会要】方域 21 之 15/7668、21 之 16/7669；蕃夷 7 之 14/7846

【汇编】中一 1138
折逋喻龙波 又作折逋游龙钵、折逋俞龙波、结布伊朗布，西凉府押蕃落副使
【宋史】492/吐蕃传/14154
【汇编】中一 1067、1131
折逋游龙钵 又作折逋喻龙波、折逋俞龙波、结布伊朗布，西凉六谷吐蕃左厢副使
【宋史】265/张齐贤传/9157；492/吐蕃传/14154、14155
【长编标】43/920；47/1029；49/1079；68/1538
【汇编】中一 1199、1252、1476
折逋葛支 知凉州，上言送回鹘人、汉僧达甘州
【宋会要】方域 21 之 14/7668
折逋嘉施 代孙超为西凉府留后
【宋会要】方域 21 之 14/7668
把班 湟州吐蕃小首领
【长编纪事本末】139/9 上
【汇编】中六 5734、5735
吹凌密 熙河蕃官
【长编标】336/8102
【长编影】336/10 上
【汇编】中四 4499
吹斯缴王阿噶 又作曲撒四王阿珂、曲撒四王阿南珂，河湟吐蕃辖约部下首领
【长编影】237/7 下
吴恩 熙河来远寨蕃官
【长编标】298/7257
【长编影】298/16 上
吴福圣腊 西凉吐蕃六谷部蕃官
【宋史】492/吐蕃传/14156
【长编标】54/1180、1181
【长编影】54/5 下、6 上
【宋会要】方域 21 之 17/7669
【汇编】中一 1348、1349、1350
里玻默里乌 罝勒斯赉使
【元宪集】27/赐罝勒斯赉诏/290
【汇编】中二 1916
秃儿筵厮哥 厮罗督姨弟
【宋会要】方域 21 之 21/7671
何郎业贤 又作哈喇额森，河州羌
【长编标】82/1877
佛儿 唃厮啰
【宋会要】蕃夷 6 之 1/7819
余龙琦 青唐家首领
【宋会要】蕃夷 6 之 7/7822
【汇编】中三 3504
余奘 湟州吐蕃大首领
【长编纪事本末】139/9 上
【汇编】中六 5734、5735
鸠令结 西蕃首领，招呼蕃部归投西界
【宋会要】蕃夷 6 之 6/7821
角四瞎令结 河湟郎家族大首领
【长编纪事本末】139/17 上
【汇编】中六 5749
角撒 德顺军静边寨熟户蕃部都虞侯
【宋会要】蕃夷 6 之 6/7821
灼蒙曹失卑陵 又作嘉木磋沙卜哩，宗哥唃厮啰族人
【长编标】99/2302
冷鸡朴 又作隆吉卜，熙河生户
【宋史】15/神宗纪 2/292；349/姚麟传/11058；350/李浩传/11079、苗授传/11068；467/李宪传/13639
【长编标】275/6726；279/6846；282/6903、6904
【宋会要】兵 9 之 1/6906
【汇编】中四 4031、4039、4040
冷京 河湟吐蕃鲁黎族帅
【金史】98/完颜纲传/2175
【汇编】下 6815
没暇拽于 河西吐蕃都总管
【宋会要】方域 21 之 15/7668
【汇编】中一 1138
没暇拽于 河西吐蕃都部署
【宋史】492/吐蕃传/14154
【汇编】中一 1131
沈阿当令 又作沈额特凌，河湟蕃部大首领
【长编标】374/9077
【宋会要】蕃夷 6 之 20/7828
沈党征注彪 阿里骨进奉人
【宋会要】蕃夷 6 之 27/7832
沈兼錢 瞎征妻妹
【宋会要】蕃夷 6 之 38/7837
沈额特凌 又作沈阿当令，河湟蕃部大首领

【长编影】374/22下
沈遵 磨毡角进奉人
【宋会要】蕃夷6之4/7820
沈遵太师 西蕃唃厮啰进奉首领，乞换汉官
【宋会要】蕃夷6之4/7820
沁巴结 又作青波吉，熙河刘旺诺尔帐下
【长编影】85/11下
【汇编】中一1537
沁布 唃厮啰绪出吐蕃嘉木布，嘉木布又作赞普，羌语讹为沁布
【汇编】中一1521
沁布结 又作钦波结，河湟蕃部毕斯波结之子
【长编影】511/14下、17上；517/7下
【汇编】中六5558、5560、5634
张讷儿潘 洮州木征进奉首领
【宋会要】蕃夷6之7/7822
张偻儸 西凉吐蕃贡使
【长编标】52/1150
【长编影】52/17下
阿乌 熙河洮岷军使
【长编标】273/6687
【长编影】273/12下
【汇编】中四4016
阿丹 廓州青丹谷首领
【长编纪事本末】140/1上
【汇编】中六5759
阿匝尔 又作阿作，归夏国唃厮啰部
【宋史】492/唃厮啰传/14162
【长编影】188/2下
【汇编】中三3249
阿令京 邈川城主温纳支郢成弟
【长编标】305/7417
【长编影】305/2下
【宋会要】蕃夷6之15/7826
【汇编】中四4110
阿令骨 又称阿里骨，河湟吐蕃首领
【宋史】15/神宗纪2/294
【长编标】323/7789
【长编影】323/12下
【宋会要】蕃夷6之13/7825、17/7827
【汇编】中四4050、4318
阿令结 又作阿尔嘉，湟州蕃部首领多罗巴长子
【金史】101/仆散端传/2232
【宋会要】兵17之30/7052
【东都事略】82/王厚传/6上
【长编纪事本末】139/5下、13下
【汇编】中六5729、5730、5731、5736、5741；下6748、6842
阿尔嘉 又作阿令结，降宋西蕃人
【系年要录】192/3225
【汇编】下6624
阿苏 河湟吐蕃果庄子
【长编标】507/12092；511/12172；513/12193、12195
【长编影】507/18上、18下；511/16下；513/1上、3上
【汇编】中六5505、5560、5564
阿克信 又作阿星，董戬部属
【长编影】329/3上
【汇编】中四4397
阿克凌 又作阿凌，河湟蕃官赵永寿之子，赐名世长
【长编影】489/8上
【汇编】中六5313
阿坚 瞎比牟蔺毡兼卒任女，特许承袭邑号
【宋会要】蕃夷6之41/7839
阿里骨 又作阿令骨、鄂特凌古，河湟吐蕃大首领
【宋史】17/哲宗纪1/321、326、327、331、335；18/哲宗纪2/340、343、345、346；337/范百禄传/10793；467/李宪传/13640；490/回鹘传/14117；492/阿里骨传/14165、14164
【长编标】254/6213；258/6295、6305；285/6991；315/7624；323/7785、7789；324/7801、7804；325/7820；331/7966；337/8119；338/8139；340/8192；341/8203、8205、8206；342/8220；346/8301、8302、8305、8307、8308；347/8320；348/8354；350/8385、8395；352/8449；363/8676；365/8771；366/8798、8800；367/8821；368/8862；369/8905；372/9012、9013；374/9077；380/9220；391/9509；398/9699；399/9721；400/9743；402/9777、9778、9779、

9781、9789；404/9840、9841、9842、9850、9852、9853、9856、9857、9858；405/9863、9864、9865、9868、9874；406/9881、9882、9892；407/9905、9906；408/9923；410/9989；412/10025；413/10042、10043；414/10059；421/10183；426/10299、10300；430/10396；436/10499；444/10680、10681、10682、10684、10685、10686、10690、10691、10692、10693、10694；445/10716、10719；454/10886；455/10912；457/10937；458/10959；460/11003；461/11015；465/11109；466/11135；472/11268、11269；474/11312、11313；476/11340、11350、11351；477/11358；479/11401；480/11417；481/11439；507/12091；511/12172；514/12222；515/12241；519/12348；520/12377、12384

【长编影】254/7 上；258/7 下、16 上；337/3 下；374/23 下

【东都事略】129/西蕃/3 下

【宋会要】兵 9 之 1/6906、28 之 32/7285；蕃夷 4 之 9/7718、6 之 11/7824、6 之 17/7827、6 之 18/7827、6 之 20/7828、6 之 21/7829、6 之 22/7829、6 之 24/7830、6 之 25/7831、6 之 27/7832、6 之 28/7832、6 之 29/7833、6 之 30/7833、6 之 35/7836、7 之 39/7859、7 之 40/7859、7 之 41/7860

【东坡全集】25/奏议/2 上、6 上、9 上；39/口宣/25 上

【东坡集】37/敕文/5 上

【宋大诏令集】239/西蕃阿里骨起复河西节度制（元祐元年二月丁丑）/938、诫约西蕃邈川首领河西军节度使阿里骨诏（元祐元年六月壬寅）/939、赐新除检校太保依前河西节度使阿里骨加恩官告敕书/939、赐阿里骨诏（元祐三年七月辛亥）/939、西蕃邈川首领阿里骨落起复制（元祐三年九月乙丑）/939；240/阿里骨检校太尉依前河西节度使仍旧西蕃邈川首领加恩制/941、赐阿里骨诏/941

【宋文鉴】36/6 下

【奏议标】97/常安民·上哲宗奏为种谊生擒鬼章赏未称功/1050；139/苏轼·上哲宗论前后致寇之由及当今待敌之要/1571、1572、范育·上哲宗论御戎之要/1574；141/苏辙·上哲宗乞约鬼章讨阿里骨/1593

【奏议影】97/常安民·上哲宗奏为种谊生擒鬼章赏未称功/3279；139/苏轼·上哲宗论前后致寇之由及当今待敌之要/4831、4835、139/范育·上哲宗论御戎之要/4839；141/苏辙·上哲宗乞约鬼章讨阿里骨/4898

【皇宋十朝纲要】10 下/4 上；12 上/4 下

【邵氏闻见录】13/144

【画墁集】补遗/游公（师雄）墓志铭/4 上

【栾城集】39/论西事状/15 上；41/再论熙河边事札子/9 下、三论熙河边事札子/17 下；42/四论熙河边事札子/1 上

【梁溪漫志】6/蜀中石刻东坡文字/2 上

【彭城集】20/拟答西夏诏书/281

【汇编】中四 3958、3971、3974、4050、4322、4506、4531；中五 4546、4577、4616、4671、4685、4686、4734、4794、4811、4817、4825、4854、4864、4867、4868、4869、4873、4876、4878、4887、4888、4892、4893、4913、4920、4941、4952、4966、4967、5016、5017、5025、5028、5054、5055、5058、5189、5190、5196、5225、5226、5229、5230、5237、5249、5252、5253、5264、5266；中六 5267、5775

阿作 又作阿匝尔，唃厮啰捺罗部首领

【长编标】188/4527

阿驴 又作阿鲁，青唐进奉小首领

【长编标】498/11848

【宋会要】蕃夷 6 之 27/7832、6 之 32/7834

阿罗 邈川吐蕃首领溪心弟

【长编标】305/7417

【长编影】305/2 下

【宋会要】蕃夷 6 之 15/7826

【汇编】中四 4110

阿星 又作阿克信，董毡部属

【长编标】329/7915

阿笃 又作阿道，邈川城主遣使

【长编标】302/7350、7351

【长编影】302/7 下

【宋会要】蕃夷 6 之 15/7826

【汇编】中四 4108

阿客比纳结逋 阿里骨进奉人

【宋会要】蕃夷 6 之 27/7832

阿凌 又作阿克凌，熙河蕃官，赵永寿男，赐名赵世长
【长编标】489/11605
【宋会要】蕃夷6之31/7834
阿理骨 又作阿里骨，河湟吐蕃首领
【长编标】314/7611
【长编影】314/11上
【汇编】中四4151
阿萨尔 嘉勒斯赉部下
【长编影】117/18上
【汇编】中一1713
阿敏 又作温阿明，邈川温阿旺格子，改名鄂特丹卓勒玛
【长编标】506/12058
【长编影】506/8下
【汇编】中六5485
阿雅卜 熙河蕃官
【长编标】334/8054
【长编影】334/21上
【汇编】中四4479
阿鲁 又作阿驴，青唐进奉小首领
【长编影】498/7下
【汇编】中六5392
阿道 又作阿笃，邈川蕃部首领巡检使
【长编影】302/7上
【汇编】中四4108
阿蒙 湟州蕃部首领多罗巴子
【宋史】328/王厚传/10583
【长编纪事本末】139/5下、8下
【东都事略】82/王厚传/6上
【汇编】中六5729、5730、5732、5736
阿厮结 鄯州洗纳等族大首领
【长编纪事本末】140/6上
【汇编】中六5770
阿撒四 河湟葩俄族大首领
【长编纪事本末】139/17下；140/1上、6上
【汇编】中六5749、5770
陇拶 又名隆赞、隆咱尔，青唐主，赐名赵怀德
【宋史】18/哲宗纪2/353；19/徽宗纪1/358；87/地理志3/2168；121/礼志24·受降献俘/2838；328/王厚传/10582、10583、10592；492/瞎征传/14166、14167
【长编标】514/12224、12232；515/12241、12242、12243、12247、12248、12261；517/12297、12299；519/12348、12349、12350
【东都事略】82/王厚传/6上；129/西蕃/4上；129/附录7·西蕃/4下
【宋会要】兵9之2/6906、9之4/6907、14之20/7002、17之21/7048；蕃夷6之34/7835、6之35/7836、6之37/7837、6之38/7837、6之39/7838
【奏议标】141/任伯雨·上徽宗论湟鄯/1595
【奏议影】141/任伯雨·上徽宗论湟鄯/4907
【长编纪事本末】139/1上
【宋大诏令集】240/西蕃首领陇拶河西节度制（元符三年三月）/941
【皇宋十朝纲要】14/7下
【忠惠集】5/代贺受降表/4下
【汇编】中六5462、5569、5571、5601、5603、5618、5676、5677、5678、5679、5719、5721、5724、5736、5853；下6377；补遗7392
陇通驴 谋复夺青唐城
【宋会要】蕃夷6之34/7835
陇逋了安 又作隆博罗安，阿骨里部将，包顺处羁管
【长编标】472/11268、11269
【宋会要】蕃夷6之25/7831
陇谕药四 又作隆伦约斯，阿里骨进奉人
【长编标】466/11135
【宋会要】蕃夷6之24/7830
鸡丁朴令骨 河湟大首领
【长编纪事本末】140/4下
【汇编】中六5767
鸡罗瞎药 青唐首领
【奏议标】141/文彦博·上神宗论进筑河州/1591
【奏议影】141/文彦博·上神宗论进筑河州/4891
驴彪 又作罗巴，心牟族大首领
【长编标】476/11350
【宋会要】蕃夷6之25/7831
纳儿剥 磨毡角进奉人

【宋会要】蕃夷6之4/7820

纳木沁 又作兀胜，熙河珠旺蕃部

【长编影】288/11上

【汇编】中四4069

纳布克 又作郍逋，青唐蕃部

【长编影】518/9上

【汇编】中六5648

纳吉 青唐部将

【长编标】516/12287

【长编影】516/21上

纳玛密戬 又作纳麻抹毡，青唐进奉大首领

【长编影】498/7下

【汇编】中六5392

纳克通 熙河固密族首领

【长编标】248/6059

【长编影】248/20上

【汇编】中四3910

纳克凌结 河湟蕃部首领

【长编标】226/5504

【长编影】226/4下

【汇编】中三3718

纳麻抹毡 又作纳玛密戬，青唐进奉大首领

【长编标】498/11848

【宋会要】蕃夷6之27/7832、6之32/7834

纳斯结 唃厮啰妻族

【宋会要】蕃夷6之1/7819

八画

青归兀邪 六心族大首领，青唐宰相

【长编纪事本末】140/4下

【汇编】中六5767

青归论征结 河湟蕃部首领

【长编标】514/12223、12227；516/12267；519/12348

【长编影】514/3下、13上、16上；516/4下；519/6上

【宋会要】蕃夷6之33/7835、36/7836、37/7837

【汇编】中六5584、5588、5609、5658

青诐吉 又作沁巴结，熙河刘王叔帐下

【长编标】85/1947

青迎结牟 回鹘公主，下嫁青唐

【宋会要】蕃夷6之38/7837

【汇编】中六5678

青罗 渭州蕃部

【宋会要】兵22之7/7147

青波 唃厮啰所部刘王叔帐下蕃部

【宋会要】蕃夷6之1/7819

青宜可 附金河湟吐蕃

【金史】12/章宗纪4/277；16/宣宗纪下/364；98/完颜纲传/2175、2182；106/术虎高琪传/2340

【汇编】下6814、6815、6816、6846、6879

青宜结毛 又作长结玛，遣人报说西蕃钦波结、苏南巴来降

【长编标】511/12169、12172

【宋会要】蕃夷6之33/7835

青宜结牟 龟兹公主，青唐吐蕃首领妻

【长编纪事本末】140/4上、4下

【东都事略】82/王厚传/6上；129/附录7西蕃/4下

【汇编】中六5766、5767、5769

青宜结果庄 又称果庄、果庄青宜结、青宜结鬼章，邈川都首领

【长编影】250/16下；285/18下；323/12下；349/11下

【汇编】中四3925、4050、4318

青宜结鬼章 又称鬼章、鬼章青宜结、青宜结果庄，邈川都首领

【宋史】15/神宗纪2/285、294；452/景思立传/13287；492/董毡传/14164

【长编标】250/6098；285/6991；323/7789；349/8378

【宋会要】兵9之1/6906；蕃夷6之13/7825、6之17/7827

【铁围山丛谈】2/12上

【汇编】中四3924、3930、4031、4050；中五4860

青宜奢罗 又作青宜赊罗，邈川布证族首领

【长编影】518/18下

【汇编】中六5652

青宜赊罗 又作青宜奢罗，邈川朴心族首领

【长编标】518/12337

【宋会要】蕃夷6之35/7836

青宜赊啰阿角四 河湟吐蕃温溪心所遣蕃僧

【潞公文集】37/辞免/9下

【汇编】补遗7371、7372

青觉儿 临洮苽黎五族都管

【金史】101/仆散端传/2232

【汇编】下6842

青斯巴 又作青厮扒，熙河熟羌

【长编标】271/6653

【长编影】271/17下

【汇编】中四4005、4006

青厮扒 又作青斯巴，熙河熟羌

【宋史】15/神宗纪2/289

【汇编】中四4005

松察克斯戬 又作笋昌厮均，河州多僧城大姓

【长编影】82/14下

【汇编】中一1521

卦斯敦 又作郭厮敦，河湟蕃僧

【长编影】444/3上

【汇编】中五5004

卦斯敦 又作郭厮敦，洮州蕃部首领

【长编影】247/14上

【汇编】中四3894

卦斯敦什宁 河湟吐蕃大首领果庄部下

【长编标】404/9840

【长编影】404/10下

【汇编】中五4846

若沮没移 赐名赵忠顺

【长编标】351/8408

【长编影】351/5上

【宋会要】蕃夷6之28/7832

【彭城集】19/蕃官皇城使简州刺史若沮没移可遥郡团练使/268

【汇编】中五4620；补遗7159

奔巴令阿昆 宗哥城蕃部

【长编纪事本末】139/11下

【汇编】中六5740

奔鞠 积石州答那寺僧

【金史】16/宣宗纪下/366

【汇编】下6880

奇鼎 董戬子

【长编标】340/8192

【长编影】340/13下

【汇编】中四4532

奇默特 熙河蕃官

【长编标】264/6477

【长编影】264/18下

【汇编】中四3992

抹令 秦凤路洮州蕃官庞逋撒次男

【宋会要】蕃夷6之39/7838

抹征 阿里骨大首领

【彭城集】20/拟答西夏诏书/281

【汇编】中五5055

抹征 董毡部下酋长

【宋史】492/董毡传/14164

【汇编】中四4150

抹征遵 河湟吐蕃董毡亲兵首领

【长编标】316/7637

【长编影】316/1上

【宋会要】蕃夷6之16/7826

【汇编】中四4174

抹啰 又作摩垒，宗哥唃厮啰谍者

【长编标】99/2302

拔藏党令结 又作巴勒藏达尔结，西蕃邈川首领

【长编标】285/6991

【宋会要】蕃夷6之13/7825

软驴脚四 又作顺律党依，邈川吐蕃首领温溪心部下

【长编标】436/10499

【宋会要】蕃夷6之23/7830、7之40/7859

卓萨沁格 宗哥蕃部

【长编标】89/2045

【长编影】89/9上

尚斯们 又作赏厮门，鄂特凌古属下

【长编影】472/9下

【汇编】中五5151

呵昔 又作格布锡，厮铎督外甥

【宋史】492/吐蕃传/14157

【长编标】59/1317

【宋会要】方域21之21/7671；蕃夷7之16/7847

【汇编】中一1417

呵咱尔 又作河啰，河湟吐蕃大首领果庄属部

【长编影】291/12 上
【汇编】中四 4080

帕勒布齐 又作邦逋支，西凉六谷政权首领潘罗支兄
【长编影】56/14 下

旺奇卜 又作旺奇巴，熙河蕃官
【长编影】228/16 下

旺奇巴 又作旺奇卜，熙河蕃官
【长编标】228/5556、5557

旺遵 熙河蕃僧
【长编标】277/6784
【长编影】277/15 上
【汇编】中四 4023

昌三 青唐溪巴温子
【长编标】507/12091
【长编影】507/17 下
【汇编】中六 5505

昌厮鸡 马兰川东抹邦一带吐蕃大首领
【宋会要】兵 9 之 6/6908

罗卜藏 又作禄尊，岷州蕃官
【长编影】291/2 上；302/8 上
【汇编】中四 4108、4077

罗日准 廓州蕃部大首领
【长编标】519/12352
【长编影】519/9 下
【汇编】中六 5660

罗巴 又作驴彪，青唐森摩族大首领
【长编影】476/13 上
【汇编】中五 5175

罗结 河湟龙川族首领
【奏议标】141/文彦博·上神宗论进筑河州/1590
【奏议影】141/文彦博·上神宗论进筑河州/4891

罗遵 又作鹿遵，迎摩正居洮州
【长编影】188/5 上
【汇编】中三 3250、3251

罗遵 又作鲁尊，廓州主
【长编影】426/5 下、6 上
【汇编】中五 4957、4958

固云沁巴 岷州归顺首领
【长编标】248/6047
【长编影】248/10 上
【汇编】中四 3907

果庄 又作鬼章，又称青宜结果庄，董戬部将，邈川都首领
【长编影】251/2 上；252/26 下；260/14 下；273/2 下、18 上；279/3 上、8 上、14 下、17 上、24 上；280/10 下；281/3 下；282/16 下；283/17 上；285/8 下；291/2 上、4 上、12 上；306/2 下；309/3 上；316/1 上；323/12 下；324/6 上；331/1 上；340/14 上；344/11 上；349/11 上；352/21 下；372/10 上；380/14 下；382/13 下；398/2 下；399/1 上；400/14 上；402/1 下、5 上、12 上；404/10 下、13 下、19 下、20 上、20 下；405/1 下、7 上；406/14 上；407/4 上、9 下、10 下；408/4 下、20 下；413/9 上；414/6 上；421/1 上；430/15 上；432/2 上；441/11 上；444/4 上、13 上；447/11 下；461/1 上、4 下；472/9 下；491/5 上；504/17 下；507/17 下；511/6 上、16 下；515/7 上
【初寮集】6/定功继伐碑/1 上
【汇编】中四 3932、3945、3982、4014、4017、4025、4026、4027、4030、4031、4034、4036、4042、4044、4049、4077、4078、4080、4112、4115、4172、4318、4322、4445；中五 4568、4621、4709、4739、4771、4772、4818、4819、4820、4830、4831、4832、4833、4835、4846、4847、4848、4849、4850、4859、4862、4863、4872、4883、4897、4898、4899、4900、4901、4903、4913、4916、4938、4939、4940、4954、4967、4968、4989、5007、5020、5039、5079、5151；中六 5324、5458、5505、5559、5560、5596；补遗 7436

果庄青宜结 即果庄，又作鬼章青宜结，河湟吐蕃大首领
【长编影】402/3 上；404/20 上
【汇编】中五 4831、4859

果藏 又作果庄、鬼章，河湟吐蕃大首领
【长编影】262/31 上
【汇编】中四 3987

物阿厮因 磨毡角进奉人
【宋会要】蕃夷 6 之 4/7820

和尔阿木都 又作华儿河笃，邈川蕃部次首领
【长编影】247/18 上
【汇编】中四 3901
岳居戬 又作岳居戬、鱼角蝉，河湟蕃部首领
【长编影】88/2 上；226/3 上；228/16 上
【汇编】中一 1561；中三 3716
郇逋 又纳布克，青唐蕃部首领
【长编标】518/12326
舍钦角四 又作结嘉沁扎实，向汉有功西蕃
【长编标】519/12348
【宋会要】蕃夷 6 之 36/7836
舍钦脚 宗哥大酋
【长编标】514/12217
【长编影】514/8 下
【皇宋十朝纲要】14/6 上
【汇编】中六 5576、5579
金山 西夏公主，下嫁青唐
【长编影】514/12 上
【宋会要】蕃夷 6 之 38/7837
【汇编】中六 5583
鱼角蝉 又作岳居戬，立文法于吹麻城
【宋史】8/真宗纪 3/161；258/曹玮传/8986；492/吐蕃传/14159
【长编标】88/2012、2014；91/2108；226/5502；228/5557；517/12303；518/12323；520/12356
【宋会要】兵 14 之 17/7001；蕃夷 6 之 34/7835、6 之 35/7836、6 之 36/7836
【宋朝事实类苑】78/1022
【乐全集】22/秦州奏唃厮啰事/20 下、21 上
【汇编】中一 1555、1560、1561、1563、1587
周萨纳齐 又作周斯那支，西凉六谷都巡检使
【长编影】59/9 下
【汇编】中一 1416
周斯那支 又作周萨纳齐，西凉六谷都巡检使
【宋史】492/吐蕃传/14157
【长编标】59/1317
【宋会要】方域 21 之 21/7671
【汇编】中一 1417
怯陵 又作策凌，邈川羌酋结药密部下
【宋史】492/阿里骨传/14165
【长编标】402/9789
【东都事略】129/西番/3 下
【宋会要】蕃夷 6 之 21/7829
【汇编】中五 4817
法满 西凉府进奉僧
【宋会要】方域 21 之 23/7672
河奘 青唐林金城蕃部首领
【长编纪事本末】140/4 下
【汇编】中六 5766
河啰 又作呵咱尔，河湟吐蕃鬼章部属
【长编标】291/7124
【宋会要】蕃夷 6 之 14/7825
波机 西凉吐蕃厮铎督部下
【宋史】492/吐蕃传/14158
【宋会要】方域 21 之 22/7672
【汇编】中一 1438
郑延美 西凉六谷押衙
【宋会要】方域 21 之 19/7670
【汇编】中一 1380
实宁巴 熙河永宁寨赐紫蕃僧
【长编标】298/7257
【长编影】298/15 下
实垒卒 熙河吐蕃，结吴延征母，赐永安县太君
【长编标】238/5786
【长编影】238/1 下
【汇编】中四 3803
郎阿章 又作狼阿章、朗阿克章，河湟蕃部首领
【宋史】318/胡宗回传/10371；335/种朴传/10749；350/苗履传/11069
【长编标】516/12283；518/12332、12333；520/12356
【长编纪事本末】139/1 上、4 上、14 下、20 上
【宋会要】蕃夷 6 之 38/7837
【奏议标】141/任伯雨·上徽宗论湟部/1594
【奏议影】141/任伯雨·上徽宗论湟部/4903
【汇编】中六 5634、5635、5637、5694、5724、5728、5743、5745、5754
郎结毡 吐蕃首领鬼章旧部族
【宋会要】蕃夷 6 之 11/7824、6 之 12/7824、6 之 21/7829
【奏议标】97/常安民·上哲宗奏为种谊生擒鬼

章赏未称功/917
【奏议影】97/常安民·上哲宗奏为种谊生擒鬼章赏未称功/3278
【汇编】中五 5265

郎结戬 河湟溪巴温舅
【长编标】507/12091
【长编影】507/17 下
【汇编】中六 5505

居戬 又作岳居戬、鱼角蝉，河湟蕃部首领毕斯波结子
【长编影】517/7 下；518/6 上；520/2 下
【汇编】中六 5634、5646、5668

经沁伊达木凌节 又作景青宜党令支，河湟吐蕃进奉人
【长编标】314/7611；315/7617；346/8302
【长编影】297/1 上、4 下；298/15 下；314/11 上；315/2 下；329/2 下；346/2 上
【汇编】中四 4089、4091、4092、4098、4151、4155、4397；中五 4580

经斡穆 洮州熟户大首领
【长编标】 398/9699；400/9743、9744；404/9842
【长编影】398/2 下；400/5 下；404/10 下
【汇编】中五 4818、4825、4847

九画

毒石鸡 西凉府吐蕃
【宋会要】蕃夷 7 之 18/7848

栋锡 又作东厮鸡，鄂特凌古部下
【长编影】472/9 下
【汇编】中五 5151

栋戬 又作董戬，河湟吐蕃大首领
【续资治通鉴】66/1632
【汇编】中三 3515

勃哆 又作博伊克，熙河兰岷归顺部落子
【长编标】498/11854

南纳支 又作索诺木纳木扎勒，阿里骨弟
【宋史】492/阿里骨传/14165
【长编标】430/10396
【汇编】中五 4967

药厮哥 甒秦州青鸡川蕃官
【宋会要】方域 19 之 3/762、20 之 17/7659；蕃夷 6 之 6/7821

药厮逋 武胜吐蕃首领
【宋史】350/王君万传/11070
【汇编】中四 3794

赵世长 河湟蕃官赵永寿之子阿克凌赐名
【长编标】489/11605
【长编影】489/8 上
【汇编】中六 5313

赵世昌 河湟蕃部赵永吉子，把羊族长
【金史】91/结什角传/2016
【汇编】下 6745

赵世朝 河湟吐蕃赵怀恩孙
【方舟集】16/赵郡王墓志铭/26 上
【汇编】下 6698

赵宁国 河湟吐蕃怀恩子
【宋会要】兵 17 之 29/7052、17 之 30/7052
【方舟集】16/赵郡王墓志铭/26 上
【汇编】下 6698、6741

赵永吉 河湟蕃官赵醇忠子，把羊族长
【金史】91/结什角传/2016
【长编标】489/11605
【长编影】489/8 上
【宋会要】蕃夷 6 之 31/7834
【汇编】中六 5319；下 6745

赵永寿 河湟蕃官赵醇忠子
【长编标】485/11528；489/11605
【长编影】485/9 上；489/8 上
【宋会要】兵 28 之 37/7288；蕃夷 6 之 28/7832、6 之 31/7834
【汇编】中五 5237、5238；中六 5287、5313

赵永保 河湟蕃官赵醇忠子
【长编标】485/11528；489/11605
【长编影】485/9 上；489/8 上
【宋会要】蕃夷 6 之 31/7834
【汇编】中六 5287、5313

赵永顺 河湟蕃官赵醇忠子
【长编标】489/11605
【长编影】489/8 上
【宋会要】蕃夷 6 之 31/7834
【汇编】中六 5313

赵永福 河湟蕃官赵醇忠子

【长编标】485/11528；489/11605
【长编影】485/9 上；489/8 上
【宋会要】蕃夷 6 之 31/7834
【汇编】中六 5287、5313

赵存忠 河湟吐蕃赵思忠弟巴毡抹赐名
【宋史】492/赵思忠传/14168
【长编标】254/6213
【长编影】254/7 上
【宋会要】蕃夷 6 之 11/7824
【汇编】中四 3957、3958

赵师古 河湟结什角侄
【金史】91/结什角传/2016；95/粘割斡特剌传/2108
【汇编】下 6744、6746

赵光朝 河湟吐蕃赵怀恩孙
【方舟集】16/赵郡王墓志铭/26 上
【汇编】下 6698

赵庆朝 河湟吐蕃赵怀恩孙
【方舟集】16/赵郡王墓志铭/26 上
【汇编】下 6698

赵安国 河湟吐蕃赵怀恩子
【方舟集】16/赵郡王墓志铭/26 上
【汇编】下 6698

赵怀义 河湟吐蕃木征子，陇拶弟
【宋史】492/瞎征传/14167
【长编标】254/6213；360/8606；519/12348
【长编影】254/7 上；360/2 上；519/6 上
【宋会要】兵 28 之 37/7288；蕃夷 6 之 11/7824、6 之 28/7832、6 之 36/7836
【方舟集】16/赵郡王墓志铭/26 上
【汇编】中四 4043；中五 4638、5237、5238；中六 5657、5678；下 6696

赵怀忠 湟河南蕃部都总管面什罗蒙赐名
【长编纪事本末】140/12 下
【皇宋十朝纲要】17/3 下
【汇编】中六 5844、5845

赵怀恭 青唐吐蕃首领董毡弟，本名益麻党征，大观年间羌人假其名归附，赐姓名赵怀恭
【宋史】448/郑骧传/13202
【汇编】中六 5909

赵怀恩 蕃名尼玛丹怎、益麻党征，河湟吐蕃赵怀德弟赐名
【宋史】24/高宗纪 1/446；154/舆服志 6/3594
【宋会要】兵 9 之 5/6908、17 之 21/7048、17 之 23/7049、17 之 24/7049、17 之 27/7051、17 之 29/7052；蕃夷 6 之 42/7839
【中兴小纪】1/14；18/219
【方舟集】16/赵郡王墓志铭/26 上
【梁溪集】176/建炎进退志总叙 3/4 下
【系年要录】6/166；83/1360；101/1651；106/1734；165/2698；177/2924
【汇编】下 6113、6114、6115、6376、6377、6398、6418、6421、6445、6592、6595、6602、6609、6696、6741、6759

赵怀德 青唐吐蕃王陇拶赐名
【宋史】19/徽宗纪 1/358、361、370；20/徽宗纪 2/374；328/王厚传/10583、10584；349/姚雄传/11060；350/刘仲武传/11081；452/高敏传/13285；492/瞎征传/14167
【长编标】519/12349
【长编影】519/6 上
【东都事略】82/王厚传/6 上、6 下；129/西蕃/4 下
【宋会要】兵 9 之 4/6907、17 之 22/7048、17 之 29/7052、17 之 30/7052；蕃夷 6 之 39/7838
【长编纪事本末】139/1 上、14 下；140/12 下
【奏议标】141/任伯雨・上徽宗论湟鄯/1595
【奏议影】141/任伯雨・上徽宗论湟鄯/4907
【宋大诏令集】240/赵怀德加恩制/944、赵怀德赠开府仪同三司追封怀化郡王制/945
【系年要录】6/166
【皇宋十朝纲要】17/3 下
【京口耆旧传】6/王厚传/16 下
【中兴小纪】18/219
【初寮集】6/定功继伐碑/1 上
【方舟集】16/赵郡王墓志铭/26 上
【汇编】中三 3592；中六 5603、5658、5676、5678、5679、5701、5704、5705、5719、5724、5736、5739、5743、5755、5769、5770、5781、5789、5791、5792、5844、5845、5846、5862；下 6115、6398、6742；补遗 7437

赵纯忠 又作赵醇忠，河湟吐蕃巴毡角赐名
【奏议标】141/苏轼・上哲宗乞约鬼章讨阿里骨/1593

【奏议影】141/苏轼·上哲宗乞约鬼章讨阿里骨/4898
【范太史集】44/资政殿学士范公（百禄）墓志铭/14 下
【汇编】中五 5197

赵昌朝 河湟吐蕃赵怀恩孙
【方舟集】16/赵郡王墓志铭/26 上
【汇编】下 6698

赵忠 河湟吐蕃巴鄂多尔济赐名
【长编标】258/6295
【长编影】258/8 上

赵忠顺 河湟吐蕃赵怀德子
【方舟集】16/赵郡王墓志铭/26 上
【汇编】下 6696

赵秉义 河湟吐蕃木征次子盖兀赐名
【宋史】492/赵思忠（木征）传/14168
【长编标】254/6213
【长编影】254/7 上
【宋会要】蕃夷 6 之 11/7824
【汇编】中四 3957、3958、4043

赵法温 河湟吐蕃赵怀恩父赐名
【方舟集】16/赵郡王墓志铭/26 上
【汇编】下 6696

赵绍忠 河湟吐蕃木征弟瞎吴叱
【宋史】492/赵思忠（木征）传/14168
【长编标】188/4529；254/6212；280/6861；283/6924；289/7076
【长编影】188/4；254/7 上；280/10 下；283/3 上；289/15 上
【宋会要】蕃夷 6 之 11/7824
【汇编】中三 3250；中四 3957、3958、4034、4043、4072

赵拱朝 河湟吐蕃赵怀恩孙
【方舟集】16/赵郡王墓志铭/26 上
【汇编】下 6698

赵显朝 河湟吐蕃赵怀恩孙
【方舟集】16/赵郡王墓志铭/26 上
【汇编】下 6698

赵思忠 河湟吐蕃木征赐名
【宋史】15/神宗纪 2/286；492/赵思忠（木征）传/14168
【长编标】188/4529；253/6191；254/6212；256/6255；258/6295；263/6426；265/6488；275/6723；283/6924；474/11314
【长编影】188/4 下；253/5 上；254/7 上；256/8 下；258/7 下、16 上；263/8 下；265/4 上；275/3 下；283/3 上；474/12 下
【宋会要】蕃夷 6 之 11/7824、6 之 12/7824
【方舟集】16/赵郡王墓志铭/26 上
【汇编】中四 3953、3957、3958、3966、3971、3974、3993、4019、4043；下 6696

赵钤辖 河湟吐蕃首领
【金史】84/昂传/1886
【汇编】下 6258

赵顺忠 河湟吐蕃董毡孙巴毡角改名
【金史】91/结什角传/2016
【汇编】下 6745

赵济忠 河湟吐蕃赵思忠弟赐名
【宋史】492/赵思忠（木征）传/14168
【长编标】188/4529；254/6212；259/6316
【长编影】188/4 下；254/7 上；259/7 上
【宋会要】蕃夷 6 之 11/7824
【汇编】中三 3250；中四 3957、3958

赵郡王 河湟吐蕃赵怀恩
【方舟集】16/赵郡王墓志铭/26 上
【汇编】下 6695

赵铁哥 河湟蕃部赵世昌之子，把羊族都管
【金史】91/结什角传/2016
【汇编】下 6745

赵继忠 河湟吐蕃赵思忠弟赐名
【宋史】28/高宗纪 5/529；486/夏国传下/14007；492/赵思忠（木征）传/14168
【长编标】254/6212；258/6295
【长编影】254/7 上；258/7 下
【宋会要】蕃夷 6 之 11/7824
【汇编】上 89；中四 3957、3958、3971、3977；下 6458

赵康朝 河湟吐蕃赵怀恩孙
【方舟集】16/赵郡王墓志铭/26 上
【汇编】下 6698

赵翊朝 河湟吐蕃赵怀恩孙
【方舟集】16/赵郡王墓志铭/26 上
【汇编】下 6698

赵惟吉 岷州蕃兵将

【长编标】334/8054；348/8341
【长编影】334/21 上；348/1 上
【汇编】中五 4593
赵熙朝 河湟吐蕃赵怀恩孙
【方舟集】16/赵郡王墓志铭/26 上
【汇编】下 6698
赵醇忠 巴毡角赐名，熙河吐蕃首领
【宋史】339/苏辙传/10830、10832；492/赵思忠传/14168
【长编标】254/6213；262/6408；265/6484；280/6861；296/7204；334/8054；351/8408；398/9699、9700；400/9743、9744；402/9779、9782、9840、9842；404/9840；405/9874；406/9882；443/10673；444/10681、10682、10686、10687、10690、10694；445/10716；447/10760；489/11605
【长编影】254/7 上；262/30 下；265/1 上；280/10 下；296/9 上；334/21 上；351/5 上；398/2 下；400/5 下；402/1 下、5 上；404/10 下；405/12 下；406/10 上；443/6 上；444/1 上、4 上、13 上；447/12 下；489/8 上
【宋会要】职官 43 之 59/3303；兵 28 之 37/7288；蕃夷 6 之 11/7824、6 之 21/7829
【奏议标】97/常安民·上哲宗奏为种谊生擒鬼章赏未称功/1049；139/范育·上哲宗论御戎之要/1574、1575；141/苏轼·上哲宗乞约鬼章讨阿里骨/1593
【奏议影】97/常安民·上哲宗奏为种谊生擒鬼章赏未称功/3278；139/范育·上哲宗论御戎之要/4841、4842；141/苏轼·上哲宗乞约鬼章讨阿里骨/4898
【东坡全集】25/奏议/6 上、9 上
【皇宋十朝纲要】12/4 下
【画墁集】补遗/游公（师雄）墓志铭/4 上
【栾城集】41/再论熙河边事札子/9 下、三论熙河边事札子/17 下
【汇编】中四 3957、3958、3987、3993、4034、4087、4316、4479；中五 4620、4817、4818、4819、4825、4832、4833、4846、4847、4848、4854、4887、4888、4896、5001、5003、5004、5005、5008、5009、5016、5019、5021、5025、5040、5041、5238、5265；中六 5312
赵阿令结 同知洮州，蕃官
【宋会要】仪制 10 之 37/2022
【系年要录】197/3319
【汇编】下 6727、6678
赵结成玛 河岷蕃官
【长编标】296/7204
【长编影】296/9 上
【汇编】中四 4087
赵兰毡厮鸡 青唐大首领，贡方物
【宋会要】蕃夷 6 之 40/7838
赵藺毡厮鸡 青唐大首领，贡方物
【宋会要】蕃夷 7 之 43/7861
赵毅 河湟吐蕃巴勒索诺木赐名
【长编标】258/6295
【长编影】258/8 上
面什罗蒙 又作缅什罗蒙，河湟南蕃部都总管，赐名赵怀忠
【长编纪事本末】140/12 下
【汇编】中六 5845
拽罗钵 西蕃首领，招呼蕃部归投西界
【宋会要】蕃夷 6 之 6/7821
哈喇额森 又作何郎业贤，河州羌
【长编影】82/14 下
昭逋 积石州桑逋寺僧
【金史】16/宣宗纪下/366
【汇编】下 6880
郢成 河湟吐蕃首领
【儒林公议】上/73 下
【汇编】中二 1789
郢成兰逋叱 又名李立遵，宗哥蕃僧
【宋会要】蕃夷 6 之 2/7819
郢成珂 又作郢城科，熙河蕃部
【临川集】73/与王子醇书/6 上
【汇编】中四 3792
郢成结 又名郢成简，青唐首领木征母，赐姓李
【宋史】492/赵思忠（木征）传/14168
【长编标】248/6063；254/6212
【宋会要】蕃夷 6 之 10/7823
【汇编】中四 3911、3957、3958
郢成斯那 末星族，献大、小落门寨地
【宋会要】方域 19 之 1/7626

郢成简 又作郢成结，青唐首领摩正母，赐姓李
【长编影】248/23 下；254/7 上
郢成蔺逋叱 又名李立遵、李尊、李遵、埒克遵、立遵、李埒克遵、李立遵、郢城琳布且，秦州宗哥族蕃僧
【长编标】83/1907；86/1979
郢城林布且 又名李立遵、李尊、李遵、埒克遵、立遵、李埒克遵、李立遵、郢成蔺逋叱，秦州宗哥族蕃僧
【长编影】86/13 下
【汇编】中一 1550
郢城科 又作郢成珂，熙河蕃部
【长编标】237/5767
【长编影】237/10 上
【汇编】中四 3795
郢城琳布且 又名李立遵、李尊、李遵、埒克遵、立遵、李埒克遵、郢城琳布且，河湟蕃僧
【长编影】83/18 下
【汇编】中一 1530
郢城温 迎喃厮啰为主
【儒林公议】上/4 上
【汇编】中一 1604
郢城嘉卜 熙河蕃官
【长编标】241/5879
【长编影】241/5 下
【汇编】中四 3826
钤令结 湟州吐蕃首领
【宋会要】蕃夷 6 之 36/7836
钤令结笃 又作策凌结，河湟蕃部首领
【长编标】520/12356
钦令征 又作策凌扎卜，河湟吐蕃归顺首领
【长编标】247/6022
【东都事略】82/王韶传/4 下
【奏议标】141/文彦博·上神宗论进筑河州/1591
【奏议影】141/文彦博·上神宗论进筑河州/4889
【汇编】中四 3823、3858
钦波结 又作沁布结，河湟吐蕃边厮波结之子
【长编标】511/12169、12172；517/12303
【宋会要】蕃夷 6 之 33/7835、6 之 34/7835、6 之 35/7836
饮奖 汀湟吐蕃
【长编纪事本末】139/4 下
【汇编】中六 5729
钦彪阿成 河湟吐蕃毕斯布结属下首领
【宋史】18/哲宗纪 2/352
【长编标】513/12202
【长编影】513/9 上
【汇编】中六 5568、5570
钦盘 厮铎督贡马使
【宋会要】方域 21 之 23/7672
香爱 熙河蕃部
【长编标】505/12027
【长编影】505/1 下
【汇编】中六 5465
看逋 积石州桑逋寺僧
【金史】16/宣宗纪下/366
【汇编】下 6880
促勒锡卜 又作崔悉波，西凉六谷吐蕃右厢副使
【长编影】49/15 上
【汇编】中一 1253
顺律坚戬 青唐溪巴温子
【长编标】507/12091
【长编影】507/17 下
【汇编】中六 5505
顺律觉依 又作软驴脚四，邈川吐蕃首领温锡沁帐下
【长编影】436/1 上
【汇编】中五 4977
禹藏讷令支 又作裕勒藏纳克凌结，青唐蕃部
【宋史】462/僧智缘传/13524
【汇编】中三 3714
禹藏郢成四 疑为裕藏颖沁萨勒，西使城及龛谷堡蕃族
【长编标】319/7707
【长编影】319/6 下
【汇编】中四 4239
鬼驴 又作古勒，河州山后首领
【长编标】272/6658
鬼章 又称鬼章青宜结、果庄，董毡大将，邈

川都首领
【宋史】15/神宗纪2/285、290、292；16/神宗纪3/311；17/哲宗纪1/324、325；314/范纯仁传/10287；328/安焘传/10566；332/10692、张诜传/10649、游师雄传/10689；335/种谔传/10746、种谊传/10748；336/吕公著传/10776；340/吕大防传/10842；344/王觌传/10942；349/姚兕传/11058、刘舜卿传/11063；350/苗授传/11068、张守约传/11073、赵隆传/11090；353/蒲卣传/11153；444/李廌传/13117；467/李宪传/13638、13639；468/李祥传/13649；492/董毡传/14164、阿里骨传/14165
【长编标】250/6098；251/6110；252/6178；260/6345；262/6408；272/6658；273/6676、6695；279/6821、6827、6835、6837、6839、6841、6842、6846；280/6861；281/6884；282/6904、6918；283/6941；285/6979；291/7111、7114、7124；306/7438；309/7496；316/7637；323/7785、7789；324/7801；331/7966；340/8192；344/8266；349/8378；372/9013；380/9235；382/9313、9314；398/9699、9700；399/9721；400/9743、9744；402/9777、9778、9779、9781、9789；404/9840、9841、9842、9843、9850、9851、9852、9853、9856、9857、9858；405/9862、9863、9864、9868、9873、9874；406/9882、9886、9890、9891、9892、9893；407/9898、9905；408/9923、9943；413/10042、10043；414/10059、10060；421/10183；430/10396；432/10425；441/10619；444/10685、10688、10690、10691、10693；447/10757；461/11015、11019；472/11268；491/11651；504/12017；507/12091、12092；511/12171、12172；515/12241
【东都事略】9/哲宗纪/3下；104/姚兕传/1上、姚麟传/2上；120/李宪传/5上；129/西蕃/3下
【宋会要】礼9之38/547、14之59/616；兵9之1/6906、9之3/6907、28之32/7285；蕃夷6之9/7823、6之10/7823、6之11/7824、6之16/7826、6之17/7827、6之18/7827、6之21/7829、6之22/7829、6之23/7830、6之30/7833
【奏议标】139/苏轼·上哲宗论前后致寇之由及当今待敌之要/1571、1572、范育·上哲宗论御戎之要/1574；141/苏辙·上哲宗乞约鬼章讨阿里骨/1592、1593
【皇宋十朝纲要】10上/3上、4上；12/4下、5上
【邵氏闻见录】5/42；13/144
【东坡全集】25/奏议/2上、6上、9上；26/奏议/述灾沴论赏罚及修河事缴进欧阳修议状札子/7下；40/批答/20下；41/祝文/18；79/进紫薇花诗/2上
【画墁集】补遗/游公（师雄）墓志铭/4上、11上
【栾城集】39/论西事状/15上；41/乞罢熙河修质孤、胜如等寨札子/2下、再论熙河边事札子/9下；45/贺擒鬼章表/2上
【铁围山丛谈】2/12上
【梁溪漫志】6/蜀中石刻东坡文字/2上
【彭城集】22/西蕃大首领鬼章可陪戎校尉制/311；25/为宰相贺擒鬼章表/358
【潞公文集】29/奏议/8上
【陇右金石录】3/41下、59下
【甘肃新通志】6/舆地志·山川上·兰州府·狄道州/7上、9上；9/舆地志·关梁·兰州府·河州/20上、舆地志·关梁·巩昌府·岷州/38下；13/舆地志·古迹·兰州府·河州/8下、舆地志·古迹·巩昌府·岷州/19下；93/艺文志/43下
【汇编】中四3859、3925、3931、3935、3936、3938、3940、3949、4014、4017、4025、4026、4027、4029、4030、4031、4032、4034、4039、4050、4427；中五4568、4811、4816、4817、4824、4845、4851、4852、4853、4854、4855、4856、4857、4858、4860、4861、4862、4863、4864、4865、4867、4868、4872、4873、4874、4875、4876、4877、4882、4886、4887、4888、4889、4890、4892、4893、4899、4900、4937、4939、5013、5016、5017、5252、5264、5265、5266；中六5316、5461、5629、5758、5775；补遗7337、7339、7340、7361、7362、7364、7366、7367

鬼章青宜结 又称果庄、果庄青宜结，河湟吐蕃大首领
【宋史】328/安焘传/10566；336/吕公著传/10776；349/刘舜卿传/11063
【长编标】402/9778；404/9851
【宋会要】蕃夷5之30/7833
【东坡全集】18/司马温公神道碑/46上；21/三马图赞并引页/10上
【甘肃新通志】13/舆地志·古迹·巩昌府·岷州/19下
【陇右金石录】3/41下
【鸡肋集】67/刑部侍郎杜公（纮）墓志铭/18上
【汇编】中五4856、4859、4860、4901、4904、5264；中六5273、5274；补遗7340、7364

俞龙 河湟首领
【儒林公议】上/73下
【汇编】中二1789

俞龙七 又作裕罗勒齐，青唐首领木征妻
【长编标】254/6212；258/6295；265/6488
【宋会要】蕃夷6之11/7824

俞龙珂 又作于龙呵、裕陵、裕啰格勒，青唐蕃部大首领，乞赐姓包名顺
【宋史】15/神宗纪2/281；328/王韶传/10579；350/王君万传/11069；462/僧智缘传/13524；464/高遵裕传/13576
【长编标】214/5205；226/5504；228/5556、5557、5558；230/5597、5605；233/5653
【东都事略】82/王韶传/3上
【宋会要】蕃夷6之7/7822
【汇编】中三3514、3566、3714、3718、3767、3877、3878

胪令结 又作多垒凌结，河湟吐蕃首领
【宋会要】蕃夷6之36/7836

恰凌 河湟吐蕃辖智母
【长编标】188/4530
【长编影】188/5上

洸京比啰厮鸡 阿里骨进奉人
【宋会要】蕃夷6之28/7832

洸纳阿结 又作斯纳阿结，河湟吐蕃
【长编标】516/12286
【宋会要】蕃夷6之34/7835

洛吴 又作娄吴，河湟蕃部首领
【长编标】520/12356
【宋会要】蕃夷6之36/7836

洛施军令结 主管廓州界蕃族大首领
【宋史】328/王厚传/10583
【宋会要】兵14之20/7002
【长编纪事本末】139/16下、18上；140/1上、4下、6上
【皇宋十朝纲要】16/12下、13上
【汇编】中六5748、5749、5750、5759、5767、5769、5770、5772、5790、5796

洛施军笃 董毡首领
【宋史】16/神宗纪3/305
【长编标】316/7637
【长编影】316/1上
【宋会要】蕃夷6之16/7826
【汇编】中四4173、4174

济实木 熙河蕃官包诚子，汉名包勇
【长编标】489/11606
【长编影】489/9上
【汇编】中六5314

觉来玛斯多卜 河湟吐蕃首领
【长编标】444/10680
【长编影】444/1上
【汇编】中五5002

觉勒玛斯多卜 邈川吐蕃首领温溪心子
【长编标】421/10183
【长编影】421/1上
【汇编】中五4954

娄吴 又作洛吴，河湟归明蕃酋
【长编影】520/2下
【汇编】中六5668

祝厮给四每 河湟吐蕃磨毡角进奉人
【宋会要】蕃夷6之4/7820

勇丁丹溪 熙州蕃部首领
【皇宋十朝纲要】16/12下
【汇编】中六5790

结兀 阿里骨进奉人
【宋会要】蕃夷6之24/7830、6之27/7832

结兀龊 又作结吼龊、结呃捉、结呃龊、结斡磋，青唐鬼章男
【宋会要】蕃夷6之21/7829、6之23/7830、6

之29/7833、6之33/7835、6之34/7835

结瓦 又作结呧，鄂特凌古进奉人

【长编影】466/9上

【汇编】中五5103

结瓦那征 河湟吐蕃大首领瞎毡子

【宋会要】蕃夷6之5/7821

结日卜聚 又作结施卒，河湟吐蕃摩正妻

【长编影】254/7上

【汇编】中四3958

结什角 河湟蕃部赵铁哥弟，乔家族首领

【金史】91/结什角传/2016、移剌成传/2016；95/粘割斡特剌传/2108

【汇编】下6699、6744、6745、6746

结布 又作结彪，熙河摩宗城首领

【长编标】271/6653；408/9942

【长编影】271/17下；408/20下

【汇编】中四4005、4006、4916

结布伊朗布 又作折逋喻龙波、折逋俞龙波、折逋游龙钵，西凉六谷左厢副使

【长编影】43/12下、13上；47/18上；49/15上；68/18上

【汇编】中一1252、1253

结叱兀 又作结察斡，阿里骨侄

【宋会要】蕃夷6之25/7831

结叱吼 又作结察斡，阿里骨侄

【长编标】474/11312

结令乾 湟州聂农族首领

【长编纪事本末】139/3上

【汇编】中六5727

结成丹 董毡女

【宋会要】蕃夷6之37/7837、6之38/7837

【汇编】中六5678

结成抹 又作结赤木，河湟吐蕃赵思忠部下

【长编标】254/6213

【宋会要】蕃夷6之11/7824

结叽捉 熙河蕃部首领

【宋会要】蕃夷6之30/7833

【皇宋十朝纲要】14/6下

【汇编】中五5263、5264

结叽龊 又作结兀龊、结呧捉、结呧龊、结斡磋，河湟吐蕃鬼章子

【皇宋十朝纲要】12/4下

【汇编】中五4817

结约 又作结药，邈川吐蕃首领

【长编影】402/12上

结约特 又作结药密，邈川吐蕃首领

【长编影】402/12上

【汇编】中五4835

结赤木 又作结成抹，河湟吐蕃赵思忠部下

【长编影】254/7上

【汇编】中四3958

结呧 又作结瓦，阿里骨进奉人

【长编标】466/11135

【宋会要】蕃夷6之24/7830、6之27/7832

结呧捉 又作结兀龊、结呧龊、结叽龊、结斡磋，鬼章子

【宋会要】蕃夷6之23/7830、6之29/7833

【奏议标】139/范育·上哲宗论御戎之要/1574

【奏议影】139/范育·上哲宗论御戎之要/4840

【潞公文集】29/奏议/8上

【汇编】补遗7366、7367

结呧龊 又作结兀龊、结呧捉、结叽龊、结斡磋，鬼章子

【宋史】17/哲宗纪1/324；492/阿里骨传/14165

【长编标】398/9699、9700；402/9777、9778；404/9843、9851；413/10043；414/10059、10060；430/10396；444/10681、10685、10687；461/11015；476/11340；511/12171；514/12231；515/12247；516/12265；517/12297

【宋会要】兵14之20/7002；蕃夷6之21/7829、6之33/7835、6之34/7835

结吴叱腊 又作结斡恰尔，青唐蕃僧

【宋史】462/僧智缘传/13524

【长编标】213/5188；226/5502、5504；230/5594、5597；235/5703

【汇编】中三3714

结吴延征 又作结斡延正、辖乌延正，瞎毡子，赐姓名赵济忠

【宋史】492/赵思忠（木征）传/14168

【长编标】188/4529；238/5786、5792；254/6212；474/11314

【长编影】474/12下

【宋会要】蕃夷6之8/7822、6之11/7824

【汇编】中四3957；中五5164

结吴那征 又作辖乌纳克戬，河湟吐蕃瞎毡子
【长编标】188/4529
结邻 董毡首领
【宋史】16/神宗纪3/306
【宋会要】蕃夷6之16/7826
【汇编】中四4313
结金 又作结锦，岷州蕃官
【长编标】291/7111
结药 又作结约，邈川吐蕃首领
【长编标】402/9789
【宋会要】蕃夷6之21/7829
结药密 又作结约特，邈川羌酋
【宋史】492/阿里骨传/14165
【长编标】402/9789
【东都事略】129/西蕃/3下
【汇编】中五4817
结星 河湟蕃官包诚子包信
【长编标】489/11606
【长编影】489/9下
【汇编】中六5314
结毡 又作朗格占，河州山后首领
【长编标】272/6658
【长编纪事本末】140/1上、12下
【汇编】中六5759、5845
结毡厖箦 熙河蕃部
【长编纪事本末】140/12下
【汇编】中六5845
结施心拶把拶 青唐边厮波结妻
【宋会要】蕃夷6之38/7837
结施卒 又作结日卜聚，河湟吐蕃赵思忠妻
【长编标】254/6212；258/6295
【长编影】258/8上
【宋会要】蕃夷6之11/7824
【汇编】中四3971
结施揽哥 河湟吐蕃王子
【长编标】363/8676
【长编影】363/2下
【汇编】中五4651
结施温 又作集星衮，河湟吐蕃温溪心孙
【长编标】493/11706
【宋会要】蕃夷6之31/7834
结逋脚 又作嘉卜卓，青唐蕃部大首领包顺子
【长编标】284/6960
【长编影】284/13下
【汇编】中四4047
结凌 河湟吐蕃董毡部属
【长编标】323/7782
【长编影】323/7上
结菊 宗哥城首领
【长编纪事本末】140/1上
【汇编】中六5759
结彪 又作结布，熙河木宗城首领
【宋史】15/神宗纪2/289；185/食货志下7/4529
【汇编】中四4005；中六5911
结博约特 熙河蕃部首领
【长编标】350/8389
【长编影】350/8上
【汇编】中五4613
结堪布伽 熙河蕃官
【长编标】408/9942
【长编影】408/20下
【汇编】中五4916
结斡延正 疑为结斡延正之误，又作结吴延征、辖乌延正，辖戬子，赐名赵济忠
【长编影】254/7上
【汇编】中四3958
结锦 又作结金，岷州蕃官
【长编影】291/2上
【汇编】中四4077
结斡延正 又作结吴延正、辖乌延正，辖戬子，赐名赵济忠
【长编影】238/1上、6下
【汇编】中四3803、3804
结斡沁 熙河吐蕃纳克通子，固密族巡检
【长编标】248/6059
【长编影】248/20上
【汇编】中四3910
结斡恰尔 又作结吴叱腊，武胜军蕃僧
【长编影】213/20下、21上、21下；226/2上、4下；230/8上、11上；235/8上
【汇编】中三3575、3716、3717、3718；中四3745、3748、3781
结斡磋 又作结唝捉、结唝龊，果庄青宜结子

【长编影】398/2 下；402/1 下；404/10 下、20 上；413/10 上；414/6 上；430/15 上；444/1 上、4 上；461/1 上；476/4 下；511/16 上；514/19 下；515/12 上；516/2 上、3 下、20 下；517/2 下
【汇编】中五 4818、4819、4830、4831、4848、4859、4860、4939、4940、4967、5003、5008、5009、5079、5169、5170；中六 5560、5591、5592、5601、5607、5608、5609、5620、5630

结嘉沁扎实 又作舍钦角四，向汉有功西蕃
【长编标】519/6 下

结斯鸡 唃厮啰首领
【长编标】363/8676
【长编影】363/2 下

结斯鸡 鄂特凌古帐下首领
【长编标】363/8676
【长编影】363/2 下
【汇编】中五 4651

结察斡 又作结叱吼，鄂特凌古侄
【长编影】474/11 下
【汇编】中五 5163

结摩约肆 熙河蕃官
【长编标】408/9943
【长编影】408/20 下

结默 河湟蕃官包诚子包才原名
【长编标】489/11606
【长编影】489/9 上
【汇编】中六 5314

给逋 河湟吐蕃鬼章部下
【长编标】372/9013
【长编影】372/11 上
【汇编】中五 4709

十画

埒克章 又作立章，廓州主使人
【长编影】426/5 下
【汇编】中五 4957、4958

埒克遵 又名李立遵、李尊、李遵、李埒克遵、立遵、郢城琳布且、郢城林布且，总噶尔蕃僧
【长编影】82/14 上、14 下、18 下；83/14 上；84/6 上；85/13 上、21 下；86/2 下、13 上；87/4 上；88/1 上；93/2 下；99/11 上；100/6 下；102/19 下；103/1 下；111/10 下
【汇编】中一 1521、1528、1533、1538、1543、1545、1553、1559、1593、1616、1632、1633

桂摩 河湟吐蕃大首领果庄妻
【长编标】511/12171、12172
【长编影】511/16 下
【汇编】中六 5559、5560

格乌 又作哥吴，岷州蕃官
【长编影】291/2 上
【汇编】中四 4077

格布锡 又作呵昔，西凉府六谷首领斯多特外甥
【长编影】59/9 下
【汇编】中一 1416

莽布 熙河蕃官包诚子，赐汉名包武
【长编标】489/11606
【长编影】489/9 上
【汇编】中六 5314

索诺木 熙河蕃官包诚子，汉名包强
【长编标】489/11606
【长编影】489/9 上
【汇编】中六 5314

索诺木丹怎 吐蕃大首领辖正季父
【长编影】507/17 下
【汇编】中六 5505

索诺木节 又作苏南结，吐蕃大首领果庄子
【长编影】441/11 上
【汇编】中五 4989

索诺木纳木扎勒 又作南纳支，吐蕃大首领鄂特凌古弟
【长编影】430/15 上
【汇编】中五 4967

哥吴 又作格乌，熙河洮岷蕃官
【长编标】291/7111
【宋会要】蕃夷 6 之 14/7825

贾人义 又作贾仁义，凉州教练使
【宋会要】方域 21 之 21/7671
【汇编】中一 1417

贾仁义 又作贾人义，西凉厮铎督教练使

【宋会要】蕃夷 7 之 16/7847

逋胜拉蹰 求通道于泾州

【宋会要】方域 21 之 14/7668

逋速鹘鹦 吐蕃左右厢副使，贡马

【宋会要】方域 21 之 22/7672

逋撒 秦凤路洮州首领

【宋会要】蕃夷 6 之 39/7838

捉马洛 谋复夺青唐城

【宋会要】蕃夷 6 之 34/7835

捉剥兵龙毡 谋复夺青唐城

【宋会要】蕃夷 6 之 34/7835

捉厮结特 河湟蕃官，因纳土特授白州刺史

【宋会要】蕃夷 6 之 41/7839

顿埋 熙河路蕃官

【宋史】15/神宗纪 2/288

【汇编】中四 3992

哲卜尊 熙河郭莽寺首领

【长编标】275/6726

【长编影】275/6 上

【汇编】中四 4020

党支 又作丹淋沁，阿里骨进奉人

【长编标】466/11135

【宋会要】蕃夷 6 之 24/7830

党失卑 又作当贝实、党失卑陵，河湟吐蕃李立遵族人

【长编标】87/1992

【宋会要】蕃夷 4 之 7/7717

党失卑陵 又作党失卑、当贝实，宗哥吐蕃立遵族人

【宋史】258/曹玮传/8986

【汇编】中一 1556

党令支 熙河蕃官

【宋史】492/董毡传/14164

【汇编】中四 4150

党征丹 董毡姊

【宋会要】蕃夷 6 之 38/7837

党征斯鸡 阿里骨进奉人

【宋会要】蕃夷 6 之 27/7832

党遵叱腊青 河湟吐蕃磨毡角进奉人

【宋会要】蕃夷 6 之 4/7820

唃厮啰 又作嘉勒斯赉、罝勒斯赉，河湟吐蕃政权首领

【宋史】8/真宗纪 3/158、159、161、168；9/仁宗纪 1/177；10/仁宗纪 2/194、201、203、205、206；11/仁宗纪 3/211、221；12/仁宗纪 4/230；14/神宗纪 1/264；258/曹玮传/8985、8986、8987；283/夏竦传/9572；284/陈尧咨传/9589；288/程琳传/9675；291/吴育传/9728；305/晁宗悫传/10087；310/李迪传/10171；315/韩亿传/10298；317/钱明逸传/10347；324/张亢传/10485、刘涣传/10493；325/刘平传/10501；442/石延年传/13071；448/郑骧传/13202；463/刘承宗传/13545；485/夏国传上/13981；492/吐蕃传/14159、14161、唃厮啰传/14160、14161、14162、瞎征传/14167

【长编标】82/1877；83/1902、1907；84/1917；85/1947、1949、1951、1958；86/1967、1974、1979；87/1992、1993、1996；88/2011、2012、2016；90/2079；91/2102、2110；93/2137；96/2231；97/2253；99/2302；100/2316；102/2370；111/2587；117/2765、2766；119/2814；120/2840；122/2887；123/2901、2908、2909、2912；124/2920；125/2956、2957；126/2973、2980；127/3008；128/3035、3037；130/3083；131/3113；132/3134；135/3220；158/3823；160/3875、3876；169/4073；187/4510；188/4527；190/4601；191/4616；197/4774；202/4891、4896；226/5502；262/6393；365/8771；455/10912；507/12091；519/12348

【长编影】365/24 下

【东都事略】129/西蕃/3 上；129/附录 7 西蕃/1 下、2 上

【隆平集】7/参知政事・韩亿传/7 上；9/枢密曹玮传/11 下

【宋会要】礼 29 之 49/1088；兵 27 之 25/7259；蕃夷 4 之 6/7716、4 之 7/7717；6 之 1/7819、6 之 2/7819、6 之 5/7821、6 之 7/7822、6 之 35/7836、7 之 19/7849、7 之 20/7849、7 之 22/7850、7 之 24/7851、7 之 25/7852、7 之 26/7852、7 之 28/7853、7 之 30/7854

【奏议标】45/任伯雨・上徽宗论月晕围昴毕/470；132/刘平・上仁宗乞选用酋豪各守边郡/1455、田况・上仁宗兵策十四事/1469；

【长编标】82/1877
【东都事略】129/附录7西蕃/1下
【汇编】中一1394

狼阿章 又作郎阿章、朗阿克章，河南蕃部
【宋史】350/刘仲武传/11081
【汇编】中六5755

郭干苏 又作郭厮敦，南市归顺蕃部
【长编影】90/1下

郭干苏 又作郭厮敦，与嘉勒斯赉立文法于哩旺族
【长编影】86/9上

郭厮敦 又作卦斯敦，洮州蕃僧
【长编标】444/10681

郭厮敦 又作郭干苏，南市归顺蕃部
【长编标】90/2068
【宋会要】兵27之19/7256

郭厮敦 又作卦斯敦，洮洲蕃部首领
【长编标】247/6022
【奏议标】141/文彦博·上神宗论进筑河州/1591
【奏议影】141/文彦博·上神宗论进筑河州/4894
【东都事略】82/王韶传/4下
【汇编】中四3823、3858

凌占 熙河蕃官
【长编标】408/9943
【长编影】408/20下
【汇编】中五4916

凌占结结 河湟吐蕃
【长编标】500/11906
【长编影】500/6下
【汇编】中六5418

凌结溪丹 廓州蕃部首领
【长编标】519/12352
【长编影】519/9下
【汇编】中六5660

凌结摩 又作锡令结牟，董毡妻契丹公主
【长编标】515/12241、12242
【长编影】515/6上、10上
【汇编】中六5596、5597、5600

益麻党征 又作尼玛丹怎，西蕃董毡弟，赐名赵怀恩
【宋史】21/徽宗纪3/398；357/刘延庆传/11236、11237；448/郑骧传/13202
【宋会要】蕃夷6之42/7839
【三朝北盟会编】109/4上
【中兴小纪】1/14
【系年要录】6/166
【梁溪集】176/建炎进退志总叙3/4下
【汇编】中六5909、5910；下6113、6114、6115；补遗7100

兼钱 阿里骨帐下大首领
【彭城集】20/拟答西夏诏书/281
【汇编】中五5055

兼篯 又作置木沁，阿里骨部下
【长编标】406/9892

诺尔斯多 洮州蕃官
【长编标】273/6687
【长编影】273/12下
【汇编】中四4015、4016

朗阿克章 又作狼阿章、朗阿克章，溪巴温舅郎戬子
【长编标】515/12241；517/12303、12313
【长编影】515/6上、18上；516/18上；517/8上、15下；518/14上、15下；520/2下
【皇宋十朝纲要】14/6下
【汇编】中六5596、5597、5616、5636、5637、5640、5649、5668、5669

朗珪律 河湟吐蕃
【长编标】515/12241
【长编影】515/7上
【汇编】中六5596

朗格占 又作结毡，河州山后首领
【长编影】272/3上

朗格占 河湟吐蕃首领
【长编标】405/9868
【长编影】405/7上
【汇编】中五4882、4883

十一画

萨卜赛 河湟吐蕃董戬进奉大首领
【长编标】346/8302；350/8395；427/10334
【长编影】346/2上；350/12下；427/18下

【汇编】中五 4580、4616

萨纳坦 河湟蕃官包忠子包遵
【长编标】492/11678
【长编影】492/2 上
【汇编】中六 5337

黄师闵 河湟吐蕃赵怀恩长女婿
【方舟集】16/赵郡王墓志铭/26 上
【汇编】下 6698

曹遵 唃厮啰使人，蕃僧
【宋会要】蕃夷 6 之 5/7821

梦阿郎 阶州宕昌蕃部首领
【皇宋十朝纲要】16/11 下
【汇编】中六 5782

硕阿苏 河湟大首领结斡磋弟
【长编标】516/12286
【长编影】516/20 下
【汇编】中六 5620

硕隆赞 又作小陇拶，河湟蕃部首领
【长编影】519/6 下
【汇编】中六 5658

彪抹 河湟吐蕃边厮波结女婿
【宋会要】蕃夷 6 之 38/7837

彪逋 河湟吐蕃磨毡角进奉人
【宋会要】蕃夷 6 之 4/7820

常丑丹波 河州沈千族首领
【奏议标】141/文彦博·上神宗论进筑河州/1590
【奏议影】141/文彦博·上神宗论进筑河州/4889
【汇编】中四 3821

常尊 熙河熟户首领
【长编标】283/6941
【长编影】283/17 下
【汇编】中四 4044

野毡 又作叶占，青唐神波族首领
【长编标】518/12326
【宋会要】蕃夷 6 之 35/7836

鄂特凌 洮河武胜军一带蕃部首领
【长编标】232/5632
【长编影】232/5 上
【汇编】中四 3761

鄂特凌古 又作阿里骨，河湟吐蕃首领
【长编标】408/9943
【长编影】254/7 上；285/18 下；315/9 上；323/12 下；324/6 上、8 上；325/7 上；331/1 上、4 下；338/2 下；340/13 下；341/7 下、10 上；342/2 上；346/1 上、4 上、6 上；347/1 上；348/11 下；350/3 下、12 上；352/21 下；363/2 下；365/24 下；366/20 上、22 上；367/1 上；368/12 上；369/12 下；372/10 上；380/1 下；391/5 下；398/2 下；399/1 上；400/5 下；402/1 上、1 下、5 上、12 上；404/10 下、19 下、20 下；405/7 上；406/14 上；407/9 下、10 下；408/4 下；410/8 下；412/7 上；413/9 上；414/6 上；421/1 上；426/5 下；430/15 上；436/1 上；444/1 上、4 上、13 上；445/6 上；454/8 上；455/10 下；457/2 上；458/7 上；460/8 下；461/1 上、4 下；465/11 下；466/9 上；472/9 下；474/11 下；476/4 下、13 上；477/5 下；479/1 下；480/2 下；481/5 上；511/16 下；514/12 上；515/7 上；520/19 上、24 上
【范太史集】44/资政殿学士范公（百禄）墓志铭/14 下
【汇编】中四 3958、4050、4161、4318、4322、4324、4333、4445、4532、4535、4536、4537；中五 4546、4579、4580、4581、4586、4597、4615、4621、4651、4661、4672、4685、4687、4689、4692、4709、4797、4818、4820、4825、4830、4831、4832、4833、4835、4846、4847、4848、4850、4863、4882、4898、4899、4901、4903、4913、4938、4939、4940、4954、4957、4958、4967、4977、5002、5003、5004、5007、5008、5019、5020、5057、5058、5059、5060、5064、5078、5079、5080、5090、5103、5151、5163、5169、5170、5175、5176、5178、5179、5197、5207；中六 5560、5669、5671

鄂特凌敦 熙河蕃官
【长编标】408/9943
【长编影】408/20 下
【汇编】中五 4916

鄂鄂尔 熙河汪洛施族都虞侯
【长编标】380/9238

【长编影】380/17 下
【汇编】中五 4740
鄂德 熙河蕃官
【长编标】408/9942
【长编影】408/20 下
【汇编】中五 4916
崔悉波 又作促勒锡卜，西凉府六谷吐蕃右厢副使
【长编标】49/1079
【宋会要】方域 21 之 16/7669
�季嘶罗 宗哥吐蕃首领唃厮啰
【宋会要】职官 41 之 85/3209
【汇编】中一 1541
章罗谒兰冬 积石州蕃部首领
【金史】101/仆散端传/2232
【汇编】下 6842
章鄂特 熙河兰会蕃官
【长编标】348/8344
【长编影】348/3 下
章穆辖卜 又作长牟瞎逋，河湟吐蕃鄂特凌古母
【长编标】340/8192
【长编影】340/13 下
【汇编】中四 4532
麻宗道 熙河蕃官
【长编标】252/6179；258/6305
【长编影】252/28 下；258/16 上
【汇编】中四 3974
麻令一缩 又作玛哩伊磋，阿里骨进奉人
【长编标】466/11135
【宋会要】蕃夷 6 之 24/7830
康蒙 洮河蕃部首领
【长编标】226/5503
【长编影】226/4 上
康藏星罗结 疑为新罗结，董裕部族
【长编标】213/5189
【长编影】213/20 下、21 上
鹿遵 又作罗遵，迎摩正居洮州
【长编标】188/4530
【奏议标】141/文彦博·上神宗论进筑河州/1591
【奏议影】141/文彦博·上神宗论进筑河州/4889
【汇编】中四 3822
惊讹失罗 朝宋西凉蕃僧
【宋会要】方域 21 之 23/7672
添令 湟州吐蕃大首领
【长编标】518/12337
【长编影】518/18 下
【长编纪事本末】139/9 上
【汇编】中六 5734、5735
密卜尊 与擅入界蕃僧旺遵同行
【长编标】277/6784
【长编影】277/15 上
【汇编】中四 4023
密官捉作 阿里骨进奉人
【宋会要】蕃夷 6 之 28/7832
盖兀 又作盖呒、噶斡，河湟吐蕃赵思忠子，赐名赵秉义
【长编标】254/6213
【宋会要】蕃夷 6 之 11/7824
盖呒 又作噶斡，河湟吐蕃赵思忠子，赐名赵秉义
【宋史】492/赵思忠传/14168
【汇编】中四 3957
隆吉卜 又作冷鸡朴，熙河生户
【长编影】275/6 上；279/24 上；282/3 下、4 上
【汇编】中四 4020、4031、4032、4041、4042
隆伦约斯 又作陇谕药四，河湟吐蕃首领
【长编标】466/9 上
【汇编】中五 5103
隆咱尔 又作隆赞、陇拶，河湟吐蕃大首领赵怀德蕃名
【方舟集】16/赵郡王墓志铭/26 上
【汇编】下 6695
隆博罗安 又作陇逋了安，河湟吐蕃大首领鄂特凌古属下
【长编影】472/9 下
【汇编】中五 5151
隆赞 又作陇拶、隆咱尔，溪巴温子，青唐主
【长编标】507/12091
【长编影】507/17 下；514/10 下、14 上、20 下；515/7 上、7 下、8 上、8 下、12 下、22

下；517/9 上；519/6 上、6 下、7 上、8 上
【汇编】中六 5505、5581、5585、5592、5597、5598、5601、5605、5607、5608、5609、5612、5645、5646、5647、5648、5657、5658、5669、5671
续本洛 河湟吐蕃木征子
【宋会要】兵 14 之 18/7001
绰尔结 又作錢罗结，河湟吐蕃辖正属部
【长编标】517/12304
【长编影】507/17 下、18 上、18 下；514/16 上、19 下；515/8 下；516/21 上；517/9 上
【汇编】中六 5505、5506、5588、5592、5598、5620、5621、5637

十二画

博伊克 又作勃哆，熙河兰岷归顺部落子
【长编影】498/12 下
博罗齐 又作潘罗支，西凉六谷吐蕃政权首领
【长编影】49/14 下、15 上；50/17 下、19 上；54/3 下、5 下、6 上、8 下、13 上；56/4 上、5 上、7 上；58/4 上、5 上；59/9 下；341/10 上
【文庄集】14/陈边事十策/1 上
【汇编】中一 1251、1252、1253、1286、1288、1345、1348、1349、1350、1351、1357、1376、1379、1381、1405、1407、1416；中二 1797、1799；中四 4537
博啰齐 又作博罗齐、潘罗支，西凉六谷吐蕃政权首领
【长编影】53/1 上；55/8 下；68/18 上；123/17 下；126/17 上；204/2 下
斯多 探事蕃部
【长编标】473/11287
【长编影】473/8 上
【汇编】中五 5155
斯多正 宗哥埒克遵帐下大首领
【长编影】102/19 下
【汇编】中一 1632
斯多格 熙河汪洛施族副军主
【长编标】380/9238
【长编影】380/17 上
【汇编】中五 4739
斯多特 又作厮铎督，秦州总噶尔蕃部
【长编影】85/16 下
斯多特 又作厮铎督，西凉六谷大首领
【长编影】56/15 上；58/4 上、5 上；59/9 下；62/3 上；63/14 上；64/12 下；65/13 下；66/19 下；67/17 下；68/18 下；70/19 下；71/7 下；72/17 下；76/8 下、12 上；79/13 上；82/8 下；83/18 下；84/16 下；85/11 下；86/13 上
【汇编】中一 1405、1407、1416、1443、1453、1463、1469、1480、1482、1488、1503、1530、1536、1537、1550；中四 4537
斯多展 又作厮铎毡，河湟归明蕃部小首领
【长编影】520/2 下
【汇编】中六 5668
斯纳阿结 又作洗纳阿结，河湟吐蕃
【长编影】516/20 下
【汇编】中六 5620
斯鸡彪龙哥令 熙河鬼驴族
【长编纪事本末】139/17 上
【汇编】中六 5749
斯结木磋 河湟蕃官包诚子包忠蕃名
【长编标】489/11606
【长编影】489/9 下
【汇编】中六 5314
斯班 又作欺巴温，河州山后首领朗格占锣
【长编影】272/3 上
斯敦巴 又作厮敦琶，西凉府移卑山首领
【长编影】54/5 下
斯满 又作厮陁完，西凉府六谷大首领博啰齐外甥
【长编影】56/5 上
【汇编】中一 1379
欺丁磨彪苏南兰逋叱 吐蕃大首领董毡子
【宋会要】蕃夷 6 之 7/7822
欺巴温 又作斯班，河州山后首领结毡锣
【长编标】272/6658
【宋会要】蕃夷 6 之 11/7824
欺巴温 河湟吐蕃首领
【奏议标】141/文彦博・上神宗论进筑河州/1590、1591

【奏议影】141/文彦博·上神宗论进筑河州/4891

欺巴温 又作溪巴温，嘉勒厮赉zh扎宰庸哝之孙

【宋史】328/王韶传/10579

【长编影】476/14 上

【长编纪事本末】139/17 下

【续资治通鉴】66/1632

【汇编】中三 3513、3515；中四 3821、3822；中五 5176；中六 5750

欺南陵温籛逋 又作齐囊凌衮沁布，唃厮啰本名

【长编标】82/1877

【乐全集】22/秦州奏唃厮啰事/20 上

【汇编】中一 1394

散八昌郡 又作缴巴沁鼐、散巴昌郡，河湟吐蕃出使西夏使臣

【宋史】486/夏国传下/14007

【汇编】上 79

散巴昌郡 又作散八昌郡、缴巴沁鼐，河湟吐蕃出使西夏使臣

【长编标】350/8384

彭布锡卜萨 垒、宕一带部族大首领

【长编标】516/12271、12284

【长编影】516/7 上、18 上

【汇编】中六 5610、5616

董古 又名董谷，赐名赵继忠，河湟吐蕃木征弟

【长编标】248/6063

【长编影】248/23 下；254/7 上；258/8 上

董谷 又名董古，赐名赵继忠，河湟吐蕃木征弟

【宋史】492/赵思忠传/14168

【长编标】233/5659；254/6212；258/6295

【长编影】233/14 上

【宋会要】蕃夷 6 之 9/7823、6 之 11/7824

【汇编】中四 3770、3911、3957、3958、3971

董讷支兰毡 董讷支蔺毡、董讷芝临占，董毡帐下首领结邻子

【宋史】16/神宗纪 3/306

【汇编】中四 4313

董讷支蔺毡 又作董纳芝临占，董毡帐下首领结邻子

【宋会要】蕃夷 6 之 16/7826

董纳芝临占 又作董讷支蔺毡，河湟吐蕃结凌子

【长编标】323/7782

【长编影】323/7 上

董矩 又作董菊，青唐董戬侄溪巴温子

【长编影】474/11 下

【汇编】中五 5163

董毡 又作董戬，唃厮啰子，河湟吐蕃首领

【宋史】14/神宗纪 1/264；15/神宗纪 2/278、297；16/神宗纪 3/304、305、306、308；17/哲宗纪 1/318、321；311/吕弼传/10214；326/景泰传/10518；328/王韶传/10579；332/张诜传/10649；335/种谔传/10746、种谊传/10748；350/张守约传/11073；448/郑骧传/13202；467/李宪传/13638、13639、13640；485/夏国传上/13981；486/夏国传下/14007；490/于阗传/14109；492/唃厮啰传/14162、董毡传/14164、阿里骨传/14165

【金史】91/结什角传/2016

【长编标】119/2814；127/3008；188/4527；191/4616；197/4774；202/4896；213/5188；218/5308；226/5501；227/5527；228/5557；230/5595、5596、5600、5604；233/5648、5651、5655、5666；238/5792；241/5879；247/6026；250/6092、6098、6109；251/6111；262/6384、6387；273/6687；277/6784；282/6904；285/6979、6991；286/6996、6997、7000；289/7076；290/7103；291/7111、7114；297/7216、7221；298/7256；305/7425；309/7494；313/7592；314/7603、7604、7608、7612；315/7617、7624、7633；316/7637、7644、7648；317/7661；323/7784、7785、7789；324/7804；325/7820；326/7857；329/7915、7939；330/7948；331/7966、7981；335/8061、8063；337/8119；338/8139；340/8192；341/8203、8205、8206；342/8220；343/8241；344/8253；346/8302、8305、8307、8308；348/8353、8354；349/8378；350/8382、8383、8384、8395；352/8449；353/8464；354/8473；364/8728；365/8771；368/8862；372/9012、9013；402/

9777、9779；404/9840、9852、9853、9858；405/9863；427/10333；444/10681、10682、10686、10690；474/11312；511/12172；513/12194；514/12222；515/12241；518/12325；519/12348、12350；520/12377

【东都事略】82/王韶传/3 上；120/李宪传/5 上；129/附录 7 西蕃/3 上、4 上

【宋会要】兵 8 之 22/6898、8 之 24/6899、9 之 1/6906、28 之 31/7285；方域 19 之 47/7649；蕃夷 4 之 17/7722、6 之 1/7819、6 之 6/7821、6 之 7/7822、6 之 8/7823、6 之 13/7825、6 之 15/7826、6 之 16/7826、6 之 17/7827、6 之 18/7827、6 之 19/7828、6 之 27/7832、6 之 30/7833、6 之 35/7836、6 之 39/7838、7 之 35/7857、7 之 36/7857、7 之 38/7858

【长编纪事本末】140/8 下

【续资治通鉴】66/1632

【奏议标】97/常安民·上哲宗奏为种谊生擒鬼章赏未称功/1049；137/韩琦·上神宗答诏问北边事宜/1542；138/吕陶·上哲宗请以兰州二寨封其酋长/1560；139/苏轼·上哲宗论前后致寇之由及当今待敌之要/1571、范育·上哲宗论御戎之要/1574；141/文彦博·上神宗论进筑河州/1590

【奏议影】97/常安民·上哲宗奏为种谊生擒鬼章赏未称功/3277；137/韩琦·上神宗答诏问北边事宜/4740；138/吕陶·上哲宗请以兰州二寨封其酋长/4794；139/苏轼·上哲宗论前后致寇之由及当今待敌之要/4831、范育·上哲宗论御戎之要/4840；141/文彦博·上神宗论进筑河州/4890

【元刊梦溪笔谈】25/31

【文昌杂录】1/3 上

【宋大诏令集】239/西蕃邈川首领董毡移镇西平节制/932、董毡特进制/937、西蕃阿里骨起复河西节度制/938、诫约西蕃邈川首领河西军节度使阿里骨诏/939

【东轩笔录】7/4 上

【东坡全集】25/奏议/2 上；41/祝文/18 下

【东原录】34 下

【乐全集】23/奏夏州事宜/1 上

【司马文正公集】7/章奏 5/12 上

【华阳集】18/赐董毡加食邑实封诰敕示谕诏/219、赐起复董毡官告敕牒封衣等示谕诏/220

【安阳集】家传 7/5 上、10/2 下

【系年要录】6/166

【皇宋十朝纲要】10 下/4 上

【邵氏闻见录】13/144

【画墁集】补遗/游公（师雄）墓志铭/4 上

【临川集】73/与王子醇书/6 下

【栾城集】39/论西事状/15 上；41/再论熙河边事札子/9 下

【铁围山丛谈】2/12 上

【梁溪漫志】6/蜀中石刻东坡文字/2 上

【稽古录】20/94 下

【潞公文集】26/奏议/1 上

【汇编】上 48、76；中一 1564；中三 3297、3349、3385、3387、3388、3389、3421、3486、3513、3514、3515、3634、3635、3714；中四 3752、3754、3792、3793、3821、3822、3881、3924、3935、3936、3984、4026、4032、4039、4050、4051、4089、4090、4114、4119、4130、4150、4158、4173、4181、4275、4313、4318、4322、4323、4427、4482、4531、4533；中五 4546、4624、4654、4671、4686、4697、4734、4854、4860、4864、4865、4868、4872、4873、4876、5016、5252、5265；中六 5571、5775、5909；下 6115、6745；补遗 7313、7355、7357

董菊 又作董矩，青唐董戬侄溪巴温子

【长编标】474/11312

【宋会要】蕃夷 6 之 25/7831

董裕 河湟吐蕃首领

【长编标】212/5145、5161、5162；213/5188、5189；214/5205

【长编影】212/2 下、17 上、18 下；213/20 下；214/11 下

【汇编】中三 3575

董戬 又作董毡，嘉勒斯赉子

【宋史】492/阿里骨传/14165

【长编标】366/8798；380/9220；381/9283

【长编影】119/16 下；127/5 上；188/2 下；191/6 上 197/6 上；202/6 下；213/20 下；218/14 下；226/2 上；227/6 上 228/15 下；

230/8 上、15 上；233/3 下、6 下、19 上；233/9 下；238/6 下；241/5 上；247/18 上；250/16 上；251/2 上；262/10 下；273/12 下；277/15 上；282/4 上、16 下；285/8 下、18 上、18 下；286/2 下、3 下、6 上；289/15 上；290/16 上；291/4 上；297/1 上、4 下；298/15 下；305/9 下；309/2 上；313/10 上；314/4 下、9 上；315/2 上、5 下、9 上、16 下；316/1 上、6 下、9 下；317/5 上；323/12 下；324/8 上；325/7 上、8 上；326/16 下；329/2 下、22 下；330/4 上；331/1 上、13 上；335/1 上、2 上；337/3 下；338/2 下；340/13 下；341/7 下、10 上、11 下、12 上；342/2 上；343/6 下；344/1 上；346/1 上、4 上、6 上；348/11 下、12 上；349/11 上；350/12 上、12 下；352/22 上；353/8 上；354/5 上；364/27 下；365/24 下；366/20 上、22 上；368/12 上；372/10 上；380/14 下；381/30 上；402/1 下；404/10 下、20 下；405/3 上；427/18 下；444/1 上、4 上；474/11 下、12 下；511/16 下；513/1 上；514/12 上；515/6 上、12 上；518/7 上、15 上；519/6 上、7 上；520/18 下

【皇宋十朝纲要】10 下/4 上

【涑水记闻】12/16 下

【文庄集】14/陈边事十策/1 上

【方舟集】16/赵郡王墓志铭/26 上

【汇编】中一 1733、1799、1800、1999、2000；中三 3249、3250、3289、3290、3291、3320、3575、3634、3716、3733；中四 3746、3747、3752、3766、3770、3773、3804、3826、3901、3925、3932、4015、4023、4042、4049、4050、4052、4053、4072、4077、4078、4089、4091、4098、4111、4114、4131、4143、4149、4154、4158、4160、4171、4174、4181、4185、4318、4324、4333、4335、4360、4397、4427、4433、4445、4453、4482、4483、4506、4515、4532、4535、4537、4539、4540；中五 4546、4563、4580、4581、4597、4598、4607、4610、4611、4615、4616、4623、4624、4661、4672、4685、4687、4688、4689、4709、4739、4751、4830、4832、4846、4863、5004、5008、5163、5165；中六 5560、5565、5583、5596、5601、5647、5649、5657、5659、5669；下 6695

森摩氏 又作心牟氏，河湟吐蕃董戬妻

【长编标】402/9779

【长编影】402/1 下；404/10 下

【栾城集】39/论西事状/15 上

【汇编】中五 4832、4846、4848、4864

森摩乾展 又作心牟钦毡，辖正属部大首领

【长编影】323/12 下；404/13 下；406/6 上；444/1 上；507/17 下、18 上、18 下；511/16 下；514/8 下、12 上、13 上、19 下；515/6 上、8 下、9 上、10 上、12 上、22 下；516/2 上、3 下、20 下；519/5 上

【汇编】中四 4318；中五 4849、5003；中六 5505、5560、5581、5583、5584、5591、5592、5596、5597、5598、5600、5601、5605、5607、5608、5609、5620、5656

森摩温吉 又作心牟温鸡、摩温济特，河湟吐蕃首领，鬼章部下

【长编影】461/4 下

搭令波 邈川首领溪心妹婿

【长编标】305/7417

【长编影】305/2 下

【宋会要】蕃夷 6 之 15/7826

【汇编】中四 4110

雅星明 熙河蕃官雅密子

【长编标】518/12332

【长编影】518/14 上

【汇编】中六 5649

雅密 熙河蕃官

【长编标】518/12332

【长编影】518/14 上

【汇编】中六 5649

赏厮门 又作尚斯们，鬼章部下首领

【长编标】472/11268

【宋会要】蕃夷 6 之 24/7830

掌扒令 河湟吐蕃瞎征青属大母

【宋会要】蕃夷 6 之 38/7837

掌牟杓擗遵厮鸡 河湟吐蕃欺巴温妻

【长编纪事本末】139/17 下、19 下

【汇编】中六 5750、5753

景青宜党令支 又作经沁伊达木凌节，熙河蕃官
【长编标】297/7216、7221；298/7256；329/7915
【宋会要】蕃夷6之15/7826、17/7827；7之35/7857
【元丰类稿】22/景青宜党令支团练使阿星刺史制/5下
【汇编】补遗7158
景遵 蕃僧，宗哥唃厮啰与李遵使人
【长编标】93/2137
【长编影】93/2下
【宋会要】蕃夷6之2/7819
【汇编】中一1593
铺撒四 董毡进奉大首领，死于都亭驿
【宋会要】蕃夷6之18/7827
策木多格 熙河兰会蕃官
【长编标】336/8102
【长编影】336/10上
【汇编】中四4499
策拉诺尔 唃厮啰奉使
【长编标】131/3113、3114
【长编影】131/18下、19上
【汇编】中二2240、2243
策凌 又作怯陵，邈川蕃部
【长编影】402/12上
【汇编】中五4835
策凌结 又作钤令结笃，河湟蕃部首领
【长编影】520/2下
【汇编】中六5668
策凌扎卜 又作钦令征，叠州蕃部
【长编影】247/14下
【汇编】中四3894
策桑 熙河界部落子
【长编标】330/7956
【长编影】330/10下
【汇编】中四4438
筌厮波 溪哥城王子臧征仆哥弟
【长编纪事本末】140/12下
【汇编】中六5845
集星兖 又作结施温，邈川蕃部首领温锡沁孙
【长编影】493/12上
【汇编】中六5344
逾龙波 疑为游龙钵
【长编标】43/921
【长编影】43/13下
鲁尊 又作罗遵，廓州主
【宋史】492/阿里骨传/14165
【长编标】426/10299
【宋会要】蕃夷6之23/7830
【汇编】中五4967
温王 又作温裕勒，洮岷蕃官
【长编标】249/6069
温玉 熙河蕃官
【长编标】351/8408
【长编影】351/5上
【宋会要】蕃夷6之30/7833
【汇编】中五4620
温布 又作温逋，总噶尔族大首领
【长编影】70/15上
温布且 又作温逋奇，邈川大酋
【长编影】82/14下；83/18下；84/6上；111/10下；119/17上；132/7下
【汇编】中一1521、1530、1533、1733；中二2278
温布察克置 熙河穆楞川东玛尔巴一带大首领
【长编标】240/5834
【长编影】240/10上
【汇编】中四3820
温龙彪 河湟蕃部酋长
【长编纪事本末】139/19下
【汇编】中六5753
温必鲁扬 河州蕃官
【长编标】262/6407
【长编影】262/30上
【汇编】中四3987
温讷支郢成 又作温纳木扎尔颖沁，邈川城主
【长编标】247/6026；302/7350；305/7417
【长编影】305/2下
【宋会要】蕃夷6之15/7826
【汇编】中四4110
温讷支郢成四 住河州之北
【宋会要】蕃夷6之8/7823、6之9/7823
【汇编】中四3881

温声腊抹 又作温僧拉摩，邈川首领
【长编标】302/7350
温希 河湟吐蕃温希结子
【方舟集】16/赵郡王墓志铭/26 上
【汇编】下 6695
温希结 河湟吐蕃赵怀恩族人
【方舟集】16/赵郡王墓志铭/26 上
【汇编】下 6695
温阿旺格 邈川大首领温锡沁弟
【长编标】506/12058
【长编影】506/8 下
【汇编】中六 5485
温阿明 又作阿敏，邈川温溪心侄
【宋会要】蕃夷 6 之 28/7832
【汇编】中五 5229
温鸡心 河湟蕃部
【长编纪事本末】140/8 下
【汇编】中六 5775
温纳木扎尔颖沁萨勒 又作温讷支郢成，邈川城主
【长编影】247/18 上；302/7 下
【汇编】中四 3901、4108
温郢成俞龙 邈川首领温逋奇子
【乐全集】22/奏第二状/22 下
【汇编】中三 3291
温逋 又作温布，宗哥族大首领
【宋史】492/吐蕃传/14159
【长编标】70/1577
【宋会要】兵 9 之 6/6908；蕃夷 7 之 17/7848
【元刊梦溪笔谈】25/31
【汇编】中一 1479、1564
温逋其 又作温布且、温逋奇，河湟吐蕃首领
【奏议标】132/田况·上仁宗兵策十四事/1469
【奏议影】132/田况·上仁宗兵策十四事/4521
温逋奇 又作温布且，邈川首领
【宋史】492/唃厮啰传/14160、14161
【长编标】82/1877；83/1907；84/1917；111/2587；119/2814；132/3134
【东都事略】129/附录 7 西蕃/1 下、2 上
【宋会要】蕃夷 6 之 1/7819
【乐全集】22/秦州奏唃厮啰事/20 上、21 上、21 下、奏第二状/22 下
【汇编】中一 1394、1530、1587、1680、1683、1684；中三 3291
温逋欺 西蕃首领
【宋会要】蕃夷 7 之 19/7849
温裕勒 洮岷蕃官
【长编影】249/3 下
【汇编】中四 3917
温埸波讷令支 熙河温郢成俞龙子
【乐全集】22/奏第二状/22 下
【汇编】中三 3291
温锡沁 又作温溪沁、温溪心，邈川首领辖戬祖
【长编标】349/8376
【长编影】272/7 上；302/8 上；340/14 上；346/6 上；349/9 下；360/3 上；368/12 上；402/1 下、5 上；404/10 下、13 下；405/3 上、12 上；406/6 上；407/9 下；413/9 上；414/6 上；421/1 上、12 上；436/1 上；444/1 下、2 上、2 下、3 上、3 下、4 上、4 下；454/8 上；455/10 下、11 上；458/7 上；460/16 下；465/11 下；467/8 上；476/13 上、13 下；487/8 上；493/11 下；501/3 上；506/8 下
【方舟集】16/赵郡王墓志铭/26 上
【范太史集】44/资政殿学士范公（百禄）墓志铭/14 下
【汇编】中四 4014、4108；中五 4581、4606、4640、4688、4832、4833、4835、4846、4849、4901、4938、4939、4954、4955、4977、5002、5003、5004、5007、5057、5058、5059、5064、5079、5091、5113、5175、5176、5197；中六 5344、5425、5485；下 6696
温溪心 又作温溪沁、温锡沁，邈川首领瞎毡祖
【宋史】17/哲宗纪 1/325；313/文彦博传/10263；337/范百禄传/10793；492/吐蕃传/阿里骨传/14165
【长编标】272/6663；302/7350；340/8192；360/8608；368/8862；404/9843、9853、9856；405/9863、9874；406/9881；407/9905；413/10043；414/10059；421/10183、10196；436/10499、444/10680、10681、10682、10685、

10690；454/10886；455/10912；458/10959；460/11012；464/11109；465/11109；467/11153；487/11570；493/11706；501/11931
【宋会要】兵28之32/7285；蕃夷6之12/7824、6之15/7826、6之16之/7829、6之26之/7830、6之28/7832、7之40/7859、41/7860
【奏议标】97/常安民·上哲宗奏为种谊生擒鬼章赏未称功/1050；139/苏轼·上哲宗论前后致寇之由及当今待敌之要/1571、范育·上哲宗论御戎之要/1574；141/苏辙·上哲宗乞约鬼章讨阿里骨/1593
【奏议影】97/常安民·上哲宗奏为种谊生擒鬼章赏未称功/3279；139/苏轼·上哲宗论前后致寇之由及当今待敌之要/4831、范育·上哲宗论御戎之要/4840；141/苏辙·上哲宗乞约鬼章讨阿里骨/4898
【东坡全集】21/三马图赞并引页/10上；25/奏议/2上、6上、9上
【范太史集】28/赐太师文彦博辞免温溪心马不允诏/3上
【画墁集】补遗/游公（师雄）墓志铭/4上
【栾城集】29/西掖告词/6下；39/论西事状/15上；41/再论熙河边事札子/9下
【潞公文集】37/辞免/9下
【汇编】中五4817、4818、4849、4854、4864、4865、4867、4876、4887、4893、5016、5079、5085、5196、5197、5229、5266；中六5274；补遗7371、7372、7373

温溪沁 又作温溪心、温锡沁，邈川首领瞎毡祖
【长编标】346/8307；402/9781、9789；476/11350、11351；506/12058；507/12091；520/12383
【长编影】507/17下；520/24上
【汇编】中六5505、5671

温僧拉摩 又作温声腊抹，邈川蕃部首领
【长编影】302/8上
【汇编】中四4108

温遵 洮岷蕃僧
【长编标】252/6156
【长编影】252/8下
【汇编】中四3941

渴失纳余龙 熙河吐蕃阿里骨进奉使
【宋会要】蕃夷6之28/7832、6之29/7833
【宋大诏令集】240/赐阿里骨诏（绍圣三年七月丙辰）/941
【汇编】中五5249

尊宁 吐蕃大首领瞎征妻
【宋会要】蕃夷6之37/7837、6之38/7837
【汇编】中六5678

尊麻 吐蕃大首领边厮波结之母
【长编标】517/12303
【宋会要】蕃夷6之34/7835

尊溪结 吐蕃大首领瞎征妻
【宋会要】蕃夷6之38/7837

禄尊 西边将
【宋史】15/神宗纪2/295；492/吐蕃传/14164
【汇编】中四4077

禄尊 又作罗卜藏，温锡沁所遣蕃僧
【长编标】291/7111；302/7351；349/8376
【长编影】349/9下
【宋会要】蕃夷6之14/7825
【汇编】中五4606

裕木扎卜沁 又作鱼角蝉，蕃僧
【长编影】91/11上

裕罗勒齐 又作俞龙七，河湟吐蕃赵思忠妻
【长编影】254/7上、7下；258/8上、8下；265/4上
【汇编】中四3958、3971、3993

裕陵 又作裕啰格勒、于龙呵、俞龙珂，青唐大首领，乞赐姓包名顺
【玉照新志】2/2下
【汇编】中四3769

裕勒藏纳克凌结 又作禹藏讷令支，河湟蕃部首领
【长编标】226/5504
【长编影】226/4下
【汇编】中三3718

裕啰格勒 又作裕陵、于龙呵，熙河大首领，赐姓包名顺
【长编影】214/9下；226/4上；228/15下、16下；230/11上、18下；233/7下
【汇编】中三3585、3718、3732、3733；中四3748、3754、3768、3769

裕噩格勒 又作裕啰格勒，熙河吐蕃首领
【长编影】230/11上

【汇编】中四/3748

裕藏颖沁萨勒 疑为禹藏郢成四，熙河吴屈山蕃部

【长编标】318/7691

【长编影】318/11 上

【汇编】中四 4218

缅什罗 河湟蕃部首领

【长编纪事本末】139/1 上、4 上

【汇编】中六 5724、5728

缅什罗蒙 又作面什罗蒙，河湟蕃部首领，赐名赵怀忠

【皇宋十朝纲要】17/3 下

【汇编】中六 5844

十三画

蒙罗角 又作蒙罗觉，熙河蕃部

【长编标】235/5703；236/5731；237/5764

蒙罗觉 又作蒙罗角，熙河蕃部

【长编影】235/8 上；236/6 下；237/7 上

路黎奴 西凉六谷厮铎督郎将

【宋史】492/吐蕃传/14158

【长编标】63/1398

【长编影】63/1 上

【宋会要】方域 21 之 21/7671；蕃夷 7 之 16/7847

【汇编】中一 1431

锡巴衮 又作溪巴温、溪巴乌，河湟吐蕃怀恩父，赐名法温

【方舟集】16/赵郡王墓志铭/26 上

【初寮集】6/定功继伐碑/1 上

【汇编】下 6696；补遗 7437

锡令结牟 又作凌结摩，董毡妻契丹公主

【宋会要】蕃夷 38/7837

【汇编】中六 5678

锡罗萨勒 又作溪赊罗撒，青唐溪巴温三子即小隆赞、小陇拶

【长编标】507/12091；517/12304

【长编影】507/17 下；517/9 上

【汇编】中六 5505、5637

锡勒 河湟温希子

【方舟集】16/赵郡王墓志铭/26 上

【汇编】下 6695

锡喇卜萨木丹 又作僧蔺毡单、僧兰毡单，西凉斯多特使臣

【长编影】76/12 上

【汇编】中一 1503

锡鲁苏 宗噶吐蕃王子，妻为回纥公主

【初寮集】6/定功继伐碑/1 上

【汇编】补遗 7437

颖沁萨勒 熙河蕃部首领

【长编标】350/8389

【长编影】350/8 上

【汇编】中五 4613

新罗结 疑为康藏星罗结，青唐别羌

【宋史】350/王君万传/11069

【长编标】226/5502

【汇编】中三 3718

廓厮敦 又作郭干苏，与唃厮啰谋立文法

【长编标】86/1974

溪丁朴令骨 青唐大首领

【长编纪事本末】140/4 下

【汇编】中六 5767

溪心 邈川首领温讷支郢成叔

【宋史】492/唃厮啰传/14162

【长编标】305/7417

【长编影】305/2 下

【汇编】中三 3385；中四 4110

溪巴乌 又作溪巴温、锡巴衮，嘉勒厮赉兄扎实庸咙孙、必鲁匝纳子

【长编标】455/10912

【长编影】455/11 上

【汇编】中五 5059

溪巴温 又作欺巴温、锡巴衮、溪巴乌，嘉勒厮赉兄扎实庸咙孙

【宋史】87/地理志 3/2169；350/王赡传/11071；448/郑骧传/13202

【长编标】305/7417；474/11312、11313；476/11351；507/12091、12092；511/12171、12172；513/12193、12194、12195、12204、12205；514/12218、12219、12224、12227、12231、12232；515/12241、12244、12247；516/12267、12285；517/12295、12303、12304；518/12324、12326；519/12348、12349；520/12356、12377

【长编影】305/2 下；474/11 下；476/14 上；507/17 下、18 上、18 下；511/16 下、17 上、17 下；513/1 上、1 下、2 上、3 上、11 上、11 下、12 上；514/9 下 10 上、14 上、16 下、19 下、20 上、20 下、21 上；515/7 上、10 上、12 上；516/4 下、21 上；517/1 上、7 下、9 上；518/7 下、9 下；519/6 上、7 上、7 下；520/2 下、19 上

【东都事略】82/王厚传/6 上；129/西蕃/4 上

【宋会要】职官 67 之 36/3905；兵 9 之 5/6908；兵 28 之 44/7291；蕃夷 6 之 15/7826、6 之 25/7831、6 之 33/7835、6 之 34/7835、6 之 35/7836、6 之 36/7836、6 之 37/7837、6 之 38/7837、6 之 39/7838

【长编纪事本末】139/4 下

【皇宋十朝纲要】14/6 下、7 上

【汇编】中四 4110；中五 5163；中六 5505、5506、5560、5561、5564、5565、5571、5573、5574、5580、5585、5588、5591、5592、5596、5600、5601、5602、5609、5620、5628、5634、5637、5646、5648、5657、5659、5668、5669、5674、5716、5728、5729、5737、5855、5909

溪邦贝昌 又作邦彪篯，吐蕃大首领鄂特凌古子

【长编标】454/10886

【长编影】430/15 上；454/8 上

【汇编】中五 4967、5057

溪邦彪篯 河湟吐蕃阿里骨子

【宋史】17/哲宗纪 1/331

【长编标】455/10912

【长编影】455/10 下

【宋会要】蕃夷 6 之 23/7830

【汇编】中五 5058

溪论儿 又作溪鲁尔，心牟族大首领

【长编标】476/11350

【宋会要】蕃夷 6 之 25/7831

溪苏邦彪篯 阿里骨子

【宋会要】蕃夷 6 之 29/7833

溪罗 熙河蕃官

【长编标】371/8985

【长编影】371/15 上

【汇编】中五 4698

溪毡 又作溪展，阿里骨进奉人

【长编标】421/10183；466/11135

【宋会要】蕃夷 6 之 24/7830、6 之 27/7832

溪展 又作溪毡，熙河蕃官

【长编影】421/1 上；466/9 上

【汇编】中五 4954、5103

溪赊罗撒 又作锡罗萨勒，河湟吐蕃溪巴温子，青唐王子

【宋史】19/徽宗纪 1/362；190/兵志 4·河东陕西弓箭手/4718；328/王厚传/10583、10584；492/瞎征传/14167

【东都事略】82/王厚传/6 上；129/西蕃/4 下；129/附录 7 西蕃/4 下

【宋会要】兵 9 之 4/6907、9 之 5/6908；蕃夷 6 之 40/7838

【长编纪事本末】139/1 上、4 下、11 下、18 下；140/2 下、4 上、4 下、6 上

【宋大诏令集】240/西蕃溪赊罗撒西平节度西蕃邈川首领制/942

【皇宋十朝纲要】16/7 下、10 上、12 上、12 下

【汇编】中六 5678、5711、5719、5721、5724、5728、5729、5736、5739、5740、5751、5761、5765、5766、5768、5769、5770、5777、5790、5791、5793、5815

溪赊罗撒 河湟吐蕃首领

【宋会要】兵 9 之 5/6908

溪斯多特 洮州蕃官

【长编标】273/6687

【长编影】273/12 下

【汇编】中四 4015、4016

溪鼎谙邦 熙河路总噶首领

【长编标】260/6345

【长编影】260/14 下

【汇编】中四 3982

溪尊勇丹 又作溪遵允丹，阿里骨妻安化郡君

【宋史】492/阿里骨传/14165

【长编标】430/10396

【宋会要】蕃夷 6 之 23/7830

【汇编】中五 4967

溪鲁尔 又作溪论儿，熙河森摩族大首领

【长编影】476/13 上

【汇编】中五 5175

溪嘉斯博邦贝昌 河湟吐蕃首领辖正子

【长编标】497/11831
【长编影】497/14 上
【汇编】中六 5388

溪遵允丹 又作溪尊勇丹，吐蕃大首领鄂特凌古妻安化郡君
【长编影】430/15 上
【汇编】中五 4967

十四画

斡尊 宗哥族首领
【长编标】89/2046
【长编影】89/9 下
【汇编】中一 1579

嘉卜卓 又作结逋脚，青唐吐蕃大首领包顺子
【长编标】260/6332
【长编影】260/3 上
【汇编】中四 3981

嘉木布 又作沁布、赞普
【长编标】68/1538
【长编影】68/18 下
【汇编】中一 1521

嘉木错 河湟蕃官包诚子包良
【长编标】489/11606
【长编影】489/9 上
【汇编】中六 5314

嘉木磋沙卜哩 又作灼蒙曹失卑陵，嘉勒斯赉与埒克遵所遣使节
【长编影】99/11 上
【汇编】中一 1616

嘉沁扎实 河湟总噶尔首领
【长编标】516/12287、12289
【长编影】516/20 下
【汇编】中六 5620、5658

嘉勒斯赉 又作唃厮啰，熙河吐蕃大首领
【长编影】82/14 下；83/14 上、18 下；84/6 上；85/11 下、13 上、15 上、21 下；86/2 下、8 下、9 上、13 上、16 下；87/4 上、5 下、8 上；88/1 上、2 上、5 上、14 下；90/11 下；91/6 上、12 下；93/2 下；96/24 下；97/12 上；99/11 上；100/6 下；102/19 下；111/10 下；117/17 下；119/16 下；120/18 下；122/15 下；123/5 下、7 下、9 上；124/2 下；126/5 下、9 上、13 上；127/1 下、2 上、5 上；128/3 下；130/3 下；131/18 下、19 上；132/7 下；135/7 上、9 下、10 下；158/5 下；160/15 上；162/18 上；169/18 下；187/9 下；188/2 下；190/22 下；191/5 下；197/6 上；202/2 下、6 下；226/3 上；455/11 上；507/17 下；519/6 上
【欧阳文忠公全集】104/奏议/8 下
【元宪集】33/宋故推诚翊戴功臣彰武军节度延州管内观察处置等使曹公行状/345
【甘肃新通志】13/舆地志·古迹·兰州府·皋兰县/2 上
【汇编】中一 1521、1528、1530、1533、1537、1538、1539、1543、1545、1546、1548、1549、1550、1552、1553、1557、1558、1559、1561、1568、1572、1583、1589、1591、1593、1610、1616、1632、1713、1714、1733、1736；中二 1786、1788、1793、1817、1818、1906、1924、1939、1988、1989、1999、2240、2243、2277、2278、2434、2438、2679、2819；中三 2946、3082、3096、3248、3249、3253、3255、3289、3319、3320；中五 5059；中六 5504、5657；补遗 7255

嘉勒摩 又作唃摩，河湟溪哥城大酋
【长编标】507/12092；515/12243；516/12287；517/12305
【长编影】507/18 上；514/20 下；515/8 下；516/20 下；517/8 上
【汇编】中六 5505、5592、5598、5620、5637、5670

蔺毡讷支 熙河蕃官
【宋史】15/神宗纪 2/290
【汇编】中四 4014

蔺毡纳支 熙河蕃官
【长编标】241/5876

蔺毡兼卒 熙河蕃官赵怀德姑
【宋会要】蕃夷 6 之 41/7839

蔺逋叱 又作兰逋叱，谋复夺青唐城
【宋会要】蕃夷 6 之 34/7835

斯多罗潘 西使城蕃部大首领
【长编标】319/7716

【长编影】319/16 上
【汇编】中四 4251
厮没 积石州桑逋寺僧
【金史】16/宣宗纪下/366
【汇编】下 6880
厮鸡 青唐沈兼錢女
【宋会要】蕃夷 6 之 38/7837
厮陁完 又作斯满，西凉府六谷大首领潘罗支外甥
【宋史】492/吐蕃传/14156
【长编标】56/1229
【宋会要】方域 21 之 19/7670
【汇编】中一 1378、1380
厮波结 邈川首领
【奏议标】139/范育・上哲宗论御戎之要/1574
【奏议影】139/范育・上哲宗论御戎之要/4840
厮郍叱 西凉府周家族首领
【宋会要】方域 21 之 18/7670
【汇编】中一 1358
厮结四 河湟吐蕃鬼章部下
【长编标】372/9013
【长编影】372/11 上
【汇编】中五 4709
厮铎正 又作斯多正，宗哥立遵使人
【长编标】102/2370
厮铎奴 西凉府厮铎督蕃部下
【宋会要】方域 21 之 23/7672；蕃夷 7 之 17/7848
【汇编】中一 1480
厮铎完 西凉贡马使
【宋会要】方域 21 之 23/7672
厮铎毡 又作斯多展，河湟蕃部首领
【长编标】520/12356
【宋会要】蕃夷 6 之 36/7836
厮铎麻令 湟州蕃部首领多罗巴子
【东都事略】82/王厚传/6 上
【长编纪事本末】139/5 下
【汇编】中六 5729、5730、5731、5736
厮铎搭 谋复夺青唐城
【宋会要】蕃夷 6 之 34/7835
厮铎督 又作斯多特，秦州宗哥蕃部首领
【长编标】85/1953
厮铎督 又作斯多特，西凉府六谷大首领
【宋史】7/真宗纪 2/125、131；8/真宗纪 3/156；258/曹玮传/8985；265/张齐贤传/9157；492/吐蕃传/14156、14157、14158、14159、唃厮啰传/14160
【长编标】56/1241；58/1277、1278；59/1317、1326；62/1385；63/1398、1403、1413；64/1437；65/1457；66/1490；67/1514；68/1538；70/1582；71/1595；72/1641；76/1739；79/1806；82/1870；83/1907；84/1930；85/1947；86/1979
【东都事略】129/西蕃/1 下、2 上
【宋会要】方域 21 之 21/7671、21 之 22/7672、21 之 23/7672；蕃夷 6 之 2/7819、6 之 18/7827、7 之 16/7847、7 之 17/7848、7 之 18/7848、7 之 19/7849、7 之 23/7851
【宋大诏令集】240/厮铎督朔方节度使/944
【稽古录】18/83 上
【汇编】中一 1391、1394、1405、1406、1407、1417、1419、1430、1431、1435、1438、1466、1467、1476、1480、1505、1510、1512、1519、1525、1530、1548、1643、1684
厮啰 邈川蕃部
【宋史】492/唃厮啰传/14162
【汇编】中一 1759
厮敦琶 又作斯敦巴，西凉府移卑山首领
【宋史】491/党项传/14137
【长编标】54/1180
【汇编】上 27
臧征扑哥 溪哥城王子
【宋史】20/徽宗纪 2/381；87/地理志 3/2169；350/刘仲武传/11082；468/童贯传/13658
【长编纪事本末】140/12 下、15 上、15 下
【宋会要】兵 9 之 5/6908
【汇编】中六 5845、5847、5848、5849、5855、5946
臧精布固 河湟吐蕃首领
【忠惠集】5/代贺受降表/4 下
【汇编】补遗 7392
辖乌延正 又作结吴延征、结斡延正，河湟吐蕃辖戬子，赐名赵济忠
【长编影】188/5 上
【汇编】中三 3250
辖乌纳克戬 又作结吴那征，河湟吐蕃辖戬子

【长编影】188/5 上
【汇编】中三 3250

辖乌察 又作瞎吴叱，辖戬子，赐名赵绍忠
【长编影】188/4 下、5 上；246/2 上、8 上；247/7 上、8 下、14 上；248/20 上、23 下；249/1 上；251/9 下；254/7 上
【汇编】中三 3250；中四 3875、3878、3890、3894、3895、3910、3911、3917、3958

辖正 又作瞎征，河湟吐蕃鄂特凌古子
【长编影】431/8 上；497/14 上、17 上；498/7 下；499/1 下；500/6 下；501/11 上；503/5 上；505/11 上；506/5 上；507/17 下、18 上、18 下；511/16 下；513/1 上、11 上；514/8 下、12 上、13 上、16 上、19 下；515/6 上、8 下、10 上、12 上、12 下、22 下；516/3 下、8 上、19 上；517/2 下、7 下；518/6 上、7 上；520/18 下、24 上
【忠惠集】5/代贺受降表/4 下
【汇编】中六 5388、5389、5392、5401、5418、5429、5430、5436、5474、5479、5505、5506、5560、5564、5565、5573、5581、5583、5584、5588、5591、5592、5596、5597、5598、5600、5601、5602、5605、5609、5612、5617、5630、5634、5645、5646、5647、5669、5670、5671；补遗 7392

辖扬乌 又作瞎养吼、瞎养吼，河湟吐蕃溪巴温子
【长编影】476/4 下；514/13 下
【汇编】中五 5169；中六 5584、5585

辖扬乌尔 青唐董戬侄
【长编影】474/11 下；477/5 下
【汇编】中五 5163、5178、5179

辖约 又作瞎药，青唐吐蕃包顺弟，赐名包约
【长编影】188/4 下；226/4 下；235/3 下；237/7 上；240/1 下；250/16 上
【汇编】中三 3250、3718；中四 3780、3791、3818、3925

辖约格罗 又作瞎药鸡罗，迎摩正居宕州
【长编影】188/5 上
【汇编】中三 3250、3251

辖奇鼎摩正 又作瞎欺丁木征、木征、摩正、默正，河湟吐蕃辖戬子，赐名赵思忠
【长编影】188/4 下
【汇编】中三 3250

辖结策丹乌沁 又作瞎欺丁兀钱，河湟吐蕃辖戬子
【长编影】188/4 下
【汇编】中三 3250

辖索诺木布摩 河湟吐蕃温锡沁妻
【长编标】421/10196
【长编影】421/12 上
【汇编】中五 4955

辖凌结 熙河蕃官
【长编标】408/9943
【长编影】408/20 下
【汇编】中五 4916

辖萨斯鼎 又作瞎隻欺丁、瞎撒欺丁，河湟默戬觉子
【长编影】187/8 下
【汇编】中三 3248

辖智 河湟吐蕃瞎毡子
【长编标】188/4529
【长编影】188/5 上
【汇编】中三 3250、3251

辖戬 又作瞎毡，吐蕃嘉勒斯赉子
【长编影】119/17 上；123/9 上；125/15 上；132/7 下；135/9 下；145/19 下；153/12 上；160/15 上；176/9 下；185/8 下；188/4 下
【文庄集】14/陈边事十策/1 上
【元宪集】27/赐罝勒斯赉诏/290；28/297
【方舟集】16/赵郡王墓志铭/26 上
【涑水记闻】12/16 下
【汇编】中一 1733、1734；中二 1788、1800、1916、2278；中三 3017、3096、3203、3227、3250、3290；下 6695

嘛唛 又作马凌，熙河蕃部
【长编标】324/7795

僧立遵 河湟吐蕃
【宋会要】蕃夷 4 之 7/7717

僧兰毡单 又作僧蔺毡单、锡喇卜萨木丹，西凉厮铎督使人
【宋会要】蕃夷 7 之 18/7848

僧吝毡声 求通道于泾州
【宋会要】方域 21 之 14/7668

僧智缘 河湟蕃僧
【宋史】462/僧智缘传/13524；492/赵思忠传/14168
【长编标】226/5502、5503；229/5571；230/5595、5597、5598；231/5615；233/5662；240/5833；465/11124
【长编影】226/2 下、4 上、4 下；229/6 上；230/9 上、11 上、12 上；231/6 上；233/16 下；240/9 上；465/25 上
【宋会要】蕃夷 6 之 12/7824
【东轩笔录】7/4 上
【汇编】中三 3714、3716、3718；中四 3740、3746、3748、3749、3944；中五 5094

僧藺毡 磨毡角贡使
【宋会要】蕃夷 7 之 27/7853

僧藺毡单 又作锡喇卜萨木丹、僧兰毡单，西凉六谷厮铎督使人
【宋史】492/吐蕃传/14159
【长编标】76/1739
【汇编】中一 1505

薾尔温 又作讷尔温，岷州蕃官
【长编影】291/2 上
【汇编】中四 4077

察卜巴觉 又作叱逋巴角，河州山后首领
【长编影】272/3 上

察纳喇勒智 洮州蕃勇敢
【长编标】273/6687
【长编影】273/12 下
【汇编】中四 4016

十五画

撒斯金 熙河首领
【长编纪事本末】140/12 下
【汇编】中六 5845

噶干（斡） 又作盖吼，河湟吐蕃赵思忠子，赐名赵秉义
【长编影】254/7 上
【汇编】中四 3958

瞎三牟 河湟吐蕃木征妻
【宋会要】兵 9 之 6/6908、14 之 18/7001
【汇编】中四 3853、3857

瞎木征 西蕃王子
【宋会要】蕃夷 6 之 9/7823、6 之 10/7823
【汇编】中四 3949

瞎比牟 河湟吐蕃董毡姊
【宋会要】蕃夷 6 之 38/7837

瞎比牟藺毡 西蕃归顺妇人
【宋会要】蕃夷 6 之 41/7839

瞎毛巴 青唐沈兼钱妻
【宋会要】蕃夷 6 之 38/7837

瞎叱牟兰毡 又作瞎叱牟藺毡，宗哥城伪公主安化郡夫人
【长编纪事本末】140/3 上
【汇编】中六 5765

瞎叱牟藺毡 瞎叱牟兰毡，宗哥城伪公主安化郡夫人
【长编纪事本末】140/3 上
【汇编】中六 5765

瞎约 又作瞎药、辖约，青唐族酋首，赐名包约
【长编影】252/8 下

瞎里结 河湟吐蕃陇拶舅
【宋会要】蕃夷 6 之 38/7837

瞎吴叱 又作辖乌察，河湟吐蕃木征弟，赐名赵绍忠
【宋史】464/高遵裕传/13576；492/赵思忠传/14168
【长编标】188/4529；246/5977、5984；247/6013、6015、6022；248/6059、6063；249/6066；251/6118；254/6212
【东都事略】82/王韶传/4 下
【宋会要】蕃夷 6 之 4/7820、6 之 9/7823、6 之 11/7824
【奏议标】141/文彦博·上神宗论进筑河州/1591
【奏议影】141/文彦博·上神宗论进筑河州/4894
【乐全集】22/奏第二状/22 下
【甘肃新通志】6/舆地志·山川上·兰州府·河州/14 上
【汇编】中三 3291；中四 3823、3858、3877、3878、3957；补遗 7337

瞎征 又作辖正，邈川首领
【宋史】18/哲宗纪 2/346、351、353；19/徽宗

纪1/358、2/363；121/礼制之4·授降献伏/2838；318/胡宗回传/10371；328/王韶传/10580、10581、王厚传/10582、10583、章楶传/10592；350/王赡传/11071；485/夏国传上/13981；492/瞎征传/14167

【长编标】431/10415；497/11831、11834；498/11848、11867；499/11872；500/11906；501/11943、11944、11945；503/11974；505/12037；506/12053；507/12091、12092；511/12172；513/12193、12194、12205；514/12218、12219、12222、12223、12227、12231、12232；515/12241、12242、12243、12244、12247、12248、12261；516/12267、12268、12272、12284、12286、12297；517/12303；518/12323、12325；519/12348、12349、12350；520/12377、12383、12384

【宋会要】蕃夷4之18/7722、6之30/7833、6之33/7835、6之34/7835、6之35/7836、6之36/7836、6之37/7837、6之39/7838、6之40/7838

【长编纪事本末】140/8下

【奏议标】45/任伯雨·上徽宗论月晕围昴毕/470；141/文彦博·上神宗论进筑河州/1590、1591

【奏议影】45/任伯雨·上徽宗论月晕围昴毕/1671；141/文彦博·上神宗论进筑河州/4891

【宋大诏令集】240/瞎征怀远节度使制/941

【皇宋十朝纲要】14/5下、7下

【邵氏闻见录】13/144

【汇编】上48；中三3515；中四3793、3821、3822、3857、3946、3947；中六5267、5461、5462、5569、5572、5588、5602、5603、5676、5677、5678、5679、5699、5716、5775

瞎衫 夏国公主女，宋封郡君

【宋会要】蕃夷6之38/7837

【汇编】中六5678

瞎药 又作辖约，青唐族酋首，赐名包约

【宋史】15/神宗纪2/282；328/王韶传/10580；486/夏国传下/14007

【长编标】188/4529；226/5504；235/5699；237/5764；240/5825；250/6098；252/6157

【宋会要】蕃夷6之7/7822

【奏议标】141/文彦博·上神宗论进筑河州/1590

【奏议影】141/文彦博·上神宗论进筑河州/4891

【乐全集】22/奏第二状/22下

【汇编】上75；中三3291；中四3793、3942

瞎药鸡罗 又作辖约格罗，迎木征居宕州

【长编标】188/4530

【宋会要】蕃夷6之5/7821

瞎毡 又作辖戬，河湟吐蕃唃厮啰子

【宋史】10/仁宗纪2/205；11/仁宗纪3/221；12/仁宗纪4/230、242；13/英宗纪/256；323/赵珣传/10463

【长编标】119/2814；123/2901；125/2954；126/2983；132/3123、3134；145/3515；153/3726；160/3875；176/4258；185/4468；188/4529、4530

【宋会要】蕃夷6之1/7819、6之3/7820、7之26/7852、7之28/7853、7之29/7854

【奏议标】132/陈执中·上仁宗论西边事宜/1456、田况·上仁宗兵策十四事/1469

【奏议影】132/陈执中·上仁宗论西边事宜/4482、田况·上仁宗兵策十四事/4522

【元刊梦溪笔谈】25/31

【东坡全集】38/敕书/3上；129/西蕃/3上

【乐全集】22/奏第二状/22下

【安阳集】家传7/5上

【儒林公议】上/73下

【甘肃新通志】6/舆地志·山川上·兰州府·河州/14上

【汇编】中一1564；中二1787、1788、1789、1863、2263、2438、2819；中三3093、3164、3224、3291、3292、3234、3388、3486；补遗7313、7337

瞎毡溪角斯彪邦彪篯 青唐吐蕃瞎征长男

【宋会要】蕃夷6之38/7837

瞎养兀 河湟吐蕃董毡侄，青唐遣人往迎为王

【宋会要】蕃夷6之25/7831、6之26/7831、6之33/7835

瞎养吪 又作辖扬乌，河湟吐蕃鄂特凌部下

【长编标】476/11340

瞎养吪儿 辖扬乌尔，河湟吐蕃董毡侄

【长编标】474/11312、11313；477/11358

瞎养呃 又作辖扬乌，河湟吐蕃溪巴温子

【长编标】514/12223、12224
【奏议标】45/任伯雨·上徽宗论月晕围昴毕/1669
【奏议影】45/任伯雨·上徽宗论月晕围昴毕/1671
【汇编】中六5699
瞎隻欺丁 又作辖萨斯鼎、瞎撒欺丁，河湟磨毡角子
【乐全集】22/奏第二状/22下
【汇编】中三3291
瞎欺丁兀錢 又作辖结策丹乌沁，河湟吐蕃瞎毡子
【长编标】188/4529
【宋会要】蕃夷6之4/7820
瞎欺丁木征 又作辖奇鼎摩正，赐名赵思忠、河湟吐蕃瞎毡子
【宋史】15/神宗纪2/275
【长编标】188/4529
【宋会要】蕃夷6之4/7820
【汇编】中三3549
瞎欺米征 又作辖奇鼎摩正，河湟吐蕃瞎毡子
【宋史】13/英宗纪/256
【汇编】中三3345
瞎厮铎心 河湟吐蕃木征妻父
【宋会要】蕃夷6之7/7822
瞎斯铎心 又作厮铎心，青唐族蕃官瞎药父
【乐全集】22/奏第二状/22下
【汇编】中三3291
瞎撒欺丁 又作瞎隻欺丁、辖萨斯鼎，河湟吐蕃磨毡角子
【长编标】187/4510
【宋会要】蕃夷6之4/7820
瞎颠 秦州贩马
【宋会要】兵22之6/7146
摩丹当博 又作木丹，熙州蕃官
【长编标】287/7017
【长编影】287/6下；298/11下
【汇编】中四4066、4098
摩正 又作默正、木征，赐名赵思忠，河湟吐蕃辖戬子
【长编影】226/2上；228/15下；230/8上、11上；233/3下、4上、6下、9下、14上；235/3下；236/25上；237/1上、6下、7上、11下、13下、14上；239/4上、11上、12上；240/1下；241/9下、11下；243/1下；246/17上、20上；247/7下、20上；248/5上、23下；251/2上、4上、11上；252/11下、26下、27下；253/3下；254/7上、15上；282/4上；350/3下；465/25上
【汇编】中三3716、3733；中四3746、3747、3748、3749、3750、3751、3766、3767、3770、3780、3787、3791、3798、3800、3803、3804、3806、3807、3811、3812、3814、3818、3829、3830、3849、3850、3883、3884、3890、3902、3906、3911、3932、3935、3944、3945、3948、3949、3952、3958、3961、4042；中五4610、5094
摩罗木丹 又作木罗丹，熙河吐蕃首领
【长编影】84/6下
【汇编】中一1533
摩垒 又作抹啰，总噶尔间谍
【长编影】99/11上
【汇编】中一1616
摩温济特 又作心牟温鸡、森摩温吉，河湟吐蕃
【长编影】472/9下
【汇编】中五5151
摩戬 又作磨毡角、默戬觉，唃厮啰子
【涑水记闻】12/5、16下
【汇编】中二1992；中三3290
潘失吉 潘罗支子
【宋会要】方域21之21/7671
潘罗支 又作博罗齐、博啰齐，西凉六谷吐蕃首领
【宋史】6/真宗纪1/118；7/真宗纪2/121、123；265/张齐贤传/9155、9157；279/陈兴传/9483；282/向敏中传/9555；291/吴育传/9728；293/王禹偁传/9794；301/梅询传/9984；485/夏国传上/13981；491/党项传/14137；492/吐蕃传14155、14156、14157、唃厮啰传/14161
【长编标】49/1076、1079；50/1103；68/1538；123/2911；126/2984；204/4936；341/8206
【长编影】49/11下；50/7下；204/2下
【东都事略】127；128/附录5、6；129/西蕃/1下

【隆平集】20/夷狄传/3 下
【宋会要】仪制 13 之 7/2052；方域 21 之 16/7669、21 之 17/7669、21 之 18/7670、21 之 19/7670、21 之 20/7671；蕃夷 6 之 18/7827、7 之 14/7846、7 之 15/7847
【奏议标】130/张齐贤·上真宗论陕西事宜/1438；136/欧阳修·上英宗论西边可攻四事/1524、司马光·上神宗纳横山非便/1527
【奏议影】130/张齐贤·上真宗论陕西事宜/4420；136/欧阳修·上英宗论西边可攻四事/4688、司马光·上神宗纳横山非便/4697
【宋大诏令集】240/赐潘罗支诏/943、厮铎督朔方节度制/944
【宋朝事实类苑】78/引东轩笔录/1022
【欧阳文忠公全集】114/奏议/1 上；27/墓志翰林侍读学士给事中梅公墓志铭/2 上
【乐全集】19/平戎十策及表/13 下；22/秦州奏唃厮啰事/20 上
【司马文正公集】25/章奏 23/3 上
【净德集】19/虑边论二/205
【忠肃集】拾遗/王开府（拱辰）行状/307
【武经总要】前集 18 下/9 下
【临川集】88/翰林侍读学士知许州军州事梅公神道碑/4 下
【涑水记闻】3/3 上
【稽古录】18/82 下、83 上
【汇编】上 27、56、102、113；中一 1304、1072、1192、1235、1247、1251、1252、1255、1256、1303、1304、1329、1331、1346、1348、1349、1357、1358、1364、1368、1378、1379、1380、1391、1394、1395、1398、1401、1405、1406、1408、1417、1476、1563、1712、1718；中二 1953、2235；中三 3359、3433、3489；中四 3835

潘罗豀兼籛 湟州吐蕃大首领
【长编纪事本末】139/9 上
【汇编】中六 5734

潘啰支 凉州吐蕃大首领
【长编标】53/1155、1162；54/1178、1180、1181、1183、1189；55/1210；56/1228、1229、1231、1240、1241；58/1277；59/1317

额琳沁 河州鲁格特堡大首领
【初寮集】6/定功继伐碑/1 上
【汇编】补遗 7437

遵巴 熙河禄厮结族首领
【长编纪事本末】139/3 上
【汇编】中六 5727

遵兰毡边朱 唃厮啰人物
【宋会要】蕃夷 6 之 4/7820

遵宁 临洮蕃部
【金史】12/章宗纪 4/277
【汇编】下 6816

遵玛 河湟蕃部沁布结母
【长编影】517/8 上
【汇编】中六 5634

遵波厮鸡 赍蕃字说谕阿里骨
【宋会要】兵 28 之 32/7285
【汇编】中五 4811

遵博纳芝 熙河蕃官
【长编标】350/8389
【长编影】350/8 上
【汇编】中五 4613

遵博斯吉 河湟吐蕃鄂特凌古差使
【长编标】399/9721；421/10183；472/11268
【长编影】399/1 上；421/1 上；472/9 下
【汇编】中五 4820、4954、5151

遵阑毡结逋 河湟吐蕃磨毡角进奉人
【宋会要】蕃夷 6 之 4/7820

遵锥格 河湟赐紫蕃僧
【长编标】176/4258
【长编影】176/9 下
【汇编】中三 3203

豫章 河湟吐蕃首领
【奏议标】141/苏轼·上哲宗乞约鬼章讨阿里骨/1593
【奏议影】141/苏轼·上哲宗乞约鬼章讨阿里骨/4899

缴巴沁鼐 又作散八昌郡、散巴昌郡，河湟吐蕃使人
【长编标】350/3 下
【汇编】中五 4611

十六画

默正 又作木征、摩正，河湟吐蕃辖戬子赵思

忠
【方舟集】16/赵郡王墓志铭/26上
【汇编】下6696
默锡勒罗密克 洮州蕃部首领
【初寮集】6/定功继伐碑/1上
【汇编】补遗7438
默戬觉 又作磨毡角、摩戬，熙河吐蕃嘉勒斯赉子
【长编影】119/17上；123/9上；127/2下；132/12上；158/8下；161/7下；182/3下；187/9上
【汇编】中一1733、1734；中二1788、1992、2278；中三3082、3248
穆尔锡里库 又作磨啰瞎力骨，河湟吐蕃，败唃厮啰
【长编影】91/6上、12下
【汇编】中一1589、1591
籛怀义 河湟吐蕃摩正子乌丹乌沁赐名
【长编标】247/6029
【长编影】247/20下
【宋会要】蕃夷6之9/7823
【汇编】中四3902
籛罗结 又作绰尔结，邈川蕃部
【宋史】350/苗履传/11069
【长编标】507/12091、12092；514/12227、12231、12232；515/12243；516/12287
【汇编】中六5623、5624
籛党征 青唐溪哥城蕃部
【长编纪事本末】140/12下
【汇编】中六5845
磨毡角 又作默戬觉、摩戬，河湟吐蕃唃厮啰子
【宋史】10/仁宗纪2/205；11/仁宗纪3/217、22、223；12/仁宗纪4/240
【长编标】119/2814；123/2901；127/3005；132/3134；158/3826；161/3888；182/4397；187/4510
【宋会要】礼45之13/1454；蕃夷6之1/7819、6之3/7820、6之4/7820、7之26/7852、7之27/7853、7之29/7854
【元刊梦溪笔谈】25/31
【乐全集】22/奏第二状/22下
【儒林公议】上/73下
【汇编】中一1564；中二1787、1789；中三2840、3093、3098、3176、3214、3291、3292
磨啰瞎力骨 又作穆尔锡里库，河湟吐蕃
【长编标】91/2102、2110

十七画

藏安哥 河湟吐蕃瞎征女
【宋会要】蕃夷6之38/7837
藏怎巴特噶尔 积石军蕃部首领
【初寮集】6/定功继伐碑/1上
【汇编】补遗7437、7438
邈奔 熙河蕃部
【宋史】492/唃厮啰传/14162
【汇编】中三3385

（三）麟府丰三州党项、归义军政权，回鹘以及其他人物

一画

一年撒温 于阗贡使
【宋会要】蕃夷7之45/7862

三画

于阗王 遣使入贡
【宋会要】蕃夷7之3/7841
于阗进奉使人 买茶免税
【宋会要】蕃夷7之35/7857
于阗国黑韩王 遣使入宋贡奉
【宋会要】蕃夷7之23/7851
于阗国王黑韩王 遣使贡方物
【宋会要】蕃夷7之18/7848
大回鹘龟兹可汗王 遣使入贡
【宋会要】蕃夷7之32/7855
大食国蕃客蒲押提黎 遣其判官来贡
【宋会要】蕃夷7之14/7846
大僧阿倿忽伦 于阗国进奉使

【宋会要】蕃夷7之44/7861

大僧忽都兔王 于阗贡使

【宋会要】蕃夷7之45/7862

义修 龟兹国僧

【宋会要】蕃夷4之14/7720

马纟乞牟米阿点撒罗 于阗国进奉使

【宋会要】蕃夷7之44/7861

四画

王氏 麟府折可适继室

【姑溪居士后集】20/折渭州墓志铭/1上

【汇编】上211

王氏 麟府折克行妻

【北京大学学报哲学社会科学版】1978年8月份第2期/宋故武功大夫河东第二将折公（可存）墓志铭/68

【汇编】上202

王氏 麟府折御卿妻

【中国考古学会第一次年会论文集】折继闵神道碑/455

【汇编】上187

王文玉 丰州党项王承美子

【宋史】253/王承美传/8870

【长编标】79/1808；85/1951；102/2365

【长编影】79/14下；85/15上；102/15下

【宋会要】兵24之12/7184；方域21之11/7666、21之12/7666

【汇编】上43、44、220；中一1511、1516、1539、1630

王文宝 丰州党项王承美子

【长编标】79/1808

【长编影】79/14下

【宋会要】方域21之11/7666

【汇编】上43；中一1511

王文贵 甘州可汗王夜落隔贡使

【宋史】490/回鹘传/14117

【宋会要】蕃夷4之8/7717、7之22/7850

【汇编】中一1622

王文诱 丰州党项王氏

【宋会要】方域21之12/7667

【汇编】上44

王文恭 丰州党项王承美子

【宋史】253/王承美传/8870

【长编标】79/1808

【长编影】79/14下

【宋会要】方域21之11/7666

【汇编】上43、220；中一1511

王甲 丰州党项王承美父

【长编标】10/233

【长编影】10/15下

【宋会要】方域21之9/7665

【汇编】上40；中一952

王庆余 知丰州

【长编标】124/2920

【长编影】124/2下

王安静 麟府折继闵次女婿

【长编标】488/11585

【长编影】488/8上

【中国考古学会第一次年会论文集】折继闵神道碑/455

【汇编】上191；中六5304

王怀玉 丰州党项王承美孙，养孙为子改名为王文玉

【宋会要】方域21之11/7666

【汇编】上43

王怀钧 又作王怀筠，丰州党项王承美孙

【长编标】102/2365

【长编影】102/15下

【宋会要】方域21之12/7667

【汇编】上44；中一1630

王怀信 丰州党项王文玉从子

【长编标】102/2365

【长编影】102/15下

【宋会要】方域21之11/7666、21之12/7667

【汇编】上43、44；中一1630

王怀筠 又作王怀钧，丰州党项王承美孙

【宋史】253/王承美传/8869

【汇编】上220

王阿葛之 甘州可汗王夜落隔贡使

【宋会要】蕃夷7之22/7850

王若冲 麟府折继闵次女婿

【中国考古学会第一次年会论文集】折继闵神道碑/455

【汇编】上 191
王承义 又作王承乂，丰州党项王承美弟
【宋会要】方域 21 之 9/7665
王承乂 又作王承义，丰州党项王承美弟
【长编标】23/531
【长编影】23/17 上
【汇编】上 41；中一 997
王承美 丰州城守将
【宋史】253/王承美传/8869
【长编标】10/233；12/269；21/479；23/530；24/540、543；52/1135；53/1158；54/1178；56/1240；71/1589；75/1722；79/1808；85/1951；124/2920
【长编影】10/15 下；12/10 上；21/9 上；23/17 上；24/3 下、6 上；52/5 上；53/3 下；54/3 上；56/14 上；71/3 上；75/14 上；79/14 下；85/15 上；124/2 下
【宋会要】方域 8 之 34/7457、21 之 1/7661、21 之 9/7665、21 之 10/7666；蕃夷 1 之 9/7677、1 之 13/7679
【武经总要】前集 17/20 上
【稽古录】17/76 上
【汇编】上 40、41、42、43、219、220；中一 952、955、987、997、1001、1002、1036、1316、1331、1345、1390、1482、1501、1511、1539；中二 1817；中四 4444
王馀庆 丰州党项王承美孙
【宋史】11/仁宗纪 3/212
【长编标】102/2365；124/2920；133/3168；134/3196
【长编影】102/15 下、16 上；124/2 下；133/8 上；134/9 上
【宋会要】方域 21 之 11/7666、21 之 12/7667、21 之 13/7667
【元宪集】28/赐知丰州新授侍禁王馀庆进谢恩马敕书/302
【汇编】上 43、44；中一 1630；中二 1817、2330、2392、2393
王馀应 丰州党项王承美曾孙
【长编标】292/7140
【长编影】292/11 上
【宋会要】方域 21 之 12/7667、21 之 13/7667
【汇编】上 44、45
王馀胜 丰州党项王承美曾孙
【宋会要】方域 21 之 12/7667
【汇编】上 44
王馀懿 丰州党项王承美曾孙
【宋会要】方域 21 之 12/7667
【汇编】上 44
王景仁 知麟州
【长编标】437/10546
【长编影】437/19 上
王德钧 自府州驰奏与契丹战况
【宋会要】兵 4 之 12/6998
【汇编】中一 1100
王德钧 丰州党项王承美孙
【长编标】79/1808
【长编影】79/14 下
【宋会要】方域 21 之 11/7666
【汇编】中一 1511
韦海 折高留党羽
【中国考古学会第一次年会论文集】折继闵神道碑/455
【汇编】上 190
太山公 麟府折可适先祖，封晋王
【姑溪居士后集】20/折渭州墓志铭/1 上
【汇编】上 205
太尉公 麟府折继闵
【金石萃编】147/折克行神道碑/1 上
【汇编】上 196
文成 大食国蕃客蒲押提黎使人
【宋会要】蕃夷 7 之 14/7846

五画

石仁政 回鹘都督，居贺兰山下
【宋会要】蕃夷 4 之 2/7714
【汇编】中一 1036
石报进 龟兹国僧
【宋会要】蕃夷 4 之 14/7720
左温 甘州回鹘可汗夜落纥贡使
【宋史】490/回鹘传/14116
【长编标】74/1695
【长编影】74/14 上
【宋会要】蕃夷 4 之 4/7715、7 之 18/7848

【汇编】中一 1497

可汗王 甘州

【宋会要】蕃夷 4 之 8/7717

北廷可汗 奉表来贡

【宋会要】蕃夷 7 之 26/7852

卢大明 大回鹘龟兹可汗王贡使

【宋会要】蕃夷 4 之 15/7721、7 之 32/7855

令狐愿德 归义军贡使

【宋会要】蕃夷 5 之 2/7767

白万进 西州龟兹国回纥

【宋会要】蕃夷 4 之 14/7720、4 之 15/7721、7 之 15/7847

白进 回纥进奉使

【宋会要】蕃夷 4 之 5/7716

兰逋征捉郎 黄河居住行头蕃部

【宋会要】蕃夷 4 之 14/7720

尼法仙 甘州夜落纥进奉使

【宋会要】蕃夷 4 之 3/7715

六画

吕重 西夏俘虏麟州兵士

【长编标】297/7227

【长编影】297/10 上

回鹘僧 贡马

【宋会要】蕃夷 7 之 23/7851

回纥怀化司戈兰逋质 龟兹贡使

【宋会要】蕃夷 4 之 14/7720

朱挺 麟府折可适女婿

【姑溪居士后集】20/折渭州墓志铭/1 上

【汇编】上 212

伊噜格勒 又作夜落隔、夜落纥，甘州辉和尔可汗

【长编标】69/1546、1554；70/1576；85/1951；105/2446；106/2465；111/2593

【长编影】69/4 下、11 上；70/18 上；85/15 上；105/11 下；106/4 下；111/16 下

【文庄集】2/甘州外甥回纥汗王伊噜格勒可特进怀宁顺化可汗王制/22 上

【汇编】中一 1478、1479、1480、1539、1580、1654、1659、1688

伊噜格勒圭呼 又作夜落隔归化，甘州回鹘可汗

【长编影】88/18 下；89/12 下；91/3 上；95/6 上

【汇编】中一 1579、1599

伊格噜勒栋硕尔 又作夜落隔通顺，甘州回鹘可汗

【长编影】100/12 下

似婆温 沙州回鹘贡使

【长编标】168/4037

【宋会要】蕃夷 5 之 3/7768、7 之 28/7853

华严 龟兹国僧

【宋会要】蕃夷 4 之 15/7721

名似 甘、沙州回鹘贡使

【宋会要】蕃夷 5 之 1/7767、7 之 10/7844

刘氏 麟府折继闵妻，云安郡夫人

【北京大学学报哲学社会科学版】1978 年 8 月份第 2 期/宋故武功大夫河东第二将折公（可存）墓志铭/68

【汇编】上 202

刘氏 麟府折继闵妻，吴郡太夫人

【金石萃编】147/折克行神道碑/1 上

【中国考古学会第一次年会论文集】折继闵神道碑/455

【汇编】上 191、196

刘氏 麟府折从阮妻

【金石萃编】147/折克行神道碑/1 上

【中国考古学会第一次年会论文集】折继闵神道碑/455

【汇编】上 187、196

刘氏 麟府折继闵母，彭城郡夫人

【北京大学学报哲学社会科学版】1978 年 8 月份第 2 期/宋故武功大夫河东第二将折公（可存）墓志铭/68

【金石萃编】147/折克行神道碑/1 上

【中国考古学会第一次年会论文集】折继闵神道碑/455

【汇编】上 187、196、202

刘奎 麟府折继闵次女婿

【中国考古学会第一次年会论文集】折继闵神道碑/455

【汇编】上 191

安万东 回鹘贡使

【宋会要】蕃夷4之9/7718

安米成 高昌国贡使

【宋会要】蕃夷7之10/7844

安进 甘州回纥进奉使

【长编标】47/1021

【长编影】47/11上

【宋会要】蕃夷4之5/7716

【汇编】中一1501

安骨卢 高昌贡使

【长编标】24/566

【长编影】24/26下

【汇编】中一1007

安信 甘州回鹘夜落隔归化贡使

【长编标】91/2098

【长编影】91/3上

【宋会要】蕃夷4之8/7717、7之21/7850

安首卢 高昌贡使

【宋会要】蕃夷4之12/7719

安密 秦州回鹘贡使

【长编标】75/1719

【长编影】75/11下

【宋会要】蕃夷4之5/7716、7之18/7848

安谔支 沙州贡使

【宋会要】蕃夷5之3/7768

安福 龟兹贡使

【宋会要】蕃夷4之5/7716

安殿民 回鹘可汗夜落纥贡使

【宋会要】蕃夷4之4/7715

米兴 沙州贡使

【宋会要】蕃夷7之24/7851

阴会迁 权归义军节度留后曹宗寿牙校

【宋会要】蕃夷5之2/7767、5之3/7768、7之14/7846

纪氏 归义军节度留后曹宗寿妻

【宋会要】蕃夷5之2/7767

七画

麦索温 高昌国王阿厮兰汉贡使

【宋会要】蕃夷7之10/7844

杨氏 麟府折御卿妻

【中国考古学会第一次年会论文集】折继闵神道碑/455

【汇编】上187

杨骨盖 沙州贡使

【宋会要】蕃夷7之25/7852

杨嘉 龟兹贡使

【宋会要】蕃夷4之14/7720

克韩王 西州回鹘

【宋会要】蕃夷4之8/7717

苏兀罗 甘州进奉使

【宋会要】蕃夷4之4/7715

苏氏 麟府折御卿妻

【中国考古学会第一次年会论文集】折继闵神道碑/455

【汇编】上187

李吉 甘州回鹘首领，护送宋使返回

【长编标】87/1992

【长编影】87/4上

【宋会要】蕃夷4之7/7717、5之3/7768

【汇编】中一1553

李延庆 克韩王贡使

【宋会要】蕃夷4之14/7720、15/7721、7之19/7849、7之24/7851

李延贵 龟兹贡使

【宋会要】蕃夷4之15/7721、7之25/7852

李延福 龟兹贡使

【宋会要】蕃夷4之5/7716

李安福 龟兹贡使

【宋会要】蕃夷4之14/7720

李沙州 龟兹贡使

【宋会要】蕃夷4之15/7721

李圣文 于阗王，遣使来贡

【宋会要】蕃夷7之2/7840

李养星阿点魏哥 于阗国贡使

【宋会要】蕃夷4之18/7722、7之40/7859

李偁 麟府折可适女婿

【姑溪居士后集】20/折渭州墓志铭/1上

【汇编】上212

李麻勿 大食蕃客，献玉圭

【宋会要】蕃夷7之17/7848

李绪 甘州夜落纥贡使

【宋会要】蕃夷4之3/7715

折大山 府州土人
【太平寰宇记】38/16 上
【汇编】上 919
折丈 麟府折彦质
【芦川归来集】9/跋折仲古文/11 上
【汇编】下 6612
折子明 麟府折氏
【朱文公集】60/答折子明/12 下
【止斋集】7/折子明提刑自湘中以诗问讯用韵酬之/6 上
【汇编】下 6613、6771
折太君 麟府折克行母
【榆林府志】8/建置制・坟墓/16 上
【汇编】补遗 7098
折太尉 麟府折氏
【宋史】253/折克行传/8865
【斜川集】6/跋折太尉碑阴/34 上
【汇编】174；补遗 7096
折中古 麟府折彦质
【忠穆集】6/与折中古书/6 下
【汇编】下 6414
折仁理 府州折氏
【长编标】2/56
【长编影】2/16 下
折从阮 麟府折氏
【旧五代史】99/汉书・高祖纪/1328；110/后周・太祖纪/1464；113/周书・太祖纪/1496；125/折从阮传/1647；138/党项传/1845
【新五代史】74/四夷附录 3 党项/912
【宋史】253/折德扆/8861、孙全照传/8875
【辽史】4/太宗纪下/55
【长编标】1/16
【长编影】1/14 上
【东都事略】28/折德扆传/1 上
【隆平集】17/武臣传/11 下
【五代会要】29/353
【宋会要】方域 21 之 1/7661
【资治通鉴】284/9273；9283；286/9352；289/9421；291/9485、9488
【册府元龟】167/2014 下；420/5009 上；987/11596 下
【武经总要】前集 17/14 上
【五代史记纂误补】3/25 下
【姑溪居士后集】20/折渭州墓志铭/1 上
【金石萃编】119/刺史折嗣祚碑考释；147/折克行神道碑考释、折克行神道碑/1 上
【太平寰宇记】38/16 上
【陇右金石录】3/宋重修善女庙记/1 上
【中国考古学会第一次年会论文集】折继闵神道碑/455
【汇编】上 16、19、168、169、170、178、179、182、183、187、196、199、205、219、898、899、900、903、908、910、911、912、913、914、915、916、919、920、923、924；补遗 7091、7092
折公 麟府折氏
【三朝北盟会编】59/1 上
【汇编】中六 6036、6038
折公 麟府折彦质
【朱文公集】97/籍溪先生胡公（宪）行状/16 下
【文忠集】19/跋折彦质燕祉亭诗/29 上
【汇编】下 6450、6793
折氏 河西府州
【奏议标】141/孙觉・上哲宗乞熙河选将如折氏世守/1592
【奏议影】141/孙觉・上哲宗乞熙河选将如折氏世守/4895
折氏 魏良佐妻
【睽车志】5/魏良佐妻折氏/2 下
【汇编】补遗 7098、7099
折氏 麟府
【奏议标】133/贾昌朝・上仁宗备边六事/1483
【奏议影】133/贾昌朝・上仁宗备边六事/4562
折氏 丰州党项王承美妻
【长编标】79/1808；102/2365
【长编影】79/15 上；102/15 下
【宋会要】方域 21 之 11/7666
【汇编】上 43；中一 1630
折文御 府州五族大首领
【宋会要】方域 21 之 3/7662
【汇编】上 34
折允升 疑与府折氏有关
【五峰集】2/与折允升书/62 下

【汇编】补遗 7098

折世隆 麟府折御勋字

【宋史】253/折德扆/8862

【汇编】上 170

折可大 麟府折氏

【宋史】253/折克行传/8866

【长编标】493/11700；505/12037；510/12139；512/12186

【长编影】493/7 上；505/10 上；510/8 上；512/9 下

【东都事略】28/折德扆传/1 上

【宋会要】方域 21 之 8/7665

【金石萃编】147/折克行神道碑考释

【中国考古学会第一次年会论文集】折继闵神道碑/455

【文物】1978 年第 12 期/陕西府谷县出土北宋李夫人墓志/90

【汇编】上 40、175、179、185、191、192、201；中六 5342、5473、5540、5562

折可与 府州折氏

【宋史】448/张忠辅传/13209

【三朝北盟会编】25/1 下

【文物】1978 年第 12 期/陕西府谷县出土北宋李夫人墓志/90

【汇编】上 185；中六 5988、5989、5990；下 6138

折可久 麟府折氏

【旧五代史】125/折从阮传/1647

【宋会要】仪制 10 之 29/2018；职官 41 之 129/3231

【金石萃编】119/刺史折嗣祚碑考释

【文物】1978 年第 12 期/陕西府谷县出土北宋李夫人墓志/90

【汇编】上 168、182、185；中六 5574、5895、5935

折可卞 麟府折氏

【中国考古学会第一次年会论文集】折继闵神道碑/455

【汇编】上 192

折可节 麟府折氏

【中国考古学会第一次年会论文集】折继闵神道碑/455

【汇编】上 192

折可右 麟府折氏

【中国考古学会第一次年会论文集】折继闵神道碑/455

【汇编】上 192

折可权 麟府折氏

【中国考古学会第一次年会论文集】折继闵神道碑/455

【汇编】上 192

折可存 麟府折氏

【宋史】446/杨震传/13166

【三朝北盟会编】25/1 下

【靖康稗史】南征录汇/57

【苕溪集】48/宋故敦武郎知麟州建宁寨累赠太师秦国公杨公（震）墓碑/12 上

【大金吊伐录】3/与宋主书/98

【中国考古学会第一次年会论文集】折继闵神道碑/455

【北京大学学报哲学社会科学版】1978 年 8 月份第 2 期/宋故武功大夫河东第二将折公（可存）墓志铭/68

【汇编】上 192、202、204；中六 5942、5989、5991、6063、6064；补遗 7434

折可攻 麟府折氏

【文物】1978 年第 12 期/陕西府谷县出土北宋李夫人墓志/90

【汇编】上 185

折可求 麟府折氏

【宋史】23/钦宗纪/430；25/高宗纪 2/458；349/姚古传/11061；358/李纲传上/11245；447/徐徽言传/13192；448/张忠辅传/13209、李彦仙传/13211；475/刘豫传/13802

【金史】3/太宗纪/60；72/娄室传/1652；77/挞懒传/1764；81/耶律怀义传/1827

【宋会要】仪制 10 之 29/2018；方域 6 之 6/7408

【长编纪事本末】145/9 下

【大金吊伐录】3/与宋主书/98；4/149

【大金国志】4/太宗纪/2 上、3 下；10/熙宗纪/1 下

【中兴小纪】1/13；4/47；4/52

【三朝北盟会编】25/5 上；30/17 下；37/10 下；50/7 下、8 上；53/2 上；58/3 上、6 下；59/1 上

【系年要录】1/16；18/367；20/395；30/595；

83/1368；85/1394；117/1885；122/1971；127/2066；131/2112
【皇宋十朝纲要】19/8 上
【续资治通鉴】2/20
【靖康传信录】2/14；3/31
【靖康纪闻】15
【靖康要录】9/532；10/602；12/743；14/871；15/929
【靖康稗史】南征录汇/57
【苕溪集】48/宋故武功大夫贵州刺史永兴军路马步军副都总管特赠右武大夫光州防御使累赠太师魏国公杨公（宗闵）墓碑/2 上、4 上、4 下、5 上、5 下；48/宋故恩平郡夫人刘氏墓碑/17 下
【香溪集】21/徐忠壮（徽言）传/2 下
【梁溪集】52/乞令张灏同折可求节制汾晋人马札子/11 下、再乞令张灏折可求节制札子/12 下；53/奏知约束解潜等会合札子/2 下；54/缴进折彦质等咨目札子/11 上、奏知进兵次第札子/13 上；55/乞差王元充都统制札子/2 下、奏知折可求兵马卫散札子/3 上；111/桂州与吴元中（敏）书别幅/10 上；118/与秦相公第九书别幅/13 上；172/靖康传信录中/7 上；173/靖康传信录下/19 下
【方舟集】15/范元功墓志铭/19 上
【金石萃编】147/折克行神道碑考释
【中国考古学会第一次年会论文集】折继闵神道碑/455
【汇编】上 187、191、192、195、199、200、219；中六 5935、5991、5992、6006、6007、6008、6009、6011、6015、6017、6018、6020、6021、6023、6024、6025、6026、6035、6039、6063、6064、6072、6073；下 6112、6117、6138、6145、6146、6147、6148、6150、6155、6159、6160、6204、6213、6232、6312、6378、6392、6482、6489、6490、6500、6510、6516；补遗 7423、7433、7443、7453、7455、7456、7458、7459、7460、7461、7462、7465

折可规 *麟府折氏*
【文物】1978 年第 12 期/陕西府谷县出土北宋李夫人墓志/90
【汇编】上 185

折可表 *麟府折氏*
【中国考古学会第一次年会论文集】折继闵神道碑/455
【汇编】上 192

折可直 *麟府折氏*
【金史】6/世宗纪上/124
【朝野类要】1/3 上
【中国考古学会第一次年会论文集】折继闵神道碑/455
【汇编】上 192；下 6667、6699

折可昚 *麟府折氏*
【中国考古学会第一次年会论文集】折继闵神道碑/455
【汇编】上 192

折可变 *麟府折氏*
【中国考古学会第一次年会论文集】折继闵神道碑/455
【汇编】上 192

折可宝 *麟府折氏*
【中国考古学会第一次年会论文集】折继闵神道碑/455
【汇编】上 192

折可政 *麟府折氏*
【中国考古学会第一次年会论文集】折继闵神道碑/455
【汇编】上 192

折可畏 *麟府折氏*
【中国考古学会第一次年会论文集】折继闵神道碑/455
【汇编】上 192

折可适 *麟府折氏*
【宋史】253/折克行传/8866；328/章楶传/10589、10590；348/钟传传/11038；349/姚雄传/11059；350/郭成传/11085；486/夏国传下/14018
【长编标】327/7871；343/8250；345/8284；468/11175；470/11228；471/11244、11245；474/11309；475/11321；478/11384、11385；479/11404、11405、11406、11407、11408；480/11427；482/11471；485/11528；491/11662、11663；499/11892、11894；500/11925、11929、11930；501/11937、11938；504/12017；505/

12028、12029、12038、12045；506/12051；508/12108；510/12133；512/12187；513/12206；514/12208；516/12275；520/12380
【长编影】327/5下；343/14上；345/11下；468/7下；470/11上；471/7上；474/8上；475/3上；478/2上；479/4上、7上；480/11下；482/8下；485/9上；491/15上；499/19下；500/22下；501/1下、8下；504/17下；505/2下、11上；506/3上；508/12上、510/2下；512/10下；513/11上；514/1上；516/10下；520/21下
【东都事略】9/哲宗纪/6上；104/折可适传/3上；127、128/附录5、6
【宋会要】仪制11之20/2034；职官67之34/3904、68之11/3913；兵4之11/6825
【皇宋十朝纲要】13/3下；16/11下
【汉滨集】15/故客省使雄州防御使泾原路兵马钤辖兼第十一将郭公（成）行状/19上、19下
【系年要录】55/967
【姑溪居士后集】20/折渭州墓志铭/1上
【甘肃新通志】6/舆地志·山川上·固原直隶州·海城县/26上
【海城县志】1/沿革/5下
【榆林府志】4/葭州·山/14下
【嘉靖固原州志】1/文武衙门/21
【汇编】上83、110、175、176、180、181、205、239；中四4374；中五4563、4575、5118、5136、5145、5146、5161、5167、5181、5183、5192、5194、5195、5196、5212、5217、5254；中六5287、5288、5289、5328、5329、5330、5331、5332、5410、5424、5425、5427、5455、5456、5457、5458、5465、5474、5478、5518、5538、5562、5574、5575、5614、5661、5670、5706、5782、5791、5798、5875；下6304；补遗7345、7384、7388、7390、7396、7403

折可复 麟府折继闵孙
【中国考古学会第一次年会论文集】折继闵神道碑/455
【汇编】上192

折可矜 麟府折氏
【文物】1978年第12期/陕西府谷县出土北宋李夫人墓志/90
【汇编】上185

折可致 折继祖孙
【宋会要】方域21之8/7665
【文物】1978年第12期/陕西府谷县出土北宋李夫人墓志/90
【汇编】上39、185

折可颁 麟府折氏
【中国考古学会第一次年会论文集】折继闵神道碑/455
【汇编】上192

折可通 麟府折氏
【姑溪居士后集】20/折渭州墓志铭/1上
【汇编】上211

折可著 麟府折氏
【中国考古学会第一次年会论文集】折继闵神道碑/455
【汇编】上192

折可常 麟府折继闵孙
【中国考古学会第一次年会论文集】折继闵神道碑/455
【汇编】上192

折可绩 麟府折氏
【中国考古学会第一次年会论文集】折继闵神道碑/455
【汇编】上192

折可赋 麟府折氏
【中国考古学会第一次年会论文集】折继闵神道碑/455
【汇编】上192

折可褒 麟府折氏
【文物】1978年第12期/陕西府谷县出土北宋李夫人墓志/90
【汇编】上185

折可霖 麟府折氏
【中国考古学会第一次年会论文集】折继闵神道碑/455
【汇编】上192

折可懿 麟府折氏
【中国考古学会第一次年会论文集】折继闵神道碑/455
【汇编】上192

折帅 麟府折彦质

【斐然集】17/寄折帅/14 上

【汇编】下 6342

折令图 北汉岢岚军使

【宋会要】方域 21 之 1/7661

折师武 疑与麟府折氏有关

【栾城集】28/西掖告词/6 下

【汇编】补遗 7098

折仲古 麟府折彦质

【三朝北盟会编】59/1 上

【文忠集】3/次折仲古枢密韵寄题莱阳曹钦臣彦若藏书室/9 下

【芦川归来集】9/跋折仲古文/11 上

【茶山集】1/次折仲古避寇浔州韵/5 上；3/次折仲古游浔州桂园韵/8 下；4/次刘千岁喜折仲古过二首韵/8 上

【梁溪集】32/次韵折中古安抚端明食荔子感怀书事之作/9 下；120/与折仲古龙学书/17 下；121/与折仲古承旨书/21 上

【东莱诗集】13/次韵折仲古见赠/5 下

【汇编】中六 6037；下 6320、6321、6325、6373、6415、6486、6612、6727

折仲右 疑为"折仲古"之误，麟府折彦质

【东莱诗集】13/呈折仲右四首/4 下

【汇编】下 6415

折仲安 疑为麟府折氏

【三朝北盟会编】25/1 下

【汇编】中六 5989

折克仁 麟府折氏

【中国考古学会第一次年会论文集】折继闵神道碑/455

【汇编】上 191

折克仪 麟府折氏

【文物】1978 年第 12 期/陕西府谷县出土北宋李夫人墓志/90

【汇编】上 185

折克行 麟府折氏

【宋史】18/哲宗纪 2/347、352；253/折克行传/8865；357/何灌传/11226

【长编标】296/7198；314/7609；318/7686；334/8038；335/8066、8478；356/8507；379/9200、9202、9206、9207；385/9379、9380；437/10546；485/11520；505/10236；507/12080；511/12154；513/12206；514/12212

【长编影】296/4 上；314/9 下；318/6 上；334/7 下；335/5 上；356/1 上；379/4 下、10 上；385/7 上；437/18 下；485/1 上、2 下；505/10 上；507/7 下；511/1 上、13 上；513/11 上；514/13 上

【宋会要】仪制 11 之 25/2037；职官 67 之 6/3890；兵 8 之 33/6903；方域 21 之 8/7665

【涑水记闻】14/3 下

【金石萃编】147/折克行神道碑考释、折克行神道碑/1 上

【榆林府志】4/神木县・水/7 上；8/建置志・祠祀/8 上、坟墓/16 上；28/艺文志/4 下；47/7 上

【北京大学学报哲学社会科学版】1978 年 8 月份第 2 期/宋故武功大夫河东第二将折公（可存）墓志铭/68、宋故武功大夫河东第二将折公墓志铭考释/68

【中国考古学会第一次年会论文集】折继闵神道碑/455

【汇编】上 40、174、175、186、187、191、195、199、200、201、202、204；中四 4087、4150、4218、4235、4474、4485；中五 4625、4629、4727、4728、4732、4733、4780、4983、5059、5116、5152；中六 5276、5277、5278、5279、5304、5370、5426、5430、5473、5495、5551、5556、5574、5586、5841、5958、补遗 7092、7095、7097、7098、7379

折克净 麟府折氏

【文物】1978 年第 12 期/陕西府谷县出土北宋李夫人墓志/90

【汇编】上 185

折克俭 麟府折氏

【中国考古学会第一次年会论文集】折继闵神道碑/455

【汇编】上 191

折克信 麟府折氏

【宋史】485/夏国传上/13984

【汇编】上 51

折克俊 麟府折继闵子

【中国考古学会第一次年会论文集】折继闵神道

【皇宋十朝纲要】19/12 上
【中兴小纪】4/47
【中国考古学会第一次年会论文集】折继闵神道碑/455
【汇编】上 192；中六 6072；下 6146、6147、6340、6500

折彦方 麟府折氏
【中国考古学会第一次年会论文集】折继闵神道碑/455
【汇编】上 192

折彦正 麟府折氏
【三朝北盟会编】132/8 下
【汇编】下 6197

折彦庄 麟府折氏
【中国考古学会第一次年会论文集】折继闵神道碑/455
【汇编】上 192

折彦佑 麟府折氏
【中国考古学会第一次年会论文集】折继闵神道碑/455
【汇编】上 192

折彦补 麟府折氏
【中国考古学会第一次年会论文集】折继闵神道碑/455
【汇编】上 192

折彦环 麟府折氏
【中国考古学会第一次年会论文集】折继闵神道碑/455
【汇编】上 192

折彦玠 麟府折氏
【中国考古学会第一次年会论文集】折继闵神道碑/455
【汇编】上 192

折彦武 麟府折氏
【中国考古学会第一次年会论文集】折继闵神道碑/455
【汇编】上 192

折彦若 麟府折氏
【吴堡县志】3/秩官/1 上
【中国考古学会第一次年会论文集】折继闵神道碑/455
【汇编】上 192；补遗 7097

折彦质 麟府折氏
【宋史】23/钦宗纪/432；28/高宗纪 5/524、528；30/高宗纪 7/564；31/高宗纪 8/583；193/兵志 7/4809、4810；253/折克行传/8868；349/姚古传/11061；360/赵鼎传/11291；361/张浚传/11304；363/李光传/11337；453/孙昭远传/13318；459/隐逸下·胡宪传/13464
【长编纪事本末】145/9 下
【宋会要】职官 61 之 47/3777、69 之 26/3942、69 之 29/3944、70 之 21/3955、76 之 51/4121；兵 1 之 20/6763、10 之 33/6935、17 之 21/7048、18 之 41/7078；方域 9 之 17/7467
【大金国志】4/太宗纪/2 上、6 上、8 下
【大金吊伐录】2/宋宣抚判官书/76、宋宣抚司牒/79、宋宣抚判官书/80；3/与宋主书/98；4/天会四年冬元帅伐宋师次高平先遣乌凌噶思谋天使入汴致书至五年二月废宋少主桓为庶人实录/149
【三朝北盟会编】30/17 下；32/3 下；36/8 下；44/6 上；50/7 下；56/8 上、13 下；60/4 下；61/6 上；63/2 下、12 上；64/1 下；69/7 下；72/2 下；109/3 上；170/4 下、8 上；180/8 上
【系年要录】55/967；61/1049；64/1092、1096；66/1116、1124；70/1178；73/1209；77/1266；78/1275；80/1314；82/1351；83/1361、1394；86/1414；90/1511；95/1571；98/1612、1615；99/1627、1630；100/1637、1641、1645、1646；101/1651；104/1698、1701；106/1715、1717、1720、1728；107/1738、1740、1742；109/1767；114/1842；117/1893；130/2097；138/2223；151/2431；154/2488；165/2693；170/2795；174/2867、2869；178/2952；179/2955、2958；183/3062；185/3111
【中兴小纪】1/13
【文忠集】19/跋折彦质燕祉亭诗/29 上；29/京西北路制置安抚使孙公昭远行状/10 上
【北海集】10/辞新除龙图阁学士折彦直辞免恩命并召赴行在乞除在外宫观不允诏/13 下
【庄简集】9/乞用河东土豪援太原札子/6 下
【朱文公集】95 上/少师保信军节度使魏国公致

仕赠太保张公（浚）行状上/36 上；97/籍溪先生胡公（宪）行状/16 下
【庐川归来集】3/代上折枢彦质生朝二首/14 上
【姑溪居士后集】20/折渭州墓志铭/1 上；35/折渭州文集序/1 上
【梁溪集】52/11 下；54/5 上、6 上、7 下、8 上、11 上、14 上；55/3 上、12 下；111/桂州与吴元中（敏）书别幅/10 上；118/与秦相公第九书别幅/13 上；120/与潘子贱龙图书/20 下；172/靖康传信录/中/1 上；173/靖康传信录/下/12 下；175/建炎进退志总叙下 2 上、10 下、年谱/14 下
【斐然集】14/折彦质赠文/13 下
【朝野杂记】乙集 4/典礼·绍兴至庆元臣僚论太祖东向之位/786
【筠溪集】4/外制/1 下
【靖康传信录】3/27、31
【靖康纪闻】2、15
【靖康要录】1/68；3/201；11/686；12/731、737；14/852、871；15/925
【靖康稗使】甕中人语/25；南征录汇/57
【汇编】上 177、212、217；中六 6006、6007、6008、6009、6010、6018、6020、6021、6022、6024、6027、6028、6032、6033、6034、6042、6049、6050、6051、6056、6057、6060、6061、6062、6063、6064、6065、6072、6073；下 6090、6111、6112、6113、6187、6256、6304、6311、6312、6321、6333、6334、6336、6337、6342、6351、6353、6360、6361、6365、6373、6376、6377、6392、6395、6399、6402、6409、6410、6411、6412、6416、6417、6418、6419、6420、6426、6429、6432、6433、6436、6439、6443、6444、6446、6448、6449、6450、6451、6452、6454、6459、6477、6480、6482、6485、6501、6512、6535、6573、6576、6577、6594、6595、6598、6600、6602、6603、6608、6611、6792；补遗 7452、7455、7456、7457、7458、7459、7460、7461、7464、7465

折彦祉 麟府折氏
【中国考古学会第一次年会论文集】折继闵神道碑/455
【汇编】上 192

折彦珏 麟府折氏
【中国考古学会第一次年会论文集】折继闵神道碑/455
【汇编】上 192

折彦奕 麟府折氏
【中国考古学会第一次年会论文集】折继闵神道碑/455
【汇编】上 192

折彦袚 麟府折氏
【中国考古学会第一次年会论文集】折继闵神道碑/455
【汇编】上 192

折彦祚 麟府折氏
【中国考古学会第一次年会论文集】折继闵神道碑/455
【汇编】上 192

折彦琦 麟府折氏
【中国考古学会第一次年会论文集】折继闵神道碑/455
【汇编】上 192

折彦袭 麟府折氏
【中国考古学会第一次年会论文集】折继闵神道碑/455
【汇编】上 192

折彦辅 麟府折氏
【中国考古学会第一次年会论文集】折继闵神道碑/455
【汇编】上 192

折彦野 麟府折氏
【姑溪居士后集】20/折渭州墓志铭/1 上；35/折渭州文集序/1 上
【汇编】上 212、217

折彦深 麟府折氏
【北京大学学报哲学社会科学版】1978 年 8 月份第 2 期/宋故武功大夫河东第二将折公（可存）墓志铭/68
【汇编】上 203

折彦琨 麟府折氏
【中国考古学会第一次年会论文集】折继闵神道碑/455
【汇编】上 192

折彦琚 麟府折氏
【中国考古学会第一次年会论文集】折继闵神道碑/455
【汇编】上 192

折彦裕 麟府折氏
【中国考古学会第一次年会论文集】折继闵神道碑/455
【汇编】上 192

折彦瑀 麟府折氏
【中国考古学会第一次年会论文集】折继闵神道碑/455
【汇编】上 192

折彦瑜 麟府折氏
【中国考古学会第一次年会论文集】折继闵神道碑/455
【汇编】上 192

折彦禔 麟府折氏
【中国考古学会第一次年会论文集】折继闵神道碑/455
【汇编】上 192

折彦璚 麟府折氏
【中国考古学会第一次年会论文集】折继闵神道碑/455
【汇编】上 192

折彦璋 麟府折氏
【中国考古学会第一次年会论文集】折继闵神道碑/455
【汇编】上 192

折彦赟 疑出麟府折氏
【宋史】479/西蜀孟氏/13875
【长编标】20/445、464
【长编影】20/4 上、19 上
【汇编】中一 945、980、983

折将军 麟府折氏
【太仓稊米集】7/寄题折将军家忠勇堂/11 上
【汇编】下 6611

折宣判 麟府折氏
【三朝北盟会编】59/1 上
【汇编】中六 6036

折宪 麟府折氏
【朱文公续集】8/答折宪/1 上
【汇编】下 6613

折突厥移 府州五族大首领
【宋史】491/党项传/14142
【宋会要】方域 21 之 3/7662
【汇编】上 24、34

折高留 劫掠岚、宪州
【中国考古学会第一次年会论文集】折继闵神道碑/455
【汇编】上 190

折海超 麟府折氏
【宋史】253/折克行传/8863
【宋会要】方域 21 之 4/7663
【汇编】上 35、36、172

折家父 麟府折克行
【金石萃编】147/折克行神道碑考释
【汇编】上 202

折继长 麟府折氏
【姑溪居士后集】20/折渭州墓志铭/1 上
【欧阳文忠公全集】116/河东奉使奏草下/5 下
【汇编】上 205；中三 2972

折继世 麟府折氏
【宋史】14/神宗纪 1/272；253/折御卿传/8865；486/夏国传下/14009
【长编标】216/5254；218/5294；220/5356；221/5369、5385、5386；235/5709
【长编影】216/3 上；218/3 下；220/20 上；221/2 上、18 上；235/13 上
【东都事略】61/种谔传/4 下
【安阳集】家传 7/1 上、4 上
【名臣碑传琬琰集】中集 48/韩忠献公琦行状/1106
【潞公文集】18/奏议/4 下
【金石萃编】147/折克行神道碑考释
【汇编】上 74、174、200；中三 3459、3465、3466、3482、3543、3610、3665、3674、3686；中四 3782；补遗 7321

折继全 麟府折氏
【中国考古学会第一次年会论文集】北宋折继闵神道碑疏证/446
【汇编】上 193

折继芳 麟府折氏
【宋会要】方域 21 之 5/7663
【汇编】上 37

折继闵 麟府折氏

【宋史】253/折御卿传/8864；326/张岊传/10523、康德舆传/10537

【长编标】124/2923；133/3179、3180、3182；146/3535；152/3709；168/4039；296/7198

【长编影】124/5 下；133/16 下；146/8 下；152/12 上；168/8 上；296/4 上

【东都事略】28/折德扆传/1 上

【宋会要】职官 64 之 41/3841

【宋大诏令集】188/府州敕榜/687

【金石萃编】147/折克行神道碑/1 上、折克行神道碑考释

【榆林府志】4/府谷县·山/9 上

【北京大学学报哲学社会科学版】1978 年 8 月份第 2 期/宋故武功大夫河东第二将折公墓志铭考释/68、宋故武功大夫河东第二将折公（可存）墓志铭/68

【中国考古学会第一次年会论文集】折继闵神道碑/455

【文物】1978 年第 12 期/陕西府谷县出土北宋李夫人墓志/90

【汇编】上 173、174、179、185、186、187、196、200、202、204、234；中二 1821、1822、2358、2414；中三 2842、3001、3159；中四 4087；补遗 7276

折继宣 麟府折氏

【宋史】253/折御卿传/8864

【长编标】113/2643；123/2898；124/2921、2922、2923

【长编影】113/10 下；123/6 上；124/3 上、4 下、5 下

【宋会要】职官 64 之 37/3839；兵 22 之 5/7146

【宋大诏令集】188/府州敕榜/687

【涑水记闻】9/5 上

【元宪集】26/文思使知府州折继宣母进封郡太君制/277；28/赐知府州折继宣放罪敕书/299

【金石萃编】147/折克行神道碑/1 上、折克行神道碑考释

【文物】1978 年第 12 期/陕西府谷县出土北宋李夫人墓志/90

【中国考古学会第一次年会论文集】折继闵神道碑/455

【汇编】上 173、183、188、196、200；中一 1696、1739；中二 1784、1818、1819、1821、1822

折继祖 府州折氏

【长编标】168/4039；184/4462；192/4645；226/5513；241/5886；288/7044

【长编影】168/8 上；184/15 上；192/10 下；226/11 上；241/11 下；288/4 上

【宋会要】方域 21 之 1/7661、21 之 7/7664、21 之 8/7665

【华阳集】19/赐知府州折继祖进御马敕书/23

【文恭集】18/右侍禁折继祖可西染院使知府州制/219

【汇编】上 38、39、40；中三 3159、3160、3219、3259、3721；中四 3830、4068

折继符 麟府折氏

【宋会要】方域 21 之 5/7663

【汇编】上 37

折继新 麟府折氏

【中国考古学会第一次年会论文集】北宋折继闵神道碑疏证/446

【汇编】上 193

折继猷 麟府折氏

【宋会要】方域 21 之 5/7663

【汇编】上 37

折继麟 麟府折氏

【宋会要】方域 21 之 5/7663

【汇编】上 37

折惟中 麟府折氏

【文会谈丛】6 上

【汇编】中一 1532

折惟正 麟府折氏

【长编标】55/1209

【长编影】55/8 下

【宋会要】方域 21 之 3/7662、21 之 4/7663

【东都事略】28/1 上

【隆平集】17/武臣传/11 下

【金石萃编】147/折克行神道碑考释

【汇编】上 35/178、180、200；中一 1112、1364

折惟让 麟府折氏

【姑溪居士后集】20/折渭州墓志铭/1 上

【汇编】上 205

折惟昌 麟府折氏

【宋史】253/折御卿传/8863；467/韩守英传/13632；491/党项传/14146、14147
【长编标】45/964；58/1274；63/1401、1420；71/1591；79/1808；82/1876
【长编影】45/9 上、15 下；58/1 下；63/4 上、20 下；71/4 上、24 上；79/14 下；82/13 下
【东都事略】28/折德扆传/1 上
【宋会要】仪制 9 之 9/1992；方域 21 之 4/7663、21 之 5/7663、21 之 8/7665；蕃夷 1 之 28/7686
【契丹国志】7/圣宗天辅皇帝纪/3 下
【金石萃编】147/折克行神道碑考释
【汇编】上 29、30、35、36、37、172、178、200；中一 1211、1214、1215、1366、1404、1405、1432、1445、1482、1485、1511、1521

折惟忠 *麟府折氏*

【宋史】253/折御卿传/8864
【长编标】82/1876；102/2365；110/2558；113/2643
【长编影】82/13 下；102/15 下；110/6 下；113/10 下
【东都事略】28/折德扆传/1 上
【宋会要】方域 21 之 5/7663、21 之 12/7667；仪制 13 之 7/2052；礼 62 之 35/1712
【金石萃编】147/折克行神道碑/1 上、折克行神道碑考释
【北京大学学报哲学社会科学版】1978 年 8 月份第 2 期/宋故武功大夫河东第二将折公墓志铭考释/68、宋故武功大夫河东第二将折公（可存）墓志铭/68
【中国考古学会第一次年会论文集】折继闵神道碑/455
【文物】1978 年第 12 期/陕西府谷县出土北宋李夫人墓志/90
【汇编】上 37、43、44、172、173、179、184、187、196、199、200、202、204；中一 1521、1590、1630、1679、1696、1740

折惟质 *麟府折氏*

【中国考古学会第一次年会论文集】北宋折继闵神道碑疏证/446
【汇编】上 193

折惟信 *麟府折氏*

【宋史】253/折御卿传/8863
【长编标】45/964
【长编影】45/9 下
【宋会要】方域 21 之 4/7663
【金石萃编】147/折克行神道碑考释
【汇编】上 35、36、172、200；中一 1211

折惟崇 *麟府折氏*

【宋会要】方域 21 之 5/7663
【汇编】上 37

折焕文 *麟府折可适子*

【姑溪居士后集】20/折渭州墓志铭/1 上
【汇编】上 211

折谏 *府州都孔目官，勾当府谷县*

【长编标】124/2922
【长编影】124/4 下

折提刑 *麟府折知常*

【文忠集】181/二老堂杂志 3・记黎州事/6 上
【汇编】下 6771

折遇乜 *河西三族都监，叛入李继迁*

【宋史】274/王侁传/9364；275/田仁朗传/9380；463/刘文裕传/13547
【太平治迹统类】2/太祖太宗经制西夏
【汇编】中一 1020、1023、1026、1027

折御乜 *麟州及三族砦羌人酋长*

【宋史】491/党项传/14139
【汇编】上 22

折御冲 *疑为麟府折氏*

【咸平集】29/制诰/7 上
【汇编】补遗 7092

折御昌 *疑为麟府折惟昌*

【稽古录】18/82 上
【汇编】中一 1215

折御勋 *麟府折氏*

【宋史】253/折御卿传/8862
【长编标】5/132；10/223；17/373
【长编影】5/14 上；10/17 上；17/11 上
【东都事略】28/冯继业传/1 上
【隆平集】17/武臣传/11 下
【宋会要】礼 41 之 51/1043；仪制 11 之 19/2034；方域 21 之 1/7661
【宋大诏令集】103/折御勋加恩制/380
【金石萃编】147/折克行神道碑考释
【汇编】上 30、170、178、179、200；中一

【忠穆集】6/与折中古书/6 下
【三朝北盟会编】59/1 上
【汇编】下 6414；中六 6037

何居录越 又作赫矩鲁越，甘州回鹘可汗夜落纥贡使
【宋史】490/回鹘传/14116
【长编标】74/1695
【宋会要】蕃夷 4 之 4/7715、7 之 18/7848
【汇编】中一 1497

辛毗陀罗 大食勿巡国贡使
【宋会要】蕃夷 7 之 32/7855

冷移四唱厮巴 于阗贡使
【宋会要】蕃夷 4 之 18/7722、7 之 41/7860

没孤 甘州回鹘宰相，遣使来贡
【宋会要】蕃夷 4 之 3/7715

宋庆融 归义军掌书记
【宋会要】蕃夷 5 之 3/7768

张义潮 归义军节度使
【宋会要】蕃夷 5 之 1/7767

张天成 麟府折惟忠妻李夫人曾孙婿
【文物】1978 年第 12 期/陕西府谷县出土北宋李夫人墓志/90
【汇编】上 184

张氏 麟府折可大妻
【宋会要】仪制 10 之 29/2018
【汇编】中六 5935

张氏 麟府折可存生母
【北京大学学报哲学社会科学版】1978 年 8 月份第 2 期/宋故武功大夫河东第二将折公（可存）墓志铭/68
【汇编】上 203

张伦 甘州回鹘孔目官
【宋会要】蕃夷 4 之 4/7715

张延禄 归义军张义潮孙
【武经总要】前集 18 下/9 下
【汇编】中一 1721

张进零 沙州北亭可汗王贡使
【宋会要】蕃夷 5 之 3/7768

张复延 龟兹国进奉使
【宋会要】蕃夷 4 之 15/7721、7 之 21/7850

阿丹一难 于阗国贡使
【宋会要】蕃夷 7 之 33/7856

阿令颠颡温 于阗国大首领，来贡方物
【宋会要】蕃夷 4 之 16/7721

阿辛 于阗贡使
【长编标】314/7612
【长编影】314/12 上

阿忽都董娥密竭笃 黑汗王，请自今般次不满年月往来进奉
【宋会要】蕃夷 7 之 42/7860

阿忽都董娥密竭笃 于阗王，遣兵攻甘、沙、肃三州
【宋史】490/于阗传/14109
【汇编】中六 5349

阿莲撒罗 龟兹师王国进奉大首领
【宋会要】蕃夷 7 之 42/7860

阿啰 回鹘贡使
【宋会要】蕃夷 4 之 6/7716

阿葛之 甘州夜落隔贡使
【宋史】490/回鹘传/14117
【宋会要】蕃夷 4 之 8/7717
【汇编】中一 1622

阿督 西州回鹘贡使
【宋会要】蕃夷 7 之 2/7840

阿厮兰汉 西州师子王
【宋会要】蕃夷 7 之 10/7844

陈居正 麟府折继闵次女婿
【中国考古学会第一次年会论文集】折继闵神道碑/455
【汇编】上 191

陀婆离 大食国贡使
【宋会要】蕃夷 7 之 18/7848

纳丹 回鹘九部族军主
【长编标】92/2119
【长编影】92/4 下

八画

武安公 麟府折氏
【斜川集】6/跋折太尉碑阴/34 上
【汇编】补遗 7096

武恭 麟府折氏
【北京大学学报哲学社会科学版】1978 年 8 月份第 2 期/宋故武功大夫河东第二将折公

（可存）墓志铭/68
【汇编】上 202
范圭 麟府折可存婿
【北京大学学报哲学社会科学版】1978 年 8 月份第 2 期/宋故武功大夫河东第二将折公（可存）墓志铭/68
【汇编】上 203
呵罗 回鹘贡使
【宋会要】蕃夷 7 之 20/7849
易难 龟兹贡使
【宋会要】蕃夷 4 之 13/7720
罗阿厮难撒温 于阗贡使
【宋会要】蕃夷 4 之 16/7721、7 之 33/7856
罗忽都卢麦 于阗进奉人
【宋会要】蕃夷 4 之 18/7722、7 之 42/7860
罗面千多 于阗贡使
【宋会要】蕃夷 7 之 23/7851
罗厮温 又作娄都尔逊，于阗国主遣宋使
【长编标】71/1598
罗撒温 遣使来贡
【宋会要】蕃夷 7 之 31/7855
和尔济勤克伊实 于阗进奉般擦
【长编标】475/11321
【长编影】475/2 下
【汇编】中五 5166
和延进 沙州北亭可汗王贡使
【宋会要】蕃夷 5 之 3/7768
和罕王 又作黑韩王，遣回鹘娄都尔逊来贡方物
【长编标】71/10 上
金乌塔名钝噎似吴索温 龟兹国贡使
【宋会要】蕃夷 7 之 23/7851
金延福 西州回鹘贡使
【长编标】56/1240
【长编影】56/14 上
【宋会要】蕃夷 4 之 12/7719、4 之 14/7720、7 之 15/7847
夜洛隔 又作夜落纥，甘州回鹘可汗
【宋史】485/夏国传上/13993
【汇编】上 60
夜落纥 又作夜落隔通顺、夜洛隔、夜落隔、伊噜格勒，甘州回鹘可汗
【宋史】8/真宗纪 3/149；490/回鹘传/14116
【长编标】67/1501；69/1546、1554；70/1576、1580；71/1587；74/1695；76/1733、1740；85/1951、1952；88/2031
【长编影】67/6 上；69/4 下、11 上；70/15 上、18 上；71/1 上；74/14 上；76/7 上、13 上；85/15 上、15 下；88/18 下
【宋会要】蕃夷 4 之 3/7715、4 之 4/7715、4 之 5/7716、4 之 6/7716、7 之 17/7848、7 之 18/7848、7 之 19/7849
【汇编】中一 1480、1501、1502、1504、1540
夜落隔 甘州可汗王，遣使来贡
【宋会要】蕃夷 7 之 22/7850
夜落隔归化 又作伊噜格勒圭呼，甘州回鹘可汗，夜落纥子
【长编标】 88/2031；89/2049；91/2098；95/2184
【宋会要】蕃夷 4 之 7/7717、4 之 8/7717、7 之 21/7850
夜落隔通顺 又作伊格噜勒栋硕尔，甘州回鹘可汗
【宋史】490/回鹘传/14117
【长编标】100/2323
【宋会要】蕃夷 4 之 8/7717
【汇编】中一 1622
法仙 甘州回鹘可汗夜落纥使臣
【长编标】67/1501
【长编影】67/6 上
法会 秦州回纥紫衣僧
【宋会要】蕃夷 4 之 8/7717
宝藏 甘州夜落纥贡使
【宋会要】蕃夷 4 之 3/7715
宗丞 麟府折氏
【姑溪居士后集】20/折渭州墓志铭/1 上
【汇编】上 212

九画

莨臣 麟府折惟忠字
【宋史】253/折御卿传/8864
【汇编】上 172
赵氏 麟府折可适夫人
【姑溪居士后集】20/折渭州墓志铭/1 上

【汇编】上 211

赵福 秦州回鹘贡使

【宋会要】蕃夷 4 之 8/7717、7 之 22/7850

骨盖 沙州贡使

【宋会要】蕃夷 5 之 3/7768

笃都 龟兹贡使

【宋会要】蕃夷 4 之 15/7721

室腊丹 龟兹贡使

【宋会要】蕃夷 4 之 14/7720

娄都尔逊 又作罗厮温，于阗国主遣宋使

【长编影】71/10 上

【宋会要】蕃夷 7 之 18/7848

迷令马斤 大食国进奉般次

【宋会要】蕃夷 7 之 42/7860

姚进 夜落纥贡使

【宋会要】蕃夷 4 之 4/7715

结诺 甘州夜落纥贡使

【宋会要】蕃夷 4 之 3/7715

十画

格噜 甘州可汗王

【宋会要】蕃夷 4 之 9/7718、7 之 23/7851

索温守贵 甘州回鹘宰相

【长编标】88/2031

【长编影】88/18 下

【宋会要】蕃夷 4 之 7/7717、4 之 8/7717、7 之 21/7850

逋质 秦州回鹘

【宋会要】蕃夷 4 之 14/7720

郭氏 麟府折继闵妻

【金石萃编】147/折克行神道碑/1 上

【中国考古学会第一次年会论文集】折继闵神道碑/455

【北京大学学报哲学社会科学版】1978 年 8 月份第 2 期/宋故武功大夫河东第二将折公（可存）墓志铭/68

【汇编】上 191、196、202

郭浩 麟府折可适女婿

【姑溪居士后集】20/折渭州墓志铭/1 上

【汇编】上 212

高世忠 麟州蕃官

【长编标】285/6982

【长编影】285/11 上

十一画

萨本 沙州回鹘贡使

【长编影】168/6 上

曹万通 回鹘可汗王禄胜贡使

【宋史】490/回鹘传/14116

【长编标】48/1057

【长编影】48/13 上

【宋会要】蕃夷 4 之 2/7714、4 之 13/7720、7 之 14/7846

【汇编】中一 1230

曹义全 归义军节度使

【宋会要】蕃夷 5 之 1/7767

曹元忠 归义军节度使，曹义全子

【长编标】21/474

【长编影】21/4 上

【宋会要】蕃夷 5 之 1/7767、7 之 1/7840

曹延恭 归义军曹延敬，避宋讳改名

【宋会要】蕃夷 5 之 1/7767

曹延晟 归义军曹延禄弟

【长编标】21/474

【长编影】21/4 上

【宋会要】蕃夷 5 之 2/7767

曹延继 瓜州团练使，遣使来贡

【宋会要】蕃夷 7 之 1/7840

曹延敬 归义军瓜州团练使，曹元忠子

【宋会要】蕃夷 5 之 1/7767

曹延禄 归义军节度使

【长编标】21/474；48/1044；123/2911

【长编影】21/4 上；48/1 下；123/10 下

【宋会要】蕃夷 5 之 1/7767、7 之 14/7846

【宋大诏令集】240/沙州曹延禄拜官制/943

【文庄集】14/陈边事十策/1 上

【汇编】中一 986；中二 1797

曹延瑞 归义军曹延禄弟

【长编标】21/474

【长编影】21/4 上

【宋会要】蕃夷 5 之 2/7767

曹贤顺 归义军曹氏

【长编标】82/1871；101/2337
【长编影】82/9 下；101/7 上
【宋会要】蕃夷 5 之 2/7767、5 之 3/7768、7 之 22/7850
【宋朝事实类苑】75/引东斋纪事/994
【汇编】中一 1626
曹贤惠 归义军曹氏
【长编标】82/1871
【长编影】82/9 下
【宋会要】蕃夷 5 之 3/7768
【宋朝事实类苑】75/引东斋纪事/994
【汇编】中一 1626
曹宗久 归义军曹氏
【宋会要】蕃夷 5 之 2/7767
曹宗寿 归义军节度使，曹延禄族子
【长编标】56/1235、1238；65/1457；82/1871
【长编影】56/10 上；65/14 上；82/9 下
【宋会要】蕃夷 5 之 2/7767、5 之 3/7768、7 之 14/7846、7 之 15/7847、7 之 16/7847
【汇编】中一 1385
曹信 龟兹贡使
【宋会要】蕃夷 4 之 14/7720
曹都 沙州北亭可汗王贡使
【宋会要】蕃夷 5 之 3/7768
曹福 龟兹贡使
【宋会要】蕃夷 4 之 15/7721
崇信 麟府折淮忠
【文物】1978 年第 12 期/陕西府谷县出土北宋李夫人墓志/90
【汇编】上 184
符骨笃末 又作普克多木，沙州回鹘贡使
【长编标】168/4037
【宋会要】蕃夷 5 之 3/7768、7 之 28/7853
康延美 夜落纥遣使，上言败赵德明
【宋会要】蕃夷 4 之 5/7716
渠富绥荣 又作翟符守荣，甘州回鹘遣宋使
【长编影】85/15 上
【汇编】中一 1539
梁氏 麟府折可适继室
【姑溪居士后集】20/折渭州墓志铭/1 上
【汇编】上 212
梁氏 麟府折惟昌母
【宋会要】方域 21 之 5/7663
【汇编】上 36
梁氏 麟府折御卿妻
【金石萃编】147/折克行神道碑/1 上
【中国考古学会第一次年会论文集】折继闵神道碑/455
【汇编】上 187、196
婆温 甘州回鹘宰相
【宋会要】蕃夷 4 之 4/7715、7 之 17/7848

十二画

彭崇一 麟府折继闵次女婿
【中国考古学会第一次年会论文集】折继闵神道碑/455
【汇编】上 191
葛逻支 回纥首领，击败六胡州部落
【旧唐书】120/郭子仪传/3451
【汇编】上 665
惠崇 沙州僧，以良玉、舍利来献
【宋会要】蕃夷 5 之 2/7767
景亮 麟府折继闵曾孙
【中国考古学会第一次年会论文集】折继闵神道碑/455
【汇编】上 192
景琼 回鹘可汗，遣使来贡
【宋会要】蕃夷 7 之 1/7840、7 之 2/7840
黑汗王 于阗回鹘可汗，请与党项西夏战
【宋史】18/哲宗纪 2/346
【长编标】475/11321
【长编影】475/2 下
【宋会要】蕃夷 7 之 32/7855、7 之 33/7856、7 之 39/7859
【汇编】中五 5166；中六 5268
黑韩王 又作和罕王，于阗国主
【长编标】71/1598
黑韩王 唐末回鹘西奔，种族散处故甘州有可汗王，西州有克韩王，新复州有黑韩王，皆其后焉
【宋会要】蕃夷 4 之 8/7717
遏岌 蕃部大首领，导引归义军进奉
【宋会要】蕃夷 5 之 3/7768

智海 龟兹可汗师子王

【宋会要】蕃夷4之8/7717、4之15/7721；蕃夷7之21/7850、7之22/7850、7之24/7851

普克多木 又作符骨笃末，沙州回鹘贡使

【长编影】168/6上

禄胜 西州回鹘可汗王

【宋史】6/真宗纪1/115；490/回鹘传/14115

【长编标】48/1057

【长编影】48/13上

【宋会要】蕃夷4之2/7714、4之3/7715、4之13/7720、7之14/7846

【汇编】中一1229、1230

十三画

蒲加心 大食国贡使

【宋会要】蕃夷7之21/7850

蒲沙乙 大食国贡使

【宋会要】蕃夷7之30/7854

蒲罗来贡 大食国贡使

【宋会要】蕃夷7之7/7843

蒲思郝 大食国贡使

【宋会要】蕃夷7之7/7843

蒲麻勿陀婆离 大食国贡使

【宋会要】蕃夷7之21/7850

路氏 麟府折德扆妻

【中国考古学会第一次年会论文集】折继闵神道碑/455

【汇编】上187

路氏 麟府折惟正祖母

【长编标】55/1209

【长编影】55/8下

【宋会要】方域21之4/7663

【汇编】上36

阗人 和雇运粮

【宋会要】蕃夷4之17/7722

十四画

赫矩鲁越 又作何居录越，甘州回鹘可汗夜落纥贡使

【长编影】74/14上

慕容氏 麟府折继闵妻，齐安郡夫人

【北京大学学报哲学社会科学版】1978年8月份第2期/宋故武功大大河东第二将折公（可存）墓志铭/68

【汇编】上202

慕容氏 麟府折继闵妻，魏郡太夫人

【金石萃编】147/折克行神道碑/1上

【中国考古学会第一次年会论文集】折继闵神道碑/455

【汇编】上191、196

慕容令仪 麟府折继闵次女婿

【中国考古学会第一次年会论文集】折继闵神道碑/455

【汇编】上191

慕容令问 麟府折继闵长女婿

【中国考古学会第一次年会论文集】折继闵神道碑/455

【汇编】上191

裴溢的 归义军贡使

【宋会要】蕃夷5之1/7767、7之10/7844

裴福 回鹘贡使

【宋会要】蕃夷4之4/7715

僧正会 以曹延禄表乞赐金字经一藏

【宋会要】蕃夷5之3/7768

僧吉祥 于阗使人，贡疏勒舞象

【宋会要】蕃夷7之3/7841

僧法光 甘州回鹘进奉使

【宋会要】蕃夷4之4/7715

僧法轮 沙州贡使

【宋会要】蕃夷7之24/7851

僧法胜 甘州回鹘可汗王贡使

【宋会要】蕃夷4之2/7714、7之13/7846

僧法渊 西州回鹘可汗贡使

【宋会要】蕃夷7之3/7841

僧惠藏 归义军僧人，乞赐师号

【宋会要】蕃夷5之3/7768

僧智圆 龟兹贡使

【宋会要】蕃夷4之14/7720

僧翟 甘州夜落纥进奉使

【宋会要】蕃夷4之3/7715

翟大泰 甘州回鹘可汗夜落纥使臣

【长编标】67/1501

【长编影】67/6 上

翟延顺 沙州贡使

【宋会要】蕃夷 5 之 3/7768

翟进 于阗贡使

【宋会要】蕃夷 4 之 5/7716、4 之 14/7720、7 之 32/7855

翟来著 沙州贡使

【宋会要】蕃夷 5 之 3/7768、7 之 22/7850

翟信 甘州回鹘都督，使宋

【宋会要】蕃夷 4 之 8/7717

翟符守荣 又作渠富綬荣，甘州回鹘可汗夜落纥贡使

【宋史】490/回鹘传/14116

【长编标】74/1695；85/1951

【宋会要】蕃夷 4 之 4/7715、4 之 5/7716、4 之 7/7717、7 之 18/7848

【汇编】中一 1497

翟福 回鹘都督，使宋

【宋会要】蕃夷 4 之 7/7717

十五画

撒温讹 甘州回鹘宰相

【宋会要】蕃夷 4 之 9/7718

摩足师 于阗国贡使

【宋会要】蕃夷 7 之 1/7840

摩呵末 大食国贡使

【宋会要】蕃夷 7 之 7/7843

十七画

邈拏王子 居贺兰山下

【宋会要】蕃夷 4 之 2/7714

十九画

靡是 沙州贡使

【宋会要】蕃夷 7 之 25/7852

三、与党项西夏相关的周边政权人物

（一）与党项相关的隋唐人物

三画

久且洛生　出使党项部落
【旧唐书】198/党项羌传/5291
【新唐书】221/党项传/6215
【汇编】上 4、5、10

马璘　与党项战
【旧唐书】120/郭子仪传/3461、3464、郭晞传/3468；121/仆固怀恩传/3488；152/马璘传/4065、郝延玉传/4068；196/吐蕃传上/5240
【新唐书】170/郝玭传/5181
【资治通鉴】223/7146
【汇编】上 684、689、692、696、698、700、702、707、709、741、742

四画

王元琬　经略银夏党项
【元氏长庆集】48/制诰/4 上
【汇编】上 744

王毛仲　征讨康待宾
【资治通鉴】212/6745
【汇编】上 650

王仲升　招讨党项
【新唐书】6/肃宗纪/161
【资治通鉴】220/7060
【汇编】上 673

王佖　经略灵盐党项
【白氏长庆集】54/除王佖检校户部尚书充灵盐节度使制/16 上；56/代王佖答吐蕃北道节度赞勃藏书/50 上
【汇编】上 745、746

王承训　宣问边州蕃部
【全唐文】285/张九龄文/9 上；287/张九龄文/8 下
【汇编】上 660、661

王逢　帅沙陀、拓跋袭回鹘牙帐
【资治通鉴】247/7971
【汇编】上 795

王宰　经略党项
【新唐书】8/宣宗纪/247；148/田牟传/4786；218/沙陀传/6156
【册府元龟】671/8027 下
【资治通鉴】248/8030
【汇编】上 773、803

王栖曜　率部赴盐州
【旧唐书】144/杜希全传/3923
【汇编】上 726

王晙　与党项战
【旧唐书】8/玄宗纪上/182；93/王晙传/2990；97/张说传/3052；103/郭知运传/3190
【册府元龟】986/11584 上；992/11653 上
【全唐文】22/元宗文 3/9 下
【唐大诏令集】59/授王晙朔方道行军总管/315；128/赐入朝新降蕃酋敕/689
【资治通鉴】212/6745
【汇编】上 644、646、647、648、649、650、651、652、653、657、658

元谐　与党项战
【隋书】40/元谐传/1170
【资治通鉴】175/5442
【汇编】上 607、608、609、610

韦伦　与吐蕃战
【旧唐书】111/崔光远传/3319；138/韦伦传/3780
【资治通鉴】221/7100

【汇编】上676、677
韦仲平 请约杂虏以击回鹘
【资治通鉴】246/7952
【汇编】上776
韦宙 禁唐民毋得入虏境侵扰
【资治通鉴】249/8051
【汇编】上828
韦胜 党项入寇，败走同州
【新唐书】221/6213
【汇编】上11
韦皋 与吐蕃战
【长编标】346/3801
【长编影】346/1上
【汇编】中五4579、4580
仇公遇 与夏州节度使拓拔思恭同盟起兵攻打黄巢
【新唐书】185/郑畋传/5404
【册府元龟】423/5038下
【汇编】上835
乌崇福 与回鹘吐蕃战
【旧唐书】11/代宗纪/273；120/郭子仪传/3456
【汇编】上681、683
牛仙客 奉命安辑六州胡
【唐大诏令集】128/690
【汇编】上662
孔温裕 谏伐党项
【资治通鉴】249/8043
【汇编】上811

五画

石雄 与党项战
【旧唐书】18/武宗纪/593；161/石雄传/4235；174/李德裕传/4522
【新唐书】8/武宗纪/242
【文苑英华】795/蔡袭传/4206
【李卫公会昌一品集】13/修疏太原以北边备事宜状/105；17/讨袭回鹘事宜状/141
【资治通鉴】246/7961；247/7971
【稽古录】15/50上
【汇编】上784、785、786、789、790、792、793、794、795、797
卢士良 败吐谷浑、党项于河州
【新唐书】1/高祖纪/16
【册府元龟】397/4722上
【汇编】上616
卢钧 控遏党项
【新唐书】182/卢简方传/5367
【资治通鉴】249/8051
【汇编】上828
田牟 经略党项
【旧唐书】148/田牟传/4786
【新唐书】18/武宗纪/591；174/李德裕传/4522
【册府元龟】671/8027下
【李卫公会昌一品集】13/论田牟请许党项仇复回鹘嗢没斯部落事状/101、修疏太原以北边备事宜状/105
【资治通鉴】246/7952
【汇编】上773、775、776、777、785、792、793
田洎 出使吐蕃
【资治通鉴】241/7783
【汇编】上762
田缙 与党项战
【旧唐书】15/宪宗纪下/470；16/穆宗纪/482；161/李光颜传/4221；196/吐蕃传下/5263
【新唐书】171/李光颜传/5183
【册府元龟】520/6215下
【汇编】上755、758、760、761
史元 破夏州党项
【资治通鉴】249/8045
【汇编】上825
史宪忠 移书与党项约和
【新唐书】148/史宪忠传/4791
【汇编】上801
史敬奉 破吐蕃于盐州城下
【旧唐书】15/宪宗纪下/470；152/史敬奉传/4078
【汇编】上755、756
史献 请诛党项
【旧唐书】97/张说传/3053
【汇编】上648
白敏中 与党项战
【旧唐书】18/宣宗纪/628

六画

【汇编】上 763、766
刘源 充银州监牧
【新唐书】50/兵志/1339
【唐会要】66/群牧使/1146、1147
【汇编】上 771、772、774
刘潼 出使边州
【新唐书】149/刘潼传/4800
【汇编】上 804
刘濛 宣慰灵夏以北党项
【新唐书】149/刘濛传/4799
【资治通鉴】247/7999
【汇编】上 797、798
安思顺 修筑城堡
【元和郡县图志】4/关内道 4/16 下
【汇编】上 748
米暨 招讨党项
【旧唐书】18/武宗纪/609
【汇编】上 801
阴世师 与吐谷浑及党项战
【隋书】39/贺若谊传/1160
【汇编】上 611
孙志直 击破党项
【旧唐书】133/李晟传/3661；152/马璘传/4066
【资治通鉴】223/7146
【汇编】上 684、689
孙承训 威名闻于党项
【新唐书】148/孙承训传/4773
【汇编】上 831

七画

杜佑 上言边将侵刻党项
【旧唐书】147/杜佑传/3978
【汇编】上 736
杜希全 经略灵夏党项
【旧唐书】144/杜希全传/3921、3923
【汇编】上 725、726
杜彦光 与吐蕃战
【新唐书】216/吐蕃传下/6095
【唐会要】97/吐蕃传/1735
【资治通鉴】234/7540
【汇编】上 71、729
杜冕 招讨党项
【新唐书】120/郭子仪传/3462；121/仆固怀恩传/3489
【旧唐书】221/党项传/6216
【文苑英华】637/贺破渭北党项状/3282
【资治通鉴】221/7090
【汇编】上 11、674、696、698、704
杨文思 字温才，讨平党项羌
【隋书】48/杨文思传/1294
【汇编】上 607
杨武通 镇抚岷兰党项
【隋书】53/杨武通传/1358
【汇编】上 612
杨敬述 招抚河西
【唐大诏令集】128/赐入朝新降蕃酋敕/689
【汇编】上 646
杨朝晟 与党项战
【旧唐书】144/韩游瓌传/3919、杨朝晟传/3926
【资治通鉴】234/754；235/7576
【汇编】上 721、728、729、731、732、733、734
李文悦 与吐蕃党项战
【旧唐书】161/李光颜传/4221；196/吐蕃传下/5262
【汇编】上 757
李石 表请禁商人入党项部落贸易禁物
【新唐书】221/6217
【汇编】上 12
李业 进讨党项
【新唐书】221/6218
【太平广记】84/34 下
【汇编】上 13；补遗 7226
李世南 开党项地十六州、四十七县
【资治通鉴】193/6090
【汇编】上 620
李回 出任安抚党项副使
【新唐书】8/武宗纪/244
【资治通鉴】247/7993
【汇编】上 797
李吉甫 请筑城以护党项
【旧唐书】148/李吉甫传/3992
【新唐书】146/李吉甫传/4742

【元和郡县图志】4/关内道 4/16 下
【汇编】上 748、753
李光颜 与吐蕃党项战
【旧唐书】16/穆宗纪/482；196/吐蕃传下/5263
【新唐书】171/王沛传/5189
【元氏长庆集】49/制诰/6 上
【汇编】上 758、759、761
李安业 招讨党项
【新唐书】8/宣宗纪/249
【唐大诏令集】129/洗雪平夏党项/700
【汇编】上 811、821
李兴翰 出任盐州刺史、保塞军使，盐州自此不隶夏州
【册府元龟】78/899 上
【汇编】上 735
李听 弹劾田缙强取羌人羊马
【新唐书】210/田缙传/5935
【汇编】上 755
李孝昌 与党项约盟讨黄巢
【新唐书】221/6218；225/黄巢传/6460
【资治通鉴】254/8249
【汇编】上 13、838、839
李孝恭 与党项约盟起兵
【新唐书】185/郑畋传/5404
【册府元龟】423/5038 下
【汇编】上 835
李怀光 助党项击吐蕃
【文苑英华】567/为崔大夫贺破吐蕃表/2908、2909
【资治通鉴】225/7252
【汇编】上 705、706、712
李抱玉 破党项部落
【旧唐书】120/郭子仪传/3461
【文苑英华】567/为崔大夫贺破吐蕃表/2908
【唐大诏令集】116/喻安西北庭诸将制/606
【汇编】上 696、705、706
李国臣 破掠同州党项
【旧唐书】120/郭子仪传/3462
【资治通鉴】223/7146
【汇编】上 690、691、696
李祐 经略银夏党项
【旧唐书】17/敬宗纪/509；38/地理志 1/1419
【册府元龟】390/4636 上；977/11483 上
【唐会要】70/1247
【汇编】上 762、764、765、767、768
李勉 被党项败走
【旧唐书】10/肃宗纪/262
【新唐书】221/党项传/6216
【汇编】上 11、679
李思忠 率党项回纥等部讨叛
【旧唐书】18/武宗纪/592
【新唐书】217/回鹘传下/6132
【册府元龟】987/11591 上
【汇编】上 779、780、781
李彦颤 贪虐羌胡
【资治通鉴】293/9547
【汇编】上 921
李栻 招讨党项使
【新唐书】8/宣宗纪/249；221/党项传/6214
【汇编】上 13、811
李晟 击破党项羌
【旧唐书】133/李晟传/3661
【汇编】上 684
李鼎 与党项战
【旧唐书】10/肃宗纪/260；111/崔光远传/3319
【新唐书】221/党项传/6216
【汇编】上 11、676、678
李道宗 与吐谷浑战
【旧唐书】3/太宗纪下/44；69/侯君集传/2509
【册府元龟】985/11566 上
【汇编】上 623、627、628
李道彦 与拓跋赤辞战
【旧唐书】60/道彦传/2342
【鸡肋集】46/7 下
【汇编】上 625；补遗 7223、7224
李鄠 经略盐夏党项
【旧唐书】198/党项羌传/5293
【新唐书】221/党项传/6217
【汇编】上 6、13
李福 招抚党项
【新唐书】131/李福传/4517；173/裴识传/5219
【唐大诏令集】130/平党项德音/710
【资治通鉴】249/8045
【汇编】上 816、824、825、827

八画

【旧唐书】11/代宗纪/280；114/周智光传/3368；120/郭子仪传/3462
【新唐书】221/党项传/6213
【汇编】上11、695、696
郑元瑇 招谕细封步赖内附
【旧唐书】198/党项羌传/5291
【新唐书】221/党项传/6215
【汇编】上4、10
郑助 安抚平夏党项
【旧唐书】18/宣宗纪/632
【汇编】上829
郑畋 与夏州同盟起兵
【旧唐书】19/僖宗纪/710
【汇编】上834
郑贺 经略灵武党项
【旧唐书】198/党项羌传/5293
【新唐书】221/党项传/6217
【汇编】上6、13
郑神佐 战死庆州
【旧唐书】193/郑神佐女传/5152
【汇编】上826
孟楷 与夏州拓跋思恭战
【资治通鉴】254/8249
【汇编】上838

九画

契苾通 分领蕃浑兵马
【李卫公会昌一品集】5/赐思忠诏书/35
【汇编】上788
胡证 与党项战
【旧唐书】163/胡证传/4259
【新唐书】164/胡证传/5048
【韩昌黎集】9/律诗/32
【册府元龟】120/1433下
【汇编】上753、754
郝廷玉 连结党项攻唐
【旧唐书】120/郭子仪传/3461；121/仆固怀恩传/3488；152/郝廷玉传/4067
【汇编】上696、698、700
郝泚 又作郝玼，筑临泾以扼吐蕃
【旧唐书】16/穆宗纪/482；152/郝玼传/4077；161/李光颜传/4221；196/吐蕃传下/5263
【新唐书】171/李光颜传/5186
【沈下贤文集】11/临泾城碑/125下
【汇编】上741、742、743、758、760、761
赵旰 吐蕃寇灵州，率部救援
【新唐书】8/穆宗纪/225
【汇编】上765
赵纵 与党项战死
【文苑英华】304/闻庆州赵纵使君祭酒与党项战中箭而死辄书表句/1555
【汇编】上813
段志玄 同党项共击吐谷浑
【旧唐书】198/吐谷浑传/5298
【册府元龟】985/11566上
【资治通鉴】194/6106
【汇编】上621、622、623、628
皇甫翼 奉诏慰问盐夏州百姓
【全唐文】28/元宗文/10下
【汇编】上655
浑日进 拒党项、吐蕃诸族于奉天
【旧唐书】195/回纥传/5205；196/吐蕃传上/5240
【汇编】上700、702、703
浑瑊 率部赴盐州
【旧唐书】144/杜希全传/3923
【汇编】上726
姜晦 请市马于六胡州
【新唐书】50/兵志/1338
【汇编】上643
骆元光 经略盐夏
【新唐书】216/吐蕃传下/6095
【资治通鉴】232/7475
【汇编】上716、717

十画

柴绍 征讨党项
【旧唐书】58/柴绍传/2314、马三宝传/2316
【汇编】上617
郭子仪 经略党项，言党项西夏
【旧唐书】10/肃宗纪/257；11/代宗纪/275、

276、280；120/郭子仪传/3449；121/仆固怀恩传/3488；195/回纥传/5205；196/吐蕃传上/5237、5239
【新唐书】6/肃宗纪/168；136/白孝德传/4590；156/戴休颜传/4896；217/回鹘传/6112；221上/党项传/6213
【文苑英华】567/浩虚舟·为崔大夫贺破吐蕃表/2908、于邵·贺郭子仪破吐蕃表/2909
【唐大诏令集】59/郭子仪兼邠宁鄜坊两道节度使制/317；116/喻安西北庭诸将制/606
【资治通鉴】221/7090、222/7143；223/7146、7164；225/7252
【元和郡县图志】4/关内道4/16下
【陕西通志】12/山川5·同州/55上
【汇编】上11、12、665、673、674、675、680、681、682、683、685、687、688、689、690、691、692、693、695、696、697、698、699、700、701、702、703、705、706、712、748；补遗7225

郭知运 讨六州胡康待宾
【旧唐书】93/王晙传/2988；103/郭知运传/3189
【册府元龟】986/11584上
【资治通鉴】212/6745
【汇编】上648、649、650、652

郭晞 与六州叛胡战
【旧唐书】11/代宗纪/276；120/郭晞传/3468
【汇编】上691、692

郭愔 潜连党项诸族攻唐
【旧唐书】111/崔光远传/3319
【资治通鉴】221/7100
【汇编】上676、677

高承恭 西南面招讨党项使
【旧唐书】18/武宗纪/610
【汇编】上801

高祖 隋文帝，经略党项
【隋书】83/党项传/1845
【汇编】上2

高骈 与党项战捷
【旧唐书】182/高骈传/4703
【汇编】上831、832

高甑生 与洮州羌战
【旧唐书】3/太宗纪下/44
【汇编】上623

唐太宗 经略党项
【旧唐书】198/党项羌传/5291
【新唐书】221/党项传/6215
【汇编】上4、5、10

唐代宗 经略党项
【新唐书】221/党项传/6217
【汇编】上12

唐武宗 经略党项
【新唐书】221/党项传/6217
【宋史】491/党项传/14138
【汇编】上13、20

唐肃宗 经略党项
【旧唐书】111/崔光远传/3319
【新唐书】221/党项传/6216
【汇编】上11、676

唐僖宗 经略党项
【新唐书】221/党项传/6218
【旧五代史】132/李仁福传/1745
【新五代史】40/李仁福传/436
【宋史】485/夏国传上/13984
【隆平集】20/夷狄传/3下
【金史】134/西夏传/2865
【册府元龟】436/5181下
【宋太宗实录】30/24上
【朝野杂记】乙集19/边防/1180
【汇编】上13、52、112、125、160、165、166；中一1013；下6936

陶雅 防秋灵夏
【九国志】1/2下
【汇编】补遗7227、7228

桑如珪 招讨党项
【新唐书】221/党项传/6216
【资治通鉴】221/7090
【唐大诏令集】5/317
【汇编】上11、674、675

十一画

萧愧 被党项所杀
【旧唐书】10/肃宗纪/260

【新唐书】221/党项传/6216
【汇编】上 11、678
黄成 与党项战
【旧唐书】111/崔光远传/3319
【汇编】上 676
崔元略 宣抚党项
【旧唐书】163/崔元略传/4260
【册府元龟】980/11516 上
【汇编】上 761、762
崔从 抚慰党项
【册府元龟】397/4724 上
【汇编】上 844、845
崔宁 大破吐蕃党项，巡抚党项
【旧唐书】11/代宗纪/308；117/崔宁传/3397；196 下/吐蕃传下/5245
【文苑英华】567/常衮·贺剑南破西蕃表/2909
【册府元龟】674/8055 上
【汇编】上 710、714
崔光远 与党项战
【旧唐书】111/崔光远传/3317；198/党项羌传/5292
【新唐书】6/肃宗纪/163；221/党项传/6216
【册府元龟】359/4254 上
【汇编】上 5、11、675、676
崔旰 与羌戎战
【旧唐书】117/崔宁传/3397、3398
【汇编】上 693、694
崔君会 安抚邠、宁、延党项
【旧唐书】198/党项羌传 5293
【汇编】上 6
崔知温 抚御党项
【旧唐书】185/崔知温传/4791
【汇编】上 640
崔彦曾 经略党项
【新唐书】221/党项传/6217
【汇编】上 13
梁守谦 与吐蕃党项战
【资治通鉴】241/7783
【汇编】上 762
梁进用 押庆州党项迁徙
【新唐书】221/党项传/6217
【汇编】上 12

十二画

韩全义 与吐蕃党项战
【资治通鉴】232/7475
【汇编】上 717
韩朝宗 慰问盐夏州百姓
【全唐文】28/元宗文/10 下
【汇编】上 655
韩游瑰 与吐蕃战
【甘肃新通志】7/舆地志·山川下·庆阳府·合水县/15 下
【汇编】补遗 7288
韩潭 与吐蕃党项战
【旧唐书】144/杜希全传/3923
【汇编】上 726
董惩运 经略蕃部
【全唐文】285/张九龄文/8 下、9
【汇编】上 660
程宗楚 与党项约盟起兵
【新唐书】185/郑畋传/5404
【册府元龟】23/5038 下
【汇编】上 835
傅良弼 经略银夏党项
【新唐书】148/傅良弼传/4789
【汇编】上 769
傅孟恭 经略银州党项
【樊川文集】18/傅孟恭除威州刺史……制/11 下
【汇编】上 807

十三画

路嗣恭 经略朔方
【新唐书】221/党项传/6217
【汇编】上 12
窦轨 与党项战
【旧唐书】61/窦轨传/2372
【汇编】上 614

十四画

慕容三藏 讨平党项
【隋书】65/慕容三藏传/1531
【汇编】上 610
慕容休明 招谕党项
【新唐书】221/党项传/6216
【汇编】上 11
臧希让 经略党项
【旧唐书】198/党项羌传/5292
【新唐书】221/党项传/6216
【汇编】上 6、11
裴识 经略党项
【新唐书】173/裴识传/5219
【汇编】上 827

十五画

樊兴 赤水道行军总管
【资治通鉴】194/6106
【汇编】上 621

十六画

薛万均 与吐谷浑战
【旧唐书】3/太宗纪下/45；69/侯君集传/2510
【册府元龟】985/11566 上
【汇编】上 623、627、628
薛万彻 与吐谷浑战
【旧唐书】3/太宗纪下/45
【汇编】上 623
薛伾 经略鄜延党项
【白氏长庆集】55/34 下
【汇编】上 740
薛孤吴儿 与吐谷浑战
【册府元龟】985/11566 上
【汇编】上 627
薛逵 经略秦州
【樊川文集】18/薛逵除秦州刺史/5 下
【汇编】上 828

十七画

戴休颜 论平党项羌
【新唐书】156/戴休颜传/4899
【汇编】上 712
魏芫 筑盐、夏二城
【新唐书】133/张献甫传/4551
【河东先生集】26/邠宁进奏院记/54
【汇编】上 720、730

（二）与党项西夏相关的五代人物

四画

王彦忠 据怀远城作乱
【旧五代史】78/晋书・隐帝纪中/1027
【汇编】上 893
王景崇 迎回鹘使人
【新五代史】53/杂传・王景崇传/604
【资治通鉴】287/9382
【汇编】上 904、906
王傅拯 辖境接连蕃部
【旧五代史】94/王傅拯传/1255
【汇编】上 889
牛知柔 讨河西杂虏
【册府元龟】170/2059 上
【汇编】上 888

五画

史万山 宣谕军中
【五代会要】29/353
【汇编】上 19
冯晖 号麻胡，冯继业父，经略党项
【旧五代史】102/汉书・隐帝纪/1361；125/周书・冯晖传/1644、1645
【新五代史】49/杂传・冯晖传/554、555
【宋史】254/药元福传/8895；270/王明传/9265；318/张方平传/10357
【宋会要】蕃夷 4 之 2/7714

【册府元龟】485/5803 下；677/8095
【杨文公谈苑】3 上/麻胡
【资治通鉴】282/9197；285/9303
【名臣碑传琬琰集】中集 22/张文定公方平墓志铭/724
【汇编】上 890、891、892、893、899、900、901、902、903、907；中一 924、1036；中四 3979；补遗 7236

六画

向训 又名向拱，招延州蕃部誓约，不得侵盗汉户
【册府元龟】397/4725 上
【汇编】上 917
向拱 又名向训，招延州蕃部誓约，不得侵盗汉户
【宋史】255/向拱传/8908
【汇编】上 911
后汉高祖 经略党项西夏
【五代史记纂误补】3/25 下
【汇编】补遗 7091
后周太祖 经略党项西夏
【旧五代史】138/党项传/1845
【新五代史】74/四夷附录 3 · 党项传/912
【五代会要】29/353
【汇编】上 16、19
后周世宗 经略党项西夏
【宋史】253/折德扆/8861
【旧五代史】125/折从阮传/1647
【东都事略】28/1 上；127、128/附录 5、6
【汇编】上 100、169、170、178
后周恭帝 经略党项西夏
【宋史】485/夏国传上/13982
【东都事略】127、128/附录 5、6
【汇编】上 49、100
后唐庄宗 经略党项西夏
【旧五代史】125/折从阮传/1647
【武经总要】前集 17/14 上
【金石萃编】119/刺史折嗣祚碑考释；147/折克行神道碑考释
【汇编】上 168、182、199；中一 924
后唐武皇 经略党项西夏
【旧五代史】132/李仁福传/1749
【汇编】上 160
后唐明宗 经略党项西夏
【旧五代史】125/折从阮传/1648；132/李仁福传/1747；138/党项传/1845
【新五代史】40/李仁福传/437；74/四夷附录 3 党项传/912
【汇编】上 15、162、165、166、169
刘知俊 发兵夏州定难军
【旧五代史】5/梁书 · 太祖纪/84、86
【资治通鉴】267/8725
【汇编】上 853、854
刘承钧 诱代北诸部寇麟州
【东都事略】127、128/附录 5、6
【汇编】上 100
齐藏珍 经略关右
【资治通鉴】287/9382
【汇编】上 904
安从进 与党项西夏战，与夏州李彝超换镇
【旧五代史】44/唐书 · 明宗纪/603；132/李仁福传/1748
【新五代史】40/李仁福传/437
【宋史】264/宋琪传/9130
【册府元龟】178/2148 下；994/11676 下
【河南先生文集】26/五代春秋/5 上
【汇编】上 162、165、166、880、881、886；中一 1069；补遗 7234
安重荣 上言党项
【旧五代史】98/晋书 · 安重荣传/1302
【资治通鉴】282/9222
【汇编】上 895
安重诲 请止党项进马
【五代会要】29/353
【汇编】上 18

七画

杨仲训 领河东蕃部攻夏州
【册府元龟】167/2014 下
【汇编】上 914
苏继彦 赍诏催夏州李彝超赴任延州
【旧五代史】132/李仁福传/1747

八画

九画

十画

【宋史】255/向拱传/8908
【汇编】上 905、906、911

十一画

麻胡 冯晖号，经略党项西夏
【杨文公谈苑】3 上/麻胡
【汇编】补遗 7236
康福 与党项战
【旧五代史】40/明宗纪/556；43/明宗纪/587；91/康福传/1200；138/党项传/1845
【新五代史】27/药彦稠传/299；46/康福传/515；74/党项传/912
【五代会要】29/353
【册府元龟】170/2059 上；398/4739 上；987/11595 上
【资治通鉴】276/9033；277/9064
【汇编】上 15、18、868、869、870、872、873、874、875、876、888
梁祖 经略党项西夏
【旧五代史】133/1751
【汇编】上 160

十二画

焦继勋 安抚秦州蕃部
【宋史】261/焦继勋传/9042
【汇编】上 897

十三画

嗣肱 与党项战
【旧五代史】50/嗣肱传/684
【汇编】上 854

（三）与党项西夏相关的辽朝人物

二画

丁振 使夏吊赠夏太祖李继迁
【辽史】14/圣宗纪 5/158；115/西夏记/1525
【汇编】上 119；中一 1363

三画

三交 又作三交口，言戎人归附
【长编影】21/4 上
【汇编】中一 986
三交口 又作三交，言戎人归附
【长编标】21/474
大石林牙 耶律大石，假道西夏以伐金
【宋史】35/孝宗纪 3/683；391/周必大传/11970；486/夏国传下/14026
【汇编】上 92、下 6778
大汉 讨党项诸部
【辽史】10/圣宗纪 1/108、110
【汇编】中一 1000、1002
小斛禄 又作小鞠躲，辽封西南面招讨使
【辽史】30/天祚帝纪 4/351
【汇编】中六 5982
小鞠躲 又作小斛禄，联党项西夏攻宋
【宋史】23/钦宗纪/431；446/杨震传/13167
【宋会要】蕃夷 2 之 37/7710
【汇编】中六 5984、6034

四画

王全 使夏祭奠夏景宗李元昊
【辽史】20/兴宗纪 3/238
【汇编】中三 3109
王言敷 诘问宋使五路伐夏之由
【宋史】312/韩忠彦传/10230
【长编标】329/7923
【长编影】329/8 下
【名臣碑传琬琰集】中集 50/韩仪公丞相忠彦行状/1137
【汇编】中四 4401、4402、4403
王纲 使宋献西征所获马匹，于诸国乞兵
【长编标】157/3802
【长编影】157/6 下
【景文集】49/上两府书三首/629
【汇编】中三 3063、3073
王浑庞 小鞠躲部下

【宋会要】蕃夷2之37/7710
【汇编】中六5984

王惟吉 使夏谕夏景宗李元昊与宋讲和
【辽史】19/兴宗纪2/228；115/西夏记/1526
【安阳集】家传3/14下
【汇编】上120；中二2650；2750

天齐王 统南路军伐夏
【宋史】485/夏国传上/13999
【汇编】上67

天祚帝 经略党项西夏
【辽史】30/天祚帝纪4/354；114/萧特烈传/1517
【东都事略】127、128/附录5、6
【隆平集】20/夷狄传/3下
【宋会要】蕃夷2之37/7710
【大金国志】2/太祖纪/2下
【契丹国志】10/天祚帝纪上/1下
【三朝北盟会编】9/8下；10/4下；12/4上；58/6下
【系年要录】1/16四月甲辰日注
【皇宋十朝纲要】18/13下
【松漠纪闻】上/7
【契丹国志】11/天祚帝纪中/11上
【汇编】上111、122；中六5799、5945、5952、5953、5955、5966、5973、5984、5985、6015、6035

仆里笃 知金肃军事
【辽史】91/耶律仆里笃传/1365
【汇编】中三3174

牛温仁 使宋为夏求援
【长编标】482/11471
【长编影】482/8下
【汇编】中五5217

牛温舒 使宋为夏请地
【宋史】350/杨应询传/11089
【辽史】27/天祚帝纪1/322；86/牛温舒传/1325；100/耶律棠古传/1428；115/西夏记/1528
【皇宋十朝纲要】16/15下
【契丹国志】10/天祚帝纪上/11上
【长编拾补】26/引九朝编年备要/14上
【汇编】上122；中六5811、5813

五画

古迭 与夏景宗李元昊力战
【辽史】114/古迭传/1515
【汇编】中三3008

冯忠信 窃书驰告宋朝，夏人与女真约入寇
【太平治迹统类】26/15上
【汇编】中六5982

必摄 遣人献党项俘获之数
【辽史】8/景宗纪上/93
【汇编】中一956

奴哥 赍宋、夏、高丽诏表牒至金
【辽史】28/天祚帝纪2/337
【汇编】中六5916

辽太祖 讨党项
【辽史】75/耶律图鲁窘传/1243
【汇编】中六6004

辽圣宗 经略党项西夏
【辽史】18/兴宗纪1/211；37/地理志1/444；115/西夏记/1526
【汇编】上119；中一1679、1680

辽兴宗 经略党项西夏，与党项西夏战
【辽史】37/地理志/444；97/王观传/1411；109/罗衣轻传/1479；115/西夏记/1526、1527
【汇编】上119、121；中一1680；中三3009、3212

辽道宗 经略党项西夏
【辽史】59/食货志上/925；115/西夏记/1528
【汇编】上121、122；中三3490

辽穆宗 建黑河州
【辽史】37/地理志1/444
【汇编】中一1680

六画

尧骨 从征党项
【辽史】2/太祖纪下/19、20
【汇编】上859、861

休哥 破党项，献俘
【辽史】8/景宗纪上/93
【汇编】中一956

刘五常 与党项西夏战
【长编标】168/4035
【长编影】168/4 上
【汇编】中三 3158
刘六符 使宋涉及西夏事
【宋史】295/叶清臣传/9853；313/富弼传/10252
【辽史】19/兴宗纪 2/227；96/耶律仁先传/1395
【长编标】135/3229；137/3283、3291；138/3331；140/3361
【长编影】135/15 上；137/14 上、15 下；138/20 上；140/3 下
【隆平集】20/契丹耶律隆绪传/2 下
【奏议标】134/富弼·上仁宗不可待西使太过/1489
【奏议影】134/富弼·上仁宗不可待西使太过/4578
【契丹国志】8/兴宗文成皇帝纪/4 上；18/刘六符传/5 上
【欧阳文忠公全集】102/奏议/1 下
【儒林公议】下 3 上
【汇编】中二 2419、2431、2443、2444、2535、2538、2539、2540、2542、2631、2699、2700、2724、2804；中三 3138
刘庆离 小鞠䘵部下
【宋会要】蕃夷 2 之 37/7710
【汇编】中六 5984
刘忠廉 小鞠䘵部下
【宋会要】蕃夷 2 之 37/7710
【汇编】中六 5984

七画

杜防 因宋使告伐夏，使宋报聘
【辽史】18/兴宗纪 1/222；86/杜防传/1325
【长编标】135/3230
【长编影】135/15 下
【汇编】中二 2042、2043、2443
李延弘 使夏赐李德昭与义成公主车马
【辽史】15/圣宗纪 6/174；115/西夏记/1525
【汇编】上 119；中一 1515
李胡 征伐党项
【辽史】3/太宗纪上/34
【汇编】上 878
李俨 辽使，为夏国游说
【宋会要】蕃夷 2 之 30/7707
别古得 监大军伐夏
【辽史】20/兴宗纪 3/241；115/西夏记/1527
【汇编】上 121；中三 3157
吴克荷 使夏贺李德昭生辰
【辽史】17/圣宗纪 8/202
【汇编】中一 1659
吴湛 使宋告西事平
【宋会要】蕃夷 2 之 17/7700
【长编标】177/4281
【长编影】177/4 下
【汇编】中三 3178
余都姑 耶律余覩，遁走西夏
【辽史】102/耶律余覩传/1442
【汇编】下 6314
余覩 即耶律余覩，遁走西夏
【宋史】486/夏国传下/14023
【汇编】上 89
张克恭 使夏贺国主李德昭生日
【辽史】16/圣宗纪 7/190
【汇编】中一 1616
张佛奴 与党项战死
【辽史】19/兴宗纪 2/230
【汇编】中三 2895
阿保机 度碛击党项
【资治通鉴】269/8809
【汇编】上 856

八画

耶律大石 与夏约取山西诸部，交通西夏
【宋史】11/仁宗纪 3/214
【辽史】19/兴宗纪 2/227；96/耶律仁先传/1395、1396
【金史】73/完颜希尹传/1685；74/宗翰传/1698；121/粘割韩奴传/2636
【汇编】中六 5995、5996；下 6123
耶律王六 遣人献党项俘
【辽史】9/景宗纪下/103

【汇编】中一 986
耶律元衡 使宋告辽将伐夏
【长编标】151/3668、3679、3680
【长编影】151/3 下、13 上、14 下
【宋大诏令集】228/回契丹书（庆历四年八月戊戌）/884
【汇编】中三 2949、2974、2975、2976
耶律仁先 与党项西夏战，使宋进誓书涉及西夏事
【长编标】137/3291、3293；507/12083
【长编影】137/14 上、15 上、15 下；507/8 下
【汇编】中二 2535、2538、2539、2540、2542、2543、2544；中三 3009、3149；中六 5498
耶律化哥 遣人献党项俘
【辽史】9/景宗纪下/103；94/耶律化哥传/1381
【汇编】中一 986、1518
耶律汀 封义成公主，下嫁夏太祖李继迁
【辽史】11/圣宗纪 2/127
【汇编】中一 1030
耶律兴老 使夏吊祭夏景宗李元昊
【辽史】20/兴宗纪 3/238
【汇编】中三 3109
耶律余都 欲投西夏，不纳
【松漠纪闻】13 下
【汇编】中六 5983
耶律余覩 欲投西夏，不纳，谏言遣使西夏索耶律大石
【辽史】102/耶律余覩传/1443
【金史】3/太宗纪/64；121/粘割韩奴传/2637；133/耶律余睹传/2846
【汇编】下 6255、6314、6316
耶律沙 以党项降酋来朝
【辽史】9/景宗纪下/100
【汇编】中一 970
耶律阿海 追王罕子桑昆至西夏境
【蒙兀儿史记】49/耶律阿海传/1 上
【汇编】下 6809
耶律宗睦 使宋告伐夏还
【长编标】154/3737
【长编影】154/2 上
【汇编】中三 3032
耶律宜新 从萧惠讨西夏
【辽史】20/兴宗纪 3/241；92/萧夺剌传/1367、耶律古昱传/1369
【汇编】中三 3149、3157、3161
耶律贯宁 从辽主征西夏
【长编标】168/4035
【长编影】168/4 上
【汇编】中三 3158
耶律勃古哲 字蒲奴隐，讨平党项
【辽史】82/耶律博古哲传/1293
【汇编】中一 956
耶律俨 讽宋与西夏和
【辽史】26/道宗纪 6/311；98/耶律俨传/1415；115/西夏记/1528
【汇编】上 122；中六 5445、5446、5530
耶律侯哂 巡西边沿河要地，建城以遏党项叛逃
【辽史】92/耶律侯哂传/1368、萧乌野传/1371
【汇编】中二 2639；中六 6004
耶律独攧 括山西诸郡马以伐夏
【辽史】92/耶律独攧传/1369、萧乌野传/1371
【汇编】中三 3150、3156、中六 6004
耶律突吕不 讨伐党项
【辽史】75/耶律突吕不传/1240
【汇编】上 862
耶律速撒 献党项俘，破阻卜
【辽史】8/景宗纪上/94；10/圣宗纪 1/108、109
【汇编】中一 958、1000、1001
耶律敌古 与党项西夏战
【辽史】115/西夏记/1527
【汇编】上 121
耶律敌烈 劫雅里北走，使夏谕夏景宗李元昊与宋和
【辽史】19/兴宗纪 2/228；29/天祚帝纪 3/347；115/西夏记/1526
【汇编】上 120；中二 2650、2673；中六 5973
耶律敌鲁古 伐夏获夏景宗李元昊妻及官员家属
【辽史】20/兴宗纪 3/240、241、242；93/慈氏奴传/1376
【汇编】中三 3148、3149、3155、3163
耶律高十 奏党项等部叛附夏国
【辽史】19/兴宗纪 2/230
【汇编】中三 2875

耶律高家奴 以伐夏告宋
【辽史】19/兴宗纪 2/230；20/兴宗纪 3/241、246；99/耶律挞不也传/1421；115/西夏记/1527
【隆平集】20/夷狄传/3 下
【汇编】上 120、121；中二 2785；中三 2924、3156、3199

耶律唐古 督耕稼以给西军
【辽史】59/食货志上/925
【汇编】中三 3490

耶律益 使宋告伐夏还
【长编标】168/4035
【长编影】168/4 上
【汇编】中三 3158

耶律祥 使夏问罪夏景宗李元昊
【长编标】151/3668
【长编影】151/3 下
【奏议标】135/丁度等·上仁宗论契丹请绝元昊进贡事/1511
【奏议影】135/丁度等·上仁宗论契丹请绝元昊进贡事/4649
【安阳集】家传 3/14 下
【汇编】中二 2750、2751；三 2949

耶律庶成 持诏责夏景宗李元昊待兴平公主薄
【辽史】18/兴宗纪 1/220；115/西夏记/1526
【汇编】上 120；中一 1740

耶律觌烈 讨伐党项夏国
【辽史】75/耶律觌烈传/1237
【汇编】上 858

耶律答 使宋告西征还
【宋会要】蕃夷 2 之 17/7700
【汇编】中三 3142

耶律鲁不古 又作耶律鲁不姑，奏党项捷
【辽史】4/太宗纪下/43；70/属国表/1131
【汇编】上 890

耶律鲁不姑 又作耶律鲁不古，献党项俘
【辽史】4/太宗纪下/47
【汇编】上 894

耶律慎思 言夏欲迎辽主
【金史】132/完颜元宜传/2829
【汇编】中六 5975

耶律斡 从伐西夏战死
【辽史】94/耶律那也传/1384
【汇编】中三 3149

耶律斡里 从伐西夏战死
【辽史】20/兴宗纪 3/240；115/西夏记/1527
【汇编】上 121；中三 3148

耶律穀 使宋贺乾元节
【长编标】198/4796
【长编影】198/7 上
【汇编】中三 3310

耶律德威 请纳夏太祖李继迁，奉诏征夏太祖李继迁
【辽史】82/耶律德威传/1291
【汇编】中一 1031、1054

耶律翰 使宋献西征所获马匹等
【长编标】157/3802
【长编影】157/6 下
【汇编】中三 3063

耶律褭里 使夏吊祭夏景宗李元昊
【辽史】20/兴宗纪 23/238；94/耶律化哥传/1382
【汇编】中三 3109

耶律襄 女封义成公主，下嫁夏太祖李继迁
【辽史】11/圣宗纪 2/127；12/圣宗纪 3/134
【汇编】中一 1030、1044

呼图克 又作鹘突姑，辽朝驸马，被西夏俘虏
【长编影】152/13 下
【汇编】中三 3007

罗汉奴 言山西部族节度使投夏
【辽史】19/兴宗纪 2/230
【汇编】中三 2880、2895

宗真 即辽兴宗，与西夏战败
【东都事略】127、128/附录 5、6
【儒林公议】下/3 上、9 上
【汇编】上 105、106；中二 2542、2673

宜新 征伐西夏
【辽史】115/西夏记/1527
【汇编】上 121

屈烈 山西部族节度使，投夏
【辽史】19/兴宗纪 2/230；115/西夏记/1526
【汇编】上 120；中三 2880

姐连 契丹将，为仡党族所擒
【宋会要】蕃夷 1 之 23/7684

九画

契丹主 亲征西夏
【长编标】168/4035；177/4282
【长编影】168/4 上；177/5 上
赵柬之 使宋告伐夏
【长编标】168/4035
【长编影】168/4 上
【宋会要】蕃夷 2 之 17/7700
【汇编】中三 3142、3158
赵庭睦 辽贺正旦使，觇朝廷西事
【长编标】331/7985
【长编影】331/17 上
【汇编】中四 4455
赵资睦 向宋使探问西夏战事
【宋史】312/韩忠彦传/10230
【长编标】329/7923
【长编影】329/8 下
【名臣碑传琬琰集】中集 50/韩仪公丞相忠彦行状/1137
【汇编】中四 4401、4402、4403
重元 辽兴宗征西夏先锋
【辽史】19/兴宗纪 2/231
【汇编】中三 2988

十画

高端礼 讽宋罢伐夏兵
【辽史】27/天祚帝纪 1/321
【汇编】中六 5787
海里 击败西夏侵扰
【辽史】20/兴宗纪 3/242
【汇编】中三 3163

十一画

萧友括 使夏索党项叛户
【辽史】20/兴宗纪 3/243、245
【汇编】中三 3166、3168、3181
萧爻括 出使西夏
【辽史】115/西夏记/1527
【汇编】上 121
萧孝友 随契丹主伐夏
【宋史】485/夏国传上/14000
【辽史】20/兴宗纪 3/240；87/萧孝友传/1334
【长编标】152/3711
【长编影】152/13 下
【汇编】上 67；中二 1878；中三 3007、3010、3143
萧孝忠 契丹信使，贺乾元节
【长编标】151/3681
【长编影】151/14 下
【汇编】中三 2977
萧孝诚 册夏太宗李德明大夏国王
【宋史】485/夏国传上/13992
【汇编】上 59
萧良 为夏请地及退兵
【宋史】20/徽宗纪 2/374
【宋会要】蕃夷 2 之 30/7707
【汇编】中六 5795、5798
萧英 出使北宋，涉及西夏事
【宋史】11/仁宗纪 3/213；313/富弼传/10250
【长编标】135/3229、3239
【长编影】135/15 上、23 下
【隆平集】20/契丹耶律隆绪传/2 下
【宋大诏令集】228/回契丹书/884
【契丹国志】8/兴宗文成皇帝纪/4 上；18/刘六符传/5 上
【涑水记闻】9/6 上
【儒林公议】下/3 上
【汇编】中二 2429、2431、2443、2444、2445、2469、2535、2542；中三 2880、2974
萧忠孝 言党项西夏
【文恭集】37/宋故奉职郎守侍御史王公（平）墓志铭/445
【汇编】中三 2950
萧迭里得 与党项西夏战
【辽史】20/兴宗纪 3/241；114/萧迭里得传/1514、1515；115/西夏记/1527
【汇编】上 121；中三 3008、3150、3157
萧胡覩 从征党项夏国
【辽史】19/兴宗纪 2/231；86/耶律褭履传/1324；115/西夏记/1526
【汇编】上 120；中三 3007、3017、3018

萧药师奴 为夏请罢兵
【辽史】26/道宗纪6/311；91/萧药师奴传/1364
【汇编】中六5445、5446、5542
萧革 迎取夏景宗李元昊所贡方物
【辽史】19/兴宗纪2/231；115/西夏记/1526
【汇编】上120；中三3006
萧保先 为夏请地
【宋史】350/杨应询传/1089
【长编拾补】26/引九朝编年备要/14上
【皇宋十朝纲要】16/15下
【契丹国志】10/天祚帝纪上/11上
【汇编】中六5812、5813
萧昭彦 言辽夏交聘
【长编标】505/12043
【长编影】505/15下
【汇编】中六5475
萧特末 出使北宋
【辽史】19/兴宗纪2/227；86/刘六符传/323
【汇编】中二2419、2543
萧陶隗 言群牧司养马
【辽史】60/食货志下/931
【汇编】中三3544
萧偕 出使北宋
【长编标】138/3315
【长编影】138/20上
【忠肃集】拾遗/王开府（拱辰）公形状/305
【汇编】中二2531、2587、2630
萧惟信 使宋告伐夏
【辽史】20/兴宗纪3/239；115/西夏记/1527
【宋会要】蕃夷2之17/7700
【汇编】上120；中三3135、3142
萧得里底 为夏请和
【辽史】27/天祚帝纪1/322；86/牛温舒传/1325；100/耶律棠古传/1428
【汇编】中六5811
萧惠 与党项西夏战
【辽史】19/兴宗纪2/231；20/兴宗纪3/240；86/耶律合里只传/1327；87/萧惠传/1334；90/耶律信先传/1357；92/萧夺刺传/1367、耶律古昱传/1369；93/萧惠传/1373、萧慈氏奴传/1375、1376、耶律铎轸传/1379；96/耶律仁先传/1396
【隆平集】20/夷狄传/3下
【汇编】上120；中二1878、2412、2413、2988、3009、3010、3023、3143、3144、3148、3149、3161
萧普达 与党项战死
【辽史】19/兴宗纪/230；92/萧普达传/1368
【汇编】中二2639、2895、3057
萧蒲奴 与党项西夏战
【辽史】20/兴宗纪3/241；87/萧蒲奴传/1335；92/萧夺刺传/1367；115/西夏记/1527
【汇编】上121；中三3093、3157、3161
萧慈氏奴 从征西夏战死
【辽史】20/兴宗纪3/240、241；93/萧慈氏奴传/1376；115/西夏记/1527
【汇编】上121；中三3148、3149、3155
萧滴洌 观夏景宗李元昊乞降真伪
【辽史】95/萧滴洌传/1390
【汇编】中三3008
萧撒抹 率师伐夏
【辽史】20/兴宗纪3/241
【汇编】中三3157
萧德崇 辽朝遣宋使，为夏国游说
【长编标】505/12029；506/12065；507/12075、12079、12081、12084；509/12113、12122
【长编影】505/4上；506/15上；507/3下、7上、8下、11上；509/1上、8下
【宋会要】兵8之34/6904；蕃夷2之30/7707
萧德 使宋告西事
【长编标】177/4281
【长编影】177/4下
【宋大诏令集】229/回谢契丹皇帝书/886
【宋会要】蕃夷2之17/7700
【汇编】中三3090、3178
萧禧 出使北宋
【长编标】262/6386；496/11810
【长编影】262/11下；496/15下
【旧闻证误】2/30
【汇编】中四3983、3985；中六5383
斜轸 言党项叛投夏国
【辽史】15/圣宗纪6/173
【汇编】中一1515
密骨德 讨伐党项

【辽史】4/太宗纪下/52
【汇编】上 896

十二画

韩五押 剽略佗党族
【宋会要】蕃夷 1 之 23/7684
韩国王 萧惠，与西夏争战，言党项西夏
【宋史】485/夏国传上/13999
【辽史】20/兴宗纪 3/240
【汇编】上 67；中三 3143
韩昉 使宋请和
【三朝北盟会编】16/10 下；60/4 下
【汇编】中六 5972、6050
韩绍芳 谏伐夏景宗李元昊
【辽史】74/韩绍芳传/1233
【汇编】中三 3009
韩德威 与党项西夏战
【宋史】5/太宗纪 2/96
【辽史】10/圣宗纪 1/108、111、113；12/圣宗纪 3/131；13/圣宗纪 4/142、147、149；82/韩德威传 1291；115/西夏记/1525
【长编标】37/807；38/825
【长编影】37/2 上；38/7 下
【东都事略】28/1 上；123/附录 1・辽国/3 下
【隆平集】17/武臣传/11 下
【宋会要】兵 4 之 12/6998、27 之 4/7248；方域 21 之 2/7662
【宋朝事实类苑】20/经略幽燕/16 下
【金石萃编】147/折克行神道碑考释
【汇编】上 34、119、178、180、200；中一 1000、1003、1009、1036、1052、1053、1054、1097、1098、1099、1101、1112、1119、1164、1167、1169；中六 6004
雅里 梁王，改元神历
【辽史】29/天祚帝纪 3/347；30/天祚帝纪 4/354
【金史】3/太宗吴乞买纪/47
【三朝北盟会编】58/6 下
【系年要录】1/16 四月甲辰日注
【汇编】中六 5973、5974、6015、6035

十三画

蒲奴隐 耶律勃古哲字，因讨平党项迁南院大王
【辽史】82/耶律勃古哲传/1293
【汇编】中一 956

十四画

斡习罗 斡古得子
【辽史】19/兴宗纪 2/232
【汇编】中三 3039
斡古得 战殁，以其子斡习罗为帅
【辽史】19/兴宗纪 2/232
【汇编】中三 3039
斡鲁母 言山西部族节度使投夏
【辽史】19/兴宗纪/230
辖马 上破党项俘获数
【辽史】10/圣宗纪 1/111
【汇编】中一 1003
鹘突姑 又作呼图克，辽朝驸马，被西夏俘虏
【宋史】485/夏国传上/14000
【长编标】152/3711
【汇编】上 67

十五画

撒割 讨伐党项夏国
【辽史】3/太宗纪上/34
【汇编】上 878
撒懒 别古特字，讨夏有功
【辽史】64/皇子表/990
【汇编】中三 3157

（四）与党项西夏相关的宋代人物

二画

丁文简公 即丁度，言战争期间用人标准
【石林燕语】7/5 上

【汇编】中二 2649

丁罕 与党项西夏战

【宋史】190/兵志 4/4721；257/李继隆传/8967；283/夏竦传/9572；485/夏国传上/13988

【长编标】40/851；123/2911

【长编影】40/8 下；123/17 上

【宋会要】兵 8 之 19/6896

【宋太宗实录】79/38 上

【武经总要】前集 18 上/12 上

【文庄集】14/陈边事十策/1 上

【汇编】上 55；中一 1140、1141、1148、1152、1154、1155；中二 1794、1796；中六 5881

丁保衡 赴陕府推勘蕃部事

【长编标】103/2388

【长编影】103/13 上

【宋会要】兵 27 之 21/7257

【汇编】中一 1638、1639

丁度 撰赐李元昊答诏，上《备边要览》，言党项西夏

【宋史】286/王益柔传/9634；292/丁度传/9761；294/掌禹锡传/9807

【宋会要】职官 41 之 18/3175

【长编标】126/2975；127/3016；128/3036、3044；135/3227；151/3691；157/3797

【长编影】126/9 上；127/12 上；128/11 上、18 上；135/13 下；151/11 下；157/1 下

【元宪集】31/乞毁弃元昊僭伪文移札子/331

【玉海】141/康定论兵/15 上

【石林燕语】7/5 上

【涑水记闻】10/12 下

【汇编】中二 1877、1924、2022、2034、2068、2097、2118、2386、2440、2441、2525、2648、2649；中三 2957、3060；补遗 7263

丁惟清 又作丁维清，经略凉州吐蕃，与党项西夏战

【宋史】492/吐蕃传/14154、14156

【长编标】54/1189；55/1219；93/2245

【长编影】54/13 下；55/16 下；93/9 下

【宋会要】方域 21 之 15/7668、21 之 19/7670；蕃夷 4 之 6/7716

【武经总要】前集 18 下/9 下

【汇编】中一 1053、1139、1161、1358、1368、1540、1596、1718

丁谓 言西贼市金银入蕃

【宋史】325/刘平传/10499

【宋会要】162/刑法 2/6576

【汇编】中一 1481、1624

丁维清 又作丁惟清，与李继迁战殁

【宋史】7/真宗纪 2/122

【汇编】中一 1368

丁焴 以书约西夏攻金

【宋史】40/宁宗纪 4/773；486/夏国传下/14027

【大金国志】25/宣宗纪/4 上

【资治通鉴】15/194

【汇编】上 93；下 6858、6859

丁赞 与李继迁战于清远军

【长编标】49/1071

【长编影】49/7 下

【汇编】中一 1238

几道 王渊字，击西夏有功

【宋史】369/王渊传/11485

【汇编】中六 5782

刁赟 巡检岚石等州

【长编标】102/2354

【长编影】102/6 上

【汇编】中一 1629

三画

于兴 获西人首级被指挥王琮夺取

【范文正公集】年谱补遗/7 上

【汇编】中二 2113

万天益 万俟政子，与西夏战殁

【长编标】126/2982

【长编影】126/15 上

【汇编】中二 1946

万俟政 与党项西夏战

【宋史】325/刘平传/10503

【长编标】126/2968、2982；127/3008

【长编影】126/1 下、15 上；127/4 下

【隆平集】19/石元孙传/6 上

【安阳集】家传 1/15 下

【涑水记闻】11/12 上

【汇编】中二 1884、1885、1886、1888、1896、1946、1981、1998

上官均 言党项西夏
【宋史】347/韩川传/11011；355/上官均传/11178
【长编标】374/9081；399/9725；442/10636；443/10656、10662；444/10678
【长编影】374/17 上；399/4 下；442/6 上；443/4 下、7 下；444/4 上
【汇编】中五 4716、4821、4823、4991、4992、4993、5001、5009
上官佖 吊赠西平王李德明母
【宋史】485/夏国传上/13991
【汇编】上 58
卫庆宗 与党项西夏战
【长编标】241/5880
【长编影】241/6 上
【汇编】中四 3827
卫克懃 体量古渭州蕃贼众寡
【长编标】174/4203
【长编影】174/12 上
【汇编】中三 3189
卫居宝 又作卫居实、卫居寔，与李继迁战于麟州
【宋史】485/夏国传上/13988
【汇编】上 56
卫居实 又作卫居宝、卫居寔，与李继迁战于麟州
【宋史】6/真宗纪 1/117
【长编标】45/971；52/1137、1139
【长编影】45/15 下；52/7 下、9 上
【汇编】中一 1214、1317、1318、1319、1320
卫居寔 又作卫居实、卫居宝，与李继迁战于麟州
【长编影】52/9 上
【汇编】中一 1319
卫超 入敌境与西夏战
【宋史】466/张崇贵传/13618
【汇编】中一 1289
小范老子 范仲淹，经略党项西夏
【范文正公集】诸贤赞颂论疏/24 下
【豫章文集】7/遵尧录 6/13 上
【汇编】下 7026；补遗 7266
马元方 率部讨李继迁
【宋史】301/马元方传/9986
【汇编】中一 1143
马为美 劝笼竿城山外之民入居城寨
【安阳集】家传 2/8 上
【汇编】中二 2347
马申 经略熙河
【长编标】313/7593；315/7617、7630；317/7660；321/7746；325/7820；333/8013、8017；340/8179；343/8235；348/8353
【长编影】313/10 上；315/2 上、13 下；317/4 下；321/8 下；325/5 下；333/1 上、4 下；340/3 上；343/1 上；348/11 上
【汇编】中四 4131、4154、4165、4201、4278、4332、4464、4466、4529；中五 4557、4597
马用诚 与党项西夏战
【长编标】406/9886；507/12088；514/12128；515/12243；516/12288
【长编影】406/10 上；507/12 上；514/8 下；515/8 下；516/20 下
【汇编】中五 4896；中六 5502、5580、5598、5622
马宁 驻兵西人境上、与西夏划界
【长编标】185/4470
【长编影】185/4 上
【宋会要】兵 27 之 41/7267
【汇编】中三 3267
马训 与茭村硕尔族谋叛
【长编标】104/2409
【长编影】104/10 上
【汇编】中一 1647
马伦 领弓箭手策应通远军
【长编标】235/5717
【长编影】235/20 下
【宋会要】兵 28 之 12/7275
【汇编】中四 3783
马仲甫 兴置甘谷、通渭、熟羊等城寨
【宋史】331/马仲甫传/10646
【安阳集】家传 7/5 上
【汇编】中三 3487、3498
马仲良 编次客省诸蕃国文字，与党项西夏战
【长编标】343/8234；485/11528
【长编影】343/1 上；485/9 上

【宋会要】职官35之4/3062、67之29/3902
【汇编】中三3723；中五4557；中六5288、5640
马防 经略党项西夏
【宋会要】方域8之24/7452
马希仲 兵败熙州
【宋史】28/高宗纪5/533
【汇编】下6483
马怀德 与西人划界，与党项西夏战
【宋史】323/马怀德传/10466
【长编标】156/3780；195/4730
【长编影】156/3上；195/12上
【华阳集】14/赐侍卫亲军步军副都指挥使郝质赴阙茶药诏/172
【汇编】中三3054、3303
马忠 经略党项西夏
【长编标】237/5768；261/6355；280/6861
【长编影】237/11上；261/1上；280/10下
【三朝北盟会编】30/17下
【汇编】中四3796、3982、4034；中六6007
马知节 言党项西夏，经略党项西夏
【宋史】273/李允正传/9340；278/马知节传/9451；308/张佶传/10151；463/刘文裕传/13546
【长编标】19/430；49/1075；54/1188；55/1216；67/1505；71/1603；73/1667
【长编影】19/9上；49/11上；54/4上；55/14上；67/5上；71/14上；73/15上、18上
【玉壶清话】5/6上
【汇编】中一978、1203、1245、1306、1366、1368、1483、1493、1517
马和 攻河州战死
【长编标】248/6044
【长编影】248/7上
【汇编】中四3906
马诚 德顺军弓箭手
【长编标】343/8248
【长编影】343/12下
【汇编】中五4561
马绍忠 又作马昭忠，运粮灵州，与党项西夏战
【宋史】257/李继隆传/8967；277/宋太初传/9422、卢之翰传/9424；279/周仁美传/9492；292/田况传/9778；305/杨亿传/10081
【长编标】50/1095
【长编影】50/12上
【东都事略】127、128/附录5、6
【宋太宗实录】79/38上
【宋会要】兵8之19/6896
【奏议标】130/杨亿·上真宗论弃灵州为便/1440；132/田况·上仁宗论攻策七不可/1465
【奏议影】130/杨亿·上真宗论弃灵州为便/4426；132/田况·上仁宗论攻策七不可/4509
【汇编】上101；中一1120、1131、1132、1135、1140、1141、1265、1268；中二2182
马昭忠 又作马绍忠，护军粮赴灵州
【隆平集】18/田绍斌传/11上
【汇编】中一1138
马勋 克扣鄜州军士请受
【范文正公集】年谱补遗/5下
【汇编】中二2103
马贵 与西夏战死永乐城
【宋史】486/夏国传下/14012
【汇编】上78
马洵美 私放蕃部质子
【长编标】103/8283
【长编影】103/13上
【宋会要】职官46之27/3834；兵27之21/7257
【汇编】中一1638、1639、1640
马崇正 擅准招讨司牒探西贼
【宋会要】职官64之42/3841
【汇编】中二2620
马隆 以步卒三千破羌万骑
【长编标】221/5371
【长编影】221/2下
【武经总要】前集8/2上
【汇编】中二2304；中三3677
马琮 出界攻讨叶结贝威野寨
【长编标】471/11254；479/11406
【长编影】471/16下；479/4上
【汇编】中五5150、5193
马端 经略延州
【长编标】130/3080；137/3295
【长编影】130/1上；137/17上

四画

【宋史】485/夏国传上/14002
【长编标】202/4906，204/4934；262/6396
【长编影】202/15 下；204/1 上；262/11 下
【汇编】上 69；中三 3322、3353；中四 3986

王中正 经略党项西夏，言党项西夏，经略熙河

【宋史】16/神宗纪 3/305；190/兵志 4·河东陕西弓箭手/4714；191/兵志 5·蕃兵/4759；250/王克臣传/8820；303/陈安石传/10048；313/文彦博传/10263；314/范纯粹传/10279；335/种古传/10746；337/范祖禹传/10799；342/梁叟传/10888；346/彭汝砺传/10974；347/黄廉传/11003；448/吕由诚传/13203；467/王中正传/13642；486/夏国传下/14010
【长编标】221/5388；231/5610；233/5665；234/5677；238/5799；239/5817；241/5879；245/5961；248/6040；249/6072；250/6101、6105；253/6192；258/6296、6298；312/7566、7569；313/7585、7594；314/7608、7611、7612；315/7618、7625、7628、7630、7631、7632、7633、7634；316/7638、7643、7650；317/7657、7660、7674、7675；318/7683、7686、7692、7694、7695、7696；319/7700、7701、7702、7703、7705、7710、7712、7717；320/7728；321/7740、7742、7743；322/7759；324/7795；325/7828；328/7893；329/7923；333/8016、375/9108
【长编影】221/19 上；231/1 下；233/19 上；234/6 下；238/13 下；239/11 上；241/5 上、11 下；245/11 上；248/4 上；249/5 下；250/19 上、23 上；253/5 上；258/8 下、10 下；312/8 上、9 上、11 下；313/3 上、11 上；314/5 上、9 上、11 上、12 上；315/3 下、8 下、9 下、12 上、13 上、15 上、16 上、16 下；316/1 下、2 上、6 下、12 下；317/1 上、4 上、16 下；318/1 上、3 下、6 上、11 上、12 下、15 上；319/2 上、4 上、6 上、9 下、11 下、16 上；320/8 上；321/4 下、6 下、7 上；324/1 上；325/13 上；328/3 下；329/8 下；333/4 上；375/18 下
【东都事略】8/神宗纪/7 上；84/刘昌祚传/4 上；127、128/附录 5、6
【宋会要】职官 66 之 32/3884；兵 4 之 6/6823、8 之 22/6898、8 之 23/6898、8 之 25/6899、8 之 27/6900、14 之 4/6994、28 之 24/7281；方域 20 之 6/7653；蕃夷 6 之 9/7823
【元丰类稿】22/王中正种谔降官制/10 上
【奏议标】62/周尹·上神宗论遣李宪措置边事/693；63/刘挚·上哲宗弹奏王中正等四宦官之罪/697；137/刘述·上神宗论种谔擅入西界/1532、1533、刘述·上神宗论种薛向/1534；138/文彦博·上神宗论关中事宜/1549
【奏议影】62/周尹·上神宗论遣李宪措置边事/2295；63/刘挚·上哲宗弹奏王中正等四宦官之罪/2306；137/刘述·上神宗论种谔擅入界/4709、4711、刘述·上神宗论种谔薛向/4714；138/文彦博·上神宗论关中事宜/4761
【文昌杂录】2/9 上
【初寮集】6/定功继伐碑/1 上
【范太史集】26/论宦者札子/5 上
【金石萃编】147/折克行神道碑/1 上
【涑水记闻】14/3 下、6 上
【蒙斋笔谈】上/4 上
【汇编】上 76、77、108、197；中三 3468、3470、3478、3689；中四 3755、3773、3777、3806、3812、3826、3830、3871、3893、3905、3919、3920、3927、3930、3953、3970、3972、3973、4028、4029、4041、4121、4123、4126、4129、4132、4134、4144、4149、4152、4155、4156、4157、4160、4162、4164、4165、4169、4170、4171、4175、4180、4186、4187、4192、4193、4194、4198、4200、4201、4204、4205、4208、4209、4213、4216、4217、4218、4219、4222、4223、4227、4228、4230、4231、4233、4234、4235、4236、4237、4242、4247、4252、4259、4260、4270、4274、4276、4298、4302、4322、4336、4384、4403、4404、4465；中五 4625、4626、4721、4722、5222、5223；补遗 7344、7435

王中庸 使夏祭夏景宗李元昊母

【宋史】485/夏国传上/13994
【长编标】115/2704
【长编影】115/14 下
【汇编】上 61；中一 1706

王内翰 王尧臣，经略党项西夏
【范文正公集】9/答安抚王内翰/11 上
【汇编】中二 2668
王从丕 不肯发兵与西夏战
【涑水记闻】14/6 上
【汇编】中四 4237
王从休 戍守边州
【长编标】323/7782
【长编影】323/6 下
【汇编】中四 4312
王从政 修复河东宁远寨
【长编标】134/3187
【长编影】134/1 上
【元宪集】22/诸司使副陕西缘边都监知州葛宗古王从政米吉张世昌并转官制/229
【汇编】中二 2362、2396
王从善 修复河东宁远寨
【长编标】134/3189
【长编影】134/3 上
【宋会要】方域 18 之 7/7613
【汇编】中二 2366
王从德 环庆路承受公事，言沿边蕃部
【长编标】87/1990；89/2048；104/2400；127/3005；128/3040
【长编影】87/2 下；89/11 上；104/1 下；127/2 下；128/14 下
【汇编】中一 1553、1579、1643；中二 1991、2073
王介甫 王安石，经略党项西夏
【长编标】352/8450
【长编影】352/22 下
【过庭录】16
【草木子】3/19 上
【汇编】中四 4073、4424；补遗 7327
王公明 使夏约夹攻金人
【朝野杂记】乙集 19/边防/1180
【汇编】下 6938
王文 与党项西夏战，经略泾原
【宋史】289/葛怀敏传/9701；485/夏国传上/13994
【长编标】115/2691；134/3206；137/3300；138/3314
【长编影】115/4 上、16 上；134/17 下；137/21 下；138/5 上
【奏议标】133/范仲淹·上仁宗攻守二策/4545
【奏议影】133/范仲淹·上仁宗攻守二策/1477
【范文正公集】5/上攻守二策/13 下
【汇编】上 61；中一 1702、1706；中二 2398、2411、2546、2547、2554、2555、2578
王文郁 经略熙河，与党项西夏战
【宋史】16/神宗纪 3/309；340/吕大忠传/10846；348/钟传传/11037；350/王文郁传/11074；486/夏国传下/14013
【长编标】221/5373；228/5552；229/5567；273/6688；316/7641；321/7748；333/8018；334/8035；336/8102；345/8275；346/8307；353/8460；399/9731；402/9789；405/9869；407/9905；460/11000；473/11279；474/11314；485/11522、11527；511/12161
【长编影】221/5 下；228/11 下；229/1 上；273/12 下；316/4 上；321/11 下；333/5 上；334/5 上；336/10 上；345/4 上；346/6 上；353/5 下；399/10 上；402/12 上；405/8 上；407/9 下；460/1 上；473/1 上；474/12 下；485/4 下、9 上；511/7 上
【东坡全集】38/敕书 2/上
【宋会要】兵 28 之 42/7290、28 之 43/7291；方域 8 之 25/7453、20 之 14/7657
【甘肃新通志】14/建置志·城池/1 下
【龙川略志】635
【汇编】上 75、79、237；中三 3678、3731；中四 3739、4016、4178、4240、4279、4464、4466、4468、4473、4499；中五 4555、4570、4581、4622、4824、4835、4837、4884、4901、5072、5152、5165、5202、5240、5253、5257、5260；中六 5272、5275、5279、5286；补遗 7347
王文忠 与西夏战败
【河南先生文集】23/按地图/3 下
【汇编】中二 2166
王文思 擅入西界侵略
【长编标】129/3062；132/3130
【长编影】129/11 上；132/7 下
【汇编】中二 2119、2273
王文宣 与西夏战于麟州

【长编标】133/3181
【长编影】133/18 下
【涑水记闻】12/14 上
【汇编】中二 2355、2357

王文振 经略党项西夏，与党项西夏战，与熙河战
【宋史】253/折可适传/8867；486/夏国传下/14017
【长编标】406/9886；485/11520、11528；491/11662；505/12037；506/12062；516/12290
【长编影】406/10 上；485/2 下、9 上；491/15 上；505/10 上；506/12 上；516/23 下
【东都事略】104/折可适传/3 上
【宋会要】兵 28 之 40/7289
【皇宋十朝纲要】14/2 上
【姑溪居士后集】20/折渭州墓志铭/1 上
【汇编】上 83、176、180、208；中五 4896、5254、5256；中六 5279、5288、5330、5473、5489、5625

王文恩 出师败北
【宋史】283/夏竦传/9575
【奏议标】132/田况·上仁宗兵策十四事/4514
【奏议影】132/田况·上仁宗兵策十四事/1467
【汇编】中二 1872

王亢 进筑堡寨
【长编标】244/5935；499/11877
【长编影】244/5 上；499/5 上
【名臣碑传琬琰集】下集 13/文忠烈公彦博传/1452
【汇编】中二 2332；中四 3863；中六 5404

王正臣 出塞获三千级
【长编标】507/12088
【长编影】507/12 上
【汇编】中六 5503

王正伦 伴送李元昊使人
【宋史】485/夏国传上/13998
【长编标】142/3422；149/3614；155/3770
【长编影】142/25 下；149/15 上；155/12 下
【宋朝事实类苑】75/996
【范文正公集】5/答窃议/17 下
【汇编】上 66；中二 2770、2807、2810；中三 2916、3049

王世文 经略河东
【长编标】255/6231
【长编影】255/2 上
【宋会要】职官 49 之 3/3531
【汇编】中一 1646；中四 3962

王世隆 擅领兵与夏战
【长编标】335/8062
【长编影】335/1 上
【汇编】中四 4482、4483

王世亶 与西夏战死
【宋史】11/仁宗纪 3/212
【长编标】133/3163；134/3196
【长编影】133/3 下；134/9 上
【汇编】中二 2320、2330、2392

王本 与西夏划分熙河兰路地界
【宋会要】职官 67 之 13/3894；兵 28 之 36/7287
【汇编】中五 5235、5237

王龙图 王素，经略渭州
【欧阳文忠公全集】12/律诗/9 下
【梅尧臣集编】编年校注 23/655
【汇编】中三 2935、3167

王旦 言党项西夏
【宋史】282/李沆传/9539、王旦传/9546；485/夏国传上/13990
【长编标】50/1087；65/1455；68/1520、1521；71/1603；73/1672；80/1822；83/1904；85/1946、1949；86/1967、1979；88/2012
【长编影】50/7 下；65/11 下；68/3 上；71/14 上；73/20 上；80/7 下；83/16 上；85/11 上、13 上；86/2 下、13 上；88/15 下
【宋会要】食货 38 之 28/5480、38 之 29/5481；方域 8 之 30/7455；蕃夷 6 之 2/7819
【涑水记闻】6/11 上
【豫章文集】6/遵尧录 5/10 下
【汇编】上 57；中一 1256、1282、1462、1471、1472、1483、1494、1513、1528、1537、1538、1543、1546、1550、1572、1573、1575；补遗 7248

王仕信 领兵与夏人会于巩州城下，联合攻城，不克
【宋史】40/宁宗纪 4/774、775；403/张威传/12215
【汇编】下 6864、6865、6867、6868

王令安 攻取河州

【长编标】253/6192
【长编影】253/5 上
【汇编】中四 3953

王令温 经略党项乖方
【宋史】254/药元福传/8895
【资治通鉴】285/930
【汇编】上 902、903

王用 收复湟州
【宋会要】兵 9 之 5/6908
【长编纪事本末】139/4 下、9 上
【汇编】中六 5728、5729、5734

王汉忠 经略党项西夏
【宋史】6/真宗纪 1/108、117；273/李允正传/9340；277/郑文宝传/9428；279/王汉忠传/9476
【长编标】47/1016；51/1116、1118、1124、1141；52/1138
【长编影】47/7 上；51/9 下、11 上、15 下；52/18 下
【宋会要】兵 27 之 7/7250
【汇编】中一 1207、1300、1301、1305、1310、1312、1318

王宁 与熙河战
【宋史】452/景思立传/13287
【长编标】221/5373；244/5945；245/5949、5961；246/5981；250/6098；253/6192；266/6537；402/9777
【长编影】221/5 下；244/13 下；245/1 上、11 上；246/5 上；250/16 上、22 下；253/5 上；266/14 上；402/1 下
【甘肃新通志】13/舆地志·古迹·兰州府·河州/8 下
【汇编】中三 3678；中四 3867、3868、3871、3876、3924、3925、3926、3929、3953、3996；中五 4830；补遗 7339

王永昌 受环庆统帅高遵裕指派，入灵州城招降
【长编标】318/7697
【长编影】318/15 上
【汇编】中四 4199

王巩 记熙河吐蕃事
【长编标】346/8307；507/12092
【长编影】346/6 上；507/17 下
【汇编】中五 4581；中六 5506

王吉 与党项西夏战，经略党项西夏，与熙河战
【宋史】300/杨偕传/9956；318/胡宗回传/10371；350/王赡传/11072
【长编标】146/3535；168/4033；185/4469、4471；517/12303；520/12354
【长编影】146/8 下；168/2 下；185/2；517/8 上；520/1 上
【宋会要】兵 27 之 41/7267、27 之 43/7268
【欧阳文忠公全集】29/翰林侍读学士右谏议大夫杨公墓志铭/5 下；115/河东奉使奏草上/27 上；116/河东奉使奏草下/5 下
【涑水记闻】12/14 上
【汇编】中二 1922、2302、2355、2356；中三 2842、2911、2972、3155、3224、3266；中六 5623、5634、5636、5668

王有言 使夏吊慰
【宋史】486/夏国传下/14014
【长编标】360/8621
【长编影】360/14 下
【汇编】上 80；中五 4641

王有度 言秦州修筑城寨
【宋会要】方域 8 之 23/7452、20 之 1/7651；蕃夷 6 之 7/7822
【汇编】中三 3504

王存 请归西夏故地，与党项西夏战，与熙河战
【宋史】341/王存传/10871；452/景思立传/13287；486/夏国传下/14009
【长编标】217/5277；234/5677；237/5764；243/5919；250/6098
【长编影】217/6 上；234/6 下；237/7 上；243/8 上；250/16 上
【东都事略】127、128/附录 5、6
【宋会要】方域 19 之 12/7631
【长编纪事本末】101/6 下
【汇编】上 75、110；中三 3622；中四 3777、3791、3854、3924、3925；中五 5227、5231

王达 与党项西夏战，催促传送急递文字
【长编标】127/3014；516/12267
【长编影】127/10 下；516/3 下
【范文正公集】年谱补遗/5 下

【汇编】中二 2102、2015；中六 5609

王尧臣 经略党项西夏，言党项西夏

【宋史】179/食货志下 1/4351；191/兵志 5/4751；292/王尧臣传/9772；328/蔡挺传/10575

【长编标】131/3113；132/3140、3144、3149；133/3169；138/3315、3328；139/3338；151/3677

【长编影】131/19 上；132/17 上、24 下；133/8 上；138/6 上、17 下；139/1 下；151/11 下

【宋会要】崇儒 5 之 22/2257；兵 27 之 27/7260、27 之 29/7261；方域 5 之 43/7404、10 之 25/7486、12 之 4/7521

【乐全集】21/西事咨目上中书/1 上

【玉海】141/康定论兵/15 上

【安阳集】家传 2/4 上

【范文正公集】年谱/25 上；13/东染院使种君墓志铭/14 下；诸贤赞颂论疏/24 下

【名臣碑传琬琰集】中集 48/韩忠献公琦行状/1095

【汇编】中二 2069、2085、2118、2161、2203、2240、2242、2293、2297、2300、2310、2311、2331、2522、2580、2582、2585、2621、2650、2666、2715；中三 2957；下 7007、7026；补遗 7264

王师中 抚谕熙河蕃部

【宋会要】蕃夷 6 之 29/7833

【汇编】中五 5249

王师古 夏人围兰州，守城有功

【长编标】345/8275

【长编影】345/4 上

【名臣碑传琬琰集】上集 12/吴武安公功绩记/186

【汇编】中五 4570；下 6353

王师忠 抚问蕃部

【宋大诏令集】240/赐阿里骨诏/941

【汇编】中五 5249

王师孟 夏人围兰州，守城有功

【长编标】345/8275

【长编影】345/4 上

【汇编】中五 4570

王师轲 托病避部押人粮至军前

【长编标】327/7865

【长编影】327/1 上

【汇编】中四 4366

王师鲁 夏人围兰州，守城有功

【长编标】345/8275

【长编影】345/4 上

【汇编】中五 4570

王师道 募熙河蕃兵过河讨西人有功

【长编标】336/8102

【长编影】336/10 上

【汇编】中四 4499

王光世 与熙河吐蕃战

【长编标】266/6537；406/9886；444/10681

【长编影】266/14 上；406/10 上；444/1 上

【汇编】中四 3996；中五 4896、5003

王光信 边人称王和尚，改名王嵩，入夏为间

【宋史】335/种世衡传/10743

【长编标】135/3236

【长编影】135/21 上

【东轩笔录】8/4 下

【汇编】中二 2461、2627、2628

王光祖 与党项西夏战，与熙河吐蕃战

【长编标】401/9771；404/9835

【长编影】401/10 上；404/7 上

【汇编】中五 4829、4843

王仲仪 王素，经略渭州

【欧阳文忠公全集】14/律诗/2 上

【梅尧臣集编】编年校注 14/245

【汇编】中三 2934、2935

王仲达 护送辽、夏、回鹘公主及董戬姊妹等自鄯州至湟州

【长编标】518/12333

【长编影】518/15 上

【汇编】中六 5649

王仲宝 与党项西夏战，经略党项西夏

【宋史】324/张亢传/10486；325/王仲宝传/10513

【长编标】104/2400；123/2898；131/3101；134/3196、3205

【长编影】104/1 下；123/6 上；131/14 下；134/8 下、17 上

【宋会要】兵 4 之 2/6821、14 之 17/7001、27 之 28/7260

【奏议标】133/张亢·上仁宗论边机军政所疑十事/4535
【奏议影】133/张亢·上仁宗论边机军政所疑十事/1474
【河南先生文集】6/上吕相公书/7 下
【范文正公集】言行拾遗事录 3/9 下
【名臣碑传琬琰集】中集 48/韩忠献公琦行状/1095
【汇编】中一 1643、1668；中二 1784、2082、2156、2190、2198、2219、2259、2305、2391、2410、2637

王伦 累使西夏议和
【宋史】371/王伦传/11522
【长编标】145/3513
【长编影】145/18 上
【挥麈后录】8/王伦随李相至禁中自陈于殿下/7 上
【汇编】中二 2818；中六 6067

王似 获盗边夏人酋长
【系年要录】26/519
【靖康要录】11/687
【汇编】中六 6032；下 6193

王延庆 抚问延州
【长编标】219/5324
【长编影】219/4 下
【汇编】中三 3650

王延德 出使高昌，途经西夏
【宋史】309/王延德传/1013；490/高昌传/14110
【长编标】25/578
【长编影】25/8 上
【宋会要】蕃夷 4 之 12/7719
【挥麈前录】4/王延德历叙使高昌行程所见 3/下
【汇编】中一 989、1010、1011、1012

王全斌 与李继迁战
【宋会要】兵 14 之 15/7000
【汇编】中一 1218

王庆 破后桥寨及讨荡吴家等族帐有功
【宋史】325/任福传/10507
【长编标】126/2966；131/3101
【长编影】126/1 下；131/8 上
【涑水记闻】12/3 上、6 上
【汇编】中二 1882、1883、2003、2092、2191

王庆民 经略麟府，修丰州城
【长编标】190/4601；215/5247；217/5280；219/5324；221/5372、5379；229/5567
【长编影】190/22 下；215/16 上；217/8 下；219/4 下；221/5 下、11 下；229/1 上
【宋会要】职官 60 之 21/3743；兵 28 之 8/7273；方域 21 之 7/7664
【安阳集】家传 5/3 上
【欧阳文忠公全集】88/赐西京作坊使知麟州王庆民奖谕敕书/11 上
【名臣碑传琬琰集】中集 48/韩忠献公琦行状/1101
【汇编】上 39；中三 3253、3254、3276、3484、3574、3607、3623、3650、3678、3681；中四 3739

王守忠 经略党项西夏
【宋史】313/富弼传/10250
【长编标】126/2972、2973；127/3012；135/3227；155/3761；168/4031
【长编影】126/6 下、7 下；127/9 下；135/13 上；155/4 上；168/6 上
【安阳集】家传 2/2 上；47/故崇信军节度副使检校尚书工部员外部尹公墓表/2 上
【范文正公集】诸贤赞颂论疏/24 下
【名臣碑传琬琰集】上集 5/富郑公弼显忠尚德之碑/79；中集 48/韩忠献公琦行状/1094
【汇编】中二 1912、1914、1915、1916、2008、2050、2439；中三 2904、3045、3243；下 7026

王守恩 与党项西夏战
【奏议标】133/范仲淹·上仁宗攻守二策/4545
【奏议影】133/范仲淹·上仁宗攻守二策/1477
【范文正公集】5/上攻二策状/13 下
【汇编】中二 2398

王守琪 捉杀浊流寨溃散兵士升官
【长编标】124/2925
【长编影】124/7 上
【范文正公集】年谱补遗/5 下
【汇编】中二 1828、2102

王守斌 经略环庆蕃部
【宋史】8/真宗纪 3/160
【长编标】 80/1819；83/1899；84/1922；87/1

上

【长编影】80/5 上；83/12 下；84/10 下；87/1988

【汇编】中一 1513、1526、1535、1552

王安石 言党项西夏，经略熙河

【宋史】15/神宗纪 2/285；175/食货志上 3/4254；183/食货志下・盐下/4471；186/食货志下 8/4735、4738、4758；313/文彦博传/10261；315/韩绛传/10303；327/王安石传/10541、王雱传/10551；328/王韶传/10580；329/邓绾传/10597；332/李师中传/10679；340/吕大忠传/10845；350/李浩传/11078；471/蔡确传/13698、章惇传/13712

【长编标】210/5100；212/5145；213/5176、5188；214/5196、5197、5205、5217、5219；215/5236；220/5350；221/5373、5388；222/5398、5400、5411；223/5434；224/5458；226/5502；228/5552；229/5566、5577、5578、5580；230/5592、5596、5605；231/5610、5612；232/5631、5632、5635、5636、5637、5639；233/5648、5653、5655、5664、5666；234/5673、5677、5678、5679、5681、5691；235/5699、5703；236/5734、5735、5751、5752；237/5760、5768、5769、5773、5774、5775；238/5787、5792、5797、5798、5800；239/5818；240/5831；241/5877、5879、5882、5883、5886；243/5914、5919、5924、5925；244/5943；245/5964；246/5981、5983、5996、5998；247/6006、6042；248/6038、6047；250/6088、6103；251/6110、6112

【长编影】210/7 上；212/2 上、16 下；213/10 上、20 下；214/2 下、9 下、16 上、22 下、23 上；215/6 下、10 上；220/8 上、14 上、24 上；221/2 下、5 下、10 上、12 上、13 下、16 上、18 上、19 上、20 上；222/2 下、4 下、12 上；223/17 下；224/17 上、17 下；226/2 上；228/7 下、11 下、15 下；229/1 上、6 上、12 上、13 上、16 下；230/6 上、6 下、8 上、11 上、15 上、17 下、18 下；231/1 下、5 上；232/1 上、8 下、16 下、18 下；233/3 下、6 下、7 下、9 下；234/2 下、3 上、3 下、6 下、9 下、18 下；235/1 下、3 下、8 上；236/5 下、9 上、25 上、25 下；237/3 下、10 上、11 上、11 下、14 下、16 下；238/6 下、7 上、11 下、13 下、16 上；239/12 上；240/6 下；241/3 下、5 上、6 上、9 上、9 下、11 下；243/1 下、8 上、12 上；244/1 下、2 下、6 下、8 下、11 下、13 下；245/11 上、13 下、15 下、19 下；246/2 上、5 上、7 上、8 下、12 上、17 上、20 上、20 下；247/1 上、2 下、4 上、8 下、14 上、15 上、17 上、20 上；248/1 下、5 上、8 上、11 上、12 下、20 上、23 上；250/1 上、8 下、11 下、19 上、21 上；251/2 上、4 上、6 上；276/3 下

【宋会要】职官 1 之 18/2338；食货 37 之 14/5455；蕃夷 6 之 7/7822

【长编纪事本末】83/11 上

【奏议标】44/陈并・上哲宗答诏论彗星陈四说/461；141/文彦博・上神宗论进筑河州/1591

【奏议影】44/陈并・上哲宗答诏论彗星陈四说/1642；141/文彦博・上神宗论进筑河州/4894

【旧闻证误】2/30

【龙川别志】下/94

【三朝北盟会编】107/7 下

【名臣碑传琬琰集】下集 14/王荆公安石传/1473

【汇编】中三 3554、3557、3559、3561、3564、3567、3569、3571、3573、3575、3581、3584、3586、3587、3588、3589、3590、3599、3604、3609、3647、3657、3661、3670、3677、3678、3680、3681、3682、3683、3686、3689、3692、3694、3695、3696、3701、3705、3706、3711、3716、3720、3727、3730、3732、3735；中四 3737、3738、3739、3740、3741、3742、3743、3744、3745、3746、3747、3748、3749、3750、3751、3752、3753、3754、3755、3756、3757、3758、3759、3760、3761、3763、3764、3766、3767、3768、3769、3770、3771、3772、3775、3776、3777、3778、3779、3780、3781、3782、3784、3785、3786、3787、3788、3789、3790、3795、3796、3798、3800、3801、3804、3805、3806、3807、3809、3814、3818、

3819、3823、3825、3826、3828、3829、3830、3849、3851、3852、3853、3854、3856、3861、3862、3863、3864、3866、3867、3871、3872、3873、3874、3875、3876、3877、3878、3880、3881、3882、3883、3884、3885、3886、3887、3888、3890、3895、3896、3898、3899、3901、3902、3904、3905、3906、3907、3908、3909、3910、3912、3913、3920、3921、3922、3923、3927、3928、3931、3932、3933、3983、4021、4061、4109；中五 5262；中六 5335；下 6109

王安礼　言党项西夏
【宋史】327/王安礼传/10553
【长编标】327/7867；328/7898、7902；330/7960
【长编影】327/5 下；328/7 下、11 上；330/9 上
【汇编】中四 4372、4373、4388、4389、4391、4421、4438

王讷　根括伏羌城荒田
【长编标】340/8188
【长编影】340/10 下
【宋会要】兵 4 之 12/6826
【汇编】中四 4530

王观文　王韶，经略熙河
【宋朝事实类苑】56/730
【汇编】中四 3815

王克平　详探青唐蕃部人马
【长编标】477/11359
【长编影】477/6 下
【宋会要】兵 28 之 35/7287
【汇编】中五 5179

王克让　出使边州
【长编标】65/1447
【长编影】65/5 上
【汇编】中一 1458

王克臣　经略党项西夏
【宋史】250/王克臣传/8819、8820
【长编标】212/5147、5161；213/5176；216/5261；312/7566；315/7619；316/7640、7643；319/7703；322/7759；326/7855
【长编影】212/4 下、16 下；213/10 上；216/9 下；312/7 上；315/3 下；316/3 上、6 下；319/4 上；322/2 上；326/15 下
【宋会要】食货 55 之 31/5763
【宋朝事实类苑】56/730
【汇编】中三 3562、3563、3572、3615；中四 3815、4120、4156、4176、4180、4181、4231、4298、4357

王克询　押赐夏国礼物
【长编标】374/9063
【长编影】374/10 下
【汇编】中五 4714

王克基　经略党项西夏
【长编标】123/2907；141/3383
【长编影】123/13 下；141/9 下
【奏议标】64/欧阳修·上仁宗乞别议求将之法/713
【奏议影】64/欧阳修·上仁宗乞别议求将之法/2348
【安阳集】家传 1/15 下
【汇编】中二 1792、1982、1983、2723、2724、2827

王孝先　置狱泾州
【长编标】287/7017；298/7252
【长编影】287/6 上；298/11 下
【宋会要】食货 2 之 5/4827
【汇编】中四 4066、4098、4109

王孝杰　又作王孝竭，上言泾原战事
【长编标】503/11974
【长编影】503/4 下
【汇编】中六 5436

王孝竭　又作王孝杰，上奏边情
【宋史】350/郭成传/11085
【汇编】上 239

王严叟　言党项西夏，议弃无用城寨，论边官易任
【宋史】342/王严叟传/10893、10895
【长编标】354/8478；379/9203；380/9230、9234；382/9306；393/9554；397/9671、9673；398/9716；399/9722、9724；400/9742、9749；437/10547；439/10575；457/10940；458/10952、10953；459/10982、10983、10984；460/11000、11001；462/11042、11043、11044；464/11092；465/11101；467/11150；467/11165；468/11172；473/11285

【长编影】354/8 上；379/7 下；380/13 下、19 上；382/7 下；393/7 下；397/1 下、4 上；398/17 上；399/1 下、2 下；400/5 上、10 上；437/19 下；439/8 上；457/4 上；458/1 上；459/9 上；460/1 上、8 下；462/11 上；464/17 下；465/5 上；467/5 上、17 下；468/6 上；473/6 下
【范文正公集】言行拾遗事录 4/10 上
【汇编】中五 4625、4716、4730、4739、4741、4759、4801、4803、4812、4813、4815、4916、4819、4821、4822、4824、4826、4983、4984、4986、4987、5061、5062、5063、5065、5066、5067、5068、5071、5072、5078、5081、5082、5083、5087、5089、5113、5115、5117、5141、5154、5155

王告 与夏人战于没烟峡
【汉滨集】15/故客省使雄州防御使泾原路兵马钤辖兼第十一将郭公（成）行状/19 下
【汇编】补遗 7403

王伯庸 王尧臣字，安抚泾原
【公是集】10/闻伯庸再安抚泾原/109
【汇编】中二 2580

王亨 收复湟州
【宋史】350/苗履传/11069
【长编标】448/10774；485/11527；517/12299
【长编影】448/9 下；485/9 上；517/4 上
【宋会要】兵 9 之 5/6908；方域 12 之 5/7522
【长编纪事本末】139/3 上、4 下、7 上、9 上；140/3 上、4 下、12 下
【皇宋十朝纲要】16/13 上
【汇编】中五 5043；中六 5287、5624、5632、5727、5728、5729、5733、5748、5765、5766、5796、5798、5844、5845、5846

王应昌 出使夏州，与党项西夏战，言党项西夏
【长编标】79/1804；88/2016
【长编影】79/11 下；88/5 上
【宋会要】方域 21 之 6/7664
【汇编】上 37；中一 1510、1568

王怀节 与泾原敏尔珠族战
【长编标】111/2589
【长编影】111/12 下
【汇编】中一 1685

王怀正 攻西夏白豹城
【宋会要】职官 66 之 6/3871；兵 14 之 17/7001
【涑水记闻】12/6 上
【汇编】中二 2091、2095

王怀政 攻西夏白豹城
【长编标】128/3044；298/7240
【长编影】128/17 下；298/1 下
【汇编】中二 2096；中四 4095

王怀信 于秦州小洛门置寨采木，经略党项西夏
【宋史】291/王博文传/9744；323/赵振传/10461
【长编标】77/1751；78/1779；85/1946；86/1975；88/2013、2015；97/2253；103/2384、2385；104/2400
【长编影】77/2 下；78/9 下；85/11 上；86/9 下；88/2 上、5 上、12 上；97/10 上、12 上；103/10 上、10 下、14 下；104/2 上
【宋会要】兵 14 之 17/7001；方域 19 之 2/7626、20 之 16/7658
【汇编】中一 1506、1509、1537、1550、1561、1568、1571、1609、1610、1636、1637、1641、1644

王怀普 又作王瑰普，议弃青岗砦，不战而败于李继迁
【长编标】49/1072；50/1101
【长编影】49/8 下；50/17 下
【宋大诏令集】94/责杨琼等诏（咸平四年闰十二月丁丑）/346
【汇编】中一 1240、1284、1285

王怀端 招抚蕃部
【长编标】132/3133、3150
【长编影】132/7 下、25 下
【奏议标】132/田况·上仁宗兵策十四事/1469
【奏议影】132/田况·上仁宗兵策十四事/4521
【汇编】中二 2277、2312

王怀德 赍御前札子传令边帅
【宋史】314/范仲淹传/10272
【文恭集】13/王怀德可内殿承制/150
【范文正公集】年谱补遗/13 下
【汇编】中二 2588、2609

王宏 攻拔会州

【宋史】32/高宗纪9/610
【汇编】下6683
王罕 筹措军需
【宋史】312/王罕传/10243
【汇编】中二2636
王君俞 出使熙河
【宋会要】食货2之4/4827
【汇编】中四4012
王君卿 措置禁军于近里易得粮草州军驻扎
【长编标】338/8141
【长编影】338/4上
【汇编】中四4517
王纯臣 作种太守破鬼章诗
【陇右金石录】3/41下
【汇编】补遗7363、7364
王青 以所获西界首级与副指挥使换金钗
【长编标】216/5255
【长编影】216/4下
【汇编】中三3611
王英 与党项西夏战
【宋史】17/哲宗纪1/319；486/夏国传下/14014
【长编标】354/8478；356/8526；359/8584；379/9204、9207
【长编影】354/8 上；356/15 下；359/5 上；379/7下、10上
【汇编】上80；中五4625、4632、4636、4731、4733
王杰 投降西夏
【长编标】344/8262
【长编影】344/8上
【汇编】中五4565
王招玮 陈告邠州官占民户舍田
【范文正公集】年谱补遗/10下
【汇编】中二2429
王明 言戎人销铸铜钱为器
【长编标】24/559
【长编影】24/20下
【汇编】中一1003
王凯 与党项西夏战，经略党项西夏
【宋史】255/王凯传/8925、8926；289/高继宣传/9697；349/窦舜卿传/11052
【长编标】133/3179；146/3535；152/3709
【长编影】133/18下；146/8下；152/12上
【汇编】中二2353、2354、2357、2482；中三2842、3001、3059、3165、3247
王岩叟 言弃葭芦、吴堡两砦
【长编标】379/9203；382/9306；393/9558；397/9671、9672、9673；398/9716、9717、9718
【长编影】379/7下；382/7下；393/7下；397/2上、3上、4上；398/17上、18上、18下
【东都事略】127、128/附录5、6
【汇编】上110
王杲 引兵护赵保忠还夏州
【宋史】280/王杲传/9504
【长编标】29/653
【长编影】29/5下、7上
【汇编】中一1035、1233
王果 言备御契丹
【宋史】326/王果传/10529
【长编标】135/3220；138/3327；142/3425
【长编影】135/7上；138/17下；142/28上
【宋会要】兵27之28/7260
【汇编】中二2432、2620、2773
王和 与党项西夏战
【长编标】335/8062
【长编影】335/1上
【汇编】中四4483
王和尚 王光信，改名王嵩，入夏离间李元昊与野利遇乞君臣关系
【东轩笔录】8/4下
【补梦溪笔谈】下2/权智/950
【汇编】中二2627；补遗7282
王秉 与西夏战
【长编标】128/3042；134/3206；343/8235
【长编影】128/15下；134/17下；343/1上
【安阳集】家传2/2下
【汇编】中二2074、2078、2411；中五4557
王侁 与李继迁战
【宋史】257/李继隆传/8965；274/王侁传/9364；275/田仁朗传/9380；463/刘文裕传/13546、13547；491/党项传/14139
【宋大诏令集】94/王侁刘文裕除名配金登州制（雍熙三年八月辛亥）/346
【汇编】上21、22；中一972、978、1020、

1021、1023、1024、1027、1029

王炎 与夏通和

【文忠集】149/奉诏录 4/16 上

【汇编】下 6780

王沿 经略党项西夏

【宋史】292/王尧臣传/9774；300/王沿传/9957；312/韩琦传/10223；335/种世衡传/10743；485/夏国传/13998

【长编标】124/2921；126/2990；129/3058；132/3133；134/3191、3206；135/3236、3241；137/3280、3300；138/3316；150/3631；155/3773；168/4039

【长编影】124/3 上；126/21 上；129/8 上；132/7 下；134/4 上、17 下；135/21 上；137/3 下、21 下；138/6 下；150/4 下；155/14 下；168/8 上

【奏议标】132/田况·上仁宗兵策十四事/1468、1469

【奏议影】132/田况·上仁宗兵策十四事/4520、4521

【乐全集】21/西事咨目上中书/1 上、除渭州路招讨使事/7 上

【安阳集】家传 2/14 上、3/2 上、3/3 上

【河南先生文集】13/故王先生述/10 下

【范文正公集】诸贤赞颂论疏/12 下

【汇编】上 65；中二 1819、1970、2116、2277、2373、2374、2411、2461、2470、2472、2517、2545、2555、2559、2575、2585、2587、2588、2614、2628、2670；中三 2930、3159；下 7025

王定 执掌府州刑狱

【长编标】110/2558

【长编影】110/6 下

【汇编】中一 1679

王居卿 经略边州

【长编标】319/7711；322/7759；327/7867；335/8066；342/8222

【长编影】319/11 下；322/2 上；327/2 下；335/5 上；342/12 上

【汇编】中四 4246、4298、4368、4485；中五 4555

王承衎 经略秦州

【宋史】250/王承衎传/8818

【长编标】88/2026

【长编影】88/13 下

【宋会要】兵 1 之 2/6755

【汇编】中一 1470、1572、1574

王荆公 王安石，经略党项西夏

【邵氏闻见录】5/41；13/144

【汇编】中三 3519；中六 5774

王荣 援送刍粮至灵州，与党项西夏战

【宋史】280/徐兴传/9504；305/杨亿传/10081；326/卢鉴传/10527；466/张崇贵传/13618

【长编标】47/1029；50/1095

【长编影】47/18 上；50/12 上

【奏议标】130/杨亿·上真宗论弃灵州为便/4426

【奏议影】130/杨亿·上真宗论弃灵州为便/1440

【汇编】上 236；中一 1222、1223、1224、1265、1268

王厚 王韶次子，经略党项西夏，言党项西夏，与党项西夏战

【宋史】19/徽宗纪 1/370；85/地理志 1·序/2096；87/地理志 3/2163、2166、2167；167/职官志 7/3961；175/食货志上 3·和籴/4247；322/孙择仁传/10443；328/王厚传/10582、10583、10584；350/王赡传/11071；446/刘韐传/13162；453/高永年传/13316；468/童贯传/3658；472/蔡卞传/13730；486/夏国传下/14019

【长编标】253/6189；507/12085；514/12218、12232；515/12248、12249；516/12263、12267、12268、12271；517/12297、12305；518/12336、12340；519/12347、12348、12351；520/12356

【长编影】253/3 下；507/12 上；514/8 下、19 下；515/12 下、13 下；516/1 上、3 下、5 上、7 上；517/2 下、9 下；518/17 下、21 下；519/5 上、5 下、6 上；520/2 下

【长编纪事本末】139/2 上、2 下、3 上、4 上、4 下、5 下、8 上、8 下、9 上、11 下、13 上、13 下、14 上、14 下、16 下、17 上、17 下、18 上、18 下、19 上、19 下、20 下；140/1 上、1 下、2 下、3 上、4 上、6 上、7 下、8 上

【东都事略】10/徽宗纪/4 上；82/王厚传/6 上、6 下；129/附录 7 西蕃/4 下
【宋会要】职官 48 之 112/3511、67 之 330/3902、68 之 10/3913、68 之 11/3913；兵 9 之 4/6907、9 之 5/6908、14 之 20/7002、18 之 19/7067、28 之 45/7292；方域 5 之 44/7405、6 之 3/7407；蕃夷 6 之 39/7838
【奏议标】141/任伯雨・上徽宗论湟鄯/1595、141/冯澥・上徽宗论湟廓西宁三州/1597
【奏议影】141/上徽宗论湟鄯/4906、上徽宗论湟廓西宁三州/4911
【宋大诏令集】210/率府率添差盐隋州酒税王厚责授贺州别驾郴州安置制/793
【初寮集】6/定功继伐碑/1 上
【皇宋十朝纲要】14/8 上；16/8 上、10 下、13 上、13 下
【邵氏闻见录】13/144
【甘肃新通志】13/舆地志・古迹・兰州府・河州/8 下、古迹・凉州府・平番县/47 上
【汇编】上 85、86、229；中四 3952；中五 4965；中六 5500、5569、5580、5592、5602、5603、5604、5606、5608、5610、5631、5638、5651、5653、5656、5657、5658、5668、5678、5682、5694、5705、5718、5725、5726、5727、5728、5729、5732、5733、5736、5737、5738、5739、5740、5741、5742、5744、5748、5749、5750、5751、5752、5753、5757、5759、5760、5761、5764、5765、5766、5768、5769、5770、5771、5772、5773、5775、5778、5780、5781、5787、5791、5792、5796、5801、5808、5819、5823、5840、5913、5938；补遗 7335、7408、7437

王拱 与青唐吐蕃战
【宋史】350/苗履传/11069
【长编标】517/12299
【长编影】517/4 上
【汇编】中六 5624、5632

王拱辰 言党项西夏，撰致契丹国书
【宋史】12/仁宗纪 4/237；318/王拱辰传/10359
【长编标】135/3235；137/3287；145/3506；151/3677；168/4034；177/4281、4282；180/4358；187/4502
【长编影】135/19 下；137/9 下；145/11 上；151/11 下；168/2 下；177/4 下；180/11 下；187/1 下
【汇编】中二 2460、2530、2714、2797；中三 2921、2957、3155、3206

王临 论小人妄陈边事
【奏议标】137/范纯仁・上神宗论小人妄陈边事/1537
【奏议影】137/范纯仁・上神宗论小人妄陈边事/4728

王昭远 护送刍粮至灵州
【宋史】5/太宗纪 2/100；276/王昭远传/9408
【宋会要】兵 8 之 19/6896
【汇编】中一 1136、1164、1166

王昭明 经略沿边蕃部
【宋史】191/兵志 5/4752；289/葛怀敏传/9702；292/程戡传/9756；321/吕诲传/10428；341/赵瞻传/10878
【长编标】203/4925、4926
【长编影】203/13 下
【奏议标】62/赵瞻・上英宗论差中官为陕西钤辖/686
【奏议影】62/赵瞻・上英宗论差中官为陕西钤辖/2277、2278
【安阳集】家传 7/4 上
【汇编】中二 2547；中三 3344、3345、3372、3375、3377、3395、3466、3482

王显 经略党项西夏，与党项西夏战
【宋史】11/仁宗纪 3/212；268/王显传/9230、9234
【长编标】36/793；55/1219；61/1372；133/3163；134/3196
【长编影】36/9 上；55/17 上；61/15 上；133/3 下；134/9 上
【汇编】中一 1084、1086、1337、1369、1428；中二 2320、2330、2392

王贵 与党项西夏战
【长编标】104/2409；131/3103；328/7905；513/12200
【长编影】104/9 下；131/9 上；328/13 上；513/7 上
【宋会要】兵 18 之 18/7066
【范文正公集】政府奏议下/荐举/25 上

【汇编】中一 1647；中二 2216、2512；中四 4392；中六 5496、5566

王钦臣 供应陕西、熙河军需

【长编标】320/7730；324/7807；333/8024；343/8249；346/8316

【长编影】320/10 上；324/10 上；333/10 下；343/13 下；346/13 下

【三朝北盟会编】60/4 下

【甘肃新通志】30/祠寺志·寺观·巩昌府·岷州/23 下

【汇编】中四 4261、4326、4470；中五 4562、4585、4586；中六 6042；补遗 7368

王钦若 言党项西夏

【宋史】285/陈执中传/9609

【长编标】50/1089；63/1420；65/1448、1455；73/1668；83/1889；84/1915；88/2023

【长编影】50/7 下；63/20 下；65/6 上、11 下；73/14 上；83/16 上；84/5 上；88/18 上

【宋会要】食货 38 之 28/5480、38 之 29/5481；兵 1 之 2/6755；方域 8 之 30/7455

【汇编】中一 1256、1445、1459、1462、1492、1528、1533、1543、1574、1576

王保 与党项西夏战

【宋史】289/葛怀敏传/9701

【长编标】137/3300；138/3314

【长编影】137/21 下；138/5 上

【汇编】中二 2546、2547、2554、2578

王信 与党项西夏战，经略党项西夏

【宋史】311/庞籍传/10200；326/王信传/10518

【长编标】126/2967；127/3007；130/3079；133/3172；134/3196；135/3238；138/3310、3313；145/3515；150/3627；151/3665；226/5510

【长编影】126/1 下、6 下、21 上；127/4 下；130/1 上；133/11 上；134/8 下；135/22 下；138/1 下、2 下；145/18 下；150/4 下；151/1 上；226/9 上

【奏议标】132/范仲淹·上仁宗论夏贼未宜进讨/1462；133/范仲淹·上仁宗攻守二策/1462、1477

【奏议影】132/范仲淹·上仁宗论夏贼未宜进讨/4500；133/范仲淹·上仁宗攻守二策/4545

【公是集】51/宋故推忠佐理功臣……赠尚书左仆射王公（尧臣）行状/610

【范文正公集】年谱补遗/3 下；政府奏议上/34 上；政府奏议下/荐举/21 下；诸贤赞颂论疏/24 下；5/上攻守二策状/13 下

【涑水记闻】11/12 上

【陕西通志】16/关梁 1·延安府·安塞县/26 下、27 下

【汇编】中二 1884、1885、1893、1897、1899、1900、1915、1969、1970、1977、2151、2160、2342、2385、2391、2398、2409、2464、2550、2564、2577、2819；中三 2930、2948、3721；下 7027；补遗 7273、7293

王禹偁 献御戎十策，言陕西边事

【长编标】30/671；32/718；35/770；42/896

【长编影】30/6 下；32/8 上；35/5；42/15 上

【涑水记闻】3/2 下、3 上

【汇编】中一 1041、1044、1072、1189、1191

王亮 守麟州

【宋史】485/夏国传上/14001

【长编标】185/4471

【长编影】185/2 下

【宋会要】兵 27 之 43/7268

【汇编】上 68；中三 3226

王彦升 经略党项西夏

【宋史】250/王彦升传/8829；266/钱若水传/9167；273/马仁瑀传/9346

【长编标】10/236；17/20 上；45/17 上

【长编影】10/17 下；17/385；45/974

【东都事略】29/7 下

【隆平集】16/王彦升传/13 上

【奏议标】137/孙觉·上神宗论治边之略/1536

【奏议影】137/孙觉·上神宗论治边之略/4723

【元丰类稿】30/请西北择将东南益兵札子/11 上；49/本朝政要策·任将/10 下

【名臣碑传琬琰集】下集 6/学士钱公若水传/1355

【豫章文集】2/遵尧录 1/3 上

【汇编】中一 953、954、962、963、1216、1217；中三 3496、3528；中四 4116；补遗 7238

王彦超 凤翔节度使兼中书令

【宋会要】职官 38 之 1/3141

王庭筠 文笔在西夏闻名

【金史】110/赵秉文传/2429
【汇编】下 6959
王济 上备边策十五条
【宋史】304/王济传/10067
【汇编】中一 1219
王举元 与夏议屈野河之地
【宋史】266/王举元传/9188
【汇编】中三 3221、3423
王海 上言券马
【长编标】218/5312
【长编影】218/17 下
【汇编】中三 3634
王祖道 言陕西边事
【长编标】327/7874；327/7874
【长编影】322/10 下；327/9 上
【汇编】中四 4306、4377
王祕 坐观边将与西人战
【长编标】464/11094
【长编影】464/20 下
【汇编】中五 5088
王珪 与党项西夏战，经略党项西夏
【宋史】191/蕃兵/4758；295/尹洙传/9836；312/王珪传/10240；325/任福传/10506、10507；327/王安礼传/10556；333/俞充传/10702；350/王光祖传/11077；467/李舜举传/13644；485/夏国传上/13997
【长编标】128/3042；129/3051；131/3096、3100、3101、3102；241/5886；244/5932；245/5961；246/5997；247/6025；250/6080、6102；251/6110；275/6730；291/7115；313/7585；327/7866、7868；330/7956、7961；470/11233
【长编影】128/18 下；129/2 上；131/3 下、7 上、8 上；241/11 下；244/2 下；245/13 下；246/19 上；247/17 上；250/1 上、19 上；251/2 上；275/9 下；291/4 下；313/3 上；327/4 上；327/5 下；330/9 上、13 上；470/11 上
【安阳集】家传 2/2 下、4 上
【邵氏闻见录】13/142
【河南先生文集】3/悯忠/4 下；6/上吕相公书/7 下
【涑水记闻】12/11 下
【儒林公议】上/3 上
【陕西通志】16/关梁 1·榆林府·榆林县/63 下
【汇编】上 64；中二 2074、2075、2079、2080、2098、2103、2190、2191、2193、2194、2197、2201、2202、2213、2214、2259、2479；中四 3831、3862、3872、3883、3901、3913、3920、3927、3932、4078、4079、4124、4129、4272、4273、4369、4371、4372、4373、4422、4438、4441；中五 5141；补遗 7263
王素 经略党项西夏，言党项西夏
【宋史】300/杨偕传/9956；320/王素传/10402；332/陆诜传/10681；485/夏国传上/14002
【长编标】150/3633；153/3726；154/3745；174/4206；247/6007
【长编影】150/12 上；153/13 上；154/10 上；174/14 下；247/1 上
【宋会要】兵 28 之 1/7270
【东轩笔录】/11/2 下
【宋文鉴】37/7 下
【公是集】30/图龙阁直学士兵部郎中泾原路经略使王素可谏议大夫/355
【名臣碑传琬琰集】中集 27/王懿敏公素墓志铭/804
【潞公文集】4/次韵答平凉龙图王谏议/13 下
【汇编】上 69；中二 2692、2693、2773；中三 2934、3020、3021、3042、3073、3189、3344、3346、3405；中四 3886；补遗 7307
王桓 奏论边官
【长编标】329/7927
【长编影】329/22 下
【汇编】中四 4428
王顾 柔远寨兵马监押
【宋会要】职官 66 之 6/3871
王振 熙河路训练军马
【长编标】263/6436
【长编影】263/16 上
王恩 与党项西夏战
【宋史】142/乐志 17/3362；350/王恩传/11088
【长编标】343/8234；485/11520；494/11739、11746；497/11835；500/11906、11907、11909；503/11984、11987；504/12000；507/12080；508/12105；510/12150；516/12275

【长编影】343/1 上；485/2 下；494/12 上、17 下；497/17 上；500/6 下、9 上；503/12 上、15 下；504/3 上；507/7 下；508/9 下；510/17 下；516/10 下
【宋会要】方域 18 之 5/7612
【汉滨集】15/故客省使雄州防御使泾原路兵马钤辖兼第十一将郭公（成）行状/17 下
【汇编】中四 4488；中五 4556、4557；中六 5279、5359、5360、5389、5418、5419、5420、5442、5443、5444、5446、5496、5541、5548、5614；补遗 7384

王恩普 米脂寨降宋蕃乐人
【长编标】335/8071
【长编影】335/9 下
【汇编】中四 4487

王铁鞭 王珪，与李元昊战死好水川
【宋史】350/王光祖传/11077
【汇编】中二 2194

王涉 使李继迁割银夏五州地
【宋史】485/夏国传上/13988
【汇编】上 55

王涣 与党项西夏战
【宋史】245/王元俨传/8706
【长编标】479/11408
【长编影】479/7 上
【汇编】中二 2489；中五 5195

王益柔 尹洙与刘沪争水洛城事
【宋史】286/王益柔传/9634
【汇编】中二 2440；中三 2909

王陶 入奏夏人犯大顺城
【长编标】215/5243
【长编影】215/16 下
【安阳集】家传 7/1 上
【汇编】中三 3459、3607

王继元 与党项西夏战
【宋史】10/仁宗纪 2/208；323/赵振传/10462
【长编标】126/2977；127/3011；128/3040；129/3056
【长编影】126/10 下；127/8 上；128/14 下；129/5 下
【宋会要】职官 64 之 40/3840
【范文正公集】年谱补遗/4 下
【涑水记闻】12/9 下
【汇编】中二 1928、2003、2045、2054、2072、2073、2074、2108

王继英 召问庄郎族事，上言边事
【宋史】194/兵志 8・拣选之制/4826；491/党项传/14144
【长编标】50/1090；54/1178
【长编影】50/7 下；54/3 上
【宋会要】方域 8 之 31/7456
【汇编】上 27；中一 1256、1344、1345、1429

王逵 与党项西夏战
【宋史】324/张亢传/10484
【奏议标】133/范仲淹・上仁宗攻守二策/1477
【奏议影】133/范仲淹・上仁宗攻守二策/4545
【范文正公集】5/上攻守二策状/13 下
【汇编】中二 2038、2398

王常 与党项西夏战
【长编标】479/11408
【长编影】479/7 上
【汇编】中五 5195

王晞韩 押送夏国招抚使王枢至行在，伴送夏国招抚使王枢出境
【系年要录】129/2090；132/2126；134/2159
【汇编】下 6506、6519、6523、6524

王崇极 管勾河东沿边安抚司事
【长编标】294/7169；297/7217；485/11520
【长编影】294/7 下；297/2 上；485/2 下
【汇编】中四 4083、4089；中六 5278、5279

王崇拯 提举熙河买马
【长编标】261/6355；264/6476；294/7169；297/7217
【长编影】261/1 上；264/17 下；294/8 上；297/2 上
【宋会要】兵 4 之 8/6824
【汇编】中四 3982、3992

王庶 经略党项西夏
【宋史】25/高宗纪 2/456；369/曲端传/11490；372/王庶传/11549；486/夏国传下/14022
【系年要录】12/279；16/332
【中兴小纪】4/46
【三朝北盟会编】118/3 下
【名臣碑传琬琰集】下集 24/故太尉威武军节度

使李公行状/1617
【鸿庆居士集】26/王庶除直龙图阁权发遣鄜延路经略安抚使制/6 上
【汇编】上 88；下 6104、6126、6127、6128、6135、6142、6143、6144；补遗 7129

王惟 坐不应副麟府赏功绢
【长编标】348/8360
【长编影】348/17 上
【汇编】中五 4600

王惟德 与西夏战败
【长编标】168/4033
【长编影】168/3 上
【汇编】中三 3156

王渊 应募击夏国，屡有功
【宋史】369/王渊传/11485
【汇编】中六 5782

王随 经略秦州蕃部
【宋史】311/王随传/10202
【长编标】104/2426
【长编影】104/25 上
【汇编】中一 1651

王隐 环州弓箭手都指挥使，与夏人战残疾，与三班借职奉禄终身
【长编标】326/7841
【长编影】326/3 下
【汇编】中四 4343

王维新 攻取河州
【长编标】243/5919
【长编影】243/8 上
【汇编】中四 3854

王琪 相度陕西军费
【宋史】185/食货志下 7/4516
【汇编】中二 2417

王琥 献平戎方略
【宋会要】崇儒 5 之 22/2257
【玉海】141/康定论兵/15 上
【汇编】中二 2070；补遗 7264

王琮 夺戎士死战之功
【范文正公集】年谱补遗/7 上
【汇编】中二 2113

王博 鄜延路安抚使
【宋会要】职官 67 之 39/3907

王博文 经略沿边蕃部
【宋史】291/王博文传/9743
【长编标】104/2400、2421、2425；120/2831
【长编影】104/20 上、24 上；120/9 上
【宋会要】食货 36 之 20/5441；刑法 4 之 14/6628；蕃夷 6 之 2/7819
【龟山集】33/钱忠定公（即，字中道）墓志铭/10 上
【厚德录】4/3 下
【汇编】中一 1644、1648、1649、1650、1681、1682；补遗 7402

王博闻 奏诸路转运司移文边州多有失体言语
【宋会要】职官 68 之 6/3911；兵 28 之 42/7290
【汇编】中六 5268、5723

王觌 言党项西夏
【宋史】344/王觌传/10941
【长编标】343/8236；354/8478；356/8526；363/8679；379/9206；380/9234；381/9263；385/9375；397/9685；400/9748
【长编影】343/2 下；354/8 上；356/15 下；363/5 上；379/10 上；380/13 下；381/10 下；385/3 下；397/15 下；400/10 上
【东都事略】94/王觌传/9 上
【汇编】中五 4558、4625、4632、4652、4732、4739、4778、4779、4781、4798、4816、4826、4890；中六 5696

王超 与党项西夏战，言党项西夏
【宋史】5/太宗纪 2/99；190/兵志 4/4721；277/索湘传/9420、郑文宝传/9428；278/王超传/9464、王德用传/9466；279/张昭允传/9475；280/杨琼传/9501；283/夏竦传/9572；289/范廷召传/9698；308/张煦传/10149；485/夏国传上/13988；492/吐蕃传/14155
【长编标】40/851；45/960；50/1102；51/1109、1118；123/2911
【长编影】40/8 下；45/10 上；50/17 下、19 上；51/2 上、11 上；123/17 上
【宋会要】兵 8 之 19/6896、14 之 14/6999、27 之 7/7250；方域 21 之 16/7669
【宋太宗实录】79/38 上
【欧阳文忠公全集】21/碑铭/尚书户部郎中赠右谏议大夫曾公神道碑铭/2 下
【武经总要】前集 17/9 上；后集 3/9 下

【临川集】92/户部郎中赠谏议大夫曾公墓志铭/2下
【宋朝事实类苑】56/引湘山野录/742
【小畜集】22/12下
【文庄集】14/陈边事十策/1上
【稽古录】17/81上
【汇编】上55；中一1111、1112、1131、1138、1139、1140、1145、1147、1148、1152、1153、1154、1155、1156、1158、1159、1212、1220、1242、1255、1284、1287、1288、1292、1293、1294、1305、1312、1324；中二1794、1796；中六5881

王雅 与夏人战绥州
【范太史集】40/检校司空左武卫上将军郭公墓志铭/8下
【汇编】中三3454

王景仁 经略麟州
【长编标】437/10543
【长编影】437/18下
【汇编】中五4983、4984

王景先 冒领功赏
【长编标】499/11889
【长编影】499/16下
【汇编】中六5409

王遇 与党项西夏战
【长编标】136/3265
【长编影】136/17下
【奏议标】133/范仲淹·上仁宗攻守二策/1477
【奏议影】133/范仲淹·上仁宗攻守二策/4545
【安阳集】家传2/2下
【范文正公集】5/上攻守二策状/13下
【汇编】中二2074、2398、2503

王舜臣 经略党项西夏，经略熙河
【宋史】18/哲宗纪2/349；335/种朴传/10749
【长编标】485/11520；486/11558；489/11607；490/11617；494/11754、11757；500/11900、11907；501/11941；502/11964；505/12043；507/12085；517/12304、12313
【长编影】485/2下；486/17上；489/9下；490/1上；494/24上、27下；500/1下、6下；501/11上；502/13上；505/15下；507/12上；517/8上、15下
【宋会要】职官64之46/3843；方域19之13/7632
【长编纪事本末】140/11上
【文中集】9/京西北路制置安抚使孙公昭远行状/7下
【汇编】中三2948；中五5252；中六5279、5297、5315、5318、5363、5365、5366、5413、5419、5428、5429、5430、5433、5476、5500、5501、5502、5635、5636、5640、5793；补遗7409

王詠 与熙河吐蕃战
【宋史】350/王赡传/11071
【长编标】514/12217
【长编影】514/9上
【汇编】中六5569、5579、5580

王湛 与党项西夏战
【宋史】486/夏国传下/14012
【长编标】261/6355；329/7921、7937；330/7948；345/8271；491/11662；502/11959
【长编影】261/1上；329/7下、19上；330/3下；345/1上；491/15上；502/10上
【宋会要】兵8之29/6901
【清真集】参考资料3·词话/140
【汇编】上78；中四3982、4400、4420、4424、4425、4433；中五4569；中六5328、5432

王温恭 权保安军判官
【欧阳文忠公全集】80/敕制/8上
【汇编】中二2826

王滋 催促陕西州军修筑城池
【长编标】126/2981
【长编影】126/14上
【汇编】中二1940

王曾 对言诸坊监牧
【长编标】104/2428
【长编影】104/20上
【汇编】中一1649

王普 与边将挪用公用钱
【长编标】476/11348
【长编影】476/11下
【汇编】中五5174

王道 与党项西夏战
【长编标】485/11528；491/11663、11665；504/12000

【长编影】485/9 上；491/15 上；504/3 上
【汇编】中六 5287、5329、5331、5446

王谦 经略党项西夏，言党项西夏
【宋会要】职官 46 之 27/3834；兵 27 之 21/7257
【长编标】101/2344；103/2383
【长编影】101/12 下；103/8 下、13 上
【汇编】中一 1628、1635、1638、1639、1640

王瑰普 又作王怀普，议弃青冈砦
【宋史】280/杨琼传/9501
【汇编】中一 1241

王瑀 败夏兵于三川
【范文正公集】诸贤赞颂论疏/24 下
【汇编】下 7027

王瑜 部押降羌守青唐城
【长编标】516/12286
【长编影】516/20 下
【宋会要】兵 9 之 3/6907
【汇编】中六 5613、5620

王献 以擅击西夏勒停追官
【长编标】478/12392
【长编影】478/9 下
【汇编】中五 5188

王鉴 通判岷州
【彭城集】22/宣德郎知京兆府长安县王鉴可权通判岷州/308
【汇编】补遗 7469

王嗣宗 上言收复横山
【宋史】287/王嗣宗传/9647
【长编标】85/1950；352/8449
【长编影】85/13 上；352/22 下
【汇编】中一 1320、1538；中四 4424

王嗣祖 结外蕃以图金
【宋史】383/虞允文传/11797
【汇编】下 6734

王嵩 又作王光信，入夏间离李元昊君臣
【宋史】335/种世衡传/10744；485/夏国传上/13998
【长编标】135/3232；155/3773；167/4021；168/4039；228/5541
【长编影】135/21 上；155/14 下；167/13 下；168/14 下；228/2 下
【东都事略】127、128/附录 5、6
【东轩笔谈】8/4 下
【涑水记闻】9/13 上、14 上；10/7 上；11/17 上
【汇编】上 65、105；中二 2461、2462、2627、2628、2629、2661；中三 2983、3051、3052、3150、3725

王廓 王韶子
【长编标】253/6189
【长编影】253/3 下
【汇编】中四 3952

王愍 与党项西夏战，与熙河吐蕃战
【宋史】18/哲宗纪 2/348；318/胡宗回传/10371；332/孙路传/10688；350/王赡传/11070、11071；486/西夏传下/14018；492/瞎征传/14167
【长编标】314/7603；411/10009；480/11427；490/11623；491/11659；493/11719；494/11730；497/11817；498/11858；499/11888；503/11987；507/12093；510/12132；511/12173；513/12203；514/12216、12217、12218、12219、12223、12224、12226、12227、12232；515/12241、12242、12243、12261；516/12286、12287、12288、12289；517/12296、12299；518/12334；520/12380
【长编影】314/4 上、19 上；411/13 下；480/11 下；490/6 下；491/12 上；493/23 下；494/4 上；497/1 下、18 下；498/15 下；499/15 下；503/10 上、15 下；507/17 下；510/1 下；511/16 下；513/9 上；514/7 下、8 下、12 上、13 上、16 上、19 下；515/6 上、9 上、12 上、22 下；516/20 下；517/2 上、4 上；518/15 下；520/21 下
【宋会要】职官 49 之 5/3532、67 之 22/3898；兵 8 之 34/6904、9 之 1/6906、9 之 3/6907、28 之 42/7290；方域 18 之 18/7618；蕃夷 6 之 33/7835、6 之 37/7837
【皇宋十朝纲要】14/5 上、6 上
【汇编】上 84；中四 4143、4478、4479、4485；中五 4929、5212、5263；中六 5319、5325、5348、5354、5386、5389、5397、5399、5409、5439、5444、5506、5538、5561、5568、5569、5570、5571、5577、5579、5580、5583、5584、5585、5588、5592、

5597、5599、5601、5602、5605、5614、5617、5621、5622、5624、5630、5632、5650、5670

王端 收复湟州，修筑城寨

【长编纪事本末】139/1上、3上、4下、16下、17上；140/1上、2下

【宋会要】方域8之24/7452

【汇编】中六5724、5727、5729、5748、5759、5761、5898

王韶 言党项西夏，经略党项西夏，经略熙河

【宋史】15/神宗纪2/280、281、282、283、284、285；85/地理志1·序/2095；167/职官志7/3969；175/食货志上3/4242、4246；176/食货志上4/4267、4268；184/食货志下6·茶下/4498；186/食货志下8/4547、4564；190/兵志4·河东陕西弓箭手/4714；191/兵志5·蕃兵/4757、4758；198/兵志12/4951；286/蔡延庆传/9638；290/张玉传/9722、郭逵传/9725；311/吕公弼传/10214；312/吴充传/10239；327/王安石传/10547、王雱传/10551；328/王韶传/10579、章楶传/10592；332/李师中传/10679；337/范祖禹传/10798；342/孙永传/10901；350/苗授传/11067、王君万传/11069、11070、张守约传/11073、赵隆传/11090；452/景思立传/13287；462/僧智缘传/13524；464/高遵裕传/13575；467/王中正传/13642、李宪传/13638；471/蔡确传/13698；486/夏国传下/14009；492/董毡传/14164、赵思忠（木征）传/14168

【长编标】210/5101；212/5143、5144、5147、5161；213/5167、5188；214/5205；216/5261；224/5452；226/5501；228/5551；229/5571、5576；230/5594、5595、5598、5601；232/5632；233/5645、5648、5651、5653、5665；234/5677；235/5703、5705、5719；236/5730；237/5763、5764、5767、5768、5775、5783；238/5792；239/5801、5811、5817、5822；240/5834；241/5874、5878、5879、5833；242/5904；243/5914、5920、5924；244/5945；245/5961、5964、5971；246/5983、5989、5998；247/6013、6015、6021、6022、6029；248/6044、6045、6047、6062、6063；249/6069；250/6080、6101；251/6112、6150；252/6157、6160、6179；253/6193；254/6205、6208、6209、6214、6217、6224；255/6239；257/6280；258/6293；259/6318；260/6343；264/6467、6468；271/6638；286/7007；313/7587；322/7762；352/8450；373/9027；404/9851；405/9873；465/12124；474/11314；517/12295

【长编影】210/7上；212/1上、2上、4下、16下；213/10上、20下；214/9下；216/9下；224/13上、17下；226/2上；228/15下；229/6上、16下；230/8上、11上、15上、18下；232/5上；233/3下、6下、7下、9下、19上；234/6下；235/8上、9下、20下、21下；236/5下、25上；237/1上、2上、7上、10上、11上、11下、12上、14下、16下；238/6下、11下、13下；239/4上、6上、11上、15上；240/10上；241/1上、5上、9下、11下；242/12下；243/1下、8上、12上；244/1下、2下、7上、7下、13下；245/11上、13下、19下；246/2上、7上、8上、12上、17上、19上、20上；247/1上、2下、8下、11上、14上、14下、15上、20上、20下；248/6下、8上、10上、23上、23下；249/5下；250/1上、21上；251/2上、2下、4上、6上、11上、19下、22下、28上；252/3下、8上、8下、11下、27下；253/3下、4下、6下、7下、8下；254/1上、3下、4上、8上、10下、17上；255/8下；257/9下；258/6下；259/8下；260/12上；264/9下、10上；271/6上；286/11上；313/9下；322/4上；352/22下；373/4上；404/20下；405/11下；465/25上；474/12下；517/1上

【东都事略】8/神宗纪/4上；42/高遵裕传/2下；82/王韶传/3上、4下、5上；84/苗授传/3上；104/姚麟传/1下；120/李宪传/5上

【宋会要】职官27之37/2955、41之93/3213；选举33之12/4761；食货1之3/4803、1之28/4815、2之3/4826、2之4/4827、37之14/5455、55之31/5763、63之74/6023、63之76/6024；兵4之5/6822、4之7/6823、9之6/6908、14之18/7001、18之5/7060、28

【宋史】175/食货志上3·和籴/4244
【汇编】中四4006
王箴 申陈边事
【长编标】452/10847
【长编影】452/3上
【汇编】中五5049
王皞 字子融，因李元昊反改字为名
【宋史】310/王子融传/10186
【汇编】中一1766
王德用 王超子，与党项西夏战，市马于府州
【宋史】278/王德用传/9466、9467；295/叶清臣传/9853
【长编标】40/851；123/2894；124/2921
【长编影】40/8下；123/2下；124/3上
【宋会要】职官64之37/3839
【奏议标】133/孙沔·上仁宗论范仲淹答元昊书/1472、1473
【奏议影】133/孙沔·上仁宗论范仲淹答元昊书/4529
【涑水记闻】5/4下
【汇编】中一1145、1155；中二1778、1818、1819、2249、2250；中三3139、3155
王德厚 领兵筑瞎令古城
【皇宋十朝纲要】17/18下
【汇编】中六5908
王德基 领兵延州
【宋史】295/叶清臣传/9854
【长编标】127/3005
【长编影】127/2下
【安阳集】家传1/15下
【汇编】中二1981、1991；中三3139
王臻 议盐茶课利
【宋会要】食货36之16/5440
【汇编】中一1621
王翼 因冒报所获首级而被勒停追官
【长编标】518/12340
【长编影】518/21下
【汇编】中六5653
王黼 言夏金边事
【三朝北盟会编】9/7下；15/1下；60/4下
【系年要录】1/8
【汇编】中六5955、5970、5971、6045
王懿 战死延州
【长编标】126/2977
【长编影】126/10下
【涑水记闻】12/9下
【汇编】中二1927、1928
王懿敏 王素，镇平凉
【东坡全集】21/王仲仪真赞并叙/5下
【汇编】中三3348
亓赟 又作开赟，环庆都钤辖
【长编标】214/5201；215/5239；222/5401
【长编影】214/9下；215/9上；222/3上
【汇编】中三3585、3603、3695
开赟 又作亓赟，屯兵以备西夏
【宋史】15/神宗纪2/279
【汇编】中三3694
井亮米 上言禁边民与西戎和市
【宋会要】刑法2之40/6515
【汇编】中五5230
井亮采 体量西夏寇环州事
【长编标】480/11420
【长编影】480/3上
【汇编】中五5208、5209
元厚之 奉诏详定监牧
【涑水记闻】16/9上
【汇编】中四4008
元舜 乞禁绝边臣养放鹰鹘
【宋会要】刑法2之29/6510
【汇编】中三3163
韦万 与熙河吐蕃战，与党项西夏战
【长编标】349/8377；406/9886；494/11744
【长编影】349/9下；406/10上；494/16下
【汇编】中五4606、4896；5360
韦定 战殁兰州
【宋史】16/神宗纪3/310
【长编标】335/8071
【长编影】335/9上
【汇编】中四4486
韦亶 通判随州，专司郡政，以随州置李继迁族人故也
【宋会要】职官47之59/3447
【太平治迹统类】2/太祖太宗经制西夏
【汇编】中一1023、1024

韦韬 与秦州戎人战
【宋史】463/刘文裕传/13546
【长编标】18/402；19/430
【长编影】18/9 下；19/9 上
【汇编】中一 970、978、978

云成 与熙河吐蕃战
【长编标】491/11663
【长编影】491/15 上
【汇编】中六 5329、5330、5331、5332、5407

云来 渭州崆峒山僧人，随院主法淳与西贼战
【长编标】138/3328
【长编影】138/18 上
【汇编】中二 2622

木信之 与党项西夏战
【长编标】216/5254；222/5409
【长编影】216/3 下；222/10 上
【汇编】中三 3610、3696

五侍郎 范纯粹，经略党项西夏
【过庭录】11
【汇编】中四 4305

仁祖 宋仁宗
【奏议标】139/苏辙·上哲宗乞因夏人纳款给还其地/1565
【奏议影】139/苏辙·上哲宗乞因夏人纳款给还其地/4812

仁颛 押伴夏使
【奏议标】134/欧阳修·上仁宗论元昊来人不可令朝臣管伴/1492
【奏议影】134/欧阳修·上仁宗论元昊来人不可令朝臣管伴/4586

仇祖德 与党项西夏战
【长编标】480/11427
【长编影】480/11 下
【汇编】中五 5212

公孙路 言西贼可灭
【长编标】491/11667
【长编影】491/19 下
【汇编】中六 5333

毛友 言党项西夏
【金石萃编】147/折克行神道碑/1 上、折克行神道碑考释
【汇编】上 195、200

毛文捷 字长卿，以平西夏方略除官
【独醒杂志】2/4 上
【汇编】中一 1456

毛吉 部押降羌守青唐
【宋会要】兵 9 之 3/6907
【汇编】中六 5613

毛合尖 又作默尔赫，达打人，与夏国李乾顺助金亡辽
【三朝北盟会编】29/6 上
【汇编】中六 6006

毛昌达 监勘蕃部事件
【宋会要】兵 27 之 21/7257
【汇编】中一 1638

毛注 言钞法流通
【宋史】182/食货志下 4 盐中/4445
【汇编】中六 5861

毛政 泾原路将官
【长编标】243/5919；347/8325
【长编影】243/8 上；347/5 下
【汇编】中四 3854；中五 4589

毛思齐 驻守米脂
【长编标】317/7673
【长编影】317/16 下
【汇编】中四 4207

毛渐 攻西夏没烟砦
【宋史】348/钟传传/11037
【汇编】中五 5257

长孙良臣 奏言熙河边情，押引河湟吐蕃大首领摩正赴阙
【长编标】252/6179；253/6190；289/7068；292/7135
【长编影】252/27 下；253/4 上；289/8 下；292/6 上
【宋会要】食货 39 之 25/5501；兵 28 之 19/7279；蕃夷 6 之 10/7823、6 之 14/7825
【汇编】中四 3948、3949、3952、4018、4024、4071、4081

长孙革 陇城寨主簿
【陇右金石录】3/48 上
【汇编】补遗 7374

计用章 论奏边情
【宋史】295/叶清臣传/9850；467/卢守懃传/

13637
【长编标】126/2991；127/3008
【长编影】126/22 下；127/5 上
【宋会要】职官 64 之 4/3840
【东坡全集】18/富郑公神道碑/29 上
【宋朝事实类苑】75/引倦游录/995
【范文正公集】年谱补遗/11 上
【涑水记闻】4/13 上
【汇编】中二 1896、1911、1968、1969、1973、1974、1998、1999、2000、2434

计守义 执西人于秦凤
【长编标】448/10774
【长编影】448/9 下
【汇编】中五 5043

卞咸 转运陕西粮草
【长编标】134/3187；149/3613
【长编影】134/1 上下；149/15 上
【汇编】中二 2314、2362；中三 2915

文公 文彦博，经略党项西夏
【涑水记闻】4/3 上；5/4 下；11/21 上
【汇编】中三 3153、3154、3535

文洎 文彦博父，经略麟州
【宋史】313/文彦博传/10258
【长编标】133/3163
【长编影】133/3 下
【宋会要】方域 21 之 6/7664
【名臣碑传琬琰集】下集 13/文忠烈公彦博传/1451
【汇编】上 37、38；中二 2319、2321

文彦博 经略党项西夏，言党项西夏，言熙河
【宋史】175/食货志上 3/4246；186/食货志下 8/4547；193/兵志 7・招募之制/4801；295/叶清臣传/9850；300/杨偕传/9955；311/庞籍传/10199；313/文彦博传/10258、10264；314/范仲淹传/10272；320/张存传/10414；325/刘平传/10503；326/康德舆传/10537；341/赵瞻传/10878；342/梁叟传/10889；347/张舜民传/11005；486/夏国传下/14015
【长编标】126/2977、2991；127/3007；133/3164；134/3188；138/3315、3321；141/3387；150/3631；175/4222、4228；197/4774；210/4866；212/5145、5161；213/5188；214/5194；215/5240；218/5304；219/5329；220/5342、5352；221/5369、5376、5388、5390；224/5439；226/5502；228/5551、5552、5556；229/5567、5579；230/5592、5595、5605；232/5636；233/5649、5664；234/5677、5679；235/5699、5702、5719；237/5757；238/5787；240/5831；241/5877；243/5915；244/5935；246/5985；262/6373；312/7567；321/7753；323/7792、7793；327/7869；329/7941；367/8842；372/9002；380/9222；381/9283；382/9310、9312；399/9722；400/9741；403/9805；405/9862；406/9891；407/9906；411/10059；414/10059；460/11012
【长编影】126/21 上、24 上；127/4 上；133/3 下；134/1 下；138/6 上、13 上；141/14 上；150/4 下；175/3 下、8 下；197/6 上；210/7 上；212/2 上、16 下；213/10 上、20 下；214/23 上；215/10 上；218/11 上；219/10 下；220/8 上、13 下；221/2 下、13 下、19 上、20 上；224/17 下；226/2 上；228/7 下、11 下、15 下；229/1 上、13 上；230/6 下、8 上、11 上、18 下；232/9 上；233/7 下、18 下；234/6 下、7 上；235/3 下、8 上、21 下；237/3 下；238/6 下；240/6 下；241/5 上；243/1 下、12 上；244/6 下；246/9 上；262/11 下；312/8 上；321/15 上；323/15 上；327/5 上；329/24 上；367/21 上；372/4 上；380/3 上；381/30 上；382/11 下、13 上；399/1 下；399/2 下、4 下；400/10 上；403/21 下；405/1 下；406/14 上；407/10 下；411/6 上；414/6 上；460/16 下
【东都事略】87 下/司马光传/2 下
【隆平集】19/石元孙传/6 上
【长编纪事本末】83/9 上、10 上；101/6 下
【宋会要】职官 47 之 62/3449、60 之 21/3743、66 之 35/3886；方域 19 之 12/7631；蕃夷 6 之 8/7822
【东轩笔录】9/4 上
【东坡全集】21/三马图赞并引页/10 上
【司马文正公集】38/章奏 36/8 下
【玉海】141/康定论兵/15 上
【安阳集】家传 1/14 上、3/2 上、6/7 下、7/4 上
【奏议标】141/文彦博・上神宗论进筑河州/

【默记】15/下
【汇编】中二 1957；中三 2872、2906

尹泽 乞展平戎寨
【长编标】503/11974
【长编影】503/4 下
【汇编】中六 5435

尹宝 秦州宁远寨寨主
【潞公文集】38/举官/3 下
【汇编】补遗 7292

尹学士 尹洙，经略党项西夏
【公是集】11/贺尹学士辟经略府/123
【景文集】19/尹学士自濠梁移倅秦州/240
【汇编】中二 2026、2481

尹洙 经略党项西夏，与党项西夏战
【宋史】286/王益柔传/9634；290/狄青传/9718；292/郑戬传/9768、田况传/9778；295/尹洙传/9831、孙甫传/9841；302/鱼周询传/10010；312/韩琦传 10223/；324/刘沪传/10495
【元丰类稿】47/故朝散大夫尚书刑部郎中孙公（甫字之翰）行状/9 下
【长编标】127/3016；129/3056；131/3093、3096、3097、3104；139/3342；147/3556；148/3557；149/3607；150/3626；151/3684；155/3764；205/4966；234/5673
【长编影】127/12 上；129/18 下；131/1 上、10 上；139/5 上；147/3 上；148/8 下、15 下；149/11 上；150/4 上；151/19 下；155/7 上；205/4 上；234/2 下
【隆平集】15/尹洙传/4 上
【宋会要】兵 8 之 20/6897、27 之 34/7263
【奏议标】132/田况・上仁宗论攻策七不可/1465、1466
【奏议影】132/田况・上仁宗论攻策七不可/4509、4512
【东轩笔录】4/2 下
【安阳集】家传 2/2 下、2/4 上、4/7 上
【宋朝事实类苑】55/715 引东轩建炎笔录 7/4 上
【欧阳文忠公全集】105/奏议 8 上；112/乞与尹构一官状/1 上
【河南先生文集】6/上吕相公书/4 上、7 下；18/论城水洛利害表/8 下；19/乞便殿延对两府大臣议边事/1 下；20/奏军前事宜状/1 下、奏为乞令环庆路与泾原路相应广发兵马牵制贼势事/4 上；21/奉诏体量本路将佐状/1 上、奉诏及四路司指挥分擘本路兵马弓箭手把截贼马来路状/1 下、乞与郑戬下御史台对照水洛事状/4 下；22/奉诏分析董士廉奏臣不公事状/1 上；24/秦州申本路招讨使状/6 下
【范太史集】40/检校司空左武卫上将军郭公墓志铭/1 下
【范文正公集】年谱/22 下；政府奏议下/荐举/36 下
【涑水记闻】10/5 上；11/5 下、8 上
【名臣碑传琬琰集】中集 48/韩忠献公琦行状/1098
【儒林公议】上/3 上
【汇编】中一 1741；中二 1911、1958、2016、2017、2022、2023、2048、2075、2109、2117、2139、2178、2182、2184、2188、2198、2208、2209、2212、2213、2217、2218、2240、2241、2259、2374、2477、2623、2657、2661、2812、2813、2817；中三 2842、2853、2855、2857、2858、2859、2861、2863、2865、2875、2876、2880、2899、2903、2907、2909、2926、2947、2982、3380；中四 3775

尹宪 经略夏州，与李继迁战
【宋史】253/折御卿/8862；257/李继隆传/895；466/窦神宝传/13600；485/夏国传上/13986
【长编标】23/519；25/586
【长编影】23/7 上；25/13 下
【宋会要】兵 7 之 34/6886
【汇编】上 53、171；中一 980、993、1014、1016、1024

尹继伦 与李继迁战
【宋史】257/李继隆传/8965；275/尹继伦传/9375
【长编标】35/767
【长编影】35/2 下
【宋会要】兵 8 之 18/6896
【汇编】中一 1067、1071、1079、1080、1120、1143

巴宜 进筑城寨，根括田土
【宋史】190/兵志 4・河东陕西弓箭手/4716
【长编标】485/11526；487/11564、11567；489/

11605；494/11735；500/11908
【长编影】485/4 下；487/2 下、6 下；489/8 上；494/27 上；500/8 下
【汇编】中六 5283、5297、5300、5312、5350、5365、5420

毌沆 经略党项西夏
【奏议标】136/郑獬·上神宗论种谔擅入西界/1530
【奏议影】136/郑獬·上神宗论种谔擅入西界/4705

五画

石元孙 与党项西夏战
【宋史】10/仁宗纪 2/206、208；250/石元孙传/8814；258/曹琮传/8989；265/张宗诲传/9159；285/陈执中传/9618；288/范雍传/9679；290/夏守赟传/9716、夏随传/9717；291/宋绶传/9735；292/丁度传/9762、田况传/9779；295/尹洙传/9834；298/梅挚传/9901；300/杨偕传/9954；317/钱明逸传/10347；325/刘平传/10502；326/王信传/10518；467/卢守懃传/13637；485/夏国传/13996
【长编标】126/2969；127/3007；128/3032；131/3097、3099、3115；132/3131；133/3170；139/3342；155/3771；158/3820
【长编影】126/1 下、4 上、6 上、6 下、21 上；127/4 下；128/7 上；131/4 上、6 上；20 下；132/7 下；133/9 上；139/5 上；155/13 上；158/4 上
【东都事略】127、128/附录 5、6
【隆平集】19/石元孙传/6 上；20/夷狄传/3 下
【宋会要】礼 20 之 88/808、21 之 20/860；职官 64 之 49/3845；兵 8 之 21/6897、18 之 3/7059
【奏议标】44/陈并·上哲宗答诏论彗星陈四说/461；132/田况·上仁宗论攻策七不可/1466、132/田况·上仁宗兵策十四事/1468
【奏议影】44/陈并·上哲宗答诏论彗星陈四说/1644；132/田况·上仁宗论攻策七不可/4511、132/田况·上仁宗兵策十四事/4517
【宋文鉴】127/2 上
【宋朝事实类苑】75/引倦游录/995
【元宪集】32/答内降手诏垂询西陲方略/335
【文恭集】37/宋故奉直郎守侍御史王公（平）墓志铭/445
【王壶清话】6/7 下
【东轩笔录】8/4 下；9/4 上
【乐全集】21/请罢陕西招讨经略司事/5 上
【东坡全集】15/张文定公（方平）墓志铭/14 上；18/富郑公神道碑/29 上
【司马文正公集】79/龙图直学士李公（纲）墓志铭/1 下
【石林燕语】8/4 下、78 下；9/3 下
【三朝北盟会编】62/5 下
【华阳集】36/宋元宪公庠神道碑/465
【安阳集】家传 1/15 下、2/4 上；47/故卫尉卿致仕高公（志宁）墓志铭/7 下、47/故客省使眉州防御史赠遂州观察使张公（亢）墓志铭/13 下
【苏学士文集】11/乞用刘石子弟/11 下
【河南先生文集】7/答秦凤路招讨使韩观察议讨贼利害书/3 下；17/故金紫光禄大夫秘书监致仕上柱国清河县开国子食邑六百户食实封一百户张公（宗诲）墓志铭/3 下
【范文正公集】13/资政殿大学士礼部尚书赠太子太师谥忠献范公墓志铭/12 上；年谱补遗/23 下
【涑水记闻】4/13 上；11/12 上；12/5 上
【名臣碑传琬琰集】上集 26/范忠献公雍神道碑/408
【稽古录】19/89 上
【儒林公议】下/2 上、9 上
【甘肃新通志】29/祠祀志·祠宇下·庆州府·安化县/8 下
【陕西通志】16/关梁 1 延安府·安塞县/27 上
【汇编】上 63、103、114；中二 1883、1884、1885、1886、1887、1888、1889、1891、1892、1893、1895、1896、1897、1898、1899、1904、1906、1908、1909、1911、1913、1915、1923、1943、1944、1957、1960、1961、1964、1968、1969、1970、1981、1990、1997、1998、2001、2013、2017、2034、2052、2183、2200、2255、2268、2275、2335、2370、2416、2569、

2627、2646、2657、2689；中三 3049、3050、3062、3080、3102、3343；中六 5336、5921、6057；补遗 7262、7466

石中立 言西夏寇边

【宋朝事实类苑】66/引湘山野录/880

【汇编】中二 2225

石丕 进筑沿边城寨

【长编标】498/11858

【长编影】498/15 下

【宋会要】方域 18 之 18/7618

【汇编】中六 5397

石归宗 进木羽弩箭

【宋会要】兵 26 之 36/7244

【汇编】中一 1199

石平 监渭州得胜寨酒税

【长编标】129/3054

【长编影】129/4 下

【汇编】中二 2107

石全正 随任福破西夏白豹城

【长编标】128/3044

【长编影】128/18 上

【宋会要】兵 14 之 17/7001、14 之 18/7001

【汇编】中二 2095

石全政 随环庆路驻泊钤辖张崇俊破西夏后桥寨

【长编标】126/2966

【长编影】126/1 下

【涑水记闻】12/3 上、6 上

【汇编】中二 1883、2004、2092

石全彬 监鄜州兵救延州

【宋史】466/石全彬传/13626

【汇编】中二 1940

石杏 招募弓箭手

【奏议标】140/范纯粹・上徽宗论进筑非便/1583

【奏议影】140/范纯粹・上徽宗论进筑非便/4868

【汇编】中六 5708

石延年 石曼卿，上言备边十事，请募人联络唃厮啰、回鹘举兵攻李元昊

【宋史】442/文苑 4 石延年传/13070

【长编标】127/3004

【长编影】127/1 下、2 上

【汇编】中二 1987、1988、1989

石知颙 转付赐府州蕃部冬服

【宋会要】礼 62 之 35/1712

【汇编】中一 1590

石保兴 与党项西夏战

【宋史】250/石保兴传/8811、8812

【汇编】中一 1017、1150、1215

石逊 三川口被俘

【宋史】485/夏国传上/13996

【汇编】上 63

石辂 管勾泾原机宜文字

【鸡肋集】64/太常少卿分司西京石君墓志铭/15 上

【河南先生文集】8/上四路招讨使郑侍郎议御贼书/7 下；25/申四路招讨司论本路御贼状并书/2 下

【汇编】中二 2552、2789

石曼卿 石延年，言党项西夏

【欧阳文忠公全集】24/墓表/石曼卿表/2 上

【渑水燕谈录】4/6 上

【汇编】中二 1976、1977、1988

石舜臣 坐出界亡失兵马

【长编标】322/7764

【长编影】322/6 上

【汇编】中四 4302

石斌 押送西夏首领李家妹赴庆州，交其亲叔岁奴收管，令嫁人为妻

【范文正公集】言行拾遗事录 3/5 下

【汇编】中二 2097

石温其 出界亡失所部兵马，追五官

【长编标】331/7969

【长编影】331/3 上

【汇编】中四 4445

石普 与党项西夏战，经略鄜延

【宋史】279/许均传/9485；324/石普传/10471

【长编标】51/1118、1121；63/1413；64/1425；68/1535；88/2027

【长编影】51/11 上、13 上；63/14 上；64/1 下；68/16 上；88/14 下

【宋会要】兵 8 之 19/6896、27 之 7/7250；方域 21 之 22/7672

【汇编】中一 1081、1166、1305、1306、1308、1443、1446、1475、1572
石福 出界讨击西夏，阵亡
【长编标】494/11730
【长编影】494/4 上
【汇编】中六 5354
石熙政 上言清远军失守
【长编标】49/1073
【长编影】49/10 上
【涑水记闻】6/13 下
【汇编】中一 1242、1243
石磷 宣抚兰州守城将校
【长编标】342/8224
【长编影】342/5 下
【汇编】中五 4550
石曦 护秦州屯兵
【宋史】271/石曦传/9289
【汇编】中一 938
石霸 驻守绥州
【宋史】466/张崇贵传/13617
【汇编】中一 1084、1085
左文通 根括沿边闲田及招置弓箭手
【长编标】232/5630
【长编影】232/4 上
【汇编】中四 3760
甘师道 随军战殁于永乐城
【长编标】331/7991
【长编影】331/21 下
【汇编】中四 4457
甘师颜 宣抚熙河
【长编标】316/7654
【长编影】316/15 上
【汇编】中四 4190
世基 康德舆字，从曹光实袭李继迁
【宋史】326/康德舆传/10536
【汇编】中一 1016
龙图老子 范仲淹，经略党项西夏
【宋史】314/范仲淹传/10271
【范文正公集】言行拾遗事录 1/5 上
【渑水燕谈录】2/4 上
【汇编】中二 247、2470、2503
东坡先生 苏轼，叹永洛之祸
【挥麈后录】8/高宗擢用徐师川/12 上
【汇编】中四 4422
叶防 撰朝会舞仪
【宋史】128/乐志 3/2993
【汇编】中五 4978
叶焘 议弃熙河
【长编标】382/9312
【长编影】382/13 上
【汇编】中五 4768
叶康直 计置沿边籴买，经略党项西夏，修筑城堡
【宋史】197/兵志 11/4917；327/王安礼传/10556；426/叶康直传/12706
【长编标】271/6649；317/7678；321/7741、7750；322/7762；323/7781；325/7819；327/7866、7875；343/8249；345/8272、8273；346/8039、8316；392/9532；393/8553；412/10030；443/10662；444/10690、10692
【长编影】271/14 下；317/19 下；321/5 下、12 上；322/3 下、11 上；323/6 上；325/5 下；327/2 下、10 下；343/13 下；345/1 下、2 下；346/7 上、13 下；392/9 上；393/3 上；412/11 下；443/7 下；444/1 上
【宋会要】兵 8 之 30/6902
【栾城集】41/再论熙河边事札子/9 下
【彭城集】21/新知河中府叶康直可知秦州制/289
【汇编】中四 4005、4212、4271、4280、4299、4307、4308、4312、4331、4367、4368、4378；中五 4562、4569、4583、4585、4617、4799、4800、4935、4950、5001、5002、5015、5017、5018
叶清臣 言党项西夏
【宋史】284/宋庠传/9591；295/叶清臣传/9849、9851；467/卢守懃传/13637
【长编标】125/2955；127/3016；129/3071；132/3122；160/3874；164/3944；166/3988；167/4017
【长编影】125/16 上；127/12 上；129/19 上；132/1 上、5 下；160/14 上；164/2 下；166/7 下；167/10 上
【汇编】中二 1973、1998、2022、2070、2140、2262、2265、2266；中三 3138

卢之翰 转运刍粮，言党项西夏
【宋史】277/宋太初传/9422、卢之翰传/9423；286/薛奎传/9629
【长编标】41/862；42/891
【长编影】41/2 下；42/10 下
【宋会要】职官 64 之 12/3826；兵 27 之 4/7248；方域 20 之 12/7656；蕃夷 6 之 16/7826
【宋大诏令集】203/责前陕西转运使尚书工部员外郎郑文宝等诏/757
【厚德录】1/1 下
【涑水记闻】2/5 上
【汇编】中一 1092、1111、1132、1133、1134、1135、1136、1168、1173、1180、1183

卢训 与李元昊战于庆州龙马岭，败绩
【宋史】485/夏国传上/13994
【长编标】115/2691
【长编影】115/4 上、16 上
【汇编】上 61；中一 1702、1706

卢守懃 与党项西夏战
【宋史】295/叶清臣传/9850；313/富弼传/10250；467/卢守懃传/13637
【长编标】125/2941、2944、2945；126/2990；127/3008
【长编影】125/3 下、6 下、7 上；126/21 上；127/5 上
【宋会要】职官 64 之 4/3840；兵 8 之 20/6897
【宋朝事实类苑】75/引倦游录/995
【东坡全集】18/富郑公神道碑/29 上
【涑水记闻】9/5 下；11/12 上；12/9 下
【汇编】中二 1845、1853、1854、1856、1863、1899、1911、1912、1927、1969、1970、1973、1974、1998、1999、2000

卢讷 通判德顺军
【彭城集】22/承议郎卢讷可通判德顺军制/306
【汇编】补遗 7468

卢知翰 请给蕃部茶綵
【宋史】268/王显传/9231
【汇编】中一 1086

卢秉 经略党项西夏
【宋史】331/卢秉传/10671
【长编标】312/7566；314/7607；316/7639、7647；318/7692、7694；319/7713；320/7719、7720、7721、7726、7727；321/7737、7741；322/7758、7766、7769；324/7807；331/7979；334/8042；335/8080、8081；336/8098；337/8133；341/8197；342/8230；343/8236；345/8275；348/8352；349/8377；350/8381、8387、8388；361/8639
【长编影】312/7 上；314/8 上；316/2 下、9 下；318/11 上、12 下；319/11 下；320/1 上、7 上、7 下；321/1 下、5 上；322/1 上、7 下、10 下；324/10 下；331/11 下；334/11 上；335/16 下、18 上；336/6 下；337/16 下；341/3 上；342/10 下；343/2 下；345/4 下；348/10 上；349/2 上、11 上；350/1 上、2 上、5 下、7 上；361/3 下
【宋会要】食货 43 之 2/5573；兵 18 之 12/7063；方域 8 之 26/7453、19 之 7/7629、20 之 21/7661
【汇编】中四 4120、4148、4176、4185、4219、4222、4223、4245、4248、4253、4257、4267、4270、4296、4304、4306、4326、4475、4489、4490、4498、4513、4534；中五 4554、4558、4570、4571、4596、4602、4606、4607、4608、4609、4610、4612、4649

卢政 从刘平与夏人战延州
【宋史】349/卢政传/11055
【汇编】中二 1970、1971

卢觊 上书陈方略
【长编标】127/3005
【长编影】127/3 上
【汇编】中二 1993

卢逢原 根括德顺军土地
【宋史】190/兵志 4·河东陕西弓箭手/4717
【宋会要】兵 4 之 17/6828
【汇编】中六 5756

卢益 持银绢往军前赏设金兵
【大金吊伐录】1/南宋回书/12
【汇编】中六 5971

卢斌 谏宋太宗五路伐夏
【长编标】36/785；40/851
【长编影】36/2 上；40/9 上
【汇编】中一 1154

卢鉴 计置陕西粮草，经略党项西夏
【长编标】72/1623；107/2503
【长编影】72/2 上；107/11 下

【汇编】中一 1006

田京 御夏方略

【宋史】303/田京传/10051

【宋会要】兵 86 之 2/6897

【汇编】中二 1857、1911、2120、2216

田朏 与西夏累战有功

【宋史】349/郝质传/11049

【长编标】137/3281；146/3535

【长编影】137/5 下；146/8 下

【欧阳文忠公全集】116/河东奉使奏草下/5 下

【汇编】中二 2520、2521；中三 2842、2972

田敏 与党项西夏战

【宋史】257/李继隆传/8968；291/王博文传/9744；326/田敏传/10533；466/张崇贵传/13617；485/夏国传上/13988；491/党项传/14148

【长编标】97/2245、2252；104/2400

【长编影】97/5 下、12 上；104/2 下

【宋会要】兵 14 之 15/7000

【范文正公集】年谱补遗/10 上

【汇编】上 31、55；中一 1084、1085、1172、1218、1607、1610、1644；中二 2245

田谭 押赐夏国主生日礼物，与党项西夏战

【长编标】222/5410；237/5770

【长编影】222/11 上；237/12 下

【汇编】中三 3696；中四 3799

田琼 战死熙河

【宋史】15/神宗纪 2/283；350/苗授传/11067

【长编标】243/5921

【长编影】243/1 下

【东都事略】104/姚麟传/2 上

【汇编】中四 3849、3850、3853、3857、3859

田锡 言党项西夏

【长编标】41/869；42/889；43/909；46/1002；51/1109

【长编影】41/9 上；42/10 下；43/9 下；46/17 上；51/3 上

【汇编】中一 1174、1183、1197、1219、1296

田璟 言蕃部入西界盗孳畜人户

【长编标】273/6696

【长编影】273/19 下

【汇编】中四 4018

史方 乞沿边汉户百姓诸色人于熟户蕃部处赊买羊马、借贷钱物，并须用文约，立限交还

【宋史】326/史方传/10526

【宋会要】兵 27 之 22/7257

【汇编】中一 1654、1656、1657

史吉 与夏人战于延州

【涑水记闻】9/6 上

【汇编】中二 1929

史志聪 由鄜延钤辖徙泾原钤辖

【长编标】157/3799

【长编影】157/4 上

史宜父 经营环庆蕃部

【长编标】478/11389

【长编影】478/6 下

【汇编】中五 5185

史诚 赍书与吐蕃大首领果庄，约会兵之所

【长编标】316/7637

【长编影】316/1 上

【汇编】中四 4172

史重贵 与入镇戎军戎人战

【宋史】257/李继和传/8973

【长编标】52/1149

【长编影】52/17 下

【汇编】中一 1326、1327

史能 破原州蕃族

【长编标】104/2400

【长编影】104/1 下

【汇编】中一 1643

史崇信 体量蕃部事件

【长编标】99/2297；103/2383；128/3040

【长编影】99/6 上；103/8 下、13 上；128/14 下

【宋会要】职官 46 之 27/3834；兵 27 之 21/7257

【汇编】中一 1615、1635、1638、1639、1640；中二 2073

史福 败戎人于华池

【长编标】13/279

【长编影】13/1 下

【汇编】中一 955

付尧俞 言党项西夏

【长编标】429/10362

【长编影】429/4 下

包拯 制置解盐，言边事
【长编标】160/3870；167/4016
【长编影】166/5 下；167/12 下
【宋会要】食货 23 之 39/5194
【汇编】中三 3136、3145、3147
白方进 出使甘州回鹘
【宋会要】蕃夷 4 之 4/7715
【汇编】中一 1480
白玉 与党项西夏战
【宋史】16/神宗纪 3/313；290/郭逵传/9725；486/夏国传下/14014
【长编标】222/5401；233/5662；263/6436；350/8381
【长编影】222/3 上；233/16 上；263/16 下；350/1 上
【范太史集】40/检校司空左武卫上将军郭公墓志铭/18 上
【汇编】上 80；中三 3589、3590、3695；中四 3771、3989；中五 4607、4608
白守荣 与党项西夏战，护送刍粮至灵州
【宋史】257/李继隆传/8967；259/皇甫继明传/9009；277/宋太初传/9422、卢之翰传/9424；279/周仁美传/9492；280/田绍斌传/9497；283/夏竦传/9572；292/田况传/9778；304/刘师道传/10064；305/杨亿传/10081；485/夏国传上/13987
【长编标】50/1095；123/2910；131/3095
【长编影】50/12 上；123/17 上；131/3 上
【东都事略】127、128/附录 5、6
【隆平集】18/田绍斌传/11 上
【宋会要】兵 8 之 19/6896
【奏议标】130/杨亿・上真宗论弃灵州为便/1440；132/田况・上仁宗论攻策七不可/1465
【奏议影】130/杨亿・上真宗论弃灵州为便/4426；132/田况・上仁宗论攻策七不可/4509
【宋太宗实录】79/38 上
【文庄集】14/陈边事十策/1 上
【稽古录】7/81 上
【汇编】上 54、101；中一 1109、1120、1131、1132、1135、1136、1137、1138、1140、1141、1268；中二 1265、1794、1796、2182
白承睿 主灵州军务
【宋史】466/张继能传/13620
【汇编】中一 1055
白政 探候西夏围麟州军情
【涑水记闻】12/7 下
【汇编】中二 2343
白昭信 败夏人于荒堆
【长编标】233/5662
【长编影】233/16 上
【汇编】中四 3771
白勋 出使高昌，途经西夏
【宋史】309/王延德传/10157；490/高昌传/14110
【汇编】中一 989、1011
白遇 因不预行隄防夏人而展磨勘
【长编标】448/10774
【长编影】448/9 下
【汇编】中五 5043
乐士宣 奏言边事
【长编标】306/7438；320/7731；322/7771；330/7950；335/8067
【长编影】306/2 下；320/10 下；322/11 上；330/5 下；335/6 上
【汇编】中四 4112、4263、4308、4434、4455、4485
乐进 驻扎南州至韦州，以通韦州至灵州粮道
【长编标】320/7726；331/7969
【长编影】320/7 上；331/3 上
【宋会要】方域 10 之 24/7485
【汇编】中四 4256、4280、4445
冯元德 熙河路逃军，诈称李宪令开熙州城门
【宋会要】兵 28 之 29/7284
冯仁俊 使夏祭奠夏太宗李德明
【宋史】485/夏国传上/13992
【长编标】111/2594
【长编影】111/16 下
【汇编】上 59；中一 1688
冯从顺 访问城古威州利害
【宋史】277/郑文宝传/9426
【宋会要】兵 14 之 15/7000
【汇编】中一 1090、1218
冯业 画陕西二十三州图
【长编标】49/1078
【长编影】49/14 上

【长编纪事本末】21/2 上
【汇编】中一 1237、1251

冯行己 言边事
【宋史】285/冯行己传/9612
【汇编】中三 2954、3221

冯守规 与党项西夏战
【宋史】280/杨琼传/951；466/张继能传/13620
【长编标】49/1072；50/1101
【长编影】49/8 下；50/17 下
【宋大诏令集】94/责杨琼等诏/346
【汇编】中一 1240、1241、1284、1285

冯讷 又作冯纳，出使党项西夏，出使边州
【宋史】466/张崇贵传/13618；485/夏国传上/13987
【宋会要】兵 27 之 4/7248
【太平治迹统类】2/太祖太宗经制西夏
【汇编】上 54；中一 1107、1147、1180

冯如晦 推勘边官事件
【长编标】284/6947；289/7080
【长编影】284/2 上；289/18 上
【汇编】中四 4045、4074

冯进 作怀戎堡记
【甘肃新通志】14/建置志·城池/13 下
【陇右金石录】3/65 下
【汇编】补遗 7404、7419

冯纳 又作冯讷，上奏边情
【宋太宗实录】79/38 上
【汇编】中一 1140

冯京 经略党项西夏，经略熙河
【宋史】186/食货志下 8/4550；191/兵志 5·蕃兵/4758；317/冯京传/10338；341/赵瞻传/10878
【长编标】205/4964；213/5188；214/5218；215/5239；220/5350；221/5382；224/5459；226/5503；229/5582；230/5605；232/5627；233/5663；234/5679；236/5752；237/5760；238/5797；240/5837；243/5915；244/5945；245/5961；247/6007；251/6110；273/16688
【长编影】205/3 下；213/20 下；214/23 上；215/16 上；220/14 上；221/13 下；224/17 下；226/2 上；229/16 下；230/18 下；232/1 上；233/6 下、16 下；234/6 下；236/25 下；237/3 下；238/11 下；240/6 下；243/1 下；244/14 上；245/11 上；247/1 上、17 上；251/2 上；273/13 上
【安阳集】家传 6/7 下
【宋会要】职官 61 之 11/3759；兵 28 之 1/7270；方域 21 之 1/7661、21 之 7/7664、21 之 8/7665
【奏议标】65/赵瞻·上英宗论五路置帅不当更以冯京为安抚/723
【奏议影】65/赵瞻·上英宗论五路置帅不当更以冯京为安抚/2374
【栾城集】36/乞诛窜吕惠卿状/18 上
【名臣碑传琬琰集】下集 16/冯文简公京传/1501
【汇编】上 39；中三 3378、3381、3382、3383、3390、3546、3568、3571、3575、3590、3606、3607、3662、3682、3706、3717；中四 3743、3754、3758、3767、3771、3778、3787、3789、3806、3819、3851、3852、3871、3886、3901、3913、3932、4016；中五 4731

冯拯 请城绥州城
【长编标】50/1090
【长编影】50/7 下
【宋会要】方域 8 之 31/7456
【汇编】中一 1256

冯思永 进筑陕西城寨
【宋会要】方域 19 之 20/7635
【汇编】中六 5905

冯诰 与秦州蕃部战
【长编标】137/3291；138/3329；141/3387
【长编影】137/13 下；138/18 下；141/14 上
【欧阳文忠公全集】80/敕制/3 下
【潞公文集】38/举官/2 上
【汇编】中二 2537、2623、2728、2826；补遗 7309

冯浩 使夏祭奠李谅祚母
【宋史】485/夏国传上/14000
【长编标】184/4462
【长编影】184/15 下
【汇编】上 68；中三 3220

冯谅 议蕃汉义军
【宋会要】方域 21 之 1/7661、21 之 8/7665、21

【宋史】298/司马里传/9907
【汇编】中二 2243
司马君实 司马光，言党项西夏
【石林燕语】8/4 下
【龙川别志】下/92
【汇编】中三 3340、3343
皮公弼 提举陕西市籴
【宋史】181/食货志下 3・盐上/4420、4422
【长编标】246/5995；271/6649；272/6661
【长编影】246/17 上；271/14 下；272/5 上
【汇编】中四 3882、3974、4005、4006、4013
皮仲容 议铸当十钱
【宋史】180/食货志下 2/4381
【长编标】129/3071
【长编影】129/19 上
【汇编】中二 2140；中三 3122

六画

邢佐臣 与党项西夏战
【长编标】287/7023；354/8478；356/8507
【长编影】287/11 上；354/8 上；356/1 上
【宋朝事实类苑】75/引记闻文/990
【汇编】中三 3218；中四 4066；中五 4625、4629
邢希载 乞结好夏国，密图金人
【三朝北盟会编】181/8 上
【汇编】下 6481
邢玠 护粮至龙支城
【长编标】518/12340；519/12342
【长编影】518/21 下；519/1 上
【汇编】中六 5653
邢玠道 监勒虚冒功数
【长编标】507/12088
【长编影】507/12 上
【汇编】中六 5502
刑逢原 永乐城失守后被夏人所掠
【长编标】438/10553、10554
【长编影】438/1 下
【汇编】中五 4985
刑恕 言弃熙河
【宋史】332/孙路传/10687
【汇编】中五 4659
邢恕 请用车战法及于熙河造船五百艘，直抵兴灵，以空夏国
【宋史】85/地理志 1・序/2096；471/刑恕传/13704
【长编标】493/11698
【长编影】493/5 上
【长编纪事本末】140/6 上
【宋会要】职官 68 之 10/3913；食货 17 之 29/5098
【朱文公文集】71/记潏水集二事/18 下
【容斋四笔】6/5 下
【汇编】中六 5342、5762、5763、5764、5770、5779、5913；下 7029
吉先 言党项西夏
【长编标】319/7706；322/7768
【长编影】319/6 下；322/9 下
【宋会要】方域 19 之 18/7634
【汇编】中四 4238、4304
吉庆 攻取河州
【长编标】243/5919
【长编影】243/8 上
【汇编】中四 3854
成闵 檄书西夏
【三朝北盟会编】232/9 下
【汇编】下 6627、6632
成恭 出界亡失兵马，追五官
【长编标】324/7805
【长编影】324/9 上
【汇编】中四 4324
毕仲游 筹集伐夏大军粮草，代范忠宣贺平河外三州表，撰边官墓志
【宋史】281/毕仲游传/9523
【长编标】 495/11786； 498/11863、 11864；500/11912；514/12226
【长编影】495/20 上；498/20 上；500/10 下；514/13 上
【宋文鉴】69/4 上
【汇编】中四 4195；中五 4950；中六 5374、5400、5422、5586
光进 破渭北党项
【文苑英华】637/贺破渭北党项状/3282

【汇编】上 704

吕大防 言党项西夏，经略党项西夏

【宋史】212/宰辅表 3/5507；333/朱光庭传/10710；339/苏辙传/10832；340/吕大防传/10840、10841、10842

【长编标】215/5236、5241；217/5283；219/5324；220/5345、5359；221/5371、5372、5388；277/6778；291/7122、7124；323/7781；326/7853；366/8791、8792、8797；393/9553；397/9674；406/9893、9963；429/10367；431/10419；444/10692、10940；458/10952；459/10982、10983、10984；460/10999、11000、11001、11012；462/11043、11044；464/11092；465/11101、11103；468/11173；470/11227；479/11413；490/11638

【长编影】215/6 下、10 上；217/11 下；219/3 下；220/10 下、22 下；221/2 下、5 下、19 上；277/10 上；291/11 上、12 上；323/6 上；326/14 上；366/14 上、14 下、17 上；393/3 上；397/4 上；406/14 上；409/13 下；429/9 上；431/11 下；444/13 上；457/3 下；458/1 上；459/9 上；460/1 上；462/11 上；464/18 下；465/5 上、7 下；468/5 下；470/9 下；479/10 上；490/17 下

【宋会要】职官 41 之 19/3176；兵 4 之 9/6824

【奏议标】42/吕大防·上神宗论华州山变/435；137/富弼·上神宗谏西师/1539

【奏议影】42/吕大防·上神宗论华州山变/1557；137/富弼·上神宗谏西师/4732

【东坡全集】21/三马图赞并引页/10 上

【华阳集】23/抚问陕西宣抚使韩绛判官吕大防等兼赐汤药口宣/283

【宋朝事实类苑】78/1021

【画墁集】补遗/游公（师雄）墓志铭/3 上

【范文正公集】言行拾遗事录 4/10 上

【栾城集】41/再论熙河边事札子/9 下

【名臣碑传琬琰集】中集 50/韩仪公丞相忠彦行状/1141

【汇编】中三 3386、3599、3600、3601、3604、3627、3649、3659、3660、3666、3677、3684、3689；中四 3807、4022、4080、4093、4291、4311、4356；中五 4676、4683、4800、4815、4851、4899、4919、4960、4968、5018、5061、5062、5065、5066、5067、5071、5072、5073、5081、5082、5087、5089、5090、5117、5141、5158、5200、5225；中六 5273、5321

吕大忠 言党项西夏，经略党项西夏

【宋史】340/吕大忠传/10844、10845、10846

【长编标】228/5547；260/6334；288/7046；466/11129、11130；467/11146、11165；477/11353；480/11420、11421

【长编影】228/7 下；260/5 上；288/5 下；466/3 上；467/1 下、17 下；477/1 上；480/3 上、6 上

【宋会要】食货 40 之 1/5509；兵 28 之 35/7287

【续资治通鉴】84/2148

【范文正公集】遗文/8 上

【司马文正公集】77/书启 6/19 下

【旧闻证误】2/30

【汇编】中三 3600、3727；中四 3981、3983、4069；中五 4661、5098、5111、5115、5177、5208、5209、5210、5221、5240、5249

吕中 言仁宗之制夏羌，必有韩琦、范仲淹

【续宋通鉴】13/169

【汇编】下 6813

吕公著 谏言大举用兵西夏

【宋史】242/英宗宣仁圣烈高皇后传/8625；336/吕公著传/10774、10775、10776；341/孙固传/10874

【长编标】313/7596；325/7828；327/7868、7869；382/9312；390/9478、9496；405/9861、9872；409/9964

【长编影】313/13 下；325/13 上；327/4 上、5 上；382/13 下；390/1 下、18 上；405/1 下、14 上；409/13 下

【邵氏闻见录】5/42

【栾城集】37/论西边警备状/14 上

【皇宋十朝纲要】10 下/2 上

【汇编】中四 4134、4136、4275、4336、4369、4372、4430、4431；中五 4771、4772、4774、4796、4806、4821、4859、4872、4899、4919

吕公绰 经略秦州蕃部

【宋史】311/吕公绰传/10211

【长编标】171/4111

【长编影】171/8 上

【宋会要】兵22之5/7146
【汇编】中三3172

吕公弼 言党项西夏，经略党项西夏
【宋史】191/兵志5/4738；193/兵志7·招募之制/4801；311/吕公弼传/10213、10214；327/王安礼传/10553
【长编标】218/5303；219/5323；220/5338、5348；221/5379、5384；230/5601、5605；237/5757；238/5799；240/5831
【长编影】218/11上；219/3下；220/4上、13上；221/11下、12上、16上；230/15上、18下、19上；237/1上；238/13下；240/6下
【宋会要】职官65之37/3865；食货37之14/5455；兵28之9/7274；方域8之27/7454、20之14/7657
【续资治通鉴】65/1613
【奏议标】121/张方平·上神宗谏用兵/1332
【奏议影】121/张方平·上神宗谏用兵/4134
【安阳集】家传7/4上
【汇编】中三3439、3466、3468、3482、3547、3553、3630、3649、3655、3656、3661、3681、3683；中四3752、3755、3757、3772、3773、3786、3788、3806、3819、4056

吕公孺 议绥州守弃，经略秦州
【宋史】311/吕公孺传/10215
【长编标】319/7711；323/7791；331/7975
【长编影】319/11下；323/14下；331/8上
【东都事略】52/吕公孺传/8下
【宋会要】兵4之11/6825
【栾城集】27/西掖告词/16下
【汇编】中三3455；中四4127、4246、4320、4451

吕文仲 持节督促伐夏军粮
【宋会要】兵8之19/6896
【汇编】中一1166

吕文惠 夏人围永乐，徐禧遣吕文惠至敌帐求和
【长编标】329/7936
【长编影】329/19上
【汇编】中四4423

吕由诚 五路伐夏，督役夫运粮
【宋史】448/吕由诚传/13203
【汇编】中四4233

吕吉 与熙河吐蕃战
【长编标】351/8408
【长编影】351/5上
【汇编】中五4619、4620

吕夷简 经略党项西夏
【宋史】11/仁宗纪3/214；162/职官志2/3799；183/食货下5/4483；184/食货志下6·茶下/4490；196/兵志10/4895；266/王举正传/9187；283/夏竦传/9575；284/宋庠传/9591；292/李咨传/9754、郑戬传/9767；302/沈邈传/10030；311/吕夷简传/10210；313/富弼传/10250；314/范仲淹传/10270；318/张方平传/10353；323/赵珣传/10463；426/吴遵路传/12701
【长编标】127/3010；131/3114；132/3123；135/3230；137/3286；140/3294；147/3569；151/3681；152/3698；506/12057
【长编影】127/10上；131/19下；132/6上；135/16上；137/9下、17上；140/8下；147/14上；151/14下；152/2下；506/5上
【东都事略】118/张愈传/5上
【宋会要】食货54之3/5739
【奏议标】133/张方平·上仁宗因郊禋肆赦招怀西贼/1476
【奏议影】133/张方平·上仁宗因郊禋肆赦招怀西贼/4542
【东轩笔录】8/4上
【东坡全集】15/张公墓志铭/14下、张文定公墓志铭/13上
【石林燕语】8/4下、78下
【宋朝事实类苑】9/100
【邵氏闻见录】9/90
【欧阳文忠公全集】20/资政殿学士户部侍郎文正范公神道碑/12上
【河南先生文集】6/上吕相公书/4上、7下
【范文正公集】9/上吕相公书/12上、13上；诸贤赞颂论疏/12下、24下
【涑水记闻】8/14下
【谈苑】1/2上
【儒林公议】上/2上、3上；下/3下
【契丹国志】18/刘六符传/5上
【汇编】中一1601、1620、1621、1652、1768；

中二 1904、1966、1997、2011、2012、2023、2063、2147、2212、2213、2229、2230、2246、2258、2259、2263、2265、2266、2267、2268、2270、2320、2377、2389、2444、2445、2524、2530、2532、2533、2535、2536、2540、2541、2660、2714、2716、2717、2774；中三 2864、2977、2988、3032；中六 5483；下 7025、7026

吕仲甫 进筑葭芦寨

【长编标】485/11527

【长编影】485/9 上

【宋会要】方域 18 之 18/7618

【汇编】中六 5287

吕许公 吕夷简，经略党项西夏

【东轩笔录】1/1 上

【龙川别志】下/87、下/89

【挥麈后录】1/宰相枢密分合因革/27 上

【涑水记闻】8/14 下

【汇编】中二 1817、2267、2268、2271、2377、2523

吕观文 帅鄜延

【北山集】34/故武功大夫昭州团练使骁骑尉徐公（量）行状/11 上、11 下

【汇编】补遗 7377、7402

吕政 与夏人战于永乐

【宋会要】兵 8 之 28/6901、8 之 29/6901

【汇编】中四 4425

吕重 被西夏俘虏

【长编标】297/7227

【长编影】297/10 上

【汇编】中四 4094

吕海 言党项西夏，经略党项西夏

【宋史】321/吕诲传/10426；336/司马光传/10760

【长编标】192/4636；202/4905、4906；203/4924；204/4950

【长编影】192/2 下；202/15 下；203/14 上；204/19 下

【东都事略】78/吕诲传/3 上

【东坡全集】17/司马温公行状/8 下

【汇编】中三 3255、3322、3324、3372、3451

吕真 与党项西夏战

【宋史】16/神宗纪 3/312；332/赵卨传/10684

【长编标】219/5320；237/5778；329/7921；345/8280、8287；401/9769；411/10001；430/10384

【长编影】219/1 上；237/19 下；329/7 下；345/8 下、14 下；401/8 下；411/6 上；430/4 下

【宋会要】兵 18 之 13/7064

【汇编】中三 3512、3645；中四 4400；中五 4572、4576、4829、4926、4965

吕陶 言党项西夏

【宋史】347/韩川传/11011

【长编标】370/8957；403/9801

【长编影】370/22 下；403/2 下

【东都事略】94/吕陶传/6 上；127、128/附录 5、6

【奏议标】138/吕陶・上哲宗请以兰州二寨封其酋长/1558

【奏议影】138/吕陶・上哲宗请以兰州二寨封其酋长/4789

【汇编】上 109；中五 4694、4821、4837

吕晦叔 元丰五年谏再次举兵西夏

【涑水记闻】14/9 上

【汇编】中四 4371

吕惟正 与夏人战死

【长编标】409/9976、9977；410/9992

【长编影】409/23 上；410/11 上

【汇编】中五 4923、4925

吕清 按视河东边州军甲、城垒

【长编标】123/2892

【长编影】123/1 上

【汇编】中二 1774

吕密 为三川口战败作伪证

【长编标】126/2989

【长编影】126/21 上

【涑水记闻】11/12 上

【汇编】中二 1898、1969

吕惠卿 经略党项西夏，言党项西夏

【宋史】175/食货志上 3・和糴/4242；176/食货志上 4・屯田/4269；190/兵志 4・河东陕西弓箭手/4714；191/兵志 5・蕃兵/4760；193/兵志 7・召募之制/4803；196/兵志 10・屯戍之制/4901、4902；286/蔡延庆传/9639；

334/徐禧传/10721、10724、高永能传/10726；452/陈淬传/13295；471/吕惠卿传/13707、13708、13709；486/夏国传下/14017

【长编标】247/6022；280/6874；281/6889；284/6948、6960、6964；285/6975；287/7033；288/7046、7054、7055；289/7065、7077、7080；290/7093、7101；293/7152；295/7181；297/7222、7227；298/7241、7258；299/7273、7275、7277；300/7297、7300、7302；301/7331；303/7375、7388；304/7411、7412；305/7426、307/7451；315/7618；330/7955；331/7978；338/8142；342/8223；344/8263；346/8310；347/8321、8323、8324；348/8344、8356；351/8406；354/8478；356/8515；378/9180、9181；379/9200、9201、9202、9203、9204、9205、9206、9207、9208、9209；380/9225、9226、9227、9234、9235、9241；385/9379；385/9373、9379；400/9745、9746、9747；465/11105；470/11235；485/11533、11535；486/11545；487/11564；489/11612；490/11623；491/11653、11659；492/11680；494/11730、11742、11746、11753；495/11771、11786；497/11816、11819、11831、11838；498/11847、11849、11852、11858；499/11877；503/11973、11980；504/12004；506/12054、12058；507/12075、12076；508/12012；509/12125；510/12134、12138、12149；511/12154、12155、12160、12163；514/12211、12226、12228、12230；515/12247、12248；516/12378；517/12296；518/12335；519/12343、12350

【长编影】247/14 上；280/22 上；281/7 下；284/3 下、13 下；285/4 上；287/19 上；288/5 下、12 下；289/6 下、15 下、18 上；290/7 下、14 上；293/7 下；295/4 上、4 下；297/5 下、10 上；298/1 下、17 上；299/8 下、12 上；300/1 上、3 下、5 下；301/11 下；303/10 上；304/17 上、18 上；305/10 下；307/1 上；315/3 下；330/1 上、9 上、13 上；331/10 上；338/5 上；342/4 下；344/9 上；346/8 下；347/3 下、4 下、5 下；348/3 下、13 上；351/3 下；354/1 下；356/7 上；378/6 上、9 下；379/4 下、7 下、10 上；380/6 上、7 上、13 下、17 上、19 上；385/3 下、7 上；400/7 上、7 下、8 上；465/7 下；470/16 上；485/14 上、16 上；486/6 上；487/2 下；489/14 下；490/6 下；491/7 下、12 上；492/4 上；494/4 上、14 下、17 下、24 上；495/8 上、20 上；497/1 上、2 下、14 上、15 下；498/6 下、7 下、10 下、15 下；499/5 上；503/4 上、4 下、9 下；504/7 上；506/5 上、9 上；507/3 上、4 下；508/7 下；509/10 下；510/3 上、7 下、16 下；511/1 下、2 上、6 下、9 上、11 下；514/3 上、13 上、17 下、19 下；515/12 上、13 下；516/8 上；517/2 上；518/17 上；519/1 下、8 下

【东都事略】9/哲宗纪/6 下；86/徐禧传/5 上、6 下；127、128/附录 5、6

【宋会要】礼 20 之 144/836、62 之 49/1719；职官 41 之 76/3204、67 之 35/3905；食货 2 之 6/4828、39 之 27/5502、40 之 2/5509、63 之 80/6026；刑法 7 之 22/6744；兵 2 之 39/6791、4 之 7/6823、4 之 12/6826、4 之 17/6828、5 之/6846、8 之 32/6903、8 之 33/6903、14 之 20/7002、18 之 17/7066、28 之 19/7279、28 之 28/7283、28 之 38/7288、28 之 39/7289、28 之 41/7290、28 之 42/7290；方域 19 之 10/7630、19 之 17/7634

【长编纪事本末】140/11 上

【东坡全集】36/制敕/2 上

【安阳集】家传 7/1 上

【邵氏闻见录】5/42

【鸡肋集】62/资政殿大学士李公（清臣）行状/24 上

【龟山集】32/李修撰（夔，字斯和）墓志铭/3 下

【栾城集】36/乞诛窜吕惠卿状/18 上

【名臣碑传琬琰集】下集 14/吕参政惠卿传/1478

【京口耆旧传】3/邵龘传/11 上

【皇宋十朝纲要】14/2 上

【汇编】上 83、110；中三 3459；中四 3895、4037、4046、4047、4049、4060、4067、4069、4070、4071、4072、4074、4075、

4076、4083、4084、4086、4091、4092、4093、4094、4096、4099、4100、4101、4103、4104、4107、4109、4110、4111、4113、4156、4431、4436、4437、4438、4440、4441、4442、4458、4517；中五 4549、4566、4567、4583、4587、4588、4594、4599、4619、4624、4625、4629、4631、4655、4727、4728、4730、4731、4732、4733、4734、4737、4738、4739、4740、4741、4742、4778、4779、5090、5143、5232、5233、5250、5251、5254、5255、5257、5258、5261、5262；中六 5268、5269、5270、5273、5289、5291、5293、5297、5298、5300、5317、5319、5324、5325、5326、5327、5328、5337、5354、5355、5359、5360、5362、5363、5367、5369、5373、5385、5386、5387、5388、5391、5393、5394、5395、5397、5399、5403、5404、5435、5439、5447、5480、5481、5482、5485、5491、5494、5513、5514、5533、5539、5540、5547、5548、5551、5552、5553、5554、5555、5563、5576、5587、5590、5591、5600、5604、5616、5630、5650、5651、5654、5660、5711、5792、5810；补遗 7340

吕温卿 经略秦凤

【长编标】338/8148；340/8180、8188；350/8388；357/8549

【长编影】338/9 上、9 下；340/10 下、12 下；350/7 上；357/17 下

【汇编】中四 4519、4525、4530、4531；中五 4612、4634

吕渭 布衣，因陈方略授官

【长编标】128/53030

【长编影】128/5 下

【汇编】中二 2048

吕蒙正 言党项西夏

【宋史】285/陈执中传/9609

【长编标】35/733；49/1069、1071；50/1089；52/1131；54/1181

【长编影】35/11 下；49/5 下、7 下；50/7 下；52/1 下；54/1 上、5 下

【宋会要】食货 23 之 29/5189、39 之 3/5490；兵 4 之 12/6998；方域 8 之 30/7455、8 之 32/7456

【元丰类稿】49/本朝政要策·添兵/3 上

【汇编】中一 1078、1101、1237、1238、1250、1256、1313、1340、1348

吕颐浩 上言金夏交恶，夏国屡遣使来吴玠，关师古军中

【宋史】25/高宗纪 2/463；486/夏国传下/14023

【系年要录】21/438；26/519；58/1006

【建炎复辟记】9

【汇编】上 89；下 6169、6193、6313

吕微仲 议党项西夏事

【栾城后集】13/颖滨遗老传下/7 上

【龙川略志】635

【汇编】中五 5077、5078、5201、5202、5203

吕端 言党项西夏

【宋史】267/张洎传/9214；281/吕端传/9515；283/夏竦传/9572

【长编标】25/586；39/833；42/885；450/10814

【长编影】25/2 上；39/5 下、6 下、7 上；42/6 上；450/7 下

【文庄集】14/陈边事十策/1 上

【宋大诏令集】213/咨访宰相枢密援灵州诏/808

【厚德录】1/1 下

【涑水记闻】2/5 上、10 下

【光绪平远县志】4/山川/16 下

【汇编】中一 1059、1060、1061、1105、1121、1123、1124、1125、1129、1133、1135、1182；中二 1794、1796；下 6949

吕潍 吕惠卿子，任职鄜延

【长编标】499/11877、11886；503/11980

【长编影】499/5 上、14 上；503/9 下

【汇编】中六 5403、5404、5408、5439

吕整 夏人陷永乐，裸跣走免

【宋史】486/夏国传下/14012

【长编纪事本末】139/18 下

【汇编】上 78；中六 5750

曲充 与党项西夏战

【宋史】335/种师道传/10751

【长编标】491/11662；499/11894

【长编影】491/15 上；499/19 下

【三朝北盟会编】60/4 下

【汇编】中六 5328、5331、5411、5902、6044

曲珍 与党项西夏战

【宋史】16/神宗纪3/305、306、307、308；314/范纯粹传/11280；331/沈括传/10656；332/赵卨传/10684、10686；334/徐禧传/10723；350/曲珍传/11083；486/夏国传下/14012

【长编标】235/5717；237/5778；250/6081；304/7409；315/7625；316/7643；318/7693；319/7704、7706；320/7731；324/7802、7806、7809；325/7818、7820、7831、7832；326/7854；327/7886；329/7917；330/7948；339/8165；343/8250；405/9869、9870、9871；407/9906、9909、9910、9911；408/9939、9940；412/10029；413/10037；424/10253

【长编影】235/20下；237/19下、20上；250/1上；304/15下；315/9上、15上；316/5下；318/12上；319/4上；320/10下；324/7上、10上、12下；325/5上、6下、14下；326/6上、10下、13上、14上；327/20上；329/4上、7下、11上、11下、12上、12下、15上、19上；330/3下；339/6下；343/14上；405/8上、9下；407/10下、14上；408/18上；412/9上；413/5上；424/5下

【宋会要】职官66之19/3877；兵4之9/6824、8之25/6899、8之26/6900、8之27/6900、8之28/6901、8之29/6901、14之19/7002、18之6/7060；方域19之9/7630

【皇宋十朝纲要】10下/1下、3上；12/5上

【涑水记闻】14/10下

【清真集】参考资料3/词话/140

【陕西通志】10/山川3延安府·甘泉县/9上；13/山川6绥德州·米脂县/53下

【汇编】上77、78；中二2143；中三3512；中四3783、3802、3921、4110、4161、4168、4180、4215、4217、4220、4232、4233、4237、4262、4323、4325、4326、4327、4330、4331、4332、4336、4337、4350、4352、4354、4356、4357、4381、4399、4400、4406、4407、4408、4409、4410、4411、4412、4413、4416、4417、4419、4420、4421、4422、4423、4424、4425、4433、4471、4523；中五4562、4563、4882、4883、4884、4885、4886、4903、4905、4906、4915、4934、4936、4957；补遗7345、7350

曲端 从征西夏，屡有战功

【宋史】369/曲端传/11489

【系年要录】15/311

【朝野杂记】乙集12/杂事·渡江后名将皆西北人/963

【汇编】中六6054；下6133

竹昺 驻泊庆州

【范文正公集】年谱补遗/22下

【汇编】中三3057

乔青 以斩获羌人加官

【长编标】510/12150

【长编影】510/17下

【汇编】中六5548

乔松 修筑沿边城堡

【长编标】510/12138

【长编影】510/7下

【陇右金石录】3/65下

【甘肃新通志】14/建置志·城池/13下

【汇编】中六5539；补遗7404、7418

朱允中 册封李元昊副使

【宋史】485/夏国传上/13993

【长编标】111/2594

【长编影】111/17上

【汇编】上60；中一1691

朱台符 言党项西夏

【宋史】306/朱台符传/10102、10103；307/杨覃传/10131

【宋会要】食货23之29/5189

【玉壶清话】4/3上

【汇编】中一1206、1385

朱吉 与党项西夏战

【长编标】125/2954；128/3036；130/3079

【长编影】125/14下；128/14下；130/1上

【奏议标】132/范仲淹·上仁宗论夏贼未宜进讨/1462

【奏议影】132/范仲淹·上仁宗论夏贼未宜进讨/4500

【河南先生文集】24/与延师论事状三首/5上

【范文正公集】年谱补遗/3下、5下；西夏堡寨/6；言行拾遗事录3/9上

【涑水记闻】12/1 下
【汇编】中一 1747；中二 1863、1939、2073、2102、2141、2151、2468、2644
朱光庭 言宋夏走私贸易
【宋史】333/朱光庭传/10710
【长编标】364/8725；365/8772；380/9234；400/9749
【长编影】364/25 上；365/23 上；380/13 下；400/10 上
【汇编】中四 4291；中五 4660、4671、4739、4826
朱光浚 屯岢岚军
【欧阳文忠公全集】116/河东奉使奏草下/5 下
【汇编】中三 2973
朱观 与党项西夏战
【宋史】314/范仲淹传/10271；325/任福传/10506、耿傅传/10512、王仲宝传/10514；485/夏国传上/13997
【长编标】123/2896；129/3051；130/3080、3081；131/3096、3100、3101、3110；135/3241；136/3266
【长编影】123/4 下；129/1 下、2 上；130/1 上；131/15 下；135/23 下；136/18 下
【奏议标】64/范仲淹·上仁宗乞督责管军臣僚举智勇过人/712；132/范仲淹·上仁宗论夏贼未宜进讨/1463、田况·上仁宗论攻策七不可/1466
【奏议影】64/范仲淹·上仁宗乞督责管军臣僚举智勇过人/2347；132/范仲淹·上仁宗论夏贼未宜进讨/4502、田况·上仁宗论攻策七不可/4510
【安阳集】家传 1/15 下、2/4 上
【河南先生文集】3/悯忠/4 下、辩诬/5 下；20/奏为到庆州闻贼马寇泾原路牒刘政同起发赴镇戎军策应事/8 上；22/奉诏分析董士廉奏臣不公事状/1 上
【范文正公集】年谱补遗/5 下；年谱补遗事录/6 下；言行拾遗 3/9 下
【涑水记闻】12/11 下
【隆德县志】4/考证/64 上
【汇编】上 64；中二 1780、1983、2100、2102、2103、2105、2152、2156、2190、2191、2195、2197、2198、2201、2202、2212、2214、2215、2226、2241、2470、2510；补遗 7272
朱辛 失察蕃官章威等投西界
【长编标】234/5674
【长编影】234/3 下
【汇编】中四 3776
朱青 勘问庆州捉到西界首领李家妹
【范文正公集】言行拾遗事录 3/5 下
【汇编】中二 2097
朱若吉 知保安军
【长编标】122/2880
【长编影】122/8 下
【汇编】中一 1750
朱昌符 使夏祭奠夏太宗李德明
【宋史】485/夏国传上/13992
【长编标】111/2594；112/2606
【长编影】111/16 下；112/1 下、3 下
【汇编】上 59；中一 1688、1693、1694
朱定国 力战夏国主弟察哥郎君
【宋史】486/夏国传下/14020
【汇编】上 86
朱挺 与党项通婚
【姑溪居士后集】20/折渭州墓志铭/1 上
【汇编】上 212
朱昭 与党项西夏战
【宋史】23/钦宗纪/427；446/朱昭传/13170；486/夏国传下/14021
【东都事略】127、128/附录 5、6
【长编拾补】54/11 上
【汇编】上 87、111；中六 6012、6013、6014
朱昪 与党项西夏战
【长编标】332/7998
【长编影】332/3 下
【汇编】中四 4461
朱勇 在会州尝与夏人战
【宋史】29/高宗纪 6/549
【系年要录】140/2249
【汇编】下 6545
朱景 因西方用兵而被举
【宋史】333/朱景传/10709
【汇编】中二 2637
任中师 河东宣抚使

【宋史】11/仁宗3/216
【长编标】135/3234
【长编影】135/18上
【宋会要】职官41之18/3175
【安阳集】家传4/1上
【汇编】中二2457、2737、2767

任允孚 秦凤路置制司机宜文字
【潞公文集】38/举官/2上
【汇编】补遗7310

任布 被诬降夏
【宋史】288/任布传/9682
【汇编】中二1973

任世京 修筑堡寨
【范文正公集】西夏堡寨/6
【汇编】中二2644

任守臣 与党项西夏战
【范文正公集】5/上攻守二策状/13下
【汇编】中二2398

任守信 修筑堡寨，经略党项西夏
【奏议标】133/范仲淹·上仁宗攻守二策/1477
【奏议影】133/范仲淹·上仁宗攻守二策/4545
【欧阳文忠公全集】79/敕制/8上
【范文正公集】年谱补遗/3下；言行拾遗事录3/9上；政府奏议下/举荐/21下
【汇编】中二1939、2141、2386、2829

任伯雨 奏言党项西夏
【宋史】318/胡宗回传/10371；345/陈瓘传/10967
【奏议标】45/任伯雨·上徽宗论月晕围昴毕/470；65/任伯雨·上徽宗论西北帅不可用武人/727；141/任伯雨·上徽宗论湟鄯/1594
【奏议影】45/任伯雨·上徽宗论月晕围昴毕/1669；65/任伯雨·上徽宗论西北帅不可用武人/2386；141/任伯雨·上徽宗论湟鄯/4901
【汇编】中六5635、5692、5694、5695、5698、5707

任怀政 与党项西夏战，出使西夏
【长编标】215/5241；221/5373；224/5441、5450；234/5674；237/5770
【长编影】215/10上；221/5下；224/3上、11上；234/3下；237/12下
【汇编】中三3605、3678、3703、3704；中四3776、3799

任怀亮 与党项西夏战
【宋史】325/任福传/10506；485/夏国传上/13997
【长编标】131/3101
【长编影】131/8上
【涑水记闻】12/13上
【汇编】上64；中二2090、2191、2193

任拱之 告哀西夏并赍赐大行遗诏及遗留物
【长编标】198/4794
【长编影】198/5上

任诚 与西夏战殁
【长编标】320/7726
【长编影】320/7上
【汇编】中四4257

任政 与党项西夏交战
【长编标】128/3044；132/3130
【长编影】128/17下；132/7下
【宋会要】兵14之17/7001、14之18/7001
【奏议标】132/田况·上仁宗兵策十四事/1467
【奏议影】132/田况·上仁宗兵策十四事/4514
【涑水记闻】12/6上
【汇编】中二2091、2095、2096、2274

任祐之 任福，破西夏白豹城
【涑水记闻】12/12下
【汇编】中二2090

任谅 措置修复湟州古骨龙与会州清水城
【宋史】356/任谅传/11220；486/夏国传下/14020
【宋会要】方域8之24/7452、8之25/7453
【汇编】上85；中六5885、5898

任黄裳 按视边州地形
【长编标】133/3173
【长编影】133/11下
【汇编】中二2343

任福 与党项西夏战
【宋史】11/仁宗纪3/211；290/郭逵传/9723；295/尹洙传/9834；303/田京传/10052；312/韩琦传/10222；314/范仲淹传/10271；324/刘沪传/10494；325/任福传/10506、王珪传/10508、武英传/10509、桑怿传/10512、耿傅传/10512、王仲宝传/10514；326/景泰传/

10517；485/夏国传上/13996
【长编标】128/3044；129/3059；131/3100、3101、3102、3104、3110；132/3130、3132、3136；137/3303；140/3368；150/3630；203/4919；237/5770
【长编影】128/17 下；129/8 上；131/10 上、15 下、19 上；132/7 下、17 上；137/21 下；140/8 下；150/4 下；203/8 下；237/12 下
【东都事略】127、128/附录5、6
【隆平集】15/尹洙传/4 上；20/夷狄传/3 下
【宋会要】职官64之41/3841；兵8之21/6897、14之17/7001；方域18之19/7619
【奏议标】132/田况·上仁宗兵策十四事/1467、1468、1470
【奏议影】132/田况·上仁宗兵策十四事/4514、4518、4525
【三朝北盟会编】62/5 下
【宋朝事实类苑】55/引东轩建炎笔录/715
【王壶清话】6/7 下
【东轩笔录】8/4 下
【安阳集】47/故崇信军节度副使检校尚书工部员外郎尹公墓表/2 上；家传2/4 上
【文庄集】9/乞依谏官抗议表/12 上
【东坡全集】15/张文定公（方平）墓志铭/14 上
【乐全集】21/西事咨目上中书/1 上、请罢陕西招讨经略司事/5 上、请除渭州路招讨使事/7 上
【司马文正公集】19/章奏17/1 上
【欧阳文忠公全集】127/归田录/11 上；212/墓志尚书户部侍郎参政知事赠右仆射文安王公墓志铭/2 上
【河南先生文集】3/悯忠/4 下、辩诬/5 下；6/上吕相公书/7 下、上陕西招讨使夏宣徽小启/11 下；22/奉诏分析董士廉奏臣不公事状/1 上
【范太史集】40/检校司空左武卫上将军郭公墓志铭/1 下
【范文正公集】15/耀州谢上表/6 下；年谱/22 下；年谱补遗/6 下；言行拾遗事录/5 下；诸贤赞颂论疏/12 下、24 下
【名臣碑传琬琰集】中集48/韩忠献公琦行状/1095
【靖康要录】11/660
【稽古录】19/89 上
【儒林公议】上/2 下、3 上
【石林燕语】9/3 下
【皇宋十朝纲要】5/11 下
【容斋四笔】12/11 下
【涑水记闻】8/14 下；12/6 上、11 下、12 下、13 上
【甘肃新通志】6/舆地志·山川上·平凉府·隆德县/21 上；静宁州/19 下
【隆德县志】4/考证/64 上
【汇编】上63、64、103、114；中二1810、1904、2090、2091、2092、2093、2095、2096、2097、2105、2116、2150、2189、2190、2191、2192、2193、2194、2195、2197、2198、2199、2201、2202、2203、2208、2213、2214、2215、2216、2217、2218、2227、2240、2241、2242、2244、2248、2251、2254、2259、2268、2273、2276、2294、2297、2335、2370、2416、2555、2559、2563、2583、2584、2585、2627、2646、2647、2716；中三2905、2930、3333；中四3799；中六6030、6057；下7025、7026、7027；补遗7269、7270、7271、7272

任熙明 合诸军复臧底河城
【苕溪集】48/宋故敦武郎知麟州建宁寨杨公（震）墓碑/11 下
【汇编】补遗7424

任端 出界亡失所部人马，追四官
【长编标】324/7805；331/7969
【长编影】324/9 上；331/3 上
【汇编】中四4324、4445

任颛 押伴李元昊使人，使夏册李谅祚为夏国主
【宋史】330/任颛传/10617；485/夏国传上/14000
【长编标】163/3921；164/3942；166/3999；180/4356；184/4456
【长编影】163/6 上；164/1 上；166/17 上；180/9 下；184/10 下
【宋大诏令集】234/册夏国主谅祚文/911
【欧阳文忠公全集】99/奏议/2 下

【汇编】上 68；中二 2745；中三 3116、3219

任德明 与秦州戎人战

【宋史】492/吐蕃传/14153

【长编标】19/423

【长编影】19/4 上

【汇编】中一 975、979

伊怀宝 管押粮草出洮西

【长编标】247/6025

【长编影】247/17 上

【汇编】中四 3901

伊缜 言党项西夏

【长编标】128/3036

【长编影】128/11 上

【汇编】中二 2068

向文简公 向敏中，宋真宗手赐密诏，尽付西鄙事

【宋朝事实类苑】8/88

【汇编】中一 1409

向用贤 泾原路第六副将

【长编标】335/8082

【长编影】335/18 上

【汇编】中四 4490

向进 与党项西夏战

【宋史】289/葛怀敏传/9701

【长编标】131/3113；137/3280、3302；138/3325

【长编影】131/18 下；137/3 下、21 下；138/15 上

【宋会要】礼 9 之 8/532

【范文正公集】年谱补遗/13 上

【汇编】中二 2240、2517、2546、2547、2553、2554、2555、2619

向坚 庆历二年受到宋仁宗检阅勉励

【宋会要】礼 9 之 8/532

【汇编】中二 2517

向怀德 鄜延路第四将，与西夏累战有功

【长编标】475/11322

【长编影】475/3 上

【宋会要】职官 67 之 7/3891

【汇编】中五 5167

向宝 经略秦凤吐蕃

【宋史】323/向宝传/10468、10469

【长编标】210/5101；212/5144、5161；215/5241；216/5261；221/5373；224/5458；226/5502；230/5601；248/6062

【长编影】210/7 上；212/2 上、16 下；215/10 上；216/9 下；221/5 下；224/17 下；226/2 上；230/15 上；248/23 上

【宋会要】兵 28 之 6/7273

【宋朝事实类苑】56/730

【汇编】中三 3550、3554、3557、3563、3605、3614、3678、3706、3716；中四 3753、3815、3910；中五 4653

向敏中 经略党项西夏，言党项西夏

【宋史】7/真宗纪 2/129；267/张洎传/9214；282/向敏中传/9554、9555；285/陈执传/9609；286/薛奎传/9630；324/石普传/10474；466/张崇贵传/13618；485/夏国传上/13991

【长编标】39/838；41/876；50/1089；56/1236；58/1276；60/1344；61/1360；63/1398、1403、1413、1419；64/1424、1430；65/1465；85/1947；86/1967；88/2023；89/2048；442/10630

【长编影】39/7 上；41/14 下；50/7 下；56/11 上；58/4 上；60/11 上；61/5 上；63/1 下、5 上、14 上、19 下；64/1 下、5 下；65/20 下；85/11 上；86/2 下；88/10 上；89/11 上；442/1 上

【隆平集】20/夷狄传/3 下

【宋会要】方域 8 之 31/7456

【宋大诏令集】213/答知延州向敏中等言赵德明要约事诏/809

【临川集】92/户部郎中赠谏议大夫曾公墓志铭/2 下

【稽古录】18/83 上

【涑水记闻】7/11 下

【汇编】上 58、113；中一 1064、1125、1129、1180、1256、1292、1386、1387、1388、1409、1424、1427、1431、1432、1434、1435、1436、1437、1443、1444、1446、1451、1464、1508、1545、1569、1579；中五 4990

行简 主张修水洛城

【河南先生文集】9/与水洛城董士廉第三书/8 上

【汇编】中三 2852
全惟几 乞罢诸州军厢兵充弓箭手
【长编标】248/6040
【长编影】248/4 上
【宋会要】兵 4 之 6/6823
【汇编】中四 3893、3905
全福 下嫁夏国李敦复
【靖康稗史】呻吟语/111
【汇编】下 6551
色明 与青唐吐蕃战
【长编标】520/12354
【长编影】520/1 上
【汇编】中六 5668
刘几 江原路副总管
【宋史】262/刘几传/9076
【长编标】205/4905
【长编影】205/4 上
【司马文正公集】18/章奏 16/9 上
【名臣碑传琬琰集】中集 27/王懿敏公素墓志铭/803
【汇编】中三 3347、3354、3370、3380、3409
刘干 好水川战殁，赠和州防御使
【长编标】131/3103
【长编影】131/9 上
【汇编】中二 2216
刘子平 刘铨，战死怀德军
【三朝北盟会编】61/1 上
【汇编】中六 6054
刘友端 宣谕边州
【长编标】349/8368、8375；504/12018
【长编影】349/2 上、8 下；504/17 下
【汇编】中五 4602、4604；中六 5458
刘仅 驻扎韦州一带，以通灵州粮道
【长编标】320/7726
【长编影】320/7 上
【宋会要】方域 10 之 24/7485、10 之 25/7486
刘从广 愿上所给公使钱以助陕西边费
【宋史】463/刘从广传/1350
【汇编】中一 1766
刘从愿 西夏议和，主办有功
【长编标】155/3761
【长编影】155/4 上
【汇编】中三 3045
刘公弼 与西夏战于窟野河
【宋史】326/郭恩传/10523
【汇编】中三 3229
刘文秀 攻取河州
【长编标】253/6192
【长编影】253/5 上
【汇编】中四 3953
刘文质 与党项西夏战，与契丹战
【宋史】253/折御卿传/8863；280/杨琼传/9502；324/刘文质传/10492
【长编标】45/965、971；47/1015；50/1101
【长编影】45/9 上、15 下；47/6 下；50/17 下
【宋大诏令集】94/责杨琼等诏/346
【宋会要】方域 21 之 1/7661、21 之 4/7663、21 之 8/7665
【汇编】上 36、172；中一 1211、1214、1220、1241、1284、1285、1598
刘文珪 因西夏攻毁智固、胜如二堡，展磨勘二年
【长编标】448/10774；516/12288
【长编影】448/9 下；516/20 下
【汇编】中五 5043；中六 5621
刘文裕 与李继迁战
【宋史】275/田仁朗传/9380；463/刘文裕传/13545
【长编标】19/9430
【长编影】19/9 上
【宋大诏令集】94/责杨琼等诏/346
【汇编】中一 978、1020、1023、1029、1030
刘氏 种师道祖母
【三朝北盟会编】60/4 下
【汇编】中六 6042
刘玉 出界亡失兵马，追一官
【长编标】324/7805
【长编影】324/9 上
【汇编】中四 4324
刘正夫 进筑城寨，出使辽国
【宋史】20/徽宗纪 2/375
【宋会要】方域 19 之 20/7635
【汇编】中六 5805、5905
刘正彦 陕西大将刘法子

【宋会要】职官61之21/3764
【系年要录】6/158；13/291
【夷坚乙志】9/260
【汇编】中六5928；下6110、6130
刘正符 使辽告宋夏通好
【辽史】27/天祚帝纪1/322
【汇编】中六5822
刘世卿 随任福破西夏白豹城
【长编标】128/3044
【长编影】128/17下
【宋会要】兵14之17/7001
【涑水记闻】12/6上
【汇编】中二2091、2095、2096
刘平 经略党项西夏，言党项西夏，与党项西夏战
【宋史】10/仁宗纪2/206、208；258/曹子琮传/8989；265/张宗诲传/9159；285/陈执中传/9602；288/范雍传/9679、任布传/9684；290/夏守赟传/9716、夏随传/9717；291/宋绶传/9735；292/丁度传/9762、田况传/9779；295/尹洙传/9834、叶清臣传/9850；298/司马池传/9904；300/杨偕传/9954；311/庞籍传/10199；312/韩琦传10222；313/富弼传/10250、文彦博传/10258；320/张存传/10414；323/赵振传/10462；324/张亢传/10485；325/刘平传/10499；326/王信传/10518；334/林广传/10738；349/卢政传/11055；350/和斌传/11079；467/卢守懃传/13637；485/夏国传上/13996
【长编标】101/2330；115/2692；123/2892；124/2918、2931；125/2956；126/2969；127/3007、3018；128/3032；129/3064；130/3080；131/3094、3097、3099、3115；132/3131、3140；133/3170；137/3303；139/3342、3350；203/4919；205/4965；288/7054
【长编影】101/1上；115/4上；123/10下；124/1上、7上；125/14下；126/1下、4上、6上、6下、13上、21上；127/4上、4下、14上；128/7上；129/13上；130/1上；131/2上、4上、6上、20上；132/7下、17上；133/13上；137/21下；139/5上、10下；203/8下；205/3下；288/13上
【东都事略】127、128/附录5、6
【隆平集】15/尹洙传/4上；19/石元孙传/6上、7下；20/夷狄传/3下
【宋会要】礼20之88/808、21之20/860；兵8之21/6897、18之3/7059、27之26/7259
【奏议标】44/陈并·上哲宗答诏论彗星陈四说/457；131/富弼·上仁宗论西夏八事/1451；132/刘平·上仁宗乞选用酋豪各守边郡/1455、陈执中·上仁宗论西边事宜/1456、欧阳修·上仁宗论庙算三事/1459、范仲淹·上仁宗论夏贼未宜进讨/1463、田况·上仁宗论攻策七不可/1466、田况·上仁宗兵策十四事/1468；133/范仲淹等·上仁宗论元昊请和不可许者三大可防者三/1485
【奏议影】44/陈并·上哲宗答诏论彗星陈四说/1628；131/富弼·上仁宗论西夏八事/4463；132/刘平·上仁宗乞选用酋豪各守边郡/4477、陈执中·上仁宗论西边事宜/4481、欧阳修·上仁宗论庙算三事/4488、范仲淹·上仁宗乞先修诸寨未宜进讨/4503、田况·上仁宗论攻策七不可/4511、田况·上仁宗兵策十四事/4517；133/范仲淹等·上仁宗论元昊请和不可许者三大可防者三/4567
【石林燕语】8/4下；9/3下
【三朝北盟会编】62/5下
【华阳集】36/宋元宗公痒神道碑/465；
【安阳集】47/故崇信军节度副使检校尚书工部员外郎尹公墓表/2上、故卫尉卿致仕高公墓志铭/7下、故客省使眉州防御史赠遂州观察使张公（亢）墓志铭/13下；家传1/14下、1/15下、2/4上、6/7下
【宋文鉴】127/2上
【宋朝事实类苑】9/100；75/995
【乐全集】21/请罢陕西招讨经略司事/5上
【司马文正公集】19/章奏17/1上；79/龙图直学士李公墓志铭/1下
【东坡全集】15/张文定公（方平）墓志铭/14上；富郑公神道碑/29上；28/奏议·乞擢用刘季孙状/37上
【苏学士集】11/论西事状/9上、乞用刘石子弟/11下
【欧阳文忠公全集】29/翰林侍读学士右谏议大夫杨公墓志铭/5下；45/上书/1上；127/归田录/11上

【汇编】中五 5201、5204

刘仲武 收复湟州，与党项西夏战，经略党项西夏

【宋史】350/刘仲武传/11081、11082、11083；351/侯蒙传/11113；357/何灌传/11226；366/刘锜传/11399；486/夏国传下/14020

【东都事略】104/刘仲武传/5 上；107/种师道传/2 上；127、128/附录 5、6

【宋会要】兵 9 之 5/6908；方域 8 之 24/7452

【长编纪事本末】4 下；139/9 上、19 上、20 上；140/1 下、12 下

【宋大诏令集】102/刘仲武泸川军节度使制/378

【三朝北盟会编】60/4 下

【皇宋十朝纲要】16/8 上、12 上、12 下、13 上、13 下

【初寮集】6/定功继伐碑/1 上

【忠惠集】2/刘仲武知熙州兼熙河兰湟路经略安抚使制/21 上

【甘肃新通志】13/舆地志·古迹·兰州府·靖远县/6 下

【汇编】上 86、87、111；中四 4059；中六 5728、5729、5733、5752、5754、5755、5757、5760、5790、5796、5801、5845、5846、5847、5898、5927、5932、5940、6044；下 6108、7425、7429、7437、7438

刘庆 与西夏战于屈野河

【宋史】326/郭恩传/10523；485/夏国传上/14001

【长编标】185/4476；221/5373

【长编影】185/9 上；221/5 下

【汇编】上 68；中三 3229、3678

刘安 与党项西夏战，修复堡寨

【宋史】18/哲宗纪 2/351；332/赵离传/10686

【长编标】409/9976、9977；464/11085；485/11533；487/11565；490/11624、11641；497/11820；498/11849；503/11973；506/12058、12059；507/12076；508/12103；520/12380

【长编影】409/23 上；464/12 下；485/14 上；487/3 下；490/6 下、20 下；497/4 上；498/7 下；503/4 下；506/9 上；507/4 下；508/7 下；520/21 下

【东都事略】127、128/附录 5、6

【宋会要】兵 8 之 33/6903

【宋大诏令集】94/客省使刘安等赏功转制/344

【三朝北盟会编】66/14 下

【皇宋十朝纲要】16/11 下

【靖康纪闻】7

【龟山集】33/钱忠定公（即，字中道）墓志铭/11 上

【汇编】上 110；中五 4921、4923、4924、5086、5289；中六 5320、5322、5387、5393、5435、5485、5494、5670、5684、5782、6065；补遗 7411

刘安世 奏言边帅

【长编标】409/9966；433/10445、10446

【长编影】409/13 下；433/6 下

【汇编】中五 4919、4971

刘兴 三川口败退

【长编标】127/3018

【长编影】127/14 上

【汇编】中二 2029

刘兴 以所获西界首级与副指挥使换金钗

【长编标】216/5255

【长编影】216/4 下

【安阳集】家传 1/15 下

【汇编】中二 1982；中三 3611

刘戒 修筑城堡

【陇右金石录】3/65 下

【甘肃新通志】14/建置志·城池/13 下

【汇编】补遗 7404、7418

刘进 好水川战败，劝任福自免

【宋史】325/任福传/10507；485/夏国传上/13997

【河南先生文集】3/悯忠/4 下

【汇编】上 64；中二 2191、2214

刘均 战没好水川

【宋史】485/夏国传上/13997

【汇编】上 64

刘甫 与党项西夏战

【宋史】15/神宗纪 2/277；290/郭逵传/9725；335/种谔传/10745；486/夏国传下/14008

【长编标】214/5218、5219；217/5280；241/5880；343/8250

【长编影】214/23 上；217/8 下；241/6 上；343/14 上

【范太史集】40/检校司空左武卫上将军郭公墓志铭/8 下、18 上
【汇编】上 74；中三 3445、3454、3588、3589、3590、3612、3623；中四 3827、3828；中五 4563

刘何 进筑城寨，应副军须
【长编标】485/11526；487/11564；491/11669；494/11733、11737、11757；496/11808
【长编影】485/4 下；487/2 下；491/21 下；494/10 上、27 上、27 下；496/15 下
【宋会要】方域 19 之 16/7633
【汇编】中六 5283、5297、5300、5333、5358、5365、5366、5382

刘佐 结籴熙河路军储
【宋史】175/食货志上 3·和籴/4244
【汇编】中四 4006

刘希古 招安蕃部
【长编标】281/6893
【长编影】281/11 上
【汇编】中四 4038

刘希奭 同蕃部首领标定甘谷城界
【长编标】212/5143
【长编影】212/1 上
【宋会要】兵 18 之 6/7060、28 之 8/7273；方域 8 之 23/7452
【汇编】中三 3490、3556；中四 4103

刘怀忠 与党项西夏战
【长编标】125/2945
【长编影】125/7 下

刘怀德 靖康元年与西夏战死
【三朝北盟会编】61/1 上
【汇编】中六 6052

刘忱 体量边事
【长编标】213/5178；364/8735；468/11138；473/11288
【长编影】213/12 上；364/33 下；468/16 下；473/8 上
【司马文正公集】77/书启 6/19 下
【汇编】中三 3574；中五 4661、5119、5156

刘沪 经略党项西夏
【宋史】190/兵志 4·弓箭社/4726；286/王益柔传/9634；292/郑戬传/9768；295/尹洙传/9837、孙甫传/9841；312/韩琦传/10223；323/赵珣传/10463；324/刘沪传/10494
【长编标】132/3123；144/3486；145/3513；146/3527；147/3556；148/3575、3576、3583、3590；150/3627；151/3670、3685；155/3764；160/3875；479/11412
【长编影】132/2 上；144/9 下；145/17 下；146/1 上；147/3 上；148/1 下、2 下、8 下、14 下、15 下；150/4 下；151/5 下、19 下；155/7 上；160/15 上；479/10 上
【宋会要】礼 20 之 42/785；职官 64 之 45/3843；兵 27 之 33/7263、27 之 34/7263
【东坡全集】33/奏议·乞增修弓箭社条约状/24 上
【安阳集】家传 4/6 上、7 上；47/故崇信军节度副使检校尚书工部员外郎尹公墓表/2 上
【范文正公集】政府奏议下/荐举/36 下
【河南先生文集】9/答秦凤路招讨使文龙图书/1 下、答谏官欧阳官人论城水洛书/10 上；21/奉诏令刘沪董士廉却且往水洛城勾当状/3 下、乞与郑戬御史台照对水洛事关/4 下；25/申四路招讨司论本路御贼状并书/2 下
【欧阳文忠公全集】105/奏议/6 上、8 上
【文恭集】36/宋故宣徽北院使赠太尉文肃郑公（戬）墓志铭/436
【元丰类稿】47/故散朝大夫尚书刑部郎中充天章阁待制兼侍读上轻车都尉赐紫金鱼袋孙公（甫字之翰）行状/9 下
【梅尧臣集编】编年校注/15/270
【默记】15/下
【涑水记闻】10/5 上；11/5 下、8 上
【名臣碑传琬琰集】中集 48/韩忠献公琦行状/1098
【甘肃新通志】6/舆地志·山川上·平凉府·静宁州/18 下、19 上；13/舆地志·古迹·平凉府·静宁州/10 下、舆地志·陵墓/57 下
【汇编】中二 2197、2263、2785、2786、2788、2812、2813、2814、2816、2817；中三 2837、2854、2855、2856、2857、2858、2860、2861、2862、2865、2866、2867、2872、2875、2876、2879、2898、2903、2905、2907、2908、2909、2927、2946、2954、2982、3096；中五 5199、5222、5223；中六

5843；补遗7290、7291、7477

刘玠 领兵护湟州居民、商旅

【宋会要】兵9之4/6907

【汇编】中六5704

刘青 出界亡失兵马，追夺三官

【长编标】331/7969

【长编影】331/3上

【汇编】中四4445

刘奉世 检详边事，册封夏国主李乾顺

【宋史】321/丰稷传/10424；342/梁焘传/10889；486/夏国传下/14015

【长编标】258/6303；261/6355；379/9200；394/9591；399/9722、9725；400/9741；401/9762；402/9780；479/11412；518/12340

【长编影】258/15上；261/1上；379/4下；394/5下；399/1下、2下、4下；400/10上；401/3下；402/4下；479/10上；518/21下

【东都事略】76/刘奉世传/3下；90/王严叟传/4下；127、128/附录5、6

【宋大诏令集】236/册夏国主乾顺文（元祐二年正月乙丑）/920

【皇宋十朝纲要】12/4下

【汇编】上81、108；中四3973、3983；中五4726、4808、4809、4820、4821、4822、4823、4826、5200；中六5653

刘昌祚 经略党项西夏，与党项西夏战，经略熙河

【宋史】190/兵志4/4716、4721；314/范纯粹传/10279；349/刘昌祚传/11053、11054、11055、姚麟传/11058；350/郭成传/11085；464/高遵裕传/13576；468/李祥传/13649；486/夏国传下/14011、14016

【长编标】255/6231；263/6436；286/7000；287/7018；291/7115；306/7438；310/7513；313/7594；315/7615；316/7644；317/7667、7677；318/7692、7697；319/7699、7700、7704、7706、7707；320/7720、7726、7727；321/7741、7742、7744、7753；322/7763、7765；324/7801、7805；328/7903；329/7914；330/7952；331/7979；333/8017；334/8049；335/8082；336/8099；337/8133、8134；338/8138、8141、8142、8143、8144、8147、8155；339/8162、8166；340/8187；341/8213；342/8230；344/8253、8256、8263、8267；345/8282、8293；346/8312；347/8320、8335；348/8351；349/8369；354/8384；356/8525；361/8639；366/8795；367/8820；371/8991；372/9017；373/9024；389/9467；404/9844；405/9866；407/9903；408/9924；412/10027、10030；419/10158；435/10477、10489；467/11148

【长编影】255/2上；263/16下；286/5下；287/6下；291/4下；306/2下；310/2上；313/11上；315/1上；316/6下；317/10下、19下；318/11上、11下、12上、15上；319/1上、4上、6上、6下、8上；320/2上、7上、7下、12下；321/5下、6下、8上；322/4上、7上；324/6下、9上；328/11下；329/1下、4上；330/7上；331/11下；333/4下；334/17上；335/3下、18上；336/2下、8上；337/17上；338/2上、4上、5上、5下、6下、9下、15上；339/3下、4上、6下、8上、9上；340/9上；341/16下；342/10下；344/1上、3下、9上、12上；345/10上、10下、19下；346/9下；347/1上、14上；348/9下、16下；349/3下；354/12下；356/15上；361/3下；366/14下；367/1上；371/20上；372/14上；373/1上；389/17上；404/13下；405/5上；407/8上；408/5下；412/8下、11下；419/13下；435/4上、14上；467/3上

【东都事略】8/神宗纪/7上；84/刘昌祚传/4上；104/姚麟传/2下；127、128/附录5、6

【宋会要】礼62之46/1717；兵4之14/6827、8之22/6898、8之26/6900、8之30/6902、14之19/7002、18之11/7063、18之12/7063、22之10/7148、24之23/7190、26之26/7239、26之33/7243、26之38/7245、28之24/7281、28之29/7284、28之30/7284；蕃夷6之16/7826

【汉滨集】15/故客省使雄州防御使泾原路兵马钤辖兼第十一将郭公（成）行状/16上

【初寮集】6/定功继伐碑/1上

【宋大诏令集】102/刘昌祚加恩制/376

【皇宋十朝纲要】10/1下；12/5上

【邵氏闻见录】13/142

【汇编】中六 6033

刘肃 好水川战殁

【宋史】325/任福传/10507；485/夏国传上/13996

【长编标】131/3100、3103

【长编影】131/9 上

【安阳集】家传 2/4 上

【河南先生文集】3/悯忠/4 下

【涑水记闻】12/11 下

【隆德县志】4/考证/64 上

【汇编】上 64；中二 2191、2197、2202、2214、2216；补遗 7272

刘承规 请益环州木波镇戍兵，以为诸路之援

【宋史】466/刘承规传/13608

【汇编】中一 1226

刘承忠 与西夏战败

【长编标】129/3060

【长编影】129/9 下

【汇编】中二 2118

刘承宗 出使边州，抚察边事

【宋史】463/刘承宗传/13545

【长编标】97/2243

【长编影】97/4 下

【宋会要】职官 50 之 3/3535

【汇编】中一 1604、1606

刘承珪 拣选环庆厢兵为禁兵，号为振武军

【宋史】52/13 下

【长编标】52/1148

【长编影】52/16 下

【宋会要】方域 12 之 18/7528

【元丰类稿】49/本朝政要策·添兵/3 上

【汇编】中一 1250、1321、1325

刘承嗣 守保德军

【欧阳文忠公全集】116/河东奉使奏草下/5 下

【汇编】中三 2973

刘承蕴 出讨李继迁

【宋史】257/李继隆传/8968

【宋会要】兵 14 之 15/7000

【汇编】中一 1172、1218

刘绅 镇戎军进士，尝被甲乘城

【长编标】139/3348

【长编影】139/10 下

【汇编】中二 2672

刘政 入夏界破荡族帐

【长编标】126/2966；128/3044；130/3079；131/3104

【长编影】126/1 下；128/17 下；130/1 上；131/10 上

【隆平集】15/尹洙传/4 上

【宋会要】兵 14 之 17/7001、14 之 18/7001

【奏议标】132/范仲淹·上仁宗论夏贼未宜进讨/1463

【奏议影】132/范仲淹·上仁宗论夏贼未宜进讨/4501

【安阳集】47/故崇信军节度副使检校尚书工部员外郎尹公墓表/2 上

【河南先生文集】20/奏为到庆州闻贼马寇泾原路牒刘政同起发赴镇戎军策应事/8 上、奏为金汤一带族帐可取状/9 上

【范文正公集】年谱/22 下；年谱补遗/5 下、7 下

【涑水记闻】12/3 上、6 上

【汇编】中二 1882、1883、2004、2091、2095、2096、2102、2111、2151、2208、2212、2217、2220；中三 2905

刘拯 知保安军，受命与野利旺荣通书议和

【宋史】335/种世衡传/10743；485/夏国传上/13998

【奏议标】133/范仲淹·上仁宗攻守二策/1477

【奏议影】133/范仲淹·上仁宗攻守二策/4545

【范文正公集】政府奏议下/荐举/21 下；5/上攻守二策状/13 下

【汇编】上 65；中二 2385、2386、2398、2628

刘贻孙 相度葫芦泉一带立寨

【宋史】295/叶清臣传/9854

【奏议标】133/范仲淹·上仁宗攻守二策/1477

【奏议影】133/范仲淹·上仁宗攻守二策/4545

【范文正公集】西夏堡寨/6；5/上攻守二策状/13 下；年谱补遗/22 下

【汇编】中二 2398、2641；中三 3056、3139

刘钧 与子战死好水川

【宋史】325/任福传/10507；349/刘舜卿传/11062；485/夏国传上/13982

【长编标】131/3101

【长编影】131/9 上

【河南通志】63/忠烈/5 下
【汇编】上 49；中二 2191、2196、2216；补遗 7273

刘顺卿 又名刘舜卿，受诏体量元祐三年夏人寇康固等寨
【长编标】412/10031
【长编影】412/12 下

刘忧 乞丹州赈贷青涧城弓箭手，与刘航持节册封西夏李秉常
【宋史】191/兵志 5/4757
【宋会要】兵 4 之 4/6822
【潞公文集】18/奏议/9 上
【华阳集】32/立夏国主册文/407
【汇编】中三 3475、3523；补遗 7323

刘禹卿 作种太守破鬼章诗
【陇右金石录】3/41 下
【汇编】补遗 7364

刘彦遵 修筑城寨
【宋会要】方域 8 之 24/7452
【汇编】中六 5898

刘奕 上范仲淹、韩琦二招讨书
【宋文鉴】116/10 下
【汇编】中二 2696、2697、2698

刘庠 经略党项西夏
【宋史】175/食货志上 3/4242；322/刘庠传/10452
【长编标】228/5552；230/5604；233/5649；240/5830；241/5879；256/6260；362/8655；371/8984
【长编影】228/12 上；230/17 下；233/4 上；240/6 下；241/2 上、5 上；256/12 下；362/1 上；371/19 上
【宋会要】职官 65 之 37/3865；兵 4 之 6/6823
【汇编】中三 3731；中四 3753、3766、3772、3818、3819、3825、3826、3966、3974、4292；中五 4649、4698

刘将军 刘沪，屯兵防夏
【甘肃新通志】6/舆地志·山川上·平凉府·静宁州/19 上
【汇编】补遗 7291

刘贺 刘昌祚父，随葛怀敏战没于定川寨
【宋史】289/葛怀敏传/9701；349/刘昌祚传/11053
【长编标】137/3302；138/3300
【长编影】137/21 下；138/5 上
【范文正公集】年谱补遗/13 上
【涑水记闻】4/14 下
【汇编】中二 2546、2547、2551、2553、2554、2555、2557、2578；中六 5615

刘珩 与党项西夏战
【长编标】479/11408
【长编影】479/7 下

刘珣 出界亡失兵马，追夺四官
【长编标】324/7805
【长编影】324/9 上
【汇编】中四 4324

刘韐 修筑城寨，措置军粮，与党项西夏战
【宋史】23/钦宗纪/429；446/刘韐传/13162
【宋会要】方域 8 之 24/7452、8 之 25/7453
【长编纪事本末】145/9 下
【靖康传信录】3/27、31
【靖康要录】9/532；12/743；13/796；15/927、929
【三朝北盟会编】53/2 上
【汇编】中六 5738、5898、5925、5926、6018、6021、6023、6024、6025、6064

刘都护 刘仲武，夏人战屡胜
【宋史】366/刘锜传/11399
【汇编】下 6108

刘莘老 议论用兵
【栾城后集】13/颍滨遗老志传/7 上
【龙川略志】635
【汇编】中五 5077、5202

刘振孙 兰州主兵官
【长编标】333/8027
【长编影】333/13 下
【汇编】中四 4471

刘贽 出使辽国
【长编标】329/7923
【长编影】329/8 下
【汇编】中四 4402、4456

刘挚 言党项西夏，弹劾延帅吕惠卿违诏举兵
【宋史】17/哲宗纪 1/322；339/苏辙传/10833；340/刘挚传/10852；467/李宪传/13640、王

中正传/13643
【长编标】354/8476；356/8515、8523；368/8866；375/9105、9108；379/9200；380/9238；382/9307；389/9456；402/9780；454/10881；458/10952；459/10982、10983；460/11000；464/11092；465/11101、11103
【长编影】354/8 上；356/7 上、15 下；368/15 下；375/18 下、21 下；379/4 下、10 上；380/6 上、17 上；382/5 上；389/7 上；402/4 下；454/4 下；458/2 下；459/9 上；460/1 上；464/17 下；465/5 上、7 下
【东都事略】127、128/附录 5、6
【宋会要】职官 66 之 32/3884
【汇编】上 109；中三 3654；中五 4625、4626、4631、4632、4721、4727、4732、4737、4740、5057、5062、5065、5072、5074、5087、5089、5090

刘晔 妄讼执政与许州民阴构西夏
【宋史】309/谢德权传/10165
【汇编】中一 1337

刘航 使夏册李秉常为夏国主，承办经略差事
【宋史】345/刘安世传/10951；486/夏国传下/14007
【长编标】319/7716；327/7877
【长编影】319/16 上；327/12 下
【长编纪事本末】83/7 下、8 上
【宋大诏令集】235/立夏国主册/916
【华阳集】32/立夏国主册文/407；35/奏状/5 下
【安阳集】家传 7/5 上
【范太史集】40/检校司空左武卫上将军郭公墓志铭/8 下
【涑水记闻】11/20 下
【名臣碑传琬琰集】中集 48/韩忠献公琦行状/1106
【汇编】上 73；中三 3346、3454、3461、3465、3477、3483、3487、3501、3523、3524；中四 4251、4379

刘涉 累与戎人战斗
【宋会要】职官 61 之 10/3759
【汇编】中三 2863

刘涣 与党项西夏战，经略党项西夏，出使河湟吐蕃
【宋史】10/仁宗纪 2/208；12/仁宗纪 4/235；295/叶清臣传/9853；318/张昪传/10363；324/刘涣传/10493；492/唃厮啰传/14162
【长编标】128/3035；131/3114；174/4203；175/4224、4228、4229、4230、4240
【长编影】128/9 下；131/19 上；174/12 上；175/10 下、18 上
【宋会要】选举 33 之 6/4758
【东轩笔录】3/4 上
【乐全集】附录/王巩撰张方平行状/19 上
【龙川别志】下/94
【涑水记闻】12/6 上
【清波杂志】6/7 上；10/2 上
【元刊梦溪笔谈】25/31
【渑水燕谈录】2/6 上
【名臣碑传琬琰集】中集 22/张文定公方平墓志铭/719
【稽古录】20/92 下
【儒林公议】上/4 上
【汇编】中二 2054、2055、2056、2057、2058、2243、2248；中三 3139、3186、3189、3191、3196、3198、3199、3200、3560

刘兼济 与党项西夏战
【宋史】325/刘兼济传/10504；350/和斌传/11079
【长编标】149/3608；153/3727
【长编影】149/11 上；153/13 上
【奏议标】133/范仲淹·上仁宗攻守二策/1477
【奏议影】133/范仲淹·上仁宗攻守二策/4545
【范文正公集】5/上攻守二策状/13 下
【景文集】20/送承制刘兼济知原州制/247；96/送承制刘兼济知原州诗序/968
【汇编】中二 1893、1894、1895、2398；中三 2903、3018

刘通 随军攻讨山后生羌
【长编标】287/7018
【长编影】287/6 下
【汇编】中四 4066

刘继宗 泾原路都监，被李元昊败于三川寨
【宋史】485/夏国传上/13996
【长编标】128/3042；129/3051；131/3099
【长编影】128/15 下、18 下；129/1 下、3 上；131/6 上

【安阳集】47/故崇信军节度副使检校尚书工部员外郎尹公墓表/2上；家传2/2下、2/4上
【名臣碑传琬琰集】中集48/韩忠献公琦行状/1094
【汇编】上63；中二2074、2075、2076、2077、2078、2097、2102、2104、2200；中三2904

刘逵 接伴辽使
【长编标】505/12043
【长编影】505/15下
【汇编】中六5475

刘袭礼 修筑堡寨，应副熙河军需
【长编标】255/6233
【长编影】255/3上
【范文正公集】西夏堡寨/6
【汇编】中二2643；中四3962

刘晦叔 言熙河吐蕃
【长编标】346/8307
【长编影】346/6上
【汇编】中五4581

刘崇让 秦州酋王寇八狼寨，败之
【宋史】4/太宗纪1/58；492/吐蕃传/14153
【长编标】19/424
【长编影】19/5上
【汇编】中一976、979

刘铨 夏人陷怀德军，守将刘铨以城死
【宋史】23/钦宗纪/431
【东都事略】127、128/附录5、6
【三朝北盟会编】61/1上
【汇编】上111；中六6052、6053、6054、6056

刘惟吉 接引降人，与党项西夏战，兼管岷州银铜坑冶
【宋史】15/神宗纪2/283
【长编标】243/5924；250/6082；255/6234；261/6355；291/7119；318/7694
【长编影】243/12上；250/2下；255/4上；261/1上；291/8上；318/12下
【皇宋十朝纲要】9/6下
【汇编】中四3846、3855、3921、3963、3982、4080、4222

刘惟辅 遣人求附西夏
【宋史】467/刘惟辅传/13298；486/夏国传下/14023
【汇编】上89；下6262

刘惟简 出使边州
【宋史】331/沈括传/10656；467/刘惟简传/13646
【长编标】315/7625；320/7727、7730
【长编影】315/9下；320/8上、10上
【汇编】中四4162、4250、4258、4259、4262

刘清 元丰四年巡护韦州至清远军道路
【宋会要】方域10之24/7485

刘淳 刘沪弟，应熟户蕃官要求守水洛城
【宋史】334/刘沪传/10495
【汇编】中三3096

刘谌 乞展平戎寨
【长编标】503/11974
【长编影】503/4下
【汇编】中六5435

刘隐 与李继迁战于清远军
【长编标】49/1071
【长编影】49/7下
【汇编】中一1238

刘综 经略党项西夏
【宋史】176/屯田/4265；257/李继和传/8969；277/刘综传/9432；279/张凝传/9480；304/梁鼎传/10058
【长编标】49/1071；50/1091、1093、1099；51/1107、1112；52/1148；54/1186；67/1498
【长编影】49/7下；50/11上、16上；51/1上、5上；52/16下；54/10下；67/9上
【东都事略】18/张凝传/9上
【宋会要】选举27之9/4666；食货4之1/4846、63之39/6006；方域8之1/7441
【玉海】174/雍熙筑河北城垒/37上
【汇编】中一1225、1238、1258、1264、1265、1279、1281、1291、1297、1323、1342、1344、1428、1468；补遗7247

刘瑄 与主帅议战守策
【宋史】332/游师雄传/10688
【画墁集】补遗/游公（师雄）墓志铭/1下
【陕西通志】16/关梁1·延安府·安定县/28下
【汇编】中三3651、3653；补遗7304

刘援 取旨给赐环庆路袍带锦绮
【长编标】315/7620

【长编影】315/5 上
【汇编】中四 4157

刘敞 言弃古渭
【宋史】319/刘敞传/10383
【汇编】中三 3195

刘遇 以斩获羌人迁官
【长编标】510/12150
【长编影】510/17 下
【汇编】中六 5548

刘程 进筑神泉寨，使夏赐中冬时服
【长编标】466/11126、11127；501/11938
【长编影】466/1 上；501/8 上
【范太史公集】28/赐夏国主中冬时服诏/7 上
【汇编】中五 5085、5095；中六 5427

刘復 进西鄙地图
【河南先生文集】23/按地图/3 下
【汇编】中二 2166

刘舜卿 与党项西夏战，经略党项西夏，经略熙河
【宋史】332/游师雄传/10689；349/刘舜卿传/11062、11063
【长编标】221/5373；222/5401；228/5543；243/5912；382/9303；388/9440；391/9509；393/9574；398/9699、9700；399/9721、9731；400/9744、9745；401/9767、9768、9769、9771、9773；402/9777、9778、9779、9781、9782；404/9840、9841、9842、9843、9851、9852；405/9868；406/9881、9890；407/9905、9906、9907；408/9923；409/9978；412/10030；413/10043；414/10059、10061；421/10194、10196；426/10299；430/10394；452/10847；457/10940；459/10984；465/11101；467/11153、11165；469/11207
【长编影】221/5 下；222/3 上；228/4 下；243/1 下；382/5 下；388/8 下；391/5 下；393/21 下；398/2 下；399/1 上、10 上；400/5 下、7 上；401/6 下、8 下、10 上、12 下；402/1 下、5 上；404/10 下、20 上、20 下；405/7 上；406/14 上；407/9 下、10 下、11 下；408/4 下；409/24 上；412/8 下、11 下、12 下；413/9 上；414/6 上、8 上；421/2 上、12 上；426/5 下；430/4 下、12 下；452/3 上；457/3 下；459/10 上；465/5 上；467/8 上、17 下；469/6 下
【宋会要】礼 62 之 47/1718；兵 8 之 30/6902、9 之 1/6906、28 之 32/7285；方域 19 之 11/7631、20 之 4/7652；蕃夷 6 之 21/7829、6 之 23/7830
【东坡全集】25/奏议/9 上；38/口宣/21 上
【画墁集】补遗/游公（师雄）墓志铭/4 上
【栾城集】29/西掖告词/13 下、14 上
【潞公文集】29/奏议/8 上
【汇编】中二 2196；中三 3595、3678、3695、3726；中四 3850；中五 4753、4784、4797、4804、4811、4818、4819、4820、4824、4825、4826、4828、4829、4830、4831、4832、4833、4846、4847、4848、4851、4852、4853、4856、4857、4859、4863、4874、4882、4892、4893、4897、4901、4903、4904、4913、4924、4932、4935、4938、4939、4940、4955、4957、4958、4964、4966、5049、5060、5061、5089、5113、5115、5123、5265；补遗 7367

刘阒 从延州军出塞战
【宋史】350/刘阒传/11084
【汇编】中三 3101、3601

刘湛 与西夏战败
【宋史】289/葛怀敏传/9701
【长编标】137/3300；138/3325
【长编影】137/21 下；138/15 上
【汇编】中二 2546、2554、2574、2619

刘温润 领兵入西界破荡族帐
【宋史】350/曲珍传/11083
【长编标】138/3310；175/4224
【长编影】138/1 下；175/5 上
【陕西通志】74/经籍 1/49 上
【汇编】中二 2562；中三 3197；下 6952

刘渥 奉使龟兹
【宋会要】蕃夷 4 之 14/7720

刘普 攻取河州
【长编标】243/5913、5919
【长编影】243/4 下、8 上
【汇编】中四 3854、3952

刘谦 破西界庞青诸族
【宋史】323/刘谦传/10461
【长编标】129/3057；132/3130

【长编影】129/7 上；132/7 下
【奏议标】132/田况·上仁宗兵策十四事/1467
【奏议影】132/田况·上仁宗兵策十四事/4514
【汇编】中二 2111、2273

刘锜 经略党项西夏，传檄夏国书
【宋史】366/刘锜传/11407
【系年要录】38/726
【三朝北盟会编】143/2 上；192/5 下；232/9 下；233/9 下
【汇编】下 6108、6243、6245、6246、6497、6627、6632

刘锡 刘仲武子，入河湟吐蕃部落为质
【宋史】350/刘仲武传/11082
【长编纪事本末】140/12 下
【北海集】3/熙河兰鄯路经略使知熙州刘锡可除捧日天武四厢都指挥使制/10 下
【汇编】中六 5846、5847；补遗 7432

刘筠 议茶盐课利
【宋史】292/李咨传/9754
【宋会要】食货 36 之 16/5440
【汇编】中一 1620、1621

刘熙古 经略秦州蕃部
【宋史】263/刘熙古传/9100
【汇编】中一 944

刘德西 修筑水泉、正川二堡
【陇右金石录】3/65 下
【甘肃新通志】14/建置志·城池/13 下
【汇编】补遗 7404、7418

刘廱 撰《边议》十卷
【司马文正公集】5/章奏 3/10 上
【汇编】补遗 7471

齐再升 与秦州蕃部战
【长编标】138/3329；141/3387、3388
【长编影】138/18 下；141/14 上、14 下
【汇编】中二 2728、2623

齐宗矩 与党项西夏战
【宋史】485/夏国传上/13984
【长编标】115/2691
【长编影】115/4 上、16 上
【河南先生文集】15/故金紫光禄大夫李公（渭）墓志铭/12 下、13 上
【稽古录】19/88 上
【汇编】上 61；中一 1702、1703、1706、1744

齐宗举 与西夏战败
【欧阳文忠公全集】59/时论·原弊/22 上
【汇编】补遗 7256

齐诚 根括蕃兵
【长编标】345/8284
【长编影】345/11 下
【汇编】中五 4575

产恃 文洎后子，转运军粮
【宋会要】方域 21 之 8/7665
【汇编】上 38

庄公岳 与党项西夏战，应付粮草
【长编标】317/7674、7675；318/7680；319/7700；329/7939；348/8360
【长编影】317/16 下；318/1 上；319/2 上；329/22 下；348/17 上
【涑水记闻】14/3 下
【汇编】中四 4207、4208、4209、4213、4227、4228、4235、4236、4428；中五 4600

江惟正 经制熙河营田弓箭手
【长编标】258/6290
【长编影】258/4 下
【汇编】中四 3969

江端友 言元丰中高遵裕大败灵武
【长编标】356/8513、8514
【长编影】356/6 上
【汇编】中五 4630

汲光 教令蕃部诬刘绍能
【长编标】320/7730；332/7998
【长编影】320/10 上；332/3 下
【汇编】中四 4461、4462

汲逢 收复河州有功，提举熙河买马
【长编标】247/6024、6028
【长编影】247/16 下、17 下、20 上
【汇编】中四 3900、3902、3992

池评 与党项西夏战
【栾城集】29/西掖告词/15 下
【汇编】中五 4842

汤景仁 措置河东路新疆土田
【宋史】190/兵志 4·河东陕西弓箭手/4717
【汇编】中六 5720

关师古 联夏抗金

【宋史】27/高宗纪 4/509；475/刘豫传/13798；486/夏国传下/14023
【宋会要】职官 43 之 104/3325
【系年要录】58/1006；72/1208；130/2099
【名臣碑传琬琰集】上集 12/吴武安公功绩记/186
【汇编】上 89；下 6313、6352、6353、6355、6512

宇文之邵 字公南，言西北边事
【宋史】458/宇文之邵传/13449
【宋文鉴】53/上皇帝书/2 下
【汇编】中三 3429、3431

宇文昌龄 言转运粮草，鞫勘边事
【宋史】353/宇文昌龄传/11147、11148
【长编标】311/7547；316/7645；325/7816；326/7844；327/7864；328/7892；330/7958
【长编影】311/15 上；316/6 下；325/3 上；326/6 上；327/1 上；328/3 上；330/11 下
【汇编】中四 4119、4182、4327、4328、4329、4350、4366、4382、4440；中六 5696

宇文虚中 言范仲淹知庆州、种世衡知环州事迹
【三朝北盟会编】9/4 下；10/2 上
【范文正公集】言行拾遗事录 3/11 上
【金石萃编】147/折克行神道碑/1 上、折克行神道碑考释
【甘肃新通志】29/祠祀志・祠宇下・庆州府・安化县/8 下
【汇编】上 195、200；中六 5950、5958、5975；补遗 7466

安大保 即安俊，在环州羌人中有威名
【宋史】323/安俊传/10468
【汇编】中三 3026

安仑 又作安伦，押赐夏国主中冬时服，照管西夏俘虏赴阙
【长编标】507/12080
【长编影】507/7 下
【范太史集】28/赐夏国主中冬时服诏/7 上
【汇编】中五 5086；中六 5495

安丙 与夏人通书夹攻金人
【宋史】40/宁宗纪 4/774；402/安丙传/12194；403/张威传/12215；406/崔与之传/12260；486/夏国传下/14027
【宋会要】兵 17 之 36/7055
【汇编】上 93；下 6863、6868、6871、6876

安仪 鄜延路走马承受，上言李元昊执送塞门寨主高延德至保安军
【长编标】131/3093、3095
【长编影】131/1 上、3 上
【汇编】中二 2178、2181

安永国 与熙河吐蕃战
【长编纪事本末】139/5 下
【汇编】中六 5729、5730

安成 与西夏战有功，迁两官
【长编标】214/5195
【长编影】214/2 下
【汇编】中三 3579

安师文 提举沿边弓箭手事，措置新疆土田，言党项西夏
【宋史】190/兵志 4・河东陕西弓箭手/4717
【长编标】487/11570；490/11638；492/11684
【长编影】487/8 上；490/17 下；492/7 下
【宋会要】兵 4 之 17/6828；蕃夷 6 之 30/7833
【汇编】中六 5301、5321、5340、5692、5720、5756、5766

安伦 又作安仑，使夏赐生日礼物
【长编标】466/11126、11127
【长编影】466/1 上
【汇编】中五 5095

安守忠 与党项西夏战
【宋史】485/夏国传上/13986；491/党项传/14138
【长编标】18/417
【长编影】18/22 上
【汇编】上 21、53；中一 970

安国公 李继和，经略党项西夏
【宋会要】礼 20 之 40/784
【汇编】中六 5788

安厚卿 言河湟吐蕃
【长编标】346/8307
【长编影】346/6 上
【汇编】中五 4581

安俊 经略边州
【宋史】323/安俊传/10467、10468
【文恭集】26/曹修可东染院副使兼阁门通事舍

人制/321
【范文正公集】尺牍中与韩魏公/3下；政府奏议下/21下
【汇编】中二2386、2518；中三3026、3178；中五4653

安泰 叙创怀戎堡事
【陇右金石录】3/65下
【甘肃新通志】14/建置志·城池/13下
【汇编】补遗7404、7418

安继昌 坐掩击敏尔珠族失利
【长编标】111/2589
【长编影】111/12下
【汇编】中一1685

安焘 论疆界事宜，言党项西夏
【宋史】19/徽宗纪1/366、368；328/安焘传/10565、10566、10568
【长编标】337/8118；382/9311、9312；403/9822；405/9870；407/9905、9912；520/12387
【长编影】337/3下；382/11下、13上；403/21上；405/8上；407/10下、16下；520/27上
【宋会要】职官68之5/3910；兵9之4/6907
【长编纪事本末】139/15下
【东坡全集】40/批答/18上
【奏议标】141/冯澥·上徽宗论湟廓西宁三州/1597
【奏议影】141/冯澥·上徽宗论湟廓西宁三州/4911
【宋大诏令集】210/安焘降职制/796
【皇宋十朝纲要】12/3上
【邵氏见闻录】5/42；13/144
【汇编】中四4505、4506；中五4767、4768、4840、4884、4902、4903、4909、4928；中六5672、5701、5717、5719、5722、5745、5746、5775、5819、5926

安惇 言不得辄行发掘拆毁陕西沿边新收复地界内羌人坟垅及灵祠寺观
【长编标】516/12282
【长编影】516/17上
【汇编】中六5615

安鼎 持高遵裕札子谕刘昌祚暂勿攻灵州
【长编标】318/7697
【长编影】318/15上
【汇编】中四4199

安道 奉使河东
【渑水燕谈录】4/6上
【汇编】中二1976、1977

安愈 押赐西夏中冬时服
【长编标】383/9340；390/9492
【长编影】383/15下；390/14下
【汇编】中五4776、4795

米世隆 守青唐东城
【宋会要】兵9之3/6907

米吉 因西鄙防务而转官
【元宪集】22/诸司使副陕西缘边都监知州葛宗古王从政米吉张世昌并转官制/229
【汇编】中二2396；中五4621

米斌 又作米赟，安塞堡退敌
【宋会要】兵18之13/7064

米赟 又作米斌，与党项西夏战
【宋史】486/夏国传下/14016
【长编标】331/7971；345/8282；409/9976、9977；410/9992；412/10029；414/10063
【长编影】331/5上；345/10上、14下；409/23上；410/11上；412/9上；414/10上
【宋会要】方域8之6/7443
【元丰类稿】22/米赟等转官制/6下
【皇宋十朝纲要】12/6上
【汇编】上81；中五4574、4576、4658、4923、4925、4934、4941

许几 奉诏答西夏使人
【长编标】515/12240
【长编影】515/6上
【汇编】中六5596

许天启 陕西提点坑治
【长编标】490/11638
【长编影】490/17下
【汇编】中六5321

许元 管勾榷货务
【范文正公集】政府奏议下/荐举/26上
【汇编】中二2719

许元凯 以不体探西人动息降官
【长编标】516/12282
【长编影】516/17上
【汇编】中六5615

许公孙 勘问边官事件
【长编标】491/11665
【长编影】491/15 上
【汇编】中六 5331
许迁 将兵援修水洛城
【长编标】147/3557
【长编影】147/3 上
【河南先生文集】9/答秦凤路招讨使文龙图书/1 下；21/乞与郑戬下御史台照水洛事状/4 下
【范文正公集】政府奏议/21 下
【涑水记闻】11/8 上
【汇编】中二 2386；中三 2860、2861、2899、2946
许伦 与西夏战死
【长编标】156/3779
【长编影】156/2 下
【汇编】中三 3053
许兴 与夏人战死
【长编标】464/11091、11092
【长编影】464/17 下
【汇编】中五 5086、5087
许均 熙河都监
【宋史】279/许均传/9485；466/秦翰传/13613
【长编标】56/1233
【长编影】56/8 下、11 下
【汇编】中一 1081、1382、1388、1400
许利见 经略党项西夏
【宋会要】职官 66 之 13/3874
许怀德 与党项西夏战
【宋史】324/许怀德传/10477、张亢传/10486
【长编标】125/2944；126/2966；127/3019；128/3040；131/3111；132/3146、3147；133/3160；138/3323
【长编影】125/6 下、14 下；126/1 下；127/14 下；128/14 下；131/15 下；132/22 下；133/1 上；138/13 上
【宋会要】兵 27 之 26/7259
【奏议标】65/余靖·上仁宗乞韩琦兼领大帅镇秦州/719；133/张亢·上仁宗论边机军政所疑十事/1474
【奏议影】65/余靖·上仁宗乞韩琦兼领大帅镇秦州/2364；133/张亢·上仁宗论边机军政所疑十事/4534
【安阳集】家传 3/1 下
【宋朝事实类苑】75/引倦游录/995
【皇宋十朝纲要】5/10 上
【河南先生文集】24/与延师论事状三首/5 上
【范文正公集】政府奏议上/34 上；诸贤赞颂论疏/24 下
【涑水记闻】4/13 上；8/14 下
【汇编】中二 1807、1853、1854、1855、1863、1883、1895、1968、1969、2011、2012、2031、2036、2073、2226、2229、2304、2305、2408、2409、2468、2550、2617、2811、2812；下 7027
许良肱 熙河第三将
【长编标】479/11407
【长编影】479/7 上
【宋大诏令集】210/熙河第三将许良肱降官制/790
【汇编】中五 5195；中六 5684
许明 保安军顺宁寨寨主，与西人联络
【长编标】368/8879；370/8956
【长编影】368/27 下；370/20 下
【汇编】中五 4690、4694
许咸吉 出界筑荒堆三泉寨
【长编标】220/5363；221/5373
【长编影】220/25；221/5 下
【汇编】中三 3672、3678
许思纯 与党项西夏战
【宋史】289/葛怀敏传/9701
【长编标】137/3300；138/3314
【长编影】137/21 下；138/5 上
【汇编】中二 2546、2547、2554、2578
许彦圭 撰车战法
【宋史】471/刑恕传/13704
【汇编】中六 5762
许将 言进擢官员，上兵马数
【宋史】343/许将传/10909、10910
【长编标】482/11470；487/11564；489/11607；496/11810；500/11907、11915；510/12167；520/12380
【长编影】482/8 上；487/2 下；489/10 下；496/17 上、17 下；500/6 下、14 下；510/13 下；520/21 下

【长编纪事本末】139/15 下
【汇编】中四 4139；中五 5217；中六 5298、5316、5383、5384、5419、5423、5546、5670、5738、5746

那融 应诏替换上番兵马，无令戍边日久
【宋史】196/兵制 10·屯戍之制/4901、4902
【汇编】中六 5269、5599

阮易简 举报秦凤路敢勇张义论等募首级冒赏
【长编标】501/11939；511/12156
【长编影】501/9 下；511/2 下
【汇编】中六 5427、5553

阳琼 至道初导灵州黄河，溉民田数千顷
【武经总要】前集 18 下/西蕃地界/1 上
【汇编】中一 1728

阴谅臣 标拔环州官地，种植蔬菜货卖，以助公用
【范文正公集】年谱补遗/10 下
【汇编】中二 2429

孙天觉 与西夏战有功
【长编标】479/11408
【长编影】479/7 上
【汇编】中五 5195

孙升 言党项西夏
【长编标】399/9725；400/9749
【长编影】399/4 下；400/10 上
【汇编】中五 4823、4826

孙长卿 经略环庆
【宋史】331/孙长卿传/10642；341/赵瞻传/10878；485/夏国传上/13978
【宋会要】兵 28 之 1/7270
【司马文正公集】20/章奏 18/11 上
【汇编】上 69；中三 3252、3344、3380、3381

孙文 与党项西夏战
【长编标】331/7969；497/11835；498/11847；516/12282
【长编影】331/3 上；497/17 下；498/6 下；516/17 上
【汇编】中四 4445；中六 5389、5392、5615

孙文显 与党项西夏战
【长编标】350/8387
【长编影】350/5 下
【汇编】中五 4612

孙用正 驻兵边寨
【河南先生文集】8/又一首/8 上
【汇编】中二 2790

孙永 知秦州
【宋会要】方域 8 之 24/7452、13 之 22/7541；蕃夷 6 之 7/7822
【奏议标】65/范纯仁·上神宗乞令孙永依旧知秦州以责后效/723
【奏议影】65/范纯仁·上神宗乞令孙永依旧知秦州以责后效/2375
【汇编】中三 3530

孙吉 丰州兵马监押，与李元昊战死
【宋史】11/仁宗纪 3/212
【长编标】133/3168；134/3196
【长编影】133/8 上；134/9 上
【汇编】中二 2330、2393

孙全照 经略党项西夏
【宋史】253/孙全照传/8874
【长编标】51/1108、1115；64/1432、1433
【长编影】51/1 下、8 上；64/8 上、9 上
【宋会要】方域 8 之 31/7456
【汇编】中一 1293、1294、1298、1451、1452

孙兆 议屈野河地界
【宋史】485/夏国传上/14001
【长编标】186/4489；193/4679
【长编影】186/7 上；193/17 上
【宋会要】兵 27 之 41/7267
【汇编】上 68；中三 3243、3268、3272

孙庆 随军殁于永乐城
【长编标】331/7991
【长编影】331/21 下
【汇编】中四 4457

孙孝先 请益募商人入粟边塞
【宋史】278/孙孝先传/9463
【汇编】中一 1307

孙甫 言宋夏议和及青白盐贸易
【宋史】295/孙甫传/9840、9841
【长编标】145/3500、3507、3514；146/3536；148/3575
【长编影】145/19 下；146/9 上；148/1 下
【宋会要】兵 27 之 34/7263
【安阳集】47/故崇信军节度副使检校尚书工部

员外郎尹公墓表/2 上
【汇编】中二 2795、2818；中三 2842、2865、2905

孙抃 言党项西夏，使辽涉及李元昊事
【长编标】 142/3418； 151/3677； 171/4116；175/4222
【长编影】142/21 下；151/11 下；171/13 上；175/3 下、8 下
【欧阳文忠公全集】99/奏议/11 上；104/奏议/8 下
【汇编】中二 2765、2766；中三 2844、2957、3173、3190、3198；补遗 7291

孙沔 经略党项西夏，言党项西夏
【宋史】288/孙沔传/9686、9690；295/叶清臣传/9853；314/范仲淹传/10272；341/赵瞻传/10878
【长编标】131/3104、3114；149/3609；150/3626；161/3886；164/3942；173/4168；189/4551；204/4935；208/5048
【长编影】131/10 上、19 上、19 下；149/11 上；150/4 下；161/5 上；164/1 上；173/6 上；189/5 上；204/2 上；208/1 上
【宋会要】方域 18 之 3/7526、20 之 16/7658
【奏议标】65/赵瞻·上英宗论五路置帅不当更以冯京为安抚/723；133/孙沔·上仁宗论范仲淹答元昊书/1472
【奏议影】65/赵瞻·上英宗论五路置帅不当更以冯京为安抚/2374；133/孙沔·上仁宗论范仲淹答元昊书/4529
【华阳集】17/观文殿学士知庆州孙沔免恩命不允诏/201；23/抚问知延州孙沔口宣/282
【安阳集】家传 2/4 上、10/13 上
【宋朝事实类苑】11/引倦游录/132
【鸡肋集】66/李氏墓志铭/2 下
【欧阳文忠公全集】108/论史馆日历状/3 下
【河南先生文集】21/乞与郑戬下御史台照对水洛事状/4 下
【范文正公集】政府奏议上/16 上
【汇编】中二 2203、2217、2242、2246、2610、2731；中三 2907、2926、2945、3097、3117、3118、3139、3252、3254、3355、3356、3357、3381、3382、3404；下 7012

孙坦 坐庆州兵叛不能招安
【宋会要】职官 65 之 38/3865

孙直 收复洮州
【长编标】239/5809
【长编影】239/3 下
【汇编】中四 3810

孙茂宗 因开噶平战功减磨勘二年
【长编标】338/8153
【长编影】338/14 上
【汇编】中四 4521

孙迥 究治熙河军储，言熙河弓箭手，议搬运粮草
【宋史】175/食货志上 3·和籴/4244；350/王君万传/11070
【长编标】275/6721；282/6904；335/8076
【长编影】275/2 上；282/3 下；335/14 上
【宋会要】食货 43 之 1/5573
【汇编】中四 4006、4019、4022、4026、4041、4097、4098、4489

孙固 力谏神宗五路伐夏
【宋史】341/孙固传/10874、10875；467/李宪传/13640
【长编标】313/7596；321/7743
【长编影】313/13 上；321/6 下
【皇宋十朝纲要】10 下/2 上
【汇编】中四 4135、4275、4276

孙和甫 议宋神宗西讨
【龙川别志】下/93
【汇编】中五 4989

孙佶 坐西人围镇西堡而不救援，刺配沙门岛
【长编标】126/2982
【长编影】126/15 上
【汇编】中二 1947

孙侃 以斩获羌人迁官
【长编标】510/12150
【长编影】510/17 下
【汇编】中六 5548

孙宗信 坐所部蕃落盗器甲开城门，欲应庆州叛军
【长编标】216/5254；222/5409
【长编影】216/3 下；222/10 上
【汇编】中三 3610、3696

孙经略 孙沔，不避夏国进奉使

【闻见近录】33 上
【汇编】中三 3357

孙贲 上奏边事
【长编标】494/11753；500/11909；507/12076
【长编影】494/24 上；500/9 下；507/4 下
【汇编】中六 5363、5421、5495

孙咸宁 经略党项西夏，与熙河吐蕃战
【长编标】266/6537；282/6904；324/7805；331/7969；466/11140；468/11170；473/11287；475/11322；500/11925
【长编影】266/14 上；282/3 下；324/9 上；331/3 上；466/13 上；468/3 下；473/8 上；475/3 上；500/22 下
【宋会要】职官 67 之 6/3890
【汇编】中四 3996、4041、4324、4445；中五 5109、5116、5155、5156、5167；中六 5424

孙轸 筑宁羌寨
【长编标】517/12297
【长编影】517/2 下
【汇编】中六 5631

孙览 进筑城寨，言党项西夏，与党项西夏战
【宋史】344/孙览传/10929
【长编标】480/11425；481/11442；485/11536；495/11770、11786；497/11819、11820；498/11863；500/11912；514/12226、12228
【长编影】480/10 上；481/7 下；485/16 上；495/7 上、20 上；497/2 下、4 上；498/20 上；500/10 下；514/13 上、17 下
【宋会要】职官 67 之 10/3892；兵 8 之 33/6903、22 之 14/7150、28 之 42/7290；方域 19 之 17/7634、20 之 15/7658
【榆林府志】4/神木县·水/7 上
【汇编】中五 5211、5212、5215、5230、5263；中六 5274、5276、5291、5368、5373、5374、5386、5387、5400、5422、5586、5590；补遗 7379

孙昭谏 庆州北路都巡检
【长编标】264/6458
【长编影】264/1 下

孙贯 计置籴买粮草
【长编标】499/11880
【长编影】499/9 上
【汇编】中六 5406

孙贵 孙团练，与夏大小十九战，未尝败北
【斜川集】5/孙团练墓志铭/30 上
【汇编】中五 5096

孙贵 柔远寨主
【长编标】250/6087；298/7240
【长编影】250/6 下；298/1 下
【宋会要】职官 66 之 6/3871
【汇编】中四 3922、4095

孙适 提举新旧弓箭手
【长编标】519/12347
【长编影】519/5 下
【长编纪事本末】140/8 下
【汇编】中六 5657、5776

孙恂 经略环庆
【系年要录】38/726
【汇编】下 6245、6246

孙觉 言御边选将
【东都事略】127、128/附录 5、6
【宋会要】方域 19 之 12/7631
【长编纪事本末】101/6 下
【奏议标】65/孙觉·上哲宗论帅臣当使便宜行事/725；139/孙觉·上哲宗乞弃兰州/1567；141/孙觉·上哲宗乞熙河选将如折氏世守/1594
【奏议影】65/孙觉·上哲宗论帅臣当使便宜行事/2380；139/孙觉·上哲宗乞弃兰州/4817；141/孙觉·上哲宗乞熙河选将如折氏世守/4894
【汇编】上 109；中五 4758、4807、4911、5227

孙祖德 出使夏州
【长编标】112/2604；132/3138
【长编影】112/1 下；132/15 下
【汇编】中一 1693；中二 2291

孙真 与岷州蕃部战
【长编标】255/6234
【长编影】255/4 上
【汇编】中四 3963

孙资政 孙沔，不避夏国进奉使
【宋朝事实类苑】11/引倦游录/132
【汇编】中三 3357

孙晞 被西人设诈俘虏
【长编标】324/7795、7805；327/7877

【长编影】324/1 上、9 上；327/12 上

【汇编】中四 4322、4324、4325、4379

孙距 和夏人议屈野河西地界

【宋会要】兵 27 之 44/7268

孙琦 上言河湟蕃部租课

【宋会要】食货 63 之 50/6011

【汇编】中六 5853

孙觌 上《论和戎札子》

【三朝北盟会编】62/5 下；70/2 下

【汇编】中六 6057、6068、6069

孙量 保大军节度掌书记

【欧阳文忠公全集】81/制敕/13 上

【汇编】中二 2831

孙竢 修复湟州古骨龙、会州清水城转官

【宋会要】方域 8 之 24/7452

【汇编】中六 5898

孙路 经略熙河，经略党项西夏

【宋史】190/兵志 4・河东陕西弓箭手/4716；318/胡宗回传/10371；332/孙路传/10688、穆衍传/10691、10692；350/王赡传/11070、11071

【长编标】321/7748；346/8307、8308；382/9303、9312、9314、9317；384/9354；386/9408；393/9574；399/9731；401/9768、9769；402/9789；408/9941；419/10145、10146；421/10194；444/10689；446/10728；452/10847；489/11615；494/11727、11728、11758；495/11786；496/11792、11795；497/11817、11818；498/11852；499/11882；500/11905；501/11942、11943、11945；502/11964；503/11970、11977；504/12008、12009、12013、12014；505/12028、12029；506/12052、12054、12058、12059；507/12077、12092、12093；508/12101；509/12123、12124、12126；510/12132、12139；511/12163、12164、12167、12169、12172、12173；512/12188；513/12193、12194、12199、12202、12203、12204、12205；514/12212、12213、12215、12216、12217、12218、12219、12221、12223、12226、12227、12228、12232；515/12235、12241、12242、12243、12244；516/12263、12264；518/12326、12325

【长编影】321/11 下；346/6 上、10 上；382/5 下、13 上、13 下、17 上；384/5 下；386/12 下、14 上；393/21 下；399/10 上；401/8 下；402/12 上；408/19 上；419/2 下；421/2 上；444/10 上；446/1 上；452/6 上；489/6 上、17 上；494/1 上、27 下；495/9 上、20 上；496/1 下、4 上；497/1 下、2 下；498/9 下；499/10 下；500/2 下；501/11 上；502/13 下；503/1 下、5 上、7 下；504/4 下、8 上；505/2 下；506/3 下、5 上、8 下、9 上；507/4 下、17 下；508/6 下；509/9 下、10 上、11 下；510/1 下、8 上；511/9 下、13 上、14 下、16 下；512/11 下；513/1 上、6 下、9 上、10 上、11 上；514/4 下、7 下、8 下、12 上、13 上、16 上、16 下、19 下；515/6 上、9 上；516/1 上；518/7 上

【宋会要】职官 61 之 16/3762、67 之 25/3902；兵 9 之 1/6906、28 之 44/7291；方域 6 之 1/7406、19 之 13/7632、19 之 14/7632；蕃夷 6 之 33/7835

【宋大诏令集】209/中散大夫知熙州孙路降一官制/788、孙路落职知兴国军制/789

【栾城集】41/乞罢熙河修质孤、胜如等寨札子/2 下；42/论前后处置夏国乖方札子/7 下

【东坡全集】38/口宣/21 上、敕书/2 上

【甘肃新通志】8/形胜・兰州府・皋兰县/1 下

【汇编】中四 4279；中五 4581、4659、4753、4768、4772、4773、4804、4824、4828、4835、4836、4843、4874、4915、4947、4955、5014、5034、5035、5037、5055、5236、5237、5259；中六 5267、5311、5318、5353、5365、5366、5369、5373、5375、5385、5386、5394、5407、5417、5428、5430、5433、5434、5436、5437、5447、5449、5450、5454、5455、5461、5465、5466、5478、5480、5485、5486、5495、5505、5506、5507、5512、5513、5532、5534、5538、5540、5555、5556、5558、5560、5561、5563、5564、5565、5566、5568、5569、5570、5571、5572、5573、5574、5576、5577、5579、5580、5581、5582、5584、5588、5589、5592、5596、5597、5598、5602、5606、5647、5673；补

遗 7360

孙廉 出兵救延州，及至，夏人已出境

【长编标】126/2971

【长编影】126/6 上

【汇编】中二 1908

孙赞 擅率兵入敌境失利

【长编标】38/825

【长编影】38/8 上

【汇编】中一 1113

孙鳌抃 提举茶马贸易

【宋会要】兵 24 之 28/7192

【汇编】中六 5802

纪质 与夏人战于镇戎军瓦亭寨

【安阳集】家传 3/1 下

【汇编】中二 2550

纪育 与熙河吐蕃战

【长编纪事本末】139/17 下

【汇编】中六 5750

七画

麦文昞 管押回鹘、鞑靼蕃部到熙河

【长编标】347/8325

【长编影】347/5 下

【汇编】中五 4589

麦允言 随赵振击退夏景宗李元昊进攻

【宋史】323/赵振传/10462

【汇编】中二 2331

麦永庆 泾原路走马承受

【长编标】88/2016

【长编影】88/5 上

【汇编】中一 1568

杜师益 招安蕃部

【长编标】281/6893

【长编影】281/11 上

【汇编】中四 4038

杜安 擅离主将入城，斩于镇戎军

【长编标】129/3051

【长编影】129/1 下

【汇编】中二 2102

杜祁公 杜衍，为范仲淹私焚李元昊书辩

【安阳集】家传 4/1 上

【涑水记闻】8/14 下

【汇编】中二 2268、2768

杜杞 经略环庆

【宋史】300/杜杞传/9963

【玉海】188/35 下

【汇编】中三 3120；补遗 7300

杜纮 出使西夏，押伴夏使

【宋史】330/杜纮传/10634；486/夏国传下/14014

【长编标】360/8621；362/8657

【长编影】360/14 下；362/3 上

【栾城集】37/乞罢杜纮右司郎中状（八月一日）/20 上

【汇编】上 80；中五 4641、4650、4752、4776

杜绍 元丰年间出界有功

【长编标】343/8250

【长编影】343/14 上

【汇编】中五 4563

杜承睿 制置青白盐事

【宋史】181/食货志下 3 · 盐上/4414；277/刘综传/9432；304/梁鼎传/10058

【长编标】54/1175

【长编影】54/1 上

【宋会要】食货 23 之 29/5189

【汇编】中一 1338、1340、1342、1343、1344

杜贵 盗西夏马二匹

【长编标】275/6723

【长编影】275/3 下

【汇编】中四 4019

杜衍 经略党项西夏

【宋史】11/仁宗纪 3/213、215；278/雷简夫传/9464；286/王益柔传/9634；287/李纮传/9655；292/丁度传/9763；310/杜衍传/10189、10190、10191；349/郝质传/11049

【长编标】129/3062；131/3114；132/3128；135/3227；137/3282

【长编影】129/11 上；131/19 下；132/6 上；135/13 下；137/5 下

【东轩笔录】1/1 上

【河南先生文集】8/上枢密杜太尉启/7 上

【涑水记闻】8/14 下

【豫章文集】7/遵尧录 6/1 上

【儒林公议】上/3 上

【汇编】中一 1647；中二 1816、2119、2120、2212、2246、2267、2268、2315、2422、2440、2441、2520、2521、2713、2732；中三 2941；补遗 7258

杜能 自陈有边功
【宋会要】兵 18 之 14/7064
【汇编】中五 4593

杜常 招抚逃散之人，取勘边官事件，言熙河蕃部
【长编标】262/6410；267/6544；321/7738、7746
【长编影】262/32 下；267/5 上；321/2 下、8 下
【汇编】中四 3988、3997、4268、4278

杜翊世 夏人陷怀德军，以城战死
【宋史】23/钦宗纪/431
【东都事略】127、128/附录 5、6
【三朝北盟会编】61/1 上
【汇编】上 111；中六 6052、6056

杜惟序 好水之役，领环庆兵由怀安路破西夏三砦
【宋史】323/范恪传/10465
【长编标】131/3115
【长编影】131/20 下
【欧阳文忠公全集】81/杜惟序可西上阁门使福州刺史知泾州/13 上
【汇编】中二 2256、2564、2565、2724、2821

杜清碧 编著《华夏同音》
【南村辍耕录】10/11 上
【汇编】下 7089

杜谓 书创怀戎堡事
【陇右金石录】3/65 下
【甘肃新通志】14/建置志·城池/13 下
【汇编】补遗 7404、7419

杜詹 议供给沿边屯泊军马费用
【宋会要】食货 42 之 12/5567
【汇编】中一 1658

杜澄 与泾原叛羌萨逋歌战死
【宋史】291/王博文传/9744
【长编标】103/2385、2387
【长编影】103/10 下、12 下
【汇编】中一 1637、1639、1644

杜贇 出使西蕃辖戬，令出兵讨夏
【长编标】128/3037
【长编影】128/11 下
【汇编】中二 2069

杨七郎 屯兵筑城
【陕西通志】16/关梁 1·延安府·宜川县/31 下
【汇编】补遗 7285

杨大荣 撰宋故福清县太君李夫人墓志铭
【文物】1978 年第 12 期/陕西府谷县出土北宋李夫人墓志/90
【汇编】上 184

杨万 与熙河吐蕃战
【长编标】282/6904；297/7229
【长编影】282/3 下；297/12 下
【汇编】中四 4041、4094

杨亿 言党项西夏
【宋史】305/杨亿传/10080
【长编标】50/1094；88/2028
【长编影】50/12 上；88/15 下
【东都事略】47/杨亿传/1 上
【奏议标】130/杨亿·上真宗论弃灵州为便/1440
【奏议影】130/杨亿·上真宗论弃灵州为便/4425
【涑水记闻】6/11 上
【汇编】中一 1265、1267、1278、1572、1573、1575

杨义 上书论土兵事
【东坡志林】3/70
【汇编】中一 1660

杨元 与西人战斗重伤，终身给半分粮赐
【长编标】216/5268；315/7620
【长编影】216/16 上；315/5 下
【汇编】中三 3618；中四 4158

杨元孙 言边事，与党项西夏战
【长编标】318/7695；320/7729；326/7844；329/7931
【长编影】318/13 下；320/10 上；326/6 上；329/15 上
【宋会要】职官 66 之 25/3880；食货 49 之 20/5643；兵 8 之 23/6898
【汇编】中四 4223、4261、4262、4281、4350、4412

杨玉 与西人战死
【长编标】131/3103；485/11528
【长编影】131/9上；485/10上
【汇编】中二2216；中六5288
杨文广 修通渭堡
【宋史】272/杨文广传/9308
【长编标】218/5302
【长编影】218/10上
【宋会要】礼62之41/1715；兵28之4/7271；方域20之7/7654
【海城厅志】山川/6下
【汇编】中三3499、3500、3506、3630；补遗7391
杨允恭 上西边山川形胜图
【宋史】309/杨允恭传/10162；466/窦神宝传/13600
【长编标】42/880、891；43/921；111/2594
【长编影】42/1上、10下；43/12下；111/17上
【宋会要】兵21之18/7133、27之5/7249
【汇编】中一1123、1131、1181、1182、1183、1201、1691
杨可世 与契丹战，与党项西夏战
【宋史】335/种师道传/10751
【宋会要】兵4之28/6834、24之30/7193
【三朝北盟会编】9/4下；10/2上、11下；11/1上、1下、14上、14下；12/7上；60/4下
【皇宋十朝纲要】18/14上
【汇编】中六5902、5911、5944、5950、5958、5959、5960、5961、5962、5963、5964、5967、6044
杨永庆 掩取蕃部首级，诈言斩犯边人
【宋史】486/夏国传下/14010
【长编标】300/7300
【长编影】300/3下
【汇编】上76；中四4104
杨吉 与党项西夏战，熙河兰会路安抚司遣出界讨贼
【长编标】336/8094、8102；343/8248
【长编影】336/2下、10上；343/12上
【宋会要】兵18之12/7063
【栾城集】29/西掖告词/15下
【汇编】中四4496、4499；中五4561、4842
杨光习 擅领兵出寨与颇忠族斗
【宋史】8/真宗纪3/156
【长编标】83/1890
【长编影】83/4上
【汇编】中一1524
杨仲通 又作杨定，被夏人诱杀
【长编纪事本末】83/8下、9下
【汇编】中三3489、3510
杨延中 上言走马承受职责
【宋会要】职官41之129/3231
【汇编】中六5895
杨守斌 上府州山川形胜图
【宋会要】兵27之4/7248
【汇编】中一1169
杨安民 选马赴泾原
【长编标】336/8099
【长编影】336/8上
【汇编】中四4499
杨进 与熙河吐蕃战
【长编标】319/7714；331/7969；406/9886
【长编影】319/11下；331/3上；406/10上
【宋会要】兵8之26/6900、14之19/7002
【汇编】中四4248、4445；中五4896
杨告 册封夏景宗李元昊旌节官告使
【宋史】304/杨告传/10073；485/夏国传上/13993
【长编标】111/2594
【长编影】111/17上
【元刊梦溪笔谈】25/3
【汇编】上60；中一1691、1692
杨应辰 又作杨应良，招置弓箭手
【宋会要】兵4之12/6826
杨应良 又作杨应辰，招置汉蕃弓箭手
【长编标】340/8188
【长编影】340/10下
【汇编】中四4530
杨应询 迎契丹使人于境
【宋史】350/杨应询传/1089
【汇编】中六5812
杨怀志 缴调刍粮，与党项西夏战
【涑水记闻】12/8上
【名臣碑传琬琰集】下集13/文忠烈公彦博传/1452

【汇编】中二 2332、2333

杨怀忠 经略党项西夏，与党项西夏战，言党项西夏

【宋史】326/康德舆传/10536

【长编标】49/1075；64/1428；71/1603；72/1633；73/1667；74/1684；88/2026

【长编影】49/11 上；64/4 上；71/14 上；72/10 上；73/15 上；74/4 上；88/13 下

【宋会要】兵 1 之 2/6755

【汇编】中一 1245、1448、1483、1486、1493、1495、1572、1574；中二 2358

杨忠 与西夏战殁

【宋史】367/杨政传/11442

【汇编】中六 5780

杨知进 出使甘州回鹘

【宋史】258/曹玮传/8986

【长编标】85/1951；87/1992

【长编影】85/15 上；87/4 上

【宋会要】蕃夷 4 之 5/7716、4 之 7/7717

【汇编】中一 1539、1553、1555、1556

杨和 与熙河吐蕃战

【长编标】406/9886

【长编影】406/10 上

【汇编】中五 4896

杨宗闵 麟府守将

【宋史】446/杨震传/13167

【三朝北盟会编】50/8 上；58/3 上

【榆林府志】4/古迹/22 上

【汇编】中六 6021、6034、6035；补遗 7463

杨定 保安军守将，被夏人诱杀

【宋史】290/郭逵传/9724；312/韩琦传/10227；317/邵亢传/10337；332/滕元发传/10674、赵卨传/10684；485/夏国传上/14002；486/夏国传下/14007

【东都事略】127、128/附录 5、6

【奏议标】136/郑獬·上神宗论种谔擅入西界/1530；137/刘述·上神宗论种谔擅入西界/1532、杨绘·上神宗论种谔擅入西界/1533、刘述·上神宗论不可伐丧/1535、孙觉·上神宗论自治以胜夷狄之患/1535、司马光·上神宗论中国当守信义不可轻议用兵/1538

【奏议影】136/郑獬·上神宗论种谔擅入西界/4707；137/刘述·上神宗论种谔擅入西界/4709、杨绘·上神宗论种谔擅入西界/4714、刘述·上神宗论不可伐丧/4719、孙觉·上神宗论自治以胜夷狄之患/4721、司马光·上神宗论中国当守信义不可轻议用兵/4729

【长编纪事本末】58/9 上；83/8 上、8 下、9 上、9 下

【皇宋十朝纲要】7/6 下

【续资治通鉴】65/1613；66/1618

【东坡全集】16/龙图阁学士滕公墓志铭/5 下

【司马文正公集】27/章奏 25/8 下

【安阳集】家传 7/1 上、4 上、4 下、5 上

【忠肃集】拾遗/王开府（拱辰）行状/307

【范太史集】40/检校司空左武卫上将军郭公（逵）墓志铭/8 下、9 上

【济南集】7/郭宣徽（逵）祠堂记/15 上

【名臣碑传琬琰集】中集 19/邵安简公亢墓志铭/688、48/韩忠献公琦行状/1106

【潞公文集】18/奏议/5 下

【汇编】上 70、73、107；中三 3439、3449、3453、3454、3459、3463、3465、3466、3467、3468、3470、3480、3483、3487、3488、3489、3490、3492、3494、3503、3509、3512、3531、3537、3538、3676；补遗 7322

杨绍 通判兰州

【彭城集】22/奉议郎杨绍可通判兰州制/306

【汇编】补遗 7468

杨承吉 出使西蕃嘉勒斯赉，与党项西夏战

【宋史】8/真宗纪 3/159；258/曹玮传/8987；485/夏国传上/13992

【长编标】85/1958；86/1967；93/2139

【长编影】85/21 下；86/2 下；93/4 下

【宋会要】蕃夷 6 之 2/7819

【汇编】上 59；中一 1543、1544、1546、1594、1595

杨政 经略熙河

【宋史】29/高宗纪 6/540；366/吴璘传/11415；367/杨政传/11444；380/楼炤传/11717

【系年要录】130/2099

【宋会要】职官 41 之 31/3182

【汇编】下 6510、6511、6512

杨拱 从姚麟出塞有功

【长编标】346/8310

【长编影】346/8 下
【汇编】中五 4583
杨拯 献龙虎八阵图及兵器
【宋史】197/兵志 11/4911
【汇编】中二 2303
杨畏 言边事
【长编标】480/11420；481/11435；484/11512
【长编影】480/3 上；481/1 上；484/18 下
【汇编】中五 5208、5214、5220
杨思 转运粮草
【涑水记闻】14/3 下
【汇编】中四 4235
杨重训 避周恭帝讳改杨重勋，击退北汉，守麟州
【长编标】2/41
【长编影】2/14 下
【汇编】中一 927
杨重勋 本名杨重训，击退北汉，守麟州
【长编标】2/41；3/67；10/223；13/289
【长编影】2/14 下；3/6 下；10/17 上；13/10 上
【汇编】中一 927、934、949、956
杨保 与党项西夏战，汇编误为杨保忠
【长编标】485/11528
【长编影】485/10 上
【汇编】中六 5288
杨保吉 西人寇三川寨，西路巡检杨保吉死之
【长编标】128/3042；129/3057
【长编影】128/15 下；129/7 上
【汇编】中二 2077、2112
杨顺 与西夏议入贡事
【系年要录】134/2159
【宋会要】兵 29 之 29/7307
【汇编】下 6513、6523、6524
杨洙 与熙河蕃部战
【长编纪事本末】139/17 下
【汇编】中六 5749
杨绘 请治种谔以安夏人
【奏议标】137/杨绘·上神宗论种谔擅入西界/1533
【奏议影】137/杨绘·上神宗论种谔擅入西界/4711
【旧闻证误】2/26
【汇编】中三 3464
杨耆 上书陈方略
【长编标】127/3005
【长编影】127/3 上
【汇编】中二 1993
杨崇勋 驻守边鄙
【宋史】285/贾昌朝传/9614
【奏议标】133/贾昌朝·上仁宗备边六事/1482
【奏议影】133/贾昌朝·上仁宗备边六事/4557
【汇编】中二 2590
杨偕 经略党项西夏
【宋史】197/兵志 11/4911；283/夏竦传/9574；300/杨偕传/9954、9955、9956；485/夏国传上/13997
【长编标】126/2971；128/3036；133/3173；134/3188、3189、3195；139/3342；142/3424、3425
【长编影】126/6 上；128/11 上；133/11 下；134/1 下、2 上、8 上；139/5 上；142/28 上
【宋会要】职官 61 之 38/3773；兵 8 之 21/6897、18 之 3/7059；方域 18 之 7/7613
【乐全集】20/陈政事三条/2 上
【欧阳文忠公全集】29/翰林侍读学士右谏议大夫杨公墓志铭/5 下
【汇编】上 65；中二 1871、1872、1908、1922、1923、2035、2068、2098、2112、2113、2302、2303、2343、2363、2364、2365、2388、2604、2657、2772、2773
杨琼 与党项西夏战，言党项西夏
【宋史】6/真宗纪 1/106；280/杨琼传/9501、9502；466/张继能传/13620
【长编标】49/1069、1072、1075；50/1101；51/1110
【长编影】49/5 下、8 下、11 下；50/17 下；51/3 上
【宋大诏令集】94/责杨琼等诏（咸平四年闰十十月丁丑）/346
【苏学士集】14/内园使连州刺史知代州刘公（文质）墓志/8 下
【汇编】中一 1152、1182、1237、1240、1241、1242、1246、1284、1285、1296
杨覃 又作杨谭，转运陕西

【宋史】304/梁鼎传/10058；306/朱台符传/10103；307/杨覃传/10130、10131
【长编标】54/1175
【长编影】54/1 上
【汇编】中一 1150、1338、1340、1342、1385

杨雄 言党项西夏
【欧阳修撰集】1/上皇帝万言书/11 上
【汇编】补遗 7463

杨景 作宋夏战事诗
【吴礼部诗话】15 下
【汇编】中六 5871

杨景宗 创置御敌傍牌样铁蒺藜
【宋会要】兵 26 之 39/7246

杨復 经略边州
【长编标】258/6294
【长编影】258/7 下
【范太史集】40/检校司空左武卫上将军郭公墓志铭/14 上
【汇编】中四 3971、3986

杨斌 招安蕃部
【长编标】281/6893
【长编影】281/11 上
【汇编】中四 4038

杨遂 驻兵大义寨
【宋史】452/高敏传/13285
【长编标】214/5220
【长编影】214/24 下
【潞公文集】39/举官/4 下
【汇编】中三 3592、3593；补遗 7316、7317

杨嵩 自言入西界得一马驹，欲卖为路费
【长编标】349/8267
【长编影】349/2 上
【汇编】中五 4602

杨满堂 曾在满堂川屯兵驻守
【延安府志】7/绥德州·山川/2 下
【陕西通志】13/山川 6·葭州·吴堡县/62 上
【汇编】补遗 7491、7492

杨谭 征调陕西军粮
【涑水记闻】2/2 上
【汇编】中一 1151

杨震 从征西夏臧底河城
【宋史】23/钦宗纪/431；446/杨震传/13166、13167
【汇编】中六 5904、6034

杨遵 与党项西夏战
【宋史】289/葛怀敏传/9703；485/夏国传上/13994
【长编标】115/2691；138/3314
【长编影】115/4 上、16 上；138/5 上
【汇编】上 61；中一 1702、1706；中二 2547、2578

杨麟 与党项西夏战，修复万安寨
【奏议标】133/范仲淹·上仁宗攻守二策/1477
【奏议影】133/范仲淹·上仁宗攻守二策/4545
【范文正公集】年谱补遗/4 上；西夏堡寨/6；5/上攻守二策状/13 下
【汇编】中二 1989、2398、2643、2644

苏子美 以边事上书范文正公
【范文正公集】诸贤赞颂论疏/4 下
【汇编】中二 2065

苏子容 议西夏边事
【名臣碑传琬琰集】下集 12/颍滨遗老传下/1440
【龙川略志】635
【汇编】中五 5201、5204

苏东坡 苏轼，言党项西夏
【曲洧旧闻】6/5 上
【鸡肋集】10/赠戴嗣良歌/5 上
【梁溪漫志】6/蜀中石刻东坡文字/2 上
【汇编】中五 4841、4873、5168、5169

苏安静 上麟州屈野河界图
【长编标】193/4679、4680
【长编影】193/17 上、18 上
【宋会要】兵 27 之 41/7267、27 之 44/7268、28 之 20/7279

苏君 通判陕府
【临川集】92/广西转运使屯田员外郎苏君墓志铭/7 上
【汇编】中二 2573

苏轼 言党项西夏
【宋史】190/兵志 4·弓箭社/4726；338/苏轼传/10802、10811
【长编标】374/9076；380/9226、9240；404/9850；406/9881；419/10145、10146；432/10434

【长编影】374/17 上；380/7 上、19 上；404/19 下；406/14 上；419/2 下；432/10 上
【奏议标】121/张方平·上神宗谏用兵/1333；139/苏轼·上哲宗论前后致寇之由及当今待敌之要/1571；141/苏轼·上哲宗乞约鬼章讨阿里骨/1592
【奏议影】121/张方平·上神宗谏用兵/4138；139/苏轼·上哲宗论前后致寇之由及当今待敌之要/4829；141/苏轼·上哲宗乞约鬼章讨阿里骨/4896
【东坡全集】25/奏议/2 上、6 上、9 上；45/书/20 上
【宋文鉴】118/苏轼上文侍中论榷盐书/3 下
【汇编】中三 3275、3350；中四 3994、4058；中五 4716、4738、4741、4850、4875、4886、4892、4899、4947、4948、4969、5223

苏铎 与西夏战有功
【宋会要】兵 17 之 36/7055
【汇编】下 6871

苏颂 议进筑城堡
【长编标】470/11233；479/11413
【长编影】470/11 上；479/10 上
【宋文鉴】36/6 下
【汇编】中五 5141、5190、5200

苏涓 言陕西四路军粮
【长编标】214/5210
【长编影】214/16 上
【汇编】中三 3587

苏寀 计置军需
【长编标】249/6072
【长编影】249/5 下
【汇编】中四 3919

苏辙 言党项西夏，言熙河
【宋史】339/苏辙传/10824、10830、10832、10834；342/王严叟传/10894；426/叶康直传/12707；486/夏国传下/14015
【长编标】340/8192；346/8308；354/8478；368/8867；371/8987；375/9092；380/9234；381/9278；382/9304、9313、9314、9318；392/9533；393/9553；404/9852、9858；419/10146；442/10636；443/10662、10672；444/10687、10689；445/10715、10718；446/10734；447/10758、10759、10760；452/10847；458/10952；460/10999、11000、11001；462/11043、11044；464/11092、11093；470/11233；479/11413
【长编影】340/13 下；346/6 上；354/8 上；368/16 上；371/16 下；375/7 上；380/13 下；381/30 上；382/13 下；392/9 上；393/3 上；404/21 上；419/2 下；442/6 上；443/7 下；444/13 上；445/5 下、8 上；446/6 上；447/12 下；452/6 上；458/1 上；460/1 上；462/11 上；463/8 上；464/17 下；470/11 上；479/10 上
【东都事略】93 下/苏辙传/2 上；127、128/附录 5、6
【奏议标】103/苏辙·上神宗乞去三冗/1099；127/苏辙·上哲宗论回河/1400；139/苏辙·上哲宗乞因夏人纳款给还其地/1565；140/苏辙·上哲宗论地界/1579、苏辙·上哲宗论不可失信夏人/1581
【奏议影】103/苏辙·上神宗乞去三冗/3417；127/苏辙·上哲宗论回河/4312；139/苏辙·上哲宗乞因夏人纳款给还其地/4809；140/苏辙·上哲宗论地界/4855、苏辙·上哲宗论不可失信夏人/4860
【龙川略志】635
【栾城集】37/论西边警备状/14 上；39/论西事状/15 上；45/贺擒鬼章表/2 上
【栾城后集】13/颍滨遗老传下/7 上、11 上
【名臣碑传琬琰集】下集 12/颍滨遗老传下/1440
【汇编】上 80、110；中四 4532；中五 4581、4625、4719、4739、4750、4757、4758、4771、4774、4799、4800、4860、4861、4869、4947、5001、5021、5039、5040、5049、5062、5063、5068、5071、5072、5073、5074、5077、5078、5081、5082、5085、5087、5137、5141、5200、5202、5203、5225

李士良 经画通远军营田
【长编标】268/6570
【长编影】268/10 下
【汇编】中四 3999

李士京 买西界马
【长编标】349/8367

【长编影】349/2 上
【汇编】中五 4602
李士廉 因父战死授官
【长编标】155/3772
【长编影】155/13 下
【汇编】中三 3051
李士衡 制置陕西酒榷，议盐禁
【宋史】185/食货下 7 酒/4514
【长编标】54/1177
【长编影】54/2 上
【宋会要】食货 20 之 4/5134
【汇编】中一 1314、1335、1340、1609
李大防 招抚永兴军路逃散兵丁、弓箭手、义勇、保甲等
【长编标】321/7738
【长编影】321/2 下
【汇编】中四 4267
李山甫 与熙河吐蕃战
【长编标】247/6032；252/6178
【长编影】247/23 上；252/26 下
【汇编】中四 3904、3945
李及 知延州兼管界缘边都巡检使
【长编标】79/1811；83/1900；88/2028；90/2087；92/2119
【长编影】79/16 下；83/12 下；88/15 下；90/18 上；92/4 下
【宋会要】兵 4 之 1/6820
【涑水记闻】6/11 上
【汇编】中一 1512、1526、1527、1572、1575、1586、1591
李及之 知永兴军李迪子，契丹虚张声势以援夏
【宋史】310/李及之传/10179
【涑水记闻】8/1 上
【汇编】中一 1565；中二 2144
李广文 与西人战死
【宋史】273/李守恩传/9334
【汇编】中一 1222
李子明 保安军顺宁寨官，申报西夏欲遣大使来会计
【长编标】508/12102；511/12160
【长编影】508/7 下；511/6 下
【汇编】中六 5513、5554
李元亨 宣谕边官
【长编标】140/3361
【长编影】140/3 下
【汇编】中二 2694
李元规 平凉知县
【长编标】151/3686
【长编影】151/19 下
【汇编】中三 2982
李元凯 与熙河吐蕃战
【宋史】452/景思立传/13287
【长编标】224/5450；246/5996；247/6022、6024；250/6087、6098；253/6192
【长编影】224/11 上；246/17 上；247/14 上、15 上、16 下；250/6 下、16 上；253/5 上
【汇编】中三 3704；中四 3861、3882、3894、3899、3900、3922、3924、3925、3926、3953
李元振 布衣，以陈方略授官
【长编标】128/3030
【长编影】128/5 下
【宋会要】选举 32 之 7/4746
【汇编】中二 2048、2727
李元辅 与党项西夏战，封椿钱粮帛
【长编标】331/7983；349/8369；403/9801
【长编影】331/14 上；349/3 下；403/2 下
【宋会要】职官 67 之 11/3893；食货 39 之 32/5504；兵 18 之 14/7064
【汇编】中四 4115、4455；中五 4598、4603、4837、5235
李元嗣 上言军士崔皋自截手指避出战，讨荡西界吹埒罗章
【长编标】348/8359；408/19939
【长编影】348/16 下；408/18 上
【宋会要】兵 28 之 30/7284
【汇编】中五 4599、4915
李中 与党项西夏战，妄报首级追一官
【长编标】350/8384；452/10844；507/12086
【长编影】350/3 下；452/3 下；507/12 上
【汇编】中五 4610、5047；中六 5501
李中和 降陇州城一带蕃部
【宋会要】兵 27 之 33/7263
【安阳集】家传 4/6 上

【涑水记闻】11/5 下
【汇编】中二 2814、2816
李仁义 出使六谷吐蕃
【宋会要】方域 21 之 22/7672
【宋大诏令集】213/再答向敏中诏/809
【汇编】中一 1436、1467
李升 李遂子，因父与夏战死录为茶酒班殿侍
【长编标】176/4255
【长编影】176/7 上
【汇编】中三 3202
李公恽 点检庆州沿边防务
【长编标】413/10037
【长编影】413/5 上
【汇编】中五 4936
李公绪 虚冒边功
【长编标】501/11941；502/11963
【长编影】501/11 上；502/13 上
【汇编】中六 5428、5433
李公裕 知太原府
【长编标】382/9317；495/11785；504/12001
【长编影】382/17 上；495/17 上；504/4 下
【汇编】中五 4773；中六 5373、5447
李文 知石州高继升家奴，诬告与茭村硕尔族谋叛
【长编标】104/2409
【长编影】104/10 上
【汇编】中一 1647
李文贞 与西人籍遇太保战
【宋史】491/党项传/14148
【汇编】上 30
李文定公 李迪，陕西都转运使
【涑水记闻】8/1 上
【汇编】中一 1564、1565
李文宬 与党项西夏战
【长编标】111/2586；155/3772
【长编影】111/10 上；155/13 下
【隆平集】9/枢密曹仪传/13 下
【汇编】中一 1498、1682；中三 3051
李允正 邠宁环庆两路铃辖
【宋史】273/李允正传/9340；279/王汉忠传/9477
【长编标】51/1117、1118；75/1708
【长编影】51/9 下、11 上；75/2 下
【宋会要】兵 27 之 7/7250
【汇编】中一 1300、1301、1305、1499
李允则 经度西鄙山川形胜
【宋史】309/杨允恭传/10162
【宋会要】兵 27 之 5/7249
【汇编】中一 1131、1181
李允亨 宣谕边官
【安阳集】家传 3/4 下；24/泾州谢差中使宣谕表/9 上
【汇编】中二 2606、2676
李石 经略河湟
【长编纪事本末】139/13 下
【安阳集】家传 5/3 上
【欧阳文忠公全集】116/河东奉使奏草下/5 下
【汇编】中二 2520、2521；中三 2972、3276、3303；中六 5742
李世忠 随军战殁永乐城
【长编标】331/7991
【长编影】331/21 下
【汇编】中四 4457
李不谅 相度修筑城寨，与党项西夏战
【长编标】123/2904
【长编影】123/11 上
【范文正公集】年谱补遗/12 上、13 上、14 上；西夏堡寨/6
【汇编】中二 1791、2476、2553、2635、2642、2643
李仕安 随军陷于永乐城，汇编误为李佐安
【长编标】331/7991
【长编影】331/21 下
【汇编】中四 4457
李仕衡 议入中军须
【宋史】299/李仕衡传/9936
【汇编】中一 1344
李仪 与党项西夏战
【宋史】17/哲宗纪 1/333；332/赵禼传/10686；486/夏国传下/14016
【长编标】325/7820；326/7855；345/8271；409/9976、9977；464/11091、11092、11093
【长编影】325/6 下；326/14 上；345/1 上；409/23 上；464/17 下

【栾城后集】13/颍滨遗老志传/7 上
【龙川略志】635
【汇编】上 82；中四 4332、4357；中五 4569、4921、4923、4924、5078、5086、5087、5203

李用和 经略蕃部
【长编标】90/2081；112/2610；135/3227
【长编影】90/13 上；112/7 上；135/13 上
【包拯集】2/论赏·论李用和捉获张海乞依赏格酬奖/23
【汇编】中一 1583、1694；中二 2439；中三 3161

李立之 乞更修筚栗城
【安阳集】家传 7/5 上
【汇编】中三 3485

李宁 招抚逃散之人
【长编标】321/7783
【长编影】321/2 下
【汇编】中四 4268

李让 与党项西夏战
【宋史】280/杨琼传/9502
【长编标】49/1072；50/1101
【长编影】49/9 上；50/17 下
【宋大诏令集】94/责杨琼等诏（咸平四年闰十二月丁丑）/347
【汇编】中一 1240、1241、1284、1285

李邦直 言熙河吐蕃
【长编标】346/8307
【长编影】346/6 上
【汇编】中五 4581

李达 以千人出顺宁寨，具十万人食，疑惑西人
【长编标】318/7697
【长编影】318/15 下
【汇编】中四 4198

李成 与党项西夏战
【长编标】479/11408
【长编影】479/7 上
【汇编】中五 5195

李至 言党项西夏
【宋史】266/李至传/9177
【长编标】42/893；157/3805
【长编影】42/12 下；157/8 下
【宋会要】食货 23 之 39/5194
【奏议标】130/李至·上太宗乞怀柔北狄/1430
【奏议影】130/李至·上太宗乞怀柔北狄/4395
【汇编】中一 1171、1185；中三 3065、3069

李夷行 提举熙河兰会路弓箭手
【长编标】345/8283；506/12060；507/12085；518/12331；519/12347
【长编影】345/10 下；506/10 上；507/12 下；518/14 上；519/5 下
【宋会要】兵 4 之 17/6828
【汇编】中五 4574；中六 5487、5488、5500、5649、5657

李师中 经略党项西夏，言党项西夏
【宋史】175/食货志上 3·和籴/4242；176/食货志上 4·屯田/4267；190/兵志 4·河东陕西弓箭手/4713；328/王韶传/10579；332/李师中传/10677、10678、10679；349/刘昌祚传/11053
【长编标】210/5094；212/5143、5144、5145、5146、5147、5161、5162；213/5176；216/5261；224/5458；263/6440；291/7122
【长编影】210/1 上；212/1 上、2 上、4 下、16 下；213/10 下；216/9 下；224/17 下；263/16 上；291/11 上
【宋会要】食货 2 之 3/4826、55 之 31/5763、63 之 74/6023；兵 28 之 6/7272、7273；方域 8 之 22/7451、8 之 23/7452、20 之 1/7651
【奏议标】65/范纯仁·上神宗乞令孙永依旧知秦州以责后效/723
【奏议影】65/范纯仁·上神宗乞令孙永依旧知秦州以责后效/2375、2376
【宋朝事实类苑】56/730
【龙川别志】下/94
【安阳集】家传 10/13 上
【忠肃集】12/右司郎中李公（师中）墓志铭/166
【名臣碑传琬琰集】下集 16/冯文简公京传/1501
【汇编】中二 2078、2079；中三 3025、3127、3457、3489、3522、3530、3550、3552、3553、3556、3558、3561、3562、3563、3567、3568、3572、3614、3616、3643、3706、3707；中四 3815、3974、3989、4080

李师古 与党项西夏战，论出师城筑山界之害
【长编标】263/6436；329/7927；338/8143
【长编影】263/16 上；329/12 下；338/4 上
【宋会要】兵 8 之 28/6901
【汇编】中四 4411、4413、4516

李师锡 言陕西难以置养马监等事
【宋会要】职官 23 之 13/2889；兵 21 之 7/7128、22 之 6/7146
【汇编】中三 3452、3507；下 7015

李师颜 论宋金攻夺德顺军
【汉滨集】6/论诸军见攻德顺独王彦未到状/7 上
【汇编】下 6694

李光 言进筑城寨
【长编标】496/11808
【长编影】496/15 下
【汇编】中六 5382

李仲容 荐举镇戎军守臣
【宋史】303/田京传/10051
【汇编】中二 1857

李延嗣 按视修筑城寨
【长编标】499/11874
【长编影】499/3 下
【汇编】中六 5402

李宇 长编影为李宗，与党项西夏战，冒奏边功，出使西蕃
【长编标】316/7639；341/8204；343/8235；346/8302；352/8448
【长编影】316/2 下；341/9 上；343/1 下；346/1 上；352/21 下
【宋会要】蕃夷 6 之 29/7833
【宋大诏令集】240/赐阿里骨诏（绍圣三年七月丙辰）/941
【汇编】中四 4175、4535；中五 4557、4580、4621、5249

李守仁 违制发军粮诣灵州
【宋会要】职官 64 之 12/3826
【汇编】中一 1136

李守忠 李汉超子，部送军粮至灵州途中遇敌战死
【宋史】273/李守恩传/9334
【汇编】中一 1222

李守恩 李汉超子，部送军粮至灵州途中遇敌战死
【宋史】273/李守恩传/9334
【长编标】47/1026
【长编影】47/9 上
【汇编】中一 1222

李安 永兴军清远弩手指挥，父与蕃贼战死
【长编标】176/4255；214/5193
【长编影】176/7 上；214/1 上
【范太史集】40/检校司空左武卫上将军郭公墓志铭/11 下
【汇编】中三 3202、3577

李远 部押降羌守青唐
【宋会要】兵 9 之 3/6907
【汇编】中六 5613

李杞 经度茶马贸易，提举陕西钱帛
【宋史】167/职官志 7/3969；184/食货志下 6 · 茶下/4498
【长编标】247/6029；254/6214
【长编影】247/20 上；254/8 上
【汇编】中四 3902、3958、3959；中六 5697

李克 与青唐吐蕃战
【宋史】453/高永年传/13315
【汇编】上 229

李克忠 与党项西夏战
【长编标】214/5203；216/5254；224/5450；225/5493；241/5881；244/5940
【长编影】214/9 下；216/3 下；224/11 上；225/22 下；241/6 上；244/8 下
【汇编】中三 3583、3610、3704、3711；中四 3828、3864

李志 立效西陲
【宋大诏令集】94/东头供奉官李志等转官制（元符三年五月辛卯）/344
【汇编】中六 5683

李孝孙 环庆路第四将
【长编标】264/6458；272/6659
【长编影】264/1 下；272/3 下

李钊 随军出界战死
【长编标】340/8179
【长编影】340/2 下
【汇编】中四 4528

李伀 点检陕西六路急递
【宋会要】方域10之31/7489
李余懿 驻泊笼竿城，与党项西夏战
【长编标】84/1921；88/2013；95/2192
【长编影】84/9下；88/3上；95/13上
【汇编】中一1535、1567、1600
李希及 环庆路走马承受，言缘边小蕃抄掠熟户
【长编标】80/1822
【长编影】80/7下
【汇编】中一1513
李希道 与党项西夏战
【长编标】499/11877；506/12058；507/12076；508/12103
【长编影】499/5上；506/9上；507/4下；508/7下
【汇编】中六5404、5486、5494
李孚 换易官马
【长编标】493/11711
【长编影】493/15上
【汇编】中六5345
李亨 陕西边将，不堪战斗
【长编标】308/7476
【长编影】308/2上
【汇编】中四4113
李应祥 与党项西夏战
【长编标】485/11528
【长编影】485/10上
【汇编】中六5287
李怀素 攻取河州
【长编标】253/6192
【长编影】253/5上
【汇编】中四3953
李沂 与党项西夏战
【宋史】18/哲宗纪2/347
【长编标】480/11427；485/11535；504/12014；505/12028；510/12132；516/12272
【长编影】480/11下；485/16上；504/8上；505/2下；510/1下；516/8下
【宋会要】礼62之50/1719；兵8之33/6903
【汇编】中五5212；中六5279、5290、5291、5454、5465、5538、5613
李沆 议筑绥州城，言党项西夏
【宋史】7/真宗纪2/123；277/郑文宝传/9428；282/李沆传/9539
【长编标】50/1099
【长编影】50/7下、16上
【宋会要】方域8之30/7455
【汇编】中一1256、1282、1312、1382
李兑 环庆路走马承受，上言边事
【长编标】486/11544；500/11905
【长编影】486/5下；500/2下
【汇编】中六5292、5417
李宋卿 催促陕西计置钱粮
【长编标】130/3084
【长编影】130/6上
【汇编】中二2162
李评 相度边事
【宋史】197/兵志11/4913；486/夏国传下/14009
【长编标】220/5352；221/5385；223/5417
【长编影】220/16下；221/16上；223/2上
【宋会要】职官1之18/2338、35之4/3062
【汇编】上75；中三3517、3663、3683、3699、3723、3735
李良臣 定川之战被俘，后自夏来归
【宋史】289/葛怀敏传/9701、9702
【长编标】137/3302；138/3314；152/3703
【长编影】137/21下；138/5上；152/7上
【汇编】中二2546、2547、2554、2578；中三2989
李君谅 修筑城寨
【宋会要】方域8之24/7452
【汇编】中六5898
李纬 李师中父，与党项西夏战
【宋史】287/李纮传/9655；332/李师中传/10676；485/夏国传上/13996
【长编标】128/3042；129/3052、3054；132/3153
【长编影】128/15下、18下；129/3上、4下；132/28上
【奏议标】133/范仲淹·上仁宗攻守二策/1477
【奏议影】133/范仲淹·上仁宗攻守二策/4545
【文恭集】17/李纬可庄宅使制/213
【安阳集】家传2/2下、10/13上

【范文正公集】5/上攻守二策状/13 下
【隆平集】19/李纬传/14 下
【默记】28 下
【汇编】上 63；中二 2074、2078、2079、2097、2104、2107、2315、2398、2665

李玩 押赐夏国生日礼物及冬服
【宋史】486/夏国传下/14016
【长编标】429/10377
【长编影】429/17 下
【汇编】上 82；中五 4964

李若谷 知延州，夏使来，令于庑下饮食
【宋史】291/李若谷传/9739
【隆平集】7/李若谷传/13 下
【汇编】中一 1676、1677

李若愚 经略沿边蕃部
【宋史】186/食货志下 8/4547；191/兵志 5/4752；328/王韶传/10579；341/傅尧俞传/10883
【宋会要】食货 55 之 31/5763；蕃夷 6 之 6/7821
【长编标】203/4925；212/5147；213/5176、5177、5188；216/5261、5262；224/5458
【长编影】203/13 下；212/4 下；213/10 上、20 下；216/9 下；224/17 下
【奏议标】62/傅尧俞·上英宗论差中官为陕西钤辖/685
【奏议影】62/傅尧俞·上英宗论差中官为陕西钤辖/2275、2276
【汇编】中三 3345、3375、3376、3395、3440、3562、3567、3571、3572、3575、3615、3706

李明 随军入西界破后桥寨
【涑水记闻】12/3 上
【汇编】中二 2003

李昌 秦州冶坊寨监押
【潞公文集】38/举官/3 上
【汇编】补遗 7292

李昌龄 言郑文宝禁青白盐非便
【宋史】277/郑文宝传/9427；287/李昌龄传/9653
【宋会要】兵 27 之 4/7248
【汇编】中一 1085、1110、1180、1216

李忠 收复湟州
【宋会要】兵 9 之 5/6908

李忠愍 李舜举，永乐城战死
【宋史】16/神宗纪 3/308
【长编标】330/7955
【长编影】330/9 上
【汇编】中四 4436、4437

李迪 议曹玮经略唃厮啰
【宋史】310/李迪传/10171、10175
【宋会要】选举 27 之 21/4672
【涑水记闻】8/1 上
【汇编】中一 1565、1566、1662；中二 2002

李知和 与党项西夏战
【宋史】289/葛怀敏传/9701
【长编标】124/2931；129/3054；137/3302；138/3314
【长编影】124/7 上；129/4 下；137/21 下；138/5 上
【涑水记闻】4/14 下
【汇编】中二 1828、2107、2546、2547、2554、2555、2557、2578

李岳 与党项西夏战
【宋史】289/葛怀敏传/9701
【长编标】137/3302；138/3314
【长编影】137/21 下；138/5 上
【汇编】中二 2546、2547、2554、2578

李周 议守兰州
【宋史】344/李周传/10935
【栾城集】27/西掖告词/6 上
【汇编】中五 4770

李京 言契丹于代州西北筑城
【宋史】302/李京传/10018
【长编标】148/3574
【长编影】148/1 上
【汇编】中三 2864、3127

李浙 入西界燔毁洪州城
【宋会要】兵 8 之 33/6903

李宗师 催纳麟丰州借官钱粮
【长编标】339/8167
【长编影】339/8 上
【汇编】中四 4524

李宗闵 归朝官，上言金人尝割四州八馆之地赂夏人，后出兵悉夺之
【系年要录】181/3015

【汇编】下 6605

李宗杰 元丰年间随军出界陷没
【长编标】331/7974；518/12318
【长编影】331/7 下；518/1 上
【汇编】中四 4451；中六 5641

李宗易 言河东募强壮
【长编标】134/3189
【长编影】134/3 上
【汇编】中二 2366

李宗詠 相度复修宁远寨
【长编标】134/3187、3189
【长编影】134/1 上、3 上
【宋会要】方域 18 之 7/7613
【汇编】中二 2362、2366

李定 言赐夏使酒食微薄
【长编标】200/4845
【长编影】200/1 上
【汇编】中三 3318

李诚之 言李元昊虽战屡胜，然田里所掠，不办一日之费，故罢兵耳
【后山谈丛】3/2 上
【汇编】中二 2664

李询 击走寇宥州西人
【宋史】4/太宗纪 1/71
【长编标】24/562
【长编影】24/22 下
【宋太宗实录】27/12 下
【汇编】中一 1004

李详 出界亡失人马，追一官
【长编标】331/7969
【长编影】331/3 上
【汇编】中四 4445

李祉 议弃湟州
【长编纪事本末】139/15 下
【汇编】中六 5746

李肃之 经略环庆
【宋史】310/李肃之传/10177
【长编标】240/5830
【长编影】240/6 下
【宋会要】职官 23 之 13/2889；兵 21 之 7/7128
【安阳集】家传 7/1 上
【汇编】中三 3451、3452、3458；中四 3818、3819；下 7015

李经 与党项西夏战
【长编标】347/8323
【长编影】347/3 下
【汇编】中五 4587

李承之 察访边州，参定蕃兵法
【宋史】191/兵志 5/4759
【长编标】249/6067；250/6191；318/7693；320/7732；321/7738、7749；322/7770；325/7821
【长编影】249/5 上；250/21 上；318/12 下；320/12 上；321/2 下、12 上；322/11 上；325/7 上
【宋会要】方域 13 之 23/7541
【汇编】中四 3918、3928、4000、4020、4222、4264、4267、4280、4307、4334

李南公 经略党项西夏
【宋史】355/李南公传/11190；486/夏国传下/14009
【长编标】221/5369；237/5770；452/10849；470/11219、11224、11234；478/11387；480/11421
【长编影】221/2 上；237/12 下；452/6 上；470/7 下、11 上；478/5 下；480/6 上
【汇编】上 75；中三 3675；中四 3799；中五 5051、5134、5142、5183、5184、5209

李荣 父李璠与夏太祖李继迁战死
【长编标】45/965
【长编影】45/10 上
【汇编】中一 1212

李临 入灵州城招安
【长编标】318/7697
【长编影】318/16 上
【汇编】中四 4199

李昭述 提点陕西计置粮草
【宋史】265/李昭述传/9144
【长编标】127/3005；170/4098
【长编影】127/3 上；170/19 上
【包拯集】6/按弹/68
【汇编】中二 1877、1993；中三 3162、3163

李昭亮 与党项西夏战，经略边州
【宋史】285/贾昌朝传/9614
【长编标】134/3196；166/4000；168/4046；170/

4098；174/4194
【长编影】134/8 下；166/17 下；168/14 上；170/19 上；174/4 上
【宋会要】方域 20 之 16/7658
【奏议标】64/欧阳修·上仁宗乞别议求将之法/713；133/贾昌朝·上仁宗备边六事/1482
【奏议影】64/欧阳修·上仁宗乞别议求将之法/2348；133/贾昌朝·上仁宗备边六事/4557
【安阳集】家传 2/14 上
【涑水记闻】5/4 下
【汇编】中二 2374、2391、2590、2827；中三 3142、3154、3161、3162、3185

李昭珙 使夏赐国主银绢
【宋大诏令集】236/登极赐夏国主银绢诏（元符三年）/921
【汇编】中六 5684

李显 与党项西夏战
【长编标】149/3608
【长编影】149/11 上
【范太史集】40/检校司空左武卫上将军郭公墓志铭/11 下
【范文正公集】年谱补遗/12 下
【汇编】中二 2511；中三 2903、3577

李贵 言党项西夏，与党项西夏战
【宋史】16/神宗纪 3/313；486/夏国传下/14014
【长编标】322/7758；350/8381
【长编影】322/1 上；350/1 上
【邻几杂志】2 上
【河南先生文集】20/奏为到庆州闻贼马寇泾原路牒刘政同起发赴镇戎军策应事/8 上
【汇编】上 80；中二 2212、2221；中四 4296；中五 4607、4608

李思古 永乐城战殁
【宋史】486/夏国传下/14012
【长编标】347/8323
【长编影】347/4 上
【宋会要】兵 18 之 14/7064
【汇编】上 78；中五 4587

李思道 与西夏划界
【宋史】485/夏国传上/14001
【长编标】193/4679、4680
【长编影】193/17 上
【宋会要】兵 27 之 41/7267、27 之 44/7268
【汇编】上 68；中三 3268、3272

李秬 言党项西夏
【长编标】329/7933、7934；330/7945
【长编影】329/16 下；330/1 上
【汇编】中四 4415、4431

李复 上言邢恕经略西夏如同儿戏
【宋史】471/刑恕传/13704
【容斋四笔】6/5 下
【朱文公集】71/记潏水集二事/18 下
【汇编】中六 5762、5763；下 7029

李重贵 李赞子，和宋太宗对言五路伐夏
【宋史】279/李重贵传/9487
【长编标】40/852；49/1078
【长编影】40/8 下；49/13 下
【隆平集】18/李重贵传/12 上
【武经总要】后集 3/9 下
【汇编】中一 1144、1156、1250

李重诲 部送灵武刍粮，遇敌战败
【宋史】280/李重诲传/9506
【长编标】47/1029；63/1413
【长编影】47/18 上；63/14 上
【汇编】中一 1222、1426、1443

李禹亨 与西夏战殁
【宋史】325/任福传/10506
【长编标】131/3101
【长编影】131/9 下
【涑水记闻】12/11 下
【汇编】中二 2191、2197、2216

李禹珪 定川战败落职
【长编标】138/3325
【长编影】138/15 上
【汇编】中二 2619

李信 与党项西夏战，经略沿边蕃部
【宋史】15/神宗纪 2/277；290/郭逵传/9725；291/李復圭传/9743；313/文彦博传/10261；334/林广传/10737；486/夏国传下/14008
【长编标】211/5140；214/5195、5203、5204、5218、5219；217/5280；241/5880；244/5941
【长编影】211/19 下；214/2 下、9 下、23 上；217/8 下；241/6 上；244/9 下
【皇宋十朝纲要】9/4 上
【范太史集】40/检校司空左武卫上将军郭公墓

志铭/18 上
【汇编】上 74；中三 3556、3579、3580、3583、3588、3589、3590、3593、3612、3623；中四 3827、3828、3865

李彦琪 与党项西夏战
【宋史】366/刘锜传/11399
【系年要录】38/726
【汇编】下 6245、6246、6247

李庠 陈御敌之策
【宋史】369/曲端传/11489
【陕西通志】59/人物 5/7 上
【汇编】中六 6055；补遗 7258、7259

李宣 与党项西夏战
【长编标】143/3449
【长编影】143/18 下
【汇编】中二 2775

李宪 经略党项西夏，言党项西夏，与党项西夏战，经略熙河
【宋史】16/神宗纪 3/305、306、309、311；17/哲宗纪 1/319、322；85/地理志 1 · 序/2095；186/食货志下 8 · 市易/4552；188/兵志 2 · 将兵/4628；191/兵志 5 · 蕃兵/4760；311/吕公儒传/10215；314/范纯粹传/10279；327/王安礼传/10556；335/种谔传/10746；337/范祖禹传/10798；341/孙固传/10875、10876；343/郑润甫传/10911；346/彭汝砺传/10974；348/钟传传/11037；349/姚麟传/11058；350/苗授传/11068、王文郁传/11074、11075、李浩传/11079、赵隆传/11090；426/叶康直传/12707；467/李宪传/13638、13639、13640、王中正传/13643、李舜举传/13644；468/童贯传/13658；486/夏国传下/14010、14012、14014；490/于阗传/14109、回鹘传/14117
【长编标】220/5352；230/5601；234/5675、5679；235/5719；237/5768、5771；238/5799；239/5809；243/5913、5914、5919、5920；244/5930；247/6024；249/6071；250/6087、6094、6100、6101、6102、6104；252/6179；253/6189；257/6282；264/6465；279/6835、6837、6839；280/6863；282/6903、6904、6909；284/6948；285/6991；286/6996、7000、7007；287/7035；291/7115；294/7166；297/7221、7231；299/7268、7272；305/7426；313/7586、7590、7592；314/7603；315/7617、7618、7621、7624、7625、7632、7633、7634；316/7637、7638、7639、7640、7641、7642、7644、7646、7647；317/7657、7660、7666、7667；318/7691；319/7709；320/7719、7725、7731、7732；321/7736、7738、7740、7743、7744、7746、7749、7750、7752；322/7767、7770、7771；323/7777、7780、7783、7784；324/7803、7804、7805、7807；325/7817、7819、7820、7821、7828、7829；326/7848、7851、7852；327/7868、7869、7870、7873、7885；328/7902、7908；329/7931、7932；330/7946、7950、7952、7953；331/7971、7975、7976、7982；332/8009；333/8014、8017、8018、8022；334/8030；335/8067、8077；337/8119、8126、8130；338/8139、8141；341/8203、8204、8205、8206、8207；342/8219、8220、8222、8224、8225、8226、8227、8230、8231；343/8234、8235、8236、8241、8246、8247、8248；344/8266；345/8274、8277；346/8301、8311、8316；347/8320、8336；348/8346、8347、8354；349/8375；350/8384、8393；351/8406、8408；352/8448、8449；353/8457；356/8515；357/8537；372/9017；375/9106；381/9284；382/9304；392/9532；393/9553；402/9777；407/9906；444/10688、10690、10692；474/11313；513/12200
【长编影】220/16 下；230/15 上；234/3 下、6 下；235/21 下；237/11 上、14 上；238/13 下；239/3 下、12 上；243/1 下、8 上；244/1 下；247/16 下；249/5 下；250/6 下、13 上、18 上、19 上、21 上；252/27 下；253/3 下；257/12 上；279/14 下、17 上；280/12 下；282/3 下、4 上、16 下；284/3 下；285/18 上；286/2 下、5 上；287/21 上；291/4 下；294/6 上；297/4 下；299/4 上、7 下；305/10 下；313/4 下、10 上；314/4 下；315/2 上、3 下、5 下、9 上、9 下、15 上、16 下；316/1 上、2 上、4 上、5 上、6 下、8 下、9 下；317/1 上、4 下、10 下；318/11

上；319/9 下；320/1 上、6 下、10 下、12 上；321/1 上、2 下、6 下、7 上、9 下、11 下、12 下；322/10 下、11 上；323/2 上、3 上、3 下、7 上、8 上；324/7 上、8 上、9 上、10 下；325/4 上、5 下、7 上、8 上、13 上；326/9 下、13 上；327/4 上、5 上、5 下、8 下、19 上；328/11 上、16 上；329/4 上、15 上、16 下；330/1 下、5 下、6 下、7 下；331/8 上；332/13 上；333/1 下、4 下、5 上、9 上、10 下；334/1 下、12 下、15 下、19 上、21 上；335/2 上、6 上、14 上；336/10 上；337/3 下、10 下；338/4 上；341/7 下、8 下、9 上、10 上、11 下；342/1 下、2 上、4 上、5 上、6 下、7 上、8 上、9 下、11 下；343/1 上、2 上、2 下、6 下、11 下、12 上、12 下；344/11 上；345/3 下、6 上、19 下；346/1 上、6 上、9 下、13 下；347/1 上、14 下；348/5 上、6 上、12 上；349/8 下、9 下；350/3 下、10 下；351/3 上、5 上；352/21 下、22 下；353/5 下、8 上；356/8 上；357/8 上；372/14 上；375/18 下；381/30 上；382/6 下；392/9 上；393/3 上；402/1 下；407/10 下；444/9 上、10 上、10 下、13 上；474/12 下；513/7 上

【东都事略】8/神宗纪/7 上；84/刘昌祚传/4 上；104/姚麟传/2 上；120/李宪传/5 上、6 上；127、128/附录 5、6

【奏议标】44/陈并·上哲宗答诏论彗星陈四说/461；62/周尹·上神宗论遣李宪措置边事/691、692、693；63/蔡承禧·上神宗论遣李宪措置边事/694、695、彭汝砺·上神宗论遣李宪措置边事/696、刘挚·上哲宗弹奏王中正等四宦官之罪/697；97/常安民·上哲宗奏为种谊生擒鬼章赏未称功/1049；121/张方平·上神宗谏用兵/1333；138/文彦博·上神宗论关中事宜/1549；140/张舜民·上徽宗论进筑非便/1585

【奏议影】44/陈并·上哲宗答诏论彗星陈四说/1642；62/周尹·上神宗论遣李宪措置边事/2290、2293、2294、2295；63/蔡承禧·上神宗论遣李宪措置边事/2297、2298、2299、2300、2301、彭汝砺·上神宗论遣李宪措置边事/2302、2303、刘挚·上哲宗弹奏王中正等四宦官之罪/2306；97/常安民·上哲宗奏为种谊生擒鬼章赏未称功/3277；138/文彦博·上神宗论关中事宜/4761；140/张舜民·上徽宗论进筑非便/4873

【宋大诏令集】213/赐李宪手诏（元丰四年八月辛酉）/810；214/赐李宪诏（元丰七年正月甲辰）/812

【元丰类稿】21/9 上

【皇宋十朝纲要】9/4 上；10 下/2 上、3 上

【宋会要】职官 1 之 18/2338、66 之 22/3879、66 之 30/3882、66 之 32/3884、66 之 33/3884；食货 37 之 27/5462、43 之 3/5574；兵 8 之 22/6898、8 之 24/6899、9 之 1/6906、14 之 18/7001、18 之 13/7064、18 之 18/7066、28 之 25/7282、28 之 28/7283、28 之 29/7284；方域 19 之 8/7629、20 之 12/7656；蕃夷 4 之 9/7718、4 之 17/7722、6 之 9/7823、6 之 10/7823、6 之 12/7824、6 之 15/7826、6 之 17/7827、6 之 18/7827

【过庭录】11

【初寮集】6/定功继伐碑/1 上

【邵氏闻见录】13/142

【忠惠集】4/熙河奏李宪立庙推恩李构等制/11 下

【范太史集】26/论宦者札子/5 上

【栾城集】37/再论兰州等地状/11 上；41/乞罢熙河修质孤、胜如等寨札子/2 下、再论熙河边事札子/9 下

【涑水记闻】14/10 下

【蒙斋笔谈】上/4 上

【潞公文集】20/奏议/6 上；26/奏议/1 上

【甘肃新通志】6/舆地志·山川上·兰州府·皋兰县/2 下、舆地志·山川上·固原直隶州·海城县/26 上；8/形胜·兰州府·皋兰县/1 下；9/舆地志·关梁·兰州府·皋兰县/3 下；13/舆地志·古迹·兰州府·皋兰县/2 上

【朔方新志】1/山川·中卫/21 下

【海城县志】6/古迹志/1 下

【汇编】上 76、77、78、80、108、111、237；中三 3663、3735；中四 3752、3777、3778、3779、3784、3794、3796、3800、3806、3810、3811、3813、3851、3854、3855、

3859、3860、3861、3900、3919、3922、3923、3926、3927、3928、3929、3935、3936、3948、3949、3950、3952、4027、4028、4029、4030、4031、4035、4039、4040、4041、4042、4046、4050、4051、4053、4056、4068、4079、4091、4100、4101、4121、4126、4130、4131、4135、4143、4154、4156、4158、4160、4162、4167、4168、4169、4171、4172、4173、4174、4175、4176、4177、4178、4179、4181、4183、4185、4192、4194、4201、4204、4205、4218、4240、4241、4253、4256、4263、4265、4266、4267、4269、4273、4275、4276、4278、4279、4281、4283、4284、4302、4305、4306、4307、4308、4309、4310、4311、4313、4314、4323、4324、4325、4327、4330、4331、4333、4335、4336、4351、4354、4369、4370、4371、4372、4373、4374、4377、4380、4381、4391、4394、4399、4409、4412、4414、4420、4424、4432、4434、4435、4451、4452、4455、4464、4465、4466、4467、4468、4469、4470、4472、4475、4477、4478、4479、4482、4483、4485、4489、4500、4506、4507、4509、4512、4516、4517、4535、4536、4537、4539；中五 4545、4546、4549、4550、4551、4552、4553、4555、4557、4558、4559、4560、4561、4562、4568、4569、4571、4577、4579、4580、4581、4584、4585、4586、4592、4594、4595、4598、4604、4605、4611、4614、4616、4618、4620、4621、4622、4623、4625、4626、4631、4633、4710、4721、4722、4751、4754、4799、4800、4830、4903、5013、5014、5015、5018、5164、5165、5166、5222、5223、5265；中六 5335、5496、5566、5712、5737、5913；补遗 7330、7344、7352、7358、7360、7388、7390、7394、7422、7435

李神福 击退入寇西人

【太平治迹统类】2/太祖太宗经制西夏

【汇编】中一 1063

李䄒 部押降羌守青唐

【宋会要】兵 9 之 3/6907

【汇编】中六 5613

李绚 通判邠州，守城有方

【宋史】302/李绚传/10028

【汇编】中二 1907

李逊 与西夏斗敌被围

【长编标】464/11094

【长编影】464/20 下

【宋会要】职官 67 之 6/3890

【汇编】中五 5088

李珣 麟州百姓，星夜飞骑出城求救

【宋史】300/杨畋传/9965

【涑水记闻】12/7

【汇编】中二 2343；中三 3261

李振辞 出使六谷吐蕃

【长编标】49/1079

【长编影】49/14 下

【汇编】中一 1252

李偀 与党项西夏战

【长编标】490/11623

【长编影】490/6 上

【宋会要】兵 8 之 34/6904

【汇编】中六 5319

李浦 修筑城寨，与党项西夏战

【宋史】15/神宗纪 2/298；486/夏国传下/14010、14012

【长编标】299/7277；316/7640；327/7886；329/7921；335/8072；339/8165；347/8323；464/11094

【长编影】299/12 上；316/3 上；327/20 上；329/7 下、19 上；335/10 上；339/6 下；347/4 上；464/20 下

【宋会要】职官 67 之 6/3890；兵 18 之 14/7064；方域 18 之 21/7620、20 之 5/7653；蕃夷 6 之 15/7826

【汇编】上 76、78；中四 4101、4102、4176、4381、4400、4424、4488、4523；中五 4587、5088；中六 5396

李浩 与党项西夏战，措置营田

【宋史】350/李浩传/11079

【长编标】261/6355；272/6659、6662；282/6904；289/7074；316/7641；317/7657；319/7716；

324/7795、7805；328/7902；333/8014、8018；334/8035、8051、8052、8054；335/8067、8069；343/8236、8247、8248；348/8357；408/9920；412/10027；430/10384；469/11213；478/11383；479/11403、11404、11405；480/11427
【长编影】261/1 上；272/3 下、5 下；282/3 下；289/13 下；316/4 上；317/1 上；319/16 上；324/1 上、9 上；328/11 上；333/2 上、5 下；334/5 上、5 下、16 下、19 下、21 上、21 下；335/6 上、8 上；343/2 下、7 下、11 下、12 上；348/14 上；408/2 上；412/8 下；430/4 下；469/8 上；478/2 上；479/4 上；480/11 下
【宋会要】职官 41 之 77/3205；兵 8 之 27/6900；方域 8 之 25/7453、20 之 14/7657；蕃夷 6 之 16/7826
【汇编】中四 3982、4013、4040、4041、4178、4192；中五 4558、4560、4561、4599、4912、4932、4964、5128、5129、5182、5191、5192、5193、5194、5212

李浚 召寨户分住小洛门诸寨
【宋会要】方域 19 之 1/7626

李宴 至秦州置寨采木
【长编标】77/1751
【长编影】77/2 下
【汇编】中一 1506

李宾 与青唐吐蕃战
【宋史】350/王赡传/11071
【宋会要】兵 9 之 2/6906、9 之 3/6907
【奏议标】141/任伯雨・上徽宗论湟郡/1595
【奏议影】141/任伯雨・上徽宗论湟郡/4906
【汇编】中六 5603、5614、5617、5694

李祥 出界亡失人马，追一官
【长编标】324/7805
【长编影】324/9 上

李恕 击败总噶尔
【长编标】88/2023
【长编影】88/12 上
【汇编】中一 1571

李继明 原州乾兴寨主，夏人围镇西堡而不救援
【长编标】126/2982
【长编影】126/15 上
【汇编】中二 1947

李继昌 经略鄜延
【长编标】71/1599；74/1681
【长编影】71/10 下；74/1 下
【宋会要】方域 18 之 1/7610

李继和 李继隆弟，经略党项西夏
【长编标】35/778；40/851；50/1090、1094、1101；51/1115、1116、1123、1124；52/1140、1146、1149；53/1156；195/4726
【长编影】35/12 上；40/9 上；50/8 上、11 下、17 下；51/8 上、9 上、15 上、16 上；52/10 上、14 下、17 下；53/2 下；195/9 上
【宋会要】礼 20 之 40/784、21 之 48/874；职官 48 之 107/3509；兵 8 之 19/6896、22 之 5/7146；方域 21 之 16/7669

李继勋 使备河东
【奏议标】103/苏辙・上神宗乞去三冗/1102
【奏议影】103/苏辙・上神宗乞去三冗/3431

李继隆 与丁罕等五路伐夏
【宋史】283/夏竦传/9572
【长编标】35/767、775、776、778；39/835；40/851、854；56/1230；126/2980
【长编影】35/3 上、6 下、9 下、10 上、12 上；39/6 下；40/8 下、9 上、12 上；56/5 下；126/13 上
【宋会要】兵 8 之 18/6896、8 之 19/6896；方域 21 之 3/7662
【名臣碑传琬琰集】上集 22/夏文庄公竦神道碑/342
【陕西通志】13/山川 6・葭州/59 上
【汇编】中二 1794、1939、2366；补遗 7241

李常 纠劾边报失实
【长编标】341/8207；419/10146
【长编影】341/11 下；419/2 下
【汇编】中四 4539；中五 4947

李象之 李汉超子，部运刍粮过瀚海，遇敌战死
【宋史】273/李守恩传/9334
【汇编】中一 1222

李翊 护赵思忠赴阙
【长编标】258/6305

【长编影】258/16 上
【宋会要】蕃夷 6 之 11/7824
【汇编】中四 3974

李望之 李汉超子，部运刍粮过瀚海，遇敌战死
【宋史】273/李守恩传/9334
【汇编】中一 1222

李康 随刘平战于三川口
【长编标】126/2989
【长编影】126/21 上
【涑水记闻】11/12 上
【汇编】中二 1897、1898、1969

李康伯 与党项西夏战
【宋史】295/叶清臣传/9850；467/卢守懃传/13637
【长编标】127/3008
【长编影】127/5 上
【东坡全集】18/富郑公神道碑/29 上
【汇编】中二 1911、1973、1998、1999

李惟希 勘察边事
【范文正公集】年谱补遗/5 下
【汇编】中二 2102

李惟熙 与党项西夏战
【长编标】115/2706；125/2945
【长编影】115/16 上；125/7 上
【汇编】中一 1706；中二 1856

李清臣 言党项西夏，言收复湟鄯
【宋史】328/李清臣传/10563
【长编标】362/8657；366/8791；465/11105；482/11464
【长编影】362/3 上；366/14 上；465/7 下；482/8 下
【宋会要】职官 41 之 19/3176；刑法 7 之 22/6744；兵 9 之 4/6907
【长编纪事本末】139/15 下
【奏议标】141/冯澥·上徽宗论湟廓西宁三州/1597
【奏议影】141/冯澥·上徽宗论湟廓西宁三州/4911
【汇编】中三 3601；中五 4650、4675、5090、5216、5217、5232、5258；中六 5719、5746

李深 进筑城寨
【长编标】491/11667；493/11715；495/11783、11784、11787；503/11970；507/12085
【长编影】491/21 下；493/19 下；495/17 上、20 上；503/1 下；507/12 下
【汇编】中六 5333、5347、5371、5372、5374、5435、5500

李谘 经度入中
【宋史】183/食货下 5/4483、4484；292/李谘传/9753；326/李渭传/10528
【长编标】115/2701、2702
【长编影】115/12 下
【宋会要】食货 36 之 16/5440
【汇编】中一 1618、1620、1621、1665、1704、1705

李琼 灵州河外寨主，以城降李继迁
【宋史】6/真宗纪 1/116
【宋朝事实类苑】16/兵刑/3 下
【汇编】中一 1116、1286

李琮 押赐御筵
【三朝北盟会编】9/7 上
【汇编】中六 5954

李彭年 李庠，陈御西夏方略，请减边兵就食内地
【陕西通志】59/人物 5/7 上
【汇编】补遗 7258

李焘 著《十朝纲要》
【长编标】459/10982
【长编影】459/8 下

李超 曹玮军中善射者，一发而毙虏首
【涑水记闻】2/6 上
【汇编】中一 1542

李復圭 经略党项西夏，与党项西夏战
【宋史】15/神宗纪 2/277；290/郭逵传/9725；291/李復圭传/9742、9743；313/文彦博传/10261；347/盛陶传/11006；452/高敏传/13285；486/夏国传下/14008
【长编标】211/5140；214/5203、5204、5218；216/5258、5259；217/5280；220/5349；221/5388；233/5653；238/5786；241/5880；244/5940、5941；245/5970、5971
【长编影】211/19 下；214/9 下、23 上、24 下、25 上；216/7 上；217/8 下；220/14 上；

李楫 与熙河吐蕃战
【长编标】281/6884
【长编影】281/3 下
【汇编】中四 4036
李彀 上奏边情，体量战况，经略熙河
【长编标】330/7952；341/8204；343/8234、8348；516/12267；517/12303；518/12323、12325、12331、12338；519/12349；520/12377
【长编影】330/6 下；341/8 下；343/1 上、12 下；516/3 下；517/7 下、15 下；518/6 上、7 上、14 上、19 下；519/7 上；520/18 下
【宋会要】蕃夷 6 之 34/7835
【汇编】中四 4435、4535；中五 4557、4561；中六 5609、5634、5639、5645、5647、5649、5652、5659、5669
李嗣本 与党项西夏战
【宋会要】蕃夷 2 之 37/7710
【长编纪事本末】144/7 上
【汇编】中六 5979、5984
李照用 又作李照甫，出兵贺兰原，获宥州正监军叶结威明嘉勒
【长编标】354/8480
【长编影】354/10 上
【汇编】中五 4627
李照甫 又作李照用，出兵贺兰原，获宥州正监军叶结威明嘉勒
【宋史】332/赵卨传/10686
【汇编】中五 4626
李简 与党项西夏战
【宋史】325/任福传/10506；485/夏国传上/13997
【长编标】131/3101
【长编影】131/9 下
【涑水记闻】12/11 下
【汇编】上 64；中二 2191、2197、2216
李廌 献《兵鉴》二万言论西事
【宋史】444/李廌传/13117
【汇编】中五 4889
李溱 与党项西夏战
【长编标】353/8460
【长编影】353/5 上
【汇编】中五 4622
李溥 访陕西诸州增酒榷之利
【宋会要】食货 20 之 4/5134
【汇编】中一 1314
李察 与熙河吐蕃战败
【长编标】250/6098；252/6150
【长编影】250/16 上；252/3 下
【汇编】中四 3925、3926、3939
李彀 议弃河湟地
【宋会要】职官 68 之 8/3912
【汇编】中六 5718
李端愿 手写赵普《谏太宗北伐疏》
【宋史】464/李端愿传/13571
【汇编】中三 3646
李察 议沿边籴买，转运粮草
【长编标】248/6049；318/7693；319/7699；321/7739、7742、7750；322/7762、7763；326/7843、7856；328/7896；329/7916、7925；331/7966、7978；333/8025；334/8034；341/8214；343/8249；346/8309、8316
【长编影】248/11 下；318/12 上；319/1 上；321/2 下、5 下、12 上；322/3 下、4 上；326/4 上、16 下；328/5 上；329/3 下、10 下；331/1 上、10 下；333/11 上；334/4 上；341/17 下；343/13 下；346/7 上、13 下
【宋会要】方域 8 之 6/7443、20 之 2/7651
【东坡全集】65/书张芸叟诗/11 下
【画墁集】补遗/游公（师雄）墓志铭/3 上
【汇编】中四 3908、4195、4199、4220、4225、4269、4272、4280、4299、4301、4348、4359、4388、4398、4404、4445、4452、4470、4472、4541；中五 4562、4583、4586
李震 押伴拂林国般次赴阙
【潞公文集】37/辞免/9 下
【汇编】补遗 7373
李颙 与党项西夏战
【长编标】214/5193；217/5278；235/5717；237/5778
【长编影】214/1 上；217/7 上；235/20 下；237/19 下
【范太史集】40/检校司空左武卫上将军郭公墓志铭/12 上
【汇编】中三 3595、3623；中四 3783、3802

李稷 修筑城寨，与党项西夏战，上奏边事，措置茶马贸易
【宋史】16/神宗纪 3/308；175/食货志上 3/4246；197/兵志 11/4916；334/徐禧传/10722、10723、10724、李稷传/10725；335/种谔传/10747；340/吕大钧传/10847；486/夏国传下/14012
【长编标】298/7252；300/7297；307/7451；314/7602；316/7646、7647；317/7657；318/7693；319/7702、7704、7707、7712；320/7729、7730；322/7770；326/7847；327/7874；328/7896；329/7921、7925、7926、7933、7936、7937；330/7955、7957；334/8044；367/8843
【长编影】298/11 下；300/1 上；307/1 上；314/3 下；316/9 上；317/1 上；318/1 上、12 上；319/2 上、3 下、4 上、6 下、11 下；320/10 上；322/11 上；326/9 下；327/9 上、10 下；328/5 上、14 上；329/7 下、10 下、11 上、16 下、19 上；330/9 上、11 上；334/12 上；367/21 上
【东都事略】86/沈括传/4 上、徐禧传/5 下
【宋会要】职官 43 之 93/3320、66 之 16/3876；食货 49 之 20/5643；兵 4 之 9/6824、8 之 26/6900、8 之 28/6901、8 之 29/6901
【皇宋十朝纲要】10 下/3 上
【东坡全集】69/永乐事/2 下
【邵氏闻见录】10/101
【涑水记闻】14/10 上、10 下
【潞公文集】26/奏议/3 下
【汇编】上 78；中四 4098、4103、4113、4119、4142、4183、4184、4191、4212、4220、4228、4229、4230、4231、4233、4238、4247、4261、4281、4284、4307、4351、4377、4378、4386、4388、4393、4400、4404、4405、4407、4408、4409、4415、4416、4417、4418、4419、4420、4423、4424、4425、4436、4437、4439；中五 4688；中六 5864、5878；补遗 7357

李德 言西贼寇边
【长编标】111/2590
【长编影】111/13 下
【汇编】中一 1685

李德庆 出使熙河蕃部
【长编纪事本末】139/4 上
【汇编】中六 5728

李澄 与熙河吐蕃战，修筑城寨
【长编标】507/12086；514/12232；515/12241、12242；516/12263、12271；517/12297
【长编影】507/13 上；514/19 下；515/6 上；516/1 上、7 上；517/2 下
【宋会要】兵 28 之 45/7292
【汇编】中六 5501、5502、5592、5596、5597、5606、5610、5631

李戬 与夏人战死浮图岔
【宋史】486/夏国传下/14018
【长编标】515/12260
【长编影】515/22 下
【汇编】上 84；中六 5604

李履中 谏造船五百艘，沿河直抵兴灵，以空夏国
【容斋四笔】6/5 下
【汇编】中六 5764

李璠 与李继迁战死
【长编标】45/965
【长编影】45/10 上
【汇编】中一 1212

李赞 李继迁围怀远镇，守将李赞力竭，自焚而死
【长编标】49/1078
【长编影】49/13 下
【汇编】中一 1250

李赟 与党项西夏战
【长编标】350/8387
【长编影】350/5 下
【汇编】中五 4612

李濬 经略秦州
【宋史】308/张佶传/10151；324/刘文质传/10492
【长编标】74/1697
【长编影】74/15 下
【汇编】中一 1489、1498、1517

李諿 按视进筑城寨，根究边情，措置钱盐
【宋史】350/王赡传/11072
【长编标】494/11734、11735、11749、11757、

11758；496/11802；499/11874；500/11906；506/12061；510/12150；513/12202；516/12289；517/12305；518/12336；519/12347
【长编影】494/20 上、27 上、27 下；496/15 下；499/3 下；500/6 下；506/10 上；510/17 下；513/9 上；516/20 下；517/9 下；518/17 下；519/5 上
【宋会要】方域 8 之 24/7452、19 之 16/7633
【汇编】中六 5361、5365、5366、5382、5402、5418、5419、5488、5548、5570、5622、5623、5638、5651、5657、5898

严训 与西夏战于丰州
【长编标】212/5150
【长编影】212/7 上
【汇编】中三 3563

严显 根括蕃兵
【长编标】345/8284
【长编影】345/11 下
【汇编】中五 4575

来承庆 与党项西夏战
【苕溪集】48/宋故武功大夫魏国公杨公（宗闵）墓碑/2 上
【汇编】补遗 7423

吴友 麟州飞骑指使
【长编标】143/3449
【长编影】143/18 下
【汇编】中二 2775

吴中復 知永兴军
【长编标】197/4774；240/5830
【长编影】197/6 上；240/6 下、9 上
【涑水记闻】12/16 下
【汇编】中三 3289、3290；中四 3818、3879

吴立礼 言麟州斥堠不明
【长编标】475/11322
【长编影】475/3 上
【汇编】中五 5167

吴仲举 庆州通判
【宋会要】职官 66 之 6/3871

吴廷祚 经略秦州
【宋史】1/太祖纪 1/11；257/吴廷祚传/8948；270/高防传/9261；492/吐蕃传/14152
【长编标】3/68；71/1603
【长编影】3/7 上；71/14 上
【宋大诏令集】240/安抚秦州蕃部尚波于诏/942
【汇编】中一 934、935、936、937、1483

吴充 经略边事
【宋史】175/食货志上 3/4254；176/食货志上 4 屯田/4268；312/吴充传/10239
【长编标】214/5207；224/5459；226/5503；229/5578；230/5595；237/5757、5769；241/5886；243/5916
【长编影】214/14 上；224/17 下；226/2 上；229/13 上；230/8 上；237/1 上、11 下；241/11 下；243/5 上
【宋会要】食货 2 之 4/4827、37 之 14/5455
【汇编】中三 3586、3707、3717；中四 3742、3746、3747、3757、3788、3797、3798、3831、3852、4006、4012

吴安宪 蓄积粮草，修筑城堡
【长编标】334/8055；347/8337
【长编影】334/22 上；347/15 下
【宋会要】兵 24 之 27/7192
【陇右金石录】3/65 下
【甘肃新通志】14/建置志・城池/13 下
【汇编】中四 4480；中五 4592；补遗 7404、7418

吴玠 字晋卿，德顺军陇干人，抗金名将，与夏人数通书
【宋史】26/高宗纪 3/492；27/高宗纪 4/511；28/高宗纪 5/533；29/高宗纪 6/540；366/吴玠传/11408、11413；366/吴璘传/11415；367/李显忠传/11429；369/曲端传/11490；379/韩肖胄传/11691；486/夏国传下/14023
【宋会要】兵 17 之 24/7049
【中兴小纪】13/158
【三朝北盟会编】168/17 下；195/4 下
【夷坚三志辛】4/伊宪文命术/1410
【系年要录】15/311；58/1006；83/1368；86/1421；96/1582；98/1609；109/1764；124/2030；130/2097；131/2107；134/2159
【朝野杂记】甲集 18/兵马・御前诸军/561；乙集 12/杂事・渡江后名将皆西北人/963、13/官制 1 都统制/1031
【名臣碑传琬琰集】上集 12/功绩记/186
【甘肃新通志】13/舆地志・陵墓/57 下

【汇编】上 89、224；中六 5928、6055；下 6133、6143、6287、6289、6313、6353、6361、6378、6395、6398、6403、6404、6409、6459、6473、6483、6485、6492、6503、6504、6512、6514、6523、6764；补遗 7477

吴育 言党项西夏
【宋史】291/吴育传/9728、9731；486/夏国传下/14009
【长编标】123/2897；126/2984；151/3677；154/3742；283/6933
【长编影】123/5 上、6 上；126/17 上；151/11 下；154/6 下、11 上；283/11 上
【宋会要】蕃夷 7 之 25/7852
【奏议标】133/孙沔·上仁宗论范仲淹答元昊书/1473
【奏议影】133/孙沔·上仁宗论范仲淹答元昊书/4532
【东坡全集】15/张文定公墓志铭/13 上
【三朝北盟会编】62/5 下
【默记】47 上
【汇编】上 75；中二 1781、1782、1783、1784、1785、1786、2230、2250；中三 2957、3041、3042、3241；中六 6057、6058

吴居厚 议辽朝点集并遣使为夏人请元符以后所侵地
【长编拾补】26/引九朝编年备要/14 上
【汇编】中六 5813

吴祈 熙州水洛城寨卒，数与夏羌战，立功至指挥使
【夷坚三志辛】4/伊宪文命术/1410
【汇编】中六 5928

吴春卿 即吴育，言党项西夏
【龙川别志】下/86
【汇编】中二 1786

吴贲 出兵古渭寨
【长编标】175/4224；176/4257
【长编影】175/5 上；176/8 上
【汇编】中三 3191、3203

吴茜 阅缘边壮丁
【长编标】49/1074

吴奎 请于秦州古渭、永宁寨及原州、德顺军置场市马
【宋史】198/兵志 12/4935
【长编标】192/4641
【长编影】192/9 下
【汇编】中三 3298

吴挺 结约夏人攻金
【宋史】35/孝宗纪 3/685；486/夏国传下/14026
【文忠集】149/奉诏录 4/16 上
【汇编】上 92；下 6780

吴亮 言熙河籴买钱
【宋会要】食货 40 之 6/5511
【汇编】中六 5890

吴祐之 权夏州节度判官
【宋会要】兵 14 之 10/6997
【汇编】中一 1079

吴真 与党项西夏战
【宋会要】兵 28 之 39/7289
【汇编】中五 5254

吴逵 卒长，策动庆州兵变
【宋史】329/王广渊传/10609
【长编标】220/5361、5362
【长编影】220/24 上
【汇编】中三 3667、3670

吴猛 夏人攻定西城，率部战死
【长编标】400/9743；401/9767；402/9778、9783
【长编影】400/5 下；401/6 下；402/1 下、6 下
【宋会要】兵 18 之 15/7065
【皇宋十朝纲要】12/4 下
【汇编】中五 4825、4826、4827、4831、4834、4848

吴清 言陕西保毅军
【宋会要】兵 1 之 1/6754
【汇编】中一 1298

吴淑 奏言遣使结秦陇以西诸戎以制西夏
【宋史】301/梅询传/9984
【长编标】50/1085、1090
【长编影】50/5 下、7 下
【汇编】中一 1254、1256、1303

吴道纯 泾原路勾当公事
【长编标】322/7770
【长编影】322/11 上
【汇编】中四 4307

吴蒨 籍缘边壮丁为兵

【长编标】216/5267

【长编影】49/10 上；216/15 上

【汇编】中一 1244；中三 3617

吴雍 秦凤路经略使

【宋史】333/朱光庭传/10710

【长编标】330/7963；333/8017；348/8345、8355

【长编影】330/13 上；333/4 下；348/4 下、13 上

【宋会要】兵 4 之 12/6826

【闻见近录】29 上

【汇编】中四 4291、4292、4442、4465；中五 4594、4598

吴積 与党项西夏战

【长编标】235/5709

【长编影】235/13 上

【范太史集】40/检校司空左武卫上将军郭公墓志铭/12 上

【汇编】中三 3595；中四 3782

吴遵路 上《御戎要略》、《边防杂事》二十篇

【宋史】426/吴遵路传/12701

【长编标】132/3127

【长编影】132/5 下

【儒林公议】下/7 下

【汇编】中二 2265

吴璘 言党项西夏，经略党项西夏，与党项西夏战

【宋史】29/高宗纪 6/540；32/高宗纪 9/603、607、611；366/吴玠传/11413、吴璘传/11415、11418；486/夏国传下/14023、14025

【宋会要】仪制 10 之 37/2022；职官 41 之 31/3182；兵 29 之 11/7298

【夷坚三志辛】4/伊宪文命术/1410

【系年要录】66/1125；130/2099；189/3161；192/3225；197/3319；198/3331、3352；199/3360、3373、3377；200/3379、3381、3401

【三朝北盟会编】232/9 上、9 下

【汉滨集】6/论诸军见攻德顺独王彦未到状/7 上

【清波杂志】12/7 下

【朝野杂记】甲集 11/官制 2·招讨使/318；乙集 12/杂事·渡江后名将皆西北人/963、19/边防/1180

【甘肃新通志】13/舆地志·陵墓/57 下

【汇编】上 89、91；中六 5928；下 6344、6381、6503、6510、6511、6512、6616、6623、6624、6626、6627、6632、6668、6671、6678、6683、6684、6686、6687、6688、6689、6692、6694、6727、6764、6937；补遗 7477

岑保正 上奏边情

【宋史】277/索湘传/9420

【长编标】84/1915；90/12081

【长编影】84/5 上；90/13 上

【宋会要】兵 14 之 14/6999、27 之 18/7255

【汇编】中一 1153、1158、1533、1583

利珣 走马承受公事，奏言边事

【长编标】491/11659；497/11819；499/11875、11877、11879、11889；507/12080；509/12124；518/12338

【长编影】491/12 上；497/2 下；499/3 下、5 上、16 下；507/7 下；509/10 下；518/19 下

【汇编】中六 5325、5326、5386、5402、5403、5404、5405、5409、5495

何中立 经略边州

【宋会要】职官 61 之 39/3773；食货 24 之 1/5195

【司马文正公集】73/书启 2/5 下、7 下

【玉壶清话】3/6 上

【汇编】中三 3182、3211、3236、3237、3294

何权 修筑城寨

【宋会要】方域 8 之 24/7452

【汇编】中六 5898

何执中 议辽朝点集并遣使为夏人请元符以后所侵地界

【宋史】190/兵志 4·河东陕西弓箭手/4719

【长编纪事本末】140/15 下

【长编拾补】26/引九朝编年备要/14 上

【汇编】中六 5813、5824、5849

何庆 擅领兵与蕃部格斗

【长编标】90/2081

【长编影】90/13 上

【汇编】中一 1583

何次公 赍诏责问夏毅宗李谅祚入寇之故

【宋史】332/陆诜传/10681；485/夏国传上/

14002
【长编标】208/5063、5067
【长编影】208/15上
【安阳集】家传6/7下
【名臣碑传琬琰集】中集48/韩忠献公琦行状/1105
【汇编】上69；中三3409、3410、3414

何述　泾原路经略安抚使
【忠惠集】2/贺破夏贼界捷表/20下
【汇编】补遗7426

何泽　出使夏国
【宋会要】职官60之21/3743
【汇编】中三3544

何昱　出界战殁
【长编标】485/11528
【长编影】485/9上
【汇编】中六5288

何贵　冒奏边功
【长编影】352/21下
【汇编】中五4621

何俊　议发配环庆罪犯流入蕃部
【宋会要】职官49之3/3531；刑法4之15/6629
【汇编】中一1660、1668

何亮　往灵州经度屯田，上《安边书》
【长编标】44/947；205/4965
【长编影】44/16上；205/3下
【安阳集】家传6/7下
【汇编】中一1207；中三3378

何洋　从谢亮持诏书赐夏崇宗李乾顺
【宋史】486/夏国传下/14022
【系年要录】12/271
【汇编】上88；下6125

何郯　言选使臣引伴西人
【长编标】161/3883；167/4020
【长编影】161/3下；167/12下
【汇编】中三3097、3144

何涉　修筑堡寨
【宋史】432/何涉传/12842
【范文正公集】西夏堡寨/6
【汇编】中二2644、2821

何常　言党项西夏，言入粟塞下
【宋史】190/兵志/4720；354/何常传/11166
【汇编】中六5880、5881

何渐　言茶马贸易
【宋史】167/职官志7/3969
【宋会要】职官43之93/3320
【汇编】中六5697、5876、5877

何鲠　金明寨主，战死
【长编标】488/11588
【长编影】488/10下
【汇编】中六5306

何灌　与党项西夏战，言弓箭手
【宋史】190/兵志4·河东陕西弓箭手/4723；357/何灌传/11225、11226；486/夏国传下/14021
【长编标】513/12206
【长编影】513/11上
【东都事略】107/何灌传/7上
【宋会要】兵4之19/6829、4之24/6832、4之25/6832、14之20/7002、14之21/7003；方域8之24/7452
【三朝北盟会编】9/4下；10/2上、11下；70/8上
【皇宋十朝纲要】18/4下
【汇编】上87；中六5574、5575、5723、5889、5892、5927、5928、5929、5930、5949、5958、5959、6071

余良肱　议贷在京民钱以助边费
【宋史】333/余良肱传/10716
【汇编】中二2636

余深　以西捷加官
【宋史】21/徽宗纪3/400
【宋会要】职官1之2/2330
【宋大诏令集】64/余深进少保制（政和八年四月西捷）/314
【汇编】中六5917、5918、5919

余靖　言党项西夏，出使契丹以制西夏
【宋史】11/仁宗纪3/218、219；252/郭承佑传/8852；320/余靖传/10408、10409
【辽史】19/兴宗纪2/231
【长编标】138/3323；139/3354；142/3404、3406、3409；147/3568；148/3576；149/3603；150/3625、3626、3633；151/3669、3678；152/3705；153/3724；154/3737、3747
【长编影】138/13上；139/16上；142/9上、11

下、14 上、28 上；147/14 上；148/2 下、15 下；149/6 下；150/3 下、4 上、4 下；151/13 上、14 下、24 下；152/8 下；153/10 上；154/2 上、11 上
【包拯集】9/议边/121
【欧阳文忠公全集】104/奏议/8 下
【范文正公集】政府奏议下/边事/14 下；19/陈乞邠州状/1 上
【契丹国志】8/兴宗文成皇帝纪/8 上
【汇编】中二 2616、2686、2736、2743、2744、2747、2752；中三 2844、2864、2866、2879、2896、2924、2925、2927、2933、2950、2952、2973、2974、2975、2979、2985、2988、2990、2993、3011、3016、3032、3038、3042

希晏 姚平仲字，与夏人战臧底河，斩获甚众
【姚平仲小传】1 上
【汇编】中六 5904

狄天使 虏人谓狄青为狄天使
【元刊梦溪笔谈】13/3
【汇编】中二 2110

狄公 狄青，修建亭阁
【安阳集】47/故崇信军节度副使检校尚书工部员外郎尹公墓表/2 上
【陇右金石录】3/48 上
【汇编】中三 2905；补遗 7374

狄青 与党项西夏战，经略党项西夏
【宋史】290/狄青传/9718、9719、张玉传/9721、狄节传/9722；292/郑戬传/9768、王尧臣传/9773；295/尹洙传/9837、叶清臣传/9852；311/庞籍传/10199；320/余靖传/10408；324/刘沪传/10495
【长编标】125/2945；128/3039；129/3056；130/3079；134/3201；135/3238；138/3310、3311；144/3487、3489、3490；145/3513、3515；147/3557、3558；148/3575、3576、3577、3578、3583、3590、3591；149/3608；150/3632；151/3685、3686；153/3728；172/4138、4153；173/4175；234/5673
【长编影】125/7 上；128/14 上；129/6 下；130/1 上；134/13 下；135/23 下；138/1 下、2 下；144/12 下；145/18 下；147/3 上；148/1 下、2 下、8 下、14 下、15 下；149/10 上、10 下；150/4 下；151/19 下；153/13 上；172/8 下；173/12 上；234/2 下
【宋会要】兵 4 之 4/6822、27 之 34/7263、27 之 36/7264；方域 8 之 3/7442
【奏议标】132/范仲淹・上仁宗论夏贼未宜进讨/1462；133/范仲淹・上仁宗攻守二策/1477
【奏议影】132/范仲淹・上仁宗论夏贼未宜进讨/4500；133/范仲淹・上仁宗攻守二策/4545
【宋大诏令集】105/狄青落起复加恩制/388、狄青彰化军节度使加恩制/388
【元丰类稿】47/故朝散大夫尚书刑部郎中充天章阁待制兼侍读上轻车都尉赐紫金鱼袋孙公（甫字之翰）行状/9 下
【元刊梦溪笔谈】13/3、10
【公是集】51/宋故推忠佐理功臣赠尚书左仆射王公（尧臣）行状/610
【安阳集】家传 3/2 上、4/7 上
【欧阳文忠公全集】102/奏议 5 下；105/奏议 6 上、8 上
【河南先生文集】7/答环庆招讨使范希文书/1 下；8/上四路招讨使郑侍郎议御贼书/7 下、8/又一首/8 上；18/论城水洛利害表/8 下；20/奏为金汤一带族帐可取状/9 上；21/奉诏体量本路将佐状/1 上、奉诏及四路司指挥分擘本路兵马弓箭手把截贼马来路状/1 下、论雪部署狄青回易公使钱状/2 下、乞与郑戬下御史台照对水洛事状/4 下
【范文正公集】年谱补遗/3 上、3 下、6 下、7 上、7 下、22 下；政府奏议上/34 上；政府奏议下/21 下、36 下；诸贤赞颂论疏/24 下；5/上攻守二策状/13 下
【涑水记闻】9/5 下；10/5 上；11/5 下、8 上
【渑水燕谈录】2/5 上
【名臣碑传琬琰集】中集 27/王懿敏公素墓志铭/804；中集 48/韩忠献公琦行状/1098
【默记】15/下
【甘肃新通志】13/舆地志・古迹・兰州府・金县/4 上
【延安府志】2/5 上
【陕西通志】10/山川 3・延安府・甘泉县/6 下；16/关梁 1・延安府・安塞县/27 上、27 下
【榆林府志】4/古迹/22 下
【嘉靖宁夏新志】2/宁夏总镇・古迹/55 上

【长编影】340/13 下；398/2 下；400/5 下；404/10 下；507/17 下；512/11 下
【长编纪事本末】139/4 下、14 下
【三朝北盟会编】9/7 下
【系年要录】25/506
【汇编】中四 4532；中五 4818、4825、4826、4847；中六 5506、5563、5729、5745、5955；下 6189

沈存中 沈括，《笔谈》记党项西夏事
【长编标】329/7926
【长编影】329/11 下
【涑水记闻】14/10 上
【桯史】1/6
【汇编】中二 1937；中四 4405、4408

沈言 与熙河蕃部战
【长编纪事本末】139/11 下
【汇编】中六 5739

沈希颜 根究边情
【长编标】250/6085
【长编影】250/5 下
【汇编】中四 3922

沈括 经略党项西夏，与党项西夏战
【宋史】16/神宗纪 3/307、308；85/地理志 1·序/2095；197/兵志 11/4916；331/沈括传/10656；334/徐禧传/10722、10723、10724；335/种谔传/10747；337/范祖禹传/10798；467/李舜举传/13644；486/夏国传下/14011
【长编标】305/7426；311/7547；312/7566；313/7593；314/7611；315/7618、7622、7624、7625、7628、7629、7630、7631、7633；316/7640、7642、7645、7647、7651、7653；317/7657、7660、7661、7665；318/7682、7695、7696；319/7699、7701、7703、7705、7709、7710、7715、7716、7717；320/7721、7722、7727、7728、7733；321/7739、7750；322/7759、7764、7771；323/7782、7784、7788、7791；324/7802、7806、7809；325/7816、7818、7820、7822、7830、7831、7832；326/7844、7848、7849、7852、7853、7856、7859；327/7874；328/7892、7893、7894、7895、7906；329/7919、7921、7922、7925、7926、7927、7931、7932、7933、7934、7935、7936、7937、7940；330/7945、7946、7948、7955、7957；331/7967；332/7998；340/8186；345/8283；372/9006；433/10444；471/11250
【长编影】305/10 下；311/15 上；312/7 上、9 上；313/11 上；314/11 上；315/3 下、9 上、11 下、13 上、15 上、16 上；316/3 上、5 下、6 下、9 下、13 上、15 上；317/1 上、4 上、9 上；318/3 上、13 下、15 上；319/1 上、2 上、4 上、6 上、9 下、15 下、17 上；320/2 下、8 上、13 下；321/2 下、12 下；322/1 上、6 上、11 上；323/7 上、8 下、12 上、14 下；324/7 上、10 上、12 下、14 上；325/5 上、6 下、8 上、14 下、16 上；326/6 上、9 下、10 下、13 上、13 下、16 下；327/9 上；328/3 上、3 下、5 上、14 上；329/6 上、7 下、10 下、11 上、11 下、15 上、16 上、16 下、18 上、19 上、21 上、22 下；330/1 上、1 下、3 下、9 上、11 上；331/1 下；332/3 下；340/8 下；345/10 下；372/5 上；433/6 下；471/12 上
【东都事略】86/沈括传/4 上、徐禧传/5 下、6 下
【宋会要】职官 41 之 76/3204；兵 8 之 22/6898、8 之 28/6901、28 之 24/7281；方域 8 之 6/7443、19 之 7/7629、19 之 8/7629、19 之 9/7630、19 之 47/7649、19 之 49/7650、20 之 2/7651
【奏议标】139/范纯粹·上哲宗乞以弃地易被虏之人/1561
【奏议影】139/范纯粹·上哲宗乞以弃地易被虏之人/4797
【皇宋十朝纲要】10 下/2 下
【攻媿集】69/恭题神宗赐沈括御札/927
【邵氏闻见录】10/102
【栾城集】37/再论兰州等地状/11 上
【涑水记闻】14/10 上、10 下
【延安府志】7/绥德州·米脂县·古迹/28 下
【汇编】上 77；中四 4111、4119、4120、4123、4132、4133、4151、4155、4156、4161、4164、4165、4168、4170、4176、4180、4182、4184、4185、4187、4190、4191、4198、4201、4202、4203、4214、4223、4225、4227、4231、4234、4241、4242、

4250、4252、4255、4259、4265、4269、4281、4297、4303、4308、4313、4314、4317、4319、4323、4326、4327、4330、4331、4332、4335、4336、4337、4350、4351、4352、4354、4355、4358、4359、4362、4378、4382、4383、4384、4386、4387、4393、4399、4400、4404、4405、4407、4408、4409、4412、4413、4414、4415、4418、4419、4420、4422、4423、4425、4426、4428、4430、4431、4432、4433、4436、4437、4439、4443、4445、4461、4462；中五 4575、4700、4754、4971、4972、5148、5223；中六 5913；补遗 7352

沈起 经略党项西夏，经略熙河

【宋史】176/食货志上4·屯田/4267；334/沈起传/10728

【长编标】213/5175、5189；216/5261；217/5273；224/5458、5459、5460；231/5610；237/5770

【长编影】213/10 上、20 下；216/9 下；217/3 上；224/17 下；231/1 下；237/12 下

【汇编】中三 3573、3576、3615、3616、3620、3669、3689、3707；中四 3755、3799

沈與 又作沈興，被西人所执

【宋会要】兵 28 之 24/7281

【汇编】中四 4186

沈興 又作沈與，被西人所执

【长编标】315/7631

【长编影】315/15 上

【汇编】中四 4168

沈邈 言夏景宗李元昊与宋议和事

【宋史】302/沈邈传/10030

【长编标】151/3677

【长编影】151/11 下

【奏议标】135/丁度等·上仁宗论契丹请绝元昊进贡事/1511

【奏议影】135/丁度等·上仁宗论契丹请绝元昊进贡事/4649

【汇编】中二 2774；中三 2957

宋太初 代郑文宝出任陕西都转运使

【宋史】277/宋太初传/9422、郑文宝传/9428；280/田绍斌传/9498

【宋会要】职官 64 之 12/3826；兵 27 之 4/7248

【汇编】中一 1110、1135、1136、1180、1194

宋太宗 经略党项西夏

【宋史】201/刑法志 3/5016；250/韩崇训传/8824；253/折御卿传/8862；254/侯延广传/8884；257/李继隆传/8967、8968、8969；258/曹玮传/8984；266/钱若水传/9166；267/李惟清传/9217；273/董遵诲传/9343；274/王侁传/9364；275/田仁朗传/9380；276/宋珰传/9391；279/李重贵传/9487；280/田绍斌传/9497、王杲传/9504；281/吕端传/9515、寇准传/9528；283/夏竦传/9572；291/李復圭传/9742；293/王禹偁传/9795；299/胡则传/9941；304/刘师道传/10064；318/张方平传/10357；466/秦翰传/13614、张崇贵传/13618；467/蓝继宗传/13633；485/夏国传上/13984；492/吐蕃传/14153、14154

【长编标】42/896；55/1203；123/2911；124/2930；126/2980；131/3095；132/3134；218/5315；243/5919；379/9208；489/11603；509/12119

【长编影】42/15 上；55/2 下；123/17 上、17 下；124/7 上；126/13 上；131/3 上；132/11 下；218/21 上；243/8 上；379/10 上；489/6 上；509/4 上

【东都事略】28/1 上；48/曾致尧传/1 上；115/郑文宝传/2 上

【隆平集】18/李重贵传/12 上；20/夷狄传/3 下

【宋会要】食货 23 之 22/5185；兵 8 之 19/6896；方域 8 之 30/7455

【奏议标】44/陈并·上哲宗答论彗星陈四说/461

【奏议影】44/陈并·上哲宗答论彗星陈四说/1643

【元宪集】33/宋故推诚翊戴功臣彰武军节度延州管内观察处置等使曹公行状/343；34/宋故推诚翊戴功臣彰武军节度延州管内观察处置等使曹公墓志铭/352

【文庄集】14/陈边事十策/1 上

【乐全集】18/对诏策/2 上；22/秦州奏唃廝啰事/20 上；23/再上国计事/5 下

【司马文正公集】25/章奏 23/3 上

【玉壶清话】3/6 上

【宋朝事实类苑】40/525

【欧阳文忠公全集】21/碑铭·尚书户部郎中赠右谏议大夫曾公神道碑铭/2 上；114/奏议政府/1 上
【武经总要】前集 18 上/15 上、18 下/西蕃地界/1 上；后集 3/9 下
【范文正公集】别集 4/10 上
【金石萃编】147/折克行神道碑/1 上
【临川集】90/鲁国公赠太尉中书令王公行状/6 上
【宋朝事实类苑】56/引湘山野录/742
【闻见近录】2 上
【涑水记闻】2/10 下；3/4 上
【名臣碑传琬琰集】上集 22/夏文庄公竦神道碑/342；中集 22/张文定公方平墓志铭/724、43/曹武穆公玮行状/1031；下集 5/李继隆传/1338
【嘉靖宁夏新志】2/古迹/56 上
【汇编】上 49、50、51、54、69、112、171、178、196；中一 969、971、972、979、982、1014、1020、1028、1035、1037、1059、1060、1062、1065、1066、1087、1088、1089、1097、1105、1106、1110、1111、1136、1137、1141、1142、1144、1145、1146、1147、1159、1161、1162、1163、1166、1170、1172、1173、1189、1279、1294、1362、1394、1730；中二 1794、1796、1797、1826、1827、1939、2006、2277、2366；中三 3112、3359、3419、3433、3640；中四 3854、3979；中五 4734；中六 5311、5336、5529；下 6941、7010

宋太祖 经略党项西夏

【宋史】198/兵志 12/4933；253/孙全照传/8875；257/李继和传/8972；266/钱若水传/9167；270/高防传/9261；273/董遵诲传/9343；305/杨亿传/10082；340/吕大防传/10842；440/柳开传/13026；479/西蜀孟氏传/13875；485/夏国传上/13989；486/夏国传下/14030
【长编标】17/384；18/397；50/1098；71/1603；204/4941；205/4965；248/6038；366/8794
【长编影】17/19 下；18/5 上；50/15 上；71/14 上；204/7 上；205/4 上；248/1 下；366/14 下
【东都事略】20/李继和传/3 下；28/冯继业传/1 上；29/7 下；47/杨亿传/1 上；127、128/附录 5、6
【隆平集】16/郭进传/16 下
【奏议标】44/陈并撰·上哲宗答论彗星陈四说/461；137/孙觉·上神宗论治边之略/1536；138/吕大防·上哲宗答诏论西事/1558
【奏议影】44/陈并撰·上哲宗答论彗星陈四说/1643；137/孙觉·上神宗论治边之略/4725；138/吕大防·上哲宗答诏论西事/4788
【元丰类稿】30/请西北择将东南益兵札子/11 上；49/本朝政要策·添兵/2 下、任将/10 下
【乐全集】18/对诏策/2 上；23/再上国计事/5 下
【玉壶清话】2/9 下
【挥麈后录】1/神宗置封椿库以为开拓境上之资/11 下
【栾城集】20/上神宗皇帝书/18 下
【涑水记闻】1/12 下
【名臣碑传琬琰集】下集 6/学士钱公若水传/1355
【豫章文集】2/遵尧录 1/3 上
【中国考古学会第一次年会论文集】折继闵神道碑/455
【汇编】上 50、96、100、102、178、187、219；中一 935、936、945、947、961、962、963、969、995、1004、1202、1216、1217、1259、1260、1263、1266、1270、1278、1483；中三 3112、3369、3380、3496、3527、3528；中四 3904、4115、4426；中五 4647、4678；中六 5336；补遗 7238

宋仁宗 经略党项西夏

【宋史】122/礼志 25/2853；162/职官志 2/3799；173/食货志上 1·序文 4156；181/食货志下 3/4419；253/折御卿传/8865；290/狄青传/9719、张玉传/9721；292/王尧臣传/9722、9774；295/尹洙传/9837；299/张洞传/9932；302/鱼周询/10013；312/韩琦传/10222；313/文彦博传/10258；318/张方平传/10354；319/刘敞传/10383；323/范恪传/10465；324/张亢传/10482；325/任福传/10506、王珪传/10508；330/任颛传/10617；349/卢政传/11055；485/夏国传上/13997；

486/夏国传下/14009；492/唃厮啰传/14162
【长编标】135/3240；218/5315；230/5596；243/5924；283/6933；313/7584；326/7847；479/11412；509/12119
【长编影】135/23 下；218/21 上；230/8 上；243/12 上；283/11 上；313/3 上；326/9 下；479/10 上；509/4 上
【东都事略】127、128/附录5、6
【宋会要】礼25之84/996；食货5之12/4866
【奏议标】45/任伯雨·上徽宗论月晕围昴毕/470；65/范纯仁·上神宗乞令孙永依旧知秦州以责后效/723；121/张方平·上神宗谏用兵/1332
【奏议影】45/任伯雨·上徽宗论月晕围昴毕/1670；65/范纯仁·上神宗乞令孙永依旧知秦州以责后效/2376；121/张方平·上神宗谏用兵/4133
【宋大诏令集】232/答契丹劝和西夏书/901
【王壶清话】6/7 下
【东轩笔录】1/1 上；3/4 上
【东坡全集】15/张文定公（方平）墓志铭/14下、15 上；24/乞加张方平恩礼札子/73 上
【司马文正公集】20/章奏 18/12 上；25/章奏23/3 上；37/章奏35/4 下；79/龙图直学士李公（绚）墓志铭/1 下
【石林燕语】7/5 上；8/4 下、78 下；8/5 上；9/2 上
【龙川别志】下/87、89
【安阳集】家传4/1 上、6/7 下
【宋朝事实类苑】9/100；11/引倦游录/132；55/引东轩建炎笔录/715
【系年要录】75/1247
【邵氏闻见录】9/90
【忠肃集】拾遗/王开府（拱辰）行状/307、305
【挥麈后录】1/宰相枢密分合因革/27 上
【栾城集】39/论西事状/15 上
【谈苑】1/2 上
【铁围山丛录】1/4 下
【梁溪集】82/辩余堵事札子/12 上
【梅溪集】奏议3/6 下
【渑水燕谈录】2/6 上
【资治通鉴】13/169
【名臣碑传琬琰集】中集48/韩忠献公琦行状1097
【靖康要录】7/405
【豫章文集】5/遵尧录4/1；7/遵尧录6/1 上
【陇右金石录】4/［附录］重修护国寺感通塔碑考释/56 上
【陕西通志】59/人物5/7 上
【文物】1978 年第 12 期/陕西府谷县出土北宋李夫人墓志/90
【汇编】上 59、64、75、106、107、145、173、185；中一 1707、1766；中二 1810、1816、1817、1859、1908、1971、1997、2054、2055、2057、2080、2117、2159、2218、2229、2270、2271、2377、2380、2416、2469、2479、2523、2524、2532、2562、2563、2565、2580、2587、2649、2660、2727、2757、2767、2809、2961；中三 3109、3114、3146、3195、3307、3357、3378、3384、3433、3489、3531、3640；中四 3747、3856、4044、4055、4128、4351；中五 4715、4777、4864、5199；中六 5523、5530、5699、6016；下 6268、6718、6813；补遗 7258、7299、7465

宋用臣 与党项西夏战
【宋史】337/范祖禹传/10799；476/王中正传/13643
【范太史集】26/论宦者札子/5 上
【汇编】中五 4721、5222、5223

宋永诚 兔毛川之战，内侍宋永诚哭于军中
【宋史】255/王凯传/8926；326/张昷传/10524
【汇编】上 235；中二 2354

宋师恭 破羌人于柳谷川
【宋史】491/党项传/14146
【汇编】上 28

宋回 管勾营田
【长编标】134/3206
【长编影】134/18 上
【汇编】中二 2411

宋守约 册封夏毅宗李谅祚副使
【宋史】485/夏国传上/14000
【长编标】164/3942
【长编影】164/1 上
【宋大诏令集】234/册夏国主谅祚文/911

【汇编】上 68；中三 3116

宋守信 献兵器

【宋会要】兵 26 之 36/7244

宋安道 与党项西夏战

【长编标】353/8461

【长编影】353/5 下

【汇编】中五 4622

宋祁 请修函谷关以防西夏

【长编标】149/3603；151/3677

【长编影】149/6 下；151/11 下

【汇编】中三 2896、2957

宋沆 出使西凉

【宋史】276/张从吉传/9406；279/王汉忠传/9477；492/吐蕃传/14155

【长编标】50/1090、1103；51/1117；52/1146

【长编影】50/7 下、19 上；51/9 下；52/14 上

【汇编】中一 1255、1256、1288、1300、1301、1322、1323

宋良 与党项西夏战，修筑堡寨

【范文正公集】年谱补遗/12 上；西夏堡寨/6

【汇编】中二 2476、2640、2642

宋良臣 控守安仁谷

【甘肃新通志】6/舆地志·山川上·泾州·直隶州·本州/34 上

【汇编】补遗 7288

宋玠 修复塞门寨

【长编标】321/7744

【长编影】321/8 上

【汇编】中四 4277

宋英宗 经略党项西夏

【宋史】124/礼志 27/2900；262/刘几传/9076；330/李参传/10619；331/吕夏卿传/10658；485/夏国传上/14002

【东都事略】75/蔡襄传/3 上

【宋会要】兵 28 之 2/7270

【玉海】154/嘉祐赐夏国九经/62 上

【安阳集】家传 6/7 下

【名臣碑传琬琰集】中集 27/王懿敏公素墓志铭/803、48/韩忠献公琦行状/1105

【汇编】上 69、70；中三 3310、3347、3399、3406、3409、3414、3418、3419；补遗 7316

宋垂远 知秦州宋珰子，乘传往原渭仪州及镇戎军按视放牧草地

【长编标】56/1236

【长编影】56/11 上

【汇编】中一 1386

宋郊 上言自今外夷朝贡，并令询问国邑、风俗、道途远近及画衣冠、人物两本，一进内，一送史馆

【宋会要】蕃夷 7 之 25/7852

宋城 上报边情

【长编标】137/3286

【长编影】137/9 下

【汇编】中二 2530

宋思恭 与党项西夏战

【宋史】253/折御卿传/8863；279/周仁美传/9491

【长编标】45/965；52/1136

【长编影】45/9 上、15 下；52/6 上

【宋会要】方域 21 之 1/7661、21 之 3/7662、21 之 4/7663、21 之 8/7665

【汇编】上 36、42、172；中一 1064、1211、1214、1317

宋钦宗 经略党项西夏

【宋史】371/王伦传/11522；447/徐徽言传/13191；486/夏国传下/14021

【挥麈后录】8/王伦随李相至禁中自陈于殿下/7 上

【汇编】上 87；中六 6067；下 6088

宋庠 议边事

【宋史】11/仁宗纪 3/212；284/宋庠传/9591；292/郑戬传/9767；314/范仲淹传/10271；323/赵珣传/10463；325/桑怿传/10512；485/夏国传上/13997

【长编标】126/2972；131/3114；132/3123

【长编影】126/6 下；131/19 下；132/5 下、6 上

【宋会要】兵 27 之 26/7259；方域 12 之 4/7521

【涑水记闻】8/14 下；12/11 下

【儒林公议】上 12 上；下/3 上

【汇编】上 64；中二 1908、1909、2194、2195、2244、2245、2246、2263、2265、2266、2267、2268、2331；中三 3016

宋神宗 经略党项西夏，经略熙河

【宋史】124/礼志 27/2900；162/职官志 2·枢

3534、3546、3568、3570、3578、3589、3590、3595、3597、3609、3647、3657、3668、3676、3699、3714；中四3754、3769、3807、3812、3947、3967、4008、4028、4045、4079、4091、4092、4121、4124、4135、4136、4139、4202、4204、4205、4238、4245、4272、4275、4292、4305、4307、4329、4346、4367、4401、4419、4420、4424、4426、4436、4437、4441、4443、4476、4482；中五4581、4635、4646、4652、4662、4676、4695、4699、4708、4710、4715、4728、4737、4740、4743、4757、4758、4766、4772、4778、4830、4864、4965、4989、4990、5070、5125、5129、5165、5166、5221、5262；中六5320、5461、5543、5545、5692、5712、5714、6029；下6365、6937；补遗7331、7359、7435

宋玓 经略秦州

【宋史】276/宋玓传/9391

【长编标】56/1236

【长编影】56/11上

【汇编】中一1014、1386

宋真宗 经略党项西夏

【宋史】173/食货志上1·序/4156；250/石保兴传/8812、王承衎传/8818；257/李继和传/8973；258/曹玮传/8988；266/李至传/9177；277/宋太初传/9422、裴庄传/9438；279/许均传/9485；280/田绍斌传/9497、王荣传/9500；281/毕士安传/9519；282/王旦传/9545、向敏中传/9555；283/林特传/9564；293/田锡传/9791；307/宋搏传/10127；318/张方平传/10357；326/卢鉴传/10528；440/柳开传13025；466/张继能传/13620；485/夏国传上/13988；491/党项传/14143

【长编标】123/2911；126/2984；130/3085、3086；509/12119；519/12344

【长编影】123/17下；126/17上；130/6下、7上；509/4上；519/2下

【东都事略】48/曾致尧传/1上；127、128/附录5、6；129/附录7西蕃/1下、2上

【隆平集】20/夷狄传/3下

【宋会要】食货4之1/4846；兵4之1/6820、8之2/7058、22之4/7145

【奏议标】44/陈并撰·上哲宗答诏论彗星陈四说/1641；137/刘叙·上神宗论不可伐丧/1535；138/司马光·上哲宗乞还西夏六寨/1553；141/任伯雨·上徽宗论湟鄯/1594

【奏议影】44/陈并撰·上哲宗答诏论彗星陈四说/1641；137/刘叙·上神宗论不可伐丧/4719；138/司马光·上哲宗乞还西夏六寨/4775；141/任伯雨·上徽宗论湟鄯/4903

【元宪集】34/宋故推诚翊戴功臣彰武军节度延州管内观察处置等使曹公墓志铭/353

【司马文正公集】25/章奏23/3上；35/章奏33/1上

【宋朝事实类苑】78/引东轩建炎笔录/1022

【欧阳文忠公全集】21/碑铭·尚书户部郎中赠右谏议大夫曾公神道碑铭/2上、2下；22/碑铭·太尉文正王公神道碑铭/4下；27/墓志·翰林侍读学士给事中梅公墓志铭/2上

【临川集】90/曹穆公行状/3下

【春明退朝录】上/3

【独醒杂志】2/4上

【涑水记闻】3/3上；6/13下；8/1上

【朝野杂记】乙集19/边防/1180

【名臣碑传琬琰集】中集43/曹武穆公玮行状/1031、1034

【豫章文集】4/遵尧录/3/13下

【汇编】上25、55、102、113、236；中一1171、1179、1191、1194、1195、1197、1202、1215、1223、1243、1279、1280、1292、1294、1299、1304、1344、1369、1384、1388、1394、1397、1409、1411、1422、1456、1470、1472、1491、1517、1547、1563、1564、1618、1673、1674、1684；中三3260、3433、3480；中四3979；中五4664；中六5336、5529、5656、5693；下6937；补遗7244

宋恭 入蕃界破贼

【宋会要】方域21之5/7663

宋哲宗 经略党项西夏

【宋史】121/礼志24·受降献俘/2838；175/食货志上3·和籴/4246；314/范纯粹传/10281、范纯仁传/10286；328/安焘传10566、章楶传/10589、10590；332/游师雄传/10690；348/

钟传传/11037；349/刘昌祚传/11055、姚雄传/11060；350/贾岩传/11086；467/李宪传/13640；471/吕惠卿传/13708；486/夏国传下/14017；492/阿里骨传/14165
【长编标】514/12226、12229
【长编影】514/13 上、17 下
【东都事略】127、128/附录 5、6
【奏议标】140/范纯粹·上徽宗论进筑非便/1584、张舜民·上徽宗论进筑非便/1585
【奏议影】140/范纯粹·上徽宗论进筑非便/4871、张舜民·上徽宗论进筑非便/4874
【长编纪事本末】140/9 下
【汉滨集】15/故客省使雄州防御使泾原路兵马钤辖兼第十一将郭公（成）行状/19 上
【三朝北盟会编】60/4 下
【初寮集】6/定功继伐碑/1 上
【鸡肋集】67/刑部侍郎杜公（纮）墓志铭/17 上
【建炎笔录】中/15
【忠正德文集】8/丙辰建炎笔录/5 上
【朝野杂记】乙集 19/边防/1180
【名臣碑传琬琰集】中集 30/王学士存墓志铭/848
【金石萃编】147/折克行神道碑/1 上
【汇编】上 80、83、85、108、195、240；中五 4625、4639、4641、4647、4721、4767、5228、5231、5232、5233、5257；中六 5285、5456、5457、5586、5590、5625、5661、5677、5710、5713、5714、5820、6042；下 6427、6937；补遗 7385、7436

宋高宗 经略党项西夏
【宋史】366/刘锜传/11399
【清波杂志】12/7 下
【汇编】下 6108、6381

宋球 出界亡失所部兵马，追两官
【长编标】331/7969
【长编影】331/3 上
【汇编】中四 4445

宋渊 上言西边进筑城寨不足以御敌
【长编标】486/11547
【长编影】486/6 上
【汇编】中六 5294

宋深 回谢辽朝国信副使
【长编标】509/12121
【长编影】509/7 下
【汇编】中六 5531

宋绶 荐举人才，上攻守之策
【宋史】10/仁宗纪 2/207；291/宋绶传/9734
【宋会要】选举 27 之 21/4672
【元丰类稿】48/徐復传/1 上
【东坡全集】15/张文定公墓志铭/13 上
【河南先生文集】24/申拣选军马状/1 下
【汇编】中一 1662；中二 1961、1964、1975、2230、2465

宋琪 经略党项西夏，言党项西夏
【宋史】264/宋琪传/9126、9129
【长编标】25/574；35/768
【长编影】25/5 上；35/3 上
【汇编】中一 1010、1028、1068

宋湜 草赵保吉制
【长编标】42/896
【长编影】42/15 上
【汇编】中一 1189

宋搏 两至夏州界部发居民
【宋史】307/宋搏传/10127
【汇编】中一 1194

宋徽宗 经略党项西夏
【宋史】167/职官志 7/3969；175/食货志上 3·和籴/4247；317/钱即传/10351；335/种师道传/10750；350/刘仲武传/11082、郭成传/11085、赵隆传/11090；353/程之邵传/11151；367/郭浩传/11440；368/王彦传/11451；452/黄友传/13296；486/夏国传下/14019
【长编标】515/12248
【长编影】515/12 下
【东都事略】82/王厚传/6 下；104/折可适传/3 上；127、128/附录 5、6
【宋会要】礼 20 之 39/784、20 之 40/784、20 之 42/785、20 之 79/804、20 之 88/808、20 之 100/814、20 之 102/815、20 之 113/821、20 之 114/821、20 之 116/828、20 之 117/823、20 之 119/824、20 之 132/830、20 之 139/834、20 之 141/835、20 之 144/836、20 之 171/850；职官 43 之 75/3311；食货 54 之 5/5740、62 之 57/5977；兵 4 之 17/6828、9 之

4/6907、14 之 20/7002、17 之 6/7040；蕃夷 2 之 30/7707、4 之 9/7718
【奏议标】45/任伯雨·上徽宗论月晕围昴毕/470；65/任伯雨·上徽宗论西北帅不可用武人/727；97/许翰·上徽宗论西帅赏功之滥/1051；125/陈次升·上徽宗论西蕃市马/1386、范纯粹·上徽宗乞令蕃官不得换授汉官差遣/1381；140/范纯粹·上徽宗论进筑非便/1583、张舜民·上徽宗论进筑非便/4872；141/冯澥·上徽宗论湟廓西宁三州/1596、龚夬·上徽宗乞诱论青唐/1594、任伯雨·上徽宗论湟鄯/1594
【奏议影】45/任伯雨·上徽宗论月晕围昴毕/1669；65/任伯雨·上徽宗论西北帅不可用武人/2386；97/许翰·上徽宗论西帅赏功之滥/3282；125/陈次升·上徽宗论西蕃市马/4275、范纯粹·上徽宗乞令蕃官不得换授汉官差遣/4261；140/范纯粹·上徽宗论进筑非便/4866、张舜民·上徽宗论进筑非便/4872；141/冯澥·上徽宗论湟廓西宁三州/4907、龚夬·上徽宗乞诱论青唐/4900、任伯雨·上徽宗论湟鄯/4901
【方舟集】16/赵郡王墓志铭/26 上
【契丹国志】10/天祚帝纪上/1 下
【三朝北盟会编】60/4 下
【京口耆旧传】3/邵龥传/11 下
【契丹国志】10/天祚帝纪上/11 上
【容斋四笔】6/5 下
【朝野杂记】乙集 19/边防/1180
【靖康稗史】宣和奉使录/13
【汇编】上 85、110、181、239；中六 5602、5680、5688、5692、5697、5698、5701、5702、5706、5707、5708、5712、5714、5752、5756、5757、5760、5764、5772、5780、5785、5788、5792、5794、5798、5799、5802、5806、5809、5812、5817、5821、5823、5841、5842、5843、5847、5852、5861、5862、5872、5874、5875、5905、5921、5936、5944、5945、5976、5983、5994、6043、6049；下 6697、6937

张士元 册封夏景宗李元昊副使
【长编标】153/3723；155/3770
【长编影】153/9 上；155/12 下
【隆平集】20/夷狄传/3 下
【宋大诏令集】233/册夏国主文/909
【汇编】上 114；中三 3014、3049

张士逊 议边事
【宋史】183/食货下 5/4483；292/李谘传/9754；311/张士逊传/10218
【长编标】123/2896；126/2973；147/3569
【长编影】123/6 上；126/9 上；147/14 上
【东都事略】52/张士逊传/2 上
【宋会要】兵 5 之 2/6840
【儒林公议】上/2 上
【三朝北盟会编】62/5 下
【汇编】中一 1620、1621；中二 1779、1783、1785、1903、1918、1919、1924；中三 2864；中六 6057

张大宁 经制熙河边防财用，经度粮草馈运，经度弓箭手营田蕃部
【宋史】175/食货志上 3/4256；190/兵志 4·河东陕西弓箭手/4715；327/王安礼传/10556
【长编标】317/7678；319/7713；327/7868；329/7927；333/8025
【长编影】317/19 下；319/11 下；327/4 上；329/12 上；333/11 上
【宋会要】兵 4 之 11/6825；方域 8 之 26/7453、20 之 21/7661
【汇编】中四 4212、4244、4247、4367、4369、4385、4410、4470

张大钧 修筑城寨
【宋会要】方域 8 之 24/7452、8 之 25/7453
【汇编】中六 5898

张万慕 与党项西夏战
【长编标】479/11408
【长编影】479/7 上
【汇编】中五 5195

张义论 募首级冒赏
【长编标】501/11939
【长编影】501/9 下
【汇编】中六 5427

张义甫 秦凤路兵马钤辖张之谏子
【长编标】336/8094
【长编影】336/3 下
【汇编】中四 4496

张之谏 与党项西夏战

【长编标】255/6243；291/7119；336/8094；356/8515；379/9202、9207；404/9835；405/9866；407/9903；408/9924；419/10158；470/11235
【长编影】255/12 上；291/8 上；336/3 下；356/7 上；379/4 下、10 上；404/7 上；405/5 上；407/8 上；408/5 下；419/13 下；470/16 上
【宋会要】职官 66 之 31/3882
【东坡全集】36/制敕/19 下
【彭城集】19/张之谏可转两资西上阁门使制/267
【汇编】中四 3964、4080、4496；中五 4630、4631、4728、4733、4843、4881、4901、4914、4949、5121、5143

张子奭 使夏议和，册封夏景宗李元昊
【宋史】295/孙甫传/9840；485/夏国传上/13998
【长编标】142/3422；144/3487；145/3507、3508；146/3536；153/3723、3724；155/3770；159/3846
【长编影】142/25 下；144/10 下；145/18 上；146/8 下、9 上；153/9 上、12 下；155/12 下；159/7 上、7 下、11 上
【宋会要】方域 21 之 12/7667
【宋大诏令集】233/册夏国主文/909；234/赐夏国主诏/910
【宋朝事实类苑】75/996
【石林燕语】9/1 上
【安阳集】家传 4/16 下
【欧阳文忠公全集】99/奏议/9 上；102/奏议/1 下、5 下
【河南先生文集】8/议西夏臣伏诚伪书/1 下
【范文正公集】5/答窃议/17 下
【涑水记闻】10/7 上
【儒林公议】下/3 上
【霏雪录】上/22 上
【汇编】上 44、45、66；中二 2770、2771、2791、2798、2799、2801、2804、2807、2808、2810、2818；中三 2842、2843、2984、3014、3015、3017、3049、3089、3090、3091；补遗 7296

张天一 又作张天益、张天翼，西夏俘获宋将，转送辽朝
【辽史】24/道宗纪 4/287
【汇编】中四 4315

张天益 又作张天一、张天翼，西夏俘获宋将，转送辽朝
【辽史】115/西夏记/1528
【汇编】上 122

张天翼 又作张天一、张天益，随高遵裕攻灵州战没，被西夏转送辽朝
【长编标】328/7897
【长编影】328/7 上
【汇编】中四 4388

张元方 与熙河吐蕃战
【长编标】281/6884
【长编影】281/3 下
【汇编】中四 4036

张太宁 五路伐夏，押运粮草
【长编标】320/7731；327/7867；343/8235
【长编影】320/10 下；327/2 下；343/1 上
【宋会要】食货 43 之 2/5573；方域 19 之 7/7629
【汇编】中四 4245、4263、4368；中五 4557

张中孚 与党项西夏战
【金史】79/张中彦传/1791；91/庞迪传/2012
【系年要录】38/726；126/2049；130/2099
【中兴小纪】26/296
【隆德县志】4/考证/64 上
【汇编】下 6246、6255、6497、6499、6512；补遗 7272

张仁珪 丰州推官，言黄河北庄郎昧克族帐数万，东接契丹，北接鞑靼
【长编标】54/1178
【长编影】54/3 上
【宋会要】方域 21 之 10/7666
【汇编】上 42；中一 1345

张仁愿 修筑城堡
【元丰类稿】30/请减五路城堡札子/14 上
【汇编】中四 4340

张从 经略熙河
【陇右金石录】3/59 下
【汇编】补遗 7361

张从古 知环州，领兵离州袭杀蕃寇
【长编标】52/1146

【长编影】52/14 上
【汇编】中一 1322

张从式 规度秦州开拓山林
【宋史】268/王显传/9231
【汇编】中一 1086

张从志 出界陷没
【长编标】485/11528
【长编影】485/9 上
【汇编】中六 5288

张从政 和断蕃部
【长编标】88/2024
【长编影】88/12 上
【汇编】中一 1571

张公 张括，屡帅王师深入虏庭
【榆林府志】47/修武郎张括墓志铭/10 上
【汇编】补遗 7125

张文义 因强毅有胆被迁补
【宋会要】兵 4 之 1/6820
【汇编】中一 1517

张文质 府州折惟昌卒，遣入内供奉官张文质驰往护葬
【长编标】82/1876
【长编影】82/13 下
【汇编】中一 1521

张文定公 张齐贤，言党项西夏
【宋朝事实类苑】78/引东轩建炎笔录/1022
【汇编】中一 1563

张方平 言党项西夏，经略党项西夏
【宋史】15/神宗纪 2/288；162/职官志 2・枢密院/3799；180/食货志下 2/4384；317/钱明逸传/10347；318/张方平传/10353、10354、10355、10356、张昪传/10363
【长编标】131/3112；133/3170；134/3192；135/3233、3234、3239；137/3291；151/3677；158/3823；161/3895；163/3922；175/4222；183/4435、4436；188/4536；197/4774；230/5593；259/6320；263/6435；286/7005；432/10434
【长编影】131/17 下；133/5 上；134/3 下、4 上、5 下、10 上；135/18 上、23 下；137/13 下；151/11 下；158/11 上；161/12 下；163/7 上；175/18 上；183/12 上；188/10 下；197/6 上；230/6 下；259/10 上；263/15 下；286/9 下；432/10 上
【宋会要】食货 36 之 28/5445
【奏议标】123/张方平・上仁宗论刺四路弓手充保捷宣毅/1352；133/张方平・上仁宗乞因郊禋肆赦招怀西贼/1475
【奏议影】123/张方平・上仁宗论刺四路弓手充保捷宣毅/4186；133/张方平・上仁宗乞因郊禋肆赦招怀西贼/4529
【东坡全集】24/张方平札子/73 上
【龙川别志】下/87
【挥麈后录】1/宰相枢密分合因革/27 上
【司马文正公集】7/章奏 5/10 上、11 上、12 上
【玉海】141/康定论兵/15 上
【范文正公集】年谱/24 上；诸贤赞颂论疏/24 下
【涑水记闻】12/16 下、17 上
【名臣碑传琬琰集】中集 22/张文定公方平墓志铭/724
【汇编】中二 2229、2322、2323、2325、2328、2329、2368、2369、2373、2376、2377、2378、2379、2380、2394、2455、2457、2469、2508、2518、2519、2524、2537；中三 2957、2960、3086、3093、3099、3199、3200、3217、3222、3287、3288、3289、3290、3295、3296、3297；中四 3744、3979、3980、3989；中五 4655、4969；下 7026；补遗 7263

张亢 经略党项西夏，与党项西夏战，言党项西夏
【宋史】292/郑戬传/9768；299/施昌言传/9949；314/范仲淹传/10272；323/赵振传/10462；324/张亢传/10488、10489；326/张岊传/10524；485/夏国传/13997
【长编标】127/3005、3014；130/3081；132/3146；144/3483；146/3527；150/3629；160/3863；161/3886；164/3957；191/4615；195/4725；205/4966
【长编影】127/2 下、10 下；130/1 上；132/7 下、22 下；144/12 下；146/1 上；150/4 下；160/4 下；161/5 上；164/13 下；191/5 下；195/7 下；205/4 上
【宋会要】方域 21 之 1/7661、21 之 6/7664、21

之8/7665
【奏议标】132/范仲淹·上仁宗论夏贼未宜进讨/1463、田况·上仁宗兵策十四事/1468；133/张亢·上仁宗论边机军政所疑十事/1473
【奏议影】132/范仲淹·上仁宗论夏贼未宜进讨/4503、田况·上仁宗兵策十四事/4519；133/张亢·上仁宗论边机军政所疑十事/4533
【宋大诏令集】194/诏密院诫谕边臣/714
【司马文正公集】79/殿中丞薛府君（薛仪字式之）墓志铭/7下
【玉海】143/康定便殿阅阵/17下
【安阳集】家传1/15下
【宛陵先生集】1/环州通判张殿丞/14下
【欧阳文忠公全集】115/河东奉使奏草/21下
【范文正公集】年谱补遗/3下、4下；政府奏议下荐举/28上；诸贤赞颂论疏/24下；5/答窃议/17下；15/耀州谢上表/6下
【文庄集】14/陈边事十策/1上
【陕西通志】13/山川6·葭州·神木县/63下；17/关梁2·葭州·府谷县/57上；51/名宦2/8上
【榆林府志】4/府谷县·山/9下；6/建置志·关隘/3上、5上、7上、7下
【中国考古学会第一次年会论文集】折继闵神道碑/455
【汇编】上38、65、89、235；中一1707；中二1798、1939、1981、1983、1990、1991、2015、2039、2099、2153、2251、2252、2276、2304、2331、2339、2340、2484、2609、2610、2732、2777、2780、2783、2792、2793、2809、2810；中三2837、2840、2929、2968、3002、3097、3380；下7027；补遗7264、7265、7276、7277、7278、7279、7280

张邓公　张士逊，言党项西夏
【龙川别志】下/86
【汇编】中二1786

张节　与党项西夏战
【涑水记闻】12/14上
【汇编】中二2356

张去惑　创修城寨，防御西夏
【范文正公集】年谱补遗/13上；政府奏议下/荐举/26上
【汇编】中二2544、2719、2720

张玉　经略泾原，与党项西夏战
【宋史】290/张玉传/9721；328/蔡挺传/10575、10576
【长编标】208/5062；219/5331；246/5977、5984；247/6023
【长编影】208/14上；219/10下；246/2上、8上；247/15上
【宋会要】职官65之36/3864；兵28之4/7271；方域18之14/7616
【汇编】中三3406、3407、3408、3492、3504、3594、3652、3668、3715；中四3875、3878、3899

张世永　相度修筑城寨，与党项西夏战
【长编标】485/11520；494/11753；496/11808；501/11937；503/11984；505/12037；508/12105；511/12170
【长编影】485/2下；494/15下、24上；496/15下；501/7下；503/12上；505/10上；508/7下；511/14下
【宋会要】兵8之34/6904；方域21之1/7661、21之8/7665
【汇编】上45；中六5279、5363、5382、5426、5442、5473、5514、5559、5585

张世安　巡检屈野河地
【宋会要】兵27之43/7268
【汇编】中三3267

张世规　领兵出界战死
【长编标】345/8277；347/8323
【长编影】345/6上；347/3下
【汇编】中五4571、4587

张世昌　驻兵边防
【元宪集】22/诸司使副陕西缘边都监葛宗古王从政米吉张世昌并转官制/229
【汇编】中二2396

张世宗　驻防宁河寨
【长编标】514/12224
【长编影】514/13上
【汇编】中六5586

张世矩　与党项西夏战
【宋史】16/神宗纪3/307、308；253/折克行传/8865；486/夏国传下/14012

【长编标】270/6627；314/7603、7612；315/7618；319/7716、7717；321/7740；325/7831；326/7854；329/7930；330/7951；336/8098；337/8121、8133；348/8351；408/9924；419/10153

【长编影】270/8 上；314/4 上、9 下、12 上；315/3 下；319/16 上；321/4 下；325/16 上；326/15 上；329/15 上、16 下；330/6 下；336/6 下；337/5 下、16 下；348/10 上；408/5 下；419/10 上

【宋会要】职官 66 之 18/3877、66 之 29/3882；兵 18 之 12/7063

【东坡全集】36/制敕/1 上

【文昌杂录】2/9 上

【斜川集】5/孙团练墓志铭/30 上

【汇编】上 78、174；中四 4001、4143、4150、4152、4155、4251、4252、4270、4337、4352、4356、4367、4412、4413、4414、4435、4498、4508、4513；中五 4596、4914、4948、5097；补遗 7344

张可九 部押降羌守青唐

【宋会要】兵 9 之 3/6907

【汇编】中六 5613

张主 庆州淮安镇监押，与任福等商议入界破白豹城

【宋会要】兵 14 之 17/7001

【汇编】中二 2095

张立 破后桥寨及出界讨荡族帐有功

【长编标】126/2966；128/3044

【长编影】126/1 下；128/17 下

【宋会要】兵 14 之 18/7001

【涑水记闻】12/3 上、6 上

【汇编】中二 1883、2003、2091、2096

张永昌 出界斩获二百七十级，降六十五口

【长编标】334/8038

【长编影】334/7 下

【汇编】中四 4474

张永和 接待夏景宗李元昊议和使有功

【长编标】135/3227、3233；155/3760

【长编影】135/13 上、18 上；155/4 上

【汇编】中二 2439、2455、2457；中三 3045

张圭 与西夏战殁

【长编标】129/3056

【长编影】129/6 上

【汇编】中二 2108

张亚之 督运粮草

【长编标】319/7703；320/7729

【长编影】319/3 下、4 上；320/10 上

【宋会要】食货 49 之 20/5643

【汇编】中四 4230、4231、4261、4281

张存 经略党项西夏，与党项西夏战

【宋史】18/哲宗纪 2/347、352；292/王尧臣传/9774；320/张存传/10414

【长编标】123/2892；126/2985；127/3009；128/3035；141/3383；467/11165；468/11175；469/11203；479/11405、11406；486/11544；490/11641；495/11784、11785；496/11807；506/12054；511/12170；520/12380

【长编影】123/1 上；126/17 下；127/6 上；128/10 下；141/9 下；467/17 下；468/7 下；469/3 下；479/4 上；486/5 下；490/20 上；495/17 上；496/14 上；506/5 上；511/15 上；520/21 下

【宋会要】礼 62 之 49/1719；职官 64 之 40/3840；兵 1 之 3/6755、8 之 33/6903、27 之 25/7259；方域 8 之 28/7454、18 之 10/7614、18 之 21/7620

【苏学士集】9/上范希文书/4 上

【河南先生文集】20/奏论金明案状/2 上

【范文正公集】9/上吕相公书/12 上、上枢密尚书书/16 上；年谱补遗/4 上；诸贤赞颂论疏/4 下

【汇编】中二 1773、1790、1923、1955、1971、2001、2044、2050、2058、2059、2063、2064、2065、2066、2670、2723；中五 5115、5118、5123、5193、5194、5262；中六 5292、5313、5321、5372、5373、5381、5480、5559、5670

张仲元 与党项西夏战

【长编标】345/8288

【长编影】345/14 下

【宋会要】兵 18 之 13/7064

【汇编】中五 4576

张仲达 与北界万资族战，中流矢死

【长编标】83/1887

【长编影】83/1 上

【汇编】中一 1523
张仲英 参与修复湟州古骨龙、会州清水城
【宋会要】方域 8 之 24/7452、8 之 25/7453
【汇编】中六 5898
张仲宣 推勘蕃部事件
【长编标】103/2388
【长编影】103/13 上
【宋会要】兵 27 之 21/7257
【汇编】中一 1638、1639
张仲谋 随军出界
【长编标】338/8151
【长编影】338/13 上
【汇编】中四 4520
张仲谟 战殁于永乐城
【长编标】331/7991
【长编影】331/21 下
【汇编】中四 4457
张延 击退李继迁对清远军进攻
【宋史】485/夏国传上/13998
【汇编】上 54
张延寿 出使西夏
【长编标】156/3779
【长编影】156/2 上
张延洲 同知清远军事
【宋史】280/田绍斌传/9497；466/张继能传/13621
【汇编】中一 1092、1137
张行 按视进筑城寨，言进筑
【长编标】499/11874；503/11970
【长编影】499/3 下；503/1 下
【汇编】中六 5402、5435
张全操 经略灵州党项，言党项西夏
【宋史】491/党项传/14138
【长编标】18/397
【长编影】18/5 上
【汇编】上 21；中一 969、970
张旨 与党项西夏战
【宋史】301/张旨传/10004
【范文正公集】诸贤赞颂论疏/24 下
【榆林府志】4/府谷县·山/9 下
【汇编】中二 2352；下 7027、7277
张齐贤 经略党项西夏，言党项西夏
【宋史】6/真宗纪 1/115；7/真宗纪 2/133；257/李继和传/8970；265/张齐贤传/9155；280/杨琼传/9502；296/梁颢传/9865；304/王济传/10067；441/曾致尧传/13051；492/吐蕃传/14155
【长编标】49/1075；50/1090、1099；51/1107、1112、1121；68/1537；442/10630、10634
【长编影】49/5 上、11 下、14 上、14 下；50/16 下、17 下；51/1 下、2 上、3 上、5 上、13 下；68/17 下；442/1 上
【东都事略】48/曾致尧传/1 上
【宋会要】职官 41 之 81/3207；方域 21 之 16/7669
【元丰类稿】49/本朝政要策·添兵/3 上
【欧阳文忠公全集】21/碑铭/尚书户部郎中赠右谏议大夫曾公神道碑铭/2 下
【临川集】92/户部郎中赠谏议大夫曾公墓志铭/2 下
【名臣碑传琬琰集】下集 2/张文定公齐贤传/1301
【汇编】中一 1219、1232、1233、1234、1235、1236、1237、1241、1246、1250、1251、1257、1282、1284、1292、1293、1294、1295、1296、1297、1306、1463；中五 4990
张庄 参与修复湟州古骨龙、会州清水城
【宋会要】方域 8 之 24/7452
【汇编】中六 5898
张问 与党项西夏交战
【奏议标】133/庞籍·上仁宗论范仲淹攻守之策/1481
【奏议影】133/庞籍·上仁宗论范仲淹攻守之策/4554
张守约 与党项西夏战，经略党项西夏，经略熙河
【宋史】333/俞充传/10702；350/张守约传/11072、11073
【长编标】210/5101；229/5566、5582；230/5594；243/5914；244/5946；245/5957；246/5985；247/6023；248/6049；258/6294；263/6432、6446；273/6688；290/7088；312/7569；316/7644；318/7683；327/7865；328/7890；330/7963；331/7969；343/8250；366/8795；411/10002

【长编影】210/7 上；229/1 上、16 下；230/8 上；243/4 上；244/13 下；245/7 下；246/8 下；247/15 上；248/11 下；258/7 下；263/13 下、25 上；273/13 上；290/3 下；312/10 上；316/6 下；318/3 下；327/2 上；328/1 下；330/13 上；331/3 上；343/14 上；366/14 下；411/6 上
【宋会要】方域 20 之 10/7655
【汇编】中三 3499、3554；中四 3738、3743、3745、3851、3866、3867、3870、3878、3899、3908、3938、3971、3989、3990、4016、4074、4123、4125、4182、4216、4366、4381、4442、4445；中五 4562、4563、4679、4926；补遗 7366

张守荣 失察熟户蕃兵叛
【长编标】283/6941
【长编影】283/17 上
【汇编】中四 4044

张守恩 与党项西夏战
【宋史】283/夏竦传/9572；466/张崇贵传/13618；485/夏国传上/13988
【长编标】40/851；123/17 上、17 下
【长编影】40/8 下；123/2911
【宋会要】兵 8 之 19/6896
【宋太宗实录】79/38 上
【文庄集】14/陈边事十策/1 上
【汇编】上 55；中一 1140、1152、1154、1155、1203；中二 1794、1796

张守禁 坐奏边功不实
【长编标】352/8448
【长编影】352/21 下
【汇编】中五 4621

张守德 夏人犯顺宁寨，副将张守德邀击之
【长编标】498/11847；502/11957
【长编影】498/6 下；502/8 上
【宋会要】兵 8 之 35/6904
【汇编】中六 5392、5431

张守遵 与夏人战败
【长编标】115/2706
【长编影】115/16 上
【汇编】中一 1706

张安世 巡检窟野河地
【宋史】485/夏国传上/14001
【长编标】181/4384；185/4470
【长编影】181/13 下；185/2 下
【汇编】上 68；中三 3212、3226

张安泰 书创堡事
【陇右金石录】3/65 下
【甘肃新通志】14/建置志・城池/13 下
【汇编】补遗 7404、7419

张安道 乞罢陕西总帅，使四路帅臣各任战守之计，相互应援
【龙川别志】下/86、87
【汇编】中二 2368、2377

张兴 与西夏战殁，诛其牙兵十六人
【宋史】328/李清臣传/10563
【宋会要】刑法 7 之 22/6744
【鸡肋集】62/资政殿大学士李公（清臣）行状/24 上
【汇编】中五 5232、5258

张异 与西夏战败
【安阳集】家传 1/15 下
【汇编】中二 1981

张观 上言不斩夏使
【宋史】10/仁宗纪 2/207；291/王罭传/9751
【长编标】123/2894
【长编影】123/2 下
【宋会要】职官 78 之 17/4184
【儒林公议】上/2 上
【元刊梦溪笔谈】9/31
【汇编】中二 1778、1903、1960、1961、1963

张进 与党项西夏战
【宋史】279/张进传/9486
【长编标】52/1139；235/5717；330/7958
【长编影】52/9 上；235/20 下；330/11 下
【宋会要】兵 28 之 12/7275
【汇编】中一 1320；中四 3783、4440

张志 隆德寨巡检
【长编标】58/1274；332/8005
【长编影】58/1 下；332/9 下
【汇编】中四 4463

张志言 代李继和知镇戎军
【长编标】52/1150；58/1274
【长编影】52/17 下；58/1 下
【宋会要】方域 21 之 5/7663

【汇编】上36；中一1327、1404

张志清 与熙河吐蕃战
【长编标】408/9942
【长编影】408/20下
【汇编】中五4916

张芸叟 张舜民，元丰年间随高遵裕西征，途中作诗二首
【东坡全集】65/书张芸叟诗/11下
【邵氏闻见录】10/102
【汇编】中四4195、4419

张苏 泾原路奏赏军功
【长编标】347/8325
【长编影】347/5下
【汇编】中五4589

张孝纯 宣和四年命太原帅张孝纯招河西族帐，遂定天德、云内
【宋史】447/徐徽言传/13191
【长编纪事本末】145/9下
【汇编】中六6024；补遗7443

张时庸 被夏人诱杀
【范太史集】40/检校司空左武卫上将军郭公墓志铭/8下
【皇宋十朝纲要】7/6下
【汇编】中三3453、3454

张利一 经略渭州
【长编标】480/11425；481/11435
【长编影】480/10上；481/1上
【汇编】中五5212、5214

张佑 持“敕”字黄旗告谕熙河路将士，当比收复河州倍加酬赏
【长编标】251/6139；253/6194
【长编影】251/28上；253/7下
【宋会要】兵18之5/7060
【汇编】中四3937、3938、3954

张伯通 张从，任职熙河镇寨
【陇右金石录】3/59下
【汇编】补遗7361

张近 言辽为夏人请命
【宋史】353/张近传/11146
【汇编】中六5812

张希一 知麟州不恤边患，致西人侵占屈野河外禁地
【长编标】186/4488
【长编影】186/6上
【汇编】中三3243

张龟年 领军过河救蕃族，致军士溺死者众
【长编标】145/3515
【长编影】145/19下
【汇编】中二2819

张免 出界亡失兵马，追五官
【长编标】324/7805
【长编影】324/9上
【汇编】中四4324

张怀英 与西夏战殁
【长编标】129/3056
【长编影】129/6上
【汇编】中二2108

张怀忠 与党项西夏交战
【奏议标】133/范仲淹·上仁宗攻守二策/1477
【奏议影】133/范仲淹·上仁宗攻守二策/4545

张怀宝 与党项西夏战
【范文正公集】5/上攻守二策状/13下
【汇编】中二2398

张怀嵩 与西夏战殁
【长编标】129/3056
【长编影】129/6上
【汇编】中二2108

张怀瑾 与西夏战殁
【长编标】129/3056
【长编影】129/6上
【汇编】中二2108

张怀德 上言环庆路蕃官巡检遇埋杀牛犒蕃部，传箭欲寇山外
【长编标】103/2390
【长编影】103/14下、15上
【汇编】中一1641、1642

张灿 河东路巡检
【长编标】321/7749
【长编影】321/12上
【汇编】中四4280

张沔 矫诏安抚定川战败士卒
【长编标】142/3407
【长编影】142/12上
【汇编】中二2748

张纶 与党项西夏战
【宋史】308/张煦传/10149
【长编标】91/2100
【长编影】91/4 下
【宋会要】兵 27 之 20/7256
【汇编】中一 1324、1588、1589

张构 修筑城寨，与党项西夏战
【宋史】18/哲宗纪 2/347
【长编标】485/11520；501/11938
【长编影】485/2 下；501/8 上
【宋会要】方域 8 之 24/7452、8 之 25/7453、19 之 14/7632
【汇编】中六 5274、5279、5427、5898

张若水 进所造神臂弓
【宋史】197/兵志 11/4913
【宋会要】兵 26 之 28/7240
【汇编】中三 3517

张若讷 与党项西夏战，与熙河吐蕃战，经略党项西夏
【长编标】282/6904；297/7229；348/8341；412/10023；466/11127、11140；468/11170；473/11288；475/11322；498/11858；499/11886；500/11925
【长编影】282/3 下；297/12 下；348/1 上；412/6 下；466/2 上、13 上；468/3 下；473/8 上；475/3 上；498/15 下；499/14 上；500/22 下
【宋会要】职官 67 之 6/3890；兵 8 之 31/6902
【汇编】中四 4041、4094；中五 4593、4930、5096、5109、5116、5155、5156、5167；中六 5397、5408、5424

张若谷 言蕃部互市
【宋史】299/张若谷传/9929
【长编标】135/3234
【长编影】135/18 上
【汇编】中一 1675；中二 2457

张茂实 出使契丹
【宋史】313/富弼传/10252
【辽史】19/兴宗纪 2/227
【长编标】137/3283、3291
【长编影】137/9 下、14 上
【隆平集】20/契丹耶律隆绪传/2 下
【契丹国志】8/兴宗文成皇帝纪/4 下
【汇编】中二 2458、2514、2526、2529、2530、2535、2538

张直 出塞有功
【长编标】346/8310
【长编影】346/8 下
【汇编】中五 4583

张杰 言边功多不实
【长编标】501/11942
【长编影】501/11 上
【汇编】中六 5428

张述 言三川口战况
【涑水记闻】4/13 上
【汇编】中二 1895

张叔夜 撰折继闵神道碑，言攻夏之策
【宋史】353/张叔夜传/11140
【三朝北盟会编】70/2 下
【甘肃新通志】13/舆地志·古迹·固原直隶州·海城县/13 上
【中国考古学会第一次年会论文集】折继闵神道碑/455
【汇编】上 186、187；中六 5515、6068；补遗 7394

张忠 瓦亭寨主
【宋史】295/尹洙传/9837
【长编标】147/3557；157/3813
【长编影】147/3 上；157/15 下
【奏议标】133/范仲淹·上仁宗攻守二策/1477
【奏议影】133/范仲淹·上仁宗攻守二策/4545
【系年要录】38/726
【安阳集】47/故崇信军节度副使检校尚书工部员外郎尹公墓表/2 上；家传 4/7 上
【河南先生文集】8/议修堡塞书/5 上；9/答秦凤路诏讨使文龙图书/1 下
【范文正公集】年谱补遗/12 下；5/上攻守二策/13 下
【汇编】中二 2017、2398、2511；中三 2858、2860、2862、2903、2905、3071；下 6245

张迪 与西夏战死
【皇宋十朝纲要】18/1 上
【汇编】中六 5911

张迥 任福战败，诸路赴援，张迥逗留不进
【宋史】326/景泰传/10517

【汇编】中二 2563
张知谏 知德顺军
【栾城集】28/西掖告词/1 下
【汇编】中五 5121
张佶 经略秦州
【宋史】258/曹玮传/8986；308/张佶传/10151；492/吐蕃传/14159、唃厮啰传/14160
【长编标】82/1877；83/1902、1904、1907；85/1946；88/2014
【长编影】82/16 上；83/14 上、16 上、18 下；85/10 下、11 上；88/3 下
【隆平集】9/枢密曹玮传/11 下
【宋会要】方域 18 之 21/7620、19 之 1/7626；蕃夷 6 之 1/7819
【名臣碑传琬琰集】中集 43/曹武穆公玮行状/1032
【汇编】中一 1229、1517、1518、1522、1528、1529、1530、1537、1554、1555、1556、1560
张訽 言泾原进筑平夏、灵平二寨，死伤甚众，所费不赀
【长编标】486/11546
【长编影】486/6 上
【汇编】中六 5294
张庚 言边需供应
【宋会要】职官 55 之 35/3616
【汇编】中三 3047
张泽 于帐中擒获西夏统军嵬名阿埋、监军妹勒都逋及其家属
【汉滨集】15/故客省使雄州防御使泾原路兵马钤辖兼第十一将郭公（成）行状/19 上
【汇编】补遗 7385
张宗永 赍送文字至夏景宗李元昊处
【范文正公集】年谱补遗/4 下
【汇编】中二 2099
张宗武 与党项西夏战
【长编标】130/3079；185/4470
【长编影】130/1 上；185/2 下
【宋会要】兵 27 之 41/7267、27 之 42/7267
【奏议标】132/范仲淹·上仁宗论夏贼未宜进讨/1463；133/范仲淹·上仁宗攻守二策/1477
【奏议影】132/范仲淹·上仁宗论夏贼未宜进讨/4501；133/范仲淹·上仁宗攻守二策/4545
【范文正公集】年谱补遗/5 下、7 下；政府奏议下荐举/21 下；5/上攻守二策/13 下
【汇编】中二 2102、2111、2151、2386、2398、3225、3266
张宗诲 刘平与石元孙三川口战败，知鄜州张宗诲严斥候，籍入而禁出
【宋史】265/张宗诲传/9159
【长编标】126/2989、2995；127/3005
【长编影】126/6 下、21 上；127/2 下
【安阳集】家传 1/15 下
【汇编】中二 1913、1915、1969、1981、1991
张宗卨 辽使为夏国游说息兵及还故地，宋哲宗令张宗卨答之
【长编标】507/12075；509/12119
【长编影】507/3 下；509/4 上
【汇编】中六 5492、5529
张宗谔 立定麟府路界至
【长编标】228/5547；229/5567
【长编影】228/7 下；229/3 上
【汇编】中三 3727；中四 3739
张宗道 出使西夏赐夏毅宗李谅祚生辰礼物
【长编标】196/4762
【长编影】196/23 下
【涑水记闻】9/14 下
【汇编】中三 3285、3286
张诚 与党项西夏战，点检防务
【宋史】17/哲宗纪 1/326
【长编标】343/8250；409/9959；413/10037；467/11165；468/11175；469/11203；474/11309；479/11404；503/11973；504/11999；506/12052、12058；511/12165、12170；514/12231
【长编影】343/14 上；409/9959；413/5 上；467/17 下；468/7 下；469/3 下；474/8 上；479/4 上、14 上；503/4 下；504/3 上；506/3 下、9 上；511/10 下、15 上；514/19 下
【宋会要】方域 8 之 28/7454、18 之 21/7620
【初寮集】6/定功继伐碑/1 上
【汇编】中五 4563、4918、4936、5115、5118、5123、5161、5192；中六 5381、5435、5446、5478、5486、5556、5559、5591；补遗 7437
张诚一 检详兵房文字，言党项西夏
【长编标】325/7816；335/8061

【长编影】325/3 上；335/1 上
【宋会要】兵 28 之 21/7280
【旧闻证误】2/30
【汇编】中四 3983、4105、4330、4482

张诜 开边熙河，经略秦州
【宋史】303/范祥传/10049；331/张诜传/10649
【长编标】233/5665；237/5757、5770；238/5787；240/5830；241/5878；242/5904；247/6030；250/6105；255/6231；273/6676；277/6778；282/6903；375/9089
【长编影】233/19 上；237/1 上、12 下；238/1 上；240/6 下；241/13 上；242/12 下；247/21 下；250/23 上；255/2 上；273/2 下；277/10 上；282/3 下；375/4 上
【宋会要】职官 41 之 76/3204；兵 4 之 6/6823、4 之 12/6826
【汇编】中四 3765、3773、3788、3799、3803、3818、3819、3831、3848、3903、3930、3962、4015、4022、4032、4041；中五 4717

张询 言熙河吐蕃，经略熙河
【宋史】190/兵志 4·河东陕西弓箭手/4716；350/王赡传/11070
【长编标】485/11527、11533；487/11568；489/11604；491/11670；494/11729、11732、11733、11735、11737、11743；496/11791；497/11836；499/11881、11882、11885；500/11907、11908、11909；501/11930、11941；503/11970、11974；504/12013；507/12085；518/12325
【长编影】485/9 上、14 上；487/6 下；489/7 上；491/21 下；494/3 下、5 下、6 上、10 上、15 上；496/1 下；497/18 下；499/9 上、10 上、13 下；500/6 下、7 上、8 下；501/1 下、11 上；503/1 下、5 上；504/8 上；507/12 上；518/7 上
【宋会要】兵 4 之 16/6828；方域 12 之 5/7522
【汇编】中六 5286、5289、5300、5312、5334、5350、5354、5356、5357、5358、5359、5374、5375、5389、5406、5407、5408、5419、5420、5425、5428、5429、5430、5435、5436、5454、5479、5500、5647

张说 熙河路经略使
【宋会要】职官 43 之 4/3275

张建侯 与党项西夏战，备防西夏
【长编标】125/2945；127/3019；130/3079
【长编影】125/7 上；127/14 下；130/1 上
【宋会要】职官 27 之 26/7259
【奏议标】132/范仲淹·上仁宗论夏贼未宜进讨/1462；133/范仲淹·上仁宗攻守二策/1477
【奏议影】132/范仲淹·上仁宗论夏贼未宜进讨/4500；133/范仲淹·上仁宗攻守二策/4545
【范文正公集】年谱补遗/3 上、7 下、13 上；西夏堡寨/6；政府奏议下·荐举/21 下；5/上攻守二策/13 下
【汇编】中二 1856、1927、2031、2036、2111、2151、2386、2398、2553、2640

张居 出界与西夏战，筑城护麟州井泉
【长编标】221/5373；226/5506
【长编影】221/5 下；226/6 上
【汇编】中三 3678、3720

张纮 言党项西夏
【朱文公文集】95 上/少师保信军节度使魏国公致仕赠太保张公（浚）行状上/1 下、2 上
【汇编】补遗 7268

张承鉴 与熙河蕃部战，计置朝廷支钱
【长编标】282/6904；285/6991；334/8047
【长编影】282/4 上；285/18 上；334/15 下
【汇编】中四 4042、4050、4477

张柄 秦州戎人大石、小石族寇土门，知州张柄击走之
【长编标】16/356
【长编影】16/20 下
【汇编】中一 958

张政 三川口之役，张政自战脱归
【涑水记闻】11/12 上
【汇编】中二 1898

张荛 上言御夏方略
【长编标】327/7864；328/7900
【长编影】327/1 上；328/9 上
【汇编】中四 4366、4389、4391

张荣 知秦州
【系年要录】53/936
【汇编】下 6296

张赴 出使辽国
【长编标】329/7923

【长编影】329/8 下
【汇编】中四 4402

张奎 陕西都转运使，请筑大铜钱与小钱兼行，大钱一当小钱十
【宋史】180/食货志下 2/4381；292/王尧臣传/9774
【长编标】127/3019；132/3129；137/3280
【长编影】127/14 下；132/7 下；137/4 下
【奏议标】132/田况·上仁宗兵策十四事/1469
【奏议影】132/田况·上仁宗兵策十四事/4521
【范文正公集】诸贤赞颂论疏/24 下
【汇编】中二 2030、2277、2517、2670；中三 3122；下 7026

张威 率部会夏兵攻金，无功而还
【宋史】403/张威传/12215
【汇编】下 6868

张昭允 与党项西夏战
【宋史】279/张昭允传/9475
【汇编】中一 1147

张显 随任福破西夏白豹城
【长编标】128/3044
【长编影】128/17 下
【宋会要】兵 14 之 17/7001、14 之 18/7001
【汇编】中二 2095、2096

张昪 招抚古渭寨蕃部
【宋史】318/张昪传/10362、10363；330/傅求传/10621
【长编标】174/4203、4206；175/4222、4226、4228、4229、4240；176/4256；197/4774
【长编影】174/12 上、14 下；175/3 下、6 上、18 上；176/8 上；197/6 上
【宋会要】职官 61 之 39/3773
【乐全集】附录/王巩撰张方平行状/19 上
【涑水记闻】12/17 上
【名臣碑传琬琰集】中集/22/张文定公方平墓志铭/719
【汇编】中三 3182、3189、3190、3192、3196、3198、3199、3200、3202、3288、3290

张贵 曹克明仆，潜入夏营偷曹光实尸还
【宋史】272/曹克明传/9316
【汇编】中一 1020

张贵 天圣寨主，定川之役战殁
【宋史】289/葛怀敏传/9701
【长编标】138/3314
【长编影】138/5 上
【汇编】中二 2546、2578

张保 言西界兵三千骑犯边
【长编标】245/5968
【长编影】245/17 上
【汇编】中四 3873

张信 与党项西夏战
【奏议标】133/范仲淹·上仁宗攻守二策/1477
【奏议影】133/范仲淹·上仁宗攻守二策/4545
【范文正公集】年谱补遗/12 下；政府奏议下/荐举/24 上；5/13 下
【汇编】中二 2398、2511

张禹珪 攻讨西人勒厥麻，俘六千余人
【宋史】261/张铎传/9048
【汇编】中一 1227

张禹勤 鄜延路计议边事司承受文字状奏边事，收接诏谕
【宋史】16/神宗纪 3/308
【长编标】329/7919、7920、7922、7925；330/7949
【长编影】329/6 上、7 下、9 下、10 下、11 上；330/4 下、9 上、11 上
【汇编】中四 4399、4400、4404、4407、4434、4436、4437、4439

张俞 上书论边事，与党项西夏战
【宋史】486/夏国传下/14017
【长编标】133/3178
【长编影】133/16 上
【皇宋十朝纲要】14/1 下
【汇编】上 83；中二 2351；中五 5253

张勉 出界亡失兵马追五官
【长编标】331/7969
【长编影】331/3 上
【汇编】中四 4445

张庭坚 议弃湟洲
【宋史】346/张庭坚传/10981
【奏议标】141/冯澥·上徽宗论湟廓西宁三州/1597
【奏议影】141/冯澥·上徽宗论湟廓西宁三州/4911

【汇编】中六 5702、5819

张洞 布衣，以平夏方略除授

【宋史】299/张洞传/9932

【汇编】中一 1766

张洎 李继迁攻灵州，张洎上言弃之

【宋史】266/钱若水传/9166

【长编标】39/835、838；450/10814

【长编影】39/5 下、6 下、7 上；450/7 下

【乾隆宁夏府志】3/山川·灵州/10 上

【汇编】中一 1088、1121、1123、1129；下 6948

张诚 与党项西夏战，与河湟吐蕃战

【宋史】328/王厚传/10583

【东都事略】82/王厚传/6 上

【宋会要】兵 8 之 30/6902、9 之 5/6908

【长编纪事本末】140/1 下、2 下、3 上、4 下、12 下

【皇宋十朝纲要】16/11 上、13 上

【汇编】中六 5760、5761、5762、5764、5765、5767、5768、5769、5781、5796、5798、5844、5845、5846

张说 掩击党项于银城

【宋会要】方域 21 之 6/7664

张祐 知陇州

【彭城集】21/知京师张祐可知陇州/294

【汇编】补遗 7469

张贺 陕西转运副使

【宋史】304/梁鼎传/10058

【长编标】54/1175

【长编影】54/1 上

【汇编】中一 1338、1340、1342

张真 出界讨荡族帐，分兵发西夏糜窖

【长编标】318/7686

【长编影】318/6 上

【宋会要】兵 8 之 33/6903

【汇编】中四 4218；中六 5276

张恭 攻取河州

【长编标】253/6192

【长编影】253/5 上

【汇编】中四 3953

张恩 所部熟户改名、剃发、穿耳、戴环，诈作诱到西界大小首领

【长编标】512/12187

【长编影】512/11 上

【宋会要】职官 66 之 13/3874

【汇编】中六 5562

张铁简 张玉，西夏铁骑挑战，张玉持铁简取其首及马，军中因号张铁简

【宋史】290/张玉传/9721

【汇编】中二 1859

张造 监秦州陇城寨酒税

【陇右金石录】3/48 上

【汇编】补遗 7374

张浚 经略党项西夏，遣谢亮使夏国

【宋史】25/高宗纪 2/466；26/高宗纪 3/476；366/刘锜传/11399

【金史】77/宗弼传/1753

【宋会要】蕃夷 4 之 93/7760

【系年要录】12/271；25/506；38/726；58/1006；95/1571

【三朝北盟会编】143/2 上；192/5 下

【汇编】下 6126、6188、6215、6243、6245、6246、6247、6258、6313、6402、6497

张继勋 与党项西夏战，奉诏定麟州屈野河西地界

【长编标】136/3265；185/4469、4470

【长编影】136/17 下；185/2 下

【宋会要】兵 27 之 41/7267、27 之 43/7268

【奏议标】133/范仲淹·上仁宗攻守二策/1477

【奏议影】133/范仲淹·上仁宗攻守二策/4545

【范文正公集】年谱补遗/7 上、18 上；5/上攻守二策/13 下

【汇编】中二 2109、2398、2503；中三 2989、3224、3266

张继能 与党项西夏战，上言赵德明进奉人挟带私物，规免市征

【宋史】280/杨琼传/9501；466/张继能传/13620；491/党项传/14147

【长编标】49/1072；50/1101；83/1890、1902

【长编影】49/8 下；50/17 下；83/14 下

【龙学文集】14/紫微撰西斋话记/7 下

【宋大诏令集】94/责杨琼等诏/346

【汇编】上 30；中一 1055、1092、1240、1241、1284、1285、1528

张继凝 拒战夏人有功

【长编标】216/5254；224/5450；266/6537

【汇编】中六 5898；下 6090、6092、6095、6096、6097、6098、6099、6100；补遗 7462

张琬 言熙河边事

【长编标】263/6420；291/7115

【长编影】263/3 下；291/4 下

【邵氏闻见录】13/142

【汇编】中四 3988、4079、4272

张璛 知镇戎军

【长编标】247/6013

【长编影】247/6 下

【汇编】中四 3889

张琚 言蕃官指占田土

【宋会要】兵 4 之 27/6833

【汇编】中六 5893

张揆 破环州小遇族

【宋史】12/仁宗纪 4/240

【长编标】183/4429

【长编影】183/6 上

【汇编】中三 3215

张景元 按察鄜延、环庆边情

【长编标】468/11173

【长编影】468/5 下

【汇编】中五 5117

张景宪 往视啰兀与抚宁城

【宋史】330/张景宪传/10622；486/夏国传下/14009

【长编标】220/5352；223/5416；240/5830

【长编影】220/16 下；223/2 上；240/6 下

【宋会要】职官 1 之 18/2338

【汇编】上 75；中三 3663、3699、3735；中四 3818

张遇 陕西沿边探事军人

【范文正公集】年谱补遗/13 上

【汇编】中二 2553

张舜民 作西北边官墓志，言党项西夏

【宋史】342/梁叟传/10889；347/张舜民传/11005、韩川传/11011

【长编标】255/6232；317/7677；318/7681、7683、7686、7697；319/7699；321/7753；322/7770；326/7843；327/7864、7867；329/7921；330/7958；345/8282；364/8708；382/9312、9314；399/9722、9723、9724、9725；400/9741、9753、9757；402/9778、9779、9780、9781；404/9841、9844；405/9866；407/9903；408/9924；429/10367；445/10728；470/11229；473/11286；478/11388；480/11421

【长编影】255/2 上；317/19 下；318/1 上、3 下、12 上、15 上；319/1 上；321/12 下；322/11 上；326/6 上；327/1 上、2 下；329/7 下；330/11 下；345/10 上；364/10 上；382/13 上、13 下；399/1 下、2 下、4 下；400/10 上、5 上、10 下；402/2 下、4 上、7 上、13 下；404/12 上、13 下；405/5 上；407/8 上；408/5 下；429/9 上；445/2 上；446/1 上；470/11 上；473/6 下；478/6 下；480/6 上

【东都事略】90/王严叟传/4 下；94/吕陶传/6 上

【宋会要】选举 28 之 26/4690；职官 66 之 35/3885、3886

【奏议标】140/张舜民 · 上徽宗论进筑非便/1584

【奏议影】140/张舜民 · 上徽宗论进筑非便/4872

【皇宋十朝纲要】12/4 下

【东坡全集】65/书张芸叟诗/11 下；69/永乐事/2 下

【乾隆宁夏府志】3/山川 · 灵州/10 上

【汇编】中一 1607；中四 3962、4194、4195、4199、4211、4213、4216、4220、4225、4284、4307、4308、4350、4366、4368、4400、4418、4440；中五 4574、4632、4660、4768、4769、4772、4820、4821、4822、4823、4824、4826、4827、4847、4881、4901、4914、4959、5023、5034、5138、5155、5185、5209、5236；中六 5712；下 6949

张斌 言蕃部夺到西人衣甲器械即纳官，据色件多少支茶綵

【宋会要】兵 18 之 1/7058

【汇编】中一 1408

张詠 议西北盐事

【宋史】181/食货志下 3 · 盐上/4414；283/林特传/9564；304/梁鼎传/10058

【长编标】54/1186
【长编影】54/9 上
【宋会要】食货 23 之 29/5189
【汇编】中一 1343、1344、1354

张普 与河州吐蕃战，修筑城堡
【长编标】250/6098
【长编影】250/16 上
【陇右金石录】3/65 下
【甘肃新通志】14/建置志·城池/13 下
【汇编】中四 3925；补遗 7404、7418

张遂 持书入西界反间叶勒约噶兄弟
【长编标】155/3773；168/4039
【长编影】155/14 下；168/8 上
【汇编】中三 3159

张翚 措置茶马贸易
【宋会要】职官 43 之 94/3320
【汇编】中六 5877

张彬 押赐夏国生日礼物
【宋史】486/夏国传下/14015
【长编标】383/9340；390/9492；391/9513
【长编影】383/15 下；390/14 下；391/8 下
【宋大诏令集】236/太皇太后赐夏国主嗣子乾顺诏/919
【汇编】上 81；中五 4776、4795、4797、4801

张鉴 调发军粮
【宋史】277/张鉴传/9416
【宋会要】兵 8 之 19/6896
【汇编】中一 1164、1165、1166

张煦 与党项西夏战
【宋史】308/张煦传/10149
【长编标】58/1274
【长编影】58/1 下
【武经总要】后集 13/6 上
【汇编】中一 1324、1404

张雍 出守秦州
【长编标】49/1067
【长编影】49/14 上
【长编纪事本末】21/2 上
【玉海】14/咸平陕西河北地图/32 下
【汇编】中一 1237、1251；补遗 7243

张瑛 言西北边防
【宋会要】兵 1 之 4/6755
【汇编】中二 2317

张殿丞 张亢，通判环州
【宛陵先生集】1/环州通判张殿丞/14 下
【汇编】中一 1707

张僎 与党项西夏交战
【奏议标】132/田况·上仁宗兵策十四事/1469
【奏议影】132/田况·上仁宗兵策十四事/4521

张肇 与党项西夏战
【范文正公集】年谱补遗/14 上；西夏堡寨/6
【汇编】中二 2635、2640

张觐 押伴夏使
【宋史】485/夏国传上/14002
【长编标】202/4905
【长编影】202/15 下
【汇编】上 69；中三 3322

张暹龙 根括买卖蕃部田土
【长编标】237/5758
【长编影】237/2 上
【汇编】中四 3788

张德 与党项西夏战，失察蕃兵叛
【长编标】283/6941；485/11528；512/12187
【长编影】283/17 上；485/9 上；512/11 上
【汇编】中四 4044；中六 5287、5562

张德温 虚冒边功
【长编标】507/12087
【长编影】507/12 上
【汇编】中六 5502

张澍 《书天佑民安碑后》著者
【陇右金石录】4/［附录］重修护国寺感通塔碑考释/56 上
【汇编】上 144

张遵 逐渐遣还内附夏人
【长编标】105/2438
【长编影】105/4 上
【汇编】中一 1653

张穆之 于环庆路沿边封土掘壕，根究陕西和买粮草
【宋史】332/陆诜传/10681
【长编标】228/5547；232/5628；233/5652；237/5770；238/5787；243/5916；244/5932；247/6019；250/6103；335/8076
【长编影】228/7 下；232/1 上；233/7 下；237/

12 下；238/1 上；243/6 下；244/2 下；247/12 上；250/21 上；335/14 上
【奏议标】136/司马光·上神宗纳横山非便/1529、郑獬·上神宗论种谔擅入西界/1530；137/刘述·上神宗论种谔擅入西界/1532、刘述·上神宗论种谔薛向/1533
【奏议影】136/司马光·上神宗纳横山非便/4704、郑獬·上神宗论种谔擅入西界/4707；137/刘述·上神宗论种谔擅入西界/4709、刘述·上神宗论种谔薛向/4715
【汇编】中三 3444、3463、3468、3478、3727；中四 3758、3767、3768、3799、3800、3803、3853、3862、3892、3928、4489

张凝 与党项西夏战，言党项西夏
【宋史】6/真宗纪 1/116；276/张从吉传/9406；279/张凝传/9480；308/张煦传/10149；309/阎日新传/10167；485/夏国传上/13989；491/党项传/14145
【长编标】49/1075；50/1102；51/1107；52/1146、1148；54/1181、1186；56/1240
【长编影】49/11 下；50/19 上；51/1 上；52/14 上、16 下；54/6 下、11 上；56/14 下
【东都事略】18/张凝传/9 上
【武经总要】后集 13/6 上
【汇编】上 27、56；中一 1246、1288、1291、1297、1322、1323、1324、1326、1351、1355、1391、1411

张禧 擅率部入米脂谷采木
【长编标】344/8266；479/11407
【长编影】344/12 上；479/7 上
【宋会要】职官 66 之 28/3882
【汇编】中五 4568、5195

张璨 与党项西夏交战
【长编标】321/7749
【长编影】321/12 上
【奏议标】133/范仲淹·上仁宗攻守二策/1477
【奏议影】133/范仲淹·上仁宗攻守二策/4545
【范文正公集】5/上攻守二策状/13 下
【汇编】中二 2398

张璪 言用兵西夏
【长编标】327/7876；385/9376
【长编影】327/14 上；385/3 下
【汇编】中四 4380；中五 4779

张藻 保安军北巡检，擅招夏人就本军会议
【长编标】233/5652；332/8005；334/8052
【长编影】233/7 下；332/9 下；334/19 上
【汇编】中四 3767、4479

张灏 言党项西夏
【宋史】23/钦宗纪/430；335/种师中传/10754；349/姚古传/11061
【长编纪事本末】145/9 下
【三朝北盟会编】50/7 下、8 上
【皇宋十朝纲要】19/8 上
【香溪集】21/徐忠壮（徽言）传/1 下
【梁溪集】52/乞令张灏同折可求节制汾晋人马札子/11 下、再乞令张灏折可求节制札子/12 下；53/奏知约束解潜等会合札子/2 下；54/缴进折彦质等咨目札子/11 上；111/桂州与吴元中（敏）书别幅/10 上；173/靖康传信录下/19 下
【靖康传信录】3/31
【靖康要录】10/602；12/743；14/871
【汇编】中六 6017、6018、6020、6021、6023、6024、6073；补遗 7455、7458、7459、7465

陆中 环庆路走马承受，奏言边事
【长编标】311/7552；312/7569；313/7585
【长编影】311/19 上；312/10 上；313/3 上
【汇编】中四 4119、4125、4129

陆师闵 经略党项西夏，提举买马公事
【宋史】198/兵志 12/4954；332/陆师闵传/10683
【长编标】489/11602；493/11700；494/11726、11732、11749、11752、11757；495/11772、11782、11783、11784、11786；496/11792、11812；500/11911；501/11939、11945；503/11986；507/12085、12086、12089
【长编影】489/5 下；493/7 下、17 上；494/1 上、5 下、6 上、20 上、22 下、27 上；495/17 上、20 上；496/1 下、19 上；500/10 下；501/14 下；503/15 上；507/12 上、13 上、14 上
【宋会要】兵 22 之 13/7150
【汇编】中五 5231、5260、5264；中六 5309、5343、5346、5352、5356、5357、5361、5365、5370、5371、5372、5373、5374、5385、5421、5431、5500、5501、5502、5503

陆佃 编王安石札子
【长编标】230/5600
【长编影】230/11 上
【汇编】中四 3751
陆诜 鄜延边帅，经略党项西夏
【宋史】332/陆诜传/10681、10692；355/种谔传/10745、10746
【长编标】208/5063
【长编影】208/15 上
【宋会要】兵 21 之 7/7128
【奏议标】136/司马光·上神宗论纳横山非便/1529
【奏议影】136/司马光·上神宗论纳横山非便/4704
【安阳集】家传 6/17 上
【潞公文集】18/奏议/9 上
【汇编】中三 3405、3408、3410、3418、3422、3444、3445、3446、3452、3477；中六 5461；补遗 7323
陈义方 经略熙河
【长编标】265/6484
【长编影】265/1 上
【汇编】中四 3993
陈元 从姚麟出塞有功
【长编标】346/8310
【长编影】346/8 下
【汇编】中五 4583
陈公 韩世忠父
【名臣碑传琬琰集】上集 13/韩忠武王世忠中兴佐命定国元勋之碑/193
【汇编】中六 5794
陈从善 父陈济美与西夏战死
【长编标】288/7045
【长编影】288/5 上
【汇编】中四 4069
陈公辅 言党项西夏
【靖康要录】8/458
【汇编】中六 6018
陈升之 知枢密院使，经略党项西夏
【宋史】186/食货志下 8/4547；193/兵志 7·召募之制/4801
【长编标】210/5101；213/5166；215/5237、5240；224/5460
【长编影】210/7 上；213/10 上；215/6 下、10 上；224/17 下
【奏议标】121/张方平·上神宗谏用兵/1332
【奏议影】121/张方平·上神宗谏用兵/4130
【长编纪事本末】83/9 上
【汇编】中三 3503、3547、3554、3571、3573、3599、3604、3708；中四 4056
陈玉 和断蕃部
【长编标】258/6290
【长编影】258/4 下
【宋会要】职官 65 之 22/3857
【汇编】中三 3283；中四 3969
陈永图 修筑堡寨
【范文正公集】年谱补遗/4 上；西夏堡寨/6
【汇编】中二 1989、2643
陈成之 抚谕陕西
【系年要录】99/1632；126/2049
【汇编】下 6417、6499
陈执中 经略党项西夏，言党项西夏
【宋史】10/仁宗纪 2/207；11/仁宗纪 3/211、212；196/兵志 10/4895；283/夏竦传/9572；285/陈执中传/9602；290/郭逵传/9723；291/王嚴传/9750；292/张观传/9765、王尧臣传/9774；323/赵珣传/10463；324/张亢传/10486
【长编标】123/2894；126/2982；132/3129、3132、3139、3140、3148；133/3162；134/3190；155/3771；157/3805
【长编影】123/2 下；126/17 下；132/1 上、7 下、15 下；133/2 下；134/4 上；155/13 上 157/8 下
【宋会要】职官 1 之 75/2367、78 之 17/4184；兵 8 之 21/6897；方域 21 之 12/7667
【奏议标】132/陈执中·上仁宗论西边事宜/1456、田况·上仁宗兵策十四事/1468；133/张亢·上仁宗论边机军政所疑十事/1474
【奏议影】132/陈执中·上仁宗论西边事宜/4480、田况·上仁宗兵策十四事/4519；133/张亢·上仁宗论边机军政所疑十事/4536
【元刊梦溪笔谈】9/31
【东坡志林】3/7
【玉海】141/康定论兵/15 上

【安阳集】家传 3/3 上
【儒林公议】上/2 上
【汇编】上 44；中一 1660；中二 1778、1903、1949、1956、1960、1961、1962、1963、2253、2262、2263、2266、2276、2291、2292、2305、2367、2368、2553、2614、2669、2670；中三 3064；中四 4444；补遗 7263

陈尧叟 言西边事，言青白盐贸易
【长编标】50/1090；54/1177；63/1419；67/1502、1505；73/1670；74/1686
【长编影】50/7 下；54/1 上；63/19 下；67/6 下、9 上；73/18 上；74/5 下
【宋会要】食货 23 之 29/5189；方域 8 之 31/7456
【汇编】中一 1256、1340、1444、1445、1467、1468、1493、1496

陈尧咨 出使边州，抚察边情
【宋史】8/真宗纪 3/168；463/刘承宗传/13545
【长编标】97/2243、2244、2246
【长编影】97/4 下、6 下
【宋会要】职官 50 之 3/3535
【汇编】中一 1603、1604、1606、1608

陈过庭 与金交割地界
【宋史】23/钦宗纪/435
【三朝北盟会编】72/2 下
【皇宋十朝纲要】19/12 上
【汇编】中六 6071、6072

陈师道 乞罢进筑
【长编标】510/12151
【长编影】510/17 下
【宋文鉴】119/8 下
【汇编】中六 5549、5663

陈先得 与党项西夏战
【长编标】507/12088
【长编影】507/12 上
【汇编】中六 5502

陈次升 议弃河湟，言边州事
【长编标】489/11610；495/11787；502/11959
【长编影】489/12 下；495/20 上；502/9 下、10 上
【宋会要】兵 9 之 4/6907
【长编纪事本末】139/15 下
【奏议标】125/陈次升·上徽宗论西蕃市马/1386；141/冯澥·上徽宗论湟廓西宁三州/1597
【奏议影】125/陈次升·上徽宗论西蕃市马/4275；141/冯澥·上徽宗论湟廓西宁三州/4911
【汇编】中六 5317、5374、5431、5432、5714、5719、5746、5819

陈并 上言边事
【奏议标】44/陈并·上哲宗答诏论彗星陈四说/457
【奏议影】44/陈并·上哲宗答诏论彗星陈四说/1628

陈安石 议和籴，经略河东
【宋史】175/食货志上 3/4242；303/陈安石传/10048
【长编标】300/7305；301/7326；315/7617；317/7661、7675；348/8360
【长编影】300/7 下；301/6 下；315/2 下；317/4 下、16 下；348/17 上
【宋会要】职官 66 之 29/3882
【奏议标】123/韩琦·上英宗乞募陕西义勇/1355、司马光·上英宗乞罢刺陕西义勇/1356
【奏议影】123/韩琦·上英宗乞募陕西义勇/4194、司马光·上英宗乞罢刺陕西义勇/4194
【忠肃集】12/直龙图阁蔡君（奕）墓志铭/164
【汇编】中四 4086、4105、4106、4107、4155、4202、4205、4207、4208；中五 4600

陈兴 经略沿边蕃部，言党项西夏，与党项西夏战
【宋史】279/陈兴传/9483；466/秦翰传/13613；492/吐蕃传/14156
【长编标】51/1115；52/1150；53/1170；54/1178、1180；55/1216；56/1230；57/1251
【长编影】51/8 上；52/18 上；53/14 下；54/3 下、5 下；55/14 上；56/5 下；57/1 上
【宋会要】兵 22 之 1/7144、22 之 4/7145、27 之 8/7250；方域 8 之 30/7455、8 之 31/7456、21 之 17/7669
【元宪集】33/宋故推诚翊戴功臣彰武军节度延州管内观察处置等使曹公行状/345
【甘肃新通志】6/舆地志·山川上·固原直隶州·海城县/27 下

【海城县志】6/古迹志/2 上
【汇编】中一 1085、1298、1328、1333、1345、1346、1347、1366、1380、1391、1398、1400、1401、1556；中三 3260；下 7010；补遗 7248、7250

陈虬 驻守延州
【延安府志】1/诗文/47 上
【汇编】补遗 7123

陈告 与西夏战于浮图岔，死之
【宋史】486/夏国传下/14018
【长编标】515/12260
【长编影】515/22 下
【汇编】上 84；中六 5604

陈希亮 张元走投西夏，陈希亮请释放其家族百余口
【宋史】298/陈希亮传/9918、9919
【长编标】133/3175
【长编影】133/13 上
【汇编】中二 2029、2344、2345

陈怀信 言修浚城壕
【长编标】78/1769
【长编影】78/1 上
【汇编】中一 1508

陈纬 经度屯田，护送刍粮至灵州
【宋史】273/李守恩传/9334
【长编标】44/947；47/1026
【长编影】44/16 上；47/16 上
【汇编】中一 1207、1221

陈纮 计置军需
【长编标】245/5957；249/6072
【长编影】245/7 下；249/5 下
【汇编】中四 3870、3919

陈述古 夏人来攻不发兵
【宋史】262/刘几传/9076
【长编标】205/4965
【长编影】205/4 上
【宋会要】职官 65 之 25/3859
【司马文正公集】18/章奏 16/9 上
【石林燕语】8/4 下
【名臣碑传琬琰集】中集 27/王懿敏公素墓志铭/803
【汇编】中三 3343、3347、3354、3370、3380

陈叔度 陈边防策
【安阳集】家传 1/15 下
【名臣碑传琬琰集】中集 48/韩忠献公琦行状/1094
【汇编】中二 1967、1980

陈迪 与熙河吐蕃战
【宋史】350/苗履传/11069
【长编标】517/12299
【长编影】517/4 上
【宋会要】兵 9 之 5/6908
【长编纪事本末】139/11 下、17 上、18 上；140/6 上、12 下
【梁溪集】54/奏知掩袭南北关敌马札子/8 上、54/奏知进兵次第札子/13 上
【汇编】中六 5624、5632、5739、5749、5750、5770、5844、5845；补遗 7457、7458

陈临 与西人战有功
【长编标】349/8377
【长编影】349/9 下
【汇编】中五 4606

陈昭 建宁寨主
【欧阳文忠公全集】116/河东奉使奏草下/5 下
【汇编】中三 2973

陈贵 贩马百姓
【宋会要】职官 64 之 37/3839
【汇编】中二 1818

陈钦寿 率戍卒击退入寇秦州三阳寨戎人
【长编标】19/423
【长编影】19/3 上
【汇编】中一 975

陈俊 攻取河州
【长编标】253/6192
【长编影】253/5 上
【汇编】中四 3953

陈彦长 与西夏战死
【长编标】331/7974
【长编影】331/7 下
【汇编】中四 4451

陈洎 出使边州，催促修筑城池，催督市籴粮草
【宋史】328/薛向传/10585
【长编标】126/2981、2985；127/3018

【长编影】126/14 上、17 下；127/14 上
【汇编】中二 1859、1940、1955、2028

陈济美 久在河外有战功
【长编标】288/7045
【长编影】288/5 上
【汇编】中四 4069

陈说 与西夏战死
【长编标】126/2981
【长编影】126/14 上

陈绛 宋太宗五路伐夏，陈绛、梁鼎转运粮草
【宋史】257/李继隆传/8967
【汇编】中一 1141

陈恭公 因边事宁而乞罢兼枢密使
【挥麈后录】1/宰相枢密分合因革/27 上
【汇编】中二 2524

陈恕 监议边兵馈饷经久之制
【宋史】309/杨允恭传 10162
【长编标】43/920
【长编影】43/12 下
【宋会要】食货 39 之 1/5489、42 之 3/5563
【汇编】中一 1181、1199、1253、1254

陈惟信 催修水洛城
【长编标】149/3608；151/3686
【长编影】149/10 下；151/19 下
【汇编】中三 2903、2982

陈淬 与西人接战乌原，擒其砦主
【宋史】452/陈淬传/13295
【汇编】中五 5261

陈敢 党羌令征反，杀巡检陈敢
【范太史集】40/检校司空左武卫上将军郭公墓志铭/7 上
【汇编】中三 3427

陈舜封 宣谕边官
【长编标】140/3361
【长编影】140/3 下
【汇编】中二 2694

陈敦夫 随军入界应副粮草
【长编标】494/11732 下；507/12085
【长编影】494/5 下；507/12 上
【汇编】中六 5356、5500

陈敦復 言进筑堡寨，措置茶马贸易
【长编标】517/12297
【长编影】517/2 下
【宋大诏令集】181/川茶博马御笔（大观）/655
【汇编】中六 5631、5862

陈湜 管勾安抚司机宜文字
【潞公文集】38/举官/1 下
【汇编】补遗 7308

陈遘 经略庆州
【忠惠集】2/直祕阁陕西路运使陈遘除直龙图阁知庆州直龙图阁知庆州侯临知延安府制/9 下
【汇编】补遗 7421

陈鉴 奉命行边
【延安府志】1/诗文/47 上
【汇编】补遗 7123

陈德玄 讨破党项族帐
【宋史】279/周仁美传/9491；466/窦神宝传/13600
【汇编】中一 1057、1064、1116

陈豫 提举鄜延路弓箭手
【长编纪事本末】140/11 上
【汇编】中六 5793

陈瓘 著《尊尧集》边机门
【长编标】229/5566
【长编影】229/1 上
【汇编】中四 3738

邵元吉 战守延州
【长编标】126/2977
【长编影】126/10 下
【涑水记闻】12/9 下
【汇编】中二 1927、1928、1929

邵亢 言天下财力屈，未可用兵西夏
【宋史】317/邵亢传/10335、10337
【东都事略】81/邵亢传/1 下
【汇编】中一 1765；中三 3453、3454、3483

邵伯温 从军复西夏故土
【宋史】433/邵伯温传/12852
【汇编】中六 5661

邵良佐 出使西夏、押伴夏使
【宋史】11/仁宗纪 3/215；485/夏国传上/13998
【长编标】139/3343；140/3362；141/3384；142/3407、3409；157/3810
【长编影】139/6 下；140/4 下；141/9 下；142/

8 上、12 上；157/12 下
【东都事略】127、128/附录 5、6
【隆平集】20/夷狄传/3 下
【宋会要】兵 1 之 5/6756
【奏议标】133/范仲淹等·上仁宗论元昊请和不可许者三大可防者三/1487；134/欧阳修·上仁宗论西鄙议和先防北虏/1490、欧阳修·上仁宗论元昊来人不可令朝臣管伴/1492
【奏议影】133/范仲淹等·上仁宗论元昊请和不可许者三大可防者三/4574；134/欧阳修·上仁宗论西鄙议和先防北虏/4584、欧阳修·上仁宗论元昊来人不可令朝臣管伴/4587
【东原录】37 上
【安阳集】家传 3/14 下
【宋朝事实类苑】75/996
【欧阳文忠公全集】99/奏议/2 下
【范文正公集】5/答窃议/17 下
【涑水记闻】10/7 上；11/17 上
【名臣碑传琬琰集】上集 22/庞庄敏公籍神道碑/348
【汇编】上 66、105、114；中二 2621、2659、2663、2667、2701、2702、2724、2738、2746、2749、2750、2751、2807、2810；中三 2984、3067；补遗 7290

邵叔元 弹压秦州伏羌寨蕃汉公事
【潞公文集】38/举官/3 上
【汇编】补遗 7292

邵溥 措置茶马贸易
【系年要录】94/1552
【汇编】下 6400

邵龥 言党项西夏，出使边州，进筑城寨
【长编标】487/11564；491/11670；499/11876；506/12061
【长编影】487/2 下；491/21 下；499/5 上；506/10 上
【京口耆旧传】3/邵龥传/11 上、11 下
【汇编】中六 5297、5334、5367、5403、5488、5780

八画

武守琪 使备河东
【奏议标】103/苏辙·上神宗乞去三冗/1102
【奏议影】103/苏辙·上神宗乞去三冗/3431
【栾城集】20/上神宗皇帝书/18 下
【汇编】中三 3528

武英 破西夏后桥寨、白豹城，随任福战死好水川
【宋史】325/任福传/10506、耿傅传/10512；485/夏国传上/13996、13997
【长编标】126/2965；128/3044；131/3100、3101、3102
【长编影】126/1 下；128/17 下；131/7 上、7 下、9 上
【宋会要】兵 14 之 17/7001、14 之 18/7001
【安阳集】家传 2/4 上
【河南先生文集】3/悯忠/4 下、3/辩诬/5 下
【涑水记闻】12/3 上、6 上、11 下
【汇编】上 64；中二 1882、2003、2092、2093、2095、2096、2190、2191、2194、2195、2197、2201、2202、2214、2215

武恪 贾逵谥号
【忠肃集】7/殿前副都指挥使建武军节度使贾逵谥武恪谥议/102
【汇编】中四 4085

武康公 太宗五路伐夏，武康公出夏州
【临川集】90/鲁国公赠太尉中书令王公行状/6 上
【欧阳文忠公全集】23/碑铭·忠武军节度使同中书门下平章事武恭王公神道碑铭/1 上
【汇编】中一 1146

武惠 曹彬谥号，荐子曹玮伐夏
【元宪集】33/宋故推诚翊戴功臣彰武军节度延州管内观察处置等使曹公行状/343；34/宋故推诚翊戴功臣彰武军节度延州管内观察处置等使曹公墓志铭/352、355
【名臣碑传琬琰集】中集 43/曹武穆公玮行状/1031
【汇编】中一 1161、1162、1163、1673

武遂 率部西讨
【元丰类稿】22/1 上
【汇编】中五 4658

武戡 于屈野河西筑堡，与党项西夏战
【宋史】311/庞籍传/10201；326/郭恩传/10521；485/夏国传上/14001
【长编标】185/4477；186/4486；262/6396

【长编影】185/9 下；186/4 下；262/11 下
【司马文正公集】4/章奏 2/10 上；78/太子太保庞公墓志铭/8 下
【名臣碑传琬琰集】上集 22/庞庄敏公籍神道碑/351；中集 19/唐质肃公介墓志铭/680
【汇编】上 68；中三 3228、3235、3238、3240、3243、3244；中四 3986

林广 与党项西夏战
【宋史】329/王广渊传/10609；334/林广传/10736、10737、10739
【长编标】214/5195；216/5254；220/5363；224/5450；241/5880；244/5940；254/6221；264/6457；288/7055；303/7373；322/7763
【长编影】214/2 下；216/3 下；220/24 上；224/11 上；241/6 下；244/8 下；254/13 下；264/1 上；288/12 下；303/8 下；322/4 上
【元刊梦溪笔谈】13/16
【汇编】中三 3410、3579、3610、3667、3668、3670、3704；中四 3827、3864、3960、3991、4070、4158、4301

林旦 言西北边事
【长编标】380/9238；382/9319
【长编影】380/17 上；382/19 上
【宋会要】职官 66 之 32/3884；方域 19 之 14/7632
【汇编】中五 4626、4740、4774、4775

林希 言用兵西夏
【长编标】486/11547；489/11603、11604、11607；491/11664；492/11685；494/11729；501/11944；513/12206
【长编影】486/6 上；489/6 上、7 上、10 上；491/15 上；492/8 下；494/3 下；501/11 上；513/11 下
【宋会要】方域 6 之 8/7409、19 之 17/7634、20 之 15/7658
【汇编】中六 5294、5311、5312、5316、5330、5341、5354、5430、5574；下 7008

林信 攻取河州
【长编标】253/6192
【长编影】253/5 上
【汇编】中四 3953

林洙 当为林摅，出使辽国议与西夏约和
【辽史】27/天祚帝纪 1/322
【汇编】中六 5806

林特 出使边州，议青白盐，督促粮草
【宋史】181/食货志下 3・盐上/4414；283/林特传/9564；304/梁鼎传/10058；307/杨覃传/10130
【长编标】54/1186
【长编影】54/9 上
【宋会要】食货 36 之 8/5435
【涑水记闻】2/2 上
【汇编】中一 1150、1151、1343、1344、1354、1455

林摅 出使辽国陈夏国之罪，收复洮州溪哥城
【宋史】20/徽宗纪 2/374；351/林摅传/11110
【东都事略】102/林摅传/2 下
【宋会要】蕃夷 6 之 41/7839
【长编纪事本末】140/15 下
【皇宋十朝纲要】16/11 上
【契丹国志】10/天祚帝纪上/1 下
【忠惠集】2/端明殿学士知熙州林摅除知永兴军制/17 下
【汇编】中六 5779、5798、5799、5800、5849；补遗 7420

苗京 苗授父，庆历中死守麟州抗夏景宗李元昊
【宋史】350/苗授传/11067
【汇编】中二 2357

苗继宣 坚守麟州以抗西夏
【长编标】132/3122；133/3164、3179、3181
【长编影】132/1 上；133/3 下、16 下、18 下
【涑水记闻】12/14 上
【汇编】中二 2262、2321、2352、2355、2357

苗授 经略党项西夏，经略熙河
【宋史】350/苗授传/11067、11068
【长编标】243/5912、5919；245/5949；247/6024；250/6081、6104；252/6152；254/6208；266/6537；273/6688；277/6778；306/7442；312/7566、7578；313/7592；320/7731、7732；321/7744；322/7771；323/7781、7785；324/7804；325/7822；326/7838、7848；328/7902；329/7931、7934；330/7950、7957；331/7978；333/8013、8018；335/8067
【长编影】243/1 下、8 上；245/1 上；247/15 上；250/1 上、22 下；252/5 上、26 下、27

下；254/3 下、13 下；266/14 上；273/13 上；277/10 上；306/6 上；312/7 上、17 下；313/10 上；320/10 下、12 上；321/1 上、7 上、9 下；322/11 上；323/6 上；324/8 上；325/8 上；326/1 下、9 下；328/11 上；329/15 上、18 下；330/4 下、10 上；331/10 下；333/1 上、5 上；335/6 上

【东都事略】84/苗授传/3 上

【宋会要】兵 8 之 22/6898、9 之 6/6908、14 之 5/6995、28 之 29/7284；方域 20 之 14/7657；蕃夷 6 之 17/7827

【甘肃新通志】6/舆地志・山川上・兰州府・皋兰县/2 下；13/舆地志・古迹・兰州府・皋兰县/2 上

【汇编】中四 3849、3854、3857、3859、3868、3899、3921、3929、3940、3945、3946、3949、3955、3960、3996、4016、4022、4120、4128、4130、4131、4173、4197、4240、4263、4265、4266、4276、4279、4308、4311、4324、4335、4342、4351、4391、4412、4416、4434、4438、4452、4464、4467、4485；补遗 7344、7347

苗履 经略党项西夏，经略熙河

【宋史】344/孙览传/10929；348/钟传传/11037；349/姚雄传/11060；350/苗履传/11068、11069、王赡传/11072；453/高永年传/13315

【长编标】314/7608、7611；316/7639、7641；321/7748；329/7934；334/8035、8054；343/8242；348/8357；403/9820；444/10690；464/11094；477/11359；485/11527、11528；486/11558；491/11649、11656、11659、11662、11663、11665；497/11817、11836；498/11849、11858；499/11877；501/11934、11937、11941、11942、11943；502/11957、11959；504/12014；507/12090、12091；508/12105；509/12125；510/12150；511/12163、12164、12165；513/12204；514/12211、12216、12221、12223、12228、12232；515/12235、12242、12247；516/12288、12289、12290；517/12295、12299、12300、12303、12313；518/12318、12331；519/12342、12352；520/12380

【长编影】314/9 上、11 上；316/2 上、4 上；321/11 下；329/18 下；334/5 上、21 上；343/7 下、12 上；348/14 上；403/19 上；444/11 上；464/20 下；477/6 下；485/9 上；486/17 上；491/3 下、9 下、12 上、15 上；497/1 下、18 下；498/7 下、15 下；499/5 上；501/5 下、7 下、11 上；502/8 上、9 下、10 上；504/8 上；507/16 上、17 下；508/9 下；509/11 下；510/17 下；511/9 下、10 下；513/10 上；514/3 上、7 下、12 上、12 下、19 下；515/1 上、6 上、12 上；516/20 下、23 下；517/1 上、4 上、5 上、8 上、15 下；518/1 上、14 上；519/1 上、9 上；520/21 下

【东都事略】127、128/附录 5、6

【宋会要】职官 67 之 10/3892；兵 9 之 3/6907、28 之 42/7290；方域 8 之 25/7453、12 之 5/7522、18 之 18/7618、19 之 16/7633、20 之 5/7653

【宋大诏令集】63/建西安州并诸路进筑宰执转官诏（元符二年五月辛巳）/310

【奏议标】141/任伯雨・上徽宗论湟郡/1595

【奏议影】141/任伯雨・上徽宗论湟郡/4904、4906

【皇宋十朝纲要】14/4 下、6 下

【栾城集】41/再论熙河边事札子/9 下

【甘肃新通志】14/建置制・城池/1 下

【汇编】上 110、229；中四 3946、4149、4151、4175、4178、4279、4416、4472、4479；中五 4560、4561、4599、4838、5016、5088、5179、5214、5230；中六 5272、5275、5286、5287、5288、5297、5323、5325、5326、5329、5331、5386、5389、5392、5393、5397、5403、5426、5428、5431、5432、5454、5504、5534、5535、5546、5548、5555、5556、5572、5576、5577、5582、5583、5592、5595、5597、5601、5615、5621、5622、5623、5624、5625、5628、5629、5632、5635、5636、5639、5640、5641、5649、5654、5660、5670、5693；补遗 7347

范子功 言边事

【龙川略志】635

【栾城后集】13/颍滨遗老传下/11 上
【名臣碑传琬琰集】下集 12/颍滨遗老传下/1440
【汇编】中五 5137、5200、5203、5204
范子仪 根括闲田及招置弓箭手，与夏议立地界
【长编标】232/5630；233/5652
【长编影】232/4 上；233/7 下
【汇编】中四 3760、3767、3768
范子奇 体访夏人入寇，经略党项西夏
【长编标】403/9800；411/10002；457/10940；481/11442；482/11465
【长编影】403/2 上；411/6 上；457/3 下；481/7 下；482/3 下
【汇编】中五 4837、4926、5061、5215、5216
范子谅 言蕃官不许充汉官差遣
【长编标】384/9349；389/9467
【长编影】384/1 上；389/17 上
【汇编】中五 4777、4786
范元功 缒城与李显忠所领夏人约和
【方舟集】15/范元功墓志铭/19 上
【汇编】下 6509、6510
范太尉 范恪，与党项西夏战
【景文集】21/送马军范太尉/259
【汇编】中二 2565
范太尉 范雍，西夏间谍伪传范太尉令
【东轩笔录】9/4 上
【汇编】中二 1889
范仁美 持书入西界，反间叶勒约噶兄弟
【长编标】155/3773；168/4039
【长编影】155/14 下；168/8 上
【汇编】中三 3159
范公 范仲淹，经略党项西夏
【文恭集】36/宋故宣徽北院使赠太尉文肃郑公（戬）墓志铭/436
【延安府志】1/肤施县·山川/6 下、1/诗文/47 上、49 上
【容斋三笔】11/5 上
【汇编】中二 1934；中三 2857；补遗 7123、7124、7275
范文正 范仲淹，经略党项西夏
【中吴纪闻】2/2 上、7 下
【公是集】51/宋故推忠佐理功臣赠尚书左仆射王公（尧臣）行状/610
【东轩笔录】11/2 下
【石林燕语】4/3 上；8/4 下；9/2 上、3 下
【后山谈丛】3/3 下
【安阳集】47/故客省使眉州防御使赠遂州观察使张公（亢）墓志铭/16 上
【宋朝事实类苑】55/71
【邵氏闻见录】13/144
【鸡肋集】29/庆州新修帅府记/12 下
【欧阳文忠公全集】31/太子太师致杜祁公墓志铭/4 下；212/墓志·尚书户部侍郎参知政事赠右仆射文安王公墓志铭/2 上
【范太史集】40/检校司空左武卫上将军郭公墓志铭/1 上
【临川集】91/太子太傅致仕田公墓志铭/1 下
【涑水记闻】8/14 下；9/11 下、12 下
【渑水燕谈录】2/4 上
【朝野杂记】乙集 19/边防/1180
【名臣碑传琬琰集】上集 23/孙威敏公沔神道碑/362、26/范忠献公雍神道碑/408
【鹤林玉露】8/6 上
【甘肃新通志】29/祠祀志·祠宇下·庆州府·安化县/8 下
【延安府志】1/肤施县·山川/5 下、1/诗文/47 上、49 上
【陕西通志】16/关梁 1·榆林府·靖边县/71 上；28/祠祀 1·延安府/59 下、28/祠祀 1·延安府·肤施县/60 下
【汇编】中二 1892、1958、2182、2218、2245、2246、2267、2268、2271、2297、2298、2451、2470、2472、2563、2579、2647、2660、2704、2710；中三 2934、2942、3003、3020；中五 4942、4943；中六 5774；下 6937；补遗 7122、7123、7274、7275、7280、7466
范文正公 范仲淹，蕃部称呼龙图老子
【渑水燕谈录】2/4 上
【汇编】中二 2470
范正夫 范纯粹子，书范纯粹奏书
【长编标】372/9010
【长编影】372/5 上
【汇编】中五 4704

范龙图 范仲淹，经略党项西夏
【公是集】5/贺范龙图兼知延安/49
【潞公文集】37/辞免/9下
【陕西通志】11/山川4·榆林府·靖边县/54上
【汇编】中二2067；补遗7274、7372
范百禄 言党项西夏，言熙河
【宋史】337/范百禄传/10793
【长编标】354/8480；409/9966、9976；443/10662、10663；444/10693、10694；473/11282；479/11411
【长编影】354/10上；409/13下、23上；443/7下；444/13上；473/1上；479/10上
【东都事略】93下/苏辙传/3上
【皇宋十朝纲要】13/4上
【汇编】中五4628、4919、4923、5001、5019、5021、5137、5154、5196、5198、5200、5205
范尧夫 范纯仁，尝言李元昊遣人夜刺韩琦
【麈史】中/5上
【汇编】中二2371
范仲淹 言党项西夏，经略党项西夏
【宋史】10/仁宗纪2/208；11/仁宗纪3/213、215、216、218；190/兵志4·弓箭社/4726；191/兵志5/4751；196/兵志10/4896；211/宰辅表2/5467；283/夏竦传/9573；285/梁适传/9623；289/葛怀敏传/9701；290/狄青传/9718、郭逵传/9722、9723；292/王尧臣传/9773、9774、田况传/9778；295/尹洙传/9834、叶清臣传/9852；297/段少连传/9897；300/俞献卿传/9977；303/滕宗谅传/10037、10038；310/杜衍传/10191；312/韩琦传/10223；313/富弼传/10253；314/范仲淹传/10270、10271、10272、10273、10275、10276；322/王猎传/10445；323/周美传/10457、范恪传/10465、马怀德传/10466；324/张亢传/10489、刘沪传/10494；325/王仲宝传/10514；326/蒋偕传/10519；335/种世衡传/10753；432/胡瑗传/12837；452/高敏传/13285；457/徐复传/13434；485/夏国传上/13998
【长编标】112/2623；126/2981；127/3012；128/3026、3033、3035、3036、3037、3039、3043；129/3071；130/3078、3081；131/3093、3094、3095、3097、3098、3099、3104、3110、3114；132/3127、3129、3132、3136；134/3195、3200、3204；135/3238；136/3265、3266；137/3290、3295；138/3310、3312、3313、3320、3321、3322、3323、3324、3328、3330；139/3348；140/3361；142/3423；143/3456；144/3486；146/3527；149/3597；150/3636；151/3638、3692；152/3708、3709；153/3728；154/3738、3742；155/3758、3759、3768、3769；156/3778；157/3807、3813；167/4021；175/4221；204/4936；205/4964；234/5673；352/8449；368/8886；479/11412；499/11884；510/12151
【长编影】112/18上；126/14下；127/10上；128/6下、10下、11上、14上、16下、18上；129/18下；130/1上、6上；131/1上、3上、10上、14下、15下、19上、19下、21下；132/7下、17上、25下；134/4上、7下、15下、19上、20上；135/1下、3下、8下、23下；136/18下；137/17上；138/2下、6上、11下、13上；139/10下；140/3下、5上、10上；141/11下；142/12上、24下；143/1下、28上；144/7上；146/1上；149/1上；150/4下、15上、16上；151/3下；152/11上、12上；153/13上；154/5上；155/1下；156/2上；157/10下、15下；167/14上；175/2上；204/3上；205/3下；234/2下；352/22下；368/33上；479/10上；499/12下；510/17下
【东都事略】5/仁宗纪/7上；127、128/附录5、6
【隆平集】15/尹洙传/4上；19/李纬传/14下
【宋会要】职官41之18/3175、41之89/3211、64之41/3841；兵8之20/6897、8之21/6897、14之17/7001、18之2/7058、27之29/7261、27之32/7262、27之34/7263、27之35/7264；方域8之28/7454、8之32/7516
【奏议标】64/范仲淹·上仁宗乞督责管军臣僚智举之人/712；65/余靖·上仁宗乞韩琦兼领大帅镇秦州/718；125/范仲淹·上仁宗乞令陕西主帅并带押蕃部使/1378；132/范仲淹·上仁宗乞严边城实关内/1457、范仲淹·上仁宗论夏贼未宜进讨/1462、1463、范仲淹·上

仁宗乞先修诸寨未宜进讨/1464、田况·上仁宗论攻策七不可/1466、田况·上仁宗兵策十四事/1468、1470；133/孙沔·上仁宗论范仲淹答元昊书/1472、1473、范仲淹·上仁宗攻守二策/1477、范仲淹·上仁宗再议攻守/1480、庞籍·上仁宗论范仲淹攻守之策/1481、范仲淹等·上仁宗论元昊请和不可许者三大可防者三/1484、1487；134/欧阳修·上仁宗论西贼议和利害/1493、范仲淹等·上仁宗论和守攻备四策/1495；135/富弼·上仁宗河北守御十三策/1502；136/韩琦·上仁宗论西北议和有大忧者三大利者一/1516、1517、欧阳修·上英宗论西边可攻四事/1525；141/文彦博·上神宗论进筑河州/1591

【奏议影】64/范仲淹·上仁宗乞督责管军臣僚智举之人/2346；65/余靖·上仁宗乞韩琦兼领大帅镇秦州/2361、2363；125/范仲淹·上仁宗乞令陕西主帅并带押蕃部使/4254；132/范仲淹·上仁宗乞严边城实关内/4483、范仲淹·上仁宗论夏贼未宜进讨/4500、4503、范仲淹·上仁宗乞先修诸寨未宜进讨/4504、4506、田况·上仁宗论攻策七不可/4512、4513、田况·上仁宗兵策十四事/4519、4526；133/孙沔·上仁宗论范仲淹答元昊书/4529、4530、4531、4532、4533、范仲淹·上仁宗攻守二策/4542、范仲淹·上仁宗再议攻守/4550、庞籍·上仁宗论范仲淹攻守之策/4554、4555、范仲淹等·上仁宗论元昊请和不可许者三大可防者三/4563、4574；134/欧阳修·上仁宗论西贼议和利害/4589、范仲淹等·上仁宗论和守攻备四策/4598；135/富弼·上仁宗河北守御十三策/4617；136/韩琦·上仁宗论西北议和有大忧者三大利者一/4665、4666、欧阳修·上英宗论西边可攻四事/4689；141/文彦博·上神宗论进筑河州/4892

【系年要录】26/519；75/1247

【宋文鉴】81/1 上、116/10 下

【宋朝事实类苑】55/715

【续宋通鉴】13/169

【东坡全集】33/奏议·乞增修弓箭社条约状/24 上

【乐全集】21/论种世衡管勾营田不宜差知环州事/9 上

【玉海】143/17 下

【安阳集】家传 1/14 上；2/1 上、4 上、14 上、15 下；3/1 上、2 上、3 上、4 下、6 下、14 下；4/1 上、17 下；6/7 下；7/5 上；24/9 上；47/2 上

【苏学士文集】11/论西事状/9 上

【欧阳文忠公全集】97/奏议/4 下；99/奏议/6 下、9 上、12 上；105/奏议/8 上；114/奏议政府/1 上；144/书简/8 上、8 下

【河南先生文集】7/答秦凤路招讨使韩观察议讨贼利害书/3 下；20/奏为乞令环庆路与泾原路相应广发兵马牵制贼势事/4 上、奏为近差赴鄜延路行营其兵马乞移拨往环庆路事/5 上、奏为已发赴环庆路计置行军次第乞朝廷特降指挥/6 下

【范太史集】40/检校司空左武卫上将军郭公墓志铭/1 下

【范文正公集】年谱/25 上、25 下；年谱补遗/3 上、11 上；言行拾遗事录 3/9 下、11 上；政府奏议上/16 上、16 下、20 上；政府奏议下/荐举/22 下、23 上、23 下、24 上、36 下；政府奏议下/边事/15 下、20 上；政府奏议下/杂奏/39 上；诸贤赞颂论疏/12 下、24 下；褒贤集/富弼撰墓志铭/9 上

【栾城集】39/论西事状/15 上

【涑水记闻】4/13 上；8/14 下；9/14 上；11/19 上

【名臣碑传琬琰集】中集 27/王懿敏公素墓志铭/804、48/韩忠献公琦行状/1094、1096、1097

【稽古录】20/90 上

【豫章文集】7/遵尧录 6/13 上、14 上、15 上

【儒林公议】上/3 上；下/3 上

【潞公文集】18/奏议/1 下

【甘肃新通志】6/舆地志·山川上·泾州·直隶州·本州/34 上；7/舆地志·山川下·庆阳府·合水县/15 下、舆地志·山川下·庆阳府·安化县/13 上、舆地志·山川下·庆阳府·环县/17 上；8/舆地志·形胜·庆阳府·环县/12 上、舆地志·形胜·泾州直隶州/6 下；9/舆地志·关梁·庆阳府·合水县/59 上、舆地志·关梁·庆阳府·安化县/57 下、

58 上、59 下、舆地志·关梁·庆阳府·环县/59 下；13/舆地志·古迹·平凉府·静宁州/10 下、舆地志·古迹·庆阳府·安化县/29 下、30 上、30 下、舆地志·古迹·庆阳府·环县/31 下、舆地志·古迹·固原直隶州·平远县/12 下；29/祠祀志·祠宇下·庆州府·安化县/8 下；42/兵防志·塞防·庆阳府/6 上

【延安府志】1/肤施县·山川/5 下、肤施县·城池/7 上、肤施县·宫室/14 下、诗文/49 上

【延绥镇志】1/地理志/8 下

【陕西通志】10/山川 3·延安府·肤施县/1 上、1 下；14/延安府·城池/6 上、城池/14 下；16/关梁 1·延安府·安定县/28 下、关梁 1·延安府·安塞县/26 下、关梁 1·榆林府·定边县/67 下；17/关梁 2·绥德州·清涧县/48 上；97/艺文 13/32 下、41 下

【汇编】上 65、103、105、231、232；中一 1695、1770；中二 1858、1896、1920、1942、1955、1960、1967、1995、2011、2014、2015、2017、2037、2051、2052、2058、2059、2067、2068、2072、2086、2087、2088、2095、2097、2101、2109、2114、2117、2139、2151、2155、2156、2157、2158、2159、2161、2167、2178、2181、2182、2184、2198、2199、2200、2201、2203、2208、2209、2210、2211、2212、2213、2217、2218、2219、2223、2227、2242、2244、2245、2246、2247、2248、2249、2250、2256、2258、2271、2276、2280、2297、2311、2312、2362、2373、2374、2384、2406、2410、2412、2413、2420、2423、2425、2433、2435、2436、2437、2442、2454、2469、2470、2471、2472、2504、2505、2507、2510、2511、2536、2544、2556、2565、2569、2570、2571、2574、2576、2577、2580、2582、2607、2608、2609、2610、2613、2614、2615、2616、2617、2622、2637、2638、2653、2654、2665、2666、2670、2672、2674、2676、2694、2696、2702、2703、2704、2711、2717、2718、2721、2722、2725、2726、2730、2731、2733、2734、2737、2738、2748、2750、2754、2755、2766、2767、2768、2770、2772、2773、2774、2776、2782、2784、2785、2786、2811、2812；中三 2837、2862、2877、2904、2922、2927、2935、2939、2940、2941、2942、2949、3001、3002、3016、3019、3021、3022、3034、3039、3043、3053、3069、3071、3139、3151、3152、3177、3209、3360、3378、3487、3592；中四 3775、3822、4424；中五 4691、4868、5199、5222、5223；中六 5407、5549、5975；下 6193、6358、6813、6942、6943、6945、7025、7027、7028；补遗 7123、7124、7261、7262、7265、7266、7274、7275、7276、7281、7283、7286、7287、7288、7289、7290、7294、7295、7318、7355、7466、7474

范仲熊 作《北记》

【三朝北盟会编】61/6 上

【汇编】中六 6056、6057

范廷召 进讨西夏

【宋史】5/太宗纪 2/99；6/真宗纪 1/105；258/曹璨传/8983；275/孔守正传/9371；277/索湘传/9420；280/田绍斌传/9497；283/夏竦传/9572；289/范廷召传/9698

【长编标】40/851；123/2911

【长编影】40/8 下；123/17 上、17 下

【宋会要】兵 8 之 19/6896、14 之 14/6999

【宋太宗实录】79/38 上

【文庄集】14/陈边事十策/1 上

【武经总要】前集 18 上/6 下

【范文正公集】15/延州谢上表/5 下

【名臣碑传琬琰集】中集 43/曹武穆公玮行状/1031

【稽古录】17/81 上

【潞公文集】18/奏议/9 下

【汇编】中一 1119、1120、1137、1139、1140、1148、1149、1152、1153、1154、1155、1158、1161、1179；中二 1794、1796、2062；补遗 7324

范全 与党项西夏战，经略环庆

【宋史】295/叶清臣传/9852

【长编标】128/3044；135/3239；136/3265

【长编影】128/17 下；135/23 下；136/17 下
【宋会要】兵 14 之 17/7001、14 之 18/7001
【奏议标】133/范仲淹·上仁宗攻守二策/1477
【奏议影】133/范仲淹·上仁宗攻守二策/4545
【范文正公集】政府奏议下/荐举/21 下；5/上攻守二策状/13 下
【涑水记闻】12/6 上
【汇编】中二 2091、2092、2095、2096、2385、2398、2469、2503；中三 3139

范讽 言李元昊不可击，独以兵守要害捍侵略，久当自服
【长编标】133/3165
【长编影】133/4 下

范伯履 范坦，押伴夏国使
【宋史】288/范坦传/9680
【汇编】中六 5817

范希文 范仲淹，经略党项西夏
【长编标】132/3127
【长编影】132/6 上
【龙川别志】下/89
【欧阳文忠公全集】144/书简/8 上、8 下
【河南先生文集】7/答环庆招讨使范希文书/1 下、上环庆招讨使范希文书/3 上
【涑水记闻】8/14 下
【谈苑】1/2 上
【陕西通志】7/疆域 2/40 上
【汇编】中二 2267、2268、2270、2271、2506、2573；中三 3209；补遗 7483

范纯仁 言党项西夏，经略党项西夏
【宋史】17/哲宗纪 1/1333；92/河渠志 2/2292；314/范纯粹传/10280、范纯仁传/10284、10285、10287、10289、10293；335/种古传/10745；453/高永年传/13315
【长编标】257/6281；258/6303；263/6436；280/6858、6867；284/6946、6947；287/7033；289/7080；354/8483；360/8606；361/8636；366/8791、8792、8795、8797；382/9310、9318；403/9821、9822、9825；406/9890；407/9905、9906；408/9923；413/10042；414/10059；415/10083；429/10367；439/10575、10576；442/10630、10631；456/10924；457/10944；458/10953；465/11115；480/11417、11418；484/11511、11512
【长编影】257/11 上；258/15 上；263/16 下；280/15 下；284/2 上；287/19 上；289/18 上；354/12 下；360/2 上、15 下；361/1 上；366/14 上、17 上；382/11 下、13 下；403/21 下；406/14 上；407/10 下；408/4 下、21 上；413/9 上；414/6 上；415/13 上；429/9 上；439/8 上；442/1 上、1 下；456/7 上；457/7 下；458/1 上；465/16 下；480/3 上；484/18 下
【东都事略】59 下/范纯粹传 7 上；127、128/附录 5、6
【奏议标】65/范纯仁·上神宗乞令孙永依旧知秦州以责后效/723；127/范纯仁·上哲宗论回河/1399、范纯仁·上哲宗论回河/1403；137/范纯仁·上神宗论小人妄陈边事/1537；138/范纯仁·上哲宗答诏论西事/1555、1556；139/范纯粹·上哲宗乞以弃地易被虏之人/1563
【奏议影】65/范纯仁·上神宗乞令孙永依旧知秦州以责后效/2375；127/范纯仁·上哲宗论回河/4310、范纯仁·上哲宗论回河/4321；137/范纯仁·上神宗论小人妄陈边事/4727；138/范纯仁·上哲宗答诏论西事/4781、4785；139/范纯粹·上哲宗乞以弃地易被虏之人/4804
【皇宋十朝纲要】12/3 上
【续资治通鉴】83/2125
【东坡全集】21/三马图赞并引/10 上
【栾城集】37/论西边警备状/14 上
【甘肃新通志】13/舆地志·古迹·庆阳府·安化县/30 下；29/祠祀志·祠宇下·庆州府·安化县/8 下
【汇编】上 110、229；中四 3967、3968、3973、3990、4035、4044、4045、4046、4067、4073、4074；中五 4628、4639、4646、4647、4676、4681、4683、4693、4708、4709、4766、4767、4772、4774、4841、4897、4899、4903、4913、4916、4929、4938、4939、4945、4960、4986、4990、4991、5060、5061、5063、5091、5094、5207、5220、5228；中六 5273；补遗 7339、7466

范纯礼 言熙河
【宋史】19/徽宗纪 1/366、368

【长编纪事本末】139/15 下
【宋会要】兵 9 之 4/6907
【奏议标】141/冯澥·上徽宗论湟廓西宁三州/1597
【奏议影】141/冯澥·上徽宗论湟廓西宁三州/4911
【汇编】中六 5719、5722、5745、5746、5819

范纯祐 版筑庆州，与党项西夏战
【宋史】314/范仲淹传/10271、范纯祐传/10276
【范文正公集】年谱/2 下；诸贤赞颂论疏/24 下
【麈史】中/5 上
【甘肃新通志】13/舆地志·古迹·庆阳府·安化县/29 下
【汇编】中二 1858、2371、2504、2507、2508；下 7027；补遗 7283

范纯粹 言党项西夏，经略党项西夏，经略熙河
【宋史】191/兵志 6·蕃兵/4761；281/毕仲游传/9523；314/范纯粹传/10280、10281、范纯仁传/10293
【长编标】319/7699、7707；321/7739、7742、7750；325/7832；326/7841、7855；327/7875；330/7949；331/7972、7978、7987；334/8055；335/8064、8072；338/8140；339/8163；342/8223、8226、8227；343/8235、8249；346/8309、8310；347/8333；361/8636；368/8864；372/9006；374/9061；375/9090、9091；378/9174、9175；384/9349；389/9467、9468、9470；395/9639、9640；403/9824；405/9869、9871；406/9876、9878、9887；407/9906、9910、9911、9916；408/9924、9939、9940；411/10003；412/10027、10029；413/10037；417/10127；422/10211；432/10426；434/10467、10469、10470；445/10724；455/10907；459/10982；464/11085；465/11112；466/11126、11135；467/11165；468/11188；470/11234；471/11249；476/11343、11348；478/11387；482/11471
【长编影】319/1 下、8 上；321/4 上、6 下、12 下；325/16 上；326/4 上、15 下；327/10 下；330/4 下；331/5 下、10 上、18 下；334/4 上、19 上、23 上；335/3 上、10 上；336/6 上；338/2 下；339/4 上；342/2 上、4 下、6 下、8 上；343/2 上、13 下；346/7 上、8 下；347/12 下；361/1 上；368/33 上；372/5 上；374/8 上；375/5 上；378/1 上；384/1 上；389/17 上、18 上、19 下；395/20 下；403/21 下；405/8 上、9 下；406/1 上；407/10 下、14 上、19 下；408/18 上；411/7 上；412/9 上；413/5 上；417/5 下；422/3 上；432/2 上；434/12 上；445/13 上；455/6 下；459/9 上；464/12 下；465/14 下；466/1 上、3 上、9 上；467/3 上、18 下、19 上；468/19 下；470/16 上；471/12 上；476/11 下；478/5 下；482/9 上
【东都事略】59 下/范纯粹传/7 上、7 下；127、128/附录 5、6
【宋会要】职官 67 之 10/3892、67 之 11/3893、67 之 35/3905、68 之 6/3911；兵 28 之 28/7283、28 之 37/7288；方域 5 之 41/7403、8 之 30/7455、8 之 32/7456、19 之 12/7631
【宋大诏令集】209/范纯粹落待制降一官直龙图阁知延安府制/786
【奏议标】125/范纯粹·上哲宗乞不许蕃官自改汉姓/1381、范纯粹·上徽宗乞令蕃官不得换授汉官差遣/1381；138/范纯粹·上神宗论西师不可再举/1551；139/范纯粹·上哲宗乞以弃地易被虏之人/1561、1563、范纯粹·上哲宗乞不妄动以观成败之变/1569；140/范纯粹·上哲宗论息兵失于欲速/1578、范纯粹·上徽宗论进筑非便/1583
【奏议影】125/范纯粹·上哲宗乞不许蕃官自改汉姓/4260、范纯粹·上徽宗乞令蕃官不得换授汉官差遣/4261；138/范纯粹·上神宗论西师不可再举/4766；139/范纯粹·上哲宗乞以弃地易被虏之人/4797、4804、范纯粹·上哲宗乞不妄动以观成败之变/4823；140/范纯粹·上哲宗论息兵失于欲速/4850、范纯粹·上徽宗论进筑非便/4866
【长编纪事本末】101/6 下、8 上、18 下；319/1 上、8 上；321/2 下、5 下、12 上
【玉海】174/41 上
【皇宋十朝纲要】12/5 上；13/7 上
【范文正公集】遗文/8 上；言行拾遗事录 4/10 上

【涑水记闻】14/8 上
【彭城集】22/知庆州范纯粹可宝文阁待制再任制/315
【默记】15/上
【甘肃新通志】29/祠祀志·祠宇下·庆州府·安化县/8 下
【汇编】上 109；中四 4195、4224、4225、4239、4240、4269、4272、4273、4280、4337、4339、4346、4357、4378、4434、4450、4451、4452、4456、4472、4478、4479、4480、4484、4488、4491、4497、4515、4522；中五 4546、4547、4549、4550、4552、4558、4562、4583、4591、4647、4691、4700、4708、4709、4712、4713、4714、4718、4725、4726、4777、4786、4806、4810、4811、4839、4840、4882、4883、4884、4886、4890、4892、4903、4905、4906、4909、4911、4915、4927、4928、4932、4934、4936、4945、4956、4969、4972、4973、4974、4975、5029、5032、5058、5065、5066、5067、5086、5091、5095、5096、5098、5101、5103、5106、5112、5115、5120、5121、5142、5144、5148、5150、5174、5184、5227、5228、5229、5235、5237、5239、5240、5242、5243；中六 5724、5935；下 7006；补遗 7327、7466

范忠宣 范纯仁，经略熙河
【过庭录】16
【宋文鉴】69/4 上
【汇编】中四 4073；中五 4950

范忠献公 范雍，镇守延安
【河南先生文集】17/故金紫光禄大夫张公（宗诲）墓志铭/3 下
【汇编】中二 1913

范侍郎 范雍，守延州城
【梦溪笔谈校正补】2/权智/949
【汇编】中二 1890

范育 经略党项西夏，经略熙河
【宋史】303/范育传/10050、10051；332/游师雄传/10689；337/范百禄传/10793；339/苏辙传/10832；340/吕大忠传/10845；342/王严叟传/10895
【长编标】214/5220；219/5323；220/5343、5344、5354、5359；221/5374；228/5547；279/6827；289/7080；298/7240；319/7716；329/7923；375/9089；430/10383；435/10487；442/10636；444/10680、10683、10689；445/10715、10716、10718、10719；446/10736；447/10758、10760；448/10774；452/10844；454/10886；455/10912；457/10937；458/10952；460/10995；461/11015、11019；462/11042、11043、11044；464/11086；467/11153、11164、11165；470/11229、11233；472/11268；473/11279；474/11301、11308、11313；475/11321；476/11340、11341、11350、11351；477/11353、11358、11359；479/11374；480/11417；483/11484、11485；490/11625、11638；501/11943
【长编影】214/25 上；219/3 下；220/8 上、18 上、25；221/7 上；228/7 下；279/8 上；289/18 上；298/1 下；319/15 下；329/8 下；375/4 上；430/15 上；435/12 下；442/6 上；444/1 上、4 上、13 上；445/2 上；446/6 上；447/12 下；448/9 下；452/3 上、6 上；454/8 上；455/10 下；457/2 上；458/1 上；460/1 上、4 下；461/1 上、4 下；462/11 上；464/12 下；467/8 上、9 下、17 下、18 下、19 上；470/11 上；472/9 下；473/1 上；474/8 上、11 下；475/2 下；476/4 下、13 上；477/1 上、5 下、6 下、20 上；479/10 上；480/2 下；483/4 下、5 上、5 下；490/7 下、17 下；501/11 上
【东都事略】127、128/附录 5、6
【宋会要】职官 41 之 77/3205、47 之 63/3449；刑法 6 之 20/6703；兵 4 之 12/6826、28 之 21/7280、28 之 33/7286、28 之 35/7287、28 之 37/7288；蕃夷 6 之 24/7830、6 之 25/7831、6 之 26/7831、6 之 27/7832
【奏议标】139/范育·上哲宗论御戎之要/1573；140/张舜民·上徽宗论进筑非便/1585、苏辙·上哲宗论地界/1579、1580、苏辙·上哲宗论不可失信夏人/1581；141/苏轼·上哲宗乞约鬼章讨阿里骨/1593
【奏议影】139/范育·上哲宗论御戎之要/4835；140/张舜民·上徽宗论进筑非便/4873、苏辙

·上哲宗论地界/4855、4859、苏辙·上哲宗论不可失信夏人/4862；141/苏轼·上哲宗乞约鬼章讨阿里骨/4900
【宋文鉴】40/4 上
【皇宋十朝纲要】13/4 上
【玉海】174/41 下
【龙川略志】635
【范太史集】44/资政殿学士范公（百禄）墓志铭/14 下
【栾城集】41/再论熙河边事札子/9 下、三论熙河边事札子/17 下；42/四论熙河边事札子/1 上、论前后处置夏国乖方札子/7 下
【潞公文集】37/辞免/9 下
【汇编】上 109；中三 3593、3594、3649、3658、3665、3672、3680、3727；中四 4027、4073、4095、4105、4250、4403；中五 4654、4717、4965、4967、4976、4991、5002、5005、5015、5016、5017、5021、5023、5024、5025、5028、5029、5035、5037、5039、5040、5041、5042、5043、5046、5050、5057、5058、5060、5063、5068、5071、5072、5079、5081、5082、5083、5084、5086、5113、5114、5115、5138、5141、5151、5152、5159、5163、5166、5169、5170、5171、5175、5176、5177、5178、5179、5181、5196、5197、5199、5201、5202、5205、5207、5238；中六 5320、5321、5430、5712；补遗 7371、7372、7373、7375

范宗师 体量边事
【长编标】245/5968
【长编影】245/17 上
【汇编】中四 3873

范宗杰 陕西制置解盐
【长编标】137/3280
【长编影】137/4 下
【宋会要】食货 23 之 39/5194、23 之 40/5194
【范文正公集】政府奏议下/荐举/28 上
【汇编】中二 2518、2779、2780；中三 3147

范峋 言户马，言夏秋收入
【长编标】346/8309；347/8322；350/8394
【长编影】346/7 上；347/2 下；350/11 下
【汇编】中五 4583、4586、4615

范侯 范仲淹，开府庆州
【甘肃新通志】91/艺文志·碑记/5 下
【汇编】补遗 7284

范恪 与西夏屡战胜
【宋史】323/范恪传/10465
【汇编】中二 2093、2094、2564、2565

范祖禹 言边事
【长编标】430/10388；465/11104
【长编影】430/8 上；465/7 下、25 上
【汇编】中五 4965、5090、5094

范致能 出使边州
【朝野杂记】乙集 19/边防/1180
【汇编】下 6938

范致虚 宣抚陕西
【宋史】447/唐重传/13186、徐徽言传/13191
【三朝北盟会编】77/6 上；95/1 上
【系年要录】3/64
【香溪集】21/徐忠壮（徽言）传/1 下
【汇编】下 6087、6088、6089、6092、6099、6100

范资政 范仲淹，经略党项西夏
【范文正公集】9/上吕相公书/13 上
【汇编】中二 2390

范祥 经略党项西夏，与党项西夏战，制置陕西解盐
【宋史】181/食货志下 3/4417、4419；303/范祥传/10049；318/张昇传/10362；330/傅求传/10621；332/陆昇传/10680
【长编标】144/3479；167/4016；171/4120；174/4203、4204；175/4225、4226；192/4639；479/11412；490/11625
【长编影】144/3 下；167/9 下；171/16 上、16 下；174/12 下；175/6 上；192/5 下；241/13 上；479/10 上；490/7 下
【宋会要】食货 23 之 39/5194、23 之 40/5194、24 之 28/5208
【范文正公集】年谱补遗/12 上；西夏堡寨/6
【稽古录】20/92 下
【汇编】中二 2081、2476、2642、2783；中三 3125、3147、3186、3189、3192、3195、3196、3211、3257；中四 3765、3831；中五 5199；中六 5320

范雍 言党项西夏，经略党项西夏

【宋史】10/仁宗纪 2/205、207；176/食货志上 4/4267；180/食货志下 2/4381；285/陈执中传/9602；288/范雍传/9679；295/叶清臣传/9850；323/赵振传/10462；325/刘平传/10502；467/卢守懃传/13637

【长编标】103/2386、2388；124/2919、2931；125/2944、2953、2957；126/2965、2966、2969、2972、2979、2981、2982、2990、2991、2993、2994、2995；127/3008；128/3029；132/3130、3138、3150；133/3170、3173；134/3208；487/11564

【长编影】103/8 下、13 下；124/7 上；125/6 下、14 下；126/1 下、4 上、6 下、13 上、14 下、21 上、24 上；127/5 上；128/4 下；132/7 下、15 下、25 下；133/11 下；134/19 上；487/2 下

【东都事略】127、128/附录 5、6

【隆平集】19/石元孙传/6 上

【宋会要】礼 20 之 88/808；职官 64 之 4/3840；食货 39 之 10/5493；刑法 7 之 11/6739；兵 4 之 1/6820、8 之 20/6897、27 之 22/7257

【奏议标】131/富弼·上仁宗论西夏八事/1451；132/刘平·上仁宗乞选用酋豪各守边郡/1456、陈执中·上仁宗论西边事宜/1456、田况·上仁宗兵策十四事/1467

【奏议影】131/富弼·上仁宗论西夏八事/4462；132/刘平·上仁宗乞选用酋豪各守边郡/4480、陈执中·上仁宗论西边事宜/4480、田况·上仁宗兵策十四事/4514

【元宪集】27/赐振武军节度使知延州范雍充鄜延环庆两路沿边经略安抚使诏/289、赐振武军节度使知延州范雍进谢赐牌印月俸公使钱到任马诏/295；30/抚问泾原秦凤两路沿边经略安抚使夏竦鄜延环庆两路沿边经略安抚使范雍/321

【东坡全集】18/富郑公神道碑/29 上

【东轩笔录】9/4 上

【乐全集】21/请罢陕西招讨经略司事/5 上

【安阳集】家传 1/14 上、1/15 下、3/3 上

【范文正公集】诸贤赞颂论疏/12 下、24 下；13/试秘书省校书郎知耀州华原县事张君问字道卿墓志铭/21 下、资政殿大学士礼部尚书太子太师谥范忠献公墓志铭/12 上

【涑水记闻】4/13 上；11/12 上；12/1 上、3 上、9 下、10 下

【名臣碑传琬琰集】中集 48/韩忠献公琦行状/1094

【儒林公议】上/2 上；下/2 上

【甘肃新通志】29/祠祀志·祠宇下·庆州府·安化县/8 下

【延安府志】1/诗文/47 上、49 上

【汇编】上 105；中一 1631、1635、1640、1641、1763；中二 1811、1813、1814、1828、1845、1854、1855、1862、1864、1880、1881、1882、1883、1884、1885、1886、1888、1889、1890、1891、1892、1895、1896、1899、1903、1904、1905、1911、1915、1927、1938、1941、1942、1949、1961、1962、1967、1970、1973、1979、1981、1982、1995、1998、1999、2000、2003、2046、2273、2291、2312、2335、2343、2393、2408、2412、2414、2550、2614；中三 3122；中六 5298、5921；下 7025、7026、7028；补遗 7122、7123、7466

范愿 与西夏战死

【宋史】486/夏国传下/14007

【范太史集】40/检校司空左武卫上将军郭公墓志铭/17 下

【汇编】上 73；中三 3442

范镇 言宽民备边

【宋史】337/范镇传/10784

【长编标】230/5601

【长编影】230/15 上

【东坡全集】63/跋进士题目后/21 下

【汇编】中三 3207；中四 3752；中五 4946

范德孺 范雍，经略党项西夏

【宋文鉴】21/12 下

【鸡肋集】12/送龙图范文德孺帅庆/8 下

【范文正公集】诸贤赞颂论疏/5 上

【挥麈后录】6/夏人寇庆州老卒保其无他/10 上

【汇编】中二 1891；中五 4648；下 7024

范镗 出使辽朝，辽朝接伴问夏国事

【长编标】496/11809；502/11960

【长编影】496/15 下；502/10 上

【文忠集】9/京西北路制置安抚使孙公昭远行状

/7 下
【汇编】中六 5383、5432；补遗 7409
拓拔忠 与西夏议地界
【长编标】235/5717
【长编影】235/20 下
欧仔 北界泛使中有夏人为上节
【长编标】505/12028
【长编影】505/2 下
【汇编】中六 5465
欧阳文忠公 欧阳修，咏屯兵边鄙
【东轩笔录】11/3 上
【侯鲭录】4/10 下
【汇编】中二 2691；中三 2988
欧阳修 言党项西夏，言陕西边事，出使边州
【宋史】175/食货志上 3・和籴/4241；198/兵志 13・马政/4937；252/郭承祐传/8851；288/孙沔传/9690；300/杨偕传/9956；314/范仲淹传/10273；319/欧阳修传/10377
【长编标】129/3064；141/3381、3382；142/3403、3405、3409、3424；144/3487；145/3516；146/3537、3543；148/3576；149/3614、3616；151/3677；155/3763；156/3780；157/3798；178/4317；192/4655；204/4935、4955；234/5673
【长编影】129/11 下；141/9 下；142/6 上、9 上、21 下；144/12 下；145/20 上；146/8 下、15 上；148/8 上；149/11 上；151/11 下；155/6 上；156/3 下；157/2 下；178/12 上、12 下；192/8 上；204/15 下、19 下；234/2 下
【宋会要】兵 27 之 34/7263、27 之 35/7264
【奏议标】64/欧阳修・上仁宗乞别议求将之法/713；132/欧阳修・上仁宗论庙算三事/1458；134/欧阳修・上仁宗论西鄙议和先防北虏/1490、欧阳修・上仁宗论廷议元昊通和事/1491、欧阳修・上仁宗论元昊来人不可令朝臣管伴/1492、欧阳修・上仁宗论西贼议和利害/1492；135/丁度等・上仁宗论契丹请绝元昊进贡事/1511；136/欧阳修・上英宗论西边可攻四事/1524
【奏议影】64/欧阳修・上仁宗乞别议求将之法/2348；132/欧阳修・上仁宗论庙算三事/4485；134/欧阳修・上仁宗论西鄙议和先防北虏/4580、欧阳修・上仁宗论廷议元昊通和事/4584、欧阳修・上仁宗论元昊来人不可令朝臣管伴/4586、欧阳修・上仁宗论西贼议和利害/4588；135/丁度等・上仁宗论契丹请绝元昊进贡事/4649；136/欧阳修・上英宗论西边可攻四事/4687
【东轩笔录】11/3 上
【石林燕语】2/5 下
【安阳集】50/墓志/3 上
【欧阳文忠公全集】附录 2/欧阳文忠公行状/15 下；附录 3/14 上；45/上书/1 上
【范文正公集】年谱/24 上、26 上；诸贤赞颂论疏/24 下；褒贤集/墓志铭/10 上
【汇编】中二 1843、2128、2508、2691、2705、2722、2724、2733、2736、2743、2744、2766、2773、2792、2819；中三 2842、2847、2873、2874、2907、2938、2957、3263、3355、3371；中四 3775；下 7026
欧育 鄜延走马承受
【长编标】214/5197；215/5244；345/8283
【长编影】214/2 下；215/13 下；345/10 下
【宋会要】职官 49 之 4/3531
【汇编】中三 3581、3606；中五 4575
欧真 驻兵泾原
【河南先生文集】8/又一首/8 上
【汇编】中二 2790
尚德 戍守边州
【长编标】323/7782
【长编影】323/6 下
【汇编】中四 4312
明义 屡于麟州屈野川击迁贼
【宋会要】方域 21 之 4/7663
明镐 经略党项西夏
【宋史】10/仁宗纪 2/206；255/王凯传/8925；292/明镐传/9769；299/施昌言传/9949；300/俞献卿传/9977；324/张亢传/10489；349/郝质传/11049；466/石全彬传/13626
【长编标】126/2970、2973、2981；127/3008、3020；137/3279；154/3740；158/3832
【长编影】126/5 下、7 下、14 上；127/5 上；137/5 下；154/5 上；158/14 上
【宋会要】兵 8 之 20/6897
【安阳集】47/故客省使眉州防御使赠遂州观察

使张公（亢）墓志铭/16 上
【欧阳文忠公全集】98/奏议 4 下；115/河东奉使奏草/27 上
【范文正公集】9/上吕相公书/12 上、上枢密尚书书/16 上；年谱补遗/4 下、18 上、18 下；西夏堡寨/6
【汇编】中一 1770；中二 1906、1911、1940、1999、2000、2063、2065、2099、2515、2521、2561、2645、2783、2830；中三 2909、2989、3000、3002、3004、3039、3059、3087

罗承宪 守兰州城有功
【长编标】343/8235
【长编影】343/1 上
【汇编】中五 4557

罗拯 经略秦州
【长编标】303/7372
【长编影】303/7 下
【甘肃新通志】14/建置志·城池/21 下
【汇编】中四 4109；补遗 7355

罗渠 内殿承制，随军没于永乐城
【长编标】331/7991
【长编影】331/21 下
【汇编】中四 4457

罗遘 攻西夏米脂城中箭死
【长编标】322/7760
【长编影】322/2 上
【汇编】中四 4298

和文显 石昌镇主，配合周仁美弹压蕃族
【宋史】279/周仁美传/9491
【汇编】中一 1116

和诜 又作和铣，言及西夏
【三朝北盟会编】60/4 下
【汇编】中六 6045、6046

和铣 又作和诜，言及西夏
【宋会要】兵 29 之 5/7295
【汇编】中六 5900

和斌 与党项西夏战，统领蕃兵
【宋史】350/和斌传/11079
【长编标】266/6537；412/10027；430/10384
【长编影】266/14 上；412/8 下；430/4 下
【汇编】中二 1895、2551；中四 3996；中五 4932、4964

侍其臻 被夏人诱杀
【宋史】485/夏国传上/14002
【皇宋十朝纲要】7/6 下
【范太史集】40/检校司空左武卫上将军郭公墓志铭/8 下
【汇编】上 70；中三 3453、3454

质俊 与党项西夏战
【宋史】40/宁宗纪 4/775
【汇编】下 6864、6865

郄勋 侵渔蕃部
【长编标】60/1337
【长编影】60/4 下
【汇编】中一 1421

鱼周询 体量水洛城事，言党项西夏
【宋史】302/鱼周询传/10010、10011；324/刘沪传/10495
【长编标】147/3556；148/3583、3590；149/3608；150/3631；151/3686；163/3930
【长编影】147/3 上；148/8 下、15 下；149/10 下；150/4 下；151/19 下；163/13 下
【宋会要】职官 64 之 45/3843；兵 27 之 34/7263
【文恭集】36/宋故宣徽北院使赠太尉文肃郑公（戬）墓志铭/436
【安阳集】家传 4/7 上
【朱文公文集】95 上/少师保信军节度使魏国公致仕赠太保张公（浚）行状上/1 下
【欧阳文忠公全集】104/奏议/8 下；105/奏议/6 上、8 上
【河南先生文集】21/奉诏令刘沪董士廉却且往水洛城勾当状/3 下
【范文正公集】政府奏议下/荐举/36 下
【涑水记闻】10/5 上；11/5 下
【汇编】中二 2817；中三 2844、2854、2856、2857、2858、2861、2862、2868、2875、2876、2879、2903、2908、2931、2981、3113；补遗 7268

鱼斌 斩获羌人迁官
【长编标】510/12150
【长编影】510/17 下
【汇编】中六 5548

周仁美 攻破党项族帐，领兵护送刍粮
【宋史】279/周仁美传/9491、9492
【汇编】中一 1064、1116、1131、1132

周文质 监军泾原，经略西边
【宋史】291/王博文传/9744；492/唃厮啰传/14161
【长编标】85/1946、1949；87/1996；88/2013、2016；91/2102；92/2118；95/2199；96/2220；101/2342；103/2383、2385、2387、2388、2389；104/2400
【长编影】85/11上、13上；87/8上；88/3上、5上；91/6上；92/3下；95/19下；96/15上；101/11上；103/8下、10下、13上、14下；104/2上
【宋会要】职官41之85/3209、46之27/3834；食货36之16/5440、39之9/5493；兵27之21/7257、27之22/7257；蕃夷4之91/7759、7之22/7850
【汇编】中一1537、1538、1541、1544、1558、1567、1568、1589、1591、1597、1601、1603、1621、1626、1635、1637、1638、1639、1641、1644

周尹 谏遣李宪措置熙河边事
【宋史】343/郑润甫传/10911；467/李宪传/13639
【奏议标】62/周尹·上神宗论遣李宪措置边事/691、692
【奏议影】62/周尹·上神宗论遣李宪措置边事/2290、2293
【汇编】中四4027、4028

周世昌 随军攻讨古渭寨蕃族
【长编标】175/4224
【长编影】175/5上

周永清 与党项西夏战，灵州世家，押时服赐夏国
【宋史】350/11075
【长编标】215/5241；221/5373；237/5758；240/5831
【长编影】215/10上；221/5下；237/2上；240/6下
【汇编】上238；中三3605、3678；中四3788、3819

周兴 环州巡检，被北界蕃族所害
【长编标】89/2048
【长编影】89/11上
【汇编】中一1579

周聿 抚谕陕西，招纳党项归朝
【系年要录】126/2049
【中兴小纪】26/301
【汇编】下6499、6509

周好问 河东转运使
【宋会要】方域21之11/7666
【汇编】上43

周良孺 根究庆州失利事
【长编标】241/5881；244/5932
【长编影】241/6上；244/2下
【汇编】中四3828、3862

周英 与党项西夏战
【范文正公集】年谱补遗/5下
【汇编】中二2102

周承瑨 与秦州戎人战
【宋史】463/刘文裕传/13546；492/吐蕃传/14153
【长编标】19/426、430
【长编影】19/6上、9上
【汇编】中一977、978、979

周彦崇 根括熙河营田
【长编标】258/6290
【长编影】258/4下
【汇编】中四3969

周美 经略鄜延，与党项西夏战
【宋史】311/庞籍传/10199
【长编标】150/3624；157/3799；173/4172
【长编影】150/3上；157/4上；173/10上
【奏议标】133/范仲淹·上仁宗攻守二策/1477
【奏议影】133/范仲淹·上仁宗攻守二策/4545
【范文正公集】年谱补遗/4上；西夏堡寨/6；政府奏议下/荐举/21下；诸贤赞颂论疏/24下；5/上攻守二策状/13下
【陕西通志】16/关梁1·延安府·安塞县/26下、关梁1·延安府·保安县/29下
【汇编】中二1989、2385、2398、2464、2643；中三2923、3061、3178；下7027；补遗7261、7262、7400

周珪 熙河路走马承受，上言边事
【长编标】316/7645；495/11770；507/12085
【长编影】316/6下；495/8上；507/12下
【汇编】中四4182；中六5368、5500

周莹 言党项西夏，赍诏督李继隆伐夏
【宋史】257/李继隆传/8967；268/周莹传/9226、9227
【长编标】40/851；49/1073；50/1089；64/1433
【长编影】40/8 下；49/10 上；50/7 下；64/9 上
【宋会要】兵 8 之 19/6896；方域 8 之 31/7456
【宋太宗实录】79/38 上
【涑水记闻】6/13 下
【汇编】中一 1140、1141、1143、1152、1154、1155、1243、1256、1452、1464

周辅良 随军战没永乐城
【长编标】331/7991
【长编影】331/21 下
【汇编】中四 4457

周惟德 体量边事
【长编标】115/2692；147/3556；151/3686
【长编影】115/4 上；147/3 上；151/19 下
【宋会要】兵 27 之 34/7263
【文恭集】36/宋故宣徽北院使赠太尉文肃郑公（戬）墓志铭/436
【范文正公集】政府奏议下/荐举/36 下
【汇编】中一 1703；中三 2856、2861、2863、2982

周谞 又作周锷，上书言西夏
【长编标】338/8145
【长编影】338/7 下
【汇编】中四 4519

周霖 勘问边事
【长编标】245/5968
【长编影】245/17 上
【汇编】中四 3873

庞龙图 庞籍，经略党项西夏
【景文集】17/答庞龙图塞下秋意/206
【汇编】中二 2825

庞庄敏公 庞籍，经略党项西夏
【石林燕语】4/3 上
【后山谈丛】3/2 上
【汇编】中二 2472、2664

庞迪 与西夏战胜
【金史】91/庞迪传/2012
【汇编】下 6254、6255

庞待制 庞籍，上言边事
【河南先生文集】24/拣申选军马状/1 下
【汇编】中二 2465

庞颍公 庞籍，经略党项西夏
【司马文正公集】80/大理寺丞庞之道墓志铭 1/3 上
【石林燕语】8/4 下、5 上
【汇编】中二 2243、2660；中三 3146

庞籍 言党项西夏，经略党项西夏
【宋史】11/仁宗纪 3/213、215；186/食货志下 8·互市/4563；196/兵志 10/4896；283/夏竦传/9572；291/吴育传/9731；292/王尧臣传/9774；295/叶清臣传/9852；298/司马里传/9907；311/庞籍传/10199、10200；314/范仲淹传/10272；323/周美传/10457、赵振传/10462、马怀德传/10466、10467；325/刘平传/10502；326/蒋偕传/10519、郭恩传/10521；332/李师中传/10677；335/种世衡传/10743、10744；336/司马光传/10758；432/何涉传/12842；485/夏国传上/13998、14001
【长编标】113/2638；123/2910；126/2990；127/3007、3019；128/3029、3031；131/3094；132/3133、3152；134/3191；135/3238；136/3267；138/3312、3313、3322、3330；139/3343、3348；140/3361；147/3565；149/3617；150/3625；151/3665；154/3742；155/3762、3773；156/3780；158/3821；167/4020、4021；171/4116；185/4471、4477；186/4488、4489、4494；327/7868；365/8754
【长编影】113/7 上；123/13 下；126/21 上；127/4 上、15 上；128/4 下、5 下；131/2 上；132/7 下、26 下；134/4 上；135/8 下；136/18 下；138/2 下、20 上；139/6 下、10 下；140/3 下；147/11 上；149/19 上；150/4 下；151/1 上；154/6 下；155/5 下、14 下；156/3 上；158/4 上；167/12 下；171/13 上；185/5 上；186/6 上、7 上、12 上；327/4 上；365/9 下
【东都事略】127、128/附录 5、6
【隆平集】19/石元孙传/6 上；20/夷狄传/3 下
【宋会要】食货 38 之 30/5481；兵 8 之 20/6897、8 之 21/6897、22 之 4/7145、27 之 26/7259、27 之 41/7267、27 之 44/7268；方域 21 之 7/

【宋会要】职官 64 之 12/3826；食货 23 之 22/5185、23 之 23/5186、23 之 39/5194；兵 27 之 4/7248
【宋大诏令集】203/责前陕西转运使尚书工部员外郎郑文宝等诏（至道元年十月丁丑）/757
【奏议标】132/田况·上仁宗兵策十四事/1469；136/司马光·上神宗论纳横山非便/1527
【奏议影】132/田况·上仁宗兵策十四事/4521；136/司马光·上神宗论纳横山非便/4696
【司马文正公集】25/章奏 23/3 上
【玉壶清话】8/9 上
【武经总要】前集 18 上/15 上、18 下/西蕃地界/1 上
【宋朝事实类苑】56/引湘山野录/742
【太平治迹统类】2/太祖太宗经制西夏
【汇编】上 23、54、101；中一 1062、1063、1090、1091、1092、1107、1108、1109、1110、1111、1142、1171、1180、1185、1295、1296、1305、1308、1310、1312、1318、1327、1385、1410、1730；中二 2277；中三 3065、3069、3433；中六 5311

郑文肃 请验范仲淹答夏景宗李元昊书
【后山谈丛】3/3 下
【汇编】中二 2271

郑民宪 提举熙河买马，定熙州蕃汉弓箭手疆界，提举熙河营田
【宋史】95/河渠志上 5/2372；176/食货志上 4·屯田/4268
【长编标】247/6019；254/6205、6211；258/6289、6290、6295、6298；263/6434；268/6570；276/6749；278/6799、6808；282/6904；373/9041
【长编影】247/12 上；254/1 上、6 上；258/3 下、4 下、8 下、10 上；263/15 上；268/10 下；276/11 上；278/5 下、13 下；282/3 下；373/16 下
【宋会要】食货 2 之 4/4827、2 之 5/4827
【汇编】中四 3892、3936、3955、3957、3968、3969、3971、3972、3989、3990、3999、4007、4012、4021、4024、4041；中五 4711

郑民瞻 招降西界伪钤辖
【长编标】320/7731
【长编影】320/10 下
【汇编】中四 4263

郑余寿 引伴夏使
【宋会要】食货 38 之 30/5481
【汇编】中三 3080

郑居中 作钟传神道碑，以西捷授官
【宋史】21/徽宗纪 3/400
【长编标】493/11713；494/11732
【长编影】493/19 下；494/5 下
【宋会要】职官 1 之 2/2330；方域 19 之 20/7635；蕃夷 6 之 41/7839
【宋大诏令集】64/郑居中进少傅制（政和八年七月西捷）/314
【长编纪事本末】140/15 下
【系年要录】1/8
【三朝北盟会编】52/1 下
【汇编】中六 5347、5356、5849、5904、5905、5917、5971

郑荣 与党项西夏战
【延安府志】1/肤施县·陵墓/20 下
【汇编】补遗 7320

郑度 根括买卖蕃部田土
【长编标】237/5758
【长编影】237/2 上
【汇编】中四 3788

郑语 进筑神泉寨
【长编标】501/11938
【长编影】501/8 上
【汇编】中六 5427

郑晖 举人，守兰州城有功
【长编标】343/8241
【长编影】343/6 下
【汇编】中五 4559

郑湜 均赋役以应对陕西兵事
【临川集】90/太常博士郑君（湜）墓表/12 上
【汇编】补遗 7472

郑翚 驻守米脂
【长编标】317/7673
【长编影】317/16 下
【汇编】中四 4207

郑楫 乞本路兵马出界别路万人以上，走马承受一员随军照管
【长编标】503/11990

【长编影】503/17 下
【宋会要】职官 41 之 125/3228、3229
【汇编】中六 5445、5856

郑雍 言麟府边事
【长编标】468/11170；473/11286
【长编影】468/3 下；473/6 下
【汇编】中五 5116、5155

郑戬 经略党项西夏，言水洛城
【宋史】11/仁宗纪 3/212；180/食货志下 2/4381；292/郑戬传/9768；295/尹洙传/9837；302/鱼周询传/10010；324/刘沪传/10495、324/张亢传/10489
【长编标】127/3016；140/3363；142/3425；144/3486；146/3527、3542、3544；147/3556；148/3575、3583；149/3604；150/3629；158/3831、3832；159/3845、3847；164/3956
【长编影】127/12 上；140/10 上；142/28 上；144/9 下；146/1 上、15 上；147/3 上；148/1 下、8 下；149/7 下；150/4 下；158/13 上、14 上；159/6 下、7 下；164/13 下
【宋会要】职官 64 之 45/3843；兵 4 之 3/6821、14 之 1/6993、27 之 34/7263；方域 21 之 12/7667
【中吴纪闻】2/2 上、7 下
【安阳集】家传 3/6 下、4/6 上、4/7 上、47/故崇信军节度副使检校尚书工部员外郎尹公墓表/2 上
【河南先生文集】8/上四路招讨使郑侍郎议御贼书/7 下；9/答秦凤路招讨使文龙图书/1 下、与水洛城董士廉第三书/8 上；21/奉诏令刘滬董士廉却且往水洛城勾当状/3 下、乞与郑戬下御史台照对水洛事状/4 下
【涑水记闻】10/5 上；11/5 下、8 上
【耆旧续闻】4/6 上
【名臣碑传琬琰集】中集 48/韩忠献公琦行状/1098
【甘肃新通志】13/舆地志·古迹·平凉府·隆德县/11 下、舆地志·古迹·平凉府·静宁州/10 下
【隆德县志】4/考证/64 上
【汇编】上 44、45；中二 2022、2266、2637、2704、2710、2718、2732、2773、2785、2787、2789、2813、2817；中三 2837、2847、2852、2855、2857、2858、2861、2866、2875、2895、2899、2903、2905、2907、2908、2929、2945、3004、3087、3089、3091、3123、3124；补遗 7273、7290

郑遵度 立定泾原路界至
【长编标】228/5547
【长编影】228/7 下
【汇编】中三 3727

郑獬 言边事
【奏议标】136/郑獬·上神宗论种谔擅入西界/1530
【奏议影】136/郑獬·上神宗论种谔擅入西界/4705

宗泽 上言联络西夏共同伐金
【宋史】486/夏国传下/14022
【系年要录】15/319、320
【汇编】上 88；下 6133、6134

诚之 李师中，乞斩韩魏公
【默记】28 下
【汇编】中二 2079

屈理 与党项西夏战
【长编标】318/7697
【长编影】318/15 下

肃达 与党项西夏战
【姑溪居士后集】20/折渭州墓志铭/1 上
【汇编】上 207

孟元 差往河东
【欧阳文忠公全集】116/河东奉使奏草下/5 下
【汇编】中三 2972

孟方 与西夏战殁
【长编标】125/2945、2954；127/3007、3008
【长编影】125/7 上、14 下；127/4 上、4 下
【安阳集】家传/15 下
【汇编】中二 1856、1863、1981、1994、1996、1998

孟志 攻取河州
【长编标】243/5919
【长编影】243/8 上
【汇编】中四 3854

孟真 出讨西人城寨
【长编标】348/8360
【长编影】348/16 下

孟渊 随葛怀敏战败定川
【宋史】289/葛怀敏传/9701
【长编标】137/3301；138/3325
【长编影】137/21 下；138/15 上
【汇编】中二 2546、2547、2554、2619
孟颢 西人攻乾兴寨，发兵稽迟
【长编标】335/8082
【长编影】335/18 上
【汇编】中四 4490

九画

柳开 安抚环州部族
【宋史】440/柳开传/13025
【长编标】35/776
【长编影】35/9 下
【汇编】中一 1057、1075
柳世雄 书创怀戎堡事
【甘肃新通志】14/建置志・城池/13 下
【陇右金石录】3/65 下
【汇编】补遗 7404、7419
柳灏 奉诏减戍卒冗员
【宋史】304/曹颖叔传/10070
【汇编】中三 3084
胡士元 环州弓箭手都虞侯
【长编标】214/5198
【长编影】214/5 下
【汇编】中三 3582
胡子常 嘉祐间率族人与夏人战
【延安府志】2/保安县・人物/10 下
【汇编】补遗 7316
胡世将 与夏人议入贡
【宋史】29/高宗纪 6/543；366/吴玠传/11413；486/夏国传下/14024
【系年要录】127/2068；134/2159；140/2249、2258
【汇编】上 90；下 6501、6503、6523、6524、6545、6547
胡仕清 从姚麟出塞有功
【长编标】346/8310
【长编影】346/8 下
【汇编】中五 4583
胡宁 战死于归德州
【长编标】99/2297
【长编影】99/6 上
【汇编】中一 1615
胡永锡 随任福破西界白豹城
【长编标】128/3044
【长编影】128/17 下
【宋会要】兵 14 之 17/7001
【涑水记闻】12/6 上
【汇编】中二 2091、2095、2096
胡永德 柔远寨巡检
【宋会要】职官 66 之 6/3871
胡则 护送粮草
【宋史】277/索湘传/9420；299/胡则传/9941
【长编标】40/854
【长编影】40/11 下
【汇编】中一 1159、1160
胡守澄 城镇戎军
【宋史】257/李继隆传/8968
【汇编】中一 1172
胡直孺 言夏景宗李元昊纳款
【宋会要】礼 25 之 84/996
【汇编】下 6268
胡宗回 经略党项西夏，言党项西夏，经略熙河
【宋史】85/地理志 1 序/2095；318/胡宗回传/10371；335/种朴传/10749；350/王赡传/11071
【长编标】320/7726；321/7743；324/7807；327/7874；329/7939；335/8064；357/8549；501/11939、11945；503/11980；504/12020；507/12075；510/12140、12150；511/12156；513/12205；514/12217、12219、12220；515/12235、12241、12242、12243、12244、12245、12247、12261；516/12264、12265、12267、12268、12271、12272、12274、12284、12289、12290；517/12303、12305、12313；518/12317、12324、12325、12326、12334、12336；519/12347、12352；520/12356、12384
【长编影】320/7 上；321/7 上；324/10 上；327/9 上；329/22 下；335/3 上；357/17 下；

501/14 下；503/10 上；504/20 下；507/3 下；510/8 下、17 上；511/2 下；513/11 上；514/8 下；515/1 上、6 上、8 下、9 上、10 上、12 上、22 下；516/1 上、2 上、3 下、7 上、8 上、9 上、19 上、20 下、23 下；517/8 上、9 下、15 下；518/1 上、7 上、9 下、14 上、15 下、17 下、19 下；519/5 上、9 上、9 下；520/2 下、24 上
【宋会要】职官 41 之 135/3234、43 之 75/3311、67 之 34/3904、67 之 36/3905；兵 9 之 1/6906、9 之 3/6907、14 之 20/7002、28 之 45/7292；方域 8 之 28/7454、10 之 24/7485、10 之 25/7486、19 之 17/7634、19 之 18/7634；蕃夷 6 之 33/7835、6 之 34/7835、6 之 37/7837
【奏议标】45/任伯雨·上徽宗论月晕图昴毕/470；141/任伯雨·上徽宗论湟郡/1595
【奏议影】45/任伯雨·上徽宗论月晕图昴毕/1671；141/任伯雨·上徽宗论湟郡/4904、4905、4906
【长编纪事本末】139/15 下
【皇宋十朝纲要】14/7 下；16/10 下
【甘肃新通志】13/舆地志·古迹·兰州府·皋兰县/2 上
【汇编】中四 4256、4276、4280、4326、4378、4428、4484；中五 4634；中六 5431、5439、5460、5492、5540、5548、5553、5570、5571、5574、5579、5581、5595、5596、5597、5598、5599、5600、5601、5602、5603、5605、5606、5607、5608、5610、5612、5614、5617、5622、5625、5629、5634、5635、5636、5638、5639、5640、5646、5647、5648、5649、5650、5651、5652、5657、5661、5669、5671、5672、5675、5686、5691、5693、5694、5699、5706、5717、5746、5778、5913；补遗 7395

胡宗哲 经略熙河，经略党项西夏
【长编标】306/7443；313/7593；315/7630；316/7640；317/7667；321/7746；325/7819；340/8179；343/8235
【长编影】306/6 下；313/10 上；315/13 下；316/3 下；317/10 下；321/8 下；325/5 下；340/3 上；343/1 上
【宋会要】职官 66 之 17/3876；兵 8 之 22/6898
【汇编】中四 4112、4130、4131、4165、4177、4205、4278、4332、4529；中五 4557

胡恩 定川之战不赴援
【长编标】138/3325
【长编影】138/15 上
【汇编】中二 2619

胡宿 请刺陕西边州民兵
【安阳集】家传 6/6 上
【汇编】中三 3328

胡瑗 勾当陕西经略安抚司公事
【长编标】128/3031
【长编影】128/6 下
【汇编】中二 2051

胡僧孺 转运粮草至灵州
【默记】15/上
【汇编】中四 4273

郝仁禹 合兵破西界后桥堡
【长编标】126/2966；131/3110；132/3130
【长编影】126/1 下；131/15 下；132/7 下
【奏议标】132/田况·上仁宗兵策十四事/1467
【奏议影】132/田况·上仁宗兵策十四事/4514
【涑水记闻】12/3 上
【汇编】中二 1882、1883、2003、2004、2228、2274

郝从政 坐定川战败
【宋史】289/葛怀敏传/9701
【长编标】138/3325
【长编影】138/15 上
【汇编】中二 2547、2619

郝平 鄜延走马承受，乞修塞门北故芦关
【长编标】497/11818
【长编影】497/2 下
【奏议标】141/任伯雨·上徽宗论湟郡/1595
【奏议影】141/任伯雨·上徽宗论湟郡/4904
【汇编】中六 5386、5693

郝进 攻取河州
【长编标】254/6221
【长编影】254/13 下
【汇编】中四 3960

郝亨 与党项西夏战
【长编标】479/11408

【长编影】479/7 上
【汇编】中五 5195

郝英 于西界开噶平摧锋破阵
【长编标】338/8153
【长编影】338/14 上
【汇编】中四 4521

郝质 与党项西夏战，修复丰州城
【宋史】349/郝质传/11049
【长编标】137/3281；195/4722
【长编影】137/5 下；195/5 上
【华阳集】14/赐侍卫亲军步军副都指挥使郝质赴阙茶药诏/172
【安阳集】家传 5/3 上
【欧阳文忠公全集】116/河东奉使奏草下/5 下
【汇编】中二 2520、2521；中三 2972、3276、3303

郝荣 上言边事
【长编标】85/1955；89/2058；91/2102
【长编影】85/18 下；89/20 上；91/5 下
【宋会要】职官 49 之 2/3530；方域 8 之 32/7456
【汇编】中一 1543、1581、1589

郝贵 攻取河州
【长编标】243/5919；401/9768
【长编影】243/8 上；401/8 下
【汇编】中四 3854；中五 4828

郝逊 与党项西夏战
【长编标】409/9977
【长编影】409/23 上
【汇编】中五 4924

郝惟立 与夏人战于柔远寨
【长编标】224/5450
【长编影】224/11 上
【汇编】中三 3704

郝绪 环州都监，入西界输折人马
【长编标】134/3204
【长编影】134/15 下
【宋会要】职官 64 之 41/3841
【范文正公集】年谱补遗/10 下
【汇编】中二 2406、2407、2438

郝普 夏人攻塞门，郝普等战死
【宋史】486/夏国传下/14016
【长编标】409/9976、9977；410/9992；419/10159
【长编影】409/23 上；410/11 上；419/14 下
【皇宋十朝纲要】12/6 上
【汇编】上 81；中五 4923、4925、4949

荆嗣 夜袭李继迁营寨，焚掠而还
【宋史】272/荆嗣传/9312
【汇编】中一 1006

药玛 遣药玛宣贺擒西夏统军嵬名阿埋、监军妹勒都逋
【长编标】504/12017
【长编影】504/17 下
【汇编】中六 5458

赵九皋 赍官告、敕牒赐韩琦
【安阳集】24/辞免谏议大夫表/8 下
【汇编】中二 2577

赵士龙 与环州叛羌战死
【宋史】323/赵振传/10462
【汇编】中一 1636

赵士隆 与环州叛羌战死
【宋史】9/仁宗纪 1/180；324/赵滋传/10495
【长编标】103/2385
【长编影】103/10 下、12 下
【汇编】中一 1634、1637、1639

赵大有 赵福子，与西夏战死
【长编标】131/3117
【长编影】131/21 下

赵义 妄言西人杀犬与塞门寨主高延德盟誓
【长编标】128/3040
【长编影】128/14 下
【汇编】中二 2073

赵及 言夏守赟无功
【宋史】304/赵及传/10074
【汇编】中二 2027

赵子几 献兼募厢军策
【长编标】246/5978；248/6040
【长编影】246/2 下；248/4 上
【宋会要】兵 4 之 6/6823
【汇编】中四 3875、3893、3905

赵开 措置茶马贸易
【系年要录】94/1552；95/1571
【汇编】下 6400、6402

赵从诲 请从边以捍西夏
【长编标】126/2976

【长编影】126/9 下
【汇编】中二 1925、1926
赵正 言水洛城
【宋史】289/葛怀敏传/9701
【范文正公集】政府奏议下/荐举/36 下
【汇编】中二 2546、2547；中三 2862
赵伋 与西夏划界
【长编标】454/10882；456/10922
【长编影】454/4 下；456/5 上
【汇编】中五 5057、5059
赵世隆 又作赵士龙、赵士隆，与环州叛羌战死
【宋史】291/王博文传/9744
【汇编】中一 1644
赵朴 与党项西夏战
【三朝北盟会编】60/4 下
【汇编】中六 6044
赵吉 河湟吐蕃战败
【长编标】517/12313
【长编影】517/15 下
【汇编】中六 5640
赵成 管勾随军粮草
【涑水记闻】14/3 下
【汇编】中四 4235
赵师民 言西夏户口财力
【宋史】294/赵师民传/9823
【长编标】146/3544
【长编影】146/16 下
【汇编】中三 2850、2852
赵宇 又作赵禹，言夏景宗李元昊必反
【长编标】133/3175
【长编影】133/13 上
【汇编】中二 2345
赵守忠 随种谔出界战死
【长编标】347/8323
【长编影】347/4 上
【宋会要】兵 18 之 14/7064
【汇编】中五 4587
赵约之 编排河州马递铺
【长编标】247/6025
【长编影】247/17 上
【汇编】中四 3900
赵钊 侵扰属户
【宋史】326/李渭传/10528
【河南先生文集】15/故金紫光禄大夫检校右散骑常侍李公墓志铭/12 上
【汇编】中一 1664、1665
赵怀义 兰州渡河进讨有功
【长编标】360/8606
【长编影】360/2 上
赵闲 攻取河州
【长编标】253/6192
【长编影】253/5 上
【汇编】中四 3953
赵良嗣 馆伴金使，出使金国
【长编纪事本末】143/17 上
【大金吊伐录】4/天会四年冬元帅伐宋师次高平先遣乌凌噶思谋天使入汴致书至五年二月废宋少主桓为庶人实录/149
【三朝北盟会编】9/7 上；11/4 下；12/4 上；14/11 下；15/7 下
【系年要录】1/8
【汇编】中六 5953、5954、5964、5966、5970、5972、6063
赵宗本 相度石州屯田
【长编标】323/7781；344/8264；437/10546
【长编影】323/6 下；344/9 上；437/18 下
【涑水记闻】14/6 上
【汇编】中四 4237、4312；中五 4566、4983、4984
赵宗锐 入西夏盐州讨荡族帐
【长编标】486/11544
【长编影】486/5 下
【汇编】中六 5292
赵定 出界讨荡亡失兵马，追一官
【长编标】324/7805
【长编影】324/9 上
【汇编】中四 4324
赵荣 击杀蕃寇有功
【长编标】95/2192
【长编影】95/13 上
【汇编】中一 1600
赵成 应付粮草
【长编标】317/7674、7675；318/7680；319/7700、

7710；321/7746；329/7939
【长编影】317/16 下；318/1 上；319/2 上、9 下；321/8 下；329/22 下
【汇编】中四 4207、4208、4209、4213、4227、4242、4278、4428

赵挺之 作《崇宁边略》，言党项西夏
【宋史】190/兵志 4·河东陕西弓箭手/4718、4719；351/赵挺之传/11094
【长编标】486/11546；515/12248；517/12305；拾补 26/884、888
【长编影】486/6 上；515/12 下；517/8 上；拾补 26/14 上、17 上
【愧郯录】9/岁降度牒/6 下
【汇编】中六 5294、5602、5637、5813、5814、5815、5816、5824

赵禹 又作赵宇，言夏景宗李元昊必反
【宋史】298/陈希亮传/9918
【东坡全集】14/陈公弼（希亮）传/1 下
【汇编】中二 2344、2345、2346

赵律 又作赵津，渭州驻泊都监，战死好水川
【长编标】131/3100、3101
【长编影】131/7 上、9 上
【安阳集】家传 2/4 上
【河南先生文集】3/悯忠/4 下；6/上吕相公书/7 下
【涑水记闻】12/11 下
【汇编】中二 2197、2202、2214、2216、2259

赵彦中 赵彬，慕容洧以熙河附于夏国，环庆经略使赵彬追战之
【三朝北盟会编】192/5 下
【汇编】下 6497

赵彦博 措置买马
【宋会要】兵 17 之 30/7052
【汇编】下 6748

赵济 押运粮草，经略熙河
【长编标】282/6903；284/6948；305/7425；316/7641；317/7667；319/7711；320/7731；326/7838；327/7878；328/7898；329/7915、7931；333/8025；334/8039；344/8261；348/8347、8357；356/8515；362/8662；363/8676；366/8800；367/8820、8821；369/8905；372/9013、9017；378/9183
【长编影】282/3 下；284/3 下；305/9 下；316/4 上；317/10 下；319/9 下、11 上；320/10 下；326/1 下；327/12 下；328/7 下；329/3 上、15 上；333/1 上、4 下、11 上；334/8 上；336/10 上；344/8 上；348/6 上、14 上；356/8 上；362/7 上、15 上；363/2 下；366/22 上；367/1 上；369/12 下；372/10 上、14 上；378/10 上
【宋会要】兵 28 之 29/7284；蕃夷 6 之 16/7826、6 之 19/7828
【汇编】中四 4041、4046、4111、4178、4205、4241、4243、4244、4263、4342、4379、4388、4397、4412、4464、4466、4470、4474、4500；中五 4564、4595、4599、4631、4651、4687、4692、4709、4710

赵津 又作赵律，渭州驻泊都监，战死好水川
【宋史】325/任福传/10506；485/夏国传上/13997
【汇编】上 64；中二 2191

赵说 出使金国
【长编标】301/7326
【长编影】301/7 上
【栾城集】29/西掖告词/15 下
【靖康稗史】甕中人语/25
【汇编】中四 4106；中五 4842；中六 6032

赵珣 与党项西夏战，撰《聚米图经》，言党项西夏
【宋史】289/葛怀敏传/9701；323/赵珣传/10463
【长编标】132/3123；137/3300、3301、3302；138/3314
【长编影】132/1 下；137/21 下；138/5 上
【宋会要】崇儒 5 之 22/2257
【范文正公集】年谱补遗/11 下
【涑水记闻】4/14 下
【乾隆宁夏府志】3/山川·灵州/10 上
【陇右金石录】3/48 上
【陕西通志】17/关梁 2·鄜州·宜君县/44 下
【汇编】中二 2188、2263、2434、2546、2547、2549、2554、2555、2557、2578；下 6949；补遗 7288、7374

赵素 西人数万围府州，四日后乃退，令乡兵赵素等侦候动静
【涑水记闻】12/7 下

【汇编】中二 2316
赵起 著《种太尉传》
【长编标】320/7730；329/7923
【长编影】320/10 上；329/8 下
【汇编】中四 4262、4403
赵振 经略蕃部，与党项西夏战
【宋史】300/俞献卿传/9977；304/方偕传/10070；323/赵振传/10461、10462；324/张亢传/10484
【长编标】103/2385；122/2881；125/2954；126/2971、2980、2981、2994；127/3015；128/3027、3029、3040；132/3143；134/3195
【长编影】103/10 下；122/8 下；125/14 下；126/6 上、13 上、14 下；127/10 下；128/4 下、14 下；132/17 上；134/8 下
【宋会要】职官 64 之 40/3840
【皇宋十朝纲要】4/2 上
【文庄集】14/陈边事十策/1 上
【安阳集】家传 1/14 上、15 下
【欧阳文忠公全集】98/奏议/4 下
【河南先生文集】20/奏论金明寨状/2 上
【涑水记闻】12/1 下
【名臣碑传琬琰集】中集 48/韩忠献公琦行状/1094
【汇编】中一 1629、1636、1637、1751、1770；中二 1798、1863、1908、1939、1941、1942、1967、1981、1995、2015、2038、2044、2045、2046、2072、2073、2074、2296、2331、2389、2830
赵哲 与党项西夏战
【系年要录】38/726
【汇编】下 6245
赵禼 言党项西夏，经略党项西夏，与夏人议边界
【宋史】14/神宗纪 1/272；15/神宗纪 2/289；175/食货志上 3・和籴/4246；176/食货志上 4/4268；190/兵志 4/4713、兵志 4・河东陕西弓箭手/4714；193/兵志 7・召募之制/4802；194/兵志 8・廪禄之制/4843；195/兵志 9・阵法/4862、4863；197/兵志 11/4916；290/郭逵传/9724；332/赵禼传/10683、10684、10685、10686、游师雄传/10688、穆衍传/10692；335/种谊传/10748；355/上官均传/11179；486/夏国传下/14008
【长编标】215/5249；216/5251；217/5273；218/5306；219/5327；220/5345、5352、5356、5359；221/5368、5369、5385、5386、5387；222/5403、5411、5412；223/5416、5417、5434；224/5439、5457、5458；229/5568、5572；230/5591；232/5630、5631、5632、5633；233/5652；235/5709、5719；237/5778；238/5803；245/5952；246/5998；247/6008、6009、6010、6020；250/6082、6097；255/6230、6241；257/6282；259/6320；263/6417；271/6649；272/6661；273/6681；313/7582、7586；314/7606；317/7674；318/7681；319/7700、7703、7705、7712、7715；323/7781、7782；330/7945；332/7997；341/8197；343/8236；354/8480、8483；356/8525；366/8796；382/9303；389/9468；401/9767；402/9777、9778；408/9940；409/9952、9953、9966、9967、9976；410/9992、9993；414/10062；415/10070；417/10127；418/10142；429/10371；430/10388；432/10425；435/10489；437/10546；439/10568、10581；442/10631；443/10661、10662；454/10882；456/10922、10923；458/10952、10953；459/10982；463/11055；479/11413；491/11672；510/12140
【长编影】215/16 下；216/1 下；217/3 上；218/13 上；219/7 上；220/10 下、16 下、20 上、23 上；221/2 上、2 下、16 上；222/4 下、12 下；223/1 上、2 上、17 下；224/1 下、17 上；229/1 上、4 上；230/6 上；232/4 上、5 上、6 上；233/7 下；235/13 上、21 下；237/19 下；238/16 上；245/3 上；246/20 下；247/2 下、4 上、12 上；250/3 上、16 上；255/1 上、12 上；257/12 上；259/9 下；263/1 上；271/14 下；272/5 上；273/7 上、8 下；313/3 上；314/7 上；317/16 下；318/1 下；319/2 上、4 上、6 上、11 下、14 下；323/6 下；330/1 上；332/2 上；341/3 上；343/2 下；354/10 上、12 下；356/15 上；366/17 上；382/5 下；389/18 上；401/6 下；402/1 下；408/18 上；409/1 下、3 上、13 下、23 上；410/11 上；414/8 下；415/1 下；

417/5 下；418/6 上；429/12 下；430/8 上；432/2 上；435/14 下；437/18 下；439/1 上、8 上、12 下；442/1 上；443/7 下；454/4 下；456/5 上；458/1 上、18 上；459/9 上；463/8 上；479/10 上；491/21 下；510/8 下
【东都事略】59 下/范纯粹传/7 上；127、128/附录 5、6
【宋会要】职官 1 之 18/2338；食货 43 之 2/5573、48 之 17/5631；兵 14 之 3/6994；方域 8 之 27/7454、19 之 12/7631、20 之 14/7657
【宋大诏令集】235/赐夏国主不还绥州诏/914
【奏议标】138/范纯仁·上哲宗答诏论西事/1556
【奏议影】138/范纯仁·上哲宗答诏论西事/4783、4784
【续资治通鉴】67/1658
【长编纪事本末】83/7 下、10 上；101/6 下
【东坡全集】36/制敕/5 下
【龙川略志】635
【邵氏闻见录】5/42
【画墁集】补遗/游公（师雄）墓志铭/2 上、2 下
【范太史集】16/论枢密院阙官札子/3 下
【范文正公集】言行拾遗事录 4/10 上
【临川集】73/与赵禼书/7 下
【栾城后集】13/颍滨遗老传下/11 上
【涑水记闻】14/6 上
【名臣碑传琬琰集】下集 12/颍滨遗老传下/1440
【潞公文集】19/奏议 5 下；20/奏议 6 上；30/奏议 5 下
【汇编】上 74、109；中三 3455、3477、3535、3538、3539、3540、3541、3544、3553、3608、3620、3632、3650、3651、3659、3663、3665、3666、3674、3677、3683、3695、3697、3699、3701、3703、3705、3706、3735；中四 3737、3738、3740、3743、3759、3760、3761、3767、3783、3784、3802、3807、3808、3809、3845、3869、3884、3887、3888、3891、3892、3914、3921、3925、3962、3964、3972、3978、4004、4005、4013、4015、4129、4205、4206、4207、4208、4213、4227、4231、4234、4237、4244、4246、4249、4284、4312、4313、4431、4432、4461、4471、4520、4534；中五 4558、4626、4627、4628、4632、4682、4709、4786、4827、4828、4830、4831、4915、4917、4918、4919、4921、4922、4923、4925、4940、4945、4946、4963、4965、4966、4967、4968、4977、4982、4983、4986、4988、4990、4991、4992、5000、5001、5057、5059、5060、5063、5065、5067、5085、5137、5200、5203、5204、5227；中六 5334、5461、5541；补遗 7328、7330、7370、7371

赵秘丞 与夏人议边界
【宋大诏令集】235/赐夏国主不还绥州诏/914
【汇编】中三 3541

赵隆 与熙河吐蕃战，与党项西夏战，修复城寨
【宋史】350/赵隆传/11090、11091
【宋会要】方域 8 之 24/7452
【皇宋十朝纲要】16/13 上
【汇编】中四 3847；中五 4858；中六 5780、5796、5897、5898

赵继升 怀安镇羌寇庆州，监军赵继升败之
【宋史】491/党项传/14142
【汇编】上 25

赵惟清 延安府守将，约李世辅投宋
【系年要录】129/2090
【汇编】下 6507、6508

赵惟简 提举教马所子弟，随王中正深入西界
【长编标】333/8016
【长编影】333/4 上
【汇编】中四 4465

赵辉 经制熙河路边防财用司干办公事
【宋会要】职官 66 之 13/3874

赵景浮 入西界盐州讨荡族帐
【长编标】486/11544
【长编影】486/5 下
【汇编】中六 5292

赵遇 修复湟州古骨龙、会州清水城工毕升官
【宋会要】方域 8 之 25/7453

赵湘 押赐夏太宗李德明袭衣金带
【长编标】64/1429

【长编影】64/5 上
赵滋 招降渭州得胜砦叛卒八百余人
【宋史】324/赵滋传/10496
【长编标】175/4221
【长编影】175/2 上
【汇编】中二 2581
赵普 宰相，经略党项西夏
【宋史】256/赵普传/8938；306/谢泌传/10095；485/夏国传上/13984
【长编标】29/653
【长编影】29/7 上
【玉壶清话】6/2 下
【汇编】上 51；中一 1035、1046、1193
赵普 夏人寇镇戎军，独家堡弓箭手巡检赵普击败之
【宋史】15/神宗纪 2/278
【长编标】218/5304
【长编影】218/11 下
【甘肃新通志】14/建置志·城池/13 下
【陇右金石录】3/65 下
【汇编】中三 3631；补遗 7404、7419
赵隙 驻兵边寨
【河南先生文集】8/又一首/8 上
【汇编】中二 2790
赵瑜 与党项西夏战
【宋史】289/葛怀敏传/9701；323/赵珣传/10463；324/张亢传/10484
【长编标】137/3302；138/3325
【长编影】137/21 下；138/15 上
【司马文正公集】30/章奏 28/9 上
【范文正公集】政府奏议下/荐举/24 上
【汇编】中二 2038、2511、2546、2547、2549、2554、2619；中三 3647
赵戡 押赐夏国主中冬时服
【长编标】296/7203
【长编影】296/8 下
【汇编】中四 4087
赵简 攻取河州
【长编标】243/5919；247/6018
【长编影】243/8 上；247/11 上
【汇编】中四 3854、3891
赵亶 攻取河州
【长编标】243/8 上；250/6098
【长编影】243/8 上；250/16 上
【汇编】中四 3854、3925
赵福 庆州西谷寨主，与夏人战殁
【长编标】131/3117；322/7766
【长编影】131/21 下；322/7 下
【汇编】中二 2258；中四 4303、4304
赵镕 具奏灵州事
【宋史】267/张洎传/9214
【长编标】39/834
【长编影】39/6 下
【宋大诏令集】213/咨访宰相枢密援灵州诏（至道元年五月辛亥）/808
【汇编】中一 1105、1123、1124
赵稹 吊赠夏太宗李德明母丧
【宋史】485/夏国传上/13990
【长编标】65/1455
【长编影】65/11 下
【汇编】上 57；中一 1463
赵德宣 与西夏战败
【宋史】485/夏国传上/13994
【长编标】115/2691
【长编影】115/4 上、16 上
【汇编】上 61；中一 1702、1706
赵潜 出界亡失人马，追五官
【长编标】331/7969
【长编影】331/3 上
【汇编】中四 4445
赵適 修筑城寨
【宋会要】方域 8 之 24/7452
【汇编】中六 589
赵璞 筑抚宁故城
【宋史】486/夏国传下/14008
【长编标】219/5330
【长编影】219/9 上
【陕西通志】17/关梁 2·绥德州/45 上
【汇编】上 74；中三 3652；补遗 7378
赵璘 随葛怀敏战殁定川
【宋史】289/葛怀敏传/9701
【长编标】137/3302；138/3314
【长编影】137/21 下；138/5 上
【汇编】中二 2546、2547、2554、2578

赵翰林 使册西夏主，途中因故追回
【归潜志】9/8 上
【汇编】下 6905

赵赟 屯延州以备西夏
【宋史】273/马仁瑀传/9346
【奏议标】64/钱顗·上神宗乞择将久任/715；103/苏辙·上神宗乞去三冗/1102；133/贾昌朝·上仁宗备边六事/1483；137/孙觉·上神宗论治边之略/1536
【奏议影】64/钱顗·上神宗乞择将久任/2353；103/苏辙·上神宗乞去三冗/3431；133/贾昌朝·上仁宗备边六事/4562；137/孙觉·上神宗论治边之略/4725
【元丰类稿】49/本朝政要策·任将/10 下
【栾城集】20/上神宗皇帝书/18 下
【预章文集】2/遵尧录 1/3 上
【汇编】中一 962、963；中三 3496、3497、3528；补遗 7238

赵瞻 经略边防，言党项西夏
【宋史】181/食货志下 3·盐上/4420；341/赵瞻传/10878、10880
【长编标】203/4926；224/5439；234/5674；242/5904
【长编影】203/14 上；224/1 下；234/3 下；242/13 上
【东都事略】90/赵瞻传/2 下
【奏议标】62/赵瞻·上英宗论差中官为陕西铃辖/686；137/刘述·上神宗论种谔薛向/1533、1534
【奏议影】62/赵瞻·上英宗论差中官为陕西铃辖/2278；137/刘述·上神宗论种谔薛向/4714、4718
【东坡全集】37/敕文/27 上
【汇编】中三 3373、3375、3381、3478、3703；中四 3776、3848、3974；中五 4920、4979

骨雄 与党项西夏战
【苕溪集】48/宋故武功大夫魏国公杨公（宗闵）墓碑/2 上
【汇编】补遗 7423

钟传 与党项西夏战，经略边防，经略熙河，长编影、宋会要、皇宋十朝纲要作钟傅
【宋史】18/哲宗纪 2/345；85/地理志 1·序/2095；190/兵志 4·河东陕西弓箭手/4717；253/折可适传/8867；332/陆师闵传/10683；340/吕大忠传/10846；345/任伯雨传/10965；348/钟传传/11037；350/王赡传/11070
【长编标】322/7770；343/8235；346/8302、8307、8308；352/8448；485/11523、11524、11527、11533；487/11546；489/11604、11610、11615；491/11660；492/11684；493/11712、11715；494/11726、11729、11732、11733、11735、11736、11737、11749、11752、11757、11758；495/11770、11772、11782、11783、11784、11786；496/11792、11797、11807、11812；499/11881；500/11907、11908、11909；501/11941、11942；503/11970；507/12073、12085、12086、12087；510/12144；515/12242
【长编影】322/11 上；343/1 上；346/1 上、6 上；352/21 下；485/4 下、9 上、14 上；487/2 下；489/7 上、12 下、17 上；491/12 上；492/7 下；493/17 上、19 下；494/1 上、3 下、5 下、6 上、9 上、10 上、20 上、22 下、27 上、27 下；495/7 上、9 上、17 上、20 上；496/1 下、4 上、14 上、19 上；499/9 上；500/6 下、7 上、8 下；501/8 下、11 上；503/1 下；507/1 下、12 上、13 下、14 上、14 下；510/12 下；515/6 上
【宋会要】礼 20 之 136/832；职官 41 之 77/3205、68 之 11/3913；兵 4 之 16/6828、6 之 15/6862、18 之 17/7066、28 之 41/7290、28 之 42/7290、28 之 43/7291；方域 8 之 26/7453、12 之 5/7522、19 之 6/7628、19 之 15/7633、19 之 16/7633
【奏议标】44/陈并·上哲宗答诏论彗星陈四说/461
【奏议影】44/陈并·上哲宗答诏论彗星陈四说/1642
【皇宋十朝纲要】14/3 下；16/11 下
【姑溪居士后集】20/折渭州墓志铭/1 上
【汇编】上 176、209、213；中四 4307；中五 4557、4580、4581、4620、5240、5243、5246、5257、5260；中六 5271、5275、5280、5281、5286、5287、5288、5289、5298、5312、5317、5318、5326、5335、5340、5343、5346、5347、5352、5353、5354、

5356、5357、5358、5361、5363、5365、5366、5368、5369、5370、5371、5372、5373、5374、5377、5381、5385、5406、5419、5420、5427、5428、5429、5435、5491、5500、5502、5503、5545、5546、5597、5707、5782、5791、5798、5913；下7011、7012

种古 又作种诂，种世衡子，经略党项西夏，与党项西夏战

【宋史】314/范纯仁传/10285；335/种古传/10744、10745

【长编标】215/5241；229/5565；237/5758；264/6457；271/6652；277/6781；280/6866；284/6946、6947；289/7080；327/7868；328/7892

【长编影】215/10 上；229/1 上；237/2 上；264/1 下；271/17 下；277/12 下；280/15 上；284/2 上；289/18 上；327/4 上；328/2 上

【宋会要】职官 61 之 12/3760

【彭城集】21/西上阁门使种古可知鄜州制/291

【汇编】中三 3404、3605；中四 3737、3739、3788、3991、4005、4008、4023、4035、4044、4045、4073、4290、4369、4382

种世衡 经略党项西夏，与党项西夏战

【宋史】190/兵志 4·弓箭社/4726；191/兵志 5/4751；287/李纮传/9654；292/王尧臣传/9773；314/范仲淹传/10270；323/周美传/10457、安俊传/10468；335/种世衡传/10741、10742、10743、10744；485/夏国传上/13998

【长编标】128/2043；129/3072；134/3188；135/3229、3231、3232、3236、3238；138/3330；144/3489；145/3515；153/3728；155/3773；228/5541；233/5662；238/5803；327/7868

【长编影】128/16 下；129/19 下；134/1 下；135/21 上；138/20 上；144/12 下；145/18 下；153/13 上；155/14 下；228/2 下；233/16 下；238/16 上；327/4 上

【东都事略】127、128/附录 5、6

【宋会要】礼 20 之 39/784；职官 61 之 11/3759、61 之 12/3760；兵 1 之 4/6755、8 之 21/6897

【奏议标】125/范仲淹·上仁宗乞令陕西主帅并带押蕃部使/1378；133/范仲淹·上仁宗攻守二策/1478；141/文彦博·上神宗论进筑河州/1591

【奏议影】125/范仲淹·上仁宗乞令陕西主帅并带押蕃部使/4254；133/范仲淹·上仁宗攻守二策/4548；141/文彦博·上神宗论进筑河州/4892

【三朝北盟会编】60/1 下、4 下

【元刊梦溪笔谈】13/20、21

【公是集】51/宋故推忠佐理功臣赠尚书左仆射王公（尧臣）行状/610

【文恭集】36/宋故宣徽北院使赠太尉文肃郑公（戬）墓志铭/436

【东轩笔谈】8/4 下

【东坡全集】33/奏议·乞增修弓箭社条约状/24 上

【东坡志林】2/38

【乐全集】21/论种世衡管勾营田不宜差知环州事/9 上

【补梦溪笔谈】下 2/权智/950

【欧阳文忠公全集】102/奏议/5 下；105/奏议/8 上

【范文正公集】5/上攻守二策状/13 下；13/东染院使种君墓志铭 15 上；年谱/29 下；年谱补遗/3 下、4 上、10 上、10 下、13 上、19 下；西夏堡寨/6；言行拾遗事录 1/5 上；3/6 上、11 上；政府奏议下/荐举/21 下、23 下、24 上；诸贤赞颂论疏/24 下

【涑水记闻】9/9 下、10 下、11 下、12 上、12 下、13 上、14 上；10/7 上；11/17 上

【儒林公议】下/12 上

【甘肃新通志】13/舆地志·古迹·庆阳府·环县/31 下、舆地志·古迹·固原直隶州·平远县/12 下

【延安府志】1/诗文/49 上；7/绥德州/15 上、7/绥德州·清涧县·山川/16 下

【陕西通志】13/山川 6·绥德州·清涧县/54 上、56 上；14/城池/28 上；17/关梁 2·绥德州·清涧县/48 上、49 上；99/拾遗 2/16 下

【汇编】上 65、105、232；中一 1694；中二 1939、1946、1993、2003、2083、2084、2086、2087、2088、2089、2107、2140、2160、2311、2364、2385、2396、2399、2429、2442、2446、2449、2451、2452、

2453、2454、2461、2462、2503、2511、2553、2624、2626、2627、2628、2629、2630、2631、2641、2644、2661、2791、2792、2819；中三 2857、2877、2983、3017、3019、3020、3022、3026、3030、3051、3052、3150、3390、3404、3725；中四 3771、3809、3822、4369；中五 5222、5223；中六 5903、5975、5976、6041、6042；下 7027；补遗 7124、7254、7257、7267、7282、7283、7295

种朴 种谔子，经略党项西夏，经略熙河

【宋史】18/哲宗纪 2/352；318/胡宗回传/10371；335/种谔传/10747、种朴传/10749；349/姚雄传/11060；350/苗履传/11069、王赡传/11072；486/夏国传下/14018

【长编标】321/7745；331/7985；444/10687、10689、10691、10692；445/10715、10716；446/10736、10737；447/10758；485/11522；487/11565、11566；496/11798、11799、11807；497/11835；498/11852；500/11906；503/11978；504/12000、12014；510/12150；511/12170；513/12202；516/12267；517/12295、12303、12304、12306、12313；518/12317、12318、12324、12325、12326、12327、12331；520/12354

【长编影】321/8 下；331/16 下；444/4 上、10 上；445/5 下；446/8 上；447/12 下；485/4 下；487/2 下；496/4 上、14 上；497/17 下；498/10 下；500/6 下；503/8 下；504/3 上、8 上；510/17 下；511/15 上；513/8 下；516/3 下；517/1 上、8 上、10 上、15 下；518/1 上、7 上、9 上、9 下、14 上；520/1 上

【东都事略】61/种朴传/6 下；107/种师道传/1 上

【宋会要】兵 8 之 35/6904；方域 8 之 28/7454、18 之 21/7620

【奏议标】125/陈次升·上徽宗论西蕃市马/1386；139/范育·上哲宗论御戎之要/1575；140/苏辙·上哲宗论地界/1580

【奏议影】125/陈次升·上徽宗论西蕃市马/4275；139/范育·上哲宗论御戎之要/4842；140/苏辙·上哲宗论地界/4859

【皇宋十朝纲要】14/6 下

【汉滨集】15/故客省使雄州防御使泾原路兵马钤辖兼第十一将郭公（成）行状/17 下

【栾城集】41/再论熙河边事札子/9 下、三论熙河边事札子/17 下；42/论前后处置夏国乖方札子/7 下

【汇编】上 84；中四 4278、4382、4455、4476；中五 5009、5015、5016、5018、5024、5025、5037、5040；中六 5279、5298、5379、5381、5389、5394、5418、5438、5446、5454、5548、5559、5567、5608、5623、5628、5634、5635、5636、5637、5638、5639、5640、5641、5646、5648、5649、5668、5681、5715；补遗 7384

种师中 种世衡孙，师道弟，经略党项西夏，经略熙河

【宋史】23/钦宗纪/428；332/穆衍传/10692；335/种师衡传/10741、种师中传/10754；349/姚古传/11061

【宋会要】职官 61 之 16/3762

【长编纪事本末】145/9 下

【大金吊伐录】2/宋宣抚判官书/79

【大金国志】4/太宗纪/2 上

【三朝北盟会编】30/17 下；36/8 下；46/4 上；56/8 上；60/4 下；61/6 上

【忠惠集】2/种师中湟州观察使侍卫亲军马军都指挥使制/21 下

【靖康要录】9/532；15/929

【汇编】中五 5249；中六 5267、5461、5903、6006、6007、6008、6016、6017、6024、6025、6028、6032、6045、6047、6048、6056；补遗 7445

种师古 边将

【长编标】366/8795

【长编影】366/14 下

【汇编】中五 4679

种师极 初名建中，避建中靖国年号改名师极，宋徽宗又特命名师道

【三朝北盟会编】60/4 下

【汇编】中六 6049

种师道 种世衡孙，又名种建中、种师极，经略党项西夏，与党项西夏战

【宋史】23/钦宗纪/424、428；335/种师道传/

10750、10751、种师衡传/10775；367/郭浩传/11440；368/王彦传/11451；486/夏国传下/14020
【长编标】352/8449
【长编影】352/22 下
【东都事略】11/徽宗纪/3 上；107/种师道传/1 上；127、128/附录 5、6
【宋大诏令集】102/种师道保静军节度使制（宣和元年六月十七日）/379
【大金国志】4/太宗纪/2 上
【三朝北盟会编】32/3 下；60/1 下、4 下；198/1 上
【初寮集】6/定功继伐碑/1 上
【汇编】上 86、111；中四 4424、4476；中六 5869、5896、5902、5903、5905、5932、5933、5994、6007、6008、6017、6041、6042、6046、6049；下 6519；补遗 7439

种旨 团结原州蕃部丁壮
【宋会要】蕃夷 6 之 6/7821
【汇编】中三 3440

种诂 又作种古，种世衡长子，言党项西夏，与党项西夏战
【长编标】221/5373
【长编影】221/5 下
【东都事略】61/种诂传/4 上
【涑水记闻】9/14 上；11/19 上
【过庭录】16
【汇编】中三 3150、3152、3493、3678；中四 4073

种诊 种世衡子，言党项西夏，与党项西夏战
【宋史】335/种古传/10744
【长编标】215/5241；217/5277；221/5373；224/5441、5455；228/5542；236/5730；241/5881、5882；266/6537；289/7080；316/7637；320/7720；322/7763；324/7805；335/8072
【长编影】215/10 上；217/6 上；221/5 下；224/3 上、15 上；228/3 下；236/6 上；241/6 上；266/14 上；289/18 上；316/1 上；320/2 上、2 下；322/4 上；324/9 上；335/9 下
【宋会要】职官 61 之 11/3759、65 之 35/3864；兵 4 之 5/6822、28 之 11/7275
【汇编】中三 3390、3545、3605、3621、3678、3697、3703、3705、3725；中四 3785、3828、3829、3996、4008、4073、4074、4302、4324、4488

种建中 宋徽宗赐名种师道，相度西北防务，修筑堡寨
【长编标】474/11309；514/12208
【长编影】474/8 上；514/1 上
【三朝北盟会编】60/4 下
【汇编】中五 5161；中六 5575、6049

种谊 种世衡子，经略党项西夏，与党项西夏战，经略熙河
【宋史】17/哲宗纪 1/325；332/游师雄传/10689；335/种谊传/10748、10749；339/苏辙传/10832；349/姚兕传/11058、刘舜卿传/11063；468/李祥传/13649
【长编标】329/7939；331/7981；401/9771；402/9778、9779；404/9840、9841、9842、9851、9852；406/9886；409/9978；444/10689、10691；445/10716；446/10736；447/10758；448/10774；452/10848、10849；473/11279；474/11308；480/11427；501/11943
【长编影】329/22 下；331/13 上；401/10 上；402/1 下；404/10 下、20 上、20 下；406/10 上；409/24 上；444/10 上、10 下、11 下；445/5 下；446/6 上；447/12 下；448/9 下；452/6 上；473/1 上；474/8 上；480/11 下；501/11 上
【东都事略】8/神宗纪/7 上；9/哲宗纪/3 下；61/种谊传/6 下
【宋会要】礼 9 之 36/547；刑法 6 之 20/6703；蕃夷 6 之 17/7827、6 之 21/7829
【奏议标】97/常安民·上哲宗奏为种谊生擒鬼章赏未称功/1049；140/苏辙·上哲宗论不可失信夏人/1581
【奏议影】97/常安民·上哲宗奏为种谊生擒鬼章赏未称功/3276；140/苏辙·上哲宗论不可失信夏人/4862
【三朝北盟会编】60/1 下
【皇宋十朝纲要】12/5 上
【东坡全集】38/口宣/20 下
【龙川略志】635
【邵氏闻见录】5/42

【栾城集】41/再论熙河边事札子/9下、三论熙河边事札子/17下；42/四论熙河边事札子/1上、论前后处置夏国乖方札子/7下；45/贺擒鬼章表/2上
【画墁集】补遗/游公（师雄）墓志铭/4上
【甘肃新通志】6/舆地志·山川上·兰州府·狄道州/9上；9/舆地志·关梁·巩昌府·岷州/38下；13/舆地志·古迹·兰州府·金县/4上、舆地志·古迹·巩昌府·岷州/19下
【陇右金石录】3/41下
【汇编】中四4126、4192、4427、4453；中五4829、4830、4831、4845、4846、4847、4848、4851、4852、4854、4855、4856、4857、4858、4859、4860、4863、4874、4896、4922、4924、5015、5016、5017、5024、5025、5028、5035、5039、5040、5041、5042、5043、5050、5051、5152、5159、5201、5212、5264、5265、5266；中六5430、6041；补遗7337、7340、7364、7365、7366、7376

种谔 种世衡子，经略党项西夏，言党项西夏，经略熙河

【宋史】14/神宗纪1/267；15/神宗纪2/278、279、290、292；16/神宗纪3/305、306、308；85/地理志1序/2095；253/折御卿传/8865、折克行传/8865、折可适传/8866；290/郭逵传/9724、9725；312/韩琦传/10226；314/范纯粹传/10279；315/韩绛传/10303；321/郑獬传/10418；328/薛向传/10586；330/郭申锡传/10621；331/沈括传/10656；332/李师中传/10678、陆诜传/10681、赵卨传/10683、10686、滕元发传/10674、穆衍传/10691；334/徐禧传/10722、10724、本传/10725、李稷传/10725；335/种谔传/10745、10746、10747；336/司马光传/10763；337/范祖禹传/10798；340/吕大钧传/10847；341/孙固传/10874；349/贾逵传/11052；350/曲珍传/11083；448/吕由诚传/13204；464/高遵裕传/13575；485/夏国传上/14002；486/夏国传下/14010、14011
【长编标】215/5241；216/5254；217/5277、5283；218/5303、5305；219/5320、5323、5324、5330；220/5337、5345、5353、5356；221/5369、5373、5386、5387、5388；222/5411；223/5417；226/5513；235/5709；258/6299；273/6696；279/6827、6838；280/6861；282/6904；291/7111、7115；297/7229；299/7288；312/7566、7568、7569；313/7585、7593；314/7600、7603、7612；315/7617、7618、7624、7625、7628、7629、7630、7631、7633、7634；316/7638、7640、7643、7646、7647、7651、7653；317/7657、7659、7660、7661、7665、7669、7673、7674、7675；318/7680、7682、7683、7691、7692、7693、7694；319/7700、7701、7702、7703、7704、7706、7707、7710、7712、7714、7715、7716；320/7721、7727、7728、7729、7730、7733；321/7737、7738、7740、7744、7745；322/7762、7771；323/7782；324/7807；325/7816；326/7856；327/7879；328/7892、7893、7896；329/7921、7923、7933、7935、7937、7938、7939；330/7945、7946、7955、7957、7959；331/7967、7985；332/7998；333/8021、8024；334/8047、8057；335/8072；338/8151；345/8283；347/8323；372/9005、9006；382/9304、9319；444/10691、10692
【长编影】215/10上；216/3上；217/6上、11下；218/11上、13上；219/1上、3下、4下、9上；220/3下、4上、10下、16下、20上；221/2上、2下、5下、18上、19上、20上；222/12上；223/2上；226/11上；235/13上；258/10下；273/19上；279/8上；280/10下；282/3下；291/2上、4下；297/12下；299/22上；312/7上、9上；313/3上、11上；314/1下、4上、12上；315/2上、3下、8下、11下、13上、16上、16下；316/1下、3上、5下、9上、9下、12下、15上；317/1上、2上、4上、4下、9上、12下、16下；318/1上、3上、3下、11上、12上、12下；319/2上、3下、4上、6下、9下、11下、15下；320/2下、7下、8上、10上、13下；321/2上、2下、4下、8上、8下；322/4上、10下、11上；323/7上；324/10下；325/3上；326/16下；327/13下；328/3上、3下；329/7下、8下、16

下、21 上、22 上、22 下；330/1 上、1 下、9 上、10 上、11 上、13 上；331/1 下、16 下；332/3 下；333/8 上、11 上；334/4 上、15 上、17 上、23 上；335/9 下；338/12 下；345/10 下；347/4 上；372/4 上、5 上；382/19 上；444/11 下
【东都事略】8/神宗纪/7 上；28/1 上；58/韩绛传/3 下；61/种谔传/4 下；78/吕诲传/3 上；86/徐禧传/6 下；127、128/附录 5、6
【宋会要】职官 61 之 11/3759、66 之 21/3878；食货 49 之 20/5643；兵 4 之 5/6822、4 之 11/6825、8 之 22/6898、8 之 24/6899、8 之 25/6899、8 之 27/6900、8 之 28/6901、9 之 1/6906、14 之 4/6994、14 之 18/7001、14 之 19/7002、18 之 9/7062、28 之 24/7281；方域 19 之 47/7649；蕃夷 6 之 14/7825
【奏议标】136/司马光・上神宗论纳横山非便/1529、郑獬・上神宗论种谔擅入西界/1530；137/刘述・上神宗论种谔擅入西界/1532、杨绘・上神宗论种谔擅入西界/1533、刘述・上神宗论种谔薛向/1533、1534、刘述・上神宗论不可伐丧/1535、司马光・上神宗论中国当守信义不可轻议用兵/1538；138/文彦博・上神宗论关中事宜/1549；139/范纯粹・上哲宗乞以弃地易被虏之人/1561；140/苏辙・上哲宗论地界/1579、1580
【奏议影】136/司马光・上神宗论纳横山非便/4704、郑獬・上神宗论种谔擅入西界/4705、4706、4707；137/刘述・上神宗论种谔擅入西界/4709、杨绘・上神宗论种谔擅入西界/4711、4712、4713、4714、刘述・上神宗论种谔薛向/4714、4716、4717、4718、刘述・上神宗论不可伐丧/4720、司马光・上神宗论中国当守信义不可轻议用兵/4729、4730；138/文彦博・上神宗论关中事宜/4760；139/范纯粹・上哲宗乞以弃地易被虏之人/4797；140/苏辙・上哲宗论地界/4855、4859
【长编纪事本末】83/7 下
【三朝北盟会编】60/1 下、4 下
【系年要录】26/519
【皇宋十朝纲要】10 上/4 上
【续资治通鉴】65/1601
【元丰类稿】22/10 上
【东坡全集】16/龙图阁学士滕公墓志铭/5 下；63/书・杜牧集・僧制/27 上
【司马文正公集】27/章奏 25/8 下
【旧闻证误】2/26
【华阳集】5/闻种谔米脂川大捷/43
【安阳集】家传 6/17 上、7/1 上
【初寮集】6/定功继伐碑/1 上
【宋朝事实类苑】78/1021
【邵氏闻见录】10/101、102；13/142
【姑溪居士后集】20/折渭州墓志铭/1 上
【范太史集】40/检校司空左武卫上将军郭公墓志铭/8 下、12 下
【栾城集】37/再论兰州等地状/11 上；41/再论熙河边事札子/9 下
【涑水记闻】11/20 上、20 下；14/3 下
【铁围山丛谈】2/12 上
【梁溪集】82/辩余堵事札子/12 上
【名臣碑传琬琰集】上集 10/韩献肃公绛忠弼之碑/159；中集 48/韩忠献公琦行状/1106、52/曾太师公亮行状/1183
【蒙斋笔谈】上/4 上
【潞公文集】18/奏议/4 下、9 上；27/奏议/6 下
【延安府志】7/绥德州・山川/2 下
【金石萃编】147/折克行神道碑/1 上
【陕西通志】11/山川 4・榆林府・怀远县/51 下；13/山川 6・绥德州/51 下、山川 6・绥德州・米脂县/53 上；17/关梁 2・绥德州/45 上、关梁 2・绥德州・米脂县/46 上；96/艺文 12/33 下；97/艺文 13/33 上
【横山县志】1/地理志・山脉/6 下、地理志・古迹/14 下
【汇编】上 70、74、75、76、77、107、108、111、174、179、195、196、206；中三 3390、3429、3441、3443、3444、3445、3446、3448、3449、3450、3451、3454、3455、3456、3457、3458、3461、3462、3464、3465、3468、3470、3476、3477、3478、3531、3599、3605、3610、3621、3625、3626、3630、3631、3645、3646、3649、3650、3652、3655、3656、3659、3664、3665、3675、3676、3677、3678、3684、3686、3687、3688、3689、3690、3692、

3696、3699、3721；中四 3782、3973、4017、4026、4027、4034、4039、4041、4077、4079、4094、4103、4120、4122、4123、4126、4129、4132、4133、4138、4143、4152、4154、4155、4160、4161、4164、4165、4170、4171、4175、4176、4180、4183、4184、4186、4187、4188、4190、4191、4192、4193、4194、4200、4201、4202、4203、4205、4207、4208、4209、4212、4213、4214、4215、4216、4217、4218、4219、4221、4222、4227、4228、4229、4230、4231、4233、4234、4235、4236、4237、4238、4239、4242、4244、4247、4248、4250、4255、4257、4258、4259、4260、4261、4262、4265、4267、4269、4270、4273、4277、4278、4281、4300、4302、4306、4308、4313、4325、4327、4329、4359、4379、4382、4384、4386、4400、4401、4403、4414、4415、4419、4426、4427、4428、4431、4432、4436、4437、4438、4439、4440、4445、4455、4461、4462、4469、4470、4472、4476、4478、4481、4488；中五 4575、4587、4699、4700、4754、4774、4860、5016、5018、5223；中六 5913、6041、6042；下 6193；补遗 7248、7321、7323、7345、7346、7350、7351、7352、7359、7378、7435、7465

种詠 种世衡子，庆州战败，主帅李復圭诬裨将种詠等

【宋史】15/神宗纪 2/277；486/夏国传下/14008

【长编标】214/5204、5218；241/5880

【长编影】214/23 上；241/6 上

【汇编】上 74；中三 3588、3590、3612；中四 3827

种彝叔 种师道字

【三朝北盟会编】60/4 下

【汇编】中六 6042

侯可 入夏境按视边情

【宋史】335/种谔传/10746；456/侯可传/13406

【汇编】中三 3467、3477

侯竹贵 驻兵边塞

【河南先生文集】8/又一首/8 上

【汇编】中二 2790

侯延广 知灵州，经略党项西夏，与党项西夏战

【宋史】251/慕容德丰传/8836；253/李继周传/8870；254/侯延广传/8884、8885；257/李继隆传/8967；466/张继能传/13620

【长编标】35/776

【长编影】35/9 下

【宋太宗实录】76/34 下、35 上

【汇编】上 221；中一 971、1052、1055、1056、1075、1080、1113、1114

侯秀 与西夏战死

【长编标】133/3168

【长编影】133/8 上

侯询 募首级冒赏

【长编标】501/11939

【长编影】501/9 下

【汇编】中六 5427

侯临 经略党项西夏

【忠惠集】2/直祕阁陕西路运使陈遘除直龙图阁知庆州直龙图阁知庆州侯临知延安府制/9 下

【汇编】补遗 7421

侯蒙 奉敕治罪陕西五路将帅

【宋史】351/侯蒙传/11113

【汇编】中六 5801

侯赟 经略灵州党项

【长编标】23/512

【长编影】23/1 上

【汇编】中一 992

段义 叛降夏太祖李继迁

【宋史】485/夏国传上/13988

【长编标】49/1072

【长编影】49/8 上

【甘肃新通志】13/舆地志・古迹・宁夏府・灵州/36 下

【武经总要】前集 18 下/西蕃地界/1 上

【汇编】上 55；中一 1239、1730；补遗 7243

段少连 河东安抚使，经略党项西夏

【宋史】297/段少连传/9897

【长编标】123/2907；124/2918

【长编影】123/13 下；124/1 上

【宋会要】职官 48 之 108/3509

【汇编】中二 1792、1811、1858、2048

段伟 修筑城寨
【甘肃新通志】13/舆地志·古迹·秦州直隶州·清水县/24上
【汇编】补遗7478
段守伦 洪德寨主，与党项西夏战
【长编标】52/1145；54/1188；56/1231
【长编影】52/13下；54/12上；56/7上
【汇编】中一1322、1356、1381
段思恭 经略灵州
【宋史】270/段思恭传/9272
【长编标】10/231、235
【长编影】10/14上
【皇宋十朝纲要】1/13上
【汇编】中一950、951
段遇 书创怀戎堡事
【甘肃新通志】14/建置志·城池/13下
【陇右金石录】3/65下
【汇编】补遗7404、7419
皇甫旦 押回鹘、鞑靼首领赴阙，出使河湟吐蕃，与党项西夏战
【宋史】409/回鹘传/14117
【长编标】263/6436；341/8203；346/8302；352/8448；353/8461；474/11315
【长编影】263/16下；341/7下；346/1上；352/21下；353/5下；474/12下
【宋会要】蕃夷4之9/7718
【汇编】中四3989、4535；中五4577、4579、4580、4621、4623、5165
皇甫继明 护送刍粮至灵州
【宋史】259/皇甫继明传/9008；280/田绍斌传/9497
【宋太宗实录】79/38上
【宋会要】兵8之19/6896
【汇编】中一1120、1136、1140
俞平 随高遵裕伐夏，战死灵州
【宋史】486/夏国传下/14011
【汇编】上77
俞充 经略党项西夏，言西夏事
【宋史】312/王珪传/10242；333/俞充传/10702；337/范祖禹传/10798
【长编标】291/7115、7116；297/7218；312/7569；313/7584
【长编影】291/4下；297/2下；312/7上、10上；313/3上
【邵氏闻见录】13/142
【汇编】中四4078、4090、4120、4123、4124、4125、4128、4129、4272、4273；中五5223
俞辛 与西夏战殁
【长编标】320/7726
【长编影】320/7下
【汇编】中四4257
俞献卿 陕西转运使
【宋史】300/俞献卿传/9977
【汇编】中一1625
施护 陕西转运副使
【长编标】51/1124
【长编影】51/15下
【汇编】中一1310
施昌言 经略西夏党项
【宋史】295/叶清臣传/9852；299/施昌言传/9949
【长编标】365/8754
【长编影】365/9下、10上
【奏议标】136/吕诲·上仁宗论边备弛废/1521；138/司马光·上哲宗乞还西夏六寨/1554、1555
【奏议影】136/吕诲·上仁宗论边备弛废/4679；138/司马光·上哲宗乞还西夏六寨/4780
【司马文正公集】17/章奏15/5下；35/章奏33/1上
【欧阳文忠公全集】115/河东奉使奏草/27上
【涑水记闻】5/4下
【汇编】中二2783；中三2909、3139、3154、3263、3320；中五4667
洪中孚 论和籴，以收复洮州事奏告天地宗庙社稷，与党项西夏战，言党项西夏
【宋史】175/食货志上3·和籴/4247
【宋会要】职官43之89/3318
【长编纪事本末】140/15下
【新安志】7/洪尚书（中孚）/6上、7上
【汇编】中六5823、5849；补遗7405、7417
洪文敏 著《容斋三笔》，记党项西夏事
【桯史】1/6
【汇编】中二1937
洪老子 洪中孚，与夏使议馆驿贸易

【新安志】7/洪尚书（中孚）/6上
【汇编】补遗7405

洪湛 按视城绥州利害
【宋史】285/冯拯传/9609；441/洪湛传/13058
【长编标】50/1090、1101
【长编影】50/7下、18上
【宋会要】方域8之30/7455
【汇编】中一1256、1257、1286

浑瑊 言永乐镇形胜沿革
【邵氏闻见录】17/187
【汇编】中四4443

祝谘 馆伴夏使
【渑水燕谈录】2/6下
【汇编】中三3452

段充 秦州古渭寨都监
【临川集】40/举古渭寨都监段充充兵官任使状/15上
【汇编】补遗7469、7470

胥偃 上言对西夏先礼后兵，则王师出之有名
【宋史】294/胥偃传/9818
【汇编】中一1764、1765

姚大虫 姚内斌或姚内赟，经略党项西夏
【宋史】273/姚内斌传/9341
【长编标】15/317
【长编影】15/2上
【汇编】中一957

姚内斌 又作姚内赟，号姚大虫，经略党项西夏
【宋史】266/钱若水传/9167；273/姚内斌传/9341、马仁瑀传/9436；277/裴庄传/9438；300/杨畋传/9965；305/杨亿传/10080；340/吕大防传/10842
【长编标】17/385；45/974；50/1098
【长编影】17/20上；45/17上；50/12上
【东都事略】47/杨亿传/1上
【奏议标】103/苏辙·上神宗乞去三冗/1102；130/钱若水·上真宗答诏论边事/1433、杨亿·上真宗论弃灵州为便/1441；132/田况·上仁宗兵策十四事/1470；133/贾昌朝·上仁宗备边六事/1483；137/孙觉·上神宗论治边之略/1536；138/吕大防·上哲宗答诏论西事/1558
【奏议影】103/苏辙·上神宗乞去三冗/3432；130/钱若水·上真宗答诏论边事/4408、杨亿·上真宗论弃灵州为便/4431；132/田况·上仁宗兵策十四事/4525；133/贾昌朝·上仁宗备边六事/4562；137/孙觉·上神宗论治边之略/4725；138/吕大防·上哲宗答诏论西事/4788
【元丰类稿】30/请西北择将东南益兵札子/11上；49/本朝政要策·添兵/2下、本朝政要策·任将/10下
【挥麈后录】余话1/281－6
【栾城集】20/上神宗皇帝书/18下
【预章文集】2/遵尧录1/3上
【名臣碑传琬琰集】下集6/钱公若水传/1355
【汇编】中一963、1195、1216、1217、1266、1270、1278；中三3261、3496、3528；中四4116；中五4647；下6255；补遗7238

姚内赟 又作姚内斌，经略党项西夏
【长编标】3/77；13/279；15/317；366/8794
【长编影】3/14下；13/1下；15/2上；366/14下
【东都事略】29/7下
【汇编】中一937、955、957、962；中五4678

姚古 与党项西夏战
【宋史】87/地理志3/2148、2153；349/姚雄传/11060；448/郑骧传/13202
【长编标】350/8387；491/11662；504/12000；510/12150；512/12187；514/12208、12220；518/12335；520/12380
【长编影】350/5下；491/15上；504/3上、8上；510/17下；512/10下；514/1上、11上；518/16下；520/21下
【宋会要】职官67之36/3905；方域8之24/7452
【宋大诏令集】102/姚古昭庆军节度使加食邑实封制（政和六年七月二十日）/377；105/姚古检校少保制（政和七年九月十六日）/390、姚古检校少傅制/（宣和元年六月十七日）/391
【三朝北盟会编】46/4上
【皇宋十朝纲要】17/19下
【初寮集】6/定功继伐碑/1上
【忠惠集】2/殿前都虞侯怀州防御使姚古特授湟

州观察使侍卫亲军步军副都指挥使环庆路经略安抚使知庆州制/20下
【姚平仲小传】1上
【梁溪集】118/与秦相公第九书别幅/13上；173/靖康传信录下/12下
【汇编】中五4612；中六5328、5443、5446、5455、5493、5548、5562、5575、5582、5650、5670、5716、5830、5898、5900、5904、5909、5910、5933、5986、6016；下6311；补遗7438、7444、7455

姚可久 赴陕西体量蕃部公事
【长编标】128/3042
【长编影】128/16下
【汇编】中二2081

姚平仲 与夏人战于臧底河
【宋史】335/种师道传/10751
【三朝北盟会编】46/4上；60/4下
【姚平仲小传】1上
【汇编】中六5902、5904、6016、6044

姚师闵 用兵熙河
【长编标】346/8310
【长编影】346/8下
【宋会要】兵9之5/6908
【长编纪事本末】139/4下、17上；140/1下
【汇编】中五4583；中六5728、5729、5749、5760

姚师雄 熙河帅臣
【邵氏闻见录】13/144
【汇编】中六5775

姚仲 与金人战
【宋史】32/高宗纪9/611
【系年要录】199/3360、3367、3373；200/3379
【汇编】下6684、6685、6686、6687、6688

姚仲孙 经度陕西兵费
【宋史】300/姚仲孙传/9971
【长编标】132/3127；135/3234
【长编影】132/5下；135/18上
【汇编】中二2265、2422、2455、2456、2457

姚志 屯兵德顺
【系年要录】199/3360、3367
【汇编】下6684、6686

姚兕 经略党项西夏，与党项西夏战，与熙河战
【宋史】329/王广渊传/10609；332/游师雄传/10689；335/种谊传/10748；349/姚兕传/11057、11058、姚麟传/11058、刘舜卿传/11063
【长编标】214/5195；216/5254；220/5362；241/5880；252/6180；254/6221；266/6537；272/6659；328/7908；338/8142；401/9771；402/9779；404/9841；406/9886；424/10253；454/10883；480/11427
【长编影】214/2下；216/3下；220/24上；241/6下；252/27下；254/13下；266/14上；272/3下；328/16上；338/5上；401/10上；402/1下；404/10下；406/10上；424/5下；454/4下；480/11下
【东都事略】104/姚兕传/1上
【宋会要】兵9之1/6906、18之9/7062、28之28/7283
【东坡全集】38/口宣/23下
【画墁集】补遗/游公（师雄）墓志铭/4上
【甘肃新通志】13/舆地志·陵墓/57下
【隆德县志】1/古迹/25上
【汇编】中三3578、3579、3610、3667、3671；中四3827、3847、3925、3940、3949、3960、3996、4394、4517；中五4829、4831、4847、4848、4852、4854、4855、4856、4883、4896、4957、5057、5212；补遗7473、7477

姚希晏 姚平仲字，与夏人战于臧底河
【姚平仲小传】1上
【汇编】中六5904

姚评 御西人有功
【长编标】350/8387
【长编影】350/5下
【汇编】中五4612

姚武之 姚兕，与西人战于庆州
【东都事略】104/姚兕传/1上
【汇编】中三3578

姚宝 姚兕父，与西人战于庆州
【宋史】349/本传/11057
【东都事略】104/姚兕传/1上
【汇编】中二2551；中三3578

姚贵 守德胜寨
【宋史】292/王尧臣传/9773；324/赵滋传/

10496
【公是集】51/宋故推忠佐理功臣赠尚书左仆射王公（尧臣）行状/611
【范文正公集】9/答安抚王内翰/11 上
【甘肃新通志】13/舆地志·陵墓/57 下
【隆德县志】1/古迹/25 上
【汇编】中二 2579、2580、2581、2669；补遗 7473、7477

姚祐 经略边事
【宋史】354/姚祐传/11162
【宋会要】选举 25 之 13/4639；兵 24 之 30/7193
【汇编】中六 5875、5915、5994

姚雄 姚兕子，与党项西夏战，经略党项西夏，经略熙河
【宋史】190/兵志 4·河东陕西弓箭手/4718；349/姚兕传/11057、姚雄传/11059、11060；350/苗履传/11069、王赡传/11072；453/高永年传/13315
【长编标】337/8133；346/8310；350/8381、8387；402/9792；452/10847；460/10995；491/11662；493/11712；494/11756；496/11799、11808；504/12000、12014；510/12150；512/12187；514/12220；516/12288、12289；517/12295、12296、12299、12301、12304、12313、12318；518/12325、12331；519/12352；520/12380
【长编影】337/16 下；346/8 下；350/1 上、5 下；402/14 上；452/3 上；460/1 上；491/15 上；493/17 上；494/26 下；496/4 上、15 下；504/3 上、8 上；510/17 下；512/11 上；514/11 上；516/20 下；517/1 上、2 上、4 上、5 下、8 上、15 下；518/7 上、14 上；519/9 上；520/21 下
【东都事略】104/姚兕传/1 上
【宋会要】职官 67 之 36/3905；兵 9 之 3/6907、9 之 4/6907、14 之 10/7002、28 之 41/7290；蕃夷 6 之 37/7837、6 之 39/7838
【宋大诏令集】94/姚雄授正任防御使制（元符三年四月）/343；105/姚雄加检校司空泰宁军节度使致仕进封开国公制（政和元年十二月十一日）/389；181/给地养马御笔（大观元年七月二日）/655
【奏议标】141/任伯雨·上徽宗论湟郡/1595
【奏议影】141/任伯雨·上徽宗论湟郡/4904、4906
【长编纪事本末】139/15 下；140/12 下
【皇宋十朝纲要】14/3 下、6 下、7 下
【汉滨集】15/故客省使雄州防御使泾原路兵马钤辖兼第十一将郭公（成）行状/17 下
【龙川略志】635
【甘肃新通志】14/建置志·城池/13 下
【陇右金石录】3/65 下
【汇编】上 229；中三 3578；中四 4513；中五 4583、4609、4612、4836、5049、5068、5072、5202、5260；中六 5289、5328、5346、5364、5379、5382、5443、5446、5455、5548、5581、5615、5621、5622、5623、5624、5625、5628、5629、5630、5632、5633、5636、5640、5646、5649、5660、5670、5675、5681、5687、5693、5701、5704、5716、5746、5814、5842、5846、5866；补遗 7384、7404、7418

姚嗣宗 题诗寺壁，为边帅所用
【长编标】128/3030；144/3483
【长编影】128/5 下；144/7 上
【宋朝事实类苑】74/978
【范文正公集】政府奏议下/荐举 1/23 下
【容斋三笔】11/5 上
【耆旧续闻】6/7 上
【汇编】中二 1934、1935、1936、1937、2048、2784

姚奭 与西夏战于定川
【宋史】289/葛怀敏传/9701
【长编标】138/3314
【长编影】138/5 上
【汇编】中二 2547、2578

姚毅夫 即姚雄，年十八从父攻讨金汤
【宋史】349/姚雄传/11059
【汇编】中三 3579

姚麟 经略党项西夏，与党项西夏战，与熙河吐蕃战
【宋史】331/卢秉传/10671；349/刘昌祚传/11054、姚麟传/11058、11059；350/赵隆传/11090
【长编标】254/6221；266/6537；282/6904；303/7375；313/7594；315/7615、7624；317/

7667、7677；318/7692；319/7699、7700；321/7744；322/7765；323/7783；324/7805；328/7906；334/8042；335/8080；336/8098；338/8153；339/8166；343/8236；345/8275；346/8310；349/8378；350/8381；412/10027；430/10384；448/10768；467/11148；517/12301；520/12380
【长编影】254/13 下；266/14 上；282/3 下；303/9 下；313/11 上；315/1 上、9 上；317/10 下、19 下；318/11 上；319/1 上；321/5 下、8 上；322/7 上；323/7 上；324/9 上；328/14 上；334/11 上；335/16 下；336/6 下；338/14 上；339/7 下；343/2 下；345/4 下、13 下；346/8 下；349/11 上；350/1 上、7 上；412/8 下；430/4 下；448/4 下；467/3 上；517/5 下；520/21 下
【东都事略】104/姚麟传/1 下、2 上、2 下
【宋会要】兵 8 之 22/6898、14 之 19/7002、18 之 12/7063
【汇编】中四 3847、3857、3860、3960、3996、4041、4133、4134、4154、4161、4197、4198、4205、4210、4211、4218、4220、4225、4226、4271、4277、4303、4313、4324、4393、4475、4489、4497、4498、4521、4524；中五 4558、4570、4571、4576、4583、4606、4607、4609、4613、4932、4964、5042、5112；中六 5633、5670

贺文密 出西界战伤
【长编标】494/11730
【长编影】494/4 上
【汇编】中六 5354

十画

秦吉 与党项西夏战
【长编标】479/11408
【长编影】479/7 上
【汇编】中五 5195

秦希甫 言熙河边事，议进筑城寨
【长编标】519/12347；520/12383、12384、12388
【长编影】519/5 上、5 下；520/24 上、28 下
【东都事略】28/1 上
【宋会要】蕃夷 6 之 37/7837
【奏议标】141/任伯雨·上徽宗论湟郡/1595、冯澥·上徽宗论湟廓西宁三州/1597
【奏议影】141/任伯雨·上徽宗论湟郡/4904、4907、冯澥·上徽宗论湟廓西宁三州/4911
【汇编】上 179；中六 5657、5671、5672、5673、5694、5819

秦勃 又作秦渤，与西夏战死
【宋史】486/夏国传下/14008
【长编标】214/5220
【长编影】214/24 下
【汇编】上 74；中三 3592

秦贵 与党项西夏战，与熙河吐蕃战
【宋史】16/神宗纪 3/312
【长编标】348/8362；349/8376、8377；406/9886；491/11662；500/11906、11907；501/11939；507/12085
【长编影】348/18 下；349/9 下；406/10 上；491/15 上；500/6 下、7 上；501/9 下；507/14 下
【汇编】中五 4601、4606、4896；中六 5328、5418、5420、5427、5502、5819

秦渤 又作秦勃，与西夏战死
【长编标】216/5255
【长编影】216/4 下
【汇编】中三 3611

秦弼 说谕夏国沿边兵马司，各守旧疆，勿得侵犯
【系年要录】199/3373
【汇编】下 6686

秦翰 与党项西夏战，言党项西夏，经略党项西夏
【宋史】257/李继隆传/8967；258/曹玮传/8985；279/陈兴传/9483；308/张煦传/10149；466/秦翰传/13612、13613、13614
【长编标】35/778；50/1102；51/1118；56/1233；57/1251；58/1274；63/1402、1404、1409、1413；64/1437；65/1449；67/1510；74/1686
【长编影】35/11 下；50/19 上；51/11 上；56/8 下；57/1 上；58/1 下；63/4 上、10 下、14 上；64/12 下；65/5 上、6 上；67/14 上；74/5 下
【隆平集】20/夷狄传/3 下
【宋会要】兵 27 之 7/7250；方域 21 之 22/7672

【宋大诏令集】213/再答向敏中诏（景德三年五月庚申）/809
【甘肃新通志】6/舆地志·山川上·固原直隶州·海城县/27下
【武经总要】后集1/3上；3/9下
【海城县志】6/古迹志/2上
【汇编】上113；中一1076、1078、1080、1081、1170、1287、1288、1305、1324、1382、1399、1400、1401、1404、1423、1432、1436、1442、1443、1453、1454、1458、1459、1469、1496、1505；补遗7248、7250

耿友谅 与党项西夏战
【宋史】367/郭浩传/11441
【汇编】下6150

耿仁思 击走寇宁州蕃部
【长编标】19/424
【长编影】19/4下
【汇编】中一976

耿仁恩 击败秦州寇边蕃部
【宋史】492/吐蕃传/14153
【汇编】中一979

耿全斌 招诱蕃部
【宋史】279/耿全斌传/9491
【汇编】中一1378

耿南仲 言夏国贺正人持珠玉而来
【靖康要录】5/324
【汇编】中六6015

耿焕 李世辅旧交
【系年要录】129/2090
【汇编】下6505、6507

耿傅 又作耿传，计置随军粮草，与党项西夏战，言党项西夏
【宋史】295/尹洙传/9834；325/任福传/10506、耿傅传/10512；485/夏国传上/13997
【长编标】129/3072；130/3085；131/3100
【长编影】129/19下；130/6上；131/7上
【宋会要】兵8之21/6897
【安阳集】家传2/4上
【河南先生文集】1/过兴平哭耿傅谏议丧呈经略韩密学/6下；3/攻守策头问耿傅一首/3下、辩诬/5下；22/奉诏分析董士廉奏臣不公事/1上、用属国/2上；23/议攻守/1上、按地图/3下、制兵师/4下
【涑水记闻】12/11下
【名臣碑传琬琰集】中集48/韩忠献公琦行状/1095
【儒林公议】上/3上
【汇编】上64；中二2003、2139、2140、2162、2163、2164、2165、2166、2190、2195、2197、2201、2202、2208、2213、2215、2225、2241

耿斌 言河西蕃部教练使归顺
【长编标】52/1145、1148；53/1169
【长编影】52/14上、16下；53/13下
【汇编】中一1322、1326、1332

耿端彦 根括蕃兵，与西夏驸马叶结嵬名嘉勒对阵贺兰原
【宋史】332/赵卨传/10686；348/陶节夫传/11038
【长编标】345/8284；354/8480
【长编影】345/11下；354/10上
【长编纪事本末】140/11上
【汇编】中五4575、4626、4627；中六5792、5793

耿毅 献扰敌计策
【长编标】493/11705；504/12001
【长编影】493/11下；504/4下
【汇编】中六5343、5447

都觇 议弃湟州
【宋会要】兵9之4/6907
【奏议标】141/冯澥·上徽宗论湟廓西宁三州/1597
【奏议影】141/冯澥·上徽宗论湟廓西宁三州/4911
【长编纪事本末】139/15下
【汇编】中六5719、5746、5819

真德秀 奏论边事
【续宋通鉴】14/186
【汇编】下6845

袁瑀 吊祭夏太宗李德明母
【宋史】485/夏国传上/13990
【长编标】66/1490
【长编影】66/19上
【汇编】上57；中一1466

袁继忠 劝谕绥州刺史李克宪赴阙
【宋史】272/荆嗣传/9312
【长编标】23/530
【长编影】23/16 上
【汇编】中一 996、1006
索湘 督运随军粮草
【宋史】277/索湘传/9420；299/胡则传/9411
【长编标】40/852、854
【长编影】40/8 下、11 下
【范文正公集】12/兵部侍郎致仕胡公墓志铭/9 上
【汇编】中一 1155、1159、1160
盍可道 合兵破踏白城
【长编标】254/6221
【长编影】254/13 下
【汇编】中四 3960
聂山 受命割三镇
【苕溪集】48/宋故武功大夫魏国公杨公（宗闵）墓碑/5 下
【汇编】补遗 7461
聂子述 令安抚使丁焴答书西夏
【宋史】486/夏国传下/14027
【汇编】上 93
聂昌 割夏人河西三州
【宋史】447/徐徽言传/13191
【香溪集】21/徐忠壮（徽言）传/1 下
【汇编】下 6088
聂希古 支持联夏制金
【南选录】19
【汇编】下 6832
贾从礼 奏言鄜延路蕃捉生弓箭手战死安南
【长编标】281/6883
【长编影】281/3 上
【汇编】中四 4036
贾文元 因边事宁而乞罢兼枢密使
【挥麈后录】1/宰相枢密分合因革/27 上
【汇编】中二 2524
贾庆 合兵破荡西界后桥堡及吴家族
【长编标】126/2966
【长编影】126/1 下
【涑水记闻】12/3 上
【汇编】中二 1882、1883、2004
贾昌运 修筑城寨
【长编标】321/7744
【长编影】321/8 上
【汇编】中四 4277
贾昌言 泾州将官
【长编标】239/5817；263/6436；265/6518
【长编影】239/11 上；263/16 下；265/27 下
【汇编】中四 3812、3989
贾昌朝 言党项西夏
【宋史】250/石元孙传/8814；285/陈执中传/9603、贾昌朝传/9614、9618；295/叶清臣传/9852
【长编标】123/2905；135/3233；138/3316；157/3805
【长编影】123/12 上；135/18 上；138/7 上；157/8 下
【隆平集】5/贾昌朝传/22 上
【宋会要】职官 1 之 75/2367
【奏议标】101/贾昌朝·上仁宗乞减省冗费/1082；133/贾昌朝·上仁宗备边六事/1482
【奏议影】101/贾昌朝·上仁宗乞减省冗费/3365；133/贾昌朝·上仁宗备边六事/4556
【汇编】中二 1791、1973、2455、2456、2457、2590；中三 3049、3064、3139；中四 4444
贾炎 与童贯制疆事不合
【宋史】87/地理志 3/2148；285/贾炎传/9621；486/夏国传下/14021
【汇编】上 87；中六 5830、5869
贾宗元 麟府路走马承受，躬监兵将出界破荡
【长编标】334/8038；340/8185
【长编影】334/7 下；340/7 下
【汇编】中四 4474、4529
贾宗谅 又作贾宗谔，隆德寨主
【长编标】332/8005
【长编影】332/9 下
【汇编】中四 4463
贾宗望 与党项西夏战
【宋史】446/朱昭传/13170
【汇编】中六 6013
贾宗谔 又作贾宗谅，隆德寨主
【宋会要】职官 66 之 21/3878
贾祐 编次客省诸蕃国文字

【宋会要】职官 35 之 4/3062
【汇编】中三 3723

贾恩 巡检边地
【宋史】485/夏国传上/14001
【长编标】185/4470
【长编影】185/4 下
【宋会要】兵 27 之 41/7267、27 之 43/7268
【汇编】上 68；中三 3226、3267

贾逵 经制边防
【宋史】326/郭恩传/10521；349/贾逵传/11051、11052；485/夏国传上/14001
【长编标】185/4471；293/3 上
【长编影】185/2 下；293/3 上
【宋会要】兵 27 之 41/7267、27 之 43/7268
【奏议标】136/郑獬·上神宗论种谔擅入西界/1530
【奏议影】136/郑獬·上神宗论种谔擅入西界/4705
【安阳集】家传 7/1 上
【华阳集】24/赐鄜延路副都总管贾逵赴阙生料口宣/297
【忠肃集】7/殿前副都指挥使建武军节度使贾逵谥武恪谥议/102
【金石萃编】147/折克行神道碑/1 上
【汇编】上 68、195；中三 3226、3228、3237、3267、3459、3462、3476；中四 4082、4085

贾翊 与党项西夏战，与熙河吐蕃战
【宋史】452/景思立传/13287
【长编标】214/5193；216/5260；250/6098
【长编影】214/1 下；216/9 上；250/16 上
【范太史集】40/检校司空左武卫上将军郭公墓志铭/11 下
【汇编】中三 3577、3614；中四 3924、3925

贾喦 败夏兵于明堂川
【宋史】350/贾喦传/11086
【长编标】490/11623
【长编影】490/6 上
【宋会要】兵 8 之 34/6904
【汇编】上 239；中六 5319

贾继隆 赍诏谕夏太祖李继迁，言党项西夏
【宋史】277/索湘传/9420；485/夏国传上/13987
【宋会要】兵 14 之 14/6999
【太平治迹统类】2/太祖太宗经制西夏
【汇编】上 54；中一 1107、1153、1158

贾德用 出界亡失人马，追两官
【长编标】324/7805
【长编影】324/9 上
【汇编】中四 4324

贾默 与党项西夏战
【长编标】329/7914
【长编影】329/1 下
【汇编】中四 4395

贾辩 又作贾辨，免所追官
【长编标】330/7948
【长编影】330/3 上
【汇编】中四 4432

贾辨 又作贾辩，出界亡失人马，追一官
【长编标】324/7805
【长编影】324/9 上
【汇编】中四 4324

贾黯 言以恩威御边将
【长编标】205/4965
【长编影】205/4 上
【汇编】中三 3380

夏元几 讨杀洮河蕃部
【长编标】254/6208；266/6537；297/7228
【长编影】254/3 下；266/14 上；297/11 下
【宋会要】职官 66 之 5/3870
【汇编】中四 3955、3996

夏元机 领泾原兵策应庆州
【宋会要】兵 28 之 4/7271、28 之 5/7272
【汇编】中三 3506

夏元亨 因名与李元昊有嫌，赐名夏随，上言夏景宗李元昊离间李士彬
【长编标】123/2901；127/3014
【长编影】123/8 下；127/10 下
【宋会要】兵 8 之 20/6897

夏元象 觇知夏国奸细招诱鄜延蕃官
【长编标】311/7547；314/7600；329/7938
【长编影】311/15 上；314/1 下；329/21 上
【汇编】中四 4118、4138、4426

夏太尉 夏竦，经略党项西夏
【公是集】19/闻夏太尉自长安徙备西边/219；26/上夏太尉/308

【汇编】中五4916

夏随 即夏元亨，因李元昊反而改名，言夏景宗李元昊离间李士彬

【宋史】290/夏随传/9717

【宋会要】兵8之21/6897

【奏议标】136/欧阳修·上英宗论西边可攻四事/1525

【奏议影】136/欧阳修·上英宗论西边可攻四事/4690

【汇编】中二1787、2013、2014

夏竦 言党项西夏，经略党项西夏

【宋史】10/仁宗纪2/205、208、211；11/仁宗纪3/212、215；196/兵志10/4895；258/曹琮传/8989；283/夏竦传/9572、9573、9574、9575；292/王尧臣传/9774、292/田况传/9778；295/尹洙传/9834；300/杨偕传/9954；303/田京传/10051；305/晁宗悫传/10087；310/杜衍传/10190；312/韩琦传/10222；314/范仲淹传10270；318/张方平传/10354、318/王拱辰传/10359、318/张昪传/10362；320/余靖传/10408；323/周美传/10457；324/张亢传/10486；467/张惟吉传/13635

【长编标】123/2910；126/2979、2984、2985、2995、2996；127/3013；128/3031；129/3057、3060；130/3084；131/3093、3094、3095、3098、3104、3111；132/3122、3129、3132、3134、3139、3148、3150；134/3190；146/3543；157/3798、3802；161/3886

【长编影】123/13下；126/13上、14上、17上；127/9下；128/6下；129/7上、9下；130/1上、5上、6上；131/10上、15下、19上；132/1上、7下、15下、25下、26上；134/3下；146/15上；157/6上；161/5上

【东都事略】127、128/附录5、6

【隆平集】15/尹洙传/4上

【宋会要】职官61之38/3773；兵8之20/6897、8之21/6897、14之1/6993

【奏议标】132/刘平·上仁宗乞选用酋豪各守边郡/1456、范仲淹·上仁宗乞先修诸寨未宜进讨/1464、田况·上仁宗论攻策七不可/1465、1466、田况·上仁宗兵策十四事/1468、1469；133/张亢·上仁宗论边机军政所疑十事/1474

【奏议影】132/刘平·上仁宗乞选用酋豪各守边郡/4480、范仲淹·上仁宗乞先修诸寨未宜进讨/4504、田况·上仁宗论攻策七不可/4509、4512、田况·上仁宗兵策十四事/4519、4522；133/张亢·上仁宗论边机军政所疑十事/4536

【元宪集】27/赐振武军节度使知延州范雍充鄜延环庆两路沿边经略安抚使诏/289、赐振武军节度使知延州范雍进谢赐牌印月俸公使钱到任马诏/295；30/抚问知永兴军夏竦/320、抚问泾原秦凤两路沿边经略安抚使夏竦鄜延环庆两路沿边经略安抚使范雍/321

【东坡全集】15/张文定（方平）公墓志铭/14上

【乐全集】20/陈政事三条/2上；21/请罢陕西诏讨经略司事/5上

【玉海】141/康定论兵/15上

【龙川别志】下/86

【安阳集】家传1/15下、2/1上、2/4上、3/3上；47/故崇信军节度副使检校尚书工部员外郎尹公墓表/2上

【苏学士集】11/论西事状/9上

【欧阳文忠公全集】29/翰林侍读学士右谏议大夫杨公墓志铭/5下

【河南先生文集】19/论遣将不当强而使之/3上、乞半年一次诣阙奏事/8上；20/奏为乞令环庆路与泾原路相应广发兵马牵制贼势事/4上、奏为近差赴鄜延路行营其兵马乞移拨往环庆路事/5上、奏为已发赴环庆路计置行军次第乞朝廷特降指挥/6下、奏为金汤一带族帐可取状/9上

【范文正公集】年谱/22下；年谱补遗/3上；诸贤赞颂论疏/12下、24下；言行拾遗事录3/9下；9/答赵元昊书/6下

【谈苑】1/5上

【清波杂志】2/6下

【名臣碑传琬琰集】中集48/韩忠献公琦行状/1094、1095

【稽古录】20/90上

【豫章文集】5/遵尧录4/1

【儒林公议】上/2上、9上

【汇编】上105、231；中一1763；中二1794、1795、1811、1813、1814、1871、1872、

1873、1903、1911、1920、1922、1923、1938、1940、1944、1945、1953、1982、1983、2003、2008、2010、2011、2014、2015、2017、2035、2051、2070、2098、2111、2117、2118、2119、2120、2147、2156、2158、2161、2162、2172、2178、2182、2184、2199、2203、2208、2209、2212、2213、2216、2217、2220、2221、2224、2229、2240、2242、2253、2255、2262、2266、2276、2278、2291、2292、2305、2312、2313、2334、2335、2366、2367、2368、2369、2370、2372、2604、2614、2669、2670、2713、2714、2715；中三 2847、2904、2933、3063、3097；中四 4299；下 7025、7026、7027；补遗 7263、7299

党万 与党项西夏战，与熙河吐蕃战

【长编标】479/11407

【长编影】479/7 上

【宋会要】兵 9 之 5/6908

【长编纪事本末】139/4 下、8 下、17 上、18 上、18 下

【三朝北盟会编】217/1 下；218/2 上

【苕溪集】48/宋故武功大夫魏国公杨公（宗闵）墓碑/4 上

【名臣碑传琬琰集】上集 13/韩忠武王世忠中兴佐命定国元勋之碑/193

【汇编】中五 5195；中六 5728、5729、5733、5749、5750、5794、5795；下 6586、6587；补遗 7433

党师经 环州签书判官

【长编标】289/7080

【长编影】289/18 上

【汇编】中四 4073

晁文元 草夏景宗李元昊制

【春明退朝录】上/3

【汇编】中一 1388

晁立 浮图寨监押

【宋会要】职官 66 之 28/3882

晁宗悫 出使边州

【宋史】303/田京传/10051；305/晁宗悫传/10087

【长编标】129/3060

【长编影】129/9 下

【安阳集】家传 2/2 上、2 下；47/2 上

【名臣碑传琬琰集】中集 48/韩忠献公琦行状/1094

【汇编】中二 2050、2070、2075、2118、2120；中三 2904

晏元宪 请验范仲淹答李元昊书

【后山谈丛】3/3 下

【汇编】中二 2271

晏元献公 晏殊，经略党项西夏

【东轩笔录】11/3 上

【临汉隐居】16 上

【汇编】中二 2691

晏朋 河东转运司管勾文字，坐不应副麟府赏功绢

【长编标】348/8360

【长编影】348/17 上

【汇编】中五 4600

晏殊 经略党项西夏

【宋史】10/仁宗纪 2/207；311/晏殊传/10196；312/韩琦传/10223

【长编标】110/2552；137/3287、3293；147/3569；175/4222

【长编影】110/1 上；137/9 下、14 上；147/14 上；175/3 下

【宋会要】选举 27 之 21/4672；蕃夷 7 之 20/7849

【安阳集】家传 3/14 下

【名臣碑传琬琰集】中集 48/韩忠献公琦行状/1097

【汇编】中一 1662、1679；中二 1842、1961、2530、2540、2750、2757；中三 2864、3190

钱中孚 范仲淹荐陕西差遣

【范文正公集】年谱补遗/4 上

【汇编】中二 2050

钱归善 开荒备边不力，罢提举泾原路弓箭手

【宋史】190/兵志 4・河东陕西弓箭手/4719

【汇编】中六 5824

钱即 言西夏部落兵制

【宋史】175/食货志上 3/4245；180/食货志下 2/4393；317/钱即传/10351

【汇编】中六 5794、5868

钱若水 言党项西夏，经略党项西夏
【宋史】254/侯延广传/8885；266/钱若水传/9167、9170；273/李允正传/9340；277/郑文宝传/9425、9428；279/陈兴传/9483；485/夏国传上/13987；491/党项传7/14141
【长编标】36/800；45/972；51/1115、1123；132/3134
【长编影】36/15上；45/16下；51/8上、15下；132/7下
【宋会要】食货23之22/5185、23之23/5186；方域8之30/7455、8之31/7456、8之32/7456
【宋大诏令集】213/遣钱若水详度修复绥州诏/808
【奏议标】130/钱若水·上真宗答诏论边事/1433；132/田况·上仁宗兵策十四事/1469
【奏议影】130/钱若水·上真宗答诏论边事/4406；132/田况·上仁宗兵策十四事/4521
【玉壶清话】7/12下
【宋朝事实类苑】40/525；75/994
【厚德录】1/1下
【太平治迹统类】2/太祖太宗经制西夏
【涑水记闻】2/5上
【武经总要】前集18下/西蕃地界/1上
【名臣碑传琬琰集】下集6/钱公若水传/1355
【汇编】上23、54；中一1062、1063、1064、1088、1089、1114、1133、1135、1216、1217、1298、1306、1309、1310、1311、1312、1727；中二2277；中四4430；下7010、7011

钱明逸 上言唃厮啰，安抚永兴军
【宋史】317/钱明逸传/10347
【安阳集】35/奏状/17下
【汇编】中三3222、3549

钱昂 收复银州有功
【长编纪事本末】140/11上
【汇编】中六5793

钱逸 钱明逸，辽使来告伐夏，入辽致赙礼
【宋史】11/仁宗纪3/226
【辽史】20/兴宗纪3/240
【汇编】中三3142、3143

钱惟演 荐举人才
【宋会要】选举27之21/4672
【汇编】中一1662

钱盖 言河湟吐蕃
【宋史】24/高宗纪1/446；448/郑骧传/13202
【宋会要】蕃夷6之41/7839
【中兴小纪】1/13、14
【三朝北盟会编】109/4上
【系年要录】6/166
【梁溪集】176/建炎进退志总叙3/4下
【汇编】中六5986；下6112、6113、6114、6115

钱景恪 管勾塞门寨草场
【长编标】348/8356
【长编影】348/13上
【汇编】中五4599

钱景祥 议弃湟州
【宋会要】兵9之4/6907
【奏议标】141/冯澥·上徽宗论湟廓西宁三州/1597
【奏议影】141/冯澥·上徽宗论湟廓西宁三州/4911
【长编纪事本末】139/15下
【汇编】中六5719、5746、5819

钱勰 计置军需，招抚逃散之人
【长编标】318/7694；321/7738
【长编影】318/12下；321/2下
【汇编】中四4222、4268

钱遹 议弃湟州
【奏议标】141/冯澥·上徽宗论湟廓西宁三州/1597
【奏议影】141/冯澥·上徽宗论湟廓西宁三州/4911
【宋会要】职官68之5/3910；兵9之4/6907
【汇编】中六5718、5722、5819

钱顗 上言边将
【奏议标】64/钱颉·上神宗乞择将久任/714
【奏议影】64/钱颉·上神宗乞择将久任/2352

钳宗翊 与党项西夏战
【长编标】408/9929
【长编影】408/9下
【宋会要】兵8之30/6902
【汇编】中五4915

俱千 出界亡失兵马，追四官
【长编标】324/7805

【长编影】324/9 上
【汇编】中四 4324
徐子安 言诸路兵马
【长编标】506/12059
【长编影】506/9 上
【汇编】中六 5486、5487
徐亿 刺陕西诸州军百姓为义勇
【长编标】203/4914
【长编影】203/4 下
【汇编】中三 3325
徐正 随范仲淹勾当兵马
【范文正公集】政府奏议下/荐举/25 上
【汇编】中二 2512
徐处仁 言陕西物价
【宋史】180/食货志下 2/4393；317/钱即传/10351
【三朝北盟会编】60/4 下
【汇编】中六 5867、5868、6050
徐兴 护送灵武刍粮，至积石为西人所劫
【宋史】280/徐兴传/9504
【长编标】47/1029
【长编影】47/18 上
【汇编】中一 1222、1223
徐忠愍 徐禧，与党项西夏战
【宋史】334/徐禧传/10724
【汇编】中四 4436
徐勋 种谔部将，与党项西夏战
【长编标】320/7730；329/7923；331/7985
【长编影】320/10 上；329/8 下；331/16 下
【东都事略】107/种师道传/1 上
【宋会要】职官 66 之 25/3880
【三朝北盟会编】60/4 下
【栾城集】41/再论熙河边事札子/9 下
【汇编】中四 4262、4403、4455、4476；中五 5018；中六 6042
徐禹臣 与熙河蕃部战
【长编标】255/6231；282/6904
【长编影】255/2 上；282/4 上
【汇编】中四 3962、4042
徐彦孚 根究边将冒奏首级
【长编标】493/11715；499/11881；500/11907
【长编影】493/19 下；499/9 上；500/7 上
【汇编】中六 5347、5406、5419、5420
徐復 建州布衣，赐号冲晦处士，占算西方当用兵
【宋史】457/徐复传/13434
【长编标】131/3116、3117
【长编影】131/21 下
【元丰类稿】48/徐复传/1 上
【汇编】中二 1975、2256、2258
徐湜 宣谕泾原边帅
【长编标】505/12034
【长编影】505/7 下
【汇编】中六 5470
徐镇 出界亡失人马，追两官
【长编标】324/7805
【长编影】324/9 上
【汇编】中四 4324
徐德占 徐禧子
【挥麈后录】8/高宗擢用徐师川/12 上
【汇编】中四 4422
徐禧 经略党项西夏，筑永乐城，与党项西夏战
【宋史】16/神宗纪 3/307、308；314/范纯粹传/10280；327/王安礼传/10556；331/沈括传/10656；334/徐禧传/10722、10723、10724、李稷传/10725；335/种谔传/10747；337/范祖禹传/10789；350/曲珍传/11083；486/夏国传下/14011
【长编标】290/7092、7101；292/7135；297/7220、7222、7223；316/7638；326/7856、7859；327/7879；328/7893、7895、7906；329/7919、7921、7925、7926、7927、7931、7933、7935、7937；330/7945、7946、7955、7957；331/7972；352/8450；367/8843；368/8886；372/9005；395/9639；470/11235；471/11250
【长编影】290/6 下、14 上；292/6 上；297/4 下、5 下；316/1 下；326/16 下；327/13 下；328/3 下、14 上；329/6 上、7 下、10 下、11 上、11 下、12 上、15 上、16 下、19 上；330/1 下、9 上、11 上、13 上；331/5 下；352/22 下；367/21 上；368/33 上；372/4 上；395/20 下；470/16 上；471/12 上
【东都事略】59 下/范纯粹传/7 下；86/沈括传/

4 上、徐禧传/5 下、6 下；127、128/附录 5、6
【宋会要】兵 8 之 28/6901、8 之 29/6901；方域 8 之 6/7443、18 之 30/7624、19 之 8/7629、19 之 9/7630、19 之 49/7650、20 之 2/7651
【奏议标】44/陈并·上哲宗答诏论彗星陈四说/461
【奏议影】44/陈并·上哲宗答诏论彗星陈四说/1643
【皇宋十朝纲要】10 下/2 下、3 上
【东坡全集】69/永乐事/2 下
【宋朝事实类苑】75/994
【邵氏闻见录】5/42；10/102
【画墁集】补遗/游公（师雄）墓志铭/3 上
【挥麈后录】1/神宗置封椿库以为开拓境上之资/11 下；8/高宗擢用徐师川/12 上
【栾城集】36/乞诛窜吕惠卿状/18 上
【涑水记闻】14/10 上、10 下
【梁溪集】144/御戎论/1 上
【潞公文集】26/奏议/3 下；27/奏议/6 下
【延安府志】7/绥德州·米脂县·古迹/28 下
【汇编】上 77、78、108；中四 4075、4076、4081、4091、4092、4093、4094、4175、4358、4362、4377、4379、4382、4383、4384、4386、4393、4399、4400、4404、4405、4406、4407、4408、4409、4410、4412、4415、4416、4417、4418、4419、4420、4421、4422、4423、4424、4425、4426、4430、4431、4432、4436、4437、4438、4439、4441、4450；中五 4688、4691、4699、4714、4731、4810、5143、5148、5223；中六 5335；补遗 7352、7357、7359、7447

徐徽言 与折可求相约攻金，与党项西夏战
【宋史】447/徐徽言传/13191、13192
【中兴小纪】4/47
【系年要录】20/400
【香溪集】21/徐忠壮（徽言）传/1 下、3 下
【汇编】上 219；下 6088、6089、6147、6156、6157、6158；补遗 7443

殷贵 攻灵州中箭死
【长编标】329/7924
【长编影】329/8 下
【汇编】中四 4403

奚起 收复河州
【长编标】243/5912；244/5931
【长编影】243/1 下；244/1 下
【汇编】中四 3849、3861

留正 议西辽假道西夏伐金
【宋史】391/留正传/11972；486/夏国传下/14026
【汇编】上 92；下 6735

郭公彦 因父郭世及战死白盐池而授三班借职
【长编标】336/8095
【长编影】336/3 下
【汇编】中四 4496

郭允迪 修筑城寨
【宋会要】方域 8 之 24/7452
【汇编】中六 5898

郭劝 出使西夏，经略党项西夏，与党项西夏战
【宋史】297/郭劝传/9893；326/李渭传/10529；485/夏国传上/13994
【长编标】115/2704；122/2880；123/2893、2894；126/2982
【长编影】115/14 下；122/8 下；123/2 上、2 下；126/15 上
【隆平集】20/夷狄传/3 下
【宋会要】职官 64 之 37/3839、64 之 39/3840
【宋大诏令集】205/郭劝李渭责官制（宝元）/765
【皇宋十朝纲要】5/9 下
【欧阳文忠公全集】107/论刘三嘏事状/6 下
【河南先生文集】15/故金紫光禄大夫检校右散骑常侍李公（渭）墓志铭/12 下、13 下
【涑水记闻】12/1 下
【儒林公议】下/4 上
【汇编】上 61、114；中一 1702、1706、1744、1745、1747、1750；中二 1775、1776、1777、1778、1948；中三 3024

郭世及 战殁白盐池
【长编标】336/8095；341/8202
【长编影】336/3 下；341/7 下
【汇编】中四 4496、4535

郭申锡 著《边鄙守御策》

【宋史】330/郭申锡传/10621
【汇编】中三 3468
郭宁 与党项西夏战
【奏议标】97/许翰·上徽宗论西师赏功之滥/1051
【奏议影】97/许翰·上徽宗论西师赏功之滥/3282、3284
【汇编】中六 5936
郭成 守平夏城，与夏人战
【宋史】328/章楶传/105；350/郭成传/11085
【长编标】346/8310；503/11974、11983、11984；504/12018；505/12029、12038
【长编影】346/8 下；503/4 下、12 上；504/17 下；505/2 下、11 上
【东都事略】127、128/附录 5、6
【系年要录】126/2049
【建炎笔录】中/15
【忠正德文集】8/丙辰笔录/5 上
【汇编】上 110、238、239；中四 4196；中五 4583；中六 5436、5441、5442、5455、5456、5457、5458、5466、5474；下 6426、6427、6499
郭廷桂 题名落珠崖
【陕西通志】13/山川 6·葭州/57 下
【汇编】补遗 7494
郭延珍 永平寨主，拒夏兵有功
【范文正公集】年谱补遗/3 下、4 上
【涑水记闻】12/9 下
【汇编】中二 1928、1946、1993
郭伦 又作郭纶，与党项西夏战
【安阳集】家传 2/2 下
【汇编】中二 2074
郭自明 请戍仪州制胜关
【宋会要】方域 12 之 3/7521
郭充迪 修复湟州古骨龙、会州清水城毕工
【宋会要】方域 8 之 25/7453
郭庆 与党项西夏战
【宋史】486/夏国传下/14008
【长编标】214/5220；216/5255；217/5280；229/5572；241/5880
【长编影】214/24 下；216/3 下；217/8 下；229/7 上；241/6 下
【皇宋十朝纲要】9/4 下
【范文正公集】西夏堡寨/6
【汇编】上 74；中二 2643；中三 3591、3592、3611、3623；中四 3741、3827
郭庆宗 梁家族与小遇族为仇，赍银碗、彩绢和断之
【范文正公集】政府奏议下/荐举/25 上；年谱补遗/12 下
【汇编】中二 2512、2514
郭守文 破夏州盐城镇及咩嵬等部族
【宋史】259/郭守文传/8999；491/党项传/14139
【汇编】上 22；中一 971、1025
郭守恩 战殁屈野河
【公是集】22/丁酉五月郭守恩战殁武戡走入壁守恩勇将有智略/259
【汇编】中三 3242
郭进 经略西北
【宋史】266/钱若水传/9167；300/杨畋传/9965；318/张方平传/10357
【长编标】17/375；222/5412；248/6038；250/6102
【长编影】17/19 下；222/12 下；248/1 下；250/19 上
【奏议标】103/苏辙·上神宗乞去三冗/1102
【奏议影】103/苏辙·上神宗乞去三冗/3431
【元丰类稿】49/本朝政要策·任将/10 下
【栾城集】20/上神宗皇帝书/18 上
【名臣碑传琬琰集】中集 22/张文定公方平墓志铭/724；下集 6/学士钱公若水传/1355
【汇编】中一 961、963、1216、1217；中三 3261、3528、3697；中四 3904、3927、3978、3979
郭志高 泾原钤辖，与党项西夏战
【宋史】332/李师中传/10676
【长编标】124/2922；129/3054；132/3129
【长编影】124/4 上；129/4 下；132/7 下
【安阳集】家传 2/2 下
【汇编】中二 1819、2074、2078、2107、2273
郭时亮 与熙河吐蕃战
【长编标】516/12290
【长编影】516/23 下
【汇编】中六 5625

郭亨 投换在兰州定远城逃亡军人
【长编标】493/11710
【长编影】493/15 上
【汇编】中六 5344

郭纶 又作郭伦，与西夏战
【长编标】137/3301；138/3325
【长编影】137/21 下；138/15 上
【汇编】中二 2555、2619

郭茂询 又作郭茂恂，进筑葭芦寨
【长编标】485/11527
【长编影】485/9 下
【汇编】中六/5287

郭茂恒 上奏茶马贸易
【宋会要】职官 43 之 53/3300
【汇编】中四 4144

郭茂恂 又作郭茂询，管勾蕃部贸易，修筑堡寨，转运粮草
【宋史】167/职官 7/3969
【长编标】312/7567；314/7600、7611；315/7617；320/7730；330/7949；335/8085；485/11527；499/11886
【长编影】312/8 上；314/1 下、11 上；315/2 下；320/10 下；330/4 下；335/21 下；485/9 下；499/14 上
【宋会要】职官 43 之 56/3301、43 之 59/3303、43 之 67/3307；兵 24 之 26/7191；方域 18 之 18/7618
【汇编】中四 4122、4138、4152、4155、4166、4263、4315、4434、4492；中五 4614；中六 5408、5697

郭英 出使河湟吐蕃
【宋史】492/董毡传/14164
【宋会要】蕃夷 6 之 14/7825
【汇编】中四 4050

郭忠诏 又作郭忠绍，败夏人于乜离抑部
【宋史】16/神宗纪 3/310
【汇编】中四 4474

郭忠绍 又作郭忠诏，败夏人于密内部，窃防投宋的西夏伪钤辖香布
【长编标】334/8038；335/8066；337/8121
【长编影】334/7 下；335/5 上；337/5 下
【范太史集】40/检校司空左武卫上将军郭公（逵）墓志铭/9 上
【彭城集】21/皇城使昭州刺史郭忠绍可差知岷州制/288
【汇编】中三 3537；中四 4474、4485、4508；补遗 7469

郭忠嗣 环庆路兵马钤辖
【宋会要】职官 65 之 36/3864

郭固 与党项西夏战
【长编标】137/3303
【长编影】137/21 下
【涑水记闻】4/14 下
【汇编】中二 2555、2557

郭知章 论元祐年间弃地夏人
【宋史】18/哲宗纪 2/352；314/范纯粹传/10281；355/郭知章传/11197
【长编标】509/12121
【长编影】509/7 下
【宋会要】方域 19 之 12/7631
【长编纪事本末】101/6 下、8 上
【汇编】中五 5227、5228、5229；中六 5530、5531

郭京 陈州布衣，平居好言兵，范仲淹举荐为陕西都司参谋
【宋史】289/葛怀敏传/9760；457/徐复传/13434
【长编标】131/3116
【长编影】131/21 下
【汇编】中二 2256、2258、2547

郭宗颜 言弓箭手贷钱粮事
【长编标】421/10195
【长编影】421/12 上
【汇编】中五 4955

郭承迁 经略秦州蕃部
【宋史】1/太祖纪 1/11
【汇编】中一 937

郭绍忠 熙河兰会路钤辖
【长编标】409/9978
【长编影】409/24 上
【汇编】中五 4924

郭贵 与党项西夏战
【宋史】486/夏国传下/14008
【长编标】214/5218；241/5880

【长编影】214/23 上；241/6 下
【汇编】上 74；中三 3590；中四 3827

郭思 即郭恩之误，出兵与夏人争屈野河西地，败绩
【宋会要】兵 27 之 44/7268；方域 10 之 36/7491

郭信之 郭成字
【宋史】350/郭成传/11085
【汇编】上 238、239

郭胜 募蕃兵过河讨击西贼
【长编标】336/8102；519/12347
【长编影】336/10 上；519/5 上
【汇编】中四 4499；中六 5657

郭祖德 与熙河吐蕃战，修筑城堡
【长编纪事本末】140/4 下、6 上
【皇宋十朝纲要】16/10 上
【汉滨集】15/故客省使雄州防御使泾原路兵马钤辖兼第十一将郭公（成）行状/17 下
【甘肃新通志】14/建置志·城池/13 下
【陇右金石录】3/65 下
【汇编】中六 5767、5770、5777；补遗 7383、7384、7404、7418

郭载 经略秦州
【宋史】276/郭载传/9397
【汇编】中一 1045

郭振 与西界大酋星多哩鼎战
【长编标】349/8377；350/8382
【长编影】349/11 上；350/1 上
【汇编】中五 4606、4607、4609

郭恩 出兵与夏人争屈野河西地，败绩
【宋史】12/仁宗纪 4/241；318/张昪传/10362；326/郭恩传/10521；336/司马光传/10758；349/贾逵传/11051；485/夏国传上/14001
【长编标】175/4224、4225、4240；176/4256；185/4476、4477、4478；186/4494；193/4679；262/6396
【长编影】175/5 上、18 上；176/8 上；185/9 上、10 上、10 下；186/12 上；193/17 上；262/11 下
【宋会要】兵 27 之 41/7268；方域 10 之 36/7491
【司马文正公集】首卷/司马温公行状/28 上；11/章奏 9/5 上；78/太子太保庞公墓志铭/8 下
【龙川别志】下/94
【欧阳文忠公全集】32/资政大学士尚书左丞赠吏部尚书正肃吴公墓志铭/9 下；85/8 下
【涑水记闻】8/13 下
【名臣碑传琬琰集】上集 22/庞庄敏公籍神道碑/351、23/孙威敏公沔神道碑/368
【稽古录】20/93 上
【潞公文集】18/奏议/5 下
【陕西通志】13/山川 6·葭州·神木县/63 上
【汇编】上 68；中三 3191、3196、3198、3200、3202、3227、3232、3233、3238、3240、3242、3245、3268、3272、3294、3356、3560；中四 3986；中六 5941；补遗 7312、7322

郭浩 郭成子，经略党项西夏，与党项西夏战
【宋史】29/高宗纪 6/540；350/郭成传/11085；366/吴璘传/11415；367/郭浩传/11440、11441、11442；380/楼炤传/11717
【系年要录】21/433；126/2049；130/2099；134/2159
【姑溪居士后集】20/折渭州墓志铭/1 上
【忠正德文集】8/丙辰笔录/5 上
【梁溪集】54/奏知掩袭南北关敌马札子/8 上、奏知进兵次第札子/13 上
【朝野杂记】乙集 12/杂事·渡江后名将皆西北人/963
【靖康要录】14/871
【汇编】上 212、239；中六 5994、6055、6073；下 6150、6167、6426、6499、6510、6511、6512、6524、6764；补遗 7457、7458

郭祯 出使契丹
【辽史】18/兴宗纪 1/222；86/杜防传/1325；115/西夏记/1526
【汇编】上 120；中二 2042、2043

郭祥 守御塞门寨草场
【长编标】348/8356
【长编影】348/13 上
【汇编】中五 4599

郭逵 经略党项西夏，与党项西夏战，经略熙河
【宋史】14/神宗纪 1/265、272；162/职官志 2/3799；167/食货志上 48/4268；191/兵志 5/4736、4755、4757；195/兵志 9/4862；253/

折可适传/8866；290/郭逵传/9723、9724、9725；311/吕公弼传/10215；328/王韶传/10579；332/赵卨传/10683；471/蔡确传/13698；486/夏国传下/14008
【长编标】175/4224；208/5064；212/5145；214/5193、5203；216/5251、5255、5260；217/5273、5278、5283；220/5356；221/5371、5377；223/5434；226/5502；229/5571、5582；230/5595、5596、5597、5598、5600、5601、5605；232/5630、5633；240/5830、5831；241/5881、5882；247/6007；250/6088；479/11412；517/12301
【长编影】175/5 上；208/5064；212/2 上；214/1 上、9 下；216/1 上、4 下、9 上；217/2 下、7 上、11 下；220/20 下；221/2 下、7 上；223/17 下；226/2 上；229/6 上、16 下；230/8 上、11 上、15 上、18 下；232/4 上、6 上；240/6 下；241/6 上；247/1 上；250/8 下；479/10 上；517/5 下
【东都事略】7/英宗纪/2 下；52/吕公儒传 8/8 下；104/折可适传/3 上
【宋会要】职官 41 之 19/3176；兵 2 之 7/6775、28 之 2/7270；方域 18 之 11/7615、19 之 3/7627、20 之 6/7653、20 之 16/7658；蕃夷 6 之 6/7821
【奏议标】97/许翰·上徽宗论西师赏功之滥/1051；133/范仲淹·上仁宗攻守二策/1477；137/富弼·上神宗谏西师/1539
【奏议影】97/许翰·上徽宗论西师赏功之滥/3283；133/范仲淹·上仁宗攻守二策/4545；137/富弼·上神宗谏西师/4732
【长编纪事本末】32/9 下；83/7 下、8 下、10 上
【皇宋十朝纲要】9/4 上
【续资治通鉴】67/1658
【宋朝事实类苑】56/730
【东坡全集】16/龙图阁学士滕公墓志铭/5 下
【华阳集】17/宣徽南院使判延州郭逵免恩命不允诏/200、判延州郭逵乞京西一郡不允诏/200；24/赐判延州郭逵官告敕牒兼传宣抚问口宣/295、赐判延州郭逵茶药口宣/297
【安阳集】家传 7/4 上、5 上
【曲洧旧闻】2/4 下
【姑溪居士后集】20/折渭州墓志铭/1 上
【范太史集】40/检校司空左武卫上将军郭公（逵）墓志铭/1 下、11 下
【范文正公集】5/上攻守二策状/13 下
【挥麈后录】1/宰相枢密分合因革/28 上
【涑水记闻】11/20 下、21 上
【陕西通志】14/城池/27 上
【汇编】上 73、175、180、205；中二 2198、2398；中三 3191、3411、3412、3422、3423、3424、3426、3427、3441、3442、3449、3450、3454、3455、3461、3466、3476、3482、3485、3488、3532、3533、3535、3536、3538、3539、3540、3544、3556、3557、3567、3577、3583、3589、3609、3611、3614、3619、3622、3625、3626、3671、3677、3680、3701、3710、3711、3716；中四 3740、3743、3746、3747、3748、3750、3751、3752、3754、3759、3760、3761、3815、3818、3828、3886、3922；中五 5199；中六 5633；补遗 7327

郭敏 礼宾院译语官，出使甘州回鹘
【长编标】85/1951；87/1992
【长编影】85/15 上；87/4 上
【宋会要】蕃夷 4 之 6/7716、4 之 7/7717
【汇编】中一 1539、1540、1553

郭惟贤 从訾虎部兵出界破敌
【长编标】335/8063
【长编影】335/3 上
【宋会要】兵 18 之 11/7063
【汇编】中四 4484

郭密 灵州兵马都部署，号令严肃，夏人畏服
【宋史】275/郭密传/9378
【汇编】中一 1094

郭谘 造独辕弩，献拒马枪阵法
【宋史】326/郭谘传/10530、10531
【华阳集】30/北作坊使郭谘可英州刺史制/384
【汇编】中二 2142；中三 3182

郭需 拒战夏人有功
【长编标】216/5254；222/5401
【长编影】216/3 下；222/3 上
【汇编】中三 3610、3695

郭諴 押伴瞎征般次使臣
【长编标】506/12053

【长编影】506/5 上
【汇编】中六 5479

郭稹 使契丹告用兵西边
【长编标】128/3028
【长编影】128/4 上
【汇编】中二 2043

郭遵 与党项西夏战
【宋史】290/郭奎传/9722；325/刘平传/10502、10505
【长编标】126/2967、2968、2986
【长编影】126/1 下、15 上
【隆平集】19/石元孙传/6 上
【东轩笔录】9/4 上、105 下
【安阳集】家传 1/15 下
【范太史集】40/检校司空左武卫上将军郭公墓志铭/1 上
【涑水记闻】4/13 上；11/4 下、12 上；12/4 下
【儒林公议】上/2 上
【汇编】中二 1884、1885、1886、1888、1890、1895、1896、1897、1904、1946、1949、1958、1959、1960、1981

郭邈山 惊扰州县
【宋史】312/韩琦传/10223
【长编标】143/3450、3451
【长编影】143/19 上
【名臣碑传琬琰集】中集 47/孙待制甫行状/1088
【汇编】中二 2775、2820

郭霭 修丰州城
【长编标】195/4722、4732
【长编影】195/5 上、13 下
【安阳集】家传 5/3 上
【名臣碑传琬琰集】中集 48/韩忠献公琦行状/1101
【汇编】中三 3276、3280

高士 管勾蕃部买马
【长编标】312/7567
【长编影】312/8 上
【汇编】中四 4122

高士才 又作高世才，与党项西夏战
【长编标】339/8166
【长编影】339/6 下
【汇编】中四 4523

高士充 高遵裕子，管押蕃部赴阙
【长编标】251/3934
【长编影】251/7 上
【汇编】中四 3934

高士言 从姚麟出塞有功
【长编标】346/8310
【长编影】346/8 下
【汇编】中五 4583

高卫 修筑城寨
【宋会要】方域 8 之 25/7453

高太尉 夏人邀请赴三岔堡会议
【宋史】486/夏国传下/14009
【长编标】266/6536
【长编影】266/13 下
【汇编】上 75；中四 3995

高化 掩击敏尔珠族失利
【长编标】111/2589；135/3227
【长编影】111/12 下；135/13 上
【汇编】中一 1685；中二 2439

高化军 与西夏战败
【欧阳文忠公全集】59/时论·原弊/22 上
【汇编】补遗 7256

高升 出使青唐
【长编标】372/9013；402/9779；404/9840、9842
【长编影】372/10 上；402/1 下；404/10 下
【宋会要】蕃夷 6 之 20/7828
【汇编】中五 4709、4832、4846、4848

高尹 令奏报保安军垦殖功状
【长编标】77/1750
【长编影】77/2 上
【汇编】中一 1506

高世才 又作高士才，与党项西夏战
【宋史】486/夏国传下/14012
【长编标】329/7927；335/8072
【长编影】329/12 下；335/10 上
【宋会要】兵 8 之 28/6901
【汇编】上 78；中四 4411、4413、4488

高永年 用兵熙河
【宋会要】兵 9 之 5/6908

高永亨 与夏议疆界
【宋会要】兵 28 之 36/7287

高永能 与党项西夏战

【长编标】299/7273；300/7298；301/7331
【长编影】299/8 下；300/1 下；301/11 下
【宋会要】兵 8 之 29/6901

高永锡 石州定胡县监押，与蕃贼战
【长编标】118/2790
【长编影】118/15 下
【汇编】中一 1732

高永翼 与党项西夏战
【宋史】16/神宗纪 3/310
【长编标】334/8039；335/8063
【长编影】334/8 下；335/3 上
【宋会要】兵 18 之 11/7063
【汇编】中四 4474、4475、4484

高延德 塞门寨主，被西夏俘虏，传书夏宋议和
【宋史】314/范仲淹传/10271；323/赵振传/10462；485/夏国传上/13998
【长编标】127/3011；128/3029、3040；129/3055；130/3085、3089；131/3095
【长编影】127/8 上；128/4 下、14 下；129/5 下；130/6 下、10 上；131/3 上
【东都事略】127、128/附录 5、6
【宋会要】职官 64 之 40/3840、64 之 41/3841
【奏议标】133/孙沔·上仁宗论范仲淹答元昊书/1472
【奏议影】133/孙沔·上仁宗论范仲淹答元昊书/4529、4530
【河南先生文集】20/奏为近差赴鄜延路行营其兵马乞移拨往环庆路事/5 上
【范文正公集】年谱补遗/22 上；言行拾遗事录 2/3 下；15/耀州谢上表/6 下
【涑水记闻】12/1 下、9 下
【名臣碑传琬琰集】上集 23/孙威敏公沔神道碑/362
【汇编】上 65、103；中二 1928、2045、2046、2072、2073、2074、2108、2167、2168、2181、2210、2245、2246、2247、2248、2249、2251

高防 又作高妨，经略秦州，与尚波于战
【宋史】1/太祖纪 1/11；257/吴廷祚传/8948；270/高防传/9261；492/吐蕃传/14152
【长编标】3/68；71/1603
【长编影】3/7 上；71/14 上
【玉壶清话】2/9 下
【汇编】中一 928、934、935、936、937、1483

高志宁 言对夏用兵
【玉海】143/17 下
【安阳集】47/故卫尉卿致仕高公（志宁）墓志铭/7 下
【汇编】中二 1956；补遗 7265

高良夫 与西人划界，经略延州
【宋史】323/马怀德传/10467
【范文正公集】年谱补遗/3 下、4 下、11 上、12 上、23 上；言行拾遗事录 3/6 上
【汇编】中二 1939、2054、2107、2433、2477；中三 3054、3060

高妨 又作高防，经略秦州，与尚波于战
【宋大诏令集】240/安抚秦州蕃部尚波于诏（建隆三年六月丁未）/942
【汇编】中一 935

高若讷 以为青白盐禁得策
【长编标】127/3019；173/4175
【长编影】127/14 下；173/12 上
【宋会要】食货 23 之 39/5194
【涑水记闻】12/5 下
【汇编】中二 2030；中三 3069、3181

高昌言 与羌戎战
【宋大诏令集】94/高昌言等转官制/344
【汇编】中六 5683

高昌裔 高永能孙，入永乐城得高永能尸以归
【宋史】334/高永能传/10726
【长编标】330/7957
【长编影】330/11 上
【汇编】中四 4439、4440

高忠 言党项西夏
【宋会要】方域 21 之 11/7666
【汇编】上 43

高知方 战死河州
【长编标】253/6192
【长编影】253/5 上
【汇编】中四 3953

高宜 又作高谊，引伴夏使
【宋史】336/司马光传/10760；485/夏国传上/14002
【长编标】202/4905、4906；205/4969

【长编影】202/15下；205/7下
【东坡全集】17/司马温公行状/8下
【司马文正公集】20/章奏18/12上
【汇编】上69；中三3322、3324、3383
高学究 高遵裕族人，随王韶攻香子城，被军士斩首冒赏
【东轩笔录】7/1上
【汇编】中四3860、3861
高栋 出界亡失人马，追一官
【长编标】324/7805
【长编影】324/9上
【汇编】中四4324
高政 出界亡失人马，追四官
【长编标】331/7969
【长编影】331/3上
【汇编】中四4445
高荣 斩获羌人
【长编标】510/12150
【长编影】510/17下
【汇编】中六5548
高品 与党项西夏战
【太平治迹统类】2/太祖太宗经制西夏
【汇编】中一1063
高素 夏人寇麟州神木堡，巡检高素战死
【长编标】329/7914
【长编影】329/1下
【汇编】中四4395
高涣 不堪战斗
【长编标】243/5914
【长编影】243/1下
【宋会要】职官65之37/3865
【汇编】中四3772、3851
高益 延州栲栳寨主，与西夏战死
【长编标】126/2977
【长编影】126/10下
【涑水记闻】12/9下
【汇编】中二1927、1929
高谊 又作高宜，押伴夏使
【司马文正公集】18/章奏16/3上
【汇编】中三3323
高继元 与西夏战
【长编标】134/3206；154/3745
【长编影】134/17下；154/10上
【中国考古学会第一次年会论文集】折继闵神道碑/455
【汇编】上190；中二2411；中三3042
高继忠 与党项吐蕃战，言赵德明颇不遵誓约
【长编标】73/1672；88/2013、2015、2024；102/2365
【长编影】73/20上；88/2上、5上、12上；102/15下
【宋会要】兵14之17/7001；方域21之11/7666
【汇编】上43；中一1494、1561、1568、1571、1630
高继勋 与党项西夏战，坐市马亏价
【宋史】257/李继隆传/8967；289/高继勋传/9695
【宋会要】职官48之108/3509
【汇编】中一1080、1596、1612
高继宣 经略河东
【宋史】289/高继宣传/9697
【长编标】134/3195；135/3239
【长编影】134/8上；135/23上
【乐全集】21/论高继宣知并州并代路经略安抚等使事/8下
【汇编】中二2388、2468、2482、2483
高继崇 疑为高继嵩之误，击败玛尔默族入寇
【长编标】104/2410
【长编影】104/11上
【汇编】中一1648
高继隆 领兵破西界后桥堡
【宋史】323/范恪传/10465；485/夏国传上/13996
【长编标】125/2945；126/2965、2966、2971；129/3051、3059；133/3170
【长编影】125/6下；126/1下、6上；129/2上、8上；133/9上
【安阳集】家传1/15下
【皇宋十朝纲要】5/10上
【涑水记闻】12/1下、3上
【汇编】上63；中一1747；中二1854、1855、1882、1883、1908、1982、2003、2004、2103、2116、2334、2564、2665
高继嵩 与党项西夏战，经略泾原环庆
【长编标】111/2589；122/2881；123/2902、2907；

132/3130；138/3320；144/3479；150/3632
【长编影】111/12 下；122/8 下；123/10 上、13 下；132/7 下；138/11 上；144/3 下；150/4 下
【奏议标】64/范仲淹·上仁宗乞督责管军臣僚智举之人/712；132/田况·上仁宗兵策十四事/1467
【奏议影】64/范仲淹·上仁宗乞督责管军臣僚智举之人/2346；132/田况·上仁宗兵策十四事/4514
【文庄集】14/陈边事十策/1 上
【安阳集】家传 1/11 下
【范文正公集】13/东染院使种君墓志铭/5 下
【汇编】中一 1685、1740、1751；中二 1789、1792、1798、2100、2273、2450、2783；中三 2931

高崇仪 与党项西夏战
【长编标】507/12085
【长编影】507/14 上
【汇编】中六 5502

高敏 夏人犯大顺城，庆州都监高敏战死
【宋史】452/高敏传/13285；486/夏国传下/14008
【长编标】214/5195；216/5255；241/5880
【长编影】214/24 下；216/3 下；241/6 下
【奏议标】137/富弼·上神宗谏西师/1539
【奏议影】137/富弼·上神宗谏西师/4732
【皇宋十朝纲要】9/4 下
【名臣碑传琬琰集】上集 10/韩献肃公绛忠弼之碑/159
【汇编】上 74；中三 3591、3592、3598、3611；中四 3827

高惟几 通判麟州
【潞公文集】38/举官/8 下
【汇编】补遗 7299

高惟和 与党项西夏战
【长编标】138/3325
【长编影】138/15 上
【汇编】中二 2619

高遵一 验定宋夏地界
【长编标】290/7093；314/7603、7609；316/7641
【长编影】290/7 下；314/4 上、9 下；316/4 上
【汇编】中四 4075、4143、4150、4178

高遵治 兰州渡河进讨
【长编标】360/8606
【长编影】360/2 上
【汇编】中五 4638

高遵惠 帅环庆
【长编标】514/12219、1220
【长编影】514/8 下
【汇编】中六 5580

高遵裕 经略党项西夏，经略熙河
【宋史】15/神宗纪 2/285；16/神宗纪 3/305、306；242/英宗宣仁圣烈高皇后传/8626；281/毕仲游传/9523；314/范纯粹传/10279、10280；335/种谊传/10748；347/张舜民传/11005；349/刘昌祚传/11054、姚麟传/11058；350/苗授传/11068、张守约传/11073；464/高遵裕传/13575、13576；467/梁从吉传/13646；485/夏国传上/14002；486/夏国传下/14010
【长编标】210/5112；212/5144、5161、5162；213/5189；224/5458；226/5501；230/5594、5599、5601；233/5646、5648、5649、5653、5655；235/5699、5705、5719；237/5768、5769；239/5809、5819；243/5913、5914；244/5932；245/5971；246/5977、5984、5989；247/6012、6023；249/6076；251/6110、6116；252/6156、6180；258/6294、6298、6305；259/6318；260/6346；262/6375、6398、6410；263/6446；265/6484；269/6603；270/6622、6629；271/6635；272/6663；277/6778；284/6948、6949、6961；287/7033；291/7115；298/7240、7252；313/7592、7594；314/7606；315/7615、7628、7631、7632；316/7637、7638、7639、7644、7651；317/7677；318/7683、7686、7693、7697；319/7699、7704、7706、7707、7709、7717；320/7720、7726、7728、7731、7732；321/7736、7738、7740、7741、7742、7744；322/7762；326/7843；327/7864；328/7897；329/7914；330/7955、7958；356/8513、8514
【长编影】210/17 上；212/2 上、16 下；213/20 下；224/17 下；226/2 上；230/8 上、11 上、15 上；233/1 上、3 下、4 上、7 下、9 下；

235/3 下、9 下、21 下；237/11 下；239/3 下、12 上；243/1 下；244/2 下；245/19 下；246/2 上、8 上、12 上；247/6 上、15 上；249/9 下；251/2 上、7 上；252/8 下、27 下；258/7 下、10 上、16 上；259/8 下；260/15 上；262/32 下；263/25 上；265/1 上；269/18 下；270/9 下；271/3 下；272/6 下；277/10 上；284/2 上、3 下、14 下；287/19 下；291/4 下；298/1 下、11 下；313/9 上、11 上；314/6 下；315/1 上、5 上、9 上、9 下、11 下、12 上、14 下、15 上、15 下；316/1 上、1 下、2 上、2 下、6 下、12 下；317/19 下；318/1 上、3 下、12 上、16 上；319/1 上、4 上、6 下、8 上、9 下、17 上；320/2 上、7 上、8 上、10 下、12 上；321/1 上、2 下、4 下、5 上、5 下、8 上；322/4 上；326/6 上；327/1 上；328/7 下；329/1 下；330/9 上、11 下；356/6 上

【东都事略】8/神宗纪/7 上；42/高遵裕传/2 下；84/刘昌祚传/4 上；86/徐禧传/6 下；104/姚麟传/2 下；127、128/附录 5、6

【宋会要】职官 41 之 94/3213、66 之 6/3871；食货 43 之 1/5573；兵 8 之 22/6898、8 之 23/6898、8 之 25/6899、14 之 4/6994、14 之 18/7001、28 之 19/7279；方域 7 之 26/7437、8 之 23/7452；蕃夷 6 之 6/7821、6 之 11/7824、6 之 12/7824

【奏议标】136/司马光·上神宗论纳横山非便/1529、郑獬·上神宗论种谔擅入西界/1530；137/刘述·上神宗论种谔擅入西界/1532、杨绘·上神宗论种谔擅入西界/1533、刘述·上神宗论种谔薛向/1533；138/文彦博·上神宗论关中事宜/1549

【奏议影】136/司马光·上神宗论纳横山非便/4704、郑獬·上神宗论种谔擅入西界/4707；137/刘述·上神宗论种谔擅入西界/4709、杨绘·上神宗论种谔擅入西界/4712、4713、4714、刘述·上神宗论种谔薛向/4715；138/文彦博·上神宗论关中事宜/4761

【长编纪事本末】58/9 上

【三朝北盟会编】107/7 下

【皇宋十朝纲要】10 下/1 下

【东轩笔录】7/1 上

【东坡全集】65/书张芸叟诗/11 下

【初寮集】6/定功继伐碑/1 上

【邵氏闻见录】13/142

【闻见近录】29 上

【涑水记闻】14/6 上、8 上、9 上

【谈苑】1/5 下

【蒙斋笔谈】上/4 上

【默记】15/上

【汇编】上 70、76、108；中三 3420、3439、3440、3443、3463、3468、3469、3478、3490、3555、3557、3563、3576、3707、3715、3716、3726；中四 3745、3750、3753、3764、3765、3766、3768、3770、3780、3782、3784、3798、3810、3814、3850、3851、3852、3853、3860、3861、3862、3874、3875、3877、3878、3880、3881、3889、3898、3899、3919、3931、3934、3941、3942、3948、3970、3972、3974、3978、3982、3988、3990、3991、3993、3999、4002、4014、4022、4045、4046、4048、4067、4079、4095、4098、4126、4130、4133、4134、4148、4154、4157、4161、4162、4164、4167、4169、4172、4175、4176、4181、4182、4186、4194、4195、4196、4197、4198、4199、4210、4211、4213、4215、4216、4217、4220、4221、4224、4225、4226、4232、4233、4237、4238、4239、4240、4241、4252、4254、4257、4260、4263、4265、4266、4268、4269、4270、4271、4272、4273、4277、4292、4299、4300、4301、4302、4350、4366、4370、4388、4396、4436、4437、4440；中五 4630；下 6109；补遗 7435

席旦 知永兴军

【忠惠集】2/显谟阁学士席旦知永兴军制/18 下

【汇编】补遗 7422

席贡 泾原路经略使，修筑城寨

【宋史】369/曲端传/11489

【三朝北盟会编】61/1 上

【宋会要】食货 40 之 10/5513；方域 8 之 24/7452、8 之 25/7453、19 之 20/7635、20 之 19/7660

【鸿庆居士集】2/泾原路经略使席贡降授朝请大

夫［制］/22 上
【汇编】中六 5898、5908、5979、6052、6055；补遗 7428

席涓 随泾原军出界战死
【长编标】337/8131
【长编影】337/10 下
【汇编】中四 4513

席羲叟 获知郑文宝禁青白盐后，边民冒法抵罪者甚众
【宋史】277/郑文宝传/9427
【汇编】中一 1110

唐义问 言陕西亡卒
【宋史】316/唐义问传/10331
【长编标】322/7768；411/10002
【长编影】322/1 上；411/6 上
【汇编】中四 4297；中五 4925

唐介 夏人多筑堡代州境上，知太原府唐介遣兵悉撤之
【宋史】316/唐介传/10329
【汇编】中三 3395

唐忠 与西夏战死
【长编标】131/3103
【长编影】131/9 上
【汇编】中二 2216

唐宗寿 修筑城寨
【长编标】321/7744
【长编影】321/8 上
【汇编】中四 4277

唐询 上言不可懈怠西北边防
【宋会要】瑞异 2 之 18/2090
【汇编】中三 3083

唐昱 书创怀戎堡事
【甘肃新通志】14/建置志・城池/13 下
【陇右金石录】3/65 下
【汇编】补遗 7404、7419

唐重 言党项西夏
【宋史】447/唐重传/13186
【三朝北盟会编】77/6 上
【汇编】下 6087、6089、6108

唐斌 随葛怀敏战死定川
【宋史】289/葛怀敏传/9701
【长编标】138/3314
【长编影】138/5 上
【汇编】中二 2547、2578

唐福 神卫兵器军队长，献亲制火器
【宋会要】兵 26 之 37/7245

陶节夫 奏筑堡寨，与党项西夏战
【宋史】85/地理志 1 序/2095；190/兵志 4・河东陕西弓箭手/4717；348/陶节夫传/11038
【皇宋十朝纲要】16/11 上
【长编纪事本末】140/6 上、11 上
【汇编】中六 5720、5762、5770、5781、5792、5793、5913

桑怿 随任福战死好水川
【宋史】325/任福传/10506；485/夏国传上/13996
【长编标】131/3093、3096、3100；192/4652
【长编影】131/1 下、3 下、7 上；192/17 上
【安阳集】家传 2/4 上
【河南先生文集】3/悯忠/4 下
【涑水记闻】12/11 下
【儒林公议】上/3 上
【汇编】上 64；中二 2178、2190、2191、2194、2197、2201、2202、2213、2214；中三 3261

桑湛 桑怿子，因父与夏战殁，授三班借职
【长编标】192/4652
【长编影】192/17 上
【汇编】中三 3261

桑湜 桑怿子，因父与夏战殁，授三班借职
【宋史】15/神宗纪 2/285
【长编标】192/4652；249/6069；261/6355；319/7704；324/7805；331/7969；346/8310
【长编影】192/17 上；249/3 下；261/1 上；319/4 上；324/9 上；331/3 上；346/8 下
【涑水记闻】13/17 上
【汇编】中三 3261；中四 3917、3918、3956、3982、4232、4324、4445；中五 4583

十一画

梅圣俞 送诗于夏郑公
【宋朝事实类苑】35/443
【汇编】中二 1812

梅怀德 招安蕃部

【长编标】281/6893
【长编影】281/11 上
【汇编】中四 4038
梅询 请招抚潘罗支以制李继迁，上言边事
【宋史】287/宋沆传/9646；301/梅询传/9984；492/吐蕃传/14155
【长编标】50/1090
【长编影】50/7 下
【汇编】中一 1255、1256、1303、1323
萧士元 与党项西夏战
【东坡全集】16/故龙图阁学士滕公墓志铭/9 下
【汇编】中五 4962
萧汝贤 抚问麟府
【长编标】219/5324；221/5372
【长编影】219/4 下；221/5 下
【汇编】中三 3650、3677
萧注 经略边事
【宋史】334/萧注传/10733
【长编标】217/5279；219/5324；230/5594
【长编影】217/8 下；219/4 下；230/8 上
【汇编】中三 3593、3623、3650；中四 3745
萧定基 商度陕西军费
【宋史】185/食货志下 7/4516
【汇编】中二 2417
黄元道 又作黄道元，战败屈野河
【奏议标】62/赵瞻·上英宗论差中官为陕西钤辖/687
【奏议影】62/赵瞻·上英宗论差中官为陕西钤辖/2279
【涑水记闻】8/13 下
【汇编】中三 3227、3378
黄友 作诗哀高永年之忠
【宋史】452/黄友传/13296
【汇编】中六 5802
黄世宁 与党项西夏战
【长编标】128/3039；130/3079
【长编影】128/14 上；130/1 上
【奏议标】132/范仲淹·上仁宗论夏贼未宜进讨/1462
【奏议影】132/范仲淹·上仁宗论夏贼未宜进讨/4500
【范文正公集】年谱补遗/6 下、7 上、7 下；政府奏议下/荐举/21 下
【汇编】中二 2072、2105、2108、2111、2151、2385
黄仕成 随李显忠自西夏擒王枢，万里远来归朝
【宋会要】兵 17 之 27/7051
【汇编】下 6585
黄庆基 上言边事
【长编标】475/11322；481/11435
【长编影】475/3 上；481/1 上
【汇编】中五 5167、5213
黄州家 驻兵边寨
【河南先生文集】8/又一首/8 上
【汇编】中二 2790
黄亨 上奏王赡取吐蕃之策
【长编标】507/12092
【长编影】507/17 下
【宋会要】兵 9 之 1/6906
【汇编】中六 5505、5507
黄经 前去熙州照管瞎征赴阙
【宋会要】蕃夷 6 之 34/7835
黄贵 减扣士兵请受
【范文正公集】年谱补遗/5 下
【汇编】中二 2103
黄经臣 出使边州
【长编标】507/12076；516/12267
【长编影】507/4 下；516/3 下
【汇编】中六 5494、5609
黄诰 请令诸州军城寨积石以备守御
【长编标】345/8284
【长编影】345/11 下
【汇编】中五 4575
黄铎 奏言沿边冒占田土
【宋会要】兵 4 之 18/6829
【随手杂录】13 上
【汇编】中六 5813、5853
黄绶 言夏人不慕中国，习俗自如，不可轻也
【后山谈丛】4/5 上
【汇编】中一 1738
黄敏用 言边州防务，按视修筑城寨
【长编标】499/11874；510/12132
【长编影】499/3 下；510/1 下

【汇编】中六 5402、5538

黄琮 泾原副将

【长编标】243/5912；266/6537

【长编影】243/1 下；266/14 上

【汇编】中四 3850、3996

黄赏怡 刘怀忠与西人战，其妻黄赏怡率兵来援

【长编标】125/2945

【长编影】125/7 上

【汇编】中二 1856

黄道元 又作黄元道，战败于屈野河

【宋史】326/郭恩传/10521；485/夏国传上/14001

【长编标】185/4476、4477、4478；262/6396

【长编影】185/9 上、10 上、10 下；262/11 下

【司马文正公集】78/太子太保庞公墓志铭/8 下

【名臣碑传琬琰集】上集 22/庞庄敏公籍神道碑/351

【汇编】上 68；中三 3228、3238、3240；中四 3986

黄廉 按视边情，转运粮草

【宋史】347/黄廉传/11003

【长编标】284/6946；315/7621；317/7674；319/7705；323/7789

【长编影】284/2 上；315/5 下；317/16 下；319/6 下；323/12 下

【宋会要】职官 66 之 17/3876、66 之 18/3877

【汇编】中四 4044、4045、4046、4159、4205、4206、4207、4208、4209、4237、4238、4318

黄察 与熙河吐蕃战

【长编标】281/6884

【长编影】281/3 下

【汇编】中四 4036

黄德和 监军宦官，三川口败退

【宋史】10/仁宗纪 2/208；265/张宗诲传/9159；288/任布传/9684；295/叶清臣传/9850；303/田京传/10052；311/庞籍传/10199；313/富弼传/10250、文彦博传/10258；320/张存传/10414；325/刘平传/10502、郭尊传/10505；349/本传/11055

【长编标】125/2955；126/2967、2968、2969、2971、2972、2986、2989、2991、2992；127/3007；131/3094

【长编影】125/14 下；126/1 下、4 上、6 上、6 下、21 上；127/4 上、4 下；131/2 上

【隆平集】19/石元孙传/7 下

【奏议标】62/赵瞻·上英宗论差中官为陕西钤辖/687；132/庞籍·上仁宗论出界攻讨未便/1465

【奏议影】62/赵瞻·上英宗论差中官为陕西钤辖/2279；132/庞籍·上仁宗论出界攻讨未便/4508

【宋大诏令集】218/延州保安军德音（康定元年二月丙午）/835

【宋文鉴】127/2 上

【宋朝事实类苑】9/100

【东轩笔录】9/4 上、105 下

【东坡全集】18/富郑公神道碑/29 上

【安阳集】家传 1/14 上

【苏学士集】11/乞用刘石子弟/11 下

【河南先生文集】17/故金紫光大夫张主（宗海）公墓志铭/3 下

【涑水记闻】4/13 上；11/12 上

【梅溪集】奏议 3/6 下

【名臣碑传琬琰集】上集 5/富郑公弼忠显尚德之碑/79、22/庞庄敏公籍神道碑/347

【陕西通志】16/关梁 1·榆林府·榆林县/63 下

【汇编】中二 1863、1884、1886、1887、1890、1896、1897、1898、1899、1900、1904、1908、1911、1912、1913、1914、1915、1932、1959、1969、1970、1971、1973、1974、1995、1996、1997、2001、2012、2013、2179、2216；中三 3102、3378；下 6718；补遗 7262

黄履 言青唐吐蕃

【宋史】350/王赡传/11071

【长编标】496/11792；501/11944；510/12146

【长编影】496/1 下；501/11 上；510/13 下

【汇编】中六 5374、5430、5546、5603

曹太尉 曹玮，经略党项西夏

【宋文鉴】22/7 上

【东斋纪事补遗】45

【汇编】中一 1602、1675

曹仪 体量安抚蕃部

【长编标】103/2383；111/2586

【长编影】103/8 下；111/10 上

【隆平集】9/枢密曹仪传/13 下
【汇编】中一 1498、1635、1682

曹光实 与党项西夏战，俘获夏太宗李继迁母妻
【宋史】5/太宗纪 2/75；272/曹光实传/9315、9316；274/梁迥传/9356；275/田仁朗传/9380；283/夏竦传/9572；305/杨亿传/10080；326/康德舆传/10536；485/夏国传上/13986
【长编标】25/586；50/1095；123/2911
【长编影】25/14 上；50/12 上；123/17 下
【东都事略】127、128/附录 5、6
【奏议标】130/杨亿・上真宗论弃灵州为便/1440
【奏议影】130/杨亿・上真宗论弃灵州为便/4426
【文庄集】14/陈边事十策/1 上
【武经总要】后集 13/5 下
【汇编】上 53、100；中一 1014、1015、1016、1018、1019、1020、1021、1023、1265、1268；中二 1794、1797

曹克明 曹光实子，与党项西夏战
【宋史】272/曹克明传/9316
【汇编】中一 1020

曹利用 经略鄜延
【长编标】77/1754；78/1779；79/1793；81/1840；82/1869；86/1967
【长编影】77/5 下；78/9 下；79/2 上；81/3 下；82/8 上；86/2 下
【宋会要】兵 4 之 1/6820
【汇编】中一 1507、1509、1510、1514、1519、1545

曹评 出使辽国
【长编标】329/7923
【长编影】329/8 下
【汇编】中四 4402

曹玮 言党项西夏，经略党项西夏，与党项西夏战，与唃厮啰战
【宋史】8/真宗纪 3/150、154、159、160、161、163；190/兵志 4・河东陕西弓箭手/4712；191/兵志 5/4750；210/宰辅表 1/5446；258/曹玮传/8984、8985、8986、8987；268/周莹传/9227；279/陈兴传/9483、许均传/9485；289/葛怀敏传/9701；290/孙继业传/9709；291/王博文传/9744、王罼传/9750；292/王尧臣传/9773；310/李迪传/10171；324/刘文质传/10493；426/张纶传/12694；466/秦翰传/13613；485/夏国传上/13992；491/党项传/14146、14147；492/吐蕃传/14156、14159、唃厮啰传/14160、14161
【长编标】55/1203；56/1233、1240；57/1251；60/1337；63/1402、1404、1413、1416；64/1425、1428、1432；65/1449、1463；71/1599；73/1660、1666；74/1684；76/1734、1735；77/1762；78/1770；79/1792；80/1822；81/1854；82/1872、1877；83/1887、1901、1906、1907；84/1917；85/1946、1947、1949；86/1974、1975、1979、1981、1982；87/1992、1993、1996；88/2011、2012、2013、2014、2015、2020、2024、2026、2027、2028、2031；89/2044、2045、2046；90/2068、2072、2084、2085、2087；91/2100、2104、2107、2108、2109、2110；92/2119；93/2135、2139；94/2168；96/2231；97/2245；104/2400；109/2534；111/2587；126/2987；132/3144；145/3515；148/3575、3576、3577；496/11798
【长编影】55/2 下；56/8 下；57/1 上；60/5 上；63/14 上、17 上；64/1 下、4 下、8 上、9 上；65/7 上、18 下；71/10 下；73/9 上、14 下；74/4 上；76/8 上、8 下；77/12 上；78/1 下；79/1 上；80/7 下；81/9 上；82/10 上；83/1 上、13 下、18 上、18 下；84/6 下；85/10 下、11 下、13 上；86/8 下、9 上、9 下、13 上、15 上、15 下；87/4 上、5 下、8 上；88/1 上、2 上、3 上、5 上、9 上、12 上、13 下、14 上、14 下、15 下、17 下、18 上；89/9 上、9 下；90/1 下、3 上、5 上、15 下、18 上；91/4 下、7 下、9 下、11 上、11 下、12 下；92/4 下；93/4 下、16 下；94/8 下；96/24 下；97/5 下；104/2 上；109/1 下、2 上；111/10 上；126/19 下；132/7 下；145/18 下；148/1 下、2 下；496/4 上
【东都事略】129/附录 7・西蕃/2 上
【隆平集】9/枢密曹玮传/11 下；20/夷狄传/3 下

【宋会要】礼 62 之 34/1711；职官 41 之 85/3209、48 之 108/3509、50 之 3/3535；选举 27 之 16/4670、27 之 21/4672；食货 20 之 5/5135；兵 1 之 2/6754、1 之 2/6755、4 之 1/6820、14 之 17/7001、27 之 17/7255、27 之 19/7256、27 之 28/7260、27 之 42/7267、27 之 43/7268；方域 5 之 42/7404、5 之 43/7404、8 之 23/7452、18 之 1/7610、19 之 1/7626、21 之 23/7672；蕃夷 4 之 8/7717、6 之 1/7819、6 之 41/7839

【奏议标】101/张方平・上仁宗论民力大困起于兵多/1088；125/王尧臣・上仁宗乞用泾原路熟户/1378；132/田况・上仁宗兵策十四事/1469；141/文彦博・上神宗论进筑河州/1591

【奏议影】101/张方平・上仁宗论民力大困起于兵多/3383；125/王尧臣・上仁宗乞用泾原路熟户/4253；132/田况・上仁宗兵策十四事/4520；141/文彦博・上神宗论进筑河州/4892

【元刊梦溪笔谈】9/31；13/5；25/31

【公是集】51/宋故推忠佐理功臣赠尚书左仆射王公（尧臣）行状/611

【文庄集】14/陈边事十策/1 上

【东轩笔录】2/1 上

【东坡志林】3/70

【东斋纪事补遗】45

【乐全集】22/秦州奏唃厮啰事/20 下、21 上

【玉海】139/咸平初置镇武指挥/15 下；174/雍熙筑河北城垒祥符山川城寨图/37 上、天禧清水城/38 下

【石林燕语】10/6 下

【龙川别志】下/94

【宋朝事实类苑】75/994；78/引东轩笔录/1022

【苏学士集】14/内园使连州刺史知代州刘公（文质）墓志/8 下

【欧阳文忠公全集】27/翰林侍读学士给事中梅公墓志铭/3 上；105/奏议/6 上

【河南先生文集】22/用属国/2 上

【范文正公集】9/答安抚王内翰/11 上；年谱补遗/10 上；诸贤赞颂论疏/12 下

【临川集】88/翰林侍读学士知许州军州事梅公神道碑/5 上

【涑水记闻】2/6 上、7 上；6/11 上；8/1 上

【武经总要】前集 18 上/16 上、18/23 下、18/27 下

【稽古录】18/85 下、86 上

【儒林公议】上/4 上

【甘肃新通志】6/舆地志・古迹・巩昌府・伏羌县/18 上、舆地志・山川上・平凉府・隆德县/20 上、21 上、舆地志・山川上・固原直隶州・海城县/26 上、舆地志・山川上・固原直隶州・海城县/27 下；8/舆地志・形胜・平凉府・静宁州/5 上、10 下；14/建置志・城池/11 下

【海城县志】6/古迹志/2 上

【隆德县志】1/古迹/24 下；3/表传/2 下

【汇编】上 29、30、59、113；中一 931、1162、1361、1362、1369、1371、1382、1384、1389、1400、1422、1423、1433、1440、1443、1446、1450、1451、1452、1459、1460、1461、1464、1482、1483、1490、1491、1492、1495、1502、1503、1507、1508、1509、1513、1515、1516、1517、1520、1523、1527、1529、1530、1534、1537、1538、1539、1540、1541、1542、1544、1548、1549、1550、1551、1552、1553、1554、1555、1558、1559、1560、1561、1562、1563、1564、1565、1566、1567、1568、1571、1572、1573、1574、1575、1576、1579、1581、1582、1583、1584、1585、1586、1587、1588、1589、1590、1591、1592、1594、1595、1597、1598、1602、1604、1607、1644、1660、1661、1662、1670、1674、1675、1682、1684；中二 1796、1954、1962、1963、2164、2245、2277、2299、2579、2580、2668、2786、2819、2835；中三 2865、2866、2867、3560；中四 3822；中六 5378；下 7007；7025；补遗 7242、7246、7247、7248、7249、7250、7251、7252、7270、7388

曹武穆 即曹玮，言党项西夏，经略党项西夏

【文恭集】36/宋故宣徽北院使赠太尉文肃郑公（戬）墓志铭/436

【宋朝事实类苑】75/引东轩笔录（一）/994

【墨客挥犀】9/2 上

【汇编】中一 1660、1674；中三 2856

曹英 又作曹瑛，与党项西夏战

【宋史】289/葛怀敏传/9760；350/和斌传/11079
【长编标】126/2980；137/3300、3301、3302；138/3314
【长编影】126/14上；137/21下；138/5上
【名臣碑传琬琰集】中集43/曹武穆公玮行状/1035
【汇编】中二1940、2546、2547、2551、2554、2555、2578
曹宝臣 尝言李元昊桀悍
【范文正公集】诸贤赞颂论疏/24下
【汇编】下7026
曹宗道 与党项西夏战
【长编标】507/12087
【长编影】507/14上
【汇编】中六5502
曹南院 曹玮
【元刊梦溪笔谈】13/5
【汇编】中一1460
曹轸 照管捉到西界统军嵬明阿埋、监军昧勒都逋到阙
【长编标】507/12080
【长编影】507/7下
【汇编】中六5495
曹度 与党项西夏战
【长编标】126/2977
【长编影】126/10下
【涑水记闻】12/9下
【汇编】中二1927、1929
曹洣 收复洮州
【系年要录】192/3225
【汇编】下6623、6624
曹调 勘问边官事件
【潞公文集】38/举官/3下
【汇编】中六5331
曹彬 荐子曹玮伐夏
【宋史】258/曹玮传/8984
【长编标】41/876；45/962；55/1203
【长编影】41/14下；45/7上；55/2下
【汇编】中一1162、1180、1211、1362、1384
曹偃 出界与夏人战
【长编标】221/5373；226/5510
【长编影】221/5下；226/9上
【汇编】中三3678、3721
曹瑛 又作曹英，与党项西夏战
【涑水记闻】4/14下
【汇编】中二2557
曹琮 与党项西夏战
【宋史】258/曹彬传/8989
【长编标】131/3115；132/3151
【长编影】132/26下；135/13上
【宋会要】兵27之27/7260
【奏议标】64/欧阳修·上仁宗乞别议求将之法/713
【奏议影】64/欧阳修·上仁宗乞别议求将之法/2348
【安阳集】家传1/15下
【汇编】中一1737；中二1983、2255、2313、2439、2522、2827
曹弼 被举为宁元寨寨主
【潞公文集】38/举官/3下
【汇编】补遗7292
曹颖叔 出使党项西夏，相度兴置缘边屯田
【宋史】485/夏国传上/14000
【长编标】158/3823、3830；163/3918
【长编影】158/9下、11上；163/3上
【乐全集】35/祭故夏国主/1下
【河南先生文集】7/与仪州曹颖叔殿丞书/4上
【汇编】上67；中二2638；中三3084、3086、3108
曹偕 言平李元昊策
【名臣碑传琬琰集】中集43/曹武穆公玮行状/1034
【汇编】中一1751
曹谱 赍大行太皇太后遗留物赐夏
【范太史集】30/赐夏国主告谕遗留诏/15上
【汇编】中五4785
曹穆 以宋夏通好告辽
【辽史】27/天祚帝纪1/322
【汇编】中六5822
曹璨 与党项西夏战
【宋史】6/真宗纪1/116、117；253/孙全照传/8874；258/曹璨传/8983；267/张洎传/9214；280/张思钧传/9508；485/夏国传上/13987、

13988
【长编标】39/833；45/962；49/1074；51/1108；52/1136、1152；53/1158
【长编影】39/5 下；45/7 上；49/10 上；51/1 下；52/6 上、10 上；53/3 下
【汇编】上 54、55；中一 1115、1121、1124、1149、1211、1244、1245、1294、1316、1317、1329、1331

龚夬 上言河湟
【奏议标】141/龚夬·上徽宗乞诱青唐/1594、冯澥·上徽宗论湟廓西宁三州/1597
【奏议影】141/龚夬·上徽宗乞诱青唐/4900、冯澥·上徽宗论湟廓西宁三州/4911

龚德 管勾庆州蕃族
【宋会要】职官 48 之 124/3517
【汇编】中一 1526

盛度 夏景宗李元昊称帝建国，议者欲斩来使，盛度以为不可
【长编标】123/2894
【长编影】123/2 下

盛陶 奏言边事
【长编标】241/5880
【长编影】241/6 上
【汇编】中四 3827、3828

常安民 言生擒鬼章
【长编标】404/9852
【长编影】404/20 下
【奏议标】97/常安民·上哲宗奏为种谊生擒鬼章赏未称功/1049
【奏议影】97/常安民·上哲宗奏为种谊生擒鬼章赏未称功/3277
【汇编】中五 4863、5264

常希古 使夏祭夏太宗李德明母
【宋史】485/夏国传上/13991
【宋会要】职官 41 之 87/3210
【汇编】上 58

常鼎 与党项西夏战
【宋史】325/任福传/10506；485/夏国传上/13996
【长编标】131/3100
【长编影】131/7 下
【安阳集】家传 2/4 上
【河南先生文集】3/悯忠/4 下；6/上吕相公书/7 下
【涑水记闻】12/11 下
【隆德县志】4/考证/64 上
【汇编】上 64；中二 2191、2197、2201、2214、2216、2259；补遗 7272

崔仁遇 灵州蕃落军使
【宋史】492/吐蕃传/14154
【汇编】中一 1053

崔达 被夏人害死
【宋史】15/神宗纪 2/280
【长编标】225/5477
【长编影】225/9 上
【汇编】中三 3711

崔纲 与党项西夏战
【长编标】349/8377
【长编影】349/9 下
【汇编】中五 4606

崔昭用 庆州北路都巡检
【长编标】222/5409
【长编影】222/10 上
【汇编】中三 3696

崔顺孙 与党项西夏战
【长编标】328/7890
【长编影】328/1 下
【汇编】中四 4381

崔宣 经略鄜延
【长编标】131/3095
【长编影】131/3 上

崔恩 书创怀戎堡事
【甘肃新通志】14/建置志·城池/13 下
【陇右金石录】3/65 下
【汇编】补遗 7404、7419

崔皋 自截手指避出战
【长编标】348/8359
【长编影】348/16 下
【汇编】中五 4599

崔象先 汇编误翟象先、崔象光，使夏册封夏崇宗李乾顺
【宋史】486/夏国传下/14015
【长编标】394/9591
【长编影】394/5 下

【东都事略】127、128/附录5、6
【宋大诏令集】236/册夏国主乾顺文（元祐二年正月乙丑）/920
【汇编】上81、108；中五4808、4809

崔朝 与党项西夏战
【长编标】343/8235
【长编影】343/1上
【汇编】中五4557

崔遇 因父崔达被夏人害死，录为三班奉职
【宋史】15/神宗纪2/280
【长编标】225/5477
【长编影】225/9上
【汇编】中三3711

崔懿 于边界标立堡子
【长编标】175/4224
【长编影】175/5上
【河南先生文集】24/秦州申本路招讨使状/6下
【汇编】中二2623、2624；中三3191

符承翰 治鄜州军马
【长编标】82/1869
【长编影】82/8上
【汇编】中一1519

符惟忠 经略党项西夏，出使契丹
【宋史】463/符惟忠传/13555
【长编标】126/2974；127/3019；135/3234
【长编影】126/8上；127/14下；135/19下
【宋会要】兵8之20/6897
【安阳集】家传1/14上
【汇编】中二1911、1919、1995、2030、2458、2459

章子厚 章惇，经略熙河，经略西夏
【宋史】328/王厚传/10582、章楶传/10592
【长编标】346/8307；498/11863
【长编影】346/6上；498/20上
【司马文正公集】77/书启/19下
【石林燕语】10/1下
【汇编】中四4056；中五4581、4661；中六5350、5400、5462

章质夫 章楶，与党项西夏战
【长编标】482/11471
【长编影】482/8下
【汇编】中五5217

章得象 议边事
【宋史】11/仁宗纪3/214；162/职官志2/3799
【长编标】126/2975；142/3417；147/3569；148/3582
【长编影】126/9上；142/21上；147/14上；148/8上
【宋会要】方域6之5/7408、21之6/7664、21之8/7665
【东坡全集】18/富郑公神道碑/31下
【范文正公集】政府奏议下/荐举/28上
【挥麈后录】1/宰相枢密分合因革/27上
【儒林公议】上/2上
【汇编】上38；中二1903、1924、2523、2524、2765、2778；中三2864、2874

章惇 经略党项西夏，经略熙河
【宋史】175/食货志上3·和籴/4247；295/谢景温传/9848；314/范纯粹传/10281；328/李清臣传/10563；332/陆师闵传/10683、孙路传/10689；340/吕大忠传/10846；348/钟传传/11037；350/王赡传/11070、王君万传/11071；433/邵伯温传/12852；471/章惇传/13712
【长编标】227/5528；232/5633、5638；250/6105；325/7828；485/11534；486/11547；487/11564、11565；488/11591；491/11647、11659、11660、11663、11664、11665；492/11684、11685、11686；493/11704、11715；495/11772、11783；496/11792、11800、11809；498/11851、11852、11853；499/11872、11877、11882；500/11906、11908、11911、11912、11915；501/11942、11943、11944；503/11979、11984；504/12017；505/12038；506/12057；507/12086；509/12116、12117、12118、12124；510/12140、12141、12142、12144；513/12193、12194、12203、12204、12205；515/12242、12247；516/12265、12268；517/12295、12301；518/12324、12325、12336；519/12345；520/12388
【长编影】227/7上；232/6上、11上；250/23上；325/13上；485/14上；486/6上；487/2下；488/13下；491/7下、12上、15上、19下、21下；492/7下、8下；493/6下、17

上、19 下；495/9 上、17 上；496/1 下、4 上、15 下；498/9 下、10 下、14 下、20 上；499/1 下、10 下、12 下；500/6 下、10 下、14 下；501/11 上；503/1 下、12 上；504/17 下；505/1 上、11 下；506/5 上；507/13 下、17 下；509/4 上、10 上；510/8 下、10 上、12 下、17 上；513/1 上、10 上、11 上；515/6 上、12 上；516/2 上、5 上、18 上；517/1 上、2 上、5 下、9 下；518/7 上、17 下；519/7 上；520/27 上、28 下

【东都事略】127、128/西夏传/附录 5、6

【宋会要】刑法 7 之 22/6744；兵 9 之 1/6906、28 之 36/7287；方域 18 之 20/7619、19 之 12/7631；蕃夷 6 之 33/7835

【长编纪事本末】101/6 下

【奏议标】121/张方平・上神宗谏用兵/1332；141/任伯雨・上徽宗论湟郡/1595

【奏议影】141/任伯雨・上徽宗论湟郡/4906

【宋大诏令集】63/建西安州并诸路进筑宰执转官诏（元符二年五月辛巳）/310

【宋文鉴】118/苏轼上文侍中论榷盐书/3 下

【邵氏闻见录】5/42；13/144

【鸡肋集】62/资政殿大学士李公（清臣）行状/24 上

【名臣碑传琬琰集】中集 50/韩仪公丞相忠彦行状/1142

【汇编】上 110；中三 3724；中四 3761、3764、3930、3994、4336；中五 5227、5232、5235、5239、5240、5242、5257、5258、5262；中六 5289、5290、5294、5297、5298、5307、5324、5325、5326、5327、5329、5330、5331、5333、5334、5340、5341、5342、5343、5346、5347、5365、5369、5371、5380、5383、5394、5395、5396、5400、5401、5407、5419、5422、5429、5435、5441、5458、5464、5475、5483、5505、5507、5527、5528、5532、5541、5543、5545、5546、5548、5564、5565、5568、5572、5573、5574、5595、5597、5601、5602、5607、5610、5611、5616、5628、5630、5633、5638、5646、5651、5659、5661、5662、5672、5673、5775

章楶 章惇兄，经略党项西夏，进筑堡寨

【宋史】175/食货志上 3・和籴/4245、4247；188/兵志 2・将兵/4630；190/兵志 4・河东陕西弓箭手/4717；253/折可适传/8867；328/章楶传/10589、10590、10592；343/许将传/10910；348/钟传传/11037；349/姚雄传/11059；350/郭成传/11085

【长编标】 254/6225；259/6309；263/6417；455/10907；465/11112；466/11130；467/11165；468/11175；469/11208；470/11219、11220、11226；471/11238、11244、11255；474/11308、11309；475/11321；478/11383、11384、11388；479/11403、11407、11409；480/11427；482/11471；485/11523、11527、11528；486/11545、11546、11547；487/11565、11567；489/11601、11607；490/11625、11638、11642；491/11651、11663、11664、11665、11666、11669、11670、11671、11672；493/11710、11711、11715、11723；494/11727、11732、11733、11735、11736、11737、11749、11752、11756、11757、11758、11759；495/11781、11782、11786；496/11792、11795、11799；498/11854；499/11873、11881、11882、11885、11887、11892、11894；500/11905、11906；502/11961、11964；503/11970、11974、11976、11977、11983、11984、11985；504/12006、12014、12015、12017、12018、12020、12026、12030、12034、12038、12044、12045；505/12026、12027、12030、12034、12038、12044；506/12061；507/12072；508/12095、12105、12108、12110；510/12131、12133、12144；511/12168；513/12202；514/12214；516/12283、12291；517/12313；518/12317、12322、12340

【长编影】254/17 上；259/1 上；263/1 上；455/6 下；465/5 上、14 下；466/3 上；467/18 下；468/18 下；469/8 上；470/2 下；471/1 下、7 上；474/11 下；475/3 上；478/2 上、6 上；479/4 上、7 上；480/10 上、11 下；482/8 下；485/4 下、9 上；486/6 上；487/2 下；489/5 上、9 下、10 上；490/7 下、17 下、20 下；491/5 上、15 上、21 下；493/15 上、19 下、26 下；494/1 上、5 下、6 上、

迁，获其母妻
【宋史】326/康德舆传/10536
【汇编】中一 1016

康进 言蕃部持夏太祖李继迁伪署牒
【长编标】54/1181
【长编影】54/6 下
【汇编】中一 1350

康均 和夏人议屈野河西地界
【长编标】185/4470
【长编影】185/4 上
【宋会要】兵 27 之 42/7267
【汇编】中三 3267

康识 与党项西夏战，与熙河吐蕃战
【宋史】176/食货志上 4·屯田/4269；190/兵志 4·河东陕西弓箭手/4715
【长编标】280/6861；297/7229；322/7766；329/7927；333/8022；334/8054；335/8067；342/8227；343/8234；348/8352；353/8461；362/8662；477/11359；481/11435
【长编影】280/10 下；297/12 下；322/7 下；329/12 上；333/9 上；334/21 上；335/6 上；342/7 上；343/1 上；348/10 下；353/5 下；362/7 上；477/6 下；481/1 上
【宋会要】兵 4 之 10/6825、4 之 11/6825、28 之 30/7284、28 之 35/7287
【东坡全集】36/制敕/19 下
【汇编】中四 4034、4094、4304、4385、4410、4458、4469、4479、4485；中五 4552、4557、4596、4622、4651、4843、5179、5214

康继英 定夺百姓弓箭手不得典买租蕃部地土
【长编标】51/1118；103/13 下
【长编影】51/11 上；103/13 下
【宋会要】兵 27 之 7/7250、27 之 22/7257
【汇编】中一 1305、1640、1655

康谓 与青唐吐蕃战，进筑堡寨，陈用兵西夏方略
【宋史】486/夏国传下/14016
【长编标】485/11527；489/11610；493/11715；495/11782、11783、11784、11787；514/12232；515/12242
【长编影】485/9 上；489/12 下；493/19 下；495/17 上、20 上；514/19 下；515/6 上
【宋会要】兵 9 之 3/6907；方域 8 之 27/7454、12 之 5/7522
【汇编】上 82；中六 5268、5287、5317、5347、5371、5372、5374、5592、5597、5681

康德用 河东经略司走马承受
【长编标】157/3802
【长编影】157/6 上

康德舆 经略边州，押赐夏太宗李德明冬服
【宋史】324/张亢传/10488；326/张岊传/10524、康德舆传/10536
【欧阳文忠公全集】115/河东奉使奏草/21 下
【涑水记闻】12/8 上
【名臣碑传琬琰集】下集 13/文忠烈士彦博传/1452
【汇编】上 234；中一 1016、1664；中二 2332、2333、2339、2358；中三 2968

康赞元 康德舆父，尝从曹光实俘虏夏太祖李继迁母妻
【宋史】254/孙延广传/8885；326/康德舆传/10536
【宋太宗实录】76/35 上
【汇编】中一 1016、1056、1114

阎日新 经略党项西夏
【宋史】309/阎日新传/10167
【汇编】中一 1411

阎仁武 上言边事
【长编标】331/7978；333/8018；335/8067；341/8204；342/8220
【长编影】331/10 下；333/5 上；335/6 上；341/8 下；342/1 下
【宋会要】兵 28 之 29/7284
【汇编】中四 4452、4468、4485、4535、4536；中五 4546

阎令 措置籴买粮草，上言马政
【长编标】499/11880；501/11933；506/12061
【长编影】499/9 上；501/4 上；506/10 上
【汇编】中六 5406、5426、5488

阎佶 与党项西夏战
【长编标】350/8384
【长编影】350/3 下
【汇编】中五 4610

阎承翰 出使夏州
【长编标】73/1651

【长编影】73/2 上
【宋会要】方域 10 之 14/7480
【汇编】中一 1490
阎倍 与党项西夏战
【长编标】349/8377
【长编影】349/10 下
【汇编】中五 4606
寇士元 与党项西夏战
【长编标】349/8377；350/8384；503/11974；506/12051
【长编影】349/9 下；350/3 下；503/4 下；506/3 上
【汇编】中五 4606、4610；中六 5436、5478
寇平仲 即寇准，上言边事
【小畜集】19/送寇密直（准）西京迁葬序/5 下
【汇编】中一 1033
寇宁 环州安塞寨主，与西人战死
【长编标】135/3237
【长编影】135/21 上
【汇编】中二 2462
寇成 差知环州
【宋会要】兵 29 之 29/7307
【汇编】下 6513
寇伟 夏人三十万寇永乐，将官寇伟等战死
【长编标】327/7886；329/7927；331/7991
【长编影】327/20 上；329/12 下；331/21 下
【宋史】16/神宗纪 3/308、309；334/高永能传/10726；486/夏国传下/14012
【宋会要】兵 8 之 28/6901
【汇编】上 78；中四 4381、4411、4413、4439、4457、4458
寇顺之 催促传送急递文字
【长编标】516/12267
【长编影】516/3 下
【汇编】中六 5609
寇准 经略党项西夏，言党项西夏
【宋史】277/郑文宝传/9428；281/吕端传/9515、毕士安传/9519、寇准传/9528
【长编标】25/586；85/1950；86/1967
【长编影】25/14 上；85/13 上；86/2 下
【涑水记闻】2/10 下
【汇编】中一 1059、1060、1061、1066、1318、1397、1538、1545
宿寿 元丰年间领厢兵随大军界进讨
【长编标】322/7764
【长编影】322/6 上
【汇编】中四 4302
盖传 王安石举任边上
【临川集】40/举渭州兵马都监盖传等充边上任使状/14 下
【汇编】补遗 7470
盖侁 修筑城寨
【宋会要】方域 8 之 24/7452、8 之 25/7453
【汇编】中六 5898
盖谔 与党项西夏战
【长编标】331/7980
【长编影】331/12 下
【汇编】中四 4453
盖横 上言边事，接纳投降酋首
【长编标】486/11544；495/11784；498/11835
【长编影】486/5 下；495/17 上；498/13 下
【汇编】中六 5292、5372、5389、5396
梁子美 以收复洮州加官
【长编纪事本末】140/15 下
【汇编】中六 5849
梁子雅 修葺城壁
【长编标】456/10917
【长编影】456/1 下
【汇编】中五 5059
梁从吉 与党项西夏战，经略环庆
【宋史】467/梁从吉传/13645
【长编标】211/5140；214/5203、5204；216/5254；264/6457；297/7232；330/7963；331/7969；353/8460
【长编影】211/19 下；214/9 下；216/3 下；264/1 上；297/14 下；330/13 上；331/3 上；353/5 上
【皇宋十朝纲要】9/4 上
【汇编】中三 3556、3583、3591、3610；中四 3991、4095、4442、4445；中五 4622
梁从政 体量河州杀降事件
【长编标】247/6008
【长编影】247/2 下
【汇编】中四 3887

梁成 修筑城寨

【甘肃新通志】9/舆地志·关梁·兰州府·狄道州/15下

【汇编】补遗7340

梁同 上奏边事

【宋史】327/王安礼传/10556；426/叶康直传/12706

【长编标】327/7866

【长编影】327/2下

【汇编】中四4367、4368

梁仲堪 行视陕西粮草

【长编标】214/5210

【长编影】214/16上

【汇编】中三3587

梁安礼 泾原路走马承受，言本路粟床、荞麦、大豆等丰稔

【长编标】341/8204；343/8234

【长编影】341/8下；343/1上

【宋会要】食货39之32/5504

【汇编】中四4115、4535；中五4557

梁坚 弹劾边官

【宋史】303/滕宗谅传/10038；324/张亢传/10489

【长编标】146/3527

【长编影】146/1上

【安阳集】家传3/2上

【范文正公集】政府奏议下/荐举/28上；5/答窃议/17下；13/天章阁待制滕君墓志铭/19下

【汇编】中二2575、2732、2776、2778、2781、2809；中三2838

梁迥 与党项西夏战

【宋史】274/梁迥传/9356；491/党项传/14137

【长编标】23/533

【长编影】23/18下

【汇编】上21；中一998、1023

梁知诚 又作梁致诚，置狱河中府

【隆平集】19/石元孙传/6上

【涑水记闻】11/12上

【汇编】中二1888、1899

梁宗吉 进所造战车

【长编标】268/6568

【长编影】268/8下

【汇编】中四3999

梁实 领秦凤兵马

【长编标】203/4925

【长编影】203/13下

【汇编】中三3345

梁适 上言边事，经略西夏，出使契丹

【宋史】285/梁适传/9624；323/马怀德传/10467

【长编标】134/3187、3200；135/3218；138/3331；139/3343、3344、3348；142/3407；150/3626；151/3681；157/3799；160/3876；192/4645

【长编影】134/1上、15下；135/3下；138/20上；139/6下、10下；142/12上；150/4上；151/14下；157/4上；160/15上；192/10下

【宋会要】职官64之40/3840；方域21之7/7664

【奏议标】133/范仲淹·上仁宗攻守二策/1477、范仲淹等·上仁宗论元昊请和不可许者三大可防者三/1487；134/余靖·上仁宗论元昊请和当令权在我/1488

【奏议影】133/范仲淹·上仁宗攻守二策/4543、范仲淹等·上仁宗论元昊请和不可许者三大可防者三/4574；134/余靖·上仁宗论元昊请和当令权在我/4576

【安阳集】家传3/14下

【欧阳文忠公全集】118/河北奉使奏草/18上；附录/5下

【范文正公集】5/上攻守二策状/13下；年谱补遗/8下

【涑水记闻】10/7上

【汇编】中二2059、2141、2362、2397、2407、2425、2630、2631、2667、2668、2673、2749、2751；中三2926、2977、2983、3054、3061、3096、3205、3216、3259；补遗7289、7298

梁彦通 控扼潼关

【鸡肋集】65/右朝议大夫梁公墓志铭/18下

【汇编】中五5241

梁致诚 又作梁知诚，置狱河中府

【长编标】126/2990

【长编影】126/22上

【汇编】中二 1970
梁焘 上言边事
【宋史】342/梁焘传/10888；347/韩川传/11011
【长编标】324/7807；400/9749；429/10367；430/10383、10394；433/10446；437/10547；442/10630；465/11101；466/11130；470/11233、11234；480/11421
【长编影】324/10 上；400/10 上；429/9 上；430/4 下、12 下；433/6 下；437/18 下；442/1 上；465/5 上；466/3 上；470/11 上；480/6 上
【汇编】中四 4204、4326；中五 4820、4826、4959、4964、4966、4972、4984、4990、5089、5100、5141、5142、5209
梁崇赟 与秦州戎人战
【宋史】463/刘文裕传/13546
【汇编】中一 978
梁鼎 言党项西夏，经略党项西夏，与党项西夏战
【宋史】181/食货志下 3・盐上/4414；257/李继隆传/8967；277/刘综传/9432；283/林特传/9564；299/李世衡传/9936；304/梁鼎传/10058
【长编标】54/1175、1185
【长编影】54/1 上、9 上
【宋会要】食货 23 之 27/5188、23 之 29/5189
【宋大诏令集】203/梁鼎罢度支使诏（咸平六年五月甲寅）/757
【汇编】中一 1141、1150、1338、1343、1344、1353、1354、1360
梁寔 管勾沿边蕃部
【宋史】191/兵志 5/752
【汇编】中三 3395
梁谦 押赐夜落纥宝钿、银匣、历日及安抚诏书
【宋会要】蕃夷 4 之 6/7716
梁兢 修筑城寨
【宋会要】方域 8 之 24/7452、8 之 25/7453
【汇编】中六 5898
梁颢 经略陕西
【宋史】257/李继和传/8969；265/张齐贤传/9155；296/梁颢传/9865
【长编标】49/1068、1075
【长编影】49/5 上、11 下
【宋会要】职官 41 之 81/3207
【名臣碑传琬琰集】下集 2/张文定公齐贤传/1301
【汇编】中一 1232、1233、1234、1236、1237、1246、1257

十二画

韩川 奏言边事
【宋史】347/韩川传/11011
【长编标】380/9238
【长编影】380/17 上
【汇编】中五 4740、4820
韩亿 言党项西夏
【宋史】198/兵志 12/4933；315/韩亿传/10298
【长编标】117/2766
【长编影】117/17 下
【隆平集】7/韩亿传/7 上
【汇编】中一 1699、1710、1711、1714
韩公 韩琦，经略党项西夏
【欧阳文忠公全集】28/尹师鲁墓志铭/11 下；31/太子太师致杜祁公墓志铭/4 下
【河南先生文集】3/悯忠/4 下、辩诬/5 下；4/秦州新筑东西城记/7 上；7/上环庆招讨使范希文/3 上
【范文正公集】9/答赵元昊书/6 下；尺牍下/与朱校理/13 上；年谱补遗/14 上
【鹤林玉露】8/6 上
【甘肃新通志】29/祠祀志・祠宇下・庆州府・安化县/8 下
【汇编】中二 2172、2214、2215、2218、2534、2573、2606、2705；中三 2907、2941；补遗 7467
韩世忠 与党项西夏战
【宋史】364/韩世忠传/11355
【三朝北盟会编】218/2 上
【系年要录】127/2071
【朱文公文集】97/敷文阁直学士陈公（良翰）行状/43
【汇编】中六 5794、5914；下 6502、6587、6739
韩令琮 擅领兵与蕃部格斗

【长编标】90/2081
【长编影】90/13 上
【宋会要】兵 27 之 20/7256
【汇编】中一 1583、1595

韩存宝 与熙河吐蕃战
【宋史】15/神宗纪 2/290；452/景思立传/13287
【长编标】 243/5919； 250/6098、 6104； 252/6150；253/6195；254/6220；261/6355；273/6695；285/6988；314/7607
【长编影】243/8 上；250/16 上、22 下；252/3 下；253/8 下；254/13 下；261/1 上；273/18 上；282/3 下；314/8 上
【奏议标】45/任伯雨・上徽宗论月晕昴毕/470
【奏议影】45/任伯雨・上徽宗论月晕昴毕/1672
【皇宋十朝纲要】10/3 上
【栾城集】28/西掖告词/15 上
【汇编】中四 3854、3924、3925、3926、3929、3939、 3954、 3960、 3982、 4017、 4041、4148；中五 4962；中六 5699

韩师朴 经略西北边防
【长编标】462/11043、11044
【长编影】462/11 上
【龙川略志】635
【汇编】中五 5082、5204

韩则顺 管勾本路蕃部
【宋史】191/兵志 5/4752
【长编标】203/4925
【长编影】203/13 下
【汇编】中三 3345、3395

韩守英 经略党项，防御契丹
【宋史】467/韩守英传/13632
【长编标】58/1274；67/1513；78/1770；79/1808
【长编影】58/1 下；67/17 上；78/1 下；79/14 下
【宋会要】兵 24 之 12/7184
【汇编】中一 1405、1469、1508、1511、1516

韩观察 韩琦，言党项西夏
【河南先生文集】7/答秦凤路招讨使韩观察议讨贼利害书/3 下
【汇编】中二 2569

韩丞相 韩琦，好水川战败，坐主帅失律
【欧阳文忠公全集】212/墓志・尚书户部侍郎参知政事赠右仆射文安王公墓志铭/2 上
【汇编】中二 2297

韩进 与党项西夏战
【栾城集】29/西掖告词/15 下
【汇编】中五 4842

韩良臣 韩世忠字，与西夏战
【三朝北盟会编】217/1 下；218/2 上
【汇编】下 6586、6587

韩昇 修筑城寨
【长编标】507/12076
【长编影】507/4 下
【玉海】174/41 下
【汇编】中六 5494；补遗 7375

韩忠彦 言党项西夏，言熙河
【宋史】19/徽宗纪 1/366、368；312/韩忠彦传/10230、10231
【长编标】329/7923；388/9440；457/10940；458/10952； 459/10982、 10983； 462/11042、11043；464/11092；467/11150；470/11233；479/11413；492/11685；510/12145
【长编影】329/8 下；388/8 下；457/3 下；458/1 上；459/9 上；462/11 上；464/17 下；467/5 上；470/11 上；479/10 上；492/8 下；510/12 下
【长编纪事本末】139/15 下
【宋会要】职官 68 之 5/3910；兵 9 之 4/6907、28 之 36/7287
【宋大诏令集】212/韩忠彦责散官济州安置制/804
【奏议标】141/冯澥・上徽宗论湟廓西宁三州/1597
【奏议影】141/冯澥・上徽宗论湟廓西宁三州/4911
【邵氏闻见录】13/144
【范文正公集】言行拾遗事录 4/10 上
【名臣碑传琬琰集】中集 50/韩仪公丞相忠彦行状/1137
【汇编】中四 4401、4402、4403；中五 4784、5061、5062、 5065、 5066、 5067、 5081、5087、5113、5141、5200、5235、5242；中六 5341、5546、5719、5721、5722、5745、5746、5775、5819

韩忠嗣 经略麟州
【浮溪集】9/知麟州韩忠嗣降两官放罢制/77 下

【汇编】补遗 7470

韩忠献公 韩琦，言边将

【宋朝事实类苑】74/978

【忠肃集】12/宫苑使阁门通事舍人王公（易）墓志铭/169

【汇编】中二 1938、2196

韩质 与党项西夏战

【宋史】289/葛怀敏传/9760

【长编标】132/3133；138/3325

【长编影】132/7 下；138/15 上

【奏议标】132/田况·上仁宗兵策十四事/1469

【奏议影】132/田况·上仁宗兵策十四事/4521

【汇编】中二 2277、2546、2547、2619

韩周 执善约特送夏景宗李元昊，押伴夏使，赍送文字至李元昊处

【长编标】122/2880、2881；123/2893、2894；130/3085；131/3114

【长编影】122/8 下；123/2 上、2 下；130/6 下；131/19 下

【范文正公集】年谱补遗/4 下；15/耀州谢上表/6 下

【汇编】中一 1750；中二 1775、1778、2099、2246、2251、2252

韩宗谨 栲栳寨主韩遂从子，韩遂战死，其妻冒宗谨为子

【长编标】134/3206

【长编影】134/17 下

【汇编】中二 2410

韩经略 韩琦，经略党项西夏

【河南先生文集】6/上吕相公书/7 下

【汇编】中二 2259

韩绛 经略党项西夏，言党项西夏，与党项西夏战

【宋史】15/神宗纪 2/277、278、279；85/地理志 1·序/2095；167/职官志 7/3957；191/兵志 5/4736、4757；193/兵志 7·召募之制/4801；253/折御卿传/8861；290/郭逵传/9725；303/范育传/10050；311/吕公弼传/10214；315/韩绛传/10303、韩缜传/10310；327/王安礼传/10553；330/张景宪传/10622；332/赵卨传/10684；334/沈起传/10728、林广传/10737；335/种谔传/10746；340/吕大防传/10840、10841、吕大忠传/10844；350/李浩传/11078、刘阒传/11084；452/景思立传/13287

【长编标】195/4730；212/5145；213/5176；215/5236、5241、5249；216/5255、5258；217/5272、5273、5277、5283；218/5291、5294、5305、5311；219/5323、5324、5330；220/5342、5344、5359、5360、5361；221/5369、5372、5373、5379、5383、5386、5389；222/5400、5411；228/5557；229/5566；230/5596；237/5769；258/6299；281/6896；285/6982；287/7023；288/7043；289/7070；290/7086；397/9674、9685；465/11104、11105

【长编影】195/11 下；212/2 上；213/10 上；215/6 下、10 上、16 下；216/3 上、7 上；217/2 下、3 上、6 上、11 下；218/1 下、3 上、13 上、17 下；219/3 下、9 上；220/8 上、22 下、23 上、24 上；221/2 上、5 下、12 上、18 上、19 上、20 上；222/2 下、12 上；228/15 下；229/1 上；230/8 上；237/11 下；258/10 下；281/13 上；285/11 上；287/11 上；288/4 上；289/10 下；290/1 下；397/4 上；465/7 下、8 下

【东都事略】58/韩绛传/3 下；127、128/西夏传/附录 5、6

【宋会要】职官 41 之 19/3176；食货 65 之 23/6167；兵 2 之 7/6775；方域 21 之 8/7665

【宋大诏令集】188/韩绛宣抚陕西赐本路敕书（熙宁三年九月）/689

【奏议标】121/张方平·上神宗谏用兵/1332；137/富弼·上神宗谏西师/1539

【奏议影】137/富弼·上神宗谏西师/4732

【华阳集】14/赐陕西宣抚使韩绛汤药诏/172；23/抚问陕西宣抚使韩绛判官吕大防等兼赐汤药口宣/283、抚问韩绛等兼赐汤药口宣/283

【范太史集】40/检校司空左武卫上将军郭公墓志铭/12 下

【谈苑】1/5 下

【靖康要录】11/660

【汇编】上 39、40、107、173、174；中三 3279、3547、3558、3573、3575、3579、3588、3598、3599、3600、3601、3602、3604、3608、3610、3611、3614、3619、3620、3621、3625、3626、3627、3629、

3630、3631、3632、3633、3642、3647、3649、3650、3652、3653、3656、3657、3660、3663、3666、3670、3671、3675、3678、3679、3681、3686、3687、3688、3689、3690、3694、3696、3733；中四3737、3738、3739、3747、3798、3973、4038、4049、4056、4066、4068、4071、4074、4106；中五4815；中六5913、6030、6031

韩晋卿 覆治环州熟羌盗案

【长编标】284/6947

【长编影】284/2上

【汇编】中四4045

韩铎 上言河东堡寨

【长编标】220/5342；221/5368；222/5413

【长编影】220/8上；221/2上；222/13下

【汇编】中三3657、3674、3698

韩资 同总领泾原蕃兵

【长编标】510/12146

【长编影】510/14下

【汇编】中六5547

韩跂 押伴西夏使臣

【长编标】518/12327

【长编影】518/9下

【汇编】中六5648

韩崇训 与党项西夏战

【宋史】250/韩崇训传/8824、8825

【长编标】47/1023

【长编影】47/12下

【汇编】中一1028、1204、1221

韩绪 与党项西夏战，修筑城寨

【长编标】334/8054；343/8234；350/8389；401/9768；504/12001

【长编影】334/21上；343/1上；350/8上；401/8下；504/4下

【栾城集】29/西掖告词/15下

【汇编】中四4479；中五4557、4828、4842；中六5447

韩维 言党项西夏，论息兵乞地

【长编标】360/8623

【长编影】360/15下

【续资治通鉴】83/2125

【奏议标】139/韩维·上哲宗论息兵乞地/1563

【奏议影】139/韩维·上哲宗论息兵乞地/4805

【汇编】中五4642、4646、4742、5228

韩琦 言党项西夏，经略党项西夏，与党项西夏战

【宋史】10/仁宗纪2/207；11/仁宗纪3/213、215、216、217、220；187/兵志14/4575；190/兵志4/4707；196/兵志10/4896；198/兵志12/4935；221/宰辅表2/5469；272/孙文广传/9308；290/狄青传/9718；292/郑戬传/9768、王尧臣传/9773、9774、田况传/9778；295/尹洙传/9834、9835、孙甫传/9841、叶清臣传/9852；303/滕宗谅传/10038；311/张士逊传/10218；312/韩琦传/10222、10223、10226、10227；314/范仲淹传/10272、10273；323/马怀德传/10466、安俊传/10467；324/张亢传/10483、刘沪传/10494；325/任福传/10506、耿傅传/10512；336/司马光传/10761；452/高敏传/13285；456/侯可传/13406；467/张惟吉传/13635；485/夏国传上/13996、14002

【长编标】119/2800；123/2904；125/2941；126/2973、2978、2981、2985、2993；127/3006、3007、3013、3018；128/3032、3042、3045；129/3053、3054、3057、3063、3070、3071；130/3079、3081；131/3093、3095、3096、3098、3100、3101、3102、3111；132/3132、3133；134/3191、3206、3208；135/3219、3220、3222、3223、3225、3241；137/3279、3295；138/3311、3312、3313、3315、3321、3322、3323、3324、3328；139/3348；140/3361、3363、3369；141/3382、3384；142/3412；143/3431；144/3486；145/3512；146/3527、3532、3536、3544；147/3556；149/3597、3604、3608；150/3623、3624、3529；154/3737；155/3758；167/4021；174/4194；176/4262；186/4486；192/4652；198/4789；203/4915；204/4936；205/4964；208/5067、5068、5069；221/5371；234/5673；243/5912；264/6458；382/9318

【长编影】119/5下；123/11上；125/3下；126/12上、14下、15上、17下；127/3下、4上、4下、9下、10上、14上；128/18下；129/3上、4下、9下、11上、18下、19上；

析董士廉奏臣不公事状/1 上；25/申宣抚韩枢密乞修安国镇状/1 上
【范文正公集】年谱/25 上、25 下、26 上、26 下、27 上、29 下；年谱补遗/3 上、9 上、13 下、17 上、23 上；言行拾遗 3/9 下；政府奏议上/16 上、16 下、20 上；政府奏议下/边事/15 下、20 上、杂奏/38 下、39 上、荐举/22 下、23 上、23 下、24 上、28 上；诸贤赞颂论疏/12 下、24 下；9/上吕相公书/13 上；13/天章阁待制滕君墓志铭/19 下；16/让观察使第一表/1 上、让枢密直学士右谏议大夫表/9 下；19/陈乞邠州状/1 上、陈乞邓州状 2 上
【临川集】47/赐守司徒检校太师兼侍中判永兴军韩琦乞致仕不允诏/8 下
【容斋三笔】11/5 上
【涑水记闻】9/14 上；11/5 下、8 上、19 上；12/4 下
【清波杂志】2/6 下
【名臣碑传琬琰集】中集 48/韩忠献公琦行状/1099
【靖康要录】11/660
【豫章文集】7/遵尧录 6/15 上
【儒林公议】上/3 上
【潞公文集】18/奏议/1 下、4 下
【甘肃新通志】6/舆地志・山川上・平凉府・隆德县/21 上；8/舆地志・形胜・泾州直隶州/6 下；9/舆地志・关梁・平凉府・静宁州/22 下；13/舆地志・古迹・平凉府・静宁州/10 下、舆地志・古迹・秦州直隶州/20 下；14/建置志・城池/21 下；29/祠祀志・祠宇下・庆州府・安化县/8 下
【隆德县志】1/坛庙祠宇寺观表/40 上；3/表传/2 下；4/考证/64 上
【汇编】上 64、105；中一 1732、1766；中二 1791、1845、1854、1911、1918、1920、1923、1932、1934、1942、1943、1946、1949、1955、1956、1958、1967、1994、1996、1998、2008、2011、2014、2015、2017、2029、2037、2074、2086、2087、2097、2101、2104、2107、2109、2117、2118、2119、2120、2139、2140、2151、2155、2156、2178、2182、2184、2189、2190、2191、2195、2199、2208、2209、2212、2218、2221、2226、2227、2229、2240、2241、2247、2248、2250、2276、2277、2294、2297、2298、2311、2335、2370、2371、2373、2390、2411、2412、2423、2428、2431、2438、2439、2457、2470、2473、2477、2511、2516、2544、2566、2571、2576、2577、2578、2579、2580、2582、2583、2585、2589、2604、2607、2608、2609、2610、2613、2616、2617、2622、2637、2638、2653、2654、2665、2666、2667、2670、2672、2673、2674、2676、2694、2702、2705、2711、2717、2718、2722、2725、2726、2730、2731、2734、2737、2738、2750、2757、2764、2767、2768、2769、2770、2772、2774、2778、2784、2785、2786、2797、2798、2810、2811、2812、2816；中三 2837、2840、2842、2843、2844、2846、2847、2848、2855、2861、2867、2895、2896、2903、2908、2922、2923、2928、2981、3011、3043、3044、3061、3068、3139、3151、3152、3185、3203、3243、3248、3261、3298、3305、3325、3326、3341、3356、3360、3367、3371、3413、3446、3451、3458、3461、3465、3467、3474、3477、3492、3499、3500、3503、3531、3592、3677、3684；中四 3775、3849、3993、3994；中五 4558、4774；中六 5774、6030；下 6358、6813、7025、7028；补遗 7247、7249、7265、7270、7271、7272、7287、7289、7295、7318、7321、7355、7466、7473

韩遂 与夏景宗李元昊战死

【长编标】126/2977；134/3206
【长编影】126/10 下；134/17 下
【涑水记闻】12/9 下
【汇编】中二 1927、1929、2410

韩献肃公 韩绛，宣抚陕西

【范太史集】40/检校司空左武卫上将军郭公墓志铭/12 下
【汇编】中三 3626

韩廉 与党项西夏战

【宋会要】职官 67 之 11/3893

【汇编】中五 5235

韩缜 经略党项西夏，言党项西夏，与夏人议边界

【宋史】176/食货志上 4·屯田/4267；186/食货志下 8/4547；315/韩缜传/10310；328/王韶传/10579；350/王君万传/11069、王文郁传/11075

【长编标】212/5150；213/5188；214/5196；215/5236；216/5262；218/5308；224/5459；228/5558；247/6007；349/8367；468/11170；477/11372；482/11471

【长编影】212/7 上；213/20 下；214/2 下；215/6 下；216/9 下；218/14 下；224/17 下；228/15 下；247/1 上；349/2 上；468/4 上；477/18 下；482/8 下

【宋会要】职官 38 之 2/3142；食货 2 之 4/4827；兵 28 之 21/7280、28 之 35/7287；蕃夷 6 之 7/7822

【长编纪事本末】83/8 上、8 下、10 上

【续资治通鉴】67/1658

【旧闻证误】2/30

【安阳集】35/奏状/5 下、11 下；家传 7/5 上

【皇宋十朝纲要】9/1 上

【范太史集】40/检校司空左武卫上将军郭公墓志铭/8 下

【栾城集】37/论兰州等地状/4 上

【涑水记闻】11/21 上

【名臣碑传琬琰集】下集 16/冯文简公京传/1501

【汇编】上 238；中三 3454、3482、3487、3489、3501、3502、3512、3535、3539、3540、3563、3567、3568、3571、3576、3581、3598、3615、3616、3634、3635、3707、3718、3733；中四 3886、3983、4105；中五 4602、4748、5116、5180、5217

韩魏公 韩琦，经略党项西夏

【长编标】129/3070

【长编影】129/18 下

【元刊梦溪笔谈】19/11

【东轩笔录】4/2 下

【石林燕语】4/3 上；8/4 下；9/3 下

【龙川别志】卷下/92、94

【宋朝事实类苑】55/引东轩笔录/715、17/4 上

【欧阳文忠公全集】23/赠刑部尚书余襄公神道碑/8 上

【范文正公集】尺牍中/3 上

【容斋四笔】12/11 下

【涑水记闻】11/20 下

【耆旧续闻】6/7 上

【清波杂志】2/6 下

【渑水燕谈录】2/6 下

【朝野杂记】乙集 19/边防/1180

【麈史】中/5 上

【默记】28 下

【隆德县志】1/古迹/24 下

【汇编】中二 1936、2079、2139、2188、2189、2218、2241、2371、2372、2472、2615、2646、2660、2692；中三 3340、3343、3452、3461、3561；下 6937；补遗 7252

彭汝砺 议熙河边事

【宋史】343/郑润甫传/10911；346/彭汝砺传/10974；467/李宪传/13639

【长编标】284/6947

【长编影】284/2 上

【奏议标】62/周尹·上神宗论遣李宪措置边事/692；63/彭汝砺·上神宗论遣李宪措置边事/696

【奏议影】62/周尹·上神宗论遣李宪措置边事/2293；63/彭汝砺·上神宗论遣李宪措置边事/2302

【浮溪集】24/朝散大夫直龙图阁张公（根）行状/16 上

【汇编】中四 4027、4028、4029、4045、4121；中六 5611

彭孙 与党项西夏战

【宋史】16/神宗纪 3/312；331/卢秉传/10671；486/夏国传下/14011、14014

【长编标】320/7726、7727、7731；321/7738、7739、7744；322/7766；328/7906；345/8275；346/8310；349/8367、8368、8377、8378；350/8381、8382

【长编影】320/7 上、7 下、10 下；321/8 上、9 下、12 下；322/7 下；328/9 上；345/4 下；346/8 下；349/2 上、11 上；350/1 上

【宋会要】兵 8 之 27/6900、18 之 9/7062、18 之 11/7063、18 之 12/7063；方域 8 之 30/7455

【铁围山丛谈】2/12 上
【陕西通志】17/关梁 2・绥德州・米脂县/46 下
【汇编】上 77；中四 4257、4260、4263、4277、4279、4281、4303、4304、4394、4491、4526；中五 4570、4571、4583、4602、4606、4607、4609、4860；补遗 7354

彭孝义 与党项西夏战
【长编标】350/8387
【长编影】350/5 下
【汇编】中五 4612

彭杰 与党项西夏战
【长编标】350/8387
【长编影】350/5 下
【汇编】中五 4612

彭忠 任福随军孔目吏
【长编标】131/3102
【长编影】131/9 上

彭保 入西界刺事
【长编标】329/7932；406/9886；478/11392
【长编影】329/16 上；406/10 上；478/9 下
【宋会要】兵 18 之 11/7063
【汇编】中四 4413；中五 4896、5188

彭逵 与党项西夏战
【范太史集】40/检校司空左武卫上将军郭公墓志铭/11 下
【汇编】中三 3577

葛怀敏 与西夏争战
【宋史】10/仁宗纪 2/208；11/仁宗纪 3/214；196/兵志 10/4896；289/葛怀敏传/9701；290/郭奎传/9723；292/王尧臣传/9773；295/尹洙传/9834；300/王沿传/9959；303/滕宗谅传/10037；314/范仲淹传/10272；323/赵珣传/10463、安俊传/10467；324/张亢传/10489；326/景泰传/10517、王信传/10518；335/种世衡传/10742、10743；485/夏国传上/13998
【长编标】127/3007；128/3031、3045；130/3080；131/3096；132/3132；134/3196；137/3300；138/3310、3312、3314、3316、3322、3330、3331；140/3368；142/3401；145/3515；149/3606；150/3630；203/4919；254/6208
【长编影】127/4 下、9 下；128/18 下；130/1 上；131/14 下；132/7 下；134/8 下；137/21 下；138/2 下、5 上、6 上、17 下、20 上；140/8 下；142/6 上、12 上；145/18 下；149/9 上；150/4 下；203/8 下；254/3 下
【东都事略】5/仁宗纪/7 上；127、128/西夏传/附录/5、6
【隆平集】19/李纬传/14 下；20/夷狄传/3 下
【宋会要】兵 8 之 20/6897、8 之 21/6897、27 之 26/7259、27 之 29/7261、27 之 30/7261
【奏议标】44/陈并・上哲宗答诏论彗星陈四说/461；123/司马光・上英宗乞罢刺陕西义勇/1358；132/范仲淹・上仁宗论夏贼未宜进讨/1463、范仲淹・上仁宗乞先修诸寨未宜进讨/1464、田况・上仁宗论攻策七不可/1465、1466、田况・上仁宗兵策十四事/1468
【奏议影】44/陈并・上哲宗答诏论彗星陈四说/1644；123/司马光・上英宗乞罢刺陕西义勇/4203；132/范仲淹・上仁宗论夏贼未宜进讨/4502、范仲淹・上仁宗乞先修诸寨未宜进讨/4504、田况・上仁宗论攻策七不可/4509、4510、田况・上仁宗兵策十四事/4519
【鸡肋集】64/太常少卿分司西京石君墓志铭/15 上
【公是集】51/宋故推忠佐理功臣赠尚书左仆射王公（尧臣）行状/610；53/故朝散大夫尚书刑部郎中致仕上柱国赐紫金鱼袋张公墓志铭/6
【玉壶清话】6/7 下
【东轩笔谈】8/4 下
【乐全集】21/西事谘目上中书/1 上
【司马文正公集】19/章奏 17/1 上
【石林燕语】9/3 下
【安阳集】家传 1/15 下、3/1 下、3/2 上；4/祭文/1 上；47/故崇信军节度副使检校尚书工部员外郎尹公墓表/2 上、故客省使眉州防御使赠遂州观察使张公（亢）墓志铭/15 下
【欧阳文忠公全集】28/尹师鲁墓志铭/11 下；31/太常博士尹君墓志铭/7 上；32/尚书户部侍郎参知政事右仆射文安王公墓志铭/2 下；127/归田录/11 上
【河南先生文集】19/论诸将益兵/3 上；20/奏为近差赴鄜延路行营其兵马乞移拨往环庆路事/5 上

【范文正公集】2/古诗/12 上；13/天章阁待制滕君墓志铭/19 上、东染院使种君墓志铭/16 上；16/让枢密直学士右谏议大夫表/9 下；年谱补遗/5 下、25 上；政府奏议下/荐举/28 上、诸贤赞颂论疏/24 下
【临川集】92/广西转运屯田员外郎苏君墓志铭 7 上
【栾城集】39/论西事状/15 上
【涑水记闻】4/14 下；10/7 上；11/8 上
【稽古录】20/90 上
【儒林公议】上/2 上
【甘肃新通志】9/舆地志·关梁·固原直隶州/25 下
【陕西通志】17/关梁 2·鄜州·宜君县/44 下
【汇编】上 65、105、114；中二 1904、1911、1958、1982、1987、1998、2008、2014、2067、2098、2102、2114、2152、2210、2219、2221、2224、2276、2391、2416、2446、2544、2545、2546、2547、2549、2550、2551、2552、2553、2554、2555、2556、2557、2558、2563、2570、2571、2572、2574、2575、2576、2578、2579、2580、2582、2583、2584、2585、2587、2609、2612、2621、2627、2628、2630、2637、2647、2651、2666、2716、2736、2748、2778、2819；中三 2898、2905、2906、2928、2983、3333；中四 3955；中五 4868；中六 5336；下 7026；补遗 7285、7288

葛宗古 延州西路都巡检使
【元宪集】22/诸司使副陕西缘边都监知州葛宗古王从政米吉张世昌并转官制/229
【文恭集】13/葛宗古可内殿承制/147
【范文正公集】政府奏议下/荐举/21 下、37 下
【汇编】中二 2385、2395、2396

葛宗晟 葛怀敏子，与党项西夏战
【宋史】289/葛怀敏传/9760
【长编标】137/3302
【长编影】137/21 下
【汇编】中二 2547、2555

葛霸 邠宁环庆都部署
【宋史】6/真宗纪 1/112
【汇编】中一 1219

董士廉 又作董士濂，修水洛城
【宋史】221/宰辅表 2/5469；292/郑戬传/9768；295/尹洙传/9837；324/刘沪传/10495
【长编标】146/3527；147/3556、3557；148/3583、3590；151/3670、3686
【长编影】146/1 上；147/3 上；148/8 下、14 下、15 下；151/5 下、19 下
【宋会要】职官 64 之 45/3843
【文恭集】36/宋故宣徽北院使赠太尉文肃郑公（戬）墓志铭/436
【安阳集】家传 4/6 上、7 上；47/2 上
【河南先生文集】9/答秦凤路招讨使文龙图书/1 下、与水洛城董士廉第三书/8 上；21/奉诏令刘沪董士廉却且往水洛城勾当状/3 下；22/奉诏分析董士廉奏臣不公事状/1 上
【范文正公集】政府奏议下/荐举/36 下
【涑水记闻】10/5 上；11/5 下
【名臣碑传琬琰集】中集 48/韩忠献公琦行状/1098
【默记】15 下
【汇编】中二 2240、2241、2813、2817；中三 2837、2852、2854、2855、2856、2857、2858、2861、2862、2872、2875、2879、2903、2905、2907、2908、2954、2982、3044

董正封 奏请降支度牒以充修永兴军城费用
【宋会要】方域 9 之 21/7469
【汇编】中六 5923

董正叟 押赐夏国主生日礼物
【宋史】486/夏国传下/14016
【长编标】429/10377
【长编影】429/17 下
【汇编】上 82；中五 4964

董仙 与熙河蕃部战
【长编纪事本末】139/17 下
【汇编】中六 5749

董成 与党项西夏战
【奏议标】97/许翰·上徽宗论西师赏功之滥/1051
【奏议影】97/许翰·上徽宗论西师赏功之滥/3282、3284
【汇编】中六 5936

董行谦 经略熙河蕃部
【长编标】265/6484；334/8054
【长编影】265/1 上；334/21 上

【汇编】中四 3993、4479

董龟正 市粟储边

【宋会要】食货 39 之 1/5489

【宋大诏令集】184/令董龟正乘驲陕西市刍粟广储蓄诏（咸平四年□月丙戌）/670

【汇编】中一 1231、1242

董沔 上言西人扰边国用不足

【长编标】165/3976

【长编影】165/14 下

【汇编】中三 3125

董采 措置新疆土田

【宋史】190/兵志 4·河东陕西弓箭手/4717

【长编标】493/11715；494/11732；507/12085

【长编影】493/19 下；494/5 下；507/12 下

【汇编】中六 5347、5356、5500、5720

董经臣 擅放叛人景珣妻子

【宋会要】职官 65 之 27/3860

【汇编】中三 3412

董谦 与党项西夏战

【宋史】289/葛怀敏传/9760

【长编标】138/3314

【长编影】138/5 上

【汇编】中二 2547、2578

董颖叔 环庆路副将

【长编标】264/6457

【长编影】264/1 下

董愿 与李继迁战

【宋史】275/田仁朗传/9380

【汇编】中一 1020

董遵海 经略党项西夏，与党项西夏战

【宋史】266/钱若水传/9167；273/董遵诲传/9343、马仁瑀/9346；277/裴庄传/9438；300/杨畋传/9965；305/杨亿传/10080；318/张方平传/10357；340/吕大防传/10842；491/党项传/14137

【长编标】9/204；17/385；18/417；45/974；50/1098；366/8794

【长编影】9/5 上；17/20 上；18/22 上；45/17 上；50/12 上；366/14 下

【东都事略】29/7 下；47/杨亿传/1 上

【奏议标】103/苏辙·上神宗乞去三冗/1102；130/钱若水·上真宗答诏论边事/1433、杨亿·上真宗论弃灵州为便/1441；132/田况·上仁宗兵策十四事/1470；133/贾昌朝·上仁宗备边六事/1483；137/孙觉·上神宗论治边之略/1536；138/吕大防·上哲宗答诏论西事/1558

【奏议影】103/苏辙·上神宗乞去三冗/3432；130/钱若水·上真宗答诏论边事/4408；132/田况·上仁宗兵策十四事/4525；133/贾昌朝·上仁宗备边六事/4562；137/孙觉·上神宗论治边之略/4725；138/吕大防·上哲宗答诏论西事/4788

【元丰类稿】30/请西北择将东南益兵札子/11 上；49/本朝政要策·任将/10 下、本朝政要策·添兵/2 下

【宋朝事实类苑】7/69

【挥麈后录】余话 1/281－6

【栾城集】20/上神宗皇帝书/18 下

【涑水记闻】1/12 下

【名臣碑传琬琰集】中集 22/张文定公方平墓志铭/724；下集 6/学士钱公若水传/1355

【豫章文集】2/遵尧录 1/3 上

【汇编】上 21；中一 946、947、948、962、963、970、971、1195、1216、1217、1266、1270、1278；中三 3261、3496、3528；中四 3978、3979、4116；中五 4647、4678；下 6256；补遗 7238

蒋之奇 经略熙河

【宋史】19/徽宗纪 1/368；343/蒋之奇传/10916

【长编标】478/11389

【长编影】478/7 上

【宋会要】职官 67 之 13/3894、68 之 5/3910、78 之 30/4190；兵 9 之 4/6907；蕃夷 6 之 27/7832、6 之 28/7832

【宋大诏令集】212/蒋之奇落职制（崇宁元年冬十月癸亥）/804

【奏议标】141/冯澥·上徽宗论湟廓西宁三州/1597

【奏议影】141/冯澥·上徽宗论湟廓西宁三州/4911

【长编纪事本末】139/15 下

【东坡全集】21/三马图赞并引/10 上

【浮溪集】27/徽猷阁待制致仕蒋公（瑎）墓志铭/27 上

【甘肃新通志】13/舆地志·古迹·兰州府·狄道州/5下
【汇编】中五5185、5186、5187、5229、5237；中六5274、5719、5720、5722、5746、5819；补遗7335
蒋用 冒奏边功
【长编标】352/8448
【长编影】352/21下
【汇编】中五4621
蒋贲 议入中
【宋史】183/食货志下5/4473
【汇编】中二2149
蒋偕 经略沿边蕃部，与党项西夏战
【宋史】191/兵志5·蕃兵/4755；320/王素传/10403；326/蒋偕传/10519；335/种世衡传/10753
【长编标】132/3150；153/3728；158/3822
【长编影】132/25下；153/13上；158/5下
【奏议标】125/范仲淹·上仁宗乞令陕西主帅并带押蕃部使/1378
【奏议影】125/范仲淹·上仁宗乞令陕西主帅并带押蕃部使/4254
【文恭集】36/宋故宣徽北院使赠太尉文肃郑公（戬）墓志铭/436
【范文正公集】年谱/29下；年谱补遗/19上、19下、21上；西夏堡寨/6；政府奏议下/荐举/22下
【涑水记闻】9/12下
【名臣碑传琬琰集】中集27/王懿敏公素墓志铭/804
【甘肃新通志】13/舆地志·古迹·固原直隶州·平远县/12下
【汇编】中二2312、2618、2642、2643、2730；中三2857、3017、3019、3020、3021、3022、3031、3048、3081、3510；补遗7295
蒋颖叔 经略熙河
【梁溪漫志】2/外夷使入朝/10下
【汇编】中五5186
惠逢 收复河州
【宋史】32/高宗纪9/608
【系年要录】197/3319、3323；198/3331
【汇编】下6678、6679、6680、6682、6683
掌禹锡 上疏请严备西羌
【宋史】294/掌禹锡传/9807
【汇编】中二2118
喻陟 作种太守破鬼章诗，置狱潞州
【长编标】317/7675
【长编影】317/16下
【陇右金石录】3/41下
【汇编】中四4208、4209；补遗7364
喻汝砺 言叙州诸羌
【系年要录】94/1560
【汇编】下6401
景讷 景思谊父，西人畏之
【梁溪漫志】10/5下
【汇编】下6290
景思立 与党项西夏战，经略熙河
【宋史】15/神宗纪2/285；286/蔡延庆传/9638；326/景泰传/10518；328/王韶传/10581；335/种谊传/10748；452/景思立传/13287、景思忠传/13287；464/高遵裕传/13576；467/李宪传/13638；468/李祥传/13649；486/夏国传下/14009；492/董毡传/14164
【长编标】215/5241；220/5359；235/5717；237/5764；239/5817、5818；240/5826；241/5883；243/5912；244/5931；245/5949、5968、5969；246/5981、5998；247/6006、6007、6018、6019、6023、6024；248/6063；250/6098、6101、6103、6104、6105；251/6109；252/6152、6156、6157、6178、6179；253/6194；322/7762；402/9777；404/9851、9852；406/9891
【长编影】215/10上；220/23上；235/20下；237/7上；239/11上、12上；240/2上；241/9下；243/1下；244/1下；245/1上、13下、17下；246/5上、7上、8下、12上、17上、20上；247/1上、11上、12上、15上、16下；248/23下；250/16上、19上、21上、23上；251/1下；252/3下、5上、8下、26下、27下；253/7下；322/4上；402/1下；404/24下；406/14上
【东都事略】82/王韶传/5上；104/姚兕传/1上
【宋会要】职官60之22/3743；兵9之6/6908、26之39/7246、28之12/7275；方域13之22/7541；蕃夷6之9/7823、6之10/7823
【奏议标】97/常安民·上哲宗奏为种谊生擒鬼

章赏未称功/1049
【奏议影】97/常安民·上哲宗奏为种谊生擒鬼章赏未称功/3277
【邵氏闻见录】13/144
【画墁集】补遗/游公（师雄）墓志铭/4 上
【栾城集】29/西掖告词/13 下；45/贺擒鬼章表/2 上
【甘肃新通志】13/舆地志·古迹·兰州府·狄道州/5 上、舆地志·古迹·兰州府·河州/8 下
【汇编】上 75；中三 3605、3666；中四 3783、3791、3794、3812、3814、3816、3818、3829、3848、3849、3857、3861、3868、3872、3874、3875、3876、3877、3878、3880、3881、3882、3883、3884、3886、3891、3892、3898、3899、3900、3911、3924、3925、3926、3927、3928、3929、3930、3931、3935、3939、3940、3941、3942、3945、3946、3947、3948、3949、3954、4300；中五 4830、4831、4853、4855、4857、4861、4862、4863、4897、5265；中六 5775；补遗 7334、7339

景思忠 与党项西夏战
【东原录】33 上
【汇编】补遗 7266

景思谊 随徐禧筑永乐城，与党项西夏战
【宋史】16/神宗纪 3/309；331/沈括传/10656
【长编标】318/7693、7696、7697；325/7822；327/7864；329/7921、7926、7936；331/7991；439/10568；459/10988
【长编影】318/11 上、15 上；325/8 上；327/1 上；329/7 下、11 上、19 上；331/21 下；439/1 上；459/13 下
【宋会要】职官 57 之 54/3674；兵 8 之 28/6901、8 之 29/6901
【元丰类稿】22/4 下
【汇编】中四 4198、4219、4335、4342、4365、4366、4400、4407、4419、4423、4424、4425、4457、4458；中五 4548、4986、5067

景珣 叛宋入夏
【宋会要】职官 65 之 28/3860、兵 28 之 2/7270

景泰 与党项西夏战
【宋史】326/景泰传/10517
【长编标】138/3310
【长编影】138/1 下
【范文正公集】年谱补遗/14 上；言行拾遗事录 2/8 上
【玉海】141/康定论兵/15 上
【汇编】中二 2071、2563、2564、2635；补遗 7264

嵇仲 张叔夜字，画取西夏天都策
【宋史】353/张叔夜传/11140
【汇编】中六 5515

程之邵 提举茶马贸易
【宋史】167/职官志 7/3969；190/兵志 4·河东陕西弓箭手/4719；353/程之邵传/11151
【宋会要】职官 43 之 74/3310、43 之 78/3312；食货 30 之 33/5335；兵 24 之 28/7192
【汇编】中六 5687、5697、5744、5747、5757、5802、5824

程进 夏人寇怀德军，程进夜縋城出降
【三朝北盟会编】61/1 上
【汇编】中六 6053

程迪 其父部鄜延兵战死永乐
【宋史】447/程迪传/13189
【汇编】中四 4419

程信 会夏人攻金
【宋史】40/宁宗纪 4/775；403/张威传/12215；486/夏国传下/14027
【汇编】上 93；下 6865、6867、6868

程顺奇 按视城绥州利害
【宋史】441/洪湛传/13058
【长编标】50/1090
【长编影】50/7 下
【宋会要】方域 8 之 30/7455
【汇编】中一 1256、1257

程俊 年少时母陷于夏国
【系年要录】139/2243
【宋会要】仪制 10 之 33/2020
【陇右金石录】4/程俊札子石刻/8 下
【汇编】下 6544、6552、6569、6570

程唐 协助修复湟州古骨龙、会州清水城，转两官
【宋会要】方域 8 之 24/7452、19 之 21/7636
【汇编】中六 5898、5920

程琳 论边防，经略党项西夏
【宋史】194/兵志 8/4842；288/程琳传/9675、9676
【长编标】123/2894、2909；158/3820；159/3839；160/3874；164/3942、3945；166/3987、4000
【长编影】123/2 下、15 下；158/3 下；159/1 下；160/14 上；164/1 上、3 下；166/6 上、14 上、17 上
【宋会要】职官 41 之 89/32
【汇编】中一 1700；中二 1778、1793；中三 3116、3117、3137

程博古 与党项西夏战
【宋史】486/夏国传下/14012
【长编标】308/7476；329/7927
【长编影】308/2 上；329/12 下
【宋会要】兵 8 之 28/6901
【汇编】上 78；中四 4113、4411、4413

程戡 经略党项西夏，上言边事
【宋史】292/程戡传/9755、9756、9757；302/鱼周询传/10010；324/刘沪传/10495；485/夏国传上/14002
【长编标】147/3556；149/3608；151/3686；157/3810；192/4639；202/4892、4905；203/4920；207/5021
【长编影】147/3 上；149/10 下；151/19 下；157/12 下；192/5 上；202/3 下、15 下；203/15 下；207/2 上
【宋会要】兵 1 之 5/6756、28 之 1/7270
【奏议标】136/司马光·上神宗论纳横山非便/1528
【奏议影】136/司马光·上神宗论纳横山非便/4699
【文恭集】36/宋故宣徽北院使赠太尉文肃郑公（戬）墓志铭/436
【司马文正公集】14/7 上；奏议 15/6 下；25/章奏 23/3 上
【华阳集】17/判延州程戡乞致仕第一表不允诏/203、程戡乞致仕第二表不允诏/203、判延州程戡乞退不允诏/203、宣徽南院使判延州程戡免恩命不允诏/203、程戡乞致仕第三札子不允诏/204；23/判延州程戡免恩命第一表不允口宣/278；24/赐宣徽南院使判延州程戡告敕口宣/294
【朱文公集】95 上/少师保信军节度使魏国公致仕赠太保张公（浚）行状上/1 下
【宋文鉴】35/5 上
【临川集】55/程戡奏延州医助教房用和国子四门助教不理选限制/11 下
【陕西通志】16/关梁 1·延安府·肤施县/25 下
【汇编】上 69；中二 2620；中三 2856、2857、2858、2861、2903、2981、3066、3067、3308、3309、3314、3320、3322、3344、3400、3401、3402、3403、3434；补遗 7268、7314

程德元 又作程德玄，与党项西夏战
【临川集】87/检校太尉赠侍中正惠马公神道碑/7 下
【太平治迹统类】2/太祖太宗经制西夏
【汇编】中一 1027、1052、1063

程德玄 又作程德元，招抚蕃部，与党项西夏交聘
【长编标】29/653
【长编影】29/7 上
【宋史】309/程德玄传/10156；491/党项传/14137
【汇编】上 23；中一 989、1035

傅永 傅求之误，制置秦凤粮草，汇编改为傅求
【长编标】174/4206
【长编影】174/14 下
【汇编】中三 3189

傅尧俞 上言边事
【宋史】341/傅尧俞传/10883
【长编标】203/4926；393/9560；399/9722；400/9742、9743、9749；429/10362
【长编影】203/14 上；393/7 下；399/1 下；400/5 上、10 上；429/4 下
【宋会要】职官 66 之 35/3886
【奏议标】62/傅尧俞·上英宗论差中官为陕西钤辖/685
【奏议影】62/傅尧俞·上英宗论差中官为陕西钤辖/2275
【汇编】中三 3373、3375；中五 4632、4803、4822、4824、4826、4827、4959

傅求 上言边事，制置秦凤粮草
【宋史】318/张昇传/10362；330/傅求传/

10621、10622
【长编标】175/4226、4228
【长编影】175/6 上、8 下
【涑水记闻】4/3 上
【汇编】中三 3153、3175、3192、3196、3198、3277
傅季明 鄜延路走马承受，上言夏景宗李元昊寇麟府，死伤者三万余人
【长编标】133/3169
【长编影】133/8 上
【汇编】中二 2331
傅亮 谢亮之误，出使西夏
【系年要录】47/848
【汇编】下 6281、6282
傅偃 三川口被俘
【宋史】485/夏国传上/13996
【汇编】上 63
傅翊 得西夏蜡书
【朝野杂记】乙集 19/边防/1180
【汇编】下 6938
傅谏 与党项西夏战
【长编标】319/7706
【长编影】319/6 下
【汇编】中四 4238
傅雱 出使金通问
【宋史】486/夏国传下/14022
【系年要录】9/227
【汇编】上 87；下 6120
傅潜 廷议制夏方略
【宋史】5/太宗纪 2/100
【长编标】40/852；41/860、862
【长编影】40/8 下；41/1 上、2 下
【宋会要】兵 8 之 19/6896、14 之 12/6998、14 之 14/6999
【名臣碑传琬琰集】中集 22/张文定公方平墓志铭/724
【汇编】中一 1101、1153、1154、1155、1164、1166、1168；中四 3979
傅遵道 与熙河吐蕃战
【长编标】406/9886
【长编影】406/10 上
【汇编】中五 4896
焦用诚 用兵河湟
【宋会要】兵 9 之 5/6908
【长编纪事本末】140/12 下
【汇编】中六 5844、5845
焦守节 使夏与夏太宗李德明议和
【长编标】60/1347
【长编影】60/13 上
【汇编】中一 1425
焦安节 入夏界战败
【宋史】486/夏国传下/14020
【汇编】上 86
焦政 执鬼章加官
【长编标】408/9942
【长编影】408/20 下
【汇编】中五 4916
焦思 耀兵于绥德城
【长编标】319/7717
【长编影】319/17 上
【汇编】中四 4252
焦彦坚 与夏人议疆界
【宋史】335/种师道传/10750
【三朝北盟会编】60/4 下
【汇编】中六 5869、6043
焦遂卿 点集蕃兵防御西界
【范文正公集】年谱补遗/12 下、13 上
【汇编】中二 2511、2553
焦颖叔 与党项西夏战
【长编标】334/8054
【长编影】334/21 上
【汇编】中四 4479
焦赞 押赐潘罗支国信使
【宋会要】方域 21 之 20/7671
【汇编】中一 1406
舒亶 根括熙河田土
【长编标】258/6290、6298
【长编影】258/3 下、4 下、10 上
【东都事略】98/舒亶/5 下
【汇编】中四 3969、3972
鲁宗道 经度入粟边州
【宋史】183/食货下 5/4483；292/李谘传/9753
【汇编】中一 1620、1621
鲁经 出使唃厮啰

【宋史】426/叶康直传/12707
【长编标】392/9532；393/9553；405/9871；408/9925；409/9977；421/10183
【长编影】392/9 上；393/3 上；405/9 下；408/5 下；409/23 下；421/1 上
【栾城集】41/再论熙河边事札子/9 下
【汇编】中五 4799、4800、4885、4914、4919、4954、5017

富文忠公 富弼，出使辽朝令夏纳款，言党项西夏
【忠肃集】拾遗/王开府（拱辰）行状/305
【挥麈后录】1/宰相枢密分合因革/27 上
【闻见近录】21 下
【汇编】中二 2523、2531、2532

富丞相 富弼，经略党项西夏
【司马文正公集】81/户部侍郎周公（沆）神道碑/6 上
【名臣碑传琬琰集】上集 27/周侍郎沆神道碑 415
【汇编】中二 2429、2477

富韩公 富弼，劝辽谕夏纳款
【邵氏见闻录】9/90
【汇编】中二 2531

富弼 经略党项西夏，言党项西夏，出使辽朝
【宋史】162/职官志 2/3799；295/叶清臣传/9852；313/富弼传/10249、10250、10252、10253；314/范仲淹传/10275；328/蔡挺传/10575
【辽史】20/兴宗纪 3/248
【长编标】124/2925；126/2972、2975、2976；135/3234、3240；137/3284、3285、3286、3291、3292、3293；138/3309、3331；140/3361、3363；142/3417；143/3450；150/3638、3639；151/3674、3691；153/3724；155/3758；181/4384；184/4449；218/5315；262/6391；317/7656；506/12057
【长编影】124/7 上；126/6 下、9 上、21 上、23 下；135/19 下、23 下；137/9 下、14 上；138/1 上、20 上；140/3 下、5 上；142/21 上；143/19 上；150/15 上、16 上；151/9 下、24 下；153/9 上；155/1 下；181/13 下；184/5 上；218/21 上；262/11 下；317/1 上；506/5 上
【隆平集】20/契丹耶律隆绪传/2 下
【宋会要】礼 45 之 39/1467
【宋大诏令集】228/回契丹书（庆历四年八月戊戌）/884
【奏议标】44/陈并·上哲宗答诏论彗星陈四说/461；131/富弼·上仁宗论西夏八事/1447；134/富弼·上仁宗论不可待西使太过/1489；135/富弼·上仁宗河北守御十三策/1501、富弼·上仁宗论契丹不寇河东/1510、富弼·上仁宗论元昊所上誓书/1513；136/韩琦·上仁宗论西北议和有大忧者三大利者一/1516；137/富弼·上神宗谏西师/1539、富弼·上神宗答诏问北边事宜/1544
【奏议影】44/陈并·上哲宗答诏论彗星陈四说/1642；131/富弼·上仁宗论西夏八事/4444；134/富弼·上仁宗论不可待西使太过/4577；135/富弼·上仁宗河北守御十三策/4613、富弼·上仁宗论契丹不寇河东/4645、富弼·上仁宗论元昊所上誓书/4654；136/韩琦·上仁宗论西北议和有大忧者三大利者一/4665；137/富弼·上神宗谏西师/4731、富弼·上神宗答诏问北边事宜/4748
【契丹国志】8/兴宗文成皇帝纪/4 下；18/刘六符传/5 上
【皇宋十朝纲要】5/12 上
【司马文正公集】81/户部侍郎周公（沆）神道碑/6 上
【安阳集】家传 4/1 上、4/7 上、4/17 下
【邵氏闻见录】13/144
【范文正公集】年谱/20 上
【挥麈后录】1/宰相枢密分合因革/27 上
【涑水记闻】11/5 上
【儒林公议】下/3 下
【汇编】中一 1756；中二 1822、1823、1908、1912、1915、1924、1970、1976、2458、2459、2460、2469、2477、2523、2524、2525、2526、2529、2530、2531、2532、2535、2538、2539、2540、2542、2561、2631、2700、2701、2711、2764、2768、2775；中三 2858、2939、2940、2942、2955、2956、2974、2985、3015、3032、3034、3043、3139、3210、3212、3218、3265、3640；中四 3985、4191；中六 5335、5483、

5774
道信 习知边事
【长编标】128/3029
【长编影】128/4 上
【汇编】中二 2043
谢育 秦州伏羌寨主
【潞公文集】38/举官/3 上
【汇编】补遗 7292
谢泌 上言边事，鞫问州民阴构西夏案
【宋史】306/谢泌传/10095；309/谢德权传/10165
【汇编】中一 1193、1337
谢亮 出使西夏
【宋史】25/高宗纪 2/453、467；26/高宗纪 3/476；369/曲端传/11490；372/王庶传/11546；486/夏国传下/14022、14023
【中兴小纪】3/30；4/46
【系年要录】12/271；16/332；52/920
【三朝北盟会编】118/3 下
【汇编】上 88；下 6125、6127、6128、6129、6135、6142、6143、6144、6192、6215、6295
谢能 入水洛城收捉刘沪
【长编标】151/3686
【长编影】151/19 下
【汇编】中三 2982
谢景温 言边事，言党项西夏
【宋史】176/食货志上 4·屯田/4267；291/李復圭传/9743；295/谢景温传/9848
【长编标】214/5220；216/5258、5262；223/5434；224/5460；229/5571；231/5611
【长编影】214/25 上；216/7 上、9 下；223/17 下；224/17 下；229/6 上；231/1 下
【宋会要】食货 2 之 3/4826、63 之 75/6024
【汇编】中三 3594、3613、3615、3616、3701、3708；中四 3740、3756；中六 5595
谢德方 冒领赏功
【长编标】499/11889
【长编影】499/16 下
【宋会要】兵 28 之 40/7289
【汇编】中五 5256；中六 5409
谢德权 鞫问州民阴构西夏案
【宋史】309/谢德权传/10165
【汇编】中一 1337
谢麟 经略党项西夏
【长编标】371/8990；468/11185；470/11234；475/11322；480/11425
【长编影】371/19 上；468/16 下；470/16 上；475/3 上；480/10 上
【汇编】中五 4698、5119、5142、5143、5167、5211
强渊明 点检赐夏国诏敕
【宋会要】职官 6 之 52/2522
【汇编】中六 5882

十三画

楼仲辉 出使西夏
【朝野杂记】乙集 19/边防/1180
【汇编】下 6937
楼炤 经略西北边防
【宋史】29/高宗纪 6/540；366/吴璘传/11415；367/郭浩传/11442；380/楼炤传/11717
【中兴小纪】26/301；27/305
【系年要录】129/2090；130/2099；131/2112；132/2126
【宋会要】兵 29 之 29/7307
【汇编】下 6505、6508、6509、6510、6511、6512、6513、6514、6516、6519
靳进 鄜州飞骑卒，因斩蕃酋补指挥使
【长编标】56/1230
【长编影】56/6 上
【汇编】中一 1381
蓝从周 修筑城寨
【长编标】504/12001
【长编影】504/4 下
【汇编】中六 5447
蓝继宗 使夏加恩夏太宗李德明，出使边州
【宋史】266/温仲舒传/9182；467/蓝继宗传/13633、13634
【长编标】97/2247
【长编影】97/7 下
【汇编】中一 1065、1608
蒲卣 言西夏欲通蜀道
【宋史】353/蒲卣传/11153

【汇编】中六 5758

蒲宗闵 经度茶马贸易

【宋史】184/食货志下 6・茶下/4498；193/兵志 7・召募之制/4803

【长编标】326/7856

【长编影】326/16 下

【宋会要】职官 43 之 61/3304

【汇编】中四 3959、4358、4359、4364

蒲宗孟 言永乐战败

【邵氏闻见录】5/42

【汇编】中四 4431

蒲宗敏 乞自秦州至熙州置车子铺

【宋会要】方域 10 之 25/7486

楚建中 议夏国封疆事，经略党项西夏

【宋史】323/周美传/10457；331/楚建中传/10667、10668

【长编标】159/3850；231/5610；240/5830；241/5881；244/5941；256/6248

【长编影】159/11 下；231/1 下；240/6 下；241/6 上；244/9 下；256/3 上

【汇编】上 233；中二 2821；中三 3091、3092、3597；中四 3755、3818、3819、3828、3865、3964

雷秀 进筑天都

【长编标】510/12150

【长编影】510/17 下

【宋会要】兵 9 之 4/6907

【汇编】中六 5548、5704

雷周 与党项西夏战

【宋会要】职官 67 之 11/3893

【汇编】中五 5235

雷周式 与西夏争战

【长编标】156/3777

【长编影】156/1 上

【汇编】中三 3052

雷胜 修筑堡寨

【长编标】514/12208

【长编影】514/1 上

【汇编】中六 5575

雷嗣文 拒战夏人有功

【长编标】216/5254；264/6457；272/6659

【长编影】216/3 下；264/1 下；272/3 下

【汇编】中三 3610；中四 3991

雷简夫 长安布衣，因言西事而除授

【宋史】278/雷简夫传/9460

【东轩笔录】1/1 上

【范文正公集】政府奏议下/荐举/23 上

【汇编】中二 1817、2422、2423

訾虎 与党项西夏战

【宋史】16/神宗纪 3/310；332/滕元发传/10676

【长编标】319/7703、7712；325/7820；329/7932；334/8043；335/8063、8073、8078；337/8121；338/8143；354/8478；356/8507、8515；379/9200、9206；408/9920；411/10009；458/10960；478/11392

【长编影】319/4 上、11 下；325/6 下；329/16 下；334/12 上；335/3 上、15 下；337/5 下；338/5 下；354/8 上；356/1 上、7 上；379/4 下、10 上；408/2 上；411/13 下；458/7 下；478/9 下

【宋会要】兵 18 之 12/7063

【东坡全集】16/故龙图阁学士滕公墓志铭/9 下

【涑水记闻】14/6 上

【汇编】中四 4231、4236、4247、4332、4414、4475、4488、4489、4508、4518；中五 4625、4629、4631、4727、4732、4912、4929、4962、4963、5064、5188

訾斌 与党项西夏战

【长编标】129/3053；131/3101

【长编影】129/3 上；131/9 上

【汇编】中二 2104、2216

虞策 言陕西边事

【宋史】355/虞策传/11193

【长编标】476/11348；481/11435

【长编影】476/12 上；481/1 上

【宋会要】兵 28 之 35/7287

【汇编】中五 5044、5174、5214

虞允文 以蜡书报西夏

【宋史】486/夏国传下/14026

【系年要录】197/3328

【汇编】上 91；下 6680

路诜 上言陕西四路难以兴置马监

【宋会要】职官 23 之 13/2889

【汇编】下 7015

路昌衡 应付粮草，根究河东路诸司钱帛实用

数
【长编标】317/7661；319/7701、7712
【长编影】317/4 下；319/2 上、11 下
【汇编】中四 4202、4227、4247
路琮 与党项西夏战
【长编标】507/12080
【长编影】507/7 下
【汇编】中六 5495
路福 又作鲁福，与党项西夏战
【长编影】321/12 下
【汇编】中四 4281
解元忠 出塞讨荡
【长编标】351/8405；409/9977；476/11348
【长编影】351/2 上；409/23 上；476/11 下
【汇编】中五 4618、4924、5174
解宗道 驻守米脂
【长编标】317/7673
【长编影】317/16 下
【汇编】中四 4207
解政 出界讨荡有功
【长编标】345/8271
【长编影】345/1 上
【汇编】中五 4569
鲍中和 相度索契丹所掠人畜
【长编标】61/1374；67/1505
【长编影】61/16 下；67/9 上
【汇编】中一 1428、1468
廉千 探候军情
【涑水记闻】12/7 下
【汇编】中二 2343
满志行 进筑城寨
【长编标】495/11783、11784；496/11807；507/12085
【长编影】495/17 上；496/14 上；507/12 下
【汇编】中六 5371、5372、5381、5501
窦长裕 招纳蕃部
【宋会要】选举 3 之 44/4283
【汇编】中四 3849
窦志充 言用兵熙河
【长编标】507/12092；515/12248；517/12305；518/12336
【长编影】507/17 下；515/12 下；517/8 上；518/17 下
【汇编】中六 5506、5602、5637、5651
窦玭 转运刍粮至灵州
【宋史】277/宋太初传/9422
【宋会要】职官 64 之 12/3826；兵 8 之 19/6896
【厚德录】1/1 下
【涑水记闻】2/5 上
【汇编】中一 1120、1133、1135、1136
窦神宝 与党项西夏战
【宋史】466/窦神宝传/13600、13601
【长编标】39/834；42/880
【长编影】39/6 上；42/1 上
【宋会要】兵 27 之 5/7249；方域 21 之 5/7663
【汇编】上 37；中一 1016、1031、1057、1122、1123、1131、1182、1289
窦琼 失察所管蕃官投西界
【长编标】234/5674；264/6458
【长编影】234/3 下；264/1 下
【汇编】中四 3776、3991
窦解 秦凤路效用进士，招纳蕃部有劳
【宋会要】选举 3 之 44/4283
【汇编】中四 3849
窦舜卿 与党项西夏战，经略秦州
【宋史】176/食货志上 4・屯田/4267；266/王举元传/9188；328/王韶传/10579；349/窦舜卿传/11052
【长编影】212/5144；213/5176、5188；215/5236；216/5262；224/5458、5459、5460
【长编影】212/2 上；213/10 上、20 下；215/6 下；216/9 下；224/17 下
【奏议标】136/郑獬・上神宗论种谔擅入西界/1530
【奏议影】136/郑獬・上神宗论种谔擅入西界/4705
【汇编】中三 3165、3423、3462、3556、3567、3573、3575、3598、3615、3616、3706

十四画

赫连青弁 与熙河蕃部战
【长编纪事本末】139/17 下
【汇编】中六 5749

慕兴 经略麟府
【宋史】253/孙全照传/8874
【长编标】51/1108
【长编影】51/1 下
【汇编】中一 1293、1294

慕容延钊 慕容德丰父，与党项西夏战
【宋史】251/慕容德丰传/8835
【汇编】中一 976

慕容将美 推勘边事
【长编标】493/11715；500/11907；505/12027
【长编影】493/19 下；500/6 下、7 上；505/1 上
【容斋四笔】6/5 下
【汇编】中六 5347、5419、5465、5764

慕容德丰 与党项西夏战
【宋史】251/慕容德丰传/8835、8836；254/侯延广传/8885；466/窦神宝传/13600；492/吐蕃传/14153
【长编标】19/425；39/834
【长编影】19/5 上；39/6 上
【宋太宗实录】76/35 上
【汇编】中一 976、977、979、1056、1057、1092、1114

蔡子正 蔡挺，守平凉
【宋朝事实类苑】35/452
【汇编】中三 3669

蔡子厚 蔡仲回，与党项西夏战
【甘肃新通志】29/祠祀志·祠宇下·西宁府·西宁县/31 下
【汇编】补遗 7120、7121、7122

蔡天申 请河东路置常平仓
【长编标】233/5659；250/6080
【长编影】233/14 上；250/1 上
【汇编】中四 3770、3920

蔡从 抽拨兵士换防
【河南先生文集】20/奏为擅易庆州兵救援泾原路事/8 下
【汇编】中二 2219

蔡卞 言党项西夏，言青唐吐蕃，经略党项西夏
【宋史】19/徽宗纪 1/367；314/范纯粹传/10281；472/蔡卞传/13730
【长编标】489/11607；491/11672；496/11792、11800；498/11857；500/11907；501/11944；502/11957；505/12038；509/12117；510/12144、12146；516/12283；517/12295；518/12525；519/12349；520/12380
【长编影】489/10 上；491/21 下；496/1 下、4 上；498/14 下；500/6 下；501/11 上；502/8 上；505/11 下；509/4 上；510/12 下、13 下；516/18 上；517/1 上；518/7 上；519/7 上；520/21 下
【宋会要】兵 9 之 4/6907
【宋大诏令集】63/建西安州并诸路进筑宰执转官诏（元符二年五月辛巳）/310
【皇宋十朝纲要】16/11 上
【汇编】中五 5239；中六 5316、5334、5374、5380、5396、5419、5430、5431、5475、5527、5528、5545、5546、5616、5628、5647、5659、5670、5719、5737、5742、5779

蔡旦 撰《通志论》十三篇
【玉海】141/康定论兵/15 上
【汇编】补遗 7264

蔡延庆 经略熙秦
【宋史】286/蔡延庆传/9638、9639；334/徐禧传/10722
【长编标】243/5914；244/5932；247/6021、6025、6031；248/6049；250/6103；251/6115、6120；284/6964；291/7119；297/7220、7222
【长编影】243/1 下；244/2 下；247/14 上、17 上、22 上；248/11 下；250/21 上；251/11 上、19 下；284/16 下；291/8 上；297/4 下、5 下
【东都事略】86/徐禧传/5 上
【奏议标】137/司马光·上神宗论中国当守信义不可轻议用兵/1538
【奏议影】137/司马光·上神宗论中国当守信义不可轻议用兵/4730
【栾城集】36/乞诛窜吕惠卿状/18 上
【潞公文集】19/奏议/5 下
【汇编】中四 3851、3852、3853、3862、3894、3901、3903、3908、3924、3928、3934、3935、3936、4048、4080、4091、4092、4093、4094；中五 4731；补遗 7328

蔡充明 传宣贺生获鬼章表

【东坡全集】40/批答/20 下
【汇编】中五 4862

蔡抗 纵释秦州质院诸羌
【宋史】328/蔡抗传/10578
【汇编】中三 3471

蔡京 经略熙河，经略西夏
【宋史】19/徽宗纪 1/360、367、369；20/徽宗纪 2/381；21/徽宗纪 3/400；85/地理志 1·序/2095；175/食货志上 3·和籴/4247；182/食货志下 4·盐中/4451；328/王厚传/10583；348/陶节夫传/11038；351/赵挺之传/11094、林摅传/11110；453/高永年传/13315；468/童贯传/13658；471/刑恕传/13704；472/蔡卞传/13730；486/夏国传下/14019
【长编标】465/11101；507/12081、12082；509/12117、12118、12119、12120、12129
【长编影】465/5 上；507/8 下；509/4 上、14 下
【宋会要】仪制 7 之 4/1951；兵 9 之 4/6907、14 之 20/7002、14 之 21/7003；方域 19 之 20/7635
【奏议标】141/冯澥·上徽宗论湟廓西宁三州/4911
【奏议影】141/冯澥·上徽宗论湟廓西宁三州/1597
【长编纪事本末】139/2 上；140/12 下
【三朝北盟会编】60/4 下
【皇宋十朝纲要】16/11 上、13 上
【邵氏见闻录】5/42；13/144
【愧郯录】9/岁降度牒/6 下
【汇编】上 85、229；中五 5089；中六 5497、5527、5528、5529、5530、5536、5689、5718、5725、5736、5737、5742、5762、5774、5775、5779、5781、5793、5797、5799、5815、5819、5823、5825、5845、5846、5905、5913、5917、5926、5929、5930、6043

蔡承禧 谏李宪措置熙河
【宋史】343/郑润甫传/10911；467/李宪传/13639
【奏议标】62/周尹·上神宗论遣李宪措置边事/692；63/蔡承禧·上神宗论遣李宪措置边事/694、695
【奏议影】62/周尹·上神宗论遣李宪措置边事/2293；63/蔡承禧·上神宗论遣李宪措置边事/2297、2299、2300
【汇编】中四 4027、4028、4029、4030

蔡经国 编修《九城图志》
【宋会要】方域 6 之 5/7408
【汇编】中六 5884

蔡持正 议深入进讨西夏
【龙川别志】下/93
【汇编】中五 4989、4990

蔡挺 经略党项西夏，经略熙河，使辽说契丹谕夏纳款
【宋史】190/兵志 4·河东陕西弓箭手/4724；191/兵志 5/4735；328/蔡挺传/10575、10576、10577、章楶传/10592；334/本传/10736；350/周永清传/11075
【长编标】137/3286；208/5062；212/5245；218/5308；222/5400；223/5434、5435；229/5582；230/5592、5600；231/5610；232/5636、5637；234/5677、5678；235/5703；237/5758、5767、5774；239/5819；241/5883；243/5920；244/5944；245/5966；247/6007
【长编影】137/9 下；208/14 上；212/2 上；218/14 下；222/2 下；223/17 下；229/16 下；230/6 下、14 下、15 上；231/1 下；232/8 下；234/6 下；235/8 上；237/2 上、10 上、16 下；239/12 上；241/9 下；243/1 下、8 上；244/2 下；245/15 下；247/1 上
【东都事略】82/蔡挺传/2 上
【宋会要】礼 62 之 41/1715；食货 38 之 31/5482；兵 28 之 2/7270；方域 20 之 6/7653；蕃夷 6 之 7/7822
【长编纪事本末】83/8 下
【画墁集】补遗/游公（师雄）墓志铭/1 下
【玉海】174/雍熙筑河北城垒/37 上
【华阳集】24/赐天章阁待制知渭州蔡挺告敕银器衣著并传宣抚问口宣/296
【安阳集】家传 7/1 上、7/4 上、7/4 下、7/5 上
【宋朝事实类苑】8/82；35/452；56/730
【临川集】47/赐泾原路经略使蔡挺茶药诏/13 上、赐天章阁待制知渭州蔡挺奖谕诏/13 上
【甘肃新通志】9/舆地志·关梁·平凉府·平凉

县/22下、舆地志·关梁·庆阳府·安化县/58上；13/舆地志·古迹·平凉府·平凉县/10上
【汇编】上238；中二2530、2532；中三3406、3408、3410、3423、3428、3458、3467、3486、3491、3492、3493、3534、3558、3569、3570、3593、3635、3652、3668、3669、3694、3701、3735；中四3743、3744、3751、3756、3762、3763、3774、3777、3781、3789、3795、3801、3814、3815、3829、3845、3851、3852、3853、3854、3862、3872、3886；中六5461；补遗7247、7317、7319、7320、7331

蔡奕 经度河东粮运
【忠肃集】12/直龙图阁蔡君（奕）墓志铭/164
【汇编】中四4107

蔡驷 与西夏议划界
【长编标】462/11043；470/11230、11231
【长编影】462/11上；470/11上
【汇编】中五5081、5139

蔡烨 计置河东路粮草，《汇编》中误为蔡煜
【长编标】319/7703；327/7864；329/7916；338/8140
【长编影】319/4上；327/1上；329/3下；338/2下
【汇编】中四4231、4365、4398、4515

蔡绦 作《史补》、《纪实》，记陕西边事
【系年要录】1/8
【长编纪事本末】139/5下；140/11上
【汇编】中六5731、5792、5971

蔡詠 战死延州
【长编标】126/2977
【长编影】126/10下
【涑水记闻】12/9下
【汇编】中二1927、1928、1929

蔡肇 体访边事
【长编标】499/11876；504/12001
【长编影】499/5上；504/4下
【汇编】中六5403、5446

蔡幪 奏言边事
【宋史】286/蔡延庆传/9638
【长编标】244/5932；248/6049
【长编影】244/2下；248/11下
【汇编】中四3862、3894、3908

蔡襄 言陕西边事
【宋史】300/杨偕传/9956
【长编标】140/3367、3369；142/3409、3424；152/3705
【长编影】140/8下、10上；142/24下；152/8上
【东都事略】75/蔡襄传/3上
【范文正公集】年谱/27上
【侯鲭录】410下
【汇编】中二2716、2717、2764、2766、2773；中三2988、2990、3399

臧逊 西人围镇戎军，率部拒战有劳
【栾城集】29/西掖告词/15下
【汇编】中五4842

裴大雅 德顺军得胜寨主
【长编标】151/3687
【长编影】151/21上
【汇编】中三2982

裴庄 请加恩李继迁，俟其倔强拒命，则按甲擒获
【宋史】277/裴庄传/9438
【汇编】中一1150

裴昱 赍手诏赐韩琦等
【长编标】262/6386
【长编影】262/11下
【汇编】中四3985

裴济 夏太祖李继迁陷灵州，知州裴济战死
【宋史】6/真宗纪1/117；308/裴济传/10144
【长编标】51/1118、1121
【长编影】51/10下、13下
【汇编】中一1302、1303、1306

裴得一 德顺军得胜寨主裴大雅子
【长编标】151/3687
【长编影】151/21上
【汇编】中三2982

裴得象 德顺军得胜寨主裴大雅子
【长编标】151/3687
【长编影】151/21上
【汇编】中三2982

管师仁 整顿边备

十五画

【涑水记闻】12/7 下
【汇编】中二 2343

德恭 驻兵边寨
【河南先生文集】8/又一首/8 上
【汇编】中二 2790

滕元发 言党项西夏，经略党项西夏
【宋史】332/滕元发传/10674、10676、10692
【长编标】432/10434；439/10575；473/11286
【长编影】432/10 上；439/8 上；473/6 下
【东坡全集】16/故龙图阁学士滕公墓志铭/10 上
【汇编】中三 3449；中五 4963、4969、4970、4986、4987、5155；中六 5461

滕达道 即滕甫，上言朝廷凡战守、除帅，议同而后下
【挥麈后录】1/宰相枢密分合因革/28 上
【汇编】中三 3533

滕甫 上言朝廷凡战守、除帅，议同而后下
【宋史】162/职官志 2·枢密院/3799
【奏议标】138/滕甫·上神宗谏伐西夏/1549
【奏议标】138/滕甫·上神宗谏伐西夏/4761
【长编纪事本末】32/9 下
【汇编】中三 3450、3532

滕宗谅 经略边防
【宋史】292/郑戬传/9768、王尧臣传/9774；303/滕宗谅传/10037、10038；314/范仲淹传/10272；318/王拱辰传/10360
【长编标】131/3116；144/3487、3488、3489；146/3527、3528；155/3764；205/4966
【长编影】131/21 下；144/12 下；146/1 上；155/7 上；205/4 上
【宋会要】选举 33 之 5/4758
【宋大诏令集】194/降滕宗谅等官谕陕西四路沿边诏/714
【欧阳文忠公全集】102/奏议/5 下
【范文正公集】5/答窃议/17 下；13/天章阁待制滕君墓志铭/19 下；年谱/25 上；年谱补遗/7 下、14 上；政府奏议下/荐举/28 上
【涑水记闻】9/16 上
【汇编】中二 2112、2114、2258、2556、2606、2610、2622、2670、2732、2776、2777、2778、2779、2780、2781、2791、2792、2809、2810；中三 2837、2840、3380

潘定 驻守韦州至清远军
【长编标】320/7726；321/7736；331/7969
【长编影】320/7 上；321/1 上；331/3 上
【宋会要】方域 10 之 24/7485
【汇编】中四 4256、4280、4445

潘美 诏令常具蕃部动静飞奏以闻
【太平治迹统类】2/太祖太宗经制西夏
【汇编】中一 1026

潘班 与党项西夏战
【长编标】347/8325
【长编影】347/5 下
【汇编】中五 4589

潘逢 出兵熙河
【长编标】346/8310
【长编影】346/8 下
【宋会要】兵 9 之 5/6908
【长编纪事本末】139/4 下；140/1 下
【初寮集】6/定功继伐碑/1 上
【汇编】中五 4583；中六 5728、5729、5760；补遗 7437

潘湜 延州东路巡检，与夏人战死
【长编标】125/2944
【长编影】125/6 上
【汇编】中二 1853

潘璘 与党项西夏战
【宋史】279/张凝传/9480；280/杨琼传/9501
【长编标】50/1101
【长编影】50/17 下
【宋大诏令集】94/责杨琼等诏（咸平四年闰十二月丁丑）/346
【汇编】中一 1241、1284、1285、1323

十六画

薛义 与党项西夏战，修筑堡寨
【宋史】16/神宗纪 3/310
【长编标】326/7849、7854；334/8037
【长编影】326/10 下、14 上；334/6 下
【宋会要】兵 18 之 11/7063
【陕西通志】13/山川 6·葭州/57 上
【汇编】中四 4352、4356、4357、4473；补遗 7264

薛文仲 鄜延走马承受，上言延州战事
【长编标】126/2969
【长编影】126/4 上
【涑水记闻】11/12 上
【汇编】中二 1899、1904
薛仪 议修筑城寨，与党项西夏战
【司马文正公集】79/殿中丞薛府君（薛仪字式之）墓志铭/7 下
【陕西通志】51/名宦 2/8 上
【汇编】中二 1990；补遗 7264
薛向 上言边事，经略边防财用
【宋史】181/食货志下 3 · 盐上 4420；182/食货志下 4 · 盐中/4445；198/兵志 12/4935；322/陈荐传/10444；328/薛向传/10585、10586、10587、章楶传/10592；332/滕元发传/10674、陆诜传/10681；335/种谔传/10745
【长编标】192/4639、4641；196/4742；213/5178；216/5267；218/5311；224/5457；236/5730；237/5767；238/5787；244/5932；247/6019、6031；248/6037、6038、6051；250/6088
【长编影】192/5 下、9 下；196/5 下；213/12 上；216/15 上；218/17 下；224/17 上；236/5 下；237/10 上；238/1 上；244/2 下；247/12 上、22 上；248/4 上、12 下；250/8 下
【宋会要】职官 42 之 22/3245、65 之 28/3860、65 之 29/3861；兵 5 之 6/6842、22 之 4/7145、22 之 5/7146
【奏议标】121/张方平 · 上神宗谏用兵/1332；136/司马光 · 上神宗论纳横山非便/1529、郑獬 · 上神宗论种谔擅入西界/1530；137/刘述 · 上神宗论种谔擅入西界/1532、杨绘 · 上神宗论种谔擅入西界/1533、刘述 · 上神宗论种谔薛向/1533、1534、范纯仁 · 上神宗论小人妄陈边事/1537
【奏议影】136/司马光 · 上神宗论纳横山非便/4704、郑獬 · 上神宗论种谔擅入西界/4707；137/刘述 · 上神宗论种谔擅入西界/4709、杨绘 · 上神宗论种谔擅入西界/4714、刘述 · 上神宗论种谔薛向/4714、4715、4716、4717、4718、范纯仁 · 上神宗论小人妄陈边事/4728
【长编纪事本末】58/9 上；83/9 上
【续资治通鉴】65/1601、1606、1613
【东坡全集】16/龙图阁学士滕公墓志铭/5 下
【旧闻证误】2/26
【安阳集】家传 5/5 下、6/17 上、7/1 上
【宋朝事实类苑】78/1021
【潞公文集】18/奏议/1 下、4 下
【汇编】中二 1859；中三 3257、3258、3259、3260、3282、3284、3298、3306、3311、3429、3439、3440、3444、3445、3446、3449、3458、3463、3464、3467、3468、3470、3478、3503、3516、3526、3574、3597、3617、3634、3684、3705；中四 3785、3795、3803、3862、3892、3903、3905、3909、3922、4056；中六 5462、5862；补遗 7317、7318、7321
薛昌朝 与夏人议边界
【宋史】290/郭逵传/9724
【长编标】228/5551；288/7046
【长编影】228/7 下；288/5 下
【宋会要】食货 2 之 3/4826、63 之 75/6024
【汇编】中三 3538、3730；中四 4069
薛宗道 使夏宣谕夏惠宗李秉常
【宋大诏令集】235/赐夏国秉常诏/915
薛绅 陕西路转运使
【宋会要】职官 65 之 1/3847
薛奎 护送刍粮，经略西夏
【宋史】286/薛奎传/9629、9630
【长编标】41/862；77/1763；97/2249；104/2403
【长编影】41/2 下；77/12 下；97/9 下；104/4 上
【汇编】中一 1168、1507、1508、1609、1633、1646
薛昭 缒城见李世辅
【系年要录】129/2090
【汇编】下 6505、6507
薛贻廓 议茶盐课利
【宋会要】食货 36 之 16/5440
【汇编】中一 1621
薛宥 经度陕西、河东青白盐
【长编标】128/3031
【长编影】128/5 下
【汇编】中二 2048
薛惟吉 经略秦州吐蕃

【宋史】265/薛惟吉传/9112；266/温仲舒传/9182；492/吐蕃传/14154
【汇编】中一1065、1087
薛嗣昌 乞赐泾原四处仓库、草场名额
【宋会要】食货54之5/5740、62之57/5977
【苕溪集】48/宋故敦武朗知麟州建宁寨杨公（震）墓碑/11上
【汇编】中六5843；补遗7415
燕达 与党项西夏战，与熙河吐蕃战
【宋史】15/神宗纪2/277；335/种谔传/10745；349/燕达传/11056；350/苗授传/11068；486/夏国传下/14008、14009
【长编标】214/5193、5203；217/5278；219/5330；221/5373；222/5399；223/5417；233/5663；235/5717；240/5825；253/6189；254/6221；263/6436；281/6886；315/7628
【长编影】214/1上、9下；217/7上；219/9上；221/2上、5下；222/1下；223/2上；233/16下；235/20下；240/1下；253/3下；254/13下；263/16下；281/5上；315/11下
【宋会要】兵18之3/7059；蕃夷6之9/7823
【奏议标】97/许翰·上徽宗论西师赏功之滥/1051
【奏议影】97/许翰·上徽宗论西师赏功之滥/3283
【皇宋十朝纲要】9/4上
【范太史集】40/检校司空左武卫上将军郭公墓志铭/8下、11下、12上
【金石萃编】147/折克行神道碑/1上
【汇编】上74、75、195；中三3445、3454、3474、3556、3577、3583、3595、3622、3652、3675、3678、3693、3699、3943；中四3771、3783、3818、3946、3950、3952、3960、3989、4164
燕度 勘鞫滕宗谅案
【长编标】146/3528
【长编影】146/1上
【欧阳文忠公全集】102/奏议/5下
【汇编】中二2791、2792；中三2838
燕涣 “惹流”黄河以限贼马
【长编标】477/11372
【长编影】477/18下
【宋会要】兵28之35/7287
【汇编】中五5180
燕復 建言入西界讨荡
【长编标】354/8478
【长编影】354/8上
【潞公文集】22/奏议6下
【汇编】中五4625；补遗7336
霍丙 上言永乐战事
【长编标】316/7645；329/7933；335/8072；338/8155
【长编影】316/6下；329/16下；335/10上；338/15上
【宋会要】礼62之46/1717
【汇编】中四4182、4415、4488、4521、4525
霍达 定川之役战死
【宋史】289/葛怀敏传/9760
【长编标】138/3314
【长编影】138/5上
【汇编】中二2547、2578
霍翔 相度熙河营田，管勾经制熙河路边防财用
【长编标】232/5630；278/6808；286/6997
【长编影】232/4上；278/13下；286/3下
【宋会要】职官44之42/3384
【汇编】中四3760、4024、4052
穆衍 使夏奠夏惠宗李秉常，经略熙河
【宋史】332/穆衍传/10691；342/王严叟传/10895；486/夏国传下/14015、14016
【长编标】350/8383；364/8707；382/9312、9317；390/9477；391/9513；392/9532；429/10367；446/10728；449/10792；452/10849；468/11173；470/11229；473/11286
【长编影】350/3上；364/10上；382/13上、17上；390/1下；391/8下；392/9上；429/9上；446/1上；449/13上；452/6上；468/5下；470/11上；473/6下
【宋大诏令集】236/太皇太后赐故夏国主嗣子乾顺诏（元祐元年二月十六日）/919
【奏议标】140/苏辙·上哲宗论地界/1580、苏辙·上哲宗论不可失信夏人/1582
【奏议影】140/苏辙·上哲宗论地界/4859、苏辙·上哲宗论不可失信夏人/4862
【曲洧旧闻】6/5上
【栾城集】42/论前后处置夏国乖方札子/7下

【甘肃新通志】8/形胜·兰州府·皋兰县/1下
【汇编】上81；中五4610、4659、4660、4768、4769、4773、4794、4797、4799、4801、4841、4959、5034、5035、5037、5044、5050、5051、5083、5117、5118、5138、5141、5155；补遗7360

十七画

檀倬 馆伴辽使
【三朝北盟会编】9/7上
【汇编】中六5953
戴兴 率部讨李继迁
【宋史】279/戴兴传/9476
【汇编】中一1149
戴宗荣 又作戴荣，与党项西夏战
【长编标】357/8531
【长编影】357/2下
【汇编】中五4633
戴荣 又作戴宗荣，与党项西夏战
【长编标】378/9174；407/9897
【长编影】378/1上；407/3下
【宋会要】职官66之37/3886
【汇编】中五4648、4725、4900
戴钺 求粮于伪齐地
【系年要录】72/1208
【名臣碑传琬琰集】上集12/吴武安公功绩记/186
【汇编】下6352、6353
戴嗣良 出界亡失兵马
【长编标】324/7805；330/7948
【长编影】324/9上；330/3上
【汇编】中四4324、4432
魏元忠 上西北边策
【东都事略】118/张愈传/5上
【汇编】中一1768
魏文义 与党项西夏战
【长编标】98/2278
【长编影】98/9上
【汇编】中一1615
魏庆 与熙河吐蕃战
【长编标】280/6861
【长编影】280/10下
【汇编】中四4034
魏庆宗 又作卫庆宗，与西夏战死
【宋史】486/夏国传下/14008
【长编标】214/5220；216/5255；241/5880
【长编影】214/24下；216/3下；241/6下
【汇编】上74；中三3592、3611
魏钊 与青唐吐蕃战
【宋史】318/胡宗回传/10371；350/王赡传/11072
【长编标】517/12303；520/12354
【长编影】517/8上；520/1上
【汇编】中六5623、5634、5636、5668
魏奇 攻取河州加官
【宋史】452/景思立传/13287
【长编标】235/5717；243/5919；250/6098；253/6192
【长编影】235/20下；243/8上；250/16上；253/5上
【宋会要】兵28之12/7275
【汇编】中四3783、3854、3924、3925、3926、3953
魏昭晒 与党项西夏战
【长编标】127/3005
【长编影】127/2下
【安阳集】家传1/15下
【汇编】中二1982、1983、1991
魏昭炳 与党项西夏战
【奏议标】136/欧阳修·上英宗论西边可攻四事/1525
【奏议影】136/欧阳修·上英宗论西边可攻四事/4690
魏庭坚 撰《四夷龟鉴》三十卷
【玉海】141/康定论兵/15上
【汇编】补遗7264
魏真 与青唐吐蕃战
【长编标】515/12243
【长编影】515/9上
【汇编】中六5599
魏琼 环州虎翼军士，为李继迁所掠，遁归后言夏境伤旱，引河水溉田
【长编标】54/1194

【长编影】54/17 下
【汇编】中一 1359、1360
魏智 与党项西夏战
【长编标】157/3811
【长编影】157/14 上
【涑水记闻】12/7 下
【汇编】中二 2343；中三 3070
魏璋 根括闲田及招置弓箭手
【长编标】232/5630
【长编影】232/4 上
【栾城集】28/西掖告词/15 上
【汇编】中四 3760；中五 4962
魏璪 赐夏国治平三年冬服、银绢
【宋史】485/夏国传上/14002
【汇编】上 70
襄敏公 王韶，开边熙河
【东牟集】14/右朝奉郎王公（彦隆）墓志/7 上
【汇编】补遗 7331
蹇周辅 言修筑储仓
【长编标】328/4392
【长编影】328/13 上
【汇编】中四 4392

（五）与党项西夏相关的金朝人物

三画

大磐 使夏吊祭夏仁宗李仁孝
【金史】10/章宗纪 2/230
【汇编】下 6792
兀术 遣使与夏崇宗李乾顺相约侵宋
【宋史】486/夏国传下/14021
【汇编】上 87
兀室 与党项西夏战
【宋史】486/西夏传下/14021
【大金国志】9/太宗纪/4 上
【长编拾补】54/11 上
【三朝北盟会编】10/4 下；11/4 下；14/11 下；25/1 下
【汇编】上 87；中六 5953、5964、5970、5990、6015；下 6456
女奚烈古里间 谕蕃族以讨西夏
【金史】113/白撒传/2486
【汇编】下 6872、6877
习失 与党项西夏战
【金史】72/娄室传/1651
【汇编】中六 5947
习显 以辽帝亡入西夏报高丽
【金史】135/高丽传/2885
【汇编】中六 5940

四画

王元德 报哀夏国
【金史】9/章宗纪 1/209
【汇编】下 6783
王介儒 出使西夏
【金史】134/西夏传/2866
【汇编】上 125
王立之 原西夏精方匦匣使，附金，主管夏国降户
【金史】62/交聘表下/1489；134/西夏传/2876
【汇编】上 136；下 6934
王师道 佩银牌使夏，医任得敬疾
【金史】134/西夏传/2869
【汇编】上 128
王利贞 使夏为夏桓宗李纯佑母医疾
【金史】134/西夏传/2871
【汇编】上 131
王汭 出使北宋
【三朝北盟会编】60/4 下
【汇编】中六 6047、6048
王阿海 使夏赐太宗誓诏
【金史】134/西夏传/2868
【汇编】上 126、127
王定 破夏众于新泉城
【金史】113/赤盏合喜传/2493；134/西夏传/2874
【汇编】上 134；下 6863
仆散习尼列 使夏贺国主生日
【金史】6/世宗纪上/132
【汇编】下 6722

仆散乌里黑 使夏贺国主生日
【金史】5/海陵纪/108
【汇编】下 6602
仆散守中 使夏贺国主生日
【金史】6/世宗纪上/145
【汇编】下 6736
仆散曷速罕 使夏贺国主生日
【金史】8/世宗纪下/182
【汇编】下 6774
仆散端 言党项西夏
【金史】101/仆散端传/2230
【汇编】下 6851
乌古论长寿 与西夏战
【金史】103/乌古论长寿传/2299；113/白撒传/2485；134/西夏传/2875
【汇编】上 135；下 6834、6842、6851、6869、6870
乌古论世显 乌古论长寿弟，与党项西夏战
【金史】16/宣宗纪下/353；103/乌古论长寿传/2299；113/赤盏合喜传/2493；134/西夏传/2874
【汇编】上 134；下 6863、6869
乌古论延寿 败夏人于州境
【金史】14/宣宗纪上/306；134/西夏传/2872
【汇编】上 132；下 6838
乌古论庆寿 遣军击败夏人
【金史】14/宣宗纪上/319；101/乌古论庆寿传/2239；134/西夏传/2873
【汇编】上 133；下 6843
乌古论桓端 市马于洮州
【金史】107/张行信传/2369
【汇编】下 6856
乌古论福龄 使夏贺国主生日
【金史】12/章宗纪 4/282
【汇编】下 6819
乌古论达吉不 使夏贺国主生日
【金史】10/章宗纪 2/240
【汇编】下 6798
乌古论粘没曷 从征西夏有功
【金史】120/乌古论粘没曷传/2619
【汇编】中六 5949
乌古孙弘毅 出使夏国报成
【金史】17/哀宗纪上/376；62/交聘表下/1487
【汇编】下 6900、6903
乌古孙仲端 赴西域元太祖处乞和，途经西夏
【金史】124/乌古孙仲端传/2701
【汇编】下 6876
乌克绅 镇云中，夏人不敢动
【中兴小纪】20/242
【汇编】下 6455
乌里雅 使夏贺国主生日
【金史】6/世宗纪上/135
【汇编】下 6724
乌林答琳 降夏国，晚年乞归故里
【金史】120/乌林答琳传/2627
【汇编】下 6835
乌林答谋甲 使夏贺国主生日
【金史】9/章宗纪 1/216
【汇编】下 6787
乌凌噶思谋 致书宋朝欲画河内州郡
【大金吊伐录】4/天会四年冬元帅伐宋师次高平先遣乌凌噶思谋天使人汴致书至五年二月废少主桓为庶人实录/149
【汇编】中六 6063
乌陵用章 言联络西夏牵制金朝
【南迁录】19
【汇编】下 6832

五画

古里甲石伦 与党项西夏战
【金史】111/古里甲石伦传/2439；134/西夏传/2873
【汇编】上 133；下 6860
石抹贞 使夏横赐
【金史】10/章宗纪 2/229
【汇编】下 6791
石抹仲温 屯兵临洮
【金史】98/完颜纲传/2175
【汇编】下 6817
石抹忽土 使夏贺国主生日
【金史】7/世宗纪中/168
【汇编】下 6763
石盏女鲁欢 言城镇戎以御西夏

【金史】116/石盏女鲁欢传/2541
【汇编】下 6860
石盏合喜 与党项西夏战
【金史】14/宣宗纪上/321；103/乌古论长寿传/2299；134/西夏传/2874
【汇编】上 133、134、135；下 6844、6870
术虎高琪 经略党项西夏
【金史】98/完颜纲传/2175；102/必兰阿鲁带传/2262；106/术虎高琪传/2339
【汇编】下 6817、6835、6846
术虎蒲查 使夏贺国主生日
【金史】6/世宗纪上/136
【汇编】下 6727
田瑞 攻取西夏会州
【金史】124/郭虾蟆传/2709
【汇编】下 6882
包孝成 与党项西夏战
【金史】134/西夏传/2874
【汇编】上 134
白华 言河西事
【金史】114/白华传/2506
【汇编】下 6897
白彦敬 屯兵夏金界
【金史】84/白彦敬传/1890
【汇编】下 6689
白琬 使夏贺国主生日
【金史】9/章宗纪 1/219
【汇编】下 6790
白撒 与党项西夏战
【金史】112/完颜合达传/2466；113/白撒传/2485、2486；134/西夏传/2874、2875
【汇编】上 134、135；下 6861、6869、6871、6877、6878
冯延登 使夏议和
【金史】110/李献甫传/2433
【汇编】下 6886
宁术割 败西夏援辽军
【三朝北盟会编】10/4 下；15/1 下
【汇编】中六 5953、5970
必兰阿鲁带 守上党
【金史】102/必兰阿鲁带传/2262
【汇编】下 6846
加古挞懒 使夏贺国主生日
【金史】5/海陵纪/110
【汇编】下 6607
尼玛哈 与夏人对峙边境
【系年要录】1/16 四月甲辰日注；181/3015
【汇编】中六 6015；下 6607
尼庞古 与瓜黎余族战
【金史】15/宣宗纪中/332
【汇编】下 6850
尼庞古三郎 讨积石州附夏蕃族
【金史】16/宣宗纪下/363
【汇编】下 6879
尼雅满 遣使约夏人入陕
【中兴小纪】2/28；4/47；20/242
【汇编】下 6124、6146、6455

六画

夹谷守中 被西夏俘虏
【金史】121/夹谷守中/2642
【汇编】下 6833、6834
夹谷阿里补 使夏贺国主生日
【金史】6/世宗纪上/147
【汇编】下 6742
夹谷海寿 与党项西夏战
【金史】134/西夏传/2875
【汇编】上 135
夹谷清臣 言汉人比夏人勇
【金史】94/夹谷清臣传/2083
【汇编】下 6793
夹谷瑞 与党项西夏战
【金史】15/宣宗纪中/338、339、340；16/宣宗纪下/367；134/西夏传/2874
【汇编】上 134；下 6856、6880
乔成 归国人，赍夏国书
【金史】134/西夏传/2871
【汇编】上 131
合达 上言不可伐夏
【金史】134/西夏传/2875
【汇编】上 135
多禄东贺 邛都部首领，密与西夏通
【大金国志】17/世宗纪/4 下

七画

【汇编】下 6844、6848、6863、6866、6880、6881、6882

李公直 与党项西夏战

【金史】134/西夏传/2874

【汇编】上 134

李石 主张任得敬分国

【金史】6/世宗纪上/147；134/西夏传/2869

【汇编】上 129；下 6740

李达可 使夏贺国主生日

【金史】8/世宗纪下/194

【汇编】下 6781

李师林 与党项西夏战

【金史】16/宣宗纪下/362；134/西夏传/2875

【汇编】上 135；下 6878

李昌图 按视党项西夏

【金史】91/结什角传/2018；95/粘割斡特剌传/2108

【汇编】下 6744、6746

李献甫 使西夏议和

【金史】110/李献甫传/2433

【汇编】下 6886

折希颜 崔立妹婿，疑出府州折氏

【金史】18/哀宗纪下/396；115/崔立传/2529

【汇编】下 6959、6960

把回海 驻防巩州

【金史】98/完颜纲传/2175

【汇编】下 6817

把思忠 使夏贺国主生日

【金史】9/章宗纪 1/211

【汇编】下 6785

把德固 使夏横赐

【金史】8/世宗纪下/181

【汇编】下 6773

时德元 使夏为夏桓宗李纯佑母医疾

【金史】134/西夏传/2871

【汇编】上 131

吴十 言西夏迎辽天祚帝

【金史】74/宗望传/1703

【汇编】中六 5975

余崇义 言夏国窥陕西

【大金国志】21/章宗纪/2 下

【汇编】下 6813

谷达 与党项西夏战

【金史】113/白撒传/2485

【汇编】下 6877

庐庸 与党项西夏战，言党项西夏

【金史】92/庐庸传/2042

【汇编】下 6833、6841

完颜太平 使夏贺国主生日

【金史】11/章宗纪 3/261

【汇编】下 6807

完颜正臣 使夏贺国主生日

【金史】6/世宗纪上/129

【汇编】下 6692

完颜奴婢 与夏人战

【金史】13/卫绍王纪/295

【汇编】下 6832

完颜达吉 体究陕西利害

【金史】61/交聘表中/1418；134/西夏传/2868

【汇编】上 128；下 6693

完颜伟 言党项西夏

【大金国志】19/章宗纪/5 上

【汇编】下 6798

完颜仲元 请试兵西夏

【金史】103/完颜仲元传/2265；134/西夏传/2873

【汇编】上 133；下 6844

完颜合达 与党项西夏战

【金史】15/宣宗纪中/345；110/杨云翼传/2422；112/完颜合达传/2463、2470；134/西夏传/2874

【汇编】上 134；下 6858、6859、6863、6867、6875、6878

完颜守能 被宋俘获

【朝野杂要】1/3 上

【汇编】下 6699

完颜讹可 议夏兵事

【金史】17/哀宗纪上/378；111/纥石烈牙吾塔传/2445

【汇编】下 6908

完颜希尹 上言夏盟不可信，为夏国请地

【宋史】486/夏国传下/14022

【金史】73/完颜希尹传/1684；76/杲（斜也）盏传/1738；121/粘割韩奴传/2636

【系年要录】9/227
【汇编】上 87；中六 5948、5995、5996；下 6120
完颜阿隣 与夏人战败
【金史】134/西夏传/2874
【汇编】上 135
完颜纲 经略党项西夏，出使西夏
【金史】11/章宗纪 3/257；98/完颜纲传/2174、2176、2180
【汇编】下 6804、6815、6816、6817、6846
完颜叔良 出使蒙古
【南选录】19
【汇编】下 6832
完颜忠 本名裊懒，驻防京兆
【金史】98/完颜纲传/2175
【汇编】下 6817
完颜国家奴 与党项西夏战
【金史】14/宣宗纪上/313；134/西夏传/2872
【汇编】上 132；下 6840
完颜狗儿 与党项西夏战
【金史】134/西夏传/2872、2874
【汇编】上 132、133、134
完颜胡鲁 与党项西夏战
【金史】134/西夏传/2873
【汇编】上 133
完颜胡失来 与党项西夏战
【金史】134/西夏传/2872
【汇编】上 132
完颜胡失剌 与党项西夏战
【金史】14/宣宗纪上/314
【汇编】下 6840
完颜昱 驻防凤翔
【金史】98/完颜纲传/2175
【汇编】下 6817
完颜思忠 驻防六盘
【金史】98/完颜纲传/2175
【汇编】下 6817
完颜思恭 以废立事报谕夏国
【金史】5/海陵纪/94
【汇编】下 6583
完颜衷 使夏贺国主生日
【金史】10/章宗纪 2/234
【汇编】下 6795
完颜闾山 与党项西夏战
【金史】134/西夏传/2874
【汇编】上 134
完颜斜里虎 使夏贺国主生日
【金史】8/世宗纪下/184
【汇编】下 6775
完颜觌古速 使夏贺国主生日
【金史】7/世宗纪中/165
【汇编】下 6760
完颜蒲鲁虎 使夏贺国主生日
【金史】7/世宗纪中/171
【汇编】下 6766
完颜赛也 使夏横赐
【金史】6/世宗纪上/144
【汇编】下 6735
完颜赛不 与党项西夏战
【金史】14/宣宗纪上/318、321；113/完颜赛不传/2479；123/杨沃衍传/2684；134/西夏传/2873
【汇编】上 133；下 6841、6843、6844
完颜撒里合 使夏贺国主生日
【金史】11/章宗纪 3/250
【汇编】下 6801
完颜履信 使夏吊祭
【金史】17/哀宗纪上/378
【汇编】下 6908
完颜璘 驻防成纪
【金史】98/完颜纲传/2175
【汇编】下 6817
完颜燮 使夏贺国主生日
【金史】12/章宗纪 4/270
【汇编】下 6810
张天纲 出使西夏讲和
【金史】62/交聘表下/1487
【汇编】下 6900
张中彦 与党项西夏战
【宋史】26/高宗纪 3/483
【金史】79/张中彦传/1789
【中兴小纪】26/296
【三朝北盟会编】143/2 上
【系年要录】38/726；52/919；125/2046；126/

2049；130/2099
【汇编】下 6243、6245、6246、6247、6295、6496、6497、6499、6512、6725
张仲轲 与海陵王论讨平天下
【金史】129/张仲轲传/2780
【汇编】下 6603
张行信 乞市马洮河等州
【金史】107/张行信传/2369
【汇编】下 6856
张汝弼 出使谕西夏
【南迁录】19
【汇编】下 6832
张宬 与党项西夏战
【金史】15/宣宗纪中/330
【汇编】下 6849
张福孙 出使西夏
【金史】120/乌林答琳传/2627
【汇编】下 6835
阿土罕 与党项西夏战
【金史】72/娄室传/1650
【汇编】中六 5947
阿不罕德甫 使夏横赐
【金史】7/世宗纪中/170
【汇编】下 6765
阿卢补 又作阿离补，抚定熙河
【金史】3/太宗纪/63；77/宗弼传/1753
【汇编】下 6258
阿骨打 与党项西夏战
【长编纪事本末】143/17 上
【三朝北盟会编】10/4 下；11/14 下；12/4 上
【靖康稗使】宣和奉使录/13
【皇宋十朝纲要】18/13 下
【汇编】中六 5952、5953、5963、5964、5966、5972、5983
阿离补 又作阿卢补，抚定熙河
【金史】80/阿离补传/1810
【汇编】下 6258
阿勒根和衍 使夏横赐
【金史】6/世宗纪上/132
【汇编】下 6720
阿鲁带 与党项西夏战
【金史】9/章宗纪 1/219；134/西夏传/2871
【汇编】上 130；下 6790
阿鲁保 使夏贺国主生日
【金史】5/海陵纪/109
【汇编】下 6604
陈规 面谕与西夏讲和事
【金史】17/哀宗纪上/376
【汇编】下 6900
陀满胡土门 与党项西夏战
【金史】14/宣宗纪上/315；108/胥鼎传/2379；123/陀满胡土门传/2687；134/西夏传/2872、2873
【汇编】上 132、133；下 6840、6841、6848
纳兰记僧 掩袭诸蕃族帐
【金史】15/宣宗纪中/332
【汇编】下 6850
纳兰伴僧 招纳蕃族
【金史】101/仆散端传/2232
【汇编】下 6842
纳合买住 与党项西夏战
【金史】15/宣宗纪中/345；111/古里甲石伦传/2443；112/完颜合达传/2465；116/承立传/2551；134/西夏传/2874
【榆林府志】4/葭州·水/16 上
【汇编】上 134；下 6858、6859、6860、6861、6875
纳合蒲剌都 击走夏人围攻
【金史】122/纳合蒲剌都传/2662
【汇编】下 6842
纳林心波 招诱西蕃进攻西夏
【金史】113/白撒传/2486
【汇编】下 6872
纳哈塔富拉塔 与党项西夏战
【畿辅通志】77/大名府/14 上
【汇编】下 6855

八画

耶律坦 招徕西南诸部
【金史】2/太祖纪/37；76/杲（斜也）盏传/1738
【汇编】中六 5946
耶律福 使夏国横赐
【金史】60/交聘表上/1402

【金史】15/宣宗纪中/332；16/宣宗纪下/354；101/仆散端传/2232
【汇编】下 6850、6851、6864

九画

胡盏 与党项西夏战
【金史】81/蒲察胡盏传/1819
【汇编】中六 5948
胡什赉 使夏贺国主生日
【金史】7/世宗纪中/160
【汇编】下 6756
赵防 与党项西夏战
【金史】15/宣宗纪中/338；134/西夏传/2865
【汇编】上 134；下 6856
赵秉文 出使西夏
【金史】110/赵秉文传/2428
【庶斋老学丛谈】中下/8 上
【归潜志】10（知不足斋本）/6 下
【汇编】下 6830、6906、6959
赵梅 抚谕蕃族
【金史】113/白撒传/2486
【汇编】下 6872
挞辣 又作挞懒，与党项西夏战
【宋史】475/刘豫传/13802
【汇编】下 6489
挞懒 又作挞辣，与党项西夏战
【大金国志】10/熙宗纪/1 下
【汇编】下 6489
骨鞠门 阴坡族，叛归西夏
【金史】16/宣宗纪下/367
【汇编】下 6880
独吉温 使夏横赐
【金史】11/章宗纪 3/259
【汇编】下 6805
洛索 又作罗索，与党项西夏战
【系年要录】11/253；12/279；18/367
【汇编】下 6123、6124、6126、6146
突撚补攧 与党项西夏战
【金史】72/娄室传/1650
【汇编】中六 5947
姜伯通 与党项西夏战
【金史】134/西夏传/2865
【汇编】上 132
娄室 与党项西夏战
【金史】2/太祖纪/37；3/太宗纪/48、59、60；70/习室传/1623；72/娄室传/1650、1651、1652、拔离速传/1665；73/完颜希尹传/1685；76/杲（斜也）盏传/1739；81/蒲察胡盏传/1819；134/西夏传/2865
【汇编】上 125、127；中六 5947、5948、5976、5996；下 6147、6159、6160
娄宿 与党项西夏战
【三朝北盟会编】10/4 下
【汇编】中六 5953
胥鼎 与党项西夏战
【金史】134/西夏传/2865
【汇编】上 133

十画

哥鲁葛波古 使夏横赐
【金史】4/熙宗纪/84
【汇编】下 6580
聂天骥 出使西夏讲和
【金史】62/交聘表下/1487
【汇编】下 6900
党世昌 与党项西夏战
【金史】134/西夏传/2865
【汇编】上 134
唤端 却西夏援兵
【金史】120/乌古论粘没曷传/2619
【汇编】中六 5949
徒单牙武 与党项西夏战
【金史】113/白撒传/2486
【汇编】下 6877
徒单丑儿 与党项西夏战
【金史】14/宣宗纪上/303；134/西夏传/2865
【汇编】上 131；下 6834
徒单仲华 使夏横赐
【金史】11/章宗纪 3/251
【汇编】下 6801
徒姑且 出使宋朝
【长编纪事本末】143/2 上

【汇编】中六 5954
奚胡失海 使夏贺国主生日
【金史】8/世宗纪下/181
【汇编】下 6774
爱申阿失刺 与党项西夏战
【金史】113/白撒传/2485；134/西夏传/2865
【汇编】上 135；下 6869
郭虾蟆 与党项西夏战
【金史】113/赤盏合喜传/2498；124/郭虾蟆传/2708、2709
【汇编】下 6851、6875、6881、6882
高希甫 使夏贺国主生日
【金史】6/世宗纪上/142
【汇编】下 6733
唐括合达 使夏贺国主生日
【金史】9/章宗纪 1/224
【汇编】下 6791
唐括昉 与党项西夏战
【金史】16/宣宗纪下/364；134/西夏传/2865
【汇编】上 135；下 6879
唐括阿忽里 使夏横赐
【金史】7/世宗纪中/156
【汇编】下 6753
唐括鹘鲁 使夏贺国主生日
【金史】6/世宗纪上/140
【汇编】下 6731
海陵 经略党项西夏
【金史】91/完颜撒改传/2011；129/张仲轲传/2782
【汇编】下 6583、6603

十一画

萧中立 使夏贺国主生日
【金史】5/海陵纪/99
【汇编】下 6591
萧庆 计议西夏
【大金吊伐录】3/与宋主书/98；4/天会四年冬元帅伐宋师次高平先遣乌凌噶思谋天使人汴致书至五年二月发宋少主恒为庶人实录/149、行府与楚书/133
【靖康要录】16/1019
【汇编】中六 6063、6064；下 6093、6095
萧恭 经画夏国边界
【金史】5/海陵纪/110
【汇编】下 6605
萧谊忠 使夏贺国主生日
【金史】5/海陵纪/115
【汇编】下 6621
萧彭哥 使夏贺国主生日
【金史】5/海陵纪/98
【汇编】下 6588
萨里罕 与党项西夏战
【中兴小纪】20/242
【三朝北盟会编】183/5 下
【汇编】下 6455、6487
曹记僧 与党项西夏战
【金史】134/西夏传/2865
【汇编】上 132
曹佛留 经略河湟
【金史】98/完颜纲传/2175
【汇编】下 6815
曹普贤 经略河湟
【金史】98/完颜纲传/2175
【汇编】下 6815、6816
崇夔 使夏贺国主生日
【金史】8/世宗纪下/201
【汇编】下 6783
移剌宁 又作移剌郁，使夏横赐
【金史】9/章宗纪 1/214
【汇编】下 6786
移剌成 招抚熙河蕃部
【金史】91/结什角传/2016
【汇编】下 6745
移剌郁 又作移剌宁，使夏横赐
【金史】11/章宗纪 3/248
【汇编】下 6800
移剌塔不也 又作移剌答不也，与党项西夏战
【金史】14/章宗纪上/315
【汇编】下 6840
移剌答不也 又作移剌塔不也，与党项西夏战
【金史】134/西夏传/2865
【汇编】上 133
移剌窝斡 奔走夏国

【金史】88/唐括安礼传/1964；133/移剌窝斡传/2859
【汇编】下 6691、6764

移剌熙载 使夏贺国主生日
【金史】6/世宗纪上/138
【汇编】下 6730

斜也（杲） 与党项西夏战
【金史】70/习室传/1623；76/杲（斜也）盏传/1739
【汇编】中六 5948

斜卯毛良虎 败夏人于环州
【金史】14/宣宗纪上/306
【汇编】下 6838

斜卯阿土 使夏贺国主生日
【金史】8/世宗纪下/198
【汇编】下 6782

斜卯和尚 使夏贺国主生日
【金史】7/世宗纪中/163
【汇编】下 6758

斜卯掴剌 使夏横赐
【金史】6/世宗纪上/137
【汇编】下 6729

商衡 率蕃部御夏
【金史】124/商衡传/2697
【汇编】下 6862

粘罕 又作黏罕，经略西夏
【宋史】349/姚古传/11061
【大金国志】3/太宗纪/7 下；4/太宗纪/3 下；5/太宗纪/4 上；9/太宗纪/4 上
【三朝北盟会编】10/4 下；11/14 下；14/11 下；48/13 上；60/4 下；74/1 上；99/5 上
【皇宋十朝纲要】19/8 上
【挥麈后录】4/夏人沮粘罕之气/15 上
【太平治迹统类】26/15 上
【汇编】中六 5953、5964、5970、5982、5993、6008、6011、6019、6049；下 6083、6102、6118、6456

粘割忠 使夏横赐
【金史】10/章宗纪 2/238
【汇编】下 6798

粘割胡上 使夏贺国主生日
【金史】10/章宗纪 2/237
【汇编】下 6795

粘割斡特剌 按视党项西夏，使夏贺国主生日
【金史】7/世宗纪中/157；91/结什角传/2018；95/粘割斡特剌传/2107
【汇编】下 6746、6744、6753

婆卢火 驻守延安
【金史】72/娄室传/1652
【汇编】下 6160

谋良虎 使夏贺国主生日
【金史】5/海陵纪/101
【汇编】下 6595

十二画

敬嗣晖 传谕夏国奏告使
【金史】60/交聘表上/1411
【汇编】下 6602

韩玉 与党项西夏战
【金史】110/韩玉传/2429
【汇编】下 6830

程陈僧 诱夏人寇金
【金史】14/宣宗纪上/305；103/乌古论长寿传/2299；123/陀满胡土门传/2687；134/西夏传/2872
【汇编】上 132；下 6838、6841、6842

奥敦良弼 使夏报成
【金史】17/哀宗纪上/376；62/交聘表下/1487
【蒙兀儿史记】3/成吉思可汗本纪下/30 上
【汇编】下 6898、6900、6903

温迪罕思敬 使夏册封夏襄宗李安全
【金史】12/章宗纪 4/277
【汇编】下 6816

温敦永昌 与党项西夏战
【金史】113/白撒传/2485；134/西夏传/2875
【汇编】上 135；下 6869

温敦斡喝 使夏横赐
【金史】5/海陵纪/107
【汇编】下 6601

禄大 会州城破，被夏人擒获
【金史】124/郭虾蟆传/2708
【汇编】下 6851

十三画

十四画

十五画

撒拇 又作撒虏毋、撒毋，使夏许割四州八馆之地
【宋史】486/夏国传下/14021
【汇编】上87
撒虏毋 又作撒毋、撒拇，使夏许割四州八馆之地
【三朝北盟会编】25/5上
【汇编】中六5993
撒离曷 又作撒离喝、撒里曷，经略党项西夏
【宋史】475/刘豫传/13802
【大金国志】9/太宗纪/4上；10/熙宗纪/1下
【汇编】下6456、6489、6491
撒离喝 又作撒离曷、撒里曷，与党项西夏战
【金史】3/太宗纪/63；72/彀英传/1661；84/昂传/1886
【三朝北盟会编】183/5下
【汇编】下6258、6285、6487、6493、6494
撒海 使夏横赐
【金史】60/交聘表上/1402
【汇编】下6574

十七画

黏罕 经略党项西夏
【宋史】486/夏国传下/14021、14023、14025
【东都事略】127、128/附录5、6
【汇编】上87、89、91、111
黏没喝 经略党项西夏
【长编拾补】54/11上
【汇编】中六6015

（六）与党项西夏相关的蒙元人物

三画

三合拔都 经西夏伐金
【元圣武亲征录】89
【汇编】下6839
乞失里黑 平西夏有功
【蒙兀儿史记】25/乞失里黑传/3下
【汇编】下6931
也罕的斤 从征西夏
【元史】133/也罕的斤传/3226
【汇编】下6932
也遂 成吉思汗妻，从征西夏
【元朝秘史】14/1上、9上
【汇编】下6912、6913、6927
也遂可敦 从征西夏
【蒙兀儿史记】44/脱栾传/1下
【汇编】下6901

四画

王罕 汪罕，与党项西夏战，奔走西夏
【元朝秘史】5/21下、29下；7/9上
【蒙兀儿史记】2/成吉思可汗本纪上/26下；20/札木合传/6下、20上；49/耶律阿海传/1上
【汇编】下6796、6797、6802、6806、6808、6809
王楫 从征西夏
【元史】153/王楫传/3612
【汇编】下6908
王德真 从平西夏
【蒙兀儿史记】48/王德真传/14上
【汇编】下6932
元太宗 经略党项西夏
【元史】123/阿术鲁传/3025；125/高智耀传/3072；131/奥鲁赤传/3190；133/叶仙鼐传/3227；165/完颜石柱传/3886
【雍虞先生道园类稿】25/重建高文忠公祠记/18下
【汇编】上311、324；下6929、6930、6931、6932
元太祖 经略党项西夏
【元史】60/地理志3·肃州路/1450、地理志3·亦集乃路/1451；67/礼乐志1/1664；118/特薛禅传/2915；122/昔里钤部传/3011、昔儿吉思传/3015、雪不台传/3009、槊直腯鲁华传/3013；123/抄儿传/3027、也蒲甘卜传/3027；129/李惟忠传/3155；132/昂吉儿传/3213；133/业仙鼐传/3227、失里伯传/3234、暗伯传/3236；134/斡扎簣传/3254、朵罗台

传/3264；135/塔海铁木儿传/3276；165/完颜石柱传/3886；169/谢仲温传/3977
【元史译文证补】15/海都补传/1 上；26 上/地理志・西北地附录・释地上・畏兀儿地/3 下
【元朝秘史】5/21 下；13/26 上；14/1 上、9 上
【蒙古源流笺证】3/18 下；4/1 上
【蒙兀儿史记】122/铁迈赤传/3003
【永乐大典】2806/5 下
【大藏经】佛祖历代通载 32/41 下
【牧庵集】3/资善大夫中书左丞赠银青荣禄大夫平章政事谥武愍公李公家庙碑/5 下；19/资德大夫云南行中书省右丞李公神道碑/8 下
【秋涧先生大全文集】51/大元故大名路宣差李公神道碑/5 下
【雍虞先生道园类稿】42/立智理威忠惠公神道碑/25 下
【光绪平远县志】10/文艺・预旺城城隍庙记/51 下
【正德大名府志】10/元大名达鲁花赤昔李公墓志铭/38 上、元礼仪院判昔李公墓志铭/40 下
【民族研究】1979 年第 1 期/大元肃州路也可达鲁花赤世袭之碑/69
【汇编】上 261、271、283、287、299、300、301、338、356、381、390、405；下 6796、6823、6825、6827、6852、6853、6910、6912、6914、6918、6926、6928、6929、6930、6931、6932、6934、6955、7085、7086；补遗 7160、7172、7174

元文宗 母文献昭圣皇后为唐兀氏
【元史】32/文宗纪 1/703；187/逯鲁曾传/4292
【汇编】下 7044、7065

元世祖 经略党项西夏
【元史】145/亦怜真班传/3445
【永乐大典】2806/5 下
【闻过斋集】1/王氏家谱叙/22 上
【民族研究】1979 年第 1 期/大元肃州路也可达鲁花赤世袭之碑/69
【汇编】上 298、384；补遗 7160、7210

元武宗 经略党项西夏
【宋学士全集】18/元赠开府仪同三司上柱国星吉公神道碑铭/18 上
【汇编】上 471

元宪宗 经略党项西夏
【正德大名府志】10/40 下
【民族研究】1979 年第 1 期/大元肃州路也可达鲁花赤世袭之碑/69
【汇编】上 298；补遗 7175

木华黎 与党项西夏战，假道西夏取陇右
【金史】113/赤盏合喜传/2493
【元史】1/太祖纪・铁木真/21；11/孛秃传/2922；135/塔海帖木儿传/3276；147/史天祥传/3488；149/石天应传/3526
【汇编】下 6857、6873、6874、6879、6880、6881、6884、6931

木合黎 木华黎，假道西夏取关中
【元朝秘史】14/1 上
【蒙兀儿史记】27/木合黎传/5 上；28/孛斡儿出传/4 上
【汇编】下 6873、6905、6915

不秃 从成吉思汗平西夏
【蒙兀儿史记】23/不秃传/8 下
【汇编】下 6930

巴儿术 畏兀儿王，从太祖征西夏
【元史译文证补】26 上/地理志・西北地附录・释地上・畏兀儿地/3 下
【汇编】下 6929

五画

札合敢不 又作札罕不，本名怯烈，幼为西夏虏获，赐名
【蒙兀儿史纪】20/札木合传/20 下
【汇编】下 6803

札罕不 又作札合敢不，本名乞谏，幼时为唐古特所获
【元史译文证补】1 上/15 上
【汇编】下 6589

艾貌 攻河西有功
【金史】123/艾貌传/3039
【汇编】下 6910

古儿罕 被逐入夏地
【元朝秘史】5/16 下
【元史译文证补】1 上/15 上
【蒙兀儿史记】20/王罕传/1 下
【汇编】下 6588、6589、6590

古由克 又名贵由，定宗名
【元史译文证补】1下/21下
【汇编】下6899

石天应 令夏人取延州
【元史】149/石天应传/3526
【蒙兀儿史记】27/木合黎传/5下
【汇编】下6873、6875

叶仙鼐 畏吾人，随元太祖平西夏
【元史】133/叶仙鼐传/3227
【汇编】下6931

史天祥 破西夏贺兰军
【蒙兀儿史记】3/成吉思可汗本纪下/28下
【汇编】下6881

失里伯 从太祖征西夏
【元史】133/失里伯传/3234
【汇编】下6931

汉都虎 西征河西
【元史】151/张拔都传/3580
【汇编】下6857

六画

成吉思汗 经略党项西夏，与党项西夏战
【蒙兀儿史记】3/成吉思可汗本纪下/19上、30上、30下、31下；4/斡歌歹可汗本纪/2上；23/不秃传/8下；28/孛斡儿出传/4上；28/纳图儿传/15上；29/曷思麦里传/8下、速别额台传/11上；33/拖雷传/1上、1下；37/漠北三大汗诸子·合失传/1上；44/脱栾传/1下、2下；48/王德真传/14上；76/安西王忙哥剌传/4下
【元朝秘史】13/1上；14/1上、9上
【元史译文证补】1下/后妃公主表补辑/35上
【蒙兀儿史记】2/成吉思可汗本纪上/31上；34/拙赤传/1下
【黑鞑事略】18
【蒙古源流笺证】3/18下；4/1上
【汇编】下6811、6829、6853、6854、6898、6901、6902、6905、6910、6911、6912、6913、6914、6915、6917、6818、6924、6925、6926、6927、6929、6930、6931、6932、6933

合撒儿 收养夏国主孙
【元史】129/李惟忠传/3155
【汇编】上338

亦剌合 又作你勒合、亦腊喝翔昆、亦敕合、亦剌哈、桑昆，遁走西夏
【元史】1/太祖纪/11
【元圣武亲征录】60
【元朝秘史】8/5上
【汇编】下6807

亦腊喝翔昆 又作你勒合、亦剌合、亦敕合、亦剌哈、桑昆，走投西夏
【元史】1/太祖纪/23
【蒙兀儿史记】2/成吉思可汗本纪上/31上；3/成吉思可汗本纪下/30上
【汇编】下6811、6812、6898、6903

七画

麦里 卒于河西
【元史】132/麦里传/3210
【汇编】下6932

孛罗 与党项西夏战
【元史】149/刘黑马传/3516
【汇编】下6886

孛鲁 与党项西夏战
【元史】119/孛鲁传/2936；150/何实传/3551
【蒙兀儿史记】3/成吉思可汗本纪下/29上；28/孛斡儿出传/4上；57/阔阔不花传/1上、蒙古不花传/5下
【汇编】下6883、6884、6885、6905

孛斡儿出 从讨西夏
【蒙兀儿史记】28/孛斡儿出传/4上
【元朝秘史】14/1上
【汇编】下6905、6915

苏伯格特依 从成吉思汗征西夏
【蒙古源流笺证】4/3下
【汇编】下6922

吾也而 从征河西
【元史】120/吾也而传/2968
【汇编】下6885

折别儿 谕降西夏河西
【元史】133/也罕的斤传/3226

【汇编】下 6933

你勒合 又译亦腊喝翔昆、亦勅合，亦剌哈、桑昆，走投西夏

【蒙兀儿史记】2/成吉思可汗本纪上/26 下、31 上；20/札木合传/20 上；49/耶律阿海传/1 上

【汇编】下 6808、6809、6811

库延 窝阔台子

【元史】译文证名/1 下/21 下

【汇编】下 6899

汪可汗 汪罕，奔走西夏

【元圣武亲征录】23、32、45

【汇编】下 6796、6803、6806

汪罕 奔走西夏

【元史】1/太祖纪/5、6、7、10、11

【汇编】下 6796、6802、6806、6807

完颜石柱 从征西域、河西

【元史】165/完颜石柱传/3886

【汇编】下 6932

张文谦 经略党项西夏

【元史】157/张文谦传/3696

【汇编】下 6989

张拔都 西征河西

【元史】151/张拔都传/3580

【汇编】下 6857

阿术鲁 征讨西夏

【元史】123/阿术鲁传/3024；152/杨杰只哥传/3593

【汇编】下 6930

阿束 总领河西军

【元史】99/兵志 2/2527

【汇编】下 7031

阿沙 总领河西军

【元史】14/世祖纪 11/300；99/兵志 2・宿卫/2527

【汇编】下 7031、7036

阿答赤 往招西夏沙州

【雪楼程先生文集】25/魏国公先世述/16 下

【汇编】上 291

纳图儿 从成吉思汗征西夏

【蒙兀儿史记】28/纳图儿传/15 上

【汇编】下 6931

八画

青吉斯 成吉思汗，与党项西夏战

【蒙兀儿史记】3/成吉思可汗本纪下/31 下

【汇编】下 6924

耶律楚材 与党项西夏战

【元史】146/耶律楚材传/3455

【乾隆宁夏府志】22/纪事/50 下

【汇编】下 6909、6954、6958

昔儿吉思 从成吉思汗征河西

【元史】122/昔儿吉思传/3015

【汇编】下 6932

拖雷 经略党项西夏

【蒙兀儿史记】3/成吉思可汗本纪下/30 上；33/拖雷传/1 上；44/脱栾传/2 下

【元史译文证补】1 下/21 下

【汇编】下 6898、6899、6926

呼图克特穆尔 往招西夏沙州

【牧庵集】19/资德大夫云南行中书省右丞李公神道碑/8 下

【汇编】上 287

忽都帖木儿 往招西夏沙州

【秋涧先生大全文集】51/大元故大名路宣差李公神道碑铭/5 下

【汇编】上 283

忽都铁穆儿 往招西夏沙州

【元史】122/昔里钤部传/3011

【汇编】上 271

绍古儿 麦里吉台氏，与党项西夏战

【元史】123/绍古儿传/3025

【汇编】下 6932

九画

按陈 从太祖平西夏

【元史】118/特薛禅传/2915

【汇编】下 6929

哈萨而 与西夏战

【蒙古源流笺证】4/3 下

【汇编】下 6922

哈喇哈孙 从平河西

【元史】136/哈喇哈孙传/3291

【汇编】下 6931

曷思麦里 从征西夏
【元史】120/曷思麦里传/2970
【蒙兀儿史记】29/曷思麦里传/8下；40/薛赤兀儿传/10下
【汇编】下6899、6928、6929、6980

十画

贾塔剌浑 将唐兀、契丹、女真兵
【元史】151/贾塔剌浑传/3577
【汇编】下6862
速不台 从征河西
【元史】121/速不台传/2977
【汇编】下6910
速别额台 从成吉思汗征西夏
【蒙兀儿史记】29/速别额台传/11上
【汇编】下6901
速哈特 娶夏国主女
【元史译文证补】1下/后妃公主表补辑/35上
【汇编】下6829
�里 攻伐西夏
【元朝名臣事略】1之1/太师鲁国忠武王（木华黎）传/6上
【汇编】下6879
铁木真 与西夏战
【蒙兀儿史记】3/成吉思可汗本纪下/31下
【元朝秘史】14/9上
【隆德县志】1/古迹/24下
【汇编】下6924、6926；补遗7252
铁迈赤 从太祖定西夏
【蒙兀儿史记】122/铁迈赤传/3003
【汇编】下6930
桑昆 又作你勒合、亦腊喝翔昆、亦勒合、亦剌哈、亦剌合，汪罕之子，遁走西夏
【元朝秘史】8/5上
【蒙兀儿史记】2/成吉思可汗本纪上/31上；49/耶律阿海传/1上
【汇编】下6807、6809、6811

十一画

菊儿可汗 又称菊儿罕，败走西夏
【元圣武亲征录】21
【汇编】下6589
菊儿罕 又称菊儿可汗，败走西夏
【元史】1/太祖纪/5
【汇编】下6588
雪不台 又作速不台，从征河西
【元史】122/雪不台传/3009；123/艾貌传/3039
【汇编】下6910
斜里吉不花 与夏合攻金
【金史】113/赤盏合喜传/2493
【汇编】下6880
脱仑 议说唐兀
【元史译文补正】1下/22下
【元朝秘史】14/1上
【蒙古源流笺证】4/1上
【汇编】下6913、6915、6917、6918
脱栾 言党项西夏，抚纳西夏
【蒙兀儿史记】3/成吉思可汗本纪下/31下；44/脱栾传/1下、2下
【汇编】下6901、6921、6925

十二画

奥鲁赤 从太祖征西夏
【元史】131/奥鲁赤传/3190
【汇编】下6929
窝阔台 从成吉思汗征西夏
【元史译文证补】1下/21下
【汇编】下6899
谢睦欢 迎降蒙古
【元史】169/谢仲温传/3977
【汇编】下6827
禄同 与唐兀通婚
【正德大名府志】10/元大名达鲁花赤昔李公墓志铭/38上
【汇编】补遗7173

十三画

蒙古不花 守西夏银州
【元史】119/木华黎传/2931
【蒙兀儿史记】3/成吉思可汗本纪下/29上
【汇编】下6883、6884

蒙古主 即成吉思汗
【乾隆宁夏府志】22/纪事/50 下
【汇编】下 6954

十四画

睿宗 经略党项西夏
【元史】133/也罕的斤传/3226
【汇编】下 6933
槊直腯鲁华 从太祖征西夏
【元史】122/槊直腯鲁华传/3013
【汇编】下 6825

十六画

薛赤兀儿 从征河西
【蒙兀儿史记】40/薛赤兀儿传/10 下
【汇编】下 6899
薛塔剌海 从征河西
【元史】151/薛塔剌海传/3563
【汇编】下 6932

四、西夏遗民及其后裔

一画

一斋 唐兀人，大府监提点勃罗帖穆尔号
【至正昆山郡志】2/名宦/7 上
【汇编】补遗 7217

二画

卜元吉 唐兀氏，居天台
【台州府志】99/1395 下
卜兰台 字敬贤，唐兀闾马孙，达海次子
【宁夏社会科学】1987 年第 1 期/大元赠敦武校尉军民万户府百夫长唐兀公碑铭/88
【述善集校注】3/大元赠敦武校尉军民万户府百夫长唐兀公碑铭并序/137、昆季字说/159
【汇编】补遗 7164
卜颜铁木儿 乌密氏、吾密氏、嵬名氏，《增订〈元代西夏人物表〉》为卜颜帖木儿
【元史】144/卜颜铁木儿传/3436、3437
【蒙兀儿史记】154/色目氏族上/34 下
【汇编】上 453、454、455、579、580
八都儿 老索赐号，河西人，居保定
【中国藏西夏文献】18/顺天路达鲁花赤河西老索神道碑/150
九姐 唐兀闾马母
【宁夏社会科学】1987 年第 1 期/大元赠敦武校尉军民万户府百夫长唐兀公碑铭/88
【述善集校注】3/大元赠敦武校尉军民万户府百夫长唐兀公碑铭并序/137
【汇编】补遗 7166
九住哥 又作玖珠格，唐兀氏，监察御史
【至正金陵新志】6/64 上
【汇编】下 7072
乃蛮歹 唐兀氏黄头六子
【蒙兀儿史记】154/色目氏族上/34 下
【道园学古录】40/9 上
【汇编】上 535、600
乃蛮氏 唐兀闾马孙帖穆妻
【宁夏社会科学】1987 年第 1 期/大元赠敦武校尉军民万户府百夫长唐兀公碑铭/88
【汇编】补遗 7165、7166
乃蛮氏 唐兀闾马五子买儿妻
【宁夏社会科学】1987 年第 1 期/大元赠敦武校尉军民万户府百夫长唐兀公碑铭/88
【述善集校注】3/大元赠敦武校尉军民万户府百夫长唐兀公碑铭并序/137
【汇编】补遗 7166
乃蛮氏 唐兀闾马系童儿妻
【宁夏社会科学】1987 年第 1 期/大元赠敦武校尉军民万户府百夫长唐兀公碑铭/88
【述善集校注】3/大元赠敦武校尉军民万户府百夫长唐兀公碑铭并序/137
【汇编】补遗 7165

三画

三旦八 西夏遗民，字山堂，江浙平章政事
【元史】44/顺帝纪 7/931；45/顺帝纪 8/944；142/纳麟传/3408
【梧溪集】1/江浙平章三旦八第宅观敕赐龙电剑引/5 下
【铁崖文集】2/江浙平章三旦八公勋德碑/1 上
【汇编】上 319、560、562、563；下 7081、7084；补遗 7216
三哥儿 唐兀仙仙弟，甘肃省左丞
【永乐大典】2806/5 下
【汇编】补遗 7160
士元 唐兀氏明安达尔字
【元史】195/明安达尔传/4415
【蒙兀儿史记】154/色目氏族上/34 下

【汇编】上 528、598

大慈都 西夏遗民，太子詹事

【元史】22/武宗纪 1/499、506

【汇编】下 7048

万奴 唐兀昔李钤部孙

【蒙兀儿史记】154/色目氏族上/34 下

【正德大名府志】10/元大名达鲁花赤昔李公墓志铭/38 上

【秋涧先生大全文集】51/大元故大名路宣差李公神道碑铭/5 下

【汇编】上 285、583；补遗 7173

兀尼儿威 又作乌尼尔威，河西史氏乞台普济同父异母弟

【蒙兀儿史记】154/色目氏族上/34 下

【汇编】上 589

兀纳氏 又作乌纳氏，河西史氏乞台普济母，夏王外孙，生五子

【蒙兀儿史记】154/色目氏族上/34 下

【汇编】上 589

山马 唐兀氏，澧州同知

【隆庆岳州府志】13/天一阁明代方志选刊/714

山住 唐兀氏黄头弟

【新元史】182/黄头传/6 上

【蒙兀儿史记】154/色目氏族上/34 下

【道园学古录】40/9 上

【汇编】上 530、532、601

山堂 西夏遗民三旦八，字山堂

【铁崖文集】2/江浙平章三旦八公勋德碑/1 上

【汇编】上 562

乞台普济 河西史氏，母为夏王外孙

【元史】22/武宗纪 1/480、486、488、498、499、501、504、505；23/武宗纪 2/509、513、514、525；24/仁宗纪 1/555；26/仁宗纪 3/583；110/三公表/2779、2780；112/宰相年表/2813、2814、2815

【新元史】199/乞台普济传/3 下

【蒙兀儿史记】10/海山可汗本纪/10 上；48/镇海传/12 上；154/色目氏族上/34 下

【雪楼程先生文集】26/1 下

【汇编】上 536、537、549、587；下 6987、7044、7045、7047、7048、7049、7050、7051、7055

乞答哈 唐兀昔李钤部系小李玉子

【正德大名府志】10/元礼仪院判昔李公墓志铭/40 下

【汇编】补遗 7175

久住 河西人，昭信校尉，至大四年镇江路判官

【至顺镇江志】15/元刺守镇江路总管府/18 上

【汇编】下 7052

及里木 嵬名察罕养父

【元史】120/察罕传/2955

【汇编】上 242

广儿 字志贤，又名伯颜普化，唐兀闾马孙，当儿子

【宁夏社会科学】1987 年第 1 期/大元赠敦武校尉军民万户府百夫长唐兀公碑铭/88

【述善集校注】3/大元赠敦武校尉军民万户府百夫长唐兀公碑铭并序/137、昆季字说/160

【汇编】补遗 7165

卫安 唐兀闾马系帖穆次子

【宁夏社会科学】1987 年第 1 期/大元赠敦武校尉军民万户府百夫长唐兀公碑铭/88

【述善集校注】3/大元赠敦武校尉军民万户府百夫长唐兀公碑铭并序/137

【汇编】补遗 7165

也儿吉尼 又作也克吉儿、也儿吉你、额尔吉纳、额尔济纳，河西史氏乞台普济子

【元史】22/武宗纪 1/484、497、504；23/武宗纪 2/523；24/仁宗纪 1/541；27/英宗纪 1/600、605；33/文宗纪 2/732、741；34/文宗纪 3/760；35/文宗纪 4/785、786；92/百官志 8/2333

【蒙兀儿史记】154/色目氏族上/34 下

【汇编】上 587；下 7045、7047、7048、7051、7052、7057、7058、7062、7063、7064

也儿吉尼 唐兀氏，字尚文，又作额尔吉纳，广西平章

【元史】46/顺帝纪 9/963

【新元史】219/也儿吉尼/7 下

【永乐大典】2343/18 上

【至正金陵新志】6/历代官制·题名/63 下

【汇编】上 549、550；下 7071、7085；补遗 7200

也儿吉你 又作也儿吉尼、额尔吉纳、也克吉儿、额尔济纳，河西史氏乞台普济子
【元史】29/泰定帝纪1/643、645；32/文宗纪1/723
【汇编】下7059、7062

也失迷 宁夏人迈里古思祖
【东维子文集】24/故忠勇西夏侯迈公墓铭/6下
【汇编】上515

也先不华 又作额森布哈、也先不花，唐兀氏王用文父
【蒙兀儿史记】154/色目氏族上/34下
【汇编】上593

也先不花 宁夏人来阿八赤孙
【元史】129/来阿八赤传/3143
【蒙兀儿史记】154/色目氏族上/34下
【汇编】上333、590

也先帖儿 唐兀昔李钤部孙女
【雪楼程先生文集】25/魏国公先世述/16下
【汇编】上293

也先帖木儿 唐兀人，至元二年监察御史
【至正金陵新志】6/历代官制·题名/62下
【汇编】下7067

也先帖木儿 又作伊齐特穆尔，河西史氏乞台普济孙
【蒙兀儿史记】154/色目氏族上/34下
【汇编】上588

也先帖木儿 唐兀昔李钤部孙
【蒙兀儿史记】154/色目氏族上/34下
【雪楼程先生文集】25/魏国公先世述/16下
【汇编】上293、583

也先帖尼 唐兀昔李钤部系野速普花次女
【正德大名府志】10/元大名达鲁花赤昔李公墓志铭/38上
【汇编】补遗7173

也克吉儿 又作额尔吉纳、也儿吉你、也儿吉尼、额尔济纳，河西史氏乞台普济子
【新元史】199/乞台普济传/3下
【汇编】上536、537、538

也速迭儿 河西人，廉访使
【乾隆宁夏府志】13/人物·乡献/17上
【汇编】补遗7220

也怜帖木儿 唐兀氏，字文卿
【东维子集】12/浙西宪府经历司题名记/四库本1221－490

也蒲甘卜 又作野蒲甘卜，唐兀氏昂吉儿父
【元史】123/也蒲甘卜传/3027、3028
【汇编】上300

小丑 唐兀氏朵罗台祖
【元史】134/朵罗台传/3264
【蒙兀儿史记】154/色目氏族上/34下
【汇编】上405、594

小李玉 唐兀昔李钤部系玉里止吉住孙
【正德大名府志】10/元礼仪院判昔李公墓志铭/40下
【汇编】补遗7175

小李玉黑 唐兀昔李钤部叔父
【正德大名府志】10/元礼仪院判昔李公墓志铭/40下
【汇编】补遗7174

小钤部 唐兀昔李钤部三子
【元史】9/世祖纪6/177
【蒙兀儿史记】154/色目氏族上/34下
【正德大名府志】10/元大名达鲁花赤昔李公墓志铭/38上
【牧庵集】19/资德大夫云南行中书省右丞李公神道碑/8下
【秋涧先生大全文集】51/大元故大名路宣差李公神道碑铭/5下
【汇编】上285、287、583；下6992；补遗7173

子约 西夏遗民
【夷白斋稿】12/1上
【汇编】上553

马氏 唐兀闾马四子当儿妻，《述善集校注》作冯氏
【宁夏社会科学】1987年第1期/大元赠敦武校尉军民万户府百夫长唐兀公碑铭/88
【述善集校注】3/大元赠敦武校尉军民万户府百夫长唐兀公碑铭并序/137
【汇编】补遗7165

马的室理 唐兀世族暗伯孙
【元史】145/亦怜真班传/3447
【蒙兀儿史记】154/色目氏族上/34下
【汇编】上386、585

马剌室理 唐兀世族暗伯孙

【元史】145/亦怜真班传/3447
【蒙兀儿史记】154/色目氏族上/34 下
【汇编】上 386、586

四画

友石山人 唐兀氏王用文，先世陷没于夏景宗李元昊
【新元史】233/王翰传/12 下
【闻过斋集】5/友石山人墓志铭/15 下；7/友石山人真赞/17 上
【汇编】上 551；补遗 7204、7205
友石先生 唐兀氏王用文，先世陷没于夏景宗李元昊
【闻过斋集】6/友石先生传/16 上
【汇编】补遗 7206、7207
王夫人 唐兀氏也先帖木儿祖母
【雪楼程先生文集】3/故祖母唐兀真氏追封泰安王夫人制/13 上
【汇编】上 565
王夫人 唐兀氏杨教化妻
【虞文靖公道园全集】35/正议大夫江南湖北道肃政廉访使特赠宣忠效力翊戴功臣大司徒金紫光禄大夫上柱国夏国公谥襄敏杨公神道碑/6 上
【汇编】上 506
王公 唐兀氏王用文
【闻过斋集】3/潮州三皇庙记/9 上；4/景山楼记/28 上
【汇编】补遗 7212、7213、7216
王氏 宁夏人师克恭妻
【待制集】10/师氏先生茔碑铭/四库本 1210－352
王氏 唐兀氏杨教化妻
【虞文靖公道园全集】35/正议大夫江南湖北道肃政廉访使特赠宣忠效力翊戴功臣大司徒金紫光禄大夫上柱国夏国公谥襄敏杨公神道碑/6 上
【汇编】上 507
王氏 西夏宗室李恒妻
【吴文正公集】42/元故荣禄大夫江西等处行中书省平章政事李公墓志铭/2 下
【牧庵集】3/资善大夫谥武愍公李公家庙碑/5 上
【汇编】上 359、373
王氏 唐兀昔李钤部系教化母
【雪楼程先生文集】2/故母王氏追封魏国夫人制/6 下；25/魏国公先世述/16 下
【牧庵集】19/资德大夫云南行中书省右丞李公神道碑/8 下
【汇编】上 287、293、296、297
王氏 唐兀闾马子闾儿妻
【宁夏社会科学】1987 年第 1 期/大元赠敦武校尉军民万户府百夫长唐兀公碑铭/88
【述善集校注】3/大元赠敦武校尉军民万户府百夫长唐兀公碑铭并序/137
【汇编】补遗 7165
王氏 唐兀闾马子镇化台妻
【宁夏社会科学】1987 年第 1 期/大元赠敦武校尉军民万户府百夫长唐兀公碑铭/88
【述善集校注】3/大元赠敦武校尉军民万户府百夫长唐兀公碑铭并序/137
【汇编】补遗 7165
王用文 唐兀氏王翰字，先世陷没于夏景宗李元昊，赐姓唐兀氏，镇庐州
【新元史】233/王翰传/12 下
【闻过斋集】1/送王潮州叙/16 下；4/游上林记/2 下、景山楼记/28 上；5/友石山人墓志铭/15 下
【汇编】上 551；补遗 7204、7209、7212、7213
王伟 唐兀氏王用文子
【闻过斋集】5/友石山人墓志铭/15 下
【汇编】补遗 7205
王修 唐兀氏王用文子
【闻过斋集】5/友石山人墓志铭/15 下
【汇编】补遗 7205
王将军 唐兀氏，镇庐州王额森布哈
【闻过斋集】5/故王将军夫人孙氏墓志铭/13 下
【汇编】补遗 7207、7208
王偁 唐兀氏王用文子
【新元史】233/王翰传/12 下
【闻过斋集】5/友石山人墓志铭/15 下
【汇编】上 551；补遗 7205
王潮州 唐兀氏王用文，曾守潮州

【闻过斋集】1/送王潮州叙/16 下
【汇编】补遗 7208
王额森布哈 又作也先不华、也先不花，唐兀氏王用文父，镇庐州
【闻过斋集】5/故王将军夫人孙氏墓志铭/13 下
【汇编】补遗 7207
王翰 唐兀氏，先世陷没于夏景宗李元昊
【新元史】233/王翰传/12 下
【蒙兀儿史记】154/色目氏族上/34
【闻过斋集】1/王氏家谱叙/22 上；3/潮州三皇庙记/9 上；5/友石山人墓志铭/15 下
【汇编】上 551、593；补遗 7204、7210、7215
天广 唐兀昔里钤部系乞答哈次子字
【正德大名府志】10/元礼仪院判昔李公墓志铭/40 下
【汇编】补遗 7174
元宾 唐兀氏丑闾舅
【梧溪集】5/梦观闾元宾/14 下
【汇编】补遗 7199
元童 唐兀氏黄头三子
【蒙兀儿史记】154/色目氏族上/34 下
【道园学古录】40/昭毅大将军平江路总管府达鲁花赤兼管内劝农事黄头墓碑/9
【汇编】上 532、600
云中郡伯 塘乌氏
【伊滨集】21/书塘乌氏碑后/13 上
【汇编】上 569
云岩 西夏贵族鲁俟宗岱自号
【铁崖文集】5/云岩说/29 下
【汇编】上 565
木八剌 西夏遗民，两浙盐使司同知，《增订〈元代西夏人物表〉》为木八剌沙
【东维子文集】23/两浙盐使司同知木八剌沙侯善政碑/1 上
【汇编】上 556
木花里 嵬名察罕长子
【元史】120/察罕传/2957、木花里传/2957
【蒙兀儿史记】154/色目氏族上/34 下
【汇编】上 244、581
木念兹 唐兀氏野仙普化曾祖
【蒙兀儿史记】154/色目氏族上/34 下
【汇编】上 597
木速忽勒 又作穆苏和勒、穆苏和勒善，河西虎益父
【蒙兀儿史记】154/色目氏族上/34 下
【汇编】上 589
五十六 唐兀氏，字正卿，秘书大监
【蒙兀儿史记】154/色目氏族上/34 下
【汇编】上 602
不老 字绍贤，唐兀闾马孙，当儿子
【宁夏社会科学】1987 年第 1 期/大元赠敦武校尉军民万户府百夫长唐兀公碑铭/88
【述善集校注】3/大元赠敦武校尉军民万户府百夫长唐兀公碑铭并序/137
【汇编】补遗 7165
不华 又作不花，唐兀氏杨朵儿只子
【虞文靖公道园全集】12/御史中丞杨襄愍公神道碑/1 上
【汇编】上 497、501
不花 又作不华，唐兀氏杨朵儿只子
【元史】179/杨朵儿只传/4155、不花传/4155
【蒙兀儿史记】154/色目氏族上/34 下
【虞文靖公道园全集】35/正议大夫江南湖北道肃政廉访使特赠宣忠效力翊戴功臣大司徒金紫光禄大夫上柱国夏国公谥襄敏杨公神道碑/6 上
【汇编】上 488、489、507、591
不花帖木儿 唐兀氏，广西平章也儿吉尼子
【新元史】219/也儿吉尼传/7 下
【汇编】上 550
太不花 宁夏人来阿八赤孙
【元史】129/来阿八赤传/3143
【蒙兀儿史记】154/色目氏族上/34 下
【汇编】上 333、590
日尔塞 又作日而塞，河西史氏乞台普济弟，母为夏王外孙
【新元史】199/乞台普济传/3 下
【牧庵集】26/开府仪同三司中书右丞相史公先德碑/1 上
【汇编】上 537、546
日而塞 又作日尔塞，河西史氏乞台普济弟，母为夏王外孙
【蒙兀儿史记】154/色目氏族上/34 下
【汇编】上 588

从安 唐兀闾马系卜兰台子
【宁夏社会科学】1987年第1期/大元赠敦武校尉军民万户府百夫长唐兀公碑铭/88
【述善集校注】3/大元赠敦武校尉军民万户府百夫长唐兀公碑铭并序/137
【汇编】补遗7164

从善 唐兀昔李钤部系野速普花字
【正德大名府志】10/元大名达鲁花赤昔李公墓志铭/38上
【汇编】补遗7172

从道 唐兀氏，买住字，同知安州事
【蒙兀儿史记】154/色目氏族上/34下
【汇编】上597

公安 唐兀氏安笃剌父
【蒙兀儿史记】154/色目氏族上/34下
【汇编】上599

乌尼尔威 又作兀尼儿威，河西史氏乞台普济同父异母弟，《增订〈元代西夏人物表〉》中为托罗台子
【牧庵集】26/开府仪同三司中书右丞相史公先德碑/1上
【汇编】上546

乌纳氏 又作兀纳氏，河西史氏乞台普济母，夏王外孙，从封夏国夫人
【牧庵集】26/开府仪同三司中书右丞相史公先德碑/1上
【汇编】上545

长白 西夏宗室李恒自号
【牧庵集】3/资善大夫谥武愍公李公家庙碑/5上
【汇编】上359

长安 唐兀闾马子达海女婿
【宁夏社会科学】1987年第1期/大元赠敦武校尉军民万户府百夫长唐兀公碑铭/88
【汇编】补遗7164

长城君 宁夏人迈里古思
【东维子文集】24/故忠勇西夏侯迈公墓铭/6下
【汇编】上516

月忽难 宁夏人迈里古思曾祖，《增订〈元代西夏人物表〉》为忽难
【东维子文集】24/故忠勇西夏侯迈公墓铭/6下
【汇编】上515

认管你 唐兀氏塔不台父
【蒙兀儿史记】154/色目氏族上/34下
【汇编】上599

文伯要觧 河西人，中大夫
【至顺镇江志】15/元剌守镇江府路总管府条/9上
【汇编】下7055

文殊奴 唐兀氏杨朵儿只子
【元史】41/顺帝纪4/867
【蒙兀儿史记】154/色目氏族上/34下
【虞文靖公道园全集】12/御史中丞杨襄愍公神道碑/1上
【汇编】上501、591；下7073

文卿 唐兀氏也怜帖木儿字
【东维子集】12/浙西宪府经历司题名记/四库本1221－491

文献昭圣皇后 唐兀氏，元文宗母
【元史】32/文宗纪1/703；33/文宗纪2/730、732；35/文宗纪4/780；75/祭祀志4/1876；106/后妃表/2698；114/后妃1/2875
【汇编】上241；下7044、7062

火失不花 河西人，中顺大夫
【至顺镇江志】17/司属通政院/34上
【汇编】下7041

火夺都 河西人拜延父
【元史】133/拜延传/3224、3225
【蒙兀儿史记】154/色目氏族上/34下
【汇编】上309、595

孔氏 唐兀闾马系脱脱妻
【宁夏社会科学】1987年第1期/大元赠敦武校尉军民万户府百夫长唐兀公碑铭/88
【述善集校注】3/大元赠敦武校尉军民万户府百夫长唐兀公碑铭并序/137
【汇编】补遗7165

尹氏 唐兀氏余阙母
【宋学士全集】11/余左丞传/1上
【汇编】上423

丑时中 唐兀氏丑闾字
【元史】195/丑闾传/4417
【蒙兀儿史记】154/色目氏族上/34下
【学言稿】2/送丑时中安陆知府/4上
【汇编】上528、598；补遗7198

丑闾 又作丑间，唐兀氏，至元五年监察御史
【至正金陵新志】6/历代官制·题名/63上
【汇编】下7069

丑闾 唐兀氏，字时中，京畿漕运副使
【元史】195/丑闾传/4417
【蒙兀儿史记】154/色目氏族上/34下
【梧溪集】4/寄福建参政景福仲祯今削发为僧名福大全前台御史丑闾时中仲子也/16上；5/梦观间元宾/14下
【汇编】上528、529、598；补遗7199

巴约特 唐兀昔李钤部系教化女婿
【牧庵集】19/资德大夫云南行中书省右丞李公神道碑/8下
【汇编】上287

巴雅抡氏 宁夏人师克恭妻，《增订〈元代西夏人物表〉》为拜叶伦氏
【待制集】10/师氏先生茔碑铭/四库本1210-352

五画

布兀剌 嵬名察罕次子
【元史】135/塔出传/3273
【蒙兀儿史记】154/色目氏族上/34下
【汇编】上255、581

布色岱尔 唐古氏，承直郎
【至正金陵新志】6/四库本492-333

布都尔威 河西史氏乞台普济曾孙
【牧庵集】26/开府仪同三司中书右丞相史公先德碑/1上
【汇编】上547

玉出干必阇赤 西夏皇族李桢赐名
【元史】124/李桢传/3051
【汇编】上269

玉里沙 唐兀昔李钤部系野速普花长子
【正德大名府志】10/元大名达鲁花赤昔李公墓志铭/38上
【汇编】补遗7173

玉珍 唐兀闾马孙女
【宁夏社会科学】1987年第1期/大元赠敦武校尉军民万户府百夫长唐兀公碑铭/88
【汇编】补遗7165

正卿 唐兀氏五十六字
【蒙兀儿史记】154/色目氏族上/34下
【汇编】上602

甘卜 唐兀昔里钤部
【元史】122/昔里钤部传/3011
【汇编】上271、273

甘立 河西人，字允从
【书史会要】7/四库本814-762

世式 唐兀人，监察御史
【至正金陵新志】6/历代官制·题名/62下
【汇编】下7068

世剌 又作失剌，唐兀氏杨朵儿只祖，夏国公
【虞文靖公道园全集】35/正议大夫江南湖北道肃政廉访使特赠宣忠效力翊戴功臣大司徒金紫光禄大夫上柱国夏国公谥襄敏杨公神道碑/6上
【汇编】上506

世兼千户 河西史氏乞台普济孙女
【牧庵集】26/开府仪同三司中书右丞相史公先德碑/1上
【汇编】上547

世雄 唐兀氏黄头别名
【新元史】182/黄头传/6上
【蒙兀儿史记】154/色目氏族上/34下
【道园学古录】40/9上
【汇编】上529、532、600

术都儿威 又作珠特尔威，河西史氏乞台普济同父异母弟
【蒙兀儿史记】154/色目氏族上/34下
【汇编】上589

术速忽里 宁夏人来阿八赤父，《增订〈元代西夏人物表〉》为木速忽里
【元史】129/来阿八赤传/3141
【蒙兀儿史记】154/色目氏族上/34下
【汇编】上330、590

平江公 唐兀氏黄头
【道园学古录】40/9上
【汇编】上532

业母 唐兀氏买住曾祖
【蒙兀儿史记】154/色目氏族上/34下
【汇编】上597

田氏 唐兀昔李钤部妻

【秋涧先生大全文集】51/大元故大名路宣差李公神道碑铭/5下
【牧庵集】19/资德大夫云南行中书省右丞李公神道碑/8下
【雪楼程先生文集】2/故祖母田氏追封魏国夫人制/6上；25/魏国公先世述/16下
【汇编】上285、287、292、295、296

仙仙 唐兀西卑孙，唐兀亲军都指挥使
【永乐大典】2806/5下
【汇编】补遗7160

令只沙 唐兀举立沙系剌麻朵儿只四子
【民族研究】1979年第1期/大元肃州路也可达鲁花赤世袭之碑/69
【汇编】上298、299

尔禄 河西史氏乞台普济子
【新元史】199/乞台普济传/3下
【牧庵集】26/开府仪同三司中书右丞相史公先德碑/1上
【汇编】上537、547

失刺 又作世刺，唐兀氏杨朵儿只祖
【蒙兀儿史记】154/色目氏族上/34下
【虞文靖公道园全集】12/御史中丞杨襄愍公神道碑/1上
【汇编】上499、591

失刺唐兀台 又作式腊唐兀台、失刺唐吾台，唐兀氏杨朵儿只父
【虞文靖公道园全集】12/御史中丞杨襄愍公神道碑/1上
【汇编】上499

失刺唐吾台 又作式腊唐兀台、失刺唐兀台，唐兀氏杨朵儿只父
【蒙兀儿史记】154/色目氏族上/34下
【汇编】上591

白氏 唐兀昔李钤部妻
【秋涧先生大全文集】51/大元故大名路宣差李公神道碑铭/5下
【汇编】上285

冯答兰帖木 灵州臧卜子
【万历宁夏志】上/人物/16上
【汇编】补遗7221

立吉儿威 又作拉吉尔威，河西史氏乞台普济祖
【蒙兀儿史记】154/色目氏族上/34下
【汇编】上587

立智理威 嵬名察罕从子，阿波古次子
【元史】120/察罕传/2958、亦力撒合传/2958、立智理威传/2958、2959
【蒙兀儿史记】154/色目氏族上/34下
【雍虞先生道园类稿】42/立智理威忠惠公神道碑/25下
【汇编】上245、246、247、260、580、581

必申达尔 唐兀氏，至元六年监察御史，《增订〈元代西夏人物表〉》为必申达儿
【至正金陵新志】6/历代官制·题名/63下
【汇编】下7071

必宰牙 嵬名察罕系塔出次子
【元史】135/塔出传/3275
【蒙兀儿史记】154/色目氏族上/34下
【至正集】58/故漕运同知粘合公妻逸的氏墓志铭/12下
【汇编】上258、267、580、582

必塔 唐古特人，广西廉访佥事
【广西通志】52/四库本566－504

永年公 西夏遗民，南台御史大夫
【夷白斋稿】20/3下
【汇编】上559

永济尚师 永济和尚，河西人，西夏释氏之宗，称为祖师
【万历宁夏志】上/名僧/23下
【汇编】补遗7221

永济和尚 永济尚师，河西人，西夏释氏之宗，称为祖师
【弘治宁夏新志】2/36上
【汇编】上564

永锡 西夏人买术字
【东维子集】23/重建海道都漕运万户府碑/四库本1221－619

弘吉刺氏 嵬名察罕妻
【元史】120/察罕传/2955
【汇编】上242

弘家奴 唐兀氏，监察御史
【至正金陵新志】6/历代官制·题名/63上
【汇编】下7069

奴伦 河西人星吉妻

【宋学士全集】18/元赠开府仪同三司上柱国星吉公神道碑铭/18上
【汇编】上476
民氏 河西老索孙忽都不花妻
【中国藏西夏文献】18/顺天路达鲁花赤河西老索神道碑/150

六画

式腊唐兀台 又作失剌唐兀台、失剌唐吾台，唐兀氏杨朵儿只父
【虞文靖公道园全集】35/归田稿/6上
【汇编】上504、507
吉连布 河西史氏乞台普济孙女
【牧庵集】26/开府仪同三司中书右丞相史公先德碑/1上
【汇编】上547
吉甫 河西人星吉字
【元史】144/星吉传/3438
【宋学士全集】18/元赠开府仪同三司上柱国星吉神道碑铭/18上
【汇编】上457、471
吉昌 初名达尔麻识理，河西人星吉子
【蒙兀儿史记】154/色目氏族上/34下
【宋学士全集】18/元赠开府仪同三司上柱国星吉神道碑铭/18上
【汇编】上470、476、595
吉祥文卿 西夏遗民
【夷白斋稿】外集/39下
【汇编】上571
老索 赐号八都儿，河西人，居保定
【中国藏西夏文献】18/顺天路达鲁花赤河西老索神道碑150
耳玉 唐兀举立沙系刺麻朵儿只次子
【民族研究】1979年第1期/大元肃州路也可达鲁花赤世袭之碑/69
【汇编】上298
西止 唐兀昔李钤部孙女
【雪楼程先生文集】25/魏国公先世述/16下
【汇编】上293
西卑 唐兀氏，充博儿赤
【永乐大典】2806/5下
【汇编】补遗7160
西夏六十 西夏遗民，平江达鲁花赤
【夷白斋稿】12/1上；27/光福观音显应记/3上
【汇编】上553；下7080
西夏文书讷 西夏遗民，吴郡都水庸田使
【夷白斋稿】27/光福观音显应记/3上
【汇编】下7080
有恒 唐兀氏野仙普化字
【蒙兀儿史记】154/色目氏族上/34下
【汇编】上597
存中 唐兀人，大府监提点勃罗帖穆尔字
【至正昆山郡志】2/名宦/7上
【汇编】补遗7217
达石帖木儿 宁夏人，刑部侍郎
【元诗选癸集】宋元传记资料丛刊/北京图书馆出版社影印/207
达尔麻识理 吉昌初名，河西人星吉子
【蒙兀儿史记】154/色目氏族上/34下
【宋学士全集】18/元赠开府仪同三司上柱国星吉公神道碑铭/18上
【汇编】上476、595
达实和尔布 又作达实忽儿巴，河西史氏乞台普济孙
【牧庵集】26/开府仪同三司中书右丞相史公先德碑/1上
【汇编】上546
达实忽儿巴 又作达实和尔布，河西史氏乞台普济孙
【蒙兀儿史记】154/色目氏族上/34下
【汇编】上587
达哈 宁夏人，岭南广西道肃政廉访司，嘉议大夫，《增订〈元代西夏人物表〉》中为荅哈
【广西通志】52/四库本566-501
达海 唐兀闾马长子
【宁夏社会科学】1987年第1期/大元赠敦武校尉军民万户府百夫长唐兀公碑铭/88
【述善集校注】3/大元赠敦武校尉军民万户府百夫长唐兀公碑铭并序/137
【汇编】补遗7162
达理麻 又作荅里麻，嵬名察罕系立智理威孙
【元史】120/察罕传/2955
【汇编】上247

迈公 宁夏人迈里古思

【东维子文集】31/跋忠勇西夏侯迈公墓铭/5 下

【始丰稿】14/题迈里古思保越事迹后/15 下

【汇编】上 517、522

迈里古思 宁夏人吴氏，又名迈里古斯，侨居松江

【元史】188/石抹宜孙传/4309、迈里古思传/4310、4311

【九灵山房集】1/迈里古思公平寇诗/2 下；13/迈院判哀诗序/9 上

【东维子文集】24/故忠勇西夏侯迈公墓铭/6 下

【宋学士全集】9/赠行军镇抚迈里古斯平寇诗序/7 下

【始丰稿】13/上虞顾君墓志铭/7 上

【保越录】1

【南村辍耕录】10/8 上；23/11 上

【梧溪集】4 上/赠黄将军中奉其故主将迈里古思判枢母夫人归吴分韵得烟字时岁戊戌/21 下

【汇编】上 509、510、513、515、518、519、521；下 7083、7084；补遗 7197、7198

迈里古斯 宁夏人，又名迈里古思

【丁鹤年集】3/寄迈里古斯院判/3 下

【汇编】补遗 7198

迈讷 唐兀闾马女

【宁夏社会科学】1987 年第 1 期/大元赠敦武校尉军民万户府百夫长唐兀公碑铭/88

【述善集校注】3/大元赠敦武校尉军民万户府百夫长唐兀公碑铭并序/137

【汇编】补遗 7162、7166

迈院判 宁夏人迈里古思

【梧溪集】4 上/赠黄将军中奉其故主将迈里古思判枢母夫人归吴分韵得烟字时岁戊戌/21 下

【汇编】补遗 7197

迈善卿 宁夏人迈里古思

【梧溪集】3/寄迈善卿宪幕时总戎越中/50 下

【汇编】补遗 7198

托多 唐兀氏，广西廉访副使，《增订〈元代西夏人物表〉》中为朵朵

【广西通志】52/四库本 566－503

托克托 宁夏人，江西肃政廉访使

【江西通志】46/四库本 514－509 下

托克托 唐兀氏，字清卿，《增订〈元代西夏人物表〉》中为脱脱

【金台集】1/送都水大监托克托清卿使君奉命塞白茅决河/四库本 1215－283

托罗岱 又作朵罗台，河西史氏乞台普济弟，母为夏主外孙女，《增订〈元代西夏人物表〉》中为托罗台

【牧庵集】26/开府仪同三司中书右丞相史公先德碑/1 上

【汇编】上 546

邪卜不花 张掖刘完泽女婿

【雍虞先生道园类稿】42/彭城郡侯刘公神道碑/1 上

【汇编】上 404

师升 宁夏人师克恭子

【待制集】10/师氏先生茔碑铭/四库本 1210－352

师托克托穆尔 宁夏人师克恭弟，《增订〈元代西夏人物表〉》为师脱脱木儿

【待制集】10/师氏先生茔碑铭/四库本 1210－352

师克恭 宁夏人师某子，又名朵列秃

【待制集】10/师氏先生茔碑铭/四库本 1210－352

师某 宁夏人，父为夏国僧官，国中称大姓

【待制集】10/师氏先生茔碑铭/四库本 1210－352

师恒 宁夏人师克恭子

【待制集】10/师氏先生茔碑铭/四库本 1210－352

师晋 宁夏人师克恭子

【待制集】10/师氏先生茔碑铭/四库本 1210－352

师博啰登 宁夏人师克恭弟师托克托穆尔子，《增订〈元代西夏人物表〉》师勃罗登

【待制集】10/师氏先生茔碑铭/四库本 1210－352

师德宁 宁夏人师克恭弟师托克托穆尔子

【待制集】10/师氏先生茔碑铭/四库本 1210－352

当儿 唐兀闾马四子

【宁夏社会科学】1987 年第 1 期/大元赠敦武校尉军民万户府百夫长唐兀公碑铭/88
【述善集校注】3/大元赠敦武校尉军民万户府百夫长唐兀公碑铭并序/137
【汇编】补遗 7162、7165
曲也怯祖 嵬名察罕叔父，夏国进士，入元镇回鹘，官达鲁花赤
【元史】120/察罕传/2955
【蒙兀儿史记】154/色目氏族上/34 下
【雍虞先生道园类稿】42/立智理威忠惠公神道碑/25 下
【汇编】上 244、261、580
朱氏 唐兀氏黄头妻
【道园学古录】40/昭毅大将军平江路总管府达鲁花赤兼管内劝农事黄头公墓碑/9 上
【汇编】上 535
朱沙 唐兀氏塔不台祖
【蒙兀儿史记】154/色目氏族上/34 下
【汇编】上 599
传思郎 唐兀氏明安达尔祖
【蒙兀儿史记】154/色目氏族上/34 下
【汇编】上 598
仲凯 唐古特人桑哥实理字
【元秘书监志】9/四库本 596－841
【蒙兀儿史记】154/色目氏族上/34 下
【汇编】上 602
仲实 张掖刘完泽子观音奴字
【蒙兀儿史记】154/色目氏族上/34 下
【汇编】上 592
仲祯 景福字，又名景大全，唐兀氏丑闾子
【梧溪集】4 下/16 上
【汇编】补遗 7199
伦秃儿威 又作伦图尔威，世系不同，存疑，河西史氏乞台普济子
【蒙兀儿史记】154/色目氏族上/34 下
【汇编】上 588
伦彻彻 河西人星吉曾祖母
【宋学士全集】18/元赠开府仪同三司上柱国星吉公神道碑铭/18 上
【汇编】上 471
伦图尔威 又作伦秃儿威，世系不同，存疑，河西史氏乞台普济孙
【牧庵集】26/开府仪同三司中书右丞相史公先德碑/1 上
【汇编】上 546
伊齐特穆尔 又作也先帖木儿，河西史氏乞台普济孙
【牧庵集】26/开府仪同三司中书右丞相史公先德碑/1 上
【汇编】上 546
伊埒 唐古氏，儒林
【至正金陵新志】6/四库本 492－331
伊埒哲伯 唐兀氏，南台御史中丞
【至正金陵新志】6/四库本 492－318
延安 唐兀闾马系换住次子
【宁夏社会科学】1987 年第 1 期/大元赠敦武校尉军民万户府百夫长唐兀公碑铭/88
【述善集校注】3/大元赠敦武校尉军民万户府百夫长唐兀公碑铭并序/137
【汇编】补遗 7165
邬密公 西夏遗民
【夷白斋稿】28/1 上
【汇编】上 570
朵儿只班 唐兀氏，监察御史
【至正金陵新志】6/历代官制 · 题名/64 上
【汇编】下 7072
朵歹 唐兀氏，监察御史
【至正金陵新志】6/历代官制 · 题名/61 下
【汇编】下 7066
朵吉 河西人星吉曾祖
【元史】144/星吉传/3438
【蒙兀儿史记】154/色目氏族上/34 下
【宋学士全集】18/元赠开府仪同三司上柱国星吉公神道碑铭/18 上
【汇编】上 457、471、594
朵□秃 唐兀闾马孙女玉珍夫，《述善集校注》作朵烈团
【宁夏社会科学】1987 年第 1 期/大元赠敦武校尉军民万户府百夫长唐兀公碑铭/88
【述善集校注】3/大元赠敦武校尉军民万户府百夫长唐兀公碑铭并序/137
【汇编】补遗 7165
朵罗歹 又作朵罗台，唐兀氏黄头从弟
【新元史】182/黄头传/6 上

【道园学古录】40/昭毅大将军平江路总管府达鲁花赤兼管内劝农事黄头公墓碑/9上
【汇编】上530、532、533
朵罗台 又作托罗岱，河西史氏乞台普济弟，母为夏主外孙女，《增订〈元代西夏人物表〉》中为托罗台
【蒙兀儿史记】154/色目氏族上/34下
【汇编】上588
朵罗台 又作朵罗歹，唐兀氏黄头从弟
【蒙兀儿史记】154/色目氏族上/34下
【汇编】上601
朵罗台 唐兀氏小丑孙
【元史】134/朵罗台传/3264
【蒙兀儿史记】154/色目氏族上/34下
【汇编】上405、406、594
色尔勒结 唐兀昔李钤部
【牧庵集】19/资德大夫云南行中书省右丞李公神道碑/8下
【汇编】上287
多尔济 河西人，横州总管府达噜噶齐
【广西通志】65/四库本567－76
多尔济巴勒 唐古氏，承直郎
【至正金陵新志】6/四库本492－333
多岱 唐古氏，奉政大夫
【至正金陵新志】6/四库本492－/331
旭申氏 唐兀闾马孙卜兰台妻
【宁夏社会科学】1987年第1期/大元赠敦武校尉军民万户府百夫长唐兀公碑铭/88
【述善集校注】3/大元赠敦武校尉军民万户府百夫长唐兀公碑铭并序/137
【汇编】补遗7164
旭申氏 唐兀闾马孙广儿妻
【宁夏社会科学】1987年第1期/大元赠敦武校尉军民万户府百夫长唐兀公碑铭/88
【述善集校注】3/大元赠敦武校尉军民万户府百夫长唐兀公碑铭并序/137
【汇编】补遗7165
旭申氏 唐兀闾马孙拜住妻
【宁夏社会科学】1987年第1期/大元赠敦武校尉军民万户府百夫长唐兀公碑铭/88
【述善集校注】3/大元赠敦武校尉军民万户府百夫长唐兀公碑铭并序/137
【汇编】补遗7166
刘中守 西夏人，宣文阁博士
【玩斋集】6/送刘中守佥事还京师序/四库本1215－600
刘氏 唐兀王用文妻
【闻过斋集】5/友石山人墓志铭/15下
【汇编】补遗7205
刘氏 唐兀氏杨朵儿只妻
【元史】179/杨朵儿只传/4155
【虞文靖公道园全集】12/在朝稿/1上
【汇编】上488、501
刘氏 唐兀闾马孙野仙普化妻
【宁夏社会科学】1987年第1期/大元赠敦武校尉军民万户府百夫长唐兀公碑铭/88
【述善集校注】3/大元赠敦武校尉军民万户府百夫长唐兀公碑铭并序/137
【汇编】补遗7166
刘让 西夏人，濮阳通判
【述善集校注】2/116
刘仲宽 大同府刘容字
【元史】134/刘容传/3259
【汇编】上398
刘忙古觧 又作刘炜，河西人，嘉议大夫
【至顺镇江志】15/元刺守镇江府路总管府/6上
【汇编】下7035
刘伯牙兀歹 河西人，进义副尉，《增订〈元代西夏人物表〉》中为刘伯牙吾歹
【至顺镇江志】16/宰二丹徒县/6上
【汇编】下7043
刘完泽 字完甫，世居张掖
【蒙兀儿史记】154/色目氏族上/34下
【雍虞先生道园类稿】42/彭城郡侯刘公神道碑/1上
【汇编】上401、402、592
刘炜 又作刘忙古解，河西人，嘉议大夫
【至顺镇江志】15/元刺守镇江府路总管府/6上
【汇编】下7035
刘容 高祖阿华为西夏主尚食，夏亡，徙大同府
【元史】134/刘容传/3259
【蒙兀儿史记】154/色目氏族上/34下
【汇编】上398、399、592

亦儿撒合 又作亦而撒合、亦力撒合，嵬名察罕从子，阿波古长子
【元史】14/世祖纪11/299、301
【汇编】下/7036、7037

亦力撒合 又作亦而撒合、亦力撒合，嵬名察罕从子，阿波古长子
【元史】120/察罕传/2955、木花里传/2957、亦力撒合传/2957、2958
【蒙兀儿史记】75/乃颜传/1上、3下；154/色目氏族上/34下
【雍虞先生道园类稿】42/立智理威忠惠公神道碑/25下
【汇编】上244、245、262、580；下7033、7036

亦而撒合 又作亦儿撒合、亦力撒合，嵬名察罕从子，阿波古长子
【元史】14/世祖纪11/286
【汇编】下7035

亦执里不花 西夏人杨公，同知宣政院事
【至正集】31/宣政使杨公行实序/11上
【汇编】上508

亦怜真班 又作懿怜真班，唐兀世族暗伯子
【元史】40/顺帝纪/857；41/顺帝纪4/875；42/顺帝纪5/886、887、896、898；43/顺帝纪6/909；133/暗伯传/3237；140/别儿怯不花传/3367；144/道童传/3443；145/亦怜真班传/3445、3446
【蒙兀儿史记】154/色目氏族上/34下
【至正金陵新志】6/历代官制·题名/33下
【宋学士全集】12/承事郎彰州府彰浦县知县张府君新墓碣铭/9下
【汇编】上382、384、385、386、584；下7067、7070、7074、7076、7077、7078、7079

庆安 唐兀闾马外孙，迈讷子，又名脱脱
【宁夏社会科学】1987年第1期/大元赠敦武校尉军民万户府百夫长唐兀公碑铭/88
【述善集校注】3/大元赠敦武校尉军民万户府百夫长唐兀公碑铭并序/137
【汇编】补遗7166

庆喜 唐兀氏，监察御史
【至正金陵新志】6/历代官制·题名/59上
【汇编】下7061

忙古得 河西老索子
【中国藏西夏文献】18/顺天路达鲁花赤河西老索神道碑150

忙哥帖木儿 张掖刘完泽四子
【元史】45/顺帝纪8/952
【蒙兀儿史记】154/色目氏族上/34下
【雍虞先生道园类稿】42/彭城郡刘侯公神道碑/1上
【汇编】上404、592；下7084

冲卜 西夏僧都统
【元史】33/文宗纪2/744

关住 唐兀闾马子镇化台女婿
【宁夏社会科学】1987年第1期/大元赠敦武校尉军民万户府百夫长唐兀公碑铭/88
【述善集校注】3/大元赠敦武校尉军民万户府百夫长唐兀公碑铭并序/137
【汇编】补遗7165、7166

关住 唐兀闾马系广儿子
【宁夏社会科学】1987年第1期/大元赠敦武校尉军民万户府百夫长唐兀公碑铭/88
【述善集校注】3/大元赠敦武校尉军民万户府百夫长唐兀公碑铭并序/137
【汇编】补遗7165、7166

安儿 唐兀闾马系春兴长子
【宁夏社会科学】1987年第1期/大元赠敦武校尉军民万户府百夫长唐兀公碑铭/88
【述善集校注】3/大元赠敦武校尉军民万户府百夫长唐兀公碑铭并序/137
【汇编】补遗7165

安安 又作安定、福童、福章，唐兀氏余阙女
【余忠宣青阳山房集】附录/余忠宣公死节记/9上、书余忠宣公死节记后/12下、余忠宣公姓氏考/12下
【汇编】上436、438、447

安住 西夏后裔，内黄县达鲁花赤
【中州金石考】4/7下

安定 又作安安、福童、福章，唐兀氏余阙女
【余忠宣青阳山房集】附录/余忠宣公姓氏考/12下
【汇编】上447

安笃剌 唐兀氏，卫辉路辉州判官，居滕州邹县
【蒙兀儿史记】154/色目氏族上/34下

【汇编】上599
安童 唐兀氏黄头八子
【蒙兀儿史记】154/色目氏族上/34下
【道园学古录】40/昭毅大将军平江路总管府达鲁花赤兼管内劝农事黄头公墓碑/9上
【汇编】上535、601
米卜氏 唐兀氏杨朵儿只祖母
【虞文靖公道园全集】35/正议大夫江南湖北道肃政廉访使特赠宣忠效力翊戴功臣大司徒金紫光禄大夫上柱国夏国公谥襄敏杨公神道碑/6上
【汇编】上507
讷怀 河西老索曾孙
【中国藏西夏文献】18/顺天路达鲁花赤河西老索神道碑150
论卜 河西人，守宁夏
【乾隆宁夏府志】13/人物·乡献/17上
【汇编】补遗7220
军儿 唐兀氏明安达尔曾祖
【蒙兀儿史记】154/色目氏族上/34下
【汇编】上598
那木罕 又作那木翰、诺摩罕，唐兀氏王用文
【新元史】233/王翰传/12下
【蒙兀儿史记】154/色目氏族上/34下
【汇编】上551、593
那木翰 又作那木罕、诺摩罕，唐兀氏王用文
【闻过斋集】3/潮州三皇庙记/9上
【汇编】补遗7214
那海 又作诺海，河西史氏乞台普济孙
【蒙兀儿史记】154/色目氏族上/34下
【汇编】上588
阳律 唐兀闾马系理安女婿旭申氏
【宁夏社会科学】1987年第1期/大元赠敦武校尉军民万户府百夫长唐兀公碑铭/88
【述善集校注】3/大元赠敦武校尉军民万户府百夫长唐兀公碑铭并序/137
【汇编】补遗7164
观音奴 唐兀氏，至元五年监察御史
【至正金陵新志】6/历代官制·题名/63上
【汇编】下7069
观音奴 张掖刘完泽次子
【蒙兀儿史记】154/色目氏族上/34下
【雍虞先生道园类稿】42/彭城郡侯刘公神道碑/1上
【汇编】上404、592
观音奴 唐兀氏，知归德府，字志能
【元史】192/观音奴传/4368
【蒙兀儿史记】154/色目氏族上/34下
【汇编】上522、523、602
观僧 唐兀昔里钤部系昔李天广孙
【正德大名府志】10/元礼仪院判昔李公墓志铭/40下
【汇编】补遗7177
买儿 唐兀闾马五子
【宁夏社会科学】1987年第1期/大元赠敦武校尉军民万户府百夫长唐兀公碑铭/88
【述善集校注】3/大元赠敦武校尉军民万户府百夫长唐兀公碑铭并序/137
【汇编】补遗7162、7166
买术 西夏人，字永锡
【东维子集】23/重建海道都漕运万户府碑/四库本1221－619
买讷 嵬名察罕从孙，立智理威长子
【元史】120/立智理威传/2959
【蒙兀儿史记】154/色目氏族上/34下
【雍虞先生道园类稿】42/立智理威忠惠公神道碑/25下
【汇编】上247、265、580
买住 唐兀氏，字从道，同知安州事
【蒙兀儿史记】154/色目氏族上/34下
【汇编】上597
买住 唐兀闾马系拜住女婿
【宁夏社会科学】1987年第1期/大元赠敦武校尉军民万户府百夫长唐兀公碑铭/88
【汇编】补遗7166
孙氏 唐兀氏，王用文继母
【闻过斋集】5/故王将军夫人孙氏墓志铭/13下
【汇编】补遗7207
孙氏 唐兀闾马长子达海妻
【宁夏社会科学】1987年第1期/大元赠敦武校尉军民万户府百夫长唐兀公碑铭/88
【述善集校注】3/大元赠敦武校尉军民万户府百夫长唐兀公碑铭并序/137
【汇编】补遗7162、7163

七画

玖珠格 又作九住哥，唐兀氏，监察御史
【至正金陵新志】6/四库本 492－333

玖哲尔威 河西史氏乞台普济曾孙
【牧庵集】26/开府仪同三司中书右丞相史公先德碑/1 上
【汇编】上 547

玛南 西夏人，大鸿胪，《增订〈元代西夏人物表〉》中为买诺
【燕石集】12/四库本 1212－475

杨公 西夏人亦执里不花，同知宣政院事
【至正集】31/宣政使杨公行实序/11 上
【汇编】上 508

杨氏 河西虎益妻
【牧庵集】14/徽州路总管府达噜噶齐兼管内劝农事虎公神道碑/16 上
【汇编】上 380

杨双泉 西夏遗民，都水庸田使
【夷白斋稿】27/2 上
【汇编】上 569

杨朵儿只 又作杨朵而只，唐兀氏，世居宁夏
【元史】27/英宗纪 1/599；29/泰定帝纪 1/640；175/张珪传/4074、4078；179/贺胜传/4150、4151、杨朵儿只传/4151、4155；205/铁木迭儿传/4579
【蒙兀儿史记】12/硕德八剌可汗本纪/1 下；154/色目氏族上/34 下
【虞文靖公道园全集】12/御史中丞杨襄愍公神道碑/1 上
【汇编】上 485、486、487、488、497、498、499、591；下 7056、7057、7058、7059

杨朵而只 又作杨朵儿只，唐兀氏，世居宁夏
【虞文靖公道园全集】35/正议大夫江南湖北道肃政廉访使特赠宣忠效力翊戴功臣大司徒金紫光禄大夫上柱国夏国公谥襄敏杨公神道碑/6 上
【汇编】上 504、505

杨琏真加 又作杨琏真伽、杨琏真珈，僧官江淮总摄
【元史】17/世祖纪/370

杨琏真伽 又作杨琏真珈、杨琏真加，僧官江淮总摄
【元史】16/世祖纪 13/346

杨琏真珈 又作杨琏真加、杨琏真伽，僧官江淮总摄
【元史】17/世祖纪/372

杨教化 唐兀氏杨朵儿只兄
【新元史】183/杨教化传/11 上
【蒙兀儿史记】154/色目氏族
【虞文靖公道园全集】35/正议大夫江南湖北道肃政廉访使特赠宣忠效力翊戴功臣大司徒金紫光禄大夫上柱国夏国公谥襄敏杨公神道碑/6 上
【汇编】上 496、504、591

杨暗普 西夏僧杨琏真加子，江浙行省左丞
【元史】17/世祖纪/370、372；24/仁宗纪 1/548

孛兰奚 唐兀昔里钤部系李天广小字
【正德大名府志】10/元礼仪院判昔李公墓志铭/40 下
【汇编】补遗 7174

孛罗 唐兀氏，监察御史
【至正金陵新志】6/历代官制·题名/58 下
【汇编】下 7060

孛鲁合答儿 河西人
【元史】13/世祖纪 10/266

志能 唐兀氏知归德府观音奴字
【元史】192/观音奴传/4368
【汇编】上 522

花马儿平章 嵬名氏卜颜铁木儿
【元史】144/卜颜铁木儿传/3437
【汇编】上 455

花李 唐兀氏余阙侄婿
【余忠宣青阳山房集】附录/余忠宣公死节记/9 上
【汇编】上 437

苏克彻尔 西夏人，浚州达噜噶齐
【河南通志】55/名宦中·卫辉府/87 下
【汇编】补遗 7196

赤斤帖木儿 唐兀举立沙系贴信普次子
【民族研究】1979 年第 1 期/大元肃州路也可达鲁花赤世袭之碑/69
【汇编】上 299

苏呼 唐古氏，监察御史

【至正金陵新志】6/四库本/492－330
李三穀轸 西夏后裔李恒子
【中国藏西夏文献】18/明忠义官李公墓志铭/168
李夫人 唐兀氏杨教化妻
【虞文靖公道园全集】35/正议大夫江南湖北道肃政廉访使特赠宣忠效力翊戴功臣大司徒金紫光禄大夫上柱国夏国公谥襄敏杨公神道碑/6上
【汇编】上506
李公 原灵武人，徙居钱塘
【清容居士集】19/贺兰堂记/25下
【汇编】上573
李氏 张掖刘完泽妻
【雍虞先生道园类稿】42/彭城郡侯刘公神道碑/1上
【汇编】上403、404
李氏 河西人，维扬董氏妾
【九灵山房集】14/亡妾李氏墓志铭/9上
【汇编】上563
李氏 唐兀氏杨朵儿只妻
【虞文靖公道园全集】12/御史中丞杨襄愍公神道碑/1上
【汇编】上501
李氏 唐兀氏杨教化妻
【虞文靖公道园全集】35/正议大夫江南湖北道肃政廉访使特赠宣忠效力翊戴功臣大司徒金紫光禄大夫上柱国夏国公谥襄敏杨公神道碑/6上
【汇编】上507
李氏 唐兀闾马孙拜住妻
【宁夏社会科学】1987年第1期/大元赠敦武校尉军民万户府百夫长唐兀公碑铭/88
【述善集校注】3/大元赠敦武校尉军民万户府百夫长唐兀公碑铭并序/137
【汇编】补遗7166
李氏 唐兀闾马孙崇喜妻
【宁夏社会科学】1987年第1期/大元赠敦武校尉军民万户府百夫长唐兀公碑铭/88
【述善集校注】3/大元赠敦武校尉军民万户府百夫长唐兀公碑铭并序/137
【汇编】补遗7164
李世安 又作散木解，西夏宗室李恒子
【新元史】180/李世安传/8下
【蒙兀儿史记】154/色目氏族上/34下
【申斋刘先生文集】7/滕国武愍孝李公庙碑/6下
【吴文正公集】14/滕国李武愍公家传后序/1上；42/元故荣禄大夫江西等处行中书省平章政事李公墓志铭/2下
【牧庵集】3/资善大夫谥武愍公李公家庙碑/5下；14/徽州路总管府达噜噶齐兼管内劝农事虎公神道碑/16上
【养蒙先生文集】3/元故平章政事李武愍公墓田记/2下
【汇编】上353、354、359、362、369、370、376、380、578
李世显 又作逊都台，西夏宗室李恒子
【蒙兀儿史记】154/色目氏族上/34下
【申斋刘先生文集】7/滕国武愍孝李公庙碑/6下
【吴文正公集】42/元故荣禄大夫江西等处行中书省平章政事李公墓志铭/2下
【汇编】上362、374、579
李世雄 又作囊加真，西夏宗室李恒子
【新元史】180/李世安传/8下
【蒙兀儿史记】154/色目氏族上/34下
【申斋刘先生文集】7/滕国武愍孝李公庙碑/6下
【吴文正公集】42/元故荣禄大夫江西等处行中书省平章政事李公墓志铭/2下
【牧庵集】3/资善大夫谥武愍公李公家庙碑/5上
【养蒙先生文集】4/益都淄莱等路管军万户李公墓志铭/5上
【汇编】上354、359、362、371、374、375、579
李龙川 西夏宗室李恒子李世安，生于宣德府龙门川
【吴文正公集】42/元故荣禄大夫江西等处行中书省平章政事李公墓志铭/2下
【养蒙先生文集】4/益都淄莱等路管军万户李公墓志铭/5上
【汇编】上370、375
李屿 薛彻秃，西夏宗室李恒孙

【新元史】180/李世安传/8下
【蒙兀儿史记】154/色目氏族上/34下
【吴文正公集】42/元故荣禄大夫江西等处行中书省平章政事李公墓志铭/2下
【汇编】上354、355、374、578

李屺 又作薛彻干，西夏宗室李恒孙
【新元史】180/李世安传/8下
【蒙兀儿史记】154/色目氏族上/34下
【吴文正公集】14/滕国李武愍公家传后序/1上；42/元故荣禄大夫江西等处行中书省平章政事李公墓志铭/2下
【养蒙先生文集】4/益都淄莱等路管军万户李公墓志铭/5上
【汇编】上354、369、374、375、578

李朵儿只 唐兀人，汉名希谢，江西左丞
【山居新话】/6下
【汇编】补遗7218

李朵儿济 河西人，平江府总管，《增订〈元代西夏人物表〉》中为李朵儿赤
【正德姑苏志】3/古今守令表中/四库本493－67

李孛完 西夏丰州人谢仲温孙，《增订〈元代西夏人物表〉》为李完
【元史】169/谢仲温传/3978

李岩 又作李巘，西夏宗室李恒孙
【新元史】180/8下
【吴文正公集】42/元故荣禄大夫江西等处行中书省平章政事李公墓志铭/2下
【汇编】上354、374

李勃 唐兀昔里钤部系乞答哈次子天广
【正德大名府志】10/元礼仪院判昔李公墓志铭/40下
【汇编】补遗7174

李峙 西夏宗室李恒孙
【蒙兀儿史记】154/色目氏族上/34下
【吴文正公集】42/元故荣禄大夫江西等处行中书省平章政事李公墓志铭/2下
【汇编】上374、578

李钦祖 西夏后裔李恒系三穀轸子
【中国藏西夏文献】18/明忠义官李公墓志铭/168

李保 西夏宗室李恒系李屺子
【新元史】180/李世安传/8下
【蒙兀儿史记】154/色目氏族上/34下
【吴文正公集】42/元故荣禄大夫江西等处行中书省平章政事李公墓志铭/2下
【汇编】上355、374、578

李顺 西夏宗室李恒系李屿子
【新元史】180/李世安传/8下
【蒙兀儿史记】154/色目氏族上/34下
【吴文正公集】42/元故荣禄大夫江西等处行中书省平章政事李公墓志铭/2下
【汇编】上355、374、578

李彦国 唐兀氏，又名唐兀彦国，字伯都，居濮州
【述善集校注】2/68、69

李恒 西夏宗室，祖守兀纳剌城
【宋史】47/瀛国公纪/941、943、944、945
【元史】8/世祖纪5/169；9/世祖纪6/191；10/世祖纪7/203；13/世祖纪10/266、277；119/宋都䚟传/2953；129/李恒传/3155；135/塔出传/3274；156/张弘范传/3682、3683
【新元史】166/虎益传/10上；180/李世安传/8下
【蒙兀儿史记】7/忽必烈可汗本纪/41下、43上；8/忽必烈可汗本纪下/1上；44/宋都带传/5上；76/镇南王脱欢传/15下；154/色目氏族上/34下
【元史类编】2/34下、37上、39上、39下；3/1上
【吴文正公集】14/滕国李武愍公家传后序/1上；42/元故荣禄大夫江西等处行中书省平章政事李公墓志铭/2下
【牧庵集】3/资善大夫谥武愍公李公家庙碑/5下；14/徽州路总管府达噜噶齐兼管内劝农事虎公神道碑/16上
【中国藏西夏文献】18/明忠义官李公墓志铭/168
【柳待制文集】9/李武愍公新庙碑铭/3上
【汇编】上338、340、341、342、353、359、365、370、377、378、578；下6991、6992、6993、6994、6996、6997、6998、6999、7000、7001、7033、7034

李桢 西夏皇族子

【元史】124/李桢传/3051
【蒙兀儿史记】154/色目氏族上/34 下
【汇编】上 269、579

李惟忠 又作李维忠，西夏宗室李恒父
【元史】129/李恒传/3155
【新元史】166/虎益传/10 上
【蒙兀儿史记】154/色目氏族上/34 下
【吴文正公集】14/滕国李武愍公家传后序/1 上
【牧庵集】3/资善大夫谥武愍公李公家庙碑/5 下；14/徽州路总管府达噜噶齐兼管内劝农事虎公神道碑/16 上
【汇编】上 338、357、368、377、378、577、578

李维忠 又作李惟忠，西夏宗室李恒父
【吴文正公集】42/元故荣禄大夫江西等处行中书省平章政事李公墓志铭/2 下
【汇编】上 370

李嵘 西夏宗室李恒孙
【新元史】180/李世安传/8 下
【蒙兀儿史记】154/色目氏族上/34 下
【吴文正公集】42/元故荣禄大夫江西等处行中书省平章政事李公墓志铭/2 下
【汇编】上 354、374、578

李德卿 西夏宗室李恒字
【元史】129/李恒传/3155
【吴文正公集】14/滕国李武愍公家传后序/1 上
【牧庵集】3/资善大夫谥武愍公李公家庙碑/5 下
【柳待制文集】9/李武愍公新庙碑铭/3 上
【汇编】上 338、359、365、370

李繁 西夏宗室李恒孙
【新元史】180/李世安传/8 下
【蒙兀儿史记】154/色目氏族上/34 下
【吴文正公集】42/元故荣禄大夫江西等处行中书省平章政事李公墓志铭/2 下
【汇编】上 354、374、578

李巘 又作李岩，西夏宗室李恒孙
【蒙兀儿史记】154/色目氏族上/34 下
【汇编】上 578

束南玉绀部 唐兀昔李钤部系玉里止吉住子
【正德大名府志】10/元礼仪院判昔李公墓志铭/40 下
【汇编】补遗 7175

来阿八赤 又作来阿巴齐，宁夏人氏
【元史】10/世祖纪 7/201；12/世祖纪 9/245、255、256、258；13/世祖纪 10/264；14/世祖纪 11/285、293、295、302；93/食货 1/2364；129/来阿八赤传/3141；209/安南传/4647、4648
【蒙兀儿史记】8/忽必烈可汗本纪/26 下；27/相威传/16 下；76/镇南王脱欢传/15 下、16 上；154/色目氏族上/34 下
【汇编】上 330、331、332、590；下 6996、7032、7033、7034、7035、7036、7037、7038、7039

来阿巴齐 又作来阿八赤，宁夏人
【山东通志】27/宦绩志/12 上
【汇编】补遗 7222

连德沙 唐兀昔李钤部系野速普花五子
【正德大名府志】10/元大名达鲁花赤昔李公墓志铭/38 上
【汇编】补遗 7173

别古思 宁夏人迈里古思父
【东维子文集】24/故忠勇西夏侯迈公墓铭/6 下
【汇编】上 515

别帖木 又作别怗木，唐兀氏黄头四子
【蒙兀儿史记】154/色目氏族上/34 下
【汇编】上 600

别怗木 又作别帖木，唐兀氏黄头四子
【道园学古录】40/9 上
【汇编】上 535

秃儿赤 唐兀世族暗伯父
【元史】133/暗伯传/3237
【蒙兀儿史记】154/色目氏族上/34 下
【汇编】上 381、584

秃弄歹 唐兀氏伯颜祖
【蒙兀儿史记】154/色目氏族上/34 下
【汇编】上 597

秃满不花 宁夏人来阿八赤孙
【元史】129/来阿八赤传/3143
【蒙兀儿史记】154/色目氏族上/34 下
【汇编】上 333、590

何伯翰 西夏人，居杭州
【东维子集】8/送何生序/四库本 1221－451

伯也伦 又作伯牙伦，嵬名察罕系必宰牙妻
【至正集】58/故漕运同知粘合公妻逸的氏墓志铭/12下
【汇编】上268
伯不花 河西人星吉从子
【宋学士全集】18/元赠开府仪同三司上柱国星吉公神道碑铭/18上
【汇编】上475
伯牙伦 伯也伦，嵬名察罕系必宰牙妻
【元史】135/塔出传/3272
【蒙兀儿史记】154/色目氏族上/34下
【汇编】上258、582
伯牙兀歹 河西人，至元十四年达鲁花赤
【至顺镇江志】16/宰二丹徒县/4下
【汇编】下6993
伯都 唐兀氏李彦国字
【述善集校注校注】2/68、69
伯温 张掖刘完泽子沙刺班字
【蒙兀儿史记】154/色目氏族上/34下
【汇编】上592
伯颜 河西人，镇江路同知兼管稻田
【至顺镇江志】15/元刺守镇江路总管府/17上
【汇编】下7040
伯颜 唐兀人，字谦斋，黟县达鲁花赤，四库本伯颜作巴延
【山居新话】/45上
【汇编】补遗7219
伯颜 唐兀氏，字鲁卿，同知重庆州事
【蒙兀儿史记】154/色目氏族上/34下
【汇编】上597
伯颜 字希贤，唐兀闾马孙，闾儿子
【宁夏社会科学】1987年第1期/大元赠敦武校尉军民万户府百夫长唐兀公碑铭/88
【述善集校注】3/大元赠敦武校尉军民万户府百夫长唐兀公碑铭并序/137、昆季字说/159
【汇编】补遗7165
伯彦察儿 唐兀氏丑闾父
【蒙兀儿史记】154/色目氏族上/34下
【汇编】上598
伯颜普化 唐兀闾马孙广儿
【宁夏社会科学】1987年第1期/大元赠敦武校尉军民万户府百夫长唐兀公碑铭/88
【述善集校注】3/大元赠敦武校尉军民万户府百夫长唐兀公碑铭并序/137
【汇编】补遗7165
彻尔济勒尔威 河西史氏乞台普济曾孙
【牧庵集】26/开府仪同三司中书右丞相史公先德碑/1上
【汇编】上547
彻里帖木儿 唐兀人，勃罗帖穆尔父
【至正昆山郡志】2/名宦/7上
【汇编】补遗7217
彻彻帖木儿 唐兀氏，监察御史，奉训大夫
【至正金陵新志】6/历代官制·题名/64下
【汇编】下7072
余天心 唐兀氏余阙字
【元史】143/余阙传/3424
【宋学士全集】11/余左丞传/1上；12/题余廷心篆书后/33上
【汇编】上409、423、444
余公 唐兀氏余阙
【余忠宣青阳山房集】忠节附录死节本末/1；附录/余忠宣公死节记/9上
【师山遗文】附录/44上、45上
【朱一斋先生文集】6/余廷心后传/80上
【青阳先生文集】1/青阳山房记/4上
【闻过斋集】3/悠然轩记/25下
【鹤年诗集】原序/2下
【汇编】上434、435、436、438、441、451、452；补遗7182、7183、7191、7211
余左丞 唐兀氏余阙
【师山遗文】附录/48下
【汇编】补遗7186、7187
余廷心 唐兀氏余阙字
【元史】143/余阙传/3424
【余忠宣青阳山房集】附录/余忠宣公死节记/9上
【云阳集】2/余青阳文集序/4上
【乐郊私语】/9下
【师山遗文】附录/50上
【朱一斋先生文集】6/余廷心后传/80上
【宋学士全集】11/余左丞传/1上；12/题余廷心篆书后/33上
【经济文集】4/题安庆余阙廷心左丞死节说/5

【陕西通志】96/艺文12/13上
【汇编】上409、411、412、423、424、425、426、430、431、432、443、444、445、446、447、449、453、596；下7082、7083、7084；补遗7178、7179、7180、7181、7182、7190、7192

余德生 又作得臣、德臣，唐兀氏余阙子
【元史】143/余阙传/3426
【蒙兀儿史记】154/色目氏族上/34下
【朱一斋先生文集】6/余廷心后传/80上
【余忠宣青阳山房集】附录书余忠宣公死节记后/12下
【汇编】上411、433、447、596

余德臣 又作得臣、德生，唐兀氏余阙子
【余忠宣青阳山房集】忠节附录/1；附录/12下
【汇编】上441、447

希谢 唐兀人李朵儿只汉名，江西左丞
【山居新话】/6下
【汇编】补遗7218

库库椤 河西史氏乞台普济妻
【牧庵集】26/开府仪同三司中书右丞相史公先德碑/1上
【汇编】上546

怀远 西夏宗室李恒系李屿
【吴文正公集】42/元故荣禄大夫江西等处行中书省平章政事李公墓志铭/2下
【汇编】上374

沙使君 西夏遗民木八剌
【东维子文集】23/两浙盐使司同知木八剌沙侯善政碑/1上
【汇编】上557

沙剌八 唐兀氏余阙兄
【蒙兀儿史记】154/色目氏族上/34下
【汇编】上596

沙剌班 张掖刘完泽长子
【蒙兀儿史记】154/色目氏族上/34下
【雍虞先生道园类稿】42/彭城郡侯刘公神道碑/1上
【汇编】上403、404、592

沙剌臧卜 又作沙剌藏卜、耳眉为，唐兀氏余阙父
【元史】143/余阙传/3424
【汇编】上409

沙剌藏卜 又作沙剌臧卜、耳眉为，唐兀氏余阙父
【宋学士全集】11/余左丞传/1上
【蒙兀儿史记】154/色目氏族上/34下
【汇编】上423、596

沙览答里 河西人路氏，御史大夫
【乾隆宁夏府志】13/人物·乡献/17上
【汇编】补遗7220

沙侯 西夏遗民木八剌
【东维子文集】23/两浙盐使司同知木八剌沙侯善政碑/1上
【汇编】上556、557、558

沙嘉室理 唐兀世族暗伯孙
【元史】145/亦怜真班传/3447
【蒙兀儿史记】154/色目氏族上/34下
【汇编】上386、585

完者不花 宁夏人来阿八赤孙
【元史】129/来阿八赤传/3143
【蒙兀儿史记】154/色目氏族上/34下
【汇编】上332、590

启文 唐兀氏昂吉字
【元诗选三集】录事昂吉10/四库本1471－463

张氏 西夏宗室李恒子李世安妻
【吴文正公集】42/元故荣禄大夫江西等处行中书省平章政事李公墓志铭/2下
【汇编】上374

张氏 唐兀闾马孙春兴妻
【宁夏社会科学】1987年第1期/大元赠敦武校尉军民万户府百夫长唐兀公碑铭/88
【述善集校注】3/大元赠敦武校尉军民万户府百夫长唐兀公碑铭并序/137
【汇编】补遗7165

张长吉 西夏人，字彦忠
【梧溪集】5/四库本1218－784下

张讷 西夏遗民，居保定
【申斋刘先生文集】6/瑞芝堂记/17上
【汇编】上574

张侯 西夏遗民张讷
【申斋刘先生文集】6/瑞芝堂记/17上
【汇编】上574

张雄飞 唐兀张氏，湖南道肃政廉访司佥事

【蒙兀儿史记】154/色目氏族上/34 下
【至正集】19/同年张友飞佥事见访醉杰作诗赠之/10 上、藕溪侯雄飞饮/10 下；20/考官王师鲁博士监试张雄飞御史皆同年也因成鄙句以写旧怀/10 上、雄飞喜作诗而例禁不得相见作词调之/10 下、雄飞有诗次其韵/11 上；21/雄飞同年自杞县来访尊酒论文时雪适降/11 上、夜坐与雄飞明初联句就次韵/11 上；28/雄飞和诗未至以二口号速之/2 下；33/张雄飞诗集序/14 上
【汇编】上 594；补遗 7193、7194、7195、7196

张翔 河西人，监察御史
【至正金陵新志】6/历代官制·题名/62 上
【汇编】下 7065

君玉 西夏丰州人谢仲温字
【元史】169/谢仲温传/3977

阿乞剌 唐兀世族暗伯长子
【元史】133/暗伯传/3237
【蒙兀儿史记】154/色目氏族上/34 下
【汇编】上 382、584

阿勾 河西老索长子
【中国藏西夏文献】18/顺天路达鲁花赤河西老索神道碑/150

阿术 嵬名氏卜颜铁木儿叔父
【元史】144/卜颜铁木儿传/3437
【蒙兀儿史记】154/色目氏族上/34 下
【汇编】上 455、580

阿尔 宁夏人师某外孙，《增订〈元代西夏人物表〉》为安儿
【待制集】10/四库本 1210－352

阿尔丹 唐兀昔李钤部系教化女婿
【牧庵集】19/资德大夫云南行中书省右丞李公神道碑/8 下
【汇编】上 287

阿尔长普 西夏遗民，安庆达鲁花赤
【青阳先生文集】3/大节堂记/12 上
【汇编】下 7080

阿华 西夏遗民刘容高祖，西夏主尚食
【元史】134/刘容传/3259
【蒙兀儿史记】154/色目氏族上/34 下
【汇编】上 398、592

阿赤 河西人，金坛县达鲁花赤
【至顺镇江志】16/宋元方志丛刊/2828 下

阿束 唐兀西阜子，唐兀亲军副都指挥使
【永乐大典】2806/5 下
【汇编】补遗 7160

阿沙 唐兀举立沙子
【民族研究】1979 年第 1 期/大元肃州路也可达鲁花赤世袭之碑/69
【汇编】上 298

阿拉克普济 又作阿剌普济、阿拉克布济克、奇塔特布济克，河西史氏乞台普济兄，母为夏王外孙
【新元史】199/乞台普济传/3 下
【汇编】上 537

阿拉克布济克 又作阿剌普济、阿拉克普济、奇塔特布济克，河西史氏乞台普济兄，母为夏王外孙
【牧庵集】26/开府仪同三司中书右丞相史公先德碑/1 上
【汇编】上 546

阿波古 嵬名察罕弟
【元史】120/察罕传/2957
【蒙兀儿史记】154/色目氏族上/34 下
【雍虞先生道园类稿】42/立智理威忠惠公神道碑/25 下
【汇编】上 244、262、580

阿荣 唐兀氏黄头父
【新元史】182/黄头传/6 上
【蒙兀儿史记】154/色目氏族上/34 下
【道园学古录】40/9 上
【汇编】上 529、532、600

阿剌威 西夏后裔，富州达鲁花赤，《增订〈元代西夏人物表〉》为阿拉威
【万历新修南昌府志】15/日本藏中国罕见地方志丛刊/295 下

阿剌普济 又作阿拉克普济、阿拉克布济克、奇塔特布济克，河西史氏乞台普济兄，母为夏主外孙
【蒙兀儿史记】154/色目氏族上/34 下
【汇编】上 587

阿都赤 河西人，进义校尉
【至顺镇江志】16/宰二丹徒县/5 上
【汇编】下 7065

阿息保多尔济 唐古人，朝列大夫
【至正金陵新志】6/四库本 492－333 下
阿梫 河西人星吉祖母
【宋学士全集】18/元赠开府仪同三司上柱国星吉公神道碑铭/18 上
【汇编】上 471
阿噜 又作爱鲁，唐兀昔李钤部子
【牧庵集】19/资德大夫云南行中书省右丞李公神道碑/8 下
【汇编】上 287
阿噜珲 河西史氏乞台普济曾孙
【牧庵集】26/开府仪同三司中书右丞相史公先德碑/1 上
【汇编】上 547
驴儿 唐兀氏德州埜仙普化祖
【蒙兀儿史记】154/色目氏族上/34 下
【汇编】上 597
纳里日 又作厘日、哩日，河西史氏乞台普济子
【新元史】199/乞台普济传/3 下
【汇编】上 537
纳嘉德 唐兀人述哥察儿孙
【蒙兀儿史记】154/色目氏族上/34 下
【吴文正公集】33/元故浚州达鲁花赤追封魏郡伯墓碑/18 上
【汇编】上 479、601

八画

青阳先生 唐兀氏余阙，尝读书青阳山中
【云阳集】2/余青阳文集序/4 上
【师山遗文】附录/39 上
【青阳先生文集】上/青阳先生文集序/2 上
【汇编】上 448、451；补遗 7189
耶卜氏 又作蒋氏、耶律氏，唐兀氏余阙妻
【元史】143/余阙传/3426
【余忠宣青阳山房集】附录/12 下
【宋学士全集】11/余左丞传/1 上
【汇编】上 411、426、438
耶律氏 又作蒋氏、耶卜氏，唐兀氏余阙妻
【余忠宣青阳山房集】附录/12 下
【汇编】上 438
茂巴尔斯 西夏后裔，两浙盐运使司同知
【东维子集】23/两浙盐使司同知茂巴尔斯侯善政碑/四库本 1221－614
昔李公 唐兀昔里钤部系乞答哈次子李天广
【正德大名府志】10/元礼仪院判昔李公墓志铭/40 下
【汇编】补遗 7174
昔李钤部 又作昔里钤部，唐兀昔里氏
【雪楼程先生文集】25/魏国公先世述/16 下
【汇编】上 291
昔李教化的 唐兀昔里钤部孙
【至顺镇江志】19/人材仕进侨寓/19 下
【汇编】补遗 7222
昔里钤部 又作昔李钤部，唐兀昔里氏，沙陀族，本姓李，以别西夏国氏李，称为小李，语讹为昔里
【元史】122/昔里钤部传/3011、爱鲁传/3012、3013
【蒙兀儿史记】154/色目氏族上/34 下
【正德大名府志】10/元大名达鲁花赤昔李公墓志铭/38 上
【汇编】上 271、273、582、583；补遗 7172、7173
述哥察儿 唐兀人，浚州达鲁花赤
【蒙兀儿史记】154/色目氏族上/34 下
【吴文正公集】33/元故浚州达鲁花赤追封魏郡伯墓碑/18 上
【汇编】上 478、601
奈曼氏 宁夏人师克恭弟师托克托穆尔妻，《增订〈元代西夏人物表〉》为乃蛮氏
【待制集】10/师氏先生茔碑铭/四库本 1210－352
奇塔特布济克 又作阿剌普济、阿拉克布济克、阿拉克普济，河西史氏乞台普济兄，母为夏王外孙
【牧庵集】26/开府仪同三司中书右丞相史公先德碑/1 上
【汇编】上 545
拓拔元善 西夏人，平乐府达噜噶齐
【广西通志】52/四库本 566－511 下
拔都 唐兀昔里钤部赐名
【元史】122/昔里钤部传/3011

【雪楼程先生文集】25/魏国公先世述/16 下
【汇编】上 271、292
拉吉尔威 又作立吉儿威，河西史氏乞台普济祖
【新元史】199/乞台普济传/3 下
【牧庵集】26/开府仪同三司中书右丞相史公先德碑/1 上
【汇编】上 536、544
卓尔齐 河西史氏乞台普济曾孙
【牧庵集】26/开府仪同三司中书右丞相史公先德碑/1 上
【汇编】上 547
虎文灿 河西虎益侄
【蒙兀儿史记】154/色目氏族上/34 下
【牧庵集】14/徽州路总管府达噜噶齐兼管内劝农事虎公神道碑/16 上
【汇编】上 381、589
虎文郁 河西虎益侄
【蒙兀儿史记】154/色目氏族上/34 下
【牧庵集】14/徽州路总管府达噜噶齐兼管内劝农事虎公神道碑/16 上
【汇编】上 381、589
虎文炳 河西虎益侄
【蒙兀儿史记】154/色目氏族上/34 下
【牧庵集】14/徽州路总管府达噜噶齐兼管内劝农事虎公神道碑/16 上
【汇编】上 381、589
虎文辉 河西虎益子，《增订〈元代西夏人物表〉》中为文粹
【蒙兀儿史记】154/色目氏族上/34 下
【牧庵集】14/徽州路总管府达噜噶齐兼管内劝农事虎公神道碑/16 上
【汇编】上 380、589
虎文焕 河西虎益子
【蒙兀儿史记】154/色目氏族上/34 下
【牧庵集】14/徽州路总管府达噜噶齐兼管内劝农事虎公神道碑/16 上
【汇编】上 380、589
虎仪 河西虎益弟
【蒙兀儿史记】154/色目氏族上/34 下
【牧庵集】14/徽州路总管府达噜噶齐兼管内劝农事虎公神道碑/16 上
【汇编】上 380、589
虎益 河西虎氏，以蕃名虎字为后人姓氏，徙居汴梁
【新元史】166/虎益传/10 上
【蒙兀儿史记】154/色目氏族上/34 下
【牧庵集】14/徽州路总管府达噜噶齐兼管内劝农事虎公神道碑/16 上
【汇编】上 377、378、589
尚文 唐兀氏也儿吉尼字，广西平章
【新元史】219/也儿吉尼/7 下
【永乐大典】2343/18 上
【广西通志】65/四库本 567－78
【汇编】上 549；补遗 7203
帖木儿 唐兀昔李钤部孙也先帖木儿
【秋涧先生大全文集】51/大元故大名路宣差李公神道碑铭/5 下
【汇编】上 285
帖木儿不花 唐兀氏，监察御史
【至正金陵新志】6/历代官制·题名/63 上
【汇编】下 7069
帖信普 唐兀举立沙系令只沙侄
【民族研究】1979 年第 1 期/大元肃州路也可达鲁花赤世袭之碑/69
【汇编】上 299
帖穆 字师贤，唐兀闾马孙，《述善集校注》作帖睦
【宁夏社会科学】1987 年第 1 期/大元赠敦武校尉军民万户府百夫长唐兀公碑铭/88
【述善集校注】3/大元赠敦武校尉军民万户府百夫长唐兀公碑铭并序/137
【汇编】补遗 7165
明安达尔 唐兀氏，字士元，又作明安达耳，宿州判官
【元史】195/明安达尔传/4415
【汇编】上 528
明安达耳 唐兀氏，真州达鲁花赤
【隆庆仪真县志】5/天一阁明代方志选刊/20
明安达耳 唐兀氏，字士元，又作明安达尔，宿州判官
【蒙兀儿史记】154/色目氏族上/34 下
【汇编】上 598
明安帖木儿 唐兀氏，庄浪同知

【五凉全志校注】5/498
明安特穆尔 唐古人，赞皇县达鲁噶齐，《增订〈元代西夏人物表〉》中为明安帖木儿
【畿辅通志】69/名宦·正定府/15 下
【汇编】下 7074
明理氏 嵬名察罕孙塔出妻
【元史】135/塔出传/3275
【汇编】上 258
易纳室理 唐兀世族暗伯孙
【元史】145/亦怜真班传/3447
【蒙兀儿史记】154/色目氏族上/34 下
【汇编】上 386、585
昂吉 唐兀氏，字启文
【元诗选三集】录事昂吉 10/四库本 1471－463 下
昂吉 唐兀野蒲氏，又作昂吉儿
【元史】4/世祖纪 1/75
【汇编】下 6988
昂吉 又作昂齐，河西史氏乞台普济弟，母为夏王外孙
【新元史】199/乞台普济传/3 下
【蒙兀儿史记】154/色目氏族上/34 下
【汇编】上 537、588
昂吉儿 唐兀野蒲氏，又作昂吉，世为西夏将
【元史】9/世祖纪 6/192；10/世祖纪 7/201、202；11/世祖纪 8/228；17/世祖纪 14/370；98/兵志 1/2517；123/也蒲甘卜传/3027；132/昂吉儿传/3213、3214；174/郭贯传/4060；205/阿合马传/4561；208/日本传/4629
【元史类编】2/39 上
【蒙兀儿史记】154/色目氏族上/34 下
【至正金陵新志】3 下/1 下
【汇编】上 300、301、302、303、583、584；下 6992、6994、6997、6998、7001、7031、7033、7040、7041
昂齐 又作昂吉，河西史氏乞台普济弟，母为夏王外孙
【牧庵集】26/开府仪同三司中书右丞相史公先德碑/1 上
【汇编】上 546
昂阿秃 唐兀昂吉儿子
【元史】123/也蒲甘卜传/3028；132/昂吉儿传/3215
【蒙兀儿史记】154/色目氏族上/34 下
【汇编】上 300、303、583
忠遂 唐兀世族暗伯谥号
【元史】133/暗伯传/3237
【蒙兀儿史记】154/色目氏族上/34 下
【汇编】上 381、584
罗合 唐兀昔李钤部子
【蒙兀儿史记】154/色目氏族上/34 下
【秋涧先生大全文集】51/大元故大名路宣差李公神道碑/5 下
【汇编】上 285、583
迪儿威 又作都迪尔威，河西史氏乞台普济孙
【蒙兀儿史记】154/色目氏族上/34 下
【汇编】上 588
和尚 唐兀氏黄头七子
【蒙兀儿史记】154/色目氏族上/34 下
【道园学古录】40/9 上
【汇编】上 532、535、600
和实纳 唐兀西卑系仙仙子
【永乐大典】2806/5 下
【汇编】补遗 7160
和斡 西夏遗民
【元史】124/忙哥撒儿传/3055
【汇编】下 6985、6986
舍利威 唐兀昔李钤部系野速普花次子
【正德大名府志】10/元大名达鲁花赤昔李公墓志铭/38 上
【汇编】补遗 7173
忽剌出 唐兀人，勃罗帖穆尔祖
【至正昆山郡志】2/名宦/7 上
【汇编】补遗 7217
忽都帖 唐兀昔李钤部系野速普花长女
【正德大名府志】10/元大名达鲁花赤昔李公墓志铭/38 上
【汇编】补遗 7173
忽都不花 河西老索孙
【中国藏西夏文献】18/顺天路达鲁花赤河西老索神道碑 150
忽都答儿 又作胃都歹，唐兀昔李钤部孙

【正德大名府志】10/元大名达鲁花赤昔李公墓志铭/38 上
【汇编】补遗 7173
忽都答儿 唐兀人，广德路总管府判官
【至顺镇江志】19/人材仕进侨寓/13 上
【汇编】补遗 7221
周氏 宁夏人师克恭妻
【待制集】10/师氏先生茔碑铭/四库本 1210－352
周氏 唐兀氏黄头妻
【道园学古录】40/9 上
【汇编】上 535
怯延兀兰 唐兀氏小丑赐名
【元史】134/朵罗台传/3264
【蒙兀儿史记】154/色目氏族上/34 下
【汇编】上 405、594
怯烈氏 唐兀闾马孙不老妻
【宁夏社会科学】1987 年第 1 期/大元赠敦武校尉军民万户府百夫长唐兀公碑铭/88
【述善集校注】3/大元赠敦武校尉军民万户府百夫长唐兀公碑铭并序/137
【汇编】补遗 7165
炉安 唐兀闾马系帖穆四子，《述善集校注》中为芦安
【宁夏社会科学】1987 年第 1 期/大元赠敦武校尉军民万户府百夫长唐兀公碑铭/88
【述善集校注】3/大元赠敦武校尉军民万户府百夫长唐兀公碑铭并序/137
【汇编】补遗 7165
波若奴 唐兀昔李钤部系野速普花六子
【正德大名府志】10/元大名达鲁花赤昔李公墓志铭/38 上
【汇编】补遗 7173
泼皮 唐兀氏，监察御史
【至正金陵新志】6/历代官职·题目/59 上
【汇编】下 706
宝山 河西人星吉子
【宋学士全集】18/元赠开府仪同三司上柱国星吉公神道碑铭/18 上
【蒙兀儿史记】154/色目氏族上/34 下
【汇编】上 476、595
宝寿奴 唐兀昔李钤部系野速普花三女
【正德大名府志】10/元大名达鲁花赤昔李公墓志铭/38 上
【汇编】补遗 7173
宝座 河西人星吉子，《增订〈元代西夏人物表〉》为宝童
【蒙兀儿史记】154/色目氏族上/34 下
【宋学士全集】18/元赠开府仪同三司上柱国星吉公神道碑铭/18 上
【汇编】上 476、595
宝童 唐兀闾马系拜住女婿，《述善集校注》中为保童
【宁夏社会科学】1987 年第 1 期/大元赠敦武校尉军民万户府百夫长唐兀公碑铭/88
【述善集校注】3/大元赠敦武校尉军民万户府百夫长唐兀公碑铭并序/137
【汇编】补遗 7166
定者帖木儿 唐兀举立沙系贴信普长子
【民族研究】1979 年第 1 期/大元肃州路也可达鲁花赤世袭之碑/69
【汇编】上 299
录僧 字世贤，唐兀闾马孙
【宁夏社会科学】1987 年第 1 期/大元赠敦武校尉军民万户府百夫长唐兀公碑铭/88
【述善集校注】3/大元赠敦武校尉军民万户府百夫长唐兀公碑铭并序/137、昆季字说/160
【汇编】补遗 7165
经里鬲 西夏宗室李恒子李世安女婿
【吴文正公集】42/元故荣禄大夫江西等处行中书省平章政事李公墓志铭/2 下
【汇编】上 374
孟天晫 西夏人孟昉字
【燕石集】15/四库本/1212－522
孟古特穆尔 西夏后裔，宣武将军
【江西通志】46/四库本 514－511 下
孟昉 西夏人，字天晫
【夷白斋集】22/孟待制文集序/四库本 1222－297
贯□□□ 唐兀举立沙系剌麻朵儿只长子
【民族研究】1979 年第 1 期/大元肃州路也可达鲁花赤世袭之碑/69
【汇编】上 298

九画

珍卿 嵬名氏卜颜铁木儿字
【元史】144/卜颜铁木儿传/3436
【汇编】上 453
契斯 河西人，知嘉定州，《增订〈元代西夏人物表〉》中为契偰斯
【正德姑苏志】41/官迹 5/四库本 493－755
春兴 字尚贤，唐兀闾马孙
【宁夏社会科学】1987 年第 1 期/大元赠敦武校尉军民万户府百夫长唐兀公碑铭/88
【述善集校注】3/大元赠敦武校尉军民万户府百夫长唐兀公碑铭并序/137、昆季字说/160
【汇编】补遗 7165
勃罗帖穆尔 唐兀人，字存中，号一斋，大府监提点，《增订〈元代西夏人物表〉》中为勃罗帖木儿
【至正昆山郡志】2/名宦/7 上
【汇编】补遗 7217
剌哈咱识理 河西人星吉子
【蒙兀儿史记】154/色目氏族上/34 下
【宋学士全集】18/元赠开府仪同三司上柱国星吉公神道碑铭/18 上
【汇编】上 476、594
剌思八朵儿只 唐兀人，监察御史
【至正金陵新志】6/历代官制・题名/65 上
【汇编】下 7073
剌真 唐兀氏伯颜曾祖
【蒙兀儿史记】154/色目氏族上/34 下
【汇编】上 597
剌麻朵儿只 唐兀举立沙孙
【民族研究】1979 年第 1 期/大元肃州路也可达鲁花赤世袭之碑/69
【汇编】上 298
荅儿麻八剌 又作答儿麻八，河西人星吉子
【蒙兀儿史记】154/色目氏族上/34 下
【汇编】上 595
荅里麻 又作达理麻，嵬名察罕系立智理威孙
【蒙兀儿史记】154/色目氏族上/34 下
【汇编】上 580
荅里麻 又作答里麻，唐兀世族暗伯孙
【蒙兀儿史记】154/色目氏族上/34 下
【汇编】上 584
荅哈兀 又作答哈兀，嵬名察罕从子，阿波古三子
【蒙兀儿史记】154/色目氏族上/34 下
【汇编】上 581
荅察儿 又作答察儿，河西人拜延子
【蒙兀儿史记】154/色目氏族上/34 下
【汇编】上 595
茶寒 又作嵬名察罕，成吉思罕养子
【元史】3/宪宗纪/44
【蒙兀儿史记】6/蒙格可汗本纪/4 下
【汇编】下 6985
赵氏 张掖刘完泽子沙剌班妻
【雍虞先生道园类稿】42/彭城郡侯刘公神道碑/1 上
【汇编】上 404
赵氏 唐兀氏杨朵儿只母
【虞文靖公道园全集】35/正议大夫江南湖北道肃政廉访使特赠宣忠效力翊戴功臣大司徒金紫光禄大夫上柱国夏国公谥襄敏杨公神道碑/6 上
【汇编】上 504、507
赵安 唐兀氏黄头子
【蒙兀儿史记】154/色目氏族上/34 下
【道园学古录】40/9 上
【汇编】上 535、601
歪头 唐兀闾马系春兴次子，《述善集校注》作歪儿
【宁夏社会科学】1987 年第 1 期/大元赠敦武校尉军民万户府百夫长唐兀公碑铭/88
【述善集校注】3/大元赠敦武校尉军民万户府百夫长唐兀公碑铭并序/137
【汇编】补遗 7165
厘日 又作纳里日、哩日，河西史氏乞台普济子
【蒙兀儿史记】154/色目氏族上/34 下
【汇编】上 588
威弥氏 唐兀昔李钤部系野速普花妻
【正德大名府志】10/元大名达鲁花赤昔李公墓志铭/38 上
【汇编】补遗 7173
按巴 河西史氏乞台普济孙女

【牧庵集】26/开府仪同三司中书右丞相史公先德碑/1 上
【汇编】上 547
按滩妻 赵国公按滩妻为唐兀氏，封赵国夫人
【石田先生文集】6/右丞按滩封谥制/10 上
【汇编】上 566
哈石 哈石霸都儿，唐兀人述哥察儿父
【蒙兀儿史记】154/色目氏族上/34 下
【汇编】上 601
哈石霸都儿 唐兀人述哥察儿父，《增订〈元代西夏人物表〉》为拔都
【吴文正公集】33/元故浚州达鲁花赤追封魏郡伯墓碑/18 上
【汇编】上 478
哈达逊 河西史氏乞台普济孙女
【牧庵集】26/开府仪同三司中书右丞相史公先德碑/1 上
【汇编】上 547
哈荅儿 唐兀氏买住父，《增订〈元代西夏人物表〉》中为哈答儿
【蒙兀儿史记】154/色目氏族上/34 下
【汇编】上 597
哈剌 唐兀氏，元统三年监察御史
【至正金陵新志】6/历代官制・题名/61 下
【汇编】下 7066
哈剌 唐兀氏黄头长子，兖州路同知
【蒙兀儿史记】154/色目氏族上/34 下
【道园学古录】40/9 上
【汇编】上 535、600
哈剌 唐兀闾马系野仙普化子
【宁夏社会科学】1987 年第 1 期/大元赠敦武校尉军民万户府百夫长唐兀公碑铭/88
【述善集校注】3/大元赠敦武校尉军民万户府百夫长唐兀公碑铭并序/137
【汇编】补遗 7166
哈剌哈孙 唐兀人述哥察儿子
【蒙兀儿史记】154/色目氏族上/34 下
【吴文正公集】33/元故浚州达鲁花赤追封魏郡伯墓碑/18 上
【汇编】上 479、601
哈剌鲁氏 唐兀闾马孙换住妻
【宁夏社会科学】1987 年第 1 期/大元赠敦武校尉军民万户府百夫长唐兀公碑铭/88
【述善集校注】3/大元赠敦武校尉军民万户府百夫长唐兀公碑铭并序/137
【汇编】补遗 7165
哈剌鲁氏 唐兀闾马系理安妻
【宁夏社会科学】1987 年第 1 期/大元赠敦武校尉军民万户府百夫长唐兀公碑铭/88
【述善集校注】3/大元赠敦武校尉军民万户府百夫长唐兀公碑铭并序/137
【汇编】补遗 7164
哈剌鲁氏 唐兀闾马妻
【宁夏社会科学】1987 年第 1 期/大元赠敦武校尉军民万户府百夫长唐兀公碑铭/88
【述善集校注】3/大元赠敦武校尉军民万户府百夫长唐兀公碑铭并序/137
【汇编】补遗 7162
哈斯呼 唐兀氏，保定路总管
【畿辅通志】68/名宦・保定府/24 上
【汇编】下 7068
哈蓝朵儿只 唐兀世族暗伯孙
【元史】145/亦怜真班传/3447
【蒙兀儿史记】154/色目氏族上/34 下
【汇编】上 386、585
显道 河西人高智耀字
【雍虞先生道园类稿】25/重建高文忠公祠记/18 下
【汇编】上 326
星吉 河西人
【元史】42/顺帝纪 5/898、903；144/卜颜铁木儿传/3436、星吉传/3438
【蒙兀儿史记】154/色目氏族上/34 下
【至正金陵新志】6/历代官制・题名/39 上
【至正集】10/4 下
【宋学士全集】18/元赠开府仪同三司上柱国星吉公神道碑铭/18 上
【汇编】上 453、454、457、458、459、470、471、474、594；下 7063、7078、7079；补遗 7192
骨都歹 又作忽都答儿，唐兀昔李钤部孙
【蒙兀儿史记】154/色目氏族上/34 下
【雪楼程先生文集】25/魏国公先世述/16 下
【汇编】上 293、583

拜延 河西人，蒙兀汉军管军万户
【元史】17/世祖纪 14/375；133/拜延传/3224、3225
【蒙兀儿史记】154/色目氏族上/34 下
【汇编】上 309、310、595；下 7042

拜住 字好贤，唐兀闾马孙
【宁夏社会科学】1987 年第 1 期/大元赠敦武校尉军民万户府百夫长唐兀公碑铭/88
【述善集校注】3/昆季字说/160
【汇编】补遗 7166

钤部李公 唐兀昔李钤部
【蒙兀儿史记】76/镇南王脱欢传/16 上
【秋涧先生大全文集】51/大元故大名路宣差李公神道碑/5 下
【汇编】上 282；下 7038

笃鲁迷失 河西贵族董氏妾
【九灵山房集】14/亡妾李氏墓志铭/9 上
【汇编】上 563

重福 唐兀氏，广西道廉访使
【蒙兀儿史记】154/色目氏族上/34 下
【汇编】上 601

保安 唐兀闾马系教化长子
【宁夏社会科学】1987 年第 1 期/大元赠敦武校尉军民万户府百夫长唐兀公碑铭/88
【述善集校注】3/大元赠敦武校尉军民万户府百夫长唐兀公碑铭并序/137
【汇编】补遗 7165

保住 唐兀闾马子达海女婿
【宁夏社会科学】1987 年第 1 期/大元赠敦武校尉军民万户府百夫长唐兀公碑铭/88
【汇编】补遗 7164

保住 唐兀闾马系拜住女婿
【宁夏社会科学】1987 年第 1 期/大元赠敦武校尉军民万户府百夫长唐兀公碑铭/88
【述善集校注】3/大元赠敦武校尉军民万户府百夫长唐兀公碑铭并序/137
【汇编】补遗 7166

保保 唐兀闾马子镇化台女婿，《述善集校注》中为宝宝
【宁夏社会科学】1987 年第 1 期/大元赠敦武校尉军民万户府百夫长唐兀公碑铭/88
【述善集校注】3/大元赠敦武校尉军民万户府百夫长唐兀公碑铭并序/137
【汇编】补遗 7165

保童 唐兀闾马孙
【宁夏社会科学】1987 年第 1 期/大元赠敦武校尉军民万户府百夫长唐兀公碑铭/88
【述善集校注】3/大元赠敦武校尉军民万户府百夫长唐兀公碑铭并序/137
【汇编】补遗 7165

保童 唐兀氏黄头五子
【新元史】182/黄头传/6 上
【蒙兀儿史记】154/色目氏族上/34 下
【道园学古录】40/9 上
【汇编】上 531、532、535、600

侯氏 唐兀氏丑闾妻
【元史】195/丑闾传/4417
【汇编】上 529

顺昌 唐兀氏，监察御史
【至正金陵新志】6/历代官制·题名/58 下
【汇编】下 7060

顺祖 河西人星吉母
【宋学士全集】18/元赠开府仪同三司上柱国星吉公神道碑铭/18 上
【汇编】上 471

衍彷 唐兀氏杨朶儿只侄
【新元史】183/杨教化传/11 上
【至正金陵新志】6/历代官制·题名/63 下
【蒙兀儿史记】154/色目氏族上/34 下
【虞文靖公道园全集】35/正议大夫江南湖北道肃政廉访使特赠宣忠效力翊戴功臣大司徒金紫光禄大夫上柱国夏国公谥襄敏杨公神道碑/6 上
【汇编】上 496、506、507、591；下 7071

胆八 又作丹巴，唐兀氏，监察御史
【至正金陵新志】6/历代官制·题名/62 上
【汇编】下 7065

彦忠 西夏人张长吉字
【梧溪集】5/四库本 1218－784

彦晖 唐兀氏塔不台字，襄阳录事司达鲁花赤
【元史】194/喜同传/4398
【蒙兀儿史记】154/色目氏族上/34 下
【汇编】上 526、599

彦豪 西夏宗室李世安字

【新元史】180/李世安传/8 下
【吴文正公集】42/元故荣禄大夫江西等处行中书省平章政事李公墓志铭/2 下
【养蒙先生文集】4/益都淄莱等路管军万户李公墓志铭/5 上
【汇编】上 353、370、375
闾儿 唐兀闾马三子
【宁夏社会科学】1987 年第 1 期/大元赠敦武校尉军民万户府百夫长唐兀公碑铭/88
【述善集校注】3/大元赠敦武校尉军民万户府百夫长唐兀公碑铭并序/137
【汇编】补遗 7162、7165
闾马 唐兀台子，世居宁夏路贺兰山
【宁夏社会科学】1987 年第 1 期/大元赠敦武校尉军民万户府百夫长唐兀公碑铭/88
【述善集校注】3/大元赠敦武校尉军民万户府百夫长唐兀公碑铭并序/137
【汇编】补遗 7161
闾闾 唐兀闾马孙换住女婿
【宁夏社会科学】1987 年第 1 期/大元赠敦武校尉军民万户府百夫长唐兀公碑铭/88
【述善集校注】3/大元赠敦武校尉军民万户府百夫长唐兀公碑铭并序/137
【汇编】补遗 7165
洪范 唐兀氏美里吉台字
【蒙兀儿史记】154/色目氏族上/34 下
【元秘书监志】9/四库本 596 - 850
【汇编】上 602
洪保 唐兀氏余阙兄
【蒙兀儿史记】154/色目氏族上/34 下
【汇编】上 596
宣政公 西夏人杨公亦执里不花，同知宣政院事
【至正集】31/宣政使杨公行实序/11 上
【汇编】上 509
染齐 河西史氏乞台普济孙女
【牧庵集】26/开府仪同三司中书右丞相史公先德碑/1 上
【汇编】上 547
美里吉台 唐兀氏，字洪范，又作穆尔济达，秘书省校书郎
【蒙兀儿史记】154/色目氏族上/34 下
【汇编】上 602
举立沙 唐兀氏，肃州阀阅之家
【民族研究】1979 年第 1 期/大元肃州路也可达鲁花赤世袭之碑/69
【汇编】上 298
祐安 唐兀闾马系教化三子
【宁夏社会科学】1987 年第 1 期/大元赠敦武校尉军民万户府百夫长唐兀公碑铭/88
【述善集校注】3/大元赠敦武校尉军民万户府百夫长唐兀公碑铭并序/137
【汇编】补遗 7165
祐安 唐兀闾马系教化次子
【宁夏社会科学】1987 年第 1 期/大元赠敦武校尉军民万户府百夫长唐兀公碑铭/88
【述善集校注】3/大元赠敦武校尉军民万户府百夫长唐兀公碑铭并序/137
【汇编】补遗 7165
祐童 唐兀闾马孙
【宁夏社会科学】1987 年第 1 期/大元赠敦武校尉军民万户府百夫长唐兀公碑铭/88
【述善集校注】3/大元赠敦武校尉军民万户府百夫长唐兀公碑铭并序/137
【汇编】补遗 7165
祝真普 威弥氏，唐兀昔李钤部系野速普花岳父
【正德大名府志】10/元大名达鲁花赤昔李公墓志铭/38 上
【汇编】补遗 7173
贺兰 唐兀人，江西左丞李朵儿只号
【山居新话】/6 下
【汇编】补遗 7218
逊都台 李世显，西夏宗室李恒子，《增订〈元代西夏人物表〉》中为逊都歹
【元史】129/李恒传/3157、3159
【蒙兀儿史记】154/色目氏族上/34 下
【汇编】上 342、579

十画

珠特尔威 又作术都儿威，河西史氏乞台普济同父异母弟，《增订〈元代西夏人物表〉》中为托罗台子

【牧庵集】26/开府仪同三司中书右丞相史公先德碑/1 上
【汇编】上 546

桂山海牙 唐兀氏明安达尔子
【元史】195/明安达尔传/4415
【蒙兀儿史记】154/色目氏族上/34 下
【汇编】上 528、598

都罗乌□吃铁木尔 西夏人，居保定，枢密院知院
【西夏文《过去庄严劫千佛名经发愿文》译文】史金波

都迪尔威 又作迪儿威，河西史氏乞台普济孙
【牧庵集】26/开府仪同三司中书右丞相史公先德碑/1 上
【汇编】上 546

袁氏 唐兀闾马子镇化台妻
【宁夏社会科学】1987 年第 1 期/大元赠敦武校尉军民万户府百夫长唐兀公碑铭/88
【述善集校注】3/大元赠敦武校尉军民万户府百夫长唐兀公碑铭并序/137
【汇编】补遗 7165

聂尔布 河西史氏乞台普济孙女
【牧庵集】26/开府仪同三司中书右丞相史公先德碑/1 上
【汇编】上 547

聂辰 河西史氏乞台普济孙女
【牧庵集】26/开府仪同三司中书右丞相史公先德碑/1 上
【汇编】上 547

夏氏 河西世家王用文将军母
【闻过斋集】5/故王将军夫人孙氏墓志铭/13 下
【汇编】补遗 7207

夏氏 唐兀氏，王用文妻
【闻过斋集】5/友石山人墓志铭/15 下
【汇编】补遗 7205

换住 字思贤，唐兀闾马孙
【宁夏社会科学】1987 年第 1 期/大元赠敦武校尉军民万户府百夫长唐兀公碑铭/88
【述善集校注】3/大元赠敦武校尉军民万户府百夫长唐兀公碑铭并序/137、昆季字说/159
【汇编】补遗 7165

监藏班臧卜 西夏僧都统
【元史】33/文宗纪 2/744

哩日 又作纳里日、厘日，河西史氏乞台普济子
【牧庵集】26/开府仪同三司中书右丞相史公先德碑/1 上
【汇编】上 547

恩宁普 字德卿，唐兀氏，西夏名族
【经济文集】6 诗/四库本 1214 - 486 上

特穆尔巴哈 唐兀氏，架阁库管勾，《增订〈元代西夏人物表〉》中为帖木儿不花
【至正金陵新志】6/四库本 492 - 323 下

特穆尔巴哈 唐古氏，监察御史，《增订〈元代西夏人物表〉》中为帖木儿不花
【至正金陵新志】6/四库全书 492 - 332 下

铁理 宁朔王斡赤妻
【道园学古录】22/3 下
【汇编】上 398

俺伯 又作暗伯，唐兀世族
【元史】145/亦怜真班传/3445
【汇编】上 384

息简礼 西夏人何伯翰祖
【东维子集】8/四库本 1221 - 451 下

爱鲁 唐兀昔里钤部子
【元史】10/世祖纪 7/213；14/世祖纪 11/299、301；15/世祖纪 12/310、312；122/昔里钤部传/3011、3012、爱鲁传/3012、3013；133/脱力世官传/3228、3229；209/安南传/4649；210/缅传/4659
【蒙兀儿史记】76/镇南王脱欢传/16 上；154/色目氏族上/34 下
【元史类编】3/2 上
【正德大名府志】10/元大名达鲁花赤昔李公墓志铭/38 上、元礼仪院判昔李公墓志铭/40 下
【招捕总录】八番顺元诸蛮/11；云南/3
【秋涧先生大全文集】51/大元故大名路宣差李公神道碑/5 下
【雪楼程先生文集】2/故父资德大夫云南等处行中书省右丞改谥忠节制/6 上；25/魏国公先世述/16 下
【汇编】上 272、273、285、292、296、582；下 7002、7031、7035、7036、7037、7038、7039；补遗 7173、7174

【梧溪集】5/哀高照磨/70 下
【雍虞先生道园类稿】25/重建高文忠公祠记/18 下
【汇编】上 311、312、317、324、326、327、390、586；下 6826、6926、6990、7081
高睿 河西人高智耀子
【元史】125/高智耀传/3072；142/纳麟传/3406
【蒙兀儿史记】154/色目氏族上/34 下
【至正金陵新志】6/历代官制·题名/33 上、33 下、37 上
【雍虞先生道园类稿】25/重建高文忠公祠记/18 下
【汇编】上 313、317、326、586；下 7043、7054
唐兀歹 唐兀氏买住祖
【蒙兀儿史记】154/色目氏族上/34 下
【汇编】上 597
唐兀公 西夏遗民
【雪楼程先生文集】13/遗音堂记/7 上
【汇编】上 572
唐兀氏 文献昭圣皇后，元文宗母
【元史】114/后妃 1/2875
【汇编】上 241
唐兀台 唐兀闾马父，世居宁夏路贺兰山
【宁夏社会科学】1987 年第 1 期/大元赠敦武校尉军民万户府百夫长唐兀公碑铭/88
【述善集校注】3/大元赠敦武校尉军民万户府百夫长唐兀公碑铭并序/137
【汇编】补遗 7161
唐兀带 与昂吉儿共同出战，镇守黄州等地
【元史】9/世祖纪 6/192；10/世祖纪 7/198、201、216；12/世祖纪 9/240；13/世祖纪 10/278；15/世祖纪 12/319
【汇编】下 6994、6997
唐兀彦国 唐兀氏李彦国
【述善集校注】校注 2/68、69
唐兀海牙 大同路广胜库总管，《增订〈元代西夏人物表〉》为唐兀海平
【元史】134/朵罗台传/3265
【汇编】上 406
疾利沙 又作益立山，唐兀昔李钤部
【正德大名府志】10/40 下
【汇编】补遗 7174
海川 西夏遗民刘容父，其祖在西夏主尚食
【元史】134/刘容传/3259
【蒙兀儿史记】154/色目氏族上/34 下
【汇编】上 398、592
益立山 又作疾利沙，唐兀昔李钤部
【蒙兀儿史记】154/色目氏族上/34 下
【秋涧先生大全文集】51/大元故大名路宣差李公神道碑/5 下
【汇编】上 282、582
益怜质班 西夏人何伯翰父
【东维子集】8/四库本 1221－451 下
益怜真 唐兀昔李钤部系乞答哈长子
【正德大名府志】10/元礼仪院判昔李公墓志铭/40 下
【汇编】补遗 7175
益德 又作逸的，嵬名察罕初名
【元史】120/察罕传/2955
【蒙兀儿史记】154/色目氏族上/34 下
【汇编】上 242、580
宰牙 嵬名察罕系塔出长子
【元史】135/塔出传/3275
【蒙兀儿史记】154/色目氏族上/34 下
【汇编】上 258、581
诺海 又作那海，河西史氏乞台普济孙
【牧庵集】26/开府仪同三司中书右丞相史公先德碑/1 上
【汇编】上 546
诺摩罕 又作那木翰、那木罕，唐兀氏王用文仕名
【闻过斋集】5/故王将军夫人孙氏墓志铭/13 下、5/友石山人墓志铭/15 下
【汇编】补遗 7204、7207
屑耳为 又名沙剌臧卜、沙剌藏卜，唐兀氏余阙父
【蒙兀儿史记】154/色目氏族上/34 下
【汇编】上 596
桑节 河西人
【明一统志】37/四库本 472－931
桑哥八剌 唐兀世族暗伯孙
【元史】145/亦怜真班传/3447
【蒙兀儿史记】154/色目氏族上/34 下

十一画

索神道碑/150

野仙普化 唐兀闾马孙，又名奈惊，字惟贤

【宁夏社会科学】1987年第1期/大元赠敦武校尉军民万户府百夫长唐兀公碑铭/88

【述善集校注】3/大元赠敦武校尉军民万户府百夫长唐兀公碑铭并序/137

【汇编】补遗7166

野速普花 唐兀昔李钤部系万奴子

【正德大名府志】10/元大名达鲁花赤昔李公墓志铭/38上

【汇编】补遗7172

野蒲甘卜 又作也蒲甘卜，唐兀氏昂吉儿父

【元史】132/昂吉儿传/3213

【蒙兀儿史记】154/色目氏族上/34下

【汇编】上301、583

野蒲昂吉儿 唐兀野蒲氏昂吉儿

【蒙兀儿史记】154/色目氏族上/34下

【汇编】上593

鄂约达勒 河西人，朝请大夫

【至正金陵新志】6/四库本492－321下

崔氏 西夏宗室李恒子李世雄妻

【养蒙先生文集】3/益都淄莱等路管军万户李公墓志铭/2下

【汇编】上375

崇喜 字象贤，唐兀闾马孙，达海长子

【宁夏社会科学】1987年第1期/大元赠敦武校尉军民万户府百夫长唐兀公碑铭/88

【述善集校注】3/大元赠敦武校尉军民万户府百夫长唐兀公碑铭并序/137、昆季字说/159

【汇编】补遗7161、7162、7163、7164

铫节 唐兀氏余阙祖

【蒙兀儿史记】154/色目氏族上/34下

【汇编】上596

铫节 唐兀氏余阙曾祖

【蒙兀儿史记】154/色目氏族上/34下

【汇编】上596

得士 唐兀氏杨朵儿只号

【虞文靖公道园全集】12/御史中丞杨襄愍公神道碑/1上

【汇编】上502

脱因 又作脱因荏，唐兀人述哥察儿孙

【吴文正公集】33/元故浚州达鲁花赤追封魏郡伯墓碑/18上

【汇编】上479

脱因荏 又作脱因，唐兀人述哥察儿孙

【蒙兀儿史记】154/色目氏族上/34下

【汇编】上601

脱欢 唐兀氏朵罗台子

【元史】134/朵罗台传/3265

【蒙兀儿史记】154/色目氏族上/34下

【汇编】上406、594

脱脱 唐兀氏，天历元年监察御史

【至正金陵新志】6/历代官制·题名/59上

【汇编】下7062

脱脱 唐兀氏，元统元年经历

【至正金陵新志】6/历代官制·题名/41下

【汇编】下7064

脱脱 又名庆安，唐兀闾马外孙，迈讷子

【宁夏社会科学】1987年第1期/大元赠敦武校尉军民万户府百夫长唐兀公碑铭/88

【述善集校注】3/大元赠敦武校尉军民万户府百夫长唐兀公碑铭并序/137

【汇编】补遗7166

脱脱 唐兀闾马孙

【宁夏社会科学】1987年第1期/大元赠敦武校尉军民万户府百夫长唐兀公碑铭/88

【述善集校注】3/大元赠敦武校尉军民万户府百夫长唐兀公碑铭并序/137

【汇编】补遗7165

脱脱木儿 唐兀氏黄头次子

【蒙兀儿史记】154/色目氏族上/34下

【道园学古录】40/9上

【汇编】上535、600

逸的察罕 又作嵬名察罕

【蒙兀儿史记】21/塔阳汗传/9上

【汇编】下6987

康里氏 唐兀人述哥察儿妻

【吴文正公集】33/元故浚州达鲁花赤追封魏郡伯墓碑/18上

【汇编】上478

康里郡君 唐兀人述哥察儿妻康里氏

【吴文正公集】33/元故浚州达鲁花赤追封魏郡伯墓碑/18上

【汇编】上 479

康里真氏 河西老索妻

【中国藏西夏文献】18/顺天路达鲁花赤河西老索神道碑 150

清卿 唐兀氏托克托字

【金台集】1/送都水大监托克托清卿使君奉命塞白茅决河/四库本 1215－283

添儿 唐兀闾马系帖穆三子

【宁夏社会科学】1987 年第 1 期/大元赠敦武校尉军民万户府百夫长唐兀公碑铭/88

【述善集校注】3/大元赠敦武校尉军民万户府百夫长唐兀公碑铭并序/137

【汇编】补遗 7165

添孙 唐兀闾马孙女赛珍夫

【宁夏社会科学】1987 年第 1 期/大元赠敦武校尉军民万户府百夫长唐兀公碑铭/88

【述善集校注】3/大元赠敦武校尉军民万户府百夫长唐兀公碑铭并序/137

【汇编】补遗 7166

添受 唐兀人，昭信校尉

【至顺镇江志】16/宰二丹徒县/5 上

【汇编】下 7052

鸿嘉努 西夏后裔，从仕郎

【至正金陵新志】6/四库本 492－332 上

寄僧 宁夏人来阿八赤子

【元史】129/来阿八赤传/3143

【蒙兀儿史记】154/色目氏族上/34 下

【汇编】上 332、590

盖氏 唐兀闾马子当儿妻

【宁夏社会科学】1987 年第 1 期/大元赠敦武校尉军民万户府百夫长唐兀公碑铭/88

【述善集校注】3/大元赠敦武校尉军民万户府百夫长唐兀公碑铭并序/137

【汇编】补遗 7165

盖氏 唐兀闾马子镇化台妻

【宁夏社会科学】1987 年第 1 期/大元赠敦武校尉军民万户府百夫长唐兀公碑铭/88

【述善集校注】3/大元赠敦武校尉军民万户府百夫长唐兀公碑铭并序/137

【汇编】补遗 7164

梁氏 嵬名察罕从子立智理威妻

【雍虞先生道园类稿】42/立智理威忠惠公神道碑/25 下

【汇编】上 265

梁氏 唐兀氏杨朵儿只母

【虞文靖公道园全集】35/正议大夫江南湖北道肃政廉访使特赠宣忠效力翊戴功臣大司徒金紫光禄大夫上柱国夏国公谥襄敏杨公神道碑/6 上

【汇编】上 507

梁氏 唐兀昔李钤部母

【牧庵集】19/资德大夫云南行中书省右丞李公神道碑/8 下

【雪楼程先生文集】2/故曾祖母梁氏追封魏国夫人制/5 上；25/魏国公先世述/16 下

【汇编】上 287、291、295

谔勒哲布哈 唐古特人，字仲美，秘书监奏差，《增订〈元代西夏人物表〉》中为完者不花

【元秘书监志】11/四库本 596－856

绰罗 唐古氏，监察御史

【至正金陵新志】6/四库本 492－332 下

维郡伯 唐兀人述哥察儿

【吴文正公集】33/元故浚州达鲁花赤追封魏郡伯墓碑/18 上

【汇编】上 478、479

十二画

塔儿忽台 唐兀氏朵罗台父

【元史】134/朵罗台传/3265、134/阔阔出传/3265

【蒙兀儿史记】154/色目氏族上/34 下

【汇编】上 405、406、594

塔不台 唐兀氏，字彦晖，襄阳录事司达鲁花赤，居东昌路之聊城

【元史】194/喜同传/4397

【蒙兀儿史记】154/色目氏族上/34 下

【汇编】上 526、599

塔出 嵬名察罕孙，布兀剌子

【宋史】47/瀛国公纪/943

【元史】7/世祖纪 4/136、139、140、141；8/世祖纪 5/149、154、168；9/世祖纪 6/184、191；10/世祖纪 7/203；14/世祖纪 11/286、

299；135/塔出传/3272、3273、3274、3275；166/张荣实传/3905
【蒙兀儿史记】154/色目氏族上/34 下
【汇编】上 255、256、257、258、581；下 6992、6995、7036
塔海 祖上宁夏人
【待制集】10/师氏先生茔碑铭/四库本 1210－352
塔海 河西史氏乞台普济后代
【蒙兀儿史记】154/色目氏族上/34 下
【牧庵集】26/开府仪同三司中书右丞相史公先德碑/1 上
【汇编】上 546、588
塔塔出 字齐贤，唐兀闾马孙，镇化台子，《述善集校注》作塔哈出
【宁夏社会科学】1987 年第 1 期/大元赠敦武校尉军民万户府百夫长唐兀公碑铭/88
【述善集校注】3/大元赠敦武校尉军民万户府百夫长唐兀公碑铭并序/137、昆季字说/159
【汇编】补遗 7164
散木斛 又作李世安，西夏宗室李恒子
【元史】129/李恒传/3159
【蒙兀儿史记】154/色目氏族上/34 下
【新元史】180/李世安传/8 下
【吴文正公集】42/元故荣禄大夫江西等处行中书省平章政事李公墓志铭/2 下
【汇编】上 342、353、370、578
敬之 宁夏人师克恭字
【待制集】10/师氏先生茔碑铭/四库本 1210－352
韩家讷 又作韩嘉纳、韩嘉讷，嵬名察罕从孙，立智理威次子
【元史】42/顺帝纪 5/886
【蒙兀儿史记】154/色目氏族上/34 下
【雍虞先生道园类稿】42/立智理威忠惠公神道碑/25 下
【汇编】上 265、581
韩嘉讷 又作韩嘉纳、韩家讷，嵬名察罕从孙，立智理威次子
【元史】41/顺帝纪 4/879；42/顺帝纪 5/886；120/立智理威传/2960；139/朵儿只传/3354
【雍虞先生道园类稿】42/立智理威忠惠公神道碑/25 下
【汇编】上 265；下 7075
韩嘉纳 又作韩家讷、韩嘉讷，嵬名察罕从孙，立智理威次子
【元史】205/哈麻传/4582
【汇编】上 247；下 7075、7076、7077
彭氏 唐兀闾马孙伯颜妻
【宁夏社会科学】1987 年第 1 期/大元赠敦武校尉军民万户府百夫长唐兀公碑铭/88
【述善集校注】3/大元赠敦武校尉军民万户府百夫长唐兀公碑铭并序/137
【汇编】补遗 7165
喜同 河西人，南阳县荅鲁合臣
【元史】194/喜同传/4397、4398、194/塔不台传/4398
【蒙兀儿史记】154/色目氏族上/34 下
【汇编】上 525、526、593
董氏 河西贵族
【九灵山房集】14/亡妾李公墓志铭/9 上
【汇编】上 563
董礼 河西维扬董氏子
【九灵山房集】14/亡妾李公墓志铭/9 上
【汇编】上 564
蒋氏 又作耶卜氏、耶律氏，唐兀氏余阙妻
【余忠宣青阳山房集】余忠宣公死节记/9 上、书余忠宣公死节记后/12 下
【汇编】上 436、438
越民考 军民私谥宁夏人迈里古思
【南村辍耕录】10/8 上
【汇编】上 514
雅奇 唐古氏，南台监察御史
【至正金陵新志】6/四库本 492－332 下
喇勒喇斡 唐古人，湖广行省左丞
【广西通志】52/四库本 566－507 上
嵬名公 西夏遗民
【青阳先生文集】4/送月彦明经历赴行都水监序/3 下
【汇编】下 7074
嵬名公 西夏遗民，御史大夫
【青阳先生文集】4/送归彦温赴河西廉使序/1 上
【汇编】上 576

鬼名察罕 成吉思汗养子，唐兀乌密氏

【元史】1/太祖纪/19、24；2/太宗纪/38；120/察罕传/2955、2956、木花里传/2957、亦力撒合/2957、立智理威传/2958、曷思麦里传/2970；124/李桢传/3050、3051；135/塔出传/3273；146/粘合南合传/3466；147/张柔传/3475；150/何伯祥传/3544；151/邸琮传/3571；152/齐荣显传/3601；153/李邦瑞传/3620；154/李进传/3638；156/张弘范传/3682；165/张禧传/3865；166/张荣实传/3904、3905

【蒙兀儿史记】4/斡歌歹可汗本纪/13下；5/古余克可汗本纪/3上；6/蒙格可汗本纪/4下、8下；154/色目氏族上/34下

【至正集】58/故漕运同知粘合公妻逸的氏墓志铭/12下

【至顺镇江志】16/宰二金坛县/11上

【秋涧先生大全文集】51/大元故大名路宣差李公神道碑/5下

【雍虞先生道园类稿】42/立智理威忠惠公神道碑/25下

【汇编】上242、243、255、260、261、267、269、283、580、581；下6849、6912、6957、6978、6979、6980、6981、6982、6983、6984、6985、6986、6988、6997、7064

鬼的 西夏人，甘肃行省右丞

【元史】43/顺帝纪6/918

景福 又名福大全，字仲祯，唐兀氏丑闾子

【梧溪集】4下/16上

【汇编】补遗7199

黑口子 唐兀氏埜仙普化父

【蒙兀儿史记】154/色目氏族上/34下

【汇编】上597

黑禅和尚 河西人

【万历宁夏志上】名僧/23下

【弘治宁夏新志】2/36上

【汇编】上564；补遗7221

黑厮 唐兀氏，居保定

【弘治保定郡志】9/天一阁藏明代方志选刊/20

锁住 张掖刘完泽三子

【蒙兀儿史记】154/色目氏族上/34下

【雍虞先生道园类稿】42/彭城郡侯刘公神道碑/1上

【汇编】上404、592

答儿麻八 又作荅儿麻八剌，河西人星吉子

【宋学士全集】18/元赠开府义同三司上柱国星吉公神道碑铭/18上

【汇编】上476

答里麻 唐兀世族暗伯孙，又作荅里麻

【元史】145/亦怜真班传/3447

【汇编】上385、386

答茶儿 又作荅察儿，河西人拜延子

【元史】133/拜延传/3225

【汇编】上310

答哈兀 又作荅哈兀，嵬名察罕从子，阿波古三子

【雍虞先生道园类稿】42/立智理威忠惠公神道碑/25下

【汇编】上262

鲁卿 唐兀氏伯颜字，同知重庆州事

【蒙兀儿史记】154/色目氏族上/34下

【汇编】上597

鲁侯宗岱 西夏贵族，号云岩

【铁崖文集】5/云岩说/29下

【汇编】上565

童儿 唐兀闾马系不老长子

【宁夏社会科学】1987年第1期/大元赠敦武校尉军民万户府百夫长唐兀公碑铭/88

【述善集校注】3/大元赠敦武校尉军民万户府百夫长唐兀公碑铭并序/137

【汇编】补遗7165

阔阔出 唐兀氏朵罗台弟

【元史】134/阔阔出传/3265

【蒙兀儿史记】154/色目氏族上/34下

【汇编】上406、594

善布 河西史氏乞台普济孙女

【牧庵集】26/开府仪同三司中书右丞相史公先德碑/1上

【汇编】上547

善安 唐兀闾马系换住三子

【宁夏社会科学】1987年第1期/大元赠敦武校尉军民万户府百夫长唐兀公碑铭/88

【述善集校注】3/大元赠敦武校尉军民万户府百夫长唐兀公碑铭并序/137

【汇编】补遗 7165

善居 唐兀举立沙系令只沙次子，《增订〈元代西夏人物表〉》中为普居

【民族研究】1979 年第 1 期/大元肃州路也可达鲁花赤世袭之碑/69

【汇编】上 299

善卿 宁夏人迈里古思字

【元史】188/迈里古思传/4310

【九灵山房集】13/迈院判哀诗序/9 上

【东维子文集】24/故忠勇西夏侯迈公墓铭/6 下

【南村辍耕录】10/8 上

【汇编】上 509、513、515、516、517、522

普化 唐兀闾马女婿哈剌鲁氏

【宁夏社会科学】1987 年第 1 期/大元赠敦武校尉军民万户府百夫长唐兀公碑铭/88

【述善集校注】3/大元赠敦武校尉军民万户府百夫长唐兀公碑铭并序/137

【汇编】补遗 7166

普达失里 又作普达失理，唐兀世族暗伯孙

【蒙兀儿史记】154/色目氏族上/34 下

【汇编】上 584

普达失理 又作普达失里，唐兀世族暗伯孙

【元史】145/亦怜真班传/3447

【汇编】上 386

普达实理 唐兀举立沙系令只沙长子

【民族研究】1979 年第 1 期/大元肃州路也可达鲁花赤世袭之碑/69

【汇编】上 299

普颜 唐兀昔李钤部系野速普花三子

【正德大名府志】10/元大名达鲁花赤昔李公墓志铭/38 上

【汇编】补遗 7173、7174

道儿 唐兀闾马系不老次子

【宁夏社会科学】1987 年第 1 期/大元赠敦武校尉军民万户府百夫长唐兀公碑铭/88

【述善集校注】3/大元赠敦武校尉军民万户府百夫长唐兀公碑铭并序/137

【汇编】补遗 7165

道安 唐兀昔里钤部系昔李天广子

【正德大名府志】10/元礼仪院判昔李公墓志铭/40 下

【汇编】补遗 7174、7177

道童 唐兀氏，字德章，号贺兰逸人，江西行省平章

【元史】145/亦怜真班传/3446

【十驾斋养心录】9/86 上

禄同 唐兀昔李钤部系野速普花长女婿

【正德大名府志】10/38 上

【汇编】补遗 7173

禄童 嵬名察罕系瑞童子

【至正集】58/故漕运同知粘合公妻逸的氏墓志铭/12 下

【汇编】上 268

谢兰 西夏丰州人谢仲温子

【元史】169/谢仲温传/3978

谢仲温 西夏丰州人谢睦欢子

【元史】169/谢仲温传/3977、3978

谢睦欢 西夏丰州人

【元史】169/谢仲温传/3977

十三画

瑞童 嵬名察罕系必宰牙女

【蒙兀儿史记】154/色目氏族上/34 下

【至正集】58/故漕运同知粘合公妻逸的氏墓志铭/12 下

【汇编】上 267、580

塘乌氏 西夏遗民

【伊滨集】21/书塘乌氏碑后/13 上

【汇编】上 569

斡臣 西夏皇族李桢字

【元史】124/李桢传/3051

【蒙兀儿史记】154/色目氏族上/34 下

【汇编】上 579

搠思吉 河西人星吉父

【元史】144/星吉传/3438

【蒙兀儿史记】154/色目氏族上/34 下

【宋学士全集】18/元赠开府仪同三司上柱国星吉公神道碑铭/18 上

【汇编】上 457、471、594

搠思吉朵儿只 又作搠思吉朵而只，河西人星吉祖

【蒙兀儿史记】154/色目氏族上/34 下

十四画

【汇编】下 7051

斡耳朵 或与斡道冲有关

【元史】22/武宗纪 1/495

【汇编】下 7046

斡朵儿赤 唐兀贵族，监察御史

【至正金陵新志】6/历代官制·题名/55 上

【汇编】下 7054

斡朵儿赤 唐兀贵族斡道冲曾孙

【元史】134/朵儿赤传/3254、3255

【蒙兀儿史记】154/色目氏族上/34 下

【汇编】上 389、390、391、590

斡克庄 唐兀贵族斡道冲系朵儿赤孙斡玉伦徒字

【蒙兀儿史记】154/色目氏族上/34 下

【道园学古录】4/18 上；39/1 上

【存复斋文集】7/斡克庄侍郎贺兰山图赞/2 上、寄克庄侍郎斡公/18 下

【汇编】上 395、396、397、590

斡赤 与斡道冲同源，或为其后裔

【元史】26/仁宗纪 3/584；29/泰定帝纪 1/650

【道园学古录】22/3 上、3 下

【汇编】上 397、398；下 7056、7060

斡海樵 唐兀贵族斡道冲系朵儿赤孙斡玉伦徒字

【道园学古录】39/1 上

【汇编】上 395

斡道明 唐兀贵族斡道冲曾孙朵儿赤字

【元史】134/朵儿赤传/3254

【虞文靖公道园全集】17/西夏相斡画像赞/8 下

【汇编】上 389、394

斡斡 河西史氏乞台普济孙女

【牧庵集】26/开府仪同三司中书右丞相史公先德碑/1 上

【汇编】上 547

斡歌歹 从成吉思汗征西夏

【蒙兀儿史记】3/成吉思可汗本纪下/30 上

【汇编】下 6898

戬伊特楚 河西史氏乞台普济孙女

【牧庵集】26/开府仪同三司中书右丞相史公先德碑/1 上

【汇编】上 547

蔑里吉氏 唐兀人述哥察儿母

【吴文正公集】33/元故浚州达鲁花赤追封魏郡伯墓碑/18 上

【汇编】上 478

蔡氏 河西史氏乞台普济祖母

【牧庵集】26/开府仪同三司中书右丞相史公先德碑/1 上

【汇编】上 545

臧卜 河西人，仕元至国公

【万历宁夏志】上/人物/16 上

【汇编】补遗 7221

算只儿威 又作算智尔威、算尔威，河西史氏乞台普济父

【蒙兀儿史记】48/镇海传/12 上；154/色目氏族上/34 下

【汇编】上 587；下 6987

算尔威 又作算只儿威、算智尔威，河西史氏乞台普济父

【新元史】199/乞台普济传/3 下

【汇编】上 536

算智尔威 又作算只儿威、算尔威，河西史氏乞台普济父

【牧庵集】26/开府仪同三司中书右丞相史公先德碑/1 上

【汇编】上 544

管布 唐兀举立沙系剌麻朵儿只三子

【民族研究】1979 年第 1 期/大元肃州路也可达鲁花赤世袭之碑/69

【汇编】上 298

管固儿加哥 唐兀举立沙孙

【民族研究】1979 年第 1 期/大元肃州路也可达鲁花赤世袭之碑/69

【汇编】上 298

僧吉陀 唐兀世族暗伯祖

【元史】133/暗伯传/3237

【蒙兀儿史记】154/色目氏族上/34 下

【汇编】上 381、584

僧伽奴 唐兀昔李钤部系野速普花四子

【正德大名府志】10/38 上

【汇编】补遗 7173

僧格实哩 又作桑哥实理，唐古特人，字仲凯，秘书监丞

【元秘书监志】9/四库本 596 – 841

赛珍 唐兀闾马孙女
【宁夏社会科学】1987年第1期/大元赠敦武校尉军民万户府百夫长唐兀公碑铭/88
【述善集校注】3/大元赠敦武校尉军民万户府百夫长唐兀公碑铭并序/137
【汇编】补遗7165、7166

十五画

镇化台 唐兀闾马次子,《述善集校注》作镇花台
【宁夏社会科学】1987年第1期/大元赠敦武校尉军民万户府百夫长唐兀公碑铭/88
【述善集校注】3/大元赠敦武校尉军民万户府百夫长唐兀公碑铭并序/137
【汇编】补遗7162、7164
德安 唐兀闾马系不老子,《述善集校注》作德儿
【宁夏社会科学】1987年第1期/大元赠敦武校尉军民万户府百夫长唐兀公碑铭/88
【述善集校注】3/大元赠敦武校尉军民万户府百夫长唐兀公碑铭并序/137
【汇编】补遗7165
颜氏 西夏宗室李恒子李世安妻
【吴文正公集】42/元故荣禄大夫江西等处行中书省平章政事李公墓志铭/2下
【汇编】上374
额尔吉纳 字尚文,又作也儿吉尼,唐兀氏,广西平章
【广西通志】65/四库本567－78
额尔吉纳 又作也克吉儿、也儿吉你、也儿吉尼,河西史氏乞台普济子
【牧庵集】26/开府仪同三司中书右丞相史公先德碑/1上
【汇编】上545、546、547
额尔吉纳威 河西史氏乞台普济曾孙
【牧庵集】26/开府仪同三司中书右丞相史公先德碑/1上
【汇编】上547
额森 唐古人,莫州守
【畿辅通志】69/四库本505－665
额森特穆尔 唐古氏,南台监察御史
【至正金陵新志】6/四库本492－332

十六画

薛彻干 李屺,西夏宗室李恒孙
【元史】129/李恒传/3159
【汇编】上342
薛彻秃 李屿,西夏宗室李恒孙
【元史】129/李恒传/3159
【蒙兀儿史记】154/色目氏族上/34下
【汇编】上342、578
薛阇干 河西人
【元史】173/崔彧传/4043
【汇编】下7040、7041
燕山 唐兀闾马孙卜兰台女婿
【宁夏社会科学】1987年第1期/大元赠敦武校尉军民万户府百夫长唐兀公碑铭/88
【述善集校注】3/大元赠敦武校尉军民万户府百夫长唐兀公碑铭并序/137
【汇编】补遗7164
燕孟初 河西张掖人
【南村辍耕录】28/处土门前怯薛/346
冀安 唐兀闾马系帖穆长子
【宁夏社会科学】1987年第1期/大元赠敦武校尉军民万户府百夫长唐兀公碑铭/88
【述善集校注】3/大元赠敦武校尉军民万户府百夫长唐兀公碑铭并序/137
【汇编】补遗7165
穆尔济达 又作美里吉台,唐古特人,字洪范,秘书监校书郎
【元秘书监志】9/四库本596－850
穆苏和勒 又作木速忽勒、穆苏和勒善,河西虎益父
【牧庵集】14/徽州路总管府达噜噶齐兼管内劝农事虎公神道碑/16上
【汇编】上378
穆苏和勒善 又作木速忽勒、穆苏和勒,河西虎益父
【新元史】166/虎益传/10上
【汇编】上377

十七画

魏公 唐兀昔李钤部子爱鲁

【雪楼程先生文集】25/跋魏国公碑阴/2 下

【汇编】上 297

二十一画

霸都儿 唐兀人哈石

【蒙兀儿史记】154/色目氏族上/34 下

【吴文正公集】33/元故浚州达鲁花赤追封魏郡伯墓碑/18 上

【汇编】上 478、601

二十二画

懿怜真班 又作亦怜真班，唐兀世族暗伯子

【元史】139/朵尔直班传/3358

【汇编】下 7076

囊加台 唐兀氏明安达尔父

【蒙兀儿史记】154/色目氏族上/34 下

【汇编】上 598

囊加真 又作李世雄，西夏宗室李恒子

【元史】129/李恒传/3159

【蒙兀儿史记】154/色目氏族上/34 下

【汇编】上 342、579

职官卷

上

一、西夏的机构与官名(含夏州拓跋政权时期)

二画

二防御 夏景宗李元昊从父山遇弟
【涑水记闻】12/1 下
【汇编】中一 1746

十二监军
【长编标】404/9841、9842
【长编影】404/10 下
【汇编】中五 4846、4848

十二监军司
【宋史】485/夏国传上/13994；486/夏国传下/14029
【长编标】220/5336；318/7680；320/7733；328/7897
【长编影】220/3 上；318/1 上；320/13 下；328/6 下
【宋会要】兵 8 之 28/6901
【汇编】上 62；中四 4394

十八监军司
【长编标】120/2845
【长编影】120/23 上

十六司 夏景宗设十六司于兴州，以总庶务
【宋史】485/夏国传上/13995
【长编标】120/2845
【汇编】上 62

丁庐 西夏使臣蕃号，又作鼎罗
【长编标】156/3779

丁努 夏使嵬名谟铎蕃号
【长编标】358/8566
【长编影】358/7 上

丁努 又作丁拏，夏使蕃号
【宋史】124/礼志 27/2900
【宋会要】礼 29 之 61/1094、43 之 12/1431、43 之 17/1424
【汇编】中五 4635

丁弩 西夏使人蕃号，又作鼎努
【长编标】154/3746
【宋会要】蕃夷 7 之 26/7852

丁拏 又名丁努，夏使嵬名谟铎蕃号
【宋史】486/夏国传下/14014
【汇编】上 80

九监军司 西夏集九监军司人马欲犯兰州
【长编标】362/8671
【长编影】362/15 上
【汇编】中五 4651

三画

三太尉 夏景宗李元昊从父山禺弟
【涑水记闻】12/1 下
【汇编】中一 1746

三公
【杂字】17/官位部/16 左

三司 西夏文读尼则割
【掌中珠】人事下/28/2

三司
【宋史】485/夏国传上/13993
【杂字】18/司分部/17 左
【中国藏西夏文献】19/西夏陵区采集汉文残碑（80－65）/348
【汇编】上 60

三司正 重修护国寺感通塔碑汉文碑铭署有三名三司正
【北京图书馆善本室藏拓片】重修护国寺感通塔碑
【汇编】上 142

三司郎君 绍兴十年与宋通和之三司官员
【系年要录】134/2159
【汇编】下 6523、6524

三防御 夏景宗李元昊从父山遇弟

1515

广惠王 野利仁荣封号

【宋史】486/夏国传下/14025

【中国藏西夏文献】19/7号陵东碑亭出土汉文残碑（357－28）/222

【汇编】上91

小大王 夏毅宗李谅祚

【长编标】184/4462

【长编影】184/15下

小大王

【长编标】507/12077；515/12260

【长编影】507/4下；515/22下

【汇编】中六5495、5605

小大王 夏惠宗李秉常

【长编标】328/7908

【长编影】328/16上

【宋会要】兵8之28/6901、28之28/7283

【汇编】中四4394、4395

小保

【杂字】17/官位部/16左

小监 王延庆

【陇右金石录】4/黑河建桥敕碑/62上

【中国藏西夏文献】18/黑水河建桥敕碑汉文铭文/100

【汇编】上147

飞龙院

【宋史】485/夏国传下/13993

【中国藏西夏文献】19/M182碑亭出土汉文残碑（106－96）/330

【汇编】上60

马院 西夏文读音为力讹

【掌中珠】人事下/28/2

四画

开封尹 夏使苏执义

【金史】60/交聘表上/1405

开封府 即兴庆府衙

【宋史】485/夏国传上/13993

【汇编】上60

天都大王 夏臣野利当

【甘肃新通志】6/舆地志·山川上·固原直隶州·海城县/26上

【汇编】补遗7388

天都大王 夏景宗李元昊臣野利

【元刊梦溪笔谈】13/21

【汇编】中二2626

天都王 刚朗凌，夏景宗李元昊妻之昆弟

【涑水记闻】10/7上；11/17上

【汇编】中二2661；中三2983

天都监军 绍圣四年三月西夏起甘州、右厢、卓啰、韦州、中寨、天都六监军人马

【宋会要】兵8之33/6903

天都监军 穆赍多卜，又名妹勒都逋

【长编标】505/12026

【长编影】505/1上

【汇编】中六5464

天监

【杂字】18/司分部/17左

夫人

【杂字】17/官位部/16左

元帅

【杂字】17/官位部/16左

韦州监军 绍圣四年西夏起韦州监军等六监军人马

【宋会要】兵8之33/6903

韦州监军 多㖞，元丰四年执送叛宋属羌慕家族首领迎逋

【长编标】312/7569

【长编影】312/10上

【汇编】中四4125

韦州监军司

【宋史】485/夏国传上/14001

【长编标】223/5416；470/11228；471/11245

【长编影】223/1上；470/11上；471/7上

【宋会要】方域7之26/7437

【宁夏府志】4/古迹·灵州/17上

【甘肃新通志】9/舆地志·关梁·固原直隶州·平远县/27上；13/舆地志·古迹·宁夏府·灵州/35下

【汇编】上69；中三3699、3726；中五5136、5146；补遗7315

韦州静塞 西夏监军司名

【宋史】486/夏国传下/14029

【长编标】65/1448
【长编影】65/6 上
【汇编】中一 1459
牙将 夏太宗李德明进贡使刘仁勖
【宋史】485/夏国传上/13989
牙将 赵保忠部下赵光祚，赵保忠即李继捧
【长编标】35/775
【长编影】35/9 下
【汇编】中一 1074
牙将 夏太宗李德明进贡使王旻
【宋史】485/夏国传上/13989
【长编标】60/1345
【长编影】60/11 下
【汇编】中一 1424
牙校 赵保忠部下赵光祚，赵保忠即李继捧
【宋史】485/夏国传上/13985
【东都事略】127/附录 5
【汇编】上 101
牙校 夏太宗李德明进贡使刘仁勖
【长编标】64/1427；88/2022
【长编影】64/4 上；88/10 上
【汇编】中一 1448、1569
牙校 夏太宗李德明部下
【宋史】485/夏国传上/13992
【长编标】74/1684；81/1842
【长编影】74/4 下；81/5 下
牙校 野利旺荣部下李文贵
【司马文正公集】78/太子太保庞公墓志铭/4 上
【石林燕语】8/4 下、78 下
【汇编】中二 2632、2660
牙校 夏州李继迁部下
【长编标】36/790
【长编影】36/6 下
【隆平集】20/夷狄传/3 下
【汇编】上 113；中一 1083
少尹
【杂字】17/官位部/17 右
少师
【杂字】17/官位部/16 左
少傅
【杂字】17/官位部/16 左
中书 西夏文读音酩腮
【掌中珠】人事下/27/6
中书
【宋史】485/夏国传上/13993；486/夏国传下/14025
【杂字】18/司分部/17 左
【汇编】上 60、91
中书令
【宋史】485/夏国传上/13993
【汇编】上 60
中书令 张元自题寺壁
【闻见近录】13 上
【汇编】中二 1933
中书舍人 夏使李崇德
【金史】60/交聘表上/1404
【汇编】下 6585
中书相 夏崇宗李乾顺大臣王仁宗
【宋史】486/夏国传下/14023
【汇编】上 89
中书省左司郎 夏使李绍膺
【金史】62/交聘表下/1487
中书侍郎平章事 张陟，撰大夏国葬舍利碣铭
【嘉靖宁夏新志】2/寺观·大夏国葬舍利碣铭/44 下
【汇编】上 150
中兴
【杂字】18/司分部/17 左
中兴尹 夏使米崇吉
【金史】61/交聘表中/1445
中兴尹 夏使讹罗绍甫
【金史】61/交聘表中/1434
【汇编】下 6758
中省官兼判枢密院事 西夏遗民李公益立山祖上
【秋涧先生大全文集】51/李公神道碑铭/5 下
【汇编】上 283
中寨监军 绍圣四年三月西夏起甘州、右厢、卓啰、韦州、中寨、天都六监军人马屯蹁江州白草原
【宋会要】兵 8 之 33/6903
内宿
【杂字】18/司分部/18 右

内宿司 西夏文读音姑要啰
【掌中珠】人事下/28/2
贝威 又名背嵬，穆赉多卜亲随
【长编影】500/1 下
【汇编】中六 5412
仁宗 夏仁宗李仁孝庙号
【宋史】486/夏国传下/14026
【大藏经】佛祖历代通载 32/40 下
【陇右金石录】4/黑河建桥敕碑/62 上
【汇编】上 92、148；下 6813
仆射
【中国藏西夏文献】19/7 号陵东碑亭出土汉文残碑（357－77）/232；M182 碑亭出土汉文残碑（106－2）/312
公主
【杂字】17/官位部/16 左
乌尼 额藏渠怀氏，太后西夏语称，又作兀泥
【长编影】115/15 上
【汇编】中一 1706
乌珠 又作吾祖，意为青天子，夏景宗李元昊称号
【长编标】134/3193
【长编影】122/8 下；131/19 下；134/5 下；139/6 下、7 上、10 下、11 上、11 下；142/13 下、14 上、14 下
【方舟集】16/赵郡王墓志铭/26 上
【汇编】中一 1750、1751；中二 2246、2378、2667、2668、2677、2679、2680；下 6696
勾当
【杂字】18/司分部/18 右
六宅使 诱杀杨定的李崇贵
【宋史】485/夏国传上/14002
【汇编】上 70
六宅使 夏使贺从勖
【宋史】485/夏国传上/13998
【长编标】139/3343、3348
【长编影】139/6 下、10 下
【安阳集】家传 3/4 下
【奏议标】133/范仲淹等·上仁宗论元昊请和不可许者三大可防者三（庆历三年正月）/1484、1487；134/富弼·上仁宗论不可待西使太过（庆历三年四月）/1489
【奏议影】133/范仲淹·上仁宗论元昊请和不可许者三大可防者三（庆历三年正月）/4563、4574；134/富弼·上仁宗不可待西使太过（庆历三年四月）/4577
【汇编】上 65；中二 2667、2674、2676、2699
六班直 夏景宗李元昊侍卫军
【宋史】485/夏国传上/13981
【汇编】上 62
六路统军 嵬名阿埋
【长编标】505/12038
六路统军 威明阿迈
【长编影】505/11 上
【汇编】中六 5474
文人
【杂字】17/官位部/17 右
文思院
【宋史】485/夏国传上/13993
【汇编】上 60
文宣帝 夏仁宗封孔子
【宋史】486/夏国传下/14025
【汇编】上 91
孔目官 夏太宗李德明部下何宪
【长编标】58/1300
【长编影】58/23 下
【汇编】中一 1410
孔目官 夏太祖李继迁部下张浦
【长编标】29/653
【长编影】29/7 上
【太平治迹统类】2/太祖太宗经制西夏
【汇编】中一 1027、1035
水军
【宋会要】方域 8 之 27/7454、20 之 13/7657
【汇编】中三 3553

五画

功德
【杂字】18/司分部/18 右
石州祥祐 西夏监军司名
【宋史】486/夏国传下/14029
【汇编】上 95
石州监军司 西夏监军司，夏毅宗李谅祚更名

静塞军
【宋史】485/夏国传上/14001
【长编标】317/7669
【长编影】317/12 下
【汇编】上 69；中四 4203
左右厢十二监军司
【宋史】486/夏国传下/14029
【汇编】上 95
左押衙 夏使张浦
【宋会要】蕃夷 7 之 13/7846
【汇编】中一 1102
左枢密使 万庆义勇
【宋史】486/夏国传下/14027
左枢密使 夏使浪讹进忠
【金史】61/交聘表中/1427
左金吾卫上将军 夏使苏执礼
【金史】61/交聘表中/1418
左金吾卫上将军 夏使野遇思文
【金史】62/交聘表下/1470
左金吾卫上将军 夏使梁元辅
【金史】61/交聘表中/1417
左金吾卫正将军 夏使李元膺
【金史】62/交聘表下/1458
左都押衙 夏太宗李德明贡使贺永珍
【宋会要】蕃夷 7 之 16/7847
左都押衙 夏使张浦
【宋史】5/太宗纪 2/97；485/夏国传上/13987
【汇编】上 54
左都押衙 夏太宗李德明使贺永正
【长编标】63/1405
【长编影】63/7 下
【汇编】中一 1441
左厢神勇 西夏监军司名
【宋史】486/夏国传下/14029
【汇编】上 95
左厢监军司
【宋史】485/夏国传上/14001
【长编标】196/4762
【长编影】196/23 下
【北山集】13/西征道里记并序/23 上
【汇编】上 69；中三 3285；下 6515
右仆射 张陟，撰大夏国葬舍利碣铭
【嘉靖宁夏新志】2/寺观 · 大夏国葬舍利碣铭/44 下
【汇编】上 150
右仆射
【陇右金石录】4/［附录］大夏国葬舍利碣铭考释/64 下
【汇编】上 152
右丞相 高耀智祖高良惠
【元史】125/高智耀传/3072
【蒙兀儿史记】3/成吉思可汗本纪下/8 下
【汇编】上 311；下 6826
右枢密院 党移赏粮
【宋史】350/刘绍能传/11076
【汇编】上 230
右侍禁 诱杀杨定的韩道善
【宋史】485/夏国传上/14002
【汇编】上 70
右侍禁 夏国相没藏讹庞家奴王文谅
【长编标】220/5360
【长编影】220/24 上
右厢军
【宋史】486/夏国传下/14020
【汇编】上 86
右厢监军
【宋会要】兵 8 之 33/6903
右厢监军 仁多保忠
【宋史】486/夏国传下/14019
右厢监军 人多保忠
【宋会要】兵 9 之 2/6906
【汇编】中六 5617
右厢朝顺 西夏监军司名
【宋史】486/夏国传下/14029
【汇编】上 95
右厢孽祖 孽祖为监军西夏语称
【北京图书馆善本室藏拓片】重修护国寺感通塔碑
【汇编】上 142
右谏议大夫 书写碑铭
【嘉靖宁夏新志】2/寺观 · 大夏国葬舍利碣铭/44 下
【汇编】上 151
未慕军主 夏太祖李继迁属官

【宋史】5/太宗纪2/100
【长编标】40/850
【长编影】40/8下
【汇编】中一1139、1154

正厅
【杂字】18/司分部/18右

正厅 西夏文读音正尼祖
【掌中珠】人事下/28/6

正旦使
【金史】134/西夏传/2870

正官
【杂字】17/官位部/16左

正钤辖 异浪开崖
【宋会要】兵17之5/7040
【汇编】中五5191

正钤辖 伊朗僧鄂
【长编标】479/11401
【长编影】479/1下
【汇编】中五5189

正钤辖 格斡宁
【长编标】511/12164
【长编影】511/1下
【汇编】中六5551

正统司 西夏文读音正暮啰
【掌中珠】人事下/27/6

正监军 宣和元年宋军入西界生擒宥州正监军
【宋会要】兵14之21/7003
【汇编】中六5929

正监军 元丰四年宋降赏功格，斩获西夏首领按大小级别计，大首领即正监军、伪置郡守之类；次首领即副监军及贼中所遣伪天赐之类；小首领即钤辖、都头、正副寨主之类
【宋会要】兵18之7/7061

正副寨主 相当于小首领，见正监军条
【宋会要】兵18之7/7061

甘州监军
【宋会要】兵8之33/6903

甘肃军
【甘肃新通志】13/舆地志·古迹·甘州府·山丹县/49下
【汇编】补遗7255

世祖始文本武兴法建礼仁孝皇帝 夏景宗李元昊
【宋史】485/夏国传上/13996
【汇编】上63

平王
【杂字】17/官位部/16左

平准
【杂字】18/司分部/17左

平章政事 西夏后裔乌密氏察罕父曲也怯律
【雍虞先生道园类稿】42/立智理威忠惠公神道碑/25下
【汇编】上260

东经略使 夏使苏执礼
【金史】61/交聘表中/1437
【汇编】下6763

叶令吴箇 西夏蕃名官号，位在旺精之下，正钤辖之上
【长编标】511/12154
【长编影】511/1下
【汇编】中六5551

四州戴金环大首领 元符元年宋军出塞，斩四州戴金环大首领以下三百余级
【长编标】494/11730

业令吴箇 官与伪天使一般
【宋会要】兵17之6/7040

出纳 李守贵，尝为野利遇乞掌出纳
【长编标】184/4462
【长编影】184/15下

仪增 夏使咩元礼蕃号
【金史】62/交聘表下/1488

外母啰正 西夏文统军司音译
【北京图书馆善本室藏拓片】重修护国寺感通塔碑
【汇编】上142

令公
【杂字】17/官位部/16左

令公 苏奴儿
【宋史】485/夏国传上/13993

令公 高副元帅
【元史】1/太祖纪/14；60/地理志3/1452

令公 嵬名令公
【元史】1/太祖纪/14、24

令公 高耀智祖高良惠，西夏沿唐朝官制，称丞相为令公
【蒙兀儿史记】3/成吉思可汗本纪下/8下
【汇编】下6826
令尹
【杂字】17/官位部/17右
令逊 西夏大使嵬名济蕃号
【长编标】506/12054
令逊 夏使威明济寨蕃号
【长编影】506/5上
【汇编】中六5480
令能 夏使嵬名济寨
【宋会要】兵8之36/6905
令能 夏使嵬名济蕃号
【宋史】486/夏国传下/14018
【长编标】516/12343
【汇编】上84
白马强镇 西夏监军司名
【宋史】486/夏国传下/14029
【汇编】上95
白池军主 李继迁授兀泥族大首领名崖从父盛佶
【长编标】63/1401
白池军主 李继迁授威尼族大首领明叶从父星结
【长编影】63/4上
【汇编】中一1432
白池军主 兀泥族大首领名崖从父盛佶
【宋史】491/党项传/14146
【宋会要】方域21之5/7663
【汇编】上29
白豹寨都指挥使 裴永昌
【长编标】123/2896
【长编影】123/4下
主案 郭那正成
【中国藏西夏文献】18/黑水河建桥敕碑汉文铭文/100
兰会正钤辖 革瓦娘
【宋史】486/夏国传下/14018
【汇编】上84
写作使 安善惠
【陇右金石录】4/黑水建桥敕碑/62上
【中国藏西夏文献】18/黑水河建桥敕碑汉文铭文/100
【汇编】上147、148
宁令 又名宁凌，夏景宗李元昊大臣官号
【宋史】311/庞籍传/10200
【长编标】138/3332
宁凌 又名宁令，野利旺荣官号西夏语称
【长编影】138/20上
【汇编】中二2632
圣文英武崇仁至孝皇帝 夏崇宗李乾顺
【陇右金石录】4/大夏国葬舍利碣铭考释/64下
【嘉靖宁夏新志】2/寺观·大夏国葬舍利碣铭/44下
【汇编】上151、152
圣文皇帝 夏崇宗李乾顺谥号
【宋史】486/夏国传下/14024
【汇编】上90
圣德皇帝 夏仁宗李仁孝谥号
【宋史】486/夏国传下/14026
【汇编】上92
司吏 骆永安
【中国藏西夏文献】18/黑水河建桥敕碑汉文铭文/100

六画

刑部郎中 夏使薛宗道
【宋史】486/夏国传下/14007
【汇编】上73
芭良 夏使嵬名济蕃号
【长编标】360/8605
吏部尚书 夏使李仲谔
【金史】62/交聘表下/1487
西平王 夏太祖李继迁自称
【长编标】46/1002
【长编影】46/17上
【汇编】中一1219
西市监军司 嘉祐七年夏国改西市监军司为保泰军，威州监军司为静塞军，绥州监军司为祥祐军，左厢监军司为神勇军
【长编标】196/4762
西寿保泰 西夏监军司名

【宋史】486/夏国传下/14029
【汇编】上 95
西寿统军 嵬名阿埋
【宋史】486/夏国传下/14018
【汇编】上 83
西寿监军 默拉都克布
【汉滨集】15/故客省使雄州防御使泾原路兵马钤辖兼第十一将郭公（成）行状/17 下
【汇编】补遗 7383
西寿监军 妹勒都逋
【宋史】328/章楶传/10590
【三朝北盟会编】60/4 下
【汇编】中六 5455、6043
西寿监军
【宋史】87/地理 3/2159
【甘肃新通志】14/建置志・城池/13 下
【陇右金石录】3/怀戎堡碑记/65 下
【汇编】补遗 7404、7418、7419
西寿监军司 《长编》标点本作西市监军司，见西市监军司条
【宋史】485/夏国传上/14001
【长编标】196/4762
【长编影】196/23 下
【汇编】上 69；中三 3285
西使监军司 又名西市监军司，管辖归顺夏国西蕃
【长编标】320/7720
【长编影】320/1 上
【汇编】中四 4253
西河郡太夫人 夏州李继捧祖母罔氏
【咸平集】29/制诰/6 下
【汇编】补遗 7099
西经略司都案 刘德仁
【中国藏西夏文献】18/西夏八面木缘塔题记/263
西南都统 嵬名济
【宋史】486/夏国传下/14012
【汇编】上 78
西界正钤辖 伊朗僧鄂
【长编标】479/11401
【长编影】479/1 下
西界右厢把边头首 耀密楚美
【长编标】273/6688
【长编影】273/12 下
西帝 夏景宗李元昊
【长编标】139/3349
【长编影】139/12 上
西夏主 夏神宗李遵顼
【蒙兀儿史记】44/脱栾传/1 下
【汇编】下 6901
西夏主
【元史】134/刘荣传/3259
【大金国志】25/宣宗纪/5 下
【元史译文补正】1 下/21 下、23 上
【汇编】下 6911、6926、6934
西夏使 泛指西夏使人
【辽史】51/礼志 4/856
西夏国进奉使 泛指西夏进奉使节
【辽史】51/礼志 4/855
西贼水军 于石州渡河
【宋会要】方域 8 之 27/7454、20 之 13/7657
西路经略司兼安排官□两处都案 刘仲达
【中国藏西夏文献】18/西夏六面木缘塔题记/264
扬乌 夏使威明裕默蕃号
【长编标】396/9653
【长编影】396/7 下
【汇编】中五 4811
光圣皇帝 夏太宗李德明谥号
【宋史】485/夏国传上/13992
【汇编】上 59
光禄
【杂字】17/官位部/17 右
光禄大夫 李仲谔
【金史】62/交聘表下/1487
光禄大夫 田文徽
【金史】62/交聘表下/1480
【汇编】下 6822
吐蕃路都招讨使 万庆义勇
【朝野杂记】乙集 19/边防/1180
【汇编】下 6938
吕宁 西夏副使蕃号
【长编标】226/5515
吕宁 夏使拽浪撩黎蕃号

【宋史】485/夏国传上/14001
【汇编】上 68
吕宁 夏国副使勒喀玛蕃号
【长编标】396/9653
【长编影】396/7 下
【汇编】中五 4811
吕则 夏使陈聿精蕃号
【长编标】358/8566
吕则 夏使蕃号
【宋会要】礼 29 之 61/1094
吕则 夏国告哀使依纲裕玛蕃号
【长编影】389/13 下
【汇编】中五 4785
吕则 夏国副使陈聿精蕃号
【宋史】124/礼志 27/2900；486/夏国传下/14014
【汇编】上 80；中五 4635
吕则 夏国副使田怀荣蕃号
【长编标】382/9310
【长编影】382/11 下
【汇编】中五 4765
吕则 夏国副使周聿谟蕃号
【宋史】486/夏国传下/14015
【长编标】389/9463
【汇编】上 81
吕则 夏使张延寿蕃号
【长编标】156/3779
【长编影】156/2 上
【汇编】中三 3053
吕则 夏使嵬名怀普蕃号
【长编标】360/8617、8621
【长编影】360/11 下
【汇编】中五 4640
吕你 西夏使臣蕃号
【长编标】142/3403
【奏议标】134/欧阳修·上仁宗论西鄙议和先防北虏（庆历三年六月）/1490
【奏议影】134/欧阳修·上仁宗论西鄙议和先防北虏（庆历三年六月）/4584
团练 康定三年宋将任福破西界白豹城，擒伪张团练及蕃官四人、麻魁七人
【宋会要】兵 14 之 17/7001
团练使 马都
【长编标】137/3290
团练使 闹罗
【长编标】136/3270
团练使 马都克
【长编影】137/12 下
【汇编】中二 2536
团练使 西界蕃部𢒟移
【范文正公集】言行拾遗事录 3/9 上
【汇编】中二 2144
团练使 讹乞
【范文正公集】年谱补遗/10 下
【汇编】中二 2419
团练使 纳斡
【长编影】136/21 下
【汇编】中二 2512
团练使 香布子玛尔布
【长编标】152/3708
【长编影】152/11 上
团练使 莽布赛
【长编标】154/3740
【长编影】154/5 上
团练使 团练使以上，装备帐一、弓一、箭五百、马一、橐驼五
【辽史】115/西夏记/1524
【宋史】485/夏国传上/13989；486/夏国传下/14028
【汇编】上 94、118
团练使 李兴
【长编标】132/3139；134/3197
【长编影】132/16 下；134/9 上
【汇编】中二 2291、2393
团练使 鄂特结
【长编标】155/3768
【长编影】155/10 下
【汇编】中三 3048
伪天使 相当于次首领，见正监军条
【宋会要】兵 17 之 6/7040、兵 18 之 7/7061
伪环州刺史 夏景宗李元昊招诱的属羌刘奇彻
【长编标】124/2924
伪钤辖 令王皆保

【长编标】507/12080

伪钤辖 香逋

【长编标】335/8066

伪钤辖 元丰八年麟府路出界斩获

【长编标】356/8507

【长编影】356/1 上

伪钤辖 令介讹遇

【长编标】317/7658

【长编影】317/2 下

伪钤辖 威明伊特允凌

【长编标】517/12299

【长编影】516/22 下

伪钤辖 威明伊特允凌

【长编影】516/20 下；517/4 上

【汇编】中六 5621、5632

伪钤辖 香布

【长编影】335/5 上

【汇编】中四 4485

伪钤辖 哩旺扎布

【长编影】507/7 下

【汇编】中六 5495

伪钤辖 嵬名乙遇唛

【皇宋十朝纲要】14/6 下

【汇编】中六 5623

伪钤辖 嵬名乞遇

【长编标】516/12288、12289

【长编影】516/23 上

伪钤辖 吴名革

【长编标】507/12076

【长编影】507/4 下

【汇编】中六 5494

伪钤辖 诺尔鼎佐

【长编标】320/7731

【长编影】320/10 下

【汇编】中四 4263

伪钤辖 耀密滂

【长编标】506/12061

【长编影】506/11 下

【汇编】中六 5489

伪置郡守 相当于大首领，见正监军条

【宋会要】兵 18 之 7/7061

伊州刺史 夏使贺从勖

【宋史】485/夏国传上/13998

【长编标】139/3343、3348

【长编影】139/6 下、10 下

【奏议标】133/范仲淹等・上仁宗论元昊请和不可许者三大可防者三/1484、1487

【奏议影】133/范仲淹等・上仁宗论元昊请和不可许者三大可防者三/4564、4574

【司马文正公集】78/太子太保庞公墓志铭/4 下

【石林燕语】8/4 下、78 下

【安阳集】家传 3/4 下

【涑水记闻】11/17 上

【名臣碑传琬琰集】上集 22/庞庄敏公籍神道碑/348

【汇编】上 65；中二 2658、2660、2662、2667、2674、2676

延安招抚使 绍兴九年李显忠投夏后出任

【宋史】367/李显忠传/11429

【汇编】上 224

行宫三司正

【北京图书馆善本室藏拓片】重修护国寺感通塔碑

【汇编】上 142

后妃

【杂字】17/官位部/16 左

创祐 又作春约，夏使讹罗聿寨蕃号

【宋会要】蕃夷 7 之 38/7858

【汇编】中五 4735

名王

【奏议标】138/滕甫・上神宗谏伐西夏（元丰五年）/1550

【奏议影】138/滕甫・上神宗谏伐西夏（元丰五年）/4763

齐国忠武王 西夏李彦宗，夏神宗李遵顼父

【宋史】486/夏国传下/14027

【甘肃新通志】97/轶事/16 上

【汇编】上 92；下 6831

庆唐 又作庆瑭，夏使蕃号

【宋史】485/夏国传上/14000

【长编标】184/4462

【汇编】上 68

庆瑭 又作庆唐，西夏大使嵬名科蕃号

【长编标】508/12102

庆瑭 又作庆唐，夏使威科卜蕃号
【长编影】508/7下
【汇编】中六5513
庆瑭 又作庆唐，夏使蕃号
【长编影】184/15下
【汇编】中三3219
州主 西夏文读音嵬尼足
【掌中珠】人事下28/5
兴平公主 夏景宗李元昊妻
【辽史】18/兴宗纪1/213、220；115/西夏记/1526
【宋史】485/夏国传上/14000
【隆平集】20/夷狄传/3下
【儒林公议】下/9上
【汇编】上67、119、120；中一1681、1740；中二2673
兴州衙头 西夏对兴庆府称谓
【长编标】368/8879
【长编影】368/27下
讲和使 察罕父曲也怯律
【雍虞先生道园类稿】42/立智理威忠惠公神道碑/25下
【汇编】上261
军主 移首领
【宋史】492/吐蕃传/14157
【汇编】中一1402
军主 史乩遇
【宋会要】兵14之15/7000
【汇编】中一1218
军主 章埋军主
【宋史】466/秦翰传/13613
【汇编】中一1400
军主 米慕军主
【宋会要】兵8之19/6896、14之14/6999
【小畜集】22/贺胜捷表/12下
【汇编】中一1153、1158
军主
【宋史】7/真宗纪2/128
【长编标】59/1318
【长编影】59/10下
【汇编】中一1418
军主 万子军主
【宋史】7/真宗纪2/124；490/回鹘传/14115
【长编标】57/1251
【长编影】57/1上
【汇编】中一1398、1473
军主 米募军主
【宋史】289/范廷召传/9698
【宋会要】兵8之19/6896
【宋太宗实录】79/38上
【汇编】中一1140、1148、1152
军校 夏太宗李德明部下苏守信
【长编标】76/1735
【长编影】76/8下
农田
【杂字】18/司分部/18右
农田司 西夏文读音相啰
【掌中珠】人事下/28/4
农田司
【宋史】485/夏国传上/13993
【汇编】上60
防御使 啰埋，尝受夏景宗李元昊防御史，宝元二年率众归宋
【长编标】124/2934
【长编影】124/15下
【汇编】中二1842
观文殿大学士 夏使罗世昌
【金史】62/交聘表下/1480
【汇编】下6820
观察使 阿裕
【长编影】133/17上
观察使 来守顺
【中国考古学会第一次年会论文集】折继闵神道碑/455
【汇编】上188
观察使 怀克
【长编标】133/3175
【长编影】133/13下
观察使 阿遇
【宋史】326张岊传/10523
【长编标】133/3180
【汇编】上234
观察使 楚鼐裕勒囊
【长编标】139/3355

七画

【北山集】13/西征道里记并序/23 上
【汇编】下 6515

局分

【杂字】18/司分部/18 右

局分大小

【掌中珠】人事下/28/6

陈告

【杂字】18/司分部/18 右

陈告司 西夏文读音泥绿能啰

【掌中珠】人事下/28/3

陈慰使 夏使李元膺、高俊英

【金史】62/交聘表下/1458

陈尉使 元丰八年夏国陈慰使副赴阙

【长编标】358/8560、8563
【长编影】358/1 下、3 下
【汇编】中五 4634、4635

陈尉使 丁努嵬名谟铎

【宋史】124/礼志 27/2900
【长编标】358/8566
【宋会要】礼 29 之 61/1094、43 之 17/1424
【汇编】中五 4635

陈慰副使 吕则陈聿精

【长编标】358/8566
【宋会要】礼 29 之 61/1094、43 之 17/1424

驱领

【杂字】18/司分部/18 右

八画

环州刺史 刘乞𫄧

【宋会要】兵 8 之 20/6897

环州刺史 刘乞者

【涑水记闻】12/4 下
【汇编】中二 1822

环州刺史 刘奇彻

【长编标】124/2924
【长编影】124/6 下
【汇编】中二 1821

武功大夫 夏使嵬德昭

【金史】61/交聘表中/1446

武功大夫 夏使任得仁

【金史】61/交聘表中/1424

武功大夫 夏使庄浪义显

【金史】61/交聘表中/1425

武功大夫 夏使刘执中

【金史】61/交聘表中/1443

武功大夫 夏使刘进忠

【金史】61/交聘表中/1442

武功大夫 夏使刘志真

【金史】61/交聘表中/1423、1426

武功大夫 夏使安德信

【金史】61/交聘表中/1439

武功大夫 夏使讹哆德昌

【金史】61/交聘表中/1436

武功大夫 夏使讹罗世

【金史】61/交聘表中/1421

武功大夫 夏使芭里庆祖

【金史】61/交聘表中/1437

武功大夫 夏使芭里安仁

【金史】61/交聘表中/1431

武功大夫 夏使苏志纯

【金史】61/交聘表中/1441

武功大夫 夏使来子敬

【金史】61/交聘表中/1439

武功大夫 夏使吴德昌

【金史】61/交聘表中/1443

武功大夫 夏使利守信

【金史】61/交聘表中/1424

武功大夫 夏使张兼善

【金史】61/交聘表中/1427、1439

武功大夫 夏使纽尚德昌

【金史】61/交聘表中/1449

武功大夫 夏使卧落绍昌

【金史】61/交聘表中/1431

武功大夫 夏使罔进忠

【金史】61/交聘表中/1440

武功大夫 夏使咩布师道

【金史】61/交聘表中/1425

武功大夫 夏使骨勒文昌

【金史】61/交聘表中/1435

武功大夫 夏使浑进忠

【金史】61/交聘表中/1425、1447

武功大夫 夏使恧恧存忠

【金史】61/交聘表中/1438

武功大夫 夏使党得敬

【金史】61/交聘表中/1430

武功大夫 夏使晁直信

【金史】61/交聘表中/1443

武功大夫 夏使高遵义

【金史】61/交聘表中/1422

武功大夫 夏使麻奴绍文

【金史】61/交聘表中/1447

武功大夫 夏使麻骨进德

【金史】61/交聘表中/1445

武功大夫 夏使麻骨德懋

【金史】61/交聘表中/1445

武功大夫 夏使谋宁好德

【金史】61/交聘表中/1441

武功大夫 夏使遇忠辅

【金史】61/交聘表中/1446

武功大夫 夏使嵬恧执忠

【金史】61/交聘表中/1429

武功大夫 夏使嵬宰师宪

【金史】61/交聘表中/1435

武功大夫 夏使煞执直

【金史】61/交聘表中/1428

武功大夫 夏使煞进德

【金史】61/交聘表中/1432

武功大夫 夏使讹留元智

【金史】61/交聘表中/1419

【汇编】下6700

武功大夫 夏使芭里昌祖

【金史】61/交聘表中/1419

【汇编】下6693

武功大夫 夏使李嗣卿

【金史】61/交聘表中/1434

【汇编】下6758

武功大夫 夏使纽卧文忠

【金史】61/交聘表中/1420；134/西夏传/2868

【汇编】上128

武功大夫 夏使曹公达

【金史】61/交聘表中/1422

【汇编】下6729

武功大夫 夏使隗敏修

【金史】62/交聘表下/1466、1478

【汇编】下6800

武功郎 夏使没细好德

【松漠纪闻】下/21

【汇编】下6484

武功郎 夏使穆齐好德

【系年要录】118/1902

【汇编】下6484

武节大夫 夏使白克忠

【金史】62/交聘表下/1471

武节大夫 夏使李庆源

【金史】62/交聘表下/1467

武节大夫 夏使员元亨

【金史】62/交聘表下/1464

武节大夫 夏使纽尚德

【金史】62/交聘表下/1476

武节大夫 夏使卧德忠

【金史】62/交聘表下/1469

武节大夫 夏使周敦信

【金史】62/交聘表下/1460

武节大夫 夏使拽税守节

【金史】62/交聘表下/1457

武节大夫 夏使浑光中

【金史】62/交聘表下/1479

武节大夫 夏使恧恧世忠

【金史】62/交聘表下/1461

武节大夫 夏使梅讹宇文

【金史】62/交聘表下/1472

武节大夫 夏使崔元佐

【金史】62/交聘表下/1472

武节大夫 夏使孰嵬英

【金史】62/交聘表下/1459

武节大夫 夏使遇惟德

【金史】62/交聘表下/1474

武节大夫 夏使嵬名世安

【金史】62/交聘表下/1465

武节大夫 夏使嵬德元

【金史】62/交聘表下/1472

【汇编】下6806

武节大夫 夏使王全忠

【金史】62/交聘表下/1458

【汇编】下6788
武节大夫 夏使天籍辣忠毅
【金史】62/交聘表下/1471
【汇编】下6805
武节大夫 夏使同崇义
【金史】62/交聘表下/1464
【汇编】下6798
武节大夫 夏使李世昌
【金史】62/交聘表下/1480
【汇编】下6822
武节大夫 夏使李德广
【金史】62/交聘表下/1473
【汇编】下6809
武节大夫 夏使连都敦信
【金史】62/交聘表下/1468
【汇编】下6802
武节大夫 夏使折嗲俊义
【金史】62/交聘表下/1466
【汇编】下6800
武节大夫 夏使吴嗲遂良
【金史】62/交聘表下/1460
【汇编】下6791
武节大夫 夏使宋克忠
【金史】62/交聘表下/1464
【汇编】下6795
武节大夫 夏使纽尚德昌
【金史】62/交聘表下/1467
【汇编】下6801
武节大夫 夏使庞静师德
【金史】62/交聘表下/1460
【汇编】下6791
武节大夫 夏使赵公良
【金史】62/交聘表下/1474
【汇编】下6810
武节大夫 夏使赵好
【金史】62/交聘表下/1459
【汇编】下6790
武节大夫 夏使柔思义
【金史】62/交聘表下/1470
【汇编】下6804
武节大夫 夏使唐彦超
【金史】62/交聘表下/1457
【汇编】下6786
武节大夫 夏使野遇思文
【金史】62/交聘表下/1462
【汇编】下6794
武节大夫 夏使啰移守忠
【金史】62/交聘表下/1465
【汇编】下6799
武节大夫 夏使啰移思忠
【金史】62/交聘表下/1478
【汇编】下6818
武宗 夏太祖李继迁庙号
【宋史】485/夏国传上/13991
【汇编】上58
武烈皇帝 夏景宗李元昊谥号
【宋史】485/夏国传上/14000
【汇编】上67
枢使 夏景宗李元昊建国前设置，即枢密使
【宋史】485/夏国传上/13993
【汇编】上60
枢铭 西夏官之大者，位祖儒下
【东原录】34下
【汇编】补遗7314
枢密 西夏文读音令泥落
【掌中珠】人事下/27/6
枢密 夏景宗李元昊从父山遇
【涑水记闻】12/1下
【汇编】中一1745
枢密
【宋史】485/夏国传上/13993；486/夏国传下/14025
【长编标】503/11977
【长编影】503/8上
【中国藏西夏文献】19/7号陵东碑亭出土汉文残碑（357-3）/220
【汇编】上60、91
枢密直学士 夏使永昌
【金史】61/交聘表中/1458
枢密直学士 夏使吕子温
【金史】61/交聘表中/1430
枢密直学士 夏使李国安
【金史】61/交聘表中/1449
枢密直学士 夏使李昌辅

【金史】62/交聘表下/1461
枢密直学士 夏使高岳
【金史】61/交聘表中/1428
枢密直学士 夏使刘昭
【金史】61/交聘表中/1440
【汇编】下 6772
枢密直学士 夏使刘思问
【金史】62/交聘表下/1465
【汇编】下 6799
枢密直学士 夏使刘俊才
【金史】62/交聘表下/1462
【汇编】下 6794
枢密直学士 夏使严立本
【金史】61/交聘表中/1431、1447
【汇编】下 6754、6782
枢密直学士 夏使杨德先
【金史】62/交聘表下/1467
【汇编】下 6801
枢密直学士 夏使李文政
【金史】62/交聘表下/1480
【汇编】下 6822
枢密使
【中国藏西夏文献】19/M182 碑亭出土汉文残碑（106－83）/327、西夏陵区采集汉文残碑（80－69）/349
枢密使 夏使李元吉
【金史】62/交聘表下/1480
【汇编】下 6820
枢密使 甯子宁
【宋史】402/安丙传/12194；486/夏国传下/14027
【汇编】上 93；下 6868
枢密使 慕洧
【宋史】486/夏国传下/14024
【汇编】上 90
枢密院 西夏语称凌罗
【长编标】283/6939
【长编影】283/16 上
【汇编】中四 4044
枢密都承旨 夏使苏寅孙
【金史】62/交聘表下/1480
【汇编】下 6821
枢密都承旨 夏使赵衎
【金史】61/交聘表中/1424
【汇编】下 6732
枢密都承旨 夏使焦景颜
【金史】61/交聘表中/1420
【汇编】下 6724
枢密院都案官 麻女吃多革
【长编标】318/7680
【长编影】318/1 上
【汇编】中四 4212
枢密副都承旨 夏使任纯忠
【金史】61/交聘表中/1418
刺史 西夏军职，刺史以下，无帐无旗鼓，人各橐驼一、箭三百，幕梁一
【宋史】486/夏国传下/14028
【杂字】18/司分部/18 右
【汇编】上 94
英文皇帝 夏神宗李遵顼谥号
【宋史】486/夏国传下/14027
【汇编】上 93
顶直啰 典礼司西夏语称
【北京图书馆善本室藏拓片】重修护国寺感通塔碑
【汇编】上 142
押进 夏使赵良
【金史】61/交聘表中/1418
押进 夏使焦景颜
【金史】61/交聘表中/1427
押进 夏使赵衎
【金史】61/交聘表中/1422
【汇编】下 6729
押进 夏使野遇克忠
【金史】62/交聘表下/1462
【汇编】下 6794
押进使 夏使田周臣
【金史】61/交聘表中/1450
押进使 夏使梁德枢
【金史】62/交聘表下/1478
【汇编】下 6817
押进匦匣使 夏使芭里直信
【金史】61/交聘表中/1430
押进匦匣使 夏使李嗣卿

【金史】61/交聘表中/1445

押衙 西夏刘仁谦

【宋史】485/夏国传上/13988

【汇编】上 55

招抚使 王枢

【宋史】29/高宗纪 6/540

【系年要录】129/2090；132/2126；134/2159

【中兴小纪】26/301；27/305

【名臣碑传琬琰集】下集 24/故太尉威武军节度使李公行状/1617

【朝野杂记】乙集 19/边防/1180

【汇编】下 6505、6507、6509、6514、6519、6523、6937；补遗 7133

卧则啰 皇城司西夏语音译

【北京图书馆善本室藏拓片】重修护国寺感通塔碑

【汇编】上 142

瓯匣

【杂字】18/司分部/17 左

瓯匣使 夏使武绍德

【金史】62/交聘表下/1488

瓯匣使 夏使王立之

【金史】62/交聘表下/1489；134/西夏传/2876

【汇编】上 136；下 6934

瓯匣使 夏使李子美

【金史】61/交聘表中/1420

【汇编】下 6722

瓯柙使 夏使王琪

【金史】61/交聘表中/1418

卓罗右厢监军 仁多保忠

【宋史】486/夏国传下/14019

【汇编】上 85

卓罗右厢监军司

【长编纪事本末】139/11 下

【汇编】中六 5740

卓罗和南 西夏监军司名

【宋史】486/夏国传下/14029

【汇编】上 95

卓罗监军司

【长编纪事本末】140/6 上

【长编标】489/11604

【长编影】489/7 上

【汇编】中六 5312、5770

卓啰监军

【宋会要】兵 8 之 33/6903

尚书

【杂字】17/官位部/16 左

【中国藏西夏文献】19/M182 碑亭出土汉文残碑（106－100）/330

尚书左丞

【中国藏西夏文献】19/M182 碑亭出土汉文残碑（106－93）/329

尚书令

【中国藏西夏文献】19/7 号陵东碑亭出土汉文残碑（357－41）/224；M182 碑亭出土汉文残碑（106－6）/312、碑亭出土汉文残碑（106－96）/330

尚书令 张元自题寺壁

【闻见近录】13 上

【汇编】中二 1933

旺精 西夏语官名，位在正钤辖之上

【长编标】511/12154

【长编影】511/1 下

【汇编】中六 5551

明堂左厢 西夏监军司，刚浪陵统明堂左厢，野利遇乞统天都右厢

【东轩笔录】8/4 下

【汇编】中二 2627

昂聂

【宋会要】礼 29 之 64/1095

昂聂 西夏大使官名蕃号

【长编标】226/5514、5515

昂聂 夏使张聿正蕃号

【长编标】360/8605

【长编影】360/1 上

【汇编】中五 4638

忠毅公 谥号

【中国藏西夏文献】19/M182 碑亭出土汉文残碑（106－16）/315

典集冷批浑 典集为西夏文阁门译音

【北京图书馆善本室藏拓片】重修护国寺感通塔碑

【汇编】上 142

国王

【杂字】17/官位部/16 左

国主 夏惠宗李秉常

【长编标】396/9653

国主 夏崇宗李乾顺

【宋史】336/司马光传/10760；486/夏国传下/14013

【汇编】上 83

国母 夏崇宗李乾顺母梁氏

【长编标】404/9841、9842；405/9866

国师

【杂字】17/官位部/16 左

国师 夏崇宗李乾顺时，沙门族嵬咩号为国师

【甘肃新通志】30/祠祀志・寺观・甘州府张掖县/56 下

【汇编】下 6520

国相 任得敬

【宋史】486/夏国传下/14026

国相 李遇昌

【三朝北盟会编】61/1 上

【汇编】中六 6052

国相 张元

【麈史】中/5 上

【汇编】中二 2371

知中兴府 夏使赵衎

【金史】61/交聘表中/1422

【汇编】下 6729

知中兴府 夏使高永昌

【金史】62/交聘表下/1468

【汇编】下 6802

知中兴府 夏使野遇克忠

【金史】62/交聘表下/1462

【汇编】下 6794

知中兴府 夏使梁德枢

【金史】62/交聘表下/1478

【汇编】下 6817

知中兴府事 夏使杨绍直

【金史】62/交聘表下/1471

【汇编】下 6805

知中兴府事 夏使李德冲

【金史】62/交聘表下/1465

【汇编】下 6799

知中兴府事 夏使郝庭俊

【金史】62/交聘表下/1463

【汇编】下 6795

知中兴府事 夏使高德崇

【金史】62/交聘表下/1466

【汇编】下 6799

知中兴府通判 夏使刘俊德

【金史】62/交聘表下/1474

【汇编】下 6810

知夏州 索九思

【长编标】318/7682

【长编影】318/3 上

【汇编】中四 4214

制义去邪 夏仁宗李仁孝尊号

【宋史】486/夏国传下/14024

【汇编】上 90

侍中 埋移香，投宋后赐姓名白守忠

【长编标】136/3266

侍中 夏景宗李元昊建国前设置，自中书令、宰相、枢使、大夫、侍中、太尉已下，皆分命蕃汉人为之

【宋史】485/夏国传上/13993

【汇编】上 60

侍中 密香

【长编影】136/18 下

【汇编】中二 2510

供写南北章表 张政思

【北京图书馆善本室藏拓片】重修护国寺感通塔碑

【汇编】上 142

供备库使 毛迎啜己

【长编标】126/2965

供备库使 夏景宗李元昊使美英多吉

【长编影】126/1 上

【汇编】中二 1881

金吾卫上将军 夏使苏执礼

【金史】61/交聘表中/1420

【汇编】下 6722

金紫光禄大夫 嵬名察罕父曲也怯律

【雍虞先生道园类稿】42/立智理威忠惠公神道碑/25 下

【汇编】上 260

受纳

【杂字】18/司分部/18 右

受纳司 西夏文读音𠯗张啰

【掌中珠】人事下/28/4

受纳司

【宋史】485/夏国传上/13993

【汇编】上 60

府主

【杂字】17/官位部/17 右

【中国藏西夏文献】18/后晋夏银绥宥等州观察支使何德璘墓志铭/39、宋定难军管内都指挥使康成墓志铭/61、宋摄夏州观察支使何公墓志铭/67

府主大王

【中国藏西夏文献】18/后周绥州刺史李彝谨墓志铭/55、宋定难军管内都指挥使康成墓志铭/61、宋定难军节度使李光睿墓志铭/73

府主太师

【中国藏西夏文献】18/后晋定难军节度副使刘敬瑭墓志铭/42

法师

【杂字】17/官位部/16 左

河北转运使 夏使薛宗道

【宋史】486/夏国传下/14007

【汇编】上 73

河西必吉 西夏后裔昔李氏野速普花高祖

【正德大名府志】10/元大名达鲁花赤昔李公墓志铭/38 上

【汇编】补遗 7172

河西教练使 西夏李荣

【宋史】491/党项传/14144

【汇编】上 26

河西蕃部教练使 夏太祖李继迁属官

【长编标】52/1145

【长编影】52/14 上

治源

【杂字】18/司分部/17 左

宗亲

【杂字】17/官位部/17 右

审刑

【杂字】18/司分部/18 右

审刑司 西夏语读音与合力口罗

【掌中珠】人事下/28/3

官计司

【宋史】485/夏国传上/13993

【汇编】上 60

学士

【杂字】17/官位部/17 右

学士 焦景颜、王佥

【宋史】486/夏国传下/14025

【汇编】上 91

郎度推官

【中国藏西夏文献】18/闽宁村西夏墓 3、4 号碑亭残碑（202－93）/117

肃州钤部 西夏遗民李公益立山父

【秋涧先生大全文集】51/大元故大名路宣差李公神道碑铭/5 下

【汇编】上 283

陕西招抚使 武将哆讹与文臣王枢同时出任

【宋史】367/李显忠传/11428

【汇编】上 224

始文英武兴法建礼仁孝皇帝 夏景宗李元昊

【东都事略】127、128/附录 5、6

【范文正公集】年谱/20 上

【汇编】上 103；中一 1756

参知政事 夏使浪讹德光

【金史】62/交聘表下/1480

【汇编】下 6822

参政 熙宁四年西夏都枢密、参政及钤辖十三人，聚兵啰兀城北马户川

【长编标】219/5320

【长编影】219/1 下

驸马 拽厥嵬名

【长编标】354/8480；356/8519

驸马

【杂字】17/官位部/16 左

【中国藏西夏文献】19/7 号陵东碑亭出土汉文残碑（357－21）/221

驸马 威明嘉勒

【长编影】354/10 上；356/11 上

【汇编】中五 4627、4631

驸马都尉

【中国藏西夏文献】19/M182 碑亭出土汉文残碑（106－65）/324、M182 碑亭出土汉文残碑（106－69）/325

经略
【杂字】18/司分部/17 左
经略司 西夏文读音京六啰
【掌中珠】人事下/27/6
承旨
【杂字】18/司分部/18 右
承旨 西夏文读音尼足领
【掌中珠】人事下/28/5

九画

春约 西夏贡使讹罗聿蕃号
【长编标】380/9221；382/9310
春约 又作创祜，夏使勒阿拉雅赛蕃号
【长编标】382/9316
【长编影】382/11 下
【汇编】中五 4765
相 夏国相任得敬
【宋史】486/夏国传下/14025
【汇编】上 91
相公
【杂字】17/官位部/17 右
柱国
【中国藏西夏文献】19/7 号陵东碑亭出土汉文残碑（357－77）/232
南平王 末主李睍之父
【宋史】486/夏国传下/14028
【汇编】上 94
南院宣徽使 夏使罗世昌
【金史】62/交聘表下/1487
南院宣徽使
【中国藏西夏文献】19/M182 碑亭出土汉文残碑（106－7）/313
南院宣徽使 夏使刘忠亮
【金史】62/交聘表下/1468
【汇编】下 6802
南都统 威明吉鼐
【长编影】331/11 下
南都统 嵬名济
【长编标】331/7979
南路都统 嵬名律令
【长编标】506/12059
南路都统 威明律凌
【长编影】506/9 上
【汇编】中六 5486
草土臣 夏太宗李德明自称
【长编标】65/1455
【长编影】65/11 下
带银牌天使 报塔坦国人马入西界娄博贝
【长编标】471/11238
【长编影】471/1 下
【汇编】中五 5144
带牌天使 穆纳僧格
【长编标】491/11650
【长编影】491/4 下
【汇编】中六 5324
带牌伪天使 元符元年鄜延路入西界破荡，生擒带牌伪天使一、大首领一
【长编标】498/11849、11850
【长编影】498/7 下、9 上
【汇编】中六 5393
赵国公
【中国藏西夏文献】19/M182 碑亭出土汉文残碑（106－58）/323
威州监军司
【长编标】196/4762
【长编影】196/23 下
威明吾祖 夏景宗李元昊自号
【长编影】115/14 下
威福军
【元史】60/地理志 3/1451
【甘肃新通志】13/舆地志・古迹・甘州府・张掖县/48 上
【汇编】补遗 7255
指挥 吃啰指挥
【宋史】277/索湘传/9420
【汇编】中一 1158
指挥使 鄂朗吉
【长编影】51/4 下
指挥使 乞啰
【宋会要】兵 8 之 19/6896、14 之 14/6999
指挥使 卧浪己
【长编标】51/1111

指挥使 赵保忠部将赵光嗣，赵保忠即李继捧
【宋史】5/太宗纪2/93
【长编标】35/775
【长编影】35/9下
【汇编】中一1074、1076

指挥使 夏太祖李继迁部将吃啰指挥使
【宋史】5/太宗纪2/100
【长编标】40/850
【长编影】40/8下
【宋太宗实录】79/38上
【宋会要】兵8之19/6896、14之14/6999
【汇编】中一1139、1140、1152、1153、1154

点察
【杂字】18/司分部/18右

背嵬 又名贝威，亲兵
【长编标】500/11900
【宋会要】蕃夷6之32/7834

映吴 西夏大使嵬名谕密
【宋史】486/夏国传下/14015
【汇编】上81

昭英皇帝 夏毅宗李谅祚谥号
【宋史】485/夏国传上/14003
【陇右金石录】4/［附录］承天寺碑考释/53下
【汇编】上70、150

昭简文穆皇后 夏崇宗李乾顺母梁氏
【宋史】486/夏国传下/14015
【陇右金石录】4/［附录］重修护国寺感通塔碑考释/56上
【汇编】上81、144

昭简皇帝 夏桓宗李纯佑谥号
【宋史】486/夏国传下/14026
【汇编】上92

星茂 《长编》标点本及《宋史·夏国传》作"昴星"，夏国南都统威明吉鼐蕃号
【长编影】331/11下

星勒
【杂字】17/官位部/17右

昴星 《长编》影印本作"星茂"，夏国西南都统嵬名济廼
【宋史】486/夏国传下/14012
【长编标】331/7979
【汇编】上78

钤部 河西军职
【雪楼程先生文集】25/魏国公先世述/16下
【汇编】上291

钤辖 元丰四年十月鄜延路种谔出界与夏兵接战，斩获夏钤辖以下七十八级
【宋会要】兵8之25/6899、14之19/7002

钤辖 相当于小首领
【宋会要】兵18之7/7061

钤辖 熙宁四年西夏都枢密、参政及钤辖十三人领兵三千屯马户川
【长编标】219/5320
【长编影】219/1下

钤辖 元丰七年知延州刘昌祚奏，拒战夏人，斩获统领、副统军、大首领、钤辖等五人
【长编标】345/8282
【长编影】345/10上
【汇编】中五/4574

钤辖 元符年间熙河冒奏斩获八十级，捉到生口一名天使钱钤辖
【长编标】507/12088
【长编影】507/12上
【汇编】中六5502

钤辖 令王皆保
【宋史】18/哲宗纪2/352
【宋会要】方域21之8/7665
【汇编】中六5495

钤辖 吴名革
【长编标】505/12041
【长编影】505/14下
【汇编】中六5475

钤辖 卧瓦哆
【长编标】356/8517
【长编影】356/9上
【汇编】中五4631

钤辖 结胜，又作结星，降宋后又叛去
【宋史】486/夏国传下/14009
【长编标】228/5552
【长编影】228/11下
【汇编】上75

保泰军 夏毅宗李谅祚改西寿监军司为保泰军
【宋史】485/夏国传上/14001
【长编标】196/4762

【长编影】196/23 下
【汇编】上 69

修塔寺小监
【北京图书馆善本室藏拓片】重修护国寺感通塔碑
【汇编】上 142

皇女
【杂字】17/官位部/17 右

皇子
【杂字】17/官位部/16 左

皇太后
【中国藏西夏文献】19/7 号陵东碑亭出土汉文残碑（357－51）/226

皇母
【杂字】17/官位部/16 左

皇后
【杂字】17/官位部/16 左

皇后 罗氏
【中国藏西夏文献】19/7 号陵东碑亭出土汉文残碑（357－18）/217

皇妃
【杂字】17/官位部/17 右

皇侄
【杂字】17/官位部/17 右

皇城
【杂字】18/官位部/17 左

皇城司 西夏文读音斡尼则啰
【掌中珠】人事下/28/1

皇帝
【杂字】17/官位部/16 左

律晶 西夏语官名
【北京图书馆善本室藏拓片】重修护国寺感通塔碑
【汇编】上 142

狱家
【杂字】18/司分部/18 右

亲校 夏使张浦
【东都事略】127、128/附录 5、6
【汇编】上 101

帝师
【杂字】17/官位部/16 左

阁门
【杂字】17/官位部/17 右

阁门司 西夏文读音顶疾啰
【掌中珠】人事下/28/4

阁使
【杂字】17/官位部/17 右

洪、宥、韦三州总都统军 贺浪啰
【长编标】490/11624

洪、宥、韦三州总都统军 贺朗赍
【长编影】490/6 下
【汇编】中六 5319

叛使 当为判使
【杂字】17/官位部/17 右

总管 葩俄族首领汪三郎
【金史】134/外国传上/2865
【汇编】上 132

宣德郎 夏使马子才
【金史】61/交聘表中/1428

宣德郎 夏使王庆崇
【金史】61/交聘表中/1445

宣德郎 夏使王禹玉
【金史】61/交聘表中/1440

宣德郎 夏使王禹珪
【金史】61/交聘表中/1435

宣德郎 夏使王庭彦
【金史】61/交聘表中/1443

宣德郎 夏使王德昌
【金史】61/交聘表中/1425

宣德郎 夏使元叔
【金史】62/交聘表下/1464

宣德郎 夏使邓昌祖
【金史】61/交聘表中/1448；62/交聘表下/1467

宣德郎 夏使邓昌福
【金史】62/交聘表下/1475

宣德郎 夏使田公懿
【金史】61/交聘表中/1430

宣德郎 夏使吕昌龄
【金史】61/交聘表中/1446

宣德郎 夏使刘光国
【金史】61/交聘表中/1445

宣德郎 夏使刘昭

【金史】61/交聘表中/1429
宣德郎 夏使刘思问
【金史】62/交聘表下/1461
宣德郎 夏使刘思忠
【金史】61/交聘表中/1442
宣德郎 夏使刘彦辅
【金史】62/交聘表下/1472
宣德郎 夏使刘裕
【金史】61/交聘表中/1425
宣德郎 夏使刘筠国
【金史】62/交聘表下/1469
宣德郎 夏使安世
【金史】61/交聘表中/1422
宣德郎 夏使安惟敬
【金史】61/交聘表中/1447
宣德郎 夏使字得贤
【金史】61/交聘表中/1449
宣德郎 夏使严立本
【金史】61/交聘表中/1425
宣德郎 夏使苏夤孙
【金史】62/交聘表下/1471
宣德郎 夏使杨彦和
【金史】61/交聘表中/1436
宣德郎 夏使李师广
【金史】62/交聘表下/1465
宣德郎 夏使李师旦
【金史】61/交聘表中/1432
宣德郎 夏使李师白
【金史】61/交聘表中/1423、1427
宣德郎 夏使李昌辅
【金史】61/交聘表中/1443
宣德郎 夏使李澄
【金史】61/交聘表中/1424
宣德郎 夏使李穆
【金史】61/交聘表中/1424
宣德郎 夏使吴日休
【金史】61/交聘表中/1440
宣德郎 夏使宋弘
【金史】61/交聘表中/1435
宣德郎 夏使张仲文
【金史】62/交聘表下/1457
宣德郎 夏使张希圣
【金史】61/交聘表中/1439
宣德郎 夏使张希道
【金史】61/交聘表中/1431
宣德郎 夏使陈师古
【金史】61/交聘表中/1420
宣德郎 夏使武用和
【金史】61/交聘表中/1438
宣德郎 夏使郑勖
【金史】62/交聘表下/1476
宣德郎 夏使孟伯达
【金史】61/交聘表中/1422
宣德郎 夏使赵崇道
【金史】61/交聘表中/1438
宣德郎 夏使郝处俊
【金史】61/交聘表中/1441
宣德郎 夏使索遵德
【金史】61/交聘表中/1446
宣德郎 夏使高大节
【金史】62/交聘表下/1463
宣德郎 夏使高大伦
【金史】62/交聘表下/1474
宣德郎 夏使高狱
【金史】61/交聘表中/1421
宣德郎 夏使高慎言
【金史】61/交聘表中/1418
宣德郎 夏使康忠义
【金史】61/交聘表中/1441
宣德郎 夏使梁介
【金史】61/交聘表中/1439
宣德郎 夏使梁宇
【金史】61/交聘表中/1437
宣德郎 夏使梁德懿
【金史】62/交聘表下/1479
宣德郎 夏使韩师正
【金史】62/交聘表下/1472
宣德郎 夏使韩伯容
【金史】62/交聘表下/1460
宣德郎 夏使韩德荣
【金史】61/交聘表中/1426
宣德郎 夏使焦蹈

【金史】61/交聘表中/1431、1432
宣德郎 夏使丁师周
【金史】62/交聘表下/1468
【汇编】下 6802
宣德郎 夏使王安道
【金史】62/交聘表下/1471
【汇编】下 6805
宣德郎 夏使王彦国
【金史】62/交聘表下/1465
【汇编】下 6799
宣德郎 夏使史从礼
【金史】62/交聘表下/1459
【汇编】下 6790
宣德郎 夏使白庆嗣
【金史】61/交聘表中/1434
【汇编】下 6758
宣德郎 夏使扬彦直
【金史】62/交聘表下/1457
【汇编】下 6786
宣德郎 夏使扬彦敬
【金史】61/交聘表中/1419
【汇编】下 6693
宣德郎 夏使吕昌邦
【金史】62/交聘表下/1464
【汇编】下 6798
宣德郎 夏使米元杰
【金史】62/交聘表下/1480
【汇编】下 6822
宣德郎 夏使米元懿
【金史】62/交聘表下/1474
【汇编】下 6810
宣德郎 夏使安礼
【金史】62/交聘表下/1478
【汇编】下 6818
宣德郎 夏使李公达
【金史】62/交聘表下/1467
【汇编】下 6801
宣德郎 夏使吴子正
【金史】62/交聘表下/1464
【汇编】下 6795
宣德郎 夏使张公辅
【金史】62/交聘表下/1462
【汇编】下 6794
宣德郎 夏使张思义
【金史】62/交聘表下/1458
【汇编】下 6788
宣德郎 夏使张崇师
【金史】62/交聘表下/1460
【汇编】下 6791
宣德郎 夏使罗世昌
【金史】62/交聘表下/1466
【汇编】下 6800
宣德郎 夏使季膺
【松漠纪闻】下/21
【汇编】下 6484
宣德郎 夏使钟伯达
【金史】62/交聘表下/1466
【汇编】下 6800
宣德郎 夏使高大亨
【金史】62/交聘表下/1472
【汇编】下 6806
宣德郎 夏使高崇德
【金史】62/交聘表下/1460
【汇编】下 6791
宣德郎 夏使韩承庆
【金史】62/交聘表下/1473
【汇编】下 6809
宣德郎 夏使程公济
【金史】61/交聘表中/1419
【汇编】下 6700
宣德郎 夏使焦思元
【金史】62/交聘表下/1470
【汇编】下 6804
宣穆惠文皇后 夏毅宗李谅祚母没藏氏
【宋史】485/夏国传上/14000
【陇右金石录】4/［附录］承天寺碑考释/53 下
【汇编】上 67、150
宣徽
【杂字】18/司分部/17 左
宣徽 西夏文读音暮讹
【掌中珠】人事下/28/1
宣徽南院使 夏毅宗李谅祚进奉使人石方擅称宣徽南院使
【长编标】198/4789

【长编影】198/1 上
【汇编】中三 3304

宥州节度使
【中国藏西夏文献】19/M182 碑亭出土汉文残碑(106－22)/316

宥州正监军 拽厥嵬名
【长编标】354/8480

宥州正监军 宣和元年环庆路出西界，生擒宥州正监军等大小首领六十余人
【宋会要】兵 14 之 21/7003

宥州正监军 栧厥嵬名
【长编标】356/8519

宥州正监军 威明嘉勒
【长编影】354/10 上；356/11 上
【汇编】中五 4627、4631

宥州团练使 夏太祖李继迁弟李继瑗
【宋会要】蕃夷 7 之 13/7846

宥州团练侍者 密臧福罗
【涑水记闻】12/1 下
【汇编】中一 1745

宥州观察使 元丰五年鄜延军攻克西界金汤城，俘宥州观察使等数千人
【长编标】325/7820
【长编影】325/6 下
【汇编】中四 4332

宥州刺史 西夏大首领李阿雅卜，降宋赐名怀明
【长编标】495/11784；496/11811；504/12019
【长编影】495/17 上；496/18 上；504/20 上
【汇编】中六 5370、5372、5384、5460

宥州监军司
【系年要录】12/279
【三朝北盟会编】118/3 下
【北山集】13/西征道里记并序/23 上
【汇编】下 6126、6128、6515

宥州嘉宁 西夏监军司名
【宋史】486/夏国传下/14029
【汇编】上 95

宪成皇后 夏景宗李元昊妻野力氏
【宋史】485/夏国传上/14000
【汇编】上 67

突阵指挥使 夏太祖李继迁部下刘赟
【长编标】55/1216
【长编影】55/14 下
【汇编】中一 1367

娄博贝监军司 贺兰山后面
【长编标】471/11238
【长编影】471/2 上
【汇编】中五 5144

举子
【杂字】17/官位部/17 右

养贤
【杂字】18/司分部/17 左

养贤务 夏崇宗乾顺始建国学，设弟子员三百，立养贤务以廪食之
【宋史】486/夏国传下/14019、14030
【汇编】上 85

祖儒 西夏使臣蕃号
【长编标】184/4462

祖儒 祖儒，乃西夏之官称大者，夏使嵬名聿正蕃号
【东原录】34 下
【汇编】补遗 7314

祖儒 夏使嵬名聿则蕃号
【宋史】485/夏国传上/14000
【汇编】上 68

神武 夏太祖李继迁谥号
【宋史】485/夏国传上/13989
【汇编】上 56

神宗 夏神宗李遵顼庙号
【宋史】486/夏国传下/14027
【大藏经】佛祖历代通载 32/40 下
【汇编】上 93；下 6829

神勇军 夏毅宗李谅祚改左厢监军司为神勇军
【宋史】485/夏国传上/14002
【长编标】196/4762
【长编影】196/23 下
【汇编】上 69

祝能 夏使野乌裕实克蕃号
【长编标】396/9653
【长编影】396/7 下
【汇编】中五 4811

郡王
【杂字】17/官位部/16 左

郡学教授 王德昌
【中国藏西夏文献】18/黑水河建桥敕碑汉文铭文/100
【陇右金石录】4/黑河建桥敕牌/62 上
【汇编】上 47

陛下
【杂字】17/官位部/16 左

贺正旦使
【金史】5/海陵亮纪/94；8/世宗纪下/203；60/交聘表上/1404；61/交聘表中/1437；76 太宗诸子传/1745
【汇编】下 6763、6783

贺正使 哩穆先
【长编影】204/1 上
【汇编】中三 3353

贺正使 荔茂先
【宋史】485/夏国传上/14002
【长编标】204/4934
【汇编】上 69

贺遵安使 李崇懿、米崇吉、李嗣卿
【金史】61/交聘表中/1444

贺嘉祐四年正旦使副
【宋大诏令集】234/赐夏国主赎大藏经诏（嘉祐三年）/911

统军 人多㖡丁
【宋会要】兵 14 之 19/7002

统军 统军仁多㖡丁死，侄仁多保宗代为统军。仁多㖡丁子仁多楚清为西界御史中丞，官位虽高，不得统人马，故来归
【长编标】503/11977

统军
【宋史】356/任谅传/11221
【汇编】中六 5885

统军 叶悖麻
【宋史】349/刘昌祚传/11054
【汇编】中五 4573

统军 威明墨沁威
【长编影】327/1 上
【汇编】中四 4366

统军 星多哩鼎
【长编标】319/7709
【长编影】319/9 下

统军 星多楚清侄星多保忠
【长编影】503/8 上
【汇编】中六 5438

统军 梁大王
【长编标】317/7678
【长编影】317/20 上

统军 国母弟梁大王
【宋史】486/夏国传下/14011
【宋会要】兵 8 之 25/6899、14 之 19/7002
【汇编】上 77

统军 梁多㖡
【宋史】486/夏国传下/14019
【皇宋十朝纲要】17/16 上
【汇编】上 85；中六 5896

统军 嵬名妹精嵬
【宋史】16/神宗纪 3/307
【长编标】327/7865
【宋会要】兵 8 之 28/6901、14 之 19/7002
【汇编】中四 4365

统军 嵬名阿埋
【宋史】18/哲宗纪 2/351；328/章楶传/10590
【长编标】504/12017；505/12029、12038；506/12061；507/12080
【长编影】504/17 下；505/2 下、11 上；506/11 下；507/7 下
【东都事略】127、128/附录 5、6
【宋会要】兵 17 之 6/7040
【姑溪居士后集】20/折渭州墓志铭/1 上
【汇编】上 110、208；中六 5455、5457、5458、5461、5466、5474、5489、5495

统军司 西夏文读音遇暮啰
【掌中珠】人事下/28/1

统将 嵬名阿埋
【东都事略】104/折可适传/3 上
【汇编】上 180

统领 叶悖麻
【长编标】345/8282

统领 伊实巴特玛
【长编影】345/10 上
【汇编】中五 4574

十画

素齐 夏使咩布蕃号，又作素赍
【长编影】155/10 下
【汇编】中三 3048
素赍 西夏蕃号，又作素齐
【长编标】155/3768
桓宗 夏桓宗李纯祐庙号
【宋史】486/夏国传下/14026
【陇右金石录】4/大夏国葬舍利碣铭考释/64 下
【嘉靖宁夏新志】2/寺观·大夏国葬舍利碣铭/44 下
【汇编】上 92、151、152
都大勾当镇夷郡正 王德昌
【中国藏西夏文献】18/黑水河建桥敕碑汉文铭文/100
【陇右金石录】4/黑河建桥敕碑/62 上
【汇编】上 147
都头 相当于小首领
【宋会要】兵 18 之 7/7061
都军 夏绥银宥蕃族吴守正、马尾
【长编标】56/1229
都军 夏绥银宥蕃族吴守正、马斡
【长编影】56/5 上
【汇编】中一 1379
都枢密 多拉，又名都啰
【长编影】219/1 下
都枢密 都啰，又名多拉
【长编标】219/5320
都招讨 甯子宁
【宋史】486/夏国传下/14027
【汇编】上 93
都知兵马使 白文寿
【长编标】105/2436
【长编影】105/3 上
【汇编】中一 1652
都知兵马使 白文寿
【长编标】61/1364
【长编影】61/8 下
【宋会要】蕃夷 7 之 16/7847
【汇编】中一 1427
都统 与李世辅同取陕西
【系年要录】129/2090
【汇编】下 6508
都按官 麻女阣多革
【长编标】316/7653
【长编影】316/15 上
都钤辖 令介讹遇
【长编标】317/7657
【长编影】317/2 上
都监
【杂字】18/司分部/18 右
都案
【杂字】18/司分部/18 右
都案案头 西夏文读音阿六由乙
【掌中珠】人事下/28/5
恭罗们 西夏副使蕃号
【长编标】396/9653
恭罗们 夏使蕃号
【长编影】396/7 下
【汇编】中五 4811
恭肃章宪皇后 夏惠宗秉常母梁氏
【宋史】486/夏国传下/14007
【汇编】上 73
盐场
【杂字】18/司分部/18 右
栗铭 西夏语官名
【北京图书馆善本室藏拓片】重修护国寺感通塔碑
【汇编】上 142
夏王 夏太宗李德明
【宋史】10/仁宗 2/194；124/礼志 27/2899
夏王 夏崇宗李乾顺
【辽史】91/萧药师奴传/1364；114/耶律棠古传/1428
夏王
【金史】15/宣宗纪中/334；83/张汝弼传/1870；134/西夏传/2865、2869
【名臣碑传琬琰集】下集 24/故太尉威武军节度使李公行状/1617
【平远县志】4/山川/18 上
【汇编】补遗 7132、7377
夏主 夏末主李睍
【元史】1/太祖纪/24

夏主 夏神宗李遵顼
【元史】1/太祖纪/20
夏主 夏毅宗李谅祚
【宋史】14/神宗1/268；317/邵亢传/10337
夏主 夏襄宗李安全
【元史】1/太祖纪/14
夏主 夏惠宗李秉常
【宋史】16/神宗纪3/305、310；/335/种谔传/10746；345/刘安世传/10951
【汇编】中三3524；中四4132、4185、4492
夏主
【宋史】328/章楶传/10590；334/王觌传/10942；367/李显忠传/11427；486/夏国传下/14008、14009、14018、14023、14027
【金史】98/完颜纲传/2174
【元史】120/察罕传/2956；129/李惟忠传/3155；131/阿术鲁传/3196
【雍虞先生道园类稿】42/立智理威忠惠公神道碑/25下
【虞文靖公道园全集】17/西夏相斡画像赞/8下
【名臣碑传琬琰集】下集24/故太尉威武军节度使李公行状/1617
【汇编】上74、75、84、89、93、224、261、393；补遗7131
夏州进奉使 大中祥符五年宋禁夏州进奉使造军器归本道
【长编标】79/1804
【长编影】79/11下
【汇编】中一1510
夏州进奉使 白守贵
【长编标】72/1643
【长编影】72/19上
【汇编】中一1488
夏州进奉教练使 大中祥符四年正月诏夏州进奉教练使并令赴崇德殿宴
【宋会要】礼45之7/1451
【汇编】中一1499
夏州押衙 大中祥符四年使宋进奉
【宋史】113/礼志16/2688
【宋会要】礼45之7/1451
【汇编】中一1499
夏州教练使 安晏
【长编标】55/1212
【长编影】55/10下
夏国大王 夏景宗赵元昊，赵元昊又作李元昊
【范文正公集】9/答赵元昊书（庆历元年正月）/6下
【汇编】中二2169
夏国王 夏景宗李元昊
【安阳集】家传3/14下
【汇编】中二2750
夏国主 夏太宗李德明
【宋会要】礼41之54/1404
【汇编】下7018
夏国主 夏惠宗李秉常
【宋史】486/夏国传下/14011、14014
【汇编】上77、80
夏国右厢监军
【宋会要】兵9之3/6907
夏国母
【宋史】330/杜纮传/10634
【长编标】313/7592；326/7848；388/9440
【长编影】313/10上；326/9下；388/8下
【汇编】中四4351
夏国边官将 苏御带
【长编标】295/7181
【长编影】295/5上
夏国进奉使 元丰八年诏定夏国进奉使见辞仪制依嘉祐八年
【宋史】119/礼志22/2808、2809
【汇编】中五4635
夏国进奉使 元祐二年夏国进奉使见于延和殿
【长编标】396/9653
【长编影】396/7下
【汇编】中五4811
夏国告哀使 告夏惠宗李秉常卒
【长编标】388/9440
【长编影】388/8下
【汇编】中五4784
夏国陈慰使 嵬名谟铎
【宋史】124/礼志27/2900
【长编标】358/8566
【长编影】358/1下、3下
【汇编】中五4634、4635

夏国陈慰副使 陈聿精

【长编标】358/8566

夏国使

【辽史】15/圣宗纪 6/171；18/兴宗纪 1/216；20/兴宗纪 3/240；37/地理志 3/441；115/西夏记/1526

【宋史】288/范坦传/9680；487/高丽传/14046

【金史】4/熙宗纪/75；5/海陵亮纪/107；9/章宗纪 1/217；38/礼志 11/870

【三朝北盟会编】74/1 上

【汇编】下 6084、6519、6788、6887

夏国经略使 玉里止吉住

【正德大名府志】10/元礼仪院判昔李公墓志铭/40 下

【汇编】补遗 7174

夏国贺登宝位进贡使 旺裕勒宁

【长编标】377/9151

【长编影】377/4 上

【汇编】中五 4725

夏国请睦使

【长编标】337/8133

【长编影】337/16 下

夏使 王公佐

【金史】60/交聘表上/1408

【汇编】下 6596

夏使

【辽史】19/兴宗纪 2/231；39/地理志 3/482；115/西夏记/1526

【宋史】15/神宗 2/277；113/礼志 16/2688；119/礼志 22/2808；290/郭逵传/9724；330/杜纮传/10634；332/赵卨传/10685；334/沈起传/10728；336/司马光传/10768；340/吕大防传/10842；345/刘安世传/10951；446/刘韐传/13162

【金史】4/熙宗纪/79；5/海陵亮纪/102；6/世宗纪上/127；10/章宗纪 2/230、234、238、239、242；17/哀宗纪上/378；38/礼志 11/866、867、868；60/交聘表上/1391、1392、1393、1395、1396、1397、1398、1399、1400、1401、1402、1403、1404、1406、1408、1409、1410、1411、1412、1413；61/交聘表中/1421、1428、1440、1441、1442、1449；62/交聘表下/1481、1487、1488；110/李献甫传/2433、2434；110/程震传/2436；115/聂天骥传/2531；134/西夏传/2868、2870、2871、2876

【长编标】216/5251；366/8793；382/9307；429/10367；476/11347

【长编影】216/1 下；366/15 下；382/9 下；429/9 上；476/10 下

【大金集礼】39/人使辞见仪/648－301

【北行日录】下/5 下

【汇编】中五 4647、4752、4782、4952、4959、5173；下 6405、6407、6536、6553、6554、6597、6686、6727、6728、6739、6772、6798、6799、6847、6886、6887，6896、6903、6908

监军 穆赍多卜，又名妹勒都逋

【长编影】504/17 下、18 上、18 下；505/11 上；507/7 下

监军 昧勒都逋

【东都事略】104/折可适传/3 上

【汇编】上 180

监军 星多贝中、达克摩等

【长编影】516/21 下

【汇编】中六 5621

监军 穆赍多卜

【长编影】504/17 下；505/11 上；507/7 下

【汇编】中六 5457、5458、5474、5495

监军 驸马兀哆

【宋史】364/韩世忠传/11355

【名臣碑传琬琰集】上集 13/韩忠武王世忠中兴佐命定国元勋之碑/193

【汇编】中六 5794、5795

监军 额伯尔，又作讹勃啰

【长编标】515/12260；516/12272

【长编影】515/22 下；516/8 上

【汇编】中六 5567、5605、5612

监军 白昝牟、人多保忠，白昝牟本吐蕃首领，夏国以女妻之，仁多保忠即夏国右厢监军

【长编标】516/12287

【宋会要】兵 9 之 2/6906

【奏议标】141/任伯雨·上徽宗论湟鄯（元符三年十二月）/1595

【奏议影】141/任伯雨·上徽宗论湟鄯（元符三年十二月）/4906
【汇编】中六5617、5694
监军 讹勃啰，又名额伯尔
【宋史】18/哲宗纪2/352；486/夏国传下/14018
【长编标】513/12202
【长编影】513/8下、9上
【宋会要】兵8之35/6904
【汇编】上84；中六5567
监军 妹勒都逋，又名穆赉多卜
【宋史】486/夏国传下/14018
【长编标】504/12017；505/12026、12032、12038；507/12080
【东都事略】127、128/附录5、6
【姑溪居士后集】20/折渭州墓志铭/1上
【汇编】上83、110、208
监军
【宋史】348/钟传传/11037
【长编标】479/11408；505/6
【长编影】479/7上；505/2下
【宋会要】兵28之42/7290
【皇宋十朝纲要】16/12上
【汇编】中五5196、5263；中六5469、5790、5791
监军司 西夏文读音遏尼足啰
【掌中珠】人事下/28/4
监军司
【长编标】316/7651；319/7717；327/7885；329/7925；341/8207；488/11586；493/11712
【长编影】316/13上；319/17上；327/19上；329/11上；341/11下；488/8下；493/17上
【皇宋十朝纲要】14/3下
【汇编】中四4252、4380；中六5304、5305、5346、5346
监军司牙吏 史屈子
【东都事略】61/种谔传/4下
【汇编】中三3446
监军使 梁格嵬
【宋史】16/神宗纪3/305
【长编标】317/7678
【长编影】317/20上
【宋会要】兵8之25/6899、14之19/7002
【汇编】中四4210
监国
【杂字】17/官位部/16左
监府 塔海
【元史】119/孛鲁传/2936
【蒙兀儿史记】2/木合黎传/5上
【元朝名臣事略】1之1/太师鲁国忠武王（木华黎）传/5下
【汇编】下6872、6873、6883
监修都大勾当三司正
【北京图书馆善本室藏拓片】重修护国寺感通塔碑
【汇编】上142
秘书少监 夏使梁介
【金史】61/交聘表中/1450
秘书监
【中国藏西夏文献】19/M182碑亭出土汉文残碑（106－7）/313
秘书监 王举
【金史】60/交聘表上/1405
笔手 张世恭
【陇右金石录】4/黑河建桥敕碑/62上、黑河建桥敕碑考释/62下
【中国藏西夏文献】18/黑水河建桥敕碑汉文铭文/100
【汇编】上147、148
留守
【杂字】18/司分部/17左3
座主
【杂字】17/官位部/17右
凌罗 枢密院西夏语称
【长编标】283/6939
【长编影】283/16上
【汇编】中四4044
凌罗指挥
【长编标】283/6939
【长编影】283/16上
【汇编】中四4044
凉州一带蕃部都巡检钤辖 西夏御史中丞仁多楚清，投宋易名吕永信
【长编标】503/11978
【长编影】503/8下

【宋会要】蕃夷6之32/7834
【汇编】中六5438

酒务
【杂字】18/司分部/18右

酒税务 白豹城内
【宋会要】兵14之17/7001

家禁
【杂字】18/司分部/18右

宰相 王枢
【三朝北盟会编】197/12下
【汇编】下6518

宰相 蕃语读别吉
【蒙兀儿史记】154/氏族表·色目氏族/34下
【汇编】上582

宰相
【宋史】485/夏国传上/13993
【长编标】503/11977
【长编影】503/8上
【杂字】17/官位部/17右
【汇编】上60

容州刺史 雅布移守贵
【长编影】133/18下

容州刺史 耶布移守贵
【宋史】326/张岊传/10524
【长编标】133/3181

资善
【杂字】18/司分部/18左

诸侯
【杂字】17/官位部/16左

祥祐军 夏毅宗李谅祚改韦州监军司为祥祐军
【宋史】485/夏国传上/14001
【长编标】196/4762
【长编影】196/23下
【宁夏府志】4/古迹·灵州/17上
【甘肃新通志】9/舆地志·关梁·固原直隶州·平远县/27上；13/舆地志·古迹·宁夏府·灵州/35下
【汇编】上69；补遗7315

通问使 傅雱
【宋史】486/夏国传下/14023
【汇编】上87

通判
【杂字】17/官位部/17右

通判 西夏文读音托尼精
【掌中珠】人事下/28/5

通济监 夏国铸钱监
【宋史】486/夏国传下/14025
【汇编】上91

绣院
【杂字】18/司分部/17左

绥州监军司
【长编标】196/4762
【长编影】196/23下

十一画

教坊
【杂字】18/司分部/17左

教练使 河西蕃部李荣
【长编影】52/14上
【汇编】中一1322

教练使 夏景宗李元昊建国前遣使奉表入贡，不过称教练使，衣服礼容皆如牙吏
【涑水记闻】9/3下
【汇编】中一1757

教练使 夏太宗李德明使人郝贵
【长编标】61/1380
【长编影】61/22上
【汇编】中一1429

教练使 夏使李文贵
【宋史】485/夏国传上/13998
【长编标】138/3330
【长编影】138/20上
【东都事略】127、128/附录5、6
【涑水记闻】9/13下；11/17上
【汇编】上65、105；中二2624、2661

勘同
【杂字】18/司分部/18右

副元帅 高令公，即高良惠
【元史】1/太祖纪/14
【蒙兀儿史记】3/成吉思可汗本纪下/8下
【汇编】下6823、6826

副军 鄜延路俘获
【宋会要】兵8之32/6903、8之33/6903、14之

20/7002
【汇编】中五 5250
副兵马使 归顺部落子萌山
【宋会要】兵 17 之 5/7040
副兵马使 西夏正钤辖从人岁移，投宋授官
【宋会要】兵 17 之 5/7040
副兵马使 走投西界探事人哱移
【长编标】335/8071
【长编影】335/9 下
【汇编】中四 4487
副使
【杂字】17/官位部/17 右
副使 对外交聘使臣
【金史】62/交聘表下/1461、1462
【系年要录】181/3015
【松漠纪闻】下/21
【汇编】下 6484、6606、6794
副钤辖 鄜延路俘获
【宋会要】兵 8 之 32/6903、14 之 20/7002
【汇编】中五 5250
副统军 咩讹埋
【长编标】345/8282
副统军 密乌玛
【长编影】345/10 上
【汇编】中五 4574
副统军 讹勃遇
【宋史】16/神宗纪 3/307
【宋会要】兵 8 之 28/6901、14 之 20/7002
【汇编】中四 4365
副统军 阿布雅
【长编标】327/7865
【长编影】327/1 上
【汇编】中四 4366
副监军 相当于次首领
【宋会要】兵 18 之 7/7061
副监军 元丰八年蕃部入西界杀副监军
【长编标】354/8475
【长编影】354/6 上
【汇编】中五 4624
厢官 吴明契、信陵都等
【金史】134/西夏传/2871
【汇编】上 130
常州监军司 宋朝收复，疑为韦州监军司误
【宋会要】方域 7 之 26/7437
野利王 野利旺荣
【涑水记闻】10/7 上；11/17 上
【汇编】中二 2661；中三 2983
崇宗 夏崇宗乾顺庙号
【宋史】486/夏国传下/14024、14026
【陇右金石录】4/［附录］大夏国葬舍利碣铭考释/64 下
【汇编】上 90、152
铭赛 西夏语官名，意为中书
【北京图书馆善本室藏拓片】重修护国寺感通塔碑
【汇编】上 142
银州牙校 时匕
【长编标】55/1216
【长编影】55/14 上
移则 夏使张文显蕃号
【长编标】155/3768
【长编影】155/10 下
【汇编】中三 3048
领卢 枢密的西夏语译音
【宋史】292/程戡传/9757
族汝 又作祖儒，夏使威明興则蕃号
【长编影】184/15 下
【汇编】中三 3219
翊卫司
【宋史】485/夏国传上/13993
【汇编】上 60
商税
【杂字】18/司分部/17 左
章献钦慈皇后 夏桓宗李纯佑母
【宋史】486/夏国传下/14026
【汇编】上 92
麻魁 西夏女兵称号
【长编标】128/3044
【宋会要】兵 14 之 17/7001
【汇编】中二 2095
康靖皇帝 夏惠宗李秉常谥号
【宋史】486/夏国传下/14015
【汇编】上 81
凄铭 西夏语官名

【北京图书馆善本室藏拓片】重修护国寺感通塔碑
【汇编】上 142
清平郡王 末主李睍父
【宋史】486/夏国传下/14028
【蒙兀儿史记】3/成吉思可汗本纪下/30 下
【大藏经】佛祖历代通载 32/41 下
【汇编】上 94；下 6906、6912
密院 枢密院的简称
【杂字】18/司分部/17 左
密藏大师 夏景宗李元昊妻，李谅祚母
【长编影】162/1 上
【汇编】中三 3105
梁大王 国母弟
【宋会要】兵 8 之 25/6899
梁王 夏景宗李元昊子宁令
【儒林公议】上/73 下
【汇编】中二 1789
梁国正献王
【中国藏西夏文献】19/M182 碑亭出土汉文残碑（106－27）/317
谒典
【杂字】17/官位部/17 右

十二画

敬穆皇帝 夏襄宗李安全谥号
【宋史】486/夏国传下/14026
【汇编】上 92
朝议大夫
【中国藏西夏文献】19/M182 碑亭出土汉文残碑（106－48）/320
朝廷
【杂字】18/司分部/17 左
惠宗 夏惠宗李秉常庙号
【宋史】486/夏国传下/14015
【汇编】上 81
惠慈敦爱皇后 夏景宗李元昊母卫慕氏
【宋史】485/夏国传上/13992
【汇编】上 60
越王 夏襄宗李安全之父
【宋史】486/夏国传下/14026
【汇编】上 92
提刑
【杂字】18/司分部/17 左
提举
【北京图书馆善本室藏拓片】重修护国寺感通塔碑
【汇编】上 142
提点
【杂字】18/司分部/17 左
赐绯
【北京图书馆善本室藏拓片】重修护国寺感通塔碑
【汇编】上 142
嵬名吾祖 夏景宗李元昊自号
【宋史】485/夏国传上/13993
【长编标】115/2704
景宗 夏景宗李元昊庙号
【宋史】485/夏国传上/14000
【汇编】上 67
鼎里 又作鼎利、鼎理，西夏贡使蕃号
【长编标】377/9151
【长编影】377/4 上
鼎利 又作鼎里、鼎理，西夏贡使蕃号
【长编标】374/9063
鼎利 又作鼎理，夏使罔豫章蕃号
【宋史】486/夏国传下/14015
【汇编】上 80
鼎努 西夏使臣关聿则蕃号
【长编影】154/10 上
鼎罗 夏使威明叶云蕃号，又作丁庐
【长编影】156/2 上
【汇编】中三 3053
鼎理 又作鼎里、鼎利，西夏贡使蕃号
【长编影】374/10 下
鼎理 又作鼎利、鼎里，夏使旺裕勒宵蕃号
【长编影】374/10 下；377/4 上
【汇编】中五 4714、4725
黑山威福 西夏监军司名
【宋史】486/夏国传下/14029
【汇编】上 95
黑水镇燕 西夏监军司名
【宋史】486/夏国传下/14029

【汇编】上 95
程谟 西夏副使田快庸蕃号，又作谟程
【长编影】506/5 上
【汇编】中六 5480
街市
【杂字】18/司分部/17 左
御史
【杂字】18/司分部/17 左
御史 西夏文读音尼卒讹
【掌中珠】人事下/28/1
御史大夫 夏使权鼎雄
【金史】62/交聘表下/1480
【汇编】下 6822
御史大夫 夏使李彦崇
【金史】62/交聘表下/1463
【汇编】下 6795
御史大夫 夏使周佐执中
【金史】62/交聘表下/1477
【汇编】下 6812
御史大夫 夏使谋宁光祖
【金史】62/交聘表下/1477
【汇编】下 6817
御史中丞 夏使邹显忠
【金史】61/交聘表中/1449
御史中丞 夏使赵良
【金史】61/交聘表中/1418
御史中丞 夏使高俊英
【金史】62/交聘表下/1458
御史中丞 仁多楚清，又作星多楚清
【长编标】503/11977
御史中丞 星多楚清，又作仁多楚清
【长编影】503/8 上
【汇编】中六 5438
御史中丞 夏使杂辣公济
【金史】60/交聘表上/1404；134/西夏传/2868
【汇编】上 128；下 6585
御史中丞 夏使李克勤
【金史】61/交聘表中/1423
【汇编】下 6729
御史中丞 夏使周永德
【金史】61/交聘表中/1440
【汇编】下 6772
御史中丞 夏使迺令思聪
【金史】62/交聘表下/1460
【汇编】下 6791
御史中丞 夏使贺义忠
【金史】61/交聘表中/1423
【汇编】下 6730
御史中丞 夏使浪讹文广
【金史】62/交聘表下/1462
【汇编】下 6794
御史台 夏景宗李元昊建国时设置
【宋史】485/夏国传上/13993
【汇编】上 60
御围内六班 夏国皇帝宿卫军
【宋史】486/夏国传下/14029
【汇编】上 95
渭州都监 西夏监军昧勒都逋
【宋会要】蕃夷 6 之 37/7837
【汇编】中六 5675
渭州都监 西夏监军嵬名阿埋
【宋会要】蕃夷 6 之 37/7837
【汇编】中六 5675
道德
【杂字】18/司分部/18 右
道德录
【杂字】18/司分部/18 右
谟宁 夏景宗李元昊大臣官号，又作默宁
【长编标】138/3332
谟宁令 野利旺荣官号西夏语称
【宋史】311/庞籍传/10200
【长编影】138/20 上
【司马文正公集】78/太子太保庞公墓志铭/4 上
【石林燕语】8/4 下、78 下
【涑水记闻】11/17 上
【汇编】中二 2632、2634、2660、2662
谟固 西夏使臣咩迷乞遇蕃号，又作摩格
【长编标】350/8384
谟程 西夏副使田快庸蕃号，又作程谟
【长编标】506/12054
谟箇 夏使咩迷乞遇蕃号
【宋史】486/夏国传下/14013
【汇编】上 79
谢恩使 任得敬弟任得聪

【金史】134/西夏传/2869
谢恩使 任得敬弟任德聪
【金史】61/交聘表中/1425
【汇编】下 6733
禅师
【杂字】17/官位部/16 左

十三画

献宗 夏献宗李德旺庙号
【宋史】486/夏国传下/14028
【汇编】上 93
楚王 任得敬
【宋史】486/夏国传下/14025
【汇编】上 91
锡硕克监军 西寿监军使妹勒都逋
【长编标】505/12038
锡硕克监军 即西寿监军使穆赉多卜
【长编影】505/11 上
【汇编】中六 5474
签判
【杂字】17/官位部/17 右
衙头背嵬 背嵬即亲兵
【长编标】510/12139
【长编影】510/8 上
【汇编】中六 5540
衙校 夏景宗李元昊使人贺真
【长编标】126/2969
【长编影】126/4 上
【涑水记闻】12/10 下
【汇编】中二 1881、1905
新皇后 没哆氏，夏景宗李元昊妻
【长编标】162/3902
新皇后 摩移克氏，夏景宗李元昊妻
【长编影】162/1 下
鄜延岐雍经略安抚使 保安军属户李世辅，又名李显忠
【系年要录】129/2090
【汇编】下 6505
鄜延岐雍等路经略安抚使 保安军属户李世辅，又名李显忠
【宋史】486/夏国传下/14023
【系年要录】125/2046
【汇编】上 89；下 6498
群牧司 西夏文读音能合口罗
【掌中珠】人事下/28/4
群牧司 李元昊称帝建国时设置
【宋史】485/夏国传上/13993
【汇编】上 60
殿前
【杂字】18/司分部/17 左
殿前马步军太尉 夏使讹罗绍甫
【金史】61/交聘表中/1430
殿前太尉 夏使李元贞
【金史】61/交聘表中/1449
殿前太尉 夏使咩铭友直
【金史】62/交聘表下/1461
殿前太尉 夏使习勒遵义
【金史】62/交聘表下/1480
【汇编】下 6821
殿前太尉 夏使讹罗绍先
【金史】61/交聘表中/1447
【汇编】下 6782
殿前太尉 夏使芭里昌祖
【金史】61/交聘表中/1424、1428
【汇编】下 6732
殿前太尉 夏使李建德
【金史】62/交聘表下/1471
【汇编】下 6805
殿前太尉 夏使李嗣卿
【金史】62/交聘表下/1465
【汇编】下 6799
殿前太尉 夏使迺令思聪
【金史】62/交聘表下/1467
【汇编】下 6801
殿前太尉 夏使迺来思聪
【金史】62/交聘表下/1474
【汇编】下 6810
殿前太尉 夏使浪讹元智
【金史】61/交聘表中/1438
【汇编】下 6767
殿前太尉 夏使梁惟忠
【金史】61/交聘表中/1420
【汇编】下 6724

殿前太尉 夏使周荣忠
【金史】61/交聘表中/1430
【宋会要】仪制4之20/1908
【汇编】下6754
殿前司 西夏文读音北与啰
【掌中珠】人事下/28/1

十四画

静难军承宣使 李世辅
【宋史】486/夏国传下/14023
【系年要录】125/2046
【汇编】上89；下6498
静塞军 夏毅宗李谅祚改石州监军司为静塞军
【宋史】485/夏国传上/14001
【长编标】196/4762
【长编影】196/23下
【宁夏府志】4/古迹·灵州/17上
【甘肃新通志】9/舆地志·关梁·固原直隶州·平远县/27上；13/舆地志·古迹·宁夏府·灵州/35下
【汇编】上69；补遗7315
嘉祐七年正旦进奉人
【宋大诏令集】234/赐夏国主赎大藏经诏（嘉祐三年）/911
磋迈 西夏副使花结香蕃号
【长编标】508/12102
磋迈 夏使喀结桑蕃号
【长编影】508/7下
【汇编】中六5513
管勾和市 曹勍
【长编标】185/4470
【长编影】185/4上
【宋会要】兵27之43/7268
僚礼 西夏使臣蕃号，又作寮黎
【长编影】142/8上
僧人
【杂字】17/官位部/17右
僧正
【杂字】17/官位部/17右
【北京图书馆善本室藏拓片】重修护国寺感通塔碑
【汇编】上142
僧判
【杂字】17/官位部/17右
僧官
【杂字】17/官位部/17右
僧副
【杂字】17/官位部/17右
【北京图书馆善本室藏拓片】重修护国寺感通塔碑
【汇编】上142
精方 夏使王立之蕃号
【金史】62/交聘表下/1489；134/西夏传上/2876
【汇编】上136；下6934
精鼎 夏使武绍德蕃号
【金史】62/交聘表下/1488

十五画

蕃汉教授 斡道冲
【虞文靖公道园全集】17/西夏相斡画像赞/8下
【汇编】上394
蕃部军使 绥州东西蕃部军使叶锦
【长编影】54/8下
蕃部军使 绥州东西蕃部军使拽白
【宋史】7/真宗纪2/121
【长编标】54/1184
蕃部指挥使 西界浪梅娘、麻孟桑，归附环州。麻孟桑，当为麻魁孟桑之误
【长编标】84/1922
蕃部指挥使 西界蕃部指挥使朗密囊、玛魁孟双，归附环州
【长编影】84/10下
蕃部指挥使 夏太宗李德明部下色木结皆以
【长编标】64/1425
【长编影】64/2上
蕃部指挥使 拽浪南山
【长编标】52/1148
【长编影】52/16下
【汇编】中一1326
蕃部都指挥使 夏太祖李继迁蕃部指挥使都威
【长编标】56/1239

【长编影】56/14 上
镇夷郡王 夏襄宗李安全即位前封号
【宋史】486/夏国传下/14026
【汇编】上 92
毅宗 夏毅宗李谅祚庙号
【宋史】485/夏国传上/14003；486/夏国传下/14007
【陇右金石录】4/［附录］承天寺碑考释/53 下
【汇编】上 70、73、150
摩格 夏使蔑密裕蕃号，又作谟固
【长编影】350/3 下
【汇编】中五 4610
寮黎 西夏使臣蕃号，又作僚礼
【长编标】142/3403
【奏议标】134/欧阳修·上仁宗论西鄙议和先防北虏（庆历三年六月）/1490
【奏议影】134/欧阳修·上仁宗论西鄙议和先防北虏（庆历三年六月）/4584

十六画

翰林
【杂字】18/司分部/18 右
翰林学士 夏使李国安
【金史】62/交聘表下/1461
翰林学士 夏使余良
【金史】61/交聘表中/1449
翰林学士 夏使王师信
【金史】61/交聘表中/1434
【汇编】下 6758
翰林学士 夏使刘昭
【金史】61/交聘表中/1438
【汇编】下 6767
翰林学士 夏使杨彦敬
【金史】61/交聘表中/1423
【汇编】下 6730
翰林学士 夏使张公甫
【金史】62/交聘表下/1477
【汇编】下 6817
翰林学士 夏使焦景颜
【金史】61/交聘表中/1418、1420、1423、1427
【汇编】下 6724、6729
翰林学士 李世辅投夏遣翰林学士郊劳
【名臣碑传琬琰集】下集 24/故太尉威武军节度使李公行状/1617
【系年要录】129/2090
【汇编】补遗 7131
翰林学士院 西夏天盛十三年立翰林学士院，以焦景颜、王佥为学士，俾修实录
【宋史】486/夏国传下/14025
【汇编】上 91
默宁 野利旺荣官号西夏语称，又译谟宁
【长编影】138/20 上
【汇编】中二 2632
磨勘
【杂字】18/司分部/18 右
磨勘司 西夏文读音赤尅啰
【掌中珠】人事下/28/3
磨勘司 夏景宗李元昊建国时设置
【宋史】485/夏国传上/13993
【汇编】上 60

十七画

徽猷阁学士 夏使李弁
【金史】110/杨云翼传/2424
【汇编】下 6902
襄宗 夏襄宗李安全庙号
【宋史】486/夏国传下/14027
【汇编】上 92

十八画

嚟挨黎 西夏最高封号“赐具足”的音译
【北京图书馆善本室藏拓片】重修护国寺感通塔碑
【汇编】上 142

二、唐五代辽宋金元对西夏的封授（含夏州拓跋政权）

（一）唐朝对夏州拓跋政权的封授

二画

十八州部落使 拓拔守寂高祖立伽
【中国藏西夏文献】18/唐静边州都督拓跋守寂墓志铭并盖/24

三画

大将军 拓拔守寂
【中国藏西夏文献】18/唐静边州都督拓跋守寂墓志铭并盖/24
大将军 拓拔守寂高祖立伽
【中国藏西夏文献】18/唐静边州都督拓跋守寂墓志铭并盖/24
大理评事 张少卿
【中国藏西夏文献】18/后唐永定破丑夫人墓志铭/18/31
上柱国 拓拔守寂
【中国藏西夏文献】18/唐静边州都督拓跋守寂墓志铭并盖/20、24
上柱国 郑宏之
【中国藏西夏文献】18/唐静边州都督拓跋守寂墓志铭并盖/24
上柱国 夏州白敬立
【中国藏西夏文献】18/唐延州安塞军防御使白敬立墓志铭/28
上柱国 夏州李光颜
【元氏长庆集】49/制诰/6上
【汇编】上759

四画

天柱军使 党项平夏部
【新唐书】221上/党项传/6218
【汇编】上13
太子太傅 夏州拓拔思恭
【新唐书】221上/党项传/6218
【汇编】上13
太师 夏州李思孝
【资治通鉴】260/8484
【汇编】上842
太原郡太夫人 拓拔守寂母王氏
【中国藏西夏文献】18/唐静边州都督拓跋守寂墓志铭并盖/24
凤翔四面行营副都统 夏州李思谦
【新唐书】10/昭宗纪/294
【汇编】上843

五画

节度使 夏州拓拔思孝
【新唐书】221上/党项传/6214
【汇编】上13
节度使 夏州拓拔思敬
【新唐书】221上/党项传/6214
【汇编】上13
节度使 夏州拓跋思恭兄弟
【金史】134/西夏传/2865
【汇编】上136
节度使 夏州拓拔思谦
【新五代史】40/李仁福传/436

【东都事略】127、128/西夏传/附录5、6
【汇编】上100、165
节度押衙 夏州白敬立子保勋
【中国藏西夏文献】18/唐延州安塞军防御使白敬立墓志铭/28
左仆射 夏州白敬立
【中国藏西夏文献】18/唐延州安塞军防御使白敬立墓志铭/28
左羽林大将军 夏州拓跋朝光
【新唐书】221上/党项传/6217
【汇编】上10
左羽林军大将军 拓拔守寂父思泰
【中国藏西夏文献】18/唐静边州都督拓跋守寂墓志铭并盖/24
左武卫将军 夏州拓拔思恭
【新唐书】221上/党项传/6218
【汇编】上13
左金吾卫大将军 夏州拓跋思泰
【册府元龟】974/11447上
【中国藏西夏文献】18/唐静边州都督拓跋守寂墓志铭并盖/24
【汇编】上654
左神策军行营先锋兵马安塞军等使 夏州白敬立
【中国藏西夏文献】18/唐延州安塞军防御使白敬立墓志铭/28
右仆射 夏州白敬立
【中国藏西夏文献】18/唐延州安塞军防御使白敬立墓志铭/27
右武卫翊府右郎将 拓拔守寂弟守礼
【中国藏西夏文献】18/唐静边州都督拓跋守寂墓志铭并盖/24
右监门卫大将军 拓拔守寂
【中国藏西夏文献】18/唐静边州都督拓跋守寂墓志铭并盖/24
右监门卫大将军员外置同正员 拓拔守寂
【中国藏西夏文献】18/唐静边州都督拓跋守寂墓志铭并盖/20
右监门卫将军 党项大首领拓跋思泰
【册府元龟】974/11447上
【汇编】上654
右监门将军 拓拔守寂曾祖罗胃
【中国藏西夏文献】18/唐静边州都督拓跋守寂墓志铭并盖/24
右领军卫大将军 拓拔守寂叔父兴宗
【中国藏西夏文献】18/唐静边州都督拓跋守寂墓志铭并盖/24
本州防御使 夏州白敬立
【中国藏西夏文献】18/唐延州安塞军防御使白敬立墓志铭/28
东北面招讨使 夏州拓拔思谦
【新唐书】221上/党项传/6218
【汇编】上13
东面招讨使 夏州李思谦
【资治通鉴】260/8474
【汇编】上842
北面招讨使 夏州李思孝
【新唐书】221上/党项传/6218
【资治通鉴】260/8474
【汇编】上13、842
四面都统 夏州拓拔思恭
【新唐书】221上/党项传/6218
【汇编】上13
宁塞节度使 夏州李思谦
【资治通鉴】260/8500
【汇编】上843

六画

权知京兆尹 夏州拓拔思恭
【新唐书】221上/党项传/6218
【汇编】上13
权知夏绥节度使 夏州拓跋思恭
【资治通鉴】254/8249
【汇编】上838
权知夏绥银节度事 夏州拓拔思恭
【新唐书】221上/党项传/6218
【汇编】上13
西平公 拓拔守寂父思泰
【中国藏西夏文献】18/唐静边州都督拓跋守寂墓志铭并盖/24
西平郡开国公 拓拔守寂
【中国藏西夏文献】18/唐静边州都督拓跋守寂墓志铭并盖/20、24

西平郡开国公　拓拔守寂子澄澜
【中国藏西夏文献】18/唐静边州都督拓跋守寂墓志铭并盖/24
西平郡开国公　拓拔守寂父思泰
【中国藏西夏文献】18/唐静边州都督拓跋守寂墓志铭并盖/24
西戎州都督　早期党项大首领拓跋赤辞
【旧唐书】57/刘师立/2299；198/党项羌传/5290
【新唐书】221上/党项传/6215
【汇编】上5、10、626
西面行营诸军都统　夏州李思恭
【唐大诏令集】5/改元天复赦/32
【汇编】上843
同中书门下平章事　夏州拓拔思孝
【新唐书】221上/党项传/6218
【汇编】上13
同中书门下平章事　夏州拓拔思恭
【新唐书】221上/党项传/6218
【汇编】上13
同节度副使　夏州白敬立子保全
【中国藏西夏文献】18/唐延州安塞军防御使白敬立墓志铭/28
延州安塞军防御使　夏州白敬立
【中国藏西夏文献】18/唐延州安塞军防御使白敬立墓志铭/27
延州防御使　夏州白敬立
【中国藏西夏文献】18/唐延州安塞军防御使白敬立墓志铭/27
延州刺史　夏州白敬立
【中国藏西夏文献】18/唐延州安塞军防御使白敬立墓志铭/28
邠宁东北面招讨使　夏州李思谦
【旧唐书】20上/昭宗纪/755
【汇编】上842
邠宁四面行营都招讨使　夏州李克用
【资治通鉴】260/8474
【汇编】上842
邠宁庆等州节度观察处置等使　夏州李光颜
【元氏长庆集】49/制诰/6上
【汇编】上759
邠州刺史　夏州李光颜
【元氏长庆集】49/制诰/6上
【汇编】上759
守殿中省尚辇奉御员外置同正员　拓拔守寂子澄澜
【中国藏西夏文献】18/唐静边州都督拓跋守寂墓志铭并盖/24
兴宁府都督　夏州白敬立兄元楚
【中国藏西夏文献】18/唐延州安塞军防御使白敬立墓志铭/28
兴宁府都督　夏州白敬立祖父文亮
【中国藏西夏文献】18/唐延州安塞军防御使白敬立墓志铭/27
兴宁府都督　夏州白敬立祖父奉林
【中国藏西夏文献】18/唐延州安塞军防御使白敬立墓志铭/27
兴宁府都督　夏州白敬立曾祖令光
【中国藏西夏文献】18/唐延州安塞军防御使白敬立墓志铭/27
防河军大使　拓拔守寂祖父后那
【中国藏西夏文献】18/唐静边州都督拓跋守寂墓志铭并盖/24
防河军大使　拓拔守寂曾祖罗胃
【中国藏西夏文献】18/唐静边州都督拓跋守寂墓志铭并盖/24
防河使　拓拔守寂叔父兴宗
【中国藏西夏文献】18/唐静边州都督拓跋守寂墓志铭并盖/24
防御使　夏州白敬立
【中国藏西夏文献】18/唐延州安塞军防御使白敬立墓志铭/28
防御部落使　拓拔守寂
【中国藏西夏文献】18/唐静边州都督拓跋守寂墓志铭并盖/20、24
防御部落使　拓拔守寂子澄澜
【中国藏西夏文献】18/唐静边州都督拓跋守寂墓志铭并盖/24
防御部落使　党项大首领拓跋思泰
【册府元龟】974/11447上
【汇编】上654

七画

员外置同正员 党项大首领拓跋思泰
【册府元龟】974/11447上
【汇编】上654
员外置宿卫 拓拔守寂弟守礼
【中国藏西夏文献】18/唐静边州都督拓跋守寂墓志铭并盖/24
灵州刺史 拓拔守寂
【中国藏西夏文献】18/唐静边州都督拓跋守寂墓志铭并盖/20、24
灵州都督 党项大首领拓跋守寂
【唐会要】80/谥法下/1470
【中国藏西夏文献】18/唐静边州都督拓跋守寂墓志铭并盖/24
【汇编】上655

八画

武定节度使 夏州拓跋思恭
【新五代史】63/王建世家/786
【汇编】上844
武威郡开国公 夏州李光颜
【元氏长庆集】49/制诰/6上
【汇编】上759
刺史 夏州拓跋思恭
【新唐书】221上/党项传/6218
【汇编】上13
押十八州部落使 拓拔守寂曾祖罗胃
【中国藏西夏文献】18/唐静边州都督拓跋守寂墓志铭并盖/24
押淳、恤等一十八州部落使 拓拔守寂祖父后那
【中国藏西夏文献】18/唐静边州都督拓跋守寂墓志铭并盖/24
侍中 夏州拓跋思孝
【新唐书】221上/党项传/6218
【汇编】上13
侍御史 李潜
【中国藏西夏文献】18/唐延州安塞军防御使白敬立墓志铭/27
使持节达、洫等一十二州诸军事 党项大首领拓跋思泰
【册府元龟】974/11447上
【汇编】上654
使持节淳、恤等一十八州诸军事 拓拔守寂子澄澜
【中国藏西夏文献】18/唐静边州都督拓跋守寂墓志铭并盖/24
使持节都督延州诸军事 夏州白敬立
【中国藏西夏文献】18/唐延州安塞军防御使白敬立墓志铭/28
使持节都督灵州诸军事 拓拔守寂
【中国藏西夏文献】18/唐静边州都督拓跋守寂墓志铭并盖/20、24
使持节都督灵州诸军事 郑宏之
【中国藏西夏文献】18/唐静边州都督拓跋守寂墓志铭并盖/24
金紫光禄大夫 夏州白敬立
【中国藏西夏文献】18/唐延州安塞军防御使白敬立墓志铭/28
金紫光禄大夫 夏州李光颜
【元氏长庆集】49/制诰/6上
【汇编】上759
京城四面都统 夏州拓跋思恭
【新唐书】9/僖宗纪/273；225下/黄巢传/6458
【汇编】上838、840
京城西北收复都统 夏州拓拔思恭
【旧五代史】132/李仁福传/1746
【汇编】上160
京城西面都统 夏州拓拔思恭
【新唐书】221上/党项传/6218
【汇编】上13
京畿都统 夏州拓跋思恭
【新唐书】225下/黄巢传/6460
【汇编】上839
河西党项都将 夏州李思忠
【旧唐书】18上/武宗纪/592
【新唐书】8/武宗纪/239；217下/回鹘传下/6132
【册府元龟】987/11591上
【汇编】上779、780、781
定难节度使 夏州李仁福
【资治通鉴】267/8721；278/9082

九画

十画

【旧唐书】19 下/僖宗纪/710
【旧五代史】132/李仁福传/1746
【新五代史】40/李仁福传/436
【宋太宗实录】30/24 上
【隆平集】20/夏国赵保吉传/3 下
【册府元龟】423/503 下；436/518 下
【朝野杂记】乙集 19/边防/1180
【中国藏西夏文献】18/唐延州安塞军防御使白敬立墓志铭/27
【汇编】上 112、160、165、166、834、835；中一 1013；下 6936

夏州刺史 郑宏之
【中国藏西夏文献】18/唐静边州都督拓跋守寂墓志铭并盖/20、24

夏国公 夏州拓拔思恭
【新唐书】221 上/党项传/6218
【汇编】上 13

夏绥节度使 夏州拓跋思恭
【资治通鉴】254/8249
【汇编】上 838

夏绥银节度使 夏州拓跋思恭
【新唐书】9/僖宗纪/272
【汇编】上 835

夏绥银宥节度使 夏州拓跋思恭
【金史】134/西夏传/2865
【汇编】上 125

夏绥银宥等州节度使 夏州党项拓跋思恭
【蒙兀儿史记】154/色目氏表上/34 下
【汇编】上 577

党项大首长 党项大首领拓拔思泰
【册府元龟】974/11447 上
【汇编】上 654

特进 拓拔守寂
【中国藏西夏文献】18/唐静边州都督拓跋守寂墓志铭并盖/20、24

特进 夏州李光颜
【元氏长庆集】49/制诰/6 上
【汇编】上 759

特进 党项大首领拓跋思泰
【册府元龟】974/11447 上
【中国藏西夏文献】18/唐静边州都督拓跋守寂墓志铭并盖/24
【汇编】上 654

朔方王 夏州拓跋思恭
【中国藏西夏文献】18/唐延州安塞军防御使白敬立墓志铭/27

朔方王 夏州李仁福
【东都事略】127、128/西夏传/附录 5、6
【汇编】上 100

朔方军节度使 夏州拓跋思恭
【旧唐书】19 下/僖宗纪/711
【汇编】上 834

朔方军节度副使 拓拔守寂叔父兴宗
【中国藏西夏文献】18/唐静边州都督拓跋守寂墓志铭并盖/24

朔方郡王 夏州拓跋思恭
【长编标】88/2011
【长编影】88/1 上
【汇编】中一 1559

容州刺史 党项平夏部
【新唐书】221 上/党项传/6218
【汇编】上 13

绥州刺史 夏州白敬立兄忠信
【中国藏西夏文献】18/唐延州安塞军防御使白敬立墓志铭/28

十一画

检校左仆射 夏州白敬立
【中国藏西夏文献】18/唐延州安塞军防御使白敬立墓志铭/27

检校左常侍 夏州白敬立弟敬忠
【中国藏西夏文献】18/唐延州安塞军防御使白敬立墓志铭/28

检校右常侍 夏州白敬立弟忠礼
【中国藏西夏文献】18/唐延州安塞军防御使白敬立墓志铭/28

检校司空 夏州李光颜
【元氏长庆集】49/制诰/6 上
【汇编】上 759

检校司空 夏州拓拔思恭
【新唐书】221 上/党项传/6218
【汇编】上 13

检校司徒 夏州拓拔思孝

十二画

十三画

十四画

静边州都督 拓拔守寂
【中国藏西夏文献】18/唐静边州都督拓跋守寂墓志铭并盖/20、24

静边州都督 拓拔守寂子澄澜
【中国藏西夏文献】18/唐静边州都督拓跋守寂墓志铭并盖/24

静边州都督 拓拔守寂父思泰
【中国藏西夏文献】18/唐静边州都督拓跋守寂墓志铭并盖/24

静边州都督 拓拔守寂祖父后那
【中国藏西夏文献】18/唐静边州都督拓跋守寂墓志铭并盖/24

静边州都督 党项大首领拓跋思泰
【册府元龟】974/11447 上
【汇编】上 654

静难节度使 夏州李思谦
【资治通鉴】260/8494
【汇编】上 842、843

静难军节度使 夏州李思谦
【新唐书】10/昭宗纪/294
【汇编】上 843

谯郡太夫人 拓跋兴宗母曹氏
【全唐文】301/拓跋兴宗传/7 上
【汇编】上 156

（二）五代对夏州拓跋政权的封授

三画

大都督府安抚下番落使 夏州李彝谨曾祖重建
【中国藏西夏文献】18/后周绥州刺史李彝谨墓志铭/55

大理评事 夏州何德璘祖父遂隆
【中国藏西夏文献】18/后晋夏银绥宥等州观察支使何德璘墓志铭/39

大彭县开国男 夏州刘敬瑭
【中国藏西夏文献】18/后晋定难军节度副使刘敬瑭墓志铭/42

上柱国 夏州毛汶父崇厚
【中国藏西夏文献】18/后晋定难军摄节度判官毛汶墓志铭/36

上柱国 夏州毛汶曾祖莹
【中国藏西夏文献】18/后晋定难军摄节度判官毛汶墓志铭/36

上柱国 夏州刘敬瑭
【中国藏西夏文献】18/后晋定难军节度副使刘敬瑭墓志铭/42

上柱国 夏州刘敬瑭父宗周
【中国藏西夏文献】18/后晋定难军节度副使刘敬瑭墓志铭/42

上柱国 夏州李仁宝
【中国藏西夏文献】18/后晋绥州刺史李仁宝墓志铭/46

上柱国 夏州李仁宝祖父重遂
【中国藏西夏文献】18/后晋绥州刺史李仁宝墓志铭/46

上柱国 夏州李仁宝曾祖拓拔副叶
【中国藏西夏文献】18/后晋绥州刺史李仁宝墓志铭/46

上柱国 夏州李光睿
【中国藏西夏文献】18/宋定难军节度使李光睿墓志铭/73

上柱国 夏州李彝谨
【中国藏西夏文献】18/后周绥州刺史李彝谨墓志铭/55

上柱国 夏州李彝超
【册府元龟】178/2148 下
【汇编】上 886

门枪节院军使 夏州刘敬瑭
【中国藏西夏文献】18/后晋定难军节度副使刘敬瑭墓志铭/42

马军第二都军使 夏州李彝谨子光义
【中国藏西夏文献】18/后汉沛国郡夫人里氏墓志铭/50、后周绥州刺史李彝谨墓志铭/55

四画

开国男 夏州刘敬瑭
【中国藏西夏文献】18/后晋定难军节度副使刘

敬瑭墓志铭/42

开府仪同三司 夏州李仁福

【旧五代史】36/唐书·明宗纪/500

【汇编】上 862

太保 夏州李彝兴

【旧五代史】114/周书·世宗纪/1518

【宋史】485/夏国传上/13982

【东都事略】127、128/西夏传/附录 5、6

【汇编】上 49、100、919

太傅 夏州李彝兴

【旧五代史】132/李彝兴传/1746

【宋史】485/夏国传上/13981

【东都事略】127、128/西夏传/附录 5、6

【汇编】上 49、58、100、163

牙将 夏州高宗益

【旧五代史】132 李仁福传/1746

【汇编】上 163

中书令 夏州李仁福

【旧五代史】31/唐书·庄宗纪/433；36/唐书·明宗纪/500；132/李仁福传/1747

【汇编】上 160、859、862

中书令 夏州李彝殷

【旧五代史】102/汉书·隐帝纪/1361

【汇编】上 904

中书令 夏州李彝兴

【旧五代史】132/李彝兴传/1749

【东都事略】127、128/西夏传/附录 5、6

【汇编】上 100、163

水部员外郎 夏州李仁福妻渎氏从表侄毛汶

【中国藏西夏文献】18/后晋虢王李仁福妻渎氏墓志铭/33、后晋定难军摄节度判官毛汶墓志铭/36

五画

节度行军司马 夏州李光睿

【中国藏西夏文献】18/宋定难军节度使李光睿墓志铭/73

节度判官 夏州李彝谨从表侄郭峭

【中国藏西夏文献】18/后周绥州刺史李彝谨墓志铭/55

节度判官兼掌书记 夏州李仁福妻渎氏从表侄毛汶

【中国藏西夏文献】18/后晋虢王李仁福妻渎氏墓志铭/33

节度押衙 夏州刘敬瑭子彦颙

【中国藏西夏文献】18/后晋定难军节度副使刘敬瑭墓志铭/42

节度押衙 夏州李彝谨子光义

【中国藏西夏文献】18/后汉沛国郡夫人里氏墓志铭/50；18/后周绥州刺史李彝谨墓志铭/55

节度押衙 夏州李彝谨子光琇

【中国藏西夏文献】18/后汉沛国郡夫人里氏墓志铭/50

节度使 夏州李仁福子彝殷

【中国藏西夏文献】18/后晋虢王李仁福妻渎氏墓志铭/33

节度使 夏州李仁福子彝超

【中国藏西夏文献】18/后晋虢王李仁福妻渎氏墓志铭/33

节度使 夏州李仁福

【朝野杂记】乙集 19/边防/1180

【汇编】下 6936

节度副使 夏州李彝殷

【册府元龟】439/5209 上

【汇编】上 883

节度衙推 夏州何德璘

【中国藏西夏文献】18/后晋夏银绥宥等州观察支使何德璘墓志铭/39

左都押衙官 夏州刘敬瑭

【中国藏西夏文献】18/后晋定难军节度副使刘敬瑭墓志铭/42

右仆射 夏州李光睿

【中国藏西夏文献】18/宋定难军节度使李光睿墓志铭/73

右监门卫大将军 夏州刘敬瑭

【中国藏西夏文献】18/后晋定难军节度副使刘敬瑭墓志铭/42

右监门卫长史 夏州何德璘

【中国藏西夏文献】18/后晋夏银绥宥等州观察支使何德璘墓志铭/39

本州左都押牙 夏州李彝超

【旧五代史】132/李仁福传/1747

【汇编】上 160

北面招讨使 夏州李思孝

【五代史纂误补】3/李仁福/12上

【汇编】补遗7233

四州马步都虞侯 夏州刘敬瑭

【中国藏西夏文献】18/后晋定难军节度副使刘敬瑭墓志铭/42

四州防遏使 夏州李彝超

【旧五代史】44/唐书·明宗纪/603

【汇编】上880

宁州、丹州等刺史 李仁宝曾祖拓拔副叶

【中国藏西夏文献】18/后晋绥州刺史李仁宝墓志铭/46

六画

权军中右职 夏州刘敬瑭

【中国藏西夏文献】18/后晋定难军节度副使刘敬瑭墓志铭/42

权知军州事 夏州李彝超

【旧五代史】132/李仁福传/1749

【汇编】上160

权知夏州事 夏州李彝超

【册府元龟】178/2148下

【汇编】上886

西平王 夏州李仁福

【奏议标】44/陈并传·上哲宗答诏论彗星陈四说/461

【奏议影】44/陈并传·上哲宗答诏论彗星陈四说/1643

【汇编】中六5336

西平王 夏州李彝兴

【旧五代史】113/周书·太祖纪/1501；114/周书·世宗纪/1518；120/周书·恭帝纪/1593；132/李彝兴传/1749

【新五代史】40/李仁福传/436

【宋史】486/夏国传下/14030

【东都事略】127、128/西夏传/附录5、6

【汇编】上49、100、163、166、918、919、922

光禄大夫 夏州刘敬瑭

【中国藏西夏文献】18/后晋定难军节度副使刘敬瑭墓志铭/42

同平章事 夏州李仁福

【旧五代史】8/梁书·末帝纪/116；132/李仁福传/1746

【汇编】上160、856

同平章事 夏州李彝兴

【旧五代史】132/李彝兴传/1749

【宋史】485/夏国传上/13981

【汇编】上49、162

同平章事 夏州李彝殷

【旧五代史】101/汉书·隐帝纪/1345

【中国藏西夏文献】18/后晋虢王李仁福妻渎氏墓志铭/33

【汇编】上904

延州水北教练使 夏州李彝谨妻里氏父皇甫讹移

【中国藏西夏文献】18/后汉沛国郡夫人里氏墓志铭/50

延州节度观察留后 夏州李彝超

【旧五代史】132/李彝超传/1747

【汇编】上161

延州刺史 夏州李彝超

【新五代史】40/李仁福传/437

【汇编】上165

延州留后 夏州李彝超

【旧五代史】44/唐书·明宗纪/603、604；132/李彝超传/1747、1748

【册府元龟】178/2148下；439/5209上

【汇编】上160、162、883、886、880

行军司马 夏州李彝兴

【宋史】485/夏国传上/13982

【汇编】上49

行军司马 夏州李彝殷

【资治通鉴】279/9127

【汇编】上887

州衙推 夏州何德璘

【中国藏西夏文献】18/后晋夏银绥宥等州观察支使何德璘墓志铭/39

防遏使 夏州李彝超

【旧五代史】132/李仁福传/1747

【汇编】上160

观察支使 夏州何德璘

【中国藏西夏文献】18/后晋夏银绥宥等州观察支使何德璘墓志铭/39

观察衙推 夏州何德璘子绍文
【中国藏西夏文献】18/后晋夏银绥宥等州观察支使何德璘墓志铭/39

七画

吴国太夫人 夏州李仁福妻渎氏
【中国藏西夏文献】18/后晋虢王李仁福妻渎氏墓志铭/33、后周绥州刺史李彝谨墓志铭/55
沛国郡夫人 夏州李彝谨妻里氏
【中国藏西夏文献】18/后汉沛国郡夫人里氏墓志铭/50
陇西郡王 夏州李仁福
【旧五代史】8/梁书·末帝纪/116
【汇编】上 856
陇西郡王 夏州李彝兴
【旧五代史】110/后周·太祖纪/1463
【汇编】上 908

八画

武定军节度使 夏州拓跋思敬
【新唐书】10/昭宗纪/299
【五代史纂误补】3/李仁福/12 上
【汇编】上 844；补遗 7234
武信军节度使 夏州拓跋思敬
【五代史纂误补】3/李仁福/12 上
【汇编】补遗 7233
押衙 夏州李彝谨子光璘
【中国藏西夏文献】18/后周绥州刺史李彝谨墓志铭/55
侍中 夏州拓拔思谦
【旧五代史】132/李仁福传/1746
【汇编】上 160
侍中 夏州李彝兴
【旧五代史】132/李彝兴传/1749
【宋史】485/夏国传上/13982
【汇编】上 49、163
侍御史 夏州毛汶
【中国藏西夏文献】18/后晋定难军摄节度判官毛汶墓志铭/36
使持节绥州诸军事 夏州李彝谨
【中国藏西夏文献】18/后周绥州刺史李彝谨墓志铭/55
使持节都督夏州诸军事 夏州李彝超
【册府元龟】178/2148 下
【汇编】上 886
金紫光禄大夫 夏州李仁宝
【中国藏西夏文献】18/后晋绥州刺史李仁宝墓志铭/46
金紫光禄大夫 夏州李仁宝祖父重遂
【中国藏西夏文献】18/后晋绥州刺史李仁宝墓志铭/46
金紫光禄大夫 夏州李仁宝曾祖拓拔副叶
【中国藏西夏文献】18/后晋绥州刺史李仁宝墓志铭/46
金紫光禄大夫 夏州李彝谨
【中国藏西夏文献】18/后周绥州刺史李彝谨墓志铭/55
京兆府万年县令 夏州毛汶祖父贞远
【中国藏西夏文献】18/后晋定难军摄节度判官毛汶墓志铭/36
京兆府功曹参军 夏州何德璘祖父遂隆
【中国藏西夏文献】18/后晋夏银绥宥等州观察支使何德璘墓志铭/39
定难节度 夏州李彝殷
【资治通鉴】290/9461
【汇编】上 909
定难节度使 夏州李仁福
【资治通鉴】267/8721
【汇编】上 852
定难节度使 夏州李思谦
【资治通鉴】278/9082
【汇编】上 884
定难节度使 夏州李彝兴
【资治通鉴】290/9461；292/9522
【汇编】上 909、919
定难节度使 夏州李彝殷
【册府元龟】178/2148 下
【资治通鉴】279/9127；283/9253；284/9266；288/9391、9401
【汇编】上 886、887、897、898、904、905
定难节度使 夏州李彝超
【册府元龟】178/2148 下

【隆平集】20/夏国赵保吉传/3下
【汇编】上112、886
定难军节度观察判官 夏州毛汶父崇厚
【中国藏西夏文献】18/后晋定难军摄节度判官毛汶墓志铭/36
定难军节度押衙知进奏 夏州刘敬瑭父宗周
【中国藏西夏文献】18/后晋定难军节度副使刘敬瑭墓志铭/42
定难军节度使 夏州李思谏
【资治通鉴】267/8706
【汇编】上851
定难军节度使 夏州李彝兴
【旧五代史】132/李仁福传/1749
【宋史】485/夏国传上/13982
【册府元龟】436/518下
【汇编】上49、162、166
定难军节度使 夏州李仁福
【旧五代史】132李仁福传/1746、1747
【新五代史】40/李仁福传/436
【册府元龟】436/518下
【中国藏西夏文献】18/后周绥州刺史李彝谨墓志铭/55
【汇编】上160、161、165、166
定难军节度使 夏州李彝超
【旧五代史】132/李仁福传/1749
【新五代史】40/李仁福传/437
【册府元龟】436/518下
【中国藏西夏文献】18/后周绥州刺史李彝谨墓志铭/56
【汇编】上162、166
定难军节度副使 夏州刘敬瑭
【中国藏西夏文献】18/后晋定难军节度副使刘敬瑭墓志铭/42
定难军左都押衙 夏州李仁宝父思澄
【中国藏西夏文献】18/后晋绥州刺史李仁宝墓志铭/46
定难军摄节度判官 夏州毛汶
【中国藏西夏文献】18/后晋定难军摄节度判官毛汶墓志铭/36
定难军散都头 夏州刘敬瑭祖父士清
【中国藏西夏文献】18/后晋定难军节度副使刘敬瑭墓志铭/42
试大理评事 夏州李彝谨从表侄郭峭
【中国藏西夏文献】18/后周绥州刺史李彝谨墓志铭/55
试大理评事 夏州何德璘
【中国藏西夏文献】18/后晋夏银绥宥等州观察支使何德璘墓志铭/39
试太常寺奉礼郎 夏州何德璘父子嵒
【中国藏西夏文献】18/后晋夏银绥宥等州观察支使何德璘墓志铭/39
试太常寺奉礼郎 夏州何德璘曾祖敏
【中国藏西夏文献】18/后晋夏银绥宥等州观察支使何德璘墓志铭/39
试秘书省校书郎 夏州何德璘表弟王卿
【中国藏西夏文献】18/后晋夏银绥宥等州观察支使何德璘墓志铭/39

九画

契丹西南面招讨使 夏州李彝兴
【旧五代史】132/李彝兴传/1749
【宋史】485/夏国传上/13981
【汇编】上49、163
契丹西南面招讨使 夏州李彝殷
【旧五代史】82/晋书·少帝纪/1087
【资治通鉴】284/9266
【汇编】上898
柱国 夏州毛汶
【中国藏西夏文献】18/后晋定难军摄节度判官毛汶墓志铭/36
柱国 夏州毛汶祖父贞远
【中国藏西夏文献】18/后晋定难军摄节度判官毛汶墓志铭/36
南山开道指挥使 夏州李彝谨妻里氏父皇甫讹移
【中国藏西夏文献】18/后汉沛国郡夫人里氏墓志铭/50
将仕郎 夏州何德璘
【中国藏西夏文献】18/后晋夏银绥宥等州观察支使何德璘墓志铭/39
将仕郎 夏州何德璘曾祖敏
【中国藏西夏文献】18/后晋夏银绥宥等州观察支使何德璘墓志铭/39

十画

敬瑭墓志铭/42

监察御史 夏州刘敬瑭曾祖祯

【中国藏西夏文献】18/后晋定难军节度副使刘敬瑭墓志铭/42

朔方王 夏州节度使拓跋思恭

【中国藏西夏文献】18/唐延州安塞军防御使白敬立墓志铭/27

朔方王 夏州李仁福

【旧五代史】31/唐书・庄宗纪/433；36/唐书・明宗纪/500；132/李仁福传/1747

【新五代史】40/李仁福传/437

【朝野杂记】乙集19/边防/1180

【汇编】上160、165、859、862；下6936

朔方郡王 夏州李仁福

【旧五代史】44/唐书・明宗纪/605

【汇编】上880

绥州太保夫人 夏州李彝谨妻祁氏

【中国藏西夏文献】18/后周绥州太保夫人祁氏神道志铭/58

绥州长史 夏州何德璘子绍文

【中国藏西夏文献】18/后晋夏银绥宥等州观察支使何德璘墓志铭/39

绥州左都押衙 夏州李彝谨子光琏

【中国藏西夏文献】18/后周绥州刺史李彝谨墓志铭/55

绥州军事判官

【中国藏西夏文献】18/后周绥州太保夫人祁氏神道志铭/58

绥州军事判官 张少卿

【中国藏西夏文献】18/后唐永定破丑夫人墓志铭/31

绥州刺史 夏州李仁宝

【中国藏西夏文献】18/后晋绥州刺史李仁宝墓志铭/46

绥州刺史 夏州李彝敏

【旧五代史】82/晋书・少帝纪2/1082

绥州刺史 夏州李彝谨

【中国藏西夏文献】18/后汉沛国郡夫人里氏墓志铭/50、后周绥州刺史李彝谨墓志铭/55

绥州刺史 夏州李仁裕

【资治通鉴】288/9391

【汇编】上904

绥州刺史 夏州李仁福

【册府元龟】278/2148下

【汇编】上886

绥州刺史 夏州李彝殷

【旧五代史】132/李彝兴传/1746

【册府元龟】178/2148下

【资治通鉴】283/9253

【汇编】上162、886、896、897

绥州都知番落使 夏州李彝谨子光琏

【中国藏西夏文献】18/后汉沛国郡夫人里氏墓志铭/50

绥州衙内指挥使 夏州李彝谨子光琇

【中国藏西夏文献】18/后汉沛国郡夫人里氏墓志铭/50；18/后周绥州刺史李彝谨墓志铭/55

十一画

检校工部尚书 夏州李仁宝父思澄

【中国藏西夏文献】18/后晋绥州刺史李仁宝墓志铭/46

检校太子宾客 夏州刘敬瑭曾祖祯

【中国藏西夏文献】18/后晋定难军节度副使刘敬瑭墓志铭/42

检校太师 夏州李彝殷

【旧五代史】101/汉书・隐帝纪/1345

【汇编】上904

检校太师 夏州李彝兴

【旧五代史】132/李仁福传/1746

【新五代史】40/436

【汇编】上162、166

检校太师 夏州李仁福

【旧五代史】8/梁书・末帝纪/116；36/唐书・明宗纪/500；132/李仁福传/1746

【新五代史】40/李仁福传/436

【汇编】上160、165、856、862

检校太保 夏州刘敬瑭

【中国藏西夏文献】18/后晋定难军节度副使刘敬瑭墓志铭/42

检校太保 夏州李仁宝

【中国藏西夏文献】18/后晋绥州刺史李仁宝墓志铭/46

检校太保 夏州李仁宝祖父重遂

【中国藏西夏文献】18/后晋绥州刺史李仁宝墓志铭/46

检校太保 夏州李彝谨

【中国藏西夏文献】18/后周绥州刺史李彝谨墓志铭/55

检校太保 夏州李仁福

【旧五代史】132/李仁福传/1746

【汇编】上160

检校太尉 夏州李仁福子彝殷

【中国藏西夏文献】18/后晋虢王李仁福妻渎氏墓志铭/33

检校太尉 夏州李仁福

【旧五代史】8/梁书·末帝纪/116

【汇编】上856

检校太尉 夏州李彝兴

【旧五代史】132/李彝兴传/1749

【汇编】上162

检校太尉 夏州拓拔思谦

【旧五代史】132/李仁福传/1746

【汇编】上160

检校太傅 夏州李仁福子彝超

【中国藏西夏文献】18/后晋虢王李仁福妻渎氏墓志铭/33；18/后周绥州刺史李彝谨墓志铭/56

检校左散骑常侍 夏州毛汶父崇厚

【中国藏西夏文献】18/后晋定难军摄节度判官毛汶墓志铭/36

检校右仆射 夏州李仁福子彝温

【中国藏西夏文献】18/后晋虢王李仁福妻渎氏墓志铭/33

检校右散骑常侍 夏州刘敬瑭父宗周

【中国藏西夏文献】18/后晋定难军节度副使刘敬瑭墓志铭/42

检校右散骑常侍 夏州李彝谨子光义

【中国藏西夏文献】18/后汉沛国郡夫人里氏墓志铭/50

检校右散骑常侍 夏州李彝谨子光琇

【中国藏西夏文献】18/后汉沛国郡夫人里氏墓志铭/50

检校司空 夏州李仁福子彝谨

【中国藏西夏文献】18/后晋虢王李仁福妻渎氏墓志铭/33

检校司空 夏州李仁宝曾祖拓拔副叶

【中国藏西夏文献】18/后晋绥州刺史李仁宝墓志铭/46

检校司空 夏州李仁福

【旧五代史】132/李仁福传/1746

【新五代史】40/436

【汇编】上160、165

检校司空 夏州李彝超

【册府元龟】178/2148下

【旧五代史】44/唐书·明宗纪/603

【汇编】上880、886

检校司徒 夏州刘敬瑭

【中国藏西夏文献】18/后晋定难军节度副使刘敬瑭墓志铭/42

检校司徒 夏州李彝谨

【中国藏西夏文献】18/后汉沛国郡夫人里氏墓志铭/50

检校司徒 夏州李彝超

【旧五代史】44/唐书·明宗纪/608；132/李彝兴传/1746

【汇编】上162、880

检校国子祭酒 夏州李彝谨子光琏

【中国藏西夏文献】18/后汉沛国郡夫人里氏墓志铭/50

检校尚书 夏州李光睿

【中国藏西夏文献】18/宋定难军节度使李光睿墓志铭/73

检校尚书 夏州李仁福妻渎氏从表侄毛汶

【中国藏西夏文献】18/后晋虢王李仁福妻渎氏墓志铭/33；18/后晋定难军摄节度判官毛汶墓志铭/36

检校秘书少监 夏州毛汶曾祖莹

【中国藏西夏文献】18/后晋定难军摄节度判官毛汶墓志铭/36

常侍 夏州毛汶父崇厚

【中国藏西夏文献】18/后晋定难军摄节度判官毛汶墓志铭/36

银州长史 夏州刘敬瑭

【中国藏西夏文献】18/后晋定难军节度副使刘敬瑭墓志铭/42

银州长史 夏州何德璘

【中国藏西夏文献】18/后晋夏银绥宥等州观察支使何德璘墓志铭/39

银州防御判官 夏州齐峤
【中国藏西夏文献】18/后晋绥州刺史李仁宝墓志铭/46
银州防御、度支营田等使 夏州李仁宝祖父重遂
【中国藏西夏文献】18/后晋绥州刺史李仁宝墓志铭/46
银州营田判官 夏州何德璘表弟王卿
【中国藏西夏文献】18/后晋夏银绥宥等州观察支使何德璘墓志铭/39
银青光禄大夫 夏州刘敬瑭父宗周
【中国藏西夏文献】18/后晋定难军节度副使刘敬瑭墓志铭/42
银青光禄大夫 夏州刘敬瑭曾祖祯
【中国藏西夏文献】18/后晋定难军节度副使刘敬瑭墓志铭/42
银青光禄大夫 夏州李仁宝父思澄
【中国藏西夏文献】18/后晋绥州刺史李仁宝墓志铭/46
银青光禄大夫 夏州李光睿
【中国藏西夏文献】18/宋定难军节度使李光睿墓志铭/73
翊戴功臣 夏州李彝谨
【中国藏西夏文献】18/后周绥州刺史李彝谨墓志铭/55
梁国太夫人 夏州李彝谨曾祖母破丑氏
【中国藏西夏文献】18/后周绥州刺史李彝谨墓志铭/55
随使左都押衙 夏州李仁福子彝温
【中国藏西夏文献】18/后晋虢王李仁福妻渎氏墓志铭/33
绯鱼袋 夏州毛汶祖父贞远
【中国藏西夏文献】18/后晋定难军摄节度判官毛汶墓志铭/36

十二画

散兵马使 夏州刘敬瑭子彦能
【中国藏西夏文献】18/后晋定难军节度副使刘敬瑭墓志铭/42
韩王 夏州李仁福
【中国藏西夏文献】18/后汉沛国郡夫人里氏墓志铭/50、后周绥州刺史李彝谨墓志铭/55、后周绥州太保夫人祁氏神道志铭/58、宋定难军节度使李光睿墓志铭/73、宋定难军节度观察留后李继筠墓志铭/80
朝议郎 夏州毛汶
【中国藏西夏文献】18/后晋定难军摄节度判官毛汶墓志铭/36
朝议郎 夏州李彝谨从表侄郭峭
【中国藏西夏文献】18/后周绥州刺史李彝谨墓志铭/55
朝议郎 夏州何德璘祖父遂隆
【中国藏西夏文献】18/后晋夏银绥宥等州观察支使何德璘墓志铭/39
朝请大夫 夏州毛汶父崇厚
【中国藏西夏文献】18/后晋定难军摄节度判官毛汶墓志铭/36
朝散大夫 夏州毛汶曾祖莹
【中国藏西夏文献】18/后晋定难军摄节度判官毛汶墓志铭/36
掌书记 夏州毛汶
【中国藏西夏文献】18/后晋定难军摄节度判官毛汶墓志铭/36
掌书记 夏州毛汶父崇厚
【中国藏西夏文献】18/后晋定难军摄节度判官毛汶墓志铭/36
赐绯鱼袋 夏州毛汶曾祖莹
【中国藏西夏文献】18/后晋定难军摄节度判官毛汶墓志铭/36
赐绯鱼袋 夏州李仁福妻渎氏从表侄毛汶
【中国藏西夏文献】18/后晋虢王李仁福妻渎氏墓志铭/33、后晋定难军摄节度判官毛汶墓志铭/36
赐绯鱼袋 夏州李彝谨从表侄郭峭
【中国藏西夏文献】18/后周绥州刺史李彝谨墓志铭/55
赐绯鱼袋 夏州何德璘
【中国藏西夏文献】18/后晋夏银绥宥等州观察支使何德璘墓志铭/39
赐紫金鱼袋 夏州毛汶父崇厚
【中国藏西夏文献】18/后晋定难军摄节度判官毛汶墓志铭/36
御史大夫 夏州毛汶父崇厚

十三画

十四画

十五画

蕃部都指挥使 夏州李仁福

【册府元龟】436/518 下

【汇编】上 166

虢王 夏州李仁福

【旧五代史】44/唐书・明宗纪/605；132/李仁福传/1747

【中国藏西夏文献】18/后晋虢王李仁福妻渎氏墓志铭/33；后晋绥州刺史李仁宝墓志铭/46

【汇编】上 160、880

虢国王 夏州李仁福

【中国藏西夏文献】18/后晋定难军摄节度判官毛汶墓志铭/36、后晋夏银绥宥等州观察支使何德璘墓志铭/39、后晋定难军节度副使刘敬瑭墓志铭/42

十六画

器仗军使 夏州刘敬瑭子颢

【中国藏西夏文献】18/后晋定难军节度副使刘敬瑭墓志铭/42

儒林郎 夏州毛汶祖父贞远

【中国藏西夏文献】18/后晋定难军摄节度判官毛汶墓志铭/36

儒林郎 夏州何德璘父子岳

【中国藏西夏文献】18/后晋夏银绥宥等州观察支使何德璘墓志铭/39

十七画

魏平镇遏使 夏州刘敬瑭祖父士清

【中国藏西夏文献】18/后晋定难军节度副使刘敬瑭墓志铭/42

（三）辽朝对西夏的封授

三画

大夏国王 夏太宗李德明

【宋史】485/夏国传上/13990、13992

【汇编】上 57、59

上柱国 西番都统军李继忠

【辽史】11/圣宗纪 2/119

【汇编】中一 1029

四画

开府仪同三司 夏州李继捧

【辽史】13/圣宗纪 4/142；115/西夏记/1525

【汇编】上 119；中一 1051

天德军节度使 韦太

【宋会要】方域 21 之 1/7661、21 之 8/7665

【汇编】上 41

太尉 言泥族拔黄

【长编标】56/1224

太尉 雅尔鼐族巴罕

【长编影】56/1 上

【汇编】中一 1374

六画

西平王 夏太宗李德昭，即李德明

【辽史】14/圣宗纪 5/159、160、163；15/圣宗纪六/168；115/西夏记/1525

【汇编】上 119；中一 1397、1408、1465、1497

西平王 夏州李继捧

【辽史】13/圣宗纪 4/142；115/西夏记/1525

【汇编】上 119；中一 1051

西平王 夏太祖李继迁

【辽史】13/圣宗纪 4/149；14/圣宗纪 4/155、158；115/西夏记/1525

【长编标】49/13 下；54/1181

【长编影】49/1077；54/5 下

【宋会要】方域 21 之 17/7669、21 之 18/7670

【汇编】上 119；中一 1169、1224、1349、1360

军主 剋山

【长编标】81/1840

军主 客实克

【长编影】81/3 下

【汇编】中一 1514

八画

尚书令 夏太宗李德明

【宋史】485/夏国传上/13992
【汇编】上 59
尚书令 夏太祖李继迁
【辽史】14/圣宗纪 4/158；115/西夏记/1523
【汇编】上 119；中一 1363
侍中 夏州李继捧
【辽史】13/圣宗纪 4/142；115/西夏记/1525
【汇编】上 119；中一 1051
定难节度使 夏州李继捧
【隆平集】20/夏国赵保吉传/3 下
【汇编】上 119
定难军节度使 夏太祖李继迁
【辽史】11/圣宗纪 2/119
【汇编】中一 1029
定难军节度使 夏州李继捧
【辽史】13/圣宗纪 4/142；115/西夏记/1525
【汇编】上 119；中一 1051
驸马都尉 夏景宗李元昊
【辽史】18/兴宗纪 1/213；115/西夏记/1526
【汇编】上 119；中一 1681

十画

都督夏州诸军事 夏太祖李继迁
【辽史】11/圣宗纪 2/119；115/西夏记/1525
【汇编】上 118；中一 1029
夏王 夏崇宗李乾顺
【辽史】91/药师奴传/1364；100/萧得里底传/1428
【汇编】中六 5446、5811
夏国王 夏神宗李遵顼
【宋史】486/夏国传下/14027
夏国王 夏毅宗李谅祚
【辽史】20/兴宗纪 3/242；22/道宗纪 2/267
夏国王 夏景宗李元昊
【辽史】18/兴宗纪 1/214、220
【汇编】中一 1687、1740
夏国王 夏惠宗李秉常
【辽史】22/道宗纪 2/268、269；24/道宗纪 4/290、292；115/西夏记/1528
【汇编】上 121；中三 3507；中五 4638、4785
夏国王 夏太宗李德明
【辽史】15/圣宗纪 6/168、174；16/圣宗纪 7/190；17/圣宗纪 8/202；18/兴宗纪 1/213、214；115/西夏记/1525
【汇编】上 119；中一 1497、1616、1659、1681、1687
夏国王 夏太祖李继迁
【辽史】13/圣宗纪 4/140、141、142、143、149；115/西夏记/1525
【宋史】485/夏国传上/13981
【长编标】49/1078
【汇编】上 53、118；中一 1047、1049、1051、1052、1054、1169
夏国王 夏崇宗李乾顺
【辽史】24/道宗纪 4/292；25/道宗纪 5/297；26/道宗纪 6/311、314；27/天祚帝纪 1/319、320、321、324；30/天祚帝纪 3/347；70/属国表/1177、1191；115/西夏记/1528
【金史】3/太宗纪/50；71/斡鲁传/1634
【大金吊伐录】1/回札子/27
【三朝北盟会编】29/6 上
【系年要录】129/2090
【汇编】上 122；中五 4801、4932；中六 5465、5717、5728、5850、5947、5973、5978、6006、6006；下 6505
夏国公 夏景宗李元昊
【辽史】18/兴宗纪 1/214、220；20/兴宗纪 3/238；115/西夏记/1526
【汇编】上 120
夏国主 夏景宗李元昊
【长编标】142/3408
夏国皇帝 夏崇宗李乾顺
【辽史】29/天祚帝纪 3/347；115/西夏记/1529
【汇编】上 122；中六 5974
特进 夏太祖李继迁
【辽史】115/西夏记/1524
【汇编】上 118
朔方军节度使 西夏李德昭，即李德明
【辽史】14/圣宗纪 5/155；115/西夏记/1525
【汇编】上 119；中一 1224

十一画

检校太师 夏太祖李继迁
【辽史】11/圣宗纪2/119；115/西夏记/1524
【汇编】上118；中一1029
检校太师 夏州李继捧
【辽史】13/圣宗纪4/142；115/西夏记/1525
【汇编】上119；中一1051
推忠效顺启圣定难功臣 夏州李继捧
【辽史】13/圣宗纪4/142；115/西夏记/1525
【汇编】上119；中一1051
银夏绥宥等州观察处置等使 夏太祖李继迁
【辽史】11/圣宗纪2/119
【汇编】中一1029

十四画

管内蕃落使 夏州管内蕃落使李继冲
【辽史】46/百官志2·北面边防官/751
【汇编】中一1030

（四）宋朝对西夏的封授

三画

三班奉职 西夏首领吹同山乞
【名臣碑传琬琰集】上集5/富郑公弼显忠公尚德之碑/80
【汇编】中二1924
三班奉职 夏州李继捧孙李从吉
【宋史】485/夏国传上/13985
【汇编】上52
三班奉职 西夏大首领李阿雅卜子李襄渠卜，赐名世忠
【长编标】504/12019
【长编影】504/20上
【汇编】中六5460
三班借职 西夏首领吹同乞沙
【名臣碑传琬琰集】上集5/富郑公弼显忠公尚德之碑/80
【汇编】中二1924
三班借职 夏太祖李继迁子阿伊克元
【长编标】54/1181
【长编影】54/6上
三班借职 西界观察使，楚鼐裕勒囊子威玛
【长编标】139/3355
【长编影】139/17下
【汇编】中二2689
三班借职 夏州赵光嗣孙赵说
【长编标】301/7326
【长编影】301/7上
【汇编】中四4106
大夏国主 夏景宗李元昊
【宋大诏令集】233/册夏国主文/909
上平关使 夏州康成曾祖山人
【中国藏西夏文献】18/宋定难军管内都指挥使康成墓志铭并盖/61
上柱国 夏太祖赵保吉，赵保吉为李继迁赐名
【宋大诏令集】233/银州观察使赵保吉除定难军节度使制（至道元年十二月甲辰）/905
上柱国 夏州李光睿
【中国藏西夏文献】18/宋定难军节度使李光睿墓志铭/73
上柱国 夏景宗李元昊
【宋大诏令集】233/赵元昊静难军节度西平王制（明道元年一月癸巳）/908
【汇编】中一1691
上柱国 夏太宗李德明
【宋史】485/夏国传上/13989
【宋大诏令集】233/赵德明拜官封西平王制（景德三年十月庚午）/906、赵德明进尚书令加恩制（乾兴元年仁宗即位）/907、西平王赵德明加恩制（郊祀毕）/907、赵元昊静难军节度西平王制（明道元年十一月癸巳）/908
【汇编】上56；中一1449、1614、1678
上将军 夏州李继捧
【潞公文集】29/奏议/8上
【汇编】补遗7367
卫国太夫人 夏太祖李继迁母卫慕氏
【宋史】485/夏国传上/13988
【汇编】上55
马军都指挥使 夏州李光睿弟光信
【中国藏西夏文献】18/宋定难军节度使李光睿

四画

牙内指挥使 夏州李继捧
【东都事略】127、128/西夏传/附录5、6
【汇编】上100
中书令 夏景宗李元昊
【宋史】485/夏国传上/13994
【元宪集】23/授赵元昊开府仪同三司加食邑实封制/240
【汇编】上61；中一1687
中书令 夏州李彝兴
【长编标】1/10；8/196
【长编影】1/9上；8/9上
【宋会要】礼41之49/1402；仪制13之7/2052
【汇编】中一923、939、945；下7018
中书令 夏太宗李德明
【宋史】485/夏国传上/13990、13992、13993
【长编标】75/1720；111/2592、2594
【长编影】75/12下；111/15上、16下
【宋会要】仪制13之7/2052
【宋大诏令集】233/赵德明进尚书令加恩制（乾兴元年仁宗即位）/907、西平王赵德明加恩制（郊祀毕）/907
【汇编】上57、58、59；中一1501、1614、1678、1686、1688、1689
内殿承旨 归宋西夏钤辖吴名革
【长编标】507/12076
【长编影】507/4下
【汇编】中六5494
内殿承制 西夏正钤辖异浪升崖，投宋
【宋会要】兵17之5/7040
内殿承制 夏太祖李继迁从弟李继元，又名李守元，夏州李克文之子
【长编标】88/2011
【长编影】88/1上
【汇编】中一1559
内殿崇班 西界归来部落子玛新云且宁
【长编影】494/24上
【汇编】中六5363
内殿崇班 西界归来部落子没细游成宁
【长编标】494/11754
【宋会要】蕃夷6之31/7834
内殿崇班 西夏内附观察使楚鼐裕勒囊
【长编标】139/3355
【长编影】139/17下
【汇编】中二2689
内殿崇班 西夏业令吴箇伊实巴特玛，又作叶石悖七，官与伪天使一般，降宋
【长编标】511/12155
【长编影】511/1下
【汇编】中六5551
内殿崇班 西夏归附带牌天使穆纳僧格
【长编标】491/11650
【长编影】491/4下
【汇编】中六5324
内殿崇班 西夏归顺正钤辖格斡宁
【长编标】511/12164
【长编影】511/10上
【汇编】中六5556
仓曹参军 夏州何公子令蒉
【中国藏西夏文献】18/宋摄夏州观察支使何公墓志铭/67
文林郎 夏州何公
【中国藏西夏文献】18/宋摄夏州观察支使何公墓志铭/67

五画

节度押衙 夏州康成父爽
【中国藏西夏文献】18/宋定难军管内都指挥使康成墓志铭并盖/61
节度使 宋朝悬赏
【东都事略】127、128/西夏传/附录5、6
【汇编】上108
节度使 夏州李继捧
【朝野杂记】乙集19/边防/1180
【汇编】下6937
节度使 夏州赵保忠
【宋会要】兵8之18/6896、14之10/6997
【汇编】中一1076、1079
节度使 夏州李彝兴
【长编标】8/196
【长编影】8/9上
【汇编】中一945
节度使 夏景宗李元昊
【长编标】394/9591

【长编影】394/5 下
【汇编】中五 4808
节度随军文林郎 夏州何公曾祖子凿，字隐之
【中国藏西夏文献】18/宋摄夏州观察支使何公墓志铭/67
节度衙推 夏州何公
【中国藏西夏文献】18/宋摄夏州观察支使何公墓志铭/67
左金吾卫上将军 夏太宗李德明
【长编标】65/1455
【长编影】65/11 下
【汇编】中一 1463
左金吾卫上将军 夏景宗李元昊
【宋史】485/夏国传上/13994
【长编标】115/2704
【长编影】115/15 上
【汇编】上 61
左都押衙 夏州康成
【中国藏西夏文献】18/宋定难军管内都指挥使康成墓志铭并盖/61
左散骑常侍尉骑都尉 夏州李继筠
【中国藏西夏文献】18/宋定难军节度观察留后李继筠墓志铭/80
右三班借职 西夏银州牙校时乂
【长编标】55/1216
【长编影】55/14 上
【汇编】中一 1367
右千牛卫上将军 夏太宗李德明
【宋史】5/太宗纪 2/94
【东都事略】127、128/西夏传/附录 5、6
【汇编】上 101
右千牛卫上将军 夏州李继捧
【宋史】485/夏国传上/13985
【长编标】36/785
【长编影】36/1 下
【汇编】上 52；中一 1082
右千牛卫将军 西夏降宋首领莽布赛
【长编标】152/3698
【长编影】152/2 上
右千牛卫将军 西夏降宋首领香布
【长编标】152/3708
【长编影】152/11 上
右侍禁 西夏王固策，原在西界衙头服事小大王
【长编标】507/12077
【长编影】507/4 下
右侍禁 西夏归宋首领李叶
【长编标】507/12076
【长编影】507/4 下
【汇编】中六 5494
右侍禁 西夏鄂特彭家奴王文谅
【长编标】220/5361
【长编影】220/24 上
【汇编】中三 3670
右金吾卫大将军 夏州李光睿
【中国藏西夏文献】18/宋定难军节度使李光睿墓志铭/73
右金吾卫上将军 夏太宗李德明
【宋史】485/夏国传上/13985、13990
【汇编】上 52、57
右班殿直 西夏团练使马都
【长编标】137/3290
右班殿直 西夏团练使马都克
【长编影】137/12 下
【汇编】中二 2536
右班殿直 西夏降宋首领玛尔布
【长编标】152/3708
【长编影】152/11 上
右监门卫长史同正 夏州何公祖父德遇，字嗣宗
【中国藏西夏文献】18/宋摄夏州观察支使何公墓志铭/67
右厢卓罗一带都巡检使 西夏归宋首领苏沁定玛
【长编标】503/11978
【长编影】503/8 下
【汇编】中六 5438
右清道率府副率 夏州李继瑗
【宋太宗实录】26/3 下
【汇编】中一 1002
甘州团练使 西夏御史史中丞星多楚清，归宋后赐名吕永信
【长编标】503/11978

【长编影】503/8 下
【宋会要】蕃夷 6 之 32/7834
【汇编】中六 5438

本族巡检 归顺人嵬名姚麦
【宋会要】蕃夷 6 之 32/7834

本族巡检 西界归来部落子玛新云且宁
【长编影】494/24 上
【汇编】中六 5363

本族巡检 西界归来部落子没细游成宁
【长编标】494/11754
【宋会要】蕃夷 6 之 31/7834

龙图阁直学士 西夏监军李阿雅卜，又作李讹哆，降宋受封
【长编标】495/11784
【长编影】495/17 上
【汇编】中六 5373

东城都虞侯 夏州康成
【中国藏西夏文献】18/宋定难军管内都指挥使康成墓志铭并盖/61

东城副兵马使 夏州康成祖父文义
【中国藏西夏文献】18/宋定难军管内都指挥使康成墓志铭并盖/61

北衙都知兵马使 夏州康成曾祖山人
【中国藏西夏文献】18/宋定难军管内都指挥使康成墓志铭并盖/61

汉阳郡夫人 夏州李继捧母吴氏
【咸平集】29/制诰/6 下
【汇编】补遗 7099

礼宾副使 西夏归附带牌天使穆纳僧格
【长编标】491/11650
【长编影】491/4 下
【汇编】中六 5324

礼宾副使 西夏赵光嗣
【长编标】301/7326
【长编影】301/7 上
【中四】4106

兰州部落子巡检 西夏归附带牌天使穆纳僧格
【长编标】491/11650
【长编影】491/4 下
【汇编】中六 5324

永州别驾 夏州李继捧
【宋史】485/夏国传上/13985
【汇编】上 52

六画

权知夏州 夏州李光睿
【长编标】8/197
【长编影】8/10 上
【汇编】中一 946

权知夏州 夏州李克文
【长编标】23/519、530
【长编影】23/7 上、16
【汇编】中一 993、996

权知夏州军府事 夏州李光睿子李继捧
【中国藏西夏文献】18/宋定难军节度使李光睿墓志铭/74

西平王 夏崇宗李乾顺
【宋史】486/夏国传上/14015
【汇编】上 81

西平王 夏州李彝殷
【宋史】1/太祖纪 1/5
【中国藏西夏文献】18/宋定难军节度使李光睿墓志铭/73
【汇编】中一 923

西平王 宋悬赏能捕杀李元昊者
【文庄集】14/陈边事十策/1 上
【东轩笔录】8/4 下
【谈苑】1/5 上
【汇编】中二 1799、2627、2714

西平王 夏州李彝兴
【宋史】1/太祖纪 1/14；486 夏国传下/14030
【长编标】8/196
【长编影】8/9 上
【宋会要】仪制 13 之 7/2052
【朝野杂记】乙集 19/边防/1180
【汇编】上 96；中一 939、945；下 6936

西平王 夏景宗李元昊
【宋史】10/仁宗纪 2/194、199；485/夏国传上/13993
【长编标】 111/2592、2594；112/2610；119/2812；394/9590、9591
【长编影】111/17 上；112/7 上；119/15 下；

394/5 下
【宋大诏令集】233/赵德明尚书令加恩制（乾兴元年仁宗即位）/907、西平王赵德明加恩制（郊祀毕）/907、赵元昊静难军节度西平王制（明道元年十一月癸巳）/907、908
【隆平集】20/李彝兴传/3 下
【元宪集】23/授赵元昊开府仪同三司食邑实封制/240；27/赐西平王赵元昊诏/288、赐西平王赵元昊为赐差来人见辞例物诏/289
【东都事略】127、128/西夏传/附录 5、6
【汇编】上 60、102、114；中一 1687、1687、1691、1694、1708、1733、1752；中五 4808

西平王 夏太宗李德明
【宋史】7/真宗纪 2/131；9/仁宗纪 1/189；466/张崇贵传/13619；485/夏国传上/13989
【长编标】60/1347；64/1428；109/2549；111/2592
【长编影】60/13 上；64/4 下；109/15 上；111/15 上
【东都事略】127、128/西夏传/附录 5、6
【隆平集】20/李彝兴传/3 下
【宋会要】蕃夷 7 之 16/7847
【奏议标】44/陈并传·上哲宗答诏论彗星陈四说/461
【奏议影】44/陈并传·上哲宗答诏论彗星陈四说/1644
【宋大诏令集】233/赵德明拜官封西平王制（景德三年十月庚午）/906、233/答西平王赵德明诏（大中祥符九年十月）/906、233/西平王赵德明加恩制（郊祀毕）/907、233/赵德明进尚书令加恩制（乾兴元年仁宗即位）/907；234/赐夏国主乞工匠诏/912
【朝野杂记】乙集 19/边防/1180
【汇编】上 56、102、113；中一 1425、1448、1449、1452、1570、1614、1677、1677、1677、1678、1686；中六 5336；下 6937

西头供奉官 西界归顺部落子威明约默，又名嵬名姚麦
【长编标】498/11856
【长编影】498/13 下
【宋会要】蕃夷 6 之 32/7834
【汇编】中六 5395、5396

西头供奉官 西夏大首领吕永信子，赐名良嗣，投宋受封
【长编标】503/11978
【长编影】503/8 下
【宋会要】蕃夷 6 之 7/7834
【汇编】中六 5438

西京作坊使 夏州李克文
【长编标】23/519
【长编影】23/7 上
【汇编】中一 993

西河郡太夫人 夏州李继捧祖母罔氏
【咸平集】29/制诰/6 下
【汇编】补遗 7099

西河郡太夫人 夏州李继捧母罔氏
【长编标】32/718
【长编影】32/8 上
【汇编】中一 1051

西夏国主
【宋大诏令集】236/赐夏国主进登位土物回诏/921
【汇编】中六 5695

光禄大夫 夏太祖李继迁，又名赵保吉
【宋大诏令集】233/银州观察使赵保吉除定难军节度使制（至道元年十二月甲辰）/906
【汇编】中一 1188

同中书门下平章事 夏州赵保忠，即李继捧
【宋史】485/夏国传上/13984
【汇编】上 51

团练使
【宋史】485/夏国传上/13989
【汇编】上 56

团练使 西夏张浦
【宋史】5/太宗纪 2/97
【汇编】中一 1107

团练使 西夏赵光嗣
【宋会要】兵 14 之 10/6997
【汇编】中一 1079

行军司马 夏太宗李德明
【宋史】485/夏国传上/13986
【东都事略】127、128/西夏传/附录 5、6
【汇编】上 53、102

行军司马 夏州李光睿
【长编标】8/196

【长编影】8/9 上
【汇编】中一 945
行夏州刺史 夏太宗李德明
【宋史】485/夏国传上/13989
【汇编】上 56；中一 1614、1678、1691
会宁郡君 西夏御史中丞星多楚清即吕永信妻琳沁格投宋后封号
【长编标】503/11978
【长编影】503/8 下
【宋会要】蕃夷 6 之 32/7834
【汇编】中六 5438
会州防御使 西夏嘞嵬
【长编标】136/3267
会州防御使 西夏堪威
【长编影】136/18 下
【汇编】中二 2510
安远将军使 夏州康成
【中国藏西夏文献】18/宋定难军管内都指挥使康成墓志铭并盖/61
观察支使 夏州何公父维文，字继昭
【中国藏西夏文献】18/宋摄夏州观察支使何公墓志铭/67
观察押司官 夏州郑继隆
【中国藏西夏文献】18/宋定难军节度使李光睿墓志铭/75
观察使 夏太祖李继迁
【宋会要】兵 8 之 18/6896
【汇编】中一 1071
观察使 西夏赵保吉，即夏太祖李继迁
【长编标】35/767
【长编影】35/2 下
【汇编】中一 1067
观察衙推 夏州何公
【中国藏西夏文献】18/宋摄夏州观察支使何公墓志铭/67
巡检 西夏大首领威明约默，又作嵬名姚麦，投宋受封
【长编标】498/11856
【长编影】498/13 下
【宋会要】蕃夷 6 之 32/7834
【汇编】中六 5395、5396

七画

员外置同正员 夏州李光睿
【中国藏西夏文献】18/宋定难军节度使李光睿墓志铭/73
员外置同正员 夏景宗李元昊
【长编标】115/2704
【长编影】115/15 上
员外置同正员 夏太宗李德明
【长编标】65/1455
【长编影】65/11 下
【汇编】中一 1463
怀化将军 西夏团练使鄂齐尔
【长编标】135/3219
【长编影】135/6 上
【汇编】中二 2427
沣州刺史 夏州李克文
【长编标】23/530
【长编影】23/16 上
【汇编】中一 996
陇西县开国子 夏州李光睿
【中国藏西夏文献】18/宋定难军节度使李光睿墓志铭/73
陇西县开国子 夏州李继筠
【中国藏西夏文献】18/宋定难军节度观察留后李继筠墓志铭/80
陇西郡开国公 夏州李光睿
【中国藏西夏文献】18/宋定难军节度使李光睿墓志铭/73
纯诚功臣 夏太宗李德明
【宋史】485/夏国传上/13992
【汇编】上 59

八画

环庆沿边兼横山至宥州一带蕃部都巡检使 西界归明首领阿雅卜，又作李讹哆
【长编标】495/11784
【长编影】495/19 上
环庆路缘边兼横山寨至宥州一带蕃部都巡检使 西界归明首领李阿雅卜，又作李讹哆
【长编标】496/11811

【长编影】496/18 上

卓罗右厢一带蕃巡检 西界归附首领苏沁定玛

【长编标】503/11978

【长编影】503/8 下

【汇编】中六 5438

卓罗右厢一带蕃部巡检 西界归附大首领吕永信男细禹轻丁理

【宋会要】蕃夷 6 之 32/7834

尚书令 夏景宗李元昊

【宋会要】仪制 13 之 7/2052

【汇编】中一 1689

尚书令 夏太宗李德明

【宋史】485/夏国传上/13992

【长编标】111/2592、2594

【长编影】111/15 上、16 下

【宋大诏令集】233/赵德明进尚书令加恩制（乾兴元年仁宗即位）/907、西平王赵德明加恩制（郊祀毕）/907、赵元昊静难军节度西平王制（明道元年十一月癸巳）/908

【隆平集】20/李彝兴传/3 下

【汇编】上 59、113；中一 1614、1678、1686、1688、1691

国主 夏惠宗李秉常

【宋会要】兵 8 之 23/6898

【范太史集】30/赐夏国主告谕遗留诏（元祐元年九月二十七日）/15 上

【汇编】中五 4784

国主 夏景宗李元昊

【长编标】465/11116

【长编影】465/16 下

【奏议标】136/司马光・上英宗乞戒边臣阔略细故/1522、136/司马光・上神宗纳横山非便/1527

【奏议影】136/司马光・上英宗乞戒边臣阔略细故/4682、136/司马光・上神宗纳横山非便/4697

【汇编】中五 5092

侍中 夏州李光睿

【中国藏西夏文献】18/宋定难军节度使李光睿墓志铭/73

侍中 夏州李克睿

【宋史】485/夏国传上/13983

【东都事略】127、128/西夏传/附录 5、6

【汇编】上 50、100

侍中 夏太宗李德明

【宋史】7/真宗纪 2/131；485/夏国传上/13989

【长编影】111/17 上

【宋大诏令集】233/赵德明拜官封西平王制（景德三年十月庚午）/906

【汇编】上 56；中一 1448、1449、1691

侍中 夏景宗李元昊

【宋史】485/夏国传上/13993

【长编标】111/2594

【长编影】111/17 上

【宋大诏令集】233/赵元昊静难军节度西平王制（明道元年十一月癸巳）/908

【隆平集】20/李彝兴传/3 下

【汇编】上 60、114

供奉官 归宋人移舁

【宋会要】方域 21 之 8/7665

【汇编】上 40

供奉官 夏钤辖结胜

【宋史】486/夏国传下/14007

【汇编】上 75

供备库副使 西夏附宋大首领吕永信男细禹轻丁理

【宋会要】蕃夷 6 之 32/7834

供备库副使 西夏韦州蕃官伯德

【长编标】351/8405

【长编影】351/3 上

【汇编】中 5/4618

供备库副使 西夏归宋大首领苏沁定玛

【长编标】503/11978

【长编影】503/8 下

【汇编】中六 5438

供备库副使 李守元，又名李继元，夏州李克文子

【长编标】88/2011

【长编影】88/1 下

【汇编】中一 1559

岳州防御使 夏州李克文

【宋史】485/夏国传上/13985

【汇编】上 52

金紫光禄大夫 夏太宗李继迁，赐名赵保吉
【宋大诏令集】233/赵保吉赐姓名除银州观察使诏（淳化二年七月丙午）/905、银州观察使赵保吉除定难军节度使制（至道元年十二月甲辰）/905
【汇编】中一1050、1188
府衙推 夏州何公
【中国藏西夏文献】18/宋摄夏州观察支使何公墓志铭/67
河南郡太夫人 夏州李继捧母吴氏
【咸平集】29/制诰/6下
【汇编】补遗7099
郑州防御使 西夏张浦
【长编标】42/896
【长编影】42/15上
【东都事略】127、128/西夏传/附录5、6
【太平治迹统类】2/太祖太宗经制西夏
【汇编】上101；中一1107、1189
郑州刺史 西夏张浦
【宋史】5/太宗纪2/97
【汇编】中一1107
单州刺史 夏州李克宪
【长编标】23/530
【长编影】23/16上
【汇编】中一996
定远大首领 西夏李讹哆
【宋史】486/夏国传下/14019
【汇编】上85
定难节军度 驻夏州
【元丰九域志】10/化外州·陕西路/479
【汇编】中一1726
定难节度 夏太宗李德明
【宋史】7/真宗纪2/131；466/张崇贵传/13619
【宋大诏令集】186/令赵保吉授夏台节制谕陕西诏（咸平元年正月辛酉）/677
【汇编】中一1196、1425、1448
定难节度使 夏太祖赵保吉，李继迁赐名
【长编标】42/896
【长编影】42/15上
定难节度使 夏州李彝殷
【宋史】1/太祖纪1/5
【汇编】中一923
定难节度使 夏景宗李元昊
【长编标】111/2594
【长编影】111/17上
【汇编】中一1691
定难节度使 夏州李光睿
【宋史】4/太宗纪1/59
【长编标】8/197；17/376；19/429
【长编影】8/10上；17/13下；19/8下
【汇编】中一946、959、977
定难节度使 夏州李继捧
【长编标】29/653
【长编影】29/7上
【元刊梦溪笔谈】13/15
【汇编】中一1035、1077
定难节度使 夏州李彝兴
【长编标】1/10；3/67
【长编影】1/9上；3/6下
【隆平集】20/夏国赵保吉传/3下
【汇编】上112；中一923、934
定难节度使 宋悬赏能擒李元昊者
【宋史】485/夏国传上/13996
【东都事略】127、128/西夏传/附录5、6
【范文正公集】年谱/20上
【汇编】上63、103；中一1756
定难节度使 夏太宗李德明
【长编标】64/1428；75/1720；109/2549；111/2592
【长编影】60/13上；75/12下；109/15上；111/15上
【隆平集】20/夏国赵保吉传/3下
【汇编】上114；中一1425、1449、1501、1614、1677、1678、1686
定难军节度 夏州李光睿
【中国藏西夏文献】18/宋定难军节度使李光睿墓志铭/73
定难军节度 夏太祖李继迁，赐名赵保吉
【宋史】485/夏国传上/13988
【汇编】上55
定难军节度 夏太宗李德明
【宋史】485/夏国传上/13988、13989
【宋大诏令集】233/赵德明进尚书令加恩制（乾兴元年仁宗即位）/907、西平王赵德明加恩

定难军管内都知蕃落使 夏太祖李继迁
【宋史】485/夏国传上/13986
【汇编】上 53
定难军管内都指挥使 夏州康成
【中国藏西夏文献】18/宋定难军管内都指挥使康成墓志铭并盖/61
定难留后 夏州李继筠
【长编标】19/429；20/447、457
【长编影】19/8 下；20/5 下、14 上
【汇编】中一 980、983
定塞都副兵马 夏州康成
【中国藏西夏文献】18/宋定难军管内都指挥使康成墓志铭并盖/61
试大理司直 夏州何公
【中国藏西夏文献】18/宋摄夏州观察支使何公墓志铭/67
试大理司直 夏州何公祖父德遇，字嗣宗
【中国藏西夏文献】18/宋摄夏州观察支使何公墓志铭/67
试大理司直 郭贻
【中国藏西夏文献】18/宋定难军节度使李光睿墓志铭/73
试大理评事 夏州何公祖父德遇，字嗣宗
【中国藏西夏文献】18/宋摄夏州观察支使何公墓志铭/67
试太常寺协律郎 夏州何公曾祖子嵒，字隐之
【中国藏西夏文献】18/宋摄夏州观察支使何公墓志铭/67
试左武卫兵曹参军 夏州何公
【中国藏西夏文献】18/宋摄夏州观察支使何公墓志铭/67
试右武卫长史 夏州何公曾祖子嵒，字隐之
【中国藏西夏文献】18/宋摄夏州观察支使何公墓志铭/67
承奉郎 郭贻
【中国藏西夏文献】18/宋定难军节度使李光睿墓志铭/73

九画

柱国 夏州何公
【中国藏西夏文献】18/宋摄夏州观察支使何公墓志铭/67
威塞节度使 夏州赵保忠，即李继捧
【长编标】56/1240
【长编影】56/14 下
【宋会要】仪制 11 之 15/2032
【汇编】中一 1390、1701
威塞军节度使 夏州赵保忠，即李继捧
【宋史】485/夏国传上/13985
【汇编】上 52
威德军节度使 夏州李继捧
【宋会要】方域 4 之 22/7381
【汇编】中一 1029
持节都督夏州诸军事 夏州李光睿
【中国藏西夏文献】18/宋定难军节度使李光睿墓志铭/73
持节都督夏州诸军事 夏太宗李德明
【宋史】485/夏国传上/13989
【宋大诏令集】233/赵德明进尚书令加恩制（乾兴元年仁宗即位）/907、西平王赵德明加恩制（郊祀毕）/907、赵元昊静难军节度西平王制（明道元年十一月癸巳）/908
【汇编】上 56；中一 1691
持节都督夏国诸军事 夏景宗李元昊
【宋大诏令集】233/赵元昊静难军节度西平王制（明道元年十一月癸巳）/908
【汇编】中一 1691
保大定难节度使 夏州拓跋思恭
【长编标】88/2011
【长编影】88/1 上
顺成懿孝皇后 夏太宗李德明母野利氏
【宋史】485/夏国传上/13989
【汇编】上 56
顺州刺史 夏州李克文
【宋太宗实录】30/23 下
【汇编】中一 1013
顺德军节度使 西夏侍中埋移香，赐名白守忠
【长编标】136/3267
顺德军节度使 西夏侍中密香，赐名白守忠
【长编影】136/18 下
【汇编】中二 2510
顺德郡王 西夏侍中埋移香，赐名白守忠

【长编标】136/3267

顺德郡王 西夏侍中密香，赐名白守忠

【长编影】136/18 下

【汇编】中二 2510

叙州防御使 西夏首领保德遇壞

【长编标】136/3267

叙州防御使 西夏首领布达约噶

【长编影】136/18 下

【汇编】中二 2510

阁门祗候 党项李继元，改名李守元

【长编标】88/2011

【长编影】88/1 上

【汇编】中一 1559

洪门镇使 夏州康成曾祖山人

【中国藏西夏文献】18/宋定难军管内都指挥使康成墓志铭并盖/61

洛苑使 夏太祖李继迁

【宋史】485/夏国传上/13986

【汇编】上 53

将仕郎 夏州何公祖父德遇，字嗣宗

【中国藏西夏文献】18/宋摄夏州观察支使何公墓志铭/67

将仕郎 夏州何公曾祖子嵒，字隐之

【中国藏西夏文献】18/宋摄夏州观察支使何公墓志铭/67

宣德功臣 夏太宗李德明

【宋史】485/夏国传上/13991

【汇编】上 58

宣德郎 夏州何公祖父德遇，字嗣宗

【中国藏西夏文献】18/宋摄夏州观察支使何公墓志铭/67

宥州刺史 夏州李继瑗

【宋太宗实录】26/3 下

【汇编】中一 1002

宥州刺史 归明夏国首领李阿雅卜，又作李讹哆

【长编标】495/11784；496/11811；504/12019

【长编影】495/19 上；496/18 上；504/20 上

【汇编】中六 5460

宥罪侯 夏州李继捧，赐名赵保忠

【宋史】5/太宗纪 2/94；485/夏国传上/13985

【长编标】36/785

【长编影】36/1 下

【东都事略】127、128/西夏传/附录 5、6

【潞公文集】29/奏议/8 上

【汇编】上 52、101；中一 1082；补遗 7367

郡太夫人 夏国公主

【宋会要】蕃夷 6 之 37/7837

【汇编】中六 5678

十画

秦国太夫人 夏州李光睿母渎氏

【中国藏西夏文献】18/宋定难军节度使李光睿墓志铭/73

都知兵马使 夏州康成

【中国藏西夏文献】18/宋定难军管内都指挥使康成墓志铭并盖/61

起复云麾将军 夏州李光睿

【中国藏西夏文献】18/宋定难军节度使李光睿墓志铭/73

起复云麾将军 夏州李继筠

【中国藏西夏文献】18/宋定难军节度观察留后李继筠墓志铭/80

夏王 夏州李继筠祖父李彝殷

【中国藏西夏文献】18/宋定难军节度观察留后李继筠墓志铭/80

夏王 夏太宗李德明

【宋史】10/仁宗纪 2/194；124/礼志 27/2899

【长编标】111/2592、2593

【长编影】111/15 上、16 下

【东都事略】127、128/西夏传/附录 5、6

【宋会要】仪制 13 之 7/2052；礼 41 之 12/1383

【宋大诏令集】233/赵元昊静难军节度西平王制（明道元年十一月癸巳）/908

【汇编】上 102；中一 1686、1687、1688、1689、1691

夏王 夏州李彝兴

【宋史】485/夏国传上/13983

【旧五代史】132/李彝兴传/1748

【长编标】8/196

【长编影】8/9 上

【宋会要】仪制 13 之 7/2052

【东都事略】127、128/西夏传/附录 5、6

【汇编】上 50、100、163；中一 939、945

夏主

【宋史】328/章楶传/10589；344/王觌传/10942

【长编标】503/11983

【长编影】503/12 上

【汇编】中五 4781；中六 5285、5441、5456

夏主 夏崇宗李乾顺

【长编标】486/11547

【长编影】486/6 上

【皇宋十朝纲要】13/2 上

【汇编】中五 5027；中六 5294

夏州节度 夏州赵保忠，李继捧赐名

【长编标】301/7326

【长编影】301/7 上

【汇编】中四 4106

夏州节度使 李光睿祖父李仁福

【中国藏西夏文献】18/宋定难军节度使李光睿墓志铭/73

夏州节度使 夏州拓跋思恭

【五代史纂误补】3/李仁福/12 上

【汇编】补遗 7233

夏州节度使 夏州李彝殷

【册府元龟】166/2010 下

【中国藏西夏文献】18/宋定难军节度使李光睿墓志铭/73

【汇编】上 907

夏州节度使 夏太祖李继迁

【长编标】46/1002

【长编影】46/17 上

【隆平集】20/夏国赵保吉传/3 下

【汇编】上 112；中一 1219

夏州团练使 夏州赵光嗣

【宋史】63/五行志 2/1400

【长编标】35/777

【长编影】35/11 下

【汇编】中一 1077、1108

夏州防御使 夏州赵光嗣

【长编标】301/7326

【长编影】301/7 上

【汇编】中四 4106

夏州观察支使 夏州何公

【中国藏西夏文献】18/宋摄夏州观察支使何公墓志铭/67

夏州观察判官 郭贻

【中国藏西夏文献】18/宋定难军节度使李光睿墓志铭/73

夏州刺史 夏州李光睿

【中国藏西夏文献】18/宋定难军节度使李光睿墓志铭/73

夏州刺史 夏州赵保忠，即李继捧

【宋史】485/夏国传上/13984

【汇编】上 51

夏州刺史 夏景宗李元昊

【宋大诏令集】233/赵元昊静难军节度西平王制（明道元年十一月癸巳）/908

【汇编】中一 1691

夏州刺史 夏太宗李德明

【宋大诏令集】233/赵德明拜官封西平王制（景德三年十月庚午）/906

【汇编】中一 1449

夏州刺史 夏太祖李继迁，赐名赵保吉

【宋史】485/夏国传上/13988

【宋大诏令集】233/银州观察使赵保吉除定难军节度使制（至道元年十二月甲辰）/906

【汇编】上 55；中一 1188

夏州都指挥使 夏州赵光嗣

【宋会要】兵 14 之 10/6997

【汇编】中一 1079

夏州留后 夏太祖李继迁

【宋史】4/太宗纪 1/68

【汇编】中一 993

夏州教练使 夏州安晏

【长编标】55/1212

【长编影】55/10 下

【汇编】中一 1365

夏州衙内指挥使 夏州李继捧

【长编标】21/480

【长编影】21/9 下

【汇编】中一 987

夏州蕃落使 夏太祖李继迁

【宋史】5/太宗纪 2/83

【长编标】25/585

【长编影】25/13 下

【汇编】中一 1014、1037

夏州蕃落指挥使 夏州李克信，李继捧弟
【宋史】485/夏国传上/13984
【汇编】上51
夏国王 夏景宗李元昊
【东都事略】127、128/西夏传/附录5、6
【武经总要】前集18下/西蕃地界/1上
【汇编】上105；中一1726
夏国公 夏景宗李元昊
【辽史】18/兴宗纪1/213
【汇编】中一1681
夏国主 受赐生日礼物
【宋会要】职官51之1/3536
夏国主 夏太宗李德明
【宋会要】礼41之54/1404
夏国主
【宋大诏令集】236/赐夏国主进誓表答诏/918、236/立夏国主册文/918
【皇宋十朝纲要】12/7上
【汇编】中五4963
夏国主 夏崇宗李乾顺
【宋史】17/哲宗纪1/323；29/高宗纪6/540；486/夏国传下/14015、14020、14022
【长编标】394/9591；395/9626；400/9743、9751；404/9841、9842
【长编影】394/5下；395/9下；404/10下；404/11下、12下；445/7上
【东都事略】76/刘奉世传/3下
【宋大诏令集】236/册夏国主乾顺文（元祐二年正月乙丑）/920、赐夏国主诏（元祐四年六月丁巳）/920、赐夏国主诏（元祐五年七月乙酉）/920、赐夏国诏（元符二年九月丁未）/921、登极赐夏国主银绢诏（元符三年）/921、赐夏国主进登位土物回诏/921、赐夏国主并南平王李乾德历日诏/922
【宋会要】礼29之73/1100；蕃夷7之43/7861
【系年要录】9/211；12/27；16/332；96/1595；107/1750；118/1902；125/2046（文中录1046当误）
【汇编】上81、86、88；中五4808、4809、4810、4846、4848、5026、5027；中六5685；下6120、6125、6128、6408、6455、6484、6498、6503
夏国主 夏毅宗李谅祚
【宋史】11/仁宗纪3/225；12/仁宗纪4/241、249；14/神宗纪1/264、265；317/邵亢传/10337；485/夏国传上/13981；485/夏国传下/14000
【长编标】164/3942；184/4462；186/4482；195/4730；196/4745；198/4789；199/4823；202/4905；204/4934；206/5008；208/5062、5063；209/5084
【长编影】164/1上；184/15下；186/1下；195/12下；196/8下；198/1上；199/2上；202/15下；204/1上；206/22下；208/14上、15上；209/11上
【宋大诏令集】234/册夏国主谅祚文（庆历八年四月己巳）/911、赐夏国主进奉贺正马驼诏/911、赐夏国主赎大藏经诏（嘉祐三年）/911、赐夏国主正旦进马驼诏（嘉祐七年）/911、赐夏国主不得僭儗诏/911、赐夏国主乞用汉仪诏/911、赐夏国主乞买物诏/912、赐夏国主乞赎大藏经诏/912、赐夏国主乞工匠诏/912、赐夏国主今后表章如旧称赐姓名诏/912、赐夏国主取问无名举兵迫大顺城诏（治平二年十月二日）/913、赐夏国主遵守藩仪诏/913；235/赐夏国主令发遣熟户仍不得侵践汉地诏/914、赐夏国主不还绥州诏/914、赐夏国主诏（治平四年闰三月）/915
【宋会要】礼29之49/1088、41之12/1384、41之13/1384、41之54/1404；兵8之22/6898
【皇宋十朝纲要】9/1上
【文恭集】8/论西夏事宜/95；26/赐回夏国主口宣/325
【东都事略】127、128/西夏传/附录5、6
【华阳集】18/赐夏国主贺大行皇帝乾元节进马诏/212、赐夏国主历日诏/213
【安阳集】家传/7/4上
【宋朝事实类苑】11/132
【欧阳文忠公全集】86/赐夏国主赎大藏经诏/5下；88/赐夏国主进奉贺正旦马驼诏（嘉祐四年十二月五日）/9上
【汇编】上68、107；中三3116、3219、3220、3242、3245、3246、3253、3280、3282、3284、3284、3300、3304、3305、3310、3311、3318、3322、3324、3351、3353、

3357、3368、3387、3390、3403、3408、3410、3416、3420、3425、3466、3473、3482、3483、3534；中四 4130；下 7018

夏国主 夏惠宗李秉常

【宋史】14/神宗纪 1/269；16/神宗纪 3/313；17/哲宗纪 1/320、322；315/韩维传/10308；486/夏国传下/14007

【辽史】22/道宗纪 2/269

【长编标】226/5514、5515；230/5591；233/663；248/6063；308/7479；312/7571、7578；319/7706；322/7764；350/8384；357/8549；360/8621；362/8657；365/8749；366/8798；374/9064；382/9316；387/9419；388/9440；389/9468；390/9477、9492；394/9591；395/9635；396/9653

【长编影】226/12 下；230/6 上；233/16 下；248/23 下；308/5 上；312/11 下、17 下；319/6 下；322/6 上；350/3 下；357/17 下；360/14 下；362/3 上；365/5 下；366/20 下；374/11 上、11 下；382/17 上；387/5 上；388/8 下；389/13 下、18 上；390/14 下；394/5 下；395/17 上；396/7 下

【东都事略】127、128/西夏传/附录 5、6

【宋会要】礼 41 之 54/1404；兵 8 之 29/6901；蕃夷 7 之 38/7858

【长编纪事本末】83/8 上、10 上

【宋大诏令集】235/赐夏国主秉常诏/915、赐夏国主给还绥州誓诏（熙宁二年二月戊子）/916、赐夏国主乞早颁封册允诏/916、赐夏国主为行册礼诏/916、立夏国主册/916、许夏国主嗣子秉常从旧蕃仪诏（熙宁二年八月口申）/917、赐夏国主乞赎大藏经诏/917、诏谕夏国敕牓（元丰四年九月丙午）/917；236/赐夏国主进誓表答诏/918、立夏国主册文/918、赐夏国主秉常诏（元丰六年十月癸酉）/919、吊慰夏国主嗣子乾顺诏（元祐元年十月庚子）/919、太皇太后赐夏国主嗣子乾顺诏（元祐元年二月十六日）/919、太皇太后赐故夏国主嗣子乾顺诏（元祐元年二月十六日）/919、赐乾顺进奉贺正旦马驼回赐诏（元祐元年十二月二十四日）/919、太皇太后同前诏/919、赐乾顺进谢恩马驼回诏/919

【奏议标】138/文彦博·上神宗论关中事宜/1549、司马光·上哲宗乞还西夏六寨/1552

【奏议影】138/文彦博·上神宗论关中事宜/4761、司马光·上哲宗乞还西夏六寨/4771

【华阳集】18/赐夏国主乞早颁封册允诏/211；32/立夏国主册文/407

【涑水记闻】14/12 上

【东坡全集】16/故龙图阁学士滕公墓志铭/6 下；37/赦文/5 下、14 上；41/祭文/21 上

【司马文正公集】35/章奏 33/1 上；37/章奏 35/4 下

【汇编】上 73、107；中三 3482、3508、3520、3523、3524、3525、3541、3544、3722、3723；中四 3743、3771、3831、3911、4113、4126、4128、4135、4185、4238、4303、4447；中五 4610、4610、4634、4641、4642、4650、4662、4686、4715、4772、4783、4784、4785、4786、4794、4795、4796、4797、4801、4804、4805、4810、4811、4819；下 7018

夏国主 夏景宗李元昊，又名李曩霄

【宋史】11/仁宗纪 3/215、219；291/吴育传/9728；323/马怀德传/10467；485/夏国传上/13981；486/夏国传下/14010

【长编标】140/3362；149/3616；153/3723；154/3746；155/3768；156/3779；158/3818、3826；159/3846；162/3901

【长编影】140/4 下；149/18 上；153/9 上；154/10 上；155/10 下；156/2 上；158/1 下、8 下；159/7 上；162/1 上

【隆平集】20/西夏赵保吉传/3 下

【宋会要】礼 41 之 12/1384、41 之 13/1384、41 之 54/1404

【宋大诏令集】234/赐夏国主诏（庆历六年正月己丑）/910、赐夏国主诏（庆历六年四月甲戌）/910、赐夏国主诏（庆历六年九月甲午）/910、赐夏国主赙赠诏（庆历七年十二月二十五日）/910

【奏议标】134/欧阳修·上仁宗论西鄙议和先防北虏/1490

【奏议影】134/欧阳修·上仁宗论西鄙议和先防北虏/4584

【三朝北盟会编】62/5 下

【东坡全集】18/富郑公神道碑/32 上
【乐全集】35/祭故夏国主/1 下
【司马文正公集】78/太子太保庞公墓志铭/4 下
【安阳集】家传 4/17 下
【欧阳文忠公全集】32/资政殿大学士尚书左丞吴公墓志铭/8 上
【朝野杂记】乙集 19/边防/1180
【稽古录】20/91 上
【儒林公议】下/3 上
【汇编】上 66、76、114；中二 1781、1782、2658、2701、2702；中三 2957、2983、3013、3017、3042、3048、3053、3054、3079、3082、3089、3098、3104、3107、3473；中四 4493；中六 6058；下 6937、7018

夏银绥宥等州观察支使 夏州何公祖父德遇，字嗣宗
【中国藏西夏文献】18/宋摄夏州观察支使何公墓志铭/67

夏银绥宥等州观察衙推 夏州何公祖父德遇，字嗣宗
【中国藏西夏文献】18/宋摄夏州观察支使何公墓志铭/67

夏银绥宥静等州观察处置押蕃落使 夏景宗李元昊
【宋史】485/夏国传上/13993
【长编标】111/2594
【长编影】111/17 上
【汇编】上 60

夏银绥宥静等州观察处置押蕃落等使 夏州李光睿
【中国藏西夏文献】18/宋定难军节度使李光睿墓志铭/73

夏银绥宥静等州观察处置押蕃落等使 夏太祖李继迁
【宋史】485/夏国传上/13988
【汇编】上 55

夏银绥宥静等州观察处置押蕃落等使 夏州李继捧，赐名赵保忠
【宋史】485/夏国传上/13984
【汇编】上 51

夏银绥宥静等州观察押蕃落等使 夏太祖赵保吉，又名李继迁
【宋大诏令集】186/令赵保吉授夏台节制谕陕西诏（咸平元年正月辛酉）/677
【汇编】中一 1196

夏银绥宥静等州管内观察处置押蕃落使 夏景宗李元昊
【长编标】111/2594
【长编影】111/17 上
【宋大诏令集】233/907、233/赵元昊静难军节度西平王制（明道元年十一月癸巳）/908
【汇编】中一 1691

夏银绥宥静等州管内观察处置押蕃落等使 夏太宗李德明
【宋史】485/夏国传上/13989
【宋大诏令集】233/赵德明拜官封西平王制（景德三年十月庚午）/906、赵德明进尚书令加恩制（乾兴元年仁宗即位）/907、赵元昊静难军节度西平王制（明道元年十一月癸巳）/908
【汇编】上 56；中一 1449、1614、1678、1691

夏银绥静等州观察处置押蕃落使 夏太祖赵保吉，即李继迁
【宋大诏令集】233/银州观察使赵保吉除定难军节度使制（至道元年十二月甲辰）/906
【汇编】中一 1188

虔州观察使 夏州赵光嗣
【长编标】301/7326
【长编影】301/7 上
【汇编】中四 4106

监察御史 夏州何公
【中国藏西夏文献】18/宋摄夏州观察支使何公墓志铭/67

监察御史 郭贻
【中国藏西夏文献】18/宋定难军节度使李光睿墓志铭/73

特进 夏州李光睿
【中国藏西夏文献】18/宋定难军节度使李光睿墓志铭/73

特进 夏太宗李德明
【宋史】485/夏国传上/13989
【汇编】上 56

特进 夏州赵保忠，李继捧赐名
【宋史】485/夏国传上/13984
【汇编】上 51

特进 夏景宗李元昊
【宋史】485/夏国传上/13993
【长编标】111/2594
【长编影】111/17 上
【汇编】上 60
亳州防御使 夏州李继瑗
【宋史】485/夏国传上/13988
【汇编】上 55
朔方县令 夏州何公子令图
【中国藏西夏文献】18/宋摄夏州观察支使何公墓志铭/67
朔方郡王 夏州拓跋思恭
【长编标】88/2011
【长编影】88/1 上
绥州牙校 夏州高文岊
【宋史】257/李继隆传/8967
【汇编】中一 1079
绥州长史 夏州何公
【中国藏西夏文献】18/宋摄夏州观察支使何公墓志铭/67
绥州长史 夏州何公祖父德遇，字嗣宗
【中国藏西夏文献】18/宋摄夏州观察支使何公墓志铭/67
绥州团练使 夏州李继忠，又名赵保宁
【东都事略】127、128/西夏传/附录 5、6
【汇编】上 101
绥州团练使 夏州赵保宁，原名李继冲
【长编标】32/718
【长编影】32/8 上
【汇编】中一 1051
绥州团练使 夏州高文岊
【长编标】35/777
【长编影】35/11 下
【宋会要】兵 14 之 10/6997
【汇编】中一 1077、1079
绥州羌部军使 夏州拽白
【宋史】491/党项传/14144
【汇编】上 27
绥州刺史 夏州丕禄
【长编影】12/7 下
绥州刺史 夏州李光琇子匕罗
【长编标】12/266
绥州刺史 夏州李光琇
【长编标】12/266
【长编影】12/7 下
绥州刺史 夏州李克文
【隆平集】20/夏国赵保吉传/3 下
【长编标】23/519
【长编影】23/7 上
【汇编】上 112；中一 993
绥州刺史 夏州李光宪
【宋史】485/夏国传上/13983
【长编标】20/447；23/530
【长编影】20/5 下；23/16 上
【中国藏西夏文献】18/宋定难军节度使李光睿墓志铭/74
【汇编】上 50；中一 980、996

十一画

检校工部尚书 夏州李光遂
【中国藏西夏文献】18/宋管内蕃部都指挥使李光遂墓志铭/84
检校工部尚书 西夏谋士张浦
【宋史】5/太宗纪 2/97
【汇编】中一 1107
检校工部尚书 夏州李继筠
【宋史】485/夏国传上/13983
【中国藏西夏文献】18/宋定难军节度观察留后李继筠墓志铭/80
【汇编】上 50
检校太师 夏太宗李德明
【宋史】485/夏国传上/13989
【宋大诏令集】233/赵德明拜官封西平王制（景德三年十月庚午）/906、赵德明进尚书令加恩制（乾兴元年仁宗即位）/907、西平王赵德明加恩制（郊祀毕）/907、赵元昊静难军节度西平王制（明道元年十一月癸巳）/908
【汇编】上 56；中一 1449、1614、1678、1691
检校太师 夏景宗李元昊
【宋史】485/夏国传上/13993
【长编标】111/2594
【长编影】111/17 上
【隆平集】20/夷狄传/3 下

【宋大诏令集】233/赵元昊静难军节度西平王制（明道元年十一月癸巳）/908
【元宪集】23/授赵元昊开府仪同三司加食邑实封制/240
【汇编】上 60、114；中一 1687、1691

检校太保 夏州李继筠
【中国藏西夏文献】18/宋定难军节度观察留后李继筠墓志铭/80

检校太保 夏州李克睿
【宋史】485/夏国传上/13983
【中国藏西夏文献】18/宋定难军节度使李光睿墓志铭/73
【汇编】上 50

检校太尉 夏州李光睿
【中国藏西夏文献】18/宋定难军节度使李光睿墓志铭/73

检校太尉 夏太宗李德明
【宋大诏令集】233/西平王赵德明加恩制（郊祀毕）/907
【汇编】中一 1678

检校太尉 夏太祖赵保吉，又名李继迁
【宋大诏令集】233/银州观察使赵保吉除定难军节度使制（至道元年十二月甲辰）/906
【汇编】中一 1188

检校太尉 夏州李克睿
【宋史】485/夏国传上/13983
【汇编】上 50

检校太傅 夏州李光睿
【中国藏西夏文献】18/宋定难军节度使李光睿墓志铭/73

检校太傅 夏太祖李继迁，赐名赵保吉
【宋大诏令集】233/赵保吉赐姓名除银州观察使诏（淳化二年七月丙午）/905、银州观察使赵保吉除定难军节度使制（至道元年十二月甲辰）/905
【汇编】中一 1050、1188

检校司徒 夏州李继忠，又作李继冲
【辽史】11/圣宗纪 2/119
【汇编】中一 1029

检校司徒 夏州李继筠
【宋史】485/夏国传上/13983
【中国藏西夏文献】18/宋定难军节度观察留后李继筠墓志铭/80
【汇编】上 50

检校礼部尚书 夏州李光遂
【中国藏西夏文献】18/宋管内蕃部都指挥使李光遂墓志铭/84

副兵马使 西夏归宋部落子萌山
【长编标】498/11849
【长编影】498/7 下
【汇编】中六 5393

推忠保义翊戴功臣 夏州李光睿
【中国藏西夏文献】18/宋定难军节度使李光睿墓志铭/73

推忠保顺亮节翊戴功臣 夏景宗李元昊
【宋大诏令集】233/赵元昊静难军节度西平王制（明道元年十一月癸巳）/908

推忠保顺亮节翊戴功臣 夏太宗李德明
【宋史】485/夏国传上/13989
【宋大诏令集】233/赵德明拜官封西平王制（景德三年十月庚午）/906、233/西平王赵德明加恩制（郊祀毕）/907
【汇编】上 56；中一 1449

推忠宣德崇仁保顺纯诚亮节守正翊戴功臣 夏太宗赵德明
【宋大诏令集】233/赵德明进尚书令加恩制（乾兴元年仁宗即位）/907
【汇编】中一 1614

推忠宣德崇仁保顺纯诚亮节协恭守正翊戴 夏州李继捧
【宋会要】礼 59 之 24/1681
【汇编】中一 1618

推忠宣德崇仁保顺纯诚亮节协恭守正翊戴功臣 夏太宗李德明
【宋大诏令集】233/西平王赵德明加恩制（郊祀毕）/907

推忠宣德崇仁保顺纯诚亮节协恭守正佐运翊戴功臣 夏太宗李德明
【宋大诏令集】233/西平王赵德明加恩制（郊祀毕）/907
【汇编】中一 1678

推忠宣德崇仁保顺纯诚亮节协恭赞治佐运守正翊戴功臣 夏太宗李德明
【宋会要】礼 59 之 24/1681

【汇编】中一 1677

崇仁功臣 夏太宗李德明

【宋史】485/夏国传上/13991

【汇编】上 58

崇信军节度使 夏州李继捧

【宋史】485/夏国传上/13984

【汇编】上 51

崇班带巡检 西界归来部落子没细游成宁

【长编标】494/11754

崇班带巡检 西界归来部落子玛新云且宁

【长编影】494/24 上

【汇编】中六 5363

银州长史 夏州何公

【中国藏西夏文献】18/宋摄夏州观察支使何公墓志铭/67

银州左都押衙 西夏谍士张浦

【宋史】5/太宗纪 2/97

【汇编】中一 1107

银州观察 夏太祖李继迁

【宋史】485/夏国传上/13986

【汇编】上 53

银州观察使 夏太祖李继迁，赐名赵保吉

【宋史】5/太宗纪 2/88；6/真宗纪 1/106

【长编标】32/718；35/770；42/896

【长编影】32/8 上；35/5 上；42/15 上

【东都事略】127、128/西夏传/附录 5、6

【宋会要】蕃夷 7 之 13/7846

【宋大诏令集】186/令赵保吉授夏台节制谕陕西诏（咸平元年正月辛酉）/677；233/赵保吉赐姓名除银州观察使诏（淳化二年七月丙午）/905、答银州观察使赵保吉诏（淳化五年十一月庚戌）/905、银州观察使赵保吉除定难军节度使制（至道五年十二月甲辰）/905

【太平治迹统类】2/太祖太宗经制西夏

【朝野杂记】乙集 19/边防/1180

【汇编】上 101；中一 1050、1068、1072、1089、1102、1187、1188、1196；下 6937

银州刺史 夏太祖李继迁

【宋史】5/太宗纪 2/83；485/夏国传上/13986

【东都事略】127、128/西夏传/附录 5、6

【汇编】上 53、100；中一 1037

银州刺史 夏州李克文

【长编标】23/530

【长编影】23/16 上

【汇编】中一 996

银州刺史 夏州李光远

【宋史】485/夏国传上/13983

【长编标】20/447

【长编影】20/5 下

【汇编】上 50；中一 980

银州廉察 夏太祖李继迁

【宋史】265/张齐贤传/9157

【汇编】中一 1475

银州管内观察使 夏太祖李继迁，赐名赵保吉

【宋大诏令集】233/赵保吉赐姓名除银州观察使诏（淳化二年七月丙午）/905、银州观察使赵保吉除定难军节度使制（至道元年十二月甲辰）/905

【汇编】中一 1050、1188

银青光禄大夫 西夏谍士张浦

【宋史】5/太宗纪 2/97

【汇编】中一 1107

银夏节制 拟授西夏阿伊克，又名阿移，即夏太宗李德明

【长编标】56/1228

【长编影】56/4 上

【汇编】中一 1377

十二画

博州防御使 夏州李克文

【宋史】485/夏国传上/13984

【汇编】上 51

朝请郎 夏州何公

【中国藏西夏文献】18/宋摄夏州观察支使何公墓志铭/67

朝散大夫 夏州何公祖父德遇，字嗣宗

【中国藏西夏文献】18/宋摄夏州观察支使何公墓志铭/67

赐绯鱼袋 夏州何公祖父德遇，字嗣宗

【中国藏西夏文献】18/宋摄夏州观察支使何公墓志铭/67

赐绯鱼袋 郭贻

【中国藏西夏文献】18/宋定难军节度使李光睿墓志铭/73
御史大夫 夏州李光睿
【中国藏西夏文献】18/宋定难军节度使李光睿墓志铭/73
御史大夫 西夏谋士张浦
【宋史】5/太宗纪2/97
【汇编】中一1107
御史大夫 夏太祖李继迁，赐名赵保吉
【宋大诏令集】233/银州观察使赵保吉除定难军节度使制（至道元年十二月甲辰）/905
【汇编】中一1050、1188

十三画

道州防御使 夏州李克宪
【宋史】485/夏国传上/13984
【汇编】上51
感德节度使 夏州李继捧
【长编标】29/653
【长编影】29/7上
【汇编】中一1035
感德军节度使 夏州李继捧
【宋史】5/太宗纪2/82；485/夏国传上/13984
【汇编】上51；中一1034
摄定难军节度馆驿巡官 郭贻
【中国藏西夏文献】18/宋定难军管内都指挥使康成墓志铭并盖/61
摄夏州长史 夏州何公
【中国藏西夏文献】18/宋摄夏州观察支使何公墓志铭/67
摄夏州医博士 夏州何公曾祖子岛，字隐之
【中国藏西夏文献】18/宋摄夏州观察支使何公墓志铭/67
衙内 夏州李继筠
【中国藏西夏文献】18/宋定难军节度观察留后李继筠墓志铭/80
衙内都指挥使 夏州李继筠
【宋史】485/夏国传上/13983
【中国藏西夏文献】18/宋定难军节度观察留后李继筠墓志铭/80
【汇编】上50
衙内都虞候 夏州李光睿弟光美
【中国藏西夏文献】18/宋定难军节度使李光睿墓志铭/74
衙队都副兵马使 夏州康成子延祚
【中国藏西夏文献】18/宋定难军管内都指挥使康成墓志铭并盖/61
衙前厅直指挥使 夏州李继筠
【中国藏西夏文献】18/宋定难军节度观察留后李继筠墓志铭/80
衙前将副兵马使 夏州康成弟
【中国藏西夏文献】18/宋定难军管内都指挥使康成墓志铭并盖/61
衙前都知兵马使 夏州李光睿弟光文
【中国藏西夏文献】18/宋定难军节度使李光睿墓志铭/74
鄜州节度使 夏太祖李继迁，不奉诏
【宋史】5/太宗纪2/97；485/夏国传上/13987
【太平治迹统类】2/太祖太宗经制西夏
【东都事略】127、128/西夏传/附录5、6
【汇编】上53、54、101；中一1107
殿中侍御史 夏州何公
【中国藏西夏文献】18/宋摄夏州观察支使何公墓志铭/67
殿直 夏州教练使安晏
【长编标】55/1212
【长编影】55/10下

十四画

静难军节度 夏景宗李元昊
【宋大诏令集】233/赵元昊静难军节度西平王制（明道元年十一月癸巳）/907
【汇编】中一1691
静难军节度使 夏州李克睿
【宋会要】礼41之51/1043
【汇编】下7018
管内押蕃落使 夏太宗李德明
【长编标】64/1425
【长编影】64/1下
【汇编】中一1446
管内蕃汉都军指挥使 夏州李光新
【中国藏西夏文献】18/宋定难军节度使李光睿

墓志铭/74

管内蕃部都指挥使 夏州李光遂

【中国藏西夏文献】18/宋管内蕃部都指挥使李光遂墓志铭/84

管内蕃部越名都指挥使 夏州李光遂

【中国藏西夏文献】18/宋定难军节度使李光睿墓志铭/74

管内蕃落使 夏太宗李德明

【宋史】324/石普传/10474；485/夏国传上/13986

【汇编】上 53；中一 1446

彰德节度使 夏州李继捧

【长编标】23/530

【长编影】23/16 上

彰德军节度使 夏州李继捧

【宋史】4/太宗纪 1/69；485/夏国传上/13984

【东都事略】127、128/西夏传/附录 5、6

【汇编】上 51、100；中一 996

十五画

横山至宥州一带都巡检使 西夏首领李阿雅卜

【长编标】504/12019

【长编影】504/20 上

【汇编】中六 5460

横山寨至宥州一带蕃部都巡检使 西夏首领李阿雅卜，又作李讹哆

【长编标】496/11811

【长编影】496/18 上

【汇编】中六 5384

蕃部指挥使 西夏浪梅娘

【长编标】84/1922

蕃部指挥使 西夏麻孟桑

【长编标】84/1922

蕃部指挥使 西夏玛魁孟双

【长编影】84/10 下

【汇编】中一 1535

蕃部指挥使 西夏朗密囊

【长编影】84/10 下

【汇编】中一 1535

蕃部指挥使 西夏归附蕃部色木皆以，又作色木结以

【长编标】64/1425

【长编影】64/2 上

【汇编】中一 1446

蕃落使 夏太祖李继迁

【宋大诏令集】233/赵保吉赐姓名除银州观察使诏（淳化二年七月丙午）/905

镇军大将军 夏太宗李德明

【宋史】485/夏国传上/13990

【长编标】65/1455

【长编影】65/11 下

【汇编】上 57；中一 1463

镇军大将军 夏景宗李元昊

【宋史】485/夏国传上/13994

【长编标】115/2704

【长编影】115/15 上

【汇编】上 61

十七画

濮阳郡夫人 夏州李光睿妻吴氏

【中国藏西夏文献】18/宋定难军节度使李光睿墓志铭/74

二十画

耀州节度使 夏州李继捧

【咸平集】29/制诰/6 下

【汇编】补遗 7099

二十三画

麟州防御使 夏州李克文

【宋太宗实录】30/23 下、24 上

【汇编】中一 1013

（五）金朝与蒙古对西夏的封授和称谓

三画

大夏皇帝 夏神宗李遵顼

【金史】62/交聘表下/1488
【汇编】下 6903
上柱国 夏仁宗李仁孝
【金史】134/西夏传/2868
【汇编】上 127

四画

开府仪同三司 夏仁宗李仁孝
【金史】134/西夏传/2868
【汇编】上 127

六画

同知泽州军州事 西夏福山
【金史】134/西夏传/2865
【汇编】上 133

九画

宣差弹压 西夏使者王立之
【金史】134/西夏传/2876
【汇编】上 136

十画

夏王
【金史】83/张汝弼传/187
【汇编】下 6725
夏王 夏仁宗李仁孝
【金史】134/西夏传/2865
【文忠集】61/资政殿大学士赠银青光禄大夫范公成大神道碑/17 下
【汇编】上 129；下 6741
夏王 夏神宗李遵顼
【金史】15/章宗纪中/334
【元史】1/太祖纪/24
【蒙兀儿史记】3/成吉思可汗本纪下/19 上
【汇编】下 6854、6918
夏主 夏仁宗李仁孝
【甘肃新通志】29/祠祀志·祠宇下·甘州府·张掖县/53 下
【汇编】下 6761
夏主 夏崇宗李乾顺
【系年要录】129/2090
【汇编】下 6506、6507
夏主
【蒙兀儿史记】3/成吉思可汗本纪下/30 下；27/木合黎传/5 下；44/脱栾传/2 下
【蒙古源流笺证】4/1 上
【汇编】下 6875、6910，6911、6917、6818、6925
夏主 夏神宗李遵顼
【元史】1/太祖纪/20
【蒙兀儿史记】2/木合黎传/5 上；3/成吉思可汗本纪下/19 上、28 下；44/脱栾传/1 下
【汇编】下 6854、6857、6873、6881、6901
夏主 夏献宗李德旺
【蒙兀儿史记】3/成吉思可汗本纪下/30 下
【老学丛谈】中下/8 上
【汇编】下 6906
夏主 夏襄宗李安全
【元史】1/太祖纪/14
【元朝秘史】13/1 上
【蒙兀儿史记】3/成吉思可汗本纪下/8 下
【蒙古源流笺证】3/18 下
【汇编】下 6823、6826、6829、6853
夏主 夏末帝李睍
【元史】1/太祖纪/24
【元朝秘史】14/1 上
【蒙兀儿史记】3/成吉思可汗本纪下/31 下；29/曷思麦里传/8 下
【元史类编】1/10 上
【宁夏府志】22/纪事/50 下
【汇编】下 6913、6921、6925、6926、6929、6954
夏国王
【金史】61/交聘表中/1444；71/斡鲁传/1634；96/李仲略传/2128
夏国王 夏崇宗李乾顺
【金史】60/交聘表上/1400；134/西夏传/2865、2866
夏国王 夏襄宗李安全

【金史】12/章宗纪4/277；134/西夏传/2871
【汇编】上131；下6816

夏国王 夏桓宗李纯佑
【金史】10/章宗纪2/231；12/章宗纪4/277；62/交聘表下/1461、1494；96/李仲略传/2128
【汇编】下6794、6814

夏国王 夏仁宗李仁孝
【金史】4/熙宗纪/75；50/食货志5/1114；61/交聘表中/1444；66/宗室（完颜）衷传/1563；88/纥石烈良弼传/1952；91/结什角传/2016
【汇编】下6524、6743、6746、6772、6776、6786

夏国王 夏神宗李遵顼
【宋史】486/夏国传下/14027
【金史】13/卫绍王纪/295
【汇编】上93；下6832

（六）元朝对西夏遗民及其后裔的封授

三画

工部员外郎 西夏后裔刘中守
【玩斋集】6/送刘中守佥事还京师序/四库本/1215－600上

工部侍郎 西夏后裔福寿
【元史】144/福寿传/3441
【汇编】上480

工部侍郎 西夏后裔斡玉伦徒
【蒙兀儿史记】154/色目氏族/34下
【汇编】上590

工部提领 西夏后裔谢仲温
【元史】169/谢仲温传/3977

大中大夫 西夏后裔杨朵儿只，失剌唐兀台子
【虞文靖公道园全集】12/在朝稿·御史中丞杨襄愍公神道碑/1上
【汇编】上500

大司农 西夏后裔星吉
【元史】144/星吉传/3438
【宋学士全集】18/元赠开府仪同三司上柱国星吉公神道碑铭/18上
【汇编】上458、474

大司徒 西夏后裔斡赤
【元史】26/仁宗纪3/584
【汇编】下7056

大司徒 西夏后裔杨氏教化，失剌唐兀台子
【新元史】183/杨教化传/11上
【蒙兀儿史记】154/色目氏族/34下
【虞文靖公道园全集】35/归田稿·正议大夫江南湖北道肃政廉访使特赠宣忠效力翊戴功臣大司徒金紫光禄大夫上柱国夏国公谥襄敏杨公神道碑/6上
【汇编】上496、591、503、507

大宁路总管 西夏后裔阔阔出，朵罗台弟
【元史】134/朵罗台传/3264
【蒙兀儿史记】154/色目氏族/34下
【汇编】上406、594

大同路广胜库达鲁花赤 西夏后裔阔阔出，朵罗台弟
【元史】134/朵罗台传/3264
【汇编】上406

大同路武州达鲁花赤 西夏后裔阔阔出，朵罗台弟
【元史】134/朵罗台传/3264
【汇编】上406

大名府副总管 西夏后裔高智耀
【元史】125/高纳麟传/3072
【汇编】上313

大名路达鲁花赤 西夏后裔昔李氏万奴，爱鲁子
【正德大名府志】10/元大名达鲁花赤昔李公墓志铭/38上
【汇编】补遗7173

大名路达鲁花赤 西夏后裔昔李氏野速普花，爱鲁孙
【正德大名府志】10/元大名达鲁花赤昔李公墓志铭/38上
【汇编】补遗7173

大名路达鲁花赤 西夏后裔昔李氏普颜，野速普花子
【正德大名府志】10/元大名达鲁花赤昔李公墓

志铭/38 上
【汇编】补遗 7173
大名路达鲁花赤 又作大名路荅鲁合臣，西夏后裔昔里钤部子爱鲁
【元史】122/昔里钤部传/3011
【蒙兀儿史记】154/色目氏族/34 下
【汇编】上 272、582
大名路达鲁花赤 又作大名路荅鲁合臣，西夏后裔昔里爱鲁父昔李钤部，赐名拔都
【元史】122/昔里钤部传/3011
【蒙兀儿史记】154/色目氏族/34 下
【雪楼程先生集】25/魏国公先世述/16 下
【汇编】上 271、292、582
大名路行军万户 西夏后裔昔李氏罗合，益立山子
【蒙兀儿史记】154/色目氏族/34 下
【秋涧先生大全文集】51/大元故大名路宣差李公神道碑铭/5 下
【汇编】上 285、583
大名路荅鲁合臣 西夏后裔小钤部，昔李钤部子
【蒙兀儿史记】154/色目氏族/34 下
【汇编】上 583
大名路总管府达鲁花赤 西夏后裔昔李教化，益立山孙
【秋涧先生大全文集】51/大元故大名路宣差李公神道碑铭/5 下
【汇编】上 285
大名路都达鲁花赤 西夏后裔李氏益立山，李教化祖父
【秋涧先生大全文集】51/大元故大名路宣差李公神道碑铭/5 下
【汇编】上 284
大名路滑州判官 西夏后裔埜仙普化
【蒙兀儿史记】154/色目氏族/34 下
【汇编】上 597
大宗正也可扎鲁火赤 西夏后裔易纳室理，亦怜真班子
【元史】145/亦怜真班传/3445
【汇编】上 386
大宗正府也可札鲁忽赤 西夏后裔易纳室理，亦怜真班子
【蒙兀儿史记】154/色目氏族/34 下
【汇编】上 585
大宗正掾 西夏后裔昔李氏道安，昔李勃子
【正德大名府志】10/元礼仪院判昔李公墓志铭/40 下
【汇编】补遗 7177
大府盐提点 西夏后裔勃罗帖穆尔
【至正昆山郡志】2/勃罗帖穆尔传/7 上
【汇编】补遗 7217
大都西北关厢巡捕 西夏后裔阿荣，黄头父
【道园学古录】40/昭毅大将军平江路总管府达鲁花赤兼管内劝农事黄头公墓碑/9 上
【汇编】上 532
大都留守 西夏后裔星吉
【至正集】10/至正壬午六月望大都留守星公吉甫以故事率其属启广寒殿视或罅蔽而填葺之有壬待罪政府法当与观适中使至自泺京赐留守正尊因肆筵太液池上既醉留守谓不可不诗乃赋长句记一时之盛而终以规讽庶几风人之义焉/4 下
【宋学士全集】18/元赠开府仪同三司上柱国星吉公神道碑铭/18 上
【汇编】上 472；补遗 7192
大都烧钞库大使 西夏后裔昔李道安，昔李勃子
【正德大名府志】10/元礼仪院判昔李公墓志铭/40 下
【汇编】补遗 7177
大都路达鲁花赤 西夏后裔吾密氏卜颜铁木儿
【元史】144/卜颜铁木儿传/3436
【汇编】上 453
大都路总管府达鲁花赤 西夏后裔星吉
【宋学士全集】18/元赠开府仪同三司上柱国星吉公神道碑铭/18 上
【汇编】上 472
大鸿胪 西夏后裔玛南
【燕石集】12/四库本 1212－475
万户 西夏后裔买术
【东维子集】23/重建海道都漕运万户府碑/四库本/1221－619
万户 西夏后裔塘兀氏

【伊滨集】21/四库本/1208－756上

万户 西夏后裔塘兀氏弟

【伊滨集】21/四库本/1208－756上

万户 西夏后裔于弥部李世雄，李恒子

【吴文正公集】42/元故荣禄大夫江西等处行中书省平章政事李公墓志铭/2下

【汇编】上354、371、374

万户 西夏后裔于弥部李繁，李恒孙

【新元史】180/李世安传/8下

【汇编】上354

万户 西夏后裔于弥部李屿，李恒孙

【新元史】180李世安传/8下

【吴文正公集】42/元故荣禄大夫江西等处行中书省平章政事李公墓志铭/2下

【汇编】上354、374

万户 西夏后裔李恒子李世安

【元史】129/李恒传/3155

【新元史】180/李世安传/8下

【吴文正公集】42/元故荣禄大夫江西等处行中书省平章政事李公墓志铭/2下

【汇编】上342、353、371

万安军达鲁花赤 西夏后裔寄僧，来阿八赤子

【元史】129/来阿八赤传/3141

【汇编】上332

上护军 西夏后裔暗伯，亦怜真班父

【元史】133/暗伯传/3236

【汇编】上382

上护军 西夏后裔乌密氏立智理威，察罕从孙

【元史】120/察罕传/2955

【雍虞先生道园类稿】42/立智威神忠惠公神道碑/25下

【汇编】上247、265

上柱国 西夏后裔昔李教化的

【至顺镇江志】19/宋元方志丛刊/2863下

上柱国 西夏后裔乌密氏察罕

【元史】120/察罕传/2955

【汇编】上244

上柱国 西夏后裔史氏乞台普济

【蒙兀儿史记】154/色目氏族/34下

【汇编】上587

上柱国 西夏后裔史氏奇塔特布济克，乞台普济兄

【牧庵集】26/开府仪同三司太尉太保太子太师中书右丞相史公先德碑/1上

【汇编】上546

上柱国 西夏后裔朵吉，星吉曾祖

【宋学士全集】18/元赠开府仪同三司上柱国星吉公神道碑铭/18上

【汇编】上471

上柱国 西夏后裔杨教化失剌唐兀台，又作式腊唐兀台

【虞文靖公道园全集】12/在朝稿·御史中丞杨襄愍公神道碑/1上；35/归田稿·正议大夫江南湖北道肃政廉访使特赠宣忠效力翊戴功臣大司徒金紫光禄大夫上柱国夏国公谥襄敏杨公神道碑/6上

【汇编】上499、507

上柱国 西夏后裔昔李铃部，昔李教化祖父

【雪楼程先生集】2/故祖父昔李特赠推忠佐命宣力功臣开府仪同三司太师上柱国追封魏国公谥贞献制/5下

【汇编】上295

上柱国 西夏后裔按滩

【石田先生文集】6/右丞按滩封谥制碑/10上

【汇编】上566

上柱国 西夏后裔星吉

【宋学士全集】18/元赠开府仪同三司上柱国星吉公神道碑铭/18上

【汇编】上470

上柱国 西夏后裔高睿，高智耀子

【雍虞先生道园类稿】25/18下重建高文忠公祠记

【汇编】上326

上柱国 河西人捌思吉，星吉父

【宋学士全集】18/元赠开府仪同三司上柱国星吉公神道碑铭/18上

【汇编】上471

上柱国 河西人捌思吉朵儿只，星吉祖父

【宋学士全集】18/元赠开府仪同三司上柱国星吉公神道碑铭/18上

【汇编】上471

上柱国 唐兀人福寿

【元史】144/福寿传/3441

【汇编】上 482

上柱国 唐兀氏昔李爱鲁，昔李野速普花祖父

【正德大名府志】10/元大名达鲁花赤昔李公墓志铭/38 上

【汇编】补遗 7173

上柱国 唐兀氏昔李教化，昔李野速普花伯父

【正德大名府志】10/元大名达鲁花赤昔李公墓志铭/38 上

【汇编】补遗 7173

上柱国 西夏后裔史氏乞台普济父算智尔威，又作算只儿威

【蒙兀儿史记】154/色目氏族/34 下

【牧庵集】26/开府仪同三司太尉太保太子太师中书右丞相史公先德碑/1 上

【汇编】上 545、587

上柱国 西夏后裔史氏乞台普济祖父拉吉尔威，又作立吉儿威

【蒙兀儿史记】154/色目氏族/34 下

【牧庵集】26/开府仪同三司太尉太保太子太师中书右丞相史公先德碑/1 上

【汇编】上 545、587

上柱国 西夏后裔杨朵儿只，杨教化弟

【元史】179/杨朵儿只传/4151

【虞文靖公道园全集】12/在朝稿·御史中丞杨襄愍公神道碑/1 上

【汇编】上 488、497、499

上柱国 西夏后裔杨教化

【新元史】183/杨教化传/11 上

【虞文靖公道园全集】35/归田稿·正议大夫江南湖北道肃政廉访使特赠宣忠效力翊戴功臣大司徒金紫光禄大夫上柱国夏国公谥襄敏杨公神道碑/6 上

【汇编】上 496、503、507

上柱国 西夏后裔昔李教化，昔李阿噜子

【牧庵集】19/资德大夫云南行省右丞李公神道碑/8 下

【雪楼程先生集】2/特进平章政事教化特加开府仪同三司太子太保太尉平章军国重事上柱国封魏国公制/4 下

【汇编】上 287、294

上柱国 西夏后裔昔李教化父昔李爱鲁，爱鲁又作阿噜

【牧庵集】19/资德大夫云南行省右丞李公神道碑/8 下

【雪楼程先生集】2/故父资德大夫云南等处行中书省右丞改谥忠节制/6 上；25/魏国公先世述/16 下

【汇编】上 287、293、296

上柱国 西夏后裔昔李教化曾祖昔李达尔沙，达尔沙又作答加沙

【牧庵集】19/资德大夫云南行省右丞李公神道碑/8 下

【雪楼程先生集】2/特进平章教化曾祖父答加沙谥康懿制/5 上

【汇编】上 287、294

上柱国 河西人史氏乞台普济曾祖彻彻理威，又名持持理威

【蒙兀儿史记】154/色目氏族/34 下

【牧庵集】26/开府仪同三司太尉太保太子太师中书右丞相史公先德碑/1 上

【汇编】上 545、587

上轻车都尉 西夏后裔宁夏人师克恭祖父

【待制集】10/四库本/1210－350 下

上轻车都尉 西夏后裔刘氏完泽

【雍虞先生道园类稿】42/彭城郡侯刘公神道碑/1 上

【汇编】上 404

上骑都尉 西夏后裔维郡伯

【吴文正公集】33/元故浚州达鲁花赤中议大夫河中府知府上骑都尉追封魏郡伯墓碑/18 上

【汇编】上 478

山东统军使 西夏后裔乌密氏塔出，布兀剌子

【元史】135/塔出传/3272

【汇编】上 255

山东按察司副使 西夏后裔吉昌，星吉子

【宋学士全集】18/元赠开府仪同三司上柱国星吉公神道碑铭/18 上

【汇编】上 470

山东宣慰司副都元帅 西夏后裔琏赤，黄头祖父

【蒙兀儿史记】154/色目氏族/34 下

【汇编】上 600

山东道宣慰司副都元帅 西夏后裔琏赤，黄头祖父

【新元史】182/黄头传/6 上
【道园学古录】40/昭毅大将军平江路总管府达鲁花赤兼管内劝农事黄头公墓碑/9 上
【汇编】上 529、532

山北辽东道肃政廉访司佥事 西夏后裔昔李勃
【正德大名府志】10/元礼仪院判昔李公墓志铭/40 下
【汇编】补遗 7175

山北辽东道肃政廉访副使 西夏后裔刘氏完泽
【雍虞先生道园类稿】42/彭城郡侯刘公神道碑/1 上
【汇编】上 403

山南江北道肃政廉访使 西夏后裔乌密氏贯讷，立智理威子
【雍虞先生道园类稿】42/立智理威忠惠公神道碑/25 下
【汇编】上 265

山南廉访使 西夏后裔斡玉伦徒
【书史会要】7/四库本/814－762

山南廉访副使 西夏后裔斡氏朵儿赤，斡道冲曾孙
【元史】134/朵儿赤传/3255
【汇编】上 390

千户 西夏后裔王氏也先不华，那木罕父
【蒙兀儿史记】154/色目氏族/34 下
【汇编】上 593

千户 西夏后裔火夺都，拜延父
【元史】133/拜延传/3224
【汇编】上 309

千户 西夏后裔昔里钤部，赐名拔都
【元史】122/昔里钤部传/3011
【汇编】上 271

千户 西夏后裔野蒲氏甘卜，昂吉尔父
【元史】132/昂吉儿传/3213
【汇编】上 301

千户 西夏后裔野蒲氏昂吉儿，野蒲氏又作也蒲氏
【元史】123/也蒲甘卜传/3027；132/昂吉儿传/3213
【汇编】上 300、301

千户 西夏后裔王翰，又名那木罕
【新元史】233/王翰传/12 下
【蒙兀儿史记】154/色目氏族/34 下
【汇编】上 551、593

千户 西夏后裔野蒲氏教化的，昂吉儿孙
【元史】132/昂吉儿传/3213
【蒙兀儿史记】154/色目氏族/34 下
【汇编】上 303、584

广平路总管 西夏后裔刘容，高祖阿华在西夏主尚食
【元史】134/刘容传/3259
【蒙兀儿史记】154/色目氏族/34 下
【汇编】上 399、592

广东廉访司佥事 西夏后裔高玉林，高纳麟孙
【蒙兀儿史记】154/色目氏族/34 下
【汇编】上 587

广西行中书省平章政事兼肃政廉访 西夏后裔额尔吉纳
【广西通志】65/四库本/567－79 上

广西宪副 西夏后裔也儿吉尼
【永乐大典】2343/邹鲁撰奉议大夫岭南广西道肃政廉访司副使也儿吉尼公德政碑/18 上
【汇编】补遗 7200

广西道肃政廉访使 西夏后裔达哈
【广西通志】52/四库本/566－501 下

广西道肃政廉访使 西夏后裔也儿吉尼
【新元史】219/也儿吉尼传/7 下
【汇编】上 550

广西道肃政廉访副使 西夏后裔也儿吉尼
【新元史】219/也儿吉尼传/7 下
【汇编】上 549

广西道廉访使 西夏后裔重福
【蒙兀儿史记】154/色目氏族/34 下
【汇编】上 601

广西廉访佥事 西夏后裔必塔
【广西通志】52/四库本/566－504 上

广西廉访副使 西夏后裔托多
【广西通志】52/四库本/566－503 上

广州路达鲁花赤 西夏后裔于弥部李恒子李世安，又名散木解
【新元史】180 李世安传/8 下
【吴文正公集】42/元故荣禄大夫江西等处行中书省平章政事李公墓志铭/2 下

【汇编】上353、370

广南西道左右两江宣抚使 西夏后裔昔里爱鲁，昔里钤部子

【元史】122/昔里钤部传/3011

【汇编】上272

广衍仓使 西夏后裔朵罗歹，黄头从弟

【新元史】182/黄头传/6上

【汇编】上530

广德路总管府判官 西夏后裔忽都达儿

【至顺镇江志】19/宋元方志丛刊/2865上

广德路总管府判官 西夏后裔忽都答儿，又名胃都歹

【至顺镇江志】19/人材仕进侨寓/13上

【汇编】补遗7221

卫国公 西夏后裔福寿

【元史】144/福寿传/3441

【汇编】上482

卫辉路辉州判官 西夏后裔安笃剌

【蒙兀儿史记】154/色目氏族/34下

【汇编】上599

也可扎鲁火赤 又作也可札鲁忽赤，昔李钤部，本名益立山

【蒙兀儿史记】154/色目氏族/34下

【雪楼程先生集】25/魏国公先世述/16下

【汇编】上292、582

也可札鲁忽赤 西夏后裔福寿

【元史】144/福寿传/3441

【汇编】上481

马步军都元帅 西夏后裔乌密察罕，乌密又作嵬名

【元史】2/太宗纪/38；120/察罕传/2955

【蒙兀儿史记】5/古余克可汗本纪/3上

【汇编】上243；下6981、6982

乡贡进士 西夏后裔教化，述哥察儿孙

【蒙兀儿史记】154/色目氏族/34下

【吴文正公集】33/元故浚州达鲁花赤中议大夫河中府知府上骑都尉追封魏郡伯墓碑/18上

【汇编】上479、602

四画

扎鲁火赤 西夏遗民乌密氏亦里撒合，立智理威兄

【元史】120/察罕传/2955

【汇编】上244

开府中书平章 西夏后裔昔李教化

【正德大名府志】10/元礼仪院判昔李公墓志铭/40下

【汇编】补遗7174

开府仪同三司 西夏后裔乌密氏察罕，曲也怯律子

【元史】120/察罕传/2955

【汇编】上244

开府仪同三司 西夏后裔史氏乞台普济

【蒙兀儿史记】154/色目氏族/34下

【汇编】上587

开府仪同三司 西夏后裔史氏立吉儿威，乞台普济祖父

【蒙兀儿史记】154/色目氏族/34下

【汇编】上587

开府仪同三司 西夏后裔史氏算只儿威，乞台普济父

【蒙兀儿史记】154/色目氏族/34下

【汇编】上587

开府仪同三司 西夏后裔杨氏失剌唐兀台

【虞文靖公道园全集】12/在朝稿·御史中丞杨襄愍公神道碑/1上

【汇编】上499

开府仪同三司 西夏后裔昔李色尔勒结，昔李教化祖父

【牧庵集】19/资德大夫云南行省右丞李公神道碑/8下

【汇编】上287

开府仪同三司 西夏后裔昔李教化的

【至顺镇江志】19/宋元方志丛刊/2863下

【汇编】补遗7222

开府仪同三司 西夏后裔按滩

【石田先生文集】6/右丞按滩封谥制/10上

【汇编】上566

开府仪同三司 西夏后裔星吉

【宋学士全集】18/元赠开府仪同三司上柱国星吉公神道碑铭/18上

【汇编】上470

开府仪同三司 西夏遗民式腊唐兀台

【虞文靖公道园全集】35/归田稿·正议大夫江南湖北道肃政廉访使特赠宣忠效力翊戴功臣大司徒金紫光禄大夫上柱国夏国公谥襄敏杨公神道碑/6上
【汇编】上507

开府仪同三司 西夏后裔昔李钤部，爱鲁父
【正德大名府志】10/元大名达鲁花赤昔李公墓志铭/38上
【雪楼程先生集】2/故祖父昔李特赠推忠佐命宣力功臣开府仪同三司太师上柱国追封魏国公谥贞献制/5下
【汇编】中295；补遗7173

开府仪同三司 西夏后裔昔李教化曾祖达尔沙，又作答加沙
【牧庵集】19/资德大夫云南行省右丞李公神道碑/8下
【雪楼程先生集】2/特进平章教化曾祖父答加沙谥康懿制/5上；25/魏国公先世述/16下
【汇编】上287、291、293、294

开府仪同三司 西夏后裔高睿，高智耀子
【元史】125/高纳麟传/3072
【雍虞先生道园类稿】25/重建高文忠公祠记/18下
【汇编】上313、326

开府仪同三司 西夏后裔昔李氏教化
【牧庵集】19/资德大夫云南行省右丞李公神道碑/8下
【雪楼程先生集】2/特进平章政事教化特加开府仪同三司太子太保太尉平章军国重事上柱国封魏国公制/4下
【正德大名府志】10/元大名达鲁花赤昔李公墓志铭/38上
【汇编】上286、294；补遗7173

开府仪同三司 西夏后裔昔李教化父阿噜，又作爱鲁
【牧庵集】19/资德大夫云南行省右丞李公神道碑/8下
【雪楼程先生集】2/故父资德大夫云南等处行中书省右丞改谥忠节制/6上；25/魏国公先世述/16下
【正德大名府志】10/元大名达鲁花赤昔李公墓志铭/38上
【汇编】上287、293、296；补遗7173

天下马步禁军都元帅 西夏后裔乌密氏察罕
【蒙兀儿史记】154/色目氏族/34下
【汇编】上581

夫人 西夏后裔老索妻康里真氏
【中国藏西夏文献】18/150顺天路达鲁花赤河西老索神道碑

云中郡伯 西夏后裔塘兀氏
【伊滨集】21/四库本/1208－756上

云南左丞 西夏后裔昔李氏爱鲁
【招捕总录】8/番顺元诸蛮条/11
【汇编】下7031

云南右丞 西夏后裔昔李氏爱鲁，昔李又作昔里
【蒙兀儿史记】76/镇南王脱欢传/16上
【招捕总录】/云南条/3
【汇编】下7038

云南行中书省右丞 西夏后裔昔李爱鲁，昔李钤部子
【雪楼程先生集】25/魏国公先世述/16下
【汇编】上293

云南行中书省参知政事 西夏后裔昔李爱鲁，昔李钤部子
【雪楼程先生集】25/魏国公先世述/16下
【汇编】上292

云南行省左丞 西夏后裔也儿吉你
【元史】32/文宗纪1/723
【汇编】下7062

云南行省左丞相 西夏后裔也儿吉尼
【元史】32/文宗纪1/713
【蒙兀儿史记】154/色目氏族/34下
【汇编】上587；下7061

云南行省右丞 西夏后裔三旦八
【万历云南通志】22/西南稀见方志文献/222－9

云南行省右丞 西夏后裔昔李氏爱鲁，昔里钤部子
【蒙兀儿史记】154/色目氏族/34下
【汇编】上582

云南行省右丞 西夏后裔昔李勃
【正德大名府志】10/元礼仪院判昔李公墓志铭/40下
【汇编】补遗7175

云南行省右丞相 西夏后裔也儿吉你

太子少詹事 西夏后裔大慈都
【元史】22/武宗纪 1/506
【汇编】下 7048

太子詹事 西夏后裔大慈都
【元史】22/武宗纪 1/506
【汇编】下 7048

太中大夫 西夏后裔刘氏完泽子沙剌班，又名刘伯温
【雍虞先生道园类稿】42/彭城郡侯刘公神道碑/1 上
【汇编】上 404

太中大夫 西夏后裔杨朵儿只，失剌唐兀台子
【元史】179/杨朵儿只传/4151
【汇编】上 485

太中大夫 西夏后裔答儿麻八，星吉子
【宋学士全集】18/元赠开府仪同三司上柱国星吉公神道碑铭/18 上
【汇编】上 476

太师 西夏后裔史氏立吉儿威，乞台普济祖父
【蒙兀儿史记】154/色目氏族/34 下
【汇编】上 587

太师 西夏后裔史氏彻彻理威，乞台普济曾祖
【蒙兀儿史记】154/色目氏族/34 下
【汇编】上 587

太师 西夏后裔史氏算只儿威，乞台普济父
【蒙兀儿史记】154/色目氏族/34 下
【汇编】上 587

太师 西夏后裔昔李色尔勒结，昔李教化祖父
【牧庵集】19/资德大夫云南行省右丞李公神道碑/8 下
【汇编】上 287

太师 西夏后裔乌密氏察罕
【蒙兀儿史记】154/色目氏族/34 下
【至正集】58/故漕运同知粘合公逸的氏墓志铭/12 下
【汇编】上 267、581

太师 西夏后裔昔李钤部，爱鲁父，昔李又作昔里
【蒙兀儿史记】154/色目氏族/34 下
【雪楼程先生集】2/故祖父昔李特赠推忠佐命宣力功臣开府仪同三司太师上柱国追封魏国公谥贞献制/5 下；25/魏国公先世述/16 下
【正德大名府志】10/元大名达鲁花赤昔李公墓志铭/38 上
【汇编】上 292、293、295、582；补遗 7173

太师 西夏后裔昔李氏爱鲁，昔里钤部子，昔李又作昔里
【元史】122/昔里钤部传/3011
【蒙兀儿史记】154/色目氏族/34 下
【雪楼程先生集】2/故父资德大夫云南等处行中书省右丞改谥忠节制/6 上；25/魏国公先世述/16 下
【正德大名府志】10/元礼仪院判昔李公墓志铭/40 下
【汇编】上 273、293、582；中 296；补遗 7175

太府卿 西夏后裔星吉
【宋学士全集】18/元赠开府仪同三司上柱国星吉公神道碑铭/18 上
【汇编】上 472

太保 西夏后裔昔李氏教化，昔李钤部子
【正德大名府志】10/元大名达鲁花赤昔李公墓志铭/38 上
【汇编】补遗 7173

太保 西夏后裔按滩
【石田先生文集】6/右丞按滩封谥制/10 上
【汇编】上 566

太保 西夏后裔杨氏教化祖父世剌，又作失剌
【蒙兀儿史记】154/色目氏族/34 下
【虞文靖公道园全集】12/在朝稿・御史中丞杨襄愍公神道碑/1 上；35/归田稿・正议大夫江南湖北道肃政廉访使特赠宣忠效力翊戴功臣大司徒金紫光禄大夫上柱国夏国公谥襄敏杨公神道碑/6 上
【汇编】上 499、506、591

太保 西夏后裔于弥部李恒
【元史】129/李恒传/3155
【蒙兀儿史记】154/色目氏族/34 下
【柳待制文集】9/李武愍公新庙碑铭/3 上
【吴文正公集】14/滕国李武愍公家传后序/1 上；42/元故荣禄大夫江西等处行中书省平章政事李公墓志铭/2 下
【汇编】上 342、365、369、370、578

太保 西夏后裔史氏乞台普济，又作奇塔特布济克

【元史】22/武宗纪 1/501
【新元史】199 乞台普济传/3 下
【蒙兀儿史记】10/海山可汗本纪/10 上；154/色目氏族/34 下
【牧庵集】26/开府仪同三司太尉太保太子太师中书右丞相史公先德碑/1 上
【汇编】上 537、546、549、587；下 7047、7048

太原路金银铁冶达鲁花赤 西夏后裔谢睦欢
【元史】169 谢仲温传/3977

太常 西夏后裔昔李勃
【正德大名府志】10/元礼仪院判昔李公墓志铭/40 下
【汇编】补遗 7174

太常礼仪院判 西夏后裔沙陀昔李氏昔李勃
【正德大名府志】10/元礼仪院判昔李公墓志铭/40 下
【汇编】补遗 7174

太常署丞 西夏后裔吾密氏卜颜铁木儿
【元史】144/卜颜铁木儿传/3436
【汇编】上 453

太尉 西夏后裔阿乞剌，亦怜真班兄
【蒙兀儿史记】154/色目氏族/34 下
【汇编】上 584

太尉 西夏后裔昔李钤部，昔李又作昔里
【蒙兀儿史记】154/色目氏族/34 下
【汇编】上 582

太尉 西夏后裔昔李爱鲁，昔里钤部子，昔李又作昔里
【蒙兀儿史记】154/色目氏族/34 下
【汇编】上 582

太尉 西夏后裔昔里教化的
【至顺镇江志】19/人材仕进侨寓/19 下
【汇编】补遗 7222

太尉 西夏后裔荅加沙，昔李钤部父
【蒙兀儿史记】154/色目氏族/34 下
【汇编】上 582

太尉 西夏后裔高公
【雪阳集】3/美太尉高公诗序/15 上
【汇编】上 329

太尉 西夏后裔史氏也儿吉尼，乞台普济子
【元史】22/武宗纪 1/497；35/文宗纪 4/785
【蒙兀儿史记】154/色目氏族/34 下
【汇编】上 587；下 7047、7064

太尉 西夏后裔高纳麟，高智耀孙
【元史】41/顺帝纪 4/881；42/顺帝纪 5/895；44/顺帝纪 7/932；92/百官志 8/2334；125/高智耀传/3072；142/高纳麟传/3406；143/回回传/3416
【蒙兀儿史记】154/色目氏族/34 下
【汇编】上 314、318、319、586；下 7053、7076、7078、7082

太尉 西夏后裔昔李氏教化，昔李钤部子
【牧庵集】19/资德大夫云南行省右丞李公神道碑/8 下
【雪楼程先生集】2/特进平章政事教化特加开府仪同三司太子太保太尉平章军国重事上柱国封魏国公制/4 下
【正德大名府志】10/元大名达鲁花赤昔李公墓志铭/38 上
【汇编】上 286、294；补遗 7173

太傅 西夏后裔史氏日尔塞，乞台普济弟
【新元史】199/乞台普济传/3 下
【汇编】上 537

太傅 西夏后裔昔李氏疾利沙，爱鲁父
【正德大名府志】10/元礼仪院判昔李公墓志铭/40 下
【汇编】补遗 7174

太傅 西夏后裔史氏乞台普济
【元史】23/武宗纪 2/514；110/三公表/2779
【蒙兀儿史记】154/色目氏族/34 下
【汇编】上 587；下 7050、7051

太傅 西夏后裔杨教化父失剌唐吾台，又作失剌唐兀台
【蒙兀儿史记】154/色目氏族/34 下
【虞文靖公道园全集】12/在朝稿·御史中丞杨襄愍公神道碑/1 上；35/归田稿·正议大夫江南湖北道肃政廉访使特赠宣忠效力翊戴功臣大司徒金紫光禄大夫上柱国夏国公谥襄敏杨公神道碑/6 上
【汇编】上 499、507、591

太傅 西夏后裔高睿，高智耀子
【元史】125/高纳麟传/3072
【蒙兀儿史记】154/色目氏族/34 下
【汇编】上 313、586

太傅 西夏后裔昔李教化曾祖达尔沙，又作达加沙、荅加沙、答加沙
【蒙兀儿史记】154/色目氏族/34下
【牧庵集】19/资德大夫云南行省右丞李公神道碑/8下
【雪楼程先生集】2/特进平章教化曾祖父答加沙谥康懿制/5上；25/魏国公先世述/16下
【汇编】上287、291、294、582

少中大夫 西夏后裔昔李氏爱鲁子忽都答儿，又名胃都歹
【正德大名府志】10/元大名达鲁花赤昔李公墓志铭/38上
【汇编】补遗7173

少中大夫 西夏后裔虎益
【新元史】166/虎益传/10上
【牧庵集】14/徽州路总管府达噜噶齐兼管内劝农事虎公神道碑/16上
【汇编】上377、379

中大夫 西夏后裔文伯要解
【至顺镇江志】15/元刺守镇江府路总管府条/9上
【汇编】下7055

中大夫 西夏后裔迈里古思
【东维子文集】24/故忠勇西夏侯迈公墓铭/6下
【汇编】上516

中大夫 西夏后裔阔阔出，朵罗台弟
【元史】134/朵罗台传/3264
【汇编】上406

中书左丞 西夏后裔史氏也克吉儿，乞台普济子
【新元史】199/乞台普济传/3下
【汇编】上538

中书左丞 西夏后裔于弥部李恒
【元史】129/李恒传/3155
【蒙兀儿史记】154/色目氏族/34下
【吴文正公集】42/元故荣禄大夫江西等处行中书省平章政事李公墓志铭/2下
【牧庵集】3/资善大夫中书左丞赠银青荣禄大夫平章政事谥武愍公李公家庙碑/5下
【柳待制文集】9/李武愍公新庙碑铭/3上
【汇编】上341、356，358、365、370、578

中书左（右）丞 西夏后裔乌密氏塔出，布兀剌子
【元史】135/塔出传/3272
【汇编】上257

中书左丞相 西夏后裔按滩
【石田先生文集】6/右丞按滩封谥制/10上
【汇编】上566

中书左丞相 西夏后裔史氏额尔吉纳，奇塔特布济克子
【牧庵集】26/开府仪同三司太尉太保太子太师中书右丞相史公先德碑/1上
【汇编】上547

中书左丞相 西夏后裔史氏乞台普济子纳日里，又作哩日
【新元史】199/乞台普济传/3下
【牧庵集】26/开府仪同三司太尉太保太子太师中书右丞相史公先德碑/1上
【汇编】上537、547

中书左丞相 西夏后裔史氏乞台普济，又作奇塔特布济克
【元史】22/武宗纪1/501；112/宰相年表/2814
【新元史】199/乞台普济传/3下
【牧庵集】26/开府仪同三司太尉太保太子太师中书右丞相史公先德碑/1上
【汇编】上537、546、549；下7047、7048

中书右丞 西夏后裔昔李爱鲁，昔李铃部子
【雪楼程先生集】25/魏国公先世述/16下
【汇编】上292

中书右丞 西夏后裔野仙普化
【元史】113/宰相年表2/2865
【汇编】下7083

中书右丞相 西夏后裔高智耀父高惠德
【雍虞先生道园类稿】25/重建高文忠公祠记/18下
【汇编】上326

中书右丞相 西夏后裔塔思不花
【元史】22/武宗纪1/501
【牧庵集】26/开府仪同三司太尉太保太子太师中书右丞相史公先德碑/1上
【汇编】上549；下7047

中书右丞相 西夏后裔史氏乞台普济，又作奇塔特布济克
【元史】112/宰相年表/2814、2815

【蒙兀儿史记】154/色目氏族/34 下
【牧庵集】26/开府仪同三司太尉太保太子太师中书右丞相史公先德碑/1 上
【汇编】上 546、587；下 7048、7050

中书平章 西夏后裔高纳麟，高智耀孙
【雍虞先生道园类稿】25/重建高文忠公祠记/18 下
【汇编】上 325

中书平章军国重事 西夏后裔昔李氏教化，昔李钤部子
【正德大名府志】10/元大名达鲁花赤昔李公墓志铭/38 上
【汇编】补遗 7173

中书平章政事 西夏后裔阿乞剌，亦怜真班兄
【蒙兀儿史记】154/色目氏族/34 下
【汇编】上 584

中书平章政事 西夏后裔昔李教化
【牧庵集】19/资德大夫云南行省右丞李公神道碑/8 下
【汇编】上 286

中书平章政事 西夏后裔高纳麟，高智耀孙
【元史】41/顺帝纪 4/867、870；113/宰相年表 2/2847；142/高纳麟传/3406
【汇编】上 318；下 7072、7073

中书平章政事 西夏后裔教化
【元史】22/武宗纪 1/484；112/宰相年表/2812、2814
【汇编】下 7044、7046

中书平章政事 西夏后裔乌密氏立智理威，察罕从孙
【元史】120/察罕传/2955
【雍虞先生道园类稿】42/立智理威忠惠公神道碑/25 下
【汇编】上 247、265

中书平章政事 西夏后裔韩加讷，立智理威子
【元史】113/宰相年表 2/2849
【蒙兀儿史记】154/色目氏族/34 下
【汇编】上 581；下 7075

中书平章政事 西夏后裔史氏乞台普济，又作奇塔特布济克
【元史】22/武宗纪 1/480、484；112/宰相年表/2813、2814
【新元史】199/乞台普济传/3 下
【牧庵集】26/开府仪同三司太尉太保太子太师中书右丞相史公先德碑/1 上
【汇编】上 537、546；下 7044、7045、7048

中书平章政事 西夏后裔昔里教化，昔里爱鲁子
【元史】122/昔里钤部传/3011
【蒙兀儿史记】154/色目氏族/34 下
【牧庵集】19/资德大夫云南行省右丞李公神道碑/8 下
【汇编】上 273、286、582；补遗 7173

中书礼部员外郎 西夏后裔余阙，沙剌臧卜子
【元史】143/余阙传/3426
【汇编】上 409

中书刑部主事 西夏后裔余阙
【元史】143/余阙传/3426
【宋学士全集】11/余左丞传/1 上
【汇编】上 409、423

中书舍人 西夏后裔高纳麟，高智耀孙
【元史】142/高纳麟传/3406
【汇编】上 317

中书参知政事 西夏后裔于弥部李恒子李世安，又名散木解
【新元史】180 李世安传/8 下
【汇编】上 354

中书参知政事 西夏后裔高纳麟，高智耀孙
【元史】39/顺帝纪 2/838；113/宰相年表 2/2842；142/高纳麟传/3406
【汇编】上 318；下 7065、7068

中书省平章政事 西夏后裔韩加纳
【元史】41/顺帝纪 4/879
【汇编】下 7075

中书检校 西夏后裔甘立
【书史会要】7/四库本/814－762 上

中议大夫 西夏后裔于弥部李屺，李恒孙
【吴文正公集】14/滕国李武愍公家传后序/1 上；42/元故荣禄大夫江西等处行中书省平章政事李公墓志铭/2 下
【汇编】上 369、373

中议大夫 西夏后裔虎益
【牧庵集】14/徽州路总管府达噜噶齐兼管内劝

农事虎公神道碑/16 上
【汇编】上 379
中议大夫 西夏后裔哈剌哈孙，维郡伯子
【吴文正公集】33/元故浚州达鲁花赤中议大夫河中府知府上骑都尉追封魏郡伯墓碑/18 上
【汇编】上 479
中议大夫 西夏后裔维郡伯
【吴文正公集】33/元故浚州达鲁花赤中议大夫河中府知府上骑都尉追封魏郡伯墓碑/18 上
【汇编】上 478
中至大夫 西夏后裔老索子忙古得
【中国藏西夏文献】18/顺天路达鲁花赤河西老索神道碑/150
中兴路副管民官 西夏后裔斡札簀
【蒙兀儿史记】154/色目氏族/34 下
【汇编】上 590
中兴路新民总管 西夏后裔朵儿赤，斡扎簀子
【元史】134/朵儿赤传/3255
【汇编】上 390
中兴等路提刑按察使 西夏后裔高智耀
【蒙兀儿史记】154/色目氏族/34 下
【汇编】上 586
中丞 西夏后裔文钊
【虞文靖公道园全集】35/归田稿·正议大夫江南湖北道肃政廉访使特赠宣忠效力翊戴功臣大司徒金紫光禄大夫上柱国夏国公谥襄敏杨公神道碑/6 上
【汇编】上 507
中丞 西夏后裔纳麟，高智耀孙
【元史】142/纳麟传/3406
【汇编】上 318
中丞 西夏后裔杨朵儿只
【元史】175/张珪传/4078
【虞文靖公道园全集】12/在朝稿·御史中丞杨襄愍公神道碑/1 上
【汇编】上 497、501；下 7059
中尚监 西夏后裔星吉
【元史】144/星吉传/3438
【汇编】上 457
中奉大夫 西夏后裔宁夏人师克恭父
【待制集】10/四库本/1210－350 下
中奉大夫 西夏后裔李闾伯祖父天祐
【巴西集】下/四库本/1195－546
中奉大夫 西夏后裔阿噜
【秋涧集】51/四库本/1200－681
中奉大夫 西夏后裔于弥部李恒子李世安，又名散木解
【牧庵集】3/资善大夫中书左丞赠银青荣禄大夫平章政事谥武愍公李公家庙碑/5 下
【汇编】上 359
中奉大夫 西夏后裔乌密氏立智理威，察罕从孙
【雍虞先生道园类稿】42/立智理威忠惠公神道碑/25 下
【汇编】上 263
中奉大夫 西夏后裔乌密氏贯讷，立智理威子
【雍虞先生道园类稿】42/立智理威忠惠公神道碑/25 下
【汇编】上 265
中奉大夫 西夏后裔乌密氏宰牙，塔出子
【元史】135/塔出传/3272
【汇编】上 257
中奉大夫 西夏后裔亦怜真班
【元史】145/亦怜真班传/3445
【汇编】上 384
中奉大夫 西夏后裔李氏爱鲁，益立山子
【秋涧先生大全文集】51/大元故大名路宣差李公神道碑铭/5 下
【汇编】上 285
中奉大夫 西夏后裔彻里帖木儿，勃罗帖穆尔父
【至正昆山郡志】2/勃罗帖穆尔传/7 上
【汇编】补遗 7217
中政院使 西夏后裔星吉
【宋学士全集】18/元赠开府仪同三司上柱国星吉公神道碑铭/18 上
【汇编】上 472
中政院使 西夏后裔杨朵儿只，失剌唐兀台子
【元史】179/杨朵儿只传/4151
【虞文靖公道园全集】12/在朝稿·御史中丞杨襄愍公神道碑/1 上
【汇编】上 487、501
中顺大夫 西夏后裔必塔

【广西通志】52/四库本/566－504 上
中顺大夫 西夏后裔火失不花
【至顺镇江志】17/司属通政院条/34 上
【汇编】下 7041
中顺大夫 西夏后裔来阿八赤
【元史】129/来阿八赤传/3141
【汇编】上 331
中顺大夫 西夏后裔昔李氏野速普花，爱鲁孙
【正德大名府志】10/元大名达鲁花赤昔李公墓志铭/38 上
【汇编】补遗 7173
中顺大夫 西夏后裔昔李氏普颜，野速普花子
【正德大名府志】10/元大名达鲁花赤昔李公墓志铭/38 上
【汇编】补遗 7173
中顺大夫 西夏后裔虎益
【新元史】166/虎益传/10 上
【牧庵集】14/徽州路总管府达噜噶齐兼管内劝农事虎公神道碑/16 上
【汇编】上 377、379
中宪大夫 西夏后裔善居
【民族研究】1979 年第 1 期/大元肃州路也可达鲁花赤世袭之碑/69
【汇编】上 299
内八府宰相 西夏后裔荅里麻，立智理威孙
【蒙兀儿史记】154/氏色目氏族/34 下
【汇编】上 580
内八府宰相 西夏后裔马剌室理，亦怜真班子
【元史】145/亦怜真班传/3445
【蒙兀儿史记】154/色目氏族/34 下
【汇编】上 386、586
内史府咨议 西夏后裔黑厮
【弘治保定郡志】9/天一阁藏明代方志选刊/20
内台御史 西夏后裔也儿吉尼
【新元史】219/也儿吉尼传/7 下
【汇编】上 549
内府宰相 西夏遗民乌密氏达理麻，立智理威孙
【元史】120/察罕传/2955
【汇编】上 247
内黄县达鲁花赤 西夏后裔安住
【中州金石考】4/7 下
仁虞院使 西夏后裔史氏也克吉儿，乞台普济子
【元史】24/仁宗纪 1/540
【新元史】199/乞台普济传/3 下
【汇编】上 538；下 7052
从仕郎 西夏后裔庆喜
【至正金陵新志】6/四库本/492－330 上
从仕郎 西夏后裔特穆尔巴哈
【至正金陵新志】6/四库本/492－323 下
从仕郎 西夏后裔鸿嘉努
【至正金陵新志】6/四库本/492－332 上
从事郎 西夏后裔刘氏忙哥帖木儿，刘完泽子
【雍虞先生道园类稿】42/彭城郡侯刘公神道碑/1 上
【汇编】上 404
从事郎 西夏后裔纳嘉德，哈剌哈孙子
【吴文正公集】33/元故浚州达鲁花赤中议大夫河中府知府上骑都尉追封魏郡伯墓碑/18 上
【汇编】上 479
长宁寺少卿 西夏后裔福寿
【元史】144/福寿传/3441
【汇编】上 480
长芦监运司利民场司令 西夏后裔野仙普化
【宁夏社会科学】1987 年第 1 期/大元赠敦武校尉军民万户府百夫长唐兀公碑铭/88
【述善集校注】3/大元赠敦武校尉军民万户府百夫长唐兀公碑铭并序/142
【汇编】补遗 7166
长垣县尹 西夏后裔宁夏人师托克托穆尔
【待制集】10/四库本/1210－352 上
长洲县荅鲁合臣 西夏后裔元童，黄头子
【蒙兀儿史记】154/色目氏族/34 下
【汇编】上 600
长唐兀卫 西夏后裔暗伯，亦怜真班父
【元史】133/暗伯传/3236
【汇编】上 382
丹徒县主簿 西夏后裔刘伯牙兀歹
【至顺镇江志】16/宋元方志丛刊/2826 上
丹徒县达鲁花赤 西夏后裔伯牙兀歹
【至顺镇江志】16/宋元方志丛刊/2825 上
丹徒县达鲁花赤 西夏后裔阿都赤
【至顺镇江志】16/宋元方志丛刊/2825 下

丹徒县达鲁花赤 西夏后裔添受
【至顺镇江志】16/宰二丹徒县条/5上
【汇编】下7052
文州礼店元帅府达鲁花赤 又作文州礼店元帅府荅鲁合臣，西夏后裔秃儿赤，亦怜真班祖父
【元史】133/暗伯传/3236
【蒙兀儿史记】154/色目氏族/34下
【汇编】上382、584
文林 西夏后裔观音努，又作观音奴
【至正金陵新志】6/四库本/492－332下
【汇编】下7069
文忠 西夏后裔余阙谥号
【青阳先生文集】上/青阳先生文集序/2上
【汇编】上449
文忠 西夏后裔高智耀谥号
【元史】125/高纳麟传/3072
【蒙兀儿史记】154/色目氏族/34下
【雍虞先生道园类稿】25/重建高文忠公祠记/18下
【汇编】上313、326、586
户部主事 西夏后裔观音奴
【元史】192/观音奴传/4368
【元诗选癸集】宋元传记资料丛刊/101
【汇编】上522
户部尚书 西夏后裔杨氏亦执里不花
【至正集】31/宣政使杨公行实序/11上
【汇编】上508
户部侍郎 西夏后裔福寿
【元史】144/福寿传/3441
【汇编】上480
户部郎中 西夏后裔人契斯
【正德姑苏志】41/官迹5/四库全书/493－755上
引进使 西夏后裔星吉
【宋学士全集】18/元赠开府仪同三司上柱国星吉公神道碑铭/18上
【汇编】上471
引进使 西夏后裔福寿
【元史】144/福寿传/3441
【汇编】上480
水达达屯田总管府达鲁花赤 西夏后裔寄僧，来阿八赤子
【元史】129/来阿八赤传/3141
【汇编】上332

五画

功德使 西夏后裔亦怜真班
【元史】145/亦怜真班传/3445
【汇编】上385
札鲁忽赤 西夏后裔乌密氏曲也怯祖，立智理威祖父
【蒙兀儿史记】154/色目氏族/34下
【汇编】上580
札鲁忽赤 西夏后裔乌密氏阿波古，立智理威父
【蒙兀儿史记】154/色目氏族/34下
【汇编】上580
左卫射士 西夏后裔也克吉儿，乞台普济子
【新元史】199/乞台普济传/3下
【汇编】上537
左右司员外郎 西夏后裔宁夏人师克恭
【待制集】10/四库本/1210－351下
左丞 西夏后裔于弥部李恒，李惟忠子
【蒙兀儿史记】76/镇南王脱欢传/15下
【汇编】下7034
左丞 西夏后裔乌密氏立智理威，察罕从孙
【元史】120/立智理威传/2955
【汇编】上246
左丞 西夏后裔乌密氏亦里撒合，立智理威兄
【元史】120/察罕传/2955
【汇编】上245
左丞 西夏后裔余阙
【宋学士全集】11/余左丞传/1上
【汇编】上425
左丞 西夏后裔昔李氏爱鲁
【元史】133/脱力世官传/3228
【汇编】下7002
左丞相 西夏后裔也儿吉尼
【元史】22/武宗纪1/484；24/仁宗纪1/540
【汇编】下7045、7052
左丞相 西夏后裔塔思不花
【元史】22/武宗纪1/498

【汇编】下 7047
左丞相 西夏后裔乞台普济
【元史】22/武宗纪 1/498
【蒙兀儿史记】10/海山可汗本纪/10 上
【汇编】下 7047、7048
左副都元帅 西夏后裔虎益
【牧庵集】14/徽州路总管府达噜噶齐兼管内劝农事虎公神道碑/16 上
【汇编】上 379
左副都元帅 西夏后裔于弥部李恒
【元史】129/李恒传/3155
【柳待制文集】9/李武愍公新庙碑铭/3 上
【汇编】上 340、363
左翊蒙古侍卫百夫长 西夏后裔杨忠显，又名达海
【述善集校注】3/大元赠敦武校尉军民万户府百夫长唐兀公碑铭并序/139
左翊蒙古侍卫百夫长 西夏后裔闾马
【宁夏社会科学】1987 年第 1 期/大元赠敦武校尉军民万户府百夫长唐兀公碑铭/88
【汇编】补遗 7161
左翊蒙古侍卫百夫长 西夏后裔海达
【宁夏社会科学】1987 年第 1 期/大元赠敦武校尉军民万户府百夫长唐兀公碑铭/88
【汇编】补遗 7162
左翊蒙古侍卫百夫长 西夏后裔崇喜
【宁夏社会科学】1987 年第 1 期/大元赠敦武校尉军民万户府百夫长唐兀公碑铭/88
【汇编】补遗 7162
左翊蒙古侍卫亲军 西夏后裔闾马
【述善集校注】3/大元赠敦武校尉军民万户府百夫长唐兀公碑铭并序/138
右卫千夫长 西夏后裔刘完泽
【雍虞先生道园类稿】42/彭城郡侯刘公神道碑/1 上
【汇编】上 401
右司员外郎 西夏后裔宁夏人师克恭
【待制集】10/四库本/1210－351 下
右丞 西夏后裔忙哥帖木儿
【元史】45/顺帝纪 8/952
【汇编】下 7084
右丞 西夏后裔来阿八赤
【蒙兀儿史记】8/忽必烈可汗本纪/26 下
【汇编】下 7039
右丞 西夏后裔按滩
【石田先生文集】6/右丞按滩封谥制/10 上
【汇编】上 566
右丞 西夏后裔昔李教化，昔李钤部子
【牧庵集】19/资德大夫云南行省右丞李公神道碑/8 下
【正德大名府志】10/元大名达鲁花赤昔李公墓志铭/38 上
【汇编】上 290；补遗 7173
右丞相 西夏后裔也儿吉尼
【元史】22/武宗纪 1/497
【汇编】下 7047
右丞相 西夏后裔史氏乞台普济
【元史】22/武宗纪 1/504；23/武宗纪 2/514
【新元史】199/乞台普济传/3 下
【汇编】上 537；下 7048、7050
右侍仪 西夏后裔星吉
【元史】144/星吉传/3438
【宋学士全集】18/元赠开府仪同三司上柱国星吉公神道碑铭/18 上
【汇编】上 457、471
正议大夫 西夏后裔于弥部李恒子李世安，又名散木解
【吴文正公集】42/元故荣禄大夫江西等处行中书省平章政事李公墓志铭/2 下
【汇编】上 371
正议大夫 西夏后裔史氏尔禄，奇塔特布济克子
【牧庵集】26/开府仪同三司太尉太保太子太师中书右丞相史公先德碑/1 上
【汇编】上 547
正议大夫 西夏后裔杨教化
【秋涧先生大全文集】51/大元故大名路宣差李公神道碑铭/5 下
【汇编】上 285
正议大夫 西夏后裔昔李氏万奴，爱鲁子
【正德大名府志】10/元大名达鲁花赤昔李公墓志铭/38 上
【汇编】补遗 7173
正议大夫 西夏后裔昔李教化

【虞文靖公道园全集】35/归田稿·正议大夫江南湖北道肃政廉访使特赠宣忠效力翊戴功臣大司徒金紫光禄大夫上柱国夏国公谥襄敏杨公神道碑/6上
【汇编】上503、505
正议大夫 西夏后裔高睿，高智耀子
【至正金陵新志】6/历代官制·题名/33上
【汇编】下7043
正奉大夫 西夏后裔乌密氏立智理威，察罕从孙
【雍虞先生道园类稿】42/立智理威忠惠公神道碑/25下
【汇编】上263
正奉大夫 西夏后裔昔李氏万奴，爱鲁子
【正德大名府志】10/元大名达鲁花赤昔李公墓志铭/38上
【汇编】补遗/7173
正奉大夫 西夏后裔于弥部李恒子李世安，又名散木䚡
【吴文正公集】42/元故荣禄大夫江西等处行中书省平章政事李公墓志铭/2下
【牧庵集】3/资善大夫中书左丞赠银青荣禄大夫平章政事谥武愍公李公家庙碑/5下
【汇编】上359、372
正奉大夫 西夏后裔杨朵儿只
【元史】179/杨朵儿只传/4151
【虞文靖公道园全集】12/在朝稿·御史中丞杨襄愍公神道碑/1上
【汇编】上485、500
甘州郎中 西夏后裔善居
【民族研究】1979年第1期/大元肃州路也可达鲁花赤世袭之碑/69
【汇编】上299
甘州路治中 西夏后裔剌麻朵儿只
【民族研究】1979年第1期/大元肃州路也可达鲁花赤世袭之碑/69
【汇编】上298
甘肃平章 西夏后裔三旦八
【铁崖文集】2/江浙平章三旦八公勋德碑/1上
【汇编】上561
甘肃行省右丞 西夏后裔嵬的
【元史】43/顺帝纪/918
甘肃行省右丞 西夏后裔暗伯，亦怜真班父
【蒙兀儿史记】154/色目氏族/34下
【汇编】上584
甘肃行省平章政事 西夏后裔亦怜真班
【元史】145/亦怜真班传/3445
【汇编】上385
甘肃行省平章政事 西夏后裔搠思吉朵儿赤，星吉祖父
【蒙兀儿史记】154/色目氏族/34下
【汇编】上595
甘肃省左丞 西夏后裔三哥儿
【永乐大典】2806/5下
【汇编】补遗7160
甘肃等处行中书省右丞 西夏后裔暗伯，亦怜真班父
【元史】133/暗伯传/3236
【汇编】上382
甘肃等处行中书省平章政事 西夏后裔搠思吉朵儿只，星吉祖父
【宋学士全集】18/元赠开府仪同三司上柱国星吉公神道碑铭/18上
【汇编】上471
甘肃等处宣尉使 西夏后裔阿沙
【民族研究】1979年第1期/大元肃州路也可达鲁花赤世袭之碑/69
【汇编】上298
本军万户 西夏后裔于弥部李恒子李世安，又名散木䚡
【新元史】180/李世安传/8下
【吴文正公集】42/元故荣禄大夫江西等处行中书省平章政事李公墓志铭/2下
【汇编】上353、371
本府百户 西夏后裔闾马
【述善集校注】3/大元赠敦武校尉军民万户府百夫长唐兀公碑铭并序/141
龙兴路达鲁花赤 西夏后裔虎益
【新元史】166/虎益传/10上
【汇编】上377；
龙虎卫上将军 西夏后裔野蒲氏昂吉尔
【元史】123/也蒲甘卜传/3027；132/昂吉儿传/3213
【汇编】上300、302

平乐府达噜噶齐 西夏后裔拓拔元善
【广西通志】52/四库本/566－510下
平江达鲁花赤 西夏后裔六十
【夷白斋稿】27/光福观音显应记/3上
【汇编】下7080
平江府总管 西夏后裔李朵儿济
【正德姑苏志】3/古今守令表中/四库本/493－67上
平江路长洲县达鲁花赤 西夏后裔元童，黄头子
【道园学古录】40/昭毅大将军平江路总管府达鲁花赤兼管内劝农事黄头公墓碑/9上
【汇编】上535
平江路达鲁花赤 西夏后裔六十
【夷白斋稿】12/平江路达鲁花赤西夏六十公纪绩碑颂/1上
【汇编】上552、553
平江路达鲁花赤 又作平江路荅鲁合臣，西夏后裔黄头，别名世雄
【蒙兀儿史记】154/色目氏族/34下
【道园学古录】40/昭毅大将军平江路总管府达鲁花赤兼管内劝农事黄头公墓碑/9上
【汇编】上535、600
平江路总管府达鲁花赤 西夏后裔黄头，别名世雄
【道园学古录】40/昭毅大将军平江路总管府达鲁花赤兼管内劝农事黄头公墓碑/9上
【汇编】上532
平阳、太原两路宣抚使 西夏后裔谢仲温
【元史】169/谢仲温传/3977
平章 西夏后裔论卜
【嘉靖宁夏新志】2/130
平章 西夏后裔余阙
【师山集】师山遗文/附录/师山先生郑公行状/10下
【汇编】补遗7192
平章 西夏后裔教化
【元史】20/成宗纪3/427
【汇编】下7042
平章 西夏后裔韩家讷
【元史】139/朵儿只传/3354
【汇编】下7075
平章军国重事 西夏后裔大慈都
【元史】22/武宗纪1/499
【汇编】下7047
平章军国重事 西夏后裔昔李氏教化
【元史】22/武宗纪1/497
【牧庵集】19/资德大夫云南行省右丞李公神道碑/8下
【雪楼程先生集】2/特进平章政事教化特加开府仪同三司太子太保太尉平章军国重事上柱国封魏国公制/4下
【至顺镇江志】19/宋元方志丛刊/2863下
【汇编】上286；下7047；补遗7222
平章政事 西夏后裔于弥部李惟忠
【牧庵集】14/徽州路总管府达噜噶齐兼管内劝农事虎公神道碑/16上
【汇编】上378
平章政事 西夏后裔也儿吉尼
【元史】46/顺帝纪9/963
【汇编】下7085
平章政事 西夏后裔乌密氏木花里，察罕子
【元史】120/察罕传/2955
【汇编】上244
平章政事 西夏后裔史氏乞台普济
【新元史】199/乞台普济传/3下
【汇编】上537
平章政事 西夏后裔史氏额尔吉纳，奇塔特布济克子
【牧庵集】26/开府仪同三司太尉太保太子太师中书右丞相史公先德碑/1上
【汇编】上547
平章政事 西夏后裔余阙
【草木子】4/中秋夜望月/8下
【汇编】补遗7178
平章政事 西夏后裔昔李氏教化
【雪楼程先生集】2/特进平章政事教化特加开府仪同三司太子太保太尉平章军国重事上柱国封魏国公制/4下
【汇编】中294
平章政事 西夏后裔高纳麟，高智耀孙
【元史】139/朵儿只传/354
【汇编】下7070
平章政事 西夏后裔高惠德，高智耀父

【雍虞先生道园类稿】25/重建高文忠公祠记/18下
【汇编】上 326
平章政事 西夏后裔教化
【元史】22/武宗纪 1/497
【汇编】下 7047
平章政事 西夏后裔嵬名公
【青阳先生文集】4/送月彦明经历赴行都水监序/3 下
【汇编】下 7074
平章政事 西夏后裔于弥部李恒子李世安，又名散木解
【新元史】180/李世安传/8 下
【吴文正公集】14/滕国李武愍公家传后序/1上；42/元故荣禄大夫江西等处行中书省平章政事李公墓志铭/2 下
【汇编】上 354、369、370、372
平章政事 西夏后裔史氏乞台普济弟昂吉，又作昂齐
【新元史】199/乞台普济传/3 下
【蒙兀儿史记】154/色目氏族/34 下
【牧庵集】26/开府仪同三司太尉太保太子太师中书右丞相史公先德碑/1 上
【汇编】上 537、546、588
平章政事 西夏后裔于弥部李恒
【元史】129/李恒传/3155
【蒙兀儿史记】154/色目氏族/34 下
【吴文正公集】14/滕国李武愍公家传后序/1 上
【牧庵集】3/资善大夫中书左丞赠银青荣禄大夫平章政事谥武愍公李公家庙碑/5 下
【柳待制文集】9/李武愍公新庙碑铭/3 上
【汇编】上 342、356、365、369、578
平章政事 西夏后裔昔李钤部子爱鲁，又作阿噜；昔李又作昔里
【元史】122/昔里钤部传/3011
【蒙兀儿史记】154/色目氏族/34 下
【雪楼程先生集】2/故父资德大夫云南等处行中书省右丞改谥忠节制/6 上；25/魏国公先世述/16 下
【牧庵集】19/资德大夫云南行省右丞李公神道碑/8 下
【正德大名府志】10/元大名达鲁花赤昔李公墓志铭/38 上
【汇编】上 273、289、293、296、582；补遗 7173
东平等处民户总管 西夏后裔脱脱木儿，黄头子
【道园学古录】40/昭毅大将军平江路总管府达鲁花赤兼管内劝农事黄头公墓碑/9 上
【汇编】上 535
东平等处管民总管 西夏后裔脱脱木儿，黄头子
【蒙兀儿史记】154/色目氏族/34 下
【汇编】上 600
东西两川蒙古汉军万户 西夏后裔火夺都，拜延父
【元史】133/拜延传/3224
【汇编】上 309
东西两川蒙古汉军万户 西夏后裔拜延，火夺都子
【元史】133/拜延传/3224
【汇编】上 309
归德知府 西夏后裔六十
【夷白斋稿】12/平江路达鲁花赤西夏六十公纪绩碑颂/1 上
【汇编】上 555
北京宣慰使 西夏后裔乌密氏亦里撒合，察罕从子
【元史】120/亦力撒合传/2955
【蒙兀儿史记】75/乃颜传/1 上
【汇编】上 245；下 7033
四川行省左丞 西夏后裔乌密氏亦力撒合，立智理威兄
【蒙兀儿史记】154/色目氏族/34 下
【汇编】上 580
四川行省左丞 西夏后裔乌密氏立智理威，察罕从孙
【元史】120/察罕传/2955
【雍虞先生道园类稿】42/立智理威忠惠公神道碑/25 下
【汇编】上 245、264、
四川行省左右司员外郎 西夏后裔脱欢，朵罗台子
【元史】134/朵罗台传/3264
【汇编】上 406

四川行省参知政事 西夏后裔昔李氏万奴，爱鲁子
【正德大名府志】10/元大名达鲁花赤昔李公墓志铭/38 上
【汇编】补遗 7173
四川行省参知政事 西夏后裔乌密氏立智理威，察罕从孙
【元史】120/立智理威传/2955
【雍虞先生道园类稿】42/立智理威忠惠公神道碑/25 下
【汇编】上 246、263、264
四川道廉访司事 西夏后裔阔阔出，朵罗台弟
【元史】134/朵罗台传/3264
【汇编】上 406
四川廉访司佥事 西夏后裔脱欢，朵罗台子
【元史】134 朵罗台传/3264
【蒙兀儿史记】154/色目氏族/34 下
【汇编】上 406、594
四斡耳朵怯怜口千户 西夏后裔乌密氏木花里，察罕子
【元史】120/察罕传/2955
【汇编】上 244
代国公 西夏后裔搠思吉朵儿只，星吉祖父
【蒙兀儿史记】154/色目氏族/34 下
【宋学士全集】18/元赠开府仪同三司上柱国星吉公神道碑铭/18 上
【汇编】上 471、595
仪同三司 西夏后裔于弥部李恒
【吴文正公集】14/滕国李武愍公家传后序/1 上
【柳待制文集】9/李武愍公新庙碑铭/3 上
【汇编】上 365、369
令史 西夏后裔唐兀氏闾儿，闾马子
【宁夏社会科学】1987 年第 1 期/大元赠敦武校尉军民万户府百夫长唐兀公碑铭/88
【汇编】补遗 7165
斥候 西夏后裔乌密氏察罕
【元史】120/察罕传/2955
【汇编】上 243
处州路总管 西夏后裔李朵儿只，又名希谢
【山居新话】/6 下
【汇编】补遗 7218
汀州总管 西夏后裔阿荣，黄头父
【新元史】182/黄头传/6 上
【蒙兀儿史记】154/色目氏族/34 下
【道园学古录】40/昭毅大将军平江路总管府达鲁花赤兼管内劝农事黄头公墓碑/9 上
【汇编】上 530、532、600
汉阳府知府 西夏后裔哈剌哈孙
【吴文正公集】33/元故州达鲁花赤赠中议大夫河中府知府上骑都尉追封魏郡伯墓碑/18 上
【汇编】上 479
礼部员外郎 西夏后裔余阙
【青阳先生文集】1/青阳山房记/4 上
【汇编】上 453
礼部尚书 西夏后裔宁夏人师克恭父
【待制集】10/四库本/1210－350 下
礼部尚书 西夏后裔宁夏人师克恭祖父
【待制集】10/四库本/1210－350 下
礼部尚书 西夏后裔杨朵儿只，失剌唐兀台子
【元史】179/杨朵儿只传/4151
礼部尚书 西夏后裔不花
【元史】179/杨朵儿只传/4151
【汇编】上 489
礼部尚书 西夏后裔刘氏完泽
【蒙兀儿史记】154/色目氏族/34 下
【雍虞先生道园类稿】42/彭城郡侯刘公神道碑/1 上
【汇编】上 404、592
礼部侍郎 西夏后裔高睿，高智耀子
【元史】125/高纳麟传/3072
【汇编】上 313
宁国公 西夏后裔高良惠，高智耀父
【蒙兀儿史记】154/色目氏族/34 下
【雍虞先生道园类稿】25/重建高文忠公祠记/18 下
【汇编】上 326、586
宁国公 西夏后裔高睿，高智耀子
【蒙兀儿史记】154/色目氏族/34 下
【雍虞先生道园类稿】25/重建高文忠公祠记/18 下
【汇编】上 326、586
宁国公 西夏后裔高智耀
【元史】125/高智耀传/3072

【蒙兀儿史记】154/色目氏族/34 下
【雍虞先生道园类稿】25/重建高文忠公祠记/18 下
【汇编】上 313、326、586
宁朔王夫人 西夏后裔斡赤妻铁理
【道园学古录】22/封宁朔王夫人/3 下
【汇编】上 398
宁朔郡王 西夏后裔斡赤
【道园学古录】卷 22/封宁朔王制/3 上
【汇编】上 397
宁夏甘肃释都总统 西夏后裔史氏日尔塞，奇塔特布济克弟
【牧庵集】26/开府仪同三司太尉太保太子太师中书右丞相史公先德碑/1 上
【汇编】上 546
宁夏甘肃释教都总统 西夏后裔史氏日而塞，乞台普济弟
【蒙兀儿史记】154/色目氏族/34 下
【汇编】上 588
宁夏郡夫人 西夏后裔宁夏人师克恭母王氏
【待制集】10/四库本/1210－350 下
宁夏郡夫人 西夏后裔宁夏人师克恭妻王氏
【待制集】10/四库本/1210－351 下
宁夏郡夫人 西夏后裔宁夏人师克恭祖母惠氏
【待制集】10/四库本/1210－350 下
宁夏郡夫人 丑闾妻侯氏
【元史】195/丑闾传/4417
【汇编】上 529
宁夏郡夫人 西夏后裔乌密氏立智理威妻梁氏
【雍虞先生道园类稿】42/立智理威忠惠公神道碑/25 下
【汇编】上 265
宁夏郡公 西夏后裔宁夏人师克恭父
【待制集】10/四库本/1210－350 下
宁夏郡公 西夏后裔暗伯，亦怜真班父
【元史】133/暗伯传/3236
【蒙兀儿史记】154/色目氏族/34 下
【汇编】上 382、584
宁夏郡公 西夏后裔乌密氏立智理威，察罕从孙
【元史】120/立智理威传/2955
【蒙兀儿史记】154/色目氏族/34 下
【雍虞先生道园类稿】42/立智理威忠惠公神道碑/25 下
【汇编】上 247、265、581
宁夏郡侯 西夏后裔宁夏人师克恭祖父
【待制集】10/四库本/1210－350 下
永平府通判 西夏后裔高玉林
【蒙兀儿史记】154/色目氏族/34 下
【汇编】上 587
永昌路达鲁花赤 西夏后裔善居，令只沙子
【民族研究】1979 年第 1 期/大元肃州路也可达鲁花赤世袭之碑/69
【汇编】上 299
司徒 西夏后裔论卜
【嘉靖宁夏新志】2/130
司徒 西夏后裔史氏阿拉克布济克，又作乞台普济
【牧庵集】26/开府仪同三司太尉太保太子太师中书右丞相史公先德碑/1 上
【汇编】上 546
司徒 西夏后裔史氏阿剌普济，乞台普济兄
【蒙兀儿史记】154/色目氏族/34 下
【汇编】上 587
司徒 西夏后裔教化
【虞文靖公道园全集】12/在朝稿·御史中丞杨襄愍公神道碑/1 上
【汇编】上 497
司徒 西夏后裔史氏乞台普济弟昂吉，又作昂齐
【新元史】199/乞台普济传/3 下
【蒙兀儿史记】154/色目氏族/34 下
【牧庵集】26/开府仪同三司太尉太保太子太师中书右丞相史公先德碑/1 上
【汇编】上 537、546、588
司徒 西夏后裔杨氏朵而只，又作朵儿只
【元史】179/杨朵儿只传/4151
【蒙兀儿史记】154/色目氏族/34 下
【虞文靖公道园全集】12/在朝稿·御史中丞杨襄愍公神道碑/1 上
【汇编】上 488、497、591
司徒 西夏后裔高智耀
【元史】125/高智耀传/3072
【蒙兀儿史记】154/色目氏族/34 下

【雍虞先生道园类稿】25/重建高文忠公祠记/18下
【汇编】上 313、326、586
司徒平章 西夏后裔论卜
【宁夏府志】13/人物/乡献/17 上
【汇编】补遗 7220
辽东海道漕运使 西夏后裔来阿八赤
【元史】129/来阿八赤传/3141
【汇编】上 331
辽阳行枢密院事 西夏后裔答儿麻八，星吉子
【宋学士全集】18/元赠开府仪同三司上柱国星吉公神道碑铭/18 上
【汇编】上 476
辽阳行省左丞 西夏后裔亦力撒合，立智理威兄
【蒙兀儿史记】154/色目氏族/34 下
【汇编】上 580
辽阳行省右丞 西夏后裔乌密氏必宰牙，塔出子
【蒙兀儿史记】154/色目氏族/34 下
【至正集】58/故漕运同知粘合公逸的氏墓志铭/12 下
【汇编】上 267、582
辽阳行省参知政事 西夏后裔乌密氏亦里撒合，立智理威兄
【元史】120/察罕传/2955
【汇编】上 245

六画

刑部主事 西夏后裔余阙
【青阳先生文集】1/青阳山房记/4 上
【汇编】上 453
刑部员外郎 西夏后裔高智耀孙纳麟
【元史】142/纳麟传/3406
【汇编】上 317
刑部尚书 西夏后裔高智耀孙纳麟
【元史】142/纳麟传/3406
【汇编】上 318
刑部尚书 西夏后裔乌密氏立智理威，察罕从孙
【元史】120/察罕传/2955
【雍虞先生道园类稿】42/立智理威忠惠公神道碑/25 下
【汇编】上 246、263
刑部侍郎 西夏后裔达石帖木儿
【元诗选癸集】宋元传记资料丛刊/207
刑部郎中 西夏后裔刘氏观音奴，刘完泽子
【雍虞先生道园类稿】42/彭城郡侯刘公神道碑/1 上
【蒙兀儿史记】154/色目氏族/34 下
【汇编】上 404、592
权中书省掾 西夏后裔刘容，高祖阿华为西夏主尚食
【元史】134/刘容传/3259
【汇编】上 398
权枢密院客省使 西夏后裔暗伯，亦怜真班父
【元史】133/暗伯传/3236
【汇编】上 382
权淮西宣慰副使 西夏后裔余阙
【宋学士全集】11/余左丞传/1 上
【汇编】上 424
芍陂屯田千户所达鲁花赤 西夏后裔朵罗台，阔阔出兄
【元史】134/朵罗台传/3264
【蒙兀儿史记】154/色目氏族/34 下
【汇编】上 405、594
亚中大夫 西夏后裔令只沙
【民族研究】1979 年第 1 期/大元肃州路也可达鲁花赤世袭之碑/69
【汇编】上 299
亚中大夫 西夏后裔刘氏完泽祖父某
【雍虞先生道园类稿】42/彭城郡侯刘公神道碑/1 上
【汇编】上 404
亚中大夫 西夏后裔昔李氏爱鲁子忽都答儿，又名骨都歹
【正德大名府志】10/元大名达鲁花赤昔李公墓志铭/38 上
【汇编】补遗 7173
亚中大夫 西夏后裔昔李氏野速普花，爱鲁孙
【正德大名府志】10/元大名达鲁花赤昔李公墓

志铭/38 上
【汇编】补遗 7173
吏部尚书 西夏后裔人契斯
【正德姑苏志】41/官迹 5/四库全书/493 - 755 上
西宁州同知 西夏后裔李南哥
【金文靖集】9/会宁伯李公墓志铭/四库本/1240 - 829 上
西台御史 西夏后裔穆尔济达
【元秘书监志】9/四库本/596 - 850 下
西台监察御史 西夏后裔宁夏人师克恭
【待制集】10/四库本/1210 - 351 下
西夏中兴路按察使 西夏后裔高智耀
【秋涧先生大全文集】86/弹西夏中兴路按察使高智耀不当状/9 下
【汇编】上 326
西夏中兴路提刑按察使兼劝农使 西夏后裔高智耀
【秋涧先生大全文集】86/弹西夏中兴路按察使高智耀不当状/9 下
【汇编】上 326
西夏中兴等路提刑按察使 西夏后裔高智耀
【元史】125/高纳麟传/3072
【雍虞先生道园类稿】25/重建高文忠公祠记/18 下
【汇编】上 312、326
西夏侯 西夏后裔迈里古思
【东维子文集】24/故忠勇西夏侯迈公墓铭/6 下；31/跋忠勇西夏侯迈公墓铭/5 下
【汇编】上 515、516、517
西夏僧都统 西夏后裔冲卜
【元史】33/文宗纪/744
西夏僧都统 西夏后裔监藏班臧卜
【元史】33/文宗纪/744
西御史台侍御 西夏后裔乌密氏韩嘉讷，立智理威子
【雍虞先生道园类稿】42/立智理威忠惠公神道碑/25 下
【汇编】上 265
达鲁花赤 西夏于弥氏李惟忠，李恒父
【元史】129/李恒传/3155
【汇编】上 338
达鲁花赤 西夏后裔于弥部李岩，李恒孙
【新元史】180/李世安传/8 下
【汇编】上 354
达鲁花赤 西夏后裔于弥部李恒子李世安，又名散木解
【新元史】180/李世安传/8 下
【汇编】上 353
达鲁花赤 西夏后裔乌密氏曲也怯祖，察罕兄
【雍虞先生道园类稿】42/立智理威忠惠公神道碑/25 下
【汇编】上 261
达鲁花赤 西夏后裔六十
【青阳先生文集】3/大节堂记/12 上
【汇编】下 7080
达鲁花赤 西夏后裔迈里古思
【南村辍耕录】23/迈里古思传/11 上
【汇编】上 515
达鲁花赤 西夏后裔秃儿赤，亦怜真班祖父
【元史】133/暗伯传/3236
【汇编】上 382
达鲁花赤 西夏后裔昔李钤部，爱鲁父
【正德大名府志】10/元大名达鲁花赤昔李公墓志铭/38 上
【汇编】补遗 7172
达鲁花赤 西夏后裔明安达尔
【元史】195/明安达尔传/4415
【汇编】上 528
达鲁花赤 西夏后裔察罕
【至顺镇江志】16/宰二丹徒县条/11 上
【汇编】下 7064
成安县荅鲁合臣 西夏后裔业母，买住曾祖
【蒙兀儿史记】154/色目氏族/34 下
【汇编】上 597
成安县荅鲁合臣 西夏后裔荅哈儿，买住父
【蒙兀儿史记】154/色目氏族/34 下
【汇编】上 597
成都路同知崇庆事 西夏后裔伯颜
【蒙兀儿史记】154/色目氏族/34 下
【元统元年进士录】宋元传记资料丛刊/597
【汇编】上 598
百户 西夏后裔海达
【宁夏社会科学】1987 年第 1 期/大元赠敦武校

尉军民万户府百夫长唐兀公碑铭/88
【汇编】补遗 7164

托罗岱管军千户 西夏后裔史氏日尔塞，奇塔特布济克弟
【牧庵集】26/开府仪同三司太尉太保太子太师中书右丞相史公先德碑/1 上
【汇编】上 546

贞孝 西夏后裔按滩谥号
【石田先生文集】6/右丞按滩封谥制/10 上
【汇编】上 566

贞献 西夏后裔昔李钤部谥号，昔李又作昔里
【元史】122/昔里钤部传/3011
【蒙兀儿史记】154/色目氏族/34 下
【雪楼程先生集】2/故祖父昔李特赠推忠佐命宣力功臣开府仪同三司太师上柱国追封魏国公谥贞献制/5 下；25/魏国公先世述/16 下
【汇编】上 273、292、295、582

贞献公 西夏后裔昔李钤部
【雪楼程先生集】25/魏国公先世述/16 下
【汇编】上 291

贞简 西夏后裔高睿谥号
【元史】125/高纳麟传/3072
【蒙兀儿史记】154/色目氏族/34 下
【雍虞先生道园类稿】25/重建高文忠公祠记/18 下
【汇编】上 313、326、586

光禄大夫 西夏后裔亦怜真班
【元史】145/亦怜真班传/3445
【汇编】上 385

光禄大夫 西夏后裔星吉
【宋学士全集】18/元赠开府仪同三司上柱国星吉公神道碑铭/18 上
【汇编】上 472

光禄大夫 西夏后裔史氏乞台普济子纳日里，又作哩日
【新元史】199/乞台普济传/3 下
【牧庵集】26/开府仪同三司太尉太保太子太师中书右丞相史公先德碑/1 上
【汇编】上 537、547

吐鲁哈必阇赤 西夏遗民僧吉陀，亦怜真班曾祖
【元史】133/暗伯传/3236
【汇编】上 381

同佥行枢密院使 西夏后裔高睿，高智耀子
【元史】125/高纳麟传/3072
【汇编】上 313

同佥宣徽院事 西夏后裔来阿八赤
【元史】129/来阿八赤传/3141
【汇编】上 331

同知太府院事 西夏后裔杨氏教化
【新元史】183/杨教化传/11 上
【汇编】上 496

同知中政院事 西夏后裔星吉
【宋学士全集】18/元赠开府仪同三司上柱国星吉公神道碑铭/18 上
【汇编】上 472

同知功德使司事 西夏后裔星吉
【宋学士全集】18/元赠开府仪同三司上柱国星吉公神道碑铭/18 上
【汇编】上 472

同知州事 西夏后裔教化的
【元史】32/文宗纪 1/713
【汇编】下 7061

同知江西宣慰事 西夏后裔于弥部李恒子李世安，又名散木解
【吴文正公集】42/元故荣禄大夫江西等处行中书省平章政事李公墓志铭/2 下
【汇编】上 371

同知江西宣慰司事 西夏后裔于弥部李恒
【元史】129/李恒传/3155
【牧庵集】3/资善大夫中书左丞赠银青荣禄大夫平章政事谥武愍公李公家庙碑/5 下
【汇编】上 340、358

同知江西宣慰司事 西夏后裔于弥部李恒子李世安，又名散木解
【元史】129/李恒传/3155
【新元史】180/李世安传/8 下
【牧庵集】3/资善大夫中书左丞赠银青荣禄大夫平章政事谥武愍公李公家庙碑/5 下
【汇编】上 342、353、359

同知江西宣慰司使 西夏后裔于弥部李恒子李世安，又名散木解
【新元史】180/李世安传/8 下
【汇编】上 353

同知江西道宣慰司使 西夏后裔于弥部李恒
【吴文正公集】14/滕国李武愍公家传后序/1上
【汇编】上369
同知江州路总管府事 西夏后裔哈剌哈孙
【吴文正公集】33/元故浚州达鲁花赤中议大夫河中府知府上骑都尉追封魏郡伯墓碑/18上
【汇编】上479
同知江州路事 西夏后裔哈剌哈孙，述哥察儿子
【蒙兀儿史记】154/色目氏族/34下
【汇编】上601
同知两浙盐漕事 西夏后裔木八剌沙侯
【东维子文集】23/两浙盐使司同知木八剌沙侯善政碑/1上
【汇编】上557
同知邵武路事 西夏后裔阿荣，黄头父
【新元史】182/黄头传/6上
【蒙兀儿史记】154/色目氏族/34下
【道园学古录】40/昭毅大将军平江路总管府达鲁花赤兼管内劝农事黄头公墓碑/9上
【汇编】上530、532、600
同知枢密院事 西夏后裔也儿吉尼
【元史】22/武宗纪1/484；27/英宗纪1/605
【汇编】下7045、7058
同知枢密院事 西夏后裔也克吉儿，乞台普济子
【新元史】199/也克吉儿传/3下
【汇编】上538
同知枢密院事 西夏后裔史氏额尔吉纳，奇塔特布济克子
【牧庵集】26/开府仪同三司太尉太保太子太师中书右丞相史公先德碑/1上
【汇编】上547
同知枢密院事 西夏后裔亦怜真班
【元史】145/亦怜真班传/3445
【汇编】上385
同知枢密院事 西夏后裔高纳麟，高智耀孙
【元史】142/高纳麟传/3406
【汇编】上318
同知枢密院事 西夏后裔福寿
【元史】144/福寿传/3441
【汇编】上480
同知松江府事 西夏后裔阿荣，黄头父
【道园学古录】40/昭毅大将军平江路总管府达鲁花赤兼管内劝农事黄头公墓碑/9上
【汇编】上532
同知尚膳院事 西夏后裔来阿八赤
【元史】129/来阿八赤传/3141
【汇编】上331
同知泗州 西夏后裔余阙，沙剌藏布子
【伊滨集】15/送余阙之官泗州序/17下
【汇编】上443
同知泗州事 西夏后裔宁夏人师晋
【待制集】10/四库本/1210－352上
同知泗州事 西夏后裔余阙，沙剌臧卜子
【元史】143余阙传/3426
【宋学士全集】11/余左丞传/1上
【汇编】上409、423
同知宣政院事 西夏后裔杨氏亦执里不花
【至正集】31/宣政使杨公行实序/11上
【汇编】上508
同知宣徽院事 西夏后裔乌密氏韩嘉讷，立智理威子
【雍虞先生道园类稿】42/立智理威忠惠公神道碑/25下
【汇编】上265
同知都漕运事 西夏后裔六十
【夷白斋稿】12/平江路达鲁花赤西夏六十公纪绩碑颂/1上
【汇编】上555
同知称海宣慰司事 西夏后裔桑哥八剌，亦怜真班子
【元史】145/亦怜真班传/3445
【蒙兀儿史记】154/色目氏族/34下
【汇编】上386、585
同知浚州事 西夏后裔宁夏人师博啰
【待制集】10/四库本/1210－352上
同知浚州事 西夏后裔昔李氏玉里沙，野速普花子
【正德大名府志】10/元大名达鲁花赤昔李公墓志铭/38上
【汇编】补遗7173
同知通政院事 西夏后裔亦怜真班
【元史】145/亦怜真班传/3445

【元史】122/昔里钤部传/3011
【汇编】上 273
行尚书省右丞 西夏后裔野蒲氏昂吉儿
【元史】132/昂吉儿传/3213
【汇编】上 302
行省左右司郎中 西夏宗室后裔李桢
【蒙兀儿史记】154/色目氏族/34 下
【汇编】上 579
行省左丞相 西夏后裔昂吉尔
【元史】123/也蒲甘卜传/3027
【汇编】上 300
行省右丞 西夏后裔昔李氏爱鲁
【元史】210/外夷 3・缅传/4659
【汇编】下 7035
行省郎中 西夏后裔王翰，又名那木罕
【新元史】233/王翰传/12 下
【汇编】上 551
行宣政院使 西夏后裔高纳麟，高智耀孙
【元史】142/高纳麟传/3406
【始丰稿】14/平山禅师塔铭/7 上
【汇编】上 318；下 7068
行御史 西夏后裔杨氏亦执里不花
【至正集】31/宣政使杨公行实序/11 上
【汇编】上 508
行御史台中丞 西夏后裔吾密氏卜颜铁木儿
【元史】144/卜颜铁木儿传/3436
【汇编】上 453
行湖南宣慰使 西夏后裔乌密氏立智理威，察罕从孙
【雍虞先生道园类稿】42/立智理威忠惠公神道碑/25 下
【汇编】上 264
行詹事丞 西夏后裔大慈都
【元史】22/武宗纪 1/499
【汇编】下 7047
邠王 西夏后裔搠思吉，星吉父
【宋学士全集】18/元赠开府仪同三司上柱国星吉公神道碑铭/18 上
【汇编】上 471
邠吉王 西夏后裔搠思吉，星吉父
【蒙兀儿史记】154/色目氏族/34 下
【汇编】上 595
交趾行省右丞 西夏后裔来阿八赤
【元史】14/世祖纪 11/293
【汇编】下 7035
庄浪同知 西夏后裔安帖木儿
【五凉全志校注】5/498
庆元路翁州书院山长 西夏后裔卜元吉
【民国台州府志】99/1395 下
庆国公 西夏后裔史氏乞台普济
【蒙兀儿史记】154/色目氏族/34 下
【牧庵集】26/开府仪同三司太尉太子太师中书右丞相史公先德碑/1 上
【汇编】上 546、587
庆国夫人 西夏后裔史氏乞台普济妻库库楞
【牧庵集】26/开府仪同三司太尉太子太师中书右丞相史公先德碑/1 上
【汇编】上 546
江东宪府事 西夏后裔迈里古思
【东维子文集】24/故忠勇西夏侯迈公墓铭/6 下
【汇编】上 516
江东建康道经历 西夏后裔迈里古思
【南村辍耕录】10/迈里古思传/8 上
【汇编】上 513
江东道肃政廉访司经历 西夏后裔迈里古思
【九灵山房集】13/迈院判哀诗序/9 上
【汇编】上 521
江东道宣慰使 西夏后裔乌密氏立智理威，察罕从孙
【元史】120/立智理威传/2955
【雍虞先生道园类稿】42/立智理威忠惠公神道碑/25 下
【汇编】上 246、263
江东道提刑按察使 西夏后裔高睿，高智耀子
【元史】125/高纳麟传/3072
【汇编】上 313
江东路提刑按察使 西夏后裔高睿，高智耀子
【元史】125/高纳麟传/3072
【汇编】上 313
江东廉访司经历 西夏后裔迈里古思
【元史】188/迈里古思传/4311
【汇编】上 510

江东廉访使 西夏后裔道童
【十驾斋养心录】9/四库备要/64－86上
江西乡贡进士 西夏后裔溥华，重福子
【蒙兀儿史记】154/色目氏族/34下
【汇编】上601
江西左丞 西夏后裔李朵儿只
【山居新话】/6下
【汇编】补遗7218
江西左丞 西夏后裔希谢
【山居新话】/6下
【汇编】补遗7218
江西平章政事 西夏后裔于弥部李恒子李世安，又名散木解
【蒙兀儿史记】154/色目氏族/34下
【汇编】上578
江西行中书省右丞 西夏后裔乌密氏塔出，布兀剌子
【蒙兀儿史记】154/色目氏族/34下
【汇编】上581
江西行省左丞 西夏后裔李希谢，又名朵儿只
【山居新话】1/四库本/1040－347、348
江西行省左丞相 西夏后裔星吉
【蒙兀儿史记】154/色目氏族/34下
【汇编】上595
江西行省左丞相 西夏后裔亦怜真班
【元史】42/顺帝纪5/896、898；43/顺帝纪6/909；144/道童传/3443；145/亦怜真班传/3445
【蒙兀儿史记】154/色目氏族/34下
【宋学士全集】12/承事郎彰州府彰浦县知县张府君新墓碣铭/9下
【汇编】上386、584；下7078、7079
江西行省平章 西夏后裔道童
【元史】145/亦怜真班传/3446
江西行省平章 西夏后裔昔李教化中子
【牧庵集】19/资德大夫云南行省右丞李公神道碑/8下
【汇编】上290
江西行省平章政事 西夏后裔也儿吉尼，又作也儿吉你
【元史】27/英宗纪1/605；29/泰定帝纪1/643
【汇编】下7058、7059
江西行省平章政事 西夏后裔星吉
【元史】42/顺帝纪5/903；144/星吉传/3438
【蒙兀儿史记】154/色目氏族/34下
【汇编】上458、594；下7079
江西行省平章政事 西夏后裔于弥部李恒子李世安，又名散木解
【元史】129/李恒传/3155
【新元史】180/李世安传/8下
【汇编】上342、354
江西行省丞相 西夏后裔斡赤
【元行省宰相平章政事年表】宋元传记资料丛刊/51
江西行省宣使 西夏后裔哈剌哈孙子脱因，又作脱因湴
【蒙兀儿史记】154/色目氏族/34下
【吴文正公集】33/元故浚州达鲁花赤中议大夫河中府知府上骑都尉追封魏郡伯墓碑/18上
【汇编】上479、601
江西行省理问 西夏后裔昔李勃
【正德大名府志】10/元礼仪院判昔李公墓志铭/40下
【汇编】补遗7175
江西行省理问 西夏后裔于弥部李嵘，李恒孙
【新元史】180/李世安传/8下
【蒙兀儿史记】154/色目氏族/34下
【吴文正公集】42/元故荣禄大夫江西等处行中书省平章政事李公墓志铭/2下
【汇编】上354、374、578
江西行省参知政事 西夏后裔于弥部李恒
【蒙兀儿史记】7/忽必烈可汗本纪/41下
【汇编】下6996
江西参知政事 西夏后裔于弥部李恒
【元史】10/世祖纪7/203；129/李恒传/3155
【汇编】上341；下6999
江西肃政廉访使 西夏后裔托克托
【江西通志】46/四库本/514－509下
江西省平章政事 西夏后裔星吉
【宋学士全集】18/元赠开府仪同三司上柱国星吉公神道碑铭/18上
【汇编】上474
江西宣慰 西夏后裔于弥部李恒
【宋史】47/瀛国公纪/943

【汇编】下 6993
江西宣慰使 西夏后裔乌密氏宰牙，塔出子
【蒙兀儿史记】154/色目氏族/34 下
【汇编】上 581
江西宣慰使 西夏后裔乌密氏塔出，布兀刺子
【元史】9/世祖纪 6/191；135/塔出传/3272
【汇编】上 257；下 6994
江西宣慰使 西夏后裔于弥部李恒
【元史】129/李恒传/3155
【牧庵集】3/资善大夫中书左丞赠银青荣禄大夫平章政事谥武愍公李公家庙碑/5 下
【汇编】上 340、358
江西都元帅 西夏后裔乌密氏塔出，布兀刺子
【元史】135/塔出传/3272
【汇编】上 257
江西部使者 西夏后裔西夏六十
【夷白斋稿】12/平江路达鲁花赤西夏六十公纪绩碑颂/1 上
【汇编】上 553
江西等处行中书省 西夏后裔于弥部李恒子李世安，又名散木解
【吴文正公集】14/滕国李武愍公家传后序/1 上
【汇编】上 369
江西等处行中书省左右司都事 西夏后裔哈刺哈孙
【吴文正公集】33/元故浚州达鲁花赤中议大夫河中府知府上骑都尉追封魏郡伯墓碑/18 上
【汇编】上 479
江西等处行中书省平章政事 西夏后裔于弥部李恒子李世安，又名散木解
【吴文正公集】42/元故荣禄大夫江西等处行中书省平章政事李公墓志铭/2 下
【汇编】上 372
江西等处行中书省丞相 西夏后裔星吉
【宋学士全集】18/元赠开府仪同三司上柱国星吉公神道碑铭/18 上
【汇编】上 470
江西等处行中书省事 西夏后裔于弥部李恒子李世安，又名散木解
【新元史】180/李世安传/8 下
【汇编】上 353
江西道廉访使 西夏后裔刘氏沙刺班，刘完泽子
【蒙兀儿史记】154/色目氏族/34 下
【汇编】上 592
江西廉访使 西夏后裔纳麟，高智耀孙
【元史】142/纳麟传/3406
【汇编】上 318
江西廉访副使 西夏后裔六十
【夷白斋稿】12/平江路达鲁花赤西夏六十公纪绩碑颂/1 上
【汇编】上 555
江西湖东道肃政廉访司事 西夏后裔刘氏完泽
【雍虞先生道园类稿】42/刘公神道碑/1 上
【汇编】上 402
江西湖东道肃政廉访使 西夏后裔宁夏人师克恭
【待制集】10/四库本/1210－350 下
江西湖东道肃政廉访使 西夏后裔刘氏完泽子沙刺班，又名刘伯温
【雍虞先生道园类稿】42/彭城郡侯刘公神道碑/1 上
【汇编】上 404
江西湖北道廉访使 西夏后裔杨教化，杨朵儿只兄
【蒙兀儿史记】154/色目氏族/34 下
【汇编】上 591
江西福建行省郎中 西夏后裔诺摩罕，又名王翰
【闻过斋集】5/友石山人墓志铭/15 下
【汇编】补遗 7204
江州彭泽县达噜噶齐 西夏后裔宁夏人阿尔
【待制集】10/四库本/1210－352 上
江南行台大夫 西夏后裔高智耀孙纳麟
【元史】41/顺帝纪 4/878
【汇编】下 7075
江南行台治书侍御史 西夏后裔星吉
【宋学士全集】18/元赠开府仪同三司上柱国星吉公神道碑铭/18 上
【汇编】上 471
江南行台治书侍御史 西夏后裔高纳麟，高智耀孙
【元史】142/高纳麟传/3406

【汇编】上318
江南行台侍御史 西夏后裔高睿，高智耀子
【元史】125/高纳麟传/3072
【汇编】上313
江南行台监察御史 西夏后裔昔李勃
【正德大名府志】10/元礼仪院判昔李公墓志铭/40下
【汇编】补遗7175
江南行台监察御史 西夏后裔高智耀孙高纳麟
【元史】42/顺帝纪5/895、898、899
【汇编】下7078
江南行台监察御史 西夏后裔教化
【元史】21/成宗纪4/470
【汇编】下7044
江南行台御史大夫 西夏后裔桑节
【明一统志】37/四库本/472－931下
江南行台御史大夫 西夏后裔亦怜真班
【元史】145/亦怜真班传/3445
【汇编】上385
江南行台御史大夫 西夏后裔星吉
【宋学士全集】18/元赠开府仪同三司上柱国星吉公神道碑铭/18上
【汇编】上472
江南行台御史大夫 西夏后裔福寿
【元史】43/顺帝纪6/930；44/顺帝纪7/925；144/福寿传/3441
【汇编】上481；下7081
江南行台御史大夫 西夏后裔高纳麟，高智耀孙
【元史】42顺帝5/895、898、899；44/顺帝纪7/932；142/高纳麟传/3406
【蒙兀儿史记】154/色目氏族/34下
【汇编】上318、586；下7078、7082
江南行台御史中丞 西夏后裔高睿，高智耀子
【蒙兀儿史记】154/色目氏族/34下
【汇编】上586
江南行台镇抚 西夏后裔迈里古思
【元史】188/迈里古思传/4311
【九灵山房集】1/迈里古思公平寇诗/2下
【宋学士全集】9/7下
【汇编】上510、519、518
江南行御史台御史大夫 西夏后裔星吉
【元史】144/星吉传/3438
【汇编】上457
江南行御史台治书侍御史 西夏后裔星吉
【宋学士全集】18/元赠开府仪同三司上柱国星吉公神道碑铭/18上
【汇编】上471
江南浙西道廉访司知事 西夏后裔迈里古思
【南村辍耕录】10/迈里古思传/8上
【汇编】上513
江南湖北道肃政廉访使 西夏后裔教化
【新元史】138/杨教化传/11上
【汇编】上496
江南湖北道肃政廉访使 西夏后裔杨氏教化，式腊唐兀台子
【虞文靖公道园全集】35/归田稿·正议大夫江南湖北道肃政廉访使特赠宣忠效力翊戴功臣大司徒金紫光禄大夫上柱国夏国公谥襄敏杨公神道碑/6上
【汇编】上503、505
江南诸道行御史台大夫 西夏后裔高纳麟，高智耀孙
【元史】125/高纳麟传/3072
【汇编】上314
江南诸道行御史台御史大夫 西夏后裔高智耀孙纳麟
【元史】92/百官志8/2334
【汇编】下7082
江南等处行御史大夫 西夏后裔永年公
【夷白斋稿】20/南台御史大夫西夏永年公勋德诗序/3下
【汇编】上558
江浙左丞相 西夏后裔星吉
【元史】140/别儿怯不花传/3367
【汇编】下7076
江浙平章 西夏后裔三旦八
【铁崖文集】2/江浙平章三旦八公勋德碑/1上
【汇编】上561
江浙行省左丞 西夏后裔杨暗普
【元史】17/世祖纪/370
江浙行省左丞相 西夏后裔亦怜真班

【元史】145/亦怜真班传/3445
【汇编】上 386
江浙行省右丞 西夏后裔高纳麟，高智耀孙
【元史】42/顺帝纪 5/896；97/食货志 5/2498；142/高纳麟传/3406
【汇编】上 318；下 7070、7078
江浙行省平章政事 西夏后裔三旦八
【元史】44/顺帝纪 7/931；45/顺帝纪 8/944；142/高纳麟传/3406
【汇编】上 319；下 7081、7084
江浙行省平章政事 西夏后裔乌密氏韩嘉纳
【元史】42/顺帝纪 5/886
【汇编】下 7077
江浙行省平章政事 西夏后裔亦怜真班，又作懿怜真班
【元史】139/朵而直班传/3358；145/亦怜真班传/3445
【汇编】上 385；下 7076
江浙行省平章政事 西夏后裔吾密氏卜颜铁木儿
【元史】144/卜颜铁木儿传/3436
【汇编】上 453
江浙行省平章政事 西夏后裔余阙
【宋学士全集】11/余左丞传/1 上
【汇编】上 426
江浙行省平章政事 西夏后裔高纳麟，高智耀孙
【元史】142/高纳麟传/3406
【汇编】上 318
江浙行省平章政事 西夏后裔教化
【元史】22/武宗纪 1/484
【汇编】下 7044
江浙行省参知政事 西夏后裔李闾伯
【雍正浙江通志】116/四库本/522－134 上
江浙行省参知政事 西夏后裔于弥部李恒子李世安，又名散木解
【新元史】180/李世安传/8 下
【汇编】上 354
江浙行省参知政事 西夏后裔昔李氏万奴，爱鲁子
【正德大名府志】10/元大名达鲁花赤昔李公墓志铭/38 上
【汇编】补遗 7173
江浙等处行中书省参知政事 西夏后裔于弥部李恒子李世安，又名散木解
【养蒙先生文集】3/元故平章政事李武愍公墓田记/2 下
【汇编】上 376
江淮行省参知政事 西夏后裔余阙，沙刺臧卜子
【元史】143/余阙传/3426
【汇编】上 410
江淮等处财富都总管府达鲁花赤 西夏后裔昔李氏万奴，爱鲁子
【正德大名府志】10/元大名达鲁花赤昔李公墓志铭/38 上
【汇编】补遗 7173
江浰行省左丞 西夏后裔野浦氏昂吉尔，野浦甘卜子
【蒙兀儿史记】154/色目氏族/34 下
【汇编】上 583
江浰行省平章政事 西夏后裔嵬名氏卜颜铁木儿
【蒙兀儿史记】154/色目氏族/34 下
【汇编】上 579
池州录事 西夏后裔昂吉
【元诗选三集】10/录事昂吉/四库本/1471－463 下
安化县荅鲁合臣 西夏后裔纳嘉德，述哥察儿孙
【蒙兀儿史记】154/色目氏族/34 下
【汇编】上 601
安吉王 西夏后裔乞台普济
【元史】23/武宗纪 2/525；24/仁宗纪 1/555；26/仁宗纪 3/583
【蒙兀儿史记】48/镇海传/12 上；154/色目氏族/34 下
【汇编】上 587；下 6987、7051、7055
安远大将军 西夏后裔阿束
【永乐大典】2806/5 下
【汇编】补遗 7160
兴元金州万户府达鲁花赤 又作兴化金州万户府荅鲁合臣，西夏后裔拜延子荅荼儿，又作荅察儿

【元史】133/拜延传/3224
【蒙兀儿史记】154/色目氏族/34 下
【汇编】上 310、595
兴国路大冶县达鲁花赤 西夏后裔黄头，别名世雄
【新元史】182/黄头传/6 上
【道园学古录】40/昭毅大将军平江路总管府达鲁花赤兼管内劝农事黄头公墓碑/9 上
【汇编】上 530、533
祁州达鲁花赤 西夏后裔老索孙忽都不花
【中国藏西夏文献】18/顺天路达鲁花赤河西老索神道碑/150
军民万户府百夫长 西夏后裔崇喜
【宁夏社会科学】1987 年第 1 期/大元赠敦武校尉军民万户府百夫长唐兀公碑铭/88
【汇编】补遗 7161
军民万户府百户 西夏后裔庆安，又名脱脱
【宁夏社会科学】1987 年第 1 期/大元赠敦武校尉军民万户府百夫长唐兀公碑铭/88
【汇编】补遗 7166
军前行中书省左右司郎中 西夏宗室后裔李桢，赐名玉出干必阇赤
【元史】124/李桢传/3050
【汇编】上 269
观察使 西夏后裔于弥部李恒子李世安，又名散木解
【吴文正公集】42/元故荣禄大夫江西等处行中书省平章政事李公墓志铭/2 下
【汇编】上 370
丞相 西夏后裔也儿吉你
【元史】33/文宗纪 2/732
【汇编】下 7062
丞相 西夏后裔路氏沙览答里
【宁夏府志】13/人物/乡献/17 上
【嘉靖宁夏新志】2/130
【汇编】补遗 7220

七画

进士 西夏后裔宁夏人师博啰
【待制集】10/四库本/1210 – 352 上
进士 西夏后裔买住
【元统元年进士录】宋元传记资料丛刊/596
进士 西夏后裔张长吉
【梧溪集】5/四库本/1218 – 784 下
进士 西夏后裔张雄飞
【元诗选癸集】宋元传记资料丛刊/40
进士 西夏后裔昂吉
【元诗选三集】/10 录事昂吉/四库本/1471 – 463 下
进士 西夏后裔穆尔济达
【元秘书监志】9/四库本/596 – 850 下
进士 西夏后裔丑闾
【蒙兀儿史记】154/色目氏族/34 下
【汇编】上 598
进士 西夏后裔安笃剌
【蒙兀儿史记】154/色目氏族/34 下
【汇编】上 599
进士 西夏后裔余阙
【蒙兀儿史记】154/色目氏族/34 下
【汇编】上 596
进士 西夏后裔野仙普化
【蒙兀儿史记】154/色目氏族/34 下
【汇编】上 597
进义校尉 西夏后裔杨广儿，又名伯颜普化
【述善集校注】3/大元赠敦武校尉军民万户府百夫长唐兀公碑铭并序/142
进义校尉 西夏后裔阿都赤
【至顺镇江志】16/宰二丹徒县条/5 上
【汇编】下 7065
进义副尉 西夏后裔刘伯牙兀歹
【至顺镇江志】16/宰二丹徒县条/6 上
【汇编】下 7043
进义副尉 西夏后裔黄头，别名世雄
【道园学古录】40/昭毅大将军平江路总管府达鲁花赤兼管内劝农事黄头公墓碑/9 上
【汇编】上 533
克速古儿赤 西夏后裔昂阿秃，昂吉儿子
【元史】123/也蒲甘卜传 3027
【汇编】上 300
克流速、不鲁合、不周兀等处万户 西夏后裔暗伯，亦怜真班父
【元史】133/暗伯传/3236
【汇编】上 382

两浙盐运使司同知 西夏后裔茂巴尔斯
【东维子集】23/两浙盐使同知茂巴尔斯侯善政碑/四库本/1221－614上
两浙盐使司同知 西夏后裔木八剌沙侯
【东维子文集】23/两浙盐使司同知木八剌沙侯善政碑/1上
【汇编】上556
抚州路崇仁县达鲁花赤 西夏后裔保童，黄头子
【道园学古录】40/昭毅大将军平江路总管府达鲁花赤兼管内劝农事黄头公墓碑/9上
【汇编】上535
护军 西夏后裔宁夏人师克恭父
【待制集】10/四库本/1210－350下
连佐省台 西夏后裔买术
【东维子集】23/重建海道都漕运万户府碑/四库本/1221－619
利月监太卿 西夏后裔剌哈咱识理，星吉子；利月监，又作利国监
【蒙兀儿史记】154/色目氏族/34下
【汇编】上594
利国监太卿 西夏后裔剌哈咱识理，星吉子
【宋学士全集】18/元赠开府仪同三司上柱国星吉公神道碑铭/18上
【汇编】上476
秃鲁花军百户 西夏遗民拜延父火夺都，秃鲁花即唐兀质子军
【元史】133/拜延传/3224
【汇编】上309
秃鲁哈心阇赤 西夏遗民僧吉陀，亦怜真班曾祖
【元史】133/暗伯传/3236
【蒙兀儿史记】154/色目氏族/34下
【汇编】上381、584
秃薛怯薛必阇赤 西夏后裔乌密氏立智理威，察罕从孙
【雍虞先生道园类稿】42/立智理威忠惠公神道碑/25下
【汇编】上262
兵部尚书 西夏后裔宁夏人师克恭
【待制集】10/四库本/1210－350下
兵部侍郎 西夏后裔宁夏人师克恭
【待制集】10/四库本/1210－350下
兵部侍郎 西夏后裔宁夏人师克恭祖父
【待制集】10/四库本/1210－350下
兵部侍郎 西夏后裔李恒孙李屺，又名薛彻干
【元史】129/李恒传/3155
【蒙兀儿史记】154/色目氏族/34下
【汇编】上342、578
近侍 西夏后裔阔阔出，朵罗台弟
【元史】134/朵罗台传/3264
【汇编】上406
佥太常礼仪院事 西夏后裔老索子忙古得
【中国藏西夏文献】18/顺天路达鲁花赤河西老索神道碑/150
佥太常礼仪院事 西夏后裔福寿
【元史】144/福寿传/3441
【汇编】上480
佥书枢密院事 西夏后裔马的室理，亦怜真班子
【蒙兀儿史记】154/色目氏族/34下
【汇编】上585
佥书枢密院事 西夏遗民于弥部李恒父李维忠
【吴文正公集】42/元故荣禄大夫江西等处行中书省平章政事李公墓志铭/2下
【汇编】上370
佥辽阳行枢密院事 西夏后裔星吉子答儿麻八剌，又作答儿麻八
【蒙兀儿史记】154/色目氏族/34下
【宋学士全集】18/元赠开府仪同三司上柱国星吉公神道碑铭/18上
【汇编】上476、595
佥西蜀四川道肃政廉访司事 西夏后裔刘氏完泽
【雍虞先生道园类稿】42/彭城郡侯刘公神道碑/1上
【汇编】上402
佥行枢密院事 西夏后裔高长寿，高智耀子
【蒙兀儿史记】154/色目氏族/34下
【汇编】上586
佥行尚书省事 西夏后裔于弥部李恒子李世安，又名散木解
【新元史】180/李世安传/8下
【汇编】上353

佥江西行中书省事 西夏后裔李世安，李恒子
【牧庵集】3/资善大夫中书左丞赠银青荣禄大夫平章政事谥武愍公李公家庙碑/5 下
【汇编】上 359
佥江西等处行中书省事 西夏后裔于弥部李恒子李世安，又名散木䚡
【吴文正公集】42/元故荣禄大夫江西等处行中书省平章政事李公墓志铭/2 下
【汇编】上 371
佥江浙枢密院事 西夏后裔迈里古思
【东维子文集】24/故忠勇西夏侯迈公墓铭/6 下
【汇编】上 516
佥枢密院事 西夏后裔暗伯，亦怜真班父
【元史】133/暗伯传/3236
【汇编】上 382
佥岭北湖南道肃政廉访司事 西夏后裔刘氏完泽
【雍虞先生道园类稿】42/彭城郡侯刘公神道碑/1 上
【汇编】上 402
佥河东山西道肃政廉访司事 西夏后裔杨氏不华
【虞文靖公道园全集】12/在朝稿·御史中丞杨襄愍公神道碑/1 上
【汇编】上 497
佥河东山西道廉访司事 西夏后裔杨不花，杨朵儿只子
【蒙兀儿史记】154/色目氏族/34 下
【汇编】上 591
佥河东廉访司事 西夏后裔不花
【元史】179/杨朵儿只传/4151
【汇编】上 489
佥河南廉访司事 西夏后裔高纳麟，高智耀孙
【元史】142/高纳麟传/3406
【汇编】上 317
佥宣政院事 西夏后裔史氏尔禄，乞台普济子
【新元史】199/乞台普济传/3 下
【牧庵集】26/开府仪同三司太尉太保太子太师中书右丞相史公先德碑/1 上
【汇编】上 537、547
佥都元帅府事 西夏后裔余阙，沙剌臧卜子
【元史】143/余阙传/3426
【汇编】上 409
佥浙东宪 西夏后裔张雄飞
【至正集】33/张雄飞诗集序/14 上
【汇编】补遗 7196
佥浙东道廉访司事 西夏后裔余阙
【元史】143/余阙传/3426
【宋学士全集】11/余左丞传/1 上
【汇编】上 409、424
佥浙西宪 西夏后裔也儿吉尼
【永乐大典】2343/邹鲁撰奉议大夫岭南广西道肃政廉访司副使也儿吉尼公德政碑/18 上
【汇编】补遗 7200
应奉翰林文字 西夏后裔余阙
【宋学士全集】11/余左丞传/1 上
【汇编】上 423
庐州万户府荅鲁合臣 西夏后裔昂阿秃，昂吉儿子
【蒙兀儿史记】154/色目氏族/34 下
【汇编】上 583
庐州路治中 西夏后裔王翰，又名那木罕、诺摩罕
【新元史】233/王翰传/12 下
【蒙兀儿史记】154/色目氏族/34 下
【闻过斋集】5/友石山人墓志铭/15 下
【汇编】上 551、593；补遗 7204
庐州蒙古汉军万户府达鲁花赤 西夏后裔野蒲氏昂阿秃，昂吉儿子
【元史】123/也蒲甘卜传/3027；132/昂吉儿传/3213
【汇编】上 300、302、303
庐州蒙古汉军万户府达鲁花赤 又作庐州蒙兀汉军万户府荅鲁合臣，西夏后裔昂吉儿又作昂吉尔
【元史】123/也蒲甘卜传 3027
【蒙兀儿史记】154/色目氏族/34 下
【汇编】上 300、583
怀远大将军 西夏后裔令只沙
【民族研究】1979 年第 1 期/大元肃州路也可达鲁花赤世袭之碑/69
【汇编】上 299

怀远大将军 西夏后裔拜延
【元史】133/拜延传/3224
【汇编】上 310
怀远大将军 西夏后裔黄头，别名世雄
【道园学古录】40/昭毅大将军平江路总管府达鲁花赤兼管内劝农事黄头公墓碑/9 上
【汇编】上 535
怀远大将军 西夏后裔野蒲氏昂吉儿
【元史】132/昂吉儿传/3213
【汇编】上 301
怀远大将军 西夏后裔于弥部李屿，李恒孙
【新元史】180/李世安传/8 下
【吴文正公集】42/元故荣禄大夫江西等处行中书省平章政事李公墓志铭/2 下
【汇编】上 354、374
怀远大将军 西夏后裔阿荣，黄头父
【新元史】182/黄头传/6 上
【道园学古录】40/昭毅大将军平江路总管府达鲁花赤兼管内劝农事黄头公墓碑/9 上
【汇编】上 530、532
怀孟卫辉等路新军万户 西夏后裔昔李氏乞答哈，昔李勃父
【正德大名府志】10/元礼仪院判昔李公墓志铭/40 下
【汇编】补遗 7175
沣州同知 西夏后裔山马
【隆庆岳州府志】13/天一阁明代方志选刊/714
沅州、安庆、江陵、陕州四路达鲁花赤 西夏后裔沙陀昔李氏乞答哈，昔李勃父
【正德大名府志】10/元礼仪院判昔李公墓志铭/40 下
【汇编】补遗/7175
汴梁路治中骁骑尉 西夏后裔述哥察
【吴文正公集】33/元故浚州达鲁花赤中议大夫河中府知府上骑都尉追封魏郡伯墓碑/18 上
【汇编】上 478
判官 文殊奴
【元史】41/顺帝纪 4/867
【汇编】下 7073
判崑山州 西夏后裔鲁傒宗岱
【铁崖文集】5/云岩说/29 下
【汇编】上 565
阿里海牙节制下军官 西夏后裔李鲁合答儿
【元史】13/世祖纪/266
陇西郡夫人 西夏后裔李闾母梁氏
【巴西集】下/四库本/1195－546
陇西郡夫人 西夏后裔李闾伯祖母傅氏
【巴西集】下/四库本/1195－546
陇西郡公 西夏后裔天祐，李闾伯祖父
【巴西集】下/四库本/1195－546
陇西郡公 西夏后裔李闾伯
【巴西集】下/四库本/1195－546
陇西郡公 西夏后裔李昌，李闾伯父
【巴西集】下/四库本/1195－546
陈夫人 西夏后裔黄头妻朱氏
【道园学古录】40/昭毅大将军平江路总管府达鲁花赤兼管内劝农事黄头公墓碑/9 上
【汇编】上 535

八画

武备司提点 西夏后裔不花
【元史】179/杨朵儿只传/4151
【汇编】上 489
武备寺丞 西夏后裔勃罗帖穆尔
【至正昆山郡志】2/勃罗帖穆尔传/7 上
【汇编】补遗 7217
武备寺同判 西夏后裔善居
【民族研究】1979 年第 1 期/大元肃州路也可达鲁花赤世袭之碑/69
【汇编】上 299
武备库提点 西夏后裔杨氏不华
【虞文靖公道园全集】12/在朝稿·御史中丞杨襄愍公神道碑/1 上
【汇编】上 497
武宣 西夏后裔于弥氏察罕谥号，于弥氏又作乌密氏
【元史】120/察罕传/2955
【蒙兀儿史记】154/色目氏族/34 下
【汇编】上 244、581
武略将军 西夏后裔阿剌威
【万历（新修）南昌府志】15/日本藏中国罕见地方志丛刊/295 下
武略将军 西夏后裔额森

【畿辅通志】69/四库本/505－665 下
武略将军 西夏后裔阿荣，黄头父
【道园学古录】40/昭毅大将军平江路总管府达鲁花赤兼管内劝农事黄头公墓碑/9 上
【汇编】上 532
武愍 西夏后裔于弥部李恒谥号
【吴文正公集】14/滕国李武愍公家传后序/1 上
【柳待制文集】9/李武愍公新庙碑铭/3 上
【蒙兀儿史记】154/色目氏族/34 下
【汇编】上 365、369、578
武愍公 又作忠愍公，西夏后裔李恒
【申斋刘先生文集】7/6 下滕国武愍孝李公庙碑
【吴文正公集】14/滕国李武愍公家传后序/1 上；42/元故荣禄大夫江西等处行中书省平章政事李公墓志铭/2 下
【柳待制文集】9/李武愍公新庙碑铭/3 上
【汇编】上 361、363、368、370
武愍公夫人 西夏后裔于弥部李恒妻
【吴文正公集】42/元故荣禄大夫江西等处行中书省平章政事李公墓志铭/2 下
【汇编】上 373
武德将军 王额森布哈
【闻过斋集】5/故王将军夫人孙氏墓志铭/13 下
【汇编】补遗 7207
武德将军 西夏后裔昔李氏益怜真，昔李勃兄
【正德大名府志】10/元礼仪院判昔李公墓志铭/40 下
【汇编】补遗 7175
武德将军 西夏后裔诺摩翰曾祖
【闻过斋集】1/王氏家谱叙/22 上；5/友石山人墓志铭/15 下
【汇编】补遗 7204、7210
武德将军 西夏后裔黄头
【新元史】182/黄头传/6 上
【汇编】上 530
武德将军兼管稻田 西夏后裔伯颜
【至顺镇江志】15/宋元方志丛刊/2820 下
武德将军海道都漕运万户府副万户 西夏后裔黄头，别名世雄
【道园学古录】40/昭毅大将军平江路总管府达鲁花赤兼管内劝农事黄头公墓碑/9 上
【汇编】上 533
武毅 西夏后裔乌密氏察罕子木花里谥号
【元史】120/察罕传/2955
【蒙兀儿史记】154/色目氏族/34 下
【汇编】上 244、581
奉训 西夏后裔孛罗
【至正金陵新志】6/历代官制·题名/58 下
【汇编】下 7060
奉训 西夏后裔彻彻帖木儿
【至正金陵新志】6/历代官制·题名/64 下
【汇编】下 7072
奉训 西夏后裔帖木儿不花
【至正金陵新志】6/历代官制·题名/63 上
【汇编】下 7069
奉训大夫 西夏后裔彻辰特穆尔
【至正金陵新志】6/四库本/492－333 上
奉训大夫 西夏后裔张翔
【至正金陵新志】6/四库本/492－322 下
奉训大夫 西夏后裔哈剌
【至正金陵新志】6/四库本/492－331 下
奉训大夫 西夏后裔特穆尔巴哈
【至正金陵新志】6/四库本/492－332 下
奉训大夫 西夏后裔博啰
【至正金陵新志】6/四库本/492－330 上
奉训大夫 西夏后裔刘氏观音奴，刘完泽子
【雍虞先生道园类稿】42/彭城郡侯刘公神道碑/1 上
【汇编】上 404
奉训大夫 西夏后裔勃罗帖穆尔
【至正昆山郡志】2/勃罗帖穆尔传/7 上
【汇编】补遗 7217
奉训大夫 西夏后裔剌麻朵儿只
【民族研究】1979 年第 1 期/大元肃州路也可达鲁花赤世袭之碑/69
【汇编】上 298
奉议 西夏后裔也先帖木儿
【至正金陵新志】6/历代官制·题名/62 下
【汇编】下 7067
奉议大夫 西夏后裔老索孙忽都不花
【中国藏西夏文献】18/顺天路达鲁花赤河西老索神道碑/150
奉议大夫 西夏后裔额森特穆尔
【至正金陵新志】6/四库本/492－332 上

奉议大夫 西夏后裔于弥部李嵘，李恒孙
【吴文正公集】42/元故荣禄大夫江西等处行中书省平章政事李公墓志铭/2下
【汇编】上374
奉议大夫 西夏后裔也儿吉尼
【永乐大典】2343/邹鲁撰奉议大夫岭南广西道肃政廉访司副使也儿吉尼公德政碑/18上
【汇编】补遗7200
奉议大夫 西夏后裔述哥察儿
【吴文正公集】33/元故浚州达鲁花赤中议大夫河中府知府上骑都尉追封魏郡伯墓碑/18上
【汇编】上478
奉议大夫 西夏后裔勃罗帖穆尔
【至正昆山郡志】2/勃罗帖穆尔传/7上
【汇编】补遗7217
奉议大夫 西夏后裔剌麻朵儿只
【民族研究】1979年第1期/大元肃州路也可达鲁花赤世袭之碑/69
【汇编】上298
奉议大夫 西夏后裔哈剌哈孙
【吴文正公集】33/元故浚州达鲁花赤中议大夫河中府知府上骑都尉追封魏郡伯墓碑/18上
【汇编】上479
奉国上将军 西夏后裔阿束
【永乐大典】2806/5下
【汇编】补遗7160
奉直大夫 西夏后裔玖珠格
【至正金陵新志】6/四库本/492－333上
奉直大夫 西夏后裔星吉
【宋学士全集】18/元赠开府仪同三司上柱国星吉公神道碑铭/18上
【汇编】上471
奉政 西夏后裔朵歹
【至正金陵新志】6/历代官制·题名/61下
【汇编】下7066
奉政 西夏后裔哈剌
【至正金陵新志】6/历代官制·题名/61下
【汇编】下7066
奉政大夫 西夏后裔多岱
【至正金陵新志】6/四库本/492－331下
枢密同佥右卫亲军都指挥使 西夏后裔阿束
【永乐大典】2806/5下
【汇编】补遗7160
枢密同佥右卫都指挥使 西夏后裔阿束
【永乐大典】2806/5下
【汇编】补遗7160
枢密同知 西夏后裔高智耀孙高纳麟
【元史】113/宰相年表2/2845
【汇编】下7070
枢密使 西夏后裔高智耀孙高纳麟
【始丰稿】14/平山禅师塔铭/7上
【汇编】下7068
枢密院判 西夏后裔迈里古思
【九灵山房集】13/迈院判哀诗序/9上
【始丰稿】13/7上
【汇编】上521；补遗7198
枢密院知院 西夏后裔都罗乌□吃铁木尔
史金波《西夏文过去庄严劫千佛名经发愿文》译文
枢密院经历 西夏后裔高纳麟子高王贞
【元史氏族表】辽金元传记资料丛刊/252
【蒙兀儿史记】154/色目氏族/34下
【汇编】上586
枢密院客省使 西夏后裔暗伯，亦怜真班父
【元史】133/暗伯传/3236
【汇编】上382
枢密院都事 西夏后裔脱欢，朵罗台子
【元史】134/朵罗台传/3264
【汇编】上406
枢密院断事官 西夏后裔脱欢，朵罗台子
【蒙兀儿史记】154/色目氏族/34下
【汇编】上594
枢密院管勾 西夏后裔迈里古思婿陈逊
【九灵山房集】13/迈院判哀诗序/9上
【汇编】上521
杭州路总管 西夏后裔高智耀孙纳麟
【元史】142/纳麟传/3406
【汇编】上318
直省舍人 西夏后裔勃罗帖穆尔
【至正昆山郡志】2/勃罗帖穆尔传/7上
【汇编】补遗7217
招讨使 西夏后裔昔李氏爱鲁，昔里钤部子
【元史】122/爱鲁传/3011
【汇编】上272

虎符管军万户 西夏后裔达实忽儿巴，乞台普济孙
【蒙兀儿史记】154/色目氏族/34 下
【汇编】上 587
尚书 西夏后裔福寿
【元史】144/福寿传/3441
【汇编】上 480
尚书左丞 西夏后裔昂吉尔
【元史】123/也蒲甘卜传/3027
【汇编】上 300
尚书右丞相 西夏后裔史氏日尔塞，乞台普济弟
【新元史】199/乞台普济传/3 下
【汇编】上 537
尚书右丞相 西夏后裔史氏乞台普济
【元史】24/仁宗纪 1/555
【蒙兀儿史记】154/色目氏族/34 下
【汇编】上 587；下 7055
尚书省右丞相 西夏后裔乞台普济
【元史】112/宰相年表/2815
【汇编】下 7050
尚书省参知政事 西夏后裔于弥部李恒子李世安，又名散木觧
【新元史】180/李世安传/8 下
【汇编】上 354
尚书断事官 西夏后裔于弥部李恒
【元史】129/李恒传/3155
【汇编】上 338
尚宝丞 西夏后裔人契斯
【正德姑苏志】41/官迹 5/四库全书/493 – 755 上
尚监丞 西夏后裔星吉
【宋学士全集】18/元赠开府仪同三司上柱国星吉公神道碑铭/18 上
【汇编】上 471
岭北行省平章 西夏后裔桑哥答思，亦怜真班子
【元史】145/亦怜真班传/3445
【汇编】上 386
岭北行省平章政事 西夏后裔桑哥答思，亦怜真班子
【蒙兀儿史记】154/色目氏族/34 下
【汇编】上 585
岭北行省参知政事 西夏后裔沙嘉室理，亦怜真班子
【蒙兀儿史记】154/色目氏族/34 下
【汇编】上 585
岭北行省参政 西夏后裔沙嘉室理，亦怜真班子
【元史】145/亦怜真班传/3445
【汇编】上 386
岭北湖南道肃政廉访司事 西夏后裔刘氏完泽
【雍虞先生道园类稿】42/彭城郡侯刘公神道碑/1 上
【汇编】上 402
岭南广西道肃政廉访司副使 西夏后裔也儿吉尼
【永乐大典】2343/邹鲁撰奉议大夫岭南广西道肃政廉访司副使也儿吉尼公德政碑/18 上
【汇编】补遗 7200
岭南行省参政 西夏后裔昔李氏爱鲁，昔李钤部子
【正德大名府志】10/元大名达鲁花赤昔李公墓志铭/38 上
【汇编】补遗 7173
明威将军 西夏后裔于弥部李恒
【元史】129/李恒传/3155
【汇编】上 339
明威将军 西夏后裔黄头，别名世雄
【道园学古录】40/昭毅大将军平江路总管府达鲁花赤兼管内劝农事黄头公墓碑/9 上
【汇编】上 532
明威将军 西夏后裔野蒲氏昂吉儿
【元史】132/昂吉儿传/3213
【汇编】上 301
明威将军 西夏后裔答荼儿，拜延子
【元史】133/拜延传/3224
【汇编】上 310
忠节 西夏后裔昔里爱鲁谥号，原谥为毅敏
【元史】122/昔里钤部传/3011
忠定 西夏后裔杨氏教化祖父失剌谥号，失剌又作世剌
【蒙兀儿史记】154/色目氏族/34 下

【虞文靖公道园全集】12/在朝稿·御史中丞杨襄愍公神道碑/1 上；35/归田稿·正议大夫江南湖北道肃政廉访使特赠宣忠效力翊戴功臣大司徒金紫光禄大夫上柱国夏国公谥襄敏杨公神道碑/6 上
【汇编】上 499、591、507
忠肃 西夏后裔李恒父李惟忠谥号
【蒙兀儿史记】154/色目氏族/34 下
【汇编】上 578
忠肃 西夏后裔星吉谥号
【宋学士全集】18/元赠开府仪同三司上柱国星吉公神道碑铭/18 上
【蒙兀儿史记】154/色目氏族/34 下
【汇编】上 470，471、595
忠肃公 西夏后裔星吉
【宋学士全集】18/元赠开府仪同三司上柱国星吉公神道碑铭/18 上
【汇编】上 476
忠显校尉 西夏后裔杨忠显，又名达海
【述善集校注】3/大元赠敦武校尉军民万户府百夫长唐兀公碑铭并序/139
忠显校尉 西夏后裔崇喜
【宁夏社会科学】1987 年第 1 期/大元赠敦武校尉军民万户府百夫长唐兀公碑铭/88
【汇编】补遗 7162
忠宣 西夏后裔史氏乞台普济父算只儿威谥号
【牧庵集】26/1 上
【蒙兀儿史记】154/色目氏族/34 下
【汇编】上 544、587
忠宣 西夏后裔余阙谥号
【元史】143/余阙传/3426
【宋学士全集】11/余左丞传/1 上
【汇编】上 412、426
忠勇 西夏后裔迈里古思谥号
【东维子文集】24/故忠勇西夏侯迈公墓铭/6 下
【汇编】上 515、516
忠翊校尉 西夏后裔黄头，别名世雄
【道园学古录】40/昭毅大将军平江路总管府达鲁花赤兼管内劝农事黄头公墓碑/9 上
【汇编】上 533
忠翊校尉 西夏后裔认管你，塔不台父
【蒙兀儿史记】154/色目氏族/34 下
【汇编】上 599
忠惠 西夏后裔乌密氏立智理威谥号
【元史】120/立智理威传/2955
【蒙兀儿史记】154/色目氏族/34 下
【汇编】上 247、581
忠惠公 西夏后裔乌密氏立智理威，察罕从孙
【雍虞先生道园类稿】42/立智理威忠惠公神道碑/25 下
【汇编】上 260、265
忠遂 西夏后裔亦怜真班父暗伯谥号
【元史】133/暗伯传/3236
【蒙兀儿史记】154/色目氏族/34 下
【汇编】上 382、584
忠愍公 西夏后裔李恒
【牧庵集】3/资善大夫中书左丞赠银青荣禄大夫平章政事谥武愍公李公家庙碑/5 下
【汇编】上 356
忠襄 西夏后裔于弥部李恒父李惟忠
【柳待制文集】9/李武愍公新庙碑铭/3 上
【汇编】上 365
忠襄公 西夏遗民于弥部李恒父李维忠
【吴文正公集】42/元故荣禄大夫江西等处行中书省平章政事李公墓志铭/2 下
【汇编】上 370
忠襄公夫人 西夏后裔于弥部李惟忠妻
【吴文正公集】42/元故荣禄大夫江西等处行中书省平章政事李公墓志铭/2 下
【汇编】上 373
典瑞院使 西夏后裔也克吉儿，乞台普济子
【新元史】199/也克吉儿传/3 下
【汇编】上 538
典瑞院使 西夏后裔亦怜真班，暗伯子
【元史】145/亦怜真班传/3445
【汇编】上 385
典国子监簿 西夏后裔孟天時
【燕石集】15/四库本/1212－522 上
国子上舍生 西夏后裔杨崇喜
【述善集校注】3/大元赠敦武校尉军民万户府百夫长唐兀公碑铭并序/140
国子生 西夏后裔宁夏人师升
【待制集】10/四库本/1210－352 上
国子生 西夏后裔宁夏人师晋

【待制集】10/四库本/1210－352上
国子生 西夏后裔杨广儿，又名伯颜普化
【述善集校注】3/大元赠敦武校尉军民万户府百夫长唐兀公碑铭并序/142
国子高等生 西夏后裔宁夏人阿尔
【待制集】10/四库本/1210－352上
固始县达鲁花赤 西夏后裔杨冀安
【述善集校注】3/大元赠敦武校尉军民万户府百夫长唐兀公碑铭并序/141
固始县达鲁花赤 西夏后裔当儿
【宁夏社会科学】1987年第1期/大元赠敦武校尉军民万户府百夫长唐兀公碑铭/88
【汇编】补遗7165
固镇铁官提举 西夏后裔李氏帖木儿，益立山孙
【秋涧先生大全文集】51/大元故大名路宣差李公神道碑铭/5下
【汇编】上285
知万户府事 西夏后裔虎益
【新元史】166/虎益传/10上
【牧庵集】14/徽州路总管府达噜噶齐兼管内劝农事虎公神道碑/16上
【汇编】上377、379
知归德府 西夏后裔观音奴
【元史】192/观音奴传/4368
【元诗选癸集】宋元传记资料丛刊/101
【汇编】上522
知汉阳府 西夏后裔哈剌哈孙，述哥察儿子
【蒙兀儿史记】154/色目氏族/34下
【汇编】上601
知行枢密院事 西夏后裔也儿吉尼
【元史】33/文宗纪2/741；35/文宗纪4/785
【汇编】下7063、7064
知安陆府 西夏后裔丑闾
【元史】195/丑闾传/4417
【蒙兀儿史记】154/色目氏族/34下
【汇编】上528、598
知枢密院事 西夏后裔史氏也克吉儿，乞台普济子
【新元史】199/也克吉儿传/3下
【汇编】上538
知枢密院事 西夏后裔史氏额尔吉纳，奇塔特布济克子
【牧庵集】26/开府仪同三司太尉太保太子太师中书右丞相史公先德碑/1上
【汇编】上547
知枢密院事 西夏后裔亦怜真班
【元史】41/顺帝纪4/886；42/顺帝纪5/887；145/亦怜真班传/3445
【汇编】上385；下7076、7077
知枢密院事 西夏后裔亦怜真班父暗伯，又作俺伯
【元史】133/暗伯传/3236；145/亦怜真班传/3445
【蒙兀儿史记】154/色目氏族/34下
【汇编】上382、384、584
知枢密院事 西夏后裔阿乞剌，亦怜真班兄
【元史】133/暗伯传/3236
【蒙兀儿史记】154/色目氏族/34下
【汇编】上382、584
知枢密院事 西夏后裔也儿吉尼，乞台普济子
【元史】22/武宗纪1/497；24/仁宗纪1/540；27/英宗纪1/600；29/泰定帝纪1/645；34/文宗纪3/760
【蒙兀儿史记】154/色目氏族/34下
【汇编】上587；下7047、7052、7057、7059、7064
知侍仪事 西夏后裔星吉
【宋学士全集】18/元赠开府仪同三司上柱国星吉公神道碑铭/18上
【汇编】上471
知侍仪使 西夏后裔福寿
【元史】144/福寿传/3441
【汇编】上480
知崑山州事 西夏后裔星吉
【宋学士全集】18/元赠开府仪同三司上柱国星吉公神道碑铭/18上
【汇编】上472
知雅州 西夏后裔李闾伯长子
【巴西集】下/四库本/1195－547
知嘉定州 西夏后裔人契斯
【正德姑苏志】41/官迹五/四库本/493－755上
秉义效忠著节佐治功臣 西夏后裔按滩
【石田先生文集】6/右丞按滩封谥制/10上

【汇编】上 566

秉忠执义威远功臣 西夏后裔教化父爱鲁

【雪楼程先生集】2/故父资德大夫云南等处行中书省右丞改谥忠节制/6 上

【汇编】中 296

秉忠执德威远功臣 西夏后裔昔李爱鲁，昔李铃部子

【雪楼程先生集】25/魏国公先世述/16 下

【汇编】上 293

侍仪使 西夏后裔星吉

【宋学士全集】18/元赠开府仪同三司上柱国星吉公神道碑铭/18 上

【汇编】上 471

侍御史 西夏后裔亦怜真班

【元史】145/亦怜真班传/3445

【汇编】上 385

侍御史 西夏后裔杨氏亦执里不花

【至正集】31/宣政使杨公行实序/11 上

【汇编】上 508

侍御史 西夏后裔星吉

【至正金陵新志】6/历代官制・题名/39 上

【汇编】下 7063

侍御史 西夏后裔星吉

【宋学士全集】18/元赠开府仪同三司上柱国星吉公神道碑铭/18 上

【汇编】上 471

侍御史 西夏后裔杨氏朵而只，又作朵儿只

【元史】179/杨朵儿只传/4151

【虞文靖公道园全集】12/在朝稿・御史中丞杨襄愍公神道碑/1 上

【汇编】上 486、497、500

侍御史 西夏后裔高智耀子高睿

【至正金陵新志】6/历代官制・题名/36 下

【至顺镇江志】6/历代官制・题名/37 上

【汇编】下 7043、7064

使太府院事 西夏后裔史氏额尔吉纳，奇塔特布济克子

【牧庵集】26/开府仪同三司太尉太保太子太师中书右丞相史公先德碑/1 上

【汇编】上 547

使仁虞院 西夏后裔史氏哩日，奇塔特布济克子

【牧庵集】26/开府仪同三司太尉太保太子太师中书右丞相史公先德碑/1 上

【汇编】上 547

使典瑞院 西夏后裔史氏乞台普济，又作奇塔特布济克

【牧庵集】26/开府仪同三司太尉太保太子太师中书右丞相史公先德碑/1 上

【汇编】上 547

使典瑞院 西夏后裔史氏额尔吉纳，奇塔特布济克子

【牧庵集】26/开府仪同三司太尉太保太子太师中书右丞相史公先德碑/1 上

【汇编】上 547

使将作院 西夏后裔史氏哩日，奇塔特布济克子

【牧庵集】26/开府仪同三司太尉太保太子太师中书右丞相史公先德碑/1 上

【汇编】上 547

使宣政院 西夏后裔史氏日尔塞，奇塔特布济克弟

【牧庵集】26/开府仪同三司太尉太保太子太师中书右丞相史公先德碑/1 上

【汇编】上 546

征东行中书省左丞 西夏后裔乌密氏必宰牙，塔出子

【蒙兀儿史记】154/色目氏族/34 下

【汇编】上 582

征东招讨使 西夏后裔来阿八赤

【元史】129/来阿八赤传/3141

【汇编】上 331

征东宣慰使 西夏后裔来阿八赤

【元史】129/来阿八赤传/3141

【汇编】上 332

征东宣慰使都元帅 西夏后裔来阿八赤

【元史】14/世祖纪 11/293

【汇编】下 7035

征行千户 西夏后裔拜延

【元史】133/拜延传/3224

【汇编】上 309

舍儿伯赤 西夏后裔仙仙

【永乐大典】2806/5 下

【汇编】补遗 7160

金坛县达鲁花赤 西夏后裔阿赤
【至顺镇江志】16/宋元方志丛刊/2828 下
金坛县达鲁花赤 西夏后裔察罕
【至顺镇江志】16/宋元方志丛刊/2828 下
金吾卫上将军 西夏后裔于弥部李恒父李惟忠，又作李维忠
【吴文正公集】42/元故荣禄大夫江西等处行中书省平章政事李公墓志铭/2 下
【柳待制文集】9/李武愍公新庙碑铭/3 上
【汇编】上 365、370
金齿等国安抚使 西夏后裔益立山子爱鲁，又作阿噜
【牧庵集】19/资德大夫云南行省右丞李公神道碑/8 下
【秋涧先生大全文集】51/大元故大名路宣差李公神道碑铭/5 下
【汇编】上 285、289
金符千户 西夏后裔昂吉尔
【元史】123/也蒲甘卜传 3027
【汇编】上 300
金符朝列大夫 西夏后裔于弥部李恒子李世安，又名散木解
【吴文正公集】42/元故荣禄大夫江西等处行中书省平章政事李公墓志铭/2 下
【汇编】上 370
金紫光禄大夫 西夏后裔西卑
【永乐大典】2806/5 下
【汇编】补遗 7160
金紫光禄大夫 西夏后裔亦怜真班
【元史】145/亦怜真班传/3445
【汇编】上 385
金紫光禄大夫 西夏后裔杨教化祖父世剌，又作失刺
【虞文靖公道园全集】12/在朝稿・御史中丞杨襄愍公神道碑/1 上；35/归田稿・正议大夫江南湖北道肃政廉访使特赠宣忠效力翊戴功臣大司徒金紫光禄大夫上柱国夏国公谥襄敏杨公神道碑/6 上
【汇编】上 499、506
金紫光禄大夫 西夏后裔高纳麟，高智耀孙
【元史】142/高纳麟传/3406
【汇编】上 318
金紫光禄大夫 西夏后裔福寿
【元史】144/福寿传/3441
【汇编】上 482
金紫光禄大夫 西夏后裔杨氏教化
【新元史】183/杨教化传/11 上
【虞文靖公道园全集】12/在朝稿・御史中丞杨襄愍公神道碑/1 上；35/归田稿・正议大夫江南湖北道肃政廉访使特赠宣忠效力翊戴功臣大司徒金紫光禄大夫上柱国夏国公谥襄敏杨公神道碑/6 上
【汇编】上 496、497、503、507
金紫光禄大夫 西夏后裔杨教化弟朵儿只，又作朵而只
【元史】179/杨朵儿只传/4151
【虞文靖公道园全集】12/在朝稿・御史中丞杨襄愍公神道碑/1 上
【汇编】上 488、497
金紫光禄大夫 西夏后裔高智耀
【元史】125/高纳麟传/3072
【雍虞先生道园类稿】25/重建高文忠公祠记/18 下
【汇编】上 312、313、326
服勤翊卫功臣 西夏后裔史氏拉吉尔威，乞台普济祖父
【牧庵集】26/开府仪同三司太尉太子太师中书右丞相史公先德碑/1 上
【汇编】上 544
京尹 西夏后裔宁夏人师克恭
【待制集】10/四库本/1210－350 下
京畿广卫仓使 西夏后裔朵罗台，黄头从弟
【蒙兀儿史记】154/色目氏族/34 下
【汇编】上 601
京畿广衍仓使 西夏后裔朵罗歹，黄头从弟
【道园学古录】40/昭毅大将军平江路总管府达鲁花赤兼管内劝农事黄头公墓碑/9 上
【汇编】上 532
京畿漕运副使 唐兀氏丑闾
【元史】195/丑闾传/4417
【汇编】上 528
兖州路同知 西夏后裔哈剌，黄头子
【蒙兀儿史记】154/色目氏族/34 下
【道园学古录】40/昭毅大将军平江路总管府达

鲁花赤兼管内劝农事黄头公墓碑/9 上
【汇编】上 535、600
怯里马赤 西夏遗民僧吉陀，亦怜真班曾祖
【元史】133/暗伯传/3236
【汇编】上 381
怯里马赤 又作怯烈马赤，西夏后裔星吉祖上三代
【元史】144/星吉传/3438
【宋学士全集】18/元赠开府仪同三司上柱国星吉公神道碑铭/18 上
【汇编】上 457、471
怯怜口行营弓匠百户 西夏后裔塔尔忽台，朵罗台父
【元史】134/朵罗台传/3264
【汇编】上 405
怯怜口行营弓匠百户 西夏后裔朵罗台祖父小丑，赐名怯延兀兰
【元史】134/朵罗台传/3246
【蒙兀儿史记】154/色目氏族/34 下
【汇编】上 405、594
怯烈马赤 西夏后裔朵吉，星吉曾祖
【蒙兀儿史记】154/色目氏族/34 下
【汇编】上 594
怯烈马赤 西夏后裔星吉
【宋学士全集】18/元赠开府仪同三司上柱国星吉公神道碑铭/18 上
【汇编】上 471
怯烈马赤 西夏后裔搠思吉，星吉父
【蒙兀儿史记】154/色目氏族/34 下
【汇编】上 594
怯烈马赤 西夏后裔搠思吉朵儿只，星吉祖父
【蒙兀儿史记】154/色目氏族/34 下
【汇编】上 594
怯薛之长 西夏后裔乌密氏阿波古，立智理威父
【雍虞先生道园类稿】42/立智理威忠惠公神道碑/25 下
【汇编】上 262
怯薛丹博鲁赤 西夏后裔昔李钤部，爱鲁父
【雪楼程先生集】25/魏国公先世述/16 下
【汇编】上 292
河中府知府 西夏后裔维郡伯，原名述哥察儿
【吴文正公集】33/元故浚州达鲁花赤中议大夫河中府知府上骑都尉追封魏郡伯墓碑/18 上
【汇编】上 478
河东山西道肃政廉访使 西夏后裔星吉
【宋学士全集】18/元赠开府仪同三司上柱国星吉公神道碑铭/18 上
【汇编】上 471
河东山西道肃政廉访司事 西夏后裔不华
【虞文靖公道园全集】12/在朝稿·御史中丞杨襄愍公神道碑/1 上
【汇编】上 497
河东陕西道肃政廉访使事 西夏后裔教化子衍钫
【虞文靖公道园全集】12/在朝稿·御史中丞杨襄愍公神道碑/1 上
【汇编】上 497
河东提刑按察使 西夏后裔乌密氏亦里撒合，察罕从子
【元史】120/亦力撒合传/2955
【汇编】上 244
河东廉访使 西夏后裔老索曾孙讷怀
【中国藏西夏文献】18/顺天路达鲁花赤河西老索神道碑/150
河南王 西夏后裔于弥氏察罕，于弥氏又作乌密氏
【元史】120/察罕传/2955
【蒙兀儿史记】154/色目氏族/34 下
【汇编】上 244、581
河南平章 西夏后裔高智耀孙高纳麟
【元史】113/宰相年表 2/2847
【汇编】下 7073
河南、四川、江浙等处行省参知政事 西夏后裔昔李氏万奴，爱鲁子
【正德大名府志】10/元大名达鲁花赤昔李公墓志铭/38 上
【汇编】补遗 7173
河南行省左丞 西夏后裔昔李氏万奴，爱鲁子
【正德大名府志】10/元大名达鲁花赤昔李公墓志铭/38 上
【汇编】补遗 7173
河南行省平章政事 西夏后裔朵吉，星吉曾祖

【蒙兀儿史记】154/色目氏族/34 下
【汇编】上 595
河南行省平章政事 西夏后裔高纳麟，高智耀孙
【元史】41/顺帝纪 4/870；113/宰相年表 2/2847；142/高纳麟传/3406
【汇编】上 318；下 7072、7073
河南行省郎中 西夏后裔高纳麟，高智耀孙
【元史】142/高纳麟传/3406
【汇编】上 317
河南行省参知政事 西夏后裔丑闾
【元史】195/丑闾传/4417
【蒙兀儿史记】154/色目氏族/34 下
【汇编】上 529、598
河南行省参知政事 西夏后裔昔李氏万奴，爱鲁子
【正德大名府志】10/元大名达鲁花赤昔李公墓志铭/38 上
【汇编】补遗 7173
河南行省参知政事 西夏后裔野蒲氏昂吉儿
【元史】132/昂吉儿传/3213
【汇编】上 302
河南行省理问 西夏后裔昔李勃
【正德大名府志】10/元礼仪院判昔李公墓志铭/40 下
【汇编】补遗 7175
河南江北行省平章政事 西夏后裔野浦氏昂吉尔，野浦甘卜子
【蒙兀儿史记】154/色目氏族/34 下
【汇编】上 584
河南江北等处行中书省平章政事 西夏后裔朵吉，星吉曾祖
【宋学士全集】18/元赠开府仪同三司上柱国星吉公神道碑铭/18 上
【汇编】上 471
河南江北等处行中书省参知政事 西夏后裔宁夏人师克恭父
【待制集】10/四库本/1210－351 上
河南武宣王 西夏后裔乌密氏察罕
【至正集】58/故漕运同知粘合公逸的氏墓志铭/12 下
【汇编】上 267
河南参政 西夏后裔张讷
【申斋刘先生文集】6/瑞芝堂记/17 上
【汇编】上 574
河南等处行中书省参知政事 西夏后裔纳怀，老索曾孙
【中国藏西夏文献】18/顺天路达鲁花赤河西老索神道碑/150
泗州同知 西夏后裔余阙
【青阳先生忠节附录】1/死节本末
【青阳先生文集】上/青阳山房记/4 上
【汇编】上 442、453
宝库达噜噶齐 西夏后裔李闾伯次子
【巴西集】下/四库本/1195－547
宗正府郎中 西夏后裔高纳麟，高智耀孙
【元史】142/高纳麟传/3406
【汇编】上 317
定远昭勇大将军 西夏后裔于弥部李恒
【吴文正公集】14/滕国李武愍公家传后序/1 上
【汇编】上 369
宜人 西夏后裔师托克托穆尔妻奈曼氏
【待制集】10/四库本/1210－352 上
录军国重事 西夏后裔星吉
【宋学士全集】18/元赠开府仪同三司上柱国星吉公神道碑铭/18 上
【汇编】上 470
录军国重事 西夏后裔史氏乞台普济，又作奇塔特布济克
【元史】22/武宗纪 1/499
【新元史】199/乞台普济传/3 下
【牧庵集】26/开府仪同三司太尉太保太子太师中书右丞相史公先德碑/1 上
【汇编】上 537、546；下 7047
建昌路总管 西夏后裔孟古特穆尔
【江西通志】46/四库本/514－511 下
肃州达鲁花赤 西夏后裔昔李都水子孙世袭，昔李都水系昔李钤部伯父
【雪楼程先生集】25/魏国公先世述/16 下
【汇编】上 292
肃州路世袭也可达鲁花赤 西夏后裔阿沙
【民族研究】1979 年第 1 期/大元肃州路也可达鲁花赤世袭之碑/69
【汇编】上 298

肃州路达鲁花赤 西夏后裔令只沙
【民族研究】1979年第1期/大元肃州路也可达鲁花赤世袭之碑/69
【汇编】上298

肃州路达鲁花赤 西夏后裔剌麻朵儿只
【民族研究】1979年第1期/大元肃州路也可达鲁花赤世袭之碑/69
【汇编】上298

肃州路达鲁花赤 西夏后裔管固儿加哥
【民族研究】1979年第1期/大元肃州路也可达鲁花赤世袭之碑/69
【汇编】上298

肃政廉访使 西夏后裔乌密氏贯讷，立智理威子
【雍虞先生道园类稿】42/立智理威忠惠公神道碑/25下
【汇编】上265

肃政廉访使 西夏后裔唐兀吾密氏卜颜铁木儿
【元史】144/卜颜铁木儿传/3436
【汇编】上453

陕西左丞 西夏后裔杨氏亦执里不花
【至正集】31/宣政使杨公行实序/11上
【汇编】上508

陕西行中书省平章政事 西夏后裔乌密氏亦力撒合，立智理威兄
【雍虞先生道园类稿】42/立智理威忠惠公神道碑/25下
【汇编】上262

陕西行台治书侍御史 西夏后裔杨氏亦执里不花
【至正集】31/宣政使杨公行实录/11上
【汇编】上508

陕西行台监察御史 西夏后裔也儿吉尼
【新元史】219/也儿吉尼传/7下
【汇编】上549

陕西行台监察御史 西夏后裔昔李氏昔李勃
【正德大名府志】10/元礼仪院判昔李公墓志铭/40下
【汇编】补遗/7175

陕西行台监察御史 西夏后裔荅哈兀，立智理威弟
【蒙兀儿史记】154/色目氏族/34下
【汇编】上581

陕西行台御史大夫 西夏后裔也先帖木儿
【元史】32/文宗纪1/713
【汇编】下7061

陕西行台御史大夫 西夏后裔乌密氏韩嘉纳
【元史】41/顺帝纪4/879
【汇编】下7075

陕西行省右丞 西夏后裔乌密氏立智理威，察罕从孙
【元史】120/立智理威传/2955
【汇编】上247

陕西行省平章政事 西夏后裔亦力撒合，立智理威兄
【蒙兀儿史记】154/色目氏族/34下
【汇编】上580

陕西行省平章政事 西夏后裔亦怜真班
【元史】145/亦怜真班传/3445
【汇编】上385

陕西行省平章政事 西夏后裔唐兀氏也儿吉尼
【蒙兀儿史记】154/色目氏族/34下
【汇编】上606

陕西行省平章政事 西夏后裔搠思吉，星吉父
【蒙兀儿史记】154/色目氏族/34下
【汇编】上595

陕西诸道行御史台监察御史 西夏后裔乌密氏荅哈兀，立智理威弟
【雍虞先生道园类稿】42/立智理威忠惠公神道碑/25下
【汇编】上262

陕西等处行中书省右丞 西夏后裔乌密氏立智理威，察罕从孙
【雍虞先生道园类稿】42/立智理威忠惠公神道碑/25下
【汇编】上265

陕西等处行中书省平章政事 西夏后裔搠思吉，星吉父
【宋学士全集】18/元赠开府仪同三司上柱国星吉公神道碑铭/18上
【汇编】上471

陕西道廉访副使 西夏后裔刘氏完泽

【蒙兀儿史记】154/色目氏族/34 下
【汇编】上 592
参知政事 西夏后裔阿噜
【秋涧集】51/四库本/1200－681
参知政事 西夏后裔大慈都
【元史】22/武宗纪 1/499
【汇编】下 7047
参知政事 西夏后裔乌密氏塔出，布兀剌子
【元史】135/塔出传/3272
【汇编】上 257
参知政事 西夏后裔李恒子李世安
【牧庵集】3/资善大夫中书左丞赠银青荣禄大夫平章政事谥武愍公李公家庙碑/5 下
【汇编】上 359
参知政事 西夏后裔昂吉尔
【元史】123/也蒲甘卜传/3027
【汇编】上 300
参知政事 西夏后裔高氏纳麟，高智耀孙
【元史】39/顺帝纪 2/836
【汇编】下 7067
参知政事 西夏后裔于弥部李恒
【牧庵集】3/资善大夫中书左丞赠银青荣禄大夫平章政事谥武愍公李公家庙碑/5 下
【柳待制文集】9/李武愍公新庙碑铭/3 上
【汇编】上 358，359、365
参知政事 西夏后裔李爱鲁，益立山子
【元史】122/爱鲁传/3011
【秋涧先生大全文集】51/大元故大名路宣差李公神道碑铭/5 下
【汇编】上 272、285
参政 西夏后裔威弥氏祝真普
【正德大名府志】10/元大名达鲁花赤昔李公墓志铭/38 下
【汇编】补遗/7173
绍兴录事 西夏后裔迈里古思
【东维子文集】24/故忠勇西夏侯迈公墓铭/6 下
【汇编】上 515
绍兴录事参军 西夏后裔昂吉
【元诗选三集】10 录事昂吉/四库本/1471 －463 下
绍兴路录事司达鲁花赤 西夏后裔迈里古思
【元史】188/迈里古思传/4311
【九灵山房集】13/迈院判衰诗序/9 上
【南村辍耕录】10/迈里古思传/8 上
【汇编】上 509、513、521
承务郎 西夏后裔宁夏人阿尔孙
【待制集】10/四库本/1210－352 上
承务郎 西夏后裔阿赤
【至顺镇江志】16/宋元方志丛刊/2828 下
承务郎 西夏后裔昔李氏玉里沙，野速普花子
【正德大名府志】10/元大名达鲁花赤昔李公墓志铭/38 上
【汇编】补遗 7173
承务郎 西夏后裔勃罗帖穆尔
【至正昆山郡志】2/勃罗帖穆尔传/7 上
【汇编】补遗 7217
承直 西夏后裔丑问封号
【至正金陵新志】6/历代官制·题名/63 上
【汇编】下 7069
承直 西夏后裔朵儿只班封号
【至正金陵新志】6/历代官制·题名/64 上
【汇编】下 7072
承直 西夏后裔脱脱封号
【至正金陵新志】6/历代官制·题名/41 下
【汇编】下 7064
承直郎 西夏后裔布色岱尔
【至正金陵新志】6/四库本/492－333 上
承直郎 西夏后裔托克托
【至正金陵新志】6/四库本/492－321 下
承直郎 西夏后裔多尔济巴勒
【至正金陵新志】6/四库本/492－333 上
承直郎 西夏后裔绰罗
【至正金陵新志】6/四库本/492－332 下
承直郎 西夏后裔元童，黄头子
【道园学古录】40/昭毅大将军平江路总管府达鲁花赤兼管内劝农事黄头公墓碑/9 上
【汇编】上 535
承直郎 西夏后裔保童，黄头子
【道园学古录】40/昭毅大将军平江路总管府达鲁花赤兼管内劝农事黄头公墓碑/9 上
【汇编】上 535
承直郎中 西夏后裔星吉
【宋学士全集】18/元赠开府仪同三司上柱国星吉公神道碑铭/18 上

【汇编】上 471

承事郎 西夏后裔宁夏人师晋

【待制集】10/四库本/1210－352 上

承事郎 西夏后裔宁夏人师博啰

【待制集】10/四库本/1210－352 上

承事郎 西夏后裔师托克托穆尔

【待制集】10/四库本/1210－352 上

承事郎 西夏后裔李闾伯长子

【巴西集】下/四库本/1195－547

承事郎 西夏后裔昔李勃

【正德大名府志】10/元礼仪院判昔李公墓志铭/40 下

【汇编】补遗 7175

承事郎 西夏后裔哈剌，黄头子

【道园学古录】40/昭毅大将军平江路总管府达鲁花赤兼管内劝农事黄头公墓碑/9 上

【汇编】上 535

承事郎 西夏后裔哈剌哈孙

【吴文正公集】33/元故浚州达鲁花赤中议大夫河中府知府上骑都尉追封魏郡伯墓碑/18 上

【汇编】上 479

承事郎 西夏后裔虎益

【新元史】166/虎益传/10 上

【牧庵集】14/徽州路总管府达噜噶齐兼管内劝农事虎公神道碑/16 上

【汇编】上 377、379

承德 西夏后裔世式封号

【至正金陵新志】6/历代官制・题名/62 下

【汇编】下 7068

承德 西夏后裔顺昌封号

【至正金陵新志】6/历代官制・题名/58 下

【汇编】下 7060

承德郎 西夏后裔李察罕

【至顺镇江志】16/宋元方志丛刊/2828 下

承德郎 西夏后裔顺昌

【至正金陵新志】6/四库本/492－329 下

承德郎 西夏后裔锡实

【至正金陵新志】6/四库本/492－332 上

承德郎 西夏后裔张翔

【至正金陵新志】6/四库本/492－331 下

【汇编】下 7065

承德郎 西夏后裔忽都达儿

【至顺镇江志】19/宋元方志丛刊/2865 上

【汇编】补遗 7221

承德郎 西夏后裔察罕

【至顺镇江志】16/宰二金坛县条/11 上

【汇编】下 7064

承徽寺经历 西夏后裔喜同

【元史】194/喜同传/4397

【汇编】上 525

九画

奏差 西夏后裔鄂勒哲布哈

【元秘书监志】11/四库本/596－856

柱国 西夏后裔乌密氏木花里，察罕子

【元史】120/察罕传/2955

【汇编】上 244

柱国 西夏后裔乌密氏立智理威，察罕从孙

【元史】120/立智理威传/2955

【雍虞先生道园类稿】42/立智理威忠惠公神道碑/25 下

【汇编】上 247、265

柱国 西夏后裔杨氏世剌，又作失剌

【虞文靖公道园全集】12 在朝类/1 上/杨公神道碑汇编上；35/归田稿・正议大夫江南湖北道肃政廉访使特赠宣忠效力翊戴功臣大司徒金紫光禄大夫上柱国夏国公谥襄敏杨公神道碑 6 上

【汇编】上 499、506

柱国 西夏后裔杨氏世剌，杨教化祖父

【虞文靖公道园全集】35/归田稿・正议大夫江南湖北道肃政廉访使特赠宣忠效力翊戴功臣大司徒金紫光禄大夫上柱国夏国公谥襄敏杨公神道碑/6 上

【汇编】上 506

柱国 西夏后裔余阙，沙剌臧卜子

【元史】143/余阙传/3426

【汇编】上 412

柱国 西夏后裔昔李答加沙，昔李钤部父

【雪楼程先生集】25/魏国公先世述/16 下

【汇编】上 291

柱国 西夏后裔高智耀

【元史】125/高智耀传/3072

【汇编】上 313
柱国 西夏后裔高智耀父高惠德
【雍虞先生道园类稿】25/重建高文忠公祠记/18 下
【汇编】上 326
封国公 西夏后裔冲卜
【元史】33/文宗纪/744
荆湖北道宣慰使 西夏后裔乌密氏立智理威，察罕从孙
【雍虞先生道园类稿】42/立智理威忠惠公神道碑/25 下
【汇编】上 264
荆湖宣慰使 西夏后裔乌密氏立智理威，察罕从孙
【元史】120/立智理威传/2955
【汇编】上 246
南乐县子 西夏后裔述哥察儿
【吴文正公集】33/元故浚州达鲁花赤中议大夫河中府知府上骑都尉追封魏郡伯墓碑/18 上
【汇编】上 478
南乐县达鲁花赤 西夏后裔达石帖木儿
【元诗选癸集】宋元传记资料丛刊/207
南乐县君 西夏后裔述哥察儿妻康里氏
【吴文正公集】33/元故浚州达鲁花赤中议大夫河中府知府上骑都尉追封维郡伯墓碑/18 上
【汇编】上 478
南台中丞 西夏后裔乌密氏亦里撒合，立智理威兄
【元史】120/察罕传/2955
【汇编】上 244
南台中丞 西夏后裔高智耀孙高纳麟
【元史】113/宰相年表 2/2842
【汇编】下 7065
南台经历 西夏后裔托克托
【至正金陵新志】6/四库本/492－321 下
南台经历 西夏后裔鄂约达勒
【至正金陵新志】6/四库本/492－321 下
南台经历 西夏后裔斡玉伦徒
【至正金陵新志】6/历代官制·题名/41 下
【汇编】下 7071
南台架阁库管勾 西夏后裔特穆尔巴哈
【至正金陵新志】6/四库本/492－323 下
南台都事 西夏后裔张翔
【至正金陵新志】6/四库本/492－322 下
南台监察御史 西夏后裔丹巴
【至正金陵新志】6/四库本/492－331 下
南台监察御史 西夏后裔布色岱尔，号樵隐
【至正金陵新志】6/四库本/492－333 上
南台监察御史 西夏后裔宁夏人师克恭
【待制集】10/四库本/1210－351 下
南台监察御史 西夏后裔托克托
【至正金陵新志】6/四库本/492－330 上
南台监察御史 西夏后裔伊埒
【至正金陵新志】6/四库本/492－331 下
南台监察御史 西夏后裔多尔济巴勒
【至正金陵新志】6/四库本/492－333 上
南台监察御史 西夏后裔多岱
【至正金陵新志】6/四库本/492－331 下
南台监察御史 西夏后裔庆喜
【至正金陵新志】6/四库本/492－330 上
南台监察御史 西夏后裔观音努
【至正金陵新志】6/四库本/492－332 下
南台监察御史 西夏后裔玖珠格
【至正金陵新志】6/四库本/492－333 上
南台监察御史 西夏后裔苏呼
【至正金陵新志】6/四库本/492－330 上
南台监察御史 西夏后裔彻辰特穆尔
【至正金陵新志】6/四库本/492－333 上
南台监察御史 西夏后裔张翔
【至正金陵新志】6/四库本/492－331 下
南台监察御史 西夏后裔阿息保多尔济
【至正金陵新志】6/四库本/492－333 下
南台监察御史 西夏后裔哈剌
【至正金陵新志】6/四库本/492－331 下
南台监察御史 西夏后裔特穆尔巴哈
【至正金陵新志】6/四库本/492－332 下
南台监察御史 西夏后裔鸿嘉努
【至正金陵新志】6/四库本/492－332 上
南台监察御史 西夏后裔绰罗
【至正金陵新志】6/四库本/492－332 下
南台监察御史 西夏后裔博啰
【至正金陵新志】6/四库本/492－330 上

南台监察御史 西夏后裔雅奇
【至正金陵新志】6/四库本/492－332 下
南台监察御史 西夏后裔锡实
【至正金陵新志】6/四库本/492－332 上
南台监察御史 西夏后裔额儿济讷
【至正金陵新志】6/四库本/492－332 下
南台监察御史 西夏后裔额尔济讷
【至正金陵新志】6/四库本/492－332 下
南台监察御史 西夏后裔额森特穆尔
【至正金陵新志】6/四库本/492－332 上
南台监察御史 西夏后裔杨衍饬，杨教化子
【蒙兀儿史记】154/色目氏族/34 下
【汇编】上 591
南台御史 西夏后裔绰罗时中
【梧溪集】4/四库本/1218－717 下
南台御史 西夏后裔丑闾
【梧溪集】4 下/16 上
【汇编】补遗 7199
南台御史大夫 西夏后裔高纳麟，高智耀孙
【元史】43/顺帝纪 6/911；142/高纳麟传/3406
【汇编】上 318；下 7080
南台御史大夫 西夏后裔路氏沙览答里
【宁夏府志】13/人物/乡献/17 上
【嘉靖宁夏新志】2/130
【汇编】补遗 7220
南台御史中丞 西夏后裔伊埒哲伯
【至正金陵新志】6/四库本/492－318 下
南台御史中丞 西夏后裔高睿，高智耀子
【元史】125/高纳麟传/3072
【汇编】上 313
南行台监察御史 西夏后裔教化子杨衍饬
【虞文靖公道园全集】35/归田稿・正议大夫江南湖北道肃政廉访使特赠宣忠效力翊戴功臣大司徒金紫光禄大夫上柱国夏国公谥襄敏杨公神道碑/6 上
【汇编】上 506
南行省参知政事 西夏后裔余阙，沙剌藏卜子
【元史】45/顺帝纪 8/93
【汇编】下 7082
南阳府同知 西夏后裔六十
【夷白斋稿】12/平江路达鲁花赤西夏六十公纪绩碑颂/1 上
【汇编】上 555
南阳路判官 西夏后裔周氏喜同
【元史】194/喜同传/4397
【蒙兀儿史记】154/色目氏族/34 下
【汇编】上 526、593
南阳县荅鲁合臣 又作南阳县达鲁花赤，西夏后裔周氏喜同
【元史】194/喜同传/4397
【蒙兀儿史记】154/色目氏族/34 下
【汇编】上 525、593
南陵县达鲁花赤 西夏后裔昔李氏玉里沙，野速普花子
【正德大名府志】10/元大名达鲁花赤昔李公墓志铭/38 上
【汇编】补遗 7173
荣禄大夫 西夏后裔伊埒哲伯
【至正金陵新志】6/四库本/492－318 下
荣禄大夫 西夏后裔乌密氏木花里，察罕子
【元史】120/察罕传/2955
【汇编】上 244
荣禄大夫 西夏后裔乌密氏亦力撒合，立智理威兄
【雍虞先生道园类稿】42/立智理威忠惠公神道碑/25 下
【汇编】上 262
荣禄大夫 西夏后裔史氏阿拉克普济，乞台普济兄
【新元史】199/乞台普济传/3 下
【汇编】上 537
荣禄大夫 西夏后裔史氏昂吉，乞台普济弟
【新元史】199/乞台普济传/3 下
【汇编】上 537
荣禄大夫 西夏后裔史氏额尔吉纳，奇塔特布济克子
【牧庵集】26/开府仪同三司太尉太保太子太师中书右丞相史公先德碑/1 上
【汇编】上 547
荣禄大夫 西夏后裔朵吉，星吉曾祖
【宋学士全集】18/元赠开府仪同三司上柱国星吉公神道碑铭/18 上
【汇编】上 471

12 下
【汇编】上 268

指挥使 西夏后裔亦怜真班
【元史】145/亦怜真班传/3445
【汇编】上 385

轻车都尉 西夏后裔刘氏完泽祖父
【雍虞先生道园类稿】42/彭城郡侯刘公神道碑/1 上
【汇编】上 404

省台左章 西夏后裔孟昉
【夷白斋稿】22/孟待制文集序/四库本/1222－296

昭文馆大学士 西夏后裔杨朵儿只
【元史】179/杨朵儿只传/4151
【虞文靖公道园全集】12/在朝稿·御史中丞杨襄愍公神道碑/1 上
【汇编】上 486、501

昭武大将军 西夏后裔阿沙
【民族研究】1979 年第 1 期/大元肃州路也可达鲁花赤世袭之碑/69
【汇编】上 298

昭武大将军 西夏后裔和实纳
【永乐大典】2806/5 下
【汇编】补遗 7160

昭信校尉 西夏后裔久住
【至顺镇江志】16/宰二丹徒县条/5 上
【汇编】下 7052

昭信校尉 西夏后裔朵罗台
【元史】134/朵罗台传/3264
【汇编】上 405

昭信校尉 西夏后裔黄头，别名世雄
【道园学古录】40/昭毅大将军平江路总管府达鲁花赤兼管内劝农事黄头公墓碑/9 上
【汇编】上 533

昭信校尉 西夏后裔添受
【至顺镇江志】15/元刺守镇江府路总管府条/18 上
【汇编】下 7052

昭勇大将军 西夏后裔于弥部李恒
【元史】129/李恒传/3155
【牧庵集】3/资善大夫中书左丞赠银青荣禄大夫平章政事谥武愍公李公家庙碑/5 下
【汇编】上 340、358

昭勇大将军 西夏后裔乌密氏塔出，布兀刺子
【元史】135/塔出传/3272
【汇编】上 255

昭勇大将军 西夏后裔仙仙
【永乐大典】2806/5 下
【汇编】补遗 7160

昭勇大将军 西夏后裔沙昔李乞答哈，昔李勃父
【正德大名府志】10/元礼仪院判昔李公墓志铭/40 下
【汇编】补遗 7175

昭勇大将军 西夏后裔昔李氏小钤部，昔里钤部子
【正德大名府志】10/元大名达鲁花赤昔李公墓志铭/38 上
【汇编】补遗 7173

昭勇大将军 西夏遗民于弥部李世显，李恒子
【吴文正公集】42/元故荣禄大夫江西等处行中书省平章政事李公墓志铭/2 下
【汇编】上 374

昭毅大将军 西夏后裔黄头，别名世雄
【道园学古录】40/昭毅大将军平江路总管府达鲁花赤兼管内劝农事黄头公墓碑/9 上
【汇编】上 532

显武将军 西夏后裔黄头，别名世雄
【道园学古录】40/昭毅大将军平江路总管府达鲁花赤兼管内劝农事黄头公墓碑/9 上
【汇编】上 533

思顺佐理功臣 西夏后裔杨氏朵而只，又作朵儿只
【元史】179/杨朵儿只传/4151
【虞文靖公道园全集】12/在朝稿·御史中丞杨襄愍公神道碑/1 上
【汇编】上 488、497

保义副尉 西夏后裔黄头，别名世雄
【道园学古录】40/昭毅大将军平江路总管府达鲁花赤兼管内劝农事黄头公墓碑/9 上
【汇编】上 533

保定路总管 西夏后裔黑厮
【弘治保定郡志】9/天一阁藏明代方志选刊/20

保定路总管 西夏后裔哈斯呼

【畿辅通志】68/名宦·保定府条/24 上
【汇编】下 7068
保定路同知安州事 西夏后裔买住
【蒙兀儿史记】154/色目氏族/34 下
【元统元年进士录】宋元传记资料丛刊/596
【汇编】上 597
信阳万户 西夏后裔昂吉尔
【元史】123/也蒲甘卜传/3027
【汇编】上 300
信阳军万户 西夏后裔野蒲氏昂吉儿，野蒲甘卜子
【元史】123/昂吉儿传/3213
【汇编】上 301
信州路达鲁花赤 西夏后裔哈喇
【江西通志】46/四库本/514 - 510 下
顺天路达鲁花赤 西夏后裔老索，赐号八都儿
【中国藏西夏文献】18/顺天路达鲁花赤河西老索神道碑/150
顺德路总管 西夏后裔谢仲温
【元史】169/谢仲温传/3977
泉府卿 西夏后裔乌密氏立智理威，察罕从孙
【元史】120/察罕传/2955
【雍虞先生道园类稿】42/立智理威忠惠公神道碑/25 下
【汇编】上 245、263
饶州路总管 西夏后裔哈剌
【江西通志】46/四库本/514 - 510 下
饶州路达鲁花赤 西夏后裔福寿
【元史】144/福寿传/3441
【汇编】上 480
饶阳县达鲁花赤 西夏后裔昔李氏道安，昔李勃子
【正德大名府志】10/元礼仪院判昔李公墓志铭/40 下
【汇编】补遗 7177
济宁路金乡县务司提领 西夏后裔广儿，又名伯颜普化
【宁夏社会科学】1987 年第 1 期/大元赠敦武校尉军民万户府百夫长唐兀公碑铭/88
【汇编】补遗 7165
将东诸侯王射士制 西夏后裔虎益弟
【牧庵集】14/徽州路总管府达噜噶齐兼管内劝农事虎公神道碑/16 上
【汇编】上 379
将仕郎 西夏后裔杨广儿，又名伯颜普化
【宁夏社会科学】1987 年第 1 期/大元赠敦武校尉军民万户府百夫长唐兀公碑铭/88
【汇编】补遗 7165
将作使 西夏后裔星吉
【宋学士全集】18/元赠开府仪同三司上柱国星吉公神道碑铭/18 上
【汇编】上 472
将作院使 西夏后裔史氏纳日里，乞台普济子
【新元史】199/乞台普济传/3 下
【汇编】上 537
将作院使 西夏后裔星吉
【宋学士全集】18/元赠开府仪同三司上柱国星吉公神道碑铭/18 上
【汇编】上 472
将作院使 西夏后裔杨教化
【新元史】138/杨教化传/11 上
【蒙兀儿史记】154/色目氏族/34 下
【虞文靖公道园全集】35/归田稿·正议大夫江南湖北道肃政廉访使特赠宣忠效力翊戴功臣大司徒金紫光禄大夫上柱国夏国公谥襄敏杨公神道碑/6 上
【汇编】上 496、506、591
前卫亲军百户 西夏后裔朵罗台
【元史】134/朵罗台传/3264
【汇编】上 405
总制江浙、江西、湖广三省军马 西夏后裔高智耀孙纳麟
【元史】142/纳麟传/3406
【汇编】上 318
宜人 西夏后裔闾马妻
【述善集校注】3/大元赠敦武校尉军民万户府百夫长唐兀公碑铭并序/141
宣文阁博士 西夏后裔刘中守
【玩斋集】6/送刘中守佥事还京师序/四库本/1215 - 600 上
宣武明成宣威将军 西夏后裔于弥部李恒
【吴文正公集】14/滕国李武愍公家传后序/1 上
【汇编】上 369

宣武将军 西夏后裔多尔济
【广西通志】65/四库本/567－76上
宣武将军 西夏后裔孟古特穆尔
【江西通志】46/四库本/514－511下
宣武将军 西夏后裔令只沙
【民族研究】1979年第1期/大元肃州路也可达鲁花赤世袭之碑/69
【汇编】上299
宣武将军 西夏后裔李恒子李世雄
【牧庵集】3/资善大夫中书左丞赠银青荣禄大夫平章政事谥武愍公李公家庙碑/5下
【汇编】上359
宣武将军 西夏后裔拜延
【元史】133/拜延传/3224
【汇编】上310
宣武将军 西夏后裔善居
【民族研究】1979年第1期/大元肃州路也可达鲁花赤世袭之碑/69
【汇编】上299
宣武将军 西夏后裔于弥部李世雄，李恒子
【吴文正公集】42/元故荣禄大夫江西等处行中书省平章政事李公墓志铭/2下
【养蒙先生文集】4/益都淄莱等路管军万户李公墓志铭/5上
【汇编】上374、375
宣武将军 西夏后裔于弥部李恒
【元史】129/李恒传/3155
【牧庵集】3/资善大夫中书左丞赠银青荣禄大夫平章政事谥武愍公李公家庙碑/5下
【汇编】上339、357
宣忠效力翊戴功臣 西夏后裔杨氏教化
【虞文靖公道园全集】35/归田稿·正议大夫江南湖北道肃政廉访使特赠宣忠效力翊戴功臣大司徒金紫光禄大夫上柱国夏国公谥襄敏杨公神道碑/6上
【汇编】上503
宣忠斡罗思扈卫亲军指挥使 西夏后裔亦怜真班
【元史】145/亦怜真班传/3445
【汇编】上385
宣城录事 西夏后裔张长吉
【梧溪集】5/四库本/1218－784下

宣政、会福院使 西夏后裔杨暗普
【元史】24/仁宗纪/548
宣政院使 西夏后裔杨暗普
【元史】17/世祖纪/370
宣政院使 西夏后裔乌密氏韩嘉纳
【元史】42/顺帝纪5/886
【汇编】下7076
宣政院使 西夏后裔亦怜真班
【元史】145/亦怜真班传/3445
【汇编】上385
宣政院使 西夏后裔史氏日而塞，乞台普济弟
【新元史】199/乞台普济传/3下
【蒙兀儿史记】154/色目氏族/34下
【汇编】上537、588
宣政院使 西夏后裔星吉
【元史】144/星吉传/3438
【宋学士全集】18/元赠开府仪同三司上柱国星吉公神道碑铭/18上
【汇编】上457、472
宣政院使 西夏后裔哈蓝朵儿只，亦怜真班子
【元史】145/亦怜真班传/3445
【蒙兀儿史记】154/色目氏族/34下
【汇编】上386、585
宣政院副使 西夏后裔文伯要解
【至顺镇江志】15/元刺守镇江府路总管府条/9上
【汇编】下7055
宣威将军 西夏后裔于弥部李恒
【元史】129/李恒传/3155
【汇编】上339
宣慰 西夏后裔亦力撒合
【元史】14/世祖纪11/299
【汇编】下7036
宣慰使 西夏后裔于弥部李恒
【吴文正公集】14/滕国李武愍公家传后序/1上
【汇编】上369
宣慰使 西夏后裔亦而撒合
【元史】14/世祖纪11/286
【汇编】下7035
宣徽院使 西夏后裔星吉
【宋学士全集】18/元赠开府仪同三司上柱国星吉公神道碑铭/18上

【汇编】上 472
宣徽副使 西夏后裔杨朵儿只，失剌唐兀台子
【元史】179/杨朵儿只传/4151
【虞文靖公道园全集】12/在朝稿·御史中丞杨襄愍公神道碑/1 上
【汇编】上 485、500
统军 西夏后裔老索，赐号八都儿
【中国藏西夏文献】18/顺天路达鲁花赤河西老索神道碑/150

十画

秦国夫人 西夏后裔乌密氏立智理威妻梁氏
【雍虞先生道园类稿】42/立智理威忠惠公神道碑/25 下
【汇编】上 265
秦国公 西夏后裔杨暗普
【元史】24/仁宗纪/548
秦国公 西夏后裔朵吉，星吉曾祖
【宋学士全集】18/忠肃星吉公神道碑铭/18 上
【蒙兀儿史记】154/色目氏族/34 下
【汇编】上 471、595
秦国公 西夏后裔乌密氏立智理威，察罕从孙
【元史】120/立智理威传/2955
【雍虞先生道园类稿】42/立智理威忠惠公神道碑/25 下
【蒙兀儿史记】154/色目氏族/34 下
【汇编】上 247、265、581
泰安王夫人 西夏后裔唐兀真氏，也先帖木儿祖母
【雪楼程先生集】3/故祖母唐兀真氏追封泰安王夫人制/13 上
【汇编】上 565
郴州路达鲁花赤 西夏后裔黄头，别名世雄
【道园学古录】40/昭毅大将军平江路总管府达鲁花赤兼管内劝农事黄头公墓碑/9 上
【汇编】上 535
桓勇都尉 西夏后裔云中郡伯子
【伊滨集】21/书塘兀氏碑后/13 上
【汇编】上 569
栖霞县达鲁花赤 又作栖霞县荅鲁合臣，西夏后裔于弥部李岩，李恒孙
【新元史】180/李世安传/8 下
【蒙兀儿史记】154/色目氏族/34 下
【吴文正公集】42/元故荣禄大夫江西等处行中书省平章政事李公墓志铭/2 下
【汇编】上 354、374、578
都元帅 西夏后裔乌密氏察罕
【元史】120/察罕传/2955
【汇编】上 243
都元帅 西夏后裔来阿八赤
【元史】129/来阿八赤传/3141
【汇编】上 331，332
都元帅 西夏后裔余阙，沙剌臧卜子
【元史】143/余阙传/3426
【汇编】上 410
都元帅 西夏后裔昂吉尔，野蒲甘卜子
【元史】123/也蒲甘卜传/3027
【汇编】上 300
都元帅 西夏后裔于弥部李恒
【元史】10/世祖纪 7/203
【吴文正公集】14/滕国李武愍公家传后序/1 上；42/元故荣禄大夫江西等处行中书省平章政事李公墓志铭/2 下
【汇编】上 369、370；下 6999
都元帅 西夏后裔史氏阿拉克布济克，又作阿拉克普济、阿剌普济
【新元史】199/乞台普济传/3 下
【蒙兀儿史记】154/色目氏族/34 下
【牧庵集】26/开府仪同三司太尉太保太子太师中书右丞相史公先德碑/1 上
【汇编】上 537、546、587
都元帅兼领尚书省事 西夏后裔乌密氏察罕
【元史】120/察罕传/2955
【汇编】上 243
都水大监 西夏后裔托克托
【金台集】1/送都水大监托克托清卿使君奉命塞白茅决河/四库本/1215－283 上
都水监官 西夏后裔观音奴
【元史】192/观音奴传/4368
【元诗选癸集】宋元传记资料丛刊/101
【汇编】上 523
都水庸田使 西夏后裔文书讷
【夷白斋稿】27/光福观音显应记/3 上

【汇编】下 7080

都水庸田使 西夏后裔杨公双泉

【夷白斋稿】27/水云亭记/2 上

【汇编】上 569

都漕运使 西夏后裔高纳麟，高智耀孙

【元史】142/高纳麟传/3406

【汇编】上 317

都指挥 西夏后裔冯答兰帖木

【宁夏府志】上/人物/16 上

【汇编】补遗 7221

都转运盐使 西夏后裔吾密氏卜颜铁木儿

【元史】144/卜颜铁木儿传/3436

【汇编】上 453

真州达鲁花赤 西夏后裔明安达耳

【隆庆仪真县志】5/天一阁明代方志选刊/20

莫州守 西夏后裔额森

【畿辅通志】69/四库本/505－665 下

恭人 西夏后裔逸的氏瑞童，高祖察罕

【至正集】58/故漕运同知粘合公逸的氏墓志铭/12 下

【汇编】上 268

速古儿赤 西夏后裔阿束

【永乐大典】2806/5 下

【汇编】补遗 7160

速古儿赤 西夏后裔乌密氏亦里撒合，立智理威兄

【元史】120/亦力撒合传/2955

【雍虞先生道园类稿】42/立智理威忠惠公神道碑/25 下

【汇编】上 244、262

起身宿卫 西夏后裔买术

【东维子集】23/重建海道都漕运万户府碑/四库本/1221/619

夏国夫人 西夏后裔史氏乞台普济母乌纳氏

【牧庵集】26/开府仪同三司太尉太保太子太师中书右丞相史公先德碑/1 上

【汇编】上 545

夏国夫人 西夏后裔杨氏世剌妻米卜氏

【虞文靖公道园全集】35/归田稿·正议大夫江南湖北道肃政廉访使特赠宣忠效力翊戴功臣大司徒金紫光禄大夫上柱国夏国公谥襄敏杨公神道碑/6 上

【汇编】上 507

夏国夫人 西夏后裔杨氏教化妻李氏

【虞文靖公道园全集】35/归田稿·正议大夫江南湖北道肃政廉访使特赠宣忠效力翊戴功臣大司徒金紫光禄大夫上柱国夏国公谥襄敏杨公神道碑/6 上

【汇编】上 506

夏国夫人 西夏后裔杨朵儿只妻刘氏

【虞文靖公道园全集】12/在朝稿·御史中丞杨襄愍公神道碑/1 上

【汇编】上 501

夏国夫人 西夏遗民杨氏式腊唐兀台妻赵氏

【虞文靖公道园全集】35/归田稿·正议大夫江南湖北道肃政廉访使特赠宣忠效力翊戴功臣大司徒金紫光禄大夫上柱国夏国公谥襄敏杨公神道碑/6 上

【汇编】上 507

夏国夫人 西夏遗民杨氏式腊唐兀台妻梁氏

【虞文靖公道园全集】35/归田稿·正议大夫江南湖北道肃政廉访使特赠宣忠效力翊戴功臣大司徒金紫光禄大夫上柱国夏国公谥襄敏杨公神道碑/6 上

【汇编】上 507

夏国太夫人 西夏后裔杨氏教化妻王氏

【虞文靖公道园全集】35/归田稿·正议大夫江南湖北道肃政廉访使特赠宣忠效力翊戴功臣大司徒金紫光禄大夫上柱国夏国公谥襄敏杨公神道碑/6 上

【汇编】上 507

夏国公 西夏后裔杨教化父式腊唐兀台，又作失刺唐兀台

【蒙兀儿史记】154/色目氏族/34 下

【虞文靖公道园全集】12/在朝稿·御史中丞杨襄愍公神道碑/1 上；35/归田稿·正议大夫江南湖北道肃政廉访使特赠宣忠效力翊戴功臣大司徒金紫光禄大夫上柱国夏国公谥襄敏杨公神道碑/6 上

【汇编】上 499、507、591

夏国公 西夏后裔杨教化祖父世剌，又作失剌

【蒙兀儿史记】154/色目氏族/34 下

【虞文靖公道园全集】12/在朝稿·御史中丞杨襄愍公神道碑/1 上；35/归田稿·正议大夫

江南湖北道肃政廉访使特赠宣忠效力翊戴功臣大司徒金紫光禄大夫上柱国夏国公谥襄敏杨公神道碑/6 上
【汇编】上 499、506、591
夏国公 西夏后裔余阙
【宋学士全集】11/余左丞传/1 上
【青阳先生文集】序上/2 上
【汇编】上 426、449
夏国公 西夏后裔杨氏朵而只，又作朵儿只
【元史】179/杨朵儿只传/4151
【蒙兀儿史记】154/色目氏族/34 下
【虞文靖公道园全集】12/在朝稿·御史中丞杨襄愍公神道碑/1 上
【汇编】上 488、497、591
夏国公 西夏后裔杨氏教化，杨朵儿只兄
【新元史】138/杨教化传/11 上
【蒙兀儿史记】154/色目氏族/34 下
【虞文靖公道园全集】35/归田稿·正议大夫江南湖北道肃政廉访使特赠宣忠效力翊戴功臣大司徒金紫光禄大夫上柱国夏国公谥襄敏杨公神道碑/6 上
【汇编】上 496、507、591、503
监龙兴路 西夏后裔虎益
【牧庵集】14/徽州路总管府达噜噶齐兼管内劝农事虎公神道碑/16 上
【汇编】上 379
监尚御用物 西夏后裔星吉
【宋学士全集】18/元赠开府仪同三司上柱国星吉公神道碑铭/18 上
【汇编】上 471
监察御史 西夏后裔九住哥
【至正金陵新志】6/历代官制·题名/64 上
【汇编】下 7072
监察御史 西夏后裔也先帖木儿
【至正金陵新志】6/历代官制·题名/62 下
【汇编】下 7067
监察御史 西夏后裔乌密氏贯讷，立智理威子
【雍虞先生道园类稿】42/立智理威忠惠公神道碑/25 下
【汇编】上 265
监察御史 西夏后裔乌密氏韩家嘉讷，立智理威子
【雍虞先生道园类稿】42/立智理威忠惠公神道碑/25 下
【汇编】上 265
监察御史 西夏后裔乌密氏答哈兀，立智理威弟
【雍虞先生道园类稿】42/立智理威忠惠公神道碑/25 下
【汇编】上 262
监察御史 西夏后裔六十
【夷白斋稿】12/平江路达鲁花赤西夏六十公纪绩碑颂/1 上
【汇编】上 555
监察御史 西夏后裔丑问
【至正金陵新志】6/历代官制·题名/63 上
【汇编】下 7069
监察御史 西夏后裔世式
【至正金陵新志】6/历代官制·题名/62 下
【汇编】下 7068
监察御史 西夏后裔必申达尔
【至正金陵新志】6/历代官制·题名/63 下
【汇编】下 7071
监察御史 西夏后裔吉昌，星吉子
【宋学士全集】18/元赠开府仪同三司上柱国星吉公神道碑铭/18 上
【汇编】上 470
监察御史 西夏后裔朵儿只班
【至正金陵新志】6/历代官制·题名/64 上
【汇编】下 7072
监察御史 西夏后裔朵儿赤
【至正金陵新志】6/历代官制·题名/55 上
【汇编】下 7054
监察御史 西夏后裔庆喜
【至正金陵新志】6/历代官制·题名/59 上
【汇编】下 7061
监察御史 西夏后裔观音奴
【至正金陵新志】6/历代官制·题名/63 上
【汇编】下 7069
监察御史 西夏后裔杨文殊奴，杨朵儿只子
【蒙兀儿史记】154/色目氏族/34 下
【汇编】上 591
监察御史 西夏后裔孛罗
【至正金陵新志】6/历代官制·题名/58 下

【汇编】下 7060

监察御史 西夏后裔吾密氏卜颜铁木儿

【元史】144/卜颜铁木儿传/3436

【汇编】上 453

监察御史 西夏后裔彻彻帖木儿

【至正金陵新志】6/历代官制·题名/64 下

【汇编】下 7072

监察御史 西夏后裔张家奴

【至正金陵新志】6/历代官制·题名/63 上

【汇编】下 7069

监察御史 西夏后裔张翔

【至正金陵新志】6/历代官制·题名/62 上

【汇编】下 7065

监察御史 西夏后裔帖木儿不花

【至正金陵新志】6/历代官制·题名/63 上

【汇编】下 7069

监察御史 西夏后裔泼皮

【至正金陵新志】6/历代官制·题名/59 上

【汇编】下 7061

监察御史 西夏后裔剌思八朵儿只

【至正金陵新志】6/历代官制·题名/65 上

【汇编】下 7073

监察御史 西夏后裔顺昌

【至正金陵新志】6/历代官制·题名/58 下

【汇编】下 7060

监察御史 西夏后裔胆八

【至正金陵新志】6/历代官制·题名/62 上

【汇编】下 7065

监察御史 西夏后裔高纳麟，高智耀孙

【元史】142/高纳麟传/3406

【汇编】上 317

监察御史 西夏后裔野尔吉尼

【至正金陵新志】6/历代官制·题名/63 下

【汇编】下 7071

监察御史 西夏后裔脱欢，朵罗台子

【元史】134/朵罗台传/3264

【汇编】上 406

监察御史 西夏后裔脱脱

【至正金陵新志】6/历代官制·题名/59 上

【汇编】下 7062

监察御史 西夏后裔福寿

【元史】144/福寿传/3441

【汇编】上 480

监察御史 西夏后裔也儿吉尼

【永乐大典】2343/邹鲁撰奉议大夫岭南广西道肃政廉访司副使也儿吉尼公德政碑/18 上

【至正金陵新志】6/历代官制·题名/63 下

【汇编】下 7071；补遗 7200

监察御史 西夏后裔刘氏完泽

【蒙兀儿史记】154/色目氏族/34 下

【雍虞先生道园类稿】42/彭城郡侯刘公神道碑/1 上

【汇编】上 401、402、592

监察御史 西夏后裔星吉

【元史】144/星吉传/3438

【宋学士全集】18/元赠开府仪同三司上柱国星吉公神道碑铭/18 上

【汇编】上 457、471

监察御史 西夏后裔教化子

【新元史】183/杨教化传/11 上

【至正金陵新志】6/历代官制·题名/63 下

【汇编】上 496；下 7071

监察御史 西夏后裔阔阔出，朵罗台弟

【元史】134/朵罗台传/3264

【蒙兀儿史记】154/色目氏族/34 下

【汇编】上 406、594

监察御史 西夏后裔余阙

【元史】143/余阙传/3426

【宋学士全集】11/余左丞传/1 上

【青阳先生文集】1/青阳山房记/4 上

【汇编】上 409、423、453

特进 西夏后裔史氏额尔吉纳，奇塔特布济克子

【牧庵集】26/开府仪同三司太尉太保太子太师中书右丞相史公先德碑/1 上

【汇编】上 547

特进 西夏后裔昔李教化

【牧庵集】19/资德大夫云南行省右丞李公神道碑/8 下

【雪楼程先生集】2/特进平章政事教化特加开府仪同三司太子太保太尉平章军国重事上柱国封魏国公制/4 下

【汇编】上 286、294

秘书大监 西夏后裔五十六

【元秘书监志】9/四库本/596－835下
秘书监 西夏后裔刘容，高祖阿华为西夏主尚食
【元史】134/刘容传/3259
【汇编】上399
秘书监丞 西夏后裔僧格实哩
【元秘书监志】9/四库本/596－841上
秘书监校书郎 西夏后裔穆尔济达
【元秘书监志】9/四库本/596－850下
秘书卿 西夏后裔刘氏完泽子沙剌班，又名刘伯温
【雍虞先生道园类稿】42/彭城郡侯刘公神道碑/1上
【汇编】上404
臬司宪部椽 西夏后裔孟天暐
【燕石集】15/四库本/1212－522
卿典牧 西夏后裔史氏哩日，奇塔特布济克子
【牧庵集】26/开府仪同三司太尉太保太子太师中书右丞相史公先德碑/1上
【汇编】上547
胶莱海道漕运使 西夏后裔来阿八赤
【元史】129/来阿八赤传/3141
【汇编】上331
效节宣忠翊戴功臣 西夏后裔杨氏教化
【新元史】183/杨教化传/11上
【汇编】上496
效忠翊运保德功臣 西夏后裔昔李答加沙，昔李钤部父
【雪楼程先生集】2/特进平章教化曾祖父答加沙谥康懿制/5上；25/魏国公先世述/16下
【汇编】上291、294
唐兀卫佥兼枢密院事 西夏后裔暗伯，亦怜真班父
【元史】133/暗伯传/3236
【汇编】上382
唐兀卫指挥副使 西夏后裔高睿，高智耀子
【元史】125/高纳麟传/3072
【汇编】上313
唐兀卫亲军都指挥使司
【元史】86/百官志2/2168；99/兵志2/2527
【汇编】下7031、7052、7088
唐兀秃鲁花千户 西夏后裔野蒲氏暗普，昂吉儿子
【元史】123/也蒲甘卜传/3027
【蒙兀儿史记】154/色目氏族/34下
【汇编】上300、584
唐兀亲军都指挥使 西夏后裔也克吉儿，乞台普济子
【新元史】199/也克吉尔传/3下
【汇编】上538
唐兀亲军都指挥使 西夏后裔仙仙
【永乐大典】2806/5下
【汇编】补遗7160
唐兀亲军都指挥使 西夏后裔亦怜真班
【元史】145/亦怜真班传/3445
【汇编】上384
唐古亲军都指挥使 西夏后裔史氏额尔吉纳，奇塔特布济克子
【牧庵集】26/开府仪同三司太尉太保太子太师中书右丞相史公先德碑/1上
【汇编】上547
唐兀亲军副都指挥使 西夏后裔阿束
【永乐大典】2806/5下
【汇编】补遗7160
凉王 西夏后裔搠思吉朵儿只，星吉祖父
【蒙兀儿史记】154/色目氏族/34下
【宋学士全集】18/元赠开府仪同三司上柱国星吉公神道碑铭/18上
【汇编】上471、595
浙东佥宪 西夏后裔余阙，沙剌藏卜子
【草木子】4/中秋夜望月/8下
【汇编】补遗7178
浙东道肃政廉访司佥事 西夏后裔张雄飞
【元诗选癸集】辽金元传记资料丛刊20/40
浙东廉访佥事 西夏后裔余阙
【青阳先生文集】上/青阳山房记/4上
【汇编】上453
浙东廉访副使 西夏后裔顺昌
【至正金陵新志】6/四库本/492－329下
浙西元帅府椽 西夏后裔朵罗歹，黄头从弟
【新元史】182/黄头传/6上
【汇编】上530
浙西行省参政 西夏后裔昔李氏教化，昔李钤部子

【正德大名府志】10/元大名达鲁花赤昔李公墓志铭/38 上
【汇编】补遗 7173
浙西道肃政廉访使 西夏后裔高睿，高智耀子
【元史】125/高纳麟传/3072
【汇编】上 313
浙西道廉访司事 西夏后裔也儿吉尼
【新元史】219/也儿吉尼传/7 下
【汇编】上 549
浙西廉访司经历 西夏后裔也怜帖木儿
【东维子集】12/浙西宪府经历司题名记/四库本/1221－490
浙西廉访封授 西夏后裔宁夏人师克恭
【待制集】10/四库本/1210－351 下
浙西廉访使 西夏后裔高纳麟，高智耀孙
【元史】142/高纳麟传/3406
【汇编】上 318
海北海南道肃政廉访使 西夏后裔野蒲氏暗普
【元史】132/昂吉儿传/3213
【汇编】上 303
海北海南道廉访使 西夏后裔野蒲氏暗普，昂吉儿子
【元史】123/也蒲甘卜传/3027
【蒙兀儿史记】154/色目氏族/34 下
【汇编】上 300、584
海西辽东哈思罕等处打捕鹰房怯怜口万户府达鲁花赤 西夏后裔星吉
【宋学士全集】18/元赠开府仪同三司上柱国星吉公神道碑铭/18 上
【汇编】上 472
海道都漕运万户 西夏后裔黄头，别名世雄
【新元史】182/黄头传/6 上
【道园学古录】40/昭毅大将军平江路总管府达鲁花赤兼管内劝农事黄头公墓碑/9 上
【汇编】上 530、533
海道都漕运万户府监 西夏后裔买术
【东维子集】23/重建海道都漕运万户府碑/四库本 1221－619
海道都漕运万户府副万户 西夏后裔黄头
【新元史】182/黄头传/6 上
【汇编】上 530
浚州达鲁花赤 西夏后裔述哥察儿，又作维郡伯
【吴文正公集】33/元故浚州达鲁花赤中议大夫河中府知府上骑都尉追封魏郡伯墓碑/18 上
【汇编】上 478、479
浚州荅鲁合臣 又作浚州达噜噶齐，西夏后裔述哥察儿又作苏克彻尔
【蒙兀儿史记】154/色目氏族/34 下
【河南通志】55 名宦中/卫辉府/87 下
【汇编】上 601；补遗 7196
益都上万户 西夏后裔于弥部李恒子李世安，又名散木䚡
【新元史】180 李世安传/8 下
【汇编】上 353
益都般阳万户 西夏后裔于弥氏李恒孙薛彻秃，又名李屿
【元史】129/李恒/3155
【蒙兀儿史记】154/色目氏族/34 下
【汇编】上 342、578
益都淄莱万户 西夏后裔于弥部李恒孙囊加真，又名世雄
【元史】129/李恒传/3155
【蒙兀儿史记】154/色目氏族/34 下
【汇编】上 342、579
益都淄莱上万户 西夏后裔于弥部李恒子李世安，又名散木䚡
【新元史】180/李世安传/8 下
【吴文正公集】42/元故荣禄大夫江西等处行中书省平章政事李公墓志铭/2 下
【汇编】上 353、371
益都淄莱本军万户 西夏后裔李恒子李世安
【牧庵集】3/资善大夫中书左丞赠银青荣禄大夫平章政事谥武愍公李公家庙碑/5 下
【汇编】上 359
益都淄莱军民都达鲁花赤 又作益都淄莱军民都荅鲁合臣，西夏后裔于弥部李恒父李维忠，又作李惟忠
【蒙兀儿史记】154/色目氏族/34 下
【吴文正公集】42/元故荣禄大夫江西等处行中书省平章政事李公墓志铭/2 下
【汇编】上 370、578

益都淄莱两路军职　西夏后裔于弥部李恒
【吴文正公集】14/滕国李武愍公家传后序/1 上
【汇编】上 369

益都淄莱新军万户　西夏后裔于弥部李恒
【元史】129/李恒传/3155
【柳待制文集】9/李武愍公新庙碑铭/3 上
【汇编】上 339、363

益都淄莱路新军万户　西夏后裔李恒
【牧庵集】3/资善大夫中书左丞赠银青荣禄大夫平章政事谥武愍公李公家庙碑/5 下
【汇编】上 357

益都淄莱等路管军万户　西夏后裔于弥部李世雄，李恒子
【吴文正公集】42/元故荣禄大夫江西等处行中书省平章政事李公墓志铭/2 下
【养蒙先生文集】4/益都淄莱等路管军万户李公墓志铭/5 上
【汇编】上 375

益都等路宣慰使　西夏后裔来阿八赤
【元史】129/来阿八赤传/3141
【汇编】上 331

家令丞　西夏后裔杨朵儿只
【元史】179/杨朵儿只传/4151
【虞文靖公道园全集】12/在朝稿·御史中丞杨襄愍公神道碑/1 上
【汇编】上 485、500

资政大夫　西夏后裔乌密氏塔出，布兀剌子
【元史】135/塔出传/3272
【汇编】上 257

资政大夫　西夏后裔亦怜真班
【元史】145/亦怜真班传/3445
【汇编】上 385

资善大夫　西夏后裔买术
【东维子集】23/重建海道都漕运万户府碑/四库本 1221－619/

资善大夫　西夏后裔李昌
【巴西集】下/四库本/1195－546

资善大夫　西夏后裔乌密氏立智理威，察罕从孙
【雍虞先生道园类稿】42/立智理威忠惠公神道碑/25 下
【汇编】上 264

资善大夫　西夏后裔史氏哩日，奇塔特布济克子
【牧庵集】26/开府仪同三司太尉太保太子太师中书右丞相史公先德碑/1 上
【汇编】上 547

资善大夫　西夏后裔亦怜真班
【元史】145/亦怜真班传/3445
【汇编】上 384

资善大夫　西夏后裔昔李氏万奴，爱鲁子
【正德大名府志】10/元大名达鲁花赤昔李公墓志铭/38 上
【汇编】补遗 7173

资善大夫　西夏后裔星吉
【宋学士全集】18/元赠开府仪同三司上柱国星吉公神道碑铭/18 上
【汇编】上 472

资善大夫　西夏后裔高智耀子高睿
【至正金陵新志】6/历代官制·题名/33 下
【汇编】下 7054

资善大夫　西夏后裔暗伯，亦怜真班父
【元史】133/暗伯传/3236
【汇编】上 382

资善大夫　西夏后裔于弥部李恒
【元史】129/李恒传/3155
【吴文正公集】14/滕国李武愍公家传后序/1 上；42/元故荣禄大夫江西等处行中书省平章政事李公墓志铭/2 下
【牧庵集】3/资善大夫中书左丞赠银青荣禄大夫平章政事谥武愍公李公家庙碑/5 下
【柳待制文集】9/李武愍公新庙碑铭/3 上
【汇编】上 341、356，358、369、370、365

资德大夫　西夏后裔乌密氏立智理威，察罕从孙
【元史】120/立智理威传/2955
【雍虞先生道园类稿】42/立智理威忠惠公神道碑/25 下
【汇编】上 247、264、265

资德大夫　西夏后裔史氏乞台普济子也克吉儿，又作额尔吉纳
【新元史】199/也克吉儿传/3 下
【牧庵集】26/开府仪同三司太尉太保太子太师中书右丞相史公先德碑/1 下

【汇编】上538、547

资德大夫 西夏后裔杨朵儿只

【元史】179/杨朵儿只传/4151

【虞文靖公道园全集】12/在朝稿·御史中丞杨襄愍公神道碑/1上

【汇编】上486、500

资德大夫 西夏后裔昔李阿噜，又作爱鲁

【牧庵集】19/资德大夫云南行省右丞李公神道碑/8下

【雪楼程先生集】2/故父资德大夫云南等处行中书省右丞改谥忠节制/6上；25/魏国公先世述/16下

【汇编】上289、293、296

诸军总管 西夏后裔于弥部李恒

【吴文正公集】14/滕国李武愍公家传后序/1上

【汇编】上369

通奉大夫 西夏后裔纳怀，老索曾孙

【中国藏西夏文献】18/顺天路达鲁花赤河西老索神道碑/150

通奉大夫 西夏后裔乌密氏立智理威，察罕从孙

【雍虞先生道园类稿】42/立智理威忠惠公神道碑/25下

【汇编】上263

通奉大夫 西夏后裔乌密氏塔出，布兀剌子

【元史】135/塔出传/3272

【汇编】上257

通奉大夫 西夏后裔来阿八赤

【元史】129/来阿八赤传/3141

【汇编】上331

通奉大夫 西夏后裔高智耀孙高纳麟

【至正金陵新志】6/历代官制·题名/36下

【汇编】下7064

通政院判 西夏后裔不花

【元史】179/杨朵儿只传/4151

【汇编】上489

十一画

理问官 西夏后裔诺摩翰

【闻过斋集】5/友石山人墓志铭/15下

【汇编】补遗7204

郴州路达鲁花赤 西夏后裔黄头，别名世雄

【道园学古录】40/昭毅大将军平江路总管府达鲁花赤兼管内劝农事黄头公墓碑/9上

【汇编】上535

副万户 西夏后裔于弥部李恒

【吴文正公集】14/滕国李武愍公家传后序/1上

【汇编】上369

副使 宁夏脱脱公

【雍虞先生道园类稿】25/重建高文忠公祠记/18下

【汇编】上325

副都元帅 西夏后裔于弥部李恒

【吴文正公集】14/滕国李武愍公家传后序/1上

【汇编】上369

副都元帅 西夏后裔昔李氏爱鲁，昔里钤部子

【元史】122/爱鲁传/3011

【汇编】上272

推忠开济翊运功臣 西夏后裔乌密氏察罕

【元史】120/察罕传/2955

【汇编】上244

推忠佐运功臣 西夏后裔杨氏失剌

【虞文靖公道园全集】12/在朝稿·御史中丞杨襄愍公神道碑/1上；35/归田稿·正议大夫江南湖北道肃政廉访使特赠宣忠效力翊戴功臣大司徒金紫光禄大夫上柱国夏国公谥襄敏杨公神道碑/6上

【汇编】上499、507

推忠佐命宣力功臣 西夏后裔昔李钤部，爱鲁父

【雪楼程先生集】2/故祖父昔李特赠推忠佐命宣力功臣开府仪同三司太师上柱国追封魏国公谥贞献制/5下；25/魏国公先世述/16下

【汇编】上292、295

推忠佐理功臣 西夏后裔高睿，高智耀子

【元史】125/高纳麟传/3072

【雍虞先生道园类稿】25/重建高文忠公祠记/18下

【汇编】上313、326

推忠保节功臣 西夏后裔暗伯，亦怜真班父

【元史】133/暗伯传/3236

【汇编】上382

推忠翊戴功臣 西夏后裔杨氏失剌唐兀台，又

作式腊唐兀台
【虞文靖公道园全集】12/在朝稿·御史中丞杨襄愍公神道碑/1上；35/归田稿·正议大夫江南湖北道肃政廉访使特赠宣忠效力翊戴功臣大司徒金紫光禄大夫上柱国夏国公谥襄敏杨公神道碑/6上
【汇编】上499、507

推忠靖远功臣 西夏后裔于弥部李恒
【元史】129/李恒传/3155
【柳待制文集】9/李武愍公新庙碑铭/3上
【吴文正公集】14/滕国李武愍公家传后序/1上；42/元故荣禄大夫江西等处行中书省平章政事李公墓志铭/2下
【汇编】上342、365、369、370

推诚亮节崇德赞治功臣 西夏后裔乌密氏立智理威，察罕从孙
【元史】120/立智理威传/2955
【雍虞先生道园类稿】42/立智理威忠惠公神道碑/25下
【汇编】上247、265

推诚宣力功臣 西夏后裔乌密氏木花里，察罕子
【元史】120/察罕传/2955
【汇编】上244

推诚翊运功臣 西夏后裔史氏考智尔威
【牧庵集】26/开府仪同三司太尉太保太子太师中书右丞相史公先德碑/1上
【汇编】上544

辅国上将军 西夏后裔野蒲氏昂吉儿
【元史】132/昂吉儿传/3213
【汇编】上302

崇义书院主讲席 西夏后裔李彦国，又名唐兀彦国
【述善集校注】2/亦乐堂记/68

崇仁县达鲁花赤 又作崇仁县荅鲁合臣，西夏后裔黄头子保童
【蒙兀儿史记】154/色目氏族/34下
【新元史】182/黄头传/6上
【汇编】上531、600

崇文赞治功臣 西夏后裔高智耀
【元史】125/高纳麟传/3072
【雍虞先生道园类稿】25/重建高文忠公祠记/18下
【汇编】上313、326

崇福司管勾 西夏后裔丑闾
【蒙兀儿史记】154/色目氏族/34下
【元统元年进士录】宋元传记资料丛刊/599
【汇编】上598

银青荣禄大夫 西夏后裔于弥部李维忠
【牧庵集】14/徽州路总管府达噜噶齐兼管内劝农事虎公神道碑/16上
【汇编】上378

银青荣禄大夫 西夏后裔亦怜真班
【元史】145/亦怜真班传/3445
【汇编】上385

银青荣禄大夫 西夏后裔忽刺出，勃罗帖穆尔祖父
【至正昆山郡志】2/勃罗帖穆尔传/7上
【汇编】补遗7217

银青荣禄大夫 西夏后裔昔李氏爱鲁，又作阿噜
【雪楼程先生集】2/故父资德大夫云南等处行中书省右丞改谥忠节制/6上；25/魏国公先世述/16下
【牧庵集】19/资德大夫云南行省右丞李公神道碑/8下
【正德大名府志】10/元大名达鲁花赤昔李公墓志铭/38上
【汇编】上289、293、296；补遗7173

银青荣禄大夫 西夏后裔于弥部李恒
【元史】129/李恒传/3155
【吴文正公集】14/滕国李武愍公家传后序/1上；42/元故荣禄大夫江西等处行中书省平章政事李公墓志铭/2下
【牧庵集】3/资善大夫中书左丞赠银青荣禄大夫平章政事谥武愍公李公家庙碑/5下
【柳待制文集】9/李武愍公新庙碑铭/3上
【汇编】上342、356、365、369、370

符宝郎 西夏后裔人契斯
【正德姑苏志】41/官迹5/四库全书/493－755上

符宝郎 西夏后裔高睿，高智耀子
【元史】125/高纳麟传/3072
【雍虞先生道园类稿】25/重建高文忠公祠记/18

下
【汇编】上 313、326
领行尚书省事 西夏后裔察罕
【蒙兀儿史记】154/色目氏族/34 下
【汇编】上 581
领兵千户 西夏后裔诺摩翰曾祖
【闻过斋集】1/22 上
【汇编】补遗 7210
领唐兀卫 西夏后裔阿束
【永乐大典】2806/5 下
【汇编】补遗 7160
领典瑞院事 西夏后裔斡赤
【元史】26/仁宗纪 3/584
【汇编】下 7056
领淮西行中书省事 西夏后裔乌密氏塔出，布兀剌子
【元史】135/塔出传/3272
【汇编】上 257
旌德县达鲁花赤 西夏后裔郝斯公
【贞素斋集】2/送旌德县达鲁花赤郝斯公秩满序/20 下
【汇编】上 567
翊卫功臣 西夏后裔史氏拉吉尔威，奇塔特布济克祖父
【牧庵集】26/开府仪同三司太尉太保太子太师中书右丞相史公先德碑/1 上
【汇编】上 544
康靖 西夏后裔高智耀父高良惠谥号
【蒙兀儿史记】154/色目氏族/34 下
【汇编】上 586
康靖 西夏后裔杨氏失剌唐兀台谥号，失剌唐兀台又作式腊唐兀台、失剌唐吾台
【蒙兀儿史记】154/色目氏族/34 下
【虞文靖公道园全集】12/在朝稿·御史中丞杨襄愍公神道碑/1 上；35/归田稿·正议大夫江南湖北道肃政廉访使特赠宣忠效力翊戴功臣大司徒金紫光禄大夫上柱国夏国公谥襄敏杨公神道碑/6 上
【汇编】上 499、507、591
康靖公 西夏后裔高惠德谥号
【雍虞先生道园类稿】25/重建高文忠公祠记/18 下
【汇编】上 325
康穆 西夏后裔史氏乞台普济曾祖彻彻理威谥号，彻彻理威又作持持理威
【蒙兀儿史记】154/色目氏族/34 下
【牧庵集】26/开府仪同三司太尉太子太师中书右丞相史公先德碑/1 上
【汇编】上 544、587
康懿 西夏后裔昔李答加沙谥号，答加沙又作答加沙，昔李又作昔里
【蒙兀儿史记】154/色目氏族/34 下
【雪楼程先生集】2/特进平章教化曾祖父答加沙谥康懿制/5 上；25/魏国公先世述/16 下
【汇编】上 291、294、582
淮东左副都元帅 西夏后裔乌密氏塔出，布兀剌子
【元史】135/塔出传/3272
【汇编】上 257
淮东宣慰使 西夏后裔宁夏人师克恭
【待制集】10/四库本/1210－351 上
淮东道肃政廉访使 西夏后裔高睿，高智耀子
【元史】125/高纳麟传/3072
【汇编】上 313
淮西行中书省事 西夏后裔乌密氏塔出，布兀剌子
【元史】135/塔出传/3272
【汇编】上 257
淮西行省参知政事 西夏后裔乌密氏塔出，布兀剌子
【元史】135/塔出传/3272
【汇编】上 255
淮西江北道肃政廉访使 西夏后裔星吉
【宋学士全集】18/元赠开府仪同三司上柱国星吉公神道碑铭/18 上
【汇编】上 472
淮西佥宪 西夏后裔斡玉伦徒
【元诗选癸集】宋元传记资料丛刊/236
淮西宣慰 西夏后裔余阙
【草木子】4/中秋夜望月/8 下
【汇编】补遗 7178
淮西宣慰使 西夏后裔野蒲氏昂吉儿
【元史】10/世祖纪 7/201；132/昂吉儿传/3213；

174/郭贯传/4060；205/阿合马传/4561；208/日本传/4629
【元史类编】2/39上
【汇编】上302；下6997、6998、7033、7040
淮西宣慰使都元帅 西夏后裔野蒲氏昂吉儿
【元史】132/昂吉儿传/3213
【汇编】上302
淮西宣慰副使 西夏后裔余阙
【朱一斋文集】6/余廷心后传/80上
【宋学士全集】11/余左丞传/1上
【汇编】上424、430
淮西道宣慰使 西夏后裔野浦昂吉尔，又作昂吉儿
【元史】17/世祖纪14/370；123/也蒲甘卜传/3027
【蒙兀儿史记】154/色目氏族/34下
【汇编】上300、584；下7041
淮西等处行枢密院事 西夏后裔乌密氏塔出，布兀剌子
【元史】135/塔出传/3272
【汇编】上255
淮西廉访副使 西夏后裔福寿
【元史】144/福寿传/3441
【汇编】上480
淮南左丞 西夏后裔余阙
【朱一斋文集】6/余廷心后传/80上
【汇编】上432
淮南平章 西夏后裔三旦八
【铁崖文集】2/江浙平章三旦八公勋德碑/1上
【汇编】上561
淮南平章政事 西夏后裔余阙
【蒙兀儿史记】154/色目氏族/34下
【汇编】上596
淮南行中书平章 西夏后裔高永年
【夷白斋稿】20/南台御史大夫西夏永年公勋德诗序/3下
【汇编】上559
淮南行省左丞 西夏后裔余阙
【元史】45/顺帝纪8/93；143/余阙传/3426
【蒙兀儿史记】154/色目氏族/34下
【青阳先生文集】上/青阳先生文集序/2上
【汇编】上410、449、596；下7082
淮南行省右丞 西夏后裔余阙
【宋学士全集】11/余左丞传/1上；12/题余延心篆书后/33上
【草木子】4/中秋夜望月/8下
【青阳先生文集】上/青阳先生文集序/2上
【汇编】上425、444、449；补遗7178
淮南行省平章政事 西夏后裔福寿
【元史】43/顺帝纪6/910；144/福寿传/3441
【汇编】上481；下7080
淮南行省参知政事 西夏后裔余阙
【宋学士全集】11/余左丞传/1上
【汇编】上425
淮南、江北等处行中书省平章政事 西夏后裔余阙
【元史】143/余阙传/3426
【汇编】上412
淮南省平章 西夏后裔余阙
【师山集】师山遗文附录/师山先生郑公行状/6上
【汇编】补遗7182；
淮南省参知政事 西夏后裔余阙
【青阳先生忠节附录】1/死节本末
【朱一斋文集】6/余廷心后传/80上
【汇编】上432、439
淮省都事 西夏后裔迈里古思婿王顺
【九灵山房集】13/迈院判哀诗序/9上
【汇编】上521
淄川军民总管 西夏遗民穆苏和勒善，虎益父
【新元史】166/虎益传/10上
【汇编】上377
淄州都达鲁花赤 西夏后裔于弥部李惟忠
【柳待制文集】9/李武愍公新庙碑铭/3上
【汇编】上365；
淄莱路安抚司郎中 西夏后裔于弥部李恒
【吴文正公集】14/滕国李武愍公家传后序/1上
【汇编】上369
淄莱路奥鲁总管 西西夏后裔于弥部李恒
【元史】129/李恒传/3155
【牧庵集】3/资善大夫中书左丞赠银青荣禄大夫平章政事谥武愍公李公家庙碑/5下
【汇编】上339、357
断事官 西夏后裔脱欢，朵罗台子

【元史】134/朵罗台传/3264
【汇编】上 406
断事官 西夏后裔昔里钤部，昔里又作昔李
【元史】122/昔里钤部传/3011
【正德大名府志】10/元大名达鲁花赤昔李公墓志铭/38 上
【汇编】上 271；补遗 7173
宿州判官 西夏后裔明安达尔，又作明安达耳
【元史】195/明安达尔传/4415
【蒙兀儿史记】154/色目氏族/34 下
【元统元年进士录】宋元传记资料丛刊/604
【汇编】上 528、598
密州儒学正 西夏后裔李彦国，又名唐兀彦国
【述善集校注】2/亦乐堂记/68
梁国公 西夏后裔乌密氏木花里，察罕子
【元史】120/察罕传/2955
【蒙兀儿史记】154/色目氏族/34 下
【汇编】上 244、581
弹压 西夏后裔唐兀台子闾马
【述善集校注】3/大元赠敦武校尉军民万户府百夫长唐兀公碑铭并序/137

十二画

塔塔里军民万户府百户 西夏后裔杨镇花台
【述善集校注】3/大元赠敦武校尉军民万户府百夫长唐兀公碑铭并序/140
塔塔里军民屯田万户府百户 西夏后裔卜兰台
【宁夏社会科学】1987 年第 1 期/大元赠敦武校尉军民万户府百夫长唐兀公碑铭/88
【汇编】补遗 7164
博儿赤 西夏后裔西卑
【永乐大典】2806/5 下
【汇编】补遗 7160
彭城郡夫人 西夏后裔刘氏完泽妻李氏
【雍虞先生道园类稿】42/彭城郡侯刘公神道碑/1 上
【汇编】上 404
彭城郡夫人 西夏后裔刘氏完泽祖母赵氏
【雍虞先生道园类稿】42/彭城郡侯刘公神道碑/1 上
【汇编】上 404
彭城郡侯 西夏后裔刘氏完泽祖父
【雍虞先生道园类稿】42/彭城郡侯刘公神道碑/1 上
【汇编】上 404
彭城郡侯 西夏后裔刘氏完泽
【蒙兀儿史记】154/色目氏族/34 下
【雍虞先生道园类稿】42/彭城郡侯刘公神道碑/1 上
【汇编】上 404、592
敬简 西夏后裔史氏乞台普济祖父立吉儿威谥号，立吉儿威又作拉吉尔威
【蒙兀儿史记】154/色目氏族/34 下
【牧庵集】26/开府仪同三司太尉太保太子太师中书右丞相史公先德碑/1 上
【汇编】上 544、587
朝列大夫 西夏后裔托多
【广西通志】52/四库本/566－503 上
朝列大夫 西夏后裔托克托
【至正金陵新志】6/四库本/492－330 上
朝列大夫 西夏后裔阿息保多尔济
【至正金陵新志】6/四库本/492－333 下
朝列大夫 西夏后裔剌思八朵儿只
【至正金陵新志】6/历代官制・题名/65 上
【汇编】下 7073
朝列大夫 西夏后裔星吉
【宋学士全集】18/元赠开府仪同三司上柱国星吉公神道碑铭/18 上
【汇编】上 471
朝列大夫 西夏后裔诺摩罕，又名王翰
【闻过斋集】5/友石山人墓志铭/15 下
【汇编】补遗 7204
朝列大夫 西夏后裔脱脱
【至正金陵新志】6/历代官制・题名/59 上
【汇编】下 7062
朝请大夫 西夏后裔鄂约达勒
【至正金陵新志】6/四库本/492－321 下
朝请大夫 西夏后裔星吉
【宋学士全集】18/元赠开府仪同三司上柱国星吉公神道碑铭/18 上
【汇编】上 471
朝请大夫 西夏后裔斡玉伦徒

【至正金陵新志】6/历代官制·题名/41 下
【汇编】下 7071
提举崇明州盐场 西夏后裔虎益
【牧庵集】14/徽州路总管府达噜噶齐兼管内劝农事虎公神道碑/16 上
【汇编】上 379
提举崇明州监课 西夏后裔虎仪，虎益弟
【蒙兀儿史记】154/色目氏族/34 下
【汇编】上 589
提调武备寺 西夏后裔亦怜真班
【元史】42/顺帝纪 5/887
【汇编】下 7077
答剌罕忠献王 西夏后裔哈剌哈孙
【虞文靖公道园全集】35/归田稿·正议大夫江南湖北道肃政廉访使特赠宣忠效力翊戴功臣大司徒金紫光禄大夫上柱国夏国公谥襄敏杨公神道碑/6 上
【汇编】上 505
集贤大学士 西夏后裔斡赤
【元史】26/仁宗纪 3/584
【汇编】下 7056
集贤大学士 西夏后裔杨氏朵儿只，杨教化弟
【元史】179/杨朵儿只传/4151
【蒙兀儿史记】154/色目氏族/34 下
【虞文靖公道园全集】12/在朝稿·御史中丞杨襄愍公神道碑/1 上
【汇编】上 487、501、591
集贤直学士 西夏后裔刘完泽祖父
【雍虞先生道园类稿】42/彭城郡侯刘公神道碑/1 上
【汇编】上 404
集贤侍读学士 西夏后裔纳怀，老索曾孙
【中国藏西夏文献】18/150 顺天路达鲁花赤河西老索神道碑
集贤经历 西夏后裔余阙
【青阳先生文集】上/青阳山房记/4 上
【汇编】上 453
御史 西夏后裔丑闾
【梧溪集】5/梦观閰元宾/14 下
【汇编】补遗 7199
御史 西夏后裔刘氏完泽
【雍虞先生道园类稿】42/彭城郡侯刘公神道碑/1 上
【汇编】上 401
御史 西夏后裔亦怜真班
【元史】145/亦怜真班传/3445
【汇编】上 385
御史 西夏后裔衍饬，杨教化子
【虞文靖公道园全集】35/归田稿·正议大夫江南湖北道肃政廉访使特赠宣忠效力翊戴功臣大司徒金紫光禄大夫上柱国夏国公谥襄敏杨公神道碑/6 上
【汇编】上 507
御史大夫 西夏后裔也儿吉尼
【元史】22/武宗纪 1/504
【汇编】下 7048
御史大夫 西夏后裔也先帖木儿
【元史】205/哈麻传/4582
【汇编】下 7077
御史大夫 西夏后裔史氏厘日，乞台普济子
【蒙兀儿史记】154/色目氏族/34 下
【汇编】上 588
御史大夫 西夏后裔亦怜真班
【元史】40/顺帝纪/857；41/顺帝纪 4/875；140/别儿怯不花传/3367；145/亦怜真班传/3445
【汇编】上 385；下 7070、7074、7076
御史大夫 西夏后裔高公
【雪阳集】3/美太尉高公诗序/15 上
【汇编】上 329
御史大夫 西夏后裔嵬名公
【青阳先生文集】4/送归彦温赴河西廉使序/1 上
【汇编】上 576
御史大夫 西夏后裔乌密氏立智理威子韩嘉纳，又作韩家讷
【元史】41/顺帝纪 4/886；120/立智理威传/2955；205/哈麻传/4582
【蒙兀儿史记】154/色目氏族/34 下
【汇编】上 247、581；下 7076、7077
御史大夫 西夏后裔史氏乞台普济子也克吉儿，又作额尔吉纳
【新元史】199/也克吉儿传/3 下
【牧庵集】26/开府仪同三司太尉太保太子太师

中书右丞相史公先德碑/1 上
【汇编】上 538、547
御史大夫 西夏后裔高纳麟，高智耀孙
【元史】41/顺帝纪 4/878、881；42/顺帝纪 5/895；142/高纳麟传/3406；185/吕思诚传/4250
【南村辍耕录】23/10 下
【汇编】上 318、319；下 7075、7076、7078、7082
御史大夫 西夏后裔懿怜真班，又作亦怜真班
【元史】139/朵而直班传/3358
【至正金陵新志】6/历代官制·题名/33 下
【汇编】下 7067、7076
御史中丞 西夏后裔高智耀孙高纳麟
【至正金陵新志】6/历代官制·题名/33 下
【汇编】下 7066
御史中丞 西夏后裔杨朵儿只，杨教化弟
【元史】27/英宗纪 1/599；175/张珪传/4074；179/贺胜传/4150；179/杨朵儿只传/4151
【蒙兀儿史记】12/硕德八剌可汗本纪/1 下；154/色目氏族/34 下
【虞文靖公道园全集】12/在朝稿·御史中丞杨襄愍公神道碑/1 上；35/归田稿·正议大夫江南湖北道肃政廉访使特赠宣忠效力翊戴功臣大司徒金紫光禄大夫上柱国夏国公谥襄敏杨公神道碑/6 上
【汇编】上 486、487、500、504、591；下 7056、7057、7058
御史中丞 西夏后裔高睿，高智耀子
【元史】125/高纳麟传/3072
【雍虞先生道园类稿】25/重建高文忠公祠记/18 下
【至正金陵新志】6/历代官制·题名/33 下
【汇编】上 313、326；下 7043、7054
御史台译史 西夏后裔脱欢，朵罗台子
【元史】134/朵罗台传/3264
【汇编】上 406
御史西台 西夏后裔张雄飞
【至正集】33/14 上
【汇编】补遗 7195
御帐前首千户 西夏后裔乌密氏察罕
【元史】120/察罕传/2955
【汇编】上 243
敦武校尉 西夏后裔杨卜兰台
【述善集校注】3/大元赠敦武校尉军民万户府百夫长唐兀公碑铭并序/140
敦武校尉 西夏后裔杨野仙普化，又名奈惊
【述善集校注】3/大元赠敦武校尉军民万户府百夫长唐兀公碑铭并序/142
敦武校尉 西夏后裔杨镇花台
【述善集校注】3/大元赠敦武校尉军民万户府百夫长唐兀公碑铭并序/140
敦武校尉 西夏后裔闾马
【述善集校注】3/大元赠敦武校尉军民万户府百夫长唐兀公碑铭并序/140
敦武校尉 西夏后裔朱沙，塔不台祖父
【蒙兀儿史记】154/色目氏族/34 下
【汇编】上 599
敦武校尉 西夏后裔杨崇喜
【宁夏社会科学】1987 年第 1 期/大元赠敦武校尉军民万户府百夫长唐兀公碑铭/88
【汇编】补遗 7161
敦武校尉 西夏后裔李氏帖木儿，益立山孙
【秋涧先生大全文集】51/大元故大名路宣差李公神道碑铭/5 下
【汇编】上 285
敦武校尉 西夏后裔伯牙兀歹
【至顺镇江志】16/宰二丹徒县条/4 下
【汇编】下 6993
敦武校尉 西夏后裔塔塔出
【宁夏社会科学】1987 年第 1 期/大元赠敦武校尉军民万户府百夫长唐兀公碑铭/88
【汇编】补遗 7164
善阐安抚使 西夏后裔昔李阿噜，昔李教化父
【牧庵集】19/资德大夫云南行省右丞李公神道碑/8 下
【汇编】上 289
遂州达鲁花赤 西夏后裔老索孙忽都不花
【中国藏西夏文献】18/150 顺天路达鲁花赤河西老索神道碑
湖广左丞 西夏后裔于弥部李恒子李世安，又名散木解
【吴文正公集】42/元故荣禄大夫江西等处行中书省平章政事李公墓志铭/2 下

【汇编】上 372
湖广行中书省右丞 西夏后裔乌密氏立智理威，察罕从孙
【雍虞先生道园类稿】42/立智理威忠惠公神道碑/25 下
【汇编】上 264
湖广行中书省事 西夏后裔于弥部李恒
【柳待制文集】9/李武愍公新庙碑铭/3 上
【汇编】上 365
湖广行省左右司郎中 西夏后裔余阙
【元史】143/余阙传/3426
【宋学士全集】11/余左丞传/1 上
【汇编】上 409、424
湖广行省左丞 西夏后裔来阿巴济
【广西通志】52/四库本/566－507 下
湖广行省左丞 西夏后裔喇勒喇斡
【广西通志】52/四库本/566－507 上
湖广行省左丞 西夏后裔于弥部李恒子李世安，又名散木解
【新元史】180/李世安传/8 下
【汇编】上 354
湖广行省左丞 西夏后裔亦怜真班
【元史】133/暗伯传/3236
【汇编】上 382
湖广行省左丞 西夏后裔乌密氏立智理威，察罕从孙
【元史】120/立智理威传/2955
【蒙兀儿史记】154/色目氏族/34 下
【汇编】上 247、580
湖广行省左丞相 西夏后裔亦怜真班
【元史】41/顺帝纪 4/886；145/亦怜真班传/3445
【汇编】上 385；下 7076
湖广行省右丞 西夏后裔来氏来阿八赤
【蒙兀儿史记】154/色目氏族/34 下
【汇编】上 590
湖广行省平章政事 西夏后裔也儿吉尼
【新元史】219/也儿吉尼传/7 下
【汇编】上 550
湖广行省平章政事 西夏后裔星吉
【元史】144 星吉传/3438
【宋学士全集】18/元赠开府仪同三司上柱国星吉公神道碑铭/18 上
【汇编】上 473、457
湖广行省郎中 西夏后裔余阙
【青阳先生文集】上/青阳山房记/4 上
【汇编】上 453
湖广行省参知政事 西夏后裔高纳麟，高智耀孙
【元史】142/高纳麟传/3406
【汇编】上 318
湖广、江西等省平章 西夏后裔桑节
【明一统志】37/四库本/472－931 下
湖广省左丞 西夏后裔亦怜真班
【元史】133/暗伯传/3236
【汇编】上 382
湖广省丞相 西夏后裔忽剌出，勃罗帖穆尔祖父
【至正昆山郡志】2/勃罗帖穆尔传/7 上
【汇编】补遗 7217
湖广省参知政事 西夏后裔彻里帖木儿，勃罗帖穆尔父
【至正昆山郡志】2/勃罗帖穆尔传/7 上
【汇编】补遗 7217
湖广等处行中书省右丞 西夏后裔来阿八赤
【元史】129/来阿八赤传/3141
【汇编】上 332
湖广等处行中书省平章政事 西夏后裔星吉
【宋学士全集】18/元赠开府仪同三司上柱国星吉公神道碑铭/18 上
【汇编】上 472
湖广等处行尚书省右丞 西夏后裔来阿八赤
【元史】129/来阿八赤传/3141
【汇编】上 332
湖州路同知 西夏后裔来氏完者不花，来阿八赤孙
【蒙兀儿史记】154/色目氏族/34 下
【汇编】上 590
湖南宣慰使 西夏后裔谢仲温
【元史】169/谢仲温传/3977
湖南宣慰使 西夏后裔乌密氏立智理威，察罕从孙
【元史】120/立智理威传/2955
【汇编】上 246

湖南湖北两道廉访使 西夏后裔纳麟，高智耀孙
【元史】142/高纳麟传/3406
【汇编】上 317
湖南道肃政廉访司佥事 西夏后裔张雄飞
【蒙兀儿史记】154/色目氏族/34 下
【元诗选癸集】辽金元传记资料丛刊 20/40
【汇编】上 594
温台等处运粮千户 西夏后裔黄头，别名世雄
【新元史】182/黄头传/6 上
【道园学古录】40/昭毅大将军平江路总管府达鲁花赤兼管内劝农事黄头公墓碑/9 上
【汇编】上 530、533
温州军民总管 西夏后裔木速忽勒，虎益父
【蒙兀儿史记】154/色目氏族/34 下
【汇编】上 589
富宁库提举 西夏后裔六十
【夷白斋稿】12/平江路达鲁花赤西夏六十公纪绩碑颂/1 上
【汇编】上 555
富州达鲁花赤 西夏后裔阿剌威
【万历（新修）南昌府志】15/日本藏中国罕见地方志丛刊/295 下
裕宗东宫必阇赤 西夏后裔乌密氏立智理威，察罕从孙
【元史】120/察罕传/2955
【汇编】上 245
登仕郎 西夏后裔苏呼
【至正金陵新志】6/四库本/492－330 上
登仕郎 西夏后裔额儿济讷
【至正金陵新志】6/四库本/492－332 下

十三画

蒙兀汉军都元帅 西夏后裔于弥部李恒
【蒙兀儿史记】7/忽必烈可汗本纪/41 下
【汇编】下 6996
蒙兀汉军管军万户 西夏后裔拜延
【蒙兀儿史记】154/色目氏族/34 下
【汇编】上 595
蒙兀军万户 又作蒙古军万户，西夏后裔察罕子木花里
【元史】120/察罕传/2955
【蒙兀儿史记】154/色目氏族/34 下
【汇编】上 244、581
蒙兀翰林院应奉 又作蒙古翰林院应奉，西夏后裔刘氏忙哥帖木儿，刘完泽子
【蒙兀儿史记】154/色目氏族/34 下
【雍虞先生道园类稿】42/彭城郡侯刘公神道碑/1 上
【汇编】上 404、592
蒙古汉军总管 西夏后裔拜延
【元史】133/拜延传/3224
【汇编】上 310
蒙古汉军都元帅 西夏后裔于弥部李恒
【元史】10/世祖纪 7/203；129/李恒传/3155
【吴文正公集】14/滕国李武愍公家传后序/1 上
【牧庵集】3/李公家庙碑/5 下
【柳待制文集】9/李武愍公新庙碑铭/3 上
【汇编】上 341、358、365、369；下 6999
蒙古侍卫百夫长 西夏后裔唐兀崇喜
【述善集校注】1/龙祠乡社义约序/16
蒙古唐兀军民达鲁花赤 又作蒙古唐古军民达尔噶齐；西夏后裔史氏乞台普济父算尔威，又作算智尔威
【新元史】199/乞台普济传/3 下
【牧庵集】26/开府仪同三司太尉太保太子太师中书右丞相史公先德碑/1 上
【汇编】上 536、545
蒙塔塔里军民万户府百户 西夏后裔卜兰台
【宁夏社会科学】1987 年第 1 期/大元赠敦武校尉军民万户府百夫长唐兀公碑铭/88
【汇编】补遗 7164
雷州路总管 西夏后裔寄僧，来阿八赤子
【元史】129/来阿八赤传/3141
【蒙兀儿史记】154/色目氏族/34 下
【汇编】上 332、590
摅诚守正清忠谅节功臣 西夏后裔余阙，沙剌臧卜子
【元史】143/余阙传/3426
【汇编】上 412
签书枢密院事 西夏后裔于弥部李恒父李惟忠
【柳待制文集】9/李武愍公新庙碑铭/3 上

【汇编】上 365
签行枢密院 西夏后裔高智耀次子高长寿
【雍虞先生道园类稿】25/18 下重建高文忠公祠记
【汇编】上 326
签枢密院事 西夏后裔乌密氏塔出，布兀剌子
【元史】135/塔出传/3272
【汇编】上 255
签将作院事 西夏后裔五十六
【元秘书监志】9/四库本/596－835 下
遥领福建道正使 西夏后裔于弥部李恒
【吴文正公集】14/滕国李武愍公家传后序/1 上
【汇编】上 369
新军万户 西夏后裔于弥部李恒
【牧庵集】3/资善大夫中书左丞赠银青荣禄大夫平章政事谥武愍公李公家庙碑/5 下
【柳待制文集】9/李武愍公新庙碑铭/3 上
【汇编】上 357、363
新军万户 西夏后裔于弥部李恒子李世安，又名散木解
【新元史】180/李世安传/8 下
【吴文正公集】42/元故荣禄大夫江西等处行中书省平章政事李公墓志铭/2 下
【牧庵集】3/资善大夫中书左丞赠银青荣禄大夫平章政事谥武愍公李公家庙碑/5 下
【汇编】上 353、359、370、371
新附军万户 西夏后裔昔李教化，益立山孙
【秋涧先生大全文集】51/大元故大名路宣差李公神道碑铭/5 下
【汇编】上 285
新昌州达鲁花赤 西夏后裔昔李氏益怜真，昔李勃兀
【正德大名府志】10/元礼仪院判昔李公墓志铭/40 下
【汇编】补遗/7175
雍王 西夏后裔朵吉，星吉曾祖
【蒙兀儿史记】154/色目氏族/34 下
【宋学士全集】18/元赠开府仪同三司上柱国星吉公神道碑铭/18 上
【汇编】上 471、595
廉访使 西夏后裔也儿吉尼
【元史】46/顺帝纪 9/963
【汇编】下 7085
廉访使 西夏后裔也速迭儿
【宁夏府志】13/人物/乡献/17 上
【汇编】补遗 7220
溧阳知州 西夏后裔阿荣，黄头父
【道园学古录】40/昭毅大将军平江路总管府达鲁花赤兼管内劝农事黄头公墓碑/9 上
【汇编】上 532
福州路治中 西夏后裔唐古翰，又名王翰
【闻过斋集】5/友石山人墓志铭/15 下
【汇编】补遗 7204
福建右丞 西夏后裔恩宁普
【经济文集】6 诗/四库本/1214－486 上
福建行省参知政事 西夏后裔景福，丑闾子
【梧溪集】4/四库本/1218－717 下
福建江西行省郎中 西夏后裔诺摩翰，又名王翰
【闻过斋集】1/王氏家谱叙/22 上；5/故王将军夫人孙氏墓志铭/13 下
【汇编】补遗 7207、7210
福建参政 景福，丑闾子
【梧溪集】4 下/寄附件参政景福仲祯今削发为僧名福大全前南台御史丑闾时中仲子也/16 上
【汇编】补遗 7199
福建宣慰使 西夏后裔于弥部李恒
【元史】129/李恒传/3155
【牧庵集】3/资善大夫中书左丞赠银青荣禄大夫平章政事谥武愍公李公家庙碑/5 下
【汇编】上 340、358
福建廉访司佥事 西夏后裔刘中守
【玩斋集】6/送刘中守佥事还京师序/四库本/1215－600 上
殿中侍御史 西夏后裔吾密氏卜颜铁木儿
【元史】144/卜颜铁木儿传/3436
【汇编】上 453

十四画

嘉议大夫 西夏后裔宁夏人师克恭祖父
【待制集】10/四库本/1210－350 下
嘉议大夫 西夏后裔达哈
【广西通志】52/四库本/566－501 下

嘉议大夫 西夏后裔于弥部李恒子李世安，又名散木解
【吴文正公集】42/元故荣禄大夫江西等处行中书省平章政事李公墓志铭/2 下
【汇编】上 370

嘉议大夫 西夏后裔不花
【元史】179/杨朵儿只传/4151
【汇编】上 489

嘉议大夫 西夏后裔乌密氏立智理威，察罕从孙
【雍虞先生道园类稿】42/25 下立智理威忠惠公神道碑
【汇编】上 262

嘉议大夫 西夏后裔刘氏完泽
【雍虞先生道园类稿】42/彭城郡侯刘公神道碑/1 上
【汇编】上 404

嘉议大夫 西夏后裔刘忙古解
【至顺镇江志】15/元刺守镇江府路总管府条/6 上
【汇编】下 7035

嘉议大夫 西夏后裔昔李万奴弟忽都答儿，又名胃都歹
【正德大名府志】10/元大名达鲁花赤昔李公墓志铭/38 上
【汇编】补遗/7173

嘉议大夫 西夏后裔昔里氏教化，昔李钤部子
【正德大名府志】10/元大名达鲁花赤昔李公墓志铭/38 上
【汇编】补遗 7173

嘉议大夫 西夏后裔星吉
【宋学士全集】18/元赠开府仪同三司上柱国星吉公神道碑铭/18 上
【汇编】上 472

嘉兴路总管 西夏后裔高睿，高智耀子
【元史】125/高纳麟传/3072
【汇编】上 313

嘉定路达鲁花赤 西夏后裔乌密氏立智理威，察罕从孙
【元史】120/察罕传/2955
【汇编】上 245

嘉定路总管府达鲁花赤 西夏后裔乌密氏立智理威，察罕从孙
【雍虞先生道园类稿】42/立智理威忠惠公神道碑/25 下
【汇编】上 262

嘉兴等处运粮千户 西夏后裔黄头，别名世雄
【新元史】182/黄头传/6 上
【道园学古录】40/昭毅大将军平江路总管府达鲁花赤兼管内劝农事黄头公墓碑/9 上
【汇编】上 530、533

管内劝农事 西夏后裔虎益
【牧庵集】14/徽州路总管府达噜噶齐兼管内劝农事虎公神道碑/16 上
【汇编】上 379

管内蕃落使 西夏后裔拜延
【元史】133/拜延传/3224
【汇编】上 310

管军千户 西夏后裔史氏朵罗台，乞台普济弟
【蒙兀儿史记】154/色目氏族/34 下
【汇编】上 588

管军万户 西夏后裔拜延
【元史】133/拜延传/3224
【汇编】上 310

管军万户虎符 西夏后裔史氏达实和尔布，奇塔特布济克孙
【牧庵集】26/开府仪同三司太尉太保太子太师中书右丞相史公先德碑/1 上
【汇编】上 546

骠骑卫上将军 西夏后裔野蒲氏昂吉儿
【元史】132/昂吉儿传/3213
【汇编】上 302

十五画

横州总管府达噜噶齐 西夏后裔多尔济
【广西通志】65/四库本/567－76 上

镇江府路总管兼府尹 西夏后裔刘忙古解
【至顺镇江志】15/元刺守镇江府路总管府条/6 上
【汇编】下 7035

镇江总管兼管内劝农事 西夏后裔文伯要解
【至顺镇江志】15/元刺守镇江府路总管府条/9 上

十六画

翰林应奉 西夏后裔余阙
【青阳先生文集】1/青阳山房记/4上
【汇编】上453
翰林直学士 西夏后裔杨朵儿只子不花辞不受
【元史】179/杨朵儿只传/4151
【汇编】上485
翰林直学士 西夏后裔于弥部李屺，李恒孙
【新元史】180/李世安传/8下
【蒙兀儿史记】154/色目氏族/34下
【吴文正公集】14/滕国李武愍公家传后序/1上；42/元故荣禄大夫江西等处行中书省平章政事李公墓志铭/2下
【汇编】上354、369、373、578
翰林侍讲学士 西夏后裔亦怜真班
【元史】145/亦怜真班传/3445
【汇编】上384
翰林学士 西夏后裔高智耀
【元史】125/高智耀传/3072
【蒙兀儿史记】154/色目氏族/34下
【汇编】上312、586
翰林学士承旨 西夏后裔史氏哩日，奇塔特布济克子
【牧庵集】26/开府仪同三司太尉太保太子太师中书右丞相史公先德碑/1上
【汇编】上547
翰林学士承旨 西夏后裔亦怜真班
【元史】145/亦怜真班传/3445
【汇编】上385
翰林学士承旨 西夏后裔斡赤
【元史】29/泰定帝纪1/650
【汇编】下7060
翰林学士承旨 西夏后裔乌密氏贯讷，立智理威子
【元史】120/立智理威传/2955
【蒙兀儿史记】154/色目氏族/34下
【汇编】上247、580
翰林学士承旨 西夏后裔普达失理，亦怜真班子
【元史】145/亦怜真班传/3445
【蒙兀儿史记】154/色目氏族/34下
【汇编】上386、584
翰林学士承旨 西夏后裔乞台普济子也儿吉尼，又作额尔吉纳
【元史】33/文宗纪2/741；34/文宗纪3/760
【蒙兀儿史记】154/色目氏族/34下
【牧庵集】26/开府仪同三司太尉太保太子太师中书右丞相史公先德碑/1上
【汇编】上547、587；下7063、7064
翰林修撰 西夏后裔余阙
【元史】143/余阙传/3426
【青阳先生文集】上/青阳山房记/4上
【汇编】上409、453
翰林待制 西夏后裔孟昉
【夷白斋稿】22/孟待制文集序/四库本/1222－296
翰林待制 西夏后裔于弥部李恒孙李屺
【养蒙先生文集】4/益都淄莱等路管军万户李公墓志铭/5上
【汇编】上375
翰林待制 西夏后裔高睿，高智耀子
【元史】125/高纳麟传/3072
【汇编】上313
翰林待制 西夏后裔余阙
【元史】143/余阙传/3426
【宋学士全集】11/余左丞传/1上
【青阳先生文集】1/青阳山房记/4上
【汇编】上409、424、453
燕南廉访使 西夏后裔福寿
【元史】144/福寿传/3441
【汇编】上480
簉中朝侍从官 西夏后裔李氏万奴，益立山孙
【秋涧先生大全文集】51/大元故大名路宣差李公神道碑铭/5下
【汇编】上285
赞皇县达鲁噶齐 西夏后裔明安特穆尔
【畿辅通志】69/正定府条/15下
【汇编】下7074
儒林 西夏后裔丹巴
【至正金陵新志】6/四库本/492－331下
儒林 西夏后裔伊埒
【至正金陵新志】6/四库本/492－331下
儒林 西夏后裔雅奇
【至正金陵新志】6/四库本/492－332下

十七画

豳国公 西夏后裔余阙，沙剌臧卜子
【元史】143/余阙传/3426
【汇编】上 412
魏国夫人 西夏后裔昔李氏教化曾祖母梁氏
【雪楼程先生集】2/故曾祖母梁氏追封魏国夫人制/5 上
【汇编】上 295
魏国夫人 西夏后裔昔李钤部妻田氏
【雪楼程先生集】2/故祖母田氏追封魏国夫人制/6 上；25/魏国公先世述/16 下
【汇编】上 292、295
魏国夫人 西夏后裔昔李爱鲁妻王氏
【雪楼程先生集】2/故母王氏追封魏国夫人制/6 下；25/魏国公先世述/16 下
【汇编】上 293、296
魏国公 西夏后裔昔李氏答加沙
【雪楼程先生集】2/特进平章教化曾祖父答加沙谥康懿制/5 上
【汇编】中 294
魏国公 西夏后裔荅加沙，昔里钤部父
【蒙兀儿史记】154/色目氏族/34 下
【汇编】上 582
魏国公 西夏后裔教化
【元史】22/武宗纪 1/497
【汇编】下 7047
魏国公 西夏后裔教化祖父昔李钤部
【蒙兀儿史记】154/色目氏族/34 下
【雪楼程先生集】2/故祖父昔李特赠推忠佐命宣力功臣开府仪同三司太师上柱国追封魏国公谥贞献制/5 下
【汇编】中 295、582
魏国公 西夏后裔昔李氏教化，昔里钤部孙
【蒙兀儿史记】154/色目氏族/34 下
【牧庵集】19/资德大夫云南行省右丞李公神道碑/8 下
【雪楼程先生集】2/特进平章政事教化特加开府仪同三司太子太保太尉平章军国重事上柱国封魏国公制/4 下
【汇编】上 287、294、582
魏国公 西夏后裔昔李钤部子昔李爱鲁，昔李又作昔里
【元史】122/昔里钤部传/3011
【蒙兀儿史记】154/色目氏族/34 下
【雪楼程先生集】2/故父资德大夫云南等处行中书省右丞改谥忠节制/6 上；25/魏国公先世述/16 下
【汇编】上 273、293、296、582
魏郡伯 西夏后裔述哥察儿
【吴文正公集】33/元故浚州达鲁花赤中议大夫河中府知府上骑都尉追封魏郡伯墓碑/18 上
【汇编】上 478
徽州路荅鲁合臣 西夏后裔虎益
【蒙兀儿史记】154/色目氏族/34 下
【汇编】上 589
襄阳军马万户 西夏宗室后裔李桢，赐名玉出干必阇赤
【元史】124/李桢传/3050
【蒙兀儿史记】154/色目氏族/34 下
【汇编】上 269、579
襄阳录事司达鲁花赤 又作襄阳录事司达鲁合臣，西夏后裔塔不台
【元史】194/喜同传/4397
【蒙兀儿史记】154/色目氏族/34 下
【汇编】上 526、599
襄敏 西夏后裔杨氏教化谥号
【新元史】183/杨教化传/11 上
【蒙兀儿史记】154/色目氏族/34 下
【虞文靖公道园全集】35/归田稿·正议大夫江南湖北道肃政廉访使特赠宣忠效力翊戴功臣大司徒金紫光禄大夫上柱国夏国公谥襄敏杨公神道碑/6 上
【汇编】上 496、503、591
襄敏公 西夏后裔杨氏教化
【虞文靖公道园全集】35/归田稿·正议大夫江南湖北道肃政廉访使特赠宣忠效力翊戴功臣大司徒金紫光禄大夫上柱国夏国公谥襄敏杨公神道碑/6 上
【汇编】上 504
襄愍 西夏后裔杨氏朵而只谥号，朵而只又作朵儿只
【蒙兀儿史记】154/色目氏族/34 下
【虞文靖公道园全集】12/在朝稿·御史中丞杨

襄愍公神道碑/1 上
【汇编】上 497、591
襄愍公 西夏后裔杨氏朵而只
【虞文靖公道园全集】35/归田稿·正议大夫江南湖北道肃政廉访使特赠宣忠效力翊戴功臣大司徒金紫光禄大夫上柱国夏国公谥襄敏杨公神道碑/6 上
【汇编】上 504
濮州平准行用库提领 西夏后裔黄头，别名世雄
【道园学古录】40/昭毅大将军平江路总管府达鲁花赤兼管内劝农事黄头公墓碑/9 上
【汇编】上 532
濮阳县君 西夏后裔卜兰台长女
【述善集校注】3/大元赠敦武校尉军民万户府百夫长唐兀公碑铭并序/140
濮阳监尹 西夏后裔李彦国，又名唐兀彦国
【述善集校注】2/亦乐堂记/67
濮阳郡夫人 西夏后裔昔李氏野速普花妻威弥氏，祝真普女
【正德大名府志】10/元大名达鲁花赤昔李公墓志铭/38 上
【汇编】补遗 7173
濠州同知 西夏后裔六十
【夷白斋稿】12/平江路达鲁花赤西夏六十公纪绩碑颂/1 上
【汇编】上 555

十八画

黟县达鲁花赤 唐兀人伯颜
【山居新话】/45 上
【汇编】补遗 7219

三、隋唐五代宋金对党项的封授

（一）隋唐五代对党项的封授

三画

大将军 党项大首领拓拔宁丛
【隋书】83/党项传/1846
【汇编】上2
上柱国 麟府折从阮
【陇右金石录】3/宋重修善女庙记/1上
【汇编】补遗7092
广平县开国子 府州折从阮
【陇右金石录】3/宋重修善女庙记/1上
【汇编】补遗7092
马步军都校 麟府折德扆
【宋史】253/折德扆传/8861
【汇编】上170

四画

太子太师 麟府折嗣伦
【旧五代史】125/折从阮传/1646
【汇编】上168
中书令 麟府折从阮
【旧五代史】125/折从阮传/1647
【汇编】上169

五画

节度使 麟府折从阮
【五代史记纂误补】3/25下
【汇编】补遗7091
节度使 麟府折德扆
【东都事略】28/折德扆传/1上
【汇编】上178
节度副使 麟府折从阮
【陇右金石录】3/宋重修善女庙记/1上
【汇编】补遗7092
归化将军 麟府党项泥香王子
【五代会要】29/党项羌传/353
【汇编】上19
归德将军 麟府泥也大首领拓跋山
【五代会要】29/党项羌传/353
【汇编】上19
代州刺史 麟府折乜埋
【宋史】491/党项传/14138
【汇编】上20
永安节度 麟府折从阮
【五代史记纂误补】3/25下
【汇编】补遗7091
永安军节度 麟府折德扆
【宋会要】方域21之1/7661
永安军节度 麟府折从阮
【旧五代史】125/折从阮传/1647
【汇编】上169
永安军节度使 麟府折从阮
【旧五代史】99/汉书・高祖纪/1328
【隆平集】17/折御卿传/11下
【中国考古学会第一次年会论文集】折继闵神道碑/455
【汇编】上179、187、903

六画

轨州刺史 党项首领细封步赖
【旧唐书】198/党项羌传/5291
【新唐书】221上/党项传/6215
【资治通鉴】193/6068

【汇编】上 4、10、619

光禄大夫 麟府折从阮

【旧五代史】125/折从阮传/1647

【汇编】上 169

团练使 麟府折从阮

【旧五代史】125/折从阮传/1647

【汇编】上 169

行府州刺史 麟府折从阮

【旧五代史】99/汉书·高祖纪/1328

【汇编】上 903

邠州节度使 麟府折从阮

【旧五代史】113/周书·太祖纪/1495；115/周书·世宗纪/1534

【五代会要】29/党项羌传/353

【汇编】上 19

安北都护 麟府折从阮

【旧五代史】83/少帝纪 3/1095；125/折从阮传/1647

【新五代史】50/折从阮传/570

【汇编】上 169

七画

怀化司戈 河西党项蕃官来万德

【册府元龟】976/11469 上

【五代会要】29/党项羌传/353

【汇编】上 18、871

怀化将军 延州党项首领吴怡磨五

【册府元龟】170/2059 下

【汇编】上 918

八画

武胜节度使 麟府折从阮

【资治通鉴】289/9421

【汇编】上 908

武胜军节度使 麟府折从阮

【旧五代史】125/折从阮传/1647

【汇编】上 169

刺史 内附唐朝党项首领

【旧唐书】198/党项羌传/5291

【新唐书】221 上/党项传/6215

【汇编】上 4、10

果毅 授党项鹘揽支

【册府元龟】975/11456 上

【汇编】上 662

府州团练使 麟府折从阮

【旧五代史】99/汉书·高祖纪/1328

【汇编】上 903

府州团练使 麟府折德扆

【旧五代史】125/折从阮传/1647

【太平寰宇记】38/16 上

【汇编】上 169、920

府州防御使 麟府折从阮

【旧五代史】83/晋书·少帝纪 3/1101

【册府元龟】435/5170 下

【汇编】上 872

府州防御使 麟府折德扆

【旧五代史】112/周书·太祖纪/1479

【新五代史】11/周本纪 11/113

【册府元龟】360/4280 上

【资治通鉴】291/9497、9515

【汇编】上 909、918

府州刺史 麟府折从远，改名从阮

【资治通鉴】284/9273

【汇编】上 898

府州刺史 麟府折从阮

【旧五代史】83/晋书·少帝纪 3/1095；125/折从阮传/1647

【新五代史】50/折从阮传/570

【金石萃编】119/刺史折嗣祚碑考释；147/折克行神道碑/1 上

【太平寰宇记】38/16 上

【汇编】上 169、182、196、919

府州副使 麟府折从阮

【金石萃编】119/刺史折嗣祚碑考释

【汇编】上 183

府胜等州观察处置等使 麟府折从阮

【旧五代史】125/折从阮传/1647

【汇编】上 169

府胜等州观察处置等使 麟府折从阮，折嗣伦子

【册府元龟】420/5009 上

【汇编】上 914

九画

十画

十一画

十二画

御史大夫 麟府折从阮
【陇右金石录】3/宋重修善女庙记/1 上
【汇编】补遗 7092

十四画

静难节度使 麟府折从阮
【资治通鉴】291/9485
【宋会要】方域 21 之 1/7661
【汇编】上 910
静难军节度使 麟府折从阮
【宋史】253/折德扆传/8861
【东都事略】28/折德扆传/1 上
【宋会要】方域 21 之 1/7661
【汇编】上 32、170、178
彰义军节度 麟府折从阮
【陇右金石录】3/宋重修善女庙记/1 上
【汇编】补遗 7092

二十三画

麟州刺史 麟府折嗣祚
【金石萃编】119/刺史折嗣祚碑考释
【汇编】上 183
麟州刺史 麟府折嗣伦
【旧五代史】125/折从阮传/1646
【新五代史】50/折从阮传/569
【宋会要】方域 21 之 1/7661
【太平寰宇记】38/16 上
【中国考古学会第一次年会论文集】折继闵神道碑/455
【汇编】上 32、168、187、919

（二）辽朝对党项的封授

五画

右千牛卫上将军 丰州王承美父王甲
【长编影】10/15 下
【汇编】中一 952
左千牛卫将军 丰州藏才族都首领王甲
【宋会要】方域 21 之 8/7665
【汇编】上 40
左千牛卫将军 藏才族都首领
【宋会要】方域 21 之 9/7665

六画

军主 北界毛尸族军主浪埋
【宋史】491/党项传/14137
【汇编】上 30

九画

剋山军主 北界剋山军主
【宋史】491/党项传/14137
【汇编】上 30
保大军节度使 西番酋帅瓦泥乞移
【辽史】11/圣宗纪/119
【汇编】中一 1029

十三画

鄜坊等州观察处置等使 西番瓦泥乞移
【辽史】11/圣宗纪/2/119
【汇编】中一 1029

（三）宋朝对党项的封授

二画

七襄平、雅克青哈至金明已来巡检使 延州野家族伽凌
【长编标】82/1870
【长编影】82/8 上
【汇编】中一 1519

三画

三京招抚司都统制 绥德属户李显忠

【系年要录】136/2184；139/2242
【汇编】下 6528、6544
三京招抚处置使 保安军属户刘光世
【宋史】29/高宗纪 6/544；369/刘光世传/11478
【三朝北盟会编】212/4 下
【系年要录】135/2173；137/2211
【汇编】下 6526、6535、6562；补遗 7110
三京招抚使 保安军属户刘光世
【三朝北盟会编】200/13 上；212/9 上
【中兴小纪】29/335
【汇编】下 6527、6547、6565
三京等路招抚处置使 保安军属户刘光世
【宋会要】兵 14 之 34/7009
【三朝北盟会编】200/13 上
【系年要录】140/2258
【汇编】下 6527、6541、6547
三京等路宣抚处置使 保安军属户刘光世
【名臣碑传琬琰集】下集 24/故太尉威武军节度使李公行状/1617
【汇编】补遗 7133
三班奉职 丰州党项王文玉从子怀钧
【长编标】102/2365
【长编影】102/16 上
三班奉职 丰州党项王承美子王文宝
【长编标】79/1808
【长编影】79/14 下
三班奉职 西界内附万子族苏渴嵬，又名苏尔格威，赐名李文顺
【长编标】100/2316
【长编影】100/7 上
三班奉职 环庆蕃官李元成
【长编标】157/3796
【长编影】157/1 下
三班奉职 环庆蕃官遇埋
【长编标】103/2390
【长编影】103/15 上
三班奉职 环州苏家族蕃官实吉
【长编标】155/3768
【长编影】155/10 下
三班奉职 保安军属户刘光世
【宋史】369/刘光世传/11478
【汇编】补遗 7103
三班奉职 麟府折宗丞
【姑溪居士后集】20/折渭州墓志铭/1 上
【汇编】上 212
三班奉职 麟府折继闵
【中国考古学会第一次年会论文集】折继闵神道碑/455
【汇编】上 187
三班奉职 庆州蕃官安顺子吹博迪
【长编标】154/3748
【长编影】154/12 上
【汇编】中三 3043
三班奉职 李惟立，环庆蕃官李宗亮子
【长编标】212/5158
【长编影】212/14 下
【汇编】中三 3563
三班奉职 环庆蕃官赵余德子赵宗彦
【长编标】281/6894
【长编影】281/12 上
【汇编】中四 4038
三班奉职 唐龙镇将来闰喜，来怀顺子
【长编标】61/1372
【长编影】61/14 下
【汇编】中一 1427
三班奉职 麟州王师鲁，王文郁子
【长编标】345/8275
【长编影】345/4 上
【汇编】中五 4570
三班差使 鄜延蕃官马乞
【长编标】348/8342
【长编影】348/2 上
三班差使 鄜延蕃官马乞子山子
【长编标】348/8342
【长编影】348/2 上
三班差使 环庆路蕃官巴新永策多
【长编标】372/9020
【长编影】372/17 上
【汇编】中五 4710
三班借职 庆州淮安镇六族都军主乞埋
【宋史】491/党项传/14137
【汇编】上 31
三班借职 环庆蕃部乞埋
【长编标】96/2220

【长编影】96/15 上
三班借职 环州蕃官王延顺子
【长编标】56/1229
【长编影】56/5 上
三班借职 府州折捒
【长编标】124/2922
【长编影】124/4 下
三班借职 蕃官朱守贵子再立
【长编标】517/12301
【长编影】517/5 下
三班借职 麟府折彦辅
【中国考古学会第一次年会论文集】折继闵神道碑/455
【汇编】上 192
三班借职 延州野家族伽凌，又作伽陵
【长编标】82/1869
【长编影】82/8 上
【汇编】中一 1519
三班借职 庆州白豹寨都指挥使裴永昌
【长编标】123/2896
【长编影】123/4 下
【汇编】中二 1780
三班借职 庆州蕃官张吉子张超尔，赐名忠
【长编标】226/5504
【长编影】226/4 下
【汇编】中三 3719
三班借职 河东蕃官屈德宜
【长编标】345/8271
【长编影】345/1 下
【汇编】中五 4569
三班借职 保安军蕃族军主旺律，赐名刘汉忠
【长编标】102/2355
【长编影】102/7 上
【汇编】中一 1629
三班借职 蕃官高福进子高文俊
【长编标】354/8485
【长编影】354/14 上
【汇编】中五 4628
三班借职 蕃官高福进孙高永贵
【长编标】354/8485
【长编影】354/14 上
【汇编】中五 4628
三班借职 蕃官高福进孙高永德
【长编标】354/8485
【长编影】354/14 上
【汇编】中五 4628
三班借职 丰州王余庆
【长编标】102/2365
【长编影】102/15 下
【宋会要】方域 21 之 12/7667
【汇编】上 44
三族砦监押 麟府折御乜
【宋史】491/党项传/14137
【汇编】上 22
下班殿侍 环庆蕃官李宗亮子安儿，赐名惟忠
【长编标】212/5158
【长编影】212/14 下
【汇编】中三 3563
下班殿侍 绥德蕃部伊实
【长编标】354/8475
【长编影】354/6 上
【汇编】中五 4624
大元帅府都统制 环州党项杨惟忠
【系年要录】5/120
【汇编】下 6105
大名府副总管 保安军属户刘光时
【系年要录】114/1844；117/1885
【汇编】下 6477、6482
大明府路马步军副总管 环州党项杨惟忠
【系年要录】5/120
【汇编】下 6105
大使 保安军属户刘光世
【玉海】132/景德安抚使/18 上
【汇编】下 6222
大将 绥德属户李显忠
【文忠集】30/资政殿学士赠通奉大夫胡忠简公（铨）神道碑/14 上
【汇编】下 6717
万寿观使 保安军属户刘光世
【宋史】28/高宗纪 5/530；29/高宗纪 6/549；369/刘光世传/11478
【三朝北盟会编】177/7 上；212/4 下
【中兴小纪】26/294；29/335
【系年要录】109/778；110/1781；114/1851；125/

2037；135/2173；140/2258；147/2362、2367
【汇编】下 6462、6464、6465、6466、6479、6494、6496、6526、6546、6547、6556、6558、6562；补遗 7109、7110

上柱国 麟府折从阮
【陇右金石录】3/宋重修善女庙记/1 上
【汇编】补遗 7092

上柱国 麟府折克行
【榆林府志】47/折武恭公克行神道碑阴/7 上
【汇编】补遗 7092、7094

上柱国 麟府折可适
【姑溪居士后集】20/折渭州墓志铭/1 上
【汇编】上 205

上柱国 麟府折克禧
【文物】1978 年第 12 期/陕西府谷县出土北宋李夫人墓志/90
【汇编】上 185

川陕荆襄都督府参谋官 麟府折彦质
【系年要录】80/1314
【汇编】下 6365

广州观察使 保安军属户刘光远
【系年要录】141/2276
【汇编】下 6549

卫国公 绥德熟户李显忠父李永奇
【文忠集】98/故父任同州观察使追封楚国公/3 上
【汇编】补遗 7152

小湖卧浪族军主
【宋史】491/党项传/14137
【汇编】上 29

小湖族都虞侯 保安军喏嵬，又名日威
【宋史】491/党项传/14137
【长编标】95/2194
【长编影】95/15 上
【汇编】上 31

马步军都总管兼知镇江军府事 保安军属户刘光世
【北海集】6/除刘光世特起复宁武军节度使实封如故制/3 上、6/除刘光世特授宁武宁国军节度使食实封制/4 下
【汇编】下 6298、6299、6305、6306

马步军都总管兼知镇江军府事兼管内劝农使 保安军属户刘光世
【北海集】6/除刘光世特授开府仪同三司集庆军节度使食实封制/1 上、6/除刘光世特授检校太傅食实封如故制/6 上
【汇编】下 6228、6229、6331

马军都虞侯 保安军属户刘光世
【三朝北盟会编】95/1 上
【汇编】下 6099

马军副都指挥使 保安军属户刘延庆
【宋史】357/刘延庆传/11236
【汇编】补遗 7100

四画

丰州牙内指挥使 丰州王承美
【宋史】253/王承美传/8869
【汇编】上 219

丰州团练使 丰州王承美
【长编标】52/1135；56/1240
【长编影】52/5 上；56/14 上
【宋会要】方域 21 之 1/7661
【汇编】上 42；中一 1316、1390

丰州防御使 丰州王承美
【长编标】71/1589；79/1808
【长编影】71/3 上；79/14 下
【宋会要】方域 21 之 11/7666
【汇编】上 42；中一 1482、1511

丰州刺史 丰州王仲晏
【太平治迹统类】2/太祖经略幽燕/2 上
【汇编】中一 951

丰州刺史 丰州王承美
【宋史】253/王承美传/8869
【长编标】12/269；21/479；23/531；24/540、543
【长编影】12/10 上；21/9 上；23/17 上；24/3 下、6 上
【宋会要】方域 21 之 9/7665
【汇编】上 41、219；中一 955、987、997、1001、1002

丰州监押 于三班选官充
【宋会要】方域 21 之 10/7666
【汇编】上 42

丰州监押 丰州王余庆

【宋会要】方域 21 之 12/7667
【汇编】上 44
丰州衙内指挥使 丰州王承美
【长编标】10/233；12/269
【长编影】10/15 下；12/10 上
【宋会要】方域 21 之 9/7665
【汇编】上 40；中一 952、955
开国公 保安军属户刘光世
【文忠集】102/玉堂类稿 2/11 上
【汇编】下 6749
开国公 麟府折克行
【榆林府志】8/建置制·祠祀/8 上
【汇编】补遗 7097
开府仪同三司 麟府折克行
【榆林府志】47/折克行神道碑阴/7 上
【汇编】补遗 7094
开府仪同三司 绥德属户李显忠
【宋史】33/孝宗纪 1/624
【中兴御侮录】1/21
【名臣碑传琬琰集】下集 24/故太尉威武军节度使李公行状/1617
【延安府志】7/诗文·李公祠堂碑记/22 下
【汇编】下 6703、6709；补遗 7128、7141、7154
开府仪同三司 保安军属户刘光世
【宋史】26/高宗纪 3/480；369/刘光世传/11478
【三朝北盟会编】151/3 下；212/4 下
【系年要录】35/674；53/947；64/1088；84/1381
【北海集】6/除刘光世特授开府仪同三司集庆军节度使食实封制/1 上、除刘光世特起复宁武军节度使食实封制/3 上、除刘光世特授宁武宁国军节度使食实封制/4 下、除刘光世特授检校太傅食实封如故制/6 上、除刘光世特起复检校太傅依旧建康府置司制/7 下；11/赐刘光世辞免恩命不允断来章诏/10 下、赐起复检校太傅刘光世辞免特赐银一千两恩命不允诏/11 下、赐新除检校太傅刘光世辞免恩命不允诏/12 下
【浮溪集】11/宁武军节度使刘光世加恩制/9 下；14/宁武军节度使刘光世辞免恩命不允诏/2 下
【汇编】下 6225、6228、6229、6230、6264、6297、6298、6299、6305、6306、6330、6331、6332、6333、6334、6335、6387、6560；补遗 7106
开道使 咩逋族开道使泥埋，又作尼玛
【宋史】491/党项传/14137
【长编标】51/1122
【长编影】51/14 下
【汇编】上 26；中一 1309
天门关巡辖马递铺 丰州党项王怀信
【长编标】102/2365
【长编影】102/15 下
【宋会要】方域 21 之 12/7667
【汇编】上 43
天德军蕃汉都指挥使 丰州王承美
【宋史】253/王承美传/8869
【长编标】12/269
【长编影】12/10 上
【宋会要】方域 21 之 9/7665
【汇编】上 40、219；中一 955
元帅府都统制 环州党项杨惟忠
【宋史】24/高宗纪 1/441
【系年要录】1/31
【中兴小纪】1/4
【汇编】下 6085
无为军制置使 保安军属户刘光世
【宋史】369/刘光世传/11478
【汇编】补遗 7104
云安郡夫人 府州折氏妻刘氏
【北京大学学报哲学社会科学版】1978 年 8 月份第 2 期/宋故武功大夫河东第二将折公（可存）墓志铭/68
【汇编】上 202
云麾将军 麟府折惟忠
【宋史】253/折德扆传/8861
【金石萃编】147/折克行神道碑考释
【汇编】上 172、200
五门蕃部巡检 环庆五门蕃官苏恩
【长编标】195/4729
【长编影】195/11 下
五队将 麟府折可适
【姑溪居士后集】20/折渭州墓志铭/1 上
【汇编】上 206
五军都提举 保安军属户刘光世
【宋史】24/高宗纪 1/442；369/刘光世传/11478
【系年要录】4/110

【汇编】下 6097、6098；补遗 7104

太子右内率府副率 鄜延蕃官刘化基

【长编标】159/3850

【长编影】159/11 上

【汇编】中三 3092

太子右清道率府副率 麟府折继宣

【长编标】124/2923

【长编影】124/5 下

【汇编】中二 1821

太平州宣抚使 保安军属户刘光世

【宋史】28/高宗纪 5/519

【汇编】下 6396

太师 绥德熟户李显忠父李永奇

【文忠集】98/太尉宁国军节度使主管侍卫马军司公事李显忠封赠三代/3 上

【汇编】补遗 7152

太师 麟府折御卿

【金石萃编】147/折克行神道碑/1 上

【汇编】上 196

太师 绥德属户李中言

【文忠集】98/太尉宁国军节度使主管侍卫马军司公事李显忠封赠三代/3 上

【名臣碑传琬琰集】下集 24/故太尉威武军节度使李公行状/1617

【汇编】补遗 7128、7151

太师 绥德属户李显忠曾祖李德明

【文忠集】98/太尉宁国军节度使主管侍卫马军司公事李显忠封赠三代/3 上

【名臣碑传琬琰集】下集 24/故太尉威武军节度使李公行状/1617

【汇编】补遗 7128、7150、7151

太师 保安军属户刘光世

【宋史】369/刘光世传/11478

【苕溪集】50/魏国太夫人向氏墓志铭/5 下

【三朝北盟会编】212/4 下

【系年要录】147/2367

【东窗集】14/刘光世赠太师制/3 下

【汇编】下 6558、6562；补遗 7110、7111、7118

太保 保安军属户刘光世

【宋史】369/刘光世传/11478

【三朝北盟会编】200/13 上；212/4 下

【系年要录】140/2258；147/2362、2367

【紫微集】14/和众辅国功臣太保护国镇安保静军节度使刘光世故曾祖绍能可特追封鲁国公制/5 上

【汇编】下 6527、6547、6556、6558、6561，6562；补遗 7110、7113

太原府路兵马钤辖 麟府折克行

【中国考古学会第一次年会论文集】折继闵神道碑/455

【汇编】上 191

太原府路兵马都监 麟府折可求

【中国考古学会第一次年会论文集】折继闵神道碑/455

【汇编】上 192

太原府路都监 麟府折可大

【宋会要】方域 21 之 8/7665

【汇编】上 40

太原路兵马钤辖 麟府折克行

【中国考古学会第一次年会论文集】折继闵神道碑/455

【汇编】上 191

太尉 麟府折继闵子折克行

【中国考古学会第一次年会论文集】折继闵神道碑/455

【汇编】上 186

太尉 丰州言泥族拔黄太尉

【宋史】491/党项传/14137

【宋会要】蕃夷 7 之 15/7847

【汇编】上 28；中一 1380

太尉 绥德属户李显忠

【宋史】32/高宗纪 9/611；34/孝宗纪 2/652；35/孝宗纪 3/668；367/李显忠传/11427

【名臣碑传琬琰集】下集 24/故太尉威武军节度使李公行状/1617

【宋会要】仪制 3 之 53/1898；选举 32 之 26/4755

【文忠集】98/太尉宁国军节度使主管侍卫马军司公事李显忠封赠三代/3 上；102/玉堂类稿 2/11 上；103/玉堂类稿 3/4 上；105/玉堂类稿 5/28 上；110/玉堂类稿 10/32 下；112/玉堂类稿 12/6 下

【汇编】上 226、228；下 6686、6749、6750、6760、6766；补遗 7141、7150

太尉 麟府折继闵

【金石萃编】147/折克行神道碑/1 上

【中国考古学会第一次年会论文集】折继闵神道碑/455

【文物】1978 年第 12 期/陕西府谷县出土北宋李夫人墓志/90

【北京大学学报哲学社会科学版】1978 年 8 月份第 2 期/宋故武功大夫河东第二将折公（可存）墓志铭/68

【汇编】上 185、186、196、202

太尉 保安军属户刘光世

【宋史】25/高宗纪 2/462、464；369/刘光世传/11478

【系年要录】21/431；22/470；33/650；34/667；35/674；46/823

【三朝北盟会编】212/4 下

【云庄集】3/贺刘太尉启/7 上

【北海集】6/除刘光世特授开府仪同三司集庆军节度使食实封制/1 上；11/赐太尉奉国军节度使刘光世乞一便郡差或守本官致仕不允诏/13 上

【华阳集】29/贺都统刘太尉到任启/9 下

【毗陵集】2/刘光世除太尉淮南制置使制/1 下

【汇编】下 6164、6165、6166、6167、6184、6185、6222、6226、6228、6230、6277、6560；补遗 7105、7106

太傅 保安军属户刘光世

【东窗集】6/刘光世除太傅守和众辅国功臣护国镇安保静军节度使杨国公致仕制/1 下

【汇编】下 6555

太傅 绥德李显忠祖父李德明

【文忠集】98/太尉宁国军节度使主管侍卫马军司公事李显忠封赠三代/3 上

【汇编】补遗 7150

少师 麟府折克行

【中国考古学会第一次年会论文集】折继闵神道碑/455

【北京大学学报哲学社会科学版】1978 年 8 月份第 2 期/宋故武功大夫河东第二将折公（可存）墓志铭/68

【汇编】上 191、202

少师 保安军属户刘光世

【宋史】28/高宗纪 5/530；369/刘光世传/11478

【系年要录】110/1781；114/1851；123/1983；125/2037；135/2173

【三朝北盟会编】177/7 上

【中兴小纪】26/294

【汇编】下 6462、6465、6466、6479、6490、6494、6496、6526；补遗 7109

少府监丞 麟府折可适子折焕文

【姑溪居士后集】20/折渭州墓志铭/1 上

【汇编】上 211

少保 环州党项杨惟忠

【宋史】25/高宗纪 2/462

【汇编】下 6164

少保 保安军属户刘光世

【宋史】28/高宗纪 5/517

【三朝北盟会编】166/11 下；212/4 下

【系年要录】84/1381；101/1660；107/1746；109/778

【汇编】下 6384、6386、6387、6421、6455、6464、6561

中卫大夫 保安军熟户刘光世弟刘光烈

【系年要录】94/1558；148/2385

【汇编】下 6400、6570

中州刺史 麟府折可柔

【长编标】288/7043

【长编影】288/4 上

【汇编】中四 4068

中侍大夫 保安军属户刘光辅

【系年要录】197/3327

【汇编】下 6680

中亮大夫 麟府折可大

【中国考古学会第一次年会论文集】折继闵神道碑/455

【汇编】上 192

内园使 麟府折惟正

【长编标】55/1209

【长编影】55/8 下

【宋会要】方域 21 之 4/7663

【汇编】上 36

内殿承制 金明属户李士绍，李士彬从兄

【长编标】127/3009

内殿承制 环庆路蕃官萌逋

【宋会要】仪制 10 之 16/2012

【汇编】中三 3313
内殿承制 环庆蕃官赵明
【长编标】157/3796；160/3873
【长编影】157/1 下；160/13 下
内殿承制 金明属户李士诏
【长编影】127/6 上
【汇编】中二 2002
内殿承制 麟府折克仁
【中国考古学会第一次年会论文集】折继闵神道碑/455
【汇编】上 191
内殿承制 麟府折继长
【姑溪居士后集】20/折渭州墓志铭/1 上
【汇编】上 205
内殿承制 延州芆村族巡检米知顺
【长编标】125/2941
【长编影】125/3 下
【汇编】中二 1845
内殿承制 环庆路蕃官蒙布
【长编标】247/6014；267/6547
【长编影】247/8 下；267/7 上
【汇编】中四 3890、3997
内殿承制 河东蕃官吹恭
【长编标】346/8315
【长编影】346/12 上
【汇编】中五 4585
内殿承制 河东蕃官雅尔
【长编标】346/8315
【长编影】346/12 上
【汇编】中五 4585
内殿承制 蕃官伽裕额伊，以斩羌人授官
【长编标】510/12150
【长编影】510/17 下
【汇编】中六 5548
内殿承制 蕃官密纳克裕勒威
【长编标】371/8985
【长编影】371/15 上
【汇编】中五 4698
内殿承制 丰州王文玉
【长编标】102/2365
【长编影】102/15 下
【宋会要】方域 21 之 11/7666
【汇编】上 43
内殿崇班 丰州王文玉
【宋会要】方域 21 之 11/7666
【汇编】上 43
内殿崇班 延州蕃官李士彬
【长编标】105/2440
【长编影】105/6 上
内殿崇班 延州蕃官李继福
【长编标】68/1522
【长编影】68/4 下
内殿崇班 金明属户李士绍
【宋史】253/李继周传/8870
【汇编】上 222
内殿崇班 保安属户刘怀忠
【宋史】350/刘绍能传/11076
【汇编】上 230
内殿崇班 党项革瓦孃
【宋史】486/夏国传下/14007
【汇编】上 84
内殿崇班 蕃官李守信
【欧阳文忠公全集】79/制敕/15 下
【汇编】中二 2831
内殿崇班 庆州大顺城蕃部巡检赵余德
【长编标】214/5195
【长编影】214/2 下
【汇编】中三 3580
内殿崇班 庆州柔远寨蕃部巡检赵余庆
【长编标】214/5195
【长编影】214/2 下
【汇编】中三 3579
内殿崇班 环庆路蕃官蒙布
【长编标】247/6014
【长编影】247/8 下
【汇编】中四 3890
内殿崇班 鄜延蕃官刘化基
【长编标】128/3045
【长编影】128/18 下
【汇编】中二 2097
内殿崇班 鄜延蕃官刘怀忠
【长编标】128/3045
【长编影】128/18 下
【汇编】中二 2097

内殿崇班 蕃官溪罗
【长编标】371/8985
【长编影】371/15 上
【汇编】中五 4698
内殿崇班 河东蕃官吹恭
【长编标】346/8315
【长编影】346/12 上
【汇编】中五 4585
内殿崇班 庆州蕃落卒张吉
【宋史】452/高敏附传/13286
【长编标】226/5504
【长编影】226/4 下
【汇编】中三 3719
内殿崇班 西界归顺人窰吹，又作米屈啾
【长编标】497/11833
【长编影】497/15 下
【宋会要】17 之 5/7040
【汇编】中六 5388
内藏库使 环庆蕃官赵明
【长编标】208/5066
【长编影】208/17 下
贝家族都虞侯 延州贝家族崪爱
【长编影】137/3 上
【汇编】中二 2515
牛家族巡检 奴讹
【欧阳文忠公全集】79/制敕/7 下
【汇编】中二 2830
化州刺史 金明属户李士彬
【长编标】126/2969；127/3009
【长编影】126/4 上；127/6 上
【汇编】中二 2002
勾当丰州蕃汉公事 丰州王文玉
【宋会要】兵 24 之 12/7184
【汇编】中一 1516
勾当公事 麟府折彦质
【梁溪集】173/靖康传信录下/19 下
【靖康传信录】3/31
【汇编】中六 6021；补遗 7455
勾当府谷县 麟府折谦
【长编标】124/2922
【长编影】124/4 下
【汇编】中二 1819
六宅使 麟府折御卿
【宋会要】方域 21 之 2/7662
【汇编】上 33
六宅使 金明属户李士彬
【长编标】126/2969；127/3009
【长编影】126/4 上；127/6 上
【汇编】中二 2002
六宅使 麟府折惟忠
【宋史】253/折德扆传/8861
【宋会要】方域 21 之 5/7663
【汇编】上 37、172
六宅使知州事 府州党项折惟忠
【长编标】82/1876
【长编影】82/14 上
文州刺史 属户刘光辅
【系年要录】85/1409；152/2460
【汇编】下 6394、6574
文思使 麟府折继宣
【文物】1978 年第 12 期/陕西府谷县出土北宋李夫人墓志/90
【汇编】上 185
文思使 庆州大顺城蕃官赵余德
【长编标】247/6012
【长编影】247/6 上
【汇编】中四 3888
文思使 麟府折克柔
【长编标】288/7043
【长编影】288/4 上
【宋会要】方域 21 之 8/7665
【汇编】上 37；中四 4068
文思使 麟府折惟昌
【宋史】253/折御卿传/8861
【东都事略】28/折德扆传/1 上
【宋会要】方域 21 之 5/7663
【汇编】上 37、172、178
文思副使 麟府折俊
【姑溪居士后集】20/折渭州墓志铭/1 上
【汇编】上 205
文思副使 麟府折克仪
【文物】1978 年第 12 期/陕西府谷县出土北宋李夫人墓志/90
【汇编】上 185

文思副使 河东蕃官许利见
【长编标】346/8315
【长编影】346/12 上
【汇编】中五 4585
文思副使 麟府折可适
【长编标】345/8284
【长编影】345/11 下
【汇编】中五 4575
引进客省使 麟府折可适
【姑溪居士后集】20/折武恭公渭州墓志铭/1 上
【汇编】上 209
巴特玛族巡检 环州党项庆桑
【长编影】99/6 上
【汇编】中一 1615
邓国夫人 保安军熟户刘光世生母杨氏
【紫微集】14/故所生母杨氏可特赠邓国夫人制/8 下
【汇编】补遗 7116

五画

节制江东军马 环州党项杨惟忠
【宋史】25/高宗纪 2/460
【汇编】下 6153
节制江南东路军马 环州党项杨惟忠
【系年要录】20/393；21/431；23/483
【汇编】下 6154、6167、6187
节制两浙、江南军马 环州党项杨惟忠
【系年要录】20/393
【汇编】下 6154
节制殿前马司及池州驻扎御前诸事 绥德属户李世辅
【名臣碑传琬琰集】下集 24/故太尉威武军节度使李公行状/1617
【汇编】补遗 7136
节度使 环州党项杨惟忠
【宋史】378/綦崇礼传/11681
【汇编】下 6326
节度使 府州折御卿
【宋会要】兵 4 之 13/6998
【汇编】中一 1100、1101
节院使 府州折御勋
【宋史】253/折德扆传/8861
【东都事略】28/折德扆传/1 上
【汇编】上 171、178
左千牛卫上将军 麟府折继长
【姑溪居士后集】20/折渭州墓志铭/1 上
【汇编】上 205
左千牛卫将军 丰州王承美父
【宋史】253/王承美传/8869
【汇编】上 219
左中奉大夫 麟府州折彦质
【系年要录】183/3062
【汇编】下 6608
左军副将 绥德属户李师廉
【系年要录】197/3323
【汇编】下 6680
左武大夫 保安军属户刘光远
【系年要录】141/2274
【汇编】下 6548
左武大夫 保安军属户刘光辅
【系年要录】184/3087
【汇编】下 6609
左武大夫 绥德属户李世寿
【系年要录】132/2118
【汇编】下 6517
左侍禁 丰州王承美子王文恭
【宋会要】方域 21 之 11/7666
【汇编】上 43
左侍禁 丰州党项王承美子王文玉
【长编标】79/1808
【长编影】79/14 下
左侍禁 府州折继祖
【长编标】168/4039
【长编影】168/8 上
左侍禁 金明属户李士彬子李怀义
【长编标】127/3009
【长编影】127/6 上
【汇编】中二 2002
左侍禁 金明属户李士彬子李怀矩
【长编标】127/3009
【长编影】127/6 上
【汇编】中二 2002
左侍禁 麟府折可净

【文物】1978年第12期/陕西府谷县出土北宋李夫人墓志/90
【北京大学学报哲学社会科学版】1978年8月份第2期/宋故武功大夫河东第二将折公（可存）墓志铭/68
【汇编】上185、202

左侍禁巡检 环庆肃远寨蕃官慕化
【长编标】357/8531
【长编影】357/2下

左金吾卫上将军 麟府折继祖
【文物】1978年第12期/陕西府谷县出土北宋李夫人墓志/90
【汇编】上184

左金吾卫上将军 绥德属户李显忠
【宋史】367/李显忠传/11427
【文定集】8/除李显忠特授威武军节度使充左显吾卫上将军食实封如故制/2上
【文忠集】105/玉堂类稿5/7下
【玉海】139/隆兴复环卫/45上
【汇编】上228；下6736、6737、6742、6762

左班殿直 环州苏家族蕃官实吉
【长编标】155/3768
【长编影】155/10下

左班殿直 麟府折克俊
【中国考古学会第一次年会论文集】折继闵神道碑/455
【汇编】上191

左班殿直 麟府折继闵
【中国考古学会第一次年会论文集】折继闵神道碑/455
【汇编】上187

左班殿直 金明属户李士彬子李怀宝
【长编标】126/2969；127/3009
【长编影】126/4上；127/6上
【汇编】中二1904、2002

左监门卫将军 麟府折继宣
【宋史】253/折御卿传/8861
【汇编】上173

左领军卫上将军 麟府折俊
【姑溪居士后集】20/折渭州墓志铭/1上
【汇编】上205

左骐骥使 麟府折克俭
【中国考古学会第一次年会论文集】折继闵神道碑/455
【汇编】上191

左骐骥使 麟府折继世
【宋史】253/折御卿传/8881
【长编标】235/5709
【长编影】235/13上
【汇编】上174

左朝议大夫 麟府折彦质
【宋史】213/宰辅表4/5554
【系年要录】138/2223；154/2488；170/2795
【汇编】下6448、6535、6576、6598

左朝请大夫 麟府折彦质
【宋会要】职官76之51/4121
【系年要录】170/2795
【汇编】下6598

左藏库使 麟府折惟忠
【宋史】253/折德扆传/8861
【汇编】上172

左藏库使 保安军属户刘绍能
【长编标】311/7547
【长编影】311/15上
【汇编】中四4119

左藏库使 麟府折继宣
【长编标】124/2923
【长编影】124/5下
【汇编】中二1821

左藏库副使 河东蕃官许利见
【长编标】346/8315；408/9942
【长编影】346/12上；408/20下
【汇编】中五4585、4916

右千牛卫上将军 金明属户李士彬子李怀宝
【长编标】127/3009
【长编影】127/6上
【汇编】中二2002

右屯卫将军 刘伯震先祖保安军熟户刘光世
【宋会要】礼12之13/572
【汇编】下6818

右屯卫将军 环庆蕃官思顺
【长编标】160/3873
【长编影】160/13下

右屯卫将军 麟州王世亶

【长编标】134/3196
【长编影】134/9 上

右文殿修撰 保安军属户刘尧佐
【宋史】386/黄祖舜传/11855
【系年要录】192/3210
【汇编】下 6620

右军将军 保安军属户刘光世
【三朝北盟会编】102/6 上
【汇编】下 6104

右武大夫 安丰寨张王族
【榆林府志】47/折武恭公克行神道碑阴/7 上
【汇编】补遗 7094

右武大夫 保安军属户刘光远
【系年要录】136/2191；137/2211
【汇编】下 6531、6534

右武大夫 绥德属户李师颜
【名臣碑传琬琰集】下集 24/故太尉威武军节度使李公行状/1617
【汇编】补遗 7142

右武大夫 麟府折可求
【中国考古学会第一次年会论文集】折继闵神道碑/455
【金石萃编】147/折克行神道碑/1 上
【汇编】上 192、195

右侍禁 延州蕃官折保忠
【长编标】147/3565
【长编影】147/11 上

右侍禁 环庆蕃官李元成
【长编标】157/3797
【长编影】157/1 下

右侍禁 环州乌贵族蕃官慕恩
【长编标】133/3171
【长编影】133/10 上
【汇编】中二 2338

右侍禁 环州定边寨蕃官苏恩
【长编标】195/4729
【长编影】195/11 下
【汇编】中三 3279

右侍禁 金明属户李士彬弟李士筠
【长编标】95/2178
【长编影】95/1 下
【汇编】中一 1599

右侍禁 荔原堡蕃官蒙布
【长编标】213/5171
【长编影】213/5 下
【汇编】中三 3566

右侍禁 神木寨结当族楚默
【长编标】329/7930
【长编影】329/15 上
【汇编】中四 4412

右侍禁 鄜延蕃官高永能孙昌朝
【长编标】399/8165
【长编影】339/5 下
【汇编】中四 4523

右侍禁 鄜延德靖寨蕃官李德平
【长编标】244/5942
【长编影】244/9 下
【汇编】中四 3865

右侍禁 麟府折继闵
【宋史】253/折御卿传/8861
【中国考古学会第一次年会论文集】折继闵神道碑/455
【汇编】上 173、187

右承务郎 保安军属户刘光世子刘球
【苕溪集】50/魏国太夫人向氏墓志铭/5 下
【汇编】补遗 7120

右承事郎 保安军属户刘尧佐
【系年要录】147/2360
【汇编】下 6555

右承侍郎 保安军属户刘尧勋
【系年要录】161/2609
【汇编】下 6584

右宣议郎 保安军属户刘尧仁
【苕溪集】50/魏国太夫人向氏墓志铭/5 下
【汇编】补遗 7120

右宣议郎 保安军属户刘尧勋
【苕溪集】50/魏国太夫人向氏墓志铭/5 下
【汇编】补遗 7120

右骁卫将军 环庆蕃官思顺
【长编标】160/3873
【长编影】160/13 下

右班殿直 府州折可存
【北京大学学报哲学社会科学版】1978 年 8 月份第 2 期/宋故武功大夫河东第二将折公

（可存）墓志铭/68
【汇编】上 202
右班殿直 府州折可规
【文物】1978 年第 12 期/陕西府谷县出土北宋李夫人墓志/90
【汇编】上 185
右班殿直 府州折克廉
【中国考古学会第一次年会论文集】折继闵神道碑/455
【汇编】上 191
右班殿直 府州折保忠
【长编标】147/3565
【长编影】147/11 上
右班殿直 保安军属户刘绍能
【宋史】350/刘绍能传/11076
【汇编】上 230
右班殿直 鄜延蕃官李延遇
【长编标】156/3778
【长编影】156/2 上
右班殿直 环庆蕃官李宗亮
【长编标】212/5158
【长编影】212/14 下
【汇编】中三 3563
右班殿直 环州生户啰埋
【长编标】124/2934
【长编影】124/15 下
【汇编】中二 1842
右班殿直 鄜延蕃官刘良保
【长编标】319/7700
【长编影】319/2 上
【汇编】中四 4227
右班殿直 鄜延蕃官高永能孙昌祚
【长编标】399/8164
【长编影】339/5 下
【汇编】中四 4523
右班殿直 鄜延蕃官高永能孙昌朝
【长编标】399/8164
【长编影】339/5 下
【汇编】中四 4523
右班殿直 鄜延蕃官麻七讹赏
【长编标】319/7700
【长编影】319/2 上
【汇编】中四 4227
右班殿直 麟州王文郁子王师古
【长编标】345/8275
【长编影】345/4 上
【汇编】中五 4570
右班殿直 麟府折惟宁
【长编标】116/2728
【长编影】116/10 下
【汇编】中一 1709
右班殿直 丰州王怀钧
【长编标】102/2365
【长编影】102/16 上
【宋会要】方域 21 之 12/7667
【汇编】上 44
右监门卫将军 麟府折继宣
【长编标】124/2923
【长编影】124/5 下
【汇编】中二 1821
右通直郎 保安军属户刘尧勋
【系年要录】192/3212
【汇编】下 6620
右骐骥副使 河东蕃官高永坚
【长编标】346/8315
【长编影】346/12 上
【汇编】中五 4585
右朝议大夫 麟府折可适子折彦质
【系年要录】165/2693
【汇编】下 6594
本司前军都统制 绥德属户李显忠
【名臣碑传琬琰集】下集 24/故太尉威武军节度使李公行状/1617
【汇编】补遗 7133
本州马步军都指挥使 环州部民王延顺
【长编标】51/1121
【长编影】51/13 上
【汇编】中一 1306
本州团练使 勒浪十六府大首领马泥，又名马斡
【长编标】45/966
【长编影】45/11 上
【汇编】中一 1212
本州防御使 丰州王承美

【长编标】56/1240
【长编影】56/14 上
【汇编】中一 1390
本族巡检 泾原蕃官讹麦
【长编标】328/7905
【长编影】328/13 下
本族巡检 归宋西夏韦州蕃官伯德
【长编标】351/8406
【长编影】351/3 上
【汇编】中五 4618
本族巡检 庆州白豹寨都指挥使裴永昌
【长编标】123/2896
【长编影】123/4 下
【汇编】中二 1780
本族巡检 环庆路蕃官朗布
【长编标】350/8390
【长编影】350/8 上
【汇编】中五 4613
本族巡检 河东蕃官屈德宜
【长编标】345/8271
【长编影】345/1 上
【汇编】中五 4569
本族巡检 保安军熟户刘永年，刘绍能子
【长编标】244/5942
【长编影】244/9 下
【汇编】中四 3865
本族巡检 蕃官优异者充任
【长编标】370/8940
【长编影】370/6 上
【汇编】中五 4693
本族巡检 蕃官赵世宗
【长编标】505/12037
【长编影】505/10 下
【汇编】中六 5474
本族指挥使 党项叶市族罗埋
【宋史】491/党项传/14144
【长编标】54/1181
本族指挥使 鄜州伊实族罗莽
【长编影】54/6 下
【汇编】中一 1350
本族指挥使 密本族屈子
【长编标】51/1122
【长编影】51/14 下
【汇编】中一 1309
本族都巡检使 咩逋族首领城逋，又作密本族沁布
【长编标】51/1122
【长编影】51/14 下
【汇编】中一 1309
本族副兵马使 泾原阿克节
【长编标】271/6636
【长编影】271/4 下
本路巡检 环庆蕃官李宗亮子李惟立
【长编标】212/5158
【长编影】212/14 下
【汇编】中三 3563
本路钤辖 河东路蕃官高永能
【长编标】520/12386
【长编影】520/27 上
【汇编】中六 5672
本路钤辖 泾原路折可适
【长编标】505/12028；506/12051
【长编影】505/2 下；506/3 上
【汇编】中六 5465、5478
本路钤辖 保安军属户刘绍能
【长编标】311/7547
【长编影】311/15 上
【汇编】中四 4119
本路钤辖 麟州王文郁
【长编标】316/7641
【长编影】316/4 上
【汇编】中四 4178
本路都监 保安军属户刘绍能
【长编标】311/7547
【长编影】311/15 上
【汇编】中四 4119
龙图阁学士 麟府折彦质
【系年要录】138/2223
【汇编】下 6535
龙图阁待制 麟府折彦质
【梁溪集】118/与秦相公第九书别幅/13 上
【汇编】下 6311
龙图阁直学士 麟府折彦质
【宋会要】职官 69 之 29/3944

【系年要录】55/967；61/1049；77/1266；80/1314；82/1351；86/1414
【靖康要录】11/686；12/737
【三朝北盟会编】61/6 上；63/12 上
【文忠集】19/跋折彦质燕祉亭诗/29 上
【北海集】10/赐新除龙图阁直学士折彦质辞免恩命并召赴行在乞除在外宫观不允诏/13 下
【汇编】中六 6032、6056、6061、6062；下 6304、6321、6360、6365、6373、6395、6793

龙神卫四厢都指挥使 环州党项杨惟忠
【系年要录】5/120
【汇编】下 6105

龙神卫四厢都指挥使 绥德属户李世辅
【系年要录】132/2115；147/2371
【中兴小纪】27/305
【三朝北盟会编】197/12 下
【名臣碑传琬琰集】下集 24/故太尉威武军节度使李公行状/1617
【汇编】下 6514、6516、6518、6567；补遗 7133

龙神卫都指挥使 保安军属户刘延庆
【宋史】357/刘延庆传/11236
【汇编】补遗 7100

平阳郡夫人 绥德熟户李显忠妻周氏
【文忠集】98/太尉宁国军节度使主管侍卫马军司公事李显忠封赠三代/3 上
【汇编】补遗 7153

平海军承宣使 绥德属户李显忠
【宋史】30/高宗纪 7/568
【系年要录】157/2557；164/2677
【名臣碑传琬琰集】下集 24/故太尉威武军节度使李公行状/1617
【汇编】下 6580、6592；补遗 7133

东上阁门使 蕃官栋怀义
【长编标】489/11600
【长编影】489/3 下
【汇编】中六 5308

东上阁门使 麟州王文郁
【长编标】353/8460
【长编影】353/5 下
【汇编】中五 4622

东上阁门使 麟府折可适
【宋史】253/折可适传/8866
【姑溪居士后集】20/折渭州墓志铭/1 上
【汇编】上 176、209

东头供奉官 府州折可与
【文物】1978 年第 12 期/陕西府谷县出土北宋李夫人墓志/90
【汇编】上 185

东头供奉官 蕃官李守信
【欧阳文忠公全集】79/制敕/15 下
【汇编】中二 2831

东头供奉官 蕃官赵明
【奏议标】133/范仲淹・上仁宗攻守二策/1477
【奏议影】133/范仲淹・上仁宗攻守二策/4545

东头供奉官 麟府折御冲
【咸平集】29/制诰/7 上
【汇编】补遗 7092

东头供奉官 庆州大顺城赵余德
【长编标】213/5171
【长编影】213/5 下
【汇编】中三 3566

东头供奉官 金明属户李士彬
【长编标】95/2179
【长编影】95/1 下
【汇编】中一 1599

东头供奉官 蕃官高福进
【长编标】354/8485
【长编影】354/14 上
【汇编】中五 4628

东头供奉官 蕃官溪罗
【长编标】371/8985
【长编影】371/15 上
【汇编】中五 4698

东头供奉官 环州肃远寨蕃官慕化
【长编标】407/9897
【长编影】407/3 下
【宋会要】职官 66 之 37/3886
【汇编】中五 4648、4900

东南第二副将 保安军属户刘舜谟，刘光远子
【系年要录】188/3150
【汇编】下 6615

东南第四将 绥德属户李师文，李显忠子
【名臣碑传琬琰集】下集 24/故太尉威武军节度使李公行状/1617

【汇编】补遗 7142

东染院使 环庆蕃官赵明

【长编标】157/3797

【长编影】157/1 下

东染院副使 环庆蕃官赵明

【长编标】160/3873

【长编影】160/13 下

归娘族军主 延州阿讹

【长编标】137/3278

归德大将军 勒浪嵬女儿门十六府大首领马尾

【宋史】491/党项传/14137

【汇编】上 24

归德大将军 丰州没细族首领瓦瑶

【长编标】24/543

【长编影】24/6 上

【宋会要】方域 21 之 9/7665

【汇编】上 41；中一 1002

归德大将军 勒浪族十六府大首领马泥，又名马斡

【宋史】491/党项传/14137

【长编标】45/966

【长编影】45/11 上

【汇编】上 24

归德郎将 绥州野利

【宋史】491/党项传/14141

【汇编】上 24

归德郎将 绥州啜泥

【宋史】491/党项传/14141

【汇编】上 24

归德郎将 绥州嵬名乜屈

【宋史】491/党项传/14141

【汇编】上 24

归德郎将 丰州乞党族大首领岁移

【长编标】24/543

【长编影】24/6 上

【宋会要】方域 21 之 9/7665

【汇编】上 41；中一 1002

归德郎将 丰州耶保、移邈二族首领弗香克浪买

【长编标】24/543

【长编影】24/6 上

【宋会要】方域 21 之 9/7665

【汇编】上 41；中一 1002

归德将军 十六府大首领屈遇

【宋史】491/党项传/14138

【汇编】上 21

归德将军 咩逋族城逋

【宋史】491/党项传/14137

【汇编】上 26

归德将军 党项直荡族屈遇

【长编标】9/213

【长编影】9/13 下

【汇编】中一 948

归德将军 密本族沁布，又作城逋

【长编标】51/1122

【长编影】51/14 下

【汇编】中一 1309

归德将军 绥州裕勒沁族首领李继福

【宋史】253/李继周传/8870

【长编标】45/966；51/1127

【长编影】45/11 上；51/19 上

【汇编】上 222、中一 1212、1313

北作坊使 环州乌贵族慕恩

【临川集】53/庆州肃远寨蕃官都巡检崇仪使慕恩北作坊使制/6 下

【汇编】中三 3271

四方馆使 鄜延蕃官高永能

【长编标】399/8164

【长编影】339/5 下

【汇编】中四 4523

四方馆使 麟州王文郁

【长编标】345/8275；353/8460

【长编影】345/4 上；353/5 下

【汇编】中五 4570、4622

四方馆使 麟府折可大

【文物】1978 年第 12 期/陕西府谷县出土北宋李夫人墓志/90

【东都事略】28/折德扆传/1 上

【汇编】上 179、185

四厢都指挥使 环州党项杨惟忠

【宋史】243/哲宗昭慈圣献孟皇后传/8636

【中兴小纪】7/81

【汇编】下 6193、6202

代州刺史 党项折仁理

【长编标】2/56

【长编影】2/16 下
【汇编】中一 928
仪州寨主 蕃官李守信
【欧阳文忠公全集】79/制敕/15 下
【汇编】中二 2831
仪鸾副使 麟府折彦赟
【宋史】479/西蜀孟氏传/13875
【汇编】中一 945
白马鼻族巡检 环州党项庆香
【长编标】99/2296
白州防御使 毛羽族猧娘
【榆林府志】47/折武恭公可行神道碑阴/7 上
【汇编】补遗 7095
白州刺史 麻乜族香布
【榆林府志】47/折武恭公可行神道碑阴/7 上
【汇编】补遗 7095
白池军主 党项兀泥族盛佶
【宋史】491/党项传/14137
【宋会要】方域 21 之 4/7663
【汇编】上 29、37
白豹寨都指挥使 庆州裴永昌
【长编标】123/2896
【长编影】123/4 下
【汇编】中二 1780
乐安郡君 丰州党项王承美妻折氏
【宋会要】方域 21 之 11/7666
【汇编】上 43
汉国夫人 鄜延蕃官刘光世妻向氏
【系年要录】84/1384
【汇编】下 6389
礼泉观使 绥德属户李显忠
【名臣碑传琬琰集】下集 24/故太尉威武军节度使李公行状/1617
【汇编】补遗 7141
礼宾副使 麟府折德源
【姑溪居士后集】20/折渭州墓志铭/1 上
【汇编】上 205
礼宾副使 延州芠村族巡检米知顺
【长编标】125/2941
【长编影】125/3 下
【汇编】中二 1845
主管马军司 环州党项杨惟忠
【宋史】25/高宗纪 2/460
【汇编】下 6153
主管马军司 绥德属户李显忠
【宋史】32/高宗纪 9/611
【汇编】下 6686
主管马军司公事 绥德属户李显忠
【宋史】34/孝宗纪 2/652
【宋会要】仪制 3 之 53/1898
【汇编】下 6749、6750
主管本军沿边安抚司公事 府州折可求
【系年要录】131/2112
【汇编】下 6516
主管台州崇道观 保安军属户刘尧仁
【系年要录】153/2467
【汇编】下 6574
主管军马 环州党项杨惟忠
【中兴小纪】4/39
【汇编】下 6135
主管侍卫马军司公事 环州党项杨惟忠
【系年要录】20/393；21/430
【汇编】下 6154
主管侍卫马军司公事 绥德属户李显忠
【宋史】196/兵志 10/4891
【宋会要】仪制 9 之 23/1999；兵 5 之 26/6852、6 之 22/6865；食货 10 之 29/4991
【文忠集】98/太尉宁国军节度使主管侍卫马军司公事李显忠封赠三代/3 上；102/玉堂类稿 2/11 上；105/玉堂类稿 5/7 下；110/玉堂类稿 10/4 下；112/玉堂类稿 12/6 下
【汇编】下 6594、6742、6743、6744、6747、6749、6751、6752；补遗 7150
主管侍卫步军司 环州党项杨惟忠
【系年要录】31/600
【汇编】下 6212
主管侍卫步军司公事 环州党项杨惟忠
【系年要录】31/609
【汇编】下 6218
主管殿前司 绥德属户李显忠
【宋史】361/张浚传/11308
【朱文公集】95 下/少师保信军节度使魏国公致仕赠太保张公（浚）行状下/27 上
【汇编】下 6702、6707

主管殿前司公事 环州党项杨惟忠
【宋史】24/高宗纪1/444
【系年要录】5/120
【汇编】下6105
兰州钤辖 麟州王文郁
【宋史】16/神宗纪3/309
【汇编】中四4464
宁州防御使 麟府折惟忠
【宋会要】仪制13之7/2052
【汇编】中一1740
宁武宁国军节度 保安军属户刘光世
【宋史】27/高宗纪4/499；369/刘光世传/11478
【系年要录】101/1660；53/947；64/1088；84/1381
【三朝北盟会编】151/3下
【北海集】6/除刘光世特授宁武宁国军节度使……加食邑食封制/4下、除刘光世特授检校太傅依前起复……加食邑食实封如故制/6上、除刘光世特起复检校太傅宁武宁国军节度使……依旧建康府置司制/7下；11/赐起复检校太傅宁武宁国军节度使刘光世辞免特赐银一千两恩命不允诏/11下、赐新除起复检校太傅宁武宁国军节度使刘光世辞免恩命不允诏/12上
【汇编】下6297、6304、6305，6306、6307、6330、6331、6332，6333、6334、6335、6387、6421；补遗7105、7106
宁武军节度使 保安军属户刘光世
【宋史】369/刘光世传/11478
【北海集】6/除刘光世特起复宁武军节度使开府仪同三司依前充两浙西路安抚大使马步军都总管兼知镇江军府事淮南东路官抚使兼营田使食邑食实封如故制3上；11/赐刘光世免恩命不允断来章诏/10下
【浮溪集】11/宁武军节度使开府仪同三司充两浙西路安抚大使刘光世加恩制/9下；14/刘光世辞免恩命不允诏/2下
【汇编】下6225、6229、6264、6298、6299；补遗7106
宁国军节度使 保安军属户刘光世
【三朝北盟会编】212/4下
【系年要录】101/1660
【汇编】下6421、6560
宁国军节度使 绥德属户李显忠
【宋史】31/高宗纪8/577；367/李显忠传/11427
【系年要录】164/2677；172/2824；177/2917；182/3025；184/3086；193/3247；194/3257、3279
【中兴御侮录】上/3
【名臣碑传琬琰集】下集24/故太尉威武军节度使李公行状/1617
【文忠集】98/太尉宁国军节度使主管侍卫马军司公事李显忠封赠三代/3上
【海陵集】11/除李显忠加食邑制/14下
【汇编】上225、226；下6592、6593、6599、6601、6607、6609、6618、6636、6637、6659；补遗7133、7150
永平寨界小力镇使 党项首领李文直
【长编标】51/1127
【长编影】51/19上
【汇编】中一1313
永平寨界茭村军主 金明属户李继福
【长编标】51/1127
【长编影】51/19上
【汇编】中一1313
[永乐川] 副将 鄜延蕃官高永能子高世才
【长编标】335/8072
【长编影】335/10上
【汇编】中四4488
永兴军马步都校 环州部民王延顺
【长编标】56/1229
【长编影】56/5上
【汇编】中一1379
永兴军路经略安抚使 麟府折氏
【东窗集】11/故妻折氏赠咸安郡夫人制/21上
【汇编】下7028
永安节度 麟府折御卿
【宋史】5/太宗纪2/96
【汇编】中一1097
永安节度使 麟府折从阮
【资治通鉴】289/9421
【汇编】上908
永安节度使 麟府折御勋
【长编标】36/785；38/825
【长编影】36/1下；38/7下
【汇编】中一1082、1112

永安节度使 麟府折德扆
【长编标】1/16；5/132
【长编影】1/14 上；5/14 上
【汇编】中一 923、944
永安节度使 麟府折御卿
【长编标】36/785；37/807
【长编影】36/1 下；37/2 上
【宋会要】方域 21 之 2/7662
【玉壶清话】3/6 上
【汇编】上 34；中一 1082、1097、1099
永安军节度观察留后 麟府折御勋
【宋会要】方域 21 之 1/7661
【汇编】上 33
永安军节度使 麟府折御勋
【宋会要】礼 59 之 2/1670
【汇编】中一 1081
永安军节度使 麟府折德扆
【宋会要】礼 41 之 51/1043
【隆平集】17/折御卿传/11 下
【汇编】上 179；下 7018
永安军节度使 麟府折御卿
【宋史】253/折御卿传/8861
【东都事略】28/1 上
【宋会要】礼 41 之 51/1043
【金石萃编】147/折克行神道碑/1 上；147/折克行神道碑考释
【汇编】上 171、178、196、200；下 7018
永安军留后 麟府折御勋
【宋史】253/折德扆传/8861
【东都事略】28/折德扆传/1 上
【汇编】上 170、178
永安留后 麟府折御勋
【长编标】10/223；17/373
【长编影】10/17 上；17/11 上
【三朝北盟会编】63/12 上
【系年要录】61/1049；66/1116；94/1560
【汇编】中一 949、959、1212；中六 6062；下 6321、6337、6401

六画

权勾当蕃汉事 丰州党项王承美子王文玉
【长编标】79/1808
【长编影】79/14 下
权主簿事 唐龙镇来闰喜叔父怀正
【长编标】61/1372
【长编影】61/14 下
【汇编】中一 1427
权发遣熙河兰岷路经略司公事 麟州王文郁
【宋会要】方域 20 之 14/7657
【汇编】中五 5253
权发遣熙河兰岷路经略安抚司事 麟州王文郁
【长编标】485/11522
【长编影】485/4 下
【汇编】中六 5279
权同管干第二将公事 麟府折可适
【长编标】479/11407
【长编影】479/7 上
【汇编】中五 5194
权州事 麟府折知常
【宋史】35/孝宗纪 3/672
【汇编】下 6770
权知府州 府州折御勋
【长编标】5/132；10/223
【长编影】5/14 上；10/17 上
【宋会要】方域 21 之 1/7661
【汇编】中一 944、949
权河中府都监 鄜延蕃官刘绍能
【长编标】316/7644
【长编影】316/7 下
权泾原路铃辖 麟府折可适
【长编标】505/12038
权泾原路铃辖 府州折可适
【长编标】505/12038
【长编影】505/11 上
权参知政事 麟府折彦质
【宋史】28/高宗纪 5/524
【汇编】下 6416
权茭村等族巡检 属户米知顺
【长编标】125/2941
【长编影】125/3 下
【汇编】中二 1845

权第十二将 麟府折可适
【甘肃新通志】6/舆地志·山川上·固原直隶州·海城县/26上
【汇编】补遗7388
权葭芦寨主 麟府折可适
【长编标】327/7871
【长编影】327/5下
【汇编】中四4374
权提举崇福宫 麟州王文郁
【长编标】485/11522
【长编影】485/4下
【汇编】中六5279
吉州防御使 麟府折可大
【中国考古学会第一次年会论文集】折继闵神道碑/455
【汇编】上192
吉州刺史 保安军属户刘光时
【系年要录】191/3199；193/3247；197/3328
【汇编】下6618、6636、6680
西上閤门使 麟府折可适
【姑溪居士后集】20/折渭州墓志铭/1上
【汇编】上209
西上閤门使 麟府折克行
【宋史】18/哲宗纪2/347
【汇编】中六5276
西上閤门使 麟州王文郁
【长编标】333/8018
【长编影】333/5上
【汇编】中四4468
西头供奉官 丰州王承美子王文玉
【宋会要】方域21之11/7666
【汇编】上43
西头供奉官 麟府折师武
【栾城集】28/西掖告祠/6下
【汇编】补遗7098
西头供奉官 麟府折惟忠
【宋史】253/折德扆传/8861
【汇编】上172
西头供奉官 折保忠
【长编标】156/3780
【长编影】156/3上
【汇编】中三3054
西头供奉官 金明属户李士彬
【长编标】95/2178
【长编影】95/1下
【汇编】中一1599
西头供奉官 麟州蕃官李保忠
【长编标】285/6982
【长编影】285/11上
【汇编】中四4049
西头供奉官 麟州蕃官高世忠
【长编标】285/6982
【长编影】285/11上
【汇编】中四4049
西头供奉官 麟府折可大
【长编标】493/11700
【长编影】493/7上
【汇编】中六5342
西作坊使 麟府折继祖
【文物】1978年第12期/陕西府谷县出土北宋李夫人墓志/90
【汇编】上184
西京左藏库使 庆州柔远寨蕃官赵余庆
【长编标】247/6012
【长编影】247/6上
【汇编】中四3888
西京左藏库副使 金明属户李继周
【宋史】253/李继周传/8870
【汇编】上221
西京左藏库副使 庆州柔远寨蕃官赵余庆
【长编标】216/5254
【长编影】216/3下
【汇编】中三3610
西京作坊使 金明属户李继周
【宋史】253/李继周传/8870
【长编标】51/1127；68/1522
【长编影】51/19上；68/4下
【汇编】上221；中一1313
西京作坊使 麟府折继闵
【宋史】253/折德扆传/8861
【长编标】124/2923
【长编影】124/5下
【中国考古学会第一次年会论文集】折继闵神道碑/455

【汇编】上 173、188；中二 1821

西京作坊副使 金明属户李士彬从兄李士诏，又作李士绍

【长编标】127/3009

【长编影】127/6 上

【汇编】中二 2002

西河郡开国侯 麟府折可适

【姑溪居士后集】20/折渭州墓志铭/1 上

【汇编】上 204

西染院使 府州折继祖

【宋史】253/折德扆传/8861

【长编标】168/4039

【长编影】168/8 上

【汇编】上 173

西梁院使 麟府折彦野

【姑溪居士后集】20/折渭州墓志铭/1 上

【汇编】上 212

成平寨使 金明叶勒文义

【长编标】51/1127

【长编影】51/19 上

【汇编】中一 1313

成州团练使 麟府折可适

【宋史】253/折德扆传/8861

【汇编】上 176

成州团练使 麟府折继祖

【宋史】253/折德扆传/8861

【汇编】上 173

成州团练使 庆州柔远寨蕃官赵余庆

【长编标】247/6012

【长编影】247/6 上

【汇编】中四 3888

成州防御使 麟府折可适

【长编标】491/11662；505/12038，

【长编影】491/15 上；505/11 上

【姑溪居士后集】20/折渭州墓志铭/1 上

【汇编】上 207；中六 5328、5474

成州观察使 保安军熟户刘光世弟刘光烈

【系年要录】94/1558

【汇编】下 6400

成州刺史 麟府折御卿

【宋会要】方域 21 之 2/7662

【汇编】上 33

成忠郎 麟府折可畚

【中国考古学会第一次年会论文集】折继闵神道碑/455

【汇编】上 192

成忠郎 麟府折可求

【中国考古学会第一次年会论文集】折继闵神道碑/455

【汇编】上 192

成忠郎 麟府折可直

【中国考古学会第一次年会论文集】折继闵神道碑/455

【汇编】上 192

成忠郎 麟府折可颁

【中国考古学会第一次年会论文集】折继闵神道碑/455

【汇编】上 192

成忠郎 麟府折彦琦

【中国考古学会第一次年会论文集】折继闵神道碑/455

【汇编】上 192

成忠郎 麟府折彦文

【中国考古学会第一次年会论文集】折继闵神道碑/455

【汇编】上 192

成忠郎 麟府折彦方

【中国考古学会第一次年会论文集】折继闵神道碑/455

【汇编】上 192

成忠郎 麟府折彦庄

【中国考古学会第一次年会论文集】折继闵神道碑/455

【汇编】上 192

成忠郎 麟府折彦武

【中国考古学会第一次年会论文集】折继闵神道碑/455

【汇编】上 192

成忠郎 麟府折彦若

【中国考古学会第一次年会论文集】折继闵神道碑/455

【汇编】上 192

成忠郎 麟府折彦裕

【中国考古学会第一次年会论文集】折继闵神道

碑/455
【汇编】上 192
成忠郎 麟府折彦瑜
【中国考古学会第一次年会论文集】折继闵神道碑/455
【汇编】上 192
百胜寨主 麟府折继长
【欧阳文忠公全集】116/河东奉使奏草/5 下
【汇编】中三 2972
扬楚等七州宣抚使 保安军属户刘光世
【系年要录】51/909
【汇编】下 6294
扬楚等州宣抚使 保安军属户刘光世
【系年要录】50/889
【汇编】下 6287
同平章事 麟府折从阮
【旧五代史】125/折从阮传/1647
【汇编】上 169
同州观察使 绥德属户李永奇
【系年要录】124/2030；132/2118
【名臣碑传琬琰集】下集 24/故太尉威武军节度使李公行状/1617
【文忠集】98/太尉宁国军节度使主管侍卫马军司公事李显忠封赠三代/3 上
【汇编】下 6492、6517；补遗 7152、7128
同巡检使 麟府折海超，折惟昌从叔
【长编标】45/964
【长编影】45/9 上
【宋会要】方域 21 之 4/7663
【汇编】上 35；中一 1211
同总领蕃兵将 河东路蕃官高永年
【长编标】514/12218
【长编影】514/8 下
【宋会要】兵 9 之 5/6908
【长编纪事本末】139/4 下
【汇编】中六 5580、5728、5729
同统制 麟府折可适
【长编标】485/11528
【长编影】485/9 上
【汇编】中六 5287
同统制官 府州折可适
【长编标】491/11662
【长编影】491/15 上
【汇编】中六 5328
同签军马司事 折克行
【长编标】437/10546
【长编影】437/18 下
【汇编】中五 4983
同管勾麟府路军马公事 府州折可求，折彦质父
【中国考古学会第一次年会论文集】折继闵神道碑/455
【汇编】上 192
团练使 保安军属户刘光世
【三朝北盟会编】212/4 下
【汇编】下 6559
团练使 勒浪族十六府大首领马泥
【宋史】491/党项传/14137
【汇编】上 26
团练使 宋奖励蕃部能归顺者
【长编标】56/1229
【长编影】56/5 上
【汇编】中一 1379
团练使 麟府折御勋
【长编标】5/132
【长编影】5/14 上
【汇编】中一 944
团练使 丰州王承美
【长编标】24/543；54/1178
【长编影】24/6 上；54/3 上
【宋会要】方域 21 之 9/7665
【汇编】上 41；中一 1002、1345
曲定府都虞侯 麟府罗阿
【长编标】97/2245
【长编影】97/6 上
【汇编】中一 1608
延州东路巡检 麟府折继世
【宋史】253/折德扆传/8861
【汇编】上 174
延州金明县都监 金明属户李士彬
【长编标】105/2440
【长编影】105/6 上
【汇编】中一 1653
延州金明县都监 金明属户李士彬父李继周

【长编标】68/1522
【长编影】68/4 下
【汇编】中一 1473

延州野家族蕃部指挥使 伽凌
【长编标】82/1869
【长编影】82/8 上
【汇编】中一 1519

延州蕃官巡检 麟府折保忠
【长编标】147/3565
【长编影】147/11 上
【汇编】中三 2863

行在五军制置使 保安军属户刘光世
【宋史】25/高宗纪 2/460；369/刘光世传/11478
【系年要录】20/393
【汇编】下 6153、6154；补遗 7105

行在都巡检使 保安军属户刘光世
【宋史】369/刘光世传/11478
【汇编】补遗 7104

会州刺史 熟藏族首领乜遇
【宋史】491/党项传/14141
【汇编】上 24

会州刺史 熟仓族乩遇，又名伽裕勒
【宋史】491/党项传/14143
【长编标】49/1067
【长编影】49/5 上
【宋会要】兵 14 之 15/7000
【汇编】上 26；中一 1218、1231

合州刺史 麻乜族维移
【榆林府志】47/折武恭公可行神道碑阴/7 上
【汇编】补遗 7095

齐安郡夫人 麟府折继闵妻慕容氏
【北京大学学报哲学社会科学版】1978 年 8 月份第 2 期/宋故武功大夫河东第二将折公（可存）墓志铭/68
【汇编】上 202

庄宅副使 河东路蕃官高永坚
【长编标】346/8315
【长编影】346/12 上
【汇编】中五 4585

庄宅副使 河东路蕃官高永年
【宋史】342/王严叟传/10894
【长编标】457/10944
【长编影】457/7 下
【汇编】中五 5061

庆州大顺城界蕃部巡检 庆州大顺城蕃官赵余德
【长编标】214/5195
【长编影】214/2 下
【汇编】中三 3580

庆州肃远寨蕃官都巡检 庆州乌贵族慕恩
【临川集】53/庆州肃远寨蕃官都巡检崇仪使慕恩北作坊使制/6 下
【汇编】中三 3271

庆州柔远寨蕃官 庆州属户赵余庆
【长编标】247/6012
【长编影】247/6 上
【汇编】中四 3888

庆远军承宣使 保安军熟户刘光世弟刘光烈
【系年要录】148/2385
【汇编】下 6570

江东马步军副总管 保安军熟户刘光世弟刘光烈
【系年要录】92/1530；94/1558
【汇编】下 6400

江东西安抚使 保安军属户刘光世
【续宋通鉴】3/38
【汇编】下 6316

江东宣抚使 保安军属户刘光烈
【宋史】25/高宗纪 2/468
【中兴小纪】7/78
【汇编】下 6195、6196

江东宣抚使 保安军属户刘光世
【宋史】369/刘光世传/11478
【系年要录】28/554；28/565；29/572；30/584；31/607、611；64/1088、1096、1097；66/1122；67/1144；68/1152、1159；75/1241；80/1313
【中兴小纪】14/171；15/186；16/195
【汇编】下 6198、6201、6204、6218、6219、6329、6330、6334、6340、6345、6346、6347、6350、6356、6357、6365；补遗 7105、7108

江东淮西宣抚使 保安军属户刘光世
【宋史】369/刘光世传/11478
【系年要录】79/1298

【汇编】下 6363；补遗 7108
江东淮西宣抚使 保安军属户刘光世
【宋史】27/高宗纪 4/507
【系年要录】68/1159；69/1176；76/1247；78/1281；81/1334
【北海集】8/赐新除江东淮西路宣抚使刘光世诏/9 下
【汇编】下 6347、6348、6350、6357、6362、6368
江西马步军副都总管 环州党项杨惟忠
【系年要录】48/859
【汇编】下 6285
江西安抚大使兼淮东宣抚使 保安军属户刘光世
【系年要录】51/902
【汇编】下 6292
江西兵马钤辖 保安军属户刘光远
【系年要录】92/1530
【汇编】下 6400
江西兵马副总管 环州党项杨惟忠
【系年要录】51/901；53/931
【汇编】下 6291、6295
江西兵马副都总管 环州党项杨惟忠
【系年要录】54/950
【汇编】下 6301
江西副总管 环州党项杨惟忠
【宋史】27/高宗纪 4/495
【汇编】下 6291
江州路副都总管 环州党项杨惟忠
【系年要录】39/738
【汇编】下 6252
江南东路马步军副总管 保安军属户刘光辅
【系年要录】184/3087
【汇编】下 6609
江南东路马步军副都总管 保安军属户刘光烈
【系年要录】94/1558
【汇编】下 6400
江南东路兵马钤辖 绥德属户李师正
【名臣碑传琬琰集】下集 24/故太尉威武军节度使李公行状/1617
【汇编】补遗 7142
江南东路宣抚使 保安军属户刘光世
【宋史】27/高宗纪 4/504
【三朝北盟会编】155/11 上
【北海集】6/除刘光世特授检校太傅依前起复……加食邑食实封如故制/6 上、除刘光世特起复检校太傅宁武宁国军节度使……依旧建康府置司制/7 下；11/赐起复检校太傅宁武宁国军节度使刘光世辞免特赐银一千两恩命不允诏/11 下、赐新除检校太傅宁武宁国军节度使刘光世辞免恩命不允诏/12 下
【汇编】下 6329、6330、6331、6332、6333、6334、6335
江南东路副总管 保安军属户刘光辅
【系年要录】185/3096
【汇编】下 6610
江南东路淮南西路宣抚使 保安军属户刘光世
【系年要录】84/1381
【汇编】下 6387
江淮制置使 保安军属户刘光世
【宋史】25/高宗纪 2/460
【系年要录】10/246；11/252；12/271；14/298；18/358、362；20/402
【中兴小纪】2/22；3/30、33；4/47、52；5/54
【汇编】下 6122、6123、6125、6126、6129、6132、6137、6139、6141、6145、6149、6151、6159
池州驻扎 保安军属户刘光世
【系年要录】184/3086
【汇编】下 6609
池州驻扎 绥德属户李显忠
【三朝北盟会编】234/3 上
【系年要录】187/3123
【汇编】下 6612、6634
池州驻扎都统制 绥德属户李显忠
【系年要录】190/3180
【宋会要】兵 6 之 18/6863
【汇编】下 6617、6619
池州驻扎诸军都统制 绥德属户李显忠
【三朝北盟会编】232/7 下
【汇编】下 6624
池州驻扎御前统制 绥德属户李显忠
【三朝北盟会编】212/12 上
【汇编】下 6567

池州驻扎御前都统制 绥德属户李显忠
【系年要录】193/3245、3247
【汇编】下 6636
池州驻扎御前诸军都统制 绥德属户李显忠
【系年要录】194/3257
【汇编】下 6637
池州都统 绥德属户李显忠
【中兴御侮录】上/3
【文忠集】163/亲征录/1 上
【三朝北盟会编】238/7 下；335/1 上
【名臣碑传琬琰集】下集 24/故太尉威武军节度使李公行状/1617
【汇编】下 6618、6626、6635、6638；补遗 7134
池州都统制 绥德属户李显忠
【系年要录】193/3232、3242、3245
【汇编】下 6625、6635、6636
池州诸军都统制 绥德属户李显忠
【系年要录】191/3201
【汇编】下 6618
池州置司 绥德属户李显忠
【北海集】8/赐新除江东淮西路宣抚使刘光世诏/9 下
【汇编】下 6348
安乡侯 丰州党项王德钧
【长编标】65/1442
【长编影】65/1 上
安化郎将 党项威伊特族多香
【长编影】49/5 上
【汇编】中一 1231
安化郎将 党项勒浪树李儿门首领没崖
【宋史】491/党项传/14137
【汇编】上 24
安化郎将 党项鼻家族都庆
【宋史】491/党项传/14143
【汇编】上 26
安化郎将 党项韦移族都香
【宋史】491/党项传/14143
【长编标】49/1067
【汇编】上 26
安化郎将 党项白马族埋香，又作密香
【宋史】491/党项传/14143
【长编标】49/1067
【长编影】49/5 上
【汇编】上 26；中一 1231
安化郎将 党项苏家族屈尾，又作齐都尔齐
【宋史】491/党项传/14143
【长编标】49/1067
【长编影】49/5 上
【汇编】上 26；中一 1231
安化郡夫人 绥德熟户李显忠母蒙氏
【系年要录】132/2118
【汇编】下 6518
安成郡王 保安军属户刘光世，刘延庆子
【宋史】34/孝宗纪 2/654
【汇编】下 6753
安州刺史 宁川寨浪王族
【榆林府志】47/折武恭公克行神道碑阴/7 上
【汇编】补遗 7094
安抚大使 保安军属户刘光世
【系年要录】35/678；62/1057
【汇编】下 6231、6323
安抚大使兼宣抚使 保安军属户刘光世
【宋史】167/职官志 7/3957
【汇编】下 6288
安抚使 保安军属户刘光世，刘延庆子
【宋史】369/刘光世传/11478
【汇编】补遗 7106
安抚使 麟府折可求
【金史】72/娄室传/1652
【汇编】下 6160
安抚使 麟府折彦质
【系年要录】66/1124；73/1209；179/2955
【汇编】下 6342、6353、6603
安远大将军 府州折突厥移
【宋史】491/党项传/14142
【宋会要】方域 21 之 3/7662
【汇编】上 24、35
安武军节度 麟府折克行
【榆林府志】47/折武恭公克行神道碑阴/7 上
【汇编】补遗 7092
安武军节度使 府州折克行
【榆林府志】47/折武恭公克行神道碑阴/7 上
【汇编】补遗 7094
安城郡王 保安军属户刘光世

【宋史】369/刘光世传/11478
【系年要录】147/2367
【汇编】下 6558；补遗 7110

安康郡夫人 绥德熟户李显忠妻周氏
【文忠集】98/妻平阳郡夫人周氏特封安康郡夫人/3 上
【汇编】补遗 7153

兴州刺史 府州折惟昌
【宋史】253/折德扆传/8861
【长编标】71/1615；82/1876
【长编影】71/24 上；82/13 下
【东都事略】28/折德扆传/1 上
【宋会要】方域 21 之 5/7663
【汇编】上 37、172、179；中一 1521

军北巡检 保安军属户刘绍能
【宋史】350/刘绍能传/11076
【汇编】上 230

军主 环州熟户七白族近腻
【长编标】95/2193

军主 曲定府都虞侯罗阿
【长编影】97/6 上
【汇编】中一 1608

军主 延州揭家族李朝政
【长编标】137/3278
【长编影】137/3 上

军主 安远寨普萨
【华阳集】30/安远寨普萨可充本族正军主制/387
【汇编】补遗 7158

军主 陇山西延家族首领秃逋
【宋史】492/吐蕃传/14156
【汇编】中一 1361

军主 环州密觉族军主锦尼
【长编影】95/14 下
【汇编】中一 1600

军主 环州蕃部沃协
【元宪集】25/环州蕃部沃协等可本族副军主制/262
【汇编】补遗 7158

军主 绥州裕勒沁族首领李继福
【宋史】253/李继周传/8870
【汇编】上 222

军主 悉利族军主嗟移
【欧阳文忠公全集】79/制敕/17 上
【汇编】中二 2831

军主 熟户讷呼约苏
【元宪集】25/熟户讷呼约苏可本族军主制/262
【汇编】补遗 7160

军主 延州芟村族军主李都呼
【长编标】103/2389
【长编影】103/14 上
【汇编】中一 1641

军主 李士彬部下蕃卒色伊喇勒
【长编标】95/2179
【长编影】95/1 下
【汇编】中一 1599

军主 环州生户啰埋子日威
【长编标】124/2934
【长编影】124/15 下
【汇编】中二 1842

军主 珪年族军主阿克阿，又名阿讹，庞籍使入西界刺事
【长编标】136/3267
【长编影】136/18 下
【汇编】中二 2510

军主 原州熟户蕃部请以管百帐以上大首领补本族军主
【长编标】82/1872
【长编影】82/10 上
【汇编】中一 1520

军主 鄜延蕃族军主旺律
【长编标】102/2355
【长编影】102/7 上
【汇编】中一 1629

军主 邀击宗哥吐蕃
【长编标】260/6345
【长编影】260/14 下
【汇编】中四 3982

军主 沿边蕃部首领
【宋史】191/兵志 5/4750；491/党项传/14137
【长编标】51/1122
【长编影】51/14 下
【宋会要】职官 49 之 3/3531
【武经总要】18 上/34 上

【奏议标】125/吕诲·上英宗请重造蕃部兵帐/1379
【奏议影】125/吕诲·上英宗请重造蕃部兵帐/4257
【元宪集】33/宋故推诚翊戴功臣彰武军节度延州管内观察处置等使曹公行状/345
【名臣碑传琬琰集】中集43/曹武穆公玮行状/1034
【汇编】上26、29；中一1309、1399、1668、1673；中二2298、2300；中四3982

军向导 鄜延蕃官刘良保
【长编标】319/7700
【长编影】319/2上
【汇编】中四4227

军向导 鄜延蕃官麻七讹赏
【长编标】319/7700
【长编影】319/2上
【汇编】中四4227

军使 鄜州伊实族喇呼
【长编影】54/6下
【汇编】中一1350

军使 党项叶市族啰胡
【宋史】491/党项传/14144
【长编标】54/1181
【汇编】上27

军使 绥州东西蕃部军使叶锦，又作拽白
【宋史】7/真宗纪2/121
【长编标】54/1184
【长编影】54/8下
【汇编】中一1351

军器少监 保安军属户刘尧仁
【系年要录】180/2995；184/3082
【汇编】下6604、6609

防团 献神臂弓党项羌酋李定
【元刊梦溪笔谈】19/5
【汇编】中三3517

防御 丰州王承美子王文玉
【宋会要】方域21之11/7666
【汇编】上43

防御使 绥德属户李显忠
【宋史】367/李显忠传/11427
【汇编】上228

防御使 麟府折彦质
【三朝北盟会编】72/2下
【汇编】中六6072

防御使 丰州王承美
【宋史】253/王承美传/8869
【长编标】124/2920
【长编影】124/2下
【宋会要】方域21之9/7665
【汇编】上42、220；中二1817

如京使 府州折继祖
【长编标】192/4645
【长编影】192/10下
【宋会要】方域21之7/7664

如京副使 河东路蕃官高永年
【宋史】342/王严叟传/10894
【长编标】457/10944
【长编影】457/7下
【汇编】中五5061

观察使 绥德属户李显忠
【宋史】367/李显忠传/11427
【汇编】上228

观察使 麟府折可求
【三朝北盟会编】37/10下
【梁溪集】172/靖康传信录中/7上
【汇编】中六6008；补遗7453

巡检 女乜族遇崖
【榆林府志】47/折武恭公克行神道碑阴/7上
【汇编】补遗7094

巡检 环庆夏蕃官屈逋浪嵬
【宋会要】蕃夷6之28/7832
【汇编】中五5245

巡检 保安军小湖族胡怀节
【长编标】95/2194
【长编影】95/15上

巡检 保安军属户刘光世
【梁溪集】176/建炎进退志总叙3/15下
【汇编】下6117

巡检 保安军属户刘绍能
【宋史】350/刘绍能传/11076
【汇编】上230

巡检 庆州柔远寨珪威
【长编标】123/2896

【长编影】123/4 下
【汇编】中二 1780
巡检 庆州蕃官安顺子吹博迪
【长编标】154/3748
【长编影】154/12 上
【汇编】中三 3043
巡检 环州乌贵族慕恩
【长编标】133/3171
【长编影】133/10 上
【汇编】中二 2338
巡检 环州熟户旺扎勒族罗阿子苏都
【长编标】105/2443
【长编影】105/8 下
【汇编】中一 1654
巡检 庆州肃远寨蕃官慕化
【长编标】357/8531；407/9897
【长编影】357/2 下；407/3 下
【宋会要】职官 66 之 37/3886
【汇编】中五 4632、4648、4900
巡检都监 金明属户李继周子李士用
【宋史】253/李继周传/8870
【汇编】上 221

七画

进义校尉 麟府折可畏
【中国考古学会第一次年会论文集】折继闵神道碑/455
【汇编】上 192
杨国公 保安军属户刘光世
【系年要录】147/2362、2367
【东窗集】6/刘光世除太傅守致仕制/1 下
【汇编】下 6555、6556、6558
苏尾九族巡检 绥德属户李显忠祖上袭官
【宋史】367/李显忠传/11427
【汇编】上 222
苏尾九族都巡检使 绥德属户李显忠祖上袭官
【名臣碑传琬琰集】下集 24/故太尉威武军节度使李公行状/1617
【汇编】补遗 7128
苏尾都巡检使 绥德属户李显忠父李永奇
【延安府志】7/诗文/22 下
【汇编】补遗 7154
苏尾都巡检使 绥德属户李显忠祖上袭官
【延安府志】7/诗文/22 下
【汇编】补遗 7154
苏尾族都虞侯 延州李文信
【长编标】137/3278
苏尾族都虞侯 延州拓德遇
【长编标】137/3278
两浙东路马步军都总管 绥德属户李显忠
【三朝北盟会编】212/12 上
【名臣碑传琬琰集】下集 24/故太尉威武军节度使李公行状/1617
【汇编】下 6567；补遗 7133
两浙东路马步军副都总管 绥德属户李显忠
【名臣碑传琬琰集】下集 24/故太尉威武军节度使李公行状/1617
【系年要录】147/2371； 148/2376； 157/2557；172/2824
【汇编】下 6567、6568、6580、6599；补遗 7141
两浙东路兵马都监 绥德属户李显忠子李师闵
【名臣碑传琬琰集】下集 24/故太尉威武军节度使李公行状/1617
【汇编】补遗 7142
两浙西路安抚大使 保安军属户刘光世
【系年要录】46/823
【北海集】6/除刘光世特授开府仪同三司集庆军节度使食实封制/1 上、除刘光世特起复宁武军节度使食实封如故制/3 上、除刘光世特授宁武宁国军节度使食实封制/4 下、除刘光世特授检校太傅食实封如故制/6 上
【浮溪集】11/宁武军节度使开府仪同三司充两浙西路安抚大使刘光世加恩制/9 下
【汇编】 下 6225、6228、6229、6277、6298、6299、6305、6306、6331
两浙安抚大使 保安军属户刘光世
【系年要录】48/863
【汇编】下 6285
两浙路安抚大使 保安军属户刘光世
【宋史】26/高宗纪 3/479
【汇编】下 6223

护国军节度使 绥德属户李世辅
【三朝北盟会编】197/12 下
【汇编】下 6518
护国军承宣使 绥德属户李世辅
【宋史】29/高宗纪 6/540
【系年要录】132/2115；147/2371
【中兴小纪】27/305
【名臣碑传琬琰集】下集 24/故太尉威武军节度使李公行状/1617
【汇编】下 6505、6514、6516、6567；补遗 7133
护国镇安军节度使 保安军属户刘光世
【苕溪集】50/魏国太夫人向氏墓志铭/5 下
【紫微集】14/和众辅国功臣太保护国镇安保静军节度使刘光世故曾祖绍能可特追封鲁国公制/5 上
【汇编】补遗 7113、7118
护国镇安军节度使 绥德属户李世辅
【宋史】369/刘光世传/11478
【汇编】补遗 7109
护国镇安保静军节度使 保安军属户刘光世
【宋史】28/高宗纪 5/528；369/刘光世传/11478
【系年要录】107/1746； 109/1778； 135/2173；147/2367
【东窗集】6/刘光世除太傅守致仕制/1 下
【汇编】下 6455、6464、6526、6555、6558；补遗 7109
步军都监 麟府折彦赟
【宋史】479/西蜀孟氏传/13875
【汇编】中一 945
步军都虞候 麟府折可适
【宋史】253/折德扆传/8861
【姑溪居士后集】20/折渭州墓志铭/1 上
【汇编】上 176、210
吴国夫人 保安军熟户刘光世曾祖母白氏
【紫微集】14/故曾祖母白氏可特赠吴国夫人制 6 上
【汇编】补遗 7114
吴郡太夫人 麟府折继闵妻刘氏
【金石萃编】147/折克行神道碑/1 上
【中国考古学会第一次年会论文集】折继闵神道碑/455
【汇编】上 191、196
利州观察使 保安军属户刘光远
【中兴小纪】29/338
【系年要录】141/2274；145/2329；181/3003
【汇编】下 6548、6549、6552、6604
佐清道率府副率 麟府折惟让
【姑溪居士后集】20/折渭州墓志铭/1 上
【汇编】上 205
佑神观使 麟府折可适
【宋史】253/折德扆传/8861
【姑溪居士后集】20/折渭州墓志铭/1 上
【汇编】上 177、207
作坊使 蕃官栋怀义
【长编标】489/11600
【长编影】489/3 下
【汇编】中六 5308
兵马大元帅 保安军属户刘光世
【三朝北盟会编】95/1 上
【汇编】下 6099
兵马都校 麟府折御卿
【宋史】253/折德扆传/8861
【汇编】上 171
兵部员外郎 保安军属户刘尧仁
【系年要录】184/3082
【汇编】下 6609
兵部尚书 麟府折彦质
【宋史】28/高宗纪 5/524；213/宰辅表 4/5555
【系年要录】95/1571、1612、1615
【汇编】下 6402、6410、6411、6448
怀化大将军 丰州没细都大首领越移
【长编标】24/543
【长编影】24/6 上
【宋会要】方域 21 之 9/7665
【汇编】上 41；中一 1002
怀化司戈 蕃部阿黎
【宋史】7/真宗纪 2/142
【汇编】中一 1488
怀化郎将 丰州蕃部罗侈
【太平治迹统类】2/太祖经略幽燕/2 上
【汇编】中一 951
怀化将军 环州皋家族首领七移
【册府元龟】170/2059 上
【汇编】上 910

怀化将军 环州皋家族首领越厮
【册府元龟】170/2059 上
【汇编】上 910
怀化将军 党项兀泥族首领黄罗
【宋史】491/党项传/14141
【汇编】上 24
怀化将军 绥州党项山海𠻳
【宋史】491/党项传/14141
【汇编】上 24
怀化将军 绥州党项母驮香
【宋史】491/党项传/14141
【汇编】上 24
怀化将军 绥州党项苏移
【宋史】491/党项传/14141
【汇编】上 24
怀化将军 延州永平寨界小力镇使李文直
【长编标】51/1127
【长编影】51/19 上
【汇编】中一 1313
怀化将军 延州成平镇使叶勒文义
【长编标】51/1127
【长编影】51/19 上
【汇编】中一 1313
怀化将军 原州野狸族阿宜
【长编标】55/1206
【长编影】55/5 上
【汇编】中一 1363
怀化将军 党项直荡族首领啜佶，又作罗崖
【长编标】9/213
【长编影】9/13 下
【汇编】中一 948
怀化将军 咩逋族屈子，咩逋又作密本
【宋史】491/党项传/14143
【长编标】51/1122
【长编影】51/14 下
【汇编】上 26；中一 1309
怀化将军 党项直荡族首领罗崖，又作啜佶
【宋史】491/党项传/14138
【长编标】9/213
【长编影】9/13 下
【汇编】上 21；中一 948
怀化将军 庄浪族首领昧克
【宋史】491/党项传/14143
【长编标】52/1136
【长编影】52/6 上
【宋会要】方域 21 之 10/7666
【汇编】上 26、42；中一 1316
怀安将军 原州野狸族阿宜
【宋史】491 党项传/14145
【汇编】上 28
怀安镇巡检 环州蕃官掘嚷
【长编标】514/12210
【长编影】514/2 上
【汇编】中六 5575
闲厩使 麟府折御卿
【隆平集】17/折御卿传/11 下
【汇编】上 179
闲厩副使 麟府折御勋
【长编标】17/373
【长编影】17/11 上
【东都事略】28/折德扆传/1 上
【宋会要】方域 21 之 1/7661
【汇编】上 33、178；中一 959
沂州团练使 绥德属户李世寿
【系年要录】132/2118
【汇编】下 6517
汾州团练使 麟府折御勋
【宋史】253/折德扆传/8861
【宋会要】方域 21 之 1/7661
【东都事略】28/折德扆传/1 上
【汇编】上 33、170、178
羌部巡检 庆州淮安镇六族首领乞埋
【宋史】491/党项传/14148
【汇编】上 31
灵州河外五镇都巡检使 咩逋族即密本族泥埋，又作尼玛
【宋史】491/党项传/14144
【长编标】54/1183
【长编影】54/8 下
【宋会要】方域 21 之 18/7670
【汇编】上 27；中一 1351
陇右都护 河东路蕃官高永年
【宋史】187/兵志 1/4581
【皇宋十朝纲要】16/10 上、12 下

【长编纪事本末】140/1 下
【汇编】中六 5760、5760、5777、5790
陇西县开国子 绥德属户李师颜
【名臣碑传琬琰集】下集 24/故太尉威武军节度使李公行状/1617
【汇编】补遗 7142
陇西郡开国公 绥德属户李世辅
【文定集】8/除李显忠特授威武军节度使充左金吾卫上将军食实封如故制/2 上；103/玉堂类稿 3/4 上
【名臣碑传琬琰集】下集 24/故太尉威武军节度使李公行状/1617
【汇编】下 6736、6760；补遗 7128、7141
陈国公 绥德熟户李显忠祖李中言
【名臣碑传琬琰集】下集 24/故太尉威武军节度使李公行状/1617
【汇编】补遗 7128

八画

环庆路兵马都监 麟府折可适
【长编标】479/11407
【长编影】479/7 上
【姑溪居士后集】20/折渭州墓志铭/1 上
【汇编】上 207；中五 5194
环庆路经略司蕃部巡检 环庆蕃部布威，又作贝威
【长编标】356/8519
【长编影】356/11 上
【汇编】中五 4631
环庆路准备将领 麟府折可致
【文物】1978 年第 12 期/陕西府谷县出土北宋李夫人墓志/90
【汇编】上 185
环庆路第七将 麟府折可适
【长编标】470/11228；479/11407
【长编影】470/11 上；479/7 上
【汇编】中五 5136、5194
环庆路第三将 麟府折可适
【长编标】475/11321
【长编影】475/3 上
【汇编】中五 5167
环庆路蕃官 环庆蕃官李宗亮
【长编标】212/5158
【长编影】212/14 下
【汇编】中三 3563
环庆路蕃官 思顺、慕恩、赵明
【长编标】160/3873
【长编影】160/13 上
【汇编】中三 3095
环庆路蕃官巡检 环庆蕃官遇埋
【长编标】103/2390
【长编影】103/15 上
【汇编】中一 1642
环州马步军都指挥使 环庆蕃官王延顺
【长编标】56/1229
【长编影】56/5 上
【汇编】中一 1379
环州苏家族巡检 环州苏家族蕃官实吉
【长编标】155/3768
【长编影】155/10 下
环州定边寨蕃官 环州蕃官苏恩
【宋史】330/傅求传/10622
【汇编】中三 3277
环州蕃部都虞侯 环州蕃官王延顺
【长编标】51/1121
【长编影】51/13 上
武功大夫 府州折可权
【中国考古学会第一次年会论文集】折继闵神道碑/455
【汇编】上 192
武功大夫 保安军属户刘光远
【系年要录】92/1530；94/1560；119/1929
【汇编】下 6400、6401、6488
武功大夫 保安军属户刘光时
【系年要录】173/2848；188/3145、3153；190/3179；191/3199；197/3328
【汇编】下 6600、6615、6616、6618、6680
武功大夫 保安军属户刘光弼
【系年要录】148/2384
【汇编】下 6569
武功大夫 绥德属户李师文
【名臣碑传琬琰集】下集 24/故太尉威武军节度使李公行状/1617

【汇编】补遗 7142
武功大夫 绥德属户李师闵
【名臣碑传琬琰集】下集 24/故太尉威武军节度使李公行状/1617
【汇编】补遗 7142
武功大夫 绥德属户李师雄
【名臣碑传琬琰集】下集 24/故太尉威武军节度使李公行状/1617
【汇编】补遗 7142
武功大夫 绥德属户李师廉
【名臣碑传琬琰集】下集 24/故太尉威武军节度使李公行状/1617
【汇编】补遗 7142
武功大夫 悉利族族乜保
【榆林府志】47/折武恭克行神道碑阴/7 上
【汇编】补遗 7094
武功大夫 麟府折可存
【北京大学学报哲学社会科学版】1978 年 8 月份第 2 期/宋故武功大夫河东第二将折公（可存）墓志铭/68
【汇编】上 203
武功大夫 麟府折可复
【中国考古学会第一次年会论文集】折继闵神道碑/455
【汇编】上 192
武功县开国子 保安军属户刘光远
【系年要录】141/2276
【汇编】下 6549
武功郎 绥德属户李师孟
【名臣碑传琬琰集】下集 24/故太尉威武军节度使李公行状/1617
【汇编】补遗 7142
武节大夫 府州折可存，折克行子
【北京大学学报哲学社会科学版】1978 年 8 月份第 2 期/宋故武功大夫河东第二将折公（可存）墓志铭/68
【汇编】上 202
武宁保静宁国军节度使 保安军属户刘光世
【系年要录】107/1746
【汇编】下 6455
武安军节度观察留后 麟府折可适
【宋史】253/折德扆传/8861
【宋会要】职官 68 之 11/3913
【姑溪居士后集】20/折渭州墓志铭/1 上
【汇编】上 176、210；中六 5798
武安军节度使 麟府折克行
【东都事略】28/折德扆传/1 上
【宋会要】仪制 11 之 25/2037
【金石萃编】147/折克行神道碑考释
【汇编】上 179、201、中六 5841
武安军留后 麟府折可适
【东都事略】104/折可适传/3 上
【汇编】上 181
武经郎 绥德属户李师政，李显忠子
【名臣碑传琬琰集】下集 24/故太尉威武军节度使李公行状/1617
【汇编】补遗 7142
武显大夫 保安军属户刘光时
【系年要录】193/3247
【汇编】下 6636
武显大夫 绥德属户李显忠弟李世延
【系年要录】132/2118
【汇编】下 6517
武略大夫 绥德属户李师正
【名臣碑传琬琰集】下集 24/故太尉威武军节度使李公行状/1617
【汇编】补遗 7142
武略大夫 绥德属户李师古
【名臣碑传琬琰集】下集 24/故太尉威武军节度使李公行状/1617
【汇编】补遗 7142
武略郎 保安军属户刘尧勋
【系年要录】192/3212
【汇编】下 6620
武德郎 保安军属户刘克臣
【苕溪集】50/魏国太夫人向氏墓志铭/5 下
【汇编】补遗 7120
武翼大夫 保安军属户刘光远
【系年要录】181/3003
【汇编】下 6604
武翼郎 绥德属户李师道
【名臣碑传琬琰集】下集 24/故太尉威武军节度使李公行状/1617
【汇编】补遗 7142

武翼郎 麟府折可宝
【中国考古学会第一次年会论文集】折继闵神道碑/455
【汇编】上 192
奉宁军承宣使 保安军属户刘光世
【宋史】369/刘光世传/11478
【汇编】补遗 7104
奉国军节度使 保安军属户刘光世
【宋史】24/高宗纪 1/448；369/王渊传/11486、刘光世传/11478
【系年要录】8/197；10/235；13/292；18/375；21/416、431；22/470；35/674
【三朝北盟会编】118/10 上；212/4 下
【北海集】6/除刘光世特授开府仪同三司集庆军节度使食实封制/1 上；11/赐太尉奉国军节度使御营副使刘光世乞一便郡差遣或守本官致仕不允诏/13 上
【汇编】下 6119、6121、6131、6139、6149、6154、6161、6167、6184、6185、6228、6230、6559；补遗 7104
奉国军承宣使 保安军属户刘光世
【宋史】369/刘光世传/11478
【汇编】补遗 7103
奉职 丰州王承美子王文宝
【宋会要】方域 21 之 11/7666
【汇编】上 43
奉职 河东蕃官屈德宜
【长编标】345/8271
【长编影】345/1 下
【汇编】中五 4569
奉职 蕃官赵怀明子尚格，赐名世勤
【长编标】505/12037
【长编影】505/10 下
【汇编】中六 5473
奉职 蕃官赵怀明子赵世忠
【长编标】505/12037
【长编影】505/10 下
【汇编】中六 5473
枢密行府前军都统制 绥德属户李显忠
【宋史】29/高宗纪 6/540
【汇编】下 6505
枢密院都承旨 麟府折彦质
【梁溪集】118/与秦相公第九书别幅/13 上
【汇编】下 6311
枢密院都统制 绥德熟户刘忠辅，刘光世赐名
【宋会要】兵 17 之 25/7050
【汇编】下 6517
枢密院都统制 绥德属户李世辅
【宋会要】兵 17 之 25/7050
【系年要录】132/2115；135/2173
【三朝北盟会编】197/12 下
【中兴小纪】27/305
【名臣碑传琬琰集】下集 24/故太尉威武军节度使李公行状/1617
【汇编】下 6514、6516、6517、6518、6526；补遗 7133、7144
枢密都丞旨 麟府折彦质
【系年要录】82/1351；86/1414
【汇编】下 6373、6395
枢密都丞旨兼都督府参谋官 麟府州折彦质
【系年要录】85/1394
【汇编】下 6392
枢密都承旨 麟府折彦质
【宋史】193/兵志 7/4809
【靖康要录】3/201；14/871
【三朝北盟会编】61/6 上
【大金吊伐录】2/宋宣抚判官书/76、宋宣抚司牒/79、宋宣抚判官书/80
【汇编】中六 6009、6020、6027、6032、6033、6056、6073
直龙图阁 保安军属户刘光世
【系年要录】76/1256
【汇编】下 6360
直秘阁 保安军属户刘尧勋
【系年要录】161/2609；167/2725
【汇编】下 6584、6596
直秘阁 保安军属户刘尧仁
【系年要录】147/2360；153/2467
【东窗集】8/刘尧佐尧仁孙正平并除直秘阁制/27 下
【汇编】下 6555、6574
直秘阁 保安军属户刘尧佐
【系年要录】147/2360；153/2467
【东窗集】8/刘尧佐尧仁孙正平并除直秘阁制/

27下
【汇编】下6555、6574
直祕阁 保安军熟户刘光世孙刘正平
【系年要录】147/2360
【东窗集】8/刘尧佐尧仁孙正平并除直祕阁制/27下
【汇编】下6555
直祕阁参军事 麟府折彦质
【宋史】253/折德扆传/8868
【汇编】上177
直敷文阁 保安军属户刘尧仁
【系年要录】153/2467；180/2981
【汇编】下6574、6604
直敷文阁 保安军属户刘尧佐
【系年要录】153/2467
【汇编】下6574
直敷文阁 保安军属户刘尧勛
【系年要录】192/3212
【汇编】下6620
英州刺史 保安军属户刘光时
【系年要录】188/3145、3153
【汇编】下6615、6616
英州刺史 保安军属户刘绍能
【宋史】350/刘绍能传/11076
【长编标】244/5942；316/7644
【长编影】244/9下；316/7下
【汇编】上230；中四3865
招抚处置使 保安军属户刘光世
【系年要录】136/2184
【汇编】下6528
披带班殿侍 麟府折可适
【姑溪居士后集】20/折渭州墓志铭/1上
【汇编】上205
尚书工部侍郎 麟府折彦质
【系年要录】86/1414；95/1571
【汇编】下6395、6402
尚书兵部员外郎 保安军属户刘尧仁
【系年要录】192/3210
【汇编】下6620
明州观察使 麟府折可适
【宋史】253/折德扆传/8861
【姑溪居士后集】20/折渭州墓志铭/1上
【东都事略】104/折可适传/3上
【汇编】上176、181、209
忠训郎 保安军属户刘舜谟
【系年要录】188/3143
【汇编】下6615
忠训郎 绥德属户李师武
【名臣碑传琬琰集】下集24/故太尉威武军节度使李公行状/1617
【汇编】补遗7142
忠训郎 绥德属户李师直
【名臣碑传琬琰集】下集24/故太尉威武军节度使李公行状/1617
【汇编】补遗7142
忠训郎 绥德属户李师道
【系年要录】132/2118
【汇编】下6518
忠训郎 麟府折可存
【中国考古学会第一次年会论文集】折继闵神道碑/455
【汇编】上192
忠训郎 麟府折可著
【中国考古学会第一次年会论文集】折继闵神道碑/455
【汇编】上192
忠训郎 麟府折可霖
【中国考古学会第一次年会论文集】折继闵神道碑/455
【汇编】上192
忠壮 绥德蕃官李永奇谥号
【系年要录】132/2118
【名臣碑传琬琰集】下集24/故太尉威武军节度使李公行状/1617
【汇编】下6518；补遗7128，7129
忠州团练使 保安军属户刘光远
【系年要录】136/2191；137/2211；141/2274
【汇编】下6531、6534、6548
忠州团练使 保安军属户刘光时
【系年要录】188/3153；190/3179；191/3199；197/3328
【汇编】下6616、6618、6680
忠州防御使 宁边寨毛羽族杂母买
【榆林府志】47/折武恭公可行神道碑阴/7上

【汇编】补遗 7095

忠州防御使 蕃官栋怀义，泾原战没

【长编标】489/11600

【长编影】489/3 下

【汇编】中六 5308

忠州刺史 刘伯震，先祖保安军熟户刘光世

【宋会要】礼 12 之 13/572

【汇编】下 6818

忠州刺史 麟府折继世

【宋史】253/折德扆传/8861

【汇编】上 174

忠州刺史 蕃官卢凌，出界有功

【长编标】345/8271

【长编影】345/1 上

【汇编】中五 4569

忠州刺史 麟府折克柔

【宋会要】方域 21 之 8/7665

【中国考古学会第一次年会论文集】折继闵神道碑/455

【汇编】上 38、191

忠州刺史 鄜延蕃官高永能子高世亮

【宋史】334/高永能传/10726

【长编标】399/8164

【长编影】339/5 下

【汇编】中四 4439、4523

忠翊郎 麟府折可右

【中国考古学会第一次年会论文集】折继闵神道碑/455

【汇编】上 192

忠翊郎 麟府折可政

【中国考古学会第一次年会论文集】折继闵神道碑/455

【汇编】上 192

罗州刺史 洪德寨蕃官伽哲庆

【长编影】54/12 上

【汇编】中一 1356

罗州刺史 党项首领乩𫋾庆

【宋史】491/党项传/14145

【长编标】54/1188

【汇编】上 28

果州团练使 绥德属户李显忠

【宋史】33/孝宗纪 1/624；367/李显忠传/11427

【汇编】上 228；下 6720

果州团练使 麟府折惟忠

【北京大学学报哲学社会科学版】1978 年 8 月份第 2 期/宋故武功大夫河东第二将折公（可存）墓志铭/68

【汇编】上 202

果州团练使 大顺城蕃官赵余德

【长编标】247/6012

【长编影】247/6 上

【汇编】中四 3888

果州团练使 麟府折继世

【宋史】253/折德扆传/8861

【长编标】235/5709

【长编影】235/13 上

【金石萃编】147/折克行神道碑/1 上；147/折克行神道碑考释

【中国考古学会第一次年会论文集】折继闵神道碑/455

【文物】1978 年第 12 期/陕西府谷县出土北宋李夫人墓志/90

【汇编】上 173、174、185、186、190、196、200

果州团练副使 绥德属户李显忠

【宋史】367 李显忠传/11427

【宋会要】职官 76 之 55/4123

【名臣碑传琬琰集】下集 24/故太尉威武军节度使李公行状/1617

【汇编】上 226；下 6728；补遗 7141

知广州 麟府折彦质

【系年要录】174/2869

【汇编】下 6600

知丰州 丰州王承美

【宋会要】方域 21 之 9/7665

知丰州 丰州党项王怀钧

【长编标】102/2365

【长编影】102/15 下

知丰州 丰州王承美子王文玉

【长编标】85/1951；102/2365

【长编影】85/15 上；102/15 下

【宋会要】方域 21 之 11/7666

【汇编】上 43

知丹州 保安军属户刘光辅

【系年要录】85/1409

【汇编】下 6394
知兰州 麟州王文郁
【长编标】333/8018
【长编影】333/5 上
【汇编】中四 4468
知宁岷兰环四州 麟府折可适
【东都事略】104/折可适传/3 上
【汇编】上 180
知同州 绥德属户李显忠
【名臣碑传琬琰集】下集 24/故太尉威武军节度使李公行状/1617
【汇编】补遗 7129
知全州 保安军属户刘光时
【系年要录】173/2848
【汇编】下 6600
知江州 环州党项杨惟忠
【宋史】26/高宗纪 3/490
【系年要录】48/859
【汇编】下 6280、6285
知池州 保安军属户刘尧仁
【宋史】386/黄祖舜传/11855
【系年要录】192/3210
【汇编】下 6620
知杨州 麟府折彦质
【宋会要】兵 1 之 20/6763
【汇编】下 6485
知府州 麟府折可大
【宋会要】方域 21 之 8/7665
知府州 麟府折防御
【榆林府志】47/修武郎张括墓志铭/10 上
【汇编】补遗 7125
知府州 麟府折克柔
【宋会要】方域 21 之 1/7661、方域 21 之 8/7665
【汇编】上 38
知府州 麟府折继宣
【宋会要】职官 64 之 37/3839
【汇编】中二 1818
知府州 麟府折继祖
【宋会要】方域 21 之 7/7664
【汇编】上 38、39
知府州 麟府折御卿
【宋会要】方域 21 之 2/7662
【汇编】上 33
知府州 麟府折惟昌
【长编标】58/1274；71/1591、1615；79/1808
【长编影】58/1 下；71/4 上、24 上；79/14 下
【宋会要】方域 21 之 5/7663
【汇编】上 35、37
知府州 麟府折惟忠
【长编标】102/2365
【长编影】102/15 下
【宋会要】方域 21 之 5/7663
【汇编】上 37
知府州 麟府折继闵
【长编标】124/2923
【长编影】124/5 下
【宋大诏令集】188/府州敕榜（宝元二年九月乙巳）/687
【元宪集】28/赐知府州折继宣放罪敕书/299
【汇编】中二 1821、1822
知府州 麟府折克行
【长编标】356/8507；495/11781；501/11937
【长编影】356/1 上；495/15 下；501/7 下
【宋会要】方域 21 之 8/7665
【中国考古学会第一次年会论文集】折继闵神道碑/455
【汇编】上 40、192；中六 5370、5426
知府州 麟府折可求
【宋史】25/高宗纪 2/458
【宋会要】方域 6 之 6/7408
【系年要录】18/367
【中兴小纪】1/13
【苕溪集】48/宋故武功大夫魏国公杨公（宗闵）墓碑/4 上
【汇编】下 6112、6117、6145、6146；补遗 7433
知叙州 保安军属户刘光弼
【系年要录】148/2384
【汇编】下 6569
知胜关寨 蕃官李守信
【欧阳文忠公全集】79/制敕/15 下
【汇编】中二 2831
知洪州 麟府折彦质
【系年要录】174/2869；178/2952
【汇编】下 6600、6602

知真州 保安军属户刘光远
【系年要录】136/2191、2211
【汇编】下 6531、6534
知晋宁军 麟府折可求
【系年要录】131/2112
【汇编】下 6516
知唐龙镇 唐龙镇来守顺
【元宪集】28/赐知唐龙镇殿直来守顺敕书/300
【汇编】补遗 7099
知绥州 鄜延路蕃官高永能祖父
【长编标】326/7856
【长编影】326/16 下
【汇编】中四 4358
知鼎州 保安军属户刘光时
【系年要录】197/3328
【汇编】下 6680
知鄜州军州事 绥德属户李永奇
【名臣碑传琬琰集】下集 24/故太尉威武军节度使李公行状/1617
【汇编】补遗 7128
知福州 麟府折彦质
【系年要录】117/1893
【筠溪集】4/外制/1 下
【汇编】下 6482
知静江府 麟府折彦质
【系年要录】77/1266；80/1314
【汇编】下 6360、6365
知蕃汉公事 丰州藏擦勒族首领王承美
【长编标】124/2920
【长编影】124/2 下
【汇编】中二 1817
知蕲州 保安军属户刘光远
【系年要录】94/1558
【汇编】下 6401
知镇戎军 麟府折可适
【东都事略】104/折可适传/3 上
【姑溪居士后集】20/折渭州墓志铭/1 上
【汇编】上 180、207
知镇江府 保安军属户刘光世
【宋史】369/刘光世传/11478
【三朝北盟会编】212/4 下
【汇编】下 6560；补遗 7106
知潭州 府州折彦质
【宋会要】兵 17 之 21/7048
【系年要录】61/1049；77/1263
【汇编】下 6321、6351、6360
知濠州 保安军属户刘光时
【三朝北盟会编】229/8 下
【系年要录】188/3145； 190/3179； 191/3199；193/3247
【汇编】下 6615、6616、6617、6618、6636
和众辅国功臣 保安军属户刘光世
【宋史】29/高宗纪 6/538
【三朝北盟会编】212/4 下
【系年要录】125/2037；147/2367
【东窗集】6/刘光世除太傅宁和众辅国功臣护国镇安保静军节度使杨国公致仕制/1 下
【汇编】下 6494、6495、6555、6558、6562
和州防御使 保安军属户刘光世
【宋史】253/折德扆传/8861
【汇编】上 176
和州防御使 麟府折可适
【姑溪居士后集】20/折渭州墓志铭/1 上
【汇编】上 209
和国公 绥德熟户李显忠祖李中言
【文忠集】98/太尉宁国军节度使主管侍卫马军司公事李显忠封赠三代/3 上
【汇编】补遗 7151
和政郡夫人 绥德熟户李显忠妻赵氏
【名臣碑传琬琰集】下集 24/故太尉威武军节度使李公行状/1617
【汇编】补遗 7142
制置司 绥德属户李世辅
【皇宋十朝纲要】25/8 上
【汇编】下 6659
制置使 保安军属户刘光世
【系年要录】13/292；21/416、435、454；22/468、470
【文忠集】29/兴国太守赠太保王公绚神道碑/22 下
【汇编】下 6126、6131、6161、6168、6178、6183、6184
秉义郎 绥德属户李师旦
【名臣碑传琬琰集】下集 24/故太尉威武军节度使

使李公行状/1617
【汇编】补遗 7142
秉义郎 绥德属户李师政
【系年要录】132/2118
【汇编】下 6518
秉义郎 麟府折可下
【中国考古学会第一次年会论文集】折继闵神道碑/455
【汇编】上 192
秉义郎 麟府折可存
【北京大学学报哲学社会科学版】1978 年 8 月份第 2 期/宋故武功大夫河东第二将折公（可存）墓志铭/68
【汇编】上 202
侍卫马司 绥德属户李世辅
【名臣碑传琬琰集】下集 24/故太尉威武军节度使李公行状/1617
【汇编】补遗 7141
侍卫马军都虞侯 保安军属户刘光世
【宋史】369/刘光世传/11478
【汇编】补遗 7104
侍卫亲军马军都虞侯 保安军属户刘光世
【系年要录】8/197
【汇编】下 6119
侍卫亲军步军副都指挥使 保安军属户刘延庆
【宋大诏令集】102/刘延庆保信军节度使充殿前都指挥使制（政和八年五月五日）/378
侍中 麟府折从阮
【旧五代史】125/折从阮传/1647
【宋会要】方域 21 之 1/7661
【汇编】上 32、169
侍中 麟府折御勋
【长编标】38/825
【长编影】38/8 上
【宋会要】方域 21 之 3/7662
【东都事略】28/折德扆传/1 上
【汇编】上 34、178；中一 970
侍中 麟府折德扆
【宋史】253/折德扆传/8861
【长编标】5/132
【长编影】5/14 上
【宋会要】方域 21 之 1/7661
【汇编】上 33、170；中一 944
侍禁 小湖卧浪族军主
【宋史】491/党项传/14137
【汇编】上 30
侍禁 延州部道族首领朗阿，赐名忠顺
【长编标】70/1580
【长编影】70/18 上
侍禁 蕃官朱守贵子再荣
【长编标】517/12301
【长编影】517/5 下
侍禁 丰州王氏
【长编标】124/2920
【长编影】124/2 下
【汇编】中二 1817
侍禁 蕃官赵怀明子约尚，赐名世良
【长编标】505/12037
【长编影】505/10 下
【汇编】中六 5473
侍禁 丰州王承美子王文恭
【宋史】253/王承美传/8869
【长编标】79/1808
【长编影】79/15 上
【汇编】上 220
供奉官 延州蕃官李继福
【长编标】68/1522
【长编影】68/4 下
供奉官 投西夏蕃官屈遁浪嵬
【宋会要】蕃夷 6 之 28/7832
【汇编】中五 5245
供奉官 金明属户李士用
【宋史】253/李继周传/8870
【汇编】上 222
供奉官 金明属户李继周
【宋史】253/李继周传/8870
【汇编】上 221
供奉官 府州党项折惟忠
【长编标】82/1876
【长编影】82/14 上
供奉官 鄜延蕃官高永能
【宋史】334/本传/10725
【汇编】中三 3448

供奉官 麟府折惟忠
【宋会要】方域21之5/7663
【汇编】上37
供奉官 新归汉供奉官以下支殿侍月俸
【长编标】503/11970
【长编影】503/1下
【汇编】中六5435
供奉官 麟府折惟信
【宋史】253/折德扆传/8861
【宋会要】方域21之4/7663
【汇编】上35、172
供奉官 丰州王文恭
【宋史】253/王承美传/8869
【长编标】79/1808
【长编影】79/15上
【宋会要】方域21之11/7666
【汇编】上43、220
供备库使 绥德属户李显忠祖父李中言
【文忠集】98/太尉宁国军节度使主管侍卫马军司公事李显忠封赠三代/3上
【汇编】补遗7151
供备库使 蕃官嵬名山，赐名赵怀顺
【宋史】14/神宗纪1/272
【汇编】中三3543
供备库使 鄜延蕃官高永能子高世亮
【长编标】399/8164
【长编影】339/5下
【汇编】中四4523
供备库使 金明属户李继周
【宋史】253/李继周传/8870
【长编标】51/1127
【长编影】51/19上
【汇编】上221；中一1313
供备库副使 环庆路蕃官梅重信
【宋会要】仪制10之16/2012
【汇编】中三3313
供备库副使 环庆蕃官赵明
【长编标】160/3873
【长编影】160/13下
供备库副使 鄜延蕃官高永能
【宋史】334/高永能传/10725
【汇编】中三3448
供备库副使 麟府折可褒
【文物】1978年第12期/陕西府谷县出土北宋李夫人墓志/90
【汇编】上185
供备库副使 庆州大顺城蕃官赵余德
【长编标】216/5254
【长编影】216/3下
【汇编】中三3610
供备库副使 环州蕃官慕恩
【长编标】157/3769；160/3873
【长编影】157/1下；160/13下
【汇编】中三3060
供备库副使 河东蕃官雅尔
【长编标】346/8315
【长编影】346/12上
【汇编】中五4585
供备库副使 保安军属户刘延庆
【长编标】487/11570
【长编影】487/8上
【汇编】中六5302
供备库副使 蕃官伽裕额伊，以斩羌人加官
【长编标】510/12150
【长编影】510/17下
【汇编】中六5548
供备库副使 麟府折保忠
【长编标】156/3780
【长编影】156/3上
【汇编】中三3054
供备库副使 金明属户李士彬
【宋史】253/李继周传/8870
【长编标】105/2440
【长编影】105/6上
【汇编】上222
金吾卫上将军 绥德属户李显忠
【名臣碑传琬琰集】下集24/故太尉威武军节度使李公行状/1617
【汇编】补遗7141
金明巡检使 金明属户李继周
【长编标】52/1136
【长编影】52/6上
【汇编】中一1317
金明巡检都监 金明属户李士用

【长编标】72/1635
【长编影】72/12 上
【汇编】中一 1486
金明县兵马都监　金明属户李继周
【宋史】253/李继周传/8870
【汇编】上 221
金明县都监　金明属户李士诏
【长编标】127/3009
【长编影】127/6 上
【汇编】中二 2002
金明县都监　金明属户李继周
【长编标】51/1127；68/1522
【长编影】51/19 上；68/4 下
【汇编】中一 1313
金明县都监　金明属户李士彬
【宋史】253/李继周传/8870
【长编标】105/2440；120/2832；127/3009
【长编影】105/6 上；120/12 上；127/6 上
【涑水记闻】12/1 下
【汇编】上 222；中一 1735、1745、2002
金明县监押　金明属户李士彬
【长编标】95/2178；105/2440
【长编影】95/1 下；105/6 上
【汇编】中一 1599
金明县都监兼新寨、解家河、卢关巡检　金明属户李士诏
【长编标】127/3009
【长编影】127/6 上
【汇编】中二 2002
金明县都监兼新寨、解家河、卢关路都巡检　鄜延蕃官李继周
【长编标】51/1127；68/1522
【长编影】51/19 上；68/4 下
金明都巡检使　金明属户李士彬
【涑水记闻】12/10 下
【汇编】中二 1880
金明都监　金明属户李继周
【长编标】52/1153
【长编影】52/20 上
【汇编】中一 1329
金明都监　金明属户李士彬
【宋史】491/党项传/14148
【长编标】124/2924
【长编影】124/6 下
【涑水记闻】12/4 下
【汇编】上 31；中二 1821、1822
金国通问使　保安军属户刘光远，刘光世弟
【宋史】29/高宗纪 6/550
【中兴小纪】29/338
【汇编】下 6548、6549
周国夫人　绥德熟户李显忠继母蒙氏
【名臣碑传琬琰集】下集 24/故太尉威武军节度使李公行状/1617
【文忠集】98/太尉宁国军节度使主管侍卫马军司公事李显忠封赠三代/3 上
【汇编】补遗 7128、7152
京东路宣抚使　保安军属户刘光世
【宋史】369/刘光世传/11478
【汇编】补遗 7107
京西监当　鄜延蕃官刘化基
【长编标】159/3850
【长编影】159/11 上
【汇编】中三 3092
京城四壁守御使　保安军属户刘延庆
【皇宋十朝纲要】19/11 下
【汇编】中六 6066
京畿河北西路淮北寿亳州招讨使　绥德属户李世辅
【宋史】32/高宗纪 9/606
【宋会要】兵 18 之 44/7079、7080
【系年要录】194/3279
【名臣碑传琬琰集】下集 24/故太尉威武军节度使李公行状/1617
【汇编】下 6658、6659、6683、6684；补遗 7134
京畿河北西路淮北寿亳州招讨使兼建康府驻扎　绥德属户李世辅
【三朝北盟会编】240/8 上
【汇编】下 6659
京畿河北淮北寿亳州招讨使　绥德属户李世辅
【三朝北盟会编】248/3 上
【汇编】下 6674
府州马步军都指挥使　麟府折御卿
【宋会要】方域 21 之 1/7661

【汇编】上 33

府州马步军都校 麟府折御卿

【东都事略】28/折德扆传/1 上

【汇编】上 178

府州团练使 麟府折从远，即折从阮

【资治通鉴】284/9273；286/9352

【汇编】上 899、903

府州团练使 麟府折御卿

【宋会要】方域 21 之 2/7662

【汇编】上 33

府州防御使 麟府折御勋

【宋会要】方域 21 之 1/7661

【汇编】上 33

府州观察使 麟府折御卿

【宋史】253/折德扆传/8861

【长编标】36/785

【长编影】36/1 下

【东都事略】28/折德扆传/1 上

【宋会要】礼 59 之 2/1670；兵 4 之 12/6998、14 之 10/6997；21 之 2/7662

【汇编】上 33、171、178；中一 1079、1081、1082、1101

府州刺史 麟府折氏

【延安府志】8/葭州·府谷县·古迹/24 上

【汇编】补遗 7095

府州知州 麟府折可求

【三朝北盟会编】59/1 上

【汇编】中六 6039

府州界巡检 蕃官乜罗

【长编标】134/3197

府州界巡检 蕃官密拉

【长编影】134/10 上

【汇编】中二 2394

府州总管 麟府折氏

【玉壶清话】3/6 上

【汇编】中一 1097

府州都孔目官 麟府折谦

【长编标】124/2922

【长编影】124/4 下

【汇编】中二 1819

府州管界五族大首领 府州折突厥移

【宋会要】方域 21 之 3/7662

【汇编】上 34、35

府州蕃汉马步都指挥使 麟府折德扆

【资治通鉴】289/9421

【汇编】上 908

河中钤辖 保安军属户刘绍能

【长编标】311/7547

【长编影】311/15 上

【汇编】中四 4119

河东勾当公事 麟府折彦质

【宋会要】职官 69 之 26/3942

【梁溪集】173/靖康传信录下/12 下

【靖康传信录】3/27

【汇编】中六 6018、6022；补遗 7455

河东兵马钤辖 麟府折可求

【苕溪集】48/宋故武功大夫贵州刺史永兴军路马步军副都总管特赠右武大夫光州防御使累赠太师魏国公杨公（宗闵）墓碑/5 上

【汇编】补遗 7461

河东制置使 麟府折彦质

【系年要录】55/967

【汇编】下 6304

河东宣抚副使 麟府折彦质

【系年要录】70/1178

【汇编】下 6351

河东河北路宣抚副使 麟府折彦质

【宋会要】职官 69 之 29/3944

【汇编】中六 6061

河东第十二将 麟府折可求

【中国考古学会第一次年会论文集】折继闵神道碑/455

【汇编】上 192

河东第十二将 麟府折克行

【长编标】356/8507

【长编影】356/1 上

河东路干办公事 麟府折彦质

【靖康要录】14/871

【汇编】中六 6073

河北东西南路都统制 保安军属户刘延庆

【皇宋十朝纲要】18/12 下

【汇编】中六 5946

河北河东路宣抚判官 麟府折彦质

【大金吊伐录】2/宋宣抚判官书/76、宋宣抚司

牒/79、宋宣抚判官书/80
【汇编】中六 6027、6032、6033
河北河东路宣抚使 麟府折彦质
【靖康要录】12/737
【汇编】中六 6061
河北河东路宣抚副使 麟府折彦质
【宋会要】职官 61 之 47/3777
【汇编】下 6187
河西三族都监 河西三族折遇乜
【太平治迹统类】2/太祖太宗经制西夏
【汇编】中一 1026
河州观察使 丰州党项王德钧
【长编标】65/1442
【长编影】65/1 上
河阳三城节度使 保安军熟户刘延庆
【宋史】22/徽宗纪 4/410
【三朝北盟会编】9/4 上
【汇编】中六 5949
河阳节度使 保安军属户刘延庆
【皇宋十朝纲要】18/12 下
【汇编】中六 5946
泾原第三将 麟府折可适
【姑溪居士后集】20/折渭州墓志铭/1 上
【汇编】上 207
泾原路马步军都总管 麟府折可适
【姑溪居士后集】20/折渭州墓志铭/1 上
【汇编】上 210
泾原路兵马钤辖 麟府折可适
【姑溪居士后集】20/折渭州墓志铭/1 上
【汇编】上 209
泾原路经略安抚使 麟府折可适
【宋会要】职官 68 之 11/3913
【姑溪居士后集】20/折渭州墓志铭/1 上
【汇编】上 210；中六 5798
泾原路经略安抚使兼马步军都总管兼知渭州军州事兼管内劝农使 府州折可适
【姑溪居士后集】20/折渭州墓志铭/1 上
【汇编】上 204
泾原路副使都总管 麟府折可适
【姑溪居士后集】20/折渭州墓志铭/1 上
【汇编】上 209
泾原路副都总管 麟府折可适
【东都事略】104/折可适传/3 上
【汇编】上 181
郑州观察使 麟府折可适
【宋史】253/折德扆传/88061
【汇编】上 176
郑国公 麟府折从阮
【姑溪居士后集】20/折渭州墓志铭/1 上
【汇编】上 205
定边城蕃部巡检 环州蕃官赵世良
【长编标】514/12210
【长编影】514/2 上
【汇编】中六 5575
定州龙泉镇监酒 麟府折惟宁
【长编标】116/2728
【长编影】116/10 下
【汇编】中一 1709
定武军承宣使 环州党项杨惟忠
【系年要录】5/120
【汇编】下 6105
诚州团练使 折御卿
【宋会要】方域 21 之 2/7662
诚州刺史 金明属户李继周
【宋史】253/李继周传/8870
【长编标】68/1522
【长编影】68/4 下
【汇编】上 221
郓国夫人 保安军熟户刘光世曾祖母黄氏
【紫微集】14/故曾祖母黄氏可特赠郓国夫人/5 下
【汇编】补遗 7114
房州观察使 鄜延蕃官高永能
【宋史】334/高永能传/10726
【长编标】399/8164
【长编影】339/5 下
【汇编】中四 4439、4523
建武军节度使 环州党项杨惟忠
【宋史】24/高宗纪 1/444
【系年要录】5/120；20/393；21/431；23/483；38/723；39/732；48/859；51/901；53/931；54/950
【三朝北盟会编】103/3 下
【中兴小纪】9/112

【汇编】下 6105、6154、6167、6187、6242、6250、6251、6285、6291、6295、6301

建康府驻扎御前前军副将 绥德属户李师雄

【系年要录】197/3323

【汇编】下 6680

建康府驻扎御前诸军都统制 绥德属户李世辅

【三朝北盟会编】238/7 下；247/7 上；248/3 上

【宋会要】兵 14 之 38/7011

【系年要录】194/3257、3279

【汇编】下 6637、6638、6656、6659、6671、6673、6674

建康府都统制 绥德属户李世辅

【系年要录】194/3276

【中兴御侮录】上/10

【汇编】下 6648、6658

建康府置司 保安军属户刘光世

【北海集】6/除刘光世特授检校太傅食实封如故制/6 上、除刘光世特起复检校太傅依旧建康府置司制/7 下

【汇编】下 6331、6332、6333

建康驻扎都统制 绥德属户李世辅

【三朝北盟会编】239/6 上

【汇编】下 6651

建康都统制 绥德属户李世辅

【系年要录】194/3271

【汇编】下 6657

陕西五路宣抚使 保安军属户刘光世

【三朝北盟会编】212/4 下

【汇编】下 6562

陕西、河东北、京东西招讨使 绥德属户李显忠

【朝野杂记】甲集 11/官制 2・招讨使/318

【汇编】下 6668

陕西宣抚使 保安军属户刘光世

【宋史】369/刘光世传/11478

【系年要录】126/2047

【中兴小纪】26/294

【汇编】下 6496、6497；补遗 7110

陕西提刑 保安军熟户刘延庆子刘光国

【庄简集】9/论刘延庆等札子/4

【汇编】补遗 7103

参议官 保安军熟户刘光世弟刘光辅

【三朝北盟会编】232/7 下

【系年要录】193/3232

【汇编】下 6624、6625

参赞军事 麟府折彦质

【三朝北盟会编】180/8 上

【系年要录】114/1842

【汇编】下 6477、6480

绍兴府兵马钤辖 绥德属户李师古

【名臣碑传琬琰集】下集 24/故太尉威武军节度使李公行状/1617

【汇编】补遗 7142

经略司准备差使 麟府折可存

【北京大学学报哲学社会科学版】1978 年 8 月份第 2 期/宋故武功大夫河东第二将折公（可存）墓志铭/68

【汇编】上 202

承节郎 绥德属户李诩

【名臣碑传琬琰集】下集 24/故太尉威武军节度使李公行状/1617

【汇编】补遗 7142

承节郎 绥德属户李谔

【名臣碑传琬琰集】下集 24/故太尉威武军节度使李公行状/1617

【汇编】补遗 7142

承信郎 绥德属户李师尹

【名臣碑传琬琰集】下集 24/故太尉威武军节度使李公行状/1617

【汇编】补遗 7142

承信郎 绥德属户李师说

【名臣碑传琬琰集】下集 24/故太尉威武军节度使李公行状/1617

【汇编】补遗 7142

承信郎 麟府折可求

【中国考古学会第一次年会论文集】折继闵神道碑/455

【汇编】上 192

承信郎 麟府折可赋

【中国考古学会第一次年会论文集】折继闵神道碑/455

【汇编】上 192

承制 环庆蕃官赵宗锐

【长编标】486/11544
【长编影】486/5 下
【汇编】中六 5292
承宣使 保安军属户刘光世父刘延庆
【宋史】357/刘延庆传/11236
【汇编】补遗 7100
承宣使 保安军属户刘光世
【三朝北盟会编】37/10 下
【梁溪集】172/靖康传信录/中/7 上
【汇编】中六 6008；补遗 7453

九画

春州刺史 环州旺家族首领都资，又作都子
【长编标】81/1847
【长编影】81/9 下
【汇编】中一 1516
相州观察使 保安军属户刘延庆
【宋史】357/刘延庆传/11236
【汇编】补遗 7100
荆湖南路安抚使兼知潭州 麟府折彦质
【宋会要】职官 61 之 47/3777
【汇编】下 6187
南京副留守 绥德属户李显忠
【宋史】29/高宗纪 6/542
【汇编】下 6523
茶酒班殿侍 环庆蕃官赵宗祐，赵余德子
【长编标】281/6894
【长编影】281/12 上
【汇编】中四 4038
茭村巡检 延州蕃部李威明叶
【长编标】103/2389
【长编影】103/14 上
【汇编】中一 1641
茭村等族巡检 延州蕃官米知顺
【长编标】125/2941
【长编影】125/3 下
【汇编】中二 1845
荣州团练使 麟府折克行
【长编标】356/8507
【长编影】356/1 上
荣州团练使 鄜延蕃官高永能
【长编标】399/8164
【长编影】339/5 下
【汇编】中四 4523
荣州团练使 麟府折可大
【宋史】253/折德扆传/8861
【东都事略】28/折德扆传/1 上
【金石萃编】147/折克行神道碑考释
【文物】1978 年第 12 期/陕西府谷县出土北宋李夫人墓志/90
【汇编】上 175、179、185、201
荣州刺史 保安军属户刘光辅
【系年要录】184/3087；197/3327
【汇编】下 6609、6680
荣州刺史 保安军属户刘光弼
【系年要录】148/2384
【汇编】下 6569
荣国公 保安军属户刘光世
【系年要录】109/778；114/1851；125/2037
【汇编】下 6464、6479、6494
带御器械 保安军属户刘光远
【系年要录】71/1196；76/1254；92/1530；94/1558；119/1929；126/2047
【汇编】下 6352、6359、6400、6401、6488、6497
带御器械 麟府折可适
【长编标】479/11407
【长编影】479/7 上
【汇编】中五 5194
咸安郡夫人 麟府折继闵妻郭氏
【北京大学学报哲学社会科学版】1978 年 8 月份第 2 期/宋故武功大夫河东第二将折公（可存）墓志铭/68
【汇编】上 202
威尼族巡检 环州威尼族敏珠尔
【长编标】99/2297
【长编影】99/6 上
【汇编】中一 1615
威武军节度使 绥德属户李显忠
【宋史】34/孝宗纪 2/647；367/李显忠传/11427
【宋会要】仪制 4 之 20/1908；选举 32 之 26/4755；食货 61 之 54/5900
【文定集】8/除李显忠特授威武军节度使充左金

吾卫上将军食实封如故制/2 上；102/玉堂类稿 2/11 上；103/玉堂类稿 3/4 上；105/玉堂类稿 5/7 下；110/玉堂类稿 10/4 下、32 下
【名臣碑传琬琰集】下集 24/故太尉威武军节度使李公行状/1617
【汇编】上 228；下 6594、6736、6737、6742、6749、6754、6760、6766；补遗 7128、7141

威武军承宣使 保安军属户刘光世
【系年要录】2/37；8/197
【汇编】下 6090、6119

威武军承宣使 麟府折可求
【系年要录】18/367
【汇编】下 6146

威武奉宁军节度使 保安军属户刘光世
【宋史】369/刘光世传/11478
【汇编】补遗 7103

威武将军 鄜延蕃官刘光世
【三朝北盟会编】9/4 下、9 下
【汇编】中六 5950、5956

拱卫大夫 保安军属户刘光远
【系年要录】141/2274；145/2329；181/3003
【汇编】下 6548、6552、6604

拱卫大夫 保安军熟户刘光世弟刘光辅
【系年要录】85/1409；152/2460
【汇编】下 6394、6574

指挥使 咩逋族泥埋子屈子
【宋史】491/党项传/14137
【汇编】上 26

指挥使 党项叶市族啰埋
【宋史】491/党项传/14137
【汇编】上 27

指挥使 党项罗勒族都啰
【宋史】491/党项传/14137
【汇编】上 30

临州刺史 环州蕃官聂宁，苏尔萨南子
【长编影】55/9 下

临州刺史 环州蕃官孽娘，苏尚娘子
【宋史】491/党项传/14145
【长编标】55/1211
【汇编】上 28

临州刺史 环州蕃官苏尚娘，又作苏尔萨南
【宋史】491/党项传/14144
【长编标】54/1184
【长编影】54/9 上
【汇编】上 27

省视陵寝使 保安军属户刘光世
【宋史】369/刘光世传/11478
【系年要录】5/119
【汇编】下 6104；补遗 7104

咩逋族开道使 咩逋族首领泥埋，又作尼玛
【长编标】51/1122

昭州刺史 兀泥族大首领黄罗
【宋史】491/党项传/14141、14143
【汇编】上 24、25

贵州刺史 保安军属户刘光弼
【系年要录】11/253、76/1254
【汇编】下 6124、6359

思州刺史 麟府折继宣
【文物】1978 年第 12 期/陕西府谷县出土北宋李夫人墓志/90
【汇编】上 185

钤辖 保安军属户刘绍能
【长编标】332/7999
【长编影】332/3 下
【汇编】中四 4462

选锋军统制 绥德属户李显忠
【宋会要】食货 61 之 50/5898
【系年要录】177/2917；182/3025
【汇编】下 6601、6607、6724

选锋统制 绥德属户李显忠
【名臣碑传琬琰集】下集 24/故太尉威武军节度使李公行状/1617
【汇编】补遗 7133

选锋都统制 绥德属户李显忠
【名臣碑传琬琰集】下集 24/故太尉威武军节度使李公行状/1617
【汇编】补遗 7133

保义郎 绥德属户李师禹
【名臣碑传琬琰集】下集 24/故太尉威武军节度使李公行状/1617
【汇编】补遗 7142

保义郎 麟府折可节
【中国考古学会第一次年会论文集】折继闵神道碑/455

【汇编】上 192

保义郎 麟府折可变

【中国考古学会第一次年会论文集】折继闵神道碑/455

【汇编】上 192

保义郎 麟府折可绩

【中国考古学会第一次年会论文集】折继闵神道碑/455

【汇编】上 192

保义郎 麟府折彦深

【北京大学学报哲学社会科学版】1978 年 8 月份第 2 期/宋故武功大夫河东第二将折公（可存）墓志铭/68

【汇编】上 203

保安军小湖族都虞侯 保安军喏嵬

【长编标】95/2194

保安军小蕃族都虞侯 小蕃族都日威

【长编影】95/15 上

【汇编】中一 1600

保安军北巡检 鄜延蕃官刘怀忠

【长编标】128/3045

【长编影】128/18 下

【汇编】中二 2097

保安军北巡检 鄜延蕃官刘化基

【长编标】128/3045

【长编影】128/18 下

【范文正公集】言行拾遗事录 3/6 上

【汇编】中二 2097、2106

保安军顺宁寨蕃官巡检 保安军属户刘延庆

【长编标】487/11570

【长编影】487/8 上

【汇编】中六 5302

保信军节度使 保安军属户刘光世

【陕西通志】71/陵墓 2/3 下

【汇编】补遗 7103

保信军节度使 保安军属户刘延庆

【宋史】357/刘延庆传/11236

【宋大诏令集】102/刘延庆检校太保制（宣和元年六月十七日）/378、刘延庆保信军节度使充殿前都指挥使制（政和八年五月五日）/378

【汇编】中六 5915、5931；补遗 7100、7102

保信军节度使 绥德属户李显忠

【宋史】30/高宗纪 7/557

【系年要录】147/2371；148/2376；157/2557

【三朝北盟会编】212/12 上

【名臣碑传琬琰集】下集 24/故太尉威武军节度使李公行状/1617

【汇编】下 6567、6568、6580；补遗 7133

保顺郎将 勒浪树李儿门副首领遇兀

【宋史】491/党项传/14137

【汇编】上 24

保顺郎将 蕃官伽裕勒

【长编影】49/5 上

【汇编】中一 1231

保顺郎将 党项熟仓族乩遇

【宋史】491/党项传/14143

【长编标】49/1067

【汇编】上 26

保靖节钺 保安军属户刘光世

【三朝北盟会编】169/7 下

【汇编】下 6419

保静宁武宁国军节度使 保安军属户刘光世

【宋史】28/高宗纪 5/525

【系年要录】101/1660

【汇编】下 6421

保静宁国军节度使 保安军属户刘光世

【三朝北盟会编】212/4 下

【汇编】下 6561

保静军节度判官 蕃官赵至忠

【华阳集】29/保静军节度判官赵至忠可殿中丞制/370

【汇编】补遗 7157

保静军节度使 保安军属户刘光世

【宋史】369/刘光世传/11478

【苕溪集】50/魏国太夫人向氏墓志铭/5 下

【紫微集】14/和众辅功臣太保护国镇安保静军节度使刘光世故曾祖绍能可特追封鲁国公制/5 上

【汇编】补遗 7109、7113、7118

信安君夫人 绥德熟户李显忠妻王氏

【名臣碑传琬琰集】下集 24/故太尉威武军节度使李公行状/1617

【汇编】补遗 7142

修武郎 绥德属户李世武
【系年要录】132/2118
【汇编】下 6518
修武郎 绥德属户李师民
【系年要录】188/3143
【汇编】下 6615
顺州刺史 庆州界首领李奉明
【宋史】491/党项传/14137
【汇编】上 24
顺州刺史 庆州蕃官赵明
【长编标】208/5066
【长编影】208/17 下
顺州刺史 环州熟户密觉族锦尼
【长编影】95/14 下
【汇编】中一 1600
顺州刺史 环州七白族军主近腻
【宋史】491/党项传/14137
【长编标】95/2193
【汇编】上 31
顺州刺史 环州洪德寨巴特玛族庆桑
【宋史】7/真宗纪 2/121
【长编影】54/12 上；99/6 上
【汇编】中一 1356、1615
顺州刺史 环州洪德寨蕃官庆香
【宋史】491/党项传/14137
【长编标】54/1188；99/2296
【汇编】上 28；中一 1356
顺州刺史 金明属户李继福
【宋史】253/李继周传/8870
【长编标】51/1127
【长编影】51/19 上；136/18 下
【汇编】上 222；中一 1313
皇城使 鄜延蕃官讹麦
【长编标】328/7905
皇城使 宁川寨浪王族升皆
【榆林府志】47/折武恭公克行神道碑阴/7 上
【汇编】补遗 7094、7095
皇城使 保安军属户刘绍能
【宋史】350/刘绍能传/11076
【汇编】上 230
皇城使 绥德熟户李显忠祖李中言
【名臣碑传琬琰集】下集 24/故太尉威武军节度使李公行状/1617
【汇编】补遗 7128
皇城使 蕃官朱守贵
【长编标】517/12301
【长编影】517/5 下
皇城使 蕃官李阿理
【彭城集】22/蕃官内藏库使骑都尉李阿理可特授皇城使封清河县开国男食邑三百户制/315
【汇编】补遗 7159
皇城使 蕃官若沮没移
【彭城集】19/蕃官皇城使简州刺史若沮没移可遥郡团练使制/268
【汇编】补遗 7159
皇城使 麟府折氏
【文物】1978 年第 12 期/陕西府谷县出土北宋李夫人墓志/90
【汇编】上 185
皇城使 麟府折可久
【文物】1978 年第 12 期/陕西府谷县出土北宋李夫人墓志/90
【汇编】上 185
皇城使 麟府折可致
【文物】1978 年第 12 期/陕西府谷县出土北宋李夫人墓志/90
【汇编】上 185
皇城使 麟府折可通
【姑溪居士后集】20/折渭州墓志铭/1 上
【汇编】上 211
皇城使 麟府折克行
【长编标】356/8507
【长编影】356/1 上
皇城使 麟府折克柔
【中国考古学会第一次年会论文集】折继闵神道碑/455
【汇编】上 191
皇城使 麟府折克禧
【文物】1978 年第 12 期/陕西府谷县出土北宋李夫人墓志/90
【汇编】上 185
皇城使 麟府折继祖
【宋史】253/折德扆传/8861
【汇编】上 173

皇城使 环州蕃官慕化
【长编标】499/11893；505/12038
【长编影】499/19 下；505/11 上
【汇编】中六 5410、5474

皇城使 河东蕃官赏移
【长编标】359/8586
【长编影】359/6 下
【汇编】中五 4637

皇城使 保安军属户李显忠曾祖李德明
【长编标】327/7864
【长编影】327/1 上
【汇编】中四 4365

皇城使 绥德属户李显忠曾祖李德明
【名臣碑传琬琰集】下集 24/故太尉威武军节度使李公行状/1617
【文忠集】98/太尉宁国军节度使主管侍卫马军司公事李显忠封赠三代/3 上
【汇编】补遗 7128、7150

皇城使 鄜延蕃官高永能子高世亮
【长编标】399/8164
【长编影】339/5 下
【汇编】中四 4523

皇城使 蕃官卢凌，又作卢稜
【长编标】345/8271；353/8461
【长编影】345/1 上；353/5 下
【汇编】中五 4569、4623

皇城使 蕃官阿克密
【长编标】353/8460
【长编影】353/5 下
【汇编】中五 4623

皇城使 蕃官曹令凌
【长编标】353/8460
【长编影】353/5 下
【汇编】中五 4623

皇城使 麟府折可适
【长编标】505/12038
【长编影】505/11 上
【姑溪居士后集】20/折渭州墓志铭/1 上
【汇编】上 207；中六 5474

叙州刺史 环州肃远寨威尼族敏珠尔
【长编标】99/2297
【长编影】99/6 上
【汇编】中一 1615

胜州刺史 麟府折德扆
【东都事略】28/折德扆传/1 上
【汇编】上 178

阁门看班祗侯 绥德属户李师尹
【名臣碑传琬琰集】下集 24/故太尉威武军节度使李公行状/1617
【汇编】补遗 7142

阁门宣赞舍人 保安军属户刘尧勋
【系年要录】192/3212
【汇编】下 6620

阁门宣赞舍人 保安军属户刘克臣
【苕溪集】50/魏国太夫人向氏墓志铭/5 下
【汇编】补遗 7120

阁门宣赞舍人 绥德属户李师民
【系年要录】188/3143
【汇编】下 6615、6676

阁门祗侯 延州蕃官李士彬
【长编标】105/2440
【长编影】105/6 上

阁门祗侯 环庆路蕃官萌逋
【宋会要】仪制 10 之 16/2012
【汇编】中三 3313

阁门祗侯 金明属户李士用
【宋史】253/李继周传/8870
【汇编】上 222

阁门祗侯 保安军属户刘光世
【系年要录】109/1775
【汇编】下 6461

阁门祗侯 保安军属户刘光时
【系年要录】114/1844
【汇编】下 6477

阁门祗侯 保安军属户刘舜谟，刘光远子
【系年要录】188/3143、3150
【汇编】下 6615

阁门祗侯 绥德属户李师闵
【名臣碑传琬琰集】下集 24/故太尉威武军节度使李公行状/1617
【汇编】补遗 7142

阁门祗侯 绥德属户李师雄
【名臣碑传琬琰集】下集 24/故太尉威武军节度使李公行状/1617

【汇编】补遗 7142

阁门祇侯 绥德属户李师颜

【系年要录】185/3093

【汇编】下 6610

阁门祇侯 蕃官李守信

【欧阳文忠公全集】79/制敕/15 下

【汇编】中二 2831

阁门祇侯 麟府折可存

【北京大学学报哲学社会科学版】1978 年 8 月份第 2 期/宋故武功大夫河东第二将折公（可存）墓志铭/68

【汇编】上 202

阁门祇侯 麟府折祖长

【姑溪居士后集】20/折渭州墓志铭/1 上

【汇编】上 205

阁门祇侯 麟府折惟忠

【宋史】253/折德扆传/8861

【汇编】上 172

阁门祇侯 环庆路蕃官蒙布

【长编标】247/6014；267/6547

【长编影】247/8 下；267/7 上

【汇编】中四 3890

阁门祇侯 环州乌贵族蕃官慕恩

【长编标】133/3171

【长编影】133/10 上

【汇编】中二 2338

阁门祇侯 绥德属户李师闵

【系年要录】197/3323

【名臣碑传琬琰集】下集 24/故太尉威武军节度使李公行状/1617

【汇编】下 6680；补遗 7142

阁门祇侯 绥德属户李师雄

【系年要录】185/3093

【名臣碑传琬琰集】下集 24/故太尉威武军节度使李公行状/1617

【汇编】下 6610；补遗 7142

阁门祇侯 鄜延蕃官刘化基

【长编标】128/3045

【长编影】128/18 下

【汇编】中二 2097

阁门祇侯 鄜延德靖寨蕃官李德平

【长编标】244/5942；311/7547

【长编影】244/9 下；311/15 上

【汇编】中四 3865、4118

阁门祇侯 麟州蕃官李保忠

【长编标】285/6982

【长编影】285/11 上

【汇编】中四 4049

阁门祇侯 麟州蕃官高世忠

【长编标】285/6982

【长编影】285/11 上

【汇编】中四 4049

阁门祇侯 麟府折可大

【长编标】493/11700

【长编影】493/7 上

【汇编】中六 5342

阁门祇侯 麟府折保忠

【长编标】156/3780

【长编影】156/3 上

【汇编】中三 3054

阁门祇侯 保安军属户刘怀忠

【宋史】350/刘绍能传/11076

【长编标】128/3045

【长编影】128/18 下

【汇编】上 230；中二 2097

洪德寨巴特玛族族巡检 庆桑

【长编影】99/6 上

洪德寨白马鼻族巡检 庆香

【长编标】99/2296

洺州防御使 麟府折可适

【宋史】253/折德扆传/8861

【汇编】上 176

洺州防御使 麟府折可适

【姑溪居士后集】20/折渭州墓志铭/1 上

【汇编】上 209

洛苑使 环庆蕃官慕恩

【长编标】160/3873

【长编影】160/13 下

洛苑使 保安军属户刘绍能

【宋史】350/刘绍能传/11076

【汇编】上 230

洛苑使 鄜延刘绍能

【长编标】244/5942

【长编影】244/9 下

【系年要录】180/2981、180/2995；192/3212
【汇编】下 6604、6620
费州团练使 宁武寨兀泥族魁保
【榆林府志】47/折武恭公克行神道碑阴/7 上
【汇编】补遗 7094
费州刺史 咩逋族泥埋，又作尼玛
【宋史】491/党项传/14143
【长编标】51/1122
【长编影】51/14 下
【汇编】上 26；中一 1309
柔远寨都巡检使 蕃官赵明
【奏议标】133/范仲淹·上仁宗攻守二策/1477
【奏议影】133/范仲淹·上仁宗攻守二策/4545
柔远寨蕃部巡检 庆州珪威
【长编标】123/2896
【长编影】123/4 下
柔远寨蕃部巡检 庆州大顺城蕃官赵余庆
【长编标】214/5195
【长编影】214/2 下
【汇编】中三 3579
柔远蕃部巡检 庆州嵬逋，又作威布
【长编标】115/2691
【长编影】115/4 上
统制官 鄜延蕃官高永年
【长编纪事本末】139/4 下
【汇编】中六 5729

十画

珪年族军主 延州蕃部阿克阿
【长编影】137/3 上
【汇编】中二 2515
秦风路第一副将 麟府折彦野
【姑溪居士后集】20/折渭州墓志铭/1 上
【汇编】上 212
秦州防御使 麟州王文郁
【长编标】485/11522
【长编影】485/4 下
【汇编】中六 5279
秦州观察使 麟府折克行
【宋史】253/折德扆传/8861
【东都事略】28/折德扆传/1 上
【金石萃编】147/折克行神道碑考释
【中国考古学会第一次年会论文集】折继闵神道碑/455
【北京大学学报哲学社会科学版】1978 年 8 月份第 2 期/宋故武功大夫河东第二将折公（可存）墓志铭/68
【汇编】上 175、179、191、200、202
秦州管内观察使 麟府折克行
【榆林府志】47/折武恭公克行神道碑阴/7 上
【汇编】补遗 7094
秦国夫人 府州折克行妻王氏
【北京大学学报哲学社会科学版】1978 年 8 月份第 2 期/宋故武功大夫河东第二将折公（可存）墓志铭/68
【汇编】上 202
秦国夫人 绥德熟户李显忠曾祖母野氏
【文忠集】98/太尉宁国军节度使主管侍卫马军司公事李显忠封赠三代/3 上
【汇编】补遗 7151
秦国夫人 刘光世妻向氏
【紫微集】14/妻向氏可特封秦国夫人制/9 上
【苕溪集】50/5 下
【汇编】补遗 7117、7118
秦国公 保安军属户李显忠曾祖李德明
【名臣碑传琬琰集】下集 24/故太尉威武军节度使李公行状/1617
【汇编】补遗 7128
泰宁军节度观察留后 保安军属户刘延庆
【宋史】357/刘延庆传/11236
【汇编】补遗 7100
泰宁军节度使 麟府折御勋
【宋史】253/折德扆传/8861
【东都事略】28/折德扆传/1 上
【隆平集】17/折德卿传/11 下
【宋会要】礼 41 之 51/1043；仪制 11 之 19/2034
【汇编】上 171、178、179；中一 970；下 7018
泰宁军承宣使 保安军属户刘延庆
【宋大诏令集】102/刘延庆保信军节度使充殿前都指挥使制（政和八年五月五日）/378
【汇编】中六 5915
泰宁军留后 麟府折御勋
【长编标】17/373

【长编影】17/11 上
【汇编】中一 959
格登族军主 延州香玛
【长编影】137/3 上
【汇编】中二 2515
格登族副军主 延州奇默特
【长编影】137/3 上
【汇编】中二 2515
格隆族都虞侯 渭州属户延正
【长编标】139/3355
【长编影】139/17 下
【汇编】中二 2689
都大提举茶马兼川陕宣抚使司参议 麟府折彦质
【系年要录】95/1571
【汇编】下 6402
都军主 环州石昌镇熟户牛家族万讹
【欧阳文忠公全集】79/奏议/7 下
【汇编】中二 2830
都军主 悉利族军主嗟移
【欧阳文忠公全集】79/制敕/17 上
【汇编】中二 2831
都巡检 金明属户李继周
【宋史】253/李继周传/8870
【汇编】上 221
都巡检 保安军属户刘光世
【系年要录】13/292；22/470
【汇编】下 6131、6184
都巡检使 绥德属户李显忠
【宋会要】兵 14 之 42/7013
【汇编】下 6618
都巡检使 保安军属户刘光世
【宋史】25/高宗纪 2/460
【系年要录】5/127；7/173；18/375
【汇编】下 6107、6116、6149、6153
都护 河东路蕃官高永年
【宋史】452/黄友传/13296
【汇编】中六 5802
都指挥使 宥州遇乜布
【宋史】491/党项传/14137
【汇编】上 22
都统 保安军属户刘延庆
【三朝北盟会编】12/4 上；70/8 上
【汇编】中六 5966、6070
都统制 麟府折可适
【皇宋十朝纲要】16/11 下
【汇编】中六 5782
都统制 环州党项杨惟忠
【三朝北盟会编】103/3 下
【系年要录】2/58；3/70；3/82
【汇编】下 6091、6093、6095、6105
都统制 保安军属户刘光世
【宋史】26/高宗纪 3/479
【中兴小纪】2/17
【汇编】下 6117、6222
都统制 保安军属户刘延庆
【宋史】22/徽宗纪 4/410
【三朝北盟会编】9/4 上
【汇编】中六 5949
都统制 麟府折可求
【梁溪集】118/与秦相公第九书别幅/13 上
【靖康要录】10/602
【汇编】下 6312；中六 6023
都统制 绥德属户李显忠
【宋史】367/李显忠传/11427
【系年要录】190/3180；194/3262
【三朝北盟会编】247/2 上
【汇编】上 225；下 6617、6653、6669
都监 直荡族罗买
【宋史】491/党项传/14137
【汇编】上 23
都监 金明属户李继周
【稽古录】18/82 下
【汇编】中一 1328
都监 金明属户李士彬
【长编标】95/2179；122/2880
【长编影】95/1 下；122/8 下
【涑水记闻】12/9 下
【稽古录】19/89 上
【汇编】中一 1599、1749；中二 1880、1927
都提举 保安军属户刘光世
【长编纪事本末】150/5 上
【汇编】下 6098
都督府参谋 麟府折彦质

【宋史】28/高宗纪 5/524
【汇编】下 6411
都督府参谋军事 麟府折彦质
【系年要录】86/1414；95/1571；98/1615
【汇编】下 6395、6402、6411
都督府参谋官 麟府折彦质
【系年要录】82/1351
【汇编】下 6373
都虞侯
【奏议标】125/吕诲·上英宗请重造蕃部兵帐/1379
【奏议影】125/吕诲·上英宗请重造蕃部兵帐/4257
真定府元氏县尉 麟府折可规
【文物】1978 年第 12 期/陕西府谷县出土北宋李夫人墓志/90
【汇编】上 185
索幹九族巡检 鄜延索幹族蕃官李延遇，索幹疑“索斡”之误
【长编标】156/3778
【长编影】156/2 上
【汇编】中三 3053
索斡族都虞侯 延州李文信
【长编影】137/3 上
索斡族都虞侯 延州拓德迈
【长编影】137/3 上
【汇编】中二 2515
盐州刺史 盐州羌人酋长巢延渭
【宋史】491/党项传/14137
【汇编】上 24
起复云麾将军 麟府折御勋
【宋会要】方域 21 之 1/7661
【汇编】上 32
起复翊卫大夫 保安军熟户刘光世弟刘光烈
【系年要录】55/973
【汇编】下 6309
夏银府绥都巡检使 麟府折御卿
【宋会要】方域 21 之 2/7662
【汇编】上 34
振武军缘河五镇都知兵马使 麟府折宗本
【中国考古学会第一次年会论文集】折继闵神道碑/455
【汇编】上 187
监晋州盐税 丰州党项王文玉从子王怀钧
【长编标】102/2365
【长编影】102/16 上
监潭州南岳庙 绥德属户李师尹
【名臣碑传琬琰集】下集 24/故太尉威武军节度使李公行状/1617
【汇编】补遗 7142
监潭州南岳庙 绥德属户李师旦
【名臣碑传琬琰集】下集 24/故太尉威武军节度使李公行状/1617
【汇编】补遗 7142
监潭州南岳庙 绥德属户李师说
【名臣碑传琬琰集】下集 24/故太尉威武军节度使李公行状/1617
【汇编】补遗 7142
恩州观察使 丰州王承美
【宋史】253/王承美传/8869
【长编标】79/1808
【长编影】79/14 下
【宋会要】方域 21 之 11/7666
【汇编】上 43、220；中一 1511
恩州刺史 勒浪嵬女儿门十六府大首领马尾
【宋史】491/党项传/14137
【汇编】上 24
恩州刺史 麟府折继宣
【长编标】124/2923
【长编影】124/5 下
【汇编】中二 1821
恩州刺史 勒浪族十六府大首领马泥，又作马幹
【宋史】491/党项传/14137
【长编标】45/966
【长编影】45/11 上
【汇编】上 26；中一 1212
借职 丰州党项王承美孙王德钧
【长编标】79/1808
【长编影】79/14 下
借职 唐龙镇来遵子来守信
【长编标】61/1372
【长编影】61/14 下
【汇编】中一 1427

【系年要录】34/670；35/673；36/685；37/713；38/728；39/738；40/745；41/753、758、761；43/789；44/795；45/809；46/836；47/842；51/893；53/930；54/956；56/986
【中兴小纪】9/107
【三朝北盟会编】212/4下
【毗陵集】1/赐浙西安抚大使刘光世诏/14下
【至顺镇江志】8/庙·丹徒县/14下
【汇编】下6224、6226、6227、6233、6234、6239、6248、6252、6253、6257、6259、6260、6268、6270、6274、6279、6280、6291、6295、6301、6309、6560；补遗7106

浙西安抚大使兼扬楚等州宣抚使 保安军属户刘光世
【系年要录】50/888；51/905
【汇编】下6287、6293

浙西安抚大使兼知镇江府 保安军属户刘光世
【系年要录】35/674；63/1077
【汇编】下6230、6328

浙西安抚兼知镇江府 保安军属户刘光世
【系年要录】64/1088
【汇编】下6330

海泗州宣抚 保安军属户刘光世
【系年要录】46/823
【汇编】下6277

海泗宣抚使 保安军属户刘光世
【宋史】369/刘光世传/11478
【汇编】补遗7107

容州防御使 绥德熟户李显忠
【名臣碑传琬琰集】下集24/故太尉威武军节度使李公行状/1617
【汇编】补遗7141

资州团练使 保安军属户李显忠曾祖李德明
【长编标】327/7864
【长编影】327/1上
【汇编】中四4365

诸路军马事都督府参谋 麟府折彦质
【宋史】213/宰辅表4/5555
【汇编】下6448

绥银等州新归明诸族巡检 绥银属户李继福
【长编标】68/1522
【长编影】68/4下
【汇编】中一1473

绥德总管 保安军属户刘光世
【香溪集】21/徐忠壮（徽言）传/3下
【汇编】下6157

绥德副总管 保安军属户刘光世
【宋史】24/高宗纪1/442
【中兴小纪】1/5；2/17
【汇编】下6097、6117

绥德副总管 保安军属户刘光远
【系年要录】135/2175
【汇编】下6527

绥德副将 绥德属户李显忠
【宋史】29/高宗纪6/540
【汇编】下6502

绥德路马步军副总管 保安军属户刘光世
【系年要录】4/110；5/119、123
【汇编】下6098、6104、6106

绥德路马步军副总管 保安军属户刘光远
【系年要录】136/2191
【汇编】下6531

绥德路兵马钤辖 保安军属户刘光世
【三朝北盟会编】95/1上
【汇编】下6099

绥德路副总管 保安军属户刘光世，刘延庆子
【宋史】24/高宗纪1/444
【汇编】下6105

十一画

检校太师 麟府折德扆
【宋会要】方域21之1/7661
【汇编】上32

检校太保 十六府大首领屈遇
【宋史】491/党项传/14137
【汇编】上21

检校太保 丰州没细都大首领兀瑶
【宋会要】方域21之9/7665
【汇编】上41

检校太保 保安军属户刘延庆
【宋大诏令集】102/刘延庆检校太保制（宣和元年六月十七日）/378

【汇编】中六 5915；补遗 7101
检校太保 保安军属户刘光世
【宋史】369/刘光世传/11478
【系年要录】21/416、21/431；22/470
【汇编】下 6161、6167、6184；补遗 7105
检校太傅 丰州没细都大首领越移
【宋会要】方域 21 之 9/7665
【汇编】上 41
检校太傅 保安军属户刘延庆
【中兴小纪】12/148
【靖康要录】13/796
【汇编】下 6297；中六 6064
检校太傅 保安军属户刘光世
【宋史】27/高宗纪 4/504；369/刘光世传/11478
【三朝北盟会编】155/11 上；212/4 下
【系年要录】64/1088、1097；84/1381
【北海集】6/除刘光世特授检校太傅食实封如故制/6 上、除刘光世特起复检校太傅依旧建康府置司制/7 下；11/赐起复检校太傅刘光世辞免特赐银一千两恩命不允诏/11 下、赐新除检校太傅刘光世辞免恩命不允诏/12 下
【汇编】下 6329、6330、6332，6333、6334、6335、6387、6560；补遗 7108
检校少保 环州党项杨惟忠
【系年要录】21/431；54/950
【汇编】下 6167、6301
检校少保 保安军属户刘延庆
【靖康要录】5/321
【汇编】中六 6015
检校少保 麟府折可适
【宋会要】仪制 11 之 20/2034
【汇编】中六 5875
检校少保 保安军属户刘光世
【宋史】369/刘光世传/11478
【系年要录】13/292
【三朝北盟会编】212/4 下
【汇编】下 6131、6560、6561；补遗 7105
检校少傅 保安军属户刘延庆
【三朝北盟会编】9/4 上；66/3 上
【汇编】中六 5949、6063
检校少傅 保安军属户刘光世
【宋史】369/刘光世传/11478
【系年要录】18/375；21/416；84/1381
【三朝北盟会编】118/10 上
【汇编】下 6139、6149、6161、6387；补遗 7105
检校司空 党项熟藏族首领乜遇
【宋史】491/党项传/14137
【汇编】上 24
检校司徒 党项十二府首领罗崖
【宋史】491/党项传/14137
【汇编】上 21
检校司徒 党项直荡族首领啜吉
【宋史】491/党项传/14137
【汇编】上 21
副军 麟府折可适
【姑溪居士后集】20/折渭州墓志铭/1 上
【汇编】上 206
副军主 延州苏尾族李文信，又作索斡族李文信
【长编标】137/3278
【长编影】137/3 上
副军主 延州苏尾族拓德遇，又作索斡族拓德迈
【长编标】137/3278
【长编影】137/3 上
副军主 延州悖家族逈讹，又作贝家族崆爱
【长编标】137/3278
【长编影】137/3 上
副兵马使 鄜延蕃官唛移
【长编标】335/8071
【长编影】335/9 下
副都军主 延州归娘族阿讹，又作珪年族阿克阿
【长编标】137/3278
【长编影】137/3 上
副都军主 延州厥屯族香埋，又作格登族香玛
【长编标】137/3278
【长编影】137/3 上
副都总管 麟府蕃官王文郁
【长编标】473/11279
【长编影】473/1 上
【汇编】中五 5152
营国公 保安军属户刘光世
【三朝北盟会编】177/7 上
【汇编】下 6465

硕尔族巡检 延州硕尔族李文真
【长编标】86/1965
【长编影】86/1 上
【汇编】中一 1545
捧日天武四厢都指挥使 环州党项杨惟忠
【系年要录】54/950
【汇编】下 6301
野家族蕃部指挥使 延州野家族蕃部指挥使伽陵
【长编标】82/1869
【长编影】82/8 上
崇仪使 环州乌贵族慕恩
【临川集】53/庆州肃远寨蕃官都巡检使慕恩北作坊使制/6 下
【汇编】中三 3271
崇仪使 鄜延蕃官高永能
【长编标】300/7298
【长编影】300/1 下
【汇编】中四 4104
崇仪使 麟府折御卿
【宋会要】方域 21 之 1/7661、方域 21 之 8/7665
【东都事略】28/折德扆传/1 上
【隆平集】17/折御卿传/11 下
【汇编】上 33、178、179
崇仪副使 麟府折御冲
【咸平集】29/制诰/7 上
【汇编】补遗 7092
崇信军节度使 麟府折惟忠
【金石萃编】147/折克行神道碑/1 上
【文物】1978 年第 12 期/陕西府谷县出土北宋李夫人墓志/90
【北京大学学报哲学社会科学版】1978 年 8 月份第 2 期/宋故武功大夫河东第二将折公（可存）墓志铭/68
【汇编】上 184、196、202
崇信军承宣使 保安军属户刘光烈
【系年要录】148/2385；167/2727
【汇编】下 6570、6596
第一部将 麟府折可适
【姑溪居士后集】20/折渭州墓志铭/1 上
【汇编】上 205
第三副将 保安军属户刘绍能
【长编标】328/7892
【长编影】328/3 上
【汇编】中四 4382
第六正将 绥德属户李显忠
【名臣碑传琬琰集】下集 24/故太尉威武军节度使李公行状/1617
【汇编】补遗 7129
翊卫大夫 保安军属户刘光烈
【系年要录】55/973
【汇编】下 6309
翊卫郎 保安军属户刘光辅
【系年要录】85/1409
【汇编】下 6394
康州防御使 保安军属户刘光辅
【系年要录】85/1409
【汇编】下 6394
康州刺史 环州熟户旺扎勒族罗阿
【长编标】105/2443
【长编影】105/8 下
【汇编】中一 1654
康州刺史 麟府折可求
【中国考古学会第一次年会论文集】折继闵神道碑/455
【金石萃编】147/折克行神道碑/1 上
【汇编】上 192、195
康州刺史 麟府折继祖
【长编标】184/4461；192/4645
【长编影】184/15 上；192/10 下
【宋会要】方域 21 之 7/7664
【汇编】上 38
清远军节度副使 绥德属户李显忠
【宋史】33/孝宗纪 1/623
【汇编】下 6720
淮东马步军副总管 保安军属户刘光辅
【系年要录】185/3096
【汇编】下 6610
淮东西招抚使 绥德属户李显忠
【宋史】167/职官志 7/3966
【汇编】下 6690
淮东宣抚使 保安军属户刘光世
【宋史】369/刘光世传/11478
【系年要录】53/943、947；57/995；63/1074

【汇编】下 6296、6297、6310、6327；补遗 7107
淮西太平州宣抚使 保安军属户刘光世
【三朝北盟会编】212/4 下
【汇编】下 6561
淮西安抚使 保安军属户刘光世
【宋史】370/刘子羽传/11508
【汇编】下 6448
淮西招抚使 绥德属户李显忠
【宋会要】兵 14 之 45/7015
【汇编】下 6708
淮西制置使 绥德属户李显忠
【宋史】32/高宗纪 9/606；367/李显忠传/11427
【系年要录】195/3290、3294、3299；196/3308；197/3319、3323
【汇编】上 226；下 6658、6668、6670、6671、6677、6678、6680
淮西制置使司参议官 保安军属户刘光辅
【系年要录】197/3327
【汇编】下 6680
淮西南路宣抚使 保安军属户刘光世
【三朝北盟会编】166/11 下
【汇编】下 6384
淮西宣抚司统制官 保安军属户刘光辅
【系年要录】85/1409
【汇编】下 6394
淮西宣抚使 保安军属户刘光世
【宋史】28/高宗纪 5/517；367/杨存中传/11435；381/晏敦复传/11737
【系年要录】68/1160；69/1172；76/1250；81/1321；82/1356；84/1385；85/1410；97/1603；98/1609、1615；100/1645；103/1681；105/1712；109/1763、1771
【中兴小纪】16/196；17/206、210；21/246
【汇编】下 6348、6349、6358、6366、6369、6375、6376、6386、6390、6391、6394、6409、6410、6419、6425、6428、6440、6459、6461
淮西都统制 保安军属户刘光世
【宋史】382/勾涛传/11772
【汇编】下 6464
淮西路招抚使 绥德属户李显忠
【宋会要】兵 14 之 44/7014
【汇编】下 6705
淮西路宣抚使 保安军属户刘光世
【三朝北盟会编】155/11 上
【汇编】下 6330
淮西路兼太平州宣抚使 保安军属户刘光世
【系年要录】109/778
【汇编】下 6464
淮西路兼京畿河西淮北路招讨使 绥德属户李显忠
【皇宋十朝纲要】25/8 上
【汇编】下 6659
淮安镇六族都军主 庆州淮安镇六族乞埋
【宋史】491/党项传/14137
【汇编】上 31
淮安镇和诺克烽子 庆州蕃落卒张吉
【长编标】226/5504
【长编影】226/4 下
【汇编】中三 3719
淮安镇界六族都军主 环庆蕃部乞埋
【长编标】96/2220
【长编影】96/15 上
淮南东路宣抚使兼营田使 保安军属户刘光世
【北海集】6/除刘光世特起复宁武军节度使食实封制/3 上、除刘光世特授宁武宁国军节度使食实封制/4 下
【汇编】下 6298、6299、6305、6306
淮南东路副总管 保安军属户刘光辅
【系年要录】184/3087
【汇编】下 6609
淮南西路太平州宣抚使 保安军属户刘光世
【三朝北盟会编】170/4 下
【汇编】下 6443
淮南西路兵马钤辖 保安军熟户刘光世弟刘光远
【系年要录】94/1560
【汇编】下 6401
淮南西路招抚使 绥德属户李显忠
【宋会要】兵 14 之 44/7014
【汇编】下 6706
淮南西路制置使 绥德属户李显忠
【系年要录】194/3279
【三朝北盟会编】240/8 上；248/3 上

【名臣碑传琬琰集】下集24/故太尉威武军节度使李公行状/1617
【汇编】下6659、6674；补遗7134
淮南西路宣抚使 保安军属户刘光世
【系年要录】84/1381
【汇编】下6387
淮南西路兼太平州宣抚 保安军属户刘光世
【系年要录】101/1660；107/1746
【汇编】下6421、6455
淮南扬楚等州宣抚使 保安军属户刘光世
【系年要录】46/823
【汇编】下6277
淮南招抚使 绥德属户李显忠
【中兴御侮录】下/19
【汇编】下6689
淮南制置使 绥德属户李显忠
【系年要录】196/3307
【汇编】下6676
淮南制置使 保安军属户刘光世
【宋史】25/高宗纪2/462；369/刘光世传/11478
【系年要录】21/431
【毗陵集】2/刘光世除太尉淮南制置使制/1下
【汇编】下6164、6165、6167；补遗7105
淮南京东路安抚使 保安军熟户刘光世
【宋史】369/刘光世传/11478
【汇编】补遗7103
淮南京东路宣抚使 保安军属户刘光世
【宋史】26/高宗纪3/486；369/刘光世传/11478
【汇编】下6263；补遗7107
淮南京畿京东河北招讨使 绥德属户李显忠
【宋史】33/孝宗纪1/624
【宋会要】兵14之46/7015
【汇编】下6709、6712
淮南宣抚使 保安军属户刘光世
【宋史】369/刘光世传/11478
【系年要录】49/869
【中兴小纪】13/154、164
【汇编】下6286、6309、6319；补遗7107
淮南路宣抚使 保安军属户刘光世
【宋史】369/刘光世传/11478
【浮溪集】14/宁武军节度使开府仪同三司新除淮南路宣抚使刘光世辞免恩命不允诏/2下
【汇编】下6264；补遗7107
淮南诸州宣抚使 保安军属户刘光世
【宋史】26/高宗纪3/487
【汇编】下6270
淮康节度使 麟府折可适
【东都事略】104/折可适传/3上
【姑溪居士后集】20/折渭州墓志铭/1上
【汇编】上181、204
淮康军节度使 麟府折可适
【宋史】253/折德扆传/8861
【宋会要】仪制11之20/2034
【姑溪居士后集】20/折渭州墓志铭/1上
【汇编】上176、207、211；中六5875
宿州观察使 金明属户李士彬
【长编标】127/3009
【长编影】127/6上
【汇编】中二2002
密本族开道使 密本族首领尼玛，又作泥埋
【长编影】51/14下
随州观察使 绥德属户李显忠
【宋会要】方域4之25/7383
【名臣碑传琬琰集】下集24/故太尉威武军节度使李公行状/1617
【文定集】8/除李显忠特授威武军节度使充左金吾卫上将军食实封如故制/2上
【汇编】下6575、6736；补遗7141
骑都尉 蕃官李阿理
【彭城集】22/蕃官内藏库使骑都尉李阿理可特授皇城使封清河县开国男食邑三百户制/315
【汇编】补遗7159

十二画

博州刺史 绥德属户李世延
【系年要录】132/2118
【汇编】下6518
韩国夫人 保安军熟户刘光世祖母马氏
【紫微集】14/故祖母马氏可特赠韩国夫人制/7上
【汇编】补遗7115
韩国夫人 绥德熟户李显忠祖母折氏
【文忠集】98/太尉宁国军节度使主管侍卫马军

【汇编】下 6106
提举建宁府武夷山冲佑观 绥德属户李师颜
【名臣碑传琬琰集】下集 24/故太尉威武军节度使李公行状/1617
【汇编】补遗 7142
提举临安府洞霄官 麟府折彦质
【宋会要】职官 70 之 21/3955、76 之 51/4121
【系年要录】107/1742；117/1893；154/2488；165/2693
【汇编】下 6451、6482、6501、6576、6594、6598
提举崇道观 绥德属户李显忠
【系年要录】157/2557
【汇编】下 6580
提举御营使司一行事务 保安军属户刘光世
【宋史】369/刘光世传/11478
【汇编】补遗 7104
揭家族副军主 延州李朝政
【长编标】137/3278
集庆军节度使 保安军属户刘光世
【宋史】26/高宗纪 3/480
【三朝北盟会编】212/4 下
【系年要录】35/674
【北海集】6/除刘光世特授开府仪同三司集庆军节度使食实封制/1 上
【汇编】下 6228、6230、6560
御营先锋都统制 绥德属户李显忠
【宋史】32/高宗纪 9/605
【系年要录】193/3247
【名臣碑传琬琰集】下集 24/故太尉威武军节度使李公行状/1617
【汇编】下 6636；补遗 7134
御营使司专一提举一行事务 保安军属户刘光世
【系年要录】13/292
【汇编】下 6131
御营使司提点一行事务 保安军属户刘光世
【三朝北盟会编】212/4 下
【汇编】下 6559
御营使司提举一切事务 保安军属户刘光世
【系年要录】6/160
【汇编】下 6111
御营使司提举一行事务 保安军属户刘光世
【系年要录】8/197；10/235；18/375；22/470
【三朝北盟会编】113/12 上
【汇编】下 6119、6120、6121、6149、6184
御营使司都统制 保安军属户刘光远
【三朝北盟会编】212/4 下
【汇编】下 6559
御营副使 保安军属户刘光世
【宋史】25/高宗纪 2/464；369/刘光世传/11478
【三朝北盟会编】212/4 下
【系年要录】22/470；27/533、550；33/650
【中兴小纪】7/81；8/91
【北海集】11/赐太尉奉国军节度使御营副使刘光世乞一便郡差遣或守本官致仕不允诏/13 上
【汇编】下 6184、6185、6197、6200、6219、6222、6560；补遗 7105
御前巡卫军都统制 保安军属户刘光世
【宋史】369/刘光世传/11478
【汇编】补遗 7106
御前忠锐正将 绥德属户李师民
【系年要录】188/3143
【汇编】下 6615
御前忠锐军正将 绥德属户李师民
【系年要录】196/330
【汇编】下 6676
御前忠锐第五副将军 保安军属户刘舜谟
【系年要录】188/3150
【汇编】下 6615
御前选锋军统制 绥德属户李显忠
【宋史】30/高宗纪 7/557
【宋会要】兵 14 之 38/7011、14 之 44/7014、18 之 43/7079
【系年要录】184/3086；187/3123；194/3257、3279
【三朝北盟会编】234/3 上；238/7 下；240/8 上；247/7 上；248/3 上
【汇编】下 6567、6609、6612、6634、6637、6638、6656、6659、6671、6673、6674、6705
御前前军副将 保安军属户李师雄
【系年要录】197/3323
【汇编】下 6680

御前统制兼枢密院都统制 绥德属户李显忠
【系年要录】147/2371
【汇编】下 6567
御前都统制 绥德属户李显忠
【系年要录】193/3247
【汇编】下 6636
鲁国夫人 绥德熟户李显忠祖母折氏
【文忠集】98/太尉宁国军节度使主管侍卫马军司公事李显忠封赠三代/3 上
【汇编】补遗 7151
鲁郡太夫人 麟府折继闵妻郭氏
【金石萃编】147/折克行神道碑/1 上
【中国考古学会第一次年会论文集】折继闵神道碑/455
【汇编】上 191、196
敦武郎 保安军属户刘光世
【系年要录】109/1775
【汇编】下 6461
湖南北安抚使 麟府折彦质
【系年要录】70/1178
【汇编】下 6351
湖南安抚使 麟府折彦质
【系年要录】64/1092
【汇编】下 6333
滁和濠州江宁府界招捉盗贼制置使 保安军属户刘光世
【宋史】24/高宗纪 1/450
【汇编】下 6121
滁和濠太平州无为军江宁府界招捉盗贼制置使 保安军属户刘光世
【系年要录】10/236
【汇编】下 6121
滁濠太平州无为军江宁府制置使 保安军属户刘光世
【宋史】369/刘光世传/11478
【汇编】补遗 7104
普川刺史 麟府折继闵
【宋史】253/折德扆传/8861
【宋会要】职官 64 之 41/3841
【中国考古学会第一次年会论文集】折继闵神道碑/455
【汇编】上 173、189；中二 2414
普州刺史 麟府折惟忠
【宋史】253/折德扆传/8861
【汇编】上 172
富州刺史 麟府折惟昌
【宋史】253/折德扆传/8861
【东都事略】28/折德扆传/1 上
【汇编】上 172、178

十三画

楚州驻扎 保安军属户刘光辅
【系年要录】184/3087
【汇编】下 6610
楚州都监 麟府折继宣
【宋史】253/折德扆传/8861
【长编标】124/2923
【长编影】124/5 下
【汇编】上 173；中二 1821
楚国夫人 绥德熟户李显忠母拓跋氏
【文忠集】98/太尉宁国军节度使主管侍卫马军司公事李显忠封赠三代/3 上
【汇编】补遗 7152
楚国夫人 绥德熟户李显忠继母蒙氏
【文忠集】98/太尉宁国军节度使主管侍卫马军司公事李显忠封赠三代/3 上
【汇编】补遗 7152
楚国夫人 绥德熟户李显忠曾祖母野氏
【文忠集】98/太尉宁国军节度使主管侍卫马军司公事李显忠封赠三代/3 上
【名臣碑传琬琰集】下集 24/故太尉威武军节度使李公行状/1617
【汇编】补遗 7128、7151
楚国公 保安军熟户刘光世父刘延庆
【紫微集】14/故父延庆可特追封楚国公制/7 下
【汇编】补遗 7115
楚国公 绥德熟户李显忠父李永奇
【文忠集】98/太尉宁国军节度使主管侍卫马军司公事李显忠封赠三代/3 上
【汇编】补遗 7152
锦州团练使 咩逋族泥埋
【宋史】491/党项传/14137
【长编标】54/1183

【汇编】上 26
锦州团练使 密本族泥埋，又作尼玛
【长编标】51/1122
【长编影】51/14 下；54/8 下
【汇编】中一 1309、1351
签书枢密 麟府折彦质
【三朝北盟会编】170/4 下、8 上
【汇编】下 6443、6452
签书枢密院事 麟府折彦质
【宋史】28/高宗纪 5/524；213/宰辅表 4/5555
【系年要录】98/1615；107/1738
【汇编】下 6411、6446、6448
签书枢密院事兼权参知政事 麟府折彦质
【系年要录】107/1742
【汇编】下 6451
简州团练使 保安军属户刘绍能
【宋史】350/刘绍能传/11076
【汇编】上 230
简州团练使 麟府折惟忠
【宋史】253/折德扆传/8861
【东都事略】28/折德扆传/1 上
【金石萃编】147/折克行神道碑/1 上、147/折克行神道碑考释
【北京大学学报哲学社会科学版】1978 年 8 月份第 2 期/宋故武功大夫河东第二将折公（麟府折可存）墓志铭/68
【汇编】上 172、179、196、200、202
简州刺史 蕃官若沮没移
【彭城集】19/蕃官皇城使简州刺史若沮没移可遥郡团练使制/268
【汇编】补遗 7159
�内都指挥使 麟府折御勋
【宋会要】方域 21 之 1/7661、21 之 8/7665
【汇编】上 33
遥郡团练使 蕃官若沮没移
【彭城集】19/蕃官皇城使简州刺史若沮没移可遥郡团练使制/268
【汇编】补遗 7159
遥郡团练使 索斡九族李延遇子李德明
【元丰类稿】21/李德明遥郡团练使制/8 上
【汇编】补遗 7220
遥郡刺史 环州蕃官慕化
【长编标】505/12038
【长编影】505/11 上
【汇编】中六 5474
解州防御使 麟府折继祖
【宋史】253/折德扆传/8861
【东都事略】28/折德扆传/1 上
【文物】1978 年第 12 期/陕西府谷县出土北宋李夫人墓志/90
【汇编】上 173、179、184
新归明诸族都巡检 金明属户李士彬
【宋史】253/李继周传/8870
【汇编】上 222
新州刺史 环州熟户旺扎勒族苏都
【长编标】105/2443
【长编影】105/8 下
【汇编】中一 1654
新州刺史 思顺、慕恩、赵明
【长编标】160/3873
【长编影】160/13 上
【汇编】中三 3095
新砦解家河卢关路巡检 金明属户李士彬
【宋史】253/李继周传/8870
【汇编】上 222
新寨解家河卢关巡检 金明属户李士彬从兄李士诏，又作李士绍
【长编标】127/3009
【长编影】127/6 上
【汇编】中二 2002
新寨解家河卢关路巡检 金明属户李士彬
【涑水记闻】12/1 下
【汇编】中一 1745
新寨解家河卢关路都巡检 金明属户李继周
【长编标】51/1127；68/1522
【长编影】51/19 上；68/4 下
【汇编】中一 1313、1473
鄜王 保安军属户刘光世
【宋史】38/宁宗纪 2/738；369/刘光世传/11478
【系年要录】147/2367
【汇编】下 6558、6810；补遗 7110
鄜延兵马都监 保安军属户刘绍能
【宋史】350/刘绍能传/11076
【汇编】上 230

鄜延钤辖 保安军属户刘绍能
【长编标】325/7816
【长编影】325/3 上
【汇编】中四 4329
鄜延都监 鄜延蕃官高永能
【宋史】334/高永能传/10726
【汇编】中四 4100
鄜延第四将 鄜延蕃官高永能
【长编标】300/7298
【长编影】300/1 下
【汇编】中四 4104
鄜延路马步军副总管 保安军属户刘光世
【宋史】367/刘光世传/11479
【汇编】中六 6067；补遗 7104
鄜延路马步军副都总管 绥德属户李永奇
【名臣碑传琬琰集】下集 24/故太尉威武军节度使李公行状/1617
【汇编】补遗 7128
鄜延路马步军副督总管 保安军属户刘延庆
【宋大诏令集】102/刘延庆保信军节度使充殿前副都指挥使制（政和八年五月五日）/378
【汇编】中六 5915
鄜延路兵马钤辖 保安军属户刘光世
【宋史】369/刘光世传/11478
【汇编】中六 5939；补遗 7103
鄜延路兵马都监 保安军属户刘光世
【宋史】369/刘光世传/11478
【汇编】补遗 7103
鄜延路兵马都监 绥德属户李显忠
【名臣碑传琬琰集】下集 24/故太尉威武军节度使李公行状/1617
【汇编】补遗 7129
鄜延路经略司准备差使 麟府折可适
【姑溪居士后集】20/折渭州墓志铭/1 上
【汇编】上 205
鄜延路钤辖兼第三副将 保安军属户刘绍能
【长编标】316/7644；325/7816；328/7892
【长编影】316/6 下；325/3 下；328/3 上
【汇编】中四 4182、4382
鄜延路总管 保安军属户刘延庆
【宋史】357/刘延庆传/11236
【汇编】补遗 7100
鄜延路都监 保安军蕃官刘绍能
【长编标】244/5942
【长编影】244/9 下
【汇编】中四 3865
鄜延路副总管 保安军属户刘光世
【三朝北盟会编】212/4 下
【汇编】下 6559
鄜延路副总管 保安军属户刘延庆
【苕溪集】48/宋故武功大夫魏国公杨公（宗闵）墓碑/2 上
【汇编】补遗 7423
鄜武僖王 保安军属户刘光世
【宋会要】礼 12 之 13/572
【汇编】下 6818
雍国公 保安军属户刘光世
【三朝北盟会编】212/4 下
【系年要录】125/2037；135/2173；140/2258；147/2362
【汇编】下 6495、6526、6547、6556、6562
廉州刺史 麟府折可大
【东都事略】28/折德扆传/1 上
【汇编】上 179
慎州节度 兀泥大首领泥中佶移
【宋史】491/党项传/14137
【汇编】上 23
福州观察使 保安军熟户刘光世弟刘光烈
【系年要录】55/973
【汇编】下 6309
福昌县太君 延州蕃官折保忠母李氏
【长编标】147/3565
【长编影】147/11 下
福国夫人 绥德熟户李显忠妻周氏
【名臣碑传琬琰集】下集 24/故太尉威武军节度使李公行状/1617
【汇编】补遗 7142
福建路马步军副总管 保安军属户刘光辅
【系年要录】197/3327
【汇编】下 6680
福清县太君 麟府折惟忠妻李氏
【文物】1978 年第 12 期/陕西府谷县出土北宋李夫人墓志/90
【汇编】上 185

殿直 丰州党项王文玉
【长编标】79/1808
【长编影】79/15 上
殿直 丰州党项王怀信
【长编标】102/2365
【长编影】102/15 下
殿直 延州蕃官李士彬弟李士筠
【长编标】95/2179
【长编影】95/1 下
殿直 延州蕃官李继周子李士彬
【长编标】72/1635
【长编影】72/12 上
殿直 金明属户李继周
【宋史】253/李继周传/8870
【汇编】上 221
殿直 延州硕尔族李文真
【长编标】86/1965
【长编影】86/1 上
【汇编】中一 1545
殿侍 鄜延蕃官李德明
【长编标】156/3778
【长编影】156/2 上
殿侍 鄜延蕃官高永能
【宋史】334/高永能传/10725
【汇编】中三 3448
殿侍 环庆蕃官赵宗杰，赵余德子
【长编标】281/6894
【长编影】281/12 上
【汇编】中四 4038
殿侍 环庆蕃官赵宗彦，赵余德子
【长编标】281/6894
【长编影】281/12 上
【汇编】中四 4038
殿前司右军统制 绥德属户李显忠
【系年要录】172/2824；177/2917
殿前司选锋军统制 绥德属户李显忠
【系年要录】182/3025
【海陵集】11/除李显忠加食邑制/14 下
【汇编】下 6593、6607
殿前司准备使唤 绥德属户李师颜
【系年要录】185/3093
【汇编】下 6610
【名臣碑传琬琰集】下集 24/故太尉威武军节度使李公行状/1617
【汇编】下 6599、6601；补遗 7133
殿前承旨 金明属户李继周
【宋史】253/李继周传/8870
【汇编】上 221
殿前选锋军都统制 绥德属户李显忠
【系年要录】184/3086
【汇编】下 6609
殿前都指挥使 环州党项杨惟忠
【三朝北盟会编】103/3 下
【汇编】下 6105
殿前都指挥使 绥德属户李显忠
【延安府志】7/诗文/22 下
【汇编】补遗 7154
殿前都指挥使 保安军属户刘光世
【宋史】25/高宗纪 2/460；369/刘光世传/11478
【系年要录】21/416、431、454；22/470
【中兴小纪】5/61
【汇编】下 6153、6161、6167、6170、6178、6184；补遗 7105
殿前都虞侯 保安军属户刘光世
【三朝北盟会编】113/12 上
【系年要录】13/292
【汇编】下 6120、6131
殿前都虞侯 麟州王文郁
【长编标】485/11522
【长编影】485/4 下
【汇编】中六 5279
殿前副都指挥使 保安军属户刘延庆
【长编纪事本末】141/14 下
【宋大诏令集】102/刘延庆保信军节度使充殿前副都指挥使之（政和八年五月五日）/378、102/刘延庆检校太保制（宣和元年六月十七日）/378
【汇编】中六 5915、5931、5940；补遗 7102

十四画

嘉州刺史 麟府折惟忠
【宋史】253/折德扆传/8861
【汇编】上 172

蔡州刺史 麟府折可适
【姑溪居士后集】20/折渭州墓志铭/1上
【汇编】上204
熙河兰会钤辖 麟州王文郁
【长编标】333/8018
【长编影】333/5上
【汇编】中四4468
熙河兰岷路经略安抚判官 麟州王文郁
【长编标】485/11528
【长编影】485/9上
【汇编】中六5286
熙河兰岷路经略使 麟州王文郁
【宋会要】兵28之42/7290
【汇编】中六5272
熙河路钤辖 麟州王文郁
【宋史】350/王文郁传/11075
【汇编】中四4240
管内安抚使 环州党项杨惟忠
【宋史】26/高宗纪3/490
【汇编】下6280
管内安抚使 保安军属户李永奇
【名臣碑传琬琰集】下集24/故太尉威武军节度使李公行状/1617
【汇编】补遗7128
管勾兰会路沿边安抚司公事 麟州王文郁
【长编标】399/9731
【长编影】399/10上
【汇编】中五4824
管勾部族事 延州蕃官李继周子李士彬
【长编标】72/1635
【长编影】72/12上
端明殿学士 麟府折彦质
【宋史】213/宰辅表4/5555
【宋会要】职官70之21/3955
【三朝北盟会编】170/8上
【系年要录】98/1615；107/1742；117/1893；170/2795；174/2869；178/2952；179/2958；183/3062；185/3111
【汇编】下6411、6448、6451、6452、6482、6501、6598、6600、6602、6603、6608、6611
演州刺史 庆州界首领李顺忠
【宋史】491/党项传/14137
【汇编】上24
鄯州防御使 咩逋族泥埋，又作密本族尼玛
【宋史】491/党项传/14137
【长编标】54/1183
【长编影】54/8下
【汇编】上27；中一1351

十五画

蕃弓箭手副指挥使 鄜延蕃官乙轻
【长编标】335/8071
【长编影】335/9下
蕃官都巡检 庆州大顺城蕃官赵余庆
【长编标】216/5254
【长编影】216/3下
【汇编】中三3610
蕃部巡检 蕃官赵明
【范文正公集】年谱补遗/10下
【汇编】中二2419
蕃部巡检 庆州大顺城蕃官赵余德
【长编标】213/5下；216/5254；281/6895
【长编影】213/5下；216/3下；281/12上
【汇编】中三3566、3610；中四4038
蕃部巡检 庆州淮安镇界六族都军主乞埋
【长编标】96/2220
【长编影】96/15上
【汇编】中一1603
蕃部巡检 庆州蕃官李继义
【长编标】97/2245
【长编影】97/5下
【汇编】中一1607
蕃部巡检 环庆路蕃官布威
【长编标】356/8519
【长编影】356/11上
【汇编】中五4631
蕃落监押 环州蕃官王延顺
【长编标】51/1121
【长编影】51/13上
【汇编】中一1306
蕲州防御使 保安军属户刘光世
【宋史】369/刘光世传/11478
【汇编】补遗7103

镇国夫人 保安军属户刘光世嫡母葛氏
【紫微集】14/故嫡母葛氏可特赠镇国夫人制/8下
【汇编】补遗 7116
镇西军节度使 绥德属户李永奇
【系年要录】132/2118
【汇编】下 6517
镇海军节度使 保安军属户刘延庆
【宋史】357/刘延庆传/11236
【汇编】补遗 7101
澄州刺史 庆州界首领李彦咩
【宋史】491/党项传/14137
【汇编】上 24
藏才三族都判 丰州藏才族啜尾
【宋会要】方域 21 之 10/7666
【汇编】上 41

十七画

魏国夫人 绥德熟户李显忠祖母折氏
【文忠集】98/太尉宁国军节度使主管侍卫马军司公事李显忠封赠三代/3 上
【汇编】补遗 7151
魏国公 绥德熟户李显忠祖李中言
【名臣碑传琬琰集】下集 24/故太尉威武军节度使李公行状/1617
【汇编】补遗 7128
魏郡太夫人 折继闵妻慕容氏
【金石萃编】147/折克行神道碑/1 上
【中国考古学会第一次年会论文集】折继闵神道碑/455
【汇编】上 191、196
徽猷阁待制 麟府折彦质
【三朝北盟会编】61/6 上
【靖康要录】3/201；11/686；14/871
【大金吊伐录】2/宋宣抚判官书/76、宋宣抚司牒/80
【汇编】中六 6009、6027、6032、6033、6056、6073
濠州团练使 绥德属户李显忠
【中兴御侮录】下/22
【汇编】下 6719

二十画

耀州观察使 麟府折可大
【中国考古学会第一次年会论文集】折继闵神道碑/455
【汇编】上 192
耀州观察使 麟府折可畏
【中国考古学会第一次年会论文集】折继闵神道碑/455
【汇编】上 192
耀州观察使 保安军属户刘光世
【宋史】369/刘光世传/11478
【三朝北盟会编】9/4 下
【汇编】中六 5949；补遗 7103
耀州观察使 麟府折惟忠
【宋史】253/折德扆传/8861
【长编标】113/2643
【长编影】113/11 上
【宋会要】仪制 13 之 7/2052
【汇编】上 173；中一 1740

二十一画

夔州路兵马都监兼知黔州 保安军属户刘光弼
【系年要录】76/1254
【汇编】下 6359

二十三画

麟州兵马都总管 麟府折御卿
【宋会要】方域 21 之 2/7662
【汇编】上 34
麟州兵马都监 麟府折克禧
【文物】1978 年第 12 期/陕西府谷县出土北宋李夫人墓志/90
【汇编】上 185
麟州阿尔族都巡检 河东路蕃官高永年
【宋史】342/王严叟传/10894
【长编标】457/10944
【长编影】457/7 下
【汇编】中五 5061
麟州都巡检 河东蕃官高永年

【宋史】453/高永年传/13315
【汇编】上 228
麟州都监 丰州王余庆
【宋会要】方域 21 之 13/7667
【汇编】上 45
麟州都监 丰州王余应
【长编标】292/7174
【长编影】292/11 上
【宋会要】方域 21 之 13/7667
【汇编】上 45；中四 4082
麟州通津堡兵马都监 麟府折可褒
【文物】1978 年第 12 期/陕西府谷县出土北宋李夫人墓志/90
【汇编】上 185
麟府州管界都巡检使 府州折可求
【中国考古学会第一次年会论文集】折继闵神道碑/455
【汇编】上 192
麟府兵马都总管 麟府折御卿
【宋会要】兵 14 之 10/6997
【汇编】中一 1079
麟府浊轮寨巡检使 麟府折御卿
【宋会要】方域 21 之 2/7662
【汇编】上 33
麟府浊轮寨都巡检使 麟府折惟昌
【宋会要】方域 21 之 4/7663
【汇编】上 35
麟府总管 麟府折御卿
【玉壶清话】3/6 上
【汇编】中一 1097
麟府路安抚使 麟府折可求
【金史】3/太宗纪/60
【汇编】下 6159
麟府都巡司准备勾当 麟府折可大
【长编标】493/11700
【长编影】493/7 上
【汇编】中六 5342
麟府都巡检使 麟府折克行
【长编标】314/7609
【长编影】314/9 下
【宋会要】方域 21 之 8/7665
【汇编】上 40；中四 4150
麟府路兵马钤辖 麟府折继闵
【中国考古学会第一次年会论文集】折继闵神道碑/455
【汇编】上 190
麟府路驻泊兵马钤辖 麟府折继闵
【中国考古学会第一次年会论文集】折继闵神道碑/455
【金石萃编】147/折克行神道碑/1 上、147/折克行神道碑考释
【汇编】上 186、196、200
麟府路都巡检使 麟府折惟忠
【宋史】253/折德扆传/8861
【汇编】上 172

（四）伪齐与金朝对党项的封授

六画

观察使 绥德属户李世辅，又名李显忠
【金史】72/彀英传/1661
【汇编】下 6493

七画

苏尾九族都巡检使 绥德属户李显忠
【延安府志】2/安定县·关梁/15 下
【汇编】补遗 7303

八画

知代州 麟府折彦文
【系年要录】127/2066
【汇编】下 6501
知同州 绥德属户李显忠
【系年要录】125/2046（文中录 1046 当误）
【汇编】下 6498
知同州 绥德属户李显忠
【三朝北盟会编】183/5 下
【系年要录】124/2030
【汇编】下 6486、6487、6492

知府州 麟府折可求
【系年要录】30/595
【中兴小纪】4/52
【汇编】下 6150、6204
知商州 麟府折可直
【朝野类要】1/3 上
【汇编】下 6699
府州路经略使 麟府折可求
【系年要录】122/1971
【汇编】下 6489
定国军节度使 绥德属户李世辅
【金史】82/颜盏门都传/1843
【汇编】下 6493

十三画

鄜延路第六将 李显忠
【延安府志】7/绥德州·清涧县·关梁/18 下
【汇编】补遗 7304

十四画

熙河经略使 慕容洧
【系年要录】86/1421
【汇编】下 6395
熙河路经略使 慕容洧
【系年要录】117/1885
【汇编】下 6482

二十三画

麟府路经略使 麟府折可求
【宋史】475/刘豫传/13802
【系年要录】117/1885
【汇编】下 6482、6489

四、宋朝对吐蕃、回鹘及其他少数民族的封授

三画

三班奉职 熙河吐蕃木征子兀丁吼乞，赐姓名钱怀义
【长编标】247/6029
三班奉职 熙河吐蕃摩正子乌丹乌沁，赐姓名钱怀义
【长编影】247/20 下
【汇编】中四 3902
三班奉职 熙河洮岷蕃官讷儿温，又作鼐尔温
【长编标】291/7111
【长编影】291/2 上
三班奉职 兰州蕃官章鄂特
【长编标】348/8344
【长编影】348/3 下
【汇编】中五 4594
三班奉职 河湟吐蕃首领吹同乞砂，又名策卜腾沁沙克
【长编标】126/2975、2976
【长编影】126/9 上、10 上
【汇编】中二 1924
三班奉职 泾原部落子都罗摩尼扬昌，又名都啰漫娘昌
【长编标】496/11809
【长编影】496/15 下
【汇编】中六 5382
三班奉职 熙河吐蕃包忠子萨纳坦，赐名遵
【长编标】492/11678
【长编影】492/2 上
【汇编】中六 5337
三班奉职 熙河路蕃官长摩萨格
【长编标】260/6345
【长编影】260/14 下
【汇编】中四 3982
三班奉职 熙河蕃官包诚子开佐，赐名毅
【长编标】489/11606
【长编影】489/8 下
【汇编】中六 5314
三班奉职 熙河蕃官包诚子包文
【长编标】489/11606
【长编影】489/8 下
【汇编】中六 5314
三班奉职 熙河蕃官包诚子包明等四人
【长编标】489/11606
【长编影】489/8 下
【汇编】中六 5314
三班奉职 熙河蕃官包诚子济实木，赐名勇
【长编标】489/11606
【长编影】489/8 下
【汇编】中六 5314
三班奉职 熙河蕃官包诚子结星，赐名信
【长编标】489/11606
【长编影】489/8 下
【汇编】中六 5314
三班奉职 熙河蕃官包诚子结默，赐名才
【长编标】489/11606
【长编影】489/8 下
【汇编】中六 5314
三班奉职 熙河蕃官包诚子莽布，赐名武
【长编标】489/11606
【长编影】489/8 下
【汇编】中六 5314
三班奉职 熙河蕃官包诚子索诺木，赐名强
【长编标】489/11606
【长编影】489/8 下
【汇编】中六 5314
三班奉职 熙河蕃官包诚子斯结木磋，赐名忠
【长编标】489/11606
【长编影】489/8 下
【汇编】中六 5314

三班奉职 熙河蕃官包诚子嘉木错，赐名良
【长编标】489/11606
【长编影】489/8 下
【汇编】中六 5314
三班奉职 熙河蕃官包顺子嘉卜卓
【长编标】260/6332
【长编影】260/3 上
【汇编】中四 3981
三班奉职 邈川溪巴温
【长编标】305/7417
【长编影】305/2 下
【汇编】中四 4110
三班奉职 泾原部落子都勒满登，又名都啰漫丁
【长编标】496/11809
【长编影】496/15 下
【宋会要】蕃夷 6 之 32/7834
【汇编】中六 5382
三班奉职 邈川首领结约特，又名结药
【长编标】402/9789
【长编影】402/12 上
【宋会要】蕃夷 6 之 21/7829
【汇编】中五 4835
三班差使 泾原弓箭手指挥使麻英
【宋会要】蕃夷 6 之 6/7821
三班差使 熙河蕃官吹凌密
【长编标】336/8102
【长编影】336/10 上
三班差使 岷州边人韦万子知几
【长编标】494/11744
【长编影】494/16 下
【汇编】中六 5360
三班差使 熙河路马衔山后锡丹族达克博
【长编标】262/6408
【长编影】262/30 下
【汇编】中四 3987
三班差使 洮东蕃官溪斯多特
【长编标】273/6687
【长编影】273/12 下
【汇编】中四 4016
三班差使 洮西蕃僧李巴占，又名李巴毡
【长编标】264/6466
【长编影】264/8 下
【宋会要】蕃夷 6 之 11/7824
【汇编】中四 3991
三班借职 河湟吐蕃首领吹同山乞，又名策卜腾善沁
【长编标】126/2975、2976
【长编影】126/9 上、10 上
【汇编】中二 1924、1926
三班借职 通远军齐玛克堡李用子李忠
【长编标】341/8201
【长编影】341/6 上
【汇编】中四 4534
三班借职 渭州属户格隆族都虞侯延正
【长编标】139/3355
【长编影】139/17 下
【汇编】中二 2689
三班借职 湟州吐蕃多垒凌结，又名胪令结
【长编标】520/12356
【长编影】520/2 下
【汇编】中六 5668
三班借职 湟州吐蕃角蝉，又名居戬
【长编标】520/12356
【长编影】520/2 下
【汇编】中六 5668
三班借职 湟州吐蕃斯多展，又名厮铎毡
【长编标】520/12356
【长编影】520/2 下
【汇编】中六 5668
三班借职 湟州吐蕃策凌结，又名钤令结笃
【长编标】520/12356
【长编影】520/2 下
【汇编】中六 5668
三班借职 蕃官且星子吹达尔济，又名屈丁鸡
【长编标】417/10127
【长编影】417/6 上
【汇编】中五 4946
三班借职 蕃官且星子吹迈，又名屈埋
【长编标】417/10127
【长编影】417/6 上
【汇编】中五 4946
三班借职 蕃官李默戬觉，自言招安蕃部有劳
【长编标】262/6403

【长编影】262/26 上
【汇编】中四 3987
三班借职 泾原归明部落子索鼎，又名岁丁
【长编标】501/11932
【长编影】501/3 上
【宋会要】蕃夷 6 之 32/7834
【汇编】中六 5426
三班借职 熙河路归顺部落子勃哆，又名博伊克
【长编标】498/11854
【长编影】498/12 下
【宋会要】兵 17 之 6/7040
【汇编】中六 5395
下班殿侍 吐蕃麻英
【宋会要】蕃夷 6 之 6/7821
上柱国 归义军曹元忠
【宋会要】蕃夷 5 之 1/7767
上柱国 回鹘使曹万通
【宋会要】蕃夷 4 之 13/7720
上柱国 河湟吐蕃瞎征，阿里骨子
【宋会要】蕃夷 6 之 30/7833、6 之 38/7837
上柱国 归义军曹延禄
【宋会要】蕃夷 5 之 1/7767
【宋大诏令集】240/沙州曹延禄拜官制（太平兴国五年四月丁丑）/943
【汇编】中一 987
上柱国 西蕃溪赊罗撒，陇拶弟
【宋会要】蕃夷 6 之 40/7838、6 之 41/7839
【宋大诏令集】240/西蕃溪赊啰撒西平节度西蕃邈川首领制（崇宁元年十一月丙戌）/942
【汇编】中六 5721
上柱国 青唐董毡
【宋会要】蕃夷 6 之 13/7825
【宋大诏令集】239/董毡特进制（熙宁三年）/937
【汇编】中四 4051
上柱国 熙河吐蕃木征子陇拶，赐名赵怀德
【宋会要】蕃夷 6 之 38/7837
【宋大诏令集】240/赵怀德加恩制/944
【汇编】中六 5679
上柱国 邈川首领唃厮啰，又名嘉勒斯赉
【宋大诏令集】239/唃厮啰保顺河西等军节度使制（康定二年正月乙未）/936
【乐全集】22/秦州奏唃厮啰事/22 上
【汇编】中二 1921、2157
上柱国 青唐阿里骨，董毡养子
【宋会要】蕃夷 6 之 19/7828
【宋大诏令集】239/西蕃阿里骨起复河西节度使（元祐元年二月丁丑）/938、西蕃邈川首领阿里骨落起复制（元祐三年十月乙丑）/940；240/阿里骨检校太尉依前河西节度仍旧西蕃邈川首领加恩制/941
【宋文鉴】36/西蕃邈川首领阿里骨加食邑制/6 下
【汇编】中五 4686、4941、5190
义勇军节度使 归义军首领曹延禄
【宋大诏令集】240/沙州曹延禄拜官制（太平兴国五年四月丁丑）/943
【汇编】中一 987
弓箭手巡检 熙河蕃部麻英
【宋会要】蕃夷 6 之 6/7821
弓箭手指挥使 通远军齐玛克堡李用子李清
【长编标】341/8201
【长编影】341/6 上
【汇编】中四 4534

四画

开府仪同三司 青唐吐蕃董毡
【宋会要】蕃夷 6 之 13/7825
【宋大诏令集】239/西蕃邈川首领董毡移镇西平节度制/937
【汇编】中四 4051
开府仪同三司 熙河吐蕃木征子赵怀德，原名陇拶
【宋大诏令集】240/赵怀德赠开府仪同三司追封怀化郡王制/945
【方舟集】16/赵郡王墓志铭/26 上
【汇编】中六 5862；下 6696
太原郡君 邈川首领唃厮啰妻乔氏
【长编标】123/2901；191/4616
【长编影】123/9 上；191/5 下、6 上
【汇编】中二 1788
牙内都虞候 归义军曹延瑞

【长编标】21/474
【长编影】21/4 上
中书令 归义军曹元忠
【长编标】3/61
【长编影】3/1 下
【宋会要】蕃夷 5 之 1/7767
内殿承制 熙河首领郎结毡
【宋会要】蕃夷 6 之 12/7824
内殿承制 熙河蕃官怀义
【宋会要】蕃夷 6 之 13/7825
内殿承制 熙河瞎征长男
【宋会要】蕃夷 6 之 38/7837
内殿承制 熙河瞎征妻侄沈兼钱
【宋会要】蕃夷 6 之 38/7837
内殿承制 青唐首领撒结逋厥鸡
【宋大诏令集】240/青唐首领撒结逋厥鸡归顺补内殿承制制（元符三年五月）/942
【汇编】中六 5683
内殿承制 熙河吐蕃包诚
【长编标】244/5937
【长编影】244/7 上
内殿承制 蕃官王吉，以青唐死事赠官
【长编标】520/12354
【长编影】520/1 上
内殿承制 定西城蕃官遵博纳芝
【长编标】350/8389
【长编影】350/8 上
【汇编】中五 4613
内殿承制 熙河吐蕃包诚子包明
【长编标】489/11606
【长编影】489/8 下
【汇编】中六 5314
内殿承制 熙河吐蕃赵思忠子赵怀义
【长编标】283/6924
【长编影】283/3 上
【汇编】中四 4043
内殿崇班 邈川大首领温溪心孙巴讷支
【宋会要】蕃夷 6 之 32/7834
内殿崇班 熙河吐蕃结逋脚，包顺子
【长编标】284/6960
【长编影】284/13 下
【汇编】中四 4047
内殿崇班 熙河赵醇忠曾孙阿克凌，赐名世长
【长编标】489/11605
【长编影】489/8 上
【汇编】中六 5313
内殿崇班 邈川大首领温溪心孙结施温，又作温锡沁孙集星兑
【长编标】493/11706
【长编影】493/11 下
【汇编】中六 5344
内殿崇班 邈川巴讷支，又作巴鼐吉，温溪心孙
【长编标】501/11931
【长编影】501/3 上
【汇编】中六 5425
内殿崇班 河州首领辖约，赐名包约
【宋史】15/神宗纪 2/282
【长编标】240/5825
【长编影】240/1 下
【汇编】中四 3818
内殿崇班 熙河吐蕃赵思忠子赵秉义
【长编标】283/6924
【长编影】283/3 上
【宋会要】蕃夷 6 之 13/7825
【汇编】中四 4043
内殿崇班 邈川首领温溪心，又名温溪沁
【长编标】302/7350
【长编影】302/7 下
【宋会要】蕃夷 6 之 15/7826
【汇编】中四 4108
内藏库使 青唐同管国事青归论征
【宋会要】蕃夷 6 之 37/7837
内藏库使 熙河吐蕃李蔺毡讷支，又作李楞毡纳支
【长编标】296/7204
【长编影】296/9 上
内藏库使 熙河吐蕃包顺
【长编标】252/6156
【长编影】252/8 下
【汇编】中四 3942
内藏库副使 熙河吐蕃赵绍忠
【长编标】280/6861；283/6924
【长编影】280/10 下；283/3 上

【汇编】中四 4034

仁和县君 熙河吐蕃木征妻结施卒，又名结日卜聚

【长编标】254/6212

【长编影】254/7 上

【宋会要】蕃夷 6 之 11/7824

【汇编】中四 3958

化外胜州刺史 西蕃巴温，温溪心子

【长编标】455/10912

【长编影】455/10 下

【宋会要】蕃夷 6 之 24/7830

【汇编】中五 5058

化外庭州团练使 青唐吐蕃奚邦彪钱，阿里骨子，又作奚邦彪钱，鄂特凌子

【宋史】17/哲宗纪 1/331

【长编标】455/10912

【长编影】455/10 下

【宋会要】蕃夷 6 之 24/7830

【汇编】中五 5058

丹州刺史 熙河蕃官温玉

【长编标】351/8408

【长编影】351/5 上

【汇编】中五 4620

六谷王 凉州吐蕃潘罗支，又作博罗齐

【长编标】49/1076

【长编影】49/12 上

【奏议标】130/张齐贤 · 上真宗论陕西事宜/1438

【奏议影】130/张齐贤 · 上真宗论陕西事宜/4420

六谷都巡检使 西凉府六谷周斯那支，又作周蕯纳齐

【宋史】492/吐蕃传/14157

【长编标】59/1317

【长编影】59/9 下

【宋会要】方域 21 之 21/7671

【汇编】中一 1416、1417

六宅副使 熙河吐蕃木征弟董古，赐名继忠

【宋史】492/赵思忠传/14168

【汇编】中四 3957

六宅副使 熙河路赵醇忠，原名巴毡角

【长编标】280/6861

【长编影】280/10 下

【汇编】中四 4034

文思使 熙河吐蕃包诚

【长编标】283/6924

【长编影】283/3 上

【汇编】中四 4043

文思副使 蕃官结摩约肆，以执鬼章加官

【长编标】408/9942

【长编影】408/20 下

文思副使 定西城蕃官结博约特

【长编标】350/8389

【长编影】350/8 上

【汇编】中五 4613

文思副使 蕃官巴库斯，以执鬼章加官

【长编标】408/9943

【长编影】408/20 下

【汇编】中五 4916

文思副使 蕃官结堪布伽，以执鬼章加官

【长编标】408/9942

【长编影】408/20 下

【汇编】中五 4916

文思副使 蕃官凌占，以执鬼章加官

【长编标】408/9942

【长编影】408/20 下

【汇编】中五 4916

文思副使 蕃官鄂特凌敦，以执鬼章加官

【长编标】408/9943

【长编影】408/20 下

【汇编】中五 4916

文思副使 蕃官辖凌结，以执鬼章加官

【长编标】408/9943

【长编影】408/20 下

【汇编】中五 4916

引进使 蕃官李世恭，用兵青唐战死

【长编标】520/12354

【长编影】520/1 上

【汇编】中六 5668

巴凌巡检 熙河路马衔山后锡丹族达克博

【长编标】262/6408

【长编影】262/30 下

【汇编】中四 3987

五画

节度观察留后 青唐吐蕃面什罗蒙，赐名赵怀德
【长编纪事本末】140/12 下
【汇编】中六 5845
节度使 邈川首领鄂特凌古，又作阿里骨
【长编标】365/8771；372/9013
【长编影】365/24 下；372/10 上
【汇编】中五 4672、4709
石州刺史 北汉降将嘉且舍鄂
【长编标】10/221
【长编影】10/16 上
【汇编】中一 949
左千牛卫将军 西蕃首领吹同乞砂，又名策卜腾沁沙克
【长编标】126/2976
【长编影】126/10 上
【汇编】中二 1926
左千牛卫将军 河湟吐蕃首领策卜腾善沁，又名吹同山乞
【长编标】126/2976
【长编影】126/10 上
【汇编】中二 1926
左屯卫将军 龟兹贡使李延胜
【宋会要】蕃夷 4 之 14/7720
左武大夫 吐蕃巴毡角
【金史】91/结什角传/2016
【汇编】下 6745
左侍禁 熙河蕃官赵思忠子赵怀义
【长编标】283/6924
【长编影】283/3 上
【汇编】中四 4043
左侍禁 邈川新归顺布证族首领巴尔瓜，又作巴把兀、巴把吼
【长编标】518/12337
【长编影】518/18 下
【宋会要】蕃夷 6 之 35/7836
【汇编】中六 5652
左神武大将军 西州回鹘禄胜使臣曹万通
【宋史】490 回鹘传/14115
【长编标】48/1057
【长编影】48/13 上
【宋会要】蕃夷 4 之 3/7715、4 之 13/7720
【汇编】中一 1230
左神武军大将军 甘州进奉使翟符守荣
【宋会要】蕃夷 4 之 5/7716
左骐骥使 熙河吐蕃赵醇忠，原名巴毡角
【长编标】334/8054
【长编影】334/21 上
【汇编】中四 4479
左班殿直 秦凤蕃官讷支蔺毡，又作讷芝临占
【长编标】175/4225
【长编影】175/6 上
左班殿直 蕃官李世恭子李良嗣
【长编标】520/12354
【长编影】520/1 上
【汇编】中六 5668
左班殿直 邈川吐蕃首领青宜奢罗
【长编标】518/12337
【长编影】518/18 下
【宋会要】蕃夷 6 之 35/7836
【汇编】中六 5652
左厢押蕃落副使 西凉府吐蕃折逋阿喻丹
【宋史】492/吐蕃传/14154
【宋会要】方域 21 之 15/7668
【汇编】中一 1053
左藏库使 蕃官牛讷之，以执鬼章加官
【长编标】408/9942
【长编影】408/20 下
【汇编】中五 4916
左藏库使 蕃官若廸没移
【长编标】351/8408
【长编影】351/5 上
【汇编】中五 4620
左藏库副使 吐蕃默正子怀义
【方舟集】16/赵郡王墓志铭/26 上
【汇编】下 6696
左藏库副使 蕃官巴鄂卓克辰，以擒果庄加官
【长编标】408/9942
【长编影】408/20 下
【汇编】中五 4916
左藏库副使 蕃官结布，以擒果庄加官
【长编标】408/9942

【长编影】408/20 下
【汇编】中五 4916

左藏库副使 蕃官结堪布伽，以擒果庄加官
【长编标】408/9942
【长编影】408/20 下
【汇编】中五 4916

左藏库副使 蕃官凌占，以擒果庄加官
【长编标】408/9942
【长编影】408/20 下
【汇编】中五 4916

右武大夫 吐蕃董毡从孙赵怀恩
【系年要录】6/166
【方舟集】16/赵郡王墓志铭/26 上
【汇编】下 6115、6696

右侍禁 秦凤路洮州蕃官庞逋撒次男抹令
【宋会要】蕃夷 6 之 39/7838

右侍禁 河湟吐蕃巴毡角，又作巴珍觉，赐名醇忠
【长编标】254/6213
【长编影】254/7 上

右侍禁 河湟吐蕃巴毡抹，又作巴珍穆，赐名存忠
【长编标】254/6213
【长编影】254/7 上

右侍禁 河湟吐蕃结吴延征，又作斡延正，赐名济忠
【长编标】254/6213
【长编影】254/7 上

右侍禁 河湟吐蕃董谷，赐名继忠
【长编标】254/6213
【长编影】254/7 上

右侍禁 河湟吐蕃瞎吴叱，又作乌察，赐名绍忠
【长编标】254/6213
【长编影】254/7 上

右侍禁 河湟吐蕃首领楞占讷芝，又作蔺毡纳支
【长编标】241/5876
【长编影】241/2 下
【汇编】中四 3825

右侍禁 河湟吐蕃摩正子巴尔丕勒鄂丹斡，又作邦辟勿丁兀，赐名怀义
【长编标】254/6213
【长编影】254/7 上
【汇编】中四 3958

右侍禁 熙河吐蕃木征子盖兀，又名噶斡，赐名秉义
【长编标】254/6213
【长编影】254/7 上
【汇编】中四 3958

右侍禁 熙河蕃官长摩萨格
【长编标】260/6345
【长编影】260/14 下
【汇编】中四 3982

右侍禁 熙河蕃官赵思忠子赵秉义
【长编标】283/6924
【长编影】283/3 上
【汇编】中四 4043

右侍禁 青唐吐蕃巴斯多卜，又作巴厮铎
【长编标】518/12326
【长编影】518/7 上
【宋会要】蕃夷 6 之 35/7836
【汇编】中六 5648

右金吾卫大将军 青唐吐蕃首领董毡
【宋大诏令集】237/赐起复董毡官敕牒对衣等示谕诏/937

右金吾卫大将军 青唐董毡养子阿里骨
【宋会要】蕃夷 6 之 19/7828
【宋大诏令集】239/西蕃阿里骨起复河西节度使（元祐元年二月丁丑）/939、西蕃邈川首领阿里骨落起复制（元祐三年十一乙丑）/940
【汇编】中五 4686

右班殿直 青唐神波族首领
【宋会要】蕃夷 6 之 35/7836

右班殿直 青唐神波族蕃官野毡
【长编标】518/12326

右班殿直 邈川朴心族邦毡
【宋会要】蕃夷 6 之 35/7836

右班殿直 青唐仲也族蕃官叶占
【长编影】518/7 上
【汇编】中六 5648

右班殿直 熙河吐蕃包诚子包猛
【长编标】489/11606
【长编影】489/8 下

【汇编】中六 5314

右班殿直 熙河吐蕃包诚子包喜

【长编标】489/11606

【长编影】489/8 下

【汇编】中六 5314

右班殿直 熙河张绍志子索诺卜凌斡，赐名张续

【长编标】492/11678

【长编影】492/2 上

【汇编】中六 5337

右班殿直 邈川首领溪心子乐斯波温，又作乐厮波温

【长编标】305/7417

【长编影】305/2 下

【汇编】中四 4110

右班殿直 邈川首领溪心弟阿罗

【长编标】305/7417

【长编影】305/2 下

【汇编】中四 4110

右班殿直 河湟吐蕃果庄子索诺木节，又作鬼章子苏南结

【长编标】441/10619

【长编影】441/11 上

【宋会要】蕃夷 6 之 23/7830

【汇编】中五 4989

右班殿直 邈川首领温声腊抹，又作温僧拉摩

【长编标】302/7350

【长编影】302/7 下

【宋会要】蕃夷 6 之 15/7826

【汇编】中四 4108

右骐骥使 河湟吐蕃唃厮啰嫡长曾孙赵怀义

【宋会要】蕃夷 6 之 36/7836

右骐骥使 西蕃大首领阿雅卜

【长编标】334/8054

【长编影】334/21 上

【汇编】中四 4479

右骐骥使 熙河路赵醇忠，原名巴毡角

【长编标】334/8054

【长编影】334/21 上

【汇编】中四 4479

甘州团练使 熙河吐蕃首领鬼章，又作果庄

【长编标】323/7789

【长编影】323/12 下

【宋会要】蕃夷 6 之 17/7827

【汇编】中四 4318

本州防御使 青唐吐蕃阿里骨，董毡养子

【宋会要】蕃夷 6 之 30/7833

【宋大诏令集】239/西蕃阿里骨起复河西节度使（元祐元年二月丁丑）/938

【汇编】中五 4686、5252

本州蕃部都监 河州首领辖约，赐名包约

【长编标】240/5825

【长编影】240/1 下

【汇编】中四 3818

本部军主 吐蕃阿里骨进奉使人结瓦，又作结叽

【长编标】466/11135

【长编影】466/9 上

【汇编】中五 5103

本部都军主 邈川首领鄂特凌古子溪邦贝昌，又作阿里骨子邦彪篯

【长编标】430/10396

【长编影】430/15 上

【汇编】中五 4967

本部都军主 邈川首领鄂特凌古弟索诺木纳木扎勒，又作阿里骨弟南纳支

【长编标】430/10396

【长编影】430/15 上

【汇编】中五 4967

本族军主 大马家族阿厮铎

【宋史】492/吐蕃传/14160

【汇编】中一 1582

本族巡检 冶坊砦都首领郭厮敦

【宋史】492/吐蕃传/14160

【汇编】中一 1582

本族巡检 青唐仲也族蕃官巴斯吉

【长编影】518/7 上

【汇编】中六 5648

本族巡检 青唐神波族蕃官巴厮鸡

【长编标】518/12326

【宋会要】蕃夷 6 之 35/7836

本族巡检 兰州蕃官章鄂特

【长编标】348/8344

【长编影】348/3 下

【汇编】中五 4594
本族巡检 定羌城熟户日珠族青斯巴
【长编标】271/6653
【长编影】271/17 下
【汇编】中四 4006
本族巡检 渭州属户格隆族都虞候延正
【长编标】139/3355
【长编影】139/17 下
【汇编】中二 2689
本族巡检 熙州固密族结斡沁
【长编标】248/6059
【长编影】248/20 上
【汇编】中四 3910
本族巡检 熙河来远寨蕃官吴恩
【长编标】298/7257
【长编影】298/15 下
【汇编】中 4/4099
本族巡检 熙河赵醇忠曾孙阿克凌，又作阿凌，赐名世长
【长编标】489/11605
【长编影】489/8 上
【汇编】中六 5313
本族巡检 熙河路蕃僧巴勒斯丹
【长编标】275/6726
【长编影】275/6 上
【汇编】中四 4020
本族巡检 蕃官李默戬觉，自言招抚蕃部有劳
【长编标】262/6403
【长编影】262/26 上
【汇编】中四 3987
本族巡检 邈川添令下族邦战，又作邦毡
【长编标】518/12337
【长编影】518/18 下
【汇编】中六 5652
本族巡检 青唐吐蕃居戬，又作角蝉
【长编标】517/12303
【长编影】517/7 下
【宋会要】蕃夷 6 之 34/7835
【汇编】中六 5634
本族都军主 阿里骨男溪邦彪钱
【宋会要】蕃夷 6 之 23/7830
本族都军主 阿里骨弟苏南纳支
【宋会要】蕃夷 6 之 23/7830、6 之 28/7832
本族都军主 渭州折平族首领撒逋渴
【宋史】492/吐蕃传/14158
【汇编】中一 1439
本族都军主 秦州默星族郢城斯纳
【长编标】90/2084
【长编影】90/15 下
【汇编】中一 1584
本族都军主 邈川觉勒玛斯多卜，温锡沁子
【长编标】421/10183
【长编影】421/1 上
【汇编】中五 4954
本族都巡检 吐蕃边厮波结下婿
【宋会要】蕃夷 6 之 38/7837
本族都巡检 熙河吐蕃陇拶舅瞎里结
【宋会要】蕃夷 6 之 38/7837
本族都巡检 瞎征长男瞎毡
【宋会要】蕃夷 6 之 38/7837
本族都巡检 瞎征妻侄沈兼钱
【宋会要】蕃夷 6 之 38/7837
本族都巡检 湟州蕃酋娄吴，又名洛吴
【长编标】520/12356
【长编影】520/2 下
【宋会要】蕃夷 6 之 36/7836
【汇编】中六 5668
本族都指挥使 邈川首领溪展，又作溪毡
【长编标】466/11135
【长编影】466/9 上
【汇编】中五 5103
本族副军主 论毡巴柯族军主阿邻官捉厮鸡
【元丰类稿】22/阿邻官捉厮鸡并本族副军主制/6 上
【汇编】补遗 7158
本族副军主 阿里骨进奉人李阿温，又作李阿旺
【长编标】466/11135
【长编影】466/9 上
本族副军主 青唐阿里骨大首领抹征兼钱
【彭城集】20/阿里骨大首领抹征兼钱并充本族副军主制/281
【汇编】中五 5055
本族副军主 邈川吐蕃首领伦约斯

【长编影】466/9 上
【汇编】中影五/5103
本族副军主　邈川吐蕃首领李阿旺隆
【长编影】466/9 上
【汇编】中五 5103
本族副军主　邈川吐蕃首领阿笃，又名阿道
【长编标】302/7351
【宋会要】蕃夷 6 之 15/7826
本族副军主　阿里骨进奉人今支结玛，又作党支今结
【长编标】466/11135
【长编影】466/9 上
【汇编】中五 5103
本族副军主　阿里骨进奉人陇谕药四，又作隆伦约斯
【长编标】466/11135
【长编影】466/9 上
【汇编】中五 5103
本族副军主　阿里骨进奉人麻令一缩，又作玛哩伊嵯
【长编标】466/11135
【长编影】466/9 上
【汇编】中五 5103
本族副军主　邈川首领且鼐丹，又作叱纳
【长编标】466/11135
【长编影】466/9 上
【汇编】中五 5103
本族副军主　鬼章进奉大首领李赊罗抹，又作果庄进奉大首领李沙勒玛
【长编标】380/9235
【长编影】380/14 下
【宋会要】蕃夷 6 之 20/7828
【汇编】中五 4739
本族副军都主　邈川吐蕃军主遵博斯吉
【长编标】421/10183
【长编影】421/1 上
【汇编】中五 4954
本族副都指挥使　邈川首领溪展，又作溪毡
【长编标】421/10183
【长编影】421/1 上
【汇编】中五 4954
本族蕃巡检　洮西蕃僧李巴占，又名李巴毡
【长编标】264/6466
【长编影】264/8 下
【宋会要】蕃夷 6 之 11/7824
【汇编】中四 3991
可汗王　甘州回鹘可汗夜落纥
【宋会要】蕃夷 4 之 6/7716
【汇编】中一 1540
可汗王　甘州回鹘伊噜格勒
【长编影】85/15 上
【汇编】中一 1539
可汗王　甘州回鹘夜落隔通顺
【宋史】490/回鹘传/14117
【汇编】中一 1622
可汗王　甘州宝国伊噜格勒
【长编影】105/11 下；111/16 下
【汇编】中一 1654、1688
可汗王　甘州辉和尔伊噜格勒
【长编影】69/4 下；85/15 上
【汇编】中一 1478、1539
可汗王　甘州辉河尔伊噜格勒圭呼
【长编影】95/6 上
【汇编】中一 1599
可汗王　西州回鹘禄胜
【宋史】490/回鹘传/14115
【长编标】48/1057
【长编影】48/13 上
【汇编】中一 1230
东上閤门使　熙河吐蕃包诚
【长编标】406/9886；489/11606
【长编影】406/10 上；489/8 下
【汇编】中五 4896；中六 5314
东上閤门使　熙河蕃官李世恭
【长编标】493/11723；499/11880
【长编影】493/26 下；499/9 上
【汇编】中六 5349；5406
东上閤门使　熙河蕃官李忠杰
【长编标】406/9886；493/11723；499/11880
【长编影】406/10 上；493/26 下；499/9 上
【宋会要】礼 9 之 10/533
【汇编】中五 4896、5248；中六 5349、5405
东头供奉官　吐蕃首领结成抹，又名结赤木
【长编标】254/6212

【长编影】254/7 上
【汇编】中四 3958
东头供奉官 吐蕃首领鄂特凌古，又名阿里骨
【长编标】254/6212
【长编影】254/7 上
【汇编】中四 3958
东头供奉官 熙河吐蕃包顺子结逋脚
【长编标】284/6960
【长编影】284/13 下
【汇编】中四 4047
东头供奉官 青唐吐蕃巴厮鸡，也作巴斯吉
【长编标】518/12326
【长编影】518/7 上
【宋会要】蕃夷 6 之 35/7836
【汇编】中六 5648
东头供奉官 青唐吐蕃居戬，又作角蝉
【长编标】517/12303
【长编影】517/7 下
【宋会要】蕃夷 6 之 34/7835
【汇编】中六 5634
东头供奉官 河湟向宋蕃酋娄吴，又名洛吴
【长编标】520/12356
【长编影】520/2 下
【宋会要】蕃夷 6 之 36/7836
【汇编】中六 5668
归义节度使 归义军曹贤顺
【长编标】82/1871
【长编影】82/9 下
归义节度使 归义军曹延禄
【长编标】21/474；48/1044；52/1147
【长编影】21/4 上；48/1 下；52/15 下
【宋会要】蕃夷 5 之 1/7767
归义节度使 归义军曹宗寿
【长编标】52/1147；56/1238；65/1457；101/2337
【长编影】52/15 下；56/12 下；65/14 上；101/7 上
【宋会要】蕃夷 5 之 2/7767
归义军节度使 归义军曹元忠
【宋会要】蕃夷 5 之 1/7767
归义军节度使 归义军曹贤顺
【宋会要】蕃夷 7 之 22/7850
归义军节度使 归义军曹元忠
【长编标】21/474
【长编影】21/4 上
【宋会要】蕃夷 5 之 1/7767
归义军留后 归义军曹贤顺
【宋朝事实类苑】75/引东斋纪事/994
【长编标】82/1871
【汇编】中一 1626
归义军衙内都虞侯 归义军曹延瑞
【宋会要】蕃夷 5 之 2/7767
归化将军 河湟吐蕃温逋奇
【宋史】492/唃厮啰传/14161
【东都事略】129/附录 7 · 西蕃/2 上
【汇编】中一 1683、1684
归忠保顺可汗王 甘州回鹘可汗夜落隔通顺，又作伊噜勒栋硕尔
【宋史】490/回鹘传/14117
【长编标】100/2323
【长编影】100/12 下
【汇编】中一 1622
归德司戈 契丹归宋首领
【太平治迹统类】2/太祖经略幽燕/2 上
【汇编】中一 951
归德司戈 契丹诺尔沁旺布十五人
【长编标】10/234
【长编影】10/16 下
【汇编】中一 952
归德将军 凉州吐蕃结布伊朗布
【长编影】43/12 下
归德将军 邈川唃厮啰温逋奇
【乐全集】22/秦州奏唃厮啰事/21 下
【汇编】中一 1683
归德将军 凉州吐蕃折逋游龙钵
【宋史】492/吐蕃传/14154
【长编标】43/920
【宋会要】方域 21 之 15/7668；蕃夷 7 之 14/7846
【汇编】中一 1199
归德将军 六谷吐蕃潘罗支子失吉，又作布济克
【宋史】492/吐蕃传/14157
【长编标】59/1317
【长编影】59/9 下

【宋会要】方域21之21/7671
【汇编】中一1416、1417
四方馆使 通远军齐玛克堡李用子李忠
【长编纪事本末】139/20上
【汇编】中六5754
四方馆使 熙河吐蕃包诚父包顺，原名裕啰格勒
【长编标】406/9886
【长编影】406/10上
【汇编】中五4885、4896
代州刺史 河湟息利族折罗遇
【宋史】5/太宗纪2/75；257/李继隆传/8965
【汇编】中一1024
令人 吐蕃包氏，阿令结妻
【宋会要】兵17之30/7052
【汇编】下6748
令人 吐蕃包氏，阿尔嘉妻
【系年要录】192/3225
【汇编】下6624
瓜州团练使 邈川经沁伊达木凌节，又作景青宜党令支
【长编标】329/7915
【长编影】329/2下
【宋会要】蕃夷6之17/7827
【汇编】中四4397
瓜州团练使 吐蕃首领温溪心，又作温锡沁
【宋史】17/哲宗纪1/325
【长编标】404/9843；455/10912
【长编影】404/13下；455/10下
【方舟集】16/赵郡王墓志铭/26上
【汇编】中五4849、5058；下6696
瓜州防御使 归义军曹延瑞
【长编标】52/1147
【长编影】52/15下
瓜州防御使 归义军曹元忠子延敬
【长编标】3/61
【长编影】3/1下
【宋会要】蕃夷5之1/7767
瓜州刺使 归义军曹延晟
【长编标】21/474
【长编影】21/4上
【宋会要】蕃夷5之2/7767
瓜沙等州观察处置押蕃落等使 归义军曹宗寿
【宋会要】蕃夷5之2/7767
瓜沙等州观察处置营田押蕃落等使 沙州归义军首领曹延禄
【宋大诏令集】240/沙州曹延禄拜官制（太平兴国五年四月丁丑）/943
【宋会要】蕃夷5之1/7767
【汇编】中一987
瓜沙等州观察处置管勾营田押藩落等使 归义军曹元忠
【宋会要】蕃夷5之1/7767
处置营田押蕃落等使 西凉六谷吐蕃潘罗支
【宋会要】方域21之20/7671
【汇编】中一1406
礼宾副使 河湟吐蕃木征弟董谷
【宋会要】蕃夷6之9/7823
礼宾副使 河湟吐蕃陇拶舅瞎里结
【宋会要】蕃夷6之38/7837
礼宾副使 河湟吐蕃温溪心，又作温锡沁
【长编标】404/9843
【长编影】404/13下
【汇编】中五4849
礼宾副使 河湟吐蕃摩正弟结斡延正，又作木征弟结吴延征
【长编标】238/5786
【长编影】238/1上
【汇编】中四3803
礼宾副使 河州吐蕃首领董古
【长编标】248/6063
【长编影】248/23下
【宋会要】蕃夷6之8/7822
【汇编】中四3911
宁远大将军 邈川首领唃厮啰，又名嘉勒斯赉
【宋史】10/仁宗纪2/194；492/唃厮啰传14161
【长编标】111/2587、2765
【长编影】117/17下
【东都事略】129/附录7西蕃/2上
【宋会要】蕃夷6之1/7819、6之3/7820
【乐全集】22/秦州奏唃厮啰事/21下
【方舟集】16/赵郡王墓志铭/26上
【汇编】中一1683、1684、1713；下6695

宁远将军 回鹘可汗王进奉使姚进
【宋会要】蕃夷4之4/7715
宁远将军 庄浪族龙移
【宋会要】方域21之10/7666
【汇编】上42
宁塞郡开国公 青唐吐蕃阿里骨男瞎征
【宋会要】蕃夷6之30/7833、6之38/7837
宁塞郡开国公 青唐吐蕃阿里骨，董毡养子
【宋大诏令集】239/西蕃阿里骨起复河西节度使（元祐元年二月丁丑）/939、西蕃邈川首领阿里骨落起复制（元祐三年十一乙丑）/939；240/阿里骨检校太尉依前河西节度仍旧西蕃邈川首领加恩制/941
【宋会要】蕃夷6之19/7828
【汇编】中五4686、4941、5190
宁塞郡公 青唐吐蕃阿里骨，又作鄂特凌古，董毡子
【宋史】492/阿里骨传/14165
【长编标】366/8798
【长编影】366/20上
【汇编】中五4685
宁塞郡国公 青唐吐蕃阿里骨，董毡养子
【宋文鉴】36/西蕃邈川首领阿里骨加食邑制/6下
【汇编】中五5190
永安县太君 熙河吐蕃结斡延正母
【长编标】238/5786
【长编影】238/1上
【汇编】中四3803
永嘉郡夫人 邈川吐蕃首领唃厮啰妻乔氏
【长编标】123/2901
【长编影】123/9上
【汇编】中二1788
边郡刺史 西蕃边厮波结
【宋会要】蕃夷6之35/7836

六画

权本路都监 岷州蕃兵将李祥
【长编标】351/8408
【长编影】351/5上
【汇编】中五4620
权归义军节度兵马留后 沙州归义军首领曹延禄
【宋会要】蕃夷5之1/7767
【宋大诏令集】240/沙州曹延禄拜官制（太平兴国五年四月丁丑）/943
【汇编】中一987
权泾原路准备使唤 熙河蕃官李忠杰
【长编标】499/11880
【长编影】499/9上
【汇编】中六5405
权知西凉州 西凉吐蕃折逋阿喻丹
【宋会要】方域21之15/7668
权知军府事 西凉吐蕃俞龙波
【宋会要】方域21之15/7668
西上阁门使 熙河蕃官包诚父包顺，原名裕啰格勒
【长编标】406/9886
【长编影】406/10上
【汇编】中五4896
西上阁门使 熙河蕃官李忠杰
【长编标】406/9886
【长编影】406/10上
【汇编】中五4896
西上阁门使 熙河蕃官赵醇忠
【长编标】406/9886
【长编影】406/10上
【汇编】中五4896
西平王 吐蕃锡巴衮，赐名法温
【方舟集】16/赵郡王墓志铭/26上
【汇编】下6696
西平王 邈川首领唃厮啰，又名嘉勒斯赉
【长编标】125/2957
【长编影】125/17下
【奏议标】132/刘平·上仁宗乞选用酋豪各守边郡/1455
【奏议影】132/刘平·上仁宗乞选用酋豪各守边郡/4479
【邵氏闻见录】13/144
【汇编】中六5774
西平节度 青唐吐蕃溪赊罗撒，陇拶弟
【宋大诏令集】240/西蕃溪赊啰撒西平节度西蕃邈川首领制（崇宁元年十一月丙戌）/942

【汇编】中六 5721

西平节度使 青唐吐蕃董毡

【宋史】492/董毡传/14164

【汇编】中四 4050

西平军节度 青唐溪赊罗撒

【宋会要】蕃夷 6 之 41/7839

西平军节度 青唐吐蕃董毡

【宋会要】蕃夷 6 之 14/7825、6 之 17/7827

【宋大诏令集】239/西蕃邈川首领董毡移镇西平节度制/938

【汇编】中四 4051

西平军节度押蕃落等使 邈川首领董戬

【长编标】323/7789

【长编影】323/12 下

【汇编】中四 4318

西平军节度使 邈川首领董毡，又作董戬

【长编标】286/6997；309/7494

【长编影】286/3 下；309/2 上

【汇编】中四 4052、4114

西平军节度使 西蕃溪赊罗撒，陇拶弟

【宋史】19/徽宗纪 1/362

【宋大诏令集】240/西蕃溪赊啰撒西平节度西蕃邈川首领制（崇宁元年十一月丙戌）/942

【东都事略】129/4 下

【宋会要】蕃夷 6 之 40/7838

【汇编】中六 5711、5721

西平郡开国侯 西凉府吐蕃厮铎督，潘罗支弟

【宋会要】方域 21 之 20/7671

【宋大诏令集】240/厮铎督朔方节度制（景德元年十月癸卯）/944

【汇编】中一 1407

西头供奉官 青唐大首领裕啰格勒

【长编影】228/17 上；233/7 下

【汇编】中四 3768

西头供奉官 定西城蕃官遵博纳芝

【长编标】350/8389

【长编影】350/8 上

【汇编】中五 4613

西头供奉官 邈川吐蕃溪心，温纳支郢成叔

【长编标】305/7417

【长编影】305/2 下

【汇编】中四 4110

西头供奉官 青唐俞龙珂，赐名包顺

【宋史】15/神宗纪 2/281

【长编标】228/5558；233/5653

【宋会要】蕃夷 6 之 7/7822

【汇编】中四 3767

西头供奉官 邈川吐蕃阿令京，温纳支郢成弟

【长编标】305/7417

【长编影】305/2 下

【宋会要】蕃夷 6 之 15/7826

【汇编】中四 4110

西州刺史 青唐吐蕃阿里骨弟南纳支

【宋史】492/阿里骨传/14165

【汇编】中五 4967

西京左藏库使 河湟吐蕃首领包顺

【长编标】244/5937

【长编影】244/7 上

西京左藏库副使 熙河兰会蕃官包诚

【长编标】280/6861

【长编影】280/11 上

西京左藏库副使 定西城蕃官结博约特

【长编标】350/8389

【长编影】350/8 上

【汇编】中五 4613

西京左藏库副使 熙河蕃官包顺

【长编标】252/6156

【长编影】252/8 下

【汇编】中四 3942

西京左藏库副使 熙河蕃官鄂特凌敦

【长编标】408/9943

【长编影】408/20 下

【汇编】中五 4916

西京左藏库副使 蕃官乌丹，以执吐蕃大首领果庄论赏

【长编标】408/9943

【长编影】408/20 下

【汇编】中五 4916

西京左藏库副使 蕃官乌当，以青唐死事封官，以执吐蕃大首领果庄论赏

【长编标】520/12354

【长编影】520/1 上

【汇编】中六 5668

西京左藏库副使 蕃官巴库斯，以执吐蕃大

首领果庄论赏
【长编标】408/9943
【长编影】408/20下
【汇编】中五4916
西京左藏库副使 蕃官巴鄂卓克辰，以执吐蕃大首领果庄论赏
【长编标】408/9942
【长编影】408/20下
【汇编】中五4916
西京左藏库副使 蕃官结摩约肆，以执吐蕃大首领果庄论赏
【长编标】408/9943
【长编影】408/20下
【汇编】中五4916
西京左藏库副使 蕃官鄂德，以执吐蕃大首领果庄论赏
【长编标】408/9942
【长编影】408/20下
【汇编】中五4916
西凉节度使 六谷吐蕃潘罗支
【宋朝事实类苑】78/引东轩笔录/1022
【汇编】中一1563
西凉府六谷大首领 西凉府吐蕃铎督，又名斯多特，潘罗支弟
【宋史】7/真宗纪2/125；492/吐蕃传/14156
【长编标】58/1278；59/1317
【长编影】58/5上；59/9下
【东都事略】129/附录7·西蕃/1下
【汇编】中一1391、1394、1406、1407、1416
西凉府六谷都大首领 西凉吐蕃潘罗支
【宋会要】方域21之20/7671
【宋大诏令集】240/潘罗支追封武威郡王制（景祐元年十月丁酉）/944
【汇编】中一1405、1406
西凉府六谷都大首领 西凉府吐蕃厮铎督，潘罗支弟
【宋会要】方域21之20/7671
【宋大诏令集】240/厮铎督朔方节度制（景德元年十月癸卯）/944
【汇编】中一1407
西凉府左厢押蕃落副使 西凉吐蕃首领折逋俞龙波
【宋会要】方域21之15/7668
西凉府都总管 西凉吐蕃首领俞龙波
【宋会要】方域21之15/7668
西蕃首领 河湟吐蕃心牟钦毡
【宋会要】蕃夷6之21/7829
西蕃都护 青唐吐蕃陇拶，又作隆赞，木征子
【宋史】492/瞎征传/14167
【长编标】519/12348
【长编影】519/6上
【宋会要】蕃夷6之36/7836
【汇编】中六5658、5678
西蕃邈川首领 青唐吐蕃阿里骨
【宋会要】蕃夷6之19/7828、6之20/7828、6之22/7829、6之27/783
西蕃邈川首领 青唐吐蕃阿里骨男瞎征
【宋会要】蕃夷6之30/7833、6之33/7835、6之38/7837
西蕃邈川首领 西蕃溪赊罗撒
【宋大诏令集】240/西蕃溪赊啰撒西平节度西蕃邈川首领制（崇宁元年十一月丙戌）/942
【宋会要】蕃夷6之40/7838
西蕃邈川首领 河湟吐蕃董毡
【宋大诏令集】239/赐西蕃邈川首领保顺军节度洮州管内观察处置押蕃落等使董毡依唃厮啰例支请俸诏/937、董毡特进制（熙宁三年）/937、西蕃邈川首领董毡移镇西平节度制/937、938、西蕃阿里骨起复河西节度制（元祐元年二月丁丑）/938
【宋会要】蕃夷6之6/7821、6之13/7825、6之14/7825、6之17/7827、6之19/7828
成忠郎 河湟吐蕃庆朝，赵怀恩孙
【方舟集】16/赵郡王墓志铭/26上
【汇编】下6698
成忠郎 河湟吐蕃安国，赵怀恩子
【方舟集】16/赵郡王墓志铭/26上
【汇编】下6698
成忠郎 河湟吐蕃昌朝，赵怀恩孙
【方舟集】16/赵郡王墓志铭/26上
【汇编】下6698
成忠郎 河湟吐蕃显朝，赵怀恩孙
【方舟集】16/赵郡王墓志铭/26上
【汇编】下6698

成都府兵马钤辖 河湟吐蕃赵怀恩，董毡从孙
【宋会要】兵17之27/7051
【系年要录】165/2698；177/2917
【方舟集】16/赵郡王墓志铭/26上
【汇编】下6592、6595、6602、6609、6697
光州团练使 熙河路赵醇忠，原名巴毡角
【长编标】351/8408
【长编影】351/5下
【汇编】中五4620
光州团练使 熙河蕃官李忠杰
【长编标】334/8054；351/8408
【长编影】334/21上；351/5上
【汇编】中四4479
吐蕃都总管 六谷吐蕃没暇拽于
【宋会要】方域21之15/7668
【汇编】中一1138
同中书门下平章事 归义军曹元忠
【宋会要】蕃夷5之1/7767
同巡检 熙河蕃官巴勒济郢城
【长编标】275/6726
【长编影】275/6上
同巡检 熙河蕃部首领哲卜尊
【长编标】275/6726
【长编影】275/6上
同知昭武大将军 吐蕃鄂吞察济
【系年要录】192/3225
【汇编】下6624
同知洮州 吐蕃阿尔嘉
【系年要录】192/3225
【汇编】下6624
同知洮州 熙河吐蕃赵阿令结
【系年要录】197/3319
【汇编】下6678
同知湟州 青唐吐蕃陇拶弟邦辟勿丁呧，赐名怀义
【宋史】492/吐蕃传/14154
【汇编】中六5678
同知湟州军州事兼本州管下部族同都巡检使 青唐吐蕃赵怀义，陇拶弟
【长编标】519/12348
【长编影】519/6上
【汇编】中六5658
同总领岷州蕃兵将 韦万
【长编标】494/11744
【长编影】494/16下
【汇编】中六5360
团练使 河湟吐蕃木征
【宋会要】兵9之6/6908
团练使 吐蕃玛克占党，嘉勒斯赉子
【元宪集】27/赐罝勒斯赉诏/290
【汇编】中二1916
团练使 吐蕃辖戬，嘉勒斯赉子
【元宪集】27/赐罝勒斯赉诏/290
【汇编】中二1916
团练使 吐蕃瞎毡，唃厮啰子
【宋史】10/仁宗纪2/205
【汇编】中二1787
团练使 吐蕃磨毡角，唃厮啰子
【宋史】10/仁宗纪2/205
【汇编】中二1787
团练使 青唐吐蕃阿里骨
【宋史】492/董毡传/14164
【汇编】中四4150
团练使 青唐吐蕃景青宜
【元丰类稿】22/景青宜党令支团练使阿星刺史制/5下
【汇编】补遗7158
团练使 河湟吐蕃阿里骨子溪邦贝昌
【长编标】454/10886
【长编影】454/8上
团练使 邈川吐蕃益麻党，董毡弟
【宋史】448/郑骧传/13202
【汇编】中六5909
团练使 青唐吐蕃党令支
【宋史】492/董毡传/14164
【元丰类稿】22/景青宜党令支团练使阿星刺史制/5下
【汇编】中四4150；补遗7158
团练使 青唐吐蕃鬼章，又作果庄
【宋史】492/董毡传/14164
【长编标】413/10042
【长编影】413/9下
【汇编】中四4150

伊州刺史 西蕃首领森摩乾展，又作心牟钦毡
【长编标】323/7789；404/9843
【长编影】323/12 下；404/13 下
【宋会要】蕃夷 6 之 17/7827、6 之 21/7829
【汇编】中四 4318；中五 4849
行洮州刺史 青唐吐蕃董毡
【宋会要】蕃夷 6 之 13/7825
【宋大诏令集】239/西蕃邈川首领董毡移镇西平节度制/937
【汇编】中四 4051
行鄯州刺史 青唐吐蕃董毡
【宋大诏令集】239/西蕃邈川首领董毡移镇西平节度制/938
【宋会要】蕃夷 6 之 14/7825
会州团练使 邈川城主温纳木扎尔颖沁
【长编影】302/7 下
【汇编】中四 4108
会州团练使 邈川城主温纳支郢成，又作温讷支郢成
【长编标】305/7417
【长编影】305/2 下
【宋会要】蕃夷 6 之 15/7826
【汇编】中四 4110
【汇编】中二 1999
会州刺史 河湟吐蕃董毡，又作董戬
【长编标】127/3008；191/4616
【长编影】127/5 上；191/6 上
合州防御使 熙河吐蕃木征，赐名赵思忠
【宋史】492/赵思忠传/14168
【长编标】258/6295；283/6924
【长编影】258/8 下；283/3 上
【宋会要】蕃夷 6 之 13/7825
【汇编】中四 3957、4043
齐安郡夫人 青唐吐蕃大首领妻青宜结牟
【长编纪事本末】140/4 下
【汇编】中六 5766
庄宅使 河湟大首领阿雅卜
【长编标】334/8054
【长编影】334/21 上
【汇编】中四 4479
庄宅副使 邈川温讷之郢成四，又作郢城或颖沁萨勒
【长编标】247/6026
【长编影】247/18 上
【宋会要】蕃夷 6 之 8/7823、6 之 9/7823
【汇编】中四 3881、3901
庆州刺史 熙河蕃官李蔺毡讷支
【长编标】351/8408
【长编影】351/5 上
【汇编】中五 4620
安化郎将 西凉吐蕃秃几筵厮哥
【宋会要】方域 21 之 21/7671
安化郎将 回鹘宝物公主进奉使曹进
【宋会要】蕃夷 4 之 4/7715
安化郎将 凉州吐蕃厮铎督部下
【长编标】63/1398
安化郎将 凉州吐蕃贡使路黎奴，又作噜哩努
【宋史】492/吐蕃传/14158
【长编标】63/1398
【长编影】63/1 上
【汇编】中一 1431
安化郡王 熙河吐蕃赵怀恩
【宋史】24/高宗纪 1/446
【系年要录】6/166
【汇编】下 6113、6115
安化郡王 熙河吐蕃木征子赵怀德，原名陇拶隆咱尔，董毡从孙
【宋史】20/徽宗纪 2/374
【宋会要】兵 17 之 21/7048
【方舟集】16/赵郡王墓志铭/26 上
【系年要录】6/166
【汇编】中六 5789；下 6115、6377、6696
安化郡夫人 青唐吐蕃瞎吆牟兰毡
【长编纪事本末】140/3 上
【汇编】中六 5765
安化郡君 青唐首领阿里骨妻溪尊勇丹，又作溪尊允丹
【宋史】492/阿里骨传/14165
【长编标】430/10396
【长编影】430/15 上
【宋会要】蕃夷 6 之 23/7830
【汇编】中五 4967
安远大将军 凉州吐蕃结布伊朗布
【长编影】43/13 上

安远大将军 凉州吐蕃折逋游龙钵
【宋史】492/吐蕃传/14154
【长编标】43/921
【宋会要】方域21之15/7668
【汇编】中一1200
安远大将军 丰州庄浪族龙移，又作隆伊克
【宋史】491/党项传/14143
【长编标】52/1136
【长编影】52/6上
【宋会要】方域21之10/7666
【汇编】上26、42；中一1316
安远将军 潘罗支蕃官吴福圣腊
【宋史】492/吐蕃传/14156
【长编标】54/1181
【长编影】54/6上
【宋会要】方域21之17/7669、21之18/7670
【汇编】中一1348、1349、1350
安定郡君 熙河吐蕃木征妻俞龙七，又名裕罗勒齐
【长编标】254/6212
【长编影】254/7上
【宋会要】蕃夷6之11/7824
【汇编】中四3958
安康王 吐蕃锡巴衮，赐名法温
【方舟集】16/赵郡王墓志铭/26上
【汇编】下6696
安康郡太君 河湟吐蕃董毡母奉化县君心氏
【宋会要】蕃夷6之7/7822
安康郡君 邈川首领嘉勒斯赉妻李氏
【长编标】123/2901
【长编影】123/9上
【汇编】中二1788
讲朱等四城巡检 青唐吐蕃钦波结
【长编标】517/12303
【宋会要】蕃夷6之34/7835
军主 河湟吐蕃瞎吴叱
【宋会要】蕃夷6之4/7820
军主 大马家族阿厮铎
【宋史】492/吐蕃传/14160
【汇编】中一1582
军主 巴柯族军主
【元丰类稿】22/论毡巴柯族军主结斯鸡柯族副军主制/5下
【汇编】补遗7158
军主 阿邻官捉厮鸡
【元丰类稿】22/阿邻官捉厮鸡并本族副军主制/6上
【汇编】补遗7158
军主 河湟吐蕃克巴可
【文庄集】2/西蕃首领帕克巴充本族军主制/22下
【汇编】中一1596
军主 泾原路樊家族九门都首领厮铎
【宋史】491/党项传/14148
【汇编】上31
军主 蕃官角厮波子合罗角
【欧阳文忠公全集】81/制敕/3上
【汇编】中二2831
军主 邈川首领唃厮啰，又名嘉勒斯赉
【宋史】10/仁宗纪2/206
【汇编】中二1817
军主 永兴寨大马家族军主阿锡达，又作阿厮铎
【长编标】89/2045
【长编影】89/9上
【汇编】中一1579
军主 陇山西延家首领图卜，又作秃逋
【长编标】55/1203
【长编影】55/2下
【汇编】中一1362
军主 泾原杏家族杏友信
【长编标】101/2344
【长编影】101/12上
【汇编】中一1628
军主 秦凤默星族又作末星族郢城斯纳
【长编标】90/2084
【长编影】90/15下
【汇编】中一1584
军主 辉和尔九部族军主纳丹，辉和尔，即回鹘
【长编标】92/2119
【长编影】92/4下
【汇编】中一1591
军主 箄篥城首领嘉勒斯博，又作唃厮波

【长编标】124/2920
【长编影】124/2 下
【汇编】中二 1817
军主 渭州大首领雅克沁，又作叶錢
【长编标】88/2013
【长编影】88/3 上
【汇编】中一 1567
军主 熙河路蕃官长摩萨格所部首领
【长编标】260/6345
【长编影】260/14 下
【汇编】中四 3982
军主 邈川吐蕃遵博斯吉
【长编标】421/10183
【长编影】421/1 上
【汇编】中五 4954
军主 泾原降羌首领潘征
【宋史】9/仁宗纪 1/181
【长编标】103/2390
【长编影】103/15 上
【汇编】中一 1642
军使 河湟蕃部芭撒鸠令光
【宋会要】蕃夷 6 之 6/7821
军使 洮东蕃官阿乌
【长编标】273/6687
【长编影】273/12 下
【汇编】中四 4016
军都指挥使 辖正进奉大首领纳玛密戬、小首领阿鲁，又作大首领纳麻抹毡、小首领阿驴
【长编标】498/11848
【长编影】498/7 下
【汇编】中六 5392
阶州防御使 熙河吐蕃包顺
【长编标】351/8408；406/9886
【长编影】351/5 上；406/10 上
【汇编】中五 4620、4896
防御使 河湟吐蕃大首领董毡
【宋会要】蕃夷 6 之 5/7821
防御使 湟州蕃部郎阿章
【长编纪事本末】139/14 下
【汇编】中六 5743
防御使 青唐吐蕃阿里骨，又作鄂特凌古，董毡养子
【宋史】492/阿里骨传/14165
【长编标】324/7801
【长编影】324/6 上
【汇编】中四 4322
如京使 熙河吐蕃包诚子包哈
【长编标】489/11606
【长编影】489/8 下
【汇编】中六 5314
观察使 西凉府六谷首领博啰齐，又作潘罗支
【长编标】54/1181
【长编影】54/5 下
【汇编】中一 1348
巡检 南市归顺蕃部都首领郭厮敦
【宋会要】兵 27 之 19/7256
巡检 秦州来远寨蕃官吴恩
【长编标】298/7256
【长编影】298/15 下
【汇编】中四 4099
巡检 通远军蕃官坚多克
【长编标】341/8215
【长编影】341/18 下
【汇编】中四 4542
巡检 渭州属户格隆族延正
【长编标】139/3355
【长编影】139/17 下
【汇编】中二 2689
巡检使 邈川首领唃厮啰，又名嘉勒斯赉
【长编标】82/1877
【长编影】82/14 下
【宋会要】蕃夷 6 之 1/7819
【汇编】中一 1521

七画

玛尔巴一带巡检 青唐吐蕃首领旺奇卜
【长编影】228/15 下
寿安郡君 河湟吐蕃摩正母郢成简，赐姓李
【长编标】254/6212
【长编影】254/7 上
【汇编】中四 3958
进奉使 青唐吐蕃董毡
【长编标】344/8253

【长编影】344/1 上
【汇编】中五 4563
杏家族都指挥使 泾原咩迷卞族杏友信
【长编标】101/2344
杏家族都指挥使 泾原杏家族杏仁信
【长编影】101/12 下
【汇编】中一 1628
两师留后 青唐吐蕃缅什罗蒙，赐名赵怀忠
【皇宋十朝纲要】17/3 下
【汇编】中六 5844
来远寨蕃官 熙河蕃部吴恩
【长编标】298/7257
【长编影】298/15 下
【汇编】中四 4099
扶州刺史 河湟吐蕃首领刘勇丹结古，又作刘勇丹济古
【长编标】297/7221
【长编影】297/4 下
【宋会要】蕃夷 6 之 15/7826
把羊族都管 吐蕃赵世昌子铁哥
【金史】91/结什角传/2016
【汇编】下 6745
员外置同正员 青唐吐蕃董毡
【宋大诏令集】237/赐起复董毡官敕牒对衣等示谕诏/937
员外置同正员 青唐吐蕃阿里骨，董毡养子
【宋会要】蕃夷 6 之 19/7828
【宋大诏令集】239/西蕃阿里骨起复河西节度使（元祐元年二月丁丑）/939
【汇编】中五 4686
县君 青唐边厮波结妻结施心捞把捞
【宋会要】蕃夷 6 之 38/7837
县君 青唐吐蕃瞎征女藏安哥妇、瞎毡妻、边厮波结妻、沈兼钱妻等降宋赴阙，并授县君
【宋会要】蕃夷 6 之 38/7837
县君 邈川首领温锡沁妻
【长编标】421/10196
【长编影】421/12 上
【汇编】中五 4954
兵马都监 北汉降将嘉且舍鄂
【长编标】10/221
【长编影】10/16 上
【汇编】中一 949
兵马留后 沙州归义军首领曹延禄
【宋大诏令集】240/沙州曹延禄拜官制（太平兴国五年四月丁丑）/943
【汇编】中一 987
怀化司戈 甘州进奉使苏兀罗
【宋会要】蕃夷 4 之 4/7715
怀化司戈 龟兹贡使白万进
【宋会要】蕃夷 4 之 14/7720
怀化郎将 甘州回鹘安进
【宋会要】蕃夷 4 之 4/7715
怀化郎将 西凉吐蕃马家族首领渴东
【宋会要】方域 21 之 18/7270
【汇编】中一 1358
怀化郎将 西凉吐蕃的流族首领箇罗
【宋会要】方域 21 之 18/7270
【汇编】中一 1358
怀化郎将 西凉吐蕃周家族首领厮郍叱
【宋会要】方域 21 之 18/7270
【汇编】中一 1358
怀化郎将 西凉吐蕃赵家族首领阿厮铎嗟厮波
【宋会要】方域 21 之 18/7270
【汇编】中一 1358
怀化郎将 西凉吐蕃厮邦族首领兀佐
【宋会要】方域 21 之 18/7270
【汇编】中一 1358
怀化郎将 凉州吐蕃次首领兀佐等，兀佐又作乌磋
【长编标】54/1189
【长编影】54/13 下
【汇编】中一 1357
怀化郎将 契丹锡里，又作舍利等十六族首领
【长编标】10/234
【长编影】10/16 下
【太平治迹统类】2/太祖经略幽燕/2 上
【汇编】中一 951、952
怀化将军
【奏议标】130/张齐贤 · 上真宗论陕西事宜/1438
【奏议影】130/张齐贤 · 上真宗论陕西事宜/4422
怀化将军 潘罗支次首领兀佐

【宋史】492/吐蕃传/14156
【汇编】中一 1348
怀化将军 西凉六族首领褚下箕等三人，褚下箕又作褚实奇
【宋史】492/吐蕃传/14155
【长编标】49/1079
【长编影】49/15 上
【汇编】中一 1252
怀化将军充本族指挥使 咩逋族即密本族首领
【长编标】51/1122
【长编影】51/15 上
怀化郡王 河湟吐蕃木征子赵怀德，原名陇拶
【宋大诏令集】240/赵怀德赠开府仪同三司追封怀化郡王制/945
【汇编】中六 5862、5863
怀宁顺化可汗王 甘州回鹘可汗王夜落隔归化，又作伊噜格勒，或伊噜格勒圭呼
【长编标】89/2049
【长编影】89/12 下
【文庄集】2/甘州外甥回纥汗王伊噜格勒可特进怀宁顺化可汗王制/22 上
【宋大诏令集】240/甘州外甥回纥可汗王夜落隔可特进怀宁顺化可汗王制/944
【汇编】中一 1579、1580
怀远军节度 河湟吐蕃首领瞎征
【宋会要】蕃夷 6 之 38/7837
怀远军节度使 河湟吐蕃大首领瞎征
【宋史】19/徽宗纪 1/358；492/瞎征传/14167
【宋大诏令集】240/瞎征怀远节度使制/942
【汇编】中六 5676、5677、5678
怀德司戈 契丹舍利、于鲁等族次首领十五人
【长编标】10/234
【长编影】10/16 下
【太平治迹统类】2/太祖经略幽燕/2 上
【汇编】中一 951、952
怀德将军 契丹丰州大酋罗美等四人
【长编标】10/234
【长编影】10/16 下
【太平治迹统类】2/太祖经略幽燕/2 上
【汇编】中一 951、952
沙州节度使 归义军曹宗寿
【长编标】56/1235
【长编影】56/10 上
【汇编】中一 1385
沙州刺史 归义军曹元忠
【宋会要】蕃夷 5 之 1/7767
沙州刺史 沙州归义军首领曹延禄
【宋大诏令集】240/沙州曹延禄拜官制（太平兴国五年四月丁丑）/943
【汇编】中一 987
沙州镇王子 遣使奉书
【宋史】258/曹琮传/8989
【汇编】中二 2255
沂州团练使 岷州蕃兵将李祥升
【长编标】351/8408
【长编影】351/5 上
【汇编】中五 4620
汾州团练使 北汉麟州刺史结齐罗
【长编标】10/221
【长编影】10/16 上
【汇编】中一 949
灵州四面都巡检使 凉州吐蕃潘罗支，又作博罗齐
【长编标】54/1181
【长编影】54/6 上
灵州西面巡检 西凉府六谷首领斯多特，又名厮铎督
【宋史】7/真宗纪 2/125
【长编标】58/1278
【长编影】58/5 上
【汇编】中一 1406、1407
灵州西面沿边都大巡检使 西凉府吐蕃铎督，潘罗支弟
【宋史】492/吐蕃传/14156
【汇编】中一 1391
灵州西面都巡检使 西凉府六谷吐蕃潘罗支，又作博啰齐
【宋史】7/真宗纪 2/12；492/吐蕃传/14155、14156
【宋会要】方域 21 之 17/7669
【长编标】49/1079；54/1181
【长编影】49/14 下；54/6 上
【文庄集】14/陈边事十策/1 上

【汇编】中一 1251、1252、1348、1349、1350；中二 1799

灵州西面缘边都大巡检 西凉六谷吐蕃潘罗支

【宋会要】方域 21 之 20/7671

灵州西面缘边都大巡检使 西凉六谷吐蕃厮铎督，潘罗支弟

【宋会要】方域 21 之 20/7671

【宋大诏令集】240/厮铎督朔方节度制（景德元年十月癸卯）/944

【汇编】中一 1406、1407

灵州西面缘边都大巡检使 西凉六谷吐蕃潘罗支

【宋会要】方域 21 之 20/7671

【宋大诏令集】240/厮铎督朔方节度制（景德元年十月癸卯）/944

【汇编】中一 1405、1406

灵州西面缘边都巡检使 西凉六谷吐蕃斯多特，又作厮铎督，潘罗支弟

【长编标】58/1277

【长编影】58/4 上

【汇编】中一 1405

灵州西南都巡检使 凉州吐蕃潘罗支

【宋会要】方域 21 之 17/7669

【汇编】中一 1349

灵州刺史 西凉六谷吐蕃厮铎督，潘罗支弟

【宋会要】方域 21 之 20/7671

【宋大诏令集】240/厮铎督朔方节度制（景德元年十月癸卯）/944

【汇编】中一 1407

灵州管内观察处置营田押蕃落使 西凉吐蕃厮铎督

【宋会要】方域 21 之 20/7671

灵州管内观察处置营田押蕃落等使 西凉吐蕃厮铎督，潘罗支弟

【宋大诏令集】240/厮铎督朔方节度制（景德元年十月癸卯）/944

【汇编】中一 1407

灵州管内观察处置营田押蕃落等使 西凉吐蕃潘罗支

【宋大诏令集】240/潘罗支追封武威郡王制（景德元年十月丁酉）/944

【宋会要】方域 21 之 20/7671

【汇编】中一 1405

灵州管内观察使 西凉吐蕃潘罗支

【宋会要】方域 21 之 20/7671

【汇编】中一 1406

灵武节度 邈川首领唃厮啰，又名嘉勒斯赉

【宋史】325/刘平传/10501

【汇编】中二 1866

灵武军节度使 邈川首领唃厮啰，又名嘉勒斯赉

【长编标】125/2957

【长编影】125/17 下

【奏议标】132/刘平・上仁宗乞选用酋豪各守边郡/1456

【奏议影】132/刘平・上仁宗乞选用酋豪各守边郡/4479

灵夏节制 吐蕃置勒斯赉子

【文庄集】14/陈边事十策/1 上

【汇编】中二 1799

陇右郡王 吐蕃赵怀恩，董毡从孙

【宋史】154/舆服志 6/3594

【宋会要】兵 17 之 21/7048、17 之 27/7051、17 之 29/7052

【系年要录】6/166；83/1360；101/1651；106/1734；165/2698；177/2924

【中兴小纪】18/219

【方舟集】16/赵郡王墓志铭/26 上

【汇编】下 6115、6376、6377、6398、6421、6445、6592、6595、6602、6609、6696、6697、6741、6759

陇右都护 青唐吐蕃隆赞，又作陇拶

【长编标】520/12384

【长编影】520/24 上

【汇编】中六 5670、5671

陇西郡夫人 归义军曹延禄妻

【宋会要】蕃夷 5 之 2/7767

陇西郡夫人 归义军曹元忠妻

【长编标】21/474

【长编影】21/4 上

八画

环州刺史 熙河蕃官李忠杰

【长编标】334/8054
【长编影】334/21 上
【汇编】中四 4479
青唐一带并岷洮等州蕃部都巡检使 熙河蕃官包顺
【长编标】265/6484
【长编影】265/1 上
【汇编】中四 3993
青唐大首领 青唐吐蕃俞龙珂，又名裕啰格勒，赐名包顺
【宋史】15/神宗纪 2/281
【长编标】233/5653
【长编影】233/7 下
【汇编】中四 3767、3768
青唐节度 熙河路赵醇忠，原名巴毡角
【长编标】444/10693
【长编影】444/13 上
【汇编】中五 5019
武功大夫 吐蕃赵怀恩，董毡从孙
【宋会要】兵 17 之 21/7048
【方舟集】16/赵郡王墓志铭/26 上
【汇编】下 6377、6696
武威王 邈川首领唃厮啰，又名嘉勒斯赉
【奏议标】45/任伯雨・上徽宗论月晕图昴毕/470
【奏议影】45/任伯雨・上徽宗论月晕图昴毕/1670
【汇编】中六 5698
武威郡王 吐蕃辖戬，嘉勒斯赉子
【方舟集】16/赵郡王墓志铭/26 上
【汇编】下 6696
武威郡王 六谷吐蕃唃氏
【奏议标】45/任伯雨・上徽宗论月晕图昴毕/470
【奏议影】45/任伯雨・上徽宗论月晕图昴毕/1670
【汇编】中六 5698
武威郡王 六谷吐蕃潘罗支，又名博啰齐
【宋史】492/吐蕃传/14156
【长编标】58/1277
【长编影】58/4 上
【宋会要】方域 21 之 20/7671；仪制 13 之 7/2052
【宋大诏令集】240/潘罗支追封武威郡王制（景德元年十月）/944
【汇编】中一 1391、1405、1406、1408
武威郡王 青唐吐蕃董毡
【宋史】16/神宗纪 3/306；492/董毡传/14164
【长编标】323/7789；354/8473；365/8771；366/8798
【长编影】323/12 下；354/5 上；365/24 下；366/20 上
【宋会要】蕃夷 6 之 17/7827、6 之 19/7828、6 之 30/7833
【宋大诏令集】239/西蕃阿里骨起复河西节度制（元祐元年二月丁丑）/938
【汇编】中四 4150、4318；中五 4624、4672、4685、4686、5252
武威郡开国公 青唐吐蕃木征子赵怀德，原名陇拶
【宋会要】蕃夷 6 之 38/7837
【宋大诏令集】240/赵怀德加恩制/944
【汇编】中六 5679
武威郡开国公 邈川首领唃厮啰，又名嘉勒斯赉
【宋大诏令集】239/唃厮啰保顺河西等军节度使制（康定二年正月乙未）/936
【乐全集】22/秦州奏唃厮啰事/22 上
【汇编】中二 1921、2157、2158
武威郡公 青唐吐蕃木征子陇拶，赐名赵怀德
【宋史】492/瞎征传/14167
【汇编】中六 5678
武骑尉 河湟吐蕃阿里骨进奉人
【长编标】466/11135
武骑尉 西蕃首领帕克巴
【文庄集】2/西蕃首领帕克巴充本族军主制/22 下
【汇编】中一 1596
武骑尉 西蕃鄂特凌古子溪邦贝昌
【长编影】430/15 上
【汇编】中五 4967
武骑尉 西蕃鄂特凌古弟索诺木纳木扎勒
【长编影】430/15 上
【汇编】中五 4967

武骑尉 青唐吐蕃阿里骨大首领抹征兼钱
【彭城集】20/阿里骨大首领抹征兼钱并可特授银青光禄大夫检校国子祭酒兼监祭御史武骑尉充本族副军主制/281
【汇编】中五 5055

武骑尉 河湟吐蕃阿里骨子邦彪钱
【长编标】430/10396
【宋会要】蕃夷 6 之 23/7830

武骑尉 河湟吐蕃阿里骨弟苏南纳支
【长编标】430/10396
【宋会要】蕃夷 6 之 23/7830、6 之 28/7832

武骑尉 秦州永宁寨熟户俞龙潘
【元宪集】24/熟户俞龙潘可银青光禄大夫检校国子监祭酒兼监察御史武骑尉制/251
【汇编】补遗 7159

武骑尉 熙河蕃官李阿旺隆
【长编影】466/9 上
【汇编】中五 5103

武骑尉 邈川吐蕃觉勒玛斯多卜，温溪心子
【长编标】421/10183
【长编影】421/1 上
【汇编】中五 4954

武骑尉 邈川吐蕃遵博斯吉
【长编标】421/10183
【长编影】421/1 上
【汇编】中五 4954

武骑尉 邈川溪展，又作溪毡
【长编标】421/10183
【长编影】421/1 上
【汇编】中五 4954

武翼郎 秦州蕃官赵继忠
【系年要录】66/1125
【汇编】下 6344

武翼郎兼阁门宣赞舍人 西蕃首领赵继忠
【宋会要】兵 17 之 24/7049

奉义保塞功臣 归义军曹元忠
【宋会要】蕃夷 5 之 1/7767

奉职 通远军齐玛克堡李用子李清
【长编标】341/8201
【长编影】341/6 上
【汇编】中四 4534

松州刺史 青唐吐蕃阿令骨，又作鄂特凌古
【宋史】15/神宗纪 2/294
【长编标】285/6991
【长编影】285/8 下
【汇编】中四 4050

刺史 景青宜党令支团练使阿星
【元丰类稿】22/景青宜党令支团练使阿星刺史制/5 下
【汇编】补遗 7158

刺史 邈川吐蕃心牟钦毡、阿星李叱腊钦等首领
【宋史】492/董毡传/14164
【汇编】中四 4150

押衙 潘啰支使人郑延美
【宋会要】方域 21 之 19/7670
【汇编】中一 1380

押蕃落副使 西凉六谷吐蕃折逋喻龙波
【宋史】492/吐蕃传/14154
【汇编】中一 1131

押蕃落等使 西凉府吐蕃铎督，潘罗支弟
【宋史】492/吐蕃传/14156
【汇编】中一 1391

押蕃落等使 青唐吐蕃阿里骨，董毡养子
【宋会要】蕃夷 6 之 30/7833
【汇编】中五 5252

押蕃落等使 青唐吐蕃董毡
【宋大诏令集】239/赐起复董毡官敕牒对衣等示谕诏/937、西蕃阿里骨起复河西节度制（元祐元年二月丁丑）/938
【宋会要】蕃夷 6 之 17/7827
【汇编】中五 4686

贤明巴乌公主 甘州回鹘伊噜格勒母
【长编影】70/18 上

贤明宝物公主 甘州回鹘夜落纥母
【长编标】70/1580
【宋会要】蕃夷 4 之 4/7715
【汇编】中一 1480

岷州一带蕃部同巡检 熙河蕃官包诚子包海
【长编标】489/11606
【长编影】489/8 下
【汇编】中六 5314

岷州一带蕃部巡检 熙河蕃官包诚子包哈
【长编标】489/11606

【长编影】489/8 下
【汇编】中六 5314
岷州一带蕃部钤辖 熙河蕃官包诚
【长编标】489/11605
【长编影】489/8 下
【汇编】中六 5314
岷州刺史 熙河蕃官包诚
【长编标】351/8408
【长编影】351/5 上
【汇编】中五 4620
岷州蕃兵将 李祥，因功升钤辖
【长编标】351/8408
【长编影】351/5 上
岷州蕃部钤辖 青唐吐蕃木征弟瞎吴叱
【宋会要】蕃夷 6 之 9/7823
岷州蕃部钤辖 赵绍忠，元丰元年四月熙河路押赴秦州经略司知管
【宋会要】蕃夷 6 之 14/7825
岷洮州蕃部都巡检使 熙河吐蕃包诚父包顺，原名裕啰格勒
【长编标】300/7303
【长编影】300/6 上
【汇编】中四 4105
昌州刺史 熙河蕃官阿克密
【长编标】353/8461
【长编影】353/5 下
【汇编】中五 4623
忠州刺史 河湟吐蕃包约
【长编标】253/6194
【长编影】253/7 下
忠州刺史 泾原言战没蕃官赵永寿
【长编标】485/11528
【长编影】485/9 上
【汇编】中六 5287
忠顺保德可汗王 甘州回鹘可汗夜落纥，又作伊噜格勒
【长编标】70/1580
【长编影】70/18 上
【宋会要】蕃夷 4 之 4/7715
【汇编】中一 1480
忠翊校尉 吐蕃巴毡角孙赵世昌
【金史】91/结什角传/2016
【汇编】下 6745
忠翊郎 吐蕃康朝，赵怀恩孙
【方舟集】16/赵郡王墓志铭/26 上
【汇编】下 6698
罗斯结族都虞侯 邈川蕃僧罗卜藏，又名僧禄尊
【长编影】302/7 下
【汇编】中四 4108
国太夫人 契丹公主锡令结牟
【宋会要】蕃夷 6 之 37/7837、6 之 38/7837
【汇编】中六 5678
果州防御使 蕃官李临占汭芝，又作李蔺毡纳支
【长编标】520/12354
【长编影】520/1 上
【汇编】中六 5668
知瓜州 归义军曹贤惠
【宋会要】蕃夷 5 之 3/7768
【宋朝事实类苑】75/引东斋纪事/994
【汇编】中一 1626
知瓜州军州事 归义军曹宗久
【宋会要】蕃夷 5 之 2/7767
知洮州 降宋西蕃人阿尔嘉
【系年要录】192/3225
【汇编】下 6624
知湟州 青唐吐蕃首领赵怀德，原名陇拶
【宋会要】蕃夷 6 之 39/7838
【奏议标】141/任伯雨 · 上徽宗论湟鄯/1595
【奏议影】141/任伯雨 · 上徽宗论湟鄯/4907
知湟州军州事 青唐吐蕃唃厮啰嫡长曾孙赵怀义
【宋会要】蕃夷 6 之 36/7836
知鄯州军州事 青唐吐蕃木征子陇拶，又名隆赞，赐名赵怀德
【长编标】519/12348
【长编影】519/6 上
【宋大诏令集】240/西蕃首领陇拶河西节度制（元符三年三月）/941
【宋会要】蕃夷 6 之 36/7836；6 之 38/7837
【汇编】中六 5676
秉义郎 青唐吐蕃赵怀恩长子
【方舟集】16/赵郡王墓志铭/26 上

【汇编】下 6698
侍禁 邈川吐蕃杨征溪心
【宋会要】蕃夷 6 之 8/7823
【汇编】中四 3881
供奉官 甘州孔目官张伦
【宋会要】蕃夷 4 之 4/7715
供奉官 邈川吐蕃杨征溪心
【宋会要】蕃夷 6 之 8/7823
【汇编】中四 3881
供备库使 西蕃齐暖城首领乌戬新雅克，又作兀征声延
【长编标】407/9905
【长编影】407/9 下
【汇编】中五 4901
供备库使 定西城颖沁萨勒
【长编标】350/8389
【长编影】350/8 上
【汇编】中五 4613
供备库使 熙河吐蕃包诚
【长编标】280/6861；283/6924
【长编影】280/10 下；283/3 上
【汇编】中四 4034
供备库使 青唐吐蕃毕斯波结，又作边厮波结
【长编标】517/12303
【长编影】517/7 下
【宋会要】蕃夷 6 之 35/7836
【汇编】中六 5634
供备库副使 西蕃齐煖城首领乌戬新雅克，又作兀征声延
【长编标】476/11350
【长编影】476/13 上
【汇编】中五 5175
供备库副使 河湟吐蕃辖凌结，以执果庄论赏
【长编标】408/9943
【长编影】408/20 下
【汇编】中五 4916
供备库副使 熙河蕃官乌丹，以执果庄论赏
【长编标】408/9943
【长编影】408/20 下
【汇编】中五 4916
供备库副使 熙河蕃官色明
【长编标】520/12354
【长编影】520/1 上
【汇编】中六 5668
供备库副使 熙河蕃官魏钊
【长编标】520/12354
【长编影】520/1 上
【汇编】中六 5668
供备库副使 青唐吐蕃沁布结，又作钦波结
【长编标】517/12303
【长编影】517/7 下
【宋会要】蕃夷 6 之 34/7835
【汇编】中六 5634
使持节西州刺史 阿里骨弟苏南纳支
【宋会要】蕃夷 6 之 28/7832
使持节沙州刺史 归义军曹宗寿
【宋会要】蕃夷 5 之 2/7767
使持节沙州诸军事 归义军曹元忠
【宋会要】蕃夷 5 之 1/7767
使持节肃州诸军事 青唐吐蕃阿里骨，董毡子
【宋会要】蕃夷 6 之 19/7828
【宋大诏令集】239/西蕃阿里骨起复河西节度使（元祐元年二月丁丑）/938
【汇编】中五 4686
使持节庭州团练使 阿里骨男溪苏南邦彪錢
【宋会要】蕃夷 6 之 28/7832
使持节洮州凉州刺史 邈川首领唃厮啰，又名嘉勒斯赉
【宋大诏令集】239/唃厮啰保顺河西等军节度使制（康定二年正月乙未）/936
【汇编】中二 1921
使持节洮州凉州诸军事 邈川首领唃厮啰，又名嘉勒斯赉
【乐全集】22/秦州奏唃厮啰事/22 上
【汇编】中二 2157
使持节洮州诸军事 青唐吐蕃董毡
【宋大诏令集】239/董毡特进制（熙宁三年）/937、西蕃邈川首领董毡移镇西平节度制/937
【汇编】中四 4051
使持节洮州诸军事 邈川首领唃厮啰，又名嘉勒斯赉
【宋大诏令集】239/唃厮啰保顺河西等军节度使制（康定二年正月乙未）/936

【汇编】中二 1921

使持节凉州诸军 河湟吐蕃阿里骨

【宋会要】蕃夷 6 之 19/7828

使持节凉州诸军事 西蕃赵怀德，原名陇拶

【宋大诏令集】240/赵怀德加恩制/944

使持节凉州诸军事 河湟吐蕃阿里骨男瞎征

【宋会要】蕃夷 6 之 30/7833

使持节凉州诸军事 河湟吐蕃阿里骨，董毡养子

【宋大诏令集】239/西蕃阿里骨起复河西节度使（元祐元年二月丁丑）/939、西蕃邈川首领阿里骨落起复制（元祐三年十一乙丑）/939；240/阿里骨检校太尉依前河西节度仍旧西蕃邈川首领加恩制/941

【宋会要】蕃夷 6 之 22/7829

【汇编】中五 4686、4941、4942、5190

使持节鄯州防御使 阿里骨男溪苏南邦彪钱

【宋会要】蕃夷 6 之 28/7832

使持节鄯州诸军事 青唐吐蕃董毡

【宋大诏令集】239/西蕃邈川首领董毡移镇西平节度制/938

【宋会要】蕃夷 6 之 14/7825

【汇编】中四 4051

金紫光禄大夫 归义军曹宗寿

【宋会要】蕃夷 5 之 2/7767

金紫光禄大夫 回鹘使曹万通

【宋会要】蕃夷 4 之 13/7720

金紫光禄大夫 青唐吐蕃首领瞎征

【宋会要】蕃夷 6 之 33/7835

金紫光禄大夫 青唐吐蕃董毡

【宋大诏令集】237/董毡特进制（熙宁三年）/937

金紫光禄大夫 青唐吐蕃首领瞎欺丁木征

【宋史】15/神宗纪 2/275

【汇编】中 3/3549

金紫光禄大夫 邈川首领唃厮啰，又名嘉勒斯赉

【宋大诏令集】239/唃厮啰保顺河西等军节度使制（康定二年正月乙未）/936

【汇编】中二 1921

金紫光禄大夫 西凉府吐蕃厮铎督，潘罗支弟

【宋会要】方域 21 之 20/7671

【宋大诏令集】240/厮铎督朔方节度制（景德元年十月癸卯）/944

【汇编】中一 1407

金紫光禄大夫 西蕃溪赊罗撒，陇拶弟

【宋会要】蕃夷 6 之 40/7838、6 之 41/7839

【宋大诏令集】240/西蕃溪赊啰撒西平节度西蕃邈川首领制（崇宁元年十一月丙戌）/942

【汇编】中六 5721

金紫光禄大夫 沙州归义军首领曹延禄

【宋会要】蕃夷 5 之 1/7767

【宋大诏令集】240/沙州曹延禄拜官制（太平兴国五年四月丁丑）/943

【汇编】中一 987

金紫光禄大夫 青唐吐蕃阿里骨，董毡养子

【宋史】492/阿里骨传/14165

【宋会要】蕃夷 6 之 22/7829

【宋大诏令集】239/西蕃邈川首领阿里骨落起复制（元祐三年十一乙丑）/940

【宋文鉴】36/西蕃邈川首领阿里骨加食邑制/6下

【汇编】中五 4913、4942、5190

京西左藏库副使 熙河吐蕃包正

【长编标】408/9942

【长编影】408/20 下

夜洛隔可汗王 甘州回鹘王

【宋史】485/夏国传上/13993

【汇编】上 60

府州八族都校 上言屡与李继迁战

【宋会要】方域 21 之 4/7663

河西节度 青唐吐蕃木征子陇拶，赐名赵怀德

【宋会要】蕃夷 6 之 38/7837

河西节度 青唐吐蕃董毡

【宋大诏令集】239/西蕃阿里骨起复河西节度制（元祐元年二月丁丑）/938

【汇编】中五 4685

河西节度 青唐吐蕃阿里骨，董毡养子

【宋史】492/阿里骨传/14165

【宋大诏令集】239/西蕃邈川首领阿里骨落起复制（元祐三年十一乙丑）/939

【汇编】中五 4685、4941

河西节度使 邈川首领罝勒斯赉，又名唃厮啰

【方舟集】16/赵郡王墓志铭/26 上

【汇编】下 6695

河西节度使 邈川吐蕃瞎征，阿里骨子

【宋大诏令集】240/瞎征怀远节度使制/941

【宋会要】蕃夷 6 之 30/7833

【汇编】中六 5677

河西节度使 青唐吐蕃阿里骨，又作鄂特凌古，董毡养子

【长编标】366/8798

【长编影】366/20 上

【宋大诏令集】239/西蕃阿里骨起复河西节度使（元祐元年二月丁丑）/938

【汇编】中五 4685、4952

河西节度使 青唐董毡，又作董戬

【长编标】366/8798

【长编影】366/20 上

【宋会要】蕃夷 6 之 29/7833

【汇编】中五 4686；5252

河西节度使 青唐吐蕃隆赞，又作陇拶，赐名赵怀德

【长编标】519/12348；520/12377、12384

【长编影】519/6 下；520/18 下、24 上

【宋大诏令集】240/西蕃首领陇拶河西节度制（元符三年三月）/941

【宋会要】兵 9 之 4/6907；蕃夷 6 之 36/7836

【奏议标】141/任伯雨・上徽宗论湟鄯/1595

【奏议影】141/任伯雨・上徽宗论湟鄯/4907

【长编纪事本末】139/1 上

【汇编】中六 5658、5669、5670、5671、5676、5693、5695、5704、5724

河西军节度 青唐吐蕃董毡

【宋大诏令集】239/西蕃阿里骨起复河西节度制（元祐元年二月丁丑）/938

【汇编】中五 4686

河西军节度 河湟吐蕃阿里骨，董毡养子

【宋会要】蕃夷 6 之 22/7829、6 之 30/7833

【宋大诏令集】239/西蕃阿里骨起复河西节度使（元祐元年二月丁丑）/939；240/阿里骨检校太尉依前河西节度仍旧西蕃邈川首领加恩制/941

【宋文鉴】36/西蕃邈川首领阿里骨加食邑制/6 下

【汇编】中五 4686、4942、5190、5252

河西军节度使 青唐吐蕃董戬，又作董毡

【长编标】354/8473；365/8771

【长编影】354/5 上；365/24 下

【汇编】中五 4624、4672

河西军节度使 青唐吐蕃辖征，阿里骨子

【宋史】18/哲宗纪 2/346

【宋会要】蕃夷 6 之 33/7835、6 之 38/7837

【汇编】中六 5267

河西军节度使 河湟吐蕃首领董毡，又作董戬

【长编标】365/8771

【长编影】365/24 下

【宋会要】蕃夷 6 之 19/7828

河西军节度使 青唐吐蕃木征子赵怀德，原名陇拶或隆赞

【宋史】19/徽宗纪 1/358、361、370；492/瞎征传/14167

【长编标】519/12348

【长编影】519/6 上

【宋大诏令集】240/赵怀德加恩制/944

【宋会要】蕃夷 6 之 39/7838

【汇编】中六 5658、5679、5704、5781

河西军节度使 青唐吐蕃阿里骨，又作鄂特凌古，董毡养子

【宋史】17/哲宗纪 1/321；492/阿里骨传/14165

【长编标】380/9220

【长编影】380/1 下

【宋会要】蕃夷 6 之 19/7828、6 之 20/7828、6 之 27/7832

【东坡全集】37/敕文/5 上、30 上、31 下

【汇编】中五 4671、4685、4794、4920、4935

河西军左厢副使 凉州吐蕃折逋游龙钵

【宋史】492/吐蕃传/14154

【宋会要】方域 21 之 15/7668；蕃夷 7 之 14/7846

【汇编】中一 1199

河西军右厢副使 凉州吐蕃折逋游龙钵，又作结布伊朗布

【长编标】43/920

【长编影】43/12 下

河州刺史 河湟吐蕃瞎欺丁木征，又作辖奇鼎摩正，赐名赵思忠

【宋史】15/神宗纪 2/275；492/赵思忠传/14168

【长编标】188/4529；230/5595、5596；233/5652

【长编影】188/4 下；230/8 上；233/8 上
【宋会要】蕃夷 6 之 4/7820、6 之 5/7821
【汇编】中三 3249、3250、3549；中四 3746、3747

河州部落子巡检 河州蕃官李忠杰子李世恭，原名李阿埋
【长编标】499/11880
【长编影】499/9 上
【汇编】中六 5406

河州蕃兵将 熙河蕃官李忠杰
【长编标】351/8408
【长编影】351/5 上

河州蕃部钤辖 青唐吐蕃木征弟董谷
【宋会要】蕃夷 6 之 9/7823

河南蕃兵都总管 青唐吐蕃木征子陇拶，赐名赵怀德
【宋会要】兵 17 之 21/7048
【汇编】下 6377

河南蕃兵都总管 青唐吐蕃董毡从孙赵怀恩
【宋会要】兵 17 之 21/7048
【汇编】下 6377

河南蕃部总领 青唐吐蕃缅什罗蒙，赐名赵怀忠
【长编纪事本末】140/12 下
【汇编】中六 5845

沿边巡检 青唐吐蕃首领瞎毡
【奏议标】132/陈执中·上仁宗论西边事宜/1456
【奏议影】132/陈执中·上仁宗论西边事宜/4481

泾原路准备将领 熙河蕃官李忠杰
【长编标】516/12288
【长编影】516/20 下
【汇编】中六 5621

定安郡夫人 邈川首领唃厮啰妻乔氏，唃厮啰又作嘉勒斯赉
【长编标】191/4616
【长编影】191/5 下

郎将 西凉吐蕃厮铎督部下
【长编标】63/1403
【长编影】63/35 下

郎将 西蕃邈川首领拔藏党令结，又作巴勒藏达尔结
【长编标】285/6991
【长编影】285/28 下

郎将 龛谷懒家族首领便嘱，又作便粗克
【宋史】492/吐蕃传/14156
【长编标】56/1226
【长编影】56/2 下
【汇编】中一 1375、1392

肃州团练使 青唐吐蕃阿里骨，又名鄂特凌古，董毡养子
【宋史】492/阿里骨传/14165
【长编标】323/7789；324/7801
【长编影】323/12 下；324/6 上
【宋会要】蕃夷 6 之 17/7827；6 之 30/7833
【汇编】中四 4318、4322；中五 5252

肃州防御使 青唐吐蕃鄂特凌古，又作阿里骨，董毡养子
【长编标】366/8798
【长编影】366/20 上
【汇编】中五 4685

肃州刺史 青唐吐蕃阿里骨，董毡养子
【宋大诏令集】239/西蕃阿里骨起复河西节度使（元祐元年二月丁丑）/938
【宋会要】蕃夷 6 之 19/7828
【汇编】中五 4686

九画

珍州刺史 河湟吐蕃首领景青宜党令支，又作经沁伊达木凌节
【长编标】297/7221
【长编影】297/4 下
【宋会要】蕃夷 6 之 15/7826
【汇编】中四 3952

荣州团练使 熙河蕃官赵思忠
【长编标】258/6295；263/6426
【长编影】258/7 下；263/8 下

荣州团练使 熙河蕃官包顺
【长编标】283/6924；284/6960；300/7303
【长编影】283/3 上；284/13 下；300/6 上
【汇编】中四 4043、4047、4105

荣州团练使 熙河蕃官温玉

【长编标】351/8408
【长编影】351/5 上
【汇编】中五 4620

荣州团练使 熙河吐蕃木征，又名摩正，赐名赵思忠
【宋史】15/神宗纪 2/282
【长编标】254/6212；263/6426
【长编影】254/7 上；263/8 下
【宋会要】蕃夷 6 之 10/7823
【汇编】中四 3957、3958、3988

荣州刺史 熙河路赵醇忠，原名巴毡角
【长编标】334/8054；351/8408
【长编影】334/21 上；351/5 上
【汇编】中四 4479；中五 4620

荣州刺史 熙河蕃官颖沁萨勒
【长编标】351/8408
【长编影】351/5 上
【汇编】中五 4620

咸宁郡君 熙河吐蕃木征妻包氏，木征又作摩正
【宋史】492/赵思忠传/14168
【长编标】254/6213
【长编影】254/7 上
【汇编】中四 3957、3958

威州兵马都监 青唐吐蕃首领赵怀恩子
【方舟集】16/赵郡王墓志铭/26 上
【汇编】下 6695、6698

持节洮州诸军事 青唐吐蕃董毡
【宋会要】蕃夷 6 之 13/7825

持节凉州诸军事 青唐吐蕃阿里骨，董毡养子
【宋文鉴】36/西蕃邈川首领阿里骨加食邑制/6 下
【汇编】中五 5190

持节凉州诸军事 熙河吐蕃木征子陇拶，又名隆赞，赐名赵怀德
【宋会要】蕃夷 6 之 38/7837
【宋大诏令集】240/赵怀德加恩制/945
【汇编】中六 5679

持节琳州诸军事 青唐吐蕃瞎征
【宋会要】蕃夷 6 之 38/7837

持节鄯州诸军事 西蕃溪赊罗撒
【宋会要】蕃夷 6 之 40/7838

指挥使 青唐神波族那逋
【宋会要】蕃夷 6 之 35/7836

指挥使 青唐仲也族蕃官纳布克，又名郍逋
【长编标】518/12326
【长编影】518/7 上
【汇编】中六 5648

昭化军节度使 熙河吐蕃木征子赵怀德，原名陇拶
【长编纪事本末】140/12 下
【汇编】中六 5845

思州观察 青唐吐蕃赵怀恩，董毡从孙
【方舟集】16/赵郡王墓志铭/26 上
【汇编】下 6696

钤辖 岷州蕃兵将李祥
【长编标】351/8408
【长编影】351/5 上
【汇编】中五 4620

保顺节度使 宗哥城蕃僧李遵
【元宪集】34/宋故推诚翊戴功臣彰武军节度延州管内观察处置等使曹公墓志铭/353
【汇编】中一 1547

保顺军节度 河湟吐蕃董毡
【宋大诏令集】239/赐西蕃邈川首领保顺军节度洮州管内观察处置押蕃落等使董毡依唃厮啰例支请俸诏/937、赐起复董毡官敕牒对衣等示谕诏/937、董毡特进制（熙宁三年）/937、西蕃邈川首领董毡移镇西平节度制/937
【宋会要】蕃夷 6 之 13/7825

保顺军节度 宗哥城蕃僧立遵
【宋史】258/曹玮传/8985
【汇编】中一 1548

保顺军节度 邈川首领唃厮啰，又名嘉勒斯赉
【宋大诏令集】239/唃厮啰保顺河西等军节度使制（康定二年正月乙未）/936
【宋会要】蕃夷 6 之 3/7820
【汇编】中二 1921

保顺军节度观察留后 邈川首领唃厮啰，又名嘉勒斯赉
【宋史】492/唃厮啰传/14161
【宋会要】蕃夷 6 之 3/7820
【汇编】中一 1712

保顺军节度使 邈川首领唃厮啰，又名嘉勒斯赉
【宋史】492/唃厮啰传/14162
【长编标】123/2901
【长编影】123/9 上
【宋朝事实类苑】56/杨文公谈苑/743
【汇编】中一 1759、1780、1788

保顺军节度使 西蕃总噶尔族李遵，又作宗哥族立尊
【长编标】86/1979
【长编影】86/13 上
【宋会要】蕃夷 6 之 2/7819
【文庄集】2/李遵可洮州刺史充保顺军节度使制/15 上
【元宪集】33/宋故推诚翊戴功臣彰武军节度延州管内观察处置等使曹公行状/345
【汇编】中一 1530、1550、1557

保顺军节度使 青唐吐蕃董毡，又作董戬
【东都事略】129/附录 7・西蕃/3 上
【长编标】286/6997
【长编影】286/3 下
【宋会要】蕃夷 6 之 6/7821、6 之 7/7822
【宋大诏令集】239/董毡落起复依前保顺军节度使加食邑实封制/937
【汇编】中三 3388、3389、3635；中四 4051、4502

保顺军留后 邈川首领唃厮啰，又名嘉勒斯赉
【宋史】10/仁宗纪 2/201
【长编标】117/2765
【长编影】117/17 下
【汇编】中一 1713

保顺河西节度 邈川首领唃厮啰，又名嘉勒斯赉
【宋大诏令集】239/唃厮啰授依前保顺河西节度加食邑实封功臣制（郊祀）/936
【汇编】中一 1756

保顺河西等军节度使 邈川首领唃厮啰，又名嘉勒斯赉
【宋大诏令集】239/唃厮啰保顺河西等军节度使制（康定二年正月乙未）/936
【宋会要】蕃夷 6 之 3/7820

保顺河西等军节度使 邈川首领唃厮啰，又名嘉勒斯赉
【宋史】11/仁宗纪 3/211
【乐全集】22/秦州奏唃厮啰事/22 上
【宋大诏令集】239/唃厮啰保顺河西等军节度使制（康定二年正月乙未）/936
【汇编】中二 1921、2157

保顺郎将 回鹘安殿民
【宋会要】蕃夷 4 之 5/7716

保顺郎将 西凉吐蕃喻龙波，阿喻丹弟
【宋史】492/吐蕃传/14154
【宋会要】方域 21 之 15/7668
【汇编】中一 1067

顺义郡王 熙河吐蕃木征子赵怀德，原名陇拶
【长编纪事本末】140/12 下
【皇宋十朝纲要】17/3 下
【初寮集】6/定功继伐碑/1 上
【汇编】中六 5844、5845、5846；补遗 7437

顺化功臣 河湟吐蕃大首领董毡
【宋会要】蕃夷 6 之 14/7825

顺化郡王 熙河吐蕃木征子赵怀德，原名陇拶
【宋大诏令集】240/赵怀德赠开府仪同三司追封怀化郡王制/945
【汇编】中六 5862

顺州刺史 河湟吐蕃乞瞎撒欺丁
【宋会要】蕃夷 6 之 4/7820

顺州刺史 古渭蕃官讷支蔺毡，又作讷芝临占
【长编标】175/4225
【长编影】175/6 上

顺州刺史 折平族首领撒逋格，又作结彭族首领实布格
【长编标】63/1404
【长编影】63/6 上

顺州刺史 河湟吐蕃瞎撒欺丁，又作辖萨斯鼎
【长编标】187/4510
【长编影】187/8 下

顺州刺史 渭州折平族首领撒逋渴
【宋史】492/吐蕃传/14158
【汇编】中一 1439

顺州刺史 渭州吹麻城张族都首领张小哥，又作吹莽城帐族首领张硕噶
【长编标】88/2013
【长编影】88/3 上

【汇编】中一 1567

顺州刺史 唃厮啰部属廝厮敦，又名郭斡苏都，郭苏达勒

【宋史】258/曹玮传/8985；492/吐蕃传/14159

【长编标】86/1974

【长编影】86/9 上

【元宪集】33/宋故推诚翊戴功臣彰武军节度延州管内观察处置等使曹公墓志铭/345

【汇编】中一 1548、1549、1557、1560

皇城使 岷州蕃兵将李祥

【长编标】351/8408

【长编影】351/5 上

【汇编】中五 4620

皇城使 泾原战没蕃官赵永保

【长编标】485/11528

【长编影】485/9 上

【汇编】中六 5287

皇城使 泾原战没蕃官赵永福

【长编标】485/11528

【长编影】485/9 上

【汇编】中六 5287

皇城使 熙河吐蕃包诚

【长编标】351/8408；406/9886

【长编影】351/5 上；406/10 上

【汇编】中五 4620、4896

皇城使 熙河吐蕃包顺

【长编标】260/6332；265/6484；280/6861；282/6904；283/6924；284/6960；300/7303；351/8408

【长编影】260/3 上；265/1 下；280/11 上；282/4 下；283/3 上；284/13 下；300/6 上；351/5 上

【汇编】中四 3981、4047、4105；中五 4620

皇城使 熙河蕃官李蔺毡讷支，又名李临占讷芝

【长编标】351/8408；520/12354

【长编影】351/5 上；520/1 上

【汇编】中五 4620；中六 5668

皇城使 熙河蕃官阿克密

【长编标】353/8461

【长编影】353/5 下

【汇编】中 5/4622

皇城使 熙河蕃官若觝没移

【长编标】351/8408

【长编影】351/5 上

【汇编】中五 4620

皇城使 熙河蕃官赵醇忠，原名巴毡角

【长编标】334/8054；351/8408

【长编影】334/21 上；351/5 上

【汇编】中五 4620、4479

皇城使 熙河蕃官温玉

【长编标】351/8408

【长编影】351/5 上

【汇编】中五 4620

皇城使 熙河蕃官颖沁萨勒

【长编标】350/8389；351/8408

【长编影】350/8 上；351/5 上

【汇编】中五 4613、4620

皇城使 蕃官牛讷之，执吐蕃大首领鬼章加官

【长编标】408/9942

【长编影】408/20 下

【汇编】中五 4916

皇城使 蕃官李忠杰子李世恭

【长编标】334/8054；493/11723；499/11880；520/12354

【长编影】334/21 上；493/26 下；499/9 上；520/1 上

【汇编】中四 4479；中六 5349、5406、5668

皇城副使 定西城坚多克

【长编标】350/8389

【长编影】350/8 上

【汇编】中五 4613

皇城副使 定西城韩绪

【长编标】350/8389

【长编影】350/8 上

【汇编】中五 4613

皇城副使 熙河蕃官包正

【长编标】408/9942

【长编影】408/20 下

【汇编】中五 4916

皇城副使 蕃官王吉

【长编标】520/12354

【长编影】520/1 上

【汇编】中六 5668

皇城副使 蕃官结布

【长编标】408/9942
【长编影】408/20 下
【汇编】中五 4916
皇城副使 蕃官鄂德
【长编标】408/9942
【长编影】408/20 下
【汇编】中五 4916
叙州兵马监押 青唐吐蕃赵怀恩长子
【方舟集】16/赵郡王墓志铭/26 上
【汇编】下 6698
胜州团练使 吐蕃李叱纳钦，又作李察勒沁
【长编标】344/8253
【长编影】344/1
【汇编】中五 4563
胜州刺史 吐蕃锡巴衮，赐名法温
【方舟集】16/赵郡王墓志铭/26 上
【汇编】下 6696
胜州刺史 河湟吐蕃巴温
【长编标】455/10912；458/10959
【长编影】455/10 下；458/7 上
阁门使 吐蕃邈川首领溪巴温
【长编标】513/12193
【长编影】513/1 上
【汇编】中六 5565
阁门宣赞舍人 秦州蕃官赵继志，市马有功
【系年要录】66/1125
【汇编】下 6344
洮西安抚 通远军齐玛克堡李用子李忠
【长编纪事本末】139/20 上
【汇编】中六 5754
洮西安抚司蕃勇敢 德顺军降羌李奇济等
【长编标】245/5968
【长编影】245/17 下
洮州汉蕃钤辖 熙河吐蕃赵醇忠，原名巴毡角
【长编标】265/6484
【长编影】265/1 上
【汇编】中四 3993
洮州观察处置押蕃落等使 青唐董毡
【宋大诏令集】239/西蕃邈川首领董毡移镇西平节度制/937
【汇编】中四 4051
洮州刺史 宗哥城蕃僧李遵
【文庄集】2/李遵可洮州刺史充保顺军节度使制/15 上
【汇编】中一 1550
洮州刺史 邈川吐蕃董毡
【宋大诏令集】239/董毡特进制（熙宁三年）/937
【汇编】中三 3636
洮州刺史 邈川首领唃厮啰，又名嘉勒斯赉
【宋大诏令集】239/唃厮啰保顺河西等军节度使制（康定二年正月乙未）/936
【汇编】中二 1921
洮州钤辖 吐蕃阿令结
【宋会要】兵 17 之 30/7052
【汇编】下 6748
洮州都首领 洮州蕃官巴珍觉，又作巴毡角
【长编标】248/6063
【长编影】248/23 下
【汇编】中四 3911
洮州凉州刺史 邈川首领唃厮啰，又名嘉勒斯赉
【乐全集】22/秦州奏唃厮啰事/22 上
【汇编】中二 2157
洮州凉州管内观察处置押蕃落使 河湟吐蕃首领唃厮啰，又名嘉勒斯赉
【宋大诏令集】239/唃厮啰保顺河西等军节度使制（康定二年正月乙未）/936
【乐全集】22/秦州奏唃厮啰事/22 上
【汇编】中二 1921、2157
洮州凉州管内观察处置押蕃落等使 邈川首领唃厮啰，又名嘉勒斯赉
【宋大诏令集】239/唃厮啰保顺河西等军节度使制（康定二年正月乙未）/936
【乐全集】22/秦州奏唃厮啰事/22 上
【汇编】中二 1921、2157
洮州管内观察处置押蕃落等使 吐蕃大首领董毡
【宋会要】蕃夷 6 之 13/7825
【宋大诏令集】239/赐西蕃邈川首领保顺军节度洮州管内观察处置押蕃落等使董毡依唃厮啰例支请俸诏/937、董毡特进制（熙宁三年）/937、西蕃邈川首领董毡移镇西平节度制/937

洮州管内观察处置等使 河湟吐蕃首领唃厮啰，又名嘉勒斯赉
【宋大诏令集】239/唃厮啰保顺河西等军节度使制（康定二年正月乙未）/936
【汇编】中二 1921
洮州蕃部钤辖 青唐吐蕃木征弟巴毡角
【宋会要】蕃夷 6 之 9/7823
洮岷军节度留后 熙河蕃官赵思忠，原名默正
【方舟集】16/赵郡王墓志铭/26 上
【汇编】下 6696
济北郡夫人 归义军曹宗寿妻
【长编标】52/1147
【长编影】52/16 上
【宋会要】蕃夷 5 之 2/7767
宥州刺史 西凉六谷吐蕃首领折逋游龙钵，又作结布伊朗布
【宋史】492/吐蕃传/14155
【长编标】49/1079
【长编影】49/15 上
【宋会要】方域 21 之 16/7669
【汇编】中一 1252
宫苑使 泾原蕃官张绍志
【长编标】492/11678
【长编影】492/2 上
【汇编】中六 5337
客省使 河湟蕃官乌当
【长编标】520/12354
【长编影】520/1 上
【汇编】中六 5668
客省使 河湟蕃官李临占汭芝，又作李蔺毡纳支
【长编标】520/12354
【长编影】520/1 上
【汇编】中六 5668
客省使 河湟蕃官魏钊
【长编标】520/12354
【长编影】520/1 上
【汇编】中六 5668
奖州团练使 河湟吐蕃瞎毡，又作辖戬
【长编标】188/4529
【长编影】188/4 下
冠军大将军 青唐吐蕃董毡
【宋大诏令集】237/赐起复董毡官敕牒对衣等示谕诏/937
冠军大将军 青唐吐蕃瞎征
【宋会要】蕃夷 6 之 30/7833；6 之 33/7835
冠军大将军 青唐吐蕃阿里骨，董毡养子
【宋史】492/阿里骨传/14165
【宋会要】蕃夷 6 之 19/7828
【宋大诏令集】239/西蕃阿里骨起复河西节度使（元祐元年二月丁丑）/939、西蕃阿里骨起复河西节度使（元祐元年二月丁丑）/940
【汇编】中五 4685、4686、4941
郡大夫人 回鹘公主青迎结牟
【宋会要】蕃夷 6 之 38/7837
【汇编】中六 5678
郡大夫人 夏国公主金山
【宋会要】蕃夷 6 之 38/7837
【汇编】中六 5678
郡大夫人 董毡姊瞎叱牟
【宋会要】蕃夷 6 之 38/7837
【汇编】中六 5678
郡夫人 吐蕃包氏，阿令结妻
【宋会要】兵 17 之 30/7052
【汇编】下 6748
郡太君 董毡姊党征丹等
【宋会要】蕃夷 6 之 38/7837
郡君 夏国公主女瞎衫
【宋会要】蕃夷 6 之 37/7837、6 之 38/7837
【汇编】中六 5678
郡君 董毡女结成丹
【宋会要】蕃夷 6 之 37/7837、6 之 38/7837
【汇编】中六 5678
郡君 邈川首领瞎征妻遵宁
【宋会要】蕃夷 6 之 37/7837
【汇编】中六 5678
贺州刺史 河州蕃官李忠杰子李世恭，原名李阿埋
【长编标】493/11723；499/11880；520/12354
【长编影】493/26 下；499/9 上；520/1 上
【宋会要】兵 17 之 5/7040
【汇编】中六 5270、5349、5406、5668
结河一带蕃部巡检 熙河吐蕃蔺毡纳支，又

作楞占讷芝
【长编标】241/5876
【长编影】241/2 下
【汇编】中四 3825
统领官 通远军齐玛克堡李用子李忠
【长编纪事本末】139/5 下
【汇编】中六 5729

十画

秦州鸡川寨蕃官首领 乐哥
【宋会要】兵 28 之 2/7270
【汇编】中三 3424
秦州钤辖 熙河吐蕃木征，赐名赵思忠
【宋史】492/赵思忠传/14168
【长编标】258/6295；263/6426
【长编影】258/7 下；263/8 下
【汇编】中四 3957、3971、3988
秦州蕃官军主 策拉
【长编标】103/2390
【长编影】103/15 上
秦国太夫人 归义军曹延禄母
【宋会要】蕃夷 5 之 2/7767
秦国太夫人 归义军曹元忠母
【长编标】21/474
【长编影】21/4 上
都军主 河湟吐蕃瞎欺丁兀钱
【宋会要】蕃夷 6 之 4/7820
都军主 西蕃溪邦彪錢，鄂特凌古子
【长编标】455/10912
【长编影】455/10 下
【汇编】中五 5058
都军主 青唐吐蕃觉勒玛斯多卜，温溪心子
【长编标】421/10183
【长编影】421/1 上
【汇编】中五 4954
都军主 泾原路樊家族九门都首领客厮铎，又作开斯多卜
【长编标】91/2102
【长编影】91/5 下
【汇编】中一 1589
都军主 秦州伏羌寨蕃部阿珠
【长编标】90/2085
【长编影】90/16 下
【汇编】中一 1585
都府兵马钤辖 青唐吐蕃赵怀恩
【宋会要】兵 17 之 27/7051
都首领 青唐吐蕃董毡
【宋会要】兵 9 之 1/6906
【汇编】中四 4039
都总领河南兵将 青唐吐蕃赵怀恩，董毡从孙
【方舟集】16/赵郡王墓志铭/26 上
【汇编】下 6696
都总领河南蕃兵将 青唐吐蕃董毡从孙赵怀恩
【宋会要】兵 17 之 27/7051
【系年要录】165/2698
【汇编】下 6592、6595
都监 泾原杏家族吹济鄂罗克
【长编标】101/2344
【长编影】101/12 上
【汇编】中一 1628
都虞侯 西蕃首领喝装
【宋会要】蕃夷 6 之 6/7821
都虞侯 泾原蕃部哩博晋巴
【长编标】368/8862
【长编影】368/12 下
都虞侯 熙河兰会路汪洛施族鄂鄂尔
【长编标】380/9238
【长编影】380/17 上
【汇编】中五 4740
莽沁公 青唐吐蕃辖戬，嘉勒斯赉子
【方舟集】16/赵郡王墓志铭/26 上
【汇编】下 6695
莱州防御使 吐蕃巴毡角
【金史】91/结什角传/2016
【汇编】下 6745
盐州防御使 六谷吐蕃首领潘罗支，又作博啰齐
【宋史】492/吐蕃传/14155
【长编标】49/1079；54/1181
【长编影】49/14 下；54/5 下
【宋会要】方域 21 之 16/7669

【汇编】中一 1251

盐州防御使 西凉府六谷吐蕃首领斯多特，又作厮铎督

【宋史】492/吐蕃传/14156

【长编标】58/1277

【长编影】58/4 下

【宋会要】方域 21 之 20/7671

【汇编】中一 1391、1405、1406

虔州观察使 包诚

【长编标】485/11528

【长编影】485/9 上

【汇编】中六 5286

监察御史 邈川吐蕃遵博斯吉

【长编标】421/10183

监察御史 西蕃首领帕克巴

【文庄集】2/甘州外甥回纥汗王伊噜格勒可特进怀宁顺化可汗王制/22 下

【汇编】中一 1596

监察御史 河湟吐蕃阿里骨子邦彪錢

【长编标】430/10396

【宋会要】蕃夷 6 之 23/7830

监察御史 河湟吐蕃阿里骨弟南纳支

【长编标】430/10396

【宋会要】蕃夷 6 之 23/7830

监察御史 秦州永宁寨熟户俞龙潘

【元宪集】24/熟户俞龙潘兼监察御史武骑尉制/251

【汇编】补遗 7159

监察御史 青唐吐蕃鄂特凌子溪邦贝昌

【长编标】430/10396

【长编影】430/15 上

【汇编】中五 4967

监察御史 青唐吐蕃溪嘉斯博邦贝昌，辖正子

【长编标】497/11831

【长编影】497/14 上

【汇编】中六 5388

监察御史 辖正进奉大首领纳玛密戬、小首领阿鲁，又作大首领纳麻抹毡，小首领阿驴

【长编标】498/11848

【长编影】498/7 下

【汇编】中六 5392

监察御史 邈川首领鄂特凌古进奉人，鄂凌特古又作阿里骨

【长编标】466/11135

【长编影】466/9 上

【汇编】中五 5103

峰州刺史 秦州伏羌寨蕃官阿珠

【长编标】90/2085

【长编影】90/16 下

【汇编】中一 1585

恩州团练使 河湟吐蕃磨毡角，又作默觉戬

【长编标】187/4510

【长编影】187/8 下

恩州团练使 熙河蕃官包诚

【长编标】351/8408

【长编影】351/5 上

【汇编】中五 4620

恩州观察使 河湟吐蕃董毡从孙赵怀恩

【系年要录】6/166；101/1651

【汇编】下 6115、6421

特进 甘州回纥可汗王夜落纥

【宋会要】蕃夷 4 之 4/7715

特进 归义军曹元忠

【宋会要】蕃夷 5 之 1/7767

特进 河湟吐蕃大首领阿里骨

【宋会要】蕃夷 6 之 27/7832

秣邦一带巡检 青唐吐蕃首领旺奇巴，又作旺奇卜

【长编标】228/5556

借职 邈川首领溪心妹婿搭令波

【长编标】305/7417

【长编影】305/2 下

爱州团练使 邈川首领唃厮啰，又名嘉勒斯赉

【宋史】10/仁宗纪 2/194；492/唃厮啰传/14161

【长编标】111/2587；117/2765

【长编影】111/10 下；117/17 下

【东都事略】129/附录 7 西蕃/2 上

【宋会要】蕃夷 6 之 1/7819、6 之 3/7820

【乐全集】22/秦州奏唃厮啰事/21 下

【汇编】中一 1683、1684、1713

部落本族同巡检 熙河蕃部李奇崖

【长编标】275/6723

【长编影】275/3 下

【汇编】中四 4019

部落军使 秦州甘谷城巴雅尔
【长编标】329/7915
【长编影】329/2 下
【汇编】中四 4397

凉州刺史 青唐吐蕃阿里骨男瞎征
【宋会要】蕃夷 6 之 30/7833

凉州刺史 青唐吐蕃木征子陇拶，赐名赵怀德
【宋会要】蕃夷 6 之 38/7837
【宋大诏令集】240/赵怀德加恩制/944
【汇编】中六 5679

凉州刺史 青唐吐蕃阿里骨，董毡养子
【宋大诏令集】239/西蕃阿里骨起复河西节度使（元祐元年二月丁丑）/939、西蕃邈川首领阿里骨落起复制（元祐三年十一乙丑）/940；240/阿里骨检校太尉依前河西节度仍旧西蕃邈川首领加恩制/941
【宋会要】蕃夷 6 之 19/7828、6 之 22/7829
【宋文鉴】36/西蕃邈川首领阿里骨加食邑制/6 下
【汇编】中五 4686、4941、4942、5190

凉州教练使 凉州吐蕃教练使贯人义
【宋会要】方域 21 之 21/7671
【汇编】中一 1417

凉州管内观察处置押蕃落等使 阿里骨男瞎征
【宋会要】蕃夷 6 之 30/7833

凉州管内观察处置押蕃落等使 青唐吐蕃阿里骨，董毡养子
【宋大诏令集】239/西蕃阿里骨起复河西节度使（元祐元年二月丁丑）/939、239/西蕃邈川首领阿里骨落起复制（元祐三年十一乙丑）/939；240/阿里骨检校太尉依前河西节度仍旧西蕃邈川首领加恩制/941
【宋文鉴】36/西蕃邈川首领阿里骨加食邑制/6 下
【宋会要】蕃夷 6 之 19/7828、6 之 22/7829
【汇编】中五 4686、4941、4942、5190

凉州管内观察处置等使 熙河吐蕃木征子陇拶，赐名赵怀德
【宋会要】蕃夷 6 之 38/7837
【宋大诏令集】240/赵怀德加恩制/944
【汇编】中六 5679

朔方节度 凉州吐蕃厮铎督
【宋大诏令集】240/厮铎督朔方节度制（景德元年十月癸卯）/944
【汇编】中一 1407

朔方节度使 西凉吐蕃首领博啰齐，又作潘罗支
【长编标】54/1181
【长编影】54/6 上
【汇编】中一 1350

朔方军节度 西凉吐蕃潘罗支
【宋史】7/真宗纪 2/12；492/吐蕃传/14156
【宋会要】方域 21 之 20/7671
【宋大诏令集】240/厮铎督朔方节度制（景德元年十月癸卯）/944
【汇编】中一 1348、1349、1405、1406

朔方军节度 西凉府吐蕃厮铎督，潘罗支弟
【宋史】7/真宗纪 2/125；492/吐蕃传/14156
【宋大诏令集】240/厮铎督朔方节度制（景德元年十月癸卯）/944
【宋会要】方域 21 之 20/7671
【汇编】中一 1391、1406、1407

朔方军节度使 西凉吐蕃潘罗支
【宋会要】仪制 13 之 7/2052；方域 21 之 17/7669
【汇编】中一 1349、1408

朔方军节度使 西凉府六谷吐蕃厮铎督，又名斯多特
【长编标】58/1278
【长编影】58/5 上
【东都事略】129/附录 7・西蕃/1 下
【汇编】中一 1394、1407

陪戎校尉 西蕃大首领鬼章，又作果庄
【宋史】492/阿里骨传/14165
【长编标】413/10042；414/10059；432/10425；447/10757
【长编影】413/9 上；414/6 上；432/2 上；447/11 下
【宋会要】蕃夷 6 之 22/7829
【奏议标】141/苏轼・上哲宗乞约鬼章讨阿里骨/1593
【奏议影】141/苏轼・上哲宗乞约鬼章讨阿里骨/4900

【彭城集】22/西蕃大首领鬼章可陪戎校尉制/311
【汇编】中五 4858、4937、4938、4939、4968、5039
通远军密栋族巡检 熙河蕃部首领坚多克
【长编影】341/18 下
通远军密顿族巡检 熙河蕃部首领坚多克
【长编标】341/8215

十一画

检校工部员外郎 归义军宋庆融
【宋会要】蕃夷 5 之 3/7768
检校工部尚书 阿里骨男溪苏南邦彪篯
【宋会要】蕃夷 6 之 28/7832
检校工部尚书 青唐吐蕃董戬，嘉勒斯赉子
【方舟集】16/赵郡王墓志铭/26 上
【汇编】下 6695
检校工部尚书 青唐吐蕃阿里骨，董毡子
【宋会要】蕃夷 6 之 19/7828
【宋大诏令集】239/西蕃阿里骨起复河西节度使（元祐元年二月丁丑）/938
【汇编】中五 4686
检校工部尚书 西蕃大首领果庄子结斡磋，又作结呱龊或结兀捉
【长编标】430/10396
【长编影】430/15 上
【宋会要】蕃夷 6 之 23/7830
【汇编】中五 4967
检校太子宾客 六谷吐蕃铎督族帐李波逋
【宋史】492/吐蕃传/14156、14158
【汇编】中一 1438
检校太子宾客 西凉者龙族合穷波，又作咱隆族和尔沁博
【长编标】62/1385
【长编影】62/3 上
【宋史】492/吐蕃传/14158
【汇编】中一 1430
检校太子宾客 党宗族业罗，又作伊朗
【宋史】492/吐蕃传/14158
【长编标】62/1385
【长编影】62/3 上
【汇编】中一 1430
检校太师 回鹘使曹万通
【宋会要】蕃夷 4 之 13/7720
检校太保 归义军曹宗寿
【宋会要】蕃夷 5 之 2/7767
检校太保 西凉吐蕃厮铎督
【宋会要】方域 21 之 20/7671
检校太保 西凉吐蕃瞎征
【宋会要】蕃夷 6 之 33/7835
检校太保 青唐吐蕃溪赊罗撒
【宋会要】蕃夷 6 之 41/7839
检校太保 青唐吐蕃董毡
【宋大诏令集】237/董毡特进制（熙宁三年）/937
【宋会要】蕃夷 6 之 6/7821
检校太保 沙州归义军首领曹延禄
【宋大诏令集】240/沙州曹延禄拜官制（太平兴国五年四月丁丑）/943
【宋会要】蕃夷 5 之 1/7767
【汇编】中一 987
检校太保 邈川吐蕃首领唃厮啰，又名嘉勒斯赉
【宋大诏令集】239/唃厮啰保顺河西等军节度使制（康定二年正月乙未）/936
【宋会要】蕃夷 6 之 3/7820
【汇编】中二 1921
检校太保 青唐吐蕃阿里骨，董毡养子
【宋史】492/阿里骨传/14165
【宋大诏令集】239/西蕃邈川首领阿里骨落起复制（元祐三年十月乙丑）/939
【宋会要】蕃夷 6 之 22/7829
【东坡全集】37/敕文/5 上
【宋文鉴】36/西蕃邈川首领阿里骨加食邑制/6 下
【汇编】中五 4794、4913、4941、4942、4952、5190
检校太尉 归义军曹延禄
【长编标】48/1044
【长编影】48/1 下
检校太尉 青唐吐蕃阿里骨，董毡养子
【宋大诏令集】240/阿里骨检校太尉依前河西节度仍旧西蕃邈川首领制/941

【汇编】中五 5190

检校太尉 西凉府吐蕃厮铎督，潘罗支弟

【宋大诏令集】240/厮铎督朔方节度制（景德元年十月癸卯）/944

【宋会要】方域 21 之 23/7672

【汇编】中一 1407

检校太尉 邈川首领唃厮啰，又名嘉勒斯赉

【宋大诏令集】239/唃厮啰保顺河西等军节度使制（康定二年正月乙未）/936

【乐全集】22/秦州奏唃厮啰事/22 上

【汇编】中二 1921、2158

检校太尉 青唐吐蕃董毡，又作董戬

【宋史】17/哲宗纪 1/318

【长编标】354/8473

【长编影】354/5 上

【宋大诏令集】239/西蕃邈川首领董毡移镇西平节度制/937、董毡授检校太尉加恩制（元丰八年哲宗即位）/938

【宋会要】蕃夷 6 之 19/7828

【汇编】中四 4051；中五 4624

检校太傅 归义军曹元忠

【宋会要】蕃夷 5 之 1/7767

检校太傅 青唐吐蕃阿里骨，董毡养子

【宋大诏令集】240/阿里骨检校太尉依前河西节度仍旧西蕃邈川首领加恩制/941

【汇编】中五 5190

检校太傅 西凉府吐蕃厮铎督，潘罗支弟

【宋史】492/吐蕃传/14158

【宋会要】方域 21 之 22/7672

【汇编】中一 1438

检校太傅 青唐吐蕃瞎征

【宋史】492/瞎征传/14167

【宋会要】蕃夷 6 之 38/7837

【宋大诏令集】240/瞎征怀远节度使制/942

【汇编】中六 5676、5678

检校太傅 青唐吐蕃董毡，又作董戬

【长编标】354/8473

【长编影】354/5 上

【宋会要】蕃夷 6 之 13/7825、6 之 14/7825、6 之 19/7828

【宋大诏令集】239/西蕃邈川首领董毡移镇西平节度制/938

【汇编】中四 4051；中五 4624

检校司空 青唐吐蕃阿里骨男瞎征

【宋会要】蕃夷 6 之 30/7833

检校司空 青唐吐蕃董毡

【宋会要】蕃夷 6 之 6/7821

检校司空 西蕃溪赊罗撒，陇拶弟

【宋会要】蕃夷 6 之 40/7838、6 之 41/7839

【宋大诏令集】240/西蕃溪赊啰撒西平节度西蕃邈川首领制（崇宁元年十一月丙戌）/942

【汇编】中六 5721

检校司空 沙州归义军首领曹延禄

【宋会要】蕃夷 5 之 1/7767

【宋大诏令集】240/沙州曹延禄拜官制（太平兴国五年四月丁丑）/943

【汇编】中一 987

检校司空 青唐吐蕃阿里骨，董毡养子

【宋史】492/阿里骨传/14165

【宋大诏令集】239/西蕃阿里骨起复河西节度使（元祐元年二月丁丑）/939

【宋会要】蕃夷 6 之 19/7828

【汇编】中五 4685、4686

检校司徒 归义军曹延晟

【宋会要】蕃夷 5 之 2/7767

检校司徒 归义军曹延敬

【宋会要】蕃夷 5 之 1/7767

检校司徒 青唐吐蕃木征子赵怀德，原名陇拶

【宋大诏令集】240/赵怀德赠开府仪同三司追封怀化郡王制/945

【汇编】中六 5862

检校刑部尚书 河州瞎欺木征

【宋史】15/神宗纪 2/275

【汇编】中三 3549

检校刑部尚书 归义军曹贤顺弟曹贤惠

【宋会要】蕃夷 5 之 3/7768

【宋朝事实类苑】75/引东斋纪事/994

【汇编】中一 1626

检校兵部尚书 归义军曹贤顺

【宋会要】蕃夷 5 之 2/7767

检校尚书左仆射 归义军曹宗久

【宋会要】蕃夷 5 之 2/7767

检校国子监祭酒 秦州永宁寨熟户俞龙潘

【元宪集】24/熟户俞龙潘监察御史武骑尉制/

251
【汇编】补遗 7159
检校国子监祭酒 青唐吐蕃首领辖正子溪嘉斯博邦贝昌
【长编标】497/11831
【长编影】497/14 上
【汇编】中六 5388
检校国子监祭酒 辖正进奉大首领纳玛密戬，小首领阿鲁，又作大首领纳麻抹毡，小首领阿驴
【长编标】498/11848
【长编影】498/7 下
【汇编】中六 5392
检校国子祭酒 西蕃首领帕克巴
【文庄集】2/西蕃首领帕克巴充本族军主制/22下
【汇编】中一 1596
检校国子祭酒 青唐吐蕃阿里骨进奉人，阿里骨又作鄂特凌古
【长编标】466/11135
【长编影】466/9 上
【汇编】中五 5103
检校国子祭酒 河湟吐蕃阿里骨子邦彪錢
【长编标】430/10396
【长编影】430/15 上
【宋会要】蕃夷 6 之 23/7830
检校国子祭酒 河湟吐蕃阿里骨弟南纳支，又作苏南纳支
【长编标】430/10396
【长编影】430/15 上
【宋会要】蕃夷 6 之 23/7830、6 之 28/7832
检校国子祭酒兼监察御史 归义军蕃大首领遏岜
【宋会要】蕃夷 5 之 3/7768
检校国子祭酒兼监察御史 青唐吐蕃阿里骨大首领抹征兼钱
【彭城集】20/阿里骨大首领抹征兼钱并充本族副军主制/281
【汇编】中五 5055
检校国子祭酒兼监察御史 邈川吐蕃首领遵博斯吉
【长编标】421/10183
【长编影】421/1 上
【汇编】中五 4954
检校国子祭酒兼监察御史 邈川吐蕃觉勒玛斯多卜
【长编标】421/10183
【长编影】421/1 上
【汇编】中五 4954
检校国子祭酒兼监察御史 邈川吐蕃溪展，又作溪毡
【长编标】421/10183
【长编影】421/1 上
【汇编】中五 4954
检校官 厮铎督族帐李波逋，又作斯多特族帐李贝通
【长编标】63/1403
【长编影】63/5 下
检察御史 西蕃首领帕克巴
【文庄集】2/西蕃首领帕克巴充本族军主制/22下
【汇编】中一 1596
副军主 毡巴柯族军主结厮鸡
【元丰类稿】22/论毡巴柯族军主结厮鸡柯族副军主制/5 下
【汇编】补遗 7158
副军主 泾原杏家族吹济鄂罗克
【长编标】101/2344
【长编影】101/12 上
【汇编】中一 1628
副军主 熙河兰会路汪洛施族斯多格
【长编标】380/9238
【长编影】380/17 上
【汇编】中五 4740
副军主 蕃官李默戬觉
【长编标】262/6403
【长编影】262/26 上
【汇编】中四 3987
副军主 邈川吐蕃阿道，又名阿笃
【长编标】302/7351
【长编影】302/7 下
【汇编】中四 4108
副军主 邈川吐蕃溪展，又作溪毡
【长编标】421/10183

【长编影】421/1 上
【汇编】中五 4954
副军都主 邈川吐蕃遵博斯吉
【长编标】421/10183
【长编影】421/1 上
【汇编】中五 4954
副都军主 邈川吐蕃溪毡
【元丰类稿】22/溪毡本族副都军主等制/5 下
【汇编】补遗 7157
副都军主 青唐吐蕃辖正子溪嘉斯博贝昌
【长编标】497/11831
【长编影】497/14 上
【汇编】中六 5388
副都军主 青唐吐蕃辖正进奉大首领纳玛密戬、小首领阿鲁，又作进奉大首领纳麻抹毡、小首领阿驴
【长编标】498/11848
【长编影】498/7 下
【汇编】中六 5392
推诚顺化功臣 青唐吐蕃董毡
【宋大诏令集】239/西蕃邈川首领董毡移镇西平节度制/938
【汇编】中四 4051
推诚顺化功臣 青唐吐蕃辖戬，嘉勒斯赉子
【方舟集】16/赵郡王墓志铭/26 上
【汇编】下 6696
推诚顺化忠亮翊戴功臣 邈川首领唃厮啰，又名嘉勒斯赉
【乐全集】22/秦州奏唃厮啰事/22 上
【汇编】中二 2157
常乐郡开国公 青唐吐蕃董毡
【宋大诏令集】239/董毡特进制（熙宁三年）/937、西蕃邈川首领董毡移镇西平节度制/937
【宋会要】蕃夷 6 之 13/7825
【汇编】中四 4051
常乐郡公 青唐吐蕃董毡
【宋史】492/董毡传/14164
【汇编】中四 4150
崇仪使 熙河蕃官赵绍宗
【长编标】283/6924
【长编影】283/3 上
【宋会要】蕃夷 6 之 14/7825
【汇编】中四 4043
崇仪副使 青唐吐蕃木征弟巴毡角，又作巴珍觉
【长编标】248/6063
【长编影】248/23 下
【汇编】中四 3911
崇仪副使 熙河路赵醇忠，原名巴毡角
【长编标】265/6484
【长编影】265/1 上
【汇编】中四 3993
崇仪副使 熙河路蕃官赵济忠
【长编标】259/6316
【长编影】259/7 上
【汇编】中四 3977
崇仪副使 熙河蕃官赵绍忠
【长编标】280/6861；289/7076
【长编影】280/11 上；289/15 上
【汇编】中四 4072
崇仪副使 岷州都首领辖乌察，又作瞎吴叱，木征弟
【长编标】248/6063
【长编影】248/23 下
【宋会要】蕃夷 6 之 9/7823
【汇编】中四 3911
银州团练使 西蕃首领心牟钦毡，又作森摩乾展
【宋史】17/哲宗纪 1/325
【长编标】404/9843
【长编影】404/13 下
【汇编】中五 4849
银青光禄大夫 阿里骨男溪苏南邦彪钱
【宋会要】蕃夷 6 之 28/7832
银青光禄大夫 西蕃首领帕克巴
【文庄集】2/西蕃首领帕克巴可银青光禄大夫检校国子祭酒兼监察御史武骑尉充本族军主制/22 下
【汇编】中一 1596
银青光禄大夫 阿里骨大首领抹征兼钱
【彭城集】20/阿里骨大首领抹征兼钱并充本族副军主制/281
【汇编】中五 5055
银青光禄大夫 秦州永宁寨熟户俞龙潘

【元宪集】24/熟户俞龙潘兼监察御史武骑尉制/251
【汇编】补遗 7159

银青光禄大夫 青唐吐蕃阿里骨，董毡养子
【宋大诏令集】239/西蕃阿里骨起复河西节度使（元祐元年二月丁丑）/938
【宋会要】蕃夷 6 之 19/7828
【汇编】中五 4686

银青光禄大夫 青唐吐蕃辖正子溪嘉斯博邦贝昌
【长编标】497/11831
【长编影】497/14 上
【汇编】中六 5388

银青光禄大夫 青唐吐蕃辖正进奉大首领纳玛密戬，又作纳麻抹毡
【长编标】498/11848
【长编影】498/7 下
【汇编】中六 5392

银青光禄大夫 青唐吐蕃辖正进奉小首领阿鲁，又作阿驴
【长编标】498/11848
【长编影】498/7 下
【汇编】中六 5392

银青光禄大夫 河湟吐蕃鬼章子结呒龊，又作结兀捉、结斡磋
【长编标】430/10396
【长编影】430/15 上
【汇编】中五 4967

银青光禄大夫 邈川吐蕃首领温溪心男觉勒玛斯多卜
【长编标】421/10183
【长编影】421/1 上
【汇编】中五 4954

银青光禄大夫 邈川首领鄂特凌古进奉人，鄂特凌古，又作阿里骨
【长编标】466/11135
【长编影】466/9 上
【汇编】中五 5103

银青光禄大夫 邈川溪毡，又作溪展
【长编标】421/10183
【长编影】421/1 上
【汇编】中五 4954

银青光禄大夫 邈川遵博斯吉
【长编标】421/10183
【长编影】421/1 上
【汇编】中五 4954

银青光禄大夫 河湟吐蕃阿里骨子邦彪錢，又作溪邦贝昌
【长编标】430/10396
【长编影】430/15 上
【宋会要】蕃夷 6 之 23/7830
【汇编】中五 4967

银青光禄大夫 邈川首领鄂特凌古弟索诺木纳木扎勒，又作苏南纳支
【长编标】430/10396
【长编影】430/15 上
【宋会要】蕃夷 6 之 23/7830、6 之 28/7832
【汇编】中五 4967

银夏节度 悬赏唃厮啰攻李元昊
【长编标】126/2973
【长编影】126/7 下
【汇编】中二 1916

银夏等州节制 悬赏唃厮啰攻李元昊
【宋大诏令集】239/谕邈川首领唃厮啰诏（康定元年二月庚□）/935
【汇编】中二 1917

康州团练使 河湟蕃官李蔺毡讷支
【长编标】351/8408
【长编影】351/5 上
【汇编】中五 4620

康州刺史 熙河蕃官包顺
【长编标】282/6904；283/6924
【长编影】282/4 下；283/3 上
【汇编】中四 4043

骐骥使 熙河吐蕃包忠，包诚子
【长编标】492/11678
【长编影】492/2 上
【汇编】中六 5337

十二画

琳州刺史 邈川吐蕃首领瞎征，阿里骨子
【宋会要】蕃夷 6 之 38/7837
【宋大诏令集】240/瞎征怀远节度使制/941

【汇编】中六 5677

琳州管内观察处置等使 青唐吐蕃首领瞎征

【宋会要】蕃夷 6 之 38/7837

越州兵马钤辖 熙河蕃官李忠杰

【宋会要】兵 17 之 5/7040

【汇编】中六 5270

雄州防御使 熙河蕃官李世恭

【长编标】493/11723；499/11880；520/12354

【长编影】493/26 下；499/9 上；520/1 上

【汇编】中六 5349、5406、5668

雄州防御使 熙河蕃官李忠杰

【长编标】499/11880

【长编影】499/9 上

【宋会要】礼 9 之 10/533

【汇编】中五 5248；中六 5405

雄武军节度使 青唐吐蕃木征子赵怀德，原名陇拶

【宋会要】兵 17 之 21/7048

【宋大诏令集】240/赵怀德赠开府仪同三司追封怀化郡王制/945

【方舟集】16/赵郡王墓志铭/26 上

【汇编】中六 5862；下 6377、6696

鼎州观察使 青唐吐蕃赵怀恩，董毡从孙

【宋会要】兵 17 之 27/7051

【系年要录】165/2698；177/2917

【方舟集】16/赵郡王墓志铭/26 上

【汇编】下 6592、6595、6602、6609、6697

御史大夫 归义军曹宗久

【宋会要】蕃夷 5 之 2/7767

御史大夫 归义军曹宗寿

【宋会要】蕃夷 5 之 2/7767

御史大夫 回鹘使曹万通

【宋会要】蕃夷 4 之 13/7720

御史大夫 青唐吐蕃阿里骨男瞎征

【宋会要】蕃夷 6 之 30/7833

御史大夫 归义军首领曹延禄

【宋会要】蕃夷 5 之 1/7767

【宋大诏令集】240/沙州曹延禄拜官制（太平兴国五年四月丁丑）/943

【汇编】中一 987

御史大夫 青唐吐蕃阿里骨，董毡养子

【宋大诏令集】239/西蕃阿里骨起复河西节度使（元祐元年二月丁丑）/938

【宋会要】蕃夷 6 之 19/7828

【汇编】中五 4686

御史大夫 青唐吐蕃董毡

【宋大诏令集】239/董毡特进制（熙宁三年）/937、西蕃邈川首领董毡移镇西平节度制/937、938

【宋会要】蕃夷 6 之 13/7825、6 之 14/7825

【汇编】中四 4051

御史大夫 邈川吐蕃首领唃厮啰，又名嘉勒斯赍

【宋大诏令集】239/唃厮啰保顺河西等军节度使制（康定二年正月乙未）/936

【乐全集】22/秦州奏唃厮啰事/22 上

【汇编】中二 1921、2157

颍昌钤辖 熙河蕃官李忠杰

【长编标】489/11608

【长编影】489/10 上

【汇编】中六 5316

鲁结族巡检 熙河蕃官包诚子包哈

【长编标】489/11606

【长编影】489/8 下

【汇编】中六 5314

敦武郎 熙河吐蕃赵怀恩子

【方舟集】16/赵郡王墓志铭/26 上

【汇编】下 6698

敦煌郡王 归义军曹元忠

【长编标】21/474

【长编影】21/4 上

【宋会要】蕃夷 5 之 1/7767

敦煌郡开国公 西蕃溪赊罗撒

【宋大诏令集】240/西蕃溪赊啰撒西平节度西蕃邈川首领制（崇宁元年十一月丙戌）/942

【汇编】中六 5721

渭州蕃族首领 河湟吐蕃首领唃厮啰，又名嘉勒斯赍

【长编标】82/1877

【长编影】82/14 上

湟州管下部族同都巡检使 河湟吐蕃赵怀义

【宋会要】蕃夷 6 之 36/7836

遂宁郡太夫人 青唐吐蕃木征母郢成结，又名郢成简，赐姓李

【宋史】492/赵思忠传/14168
【长编标】254/6212
【长编影】254/7 上
【宋会要】蕃夷 6 之 10/7823
【汇编】中四 3957、3958
禄厮结族都虞候 邈川蕃僧禄尊，又名僧罗卜藏
【长编标】302/7351
【宋会要】蕃夷 6 之 15/7826
婺州兵马都监 熙河兰岷路蕃官李世恭
【宋会要】兵 17 之 5/7040
【汇编】中六 5270
登州防御使 岷州蕃官包诚
【长编标】406/9886；489/11605
【长编影】406/10 上；489/8 下
【汇编】中五 4896；中六 5314

十三画

瑕萨 河湟吐蕃首领唃厮啰号
【元刊梦溪笔谈】25/31
【汇编】中一 1564
感德军节度使 青唐吐蕃木征子赵怀德，原名陇拶
【宋史】20/徽宗纪 2/374
【汇编】中六 5789
锦州刺史 青唐吐蕃毡男欺丁磨彪苏南兰逋叱
【宋会要】蕃夷 6 之 7/7822
衙内都指挥使 归义军曹贤顺
【宋会要】蕃夷 5 之 2/7767
遥郡刺史 青唐吐蕃青归论征
【宋会要】蕃夷 6 之 37/7837
遥郡刺史 熙河兰会蕃官马忠
【长编标】280/6861
【长编影】280/10 下
遥郡刺史 熙河蕃官阿埋，赐名世恭
【宋会要】礼 9 之 10/533
【汇编】中五 5248
遥郡刺史 青唐吐蕃毕斯布结，又作边厮波结
【长编标】517/12303
【长编影】517/7 下
【汇编】中六 5634
遥郡刺史 授青唐吐蕃首领
【长编标】514/12231
【长编影】514/19 下
【汇编】中六 5591
遥郡刺史 熙河吐蕃包诚子包海
【长编标】489/11606
【长编影】489/8 下
【汇编】中六 5314
遥郡刺史 熙河吐蕃包顺
【长编标】280/6861
【长编影】280/10 下
【汇编】中四 4034
遥郡刺史 蕃官赵永保，熙河出界战没
【长编标】485/11528
【长编影】485/9 上
【汇编】中六 5287
遥郡刺史 蕃官赵永福，熙河出界战没
【长编标】485/11528
【长编影】485/9 上
【汇编】中六 5287
雍州防御使 熙河蕃官李忠杰
【宋会要】兵 17 之 5/7040
【汇编】中六 5270
廓州团练使 熙河吐蕃唃厮啰曾孙赵怀义，原名邦辟勿丁呡
【宋史】492/瞎征传/14167
【长编标】519/12348
【长编影】519/6 上
【宋会要】蕃夷 6 之 36/7836
【汇编】中六 5658、5678
廓州刺史 吐蕃李叱纳钦
【长编标】344/8253
廓州刺史 青唐吐蕃董毡
【宋史】15/神宗纪 2/294
【汇编】中五 4563
廓州刺史 邈川吐蕃进奉使李察勒沁，又作李叱腊钦
【长编标】323/7789
【长编影】323/12 下
【宋会要】蕃夷 6 之 17/7827
【汇编】中四 4318；中五 4563
廓州刺史 西蕃首领青宜结鬼章，又作青宜结

果庄
【宋史】15/神宗纪 2/294；492/董毡传/14164
【长编标】285/6991
【长编影】285/8 下
【宋会要】兵 9 之 1/6906
【汇编】中四 4039、4050

殿直 青唐吐蕃首领俞龙珂，又作裕啰格勒
【长编标】228/5556
【长编影】228/16 下

殿直 秦凤蕃官令修己，又作迈凌错吉
【长编标】228/5557
【长编影】228/16 下

殿直 河湟首领唃厮啰，又名嘉勒斯赉
【长编标】82/1877
【长编影】82/14 下
【宋会要】蕃夷 6 之 1/7819
【汇编】中一 1521

殿侍 青唐吐蕃首领旺奇巴，又作旺奇卜
【长编标】228/5556
【长编影】228/15 下

殿侍 洮东蕃官诺尔斯多
【长编标】273/6687
【长编影】273/12 下
【汇编】中四 4016

殿侍 蕃官栋怀义子溪栋巴，泾原战没
【长编标】489/11600
【长编影】489/3 下
【汇编】中六 5308

十四画

静州刺史 青唐吐蕃阿里骨
【宋会要】蕃夷 6 之 17/7827

静州刺史 邈川吐蕃董戬进奉人阿克信，又作阿星
【长编标】329/7915
【长编影】329/2 下
【汇编】中四 4397

嘉木卓等四城巡检 青唐吐蕃沁布结，又作钦波结
【长编影】517/7 下
【汇编】中六 5634

熙州观察使 吐蕃赵怀恩，董毡从孙
【宋会要】兵 17 之 27/7051
【系年要录】165/2698
【方舟集】16/赵郡王墓志铭/26 上
【汇编】下 6592、6595、6696

熙河兰会路钤辖 通远军齐玛克堡李用子李忠
【长编纪事本末】139/20 上
【汇编】中六 5754

熙河州部落子将 熙河蕃官李忠杰
【长编标】493/11723；499/11880
【长编影】493/26 下；499/9 上
【汇编】中六 5349、5405

竭诚奉化功臣 归义军曹宗寿
【宋会要】蕃夷 5 之 2/7767

管内劝农事 青唐吐蕃木征子陇拶，赐名赵怀德
【宋会要】蕃夷 6 之 38/7837

鄯州防御使 青唐吐蕃阿里骨男瞎征
【宋会要】蕃夷 6 之 30/7833

鄯州防御使 青唐吐蕃阿里骨男邦彪篯
【宋史】492/阿里骨传/14165
【汇编】中五 4967

鄯州防御使 西凉吐蕃旁泥埋
【宋朝事实类苑】78/引东轩笔录/1022
【汇编】中一 1563

鄯州刺史 西蕃溪赊罗撒
【宋会要】蕃夷 6 之 40/7838

鄯州管内观察处置押蕃落等使 西蕃溪赊罗撒
【宋会要】蕃夷 6 之 40/7838

鄯州管内观察处置押蕃落等使 青唐吐蕃董毡
【宋大诏令集】239/西蕃邈川首领董毡移镇西平节度制/938
【汇编】中四 4051

鄯州管内观察处置等使 西蕃溪赊罗撒
【宋会要】蕃夷 6 之 41/7839

谯县开国子 回鹘使曹万通
【宋会要】蕃夷 4 之 13/7720

谯县男 归义军曹延禄
【宋会要】蕃夷 5 之 1/7767

谯国王 归义军张延禄，张义潮孙
【武经总要】前集 18 下/9 下
【汇编】中一 1721
谯郡王 归义军曹延禄
【长编标】48/1044；52/1147
【长编影】48/1 下；52/15 下
【宋会要】蕃夷 5 之 2/7767
谯郡开国侯 归义军曹宗寿
【宋会要】蕃夷 5 之 2/7767
谯郡公 归义军曹元忠
【宋会要】蕃夷 5 之 1/7767
谯郡男 归义军曹延禄
【宋大诏令集】240/沙州曹延禄拜官制（太平兴国五年四月丁丑）/943
【宋会要】蕃夷 5 之 1/7767
【汇编】中一 987

十五画

蕃巡检 青唐吐蕃首领俞龙珂，又作裕啰格勒
【长编标】228/5556
【长编影】228/15 下
蕃兵将官 通远军齐玛克堡李用子李忠
【长编纪事本末】139/5 下
【汇编】中六 5729
蕃部同巡检 河湟吐蕃杨征溪心
【宋会要】蕃夷 6 之 8/7823
【汇编】中四 3881
蕃部刺史 拟授青唐大首领俞龙珂，又作裕啰格勒
【长编标】233/5653
【长编影】233/7 下
【汇编】中四 3768
蕃部钤辖 岷州吐蕃董古，木征弟
【长编标】248/6063
【长编影】248/23 下
【汇编】中四 3911
蕃部钤辖 河湟吐蕃赵绍忠
【长编标】289/7076
【长编影】289/15 上
【汇编】中四 4072
蕃部都虞侯 德顺军静边寨熟户角撒
【宋会要】蕃夷 6 之 6/7821
【汇编】中三 3428
蕃部落军使 泾原蕃官李贵
【长编标】350/8381
【长编影】350/1 上
镇州刺史 西蕃首领果庄男结斡磋，又作结呃龊、结兀捉、结呃捉
【长编标】430/10396；444/10685
【长编影】430/15 上；444/4 上
【宋会要】蕃夷 6 之 23/7830
【奏议标】139/范育·上哲宗论御戎之要/1574
【奏议影】139/范育·上哲宗论御戎之要/4840
【汇编】中五 4967、5008、5009
镇洮军节度观察留后 青唐吐蕃木征，赐名赵思忠
【宋史】492/赵思忠传/14168
【宋会要】蕃夷 6 之 13/7825
【汇编】中四 3957
镇洮军留后 青唐吐蕃赵思忠，原名木征
【长编标】283/6924
【长编影】283/3 上
【汇编】中四 4043
镇洮军河西一带蕃部钤辖 青唐吐蕃木征弟结吴延征
【宋会要】蕃夷 6 之 8/7822
镇洮河西一带蕃部钤辖 青唐吐蕃木征弟结吴延征，又作接斡延正
【长编标】238/5786
【长编影】238/1 上
樊家族九门都首领 泾原客厮铎，又作开斯多卜
【长编标】91/2102
【长编影】91/5 下
澄州团练使 青唐吐蕃首领瞎毡，又作辖戬，唃厮啰子
【长编标】123/2901；188/4529
【长编影】123/9 上；188/4 下
【汇编】中二 1788

十六画

燉煌郡开国公 青唐溪赊罗撒

【宋会要】蕃夷6之40/7838、6之41/7839

十七画

邈川一带都巡检使 邈川吐蕃温讷支郢成四
【宋会要】蕃夷6之8/7823
【汇编】中四3881

邈川一带蕃部都巡检使 邈川吐蕃温讷支郢成四
【宋会要】蕃夷6之9/7823

邈川大首领 邈川吐蕃唃厮啰，又名嘉勒斯赉
【宋会要】蕃夷6之3/7820

邈川首领 邈川吐蕃唃厮啰，又名嘉勒斯赉
【东都事略】129/附录7·西蕃/2上
【汇编】中一1683

邈川首领 青唐吐蕃阿里骨子溪邦彪篯
【长编标】455/10912
【长编影】455/10下
【汇编】中五5058

邈川蕃部同巡检 邈川首领温声腊抹，又作温僧拉摩
【长编标】302/7350
【长编影】302/7下
【宋会要】蕃夷6之15/7826
【汇编】中四4108

邈川蕃部都巡检使 邈川城主温讷支郢成，又作温纳木扎尔颖沁
【长编标】247/6026；302/7350
【长编影】247/18上；302/7下
【宋会要】蕃夷6之15/7826
【汇编】中四3901、4108

二十三画

麟州刺史 北汉结齐罗
【皇宋十朝纲要】1/12下
【汇编】中一949